Le R[...]d

Belgique

Directeur de collection et auteur
Philippe GLOAGUEN

Cofondateurs
Philippe GLOAGUEN
et Michel DUVAL

Rédacteur en chef
Pierre JOSSE

Rédacteurs en chef adjoints
Amanda KERAVEL
et Benoît LUCCHINI

Directrice de la coordination
Florence CHARMETANT

Directrice administrative
Bénédicte GLOAGUEN

Direction éditoriale
Catherine JULHE

Rédaction
Isabelle AL SUBAIHI
Mathilde de BOISGROLLIER
Thierry BROUARD
Marie BURIN des ROZIERS
Véronique de CHARDON
Gavin's CLEMENTE-RUÏZ
Fiona DEBRABANDER
Anne-Caroline DUMAS
Géraldine LEMAUF-BEAUVOIS
Olivier PAGE
Alain PALLIER
Anne POINSOT
André PONCELET

Administration
Carole BORDES
Éléonore FRIESS

2015

Remarque importante aux hôteliers et restaurateurs

Les enquêteurs du *Routard* travaillent dans le plus strict anonymat. Aucune réduction, aucun avantage quelconque, aucune rétribution n'est jamais demandé en contrepartie. Face aux aigrefins, la loi autorise les hôteliers et restaurateurs à porter plainte.

Avis aux lecteurs

Le *Routard*, ce n'est pas comme le bon vin, il vieillit mal. On ne veut pas pousser à la consommation, mais évitez de partir avec une édition ancienne. Les modifications sont souvent importantes.

Les réductions accordées à nos lecteurs ne sont jamais demandées par nos rédacteurs afin de préserver leur indépendance. Les hôteliers et restaurateurs sont sollicités par une société de mailing, totalement indépendante de la rédaction, qui reste donc libre de ses choix. De même pour les autocollants et plaques émaillées.

Avec routard.com choisissez, organisez, réservez et partagez vos voyages!

✓ Rejoignez la plus grande communauté francophone de voyageurs : plus de **2 millions** de visiteurs !

✓ Échangez avec les routarnautes : forums, photos, avis d'hôtels.

✓ Retrouvez aussi toutes les informations actualisées pour choisir et préparer vos voyages : plus de 200 fiches pays, une centaine de dossiers pratiques et un magazine en ligne pour découvrir tous les secrets de votre destination.

✓ Enfin, comparez les offres pour organiser et réserver votre voyage au meilleur prix.

Pictogrammes du *Routard*

Établissements

- Hôtel, auberge, chambres d'hôtes
- Camping
- Restaurant
- Friterie
- Boulangerie, sandwicherie
- Glacier
- Café, salon de thé
- Café, bar
- Bar musical
- Club, boîte de nuit
- Salle de spectacle
- Office de tourisme
- Poste
- Boutique, magasin, marché
- Accès internet
- Hôpital, urgences

Sites

- Plage
- Site de plongée
- Piste cyclable, parcours à vélo

Transports

- Aéroport
- Gare ferroviaire
- Gare routière, arrêt de bus
- Station de métro
- Station de tramway
- Parking
- Taxi
- Taxi collectif
- Bateau
- Bateau fluvial

Attraits et équipements

- Présente un intérêt touristique
- Recommandé pour les enfants
- Adapté aux personnes handicapées
- Ordinateur à disposition
- Connexion wifi
- Inscrit au Patrimoine mondial de l'Unesco

Le *Routard* est imprimé sur un papier issu de forêts gérées.

TABLE DES MATIÈRES

LA RÉGION DE BRUXELLES-CAPITALE

LA RÉGION FLAMANDE

LA PROVINCE DU BRABANT FLAMAND (VLAAMS BRABANT)

LA PROVINCE DU LIMBOURG (PROVINCIE LIMBURG)

La Hesbaye limbourgeoise (Haspengouw)

LA PROVINCE D'ANVERS (PROVINCIE ANTWERPEN)

LA PROVINCE DE FLANDRE ORIENTALE (OOST-VLAANDEREN)

Autour de Gand : la région de la Lys (Leie)

Les Ardennes flamandes

LA PROVINCE DE FLANDRE OCCIDENTALE (WEST-VLAANDEREN)

La côte est, d'Ostende au Zwin

La côte ouest, d'Ostende à La Panne

LA WALLONIE

LA PROVINCE DU BRABANT WALLON

LA PROVINCE DE LIÈGE

La basse Meuse

Le pays de Herve

Les Hautes-Fagnes

Au sud de Liège

LA PROVINCE DE LUXEMBOURG

IMPORTANT : DERNIÈRE MINUTE

Sauf rare exception, le *Routard* bénéficie d'une parution annuelle à date fixe. Entre deux dates, des événements fortuits (formalités, taux de change, catastrophes naturelles, conditions d'accès aux sites, fermetures inopinées, etc.) peuvent intervenir et modifier vos projets de voyage. Pour éviter les déconvenues, nous vous recommandons de consulter la rubrique « Guide » par pays de notre site ● *routard.com* ● et plus particulièrement les dernières *Actus voyageurs*.

Recommandation à ceux qui souhaitent profiter des réductions et avantages proposés dans le *Routard* par les hôteliers et les restaurateurs.

À l'hôtel, pensez à les demander au moment de la réservation ou si vous n'avez pas réservé **à l'arrivée.** Ils ne sont valables que pour les réservations en direct et non cumulables avec d'autres offres promotionnelles (notamment sur internet). Au restaurant, parlez-en **au moment** de la commande et surtout **avant** que l'addition soit établie. Poser votre *Routard* sur la table ne suffit pas : le personnel de salle n'est pas toujours au courant et une fois le ticket de caisse imprimé, il est souvent difficile de modifier le total. En cas de doute, montrez la notice relative à l'établissement dans le *Routard* de l'année, bien sûr, et ne manquez pas de nous faire part de toute difficulté rencontrée.

??? LES QUESTIONS
QU'ON SE POSE LE PLUS SOUVENT

Quel est le meilleur moyen de transport pour aller en Belgique ?
Le train *Thalys* pour sa rapidité. Compter 1h22 au départ de Paris-Nord pour Bruxelles, d'où les lignes grande vitesse sont prolongées vers Gand, Bruges, Ostende et Anvers ou Liège. Consulter les tarifs préférentiels de la SNCF pour profiter des meilleurs prix et des nombreuses promos.

Quel est le meilleur moyen pour circuler ?
La voiture, incontestablement, surtout à plusieurs. Les autoroutes sont nombreuses, encore gratuites et éclairées une partie de la nuit ! Les villes se trouvent à courte distance les unes des autres. Néanmoins, le réseau de train et de bus est aussi performant, quoique assez cher pour les kilomètres parcourus, mais il existe de nombreuses formules de réduction. Dans les villes, les transports en commun ou le vélo, surtout en Flandre où le relief est plat.

La vie est-elle chère ?
Le niveau de vie des Belges est très semblable à celui des Français. On paiera néanmoins un peu plus pour se nourrir, mais nettement moins qu'à Paris pour sortir ou boire un verre. Dans les grandes villes comme Bruxelles, les prix des hôtels sont bradés le week-end. Et vous pouvez boire une bière pour 2 € !

Quelle est la meilleure période pour y aller ?
Toutes les saisons se valent pour les villes d'art, avec une préférence pour le printemps. L'été, on peut bronzer sur la côte (si, si !), mais la chaleur est souvent lourde. L'automne déploie ses fastes colorés dans les magnifiques forêts des Ardennes.

Et l'hiver, on peut s'adonner aux joies du ski de fond dans les Fagnes (re-si, si !).

Où aller pour un week-end ?
Prévoir peut-être plusieurs week-ends. Bruges reste la ville la plus fréquentée pour un séjour romantique, mais ne pas négliger Gand, Anvers et Bruxelles pour autant, villes où l'on fait facilement la fête. Pour un bon bol d'air, les sentiers de grande randonnée des Ardennes attendent les marcheurs endurants.

Où faire la fête précisément ?
Presque partout. Les Belges sont réputés pour organiser des ripailles et des festivités à tout bout de champ. Les cafés débordent les soirs d'été, les boîtes ne désemplissent pas de Liège à Anvers. Mais privilégier particulièrement la période des carnavals, du Mardi gras à la mi-carême. C'est à cette époque que le folklore prend toute sa dimension.

Mais finalement quelle langue parle-t-on dans ce pays bizarre ?
En Flandre, le flamand et accessoirement l'anglais, mais de moins en moins le français, sauf dans les endroits touristiques. Le français à Bruxelles et en Wallonie, avec des mots originaux que vous n'avez jamais entendus auparavant, et l'allemand dans l'est du pays.

Que rapporter de Belgique ?
Des bandes dessinées de collection que vous aurez trouvées dans les bacs des bouquinistes, des bières d'abbaye et des verres de marque, du jambon des Ardennes, des spéculoos, du massepain et des ballotins de pralines (des chocolats).

♥ LES COUPS DE CŒUR DU ROUTARD

● **À Bruxelles,** le dimanche matin, faire un tour dans les Marolles où se tient, par tous les temps, le marché aux puces de la place du Jeu-de-Balle et où Tintin découvrit la maquette du bateau du *Secret de la Licorne*. .... p. 186, 188

● **À Bruxelles** encore, flâner dans les élégantes galeries Saint-Hubert, les plus anciennes d'Europe, pour faire provision de pralines et de spéculoos, ces délicieux petits gâteaux secs qui accompagnent idéalement une tasse de café (belge !). .... p. 160

● **À Bruxelles,** parcourir les quartiers de la proche périphérie pour dénicher les maisons Art nouveau épargnées par la destruction. On y découvre aussi quelques façades peintes dédiées aux héros du 9e art, la bande dessinée. .... p. 192

● **À Bruxelles** toujours, emmener ses enfants au pied de l'Atomium, cette incroyable construction métallique héritée de l'Expo universelle de 1958. ..... p. 210

● **Découvrir les bières locales :** en toute occasion, au café, au resto, dans les réceptions, avec des moules-frites... Elles font partie du paysage gastronomique du plat pays et leur variété a de quoi laisser pantois... et jaloux. .... p. 51

● **À Anvers,** suivre les traces des *fashionistas* pour découvrir les dernières tendances des stylistes déjantés qui ont imposé un style nouveau chez les créateurs en couture. .... p. 251

● **À Anvers** encore, découvrir le cadre de vie de Rubens dans sa somptueuse maison-atelier baroque du début du XVIIe s, non loin de celle de l'imprimeur Plantin Moretus et de la cathédrale, où sont accrochées ses toiles religieuses les plus célèbres............................. p. 258

● **À Gand,** à la cathédrale Saint-Bavon, se pâmer devant le retable de l'Agneau mystique des frères Van Eyck, une des œuvres majeures de l'histoire de la peinture arrivée quasi intacte jusqu'à nos jours, malgré les tribulations de l'Histoire. .... p. 301

● **À Bruges,** se laisser porter par une barque au fil des canaux pour s'imprégner de toute la magie sortie tout droit d'un passé médiéval prestigieux. .... p. 363

● **À Ostende,** se délecter de croquettes de crevettes ou d'une sole, face à la mer du Nord, avant de découvrir la production artistique ébouriffante de MuZee, consacré à l'Art moderne. .... p. 372

● **Autour d'Ypres,** visiter les lieux de mémoire à l'occasion du centenaire de la Grande Guerre......................... p. 400

● **À Liège,** faire la fête dans le Carré un soir de week-end en se mêlant aux étudiants qui se livrent à une bamboche joyeuse et débridée. .... p. 433

● **À Binche,** le jour du Mardi gras, entrer dans la ronde endiablée des Gilles emplumés qui lancent des oranges pour fêter le carnaval............................ p. 571

Remerciements

– Martine Van Romphey et Juliette Callou, de l'office belge de tourisme Wallonie-Bruxelles à Paris ;
– Stéphanie Van den Bergh, Emmanuelle Osselaer et Gary di Vito de VisitBrussels ;
– Quentin Dardenne de l'office de tourisme de Mons.

Nous tenons à remercier tout particulièrement Loup-Maëlle Besançon, Thierry Bessou, Gérard Bouchu, François Chauvin, Grégory Dalex, Stéphanie Déro, Fabrice Doumergue, Cédric Fischer, Carole Fouque, Michelle Georget, David Giason, Claude Hervé-Bazin, Emmanuel Juste, Dimitri Lefèvre, Fabrice de Lestang, Romain Meynier, Éric Milet, Pierre Mitrano, Jean-Sébastien Petitdemange, Thomas Rivallain et Dominique Roland pour leur collaboration régulière.

Emmanuelle Bauquis	Sébastien Jauffret
Mathilde Blanchard	Blanche-Flore Laize
Jean-Jacques Bordier-Chêne	Virginie Leibel
Michèle Boucher	Jacques Lemoine
Mathilde Bouron	Julien Léopold
Sophie Cachard	Jacques Muller
Jeanne Cochin	Caroline Ollion
Agnès Debiage	Martine Partrat
Jérôme Denoix	Odile Paugam et Didier Jehanno
Joséphine Desfougères	Julia Pouyet
Tovi et Ahmet Diler	Émile Pujol
Clélie Dudon	Anaïs Rougale
Sophie Duval	Prakit Saiporn
Alain Fisch	Jean-Luc et Antigone Schilling
Bérénice Glanger	Alicia Tawil
Adrien et Clément Gloaguen	Caroline Vallano
Bernard Hilaire	Juliana Verdier

Direction : Nathalie Bloch-Pujo
Contrôle de gestion : Jérôme Boulingre et Virginie Laurent-Arnaud
Secrétariat : Catherine Maîtrepierre
Direction éditoriale : Catherine Julhe
Édition : Matthieu Devaux, Géraldine Péron, Olga Krokhina, Gia-Quy Tran, Julie Dupré, Pauline Fiot, Camille Loiseau, Béatrice Macé de Lépinay, Emmanuelle Michon, Martine Schmitt et Marion Sergent
Préparation-lecture : Dorica Lucaci
Cartographie : Frédéric Clémençon et Aurélie Huot
Fabrication : Nathalie Lautout et Audrey Detournay
Relations presse France : COM'PROD, Fred Papet. ☎ 01-70-69-04-69.
• *info@comprod.fr* •
Illustration : Anne-Sophie de Précourt
Direction marketing : Adrien de Bizemont, Lydie Firmin et Laure Illand
Contacts partenariats : André Magniez (EMD). • *andremagniez@gmail.com* •
Édition des partenariats : Élise Ernest
Informatique éditoriale : Lionel Barth
Couverture : Clément Gloaguen et Seenk
Maquette intérieure : le-bureau-des-affaires-graphiques.com, Thibault Reumaux et npeg.fr
Relations presse : Martine Levens (Belgique) et Maureen Browne (Suisse)
Régie publicitaire : Florence Brunel-Jars

NOS NOUVEAUTÉS

CANARIES (septembre 2014)

Un air de perpétuel printemps, du sable blond et des criques anthracite, quatre parcs nationaux somptueux... Voici à peine les hors-d'œuvre qu'offrent les sept îles des Canaries. Du soleil (même en hiver) et, bien plus encore, une riche palette de couleurs, d'odeurs et de paysages, née de l'activité volcanique. La nature se pare ici de tous les visages : aridité sauvage et dunes solaires de Fuerteventura, forêts humides alimentées par les alizés sur La Palma et La Gomera, majestueux sommet du Teide à Ténérife, côtes déchiquetées et profonds ravins à Gran Canaria, délires de couleurs sur El Hierro... La main de l'homme a parsemé le tout de multiples sentiers, de villes coloniales et d'églises baroques. Sans compter les étonnantes fantaisies architecturales de César Manrique à Lanzarote. Loin des clichés et si proche de nous, un univers à part entière, à la croisée de l'Europe et de l'Afrique, où le farniente se savoure entre randonnées et plongées.

MADÈRE (mai 2015)

Madère réunit, au milieu de l'océan, un climat à la douceur légendaire et une flore exubérante – bougainvillées, mimosas, amaryllis, oiseaux de paradis (symboles de l'île), flamboyants, jacarandas – qui lui vaut son surnom bien mérité d'« île aux fleurs ». Et aussi des montagnes volcaniques déchirées par l'érosion et de vertigineux à-pics. Le paradis des randonneurs, le long de l'ingénieux système d'irrigation des *levadas*, ces canaux récupérant les eaux de pluie. L'île de Madère est une citadelle entaillée de toutes parts, avec ses parcelles de vigne indomptables accrochées aux pentes et travaillées à la main. À Funchal, capitale anglophile, on se rue dans les églises et les musées, entre deux arrivées de paquebots venus goûter aux tropiques et aux barriques. Au-delà des vagues s'ancre le reste de l'archipel : la petite Porto Santo, réputée pour sa longue plage de sable clair. L'avènement du tourisme, puis l'entrée du Portugal dans l'Union européenne ont toutefois modifié bien des choses et, surtout, inversé la tendance à l'émigration. On vient désormais de toute l'Europe à la recherche d'une vie aussi douce que l'air.

ITINÉRAIRES CONSEILLÉS

Au départ de la France, ou de la Suisse, la Belgique est plutôt une destination de week-ends, courts ou prolongés. Vos choix dépendront donc de votre disponibilité et de vos centres d'intérêt autour d'une ville, d'une petite région ou d'une grande expo.

QUELQUES PISTES...

3 jours

Belgique express : Bruxelles-Gand-Bruges, distances dans un mouchoir de poche, mais grandes frustrations.

5 jours

2 jours à Bruxelles, 1 jour à Gand, 2 à Bruges avec un tour à vélo vers Damme ou un bol d'air à Ostende. C'est déjà mieux.

8 jours

3 jours à Bruxelles, 1 jour à Anvers, 1 jour à Gand, 2 jours à Bruges et une balade sur la côte flamande jusqu'à Furnes ou Knokke.

8 jours en Flandre

1 jour à Louvain et Malines, 2 jours à Anvers, 1 jour à Gand, 2 jours à Bruges, 1 jour à Ostende et sur la côte, 1 jour à Ypres, Audenarde et Courtrai.

8 jours en Wallonie

1 jour à Liège, 1 jour à Spa-Malmedy et dans les Fagnes, 1 jour à Bastogne, Arlon et la Gaume, 1 jour à Bouillon et la vallée de la Semois, 2 jours à Dinant et Namur, 1 jour dans la botte du Hainaut, 1 jour à Mons et Tournai.

15 jours dans le pays

3 jours à Bruxelles, 1 jour à Louvain et Malines, 2 jours à Anvers, 2 jours à Gand, 2 jours à Bruges, 1 jour à Ypres et Audenarde, 1 jour dans le Hainaut (Tournai-Mons), 1 jour à Namur, 1 jour à Liège et 1 jour dans les Fagnes.

SI VOUS ÊTES...

... plutôt art, histoire et culture

Les villes de Belgique regorgent de richesses architecturales et artistiques : cathédrales, musées, abbayes, châteaux, sites d'archéologie industrielle, champs de batailles, béguinages... Vous proposer un choix en quelques lignes relève du casse-tête.

... plutôt famille

À Bruxelles : l'Atomium ; les iguanodons du Muséum des sciences naturelles ; les musées et les façades B.D. ; le musée des Enfants ; les costumes du Manneken-Pis à la maison du roi ; le musée du Transport urbain bruxellois et la balade en ancien tramway ; les balades dans la forêt de Soignes.
En Flandre : un séjour balnéaire sur la côte avec promenade en « cuistax » sur la digue ; le Mercator à Ostende ; le Zwin à Knokke ; une balade à vélo autour de Bruges ; la maison Van Alijn à Gand ; le musée du Jouet à Malines ; Aquatopia, le port et le zoo d'Anvers ; le parc animalier de Plankendael ; le domaine provincial de Bokrijk ; le Musée gallo-romain à Tongres.
En Wallonie : le musée Hergé à Louvain-la-Neuve ; le parc Walibi à Wavre ; le domaine de la Hulpe, le musée Tchantchès et l'aquarium à Liège ; la mine de Blégny ; le Centre nature de Botrange ; les grottes et le Monde Sauvage de Remouchamps ; Houtopia à Houffalize ; le labyrinthe à Barvaux ; la ferme des bisons à Recogne ; la ferme des Fées à Bouillon ; le parc animalier à Rochehaut ; l'Euro Space Center à Transinne ; les draisines de la Molignée ; la descente de la Lesse en kayak ; les grottes et la réserve d'animaux sauvages à Han-sur-Lesse ; l'Aquascope de Virelles ; le musée du Carnaval à Binche ; le PASS à Frameries ; le parc animalier Pairi Daiza à Brugelette.

... plutôt saveurs et terroir

À Bruxelles : le musée du Cacao et du Chocolat ; le musée bruxellois de la Gueuze ; le *Belgian Chocolate Village*.
En Flandre : le musée du Genièvre à Hasselt ; la brasserie Liefmans à Audenarde ; Brouwerij De Halve Maan, Choco-Story et Friet Museum à Bruges ; Bakkerijmuseum (musée de la Boulangerie et de la Confiture) à Furnes ; Hopmuseum (musée national du Houblon) à Poperinge.
En Wallonie : la siroperie à Aubel et l'espace des Saveurs et Découvertes à Herve ; la chocolaterie Jacques à Eupen ; la brasserie de Bellevaux ; la chocolaterie Defroidmont à Erezée ; l'abbaye d'Orval ; le musée de la Fraise à Wépion ; le musée des Bières belges à Lustin ; la brasserie des Fagnes à Mariembourg ; la brasserie à vapeur Dits à Pipaix.

... plutôt insolite

À Bruxelles : le Théâtre royal de Toone ; la Maison de la Bellone ; le musée des Instruments de musique ; le marché aux puces de la place du Jeu-de-Balle ; le musée Antoine-Wiertz ; la maison Autrique.
En Flandre : le museum Plantin-Moretus, la rue Cogels Osylei et le MAS à Anvers ; le museum Het Zotte Kunstkabinet (Cabinet d'art fou) à Malines ; le museum Dr Guislain à Gand ; le Centrum Ronde Van Vlaanderen (musée du Tour des Flandres) à Audenarde ; Godshuizen (maisons-Dieu) et Lumina Domestica (musée de l'Éclairage) à Bruges ; la maison de James Ensor à Ostende ; Talbot House à Poperinge.
En Wallonie : le panorama de la bataille à Waterloo ; la Fondation Jean-Michel-Folon à La Hulpe ; le musée de la Lessive à Spa ; le musée du Coticule à Vielsalm ; le village du Livre de Redu ; le musée Félicien Rops à Namur ; la Maison de la Pataphonie à Dinant ; le bunker de Hitler à Brûly-de-Pesche ; les ascenseurs hydrauliques de Strépy-Thieu ; le musée des Arts décoratifs François-Duesberg à Mons ; l'hôpital Notre-Dame-à-la-Rose à Lessines.

COMMENT Y ALLER ?

EN AVION

Les lignes régulières

▲ **HOP !**

Rens et résas sur ● hop.fr ●, via les canaux de ventes Air France, au centre d'appel ☎ 0825-30-22-22 (tlj ; 0,15 €/mn) et dans ttes les agences de voyages.

➤ Depuis Biarritz, Brest, Bordeaux, Caen, Castres, Clermont, La Rochelle, Limoges, Lyon, Metz-Nancy, Montpellier, Mulhouse-Bâle, Nantes, Nice, Pau, Poitiers, Rennes, Strasbourg et Toulouse, vols directs vers Brussels Airport. Fréquences variables et liaisons saisonnières seulement pour certaines. HOP ! propose des tarifs attractifs toute l'année. Possibilité de consulter les meilleurs tarifs du moment sur ● hop.fr ●

▲ **BRUSSELS AIRLINES**

Rens :   ☎ 0892-64-00-30 (0,34 €/mn) depuis la France et 0902-51-600 (0,75 €/mn) en Belgique.
● brusselsairlines.com ●

➤ Liaisons vers Brussels Airport au départ d'Ajaccio, Bastia, Figari, Lyon, Marseille, Montpellier, Nice, Paris-CDG, Strasbourg, Toulouse, Bâle, Genève et Zurich.

Les compagnies *low-cost*

Ce sont des compagnies dites « à bas prix ». Elles desservent les capitales européennes ainsi que de nombreuses villes de province. Plus vous réserverez vos billets à l'avance, plus vous aurez des chances d'avoir des tarifs avantageux mais il ne faut pas trop espérer trouver facilement des billets à prix plancher lors des périodes les plus fréquentées (vacances scolaires, w-e...). N'hésitez pas à combiner les offres, d'autant plus que les compagnies low-cost permettent des vols simples. La résa se fait souvent par Internet et parfois par téléphone (pas d'agence, juste un n° de réservation et un billet à imprimer soi-même). Des frais de dossier ainsi que des frais pour le paiement par carte bancaire peuvent vous être facturés. En outre, les pénalités en cas de changement d'horaires sont assez importantes. Afin de réduire les files d'attente dans les aéroports, certaines font même payer l'enregistrement aux comptoirs d'aéroport. Pour l'éviter vous avez intérêt à vous enregistrer directement sur Internet où le service est gratuit. Il faut aussi rappeler que plusieurs compagnies facturent maintenant les bagages en soute ou limitent leurs poids. En cabine également le nombre de bagages est strictement limité (attention même le plus petit sac à main est compté comme un bagage à part entière). À bord, c'est service minimum et tous les services sont payants (boissons, journaux...). Ne pas oublier non plus d'ajouter le prix du bus pour se rendre à ces aéroports, souvent assez éloignés du centre-ville ou dans des aéroports secondaires quand il s'agit des capitales. Attention également au moment de la résa par Internet à décocher certaines options qui sont automatiquement cochées (assurances, etc.). Au final, même si les prix de base restent très attractifs, il convient de prendre en compte tous ces frais annexes pour calculer le plus justement son budget.

Qu'attendez-vous
pour découvrir

la PlaisiroLogis

?

Photos : Fotolia, Logis

Voici des compagnies desservant Bruxelles :

▲ **EASYJET**
● *easyjet.com/fr* ●
➤ Vols depuis Bâle-Mulhouse, Bordeaux, Genève, Lyon, Toulouse et Nice vers Brussels Airport.

▲ **JETAIRFLY**
● *jetairfly.com* ●
➤ Vols depuis Nice et Toulon vers Charleroi-Bruxelles Sud (à 60 km de Bruxelles). Également depuis Ajaccio, Bastia et Lourdes vers Brussels Airport en saison estivale.

▲ **RYANAIR**
☎ *0892-555-666.* ● *ryanair.com* ●
➤ Vols vers Charleroi-Bruxelles Sud (à 60 km de Bruxelles) depuis Bergerac, Biarritz, Bordeaux, Carcassonne, Clermont-Ferrand, La Rochelle, Marseille-Provence, Montpellier, Nîmes, Perpignan et Rodez. De l'aéroport, liaisons directes en bus vers Bruxelles à 60 km.

LES ORGANISMES DE VOYAGES

En France

▲ **FUAJ**
– *Paris : antenne nationale, 27, rue Pajol, 75018.* ☎ *01-44-89-87-27.* Ⓜ *La Chapelle, Marx-Dormoy ou Gare-du-Nord. Mar-ven 13h-17h30. Rens dans ttes les auberges de jeunesse, les points d'information et de réservation en France et sur le site* ● *fuaj.org* ●
La FUAJ (Fédération unie des auberges de jeunesse) accueille ses adhérents dans 160 auberges de jeunesse en France. Seule association française membre de l'IYHF (*International Youth Hostel Federation*), elle est le maillon d'un réseau de 4 000 auberges de jeunesse réparties dans 90 pays. La FUAJ organise, pour ses adhérents, des activités sportives, culturelles et éducatives ainsi que des rencontres internationales. Vous pouvez obtenir gratuitement les brochures *Printemps-Été, Hiver, la carte pliable des AJ et le Guide des AJ en France*.

▲ **VOYAGEURS DU MONDE**
Le spécialiste du voyage en individuel sur mesure. ● *voyageursdumonde.fr* ●
– *Paris : La Cité des Voyageurs, 55, rue Sainte-Anne, 75002.* ☎ *01-42-86-16-00.* Ⓜ *Opéra ou Pyramides. Lun-sam 9h30-19h. Avec une librairie spécialisée sur les voyages.*
– *Voyageurs en Russie et en Europe centrale (Allemagne, Autriche, Belgique, Hongrie, Pays baltes, Pays-Bas, Pologne, République tchèque, Russie, Slovénie, Ukraine) :* ☎ *01-42-86-17-60. Également des agences à Bordeaux, Grenoble, Lille, Lyon, Marseille, Montpellier, Nantes, Nice, Rennes, Rouen, Strasbourg et Toulouse. Également Bruxelles et Genève.*
Parce que chaque voyageur est différent, que chacun a ses rêves et ses idées pour les réaliser, Voyageurs du Monde conçoit, depuis plus de 30 ans, des projets sur mesure. Les séjours proposés sur 120 destinations sont élaborés par leurs 180 conseillers voyageurs. Spécialistes par pays et même par région, ils vous aideront à personnaliser les voyages présentés à travers une trentaine de brochures d'un nouveau type et sur le site internet où vous pourrez également découvrir les hébergements exclusifs et consulter votre espace personnalisé. Au cours de votre séjour, vous bénéficiez des services personnalisés Voyageurs du Monde, dont la possibilité de modifier à tout moment votre voyage, l'assistance d'un concierge local, la mise en place de rencontres et de visites privées et l'accès à votre carnet de voyage via une application iPhone et Androïd.
Chacune des 15 Cités des Voyageurs est une invitation au voyage : accessoires de voyage, expositions-ventes d'artisanat et conférences. Voyageurs du Monde est membre de l'association ATR (Agir pour un tourisme responsable) et a obtenu sa certification Tourisme responsable AFAQ AFNOR.

En Suisse

▲ **STA TRAVEL**
● *statravel.ch* ●
– *Fribourg : rue de Lausanne, 24, 1701.* ☎ *058-450-49-80.*
– *Genève : rue de Rive, 10, 1204.*

☎ 058-450-49-49.
– Genève : rue Vignier, 3, 1205.
☎ 058-450-48-30.
– Lausanne : bd de Grancy, 20, 1006.
☎ 058-450-48-50.
– Lausanne : à l'université, Anthropole, 1015. ☎ 058-450-49-20.
Agences spécialisées notamment dans les voyages pour jeunes et étudiants. 150 bureaux STA et plus de 700 agents du même groupe répartis dans le monde entier sont là pour vous donner un coup de main (Travel Help).
STA propose des tarifs avantageux : vols secs (Blue Ticket), billets Euro Train, hôtels, écoles de langue, voitures de location, etc. Délivre la carte internationale d'étudiant et la carte Jeune Go 25.

▲ TUI – NOUVELLES FRONTIÈRES
– Genève : rue Chantepoulet, 10, 1201.
☎ 022-906-80-80.
– Lausanne : bd de Grancy, 19, 1006.
☎ 021-616-88-91.
Nouvelles Frontières, un savoir-faire incomparable depuis 45 ans. Des propositions de circuits, d'itinéraires à la carte, de séjours balnéaires et d'escapades imaginés et construits par des spécialistes de chaque destination.

Au Québec

▲ VACANCES TOURS MONT ROYAL
● vacancestmr.com ●
Le voyagiste propose une offre complète sur les destinations et les styles de voyages suivants : Europe, destinations soleil d'hiver et soleil d'été, forfaits tout compris, circuits accompagnés ou en liberté. Au programme Europe, tout ce qu'il faut pour les voyageurs indépendants : locations de voitures, cartes de train, bonne sélection d'hôtels, excursions à la carte, forfaits à Paris, etc. À signaler : l'option « achat-rachat » de voiture (17 j. minimum, avec prise en France et remise en France ou ailleurs en Europe). Également : vols entre Montréal et Barcelone, Bruxelles, Bâle, Londres, Madrid, Málaga et Vienne avec Air Transat ; les vols à destination de Paris sont assurés par la compagnie Corsair au départ de Montréal, d'Halifax et de Québec.

EN TRAIN

> Nettement la meilleure solution !
> ➤ Thalys, le train à grande vitesse, relie **Paris-Gare du Nord** à Bruxelles-Midi en slt 1h22 (jusqu'à 25 départs/j.). D'autre part, les lignes sont prolongées vers Amsterdam via Anvers et vers Cologne via Liège. Plusieurs liaisons TGV directes depuis Marseille en 5h-5h40, et de Perpignan en 7h30. Résa obligatoire. Les rames disposent toutes d'un équipement wifi, gratuit en Comfort 1 et payant en Comfort 2. Repas à bord en Comfort 1 en fonction des horaires. Possibilité de réserver un taxi pour l'arrivée et vente de tickets de métro à la voiture-bar. Tarifs spéciaux à petits prix à réserver à partir de 3 mois à l'avance et jusqu'à 10 j. avt le départ : ● thalys.com ●
> ➤ Au départ de **Lille**, Thalys également vers Bruxelles-Midi, puis Amsterdam.
> Si vous arrivez à Bruxelles en Thalys ou en Eurostar, il vous est possible de prolonger votre parcours sur le réseau belge. Pour quelques euros supplémentaires, le tarif **Toute Gare Belge** (TGB) vous permet de poursuivre votre voyage Thalys par un trajet en correspondance sur un train du trafic intérieur belge ou, à l'inverse, de rejoindre votre gare Thalys depuis n'importe quelle gare belge.
> Votre billet Thalys vous permet de voyager gratuitement, dès la veille de votre voyage aller et jusqu'au lendemain de votre voyage retour, entre toutes les gares du réseau national belge et les gares de Bruxelles-Midi et Anvers.
> Un billet Thalys au départ ou à destination de Bruxelles-Midi est aussi valable pour les correspondances en train avec les gares Centrale, Bruxelles-Nord et Luxembourg (Schumann). Pratique donc pour se rendre dans le centre sans avoir à prendre le métro, le tramway ou un taxi.

▲ VOYAGES-SNCF.COM
– Infos et résas depuis la France : ● voyages-sncf.com ● et sur tablette et mobile avec les applis V. (trains) et V. Hôtel (hôtels).

– *Réserver un vol, un hôtel, une voiture :* ☎ 0899-500-500 *(1,35 € l'appel puis 0,34 €/mn).*
– *Une question ? Rubrique Contact* ou au ☎ *09-70-60-99-60 (n° non surtaxé).*
Voyages-sncf.com, distributeur de voyages en ligne de SNCF, vous propose ses meilleurs prix de train, d'avion, d'hôtel et de location de voitures en France et en Europe. Accédez aussi à ses services exclusifs : Billets à domicile (en France), Alerte Résa, calendrier des prix, offres de dernière minute…

Pour préparer votre voyage

– *Billet à domicile :* commandez votre billet par Internet ou par téléphone au ☎ *36-35 (0,34 €/mn, hors surcoût éventuel de votre opérateur) :* la SNCF vous l'envoie gratuitement à domicile.
– *Service bagages à domicile :* SNCF prend en charge vos bagages où vous le souhaitez et vous les livre là où vous allez.

Pour voyager au meilleur prix

La SNCF propose des tarifs adaptés à chacun de vos voyages.

➢ *TGV Prem's, Intercités Prem's*
Des petits prix disponibles toute l'année. Billets non échangeables et non remboursables (offres soumises à conditions). Impossible de poser des options de réservation sur ces billets : il faut les payer immédiatement.
➢ *Les tarifs Loisirs*
Une offre pour tous ceux qui programment leurs voyages mais souhaitent avoir la liberté de décider au dernier moment et de changer d'avis (offres soumises à conditions). Tarifs échangeables et remboursables. Pour bénéficier des meilleures réductions, pensez à réserver vos billets à l'avance (les réservations sont ouvertes jusqu'à 90 jours avant le départ) ou à voyager en période de faible affluence.

➢ *Les cartes*
Pour ceux qui voyagent régulièrement, profitez de réductions garanties tout le temps avec les cartes Enfant +, 12-17, 18-27, Week-end, Senior + (valables 1 an).

Pour obtenir plus d'informations sur les conditions de réservation et d'achat de vos billets

– *Internet :* ● tgv.com ● intercites.sncf. com ● voyages-sncf.com ●
– *Téléphone :* ☎ *36-35 (0,34 € TTC/ mn hors surcoût éventuel de votre opérateur).*
– Également dans les gares, les boutiques SNCF et les agences de voyages agréées.

Les *pass* internationaux

Avec les *Pass InterRail,* les résidents européens peuvent voyager dans 30 pays d'Europe, dont la Belgique. Plusieurs formules et autant de tarifs, en fonction de la destination et de l'âge. À noter que le *Pass InterRail* n'est pas valable dans votre pays de résidence. Cependant, l'*InterRail Global Pass* offre une réduction de 50 % de votre point de départ jusqu'à la frontière en France.
– Pour les grands voyageurs, l'*InterRail Global Pass* est valable dans l'ensemble des 30 pays européens concernés, intéressant si vous comptez parcourir plusieurs pays au cours du même périple. Il se présente sous 5 formes au choix.
Deux formules flexibles : utilisable 5 j. sur une période de validité de 10 j. (184 € pour les 12-25 ans, 281 € pour les plus de 25 ans), ou 10 j. sur une période de validité de 22 j. (269 € pour les 12-25 ans, 399 € pour les plus de 25 ans).
Trois formules « continues » : Pass 15 j. (312 € pour les 12-25 ans, 442 € pour les plus de 25 ans) ; *Pass* 22 j. (345 € pour les 12-25 ans, 517 € pour les plus de 25 ans) ; *Pass* 1 mois

(442 € pour les 12-25 ans, 668 € pour les plus de 25 ans). Ces cinq formules existent aussi pour les 4-11 ans et en version 1re classe !

Les voyageurs de plus de 60 ans bénéficient d'une réduction de 10 % sur le tarif de l'*InterRail Global Pass* en 1re et 2de classes (tarif senior).

– Si vous ne parcourez que les Pays-Bas, le **One Country Pass** vous suffira. D'une période de validité de 1 mois, il est utilisable, selon les formules 3, 4, 6 ou 8 j. en discontinu : à vous de faire les calculs avant le départ.

– *InterRail* vous offre également la possibilité d'obtenir des réductions ou avantages à travers toute l'Europe avec ses partenaires bonus (musées, chemins de fer privés, hôtels, etc.).

Tous ces prix sont applicables jusqu'au 31 décembre 2014.

Pour plus de renseignements, adressez-vous à la gare ou boutique SNCF la plus proche.

Tarifs du One Country Pass Benelux (tarifs 2014)

	+ de 25 ans	12-25 ans	4-11 ans
3 jours	125 €	83 €	63 €
4 jours	158 €	103 €	79 €
6 jours	212 €	135 €	106 €
8 jours	255 €	168 €	128 €

EN VOITURE

➤ **De Paris,** 2 solutions :

– L'autoroute du Nord (A 1) vers Lille. Péage autour de 14-16 € selon période. Bifurcation sur l'E 19 vers Bruxelles.

– L'autoroute du Nord (A 1) vers Lille, puis l'A 26-E 42 vers Tournai, puis l'A P vers Bruxelles.

➤ **De l'Est et de la Suisse :** par Metz, Thionville, Luxembourg et l'E 411, l'autoroute des Ardennes, via Namur.

Les autoroutes sont gratuites en Belgique.

Attention au retour vers la France le dimanche soir : les camions attendent à la frontière jusqu'à 22h, avant de pouvoir utiliser les autoroutes françaises. À 22h tapantes, c'est le rush, mieux vaut franchir la frontière avant cette heure.

EN BUS

▲ **EUROLINES**

Rens : ☎ 0892-899-091 *(0,34 €/mn ; tlj 8h-21h, dim 10h-17h).* ● eurolines.fr ●
– *Paris :* 55, rue Saint-Jacques, 75005. Lun-ven 9h30-18h30, sam 10h-13h et 14h-17h. N° d'urgence : ☎ 01-49-72-51-57.
Vous trouverez également les services d'Eurolines sur ● routard.com ● *Eurolines propose 10 % de réduc pour les jeunes (12-25 ans) et les seniors. 2 bagages gratuits/pers en Europe et 40 kg gratuits pour le Maroc.*
– *Gare routière internationale à Paris : 28, av. du Général-de-Gaulle, 93541 Bagnolet Cedex.* Ⓜ *Gallieni.*

Première *low cost* par bus en Europe, Eurolines permet de voyager vers plus de 500 destinations en Europe et au Maroc avec des départs quotidiens depuis 90 villes françaises. Eurolines propose également des hébergements à petits prix sur les destinations desservies.

– *Pass Europe :* pour un prix fixe valable 15 ou 30 jours, vous voyagez autant que vous le désirez sur le réseau entre 51 villes européennes. Également un minipass pour visiter deux capitales européennes (7 combinés possibles).

UNITAID

UNITAID a été créé pour lutter contre le VIH/sida, le paludisme et la tuberculose, les trois principales maladies meurtrières dans les pays en développement. UNITAID intervient dans 94 pays en facilitant l'accès aux médicaments et aux diagnostics, et en baissant les prix, dans les pays en développement. Le financement d'UNITAID provient principalement d'une contribution de solidarité sur les billets d'avion mise en place par six pays membres, dont la France. Les financements ont permis à près d'un million de personnes atteintes du VIH/sida de bénéficier d'un traitement et de délivrer plus de 19 millions de traitements contre le paludisme. Moins de 5 % des fonds servent au fonctionnement du programme, 95 % sont utilisés directement pour les médicaments et les tests. Pour en savoir plus : ● unitaid.eu ●

ⓘ BELGIQUE UTILE

▶ Pour la carte de la Belgique, se reporter au cahier couleur.

ABC
DE LA BELGIQUE

▶ *Superficie :* 30 528 km².
▶ *Capitale :* Bruxelles.
▶ *Villes principales :* agglomération de Bruxelles (1,3 million d'hab.), Anvers (507 000 hab.), Gand (250 000 hab.), Charleroi (205 000 hab.), Liège (197 000 hab.), Bruges (117 000 hab.), Namur (111 000 hab.), Louvain (98.000 hab).
▶ *Population :* 11,2 millions d'hab. (97 % urbanisés), dont 22 % d'étrangers (120 000 Français, officiellement).
▶ *Densité :* 364 hab./km². Une des plus fortes d'Europe.
▶ *Divisions administratives et politiques :* 3 régions (Bruxelles-Capitale, la Région flamande et la Wallonie) et 10 provinces en tout.
▶ *Langues officielles :* le français, le néerlandais et l'allemand.
▶ *Communautés linguistiques :* française, flamande et germanophone.
▶ *Altitude maximale :* 694 m. Pas si plat, le plat pays !
▶ *Espérance de vie :* 76,5 ans pour les hommes, 83 ans pour les femmes.
▶ *PIB par habitant :* 34 300 €.
▶ *Taux de chômage :* 8,3 % (mais avec de grandes disparités régionales).
▶ *Indice de développement humain :* 0,886 (18ᵉ rang mondial).
▶ *Régime politique :* monarchie constitutionnelle, parlementaire et fédérale
▶ *Chef de l'État :* Philippe Iᵉʳ, depuis 2013.
▶ *Premier ministre :* Elio Di Rupo (depuis 2011, nouveau gouvernement en formation en août 2014).
▶ *Formations politiques :* la famille chrétienne-démocrate (CDH et CD & V), les socialistes (PS et SP) et les libéraux (MR et Open-VLD). S'y ajoutent les écologistes (Ecolo et Groen), les nationalistes flamands (N-VA) et l'extrême droite flamande (Vlaams Belang).

AVANT LE DÉPART

Adresses utiles

En France

Fédéralisme oblige, la représentation touristique belge à Paris est scindée en deux ailes linguistiques.

ⓘ *Office belge de tourisme Wallonie-Bruxelles pour la France :* ☎ 01-53-85-05-20. ● info@belgique-tourisme.fr ● belgique-tourisme.fr ● Fermé au public. Les brochures peuvent être téléchargées sur les sites internet ou commandées par téléphone.

ⓘ *Tourisme Belgique, Flandre-Bruxelles :* BP 143, 75363 Paris Cedex 08. ☎ 01-56-89-14-42. ● the placeto.be ● Fermé au public. Brochures à télécharger, promos et offres sur ● tourismebelgique.com ●

■ *Consulat de Belgique :*
– Paris : 1, av. Mac-Mahon, 75017. ☎ 01-44-09-39-39. ● diplomatie.be/paris ● Ⓜ et RER A : Charles-de-Gaulle-Étoile. Lun, mer, ven 9h-12h30.

En Suisse

■ *Ambassade de Belgique :* 41, Jubilaümstrasse, 3005 Bern. ☎ (031) 350-01-50 à 52. ● diplomatie.be/bernfr ● Lun-ven 8h30-12h et 14h-16h30.

■ *Consulat de Belgique :* 58, rue Moillebeau, 6ᵉ étage, 1209 Genève 19. ☎ (022) 730-40-00. ● diplomatie.be/genevafr ●

Au Canada

ⓘ *Représentation au Québec de l'office de promotion du tourisme*

Wallonie-Bruxelles : 43, rue de Buade, bureau 525, Québec (Québec) QC G1T 4A2. ☎ (418) 692-49-39. ● belgique-tourisme.qc.ca ●
■ *Ambassade de Belgique :* 360, rue Albert, suite 820, Ottawa (Ontario) K1R-7X7. ☎ (613) 236-72-67 à 69.

● diplomatie.be/ottawafr/ ● Lun-jeu 9h-13h et 14h-15h ; ven 9h-14h.
■ *Consulat de Belgique :* 999, bd de Maisonneuve Ouest, suite 1600, Montréal (Québec) H3A-3L4. ☎ (514) 849-73-94. ● diplomatie.be/montrealfr/ ●

Formalités

Avec les accords de Schengen, en principe, plus aucun contrôle n'est exercé entre la Belgique et la France. Mais il vaut mieux vous munir d'une pièce d'identité en cours de validité ou d'un passeport valide ou périmé depuis moins de 5 ans (ainsi que de votre permis de conduire et des papiers de votre véhicule, si vous conduisez).
Pour bénéficier des soins de santé, les Français ont intérêt à se procurer la carte européenne d'assurance maladie, disponible auprès de leur centre de Sécurité sociale.
Les ressortissants suisses doivent également avoir leur carte d'identité nationale. Les Canadiens n'ont pas besoin de visa à condition de ne pas séjourner plus de 3 mois.

> À chaque voyage, pensez à scanner passeport, visa, carte de paiement, billet d'avion et *vouchers* d'hôtel. Ensuite, adressez-les-vous par mail, en pièces jointes. En cas de perte ou de vol, rien de plus facile pour les récupérer dans un cybercafé. Les démarches administratives en seront bien plus rapides. Merci tonton Routard !

Assurances voyages

■ *Routard Assurance :* c/o AVI International, 40-44, rue Washington, 75008 Paris. ☎ 01-44-63-51-00. ● avi-international.com ● Ⓜ George V. Depuis 20 ans, Routard Assurance en collaboration avec AVI International, spécialiste de l'assurance voyage, propose aux voyageurs un contrat d'assurance complet à la semaine qui inclut le rapatriement, l'hospitalisation, les frais médicaux, le retour anticipé et les bagages. Ce contrat se décline en différentes formules : individuel, senior, famille, light et annulation. Pour les séjours longs (2 mois à 1 an), consultez notre site. L'inscription se fait en ligne et vous recevrez dès la souscription, tous vos documents d'assurance par email.

■ *AVA :* 25, rue de Maubeuge, 75009 Paris. ☎ 01-53-20-44-20. ● info@ava.fr ● ava.fr ● Ⓜ Cadet. Un autre courtier fiable pour ceux qui souhaitent s'assurer en cas de décès-invalidité-accident lors d'un voyage à l'étranger mais surtout pour bénéficier d'une assistance rapatriement, perte de bagages et annulation. Attention, franchises pour leurs contrats d'assurance voyages.
■ *Pixel Assur :* 18, rue des Plantes, BP 35. 78601 Maisons-Laffitte. ☎ 01-39-62-28-63. ● contact@pixel-assur.com ● pixel-assur.com ● RER A : Maisons-Laffitte. Assurance de matériel photo tous risques, basée sur la valeur du matériel. Devis basé sur le prix d'achat du matériel. Avantage : garantie à l'année.

Carte internationale d'étudiant (carte ISIC)

Elle prouve le statut d'étudiant dans le monde entier et permet de bénéficier de tous les avantages, services et réductions dans les

domaines du transport, de l'héber-gement, de la culture, des loisirs, du shopping... C'est la clé de la mobilité étudiante !
La carte ISIC permet aussi d'accé-der à des avantages exclusifs sur le voyage (billets d'avion spécial étudiants, hôtels et auberges de jeunesse, assurances, cartes SIM internationales, location de voiture, navette aéroport...).

Pour l'obtenir en France

– *Commandez-la en ligne :* ● *isic.fr* ●
– *Rendez-vous dans la boutique ISIC (2, rue de Cicé, 75006 Paris ; ☎ 01-40-49-01-01)* muni de votre certificat de scolarité, d'une photo d'identité et de 13 € (12 € + 1 € de frais de traitement). Émission immédiate sur place ou envoi à domicile le jour même de la commande en ligne.

En Belgique

Elle coûte 12 € (+ 1 € de frais d'envoi,) et s'obtient sur présentation de la carte d'identité, et de la carte d'étudiant auprès de l'agence **Connections** : *rens au ☎ 070-23-33-13.* ● *isic.be* ●

En Suisse

Dans toutes les agences **S.T.A. Travel** *(☎ 058-450-40-00 ou 49-49),* sur pré-sentation de la carte d'étudiant, d'une photo et de 20 Fs. Commande de la carte en ligne : ● *isic.ch* ● *statravel.ch* ●

Au Canada

La carte coûte 20 $Ca (+1,50 $Ca de frais d'envoi). Disponible dans les agences **Travel Cuts/Voyages Campus,** mais aussi dans les bureaux d'associations étudiantes. Pour plus d'infos : ● *voyagescampus.com* ●

Carte d'adhésion internationale aux auberges de jeunesse (carte FUAJ)

Cette carte vous ouvre les portes des 4 000 auberges de jeunesse du réseau HI-Hostelling International en France et dans le monde. Vous pou-vez ainsi parcourir 90 pays à des prix avantageux et bénéficier de tarifs préférentiels avec les partenaires des auberges de jeunesse HI. Enfin, vous intégrez une communauté mondiale de voyageurs partageant les mêmes valeurs : plaisir de la rencontre, res-pect des différences et échange dans un esprit convivial. Il n'y a pas de limite d'âge pour séjourner en auberge de jeunesse. Il faut simple-ment être adhérent.

Pour l'obtenir en France

– *En ligne,* avec un paiement sécurisé, sur le site ● *hifrance.org* ●
– *Dans toutes les auberges de jeu-nesse,* points d'Informations et de réservations en France. Liste des AJ sur ● *hifrance.org* ●
– *Par correspondance* auprès de l'antenne nationale *(27, rue Pajol, 75018 Paris ; ☎ 01-44-89-87-27),* en

envoyant une photocopie d'une pièce d'identité et un chèque à l'ordre de la FUAJ du montant correspondant à l'adhésion. Ajoutez 2 € pour les frais d'envoi. Vous recevrez votre carte sous15 j.

Les tarifs de l'adhésion 2015

– *Carte internationale indivi-duelle FUAJ - de 26 ans :* 7 €. Pour les personnes de 16 à 25 ans (veille des 26 ans) – Français ou étrangers résidant en France depuis plus de 12 mois – les étudiants français et les demandeurs d'emploi sur présenta-tion d'un justificatif. Pour les mineurs, une autorisation parentale et la carte d'identité du parent tuteur sont néces-saires pour l'inscription.
– *Carte internationale individuelle FUAJ + de 26 ans :* 11 €.
– *Carte internationale FUAJ Famille :* 20 €. Pour les familles ayant un ou plusieurs enfants de moins de 16 ans. Les enfants de plus de 16 ans devront acquérir une carte individuelle FUAJ.

– *Carte internationale FUAJ parte-naire :* gratuite. Réservée aux personnes licenciées, aux adhérents d'une association ou fédération sportive partenaire de la FUAJ, sur présentation de leur licence.

Liste complète des associations et fédérations sportives sur ● *hifrance. org* ●, rubrique « Partenaires ».

En Belgique

Réservée aux personnes résidant en Belgique. La carte d'adhésion est obligatoire. Son prix varie selon l'âge : entre 3 et 15 ans, 3 € ; entre 16 et 25 ans, 9 € ; après 25 ans, 15 €.

Votre carte de membre vous permet d'obtenir de 3 à 20 € de réduction sur votre première nuit dans les réseaux LAJ, VJH et CAJL (Luxembourg), ainsi que des réductions auprès de nombreux partenaires en Belgique.

Renseignements et inscriptions

■ *À Bruxelles : LAJ, rue de la Sablonnière, 28, 1000.* ☎ *02-219-56-76.* ● *lesaubergesdejeunesse.be* ●
■ *À Anvers : Vlaamse Jeugdherbergcentrale (VJH), Beatrijslaan 72, B 2050 Antwerpen.* ☎ *03-232-72-18.* ● *jeugdherbergen.be* ●

En Suisse (SJH)

Réservée aux personnes résidant en Suisse. Le prix de la carte dépend de l'âge : 22 Fs pour les - de 18 ans, 33 Fs pour les adultes et 44 Fs pour une famille avec des enfants de - de 18 ans.

Renseignements et inscriptions

■ *Schweizer Jugendherbergen (SJH) : service des membres, Schaffhauserstr. 14, 8006 Zurich.* ☎ *044-360-14-14.* ● *youthhostel.ch* ●

Au Canada

Elle coûte 35 $Ca pour une durée de 16 à 28 mois et 175 $Ca pour une carte valable 5 ans (tarifs hors taxes). Gratuit pour les enfants de - de 18 ans.

■ *Auberges de jeunesse du Saint-Laurent / St Laurent Youth Hostels : 3514, av. Lacombe, Montréal (Québec) H3T 1M1.* ☎ *514-731-1015. N° gratuit (au Canada) :* ☎ *1-800-663-5777.*
■ *Canadian Hostelling Association : 205, Catherine St, bureau 400, Ottawa (Ontario) K2P 1C3.* ☎ *613-237-7884.* ● *info@hihostels. ca* ● *hihostels.ca* ●

Pour réserver votre séjour en auberge de jeunesse HI

– *En France :* ● *hifrance.org* ● Réservez vos séjours dans 120 auberges de jeunesse. Accès aux offres spéciales et dernières minutes.
– *En France et dans le monde :* ● *hihostels.com* ● Si vous prévoyez un séjour itinérant, vous pouvez réserver plusieurs auberges en une seule fois !

ARGENT, BANQUES, CHANGE

Comme en France, l'*euro* est la monnaie en circulation en Belgique. Nos amis suisses et canadiens devront donc encore changer leur monnaie nationale.

– Les *banques* sont ouvertes du lundi au vendredi de 9h à 16h (pour la plupart) et quelques-unes le samedi matin.

– Le pays est quadrillé par un réseau de *distributeurs* de billets (le réseau *Bancomat*), où vous pourrez retirer des billets à l'aide de votre carte de paiement. Le logo des cartes utilisables figure en bordure de chaque distributeur. Les cartes *Visa* et *MasterCard* sont de plus en plus acceptées, mais pas à toutes les pompes à essence, surtout celles de nuit (sans guichet). Attention, lors de week-ends prolongés, certains distributeurs voient leur stock de billets s'épuiser rapidement, prenez vos précautions. Si vous avez à régler votre hébergement en liquide, vérifiez bien auprès de votre banque le montant du retrait maximum autorisé par semaine (souvent 300 €).

– *Change :* de manière générale pour nos lecteurs hors zone euro, il est recommandé de vous munir d'euros car vous risquez de voir vos billets nationaux changés à un taux qui vous laissera quelques regrets... Préférez les banques aux bureaux de change (surtout dans les lieux touristiques) – les commissions peuvent varier – et comparez les panneaux indiquant le cours des devises.

Les cartes de paiement

Quelle que soit la carte que vous possédez, chaque banque gère elle-même le processus d'opposition et le numéro de téléphone correspondant ! Avant de partir, notez donc bien le numéro d'opposition propre à votre banque (il figure souvent au dos des tickets de retrait, sur votre contrat, ou à côté des distributeurs de billets), ainsi que le numéro à 16 chiffres de votre carte. Bien entendu, conservez ces informations en lieu sûr et séparément de votre carte. Par ailleurs, l'assistance médicale se limite aux 90 premiers jours du voyage et l'assistance véhicule aux cartes haut de gamme (renseignez-vous auprès de votre banque).
N'oubliez pas aussi de VÉRIFIER LA DATE D'EXPIRATION DE VOTRE CARTE BANCAIRE avant votre départ !
– *Carte Bleue Visa Internationale :* assistance médicale ; numéro d'urgence (Europe Assistance) : ☎ (00-33) 1-41-85-85-85. ● visa. fr ● Pour faire opposition, contactez le numéro communiqué par votre banque.
– *Carte MasterCard :* assistance médicale incluse ; numéro d'urgence : ☎ (00-33) 1-45-16-65-65. ● master cardfrance.com ● En cas de perte ou de vol, composez le numéro communiqué par votre banque pour faire opposition.
– Pour la carte *American Express :* téléphoner en cas de pépin au ☎ (00-33) 1-47-77-72-00. Numéro accessible tlj 24h/24. ● americanex press.fr ●
– Pour toutes les cartes émises par *La Banque postale :* composer le ☎ 0825-809-803 (0,15 €/mn) depuis la France métropolitaine ou les DOM, et depuis les DOM ou l'étranger le ☎ (00-33) 5-55-42-51-96.
– Également un numéro d'appel valable *pour faire opposition quelle que soit votre carte de paiement :* ☎ 0892-705-705 (serveur vocal à 0,34 €/mn). Ne fonctionne ni en PCV ni depuis l'étranger.
Petite mesure de précaution : si vous retirez de l'argent dans un distributeur, utilisez de préférence les distributeurs attenant à une agence bancaire. En cas de pépin avec votre carte (carte avalée, erreurs de numéro...), vous aurez un interlocuteur dans l'agence, pendant les heures ouvrables du moins.

Western Union Money Transfer

● westernunion.com ●
En cas de besoin urgent d'argent liquide (perte ou vol de billets, chèques de voyage, carte de paiement), vous pouvez être dépanné en quelques minutes grâce au système *Western Union Money Transfer.* Pour cela, demandez à quelqu'un de vous déposer de l'argent en euros dans l'un des bureaux *Western Union* ; les correspondants en France de *Western Union* sont *La Banque postale* (fermée sam ap-m, n'oubliez pas ! ☎ 0825-00-98-98 ; 0,15 €/mn) et la *Société financière de paiements* (SFDP ; ☎ 0825-825-842 – 0,15 €/mn). L'argent vous est transféré en moins de 15 mn. La commission, assez élevée, est payée par l'expéditeur. Possibilité d'effectuer un transfert en ligne 24h/24 par carte de paiement (*Visa* ou *MasterCard*) émise en France.

ACHATS

Magasins

Les boutiques, échoppes et magasins pullulent dans le centre des villes où vous tomberez inévitablement sur des marchés, brocantes et autres étalages. Tous les produits du terroir national et de bien au-delà vous seront proposés chaque fois que vous vous promènerez.

Pour vous donner un coup de main (pas pour porter !), quelques petits conseils afin de faire quelques bonnes affaires...

Ce qui se mange
– Les chocolats (pralines) : ils se conservent une semaine (à l'abri de la chaleur !).
– Le massepain, les *babeluttes*.
– Les *couques* (viennoiseries) et les biscuits, *speculoos*, baisers, macarons et pain à la grecque.
– Les fromages : le herve (dans un emballage isolant), les fromages d'abbaye à pâte molle.
– Les jambons fumés des Ardennes.

Ce qui se boit
– Un petit casier des innombrables bières « spéciales » et d'abbaye, et les verres qui vont avec ; de la Gueuze.
– Du *peket*, du genièvre.

Ce qui se lit
La B.D. bien sûr ! Les fanas et collectionneurs ne sauront où donner de la tête, attention à l'ivresse des bulles !

Gadgets
Le credo européen s'affiche sur un tas d'objets et d'accessoires aux couleurs bleu et jaune du drapeau de l'Europe des 28 : il y en a pour tous les goûts.

Artisanat
– *La dentelle :* c'est LA spécialité. Si vous avez une tante à héritage à qui faire plaisir, ne cherchez pas plus loin ! Points de Bruges ou de Malines, si cela vous passionne, faites-vous expliquer toutes les subtilités de ce qui constitua naguère une véritable industrie (plus de 15 % des Bruxellois en vivaient au XVIIIe s).
– *La tapisserie :* destinée à l'ornementation, elle a connu ses heures de gloire aux XVe et XVIe s. Il en subsiste des objets et accessoires divers vendus dans des boutiques touristiques. Mais il faut aimer !
– *Le verre et le cristal :* industrie dont la Wallonie s'est fait une spécialité ; la maîtrise des souffleurs de verre a produit des merveilles (à visiter : les cristalleries du Val Saint-Lambert à Liège). À admirer, à moins d'avoir les moyens car ce n'est pas donné !
– Autres spécialités wallonnes : la dinanderie (le cuivre repoussé) et les étains (à Huy), la céramique et la faïence (à La Louvière), la porcelaine (à Tournai).
– Avec un peu de chance, vous pourrez peut-être acquérir à prix d'or quelques objets d'**artisanat ancien** chez les innombrables antiquaires et brocanteurs du royaume. Si vous vous y connaissez, c'est un régal de chiner en Belgique. Objets recherchés : le style « Expo 1958 », avec tout ce qui rappelle les fifties autour de la construction de l'Atomium.

BUDGET

Le coût de la vie à Bruxelles est, dans les grandes lignes (hormis les loyers bien plus modiques), comparable à celui des autres capitales européennes. Manger au resto coûte en moyenne un peu plus cher, mais les portions servies sont plus généreuses. Les prix indiqués comprennent le service, mais il est toujours bienvenu d'arrondir le montant dans les cafés et restaurants.

Hébergement

> **Promotions sur Internet**
>
> De plus en plus d'hôtels modulent les tarifs de leurs chambres sur Internet en fonction du taux d'occupation. Il y a donc les prix de base (ceux que nous indiquons) et les promos proposées sur le Net. À certaines périodes, le prix des chambres évolue en permanence, ce qui permet d'optimiser le chiffre d'affaires (comme le font les compagnies aériennes). Ces promotions sont extrêmement variables d'une semaine à l'autre, voire d'un jour à l'autre. Elles sont particulièrement intéressantes pour les hôtels de gamme supérieure (3-4 étoiles). Bref, lorsque vous avez choisi votre hôtel dans votre guide préféré, allez donc faire un tour sur son site pour voir ce qu'il propose. De vraies bonnes affaires en perspective !

Les prix indiqués sont pour deux personnes, sauf pour les auberges de jeunesse (valeurs en euros arrondies).
– *Bon marché :* de 18 à 25 € par personne (auberge de jeunesse).
– *Prix modérés :* jusqu'à 60 €.
– *Prix moyens :* de 60 à 90 €.
– *Chic :* de 90 à 125 €.
– *Plus chic :* de 125 à 160 €.
– *Très chic :* au-delà de 160 €.

Restaurants

– *Bon marché :* jusqu'à 10 € le plat.
– *Prix modérés :* de 10 à 12,50 € le plat.
– *Prix moyens :* de 12,50 à 20 € le plat.
– *Chic :* de 20 à 25 € le plat.
– *Plus chic :* au-delà de 25 € le plat.
Un resto chic peut très bien servir un plat du jour pas très cher le midi. Ainsi un resto que nous avons placé dans cette catégorie peut-il très bien figurer dans « Prix modérés », et inversement.
Grosso modo, au déjeuner, on peut se contenter d'un plat du jour pour 10-12 €, et souvent cela suffit pour assouvir une honnête faim, mais, le soir, pour faire un repas complet dans un vrai resto, compter pas moins de 30 € par personne. C'est donc plutôt cher.

CLIMAT

Les Parisiens ne seront pas dépaysés. Les conditions climatiques à Bruxelles sont, à un ou deux degrés près, les mêmes que dans l'Île-de-France. Le climat étant océanique et tempéré, vous devrez en toute saison prévoir un vêtement de pluie. Mais comme il n'y a plus de saison, c'est bien connu, on connaît aussi des étés torrides et des printemps pourris (et vice-versa !). De même, pendant l'hiver, en principe humide et doux, le gel peut s'installer assez longtemps et donner des journées froides et ensoleillées.
La dominante sera un temps ni chaud ni froid avec des alternances rapides entre soleil et pluie, mais aussi parfois de longues périodes de temps gris avec ciel couvert. En moyenne, on observe un peu plus de 130 jours de pluie par an dans la région de Bruxelles.

BELGIQUE (Bruxelles) :
Moyenne des températures atmosphériques

Les floraisons du printemps sont idéales pour se balader dans les quartiers du sud-est de Bruxelles, comme à Boisfort, qui resplendissent de la parure des cerisiers du Japon.
– *Prévisions météo* (*Institut royal météorologique*) : ☎ 090-02-70-03 ou ● *meteo.be* ●

HÉBERGEMENT

Toute la gamme classique pour se loger. De nombreux campings, surtout sur la côte et dans les Ardennes, des AJ, des pensions familiales dans les petites localités, des *B & B* dans les villes d'art, des hôtels pour tous les goûts et toutes les bourses. Il y a abondance sauf, peut-être, dans la catégorie des hôtels sympas, confortables... et bon marché (à Bruxelles, principalement).
Par ailleurs, lorsque vous souhaitez bénéficier d'une des réductions que nous avons obtenues pour nos chers lecteurs, n'oubliez pas de vous la faire confirmer À LA RÉSERVATION. Cela évitera des malentendus au moment du paiement avec les employés de la réception soi-disant pas au courant.
– *Combine intéressante (surtout à Bruxelles) :* paradoxalement, il y a des chambres libres en pagaille le week-end... dans les hôtels haut de gamme qui accueillent une clientèle d'affaires en semaine. Furetez sur Internet. Parfois, on peut même négocier avant de réserver.
Le petit déj est quasiment toujours compris et généralement copieux.
Les catégories de prix sont assez variables et en fonction :
– du quartier ; les centres historiques sont beaucoup plus chers ;
– de l'époque de l'année ; les mois les plus intéressants (en semaine) sont janvier, février, juillet, août et décembre.
Pour des indications précises, voir la rubrique « Budget ».
Les chambres d'hôtes sont en plein développement, surtout en Flandre. C'est très réglementé, donc confort assuré, et ça permet les contacts. Et même à la campagne, on n'est jamais très loin d'une grande ville.

Location d'appartements chez l'habitant

■ *Airbnb :* résas sur • *airbnb.fr* •
Des milliers de logements à tous les
prix. Réduction de 10 € à Bruxelles

avec le code BELGIQUE2015 au
moment de payer.

Auberges de jeunesse

– Il n'y a pas de limite d'âge pour séjourner en AJ. Il faut simplement être adhérent.
– La FUAJ offre à ses adhérents la possibilité de réserver en ligne grâce à son
système de réservation international • *hihostels.com* • jusqu'à 12 mois à l'avance,
dans plus de 1 600 auberges de jeunesse dans le monde. Et si vous prévoyez un
séjour itinérant, vous pouvez réserver plusieurs auberges en une seule fois.
Ce système permet d'obtenir toutes informations utiles sur les auberges reliées au
système, de vérifier les disponibilités, de réserver et de payer en ligne.
L'intérêt, c'est que tout cela se passe avant le départ, en français et en euros, donc
sans frais de change ! Vous versez simplement un acompte de 5 % et des frais de
réservation de 1,60 €.
Vous recevrez en échange un reçu de réservation que vous présenterez à l'AJ une
fois sur place. Ce service permet aussi d'annuler et d'être remboursé selon le délai
d'annulation, qui varie d'une AJ à l'autre. Le système de réservation international,
accessible sur le site • *hihostels.com* •⊠ permet d'obtenir toutes les informations
utiles sur les auberges reliées au système, de vérifier les disponibilités, de réserver
et de payer en ligne, de visiter virtuellement une auberge, et bien d'autres astuces !

Campings, gîtes et chambres chez l'habitant

■ *Campings :* 350 terrains en Belgique, • *campingbelgique.be* • Achat en ligne
de la *Carte Camping,* qui permet, pour 14 €, de bénéficier de nombreux avantages
dans 30 campings et 150 attractions.
■ *ASBL Gîtes de Wallonie :* av. Prince-de-Liège, 1, Namur 5000.
☎ (00-32) 81-31-18-00. • *gitesdewallonie.be* • Gîtes ruraux, 500 meublés de tourisme et 250 chambres et tables d'hôtes pour découvrir les spécialités du terroir.
■ *Gîtes d'étape du Centre belge pour tourisme des jeunes :* rue Van-Orley, 4,
Bruxelles 1000. ☎ (00-32) 209-03-00. • *gitesdetape.be* • Le centre gère 29 sites
à Bruxelles et en Wallonie. Les Gîtes Accueil proposent des séjours en pension
complète (à partir de 27 € environ) ou demi-pension (à partir de 21 € environ) tandis
que les Gîtes de Groupe proposent une formule location en autonomie complète.
■ *Accueil champêtre en Wallonie* (tourisme rural) : chaussée de Namur, 47,
Gembloux 5030. ☎ (00-32) 81-627-458. • *accueilchampetre.be* • Près de
400 adresses d'hébergements, mais aussi loisirs à la ferme, saveurs du terroir et
découvertes pédagogiques.
■ *ASBL GIWAL :* rue Joseph-Raze, 3, Esneux 4130. ☎ 043-80-19-34. • *giwal.
be* • L'association recense les gîtes d'étape et refuges pour randonneurs situés à
proximité des sentiers de grande randonnée en Wallonie.
■ *Taxistop :* av. Thérésienne, 7, Bruxelles 1000 ; Maria-Hendrikaplein, 65 b, Gand
9000 ; bd Martin, 27, Ottignies-Louvain-la-Neuve 1340. ☎ (00-32) 70-222-292.
• *taxistop.be/2/benb* • *Taxistop* propose son *Guide du logement* chez l'habitant et
coordonne, en outre, les échanges internationaux de maisons ou d'appartements.
Centralise aussi pour l'Europe les offres et demandes de places libres dans les
voitures particulières (covoiturage).

HORAIRES D'OUVERTURE ET JOURS FÉRIÉS

– Les *banques* sont ouvertes du lundi au vendredi de 9h à 16h (souvent jusqu'à 18h le jeudi). Certaines ferment pendant l'heure du déjeuner, quelques-unes
assurent une permanence le samedi matin.

– Les **bureaux de poste** sont ouverts du lundi au vendredi de 9h à 17h ou 18h, et le samedi matin de 9h à 12h dans les grandes villes. Attention, vous ne trouverez pas forcément de téléphone dans les bureaux de poste, ces organismes occupent des bâtiments différents.

– Les **magasins** sont ouverts de 9h-10h à 18h-19h. Les grandes surfaces prolongent jusqu'à 20h (21h le vendredi). Tout est fermé le dimanche mais, dans les grandes villes, fonctionnent des *night shops* qui peuvent vous dépanner 24h/24.

– **Jours fériés :** 1er janvier, lundi de Pâques, 1er mai, jeudi de l'Ascension, lundi de Pentecôte, 21 juillet (fête nationale), 15 août, 1er novembre, 11 novembre et 25 décembre. Les « fêtes de communauté » peuvent induire la fermeture de services officiels, comme le 8 mai pour la fête de l'Iris et le 27 septembre, fête de la communauté française.

LANGUES

Parlez-vous le belge ?

Un bon conseil : n'essayez pas d'imiter l'accent belge ! Vous n'y arriverez pas : il y en a plusieurs et, de toute façon, vous ne duperez personne ! Cela dit, pour comprendre et vous faire entendre, quelques précisions ne seront pas superflues.

Ce que beaucoup de Français croient identifier comme l'accent belge standard est le français parlé (très convenablement, bien souvent) par les Belges d'origine flamande. Influencés par leur langue maternelle, ils ne distinguent pas toujours le tutoiement du vouvoiement, confondent les verbes pouvoir et savoir, et écorchent le français en le prononçant avec un accent germanique.

Le flamand ou néerlandais

Parlée par 22 millions d'Européens (aux Pays-Bas et en Belgique), cette langue a pour origine les parlers germaniques des envahisseurs qui occupèrent l'Europe occidentale à la fin de l'Empire romain.

Le néerlandais « officiel », enseigné dans les écoles des deux pays, est une langue codifiée qui fédère les dialectes issus de cinq grandes familles : le « hollandais », le saxon, les dialectes limbourgeois, les dialectes brabançons et les dialectes « flamands » de Flandre occidentale et de Zélande.

Il est aussi inapproprié, du point de vue linguistique, de parler de « hollandais » homogène pour les Pays-Bas que de « flamand » homogène pour les néerlandophones de Belgique. Un habitant de la Flandre parle une langue dialectale à la maison, assez différente de celle que ses enfants apprennent à l'école et franchement divergente de la langue qu'il entend à la télévision hollandaise.

Les moqueries entre Flamands et Hollandais prenant pour prétexte les différences d'accent sont aussi nombreuses qu'entre Français et Wallons !

Voici un petit lexique de la prononciation de la langue parlée dans le nord de la Belgique, pour ne pas avoir l'air stupide en lisant les noms de lieux ou de personnes, et pour échanger quelques mots afin de nouer la conversation.

La langue française sera la plupart du temps très bien acceptée en Flandre, pour peu que l'on ne vous prenne pas pour un Belge francophone, mais un petit effort pour dire quelques mots de néerlandais sera particulièrement apprécié. Ce n'est pas plus compliqué que l'anglais ou l'allemand.

– **Néerlandais, mode d'emploi :** l'accent tonique est presque toujours placé sur la première syllabe, sauf lorsque le mot est composé d'un préfixe, tels *be-, ge-, er-, her-, ont-, ver-*. Dans ce cas, l'accent tonique sera sur la syllabe suivante.

Le temps

lundi	*maandag* (« maan-dakh »)
mardi	*dinsdag* (« dînss-dakh »)
mercredi	*woensdag* (« wounss-dakh »)
jeudi	*donderdag* (« donn-deur-dakh »)
vendredi	*vrijdag* (« vreill-dakh »)
samedi	*zaterdag* (« zaa-ter-dakh »)
dimanche	*zondag* (« zonn-dakh »)
été	*zomer* (« zoo-meur »)
automne	*herfst* (« hairfst »)
hiver	*winter* (« ouinn-teur »)
printemps	*lente* (« lenn-te »)
semaine	*week* (« wéék »)
heure	*uur* (« uurh »)
minute	*minuut* (« mi-nuut »)

Compter

un	*een* (« één »)
deux	*twee* (« touée »)
trois	*drie* (« drî »)
quatre	*vier* (« vîr »)
cinq	*vijf* (« veill-f »)
six	*zes* (« zaiss »)
sept	*zeven* (« zé-veun »)
huit	*acht* (« akht »)
neuf	*negen* (« né-geun »)
dix	*tien* (« tîn »)
onze	*elf* (« elfe »)
douze	*twaalf* (« touaalf »)
treize	*dertien* (« dair-tîn »)
quatorze	*veertien* (« véer-tîn »)
vingt	*twintig* (« touinn-teugh »)
trente	*dertig* (« der-teugh »)
quarante	*veertig* (« véer-teugh »)
cent	*honderd* (« honn-deurt »)

Se déplacer

avion	*vliegtuig* (« vlîg-teuigh »)
bateau	*boot* (« baut »)
port	*haven* (« haa-veun »)
train	*trein* (« treill-n »)
gare	*station* (« stassionn »)
quai	*perron* (« paironn »)
auto	*auto* (« o-outo »)
bus	*bus* (« beuss »)
vélo	*fiets* (« fîtss »)
gauche	*links* (« linn-ks »)
droite	*rechts* (« raikh-ts »)

Hébergement

hôtel	*hotel* (idem !)
chambre	*kamer* (« kâa-meur »)
auberge de jeunesse	*jeugdherberg* (« yeughd-hair-bairg »)
lit	*bed* (« baitt »)
clé	*sleutel* (« sleu-teul »)
salle de bains	*badkamer* (« bad-kaa-meur »)

dormir	*slapen* (« slâa-peun »)
prix	*prijs* (« preill-ss »)
chambre d'hôtes	*gastenkamer* (« gasteun Kâa-meur »)

Repas

restaurant	idem
table	*tafel* (« tâa-feul »)
manger	*eten* (« é-teun »)
boire	*drinken* (« drinn-keun »)
vin	*wijn* (« ou-eill-n »)
bière	*bier* (« bîr »)
eau	*water* (« ouaa-teur »)
pain	*brood* (« braut »)
café	*koffie* (« ko-fî »)
thé	*thee* (« taie »)
lait	*melk* (« mai-lk »)
viande	*vlees* (« vléss »)
légumes	*groenten* (« groun-teun »)
addition	*rekening* (« requeuning »)

Visites

rue	*straat* (« straat »)
avenue	*laan* (« lâann »)
place	*plein* (« pleill-n »)
marché	*markt*
digue	*dijk* (« deill-k »)
plage	*strand* (« strann-t »)
église	*kerk* (« querk »)
château	*kasteel* (« cass-téel »)
pont	*brug* (« brugh »)
hôtel de ville	*stadhuis* (« stad-heuill-ss »)
musée	*museum* (« mu-sé-om »)
fermé	*gesloten* (« gueu-slau-teun »)
interdit	*verboden* (« veur-bau-deun »)

Rencontres

oui	*ya* (« yâa »)
non	*neen* (« néen »)
où ?	*waar ?* (« ouâar ? »)
comment ?	*hoe ?* (« houe ? »)
combien ?	*hoeveel ?* (« houe-véel ? »)
trop cher	*te duur* (« te dûur »)
merci (à vous)	*dank u* (« dannk-û »)
merci (à toi)	*dank je* (« dannk-yeu »)
bonjour (familier)	*dag* (« dagh »)
bonjour (matin)	*goedemorgen* (« gou-de-morgeun »)
bonsoir	*goedenavond* (« gou-de-na-vonnd »)
au revoir	*tot ziens* (« tott-dzînss »)
aujourd'hui	*vandaag* (« vann-dâagh »)
demain	*morgen* (« mor-gueun »)
hier	*gisteren* (« ghis-te-reun »)
s'il vous plaît	*alstublieft* (« alss-tu-blîft »)
s'il te plaît	*alsjeblieft* (« alss-yeu-blîft »)

Si vous avez pris la peine de prononcer quelques mots à haute voix grâce à la méthode phonétique, vous verrez les visages se fendre d'un sourire ravi !

Sachez que l'Europe est un grand village et que le néerlandais a donné des mots au français : bouquin, boulevard, étape, affaler, matelot, bâbord, tribord et, évidemment, kermesse.

Le français de Belgique

Autre accent typique : le bruxellois. Bruxelles est une ville au statut officiellement bilingue mais où plus de 80 % des habitants parlent le français.
L'histoire reconnaît les origines brabançonnes (donc flamandes) de Bruxelles, mais le brassage des populations suivi du choix de la ville comme capitale de l'État ont « francisé » la population locale. Cela a généré un français savoureux où les mots aux intonations germaniques et à la syntaxe saugrenue issue du flamand restent nombreux. On y décèle même des apports espagnols qui datent du XVIe s ! Cette langue est toujours vivante dans les quartiers populaires et fait l'objet d'une littérature dialectale dont on peut avoir une bonne illustration au théâtre de marionnettes de Toone (voir le chapitre sur Bruxelles).
Le répertoire bruxellois est particulièrement prolifique dans le domaine des insultes, lesquelles font partie du patrimoine culturel de la ville (les albums de Tintin sont truffés de mots bruxellois). Cela dit, pour vous rassurer, les Bruxellois parlent en majorité un français parfaitement compréhensible, mais ils tiennent, comme tous les Belges francophones, aux particularités de leur langue.

Les belgicismes

« Septante » et « nonante » ! Voilà à quoi un Belge se fait repérer immédiatement dans un rassemblement de francophones (avec le Suisse qui poussera le bouchon jusqu'à oser « huitante » ! – octante est désuet). Et il y tient, puisque la logique linguistique est de son côté : les langues cousines de la latinité utilisent *setenta, ochenta, noventa* (espagnol) et *settanta, ottanta, novanta* (italien). Le français de Belgique est aussi du français. Les particularismes belges ne sont, ni plus ni moins, que des archaïsmes bien authentiques, alors qu'en France le jacobinisme centralisateur a eu tendance à réduire les saveurs des

SOIXANTE-DIX OU SEPTANTE ?

Au Moyen Âge, on avait coutume de compter de 20 en 20. Aussi trouvait-on les formes vint et dis (30), deux vints (40), trois vints (60), quatre vints (80), etc. (voir l'Hospice des Quinze-Vingts). Ce système a été utilisé par les Celtes et les Normands qui l'ont introduit en Gaule. À la fin du Moyen Âge, les nombres décimaux trente, quarante, cinquante, soixante s'imposent définitivement. Pourquoi cet arrêt ? Sans doute pour faciliter un calcul mental mieux adapté aux grands nombres (70 = 60 + 10, 80 = 4 × 20, 90 = 80 + 10). En tout cas, le système belge est le plus logique.

provincialismes. Des tournures de phrase sont communes au ch'ti du Nord. Par exemple, l'usage du « quoi » en fin de phrase (« je te raconterai quoi... » en place de « je te raconterai ce que... »).

Petit lexique des originalités du français de Belgique

à tantôt	à tout à l'heure
accroche-pied	croc-en-jambe
afonner	boire cul sec
amitieux	affectueux
athénée	lycée
aubette	kiosque à journaux
avoir ses apaisements	être rassuré
avoir un air de deux airs	être fourbe, sournois

avoir un œuf à peler (avec quelqu'un)	avoir un compte à régler
bac à ordures	poubelle
baise (une)	bise
bisser, trisser	redoubler, tripler (une année scolaire)
bitu	ivre, soûl
blinquer	reluire
bloquer	étudier, bûcher
boules	bonbons
bourgmestre	maire
brette	dispute
brol	désordre, foutoir
brosser	sécher (les cours)
ça va ?	d'accord ?
carte-vue	carte postale
chicon	endive
clenche	poignée de porte
coussin	oreiller
crollé	bouclé, frisé
cumulets	culbutes (faire des)
déforcer	affaiblir
délibérer	discuter, mettre en délibération
dépôt d'immondices	décharge publique
drache (aussi chez les ch'tis)	averse
drève	allée carrossable bordée d'arbres
dringuelle	pourboire
écolage	apprentissage
essuie-main	serviette de toilette
estacade	jetée
évier	lavabo
faire la file	faire la queue
farde	chemise, dossier
feu ouvert	cheminée, âtre
flat	studio
fourche	temps libre entre deux heures de cours
fristouiller	cuisiner, cuire
friture	baraque à frites
guindaille	fête, beuverie d'étudiants
il n'est pas contraire	il est accommodant
jouer avec ses pieds	le faire marcher
koter	habiter une chambre d'étudiant *(kot)*
logopède	orthophoniste
manche à balle	fayot, lèche-cul
margaille	dispute, querelle
mettre à moule	détruire, mettre à sac
mordre sur sa chique	endurer, supporter sans réplique
navetteur	travailleur se déplaçant tous les jours de son domicile à son lieu de travail
oiseau sans tête	paupiette
pain français	baguette
pensionné	retraité
piétonnier	rue commerçante réservée aux piétons
pistolet	petit pain rond
plafonner	plâtrer
postposer	retarder, différer
posture	statuette

pour du bon	sérieusement
prester	effectuer une prestation
remettre	vomir ou céder (commerce à remettre)
renseigner	indiquer, signaler
rhétoricien	élève de terminale
roter	râler, être en colère
sacoche	sac à main
salade	laitue
singlet (ou camisole)	« marcel », maillot de corps
soquet	douille (d'ampoule d'éclairage)
spittant	vif, alerte, guilleret
subside	subvention officielle
sucer de son pouce	deviner
sucre impalpable	sucre glace
tapis plain	moquette
tête pressée	fromage de tête
tirer son plan	se débrouiller
tirette	fermeture Éclair, zip
tomber faible	perdre connaissance
toquer	frapper à la porte
tournant	virage
valves	tableau d'affichage
vidange	bouteille consignée

Précision utile : ne perdez jamais de vue que lorsqu'on vous invite pour « dîner », vous êtes attendu entre 12h et 13h, que le repas du soir s'appelle le « souper » et qu'à l'hôtel vous pouvez prendre votre « déjeuner » au lit (pour petit-déjeuner).

Le wallon

Le wallon est le dialecte de la langue d'oïl qui a été le moins influencé par le français, du fait de son isolement aux confins du monde roman. Il a conservé des caractéristiques du latin.

L'accent wallon est reconnaissable par son côté un peu traînant, les voyelles sont souvent allongées, la prononciation des voyelles nasalisées permet de distinguer « brin » de « brun » ; en revanche, « ui » et « oui » se prononcent de façon semblable. Le wallon est resté une langue très vivante : la littérature s'est développée dès le XVIe s et connaît encore une vitalité importante, notamment dans le domaine du théâtre et de la poésie. Le vocabulaire recensé (une société de littérature wallonne existait dès 1856) est de loin plus riche que dans les autres dialectes du français. On distingue trois dialectes wallons : l'est-wallon, parlé au pays de Liège et dans le nord de la province de Luxembourg ; le wallon central, parlé dans le Brabant wallon, le Namurois et les Ardennes ; l'ouest-wallon, parlé dans le Hainaut.

En Région wallonne, on parle également le picard du côté de Tournai, le lorrain en Gaume, le champenois dans le sud de la province de Namur, le luxembourgeois du côté d'Arlon et l'allemand dans les cantons de Saint-Vith et Eupen.

Quelques mots wallons

barakî	forain, personne sans manières
berdeller	rouspéter, ronchonner
bisser	redoubler (une année scolaire)
bleffer, gletter	baver
bouquette	crêpe
canada	pomme de terre (à Namur)
capon	espiègle
chipoter	tripoter, hésiter, tracasser
crompîre	pomme de terre (à Liège)

djâle	diable
djauser	parler
dringuelle	pourboire
huche	porte
il fait douf	il fait chaud
loque à reloqueter	serpillière
peineux	penaud
péket	genièvre
racrapoté	ratatiné
rawette	supplément
saisi	ahuri
spittant	pétillant, au figuratif : alerte, guilleret
tchouler	pleurer, larmoyer
tiès	tête
wachotte	lessive

LIVRES DE ROUTE

– *Le Chagrin des Belges* (1983), de Hugo Claus, Le Seuil, coll. « Points ». Dans la région de Courtrai, le portrait sans concession de la Flandre pendant l'occupation allemande. Nationalisme et collaboration vus par un jeune garçon dont la famille est déchirée. Un très grand livre.

– *Les enquêtes du commissaire Van In,* de Pieter Aspe (ex-concierge à la basilique du Saint-Sang !). *Le Carré de la vengeance ; Chaos sur Bruges ; Les Masques de la nuit ; La Quatrième Forme de Satan ; La Mort à marée basse ; Le Collectionneur d'armes ; De sang royal...* Le Livre de Poche et Albin Michel. Le Kurt Wallander flamand, grande gueule au cœur tendre carbure à la *Duvel* et résout entre deux cuites les petites et grandes intrigues qui agitent la bourgeoisie de sa bonne ville de Bruges. Truculent et politiquement plutôt incorrect.

– *Simenon* (1992), de Pierre Assouline, Gallimard, coll. « Folio ». Magistrale biographie d'un personnage hors du commun. Le même auteur a récidivé avec une vie d'*Hergé* (1996) tout aussi remarquable (Plon et Folio).

– *Périls en ce royaume ; La Recette du pigeon à l'italienne ; Le Roi du Congo* (2008), d'Alain Berenboom, Genèse Éditions. Au sortir de la Seconde Guerre mondiale, les enquêtes d'un privé bruxellois, que n'auraient pas reniées Philip Marlowe, nous entraînent dans les soubresauts de l'*Affaire royale,* les micmacs des trafics maffieux de l'émigration italienne et en plein Congo de la guerre froide et des débuts de la décolonisation. Du Gil Jourdan à la gueuze-grenadine.

– *Le Mal du pays* (2003), de Patrick Roegiers, Le Seuil, coll. « Points ». Sous forme de lexique alphabétique, un panorama de la Belgique délirant, décapant, féroce et néanmoins attachant. À déguster à petite dose.

– *La Belgique* (2005), du même auteur, Gallimard, coll. « Découverte », n° 466. Joliment illustrée, l'histoire tumultueuse de ce pays complexe et contradictoire est abordée par Patrick Roegiers à la manière d'un roman, avec ses héros, ses aléas, et évoque les questions cruciales qui se posent à l'occasion des 175 ans de son indépendance.

– *Le Goût des Belges* (2006), d'Éric Boschman et Nathalie Derny, Racine. 150 produits et recettes estampillés made in Belgium. 150 produits emblématiques passés au crible et assaisonnés à l'humour belge. Irrésistible !

– *Dictionnaire insolite de la Belgique* (2012), de Gérald Berche-Ngô, Cosmopole. Abécédaire explicatif savoureux, insolite et drôle pour comprendre quelques facettes surprenantes de ce pays anticartésien et hors normes, et sans lequel on risque de passer à côté de ce qui fait sa saveur : son savoir-rire !

– *Inventaire des petits plaisirs belges* (2013), de Philippe Genion (Points Seuil). Les jets de houblon, les premières moules, les chapeaux d'Amélie Nothomb, le trempage du spéculoos dans le café, la deuxième gorgée de bière... un florilège de petits bonheurs à la belge de quoi avoir envie de demander la nationalité du Royaume !

Et pourquoi pas quelques B.D. pour aborder la Belgique ?

– *Le Fantôme espagnol* (*Bob et Bobette n° 150),* de W. Vandersteen, Érasme. Largement inspiré par Bruegel, cet album de la première époque de Vandersteen restitue dans son style naïf les Pays-Bas espagnols à l'époque de la répression du duc d'Albe.
– *Quick et Flupke* (1930), d'Hergé, Casterman. Les *ketjes* (gamins) des Marolles, ce quartier populaire de Bruxelles, jouent des tours pendables à l'agent 15 au lieu d'aller à l'école ou d'apprendre le violon. Plus facétieux que méchants, ils incarnent la *zwanze* (gouaille) de la ville.
– *Bob Fish,* d'Yves Chaland, Humanoïdes Associés (épuisé). Yves Chaland (disparu en 1990) était français, mais il mérite le titre de Bruxellois d'honneur pour être l'auteur du pastiche le plus réussi de l'école belge de la B.D. : les aventures de Bob Fish, de Freddy Lombard et du jeune Albert renvoient par leurs références à Hergé, Jacobs, Franquin et Tillieux, à cette époque dorée des années 1950 et au « style Atomium » de l'Expo 1958. La version traduite en marollien est un régal pour les connaisseurs !
– *Africa Dreams,* de Maryse et Jean-François Charles et Frédéric Bihel, Casterman. Une illustration des rêves de conquête africaine de Léopold II sur l'Afrique centrale et l'exploitation systématique de ses richesses par des capitalistes cruels avec la bénédiction des missionnaires du XIXe s.
– *Astérix chez les Belges,* Hachette. Pour retrouver les Belges célèbres au temps des Romains, croqués par Uderzo et campés dans tous leurs travers par ce diable de Goscinny, qui nous y donne sa version de l'invention des frites.

POSTE

– *Horaires des bureaux de Poste (B-Post) :* voir plus haut « Horaires d'ouverture et jours fériés ».
– *Timbres :* le prix d'un timbre pour affranchir une carte postale ou une lettre pour l'Europe est de 1,24 € en service prioritaire. 10 % moins cher à partir d'un achat de cinq timbres.

SANTÉ

Pour un séjour temporaire en Belgique, pensez à vous procurer la carte européenne d'assurance-maladie. Il vous suffit d'appeler votre centre de Sécurité sociale (ou de vous connecter au site internet de votre centre, encore plus rapide !) qui vous l'enverra sous une quinzaine de jours. Cette carte fonctionne avec tous les pays membres de l'Union européenne. C'est une carte plastifiée bleue du même format que la carte Vitale. Attention, elle est personnelle et valable 1 an (chaque membre de la famille doit avoir la sienne, y compris les enfants).

SITES INTERNET

● *routard.com* ● Rejoignez la plus grande communauté francophone de voyageurs ! Échangez avec les routarnautes : forums, photos, avis d'hôtels. Retrouvez aussi toutes les informations actualisées pour choisir et préparer vos voyages : plus de 200 fiches pays, une centaine de dossiers pratiques et un magazine en

ligne pour découvrir tous les secrets de votre destination. Enfin, comparez les offres pour organiser et réserver votre voyage au meilleur prix. Routard.com, le voyage à portée de clics !
- *pagesdor.be* • L'équivalent des *Pages jaunes* en France.
- *lesoir.be* • *lalibre.be* • *dhnet* • Les sites des principaux quotidiens francophones.
- *rtbf.be* • Celui de la radio-TV publique en français.
- *tintin.be* • Le site officiel de la fondation Hergé. Liens intéressants.
- *naufrageur.com* • À l'opposé du précédent : hommages, parodies, pastiches, pirates de l'univers du Petit Reporter en culottes de golf.
- *frites.be* • Site humoristique sur le thème de la frite, déconseillé aux Français.
- *belgattitude.com* • Complètement décalé, avec des sketches des Nuls.
- *autoworld.be* • La plus belle collection de voitures du royaume.
- *fgov.be* • Le site officiel du gouvernement fédéral.
- *europa.eu.int* • Tout savoir sur les institutions et le fonctionnement du « Big Bazar » européen.

TABAC

Le prix du tabac est nettement inférieur à celui pratiqué en France. La législation sur la consommation du tabac dans les lieux publics en Belgique s'est alignée sur ses voisins.
– *Lieux de travail :* interdiction totale depuis 2006.
– Depuis 2011, l'interdiction de fumer dans les restaurants s'est étendue aux cafés et aux bars, sauf si ceux-ci disposent d'un lieu fermé pour continuer à s'adonner aux plaisirs de la tabagie sans intoxiquer ses voisins.

TÉLÉPHONE ET TÉLÉCOMMUNICATIONS

Pour téléphoner vers la Belgique

– *De France :* 00 + 32 + le numéro à 8 chiffres du correspondant sans le 0 initial.
– *De Suisse :* idem que depuis la France.
– *Du Canada :* 00 + 32 + n° du correspondant.

Pour téléphoner de Belgique

– *Vers la France :* 00 + 33 + les 9 chiffres du correspondant (donc sans le 0 initial).
– *Vers la Suisse :* 00 + 41 + indicatif ville + n° du correspondant.
– *Vers le Canada :* 00 + 1 + indicatif ville + n° du correspondant.

Les cabines publiques

Comme partout en Europe, avec le développement de la téléphonie portable, les cabines publiques ont tendance à disparaître. Celles qui subsistent sont essentiellement des appareils à carte ; les télécartes s'achètent dans les bureaux de poste ou chez tous les commerçants qui apposent la petite affichette rouge sur leur devanture. De nombreux appareils publics permettent l'emploi des cartes de paiement internationales.

Les tarifs

Téléphoner entre 18h30 et 8h ainsi que les samedi, dimanche et jours fériés vous permet une communication deux fois moins chère qu'en temps normal.

☎ **112 :** voici le numéro d'urgence commun à la France et à tous les pays de l'UE, à composer en cas d'accident, d'agression ou de détresse. Il permet de se faire localiser et aider en français, tout en améliorant les délais d'intervention des services de secours.

Quelques numéros utiles

■ *Secours médicaux, pompiers :* ☎ *100.*
■ *Police fédérale :* ☎ *101.*
■ *Croix-Rouge :* ☎ *105.*
■ *Renseignements abonnés :* ☎ *1307.*

Le téléphone portable en voyage

On peut utiliser son propre téléphone portable en Belgique avec l'option « Europe ».
– *Activer l'option « international » :* pour les abonnés récents, elle est en général activée par défaut. En revanche, si vous avez souscrit à un contrat depuis plus de 3 ans, pensez à contacter votre opérateur pour souscrire à l'option (gratuite). Attention toutefois à le faire au moins 48 heures avant le départ.
– *Le « roaming » :* c'est un système d'accords internationaux entre opérateurs. Concrètement, cela signifie que lorsque vous arrivez dans un pays, au bout de quelques minutes, le nouveau réseau s'affiche automatiquement sur l'écran de votre téléphone.
– Vous recevez rapidement un sms de votre opérateur qui propose un *pack voyageurs* plus ou moins avantageux, incluant un forfait limité de consommations téléphoniques et de connexion internet. À vous de voir...
– *Tarifs :* ils sont propres à chaque opérateur et varient en fonction des pays (le globe est découpé en plusieurs zones tarifaires). N'oubliez pas qu'à l'international, vous êtes facturé aussi bien pour les appels sortants que les appels entrants. Ne papotez donc pas des heures en imaginant que c'est votre interlocuteur qui payera !
– *Internet mobile :* utilisez la wifi à l'étranger et non les réseaux 3G ou 4G. Sinon, vous pouvez faire exploser les compteurs avec, au retour de voyage, des factures de plusieurs centaines d'euros ! Le plus sage consiste à *désactiver la connexion* « Données à l'étranger » (dans « Réseau cellulaire »). Il faut également penser à *supprimer la mise à jour automatique de votre messagerie* qui consomme elle aussi des octets sans vous avertir (option « Push mail »). Optez pour le mode manuel.

Bons plans pour utiliser son téléphone à l'étranger

– *Acheter une carte SIM/puce sur place :* c'est une option très avantageuse pour certaines destinations. Il suffit d'acheter à l'arrivée une carte SIM locale prépayée chez l'un des nombreux opérateurs (*Mobistar, Base, Proximus, Orange* et, surtout, *Belgacom* et *Telenet* dans la région bruxelloise...) représentés dans les boutiques de téléphonie mobile des principales villes du pays et souvent à l'aéroport. On vous attribue alors un numéro de téléphone local et un petit crédit de communication. Avant de signer le contrat et de payer, essayez donc, si possible, la carte SIM du vendeur dans votre téléphone – préalablement débloqué – afin de vérifier si celui-ci est compatible. Ensuite, les cartes permettant de recharger votre crédit de communication s'achètent facilement. C'est toujours plus pratique pour trouver son chemin vers le *B & B* paumé, réserver un hôtel, un resto ou une visite guidée, et bien moins cher que si vous appeliez avec votre carte SIM personnelle.
– *Se brancher sur les réseaux wifi* est le meilleur moyen de se connecter au web gratuitement ou à moindre coût. De plus en plus d'hôtels, restos et bars disposent d'un réseau, payant ou non. Une fois connecté grâce au wifi, à vous les joies de la *téléphonie par Internet !* Le logiciel *Skype,* le plus répandu, vous permet d'appeler vos correspondants gratuitement s'ils sont eux aussi connectés, ou à coût très

réduit si vous voulez les joindre sur leur téléphone. Autre application qui connaît un succès grandissant, **Viber** permet d'appeler et d'envoyer des SMS, des photos et des vidéos aux quatre coins de la planète, sans frais. Il suffit de télécharger – gratuitement – l'appli sur son smartphone, celle-ci se synchronise avec votre liste de contacts et détecte automatiquement ceux qui ont *Viber*. Même principe, mais sans la possibilité de passer un coup de fil, **Whatsapp Messenger** est une messagerie pour smartphone qui permet de recevoir ou d'envoyer des messages photos, notes vocales et vidéos. La 1re année d'utilisation est gratuite, ensuite elle coûte 0,99 US$/an.

Urgence : en cas de perte ou de vol de votre téléphone portable

Suspendre aussitôt sa ligne permet d'éviter de douloureuses surprises au retour du voyage ! Voici les numéros des quatre opérateurs français, accessibles depuis la France et l'étranger :
– **SFR :** *depuis la France,* ☎ *1023 ; depuis l'étranger,* ▯ *+ 33-6-1000-1023.*
– **Bouygues Télécom :** *depuis la France,* ☎ *0-800-29-1000 ; depuis l'étranger,* ☎ *+ 33-1-46-10-86-86.*
– **Orange :** *depuis la France comme depuis l'étranger,* ▯ *+ 33-6-07-62-64-64.*
– **Free :** *depuis la France, composer le* ☎ *3244 ; depuis l'étranger,* ☎ *+ 33-1-78-56-95-60.*
Vous pouvez aussi demander la suspension de votre ligne depuis le site internet de votre opérateur.

TRANSPORTS INTÉRIEURS

La voiture

Les autoroutes

Voilà un pays où, tous les soirs, des milliers de lampadaires au sodium éclairent un des réseaux de communication les plus denses du monde qui totalise 1 800 km. Le réseau autoroutier belge se voit donc depuis l'espace ! Désormais, des économies d'énergie sont faites en coupant l'éclairage de 0h30 à 5h30 du matin, ce qui ne rencontre pas une satisfaction générale dans la mesure où le revêtement de certains tronçons est en assez mauvais état. Les autoroutes sont gratuites, du moins pour les étrangers, puisque les Belges les paient via leurs impôts.
Attention ! Une différence qui peut porter à confusion : à l'inverse de la France, les panneaux directionnels autoroutiers sont en vert et les panneaux des routes nationales sont en bleu.

Les équivalences linguistiques des noms de lieux

Il ne faut jamais perdre de vue qu'à partir de Bruxelles les points les plus éloignés du pays ne se trouvent pas à plus de 2h de route. Le seul risque de retard réside dans le piège sournois des bizarreries des appellations de lieux, différentes selon la zone linguistique où est planté le panneau indicateur. Nous ne voulons pas que telle mésaventure vous arrive, cher lecteur, lorsque, sur le ring de Bruxelles (le périphérique), vous suivez la direction de Mons qui, quelques kilomètres plus loin, devient *Bergen...* ou, pire, si vous ignorez que Lille s'appelle en flamand *Rijsel* !
Une liste des équivalences linguistiques des noms de ville s'impose. En voici quelques-unes. Les autres figurent de toute manière dans le texte.

Français	Flamand
Anvers	*Antwerpen*
Braine-le-Comte	*'s Gravenbrakel*

Bruges	*Brugge*
Bruxelles	*Brussel*
Courtrai	*Kortrijk*
Furnes	*Veurne*
Gand	*Gent*
Grammont	*Geraardsbergen*
Jodoigne	*Geldenaken*
Liège	*Luik*
Louvain	*Leuven*
Malines	*Mechelen*
Mons	*Bergen*
Namur	*Namen*
Renaix	*Ronse*
Soignies	*Zinnik*
Tirlemont	*Tienen*
Tournai	*Doornik*

Pour clore, sachez que vous risquez de tomber sur *Parijs* pour Paris, *Rijsel* pour Lille et *Aix-la-Chapelle* pour Aachen ; que Escaut et Meuse se disent *Schelde* et *Maas*. Et que *uitrit* n'est pas le nom de ville le plus répandu de Belgique, mais signifie simplement « sortie ». *Omlegging* signifie « déviation ».

Les routes

Vu les faibles distances, la densité du réseau routier et sa gratuité, la voiture a tous les atouts pour les déplacements en Belgique sauf... pour le coût des parkings et les sérieux embouteillages aux heures de pointe. Les autoroutes wallonnes sont parfois en mauvais état. La Région tarde à réparer les nids-de-poule et à refaire le revêtement sillonné d'ornières dues au trafic des poids lourds. Prudence, donc.

Vitesses maximales autorisées : autoroutes, 120 km/h ; routes à quatre voies, 90 km/h ; agglomérations, 50 km/h et même 30 km/h dans certains centres-ville. Les radars automatiques sont très nombreux, surtout en ville. Triangle de signalisation, trousse de secours, gilet réfléchissant et extincteur de bord (non périmé) sont obligatoires.

Le port de la ceinture est imposé partout (même à l'arrière) et la police fédérale effectue de nombreux contrôles les nuits de week-end, tant pour réprimer les abus d'alcool (maximum : 0,5 g/l de sang) que pour dépister l'usage de drogues au volant. De même, il faut savoir qu'en cas de contrôle de police et d'amende, celle-ci est exigible immédiatement (en liquide) sous peine d'immobilisation du véhicule.

Attention également à la priorité à droite : elle est devenue « absolue ». Tout conducteur doit céder le passage à tout véhicule venant de droite, même si celui-ci a marqué un temps d'arrêt avant de franchir le carrefour.

Pour consulter l'état des routes :
● *inforoutes.be* ●

FAUSSES ALERTES

Si, à la radio, vous entendez qu'un véhicule se trouve à l'arrêt sur la « bande des pneus crevés », ne vous imaginez pas que la chaussée est couverte de clous. Cette voie latérale de l'autoroute est celle des arrêts d'urgence. Si on vous parle d'un « conducteur fantôme », redoublez de prudence, une voiture a pris la voie à contresens !

BOB OU BOBETTE ?

Lors d'une sortie en boîte, si on vous demande si vous êtes volontaire pour « faire le Bob » (ou son équivalent féminin), c'est pour vous demander de vous abstenir de boire de l'alcool pour prendre le volant et ramener tout le monde à bon port.

Essence

Attention : beaucoup de pompes à essence ne sont accessibles le soir et le week-end qu'avec une carte de paiement belge compatible avec le réseau *Bancomat.* Si vous ne disposez que d'une carte de paiement de type *Visa* ou *MasterCard,* il vous faudra impérativement chercher une pompe où une caisse est accessible toute la nuit. C'est la plupart du temps le cas le long des autoroutes.

Location de voitures

■ *Auto Escape :* ☎ *0892-46-46-10 (0,34 €/mn).* ● *autoescape.com* ● *Vous trouverez également les services d'Auto Escape sur* ● *routard.com* ● L'agence *Auto Escape* réserve auprès des loueurs de véhicules de gros volumes d'affaires, ce qui garantit des tarifs très compétitifs. Il est recommandé de réserver à l'avance. *Auto Escape* offre 5 % de remise sur la location de voiture aux lecteurs du *Routard* pour toute réservation par Internet avec le code de réduction « GDR15 ».

■ *BSP Auto :* ☎ *01-43-46-20-74 (tlj 9h-21h30).* ● *bsp-auto.com* ● Les prix proposés sont attractifs et comprennent le kilométrage illimité et les assurances. *BSP Auto* vous propose exclusivement les grandes compagnies de location sur place, vous assurant un très bon niveau de services. Les plus : vous ne payez votre location que 5 jours avant le départ + réduction spéciale aux lecteurs de ce guide avec le code « routard ».

Loueurs en Belgique

■ *Avis :* ☎ *02-348-92-12.*
■ *Europcar :* ☎ *070-223-001.*

■ *Hertz :* ☎ *02-702-05-11.*
■ *National :* ☎ *02-524-57-38.*

Le stop

Interdit de faire du stop sur les autoroutes et les bretelles d'accès. Installez-vous avant les panneaux d'entrée d'autoroute avec le carton précisant votre destination.

Bon plan : Classic 21 sur les antennes de la RTBF diffuse, d'avril à octobre, les messages de *Taxistop.* Tous les jours, des propositions de covoiturage à destination de l'Europe entière, mais aussi en Belgique. Service *lift* : ☎ *02-737-20-21.* Pour demander une destination (il faut disposer d'un numéro où vous rappeler) ou proposer une place dans votre petite auto : ☎ *02-779-08-46.* ● *taxistop.be/2/benb* ●

La bicyclette

La Flandre est le paradis des cyclistes : pistes aménagées, signalisation spécifique. Ne vous en privez pas, à condition de pouvoir lutter contre le vent qui est parfois... « contraire ». Nombreuses possibilités de location (voir les responsables locaux du tourisme). Le meilleur plan, c'est de louer son vélo ou son VTT dans les gares. Billets combinés train-vélo : pour les tarifs, consultez : ● *belgianrail.be/fr/loisirs/bexcursions/train-velo-de-location.aspx* ● Ou avec le réseau Blue-Bike, présent dans de nombreuses gares. ● *blue-bike.be* ●
– **Sites utiles :** ● *ravel.wallonie.be* ● Tout sur le réseau autonome des voies lentes *(Ravel)* de la Région wallonne qui propose des parcours et des itinéraires touristiques fléchés à effectuer à vélo, à VTT, à cheval... aménagés sur des voies ferrées désaffectées ou des chemins de halage. Pour la partie flamande du pays : ● *fietsroute.org/index_fr.htm* ● (en anglais et en néerlandais). Itinéraires avec cartes.

Le train (SNCB-NMBS)

Important : tous les trains belges sont non-fumeurs.
Deux types de lignes : les *IC* (*Intercity,* desservant les grandes villes) et les *IR* (*Interrégion,* reliant les villes moyennes). La plaque tournante du réseau est

Bruxelles, où il ne faut pas changer de train, puisque la ville est traversée par la « jonction » à six voies reliant la gare du Midi à la gare du Nord en passant par la gare centrale (à 300 m de la Grand-Place).
Rapide, fréquent mais, il faut le reconnaître, assez cher en proportion des distances parcourues. Néanmoins, ***nombreuses possibilités de billets à tarif réduit*** :
● *b-rail.be/nat/F/tarifs* ●
En voici quelques unes :
– *les plus de 65 ans* ont la possibilité de voyager pour 6 € (en 2ᵈᵉ classe) pour un aller-retour dans la journée pour n'importe quelle destination dans le pays (à partir de 9h en semaine ; sauf le week-end de mi-juillet à mi-août). Le *Go-Pass 1* pour les jeunes de moins de 26 ans offre des avantages plus ou moins équivalents pour le même prix ;
– *le billet week-end :* aller-retour à la carte en bénéficiant de 50 % de réduction (du vendredi 19h au dimanche soir et les week-ends prolongés et jours fériés) ;
– *le Go-Pass* (pour les moins de 26 ans) *:* 10 voyages au choix pour 51 € ; utilisable aussi par les copains et valable 1 an ; ● *gopass.be* ●
– *le Rail pass :* 10 trajets simples entre deux gares au choix ; valable 1 an et non nominatif ; prix : 76 € en 2ᵈᵉ classe ;
– *d'autres formules :* la *Keycard,* la formule *B-Excursion* et le *Ticket Jump*.
Tarifs spéciaux également pour rejoindre les parcs d'attractions, les musées, les expos temporaires et les événements de type concerts ou festivals.
Attention, si vous n'avez pas acheté votre billet avant de monter dans le train, il vous sera réclamé un supplément de 1,25 € si vous en avez averti le contrôleur. Sinon, l'amende est de 25 €. Vous voilà prévenu ! Un billet ne peut être scindé pour s'arrêter quelques heures dans une ville avant de repartir plus loin.
Nouveauté : les transports en commun en Belgique se sont adaptés à la modernité : les sociétés *SNCB, STIB, De Lijn* et *TEC* proposent des abonnements avec carte à puce (bientôt interconnectés entre les différents moyens de transports) et permettent les achats de billets en ligne et via les smartphones. Infos complètes sur les sites concernés.

■ ***Renseignements pour les usagers des chemins de fer :*** ☎ *02-528-28-28.* ● *b-rail.be* ●
■ ***Réservations Thalys et Eurostar***

vers Londres : ☎ *02-528-28-28.* ● *thalys.com* ● Également aux guichets d'une des quelque 70 gares belges.

– *Conseil :* ne cherchez pas à composter votre billet avant de monter dans le train, cette pratique n'a pas cours en Belgique.

Le bus

▲ BUSBUD.COM
● *busbud.com* ●
Busbud est un service en ligne et sur mobile qui permet de rechercher, Wcomparer et réserver des billets de bus à travers le monde. Pour obtenir une réduction exclusive sur votre trajet, rendez-vous sur ● *busbud.com* ● ou sur l'application mobile Busbud et tapez le code promo « ROUTARD2015 » lors de votre commande (code à usage unique).

Sur les tronçons qui ne sont pas desservis par le train, le réseau SNCB est remplacé par des lignes de bus. Depuis la régionalisation des transports, on distingue les bus de *De Lijn,* dans la Région flamande ● *delijn.be* ●, et ceux des *TEC,* en Wallonie, ☎ *081-32-27-11 ;* ● *infotec.be* ● Les heures de départ et d'arrivée de ces bus sont organisées de façon à vous permettre des « correspondances » sans – en principe – perdre trop de temps. Leurs horaires sont répertoriés dans l'indicateur SNCB. Le numéro d'appel de la SNCB (☎ *02-528-28-28)* est à même de fournir des renseignements sur les horaires de bus dans tout le pays.

Dans les grandes agglomérations urbaines : transports en commun urbains, bus, trams (une ligne de tram parcourt aussi toute la longueur du littoral), mais aussi, depuis quelques années, métro et pré-métro (trams souterrains) à Bruxelles, Anvers et dans le « Grand Charleroi ». Le réseau bruxellois de transports en commun s'appelle la *STIB*. ● *stib.be* ●

Beaucoup de forfaits hôteliers incluent également des billets de tram, train, bus gratuits dans leurs « arrangements » (voir la formule *Happy Trip* en Flandre).

HOMMES, CULTURE, ENVIRONNEMENT

Partir en Belgique, pour un Français ou un Suisse, ça ne se présente pas à priori comme un voyage particulièrement torride. Et pourtant, même si l'on ne fait pas beaucoup de kilomètres, c'est bien à une vraie balade exotique que nous vous invitons. Comment imaginer qu'un « ailleurs » si proche soit si différent de la France ? Comment ne pas s'étonner devant tant de richesses sur un aussi petit territoire ? Plat pays certes, mais son relief, ce sont ses habitants qui le lui donnent. Chaleureux, drôles et toujours accessibles. Si les Français réduisent trop souvent la Belgique à ses frites et à ses blagues (celles que les Belges, bien sûr, font à leurs dépens), c'est que la France a trop longtemps ignoré son voisin.

Et si l'on devait faire quelques comparaisons, on s'apercevrait rapidement que les Belges n'ont rien à envier dans bien des domaines : la cuisine, par exemple ! Où l'on découvre que la diversité culinaire belge va bien au-delà des simples moules-frites. Et puis la peinture ! Ce pays a produit un nombre étonnant de grands maîtres dont les chefs-d'œuvre laissent encore aujourd'hui pantois. Depuis, chaque création artistique en Belgique suscite l'étonnement : le royaume est devenu la patrie insurpassable de l'humour décalé, le paradis de l'autodérision au point de basculer presque vers le cliché. Mais qui s'en plaindra ?

Côté patrimoine, pas de montagnes mais des forêts, peu de bords de mer mais un concentré de richesses artistiques et culturelles époustouflantes ; des églises gothiques en pagaille, des musées de toute beauté, une nature qui invite à la balade, surtout à vélo, des marchés aux fleurs et, surtout, des fêtes, des fêtes et encore des fêtes. C'est fou comme ce peuple a le sens de la joyeuse réunion conviviale. Que ce soit pour se lancer des oranges ou des oignons, pour danser ou défiler dans la rue, tout se termine toujours par de grandes agapes où la bière se boit au tonneau.

Éternelles querelles

Sur le plan politique, le pays se veut un laboratoire de l'Europe. On peaufine sans cesse les institutions, tentant d'apporter de nouvelles réponses pacifiques aux problèmes les plus cruciaux. Pas si facile de ne pas se chamailler quand on vit à dix dans une petite maison, qu'on y parle trois langues différentes et qu'on a de moins en moins les mêmes goûts. C'est un peu ce tour de force qu'a essayé de réussir la Belgique (jusqu'à présent) mais avec difficulté, en respectant la personnalité de chacune de ses composantes tout en conservant une identité propre. Cela ne se passe pas toujours sans crises politiques plus ou moins graves (la dernière, en 2010-2011, a laissé la Belgique sans gouvernement pendant une durée record de 541 jours !). Les aspirations à plus ou moins d'autonomie de chacune des communautés, ont amplifié les divergences mais en définitive, comme dans les vieux couples, même si on continue à faire chambre à part, on finit toujours par préférer assurer le patrimoine commun que tenter l'aventure de la séparation... mais pour combien de temps encore ? À chaque élection, le fossé linguistique et culturel se creuse toujours un peu plus... et n'est pas près de se combler. Et la belle construction, alambiquée certes, a peut-être atteint ce point d'équilibre extrême que toute tentative, même légère, d'en modifier l'ajustage, risque de faire s'écrouler le château de cartes...

Problèmes de cohabitation, variété de population, mixité des genres et bouillonnement intellectuel... Vous entrez dans un univers en équilibre instable, passionnant et déroutant, mais qui (malgré la complexité des institutions) ne fonctionne pas trop mal, et cela grâce à un système qui fait défaut dans l'Hexagone : le légendaire esprit de consensus. Les Belges ont toujours préféré casser un peu de vaisselle que de faire couler le sang.

La vie à trois

Bruxelles, la Flandre et la Wallonie constituent trois univers bien différents, bien marqués. Chacun met en avant ses atouts.

La capitale, cœur de l'Europe et destination de week-end de plus en plus à la mode, entend son nom prononcé (parfois de manière péjorative) tous les jours dans les médias.

En Wallonie, vous entrerez vite dans la danse des nuits folles de Liège. À Namur, on se laisse doucement porter au fil de la Meuse par l'atmosphère délicieusement provinciale et raisonnable. On profite du bon air des forêts et des produits du terroir pour se ressourcer dans les Ardennes. On y va même parfois pour faire du ski !

La Flandre, quant à elle, a su mettre en valeur un patrimoine unique au monde, tout en affichant une modernité parfois décoiffante. Ah ! les charmes de Bruges et de Gand !

Trois régions, trois bonnes raisons de venir par ici traîner vos babouches. En voisin, en curieux... et bien vite en ami.

LES DÉBUTS DE LA BANDE DESSINÉE BELGE

C'est principalement en Belgique que s'est développé ce qu'on appelle désormais le 9e art. Bruxelles en est devenu la Mecque et a tenu à matérialiser le chemin parcouru depuis les années 1920 en érigeant ce superbe musée qu'est le Centre belge de la bande dessinée.

Comment en est-on arrivé là ? Nous allons nous employer à le raconter, sans pouvoir malheureusement être complets...

Au pays des boy-scouts

Il était une fois... en 1925, un certain Georges Remi, chef de patrouille chez les scouts, qui illustrait la revue Le Boy-Scout belge par des histoires mises en images. Son personnage se nomme Totor, « chef de la patrouille des Hannetons ». À 18 ans, le jeune Georges entre comme illustrateur au quotidien Le XXe Siècle, dirigé par un abbé de choc et fortement marqué à droite. Il devient l'homme à tout faire du journal et, lorsque l'abbé Wallez décide de créer un supplément pour la jeunesse, c'est à Hergé (RG, contraction de ses initiales inversées) qu'il confie le travail. Le 10 janvier 1929, Tintin (et Milou), reporter au Petit XXe, fait son apparition dans sa première aventure : Au pays des Soviets. Le ton est franchement anticommuniste – c'est dans l'air du temps – mais le dessin inspiré par les Zig & Puce, d'Alain Saint-Ogan, recèle déjà plein de promesses.

Les ventes du journal grimpent, Hergé crée Quick et Flupke, les gamins facétieux des rues populaires de Bruxelles, et Tintin part au Congo, en Amérique, puis en Égypte et aux Indes (Les Cigares du pharaon). Le scénario est toujours simpliste – bagarres et poursuites – mais, pour la suite (Le Lotus bleu), l'auteur prend la peine de se documenter auprès d'un jeune étudiant chinois : Tchang. Celui-ci lui fait comprendre la nécessité de raconter la vérité aux jeunes lecteurs et, désormais, Hergé prendra son métier au sérieux, sans se douter que son héros connaîtra une notoriété universelle.

Des imprimeurs malins

À Tournai, l'éditeur Casterman se charge de publier les albums d'Hergé en leur assurant une large diffusion.

La formule des suppléments du jeudi pour les jeunes fait des émules et, en 1938, à Marcinelle, l'imprimeur Jean Dupuis crée le magazine *Spirou,* du nom d'un groom d'hôtel créé par Rob-Vel, en y associant Joseph Gillain (Jijé), qui dessine *Blondin et Cirage* pour le supplément du *Patriote illustré...* Les piliers de « l'école belge » de dessin se mettent en place.

Arrive la guerre et ses vicissitudes. Réduction du papier (et publication en couleurs pour compenser la réduction des pages), collaboration à des journaux aux mains de l'occupant (Hergé, avec *Le Soir*), mais la pénurie de *comics* venus des États-Unis amène des jeunes dessinateurs à inventer leurs propres scénarios. Un nouveau magazine voit le jour en français : *Bravo* (il existait en néerlandais), où fleurissent les histoires dessinées par E.-P. Jacobs, Vandersteen, Laudy et Reding.

Après la Libération, une pléiade d'autres titres sont publiés, ils connaissent une existence plus ou moins éphémère et ne pourront se développer, faute d'une diffusion vers la France qui a instauré une censure ! En 1946, Hergé, sans travail, accepte de l'ancien résistant Raymond Leblanc la proposition de donner le nom de Tintin à un nouvel hebdomadaire. Le *Journal de Tintin* et son concurrent *Spirou* font le vide autour d'eux. Désormais, on parlera de l'école de Bruxelles (autour d'Hergé, de Jacobs et de Martin) et de l'école de Marcinelle (autour de Franquin, de Morris et de Jijé). Dans les cours de récré, les gamins se divisent en pro-*Spirou* et pro-*Tintin*.

L'école de Bruxelles

Elle se distingue par un grand souci de la précision du trait, de la lisibilité et par le parti de privilégier les récits réalistes. Hergé y fait entrer les collaborateurs de son studio et accueille de nouveaux talents à qui il transmet ce goût pour les histoires bien structurées, au graphisme précis, souvent moralisantes et didactiques. L'âge d'or du *Journal de Tintin* va durer près de 30 ans et faire la fortune d'éditeurs tels que Casterman, Lombard et Dargaud, qui reprendront les histoires en albums.

Les acteurs de cette épopée sont légion : Jacobs *(Blake et Mortimer),* Martin *(Alix, Lefranc),* Cuvelier *(Corentin, Line),* Vandersteen *(Bob et Bobette),* Liliane et Fred Funcken *(Capitan, Chevalier blanc),* Bob de Moor (le bras droit d'Hergé), Tibet, Reding, Craenhals, Macherot, Graton, Aidans, Hermann, Greg (rédac chef), Attanasio, Derib, Vance, Dupa... et même Uderzo qui, avec Goscinny, crée le personnage d'*Oumpah-Pah* avant de lancer *Astérix*. Le *Journal de Tintin* a cessé de paraître dans les années 1980.

NUL N'EST PROPHÈTE EN SON PAYS

À l'époque, près de la gare du Midi, les portraits de Tintin et Milou qui coiffaient l'immeuble des éditions du Lombard étaient la plus grande enseigne lumineuse tournante de Belgique. Raymond Leblanc, fondateur du Journal de Tintin, racontait : « J'ai pris le tramway pour vérifier l'impression qu'elle donnait quand on sortait du tunnel. Le tram s'est arrêté et un petit garçon en face de moi s'est écrié : "Maman ! Regarde, c'est Spirou !" Mille sabords, raté ! »

L'école de Marcinelle (faubourg de Charleroi)

Ce qui fait la spécificité de l'autre école de la B.D. belge, c'est un penchant pour l'humour plutôt qu'un style graphique particulier. Le goût de la parodie et de la caricature est partagé par une bande de joyeux zigues : Jijé (*Jerry Spring, Blondin et Cirage*), Sirius (*L'Épervier bleu, Timour*), Franquin (*Spirou et Fantasio, Gaston Lagaffe*), Morris (*Lucky Luke*), Peyo (*Johan et Pirlouit, Les Schtroumpfs, Benoît Brisefer*), Hubinon (*Buck Danny*), Will (*Tif et Tondu*), Tillieux (*Gil Jourdan*), Paape (*Marc Dacier*), Roba (*Boule et Bill*). Bien d'autres s'y

D'OÙ VIENT LE LANGAGE SCHTROUMPF ?

Lors d'un déjeuner de travail entre Peyo (dessinateur de Johan et Pirlouit) et André Franquin (le papa du Marsupilami et de Gaston), pris dans l'animation de la conversation, le premier demande à l'autre : « Passe-moi le... la... (incapable de se souvenir du mot salière), enfin le schtroumpf, quoi ! » Et l'autre de rétorquer : « Voilà, mais n'oublie pas de me le re-schtroumpfer. » La suite du repas se déroula intégralement en « langage schtroumpf ».

sont ajoutés : Mitacq, Cauvin, Leloup, Jidéhem, Walthéry, Lambil... Les *Histoires de l'oncle Paul* ont fourni un alibi de sérieux à la publication, mais, au fil de son histoire, le journal *Spirou* a connu des expériences originales et des tentatives de renouvellement de l'intérieur.

Les années fastes du journal *Spirou* correspondent à la période où le scénariste Yvan Delporte en fut le rédacteur en chef.

La B.D. devient adulte

En France, la B.D. prend un virage historique avec l'arrivée de *Pilote* puis, dans les années 1970, de *L'Écho des savanes, Métal hurlant* et *Circus*. La Belgique cesse d'être le laboratoire principal de toutes les nouvelles expériences. Désormais la B.D. ne s'adresse plus uniquement aux enfants.

Casterman relève le défi de la modernité en publiant le magazine *À suivre* en 1978. Il accueille de nombreux auteurs formés à l'institut Saint-Luc de Bruxelles, vivier de nouveaux talents : Schuiten, Andreas, Sokal, Yslaire... Les collaborations se sont dispersées vers divers supports graphiques et les histoires complètes sont désormais publiées directement en albums, avec quelques gros succès tels que les séries *XIII* ou *Largo Winch* de Van Hamme ou les cartoons désopilants du *Chat* de Philippe Geluck.

La « ligne claire » (étiquette sous laquelle est rassemblée la majorité des créateurs belges) fait à présent partie de l'histoire. La B.D. quitte la sphère d'influence franco-belge pour devenir internationale. Et là, cela devient une autre histoire...

BELGITUDE

Les milieux intellectuels et artistiques francophones de Belgique ont toujours nourri vis-à-vis de la France un complexe ambivalent où se mêlent à la fois le désir d'assimilation à la culture française et le besoin d'afficher une identité spécifique.

La reconnaissance et la renommée doivent-elles obligatoirement passer par Paris ? Vaste débat... En proportion de la population belge, il y a autant – sinon plus – de talents dans le plat pays que dans n'importe quelle province française. Pas mal de « Rastignac » montés avec succès à Paris s'empressèrent rapidement d'oublier leurs origines (Simenon ou Michaux furent de ceux-là).

De plus, aux yeux des défenseurs d'une « identité » régionale (souvent wallonne), les écrivains belges de poids avaient le défaut d'être... des Flamands écrivant en français (Maeterlinck, Verhaeren, Rodenbach, Crommelynck...) et de donner à l'extérieur l'image d'un pays très éloigné de Liège ou de Charleroi !

Les adeptes de cette spécificité « belge moins la Flandre » se sont efforcés de rassembler tout ce que le Sud du pays pouvait aligner comme éminences des arts et des lettres en les rassemblant autour de ce concept de « belgitude » censée définir l'identité belge. L'autodérision n'est pas absente de ce néologisme inspiré de la « négritude » de Léopold Sédar Senghor.

BOISSONS

> **ATTENTION !**
>
> Dans les restaurants en Belgique, il n'y a pas de carafe d'eau sur la table. Si vous demandez de l'eau, on vous servira de l'eau minérale en bouteille, souvent facturée assez cher. La carafe d'eau, sachez-le, est vraiment un privilège français ! Prenez une bière à la pression, c'est ce qui sera le plus économique.

Bières

Chaque Belge consommerait chaque année près de 150 l de bière ; cela le place dans le peloton de tête européen avec le Tchèque, l'Allemand et le Danois. Brel a chanté : « Ça sent la bière de Londres à Berlin, Dieu qu'on est bien ! » Et sur le fronton de la Maison des brasseurs, qui borde la Grand-Place de Bruxelles, sont gravés ces mots : « Des bienfaits du ciel et de la terre, par la grâce de saint Arnould et le savoir des hommes, est née cette boisson divine : la bière. » C'est dire l'importance de ce breuvage dans la vie quotidienne au pays de Gambrinus (du nom de Jean Ier, Johan Primus, duc de Brabant et soiffard notoire).

La bière est partout : à l'apéro, sur une terrasse, en famille, après le sport, devant la télé, lors d'une réunion, avant, pendant et après les repas. Sachez qu'à une bonne table on ne vous regardera pas de haut si vous prenez le soin de commander une bière de qualité en harmonie avec les plats à déguster (demandez conseil, vous serez surpris et vous ferez des économies).

Même si la répression de l'ivresse au volant (alcool toléré : 0,5 g/l de sang) inquiète le secteur économique des cafetiers et restaurateurs, on trouve encore près de 50 000 bistrots où l'on peut déguster une multitude de variétés nationales de bières, brassées par une centaine d'entreprises restées souvent artisanales. On en dénombre 450 différentes, selon les brasseurs, et 250, selon la police...

Avant de vous lancer dans des libations inconsidérées, quelques explications vous permettront d'apprécier (avec modération) toutes les richesses de la production brassicole.

Un peu de technique

Tout commence avec l'orge, dont les grains sont trempés dans l'eau pour germination. Le résultat est séché (touraillé) et réduit en farine (maltage). Le malt est transformé en jus sucré (le moût) ; le brassage sert à transformer l'amidon de l'orge en sucre maltose. Quand le moût est porté à ébullition, il est additionné de houblon, dont le dosage détermine l'amertume et l'arôme. Le moût est alors placé dans des cuves pendant plusieurs jours et, sous l'action de levures, le sucre se transforme en alcool et en gaz carbonique. C'est le stade de la fermentation. Elle peut s'effectuer de trois manières : basse, haute et spontanée.

La bière la plus courante, la Pils (Stella, Maes, Jupiler), fait partie des bières de « fermentation basse » : la fermentation et la maturation se font aux alentours de

8 °C pendant 7 à 10 jours et la levure repose au fond de la cuve. La bière obtenue industriellement est blonde et légère.

Les bières de « fermentation haute », dont les « spéciales », sont produites par l'action (entre 15 et 20 °C) plus courte de la levure qui remonte à la surface de la cuve. Il en existe plusieurs variétés.

Les bières rouges (*bruin bier* en flamand) proviennent d'un mélange de bière ordinaire avec une très vieille bière qui a séjourné 18 mois en fût de chêne ; saveur aigre-douce et goût fruité permettent l'adjonction de sirop de grenadine (demandez la Rodenbach-grenadine).

Les bières blanches sont faites à base de froment (c'est-à-dire de blé) et d'orge ; elles sont aussi appelées « bières troubles » en raison de l'absence de filtrage. Bière à l'aspect pâle et peu amère, la blanche, très désaltérante, se déguste de préférence en été.

À chaque Belge sa bière

Les bières « de saison », peu alcoolisées et aigrelettes, étaient autrefois brassées en Hainaut durant l'hiver pour être bues avant l'été. On peut à présent les trouver toute l'année, bien que leur étiquette porte encore la mention « de saison ». Existent aussi des bières de Noël et de Pâques, destinées à faire mousser dignement les fêtes !

Les bières brunes sont foncées, fortement aromatisées, d'abord sèches au goût, puis très douces.

Les célèbres bières d'abbaye ne sont que quelques-unes à pouvoir porter cette appellation : ce ne sont plus les vénérables moines qui brassent mais leurs secrets de fabrication ont été transmis (ou vendus) à de respectables laïcs. On distingue les « trappistes », brunes ou blondes, brassées au Moyen Âge à l'intérieur de l'enceinte de l'abbaye (Orval, Chimay, Rochefort, Westmalle, Westvleteren, Achel) ; et les autres (Leffe, Grimbergen, Affligem, Maredsous, Saint-Feuillien, etc.), fabriquées à l'extérieur, sous licence. De forte densité et plutôt alcoolisées, elles se dégustent dans des verres en forme de... calice, bien sûr ! Elles sont tout simplement... divines !

Les bières de « fermentation spontanée » sont une spécialité exclusivement belge et ne se font d'ailleurs plus que dans les environs de Bruxelles. La fermentation n'utilise aucune levure mais provient d'une exposition à l'air libre dans de grands fûts appelés « foudres » où, pendant 1 à 2 ans, le moût (le lambic) se transforme sous l'action de ferments microbiens présents dans... l'air de Bruxelles (*Brettanomyces bruxellensis*). Le lambic peut se boire tel quel (ou sous forme de *faro*, en édulcorant le lambic de sucre candi), mais le plus souvent il est mis à vieillir en fûts de chêne, puis en bouteilles pour fermenter à nouveau et donner alors la célèbre gueuze. Cette dernière est obtenue par le mélange de plusieurs lambics d'âges différents remis en bouteilles pour éliminer le sucre (l'atténuation). Elle est spontanément pétillante et mousseuse ; parfois aigre, elle peut être additionnée de sucre ou de grenadine.

La Kriek est un lambic dans lequel ont macéré des griottes, ce qui lui donne une couleur rouge et une saveur fruitée des plus rafraîchissante. Ne quittez pas Bruxelles sans l'avoir goûtée.

À chaque bière son verre

Il ne vous reste plus qu'à exercer vos papilles gustatives, mais sachez que chaque bière a son verre : la blonde, qui se boit généralement entre 4 et 6 °C, est servie de préférence dans des verres élancés sur pied pour éviter un réchauffement prématuré. Les brunes se dégustent dans un verre pansu entre 10 et 12 °C, et certaines bières utilisent un verre original, telle la Kwak, qui a besoin d'un support en bois pour tenir debout ! C'était la bière fétiche des conducteurs de fiacre et un tel support, bien utile pour éviter qu'elle ne se renverse dans les cahots, a rendu le fond du verre inutile...

Un site pour les amateurs : ● *beerparadise.be* ●

CUISINE

Quand on fait l'inventaire de la production picturale des peintres flamands du XVIe au XVIIIe s, on peut constater que, juste après les évocations religieuses, le thème favori est sans conteste... la bouffe ! Scènes de ripailles, banquets, noces, kermesses rivalisent en abondance avec les « natures mortes » étalant des monceaux de victuailles prêtes à être englouties...

Au cours des promenades dans le centre historique des grandes villes, en levant la tête, on s'apercevra que les noms de rues rappellent les produits vendus sur les marchés : rue Chair-et-Pain, rue des Poissonniers, rue Marché-aux-Fromages, rue des Harengs, rue des Bouchers, etc. C'est dire le rapport que l'on entretient dans ce pays avec la bonne chère !

Limiter les plaisirs de la table, en Belgique, aux seules « moules-frites » reviendrait à réduire la cuisine française au museau-vinaigrette et l'italienne aux spaghettis-bolognaise !

Curnonsky plaçait la cuisine belge au 2e rang mondial derrière la française, donc pas de doute : on mange bien, très bien même dans la plupart des cas. Le choix est très varié, dans toutes les gammes de prix, et les portions sont souvent plus généreuses que celles dont vous avez l'habitude.

Si pas mal de restos belges sont des étoilés du *Michelin,* ce qui fait peut-être défaut, c'est le bistrot de tradition où l'on peut manger original sans se ruiner. Ce rôle est repris en partie par les « cafés » (les *eetcafees* en Flandre).

Autre petite divergence : la trilogie traditionnelle dans l'Hexagone entrée + plat + dessert ou fromage n'est pas obligatoire ; vous pouvez vous contenter d'un plat + boisson (c'est copieux), on ne vous tirera pas la tronche. C'est d'ailleurs la manière la plus économique de se nourrir le midi. Petite précision : le *chicon* que vous trouverez souvent sur les menus est le légume que vous connaissez sous le nom d'endive (*witloof* chez les Flamands), tandis que sous le nom d'*endive* se cache la scarole ! Quant au *coucou,* ne vous attendez pas à le voir chanter dans votre assiette : ce nom désigne un vulgaire poulet !

Si vous souhaitez vous sustenter sur le pouce et pour pas cher, vous trouverez, en dehors des fast-foods internationaux, des marchands de *caricoles* (escargots de mer), de multiples friteries (qu'on appelle « fritures ») – un paquet de frites arrosées de mayonnaise ou de pickles vous cale l'estomac pour une demi-journée – et, plus simplement, dans toutes les boucheries-charcuteries du royaume, on vous proposera des

« pistolets fourrés » (*belegde broodjes* en Flandre), qui sont de petits pains ronds que l'on vous garnit avec tout ce que vous voulez ! Très économique.

En revanche, si l'on vous propose une *mitraillette,* ce n'est pas pour vous flinguer... quoique, du point de vue diététique, ça risque de vous lester. Il s'agit d'une baguette (*pain français* en V.O.) garnie de viande hachée (ou de fricadelle ou de boudin blanc), de frites, de crudités et d'une bonne giclée de sauce, andalouse de préférence... bon appétit !

Si vous avez envie de vous essayer aux spécialités typiquement belges présentes sur les tables familiales, en voici une petite liste (incomplète) qui, on l'espère, vous mettra l'eau à la bouche...

Petit déj

Toutes sortes de pains, des tas de *couques* (brioches) garnies de raisins, fourrées à la crème pâtissière, du *cramique* (pain brioché aux petits raisins), du *craquelin* (le même au sucre), des tartines (pain de mie) arrosées de sirop de Liège, servis avec du café noir ou du café au lait. Le *cougnou* est un pain brioché en forme de bonhomme avec un petit Jésus en sucre et que l'on trouve à l'époque de Noël.

Entrées

– Tomates-crevettes (grises).
– Croquette de crevettes.
– Fondu au fromage (beignet et frit).
– Asperges à la flamande (avec œufs durs et beurre fondu).
– Moules à l'escargot (à l'ail).
– Jambon des Ardennes (fumé).
– Terrine de gibier aux champignons.
– Pâté gaumais (tourte de viande de porc au vin et aux herbes).
– *Potjesvlesch* (familier des habitants du Nord).
– Tête de veau en tortue (on n'explique pas ! Osez...).
– Filet d'Anvers (jambon fumé de cheval).
– Anguilles au vert (un must incontournable).
– Flamiche (tourte chaude au fromage salé à Namur).
– Jets de houblon sauce mousseline (en mars).

Poissons

Les fameuses moules viennent de Zélande, aux Pays-Bas.
– Filets de sole à l'ostendaise.
– Waterzoi de poisson (le plat le plus célèbre).
– Poisson à l'escabèche (marinade au vinaigre).
– Moules parquées (crues et garanties fraîches).
– Lotte aux poireaux.
– Brochets et truites en Wallonie.

Viandes

Bœuf et porc dominent. Un label bovin de qualité : le *blanc-bleu belge (BBB)* élevé dans le Condroz.
– Carbonades flamandes (sorte de bœuf bourguignon, étuvé à la bière).
– *Coucou* de Malines (poulet fermier cuit dans l'argile).
– Waterzoi gantois (au poulet, bouillon de légumes).
– Civet de lapin à la bière.
– Lapin à la bière aux pruneaux et aux oignons.
– Rognons de veau à la liégeoise (aux baies de genévrier).
– Oie à l'instar de Visé (confit enrobé de chapelure et frit, sauce moutardée).
– Faisan à la brabançonne (aux chicons braisés).
– Oiseaux sans tête (paupiettes de bœuf aux raisins de Corinthe).
– *Choesels* au madère : une légende tenace fait croire qu'il s'agit de la virilité du taureau. En fait, il s'agit simplement d'abats : ris de veau, pancréas de bœuf, rognons et poitrine de mouton plus testicules d'agneau, avec lardons, champignons de Paris et échalotes.

Plats uniques (suffisamment copieux)

– Chicons au gratin (roulades de jambon fourrées de chicons, sauce Béchamel).
– Filet américain (steak tartare servi avec frites).
– *Stoemp* (potée roborative avec chou et saucisses).
– *Hochepot* ou *hutsepot* (pot-au-feu de viande et de légumes).
– Boudin entre-ciel-et-terre (boudins noir et blanc, compote de pommes et purée).
– Boulets : on les appelle *boulets* à Liège, *fricadelles* à Bruxelles et boulettes en Picardie.
– Tarte *al djote* (à Nivelles, tarte chaude au fromage piquant et aux bettes).
– Salade liégeoise (pommes de terre, haricots princesse, lardons déglacés au vinaigre).

LES *BOULETS* DE MADAME LAPIN

Véritable institution à Liège, ce plat est servi accompagné de frites, de mayonnaise et de crudités ou de compote de pommes. Une ou deux grosses boulettes de viande hachée mélangée à la mie de pain, échalotes et persil, sont arrosées pendant la cuisson d'une sauce aigre-douce à base de vinaigre, de cassonade, de sirop de Liège et de feuilles de sauge. Cette sauce appelée sauce lapin ne contient aucune viande de lapin mais tient son nom de... Géraldine Lapin, qui l'aurait inventée.

Fromages

Méconnus des Français et souvent des Belges eux-mêmes, ils sont pourtant très variés. À découvrir sans hésiter, tant en Flandre qu'en Wallonie.
– La *maquée* (fromage blanc).

Les tendres

Au lait crémeux, en salade folle ou en compagnie d'une baguette croquante, à apprécier avec un vin noble ou une bière de haute fermentation. Dans le désordre : le *Bouquet des Moines*, le *Herve doux*, la *Fleur des Fagnes*, le *Madreret*, le *Paillardin*, le *Vieil Aubel*, le *Trou d'Sottai* et l'incomparable *Remoudou de Herve* (un des meilleurs du monde... très piquant et odorant ; pour l'heure, la seule appellation belge).

Les mi-durs

Fondants en bouche et caressants, ils offrent le plus grand éventail de formes et d'arômes. On y trouve les fameux fromages d'abbaye, à déguster avec une bière de même provenance, bien sûr, comme ceux des abbayes d'*Orval*, de *Postel*, de *Val Dieu*, de *Maredsous*, de *Corsendonck*, de *Westmalle*, de *Floreffe* ou d'*Affligem*. Quelques autres labels remarquables : le *Chimay* cru ou à la bière, le *Damme*, le *Loo*, le *Passendaele*, le *Dom Tobias*, le *Rubens*, le *Père Joseph*, le *Val de Salm* ou le *Watou*.

Les fromages à pâte dure

Ils ont un caractère qui s'affirme en vieillissant : *Vieux Bruges*, *Vieux Chirnay*, *Beauvoorde*, *Fagnar*, *Oude Postel*, *Sezoen* ou *Ambiorix*.

Les persillés ou « bleus »

Découpés après caillage, ils sont ensemencés de moisissures au moment du moulage. Leur goût est exceptionnel et persistant : *bleu de Franchimont*, *Château d'Arville* et *Pas de Bleu* sont les plus connus.

Douceurs

Les pâtisseries se déclinent à l'infini (viennoiseries) ; vous n'aurez que l'embarras du choix. Quelques produits typiques néanmoins :
– pain à la « grecque » (Bruxelles), mot dérivé de *brood van de gracht* (pain du fossé, du nom de la rue du Fossé-aux-Loups) : galette dure au sucre cristallisé ;
– spéculoos (biscuits durs à la cassonade, aromatisés à la cannelle et moulés en forme de personnages) ;

BRUXELLES OU LIÈGE, QUELLE GAUFRE CHOISIR ?

La gaufre de Bruxelles est rectangulaire, légèrement sucrée, croquante et se mange à table avec des couverts. Sa rivale, celle de Liège, est de forme plus arrondie, plus lourde et plus sucrée, et se mange dans la rue, à la main.

– *couques* de Dinant (galettes hyper dures au miel, cuites dans des moules en bois) ;
– tartes diverses : au sucre, au riz, aux macarons, à la frangipane, au *maton* (fromage blanc) ;
– *gosettes* (chaussons fourrés aux pommes) ;
– *babeluttes* (caramels au beurre salé) ;
– *cuberdon,* appelé aussi *chapeau-de-curé* (friandise conique farcie de sirop gélatineux aromatisé aux fruits) ;
– massepain (pâte d'amandes sucrée en forme de cochon ou de fruit).

Chocolats : au pays de l'or noir

La réputation du chocolat belge n'est plus à faire et, même sous le pavillon d'une multinationale, (comme Côte-d'Or racheté par Suchard), il garde toutes ses qualités. Les variétés vont du blanc délicat au noir à taux de cacao élevé frisant l'amer, en passant par tous les fourrés de pâte fruitée ou de noisettes. Le point culminant de cette production est la célèbre « praline » (qui n'a rien à voir avec la friandise à base d'amandes enrobées de sucre, créée pour le duc de Praslin, que l'on trouve en France). On en vend à tous les coins de rue sous les marques *Leonidas* (les moins chères), *Neuhaus, Godiva, Corné, Daskalidès, Marcolini, Guerbaud.* Un chocolatier comme *Galler* innove en proposant des mélanges aux épices, aux fleurs ou aux senteurs marines et commercialise les fameuses langues de chat inspirées par le personnage de Philippe Geluck.
Si vous ne devez rapporter qu'une chose de Belgique, ce sera un ballotin de pralines (petite boîte conçue par l'épouse de Jean Neuhaus dans les galeries Saint-Hubert). Les prix varient de 25 à 50 € le kg selon les marques mais vous trouverez aussi des sachets de 100 g.

Les frites : un emblème prétendument national

Pour la légende, lire l'encadré ; mais l'histoire de la gastronomie manque de certitudes à ce sujet. Cela dit, la Belgique n'a pas eu l'apanage de la découverte de la pomme de terre, loin s'en faut ! Quant à la frite, si son usage s'est répandu dans la seconde moitié du XIXe s, plusieurs pays se targuent de l'avoir inventée, en premier lieu... la France, où l'on vendait des (pommes de terre) frites (au beurre) sur le Pont-Neuf à Paris avant de les voir envahir le reste du monde civilisé. Dans le

FRITES STORY

Autrefois, sur les bords de Meuse, les pêcheurs avaient coutume de frire à la poêle les nombreux petits poissons qu'ils prenaient. Cette coutume accompagnait les fêtes de l'Épiphanie. Jusqu'au jour où un hiver particulièrement rigoureux gela complètement le fleuve. Quelqu'un eut alors l'idée de tailler des pommes de terre en confectionnant des bâtonnets allongés, rappelant la forme des petits goujons, et de les jeter dans l'huile bouillante. Cela plut, la frite était née !

monde anglo-saxon, on les appelle *French fries*. Cela date de la Première Guerre mondiale, quand les soldats britanniques et américains, cantonnés sur le front, découvrirent les friteries. Comme ils n'étaient pas forts en géographie et que l'on parlait aussi français dans cette région de Flandre, ils en conclurent que la frite était française...

La spécificité de la frite belge est d'être la meilleure du monde, de croquer sous la dent et de fondre dans la bouche parce qu'elle est cuite... deux fois ! Tout le secret réside dans la qualité de la pomme de terre – la *bintje* – taillée dans la longueur en frites de 1 cm d'épaisseur. D'abord cuites 5 à 7 mn dans une graisse (de bœuf si on veut respecter la tradition) chauffée à 160 °C, elles sont refroidies quelques instants avant d'être replongées dans la friture portée à 180 °C. Les verser dans un cornet de papier permet d'absorber l'excédent de graisse et l'on peut alors les saupoudrer de sel et les arroser de mayonnaise ou de pickles. À présent, arrêtez de saliver et précipitez-vous sur le premier *fritkot* venu.

ÉCONOMIE

Deuxième pays en Europe pour son faible taux de pauvreté, septième en termes de PIB, la Belgique est un pays prospère mais avec des disparités très marquées.

La Wallonie

En 2013, la Wallonie produisait 23,4 % du PIB belge, pour 32 % de sa population sur 55 % de la superficie du pays. À l'échelle de la France, le PIB de la Wallonie la placerait au 8e rang des 22 régions françaises, 5e au niveau de sa population et... 3e en matière d'exportations, juste derrière l'Île-de-France et la région Rhône-Alpes. Le clivage traditionnel entre la Flandre dynamique et la Wallonie en déclin (fermeture des charbonnages, crises de la sidérurgie et de l'industrie d'armement) tend à s'atténuer. Le monde du travail, historiquement très organisé en Wallonie, a eu à cœur de maintenir les avantages acquis de haute lutte dans les décennies précédentes. Malgré un déclin économique et démographique, la Wallonie tente de se reconvertir son économie vers les entreprises de taille moyenne orientées vers les technologies nouvelles : l'aéronautique, l'informatique, les biotechnologies, les télécommunications et l'agroalimentaire. La région a des atouts non négligeables : 9 centres universitaires, 130 écoles supérieures, 300 centres de recherches, 6 parcs scientifiques, 11 000 chercheurs et 29 000 étudiants en filières scientifiques. De quoi permettre un ambitieux « plan Marshall » (lancé en 2005) de relance économique, prévoyant plus d'un milliard d'euros d'investissements. Le gouvernement régional wallon espère contrecarrer les effets néfastes d'un taux de chômage élevé (11,9 % en Wallonie contre 5 % en Flandre, et 21 % à Bruxelles, moyenne nationale 8,3 %) et une situation financière encore difficile. Ce plan a été reconduit en 2009 avec une composante écologique supplémentaire. Mais il ne faut pas se voiler la face ; dans cette région, la manne publique providentielle a trop longtemps développé une culture clientéliste et politisée à l'extrême. Une trop grande part de la population soit est inactive, soit travaille dans le secteur public qui n'est qu'indirectement générateur de richesses. Ce manque de gestion responsable des finances publiques est aujourd'hui, après de multiples scandales politico-financiers, au centre du débat politique wallon sur la bonne gouvernance.

La Flandre

Elle s'étend sur 13 500 km² et compte 6,2 millions d'habitants. La Flandre, de son côté, affiche une volonté d'indépendance économique, et surtout politique, de plus en plus affirmée. Les milieux patronaux flamands réclament un transfert des compétences et des financements qui ne les obligeront plus à

« payer les prestations sociales des chômeurs wallons ». De tradition catholique, elle a connu une croissance démographique supérieure à la moyenne nationale et sa population représente actuellement 58 % des Belges. Son développement économique s'est fait différemment : privée de ressources naturelles, la Flandre s'est de tout temps consacrée aux industries de transformation. Elle a exercé pendant des années une attirance plus grande sur les investisseurs, fait qu'elle attribue à son multilinguisme ainsi qu'à une politique régionale dynamique et efficace, drainant des

IL Y A FLANDRE ET FLANDRES

Lorsqu'en langue française on nomme la partie flamande de la Belgique, on utilise le terme au singulier, bien qu'en néerlandais Vlaanderen soit un pluriel. Bizarre non ? C'est oublier qu'historiquement les Flandres désignaient plusieurs territoires débordant du territoire actuel de la Belgique et incluaient une Flandre hollandaise et, surtout, une Flandre française occupant grosso modo la moitié du département du Nord (59) et qui fut annexée à la France sous Louis XIV. Voilà pourquoi la gare TGV de Lille, s'appelle Lille-Flandres.

investissements plus importants et plus variés que la Wallonie. Le textile est sa première activité traditionnelle. Celle-ci remonte au Moyen Âge, quand le drap anglais était tissé par les ouvriers flamands. L'exploitation du lin, du chanvre et de la laine a historiquement fait la prospérité des villes flamandes. L'axe Courtrai-Gand est de nos jours le siège d'une florissante activité de production de tissu synthétique. Après la Seconde Guerre mondiale, les capitaux – américains principalement – ont été attirés en Flandre par la docilité et la haute qualification de la main-d'œuvre. La pétrochimie, la chimie lourde, les constructions mécaniques, la transformation du minerai, l'électronique et les automobiles sont les secteurs les plus dynamiques de l'industrie du Nord du pays, sans oublier la taille du diamant à Anvers qui, à elle seule, représente (en valeur) 7 % des exportations de la Belgique. Le port d'Anvers (le 2e d'Europe après Rotterdam) permet, par an, l'acheminement de dizaines de millions de tonnes de marchandises vers son *hinterland* naturel, l'Allemagne, la France, la Suisse et l'Italie. Le port de Zeebrugge accueille les superpétroliers de 250 000 t. Les autorités et les entreprises flamandes investissent plus en recherche et développement, grâce au privé, mais aussi par une importante implication des autorités publiques. Malgré cela, la crise mondiale n'a pas épargné la Flandre, dont le taux de chômage a fait un bond en 2009-2010. La fermeture d'Opel à Anvers a mis l'accent sur la précarité de la situation de l'emploi dans les filiales de multinationales.

Bruxelles

Le secteur tertiaire réalise la plus grande partie de son produit intérieur brut. Bruxelles est devenue une ville de services où l'industrie (12 % de l'emploi) a presque disparu. Commerce, banques, tourisme, assurances, transports et emplois engendrés par l'implantation d'organisations internationales assurent l'essentiel des ressources de la région. Avec un PIB de plus de 60 000 € par habitant, Bruxelles se classe au 3e rang des régions les plus riches d'Europe, derrière le Luxembourg et le centre de Londres. La région génère près de 25 % des exportations belges (en incluant les services) et attire un cinquième des investissements étrangers.

Elle accueille également, personne ne l'ignore, les grandes institutions européennes mais aussi des représentations étrangères et de nombreux groupes d'intérêt. On recense ainsi 160 ambassades, 1 750 ONG, 200 bureaux de représentation des différentes régions et villes européennes, et plus de 13 000 lobbyistes. C'est aussi un carrefour économique entre les hommes d'affaires du monde entier et leurs homologues politiques : plus de 2 000 entreprises étrangères y sont représentées. La presse internationale est également très présente avec près de 800 journalistes permanents accrédités.

Alors que la population de la région de Bruxelles-Capitale représente seulement 10 % de la population totale du pays, la région contribue à plus de 19 % du PIB national. À noter que les nombreux « navetteurs » qui viennent travailler quotidiennement à Bruxelles mais résident dans l'une des deux autres régions contribuent au PIB de la capitale. Une particularité du système fédéral est également que le travailleur paie ses impôts en fonction de son lieu de domiciliation et non de son lieu de travail, comme cela est prévu par le droit international. Si tel n'était pas le cas, la ville-région de Bruxelles disposerait en rentrées fiscales de 4 milliards d'euros en plus par an, au détriment de la Flandre et, dans une moindre mesure, de la Wallonie. Bruxelles fonctionne comme une ville américaine : les classes aisées ont délaissé le centre en préférant les banlieues vertes, avec pour effet une déqualification de l'habitat dans les parties les plus anciennes de la ville, qui concentrent une population plus pauvre et moins qualifiée. Cependant, un mouvement de *gentryfication* est observé dans certains quartiers centraux, réoccupés par de jeunes ménages actifs, qui préfèrent l'animation urbaine aux lotissements de banlieues et aux embouteillages autoroutiers aux heures de pointe. En accueillant par ailleurs une nombreuse population immigrée, Bruxelles s'est paupérisée et doit financer un chômage qui dépasse les 20 % en 2014 (45 % dans les emplois peu qualifiés).

Par ailleurs, la population est jeune : les moins de 19 ans représentent 24 % de la population, et le gros point noir est le chômage des jeunes, qui atteint 35 % chez les moins de 25 ans.

Au niveau fédéral

Moins de 3 % de la population se consacre à l'agriculture ; les cultures principales sont le blé, la betterave sucrière et la pomme de terre. L'élevage est axé sur les bovins et s'oriente de plus en plus vers les porcins, ce qui cause à la Flandre des problèmes pour évacuer les déjections de ces braves cochons. La production d'énergie est encore pour l'instant largement tributaire du nucléaire. Après une croissance nulle en 2009, l'économie nationale a connu un rebond en 2010 et 2011, avec près de 2 % de croissance. Mais comme ailleurs en Europe, 2012-2013 furent difficiles, avec une croissance proche de zéro. On prévoit une reprise à + 1,4 % pour 2014. L'incertitude reste donc de mise. Le problème de surendettement a conduit le gouvernement d'Elio Di Rupo à établir un plan de 13,6 milliards d'euros d'économies pour 2012, qui a réussi à ramener le déficit public de 3,6 % à 2,7 % du PIB en 2013. La recette : des hausses d'impôts sur le patrimoine, une réforme des retraites (la fin de la stratégie généreuse de retraites anticipées), et la diminution des indemnités de chômage... Car le marché du travail apparaît comme le point faible de l'économie belge, dont la compétitivité souffre d'un coût du travail élevé et d'un taux d'emploi assez bas : seulement 62 % de la population en âge de travailler a du boulot. Pas moins de 15 % des Belges vivent sous le seuil de pauvreté. L'économie belge a pourtant de gros atouts et attire toujours les investisseurs étrangers : régime fiscal intéressant pour les groupes multinationaux et une infrastructure de transports performante. Les réseaux de communication (routes, chemins de fer, canaux et fleuves) les plus denses du monde favorisent des échanges rapides.

Pour un pays dont les exportations représentent 71 % du PIB, la question de la compétitivité est aujourd'hui d'autant plus cruciale que le degré de dépendance à l'égard de pays tiers ne cesse de s'accroître : sur les 100 premières entreprises belges, plus de 75 sont sous contrôle d'actionnaires non nationaux et plus de la moitié de l'emploi industriel est assuré par des entreprises étrangères. Mais c'est sans doute le prix à payer pour se retrouver au cœur de l'Europe.

FÉDÉRALISME

Créée à l'origine à partir d'éléments composites, la Belgique a connu des institutions unitaires depuis l'indépendance en 1830 jusqu'aux années 1970. À partir de cette date, un processus de réformes constitutionnelles a été mis en œuvre pour aboutir à une structure étatique de type fédéral. Sans vouloir être exhaustifs, mais dans un souci de faire comprendre des institutions originales et complexes (beaucoup de Belges eux-mêmes se mélangent les pinceaux !), nous allons essayer d'être clairs en restant brefs : on respire un grand coup... et on y va !

Bienvenue sur la planète *Shadok* !

L'article premier de la nouvelle Constitution précise que la Belgique est un État fédéral composé de trois communautés (flamande, française et germanophone) et de trois régions : Région flamande *(Vlaams Gewest)*, Wallonie (ex-Région wallonne) et Bruxelles-Capitale.
Au niveau fédéral, le pouvoir exécutif est exercé par le roi et le gouvernement fédéral (21 ministres et secrétaires d'État) dans les domaines qui concernent le pot commun : affaires étrangères, justice, finances, budget, défense, intérieur, énergie et Sécurité sociale (les milieux politiques flamands en souhaiteraient la scission).
Le législatif est exercé conjointement par le roi, la Chambre des représentants (150 députés) et le Sénat (71 sénateurs) où sont votées les lois. Le niveau communautaire, régi par le principe d'appartenance linguistique, prend en charge les domaines de l'enseignement, des affaires culturelles, de la santé et des affaires sociales.
Au niveau régional, régi par le principe de territorialité, l'exécutif est assuré par le gouvernement régional ; le conseil régional émet des décrets dans les domaines qui intéressent la région : logement, emploi, environnement, développement économique, transports, tourisme, agriculture, commerce extérieur et coopération internationale, avec la compétence de pouvoir signer des traités avec d'autres pays.
Si vous avez suivi jusqu'ici sans encombre, on peut continuer...

Les trois régions

La Belgique est aussi divisée en 10 provinces (issues des départements français de 1795). La Région flamande (6,2 millions d'habitants) regroupe cinq provinces ; la communauté flamande comprend les habitants de la Région flamande et les habitants néerlandophones de la région de Bruxelles-Capitale. À noter que Bruxelles a été choisie comme capitale de la Région flamande, bien que les décrets en vigueur en Flandre ne le soient pas à Bruxelles (!).
La Wallonie (3,5 millions d'habitants) regroupe les provinces du Hainaut, de Namur, de Liège (dont la communauté germanophone, 70 000 habitants), du Luxembourg et la récente province du Brabant wallon. Namur a été choisie pour capitale de la Wallonie.
La région de Bruxelles-Capitale (1 300 000 habitants) est composée des 19 communes de l'arrondissement de Bruxelles-Capitale. Le bilinguisme français-néerlandais y est imposé. Bruxelles est donc capitale fédérale du royaume et capitale de la communauté et de la Région flamande. C'est aussi le siège de nombreuses institutions de l'Union européenne et de l'OTAN.
Au niveau des compétences fédérales et régionales s'ajoutent les compétences communautaires relevant de l'appartenance linguistique : l'enseignement, la santé,

la culture, l'audiovisuel et le sport. Les Flamands ont fusionné région et communauté (voir plus haut), les francophones ont fusionné au niveau communautaire dans une fédération Wallonie-Bruxelles...

Un petit peu de courage, on arrive au bout...

Où ça se complique

Les 589 communes constituent l'entité politique et administrative de base. Elles disposent de pouvoirs très étendus qui datent parfois de l'époque médiévale comme le pouvoir de police des bourgmestres (maires).

Bien que situées dans une région unilingue, certaines communes frontalières disposent de « facilités » pour garantir aux habitants pratiquant l'autre langue une administration dans la langue de leur choix. C'est dans ces municipalités frontalières que les tensions communautaires sont les plus vives : certaines communes aisées de la périphérie bruxelloise, en territoire flamand, sont habitées à présent par une large majorité de francophones et le gouvernement flamand souhaite effacer les facilités linguistiques dont ils disposent en arguant du fait que celles-ci n'étaient (depuis 1975) que transitoires, le temps pour ces habitants d'apprendre le flamand. Malgré l'habitude de mettre ces problèmes « au frigo », la querelle resurgit régulièrement avec la demande des Flamands de scinder l'arrondissement électoral de Bruxelles-Halle-Vilvorde (BHV en abrégé) pour bénéficier d'un découpage linguistiquement homogène de la carte électorale du pays, qui éviterait que les voix des électeurs francophones (on estime leur nombre à 150 000 personnes) de ces fameuses « communes à facilités » ne se reportent sur des élus francophones bruxellois. Finalement, en 2011, dans les négociations pour la constitution du gouvernement, un accord a été trouvé sur cet épineux problème et les lois qui minaient les rapports entre les communautés.

Et les Belges dans tout cela ?

Les cinq niveaux de pouvoir expliqués en quelques lignes plus haut ont du mal à ne pas se marcher sur les pieds et apparaissent à beaucoup de Belges comme un embrouillamini kafkaïen et coûteux ! 60 postes de ministres et secrétaires d'État en additionnant les niveaux fédéral, régional et communautaire, soit un ministre pour 180 000 habitants, cela constitue un record du monde absolu !

Il faut pourtant considérer ce « meccano » institutionnel, acquis au prix de concertations marathoniennes, comme un système, imparfait peut-être, dans lequel les communautés auraient dû, en principe, gérer leur devenir propre et organiser leur cohabitation dans le respect mutuel et la concertation. En réalité, alors que 60 % des habitants du Nord se disent à présent flamands avant d'être belges, 85 % des Wallons et des Bruxellois se sentent d'abord belges.

Un avenir plus qu'incertain

Au stade suivant, une grande partie de la classe politique flamande voudrait réduire l'État fédéral à sa plus simple expression (le confédéralisme) et gérer en solo la Sécurité sociale, la fiscalité et même la justice. Déjà dans les écoles des deux bords, l'anglais est enseigné comme seconde langue plutôt que la langue du voisin. Bientôt il faudra un interprète pour dialoguer... Si les problèmes politiques alimentent régulièrement les colonnes des journaux et les plateaux de TV, tous les sondages d'opinion indiquent que les Belges dans leur grande majorité considèrent que le monde politique s'est beaucoup décrédibilisé par des querelles de personnes et des scandales d'abus sociaux et souhaitent que leurs mandataires se soucient avant tout d'économie, d'emploi et d'environnement.

Bravo d'avoir lu ce chapitre jusqu'au bout, vous avez bien mérité un ballotin de pralines !

FÊTES ET FOLKLORE

La Belgique est un pays où le particularisme (certains parlent de « localisme ») est érigé en institution. Pas étonnant, donc, de découvrir tout au long de l'année des processions, des marches, des parades, des cortèges carnavalesques ou historico-religieux, des kermesses et ducasses dédiées aux saints locaux... Chaque village, chaque région entretient farouchement sa tradition : c'est l'occasion de cultiver avec gaieté ou sérieux ce besoin d'appartenance et cette sociabilité qui sont les fondements de l'identité populaire.

Le folklore n'est pas en Belgique une curiosité de musée, il est actif et beaucoup plus vivant que dans les pays voisins.

Loin d'être des entreprises commerciales, les fêtes sont tout à fait authentiques, c'est ce qui fait leur attrait.

Les carnavals, tout sauf un spectacle

Pour faire un carnaval, il ne suffit pas de déguiser une bande de joyeux lurons et de les faire déambuler au son d'un orchestre, précédés de quelques majorettes frigorifiées. Le carnaval fait partie du patrimoine culturel et, à la limite, pourrait se passer des foules qui y assistent.

Le martèlement trépidant des sabots sur le sol est une incitation aux semailles, à l'enfouissement des graines, et les masques symbolisent les visages des ancêtres morts, dont il s'agit de se concilier la bienveillance en récoltant pour eux profusion de vivres. Le carnaval, véritable exutoire à la pression des lois et de la religion, est la dernière occasion de faire bombance avant la longue période du carême.

Durant le Mardi gras, en Wallonie, on célèbre le carnaval dans pas moins de 17 endroits différents. Organisé selon des traditions séculaires, où chaque costume, chaque accessoire est arboré selon une codification rigoureuse, il est suivi par une foule innombrable qui accompagne avec ferveur les évolutions des participants.

On distingue trois types de carnavals :
– ceux de la tradition rhénane dans les cantons de l'Est (Eupen) ;
– ceux de la tradition wallonne (Binche, Malmedy) ;
– ceux du Laetare à la mi-carême (Fosses-la-Ville, Stavelot).

Assister à l'un de ces carnavals (surtout celui de Binche) est une expérience inoubliable. Si vous êtes intéressé, le calendrier annuel des carnavals est détaillé dans une brochure de l'office de promotion du tourisme.

Les géants

À la lisière du rituel carnavalesque et de l'histoire, les sorties de géants mettent en scène des personnages issus de la tradition orale des légendes et faits d'armes. Il semble que leurs premières apparitions remontent au XVe s. Les personnages bibliques côtoient les créations profanes et s'affrontent dans des combats symboliques ou célèbrent leurs noces en grande liesse.

On peut citer la célèbre procession des géants d'Ath qui a lieu le dernier week-end d'août, mais Nivelles et Alost, Arlon et Grammont, Tervueren et Namur, Malines, Wellin, Dendermonde, Heist et Braine-le-Comte ont aussi les leurs.

Les processions

Chaque village ayant son saint patron, les occasions abondent pour promener ses reliques en commémoration de quelque épidémie de peste ou de quelque vœu fait par un chevalier au retour de Terre sainte. Beaucoup se déroulent à travers champs.

La procession en costume d'époque avait autrefois vocation didactique pour les paysans illettrés. Chaque tableau, un peu comme dans les mystères sur le parvis des églises, illustrait un épisode de l'histoire.

– La plus célèbre est la fastueuse procession du Saint-Sang qui a lieu à Bruges le jour de l'Ascension. Elle commémore le retour du comte de Flandre, Thierry d'Alsace, de la deuxième croisade en 1150.

– À Furnes (fin juillet) et Lessines (Vendredi saint), des pénitents encagoulés défilent au rythme sourd des tambours. Ce n'est pas sans rappeler Séville.

– À Mons, le dimanche de la Trinité, la châsse de sainte Waudru (le Car d'or) est portée jusqu'à la collégiale et, l'après-midi, a lieu le jeu médiéval du combat de saint Georges contre le dragon, sur l'air du « Doudou ». Il s'agit pour les spectateurs d'attraper quelques crins de la queue du dragon. Cette manifestation a obtenu la reconnaissance de l'Unesco comme élément remarquable du patrimoine immatériel mondial, de même que le cortège des Géants à Ath.

– L'*Ommegang* de Bruxelles (le premier mardi de juillet et le jeudi qui suit) n'a aucun fondement religieux. Il se contente, avec faste, de commémorer le défilé processionnel donné en 1549 à l'occasion de la présentation par l'empereur Charles Quint de son fils (le futur Philippe II). Les beaux costumes dans le cadre majestueux de la Grand-Place attirent des bataillons de Japonais.

– Au sud de Charleroi, chaque village organise des processions de reliques qui, depuis l'épopée napoléonienne, sont accompagnées de compagnies de soldats et officiers en costume d'Empire. Les zouaves, les grenadiers, les voltigeurs, les sapeurs et autres grognards marchent en portant fusil et s'arrêtent souvent pour se rincer le gosier, mais aussi pour tirer des salves pétaradantes... Tout cela est très sérieux et les grades se négocient cher !

Spectacles de marionnettes

Pour clore ce chapitre des traditions populaires, il convient de vous recommander les spectacles de marionnettes.

– À Bruxelles, le Théâtre royal de Toone perpétue le répertoire des grands classiques : *Les Trois Mousquetaires, Le Cid, Les Quatre Fils Aymon, La Passion du Christ,* le tout dans un français du cru, émaillé de marollien mais parfaitement compréhensible aux non-Bruxellois !

– À Liège, les amateurs iront écouter *Tchantchès*, le Liégeois buveur et chaleureux qui vous conviera, dans un wallon accessible, à un récit de la Nativité ou à des légendes de l'épopée de Charlemagne.

GÉOGRAPHIE

Les 30 528 km² du territoire belge (environ cinq départements français) se divisent en trois régions géographiques. À partir de la bande côtière de 70 km de long, le sol s'élève progressivement vers l'est pour culminer sur le plateau des Fagnes à 694 m d'altitude (pas si plat que ça, ce pays !).

Deux fleuves, l'Escaut et la Meuse, irriguent le pays avant de se jeter dans la mer du Nord.

La basse Belgique

Elle comprend la bande côtière rectiligne, bordée de longues plages de sable fin, de dunes et bâtie d'infrastructures touristiques quasi ininterrompues. L'arrière-pays est composé de polders très fertiles, situés sous le niveau de la mer, dont ils sont protégés par un réseau de digues et d'écluses. Le petit fleuve côtier de l'Yser est intégré à ce réseau.

La basse Belgique s'étend dans la vaste plaine des Flandres jusqu'à une altitude de 100 m et trouve son prolongement dans la Campine, grande étendue sablonneuse parsemée d'étangs, de marécages où ne poussent que la bruyère et les pins. Des gisements de houille y ont été exploités.

Les plaines argileuses du bassin de l'Escaut sont uniformément plates, les eaux s'y écoulent en larges méandres ; quelques vallonnements, entre Lys et Dendre, culminent à 150 m. Cette région porte le nom d'« Ardennes flamandes ». Les grandes villes de Courtrai, Gand, Bruxelles, Louvain et Anvers se situent dans cette plaine fortement urbanisée, qui correspond approximativement à la Flandre. Le sol ancien, facilement accessible, a permis le creusement de carrières dans le Hainaut occidental. Au sud de Bruxelles se trouve ce qui reste de la grande forêt charbonnière exploitée jadis par les Romains : la forêt de Soignes (début de la moyenne Belgique).

La moyenne Belgique

Elle se situe entre 100 et 300 m et comprend essentiellement des plateaux fertiles exploités par l'agriculture et l'élevage. Les collines de vergers y sont fréquentes dans l'est. Grosso modo, cet espace naturel correspond au Brabant wallon, à l'Entre-Sambre-et-Meuse, à la Hesbaye, au Condroz, à la Famenne et au plateau de Herve. Cette région est traversée d'ouest en est (de Mons à Liège) par le sillon houiller responsable de son industrialisation intensive.

La haute Belgique

Elle correspond au massif de l'Ardenne (de 400 à 600 m), prolongement de l'Eifel allemand. Le haut plateau bombé est imperméable et les plissements s'alignent d'ouest en est, rendant les communications plus difficiles en dehors des vallées qui coulent du sud au nord.

Le massif, aux vallées fortement encaissées et sinueuses (Semois, Ourthe, Amblève), est intensivement boisé. Les grottes y sont nombreuses et l'habitat très clairsemé.

Au-dessus de 500 m, les crêtes sont inhospitalières et les tourbières marécageuses plantées de conifères des hautes Fagnes rappellent les paysages lapons.

Au sud du massif, la Gaume appartient déjà à la Lorraine et on trouve des maisons couvertes de tuiles romaines. Il y règne un microclimat favorable à l'exploitation de la vigne !

GUERRES MONDIALES DU XXᵉ S

Centenaire de 1914-1918

14-18 La Première Guerre mondiale a bouleversé l'histoire de l'Europe et celle du monde entier. Plus que toute autre guerre moderne, elle reste dans les mémoires comme étant l'exemple absurde d'un déséquilibre entre enjeux et coûts. C'est la guerre de la génération sacrifiée pour des causes qui, avec le recul, sont difficiles à admettre. Le « Monde d'hier » comme le qualifiait Stefan Zweig avait atteint un pic de progrès (inégal certes) et de culture. Pourquoi a t-il sombré dans cette folie meurtrière ? Les derniers témoins humains disparus, cette guerre demeure gravée dans les mémoires collectives. La Belgique y a joué – sans le vouloir – un rôle de premier plan par sa résistance courageuse à l'invasion allemande. *Poor little Belgium* avait gagné l'admiration du monde entier.

La Belgique occupera dès lors une place centrale dans la commémoration du centenaire de cette guerre, notamment au travers de cérémonies nationales qui auront aussi un rayonnement international. En outre, pendant toute la période 2014-2018, des initiatives culturelles, artistiques, historiques et scientifiques seront prises tant en Flandre, en Wallonie qu'à Bruxelles pour transmettre aux générations suivantes la mémoire de ce douloureux passé.

Pour un panorama complet, se reporter au site ● be14-18.be ●

Pour les Belges, la 2de guerre mondiale commença le 10 mai 1940 avec l'invasion nazie. Voilà pourquoi nous utiliserons 40-45 comme dates de référence.

Les 70 ans de la bataille des Ardennes

40-45 Dans la foulée du débarquement de Normandie en juin 1944 et la Libération de Paris, la Belgique fut rapidement libérée par les troupes alliées. Pourtant, en décembre, un dernier soubresaut du pouvoir nazi aux abois ensanglanta l'est de la Wallonie. L'offensive Von Runstedt, comme on la nomme en Belgique, avait pour buts de foncer vers la Meuse et reprendre, à terme, Bruxelles et, surtout, le port d'Anvers par où s'acheminait le ravitaillement des troupes alliées, de séparer les armées britanniques et américaines et les contraindre à capituler contre une paix séparée et se retourner pour contenir la progression soviétique à l'est.

L'opération s'enlisa lorsque les conditions atmosphériques permirent à l'aviation alliée de ravitailler la poche de Bastogne où les GI's avaient résisté avec de lourdes pertes, et de concrétiser la supériorité dans les airs. La bataille des Ardennes se termina fin janvier 1945 après le refoulement des Allemands au-delà de leur ligne de départ. Dans des conditions hivernales très rigoureuses, les combats firent de nombreuses victimes. On dénombra plus de 75 000 morts, blessés et disparus dans les rangs américains, et 110 000 soldats allemands furent mis hors de combat en comptant les prisonniers. Plus de 2 500 Belges périrent sous les bombardements ou lors d'exécutions.

Le tout nouveau BASTOGNE WAR MEMORIAL restitue magistralement la réalité de cette bataille. Les amateurs d'histoire profiteront de l'excellente brochure éditée par l'office de tourisme Wallonie-Bruxelles pour parcourir les lieux de mémoire et compléter leur information : *Bataille des Ardennes, les routes du souvenir.* ● belgique-tourisme.be ●

HISTOIRE

Avant l'histoire

« De tous les peuples de la Gaule, les Belges sont les plus braves. »

Jules César, La Guerre des Gaules

Les régions qui composent la Belgique actuelle sont abondamment peuplées dès le Néolithique. De nombreux sites découverts par les paléontologues l'attestent. Au VIIe s av. J.-C., les Celtes (dont les Belges) chassent ces peuplades vers le sud de l'Angleterre et occupent une zone géographique qui va de la Marne au Rhin et de la mer du Nord au Frioul.

Ave César !

La citation du divin César figure toujours en exergue de tous les manuels scolaires du royaume.

ORIGINES DES BELGES

Les Belges sont un peuple ancien localisé au nord de la Gaule avant l'ère chrétienne. Selon Strabon, leur territoire se situe entre Rhin et Loire, et selon Jules César, ils sont séparés des Gaulois par la Marne. Il n'y a pas de consensus quant à l'étymologie du mot « Belge ». Une possibilité pourtant : il serait d'origine gauloise, « Belges » signifierait « les hommes de l'alliance ». César confirme l'existence d'une alliance de tribus. Autre cas : le mot serait un dérivé du verbe « belgen » – se fâcher – et serait alors d'origine germanique.

En magnifiant la valeur de l'adversaire, il justifiait les difficultés rencontrées lors de sa pénible campagne militaire. À partir de 57 av. J.-C., il faudra cinq ans aux légions parties conquérir les Gaules pour réduire ces farouches Morins, Ménapiens, Nerviens, Aduatiques, Atrébates et Trévires. Les Belges auront leur Vercingétorix en la personne d'Ambiorix, roi des Éburons. Précisons tout de même que la Gaule Belgique s'étendait à l'époque jusqu'à la Marne au sud et au Rhin à l'est.

Les Gallo-Romains

Après être venu, avoir vaincu et s'en être allé franchir le Rubicon, César laisse l'administration romaine installer quatre siècles de *pax romana*. La romanisation des Gaules procure aux Belges la sécurité des frontières face aux Germains, toujours menaçants. On trace des chaussées pavées allant de Boulogne à Cologne ou de Reims à Trèves. Des bourgades naissent aux carrefours de ces axes, tels Arlon et Bavai, Tongres et Tournai. Le développement économique se fait à partir des *villae* qui allient les activités traditionnelles agricoles et horticoles avec la métallurgie. Les fonctionnaires impériaux, les militaires, les marchands font du latin la langue véhiculaire qui s'impose devant les parlers celtes. Le christianisme pénètre en Belgique dès le IIIe s avec la fondation d'un évêché à Tongres.

Les envahisseurs

De toute éternité, les plaines du Nord ont été des terres de passage et, aux premiers craquements de l'Empire, les peuples de l'Est déferlent vers le sud-ouest. Si beaucoup ne font que passer, les Francs, eux, s'installent et font souche. Mérovée fonde la dynastie qui porte son nom : les Mérovingiens. Childéric se fait enterrer à Tournai et son fils, le chef de bande Clovis, en 30 ans de conquêtes, réalise l'unité franque en choisissant Paris pour capitale. Ce sera le premier Belge à faire carrière à l'étranger.

La nouvelle frontière

De cette époque agitée, on retiendra pour la future Belgique l'importance de la ligne de contact entre Francs saliens au nord, conservant leur idiome germanique, et Francs ripuaires au sud, s'assimilant au monde roman avec l'appui des ordres monastiques. Le tracé de cette ligne de fracture linguistique se modifiera encore au cours des siècles suivants en séparant les « germains » (diets, teutsch) des « étrangers » (gall, welsch ou wallons).

Des rois fainéants au fondateur de l'Europe

Pour civiliser les barbares, l'Église dépêche les moines irlandais. Une vague de sainteté se répand sur la Francie. Les basiliques et collégiales reçoivent les patronymes des missionnaires : Remacle (Stavelot), Vincent (Soignies), Lambert (Liège), Waudru (Mons), Gertrude (Nivelles). En laissant administrer leurs possessions par les maires du palais, les successeurs alanguis des rois francs connaissent quelques pépins avec ceux de Herstal et de Landen (déjà des Liégeois remuants). Le membre le plus frappant de cette famille de Hesbaye est Charles, qui n'hésite pas à brandir le marteau pour repousser le croissant à Poitiers en 732 !
Bref, en 800, le petit-fils de Pépin, Charlemagne (né à Jupille, prétendent les Liégeois), se fait sacrer empereur à Rome par le pape. Il choisit Aix-la-Chapelle pour capitale et, de son vivant, le domaine impérial carolingien s'étend de l'Elbe aux Pyrénées (Roland en sait quelque chose !) et de la mer du Nord aux Abruzzes.

Le morcellement

Verdun 843, date funeste pour l'unité de l'Empire, puisque ce traité partage les conquêtes de Charlemagne entre ses trois fils : Charles le Chauve, roi de France, hérite de l'ouest de l'Escaut ; Louis, de l'est du Rhin qui deviendra le Saint Empire germanique ; et, au milieu, Lothaire se voit attribuer un territoire qui va de la Hollande à l'Italie. À la mort de Lothaire, son éphémère royaume sera découpé en trois : Italie, Bourgogne et Lotharingie. Situation paradoxale : à l'ouest, la Flandre au parler germanique est vassale du roi de France et, à l'est, où l'on est de langue romane, on a pour suzerain l'empereur d'Allemagne. Un territoire tire les marrons du feu : Liège, dont l'évêque Notger est élevé à la dignité princière, qui bénéficiera pour longtemps d'un statut relativement indépendant et d'une prospérité qui la fera nommer l'« Athènes du Nord ».

Féodalité et richesses

Les Vikings remontent alors les fleuves sur leurs drakkars, pillent de-ci de-là et forcent tout le monde à se blottir derrière les murailles des châteaux forts. Chacun se réfugie dans son microparticularisme. Pouvoirs dispersés et terres éclatées sont soumis à toutes les convoitises par les armes, les alliances et les traîtrises. Querelles et rapines sont le lot quotidien de ces temps belliqueux. Les plus forts finissent par s'imposer et de plus grandes entités voient le jour. Le comté de Flandre d'abord, où les cités marchandes, en contact avec l'Angleterre, tissent et vendent leur drap, et étendent, par voie maritime, leur commerce vers la Baltique et le golfe de Gascogne. Les villes de Bruges, Gand et Ypres connaissent un essor considérable. Le Brabant s'organise en duché autour de la maison de Louvain ; Bruxelles et Malines deviennent des cités prospères. Le Hainaut et Namur sont des comtés et c'est de Bouillon que part un conquérant aussi pieux que bête : Godefroy. Comme la troupe des Croisés, réunie à l'appel de Pierre l'Hermite, comprend un puissant contingent de chevaliers du Nord, Godefroy de Bouillon est élu pour conduire cette armée de 100 000 hommes vers la Palestine pour s'emparer des Lieux saints. Il y est proclamé roi de Jérusalem en 1099 et est enterré au Saint-Sépulcre.

Les chefs de guerre restent occupés par les infidèles au cours des huit croisades successives, laissant de nouvelles classes sociales émerger dans les villes-communes. L'opulence et le corporatisme font disparaître le servage et conduisent les marchands et artisans à réclamer aux seigneurs des privilèges consignés dans de précieuses chartes. À côté des cathédrales du clergé, les beffrois orgueilleux des villes symbolisent les libertés obtenues et l'autonomie des communes restera une constante jusqu'à nos jours. Les villes marchandes consolident leur indépendance en infligeant, en 1302, sous les murs de Courtrai, une défaite cinglante à la chevalerie française venue venger la garnison royale, massacrée lors des « matines brugeoises ». Six siècles plus tard, ce 11 juillet 1302 servira de date à la fête de la communauté flamande.

Les Bourguignons

En 1384, Marguerite de Maele, fille du dernier comte de Flandre, épouse Philippe le Hardi, duc de Bourgogne. Pour la première fois sont réunies les régions qui composent une grande partie de la Belgique actuelle. Naît alors une entité politique qui a pour nom Pays-Bas, avec Bruxelles pour ville principale et incluant une grande partie de la Hollande. Le grand-duc d'Occident, Philippe le Bon, mène une politique de centralisation et d'unification qui, si elle profite aux villes par les fastes de sa cour itinérante, laisse les campagnes épuisées par les famines et les guerres. La principauté de Liège, sous protectorat bourguignon, sera mise à sac lors de révoltes sanglantes.

Sur le plan intellectuel et culturel, la période est florissante. Outre la fondation de l'université de Louvain, Anvers devient le premier port d'Europe à la place de Bruges (en déclin du fait de l'ensablement de son accès vers la mer). Le style gothique flamboie et, grâce au progrès de la technique de la peinture à l'huile, des artistes comme les frères Van Eyck, Memling, Rogier Van der Weyden, Van der Goes et Bouts font rayonner la peinture flamande dans l'Europe entière.

Un empereur gantois !

À la mort de Charles le Téméraire au siège de Nancy en 1477, les 17 provinces bourguignonnes passent aux mains des Habsbourg d'Autriche par le mariage de Marie de Bourgogne avec Maximilien d'Autriche. Philippe le Beau, leur fils, épouse une princesse espagnole, Jeanne la Folle, qui met au monde en 1500, à Gand, un fils nommé Charles. Ce Flamand de naissance hérite de l'Espagne et des Pays-Bas en 1516, puis devient empereur germanique en 1519, sous le nom de Charles Quint. Il gouverne alors un « empire où le soleil ne se couche jamais ».

CHARLES QUINT, UNE VIE DE ROUTARD !

Son empire était si vaste (Espagne, Pays-Bas, Autriche, Italie du Sud, Bourgogne) qu'il passait le tiers de sa vie à cheval. Mais il ne pouvait traverser la France à cause de son ennemi, François Ier. En 1539 toutefois, celui-ci lui accorde une autorisation exceptionnelle pour aller mater la rébellion de la ville de Gand. À 56 ans, martyrisé par la goutte, il abdique pour s'enfermer dans un monastère. Épuisé, il meurt 2 ans plus tard.

Avant d'abdiquer en 1555, il dote les Pays-Bas d'un statut : le « Cercle de Bourgogne », censé empêcher la dissociation des 17 provinces.

L'empire colonial de l'Espagne fait affluer les richesses et un renouveau des idées voit le jour, tourné vers la découverte et la quête de connaissances. La philosophie avec Érasme, la géographie avec Mercator et Ortélius, l'anatomie avec Vésale, l'astronomie, la botanique trouvent avec l'imprimeur Plantin l'occasion de diffuser les livres empreints d'un nouvel humanisme. Malheureusement, les prêches critiques d'un moine allemand nommé Luther vont sonner le glas de l'unité des 17 provinces. Pour contrer la propagation de l'hérésie, Charles Quint importe le tribunal de l'Inquisition : début des siècles de malheur...

Sous la botte castillane

Philippe II, son fils, n'a rien d'un rigolo : devant l'expansion de la Réforme, il décrète la répression par le sang. La lutte pour les libertés politiques couplée au besoin de tolérance religieuse, les calvinistes brandissent le drapeau de la révolte : celle des « gueux » (la résistance aux Espagnols est personnifiée par la légende de Thyl l'Espiègle). Les Réformés, à leur tour, pèchent par une fureur iconoclaste et la réaction de Philippe II est brutale : il envoie le duc d'Albe à la tête d'une soldatesque arrogante ; les provinces du Sud sont mises à feu et à sang. Les tentatives de conciliation échouent, un tribunal d'exception prononce 8 000 condamnations à mort, dont celles des comtes d'Egmont et de Hornes, décapités sur la Grand-Place de Bruxelles. Hollande et Zélande font sécession sous la bannière de Guillaume d'Orange et une élite d'artisans et de bourgeois fuit vers le nord. Ils y emportent capitaux et brevets. Des ouvriers flamands préfèrent l'exil en Angleterre et des Wallons émigrent même vers le Nouveau Monde pour installer en 1624 un village à l'extrémité d'une île appelée Manhattan... Le cadre territorial de la future Belgique se forme alors par la partition des 17 provinces : au nord, l'Union d'Utrecht qui devient les Provinces-Unies et, au sud, la Confédération d'Arras qui annonce la création des Pays-Bas catholiques.

Un peu de répit

Avec la tutelle des archiducs Albert et Isabelle (fille de Philippe II), la trêve s'installe. Isabelle assiège Ostende pendant trois ans sans changer de chemise ; celle-ci finira par se confondre avec la robe de son cheval, plutôt jaune sale ! L'Église en profite alors pour reprendre avec vigueur sa « re-catholicisation ». Les jésuites créent 34 collèges, Rubens fonde son atelier et devient ambassadeur itinérant, et l'art baroque émerge comme l'expression de cette foi nouvelle faite de dévotion exubérante et de triomphalisme redondant.

Belgique, un plateau de Stratego européen

Pas de chance : les archiducs meurent sans descendance et, alors que le XVIIᵉ s s'appellera aux Pays-Bas « le Siècle d'or » et en France le « Grand Siècle », la Belgique connaît son siècle de malheurs. Après l'amputation du Brabant septentrional et de la Flandre zélandaise, l'estuaire de l'Escaut est fermé à la navigation. L'Espagne cède à la France l'Artois et une partie de la Flandre et du Hainaut, et tout le monde se donne rendez-vous dans les grasses plaines pour en découdre au milieu d'un Stratego géant.

Louis XIV fait caracoler ses maréchaux Condé et Turenne, qui écrivent les pages de gloire de l'histoire de France... autant de pages de sang pour les populations. Guerre de Dévolution, guerre de Hollande, guerre de la Ligue d'Augsbourg, guerre de Succession d'Espagne, longue litanie de conflits mettant aux prises la France, l'Espagne, les Pays-Bas et l'Angleterre.

Le point d'orgue de ces mortelles randonnées est le bombardement de Bruxelles en 1695 par le maréchal de Villeroy, sur ordre du Roi-Soleil. Ce désastre aura finalement un côté bénéfique puisque, incendiée après avoir subi le pilonnage de plus de 4 000 projectiles, la Grand-Place est rebâtie dans le merveilleux agencement que nous lui connaissons actuellement.

Et voilà les Autrichiens...

Faute, encore une fois, de descendance du côté espagnol, le traité d'Utrecht en 1713 remet les Pays-Bas à la maison des Habsbourg d'Autriche. Malgré une incursion des troupes de Louis XV – guerre en dentelles oblige –, le pays s'engourdit sous la tutelle de Charles de Lorraine (gouvernant au nom de Marie-Thérèse) dans un provincialisme douillet mais économiquement retardé. Le déclin est aussi intellectuel : Voltaire, de passage, décrit Bruxelles comme « le séjour de l'ignorance et l'éteignoir de l'imagination ». Seuls émergent, à la rubrique « people », le brillantissime prince de Ligne, européen avant la lettre, et, à la rubrique « faits divers », l'incendie, en 1731, du palais des ducs de Bourgogne, provoqué dans les cuisines par le débordement de confitures en ébullition ou de pâtisseries et de sucre selon certains, mais on s'en fiche, de toute manière, tout a été caramélisé ! De sa capitale viennoise, Joseph II, adepte du despotisme éclairé et des principes rationalistes, tente quelques réformes centralisatrices. Il se heurte d'abord à une foi catholique profondément enracinée et à des particularismes jaloux de leurs privilèges. Là où il croit bien faire en réorganisant l'administration, il s'attire le mécontentement puis la révolte. L'indignation est à son comble lorsqu'il décrète que toutes les kermesses et ducasses doivent avoir lieu le même jour. En 1789, à Bruxelles (par réflexe conservateur) et à Liège (en résonance avec la Révolution française), quelques avocats, politiciens locaux privés de pouvoir par la présence autrichienne provoquent une révolution d'opérette, qui débouche sur la constitution éphémère des « États-Belgique-Unis ». Les patriotes brabançons et liégeois, arborent pour la première fois les cocardes nationales (noir, jaune, rouge). Faute d'encadrement politique de valeur, cette agitation tourne court et les Autrichiens, dans un joli tour de valse, reprennent possession du pays sans verser de sang.

... suivis des Français...

Entre-temps, à Paris, les choses ont suivi un cours beaucoup plus radical et la jeune République française menacée sur les frontières du Nord dépêche Dumouriez en Belgique. Valmy, Jemappes, Neerwinden et Fleurus renvoient définitivement les Autrichiens sur les rives du Danube. Les sans-culottes sont accueillis en sauveurs, mais l'État jacobin ne fait pas dans le sentimentalisme et la Belgique se voit purement et simplement annexée. Elle est débitée en départements qui portent des noms de rivière.

Les excès de la Révolution sont appliqués sans sourciller : on réquisitionne, on décrète la conscription pour les armées, on pille les possessions de l'Église et les trésors artistiques prennent le chemin de Paris. Néanmoins, tout n'est pas catastrophique : l'Escaut est rouvert, Anvers est modernisée et les Belges, gens de commerce et d'industrie, se félicitent de l'ouverture du marché français. Au travail ! D'autant plus que les vestiges féodaux disparaissent par l'adoption du Code civil et de structures judiciaires et administratives rationnelles. Mais tout cela se fait en français et Bruxelles, ville toujours flamande, grogne. Les Belges participent aux campagnes de l'Empereur jusqu'au jour où il finit par buter à Waterloo, là où 48 000 combattants laissent leur vie. Il y avait des Belges dans les deux camps des belligérants.

L'INCONFORT FESSIER DE NAPOLÉON À WATERLOO

Diminué par une crise aiguë d'hémorroïdes qui l'empêchait de monter en selle et abruti par la forte dose de laudanum que ses médecins lui avaient administrée, Napoléon ne put entamer cette bataille cruciale en bonne condition. Il sortit tardivement du sommeil et ne lança l'affrontement que tard dans la matinée. Ces quelques heures perdues permirent sans doute à Blücher de gagner à temps le champ de bataille pour venir épauler les Anglais et déborder l'armée française. Petites causes, grands effets...

... et finalement des Hollandais

En 1815, au congrès de Vienne, les puissances de la Sainte-Alliance décident de flanquer aux frontières nord de la France un État tampon puissant. On demande à Guillaume Ier de réunir tout cela sous la bannière d'Orange en formant le royaume des Pays-Bas. D'emblée, le mariage forcé sent le divorce : les Belges sont catholiques, les Hollandais protestants, la bourgeoisie est industrielle au sud, commerçante au nord. Les officiers belges ne peuvent servir dans les colonies hollandaises. L'usage officiel du néerlandais déplaît même aux élites de Flandre francisées. Le besoin d'autonomie se renforce chez les Belges et, en août 1830, à la suite de la Révolution de Juillet à Paris, c'est la représentation, à la Monnaie, d'une opérette exaltant la liberté des peuples qui déclenche des émeutes. Des combats opposent les troupes hollandaises aux insurgés venus de tout le pays. Les Hollandais sont chassés le 27 septembre. L'indépendance est proclamée.

La Belgique est indépendante

Le congrès national vote la Constitution et le nouvel État est soutenu par la France et l'Angleterre. Un régime de monarchie constitutionnelle est préféré à une république. Le choix d'un roi se porte sur un prince sans emploi : Léopold de Saxe-Cobourg, veuf de l'héritière du trône d'Angleterre. Léopold Ier devient roi des Belges et prête serment le 21 juillet 1831 (date de la fête nationale). La Hollande ne renonce pas et ses troupes entrent en Belgique. La France vient au secours de la jeune nation et les Hollandais sont refoulés tout en obtenant des compensations territoriales. Léopold Ier, habile diplomate, épouse la fille de Louis-Philippe, Louise-Marie d'Orléans.

En route vers la prospérité

S'appuyant sur la collaboration des deux partis bourgeois dominants, catholiques et libéraux, la Belgique se transforme dans les décennies suivantes en vaste manufacture hyper performante. L'industrialisation, la construction du premier chemin de fer du continent, la main-d'œuvre bon marché... Le capitalisme triomphant engrange les dividendes du libre-échange. Et tout cela en français, langue officielle...

Les querelles politiques sur les questions scolaires et sur le service militaire ne peuvent occulter les tristes réalités de la condition sociale du plus grand nombre : la misère règne dans les bassins industriels et les campagnes flamandes. Les masses laborieuses tentent de s'organiser, des grèves sont réprimées par l'armée, la soumission au patronat est prêchée par l'Église.

Naissent alors des associations d'entraide qui débouchent, en 1885, sur la constitution d'un parti ouvrier belge. Il revendique, pour les travailleurs, une part de la prospérité par l'émancipation économique, morale et politique. Après la reconnaissance du droit de grève, le suffrage universel (tempéré par le vote plural) est acquis en 1892 avec l'appui de la composante sociale du mouvement chrétien. En parallèle, le mouvement national flamand réclame avec raison la reconnaissance de son identité culturelle et linguistique, et obtient en 1898 le statut de langue officielle pour le néerlandais.

Léopold II et le Congo

L'esprit d'entreprise de la bourgeoisie conquérante a besoin de débouchés extérieurs. Les capitaux s'investissent de plus en plus loin. On exporte des tramways à Odessa, des chemins de fer à Pékin, on construit des usines en Asie, une ville en Égypte (Héliopolis), on fonde des banques prospères et Léopold II nourrit des visions de grandeur pour un pays qui, selon lui, « pense petit et critique tout ».

Le roi s'appuie sur le monde scientifique pour proposer l'exploration d'une des seules terres inconnues de la planète : l'Afrique centrale. Il prétexte la lutte contre la traite des Noirs pour financer des expéditions de reconnaissance (rappelez-vous Stanley : « *Dr Livingstone, I presume ?* »). Il crée un comité d'études du haut Congo, dépêche des émissaires qui signent en son nom des traités avec des chefs de tribus et organise, dans la foulée, une association internationale du Congo dont il est le PDG. Il plante alors son drapeau sur un territoire de 2 300 000 km² qui devient l'État indépendant du Congo. Du vrai travail de *raider*. Cela ne coûte pas un franc à l'État belge puisque le roi finance tout sur sa propre cassette avec l'aide de partenaires financiers américains, qui profiteront de concessions commerciales juteuses lors de l'avènement de l'automobile et du boom sur le caoutchouc. La « gestion » de la colonie est alors fortement remise en cause par des rapports anglais qui révèlent l'horreur des massacres commis à grande échelle par ceux que Léopold II a envoyés exploiter le pays. Cet épisode peu reluisant fera longtemps l'objet d'un black-out dans les manuels d'histoire.

LÉOPOLD II, UN SACRÉ LOUSTIC

À 64 ans, le roi des Belges tomba (raide) amoureux de Blanche Delacroix, une gamine de 16 ans. Pour elle, il construisit une résidence discrète à côté de la villa Léopolda, la plus luxueuse de la Côte d'Azur. Il épousa même sa maîtresse 5 jours avant de mourir. Blanche se maria avec un autre amant (caché) l'année suivante.

Les archives de l'État indépendant du Congo ont été détruites à la cession à l'État belge, mais on parle de plusieurs millions de victimes.

À sa mort, en 1909, Léopold II cède à la Belgique une colonie fabuleusement riche, 80 fois plus étendue que sa métropole et dont le sous-sol recèle de l'or, de l'argent, du cuivre et des diamants. Cela n'empêchera pas son cortège funèbre d'être hué sur le parcours.

Son règne voit aussi la transformation de Bruxelles, où l'on trace de grandes *artères* de prestige et où l'on érige des monuments somptuaires et parfois très contestés (palais de justice, parc du Cinquantenaire). Les bourgeois aisés se font bâtir de coquettes maisons de maître

> ## C'ÉTAIT IL Y A 100 ANS...
>
> *1912 : « Sire, laissez-moi vous dire l'horrible vérité : il y a en Belgique, des Wallons et des Flamands, il n'y a pas de Belges. » Lettre ouverte à Albert Ier, Jules Destrée, député socialiste wallon.*

dans le style Art nouveau. La capitale devient un centre artistique d'avant-garde en accueillant les chefs de file de la peinture moderne refusés aux salons de Paris. Le groupe des XX et la Libre Esthétique accueillent les tendances nouvelles en littérature, musique et beaux-arts.

La Grande Guerre

En août 1914, la neutralité de la Belgique est violée à la suite du refus de laisser le libre passage aux armées du Kaiser. C'est la 50e invasion depuis huit siècles ! Albert Ier, neveu de Léopold II, forge sa légende de roi-chevalier en se cramponnant à un petit bout de territoire inondé derrière l'Yser. Les premières attaques aux gaz ont lieu à Ypres. Le roi et sa femme Élisabeth se dépensent sans compter pour maintenir l'indépendance et réduire les souffrances résultant de l'occupation, même si, dans les tranchées, quelques « poilus » flamands ont du mal à comprendre les ordres qui leur sont souvent donnés en français par leurs officiers. Le traité de Versailles, en 1918, attribue à la Belgique les cantons de langue allemande d'Eupen et Malmedy, et la Société des Nations lui confie un mandat de tutelle sur un petit territoire de l'ex-empire colonial allemand, appelé à l'époque le Ruanda-Urundi. La participation du pays à la guerre aux côtés des Alliés met fin à sa neutralité et, en 1920, les troupes belges occupent la région industrielle de la Ruhr avec les Français.

Vers le second conflit

En 1922 se crée l'Union économique belgo-luxembourgeoise (préfiguration du Benelux). L'université de Gand devient unilingue flamande et le centenaire du pays est fêté par les Expositions universelles de Liège et d'Anvers. Le sentiment d'appartenance à une nation belge unie est renforcé, en 1934, par le deuil d'Albert Ier qui fait une chute mortelle au rocher de Marche-les-Dames. Son fils Léopold III lui succède mais, un an après, provoque en Suisse un accident de voiture qui coûte la vie à son épouse, la jeune et belle reine Astrid. Les années brunes voient en Belgique l'éclosion de partis d'inspiration fasciste. Léon Degrelle connaît quelques succès électoraux avec son mouvement Rex. Un parti national flamand – le VNV – fait beaucoup parler de lui. Les admirateurs de l'Ordre nouveau se retrouveront bientôt sous l'uniforme vert-de-gris.

La guerre, l'Occupation et la « question royale »

Devant la montée des périls, dès 1936, Léopold III et son gouvernement tentent de refaire le coup de 1914 en se déclarant neutres. Peine perdue ! Le 10 mai 1940, la Wehrmacht entre en Belgique. La *blitzkrieg* n'est plus la guerre des tranchées et, malgré le soutien des Anglais et des Français, entrés en Belgique dès la neutralité violée, la débâcle est consommée en 18 jours. L'exode jette sur les routes des centaines de milliers de personnes, sous les bombes des « stukas ». Une ultime résistance permet aux Anglais de rembarquer à Dunkerque, le 28 mai, Léopold III capitule, ce qui lui vaut les foudres du gouvernement de Paul Reynaud. Il ne faudra pas 3 semaines aux Allemands pour défiler à Paris...

Léopold fait alors un choix lourd de conséquences : en tant que chef des armées, il décide de partager la captivité de ses troupes. Le gouvernement, lui, a pris le chemin de Londres ; un fossé plus grand que la Manche les séparera désormais.

La Belgique subit l'occupation nazie jusqu'en septembre 1944 et apporte une contribution plus que symbolique à l'effort des Alliés en mettant à la disposition de ceux-ci les richesses minières du Congo. L'uranium du Katanga permet aux Américains de fabriquer la première bombe atomique.

En épousant, en 1941, la femme de son cœur, alors que ses soldats moisissent dans les camps, Léopold III n'arrange pas son cas. En 1944, comme il est empêché de régner du fait de sa captivité en Allemagne, c'est son frère Charles qui est nommé régent.

Après le dernier épisode sanglant de la bataille des Ardennes (voir les pages consacrées à Bastogne), les Belges fêtent la victoire, mais ne peuvent se mettre d'accord sur le retour du roi installé en Suisse. Les léopoldistes (catholiques) et les anti-léopoldistes (socialistes et libéraux) doivent attendre 5 ans pour accepter le verdict d'un référendum qui, par 57,5 % des suffrages, est favorable au retour du souverain. Dès son retour, des émeutes graves éclatent à Liège. Dans la crainte d'une guerre civile, le roi cède ses pouvoirs à Baudouin, le prince héritier, qui monte sur le trône à sa majorité en 1951.

Le règne de Baudouin Ier et la fin de l'État unitaire

Au sortir de la guerre, la Belgique connaît un redressement économique spectaculaire. L'outil industriel n'est pas détruit, une réforme monétaire musclée jugule l'inflation et, tandis que le port d'Anvers tourne à plein régime en débarquant le minerai du Congo, les dollars du plan Marshall affluent dans le pays. Le traité de Rome ouvre un immense marché aux produits manufacturés et Bruxelles devient le siège de la CEE et de l'Euratom. En 1958, la nouvelle *Exposition universelle* draine des millions de visiteurs au pied de l'Atomium qui, symbole du progrès par la science, en devient l'édifice phare.

Les années 1960 commencent par l'accession à l'indépendance du Congo dans des circonstances chaotiques. Baudouin se trouve une reine en la personne de Fabiola. Les Belges reprennent leurs chamailleries politico-linguistiques. La Flandre et la Wallonie vivent des évolutions économiques divergentes : au sud, le charbon et l'acier connaissent un déclin irréversible, la reconversion est lente et onéreuse. Au nord se développe une industrie de transformation qui s'appuie sur un dynamisme commercial et une main-d'œuvre productive et docile.

ZOO HUMAIN

À la fin du XIXe s, les indigènes (Nubiens, Lapons, Tonkinois...) sont régulièrement exhibés comme des curiosités aux Européens. Les scientifiques viennent découvrir ce prétendu chaînon manquant entre le singe et l'homme évolué (le Blanc, évidemment). Après 1918, il devient difficile d'exposer ces « sauvages » qui combattirent durant la Grande Guerre. Pourtant, un village congolais avec ses cases et ses habitants en pagne fut exhibé à l'Expo universelle de Bruxelles en 1958.

La balance démographique penche en faveur des Flamands, plus prolifiques. Le statut de Bruxelles est au centre des polémiques. Quelques hommes politiques, habiles artisans en « ingénierie institutionnelle », parviennent alors à élaborer une série de compromis alambiqués qui mèneront le pays de la régionalisation au fédéralisme dans une volonté de respect des identités culturelles et des autonomies régionales.

À l'occasion du décès du roi Baudouin en 1993, la manifestation d'un sentiment national suranné submerge le pays. Au-delà de la ferveur exprimée à la personne du roi et à Albert II son frère et successeur, certains ont vu l'expression du besoin qu'ont encore les Belges de se trouver des raisons pour vouloir vivre ensemble. Sans doute, avec l'équipe nationale de football, l'institution monarchique est-elle la pierre angulaire capable de maintenir la cohésion de ce bizarre avatar de l'histoire appelé Belgique...

Le royaume ébranlé

En 1996, la Belgique découvre avec effroi les ravages de la pédophilie. L'« affaire Dutroux » met en relief le laxisme des institutions et la gabegie de l'appareil judiciaire dans leur incapacité à réprimer le plus abject des commerces : l'enlèvement, la séquestration, l'exploitation sexuelle d'enfants et leur élimination dans des conditions horribles. Le pays, traumatisé, sort d'une longue léthargie et exprime son indignation au cours d'une « marche blanche » qui rassemble 300 000 personnes dans les rues de Bruxelles. Après 8 ans d'instruction, en 2004, Marc Dutroux et ses complices se retrouvent devant les jurés de la cour d'assises d'Arlon. Dutroux écope de la perpétuité. La chose est donc jugée, même si certains considèrent que le procès n'a pas fait toute la lumière.

La fin des années 1990 voit aussi les bijoux de famille du capitalisme belge partir en morceaux sous les coups de boutoir de la mondialisation. Le fleuron industriel Petrofina passe dans les mains du groupe Total, le groupe de distribution GIB dans celles de Carrefour. Puis, fin 2001, après 75 ans de bons et loyaux services, la compagnie aérienne Sabena est déclarée en faillite.

Réformes et soubresauts

Après avoir dépénalisé l'usage des drogues douces (mais pas leur trafic) et l'euthanasie, la Belgique se donne au début des années 2000 les moyens légaux d'instruire et de juger des crimes contre l'humanité commis en dehors de son territoire alors même que les ressortissants ne sont pas belges. C'est une première mondiale. Mais la loi est rapidement vidée de ses aspects les plus dérangeants pour les chefs d'État étrangers.

Aux élections européennes de juin 2004, 25 % des Flamands votent pour le parti d'extrême droite Vlaams Belang (ex-Vlaams Blok).

À Charleroi, la justice n'arrête pas d'enquêter sur des affaires de corruption de marchés publics, qui offrent l'image d'une classe politique wallone vérolée par le clientélisme et la corruption.

En décembre 2006, dans une émission de fiction « Bye Bye Belgium », la RTBF imagine la sécession de la Flandre et ses conséquences.

Le royaume s'effrite...

Neuf mois après ses élections législatives de 2007, la Belgique retrouve enfin un gouvernement après 282 jours de psychodrame où la partition irrémédiable du pays était annoncée par tous les médias du monde. Dirigée par le chrétien-démocrate flamand Yves Leterme, cette coalition ne propose toutefois aucune solution à l'origine de la crise : la réforme des institutions fédérales réclamée par les Flamands, qui demandent une plus grande autonomie de leur région.

La crise de 2008 bancaire puis économique, d'envergure mondiale, touche les grandes banques de plein fouet. Dexia, la banque franco-belge, perd 90 % de sa valeur boursière et est recapitalisée via un accord franco-belgo-luxembourgeois. La banque-assurance Fortis, de son côté, boit le bouillon jusqu'au fond du bol. Comme un Belge sur deux a un compte ou ses économies chez Fortis, la colère monte chez les petits épargnants.

En décembre 2008, démission du gouvernement Leterme ; le roi nomme alors presque contre sa volonté un homme expérimenté à la tête du gouvernement : Herman Van Rompuy (prononcez Rompeuille), un politicien flamand

RATTACHISME, KESAKO ?

Les risques d'implosion du royaume à la perspective d'une indépendance de la Flandre ont remis à l'ordre du jour les thèses rattachistes. Ce courant favorable à une réunion de la Wallonie (avec Bruxelles ?) à la République française existe depuis 1795, mais n'a jamais été défendu que par une infime minorité de Belges. Si le cousinage culturel entre francophones est évident, la société belge est par beaucoup d'aspects aux antipodes du modèle jacobin français.

blanchi sous le harnais, aussi peu charismatique qu'un sacristain. Il a le mérite de ramener l'accalmie dans cette criée politique.

En novembre 2009, Yves Leterme retrouve la tête de la coalition fédérale à la suite de la nomination de Herman Van Rompuy à la présidence européenne, mais remet sa démission au roi en avril 2010 à la suite d'un nouveau blocage. Aucune solution de rechange n'étant proposée, des élections sont organisées en juin. Les plus pessimistes évoquent à nouveau la partition du pays, mais comme cela fait 50 ans que ça dure...

... s'enlise, mais s'adapte !

Au sortir des urnes en juin 2010, un séisme secoue la Flandre : le parti nationaliste et séparatiste N-VA rafle la mise et rassemble près d'un tiers des voix autour d'un programme qui se fixe comme objectif d'obtenir à terme l'indépendance de la Flandre. Côté wallon, le PS renforce ses positions en recueillant 32 % des suffrages. D'âpres négociations s'éternisent pour obtenir un accord de gouvernement. Pendant ce temps, le gouvernement fédéral démissionnaire reste en charge des « affaires courantes ». Mais le nouveau gouvernement se fait toujours attendre. Les blocages portent sur la réforme des institutions, la nouvelle répartition des compétences entre fédéral, communautés et régions, sur le statut de Bruxelles et de sa périphérie, sur le financement du système fédéral et provoquent l'enlisement de ces négociations au point de battre l'officiel record du monde du pays sans gouvernement à la suite d'élections démocratiques : 541 jours ! Après plusieurs tentatives infructueuses, le francophone Elio Di Rupo, fils de l'émigration italienne de l'après-guerre, devient Premier ministre en décembre 2011, après avoir réussi à convaincre six partis (socialistes, libéraux et démocrates-chrétiens des deux bords) de travailler ensemble. Homme politique affable et patient, toujours affublé de son fameux nœud papillon, Elio Di Rupo est un conciliateur habile et un fin stratège : il fallait bien cela pour sortir le pays de l'ornière et tenter de recoller les morceaux après une crise politique si profonde.

Après avoir frôlé l'implosion, la Belgique repart de l'avant. De quoi, encore une fois, susciter la curiosité des politologues du monde entier sur ce curieux peuple, champion toutes catégories du bricolage politique et institutionnel.

Dernières nouvelles de Belgique

Les élections législatives de mai 2014 ont débouché sur un renforcement des oppositions Nord-Sud. En Flandre, le parti nationaliste NV-A dirigé par Bart De Wever, bourgmestre d'Anvers, siphonne les voix d'extrême-droite du Vlaams Belang et devient le parti qui compte le plus de députés (33) à la chambre

(150 membres). Les socialistes wallons se maintiennent et avec leurs homologues flamands forment la « famille politique » la plus nombreuse du pays (37 sièges) devant la « famille » libérale (33 sièges) et les centristes (27 sièges). Les écologistes subissent un revers en Wallonie au profit des néo-marxistes du PTB qui font une entrée au Parlement avec 2 élus. Au niveau régional, en Wallonie, le PS a conclu un accord de gouvernement avec les centristes du CDH, que viennent épauler les élus du Front des Francophones pour gouverner Bruxelles. La constitution d'un gouvernement fédéral pourrait s'avérer plus laborieuse, les objectifs des partis dominants du nord et du sud étant particulièrement incompatibles. Au moment du bouclage de cette édition, une coalition se dessine avec d'un côté les nationalistes et socio-chrétiens flamands et de l'autre, les libéraux francophones pour former un gouvernement de centre droit.

HUMOUR BELGE

Un bel antidote à l'arrogance condescendante attribuée aux Français, qui les ont de tous temps traités de « petits Belges ». En fait, les Belges n'ont jamais vraiment apprécié que l'on se moque d'eux, une fois..., puisqu'ils s'en chargent très bien eux-mêmes. Depuis que Coluche et Roucas ne font plus partie du paysage audiovisuel, ce sont les Belges, champions du monde de l'autodérision, qui font rire la France avec leurs films et leurs acteurs débarqués du « plat pays ». Benoît Poelvoorde, Bouli Lanners, François Damiens, Stéphane Degroot, Virginie Efira et certaines productions flamandes déjantées, font l'admiration envieuse de l'Hexagone. Philippe Geluck a même imposé l'humour vachard de son Chat à la devanture d'une grande banque française. S'il n'est pas loin de l'humour anglais et de son *understatement* ou de l'absurde de l'humour juif, l'humour belge affectionne en plus le burlesque et même le « trash ». Témoin du genre, les émissions diffusées sur la très officielle RTBF comme « Strip-tease » et « Tout cela ne nous rendra pas le Congo »... En France, remplacez « Congo » par « Algérie », pas sûr que cela dépasserait le stade du projet...

MÉDIAS

Du côté des ondes

La concurrence est féroce entre les chaînes pour s'approprier la manne publicitaire et les parts d'un marché d'à peine 10 millions de consommateurs.
En français, la chaîne publique RTBF dispose de trois chaînes. Sont également présents : RTL/TVI, entreprise privée avec également trois chaînes ; BTV, ex-Canal+, pour les possesseurs du décodeur bien entendu, et les chaînes AB3 et AB4 ; les émissions en provenance de l'Hexagone : TF1 (mais pas en Flandre), les chaînes de France Télévision, FRANCE 24 et Arte, en plus des rediffusions de TV5MONDE et des émissions en français de la chaîne thématique Euronews.

Votre TV en français : TV5MONDE partout avec vous

TV5MONDE est reçue partout dans le monde par câble, satellite et sur IPTV. Dépaysement assuré au pays de la francophonie avec du cinéma, du divertissement, du sport, des informations internationales et du documentaire.
En voyage ou au retour, restez connecté ! Le site internet ● *tv5monde.com* ● et son application iPhone, sa déclinaison mobile (● *m.tv5monde.com* ●), offrent de nombreux services pratiques pour préparer son séjour, le vivre intensément et le prolonger à travers des blogs et des visites multimédia.
Demandez à votre hôtel le canal de diffusion de TV5MONDE et n'hésitez pas à faire part de vos remarques sur le site ● *tv5monde.com/contact* ●.

Euronews

Restez connectés à l'actualité internationale à tout moment de la journée via Euronews TV, les applications mobiles Euronews disponibles sur IOS, Androïd, Windows Phone, Blackberry et ● *euronews.com* ● Nos 450 journalistes, de 30 nationalités différentes, parcourent le monde pour vous informer en temps réel, 24h/24 et en 13 langues !

Euronews, la chaîne d'information la plus regardée en Europe, est accessible dans les hôtels, à bord des plus grandes compagnies aériennes, des bateaux de croisières, des gares et aéroports internationaux.

Les gazettes

Les différentes éditions nationales ont parfois du mal à subsister, sauf la presse régionaliste qui perd moins de lecteurs.

En langue française, le quotidien le plus important est *Le Soir,* fleuron du **groupe Rossel** avec les quotidiens régionaux de Sud-Presse (dont *La Province,* à Mons). Le groupe détient aussi *Métro* et *Vlan* (presse gratuite) ainsi que des journaux du nord de la France. Le **groupe IPM** publie *La Libre Belgique/Gazette de Liège* et *La Dernière Heure – Les Sports* et la *Libre-Match.* Le **groupe Tecteo** publie les 9 titres de presse quotidienne régionale des éditions de l'Avenir. Les seuls *news* hebdomadaires de gros tirage sont *Le Vif/L'Express,* du **groupe Roularta** qui a la particularité de reprendre des pages de l'hebdo français du même nom, et le *Moustique* du groupe **Sanoma Magazine.** Pour les programmes TV, *Ciné TV-Revue* et *Télé Pro* sont les plus diffusés.

PATRIMOINE CULTUREL

Archéologie industrielle

Il y a quelques décennies, on s'empressait de faire disparaître les vestiges noircis et délabrés des sites datant du début de la révolution industrielle. Puits de mine, manufactures, entrepôts, cheminées étaient rasés pour faire place à des réalisations à peine plus esthétiques. Quelques pionniers (architectes, historiens) se sont passionnés pour le pouvoir d'évocation de ces lieux chargés de la mémoire collective des populations qui y avaient vécu.

À présent, à défaut de pouvoir tout conserver, on se donne la peine de restituer fidèlement ce qu'était le cadre de vie d'aïeux somme toute pas très éloignés dans le temps. Avec un peu d'imagination et grâce aux documents qu'on y expose, on peut aisément se représenter les conditions de travail et de vie de nos arrière-grands-parents. Certains sites sont nés de la volonté d'industriels « éclairés », concepteurs d'univers utopistes où travail, habitat, hygiène et rapports sociaux devaient fonctionner au sein d'un ensemble harmonieux. Le génie industriel se manifeste aussi dans les technologies utilisant des moyens rudimentaires (vapeur, force hydraulique) et dans l'utilisation de matériaux sobres (fer, fonte, brique). Ces témoignages d'un proche passé sont nombreux et méritent autant d'intérêt que les prestigieux édifices civils ou religieux. Consécration : plusieurs de ces sites (voir plus loin) ont été classés en 1998 au Patrimoine mondial de l'Unesco.

Arts

S'il est un domaine où la Belgique regorge de richesses, c'est bien dans celui de l'activité artistique. À plusieurs époques bénies, tous les facteurs ont été réunis pour que les régions belges apportent leur contribution aux grands courants artistiques en Europe.

Toutes les écoles ont été présentes en Belgique au cours des siècles, carrefour de rencontres de plusieurs cultures. Celtes, Romains, Français, Bourguignons, Espagnols, Autrichiens, Hollandais y ont laissé des traces de leur génie propre, mais c'est dans les cités flamandes et wallonnes que des courants comme l'art mosan, la peinture flamande, le gothique flamboyant, le symbolisme, l'Art nouveau et, dans une moindre mesure, le surréalisme ont donné naissance à certains de leurs chefs-d'œuvre les plus marquants. Plutôt que de lire des commentaires fastidieux, le plus intéressant est de savoir où trouver les œuvres les plus importantes de chaque mouvement artistique. Nous les signalons dans nos textes.

Surréalisme et fantastique

Depuis le Moyen Âge, le « plat pays » a toujours engendré des artistes et des écrivains tentés par une interprétation « décalée » de la réalité. Depuis les allégories monstrueuses de Bruegel, inspiré par Jérôme Bosch, jusqu'aux littérateurs wallons du mouvement surréaliste, comme Chavée ou Scutenaire, en passant par les langueurs oniriques et mystiques des symbolistes, les squelettes et les masques d'Ensor, les divagations ferroviaires de Paul Delvaux, les récits effrayants de Jean Ray, les chapeaux-boules de Magritte, les rêves éveillés du cinéaste André Delvaux, les savants fous d'Hergé et les mondes parallèles des B.D. d'Edgar P. Jacobs et de François Schuiten, ce pays, banal en apparence, a sécrété, sans presque le faire exprès, des univers anticartésiens ahurissants pour un observateur extérieur.

Jusque dans ses institutions politiques, que l'on a parfois du mal à prendre au sérieux, l'univers belge recèle des antimondes indicibles, à la limite du délire schizophrène : l'architecture loufoque de l'Atomium, la mégalomanie du palais de justice de Bruxelles aux souterrains plus mystérieux que les caves du Vatican, les iguanodons charbonneux du Museum des sciences naturelles, rescapés des glaises du crétacé, les terrils du Borinage qui ont vu fleurir la plus décapante des poésies, les grottes ardennaises où se sont perdues des rivières, les trognes extatiques des masques de cire des Gilles de Binche, les télescopages architecturaux du paysage urbain, les provocations des plasticiens Jean Fabre et Wim Delvoye, à la limite de la scatologie, la gouaille un rien cruelle des estaminets liégeois et les carambolages linguistiques chers à la *zwanze* bruxelloise, les chansons au quatrième degré de Jean-Luc Fonck du groupe Sttellla, les attentats pâtissiers de l'*entarteur* Noël Godin, les calembours de Stéphane De Groot tout contribue à faire du périple belge une suite d'expériences inclassables où la banalité presque exaspérante peut brusquement basculer vers un insolite débridé générateur de perplexités fécondes.

Vous avez dit surréalisme ? Pour qui a appris à le déceler, en faisant fi des catégories rationnelles, le décodage du « fantastique quotidien » ou du « réalisme magique » propres à l'univers belge peut se révéler un exercice enrichissant des plus jouissifs.

En Belgique, l'aventure est bien au coin de la rue ! Après tout, n'est-ce pas en extrayant une banale boîte de conserve d'une affligeante poubelle que Milou entraîne Tintin dans les péripéties rocambolesques du *Crabe aux pinces d'or* ?

Littérature

Point de rencontre du monde latin et du monde germanique, la Belgique, vous le savez à présent, possède deux domaines linguistiques et, à fortiori, deux littératures bien distinctes. C'est vrai de nos jours, mais cela n'a pas toujours été aussi simple ! S'il est certain qu'aucun Wallon n'a écrit en flamand, de nombreux Flamands de souche et « d'âme » ont utilisé le français. Cela tient aux fluctuations de l'Histoire, quand le français était la langue de la bourgeoisie dominante et de l'enseignement, et le flamand un langage patoisant utilisé dans les rapports domestiques. Pourtant, la langue flamande a connu à des époques anciennes un usage qu'on peut sans hésiter qualifier de littéraire. Il a fallu attendre la fin du XIXe s, avec l'émergence du nationalisme flamand, puis la flamandisation de l'université de Gand, en 1930, pour que la langue « de Vondel » accède à la reconnaissance.

Littérature flamande

Si c'est à Louvain, Bruges, Anvers et Bruxelles que l'imprimerie se développe, la langue de l'érudition utilisée par les savants est le… latin, et le flamand est délaissé par les lettrés.

Jusqu'au XIXe s, la langue flamande, éclatée en plusieurs dialectes, va végéter dans une utilisation patoisante, séparée par l'histoire de son tronc néerlandais.

À la suite de l'indépendance belge en 1830, un courant intellectuel et national va amener de jeunes bourgeois à puiser dans le riche passé de la Flandre les raisons de revendiquer pour leur langue un statut culturel équivalent à celui du français.

On dit d'Henri Conscience (Anversois né de père français !) qu'il « apprit à lire à son peuple ». Les thèmes historiques choisis dans ses romans (la victoire des communiers flamands contre la noblesse française) servaient à merveille la cause politique… Le doux abbé Guido Gezelle servit, lui, la cause de la poésie en utilisant une langue fraîche et spontanée. Sincères aussi dans la description des réalités paysannes furent Karel Van de Woestijne, Cyriel Buysse et Stijn Streuvels. Herman Teirlinck connut le succès comme dramaturge et, en parallèle au mouvement pictural, une génération de romanciers choisit l'expressionnisme et le naturalisme comme sources inspiratrices. On peut citer comme écrivains reconnus (aux Pays-Bas surtout, parce que peu traduits en français) : Ernest Claes, Félix Timmermans, Louis-Paul Boon, Johan Daisne (inspirateur d'André Delvaux), Hugo Raes, Gérard Walschap, Marnix Gijsen, Hubert Lampo, Ward Ruyslinck, Jef Geeraerts et, surtout, Hugo Claus dont la notoriété a largement dépassé le monde néerlandophone. Un cas à part est celui de Jean Ray, le pape du genre fantastique, qui publia aussi bien en flamand qu'en français !

Lettres belges d'expression française

Du Moyen Âge à 1830, la littérature francophone se confond avec sa grande voisine du Sud : entre Belges et Français du Nord, quelques kilomètres de frontières féodales pouvaient déterminer si l'on naissait sujet du roi ou sujet des comtes et ducs « belges ». Revendiquer Froissart, Philippe de Commines, Jean Lemaire de Belges, puis, beaucoup plus tard, Charles-Joseph de Ligne n'a pas beaucoup de sens.

Passons au XIXe s pour commencer à s'intéresser à ce qui s'écrit et se publie dans la jeune nation. Le paradoxe – ce n'est pas le seul dans cet étrange pays – veut que ce soient des Flamands de souche qui firent la gloire des lettres belges naissantes : Charles de Coster publie en 1867 et en français *La Légende de Thyl Ulenspiegel et de Lamme Goedzak au pays de Flandre et ailleurs,* légende éminemment flamande inspirée de la tradition germanique. Gros succès pour cette épopée magnifiant la liberté.

Accèdent au rayon des best-sellers en français (sous le label : « La Jeune Belgique ») : Georges Eeckhoud (anversois), Charles Van Leerberghe (gantois), Max Elskamp (anversois), Émile Verhaeren (gantois), Maurice Maeterlinck (Prix Nobel et gantois), Camille Lemonnier, Georges Rodenbach, tous ardents symbolistes et naturalistes qui donnent un élan irrésistible à l'essor des lettres en Belgique.

– Suivent avec le temps : Franz Hellens, les poètes Marcel Thiry et Norge, Charles Plisnier (premier Goncourt non français), Félicien Marceau ; les auteurs de théâtre Fernand Crommelynck et Michel de Ghelderode ; les surréalistes Marcel Mariën, Paul Nougé, Louis Scutenaire, Achille Chavée ; les inclassables Henri Michaux (naturalisé français) et Marcel Moreau.

– Du côté des dames : Marie Gevers (la « Colette » belge), Suzanne Lilar, sa fille Françoise Mallet-Joris, Dominique Rolin, Jacqueline Harpman et plus récemment Nadine Monfils et Amélie Nothomb. Marguerite Yourcenar, née à Bruxelles de mère belge, était française avant de prendre la nationalité américaine.

– Les contemporains : les romanciers Pierre Mertens, Francis Dannemark, Jean-Philippe Toussaint (Prix Médicis 2005), Bernard Tirtiaux, Franz et son fils François Weyergans (entré sous la Coupole en 2011), Henri Bauchau, Vincent Engel ; les poètes Eugène Savitzkaïa, Jacques Crickillion, Jean-Pierre Verheggen... Liste non limitative.

Du côté des essais et de l'histoire : Simon Leys, Hubert Juin, Georges-Henri Dumont, Jean-Claude Bologne, Léo Moulin, André Castelot, Jacques Sojcher, Patrick Roegiers...

Les tenants d'une littérature que l'on dit populaire ne sont pas les moins gâtés en tirages : le champion toutes catégories est Georges Simenon, suivi de Henri Vernes (le père de Bob Morane) et de Thomas Owen.

Musique classique

Au rayon classique, la Renaissance vit quelques Belges se distinguer dans la composition : le Montois Roland de Lassus fut l'un des grands maîtres de son siècle. Peu de chose à dire avant la fin du XVIIe s, où André-Modeste Grétry commet quelques opéras-comiques à succès. À l'indépendance, Fétis fait œuvre de théoricien et de musicologue, et l'organisation de l'enseignement musical permet la formation et l'émergence de grandes figures comme César Franck, Guillaume Lekeu et, plus tard, Paul Gilson et Jean Absil. C'est du côté des interprètes que l'on peut distinguer des musiciens de qualité : le rayonnement international du concours musical « Reine Élisabeth » y est pour quelque chose. Eugène Ysaye et Arthur Grumiaux, violonistes, ont été des solistes de grande renommée. Henri Pousseur et Pierre Bartholomée sont les chefs de file de la musique contemporaine, et Philippe Herreweghe et Sigiswald Kuijken ont remis la musique baroque au goût du jour. Le baryton-basse José Van Dam a porté à l'opéra et au cinéma les couleurs de l'art lyrique belge.

Variétés

Ils sont légion, les chansonniers, compositeurs et interprètes à avoir vendu du vinyle puis des CD : le grand Jacques Brel au premier rang des gloires de la scène, suivi d'Adamo, Annie Cordy, Jean Vallée, Julos Beaucarne, Frédéric François, Plastic Bertrand, Pierre Rapsat, Philippe Lafontaine, Lio, débarquée de son Portugal natal, Victor Lazlo, le groupe Zap Mamma, Maurane, Lara Fabian, Axelle Red, Arno, Johan Verminnen, Clouseau, Wil Tura, Helmut Lotti et Selah Sue, la nouvelle star de la scène pop chez les Flamands. Depuis 2013, Stromae distille sa musique hip hop électronique sur la planète entière.

En jazz, de grands noms aussi : Toots Thielemans, Philip Catherine, Charles Loos, Sadi, Steve Houben, Jacques Strozen...

La scène rock et électronique

La Belgique a, dès 1978 et avec Télex, innové dans le mélange rock et électronique. Autres groupes emblématiques de cette mouvance, les toujours actifs Front 242, les 2 Many DJ's ou les belgo-américains Lords Of Acid de Praga Khan (qui a, par ailleurs, dans les années 1980, consacré un label à un genre typiquement belge, le *new beat*). Plusieurs groupes de rock nés dans les années 1980-90 enflamment toujours les planches du monde entier, comme dEUS, Hooverphonic, K's Choice, ou le chanteur Ozark Henry. Et parmi la nouvelle scène, ils sont nombreux aussi à s'être fait connaître hors des frontières : Zita Swoon, Soldout,

Sharko, Dead Man Ray, Kiss My Jazz, Evil Superstars, Gore Slut, Show Star, Ghinzu, Girls in Hawaï, Venus, Hollywood Porn Star...
Les grandes villes belges accueillent également une tripotée de groupes étrangers ou belges qui se retrouvent dans les excellents studios d'enregistrement et s'y produisent régulièrement. Soyez donc attentif à la programmation de lieux emblématiques, comme l'Ancienne Belgique (AB), le Bota (pour Botanique), les Halles de Schaerbeek, le Beurschouwburg ou la mégasalle de Forest-National à Bruxelles, ou l'Arena de Deurne près d'Anvers.

PERSONNAGES

On ne peut raisonnablement parler de Belges que depuis 1830, date de l'indépendance, mais on peut considérer comme tels tous ceux ou celles qui sont nés ou ont exercé l'activité qui les a rendus célèbres sur le territoire de l'actuelle Belgique...

– **Salvatore Adamo** (1943) : fils de mineur, c'est le premier à porter haut les couleurs de l'immigration italienne dans la région du Centre. Son romantisme gentillet a séduit toutes les générations. On se souvient des *Filles du bord de mer,* d'*Inch Allah* et de sa *Dolce Paola* écrite en hommage à l'actuelle reine des Belges. Sa carrière cinématographique fut moins heureuse mais, au Japon, ses tournées sont toujours triomphales. Il a vendu plus de 90 millions de disques de par le monde.

– **Arno** (1949) : chanteur flamand (ostendais) à l'ascendance russe et anglaise doté d'un organe vocal éraillé par l'alcool et les clopes. Gouailleur et candide, désarmant de sincérité, il avoue chanter pour ne pas avoir à travailler. Il a revisité avec bonheur quelques classiques du répertoire belge, comme *Les Filles du bord de mer* d'Adamo ou *Les Vieux* de Brel. Gros succès en France, où il a été fait chevalier des Arts et des Lettres, et accueil enthousiaste pour ses derniers albums *Jus de Box, BrusslId* et *Future Vintage.* Sa chanson *Brussels* est une belle déclaration d'amour rock à Bruxelles et à son cosmopolitisme.

– **Jacques Brel** (1929-1978) : monument incontesté de la chanson française, grande gueule, bouffeur de curés et pourfendeur de bourgeois, invectiveur de *flamingants* et amoureux fou de la Flandre ; Belge à l'étroit dans son carcan national, rêveur d'infinis et verseur de larmes sur les femmes infidèles, Don Quichotte errant d'Amsterdam à Rio et de Knokke-le-Zoute à Vesoul, navigateur échoué aux Marquises, ce diable d'homme n'en finira jamais de ne pas nous quitter... Heureusement, ses chansons et ses films sont toujours là pour encore une fois, avec lui, essayer d'« atteindre l'inaccessible étoile »...

– **Pieter Bruegel, dit « l'Ancien »** (1528-1569) : peintre flamand brabançon, il est fasciné par les décors alpestres lors d'un voyage d'apprentissage en France et en Italie. On retrouvera ces décors de montagnes à l'arrière-plan des scènes campagnardes. Installé à Anvers, il fréquente tous les esprits novateurs de la Réforme : Érasme, Ortélius, Plantin. Il parcourt les campagnes habillé en paysan pour assister aux kermesses de village. Peintre des mœurs rustiques, il utilise également l'allégorie biblique pour dénoncer les exactions de l'occupation espagnole. Inquiété par l'Inquisition, il poursuit son œuvre à Bruxelles où naissent ses fils : Pieter (Bruegel d'Enfer) et Jan (Bruegel de Velours). Bruegel est l'un des peintres les plus importants de la Renaissance et, si ses tableaux sont disséminés aux quatre coins du globe, courez voir ceux des musées royaux des Beaux-Arts.

– **Hugo Claus** (1929-2008) : représentant le plus connu des lettres belges de langue néerlandaise. On parlait de lui depuis plusieurs années comme d'un « nobelisable » (le seul Prix Nobel de littérature belge est Maurice Maeterlinck, en 1911). Poète, dramaturge et romancier (*Le Chagrin des Belges),* Claus s'est également essayé au cinéma. Pour la petite histoire, il a été, le compagnon de Sylvia Kristel *(Emmanuelle).* Atteint par la maladie d'Alzheimer, il a choisi de se faire euthanasier.

– **François Damiens** (1973) : tout petit, ce Bruxellois adorait déjà faire des blagues. Rien de plus normal que de le retrouver ensuite spécialiste des caméras cachées dès 2000, sous le patronyme de *François l'Embrouille*. Grillé en Belgique, où tout le monde le reconnaissait, il poursuit, en France et en Suisse, sa carrière de confectionneur de canulars qui bientôt passent en boucle sur les écrans des vols long-courriers du monde entier. Pour changer de registre, on le retrouve au cinéma en excellent second rôle dans *L'Arnacœur*, et en bistrotier, époux de Karin Viard, dans *Rien à déclarer*. David Foenkinos lui donne un premier rôle, celui de Markus dans *La Délicatesse*, en 2011.

– **Jean-Pierre** (1951) **et Luc** (1954) **Dardenne :** les frangins originaires de la banlieue de Liège travaillent toujours ensemble depuis l'époque où ils commettaient films vidéo et courts-métrages documentaires avec cette exigence constante de faire un cinéma d'inspiration sociale, âpre et droit, à hauteur d'humanité. En 1996, *La Promesse* les distingue et, en 1999, Cannes les récompense en leur attribuant la Palme d'or pour *Rosetta*. L'interprète – Émilie Dequenne – reçoit le prix d'interprétation féminine. En 2002, rebelote à Cannes avec *Le Fils*, pour lequel Olivier Gourmet reçoit le prix d'interprétation masculine. Ils récidivent en 2005 en recevant une nouvelle Palme d'or pour *L'Enfant*.

– **Cécile de France** (1975) : née près de Namur, de son vrai nom Cécile Defrance, elle s'intéresse très tôt au théâtre et « monte à Paris » à l'âge de 17 ans pour suivre les cours de comédie à l'école de la rue Blanche. Pour survivre dans la capitale, elle est même cracheuse de feu au Quartier latin. Remarquée par Dominique Besnehard, elle passe des planches aux courts-métrages et à la TV. En 2002, elle éclate dans un rôle de lesbienne dans *L'Auberge espagnole* de Cédric Klapish pour lequel elle obtient le césar du meilleur espoir féminin. Deuxième césar du meilleur second rôle féminin avec la suite : *Les Poupées russes*. Joli brin de fille, actrice caméléon, bourrée de talent, tout en restant très naturelle, elle prouve une formidable capacité à donner vie à un personnage, quel qu'il soit. En 2010, elle a été choisie par Clint Eastwood pour un des rôles principaux de *Au-delà* et tient le premier rôle en 2011 dans le très beau film *Le Gamin au vélo* des frères Dardenne, grand prix du Festival de Cannes. En 2013, on l'a retrouvée aux côtés de Jean Dujardin et Tim Roth dans *Möbius* d'Éric Rochant et, en octobre, dans *Casse-Tête Chinois* de Cédric Klapisch, la suite de *L'Auberge espagnole*.

– **Paul Delvaux** (1897-1994) : qui ne connaît ces étranges dames nues évoluant au milieu de ruines antiques en compagnie de squelettes et de wagons figés dans un décor de gare de banlieue ? L'univers onirique et érotique de Paul Delvaux le rattache au mouvement surréaliste. L'académisme apparent de ses compositions est détourné par le côté obsessionnel des apparitions de ces femmes cataleptiques qui firent longtemps scandale... On peut visiter à Saint-Idesbald, sur la côte, la Fondation Paul-

L'ÉTRANGE OTTO LIDENBROCK

L'œuvre de Paul Delvaux recèle un grand nombre de personnages récurrents : la petite fille blonde vue de dos, les squelettes, etc., mais aussi un savant myope qui examine attentivement un fossile, les lunettes sur le front. Ce géologue n'est autre qu'un souvenir de lecture de jeunesse : le professeur Lidenbrock fait partie du roman de Jules Verne, Voyage au centre de la Terre.

Delvaux. Il a aussi décoré de fresques plusieurs casinos : Ostende, Chaudfontaine, Knokke. Un musée à son nom devrait voir (enfin) le jour à Bruxelles.

– **Wim Delvoye** (1965) : plasticien travaillant à Gand, il fait partie d'une génération d'artistes flamands subversifs qui n'hésitent pas à pousser l'art contemporain vers ses limites. Il s'est fait connaître en 2000 par une installation *Cloaca* reproduisant le processus de la digestion jusqu'à la défécation. Les étrons étaient emballés sous vide et vendus à 1 000 US$ la pièce. Il a produit des bétonneuses en bois orné et ciselé à la manière du mobilier ecclésiastique, des vitraux médiévaux illustrant des matchs de football et est allé jusqu'à élever des cochons chinois, qu'il a couverts de tatouages puis naturalisés pour être exposés. Amusant : sa signature « WD » inspirée de celle de Walt Disney.

– **James Ensor** (1860-1949) **:** l'Ostendais, à moitié anglais par son père, est l'un des peintres les plus importants de la fin du XIXe s. Si sa technique annonce l'expressionnisme, son inspiration faite de thèmes macabres ou satiriques (masques de carnaval) annonce déjà le surréalisme. Foutraque, torturé, caractériel notoire, « anticipateur » autoproclamé de tous les mouvements modernes, il fut à la base d'une œuvre où se mêlent le fantastique et le mystique, qui ne fut pas comprise par ses concitoyens, mais il mit son sens du burlesque à leur service en devenant un des promoteurs en 1896 du fameux « bal du Rat mort » qui se déroule à Ostende chaque année.

– **Jan Fabre** (1958) **:** plasticien, dessinateur, sculpteur, metteur en scène et chorégraphe anversois. Fasciné par le monde des insectes et plus particulièrement des coléoptères, il a tapissé le plafond de la salle des glaces du Palais royal à Bruxelles de 1,4 millions de carapaces de scarabées. Agent provocateur permanent, il a de l'art une conception radicalement subversive, n'hésitant pas à créer des polémiques virulentes en instrumentalisant la sexualité et la scatologie au cours de performances ou de pièces de théâtre. En 2012, il a choqué les défenseurs des animaux en organisant un lancer de chats dans les escaliers de l'hôtel de ville d'Anvers.

– **Jean-Michel Folon** (1934-2005) **:** dessinateur, affichiste, graphiste, sculpteur, homme de théâtre et de télévision, ses affiches appartiennent à l'histoire visuelle des années 1970. Maître incontesté de l'aquarelle fluide, lumineuse et légère, créateur de petits personnages, comme celui qui animait en s'envolant sur fond de soleil couchant le générique de fin d'émissions d'Antenne 2 en 1975. Folon était aussi un artiste doté d'une conscience politique et écologique : en 1988, il illustre la « Déclaration universelle des Droits de l'homme » pour Amnesty International. L'expo « Notre terre », en 1991, contribua à appeler le public à prendre conscience des nécessités de la sauvegarde de l'environnement. Un ange est monté au ciel.

– **André Franquin** (1924-1997) **:** un des maîtres incontestés de la B.D. belge ! Dessinateur de génie, il reprit le personnage de Spirou en 1946 pour lui insuffler une fantaisie inégalée. Il y ajouta en plus de Fantasio de nombreux héros, tels le comte de Champignac, Zorglub, le merveilleux Marsupilami et l'ineffable Gaston Lagaffe. La dépression entraîna plus tard Franquin à dessiner une série plus amère et féroce : *Les Idées noires*. Il a indubitablement influencé toute une génération de créateurs européens.

– **Philippe Geluck** (1954) **:** avant de créer son *Chat* philosophe, le Belge le plus en vue du PAF a d'abord sévi sur les ondes nationales en animant des émissions pour jeunes, en faisant se dilater les rates belges dans la *Semaine infernale* de la RTBF, avec le courrier imaginaire adressé à son *Docteur G*. Sur le canapé dominical de Drucker et au sein de la bande à Ruquier, il a conquis l'Hexagone par un humour déconcertant, fait de fausses-vraies lapalissades, de réflexions métaphysiques et de piques acides, proche du *nonsense* cher à Desproges. Philippe Geluck a fait son entrée au Petit Larousse 2011 et ses adieux au journal *Le Soir* en 2013, après 30 ans de bons et loyaux services dessinés.

– **Maurice Grevisse** (1895-1980) **:** tous les amoureux de la langue française, André Gide en premier, chérissent ce philologue qui leur a donné la meilleure grammaire jamais écrite : *Le Bon Usage* ; elle fait autorité dans tous les pays francophones. Grevisse l'a peaufinée au fil des ans et des lectures, en répertoriant tous les usages de la langue faits par les grands auteurs. La Belgique est une terre féconde pour les orfèvres de la langue, puisque **Joseph Hanse** (1902-1990), avec son *Dictionnaire des difficultés grammaticales et lexicologiques,* connut un jour la consécration en étant l'invité de Bernard Pivot.

– **Hergé** (1907-1983) : que peuvent avoir en commun des gens aussi divers que Haroun Tazieff, Michel Serres, Alain Resnais, Pascal Bruckner, Andy Warhol et Steven Spielberg ? Réponse : tous, ainsi que des millions d'anonymes, se sont sentis orphelins d'une part de leur jeunesse en apprenant, en mars 1983, la disparition de Georges Remi, le créateur de Tintin, un des héros universels du XXᵉ s. Ce jour-là, le quotidien *Libération* lui rendit le plus bel hommage qui soit en illustrant ses pages d'actualités par des planches choisies dans les aventures du petit reporter. L'apport d'Hergé à la reconnaissance de la B.D. comme art à part entière est incontestable : il en a fait un moyen d'expression accompli, son graphisme limpide a influencé toute la génération de dessinateurs de la « ligne claire », sa technique narrative est un modèle d'efficacité lumineuse et, si, pour certains, Tintin a pu paraître un héros fade et asexué, la galerie de tous les personnages secondaires fait de ses aventures une merveilleuse comédie humaine contemporaine. En 1980, Hergé tombe malade et souffre d'anémie. En mars 1981 ont lieu les retrouvailles entre Hergé et Tchang Tchong-jen, le jeune Chinois à l'origine de Tchang dans *Le Lotus bleu* et *Tintin au Tibet*. Hergé s'éteint en mars 1983 à Bruxelles.

– **Victor Horta** (1861-1947) : à la fin du XIXᵉ s, Bruxelles se dote de grandes artères et de monuments pompeux. En parallèle, une bourgeoisie prospère, en quête de nouveauté et d'affirmation culturelle, trouve avec un jeune architecte, Horta, l'occasion de concrétiser ses aspirations à une nouvelle esthétique. La construction en 1893 de l'hôtel Tassel fut l'acte fondateur de l'Art nouveau en Belgique. Au néoclassicisme dominant, Horta oppose une conception révolutionnaire : la ligne droite fait place aux volutes et ondulations de la nature, la lumière pénètre par des verrières décorées de motifs floraux, les matériaux employés – la brique, le verre et le fer forgé – sont utilisés en appliquant des techniques de construction industrielles. Horta pousse le souci du détail jusqu'à dessiner chaque élément de la décoration ; tout doit contribuer à affirmer un nouvel art de vivre basé sur l'harmonie, l'élégance et l'ingéniosité.

– **Bouli Lanners** (1965) : ce touche-à-tout des plateaux de ciné et de théâtre (décoration, figuration, régie, seconds rôles) vit sur une péniche à Liège, et s'est fait connaître du grand public en aidant Benoît Poelvoorde à battre le record du monde de fermetures de portes dans *Les convoyeurs attendent*, puis en réalisant, en 2008, un petit bijou d'étrangeté et de sensibilité intitulé *Eldorado*. On l'a vu en 2011, en douanier débonnaire, tempérer l'irascibilité de son collègue Benoît Poelvoorde dans *Rien à déclarer* de Dany Boon, et en Grossebaf dans le dernier *Astérix*, en 2012.

– **René Magritte** (1898-1967) : « Ceci n'est pas une pipe », écrivait le pape du surréalisme belge en 1929 sous la reproduction réaliste d'une pipe qui aurait pu appartenir à Maigret. Tout l'humour provocateur du peintre transparaît dans ses juxtapositions inattendues, dérangeantes, d'objets d'usage familier plantés dans un décor insolite et ponctuées de titres absurdes... Publicitaire lui-même par nécessité alimentaire, ce dynamiteur du mental est le peintre qui a le plus influencé la publicité, récupératrice d'un grand nombre de ses idées-forces. Un superbe musée qui lui est exclusivement consacré a été ouvert à Bruxelles.

– **Mercator** (1512-1594) : le plus fameux cartographe du XVIᵉ s fut un scientifique complet ; théologie, philosophie, mathématiques et astronomie. Il modifia de façon durable la vision que les hommes avaient de la planète, puisque, en majorité, les cartes utilisées à notre époque sont faites selon la projection qui porte son nom. Grâce à lui, les pilotes des navires partis à la découverte des mers inconnues ont pu tracer leur route sur une carte fiable. Il est aussi le premier à avoir utilisé le mot « atlas » pour dénommer un recueil de cartes et, sous le titre d'*Atlas Minor*, le premier à en avoir publié un dans un format de « poche » très maniable.

– **Eddy Merckx** (1945) : il est considéré par tous les Belges comme le plus fabuleux pédaleur de tous les temps. Contentons-nous de rappeler ses cinq victoires aux Tours de France et d'Italie ainsi que son record de l'heure en 1972 sur un vélo « normal ». Il a totalisé, dit-on, 525 victoires sur route ! Retraité des pelotons, il se consacre à son entreprise de cycles. Couronnement de sa carrière, le roi l'a fait baron.

– **Amélie Nothomb** (1967) : fille d'un diplomate en poste au Japon, la *wondergirl* des lettres françaises en provenance de Belgique a fait le bonheur de son éditeur Albin Michel. Son personnage décalé de gentille sorcière aux chapeaux extravagants lui vaut un certain succès sur les plateaux huppés des émissions littéraires. L'Académie française a consacré son talent indéniable en lui décernant son prix en 1999.

– **Benoît Poelvoorde** (1964) : ce Namurois ne se destinait pas à une carrière d'acteur mais à celle de dessinateur. Au cours de ses études, il fréquente une bande de copains déjantés avec qui il réalise *C'est arrivé près de chez vous*, une satire sévère et sanglante du monde des faits divers. Après un détour sur Canal+ avec les *Carnets de monsieur Manatane*, il multiplie les rôles de grands cyniques bêtes et méchants. Son personnage récurrent de beauf prétentieux et de mauvaise foi, qu'il incarne à la perfection, lui a souvent valu d'être comparé à Louis de Funès comme dans *Rien à déclarer*, où il interprète un douanier francophobe particulièrement atrabilaire. Son registre est néanmoins de plus en plus étendu, puisqu'on l'a retrouvé en serial killer inquiétant dans le *Entre ses mains* d'Anne Fontaine, en timide pathologique dans *Les Émotifs anonymes* de Jean-Pierre Améris, en « punk à chiens » dans *Le Grand Soir* de Kervern et Delépine, et en 2013 aux côtés de Laëtitia Casta, en banquier SM dans *Une Histoire d'amour*.

– **Axelle Red** (1968) : née d'une mère pianiste, passionnée de soul, et d'un papa avocat, Fabienne Dermal grandit dans son Limbourg natal, baignée par les chansons d'Aretha Franklin ; elle enregistre dès ses 15 ans un premier 45-tours en anglais. Diplômée d'avocate en poche, elle sort son premier single, en français, *Kennedy Boulevard*, sous le nom d'Axelle Red, rapport à sa chevelure de feu en parfaite harmonie avec son beau visage pâle. En 1999, elle reçoit la consécration aux Victoires de la musique. En 2002, Manhattan-Kaboul, son délicieux duo avec Renaud, arrive en tête des ventes de disques en France. En 2008, l'université de Hasselt la fait docteur honoris causa pour son engagement social en tant qu'artiste et activiste des Droits de l'homme.

– **Jérémie Rénier** (1981) : né à Bruxelles, il tourne déjà à l'âge de 10 ans et se produit sur les planches. Ce sont les frères Dardenne qui le lancent dans leur film *La Promesse*, alors qu'il a à peine 15 ans. On le voit ensuite dans les films de François Ozon et la consécration vient en 2005 avec la Palme d'or à Cannes et le rôle principal de *L'Enfant* des frères Dardenne. Son étonnante ressemblance avec Claude François lui vaut d'incarner avec brio le chanteur français dans *Clo-Clo* en 2012.

– **Pierre Paul Rubens** (1577-1640) : né en exil en Allemagne – son père calviniste s'y était réfugié –, il ne connut Anvers qu'à l'âge de 12 ans. Il y fit ses classes, avant de passer 8 ans en Italie où il étudia les maîtres de la Renaissance. Le Tintoret, Titien et Véronèse le marquèrent mais c'est le Caravage qui l'influença le plus. De retour dans son pays, il bénéficia des faveurs des archiducs Albert et Isabelle et fonda sa célèbre maison-atelier. Touché par la gloire, il créa une quantité considérable d'œuvres, assisté de nombreux collaborateurs (dont Van Dyck). Son activité artistique se doubla de missions diplomatiques qui le menèrent en Hollande, à Madrid et à Londres. Sa maison – à ne pas manquer, dans le centre d'Anvers – a accueilli tous les beaux esprits de son époque. L'art de Rubens eut un rayonnement immense en Europe, il marqua la synthèse entre l'italianisme et la tradition flamande. On retrouva son influence jusque chez David et Delacroix.

– **Adolphe Sax** (1814-1894) : le succès fut long à obtenir pour ce facteur d'instruments qui, dès ses débuts, dans l'atelier de son père, avait conçu de curieux cornets de cuivre qu'il avait appelés *saxhorn, saxtuba* ou *saxtromba*. Ce n'est qu'en s'installant à Paris qu'il connut la reconnaissance. Les harmonies militaires furent séduites par les sons obtenus en soufflant dans ces instruments, puis de vrais musiciens, tels Berlioz, Bizet et Verdi, composèrent des partitions intégrant le saxophone. Plus tard, après avoir franchi l'Atlantique, il nous revint avec le jazz. 2014 est l'occasion de célébrer son centenaire.

– **Georges Simenon** (1903-1989) *:* même si toute sa vie durant il a gardé l'accent un peu traînant du quartier d'Outremeuse de son enfance, le « petit Georges » quitta sa ville natale avant ses 20 ans pour n'y plus revenir qu'en visite 30 ans plus tard. Peut-on, dès lors, le considérer comme écrivain belge ? Un peu, sans doute, par le sujet de ses premiers romans et dans la mesure où son style, selon ses détracteurs, reflétait le « plat pays » de ses origines... Au-delà de ces vaines querelles, il faut reconnaître que Simenon appartient à la terre entière, à la fois par l'immense diffusion de ses écrits – 600 millions de volumes vendus, 3 500 traductions en 47 langues –, par la prodigieuse fertilité de son imagination – plus de 300 titres, parmi lesquels 80 *Maigret,* un millier de nouvelles et une profusion d'articles et de reportages rapportés des quatre coins de la planète – et, enfin, par la multitude d'adaptations audiovisuelles que ses personnages et son fameux « climat » ont inspirées. La devise de son existence était : « Comprendre mais ne pas juger ».

– **Stromae** (anagramme de *maestro* ; 1985) *:* le chouchou de Bruxelles, de son vrai nom Paul Van Haver, est un OVNI artistico-médiatique, dont la notoriété fulgurante a éclaté en 2013 avec les ventes de son dernier album *Racine carrée*. Né d'une mère belge et d'un père rwandais, un architecte disparu lors du génocide de 1994, il se fait connaître dès 2009 avec *Alors on danse* après avoir tâté du rap et du hip hop qu'il métisse par la suite d'électro, de sons cubains, de *new beat* et de rumba congolaise. En 2013, pour le lancement de *Formidable,* il fait le *buzz* sur You Tube avec une vidéo où il feint l'ivresse à un arrêt de tramway. Sa célébrité prend alors des dimensions européennes. L'interprétation de ses chansons est comparée par certains à celle de Jacques Brel pour son phrasé et sa gestuelle. Bien que les sujets de ses textes soient empreints d'une gravité un peu mélancolique, il est le chanteur préféré des enfants et de leurs grands-mères. Il arbore en permanence un look flashy et innovant de dandy-bobo-urbain qu'il a créé à partir de motifs géométriques originaux.

– **Jan et Hubert Van Eyck** (fin XIVe-début XVe s) *:* les deux frères sont indissociables (des spécialistes doutent même de l'existence du second) et représentent les figures marquantes de l'école des « primitifs flamands », avec Rogier de la Pasture et Memling. Ils ont travaillé à Gand et à Bruges et ont laissé des tableaux qui marquent la rupture avec l'art médiéval. En perfectionnant le procédé de la peinture à l'huile, Jan Van Eyck a apporté une luminosité et un rendu du détail inégalés jusqu'alors. L'intérêt incontestable de ces compositions est d'admirer, au-delà des sujets religieux, les arrière-plans fourmillant de paysages, de décors urbains et d'évocations de la vie quotidienne d'un naturalisme fascinant. En plus du retable de l'*Agneau mystique,* que l'on peut voir à l'église Saint-Bavon à Gand, le musée Groeninge de Bruges recèle des trésors incomparables de cette peinture flamande.

Dynastie

À l'aube du IIIe millénaire, la monarchie pourrait paraître complètement *has been* ou, pire, juste bonne à alimenter les colonnes d'une presse populaire friande de scandales. Il est à noter que dans l'Europe des 27, sept régimes politiques sont des monarchies constitutionnelles, un système politique se révélant être un facteur de stabilité et de garantie des principes démocratiques. Particulièrement en Belgique, où la présence de deux communautés parfois antagonistes rendrait le choix d'un chef d'État élu passablement épineux.

La fonction royale a été définie par la Constitution de 1831, en limitant les pouvoirs du roi au sein de l'exécutif et du législatif. Si toutes les lois votées par le Parlement portent la signature royale, tout acte public de celui-ci doit être « couvert » par la signature d'un ministre. Voilà pourquoi les manifestations publiques du roi ou de sa famille apparaissent passablement guindées : le roi ne donne pas d'interviews ni de conférences de presse. Chaque infime entorse à la règle donne lieu à des réactions démesurées pouvant mettre en cause sa « neutralité ». Néanmoins, dans les coulisses, il exerce une discrète « magistrature d'influence » : à la sortie des élections, il choisit la personne chargée de former le gouvernement. Il rencontre, de manière confidentielle, les acteurs de la vie économique et politique, ce qui en fait l'homme le mieux informé du royaume. La tradition est de ne jamais dévoiler le contenu d'une audience royale. L'entorse à cette règle contribuerait à « découvrir la couronne ». À la cour de Laeken, on n'a pas l'habitude des scandales tapageurs, à l'instar des Windsor ou des Grimaldi... et, si le cas se présente, la ligne de conduite sera *no comment* ! Même si, comme dans toutes les familles, la dynastie des Saxe-Cobourg a eu sa part de drames et de joies...

Léopold Ier (1790-1865)

Choisi par le Congrès national, le duc de Saxe accepte la couronne que lui proposent les Belges en 1831. Immédiatement, il a du pain sur la planche et doit repousser les troupes hollandaises, lésées par la perte de leurs provinces du Sud. Par la diplomatie, il parvient à décourager les appétits prussiens et les visées annexionnistes de la France. Il privilégie l'alliance matrimoniale avec celle-ci en épousant la fille de Louis-Philippe, Louise-Marie d'Orléans. Diplomate hors pair, il joue un rôle pacificateur qui permet à la jeune Belgique de trouver sa place au sein des nations européennes.

En cela, il remplit parfaitement le contrat passé avec ceux qui l'avaient choisi. Lorsqu'il meurt en 1865, la Belgique est lancée sur la voie de la prospérité et la continuité de la dynastie assurée avec la naissance d'un héritier, Léopold.

Léopold II (1835-1909)

Plus forte personnalité de la dynastie, Léopold II fut critiqué de son vivant. Son intelligence, son imagination, son sens de l'action l'ont amené à concevoir des projets dont l'ambition effrayait quelque peu les politiciens timorés. Il fit construire le palais de justice de Bruxelles, tant critiqué. Les pouvoirs royaux attribués par la Constitution le gênant aux entournures, il se taille (avec quelques financiers aventureux) un empire à la mesure de ses ambitions : le Congo, et ce, à titre personnel, pendant 24 ans ! Redoutant

UN SOUVERAIN SARCASTIQUE

Léopold II s'entretenait un jour avec son médecin des progrès du socialisme et des menées du parti républicain. « Sire, lui glissa l'homme de l'Art, un peu flagorneur, Votre Majesté n'a rien à redouter : si les républicains triomphaient, ils vous proposeraient de devenir président de la République belge. » Et le roi, faisant la grimace, de répliquer : « Vous qui êtes médecin, mon cher, est-ce que cela vous ferait plaisir qu'on vienne vous proposer de devenir vétérinaire ? »

les risques de conflit sur le continent, il use de son influence pour doter le pays d'une petite armée défensive. Cultivé, amoureux de la vie sous toutes ses formes, il défraye la chronique de la Belle Époque par ses liaisons féminines et ses joyeuses virées. Ostende lui doit sa réputation de reine des plages et Bruxelles quelques-uns de ses monuments et de ses artères de prestige. La vieillesse le rend aigri et cynique, déçu peut-être par l'absence d'héritier mâle (son seul fils est mort à 10 ans), la reine Marie-Henriette d'Autriche ne lui ayant donné que trois filles, inaptes à sa succession.

Albert Ier (1875-1934)

Neveu de Léopold II, il accède au trône en 1909 et devient, avec sa femme Élisabeth, duchesse en Bavière, une figure légendaire de l'histoire belge en s'accrochant avec son armée à une minuscule parcelle de territoire lors de l'invasion allemande de 1914. Sa conduite courageuse pendant la guerre aux côtés des Alliés lui vaut le surnom de « roi-chevalier ». Le suffrage universel est voté sous son règne et c'est un accident qui y met brutalement fin en 1934. Alpiniste accompli, Albert Ier fait une chute mortelle aux rochers de Marche-les-Dames (près de Namur). Il était père de trois enfants : Léopold, Charles et Marie-José. Élisabeth lui survit plus de 30 ans, se consacrant aux arts en créant, entre autres, le prestigieux concours musical qui porte son nom.

Léopold III (1901-1983)

Sur les 17 ans de son règne, il fut 4 ans captif dans son palais de Laeken, 1 an déporté en Allemagne en attendant la fin de la guerre et 6 ans en exil en Suisse. Il accède au trône dans des circonstances tragiques et le sort s'acharne puisque, en 1935, il provoque un accident de la route au cours duquel sa femme, la reine Astrid, meurt. Venue de Suède en 1926, elle lui avait donné trois enfants : Joséphine-Charlotte (grande-duchesse de Luxembourg), Baudouin et Albert. Influencé par un entourage qui ne masque pas sa sympathie pour les régimes « forts » d'Europe centrale, Léopold III commet plusieurs erreurs fatales. D'abord en œuvrant pour une neutralité face à la montée des périls. En mai 1940, après une résistance valeureuse à l'invasion nazie, il capitule et refuse de rejoindre son gouvernement qui poursuit la lutte depuis Londres. Sa rencontre avec Hitler quelques mois plus tard et son mariage en 1941 avec Liliane Baels (fille d'un gouverneur de province) provoquent une rupture avec une grande partie de la population. En 1944, les Allemands déportent toute la famille royale. Son frère, Charles, assure la régence. Cinq ans plus tard, un référendum qui lui est favorable à 58 % lui permet de rentrer d'exil. Des troubles graves éclatent lors de son retour et, dans un geste d'apaisement, il préfère abdiquer au profit de Baudouin en 1951.

Il consacre le reste de sa vie à l'exploration de terres lointaines et à l'étude de l'ethnologie. On voit quelquefois mieux ce qui est loin.

Baudouin Ier (1930-1993)

L'enfance du cinquième roi des Belges ne fut pas tendre. Il perd sa mère dès l'âge de 5 ans et la guerre puis l'exil le privent d'une jeunesse insouciante et du contact avec un pays sur lequel il est appelé à régner. Monté sur le trône à sa majorité, il porte sur ses frêles épaules le poids du ressentiment à l'égard de son père. Sa timidité et son manque d'assurance alimentent la rumeur populaire qui le voit rejoindre un ordre religieux auquel sa piété fervente le prédestinait.

En 1960, la légende du « roi triste » prend fin le jour où il épouse Doña Fabiola de Mora y Aragón. Le mariage n'est couronné d'aucune descendance mais la présence de la reine à ses côtés permet à Baudouin de faire son « métier » avec un sérieux exemplaire.

Après 42 ans de règne, Baudouin incarne la « conscience politique » sur le plan intérieur et est une autorité très écoutée au plan international. Un épisode entache malgré tout son règne. En 1990, ses convictions de catholique rigoureux l'empêchent d'apposer sa signature (obligatoire) au bas de la loi destinée à dépénaliser l'IVG. Une pirouette juridico-institutionnelle lui permet de se mettre aux abonnés absents pendant 36 heures, le temps pour le Parlement de voter cette loi, et de la promulguer sous la signature du Premier ministre assurant l'intérim. Cette initiative très contestée le coupe, de fait, d'une partie majoritaire de l'opinion, mais nul ne peut reprocher au roi de ne pas avoir agi en accord avec sa conscience.

Baudouin Ier meurt pendant ses vacances en Espagne. Les funérailles qui s'ensuivent atteignent un degré d'émotion et de ferveur dont personne ne croyait encore les Belges capables.
Depuis 1990, nouveauté : une modification de la Constitution permet aux femmes de régner.

Albert II (1934)

L'accession au trône du frère de Baudouin, à près de 60 ans, provoque une surprise en 1993, puisqu'on pensait voir l'ordre de succession sauter au profit de Philippe, son fils aîné. Son expérience à la tête de l'office du Commerce extérieur et la popularité de la belle Paola, la reine venue d'Italie, donnent toutes les garanties de continuité dont le pays a besoin pour passer le cap difficile des réformes institutionnelles. Albert a alors la réputation d'être un bon vivant, et c'est d'ailleurs un utilisateur régulier du *Routard* lorsqu'il a quelques loisirs entre deux crises politiques ! Albert et Paola ont deux autres enfants : Astrid, mariée à l'archiduc Lorenz d'Autriche (cinq enfants à leur actif), et Laurent, le prince écolo passablement rebelle et anticonformiste, marié en avril 2003 et nouveau papa quelques mois après. En 1999 est révélée l'existence d'une fille cachée, Delphine, née d'une liaison extraconjugale, lorsque son mariage battait de l'aile. En juillet 2013, après 20 ans de bons et loyaux services, il annonce, pour des raisons de santé, son intention de passer le flambeau à son fils et de prendre une retraite bien méritée, mais pas aussi sereine que prévu, si l'on en croit la rumeur.

Philippe Ier (1960)

Neveu de Baudouin qui l'a préparé à ses futures fonctions, le prince héritier Philippe épouse en 1999 Mathilde, une craquante aristo locale qui donne naissance en 2001 à la princesse Élisabeth, qui sera peut-être la première reine des Belges. Ont suivi : Gabriel en 2003, Emmanuel en 2005 et Éléonore en 2008. Philippe devient le septième roi des Belges, le 21 juillet 2013, après l'abdication de son père. Certains pensent qu'une évolution de la fonction royale définie par la Constitution pourrait l'entraîner à ne plus être qu'un roi protocolaire à la scandinave, ce que souhaiterait, d'ailleurs, une grande partie des Belges, surtout en Flandre.

Héros imaginaires

– *Alix :* apparu en 1948 dans le *Journal de Tintin* sous le crayon du Français Jacques Martin, ce jeune esclave gaulois romanisé a rencontré au cours de ses pérégrinations antiques tous les grands de son temps : César, Cléopâtre, Vercingétorix et Brennus. Personnage central d'une B.D. académique mais à haute valeur didactique, ses albums furent traduits en latin pour initier les collégiens au monde romain.
– *Blake et Mortimer :* difficile de trouver plus *British* que ces deux héros sans peur et sans reproche ; Blake, le capitaine de l'Intelligence Service, et Mortimer, le professeur rouquin et barbu. Dans un climat de guerre froide, ils ne cessent de déjouer les pièges de leur ennemi juré : l'infâme Olrik. Edgar Pierre Jacobs, disciple d'Hergé, ne nous a laissé que 10 albums mais quel régal de se replonger dans *Le Mystère de la Grande Pyramide* ou *La Marque jaune*. By Jove !
– *Bob et Bobette :* les plus gros tirages de la B.D. d'origine flamande sous le titre *Suske en Wiske* (plusieurs dizaines de millions d'exemplaires !), dessinés depuis 1945 par Willy Vandersteen et ses studios. Humour et voyages dans le temps se mêlent pour donner des récits classiques aux personnages secondaires plus typés, tels Lambique, le râleur au cœur d'or, et Jérôme, le surhomme. Les premiers épisodes dessinés pour le *Journal de Tintin* sont d'une facture nettement supérieure ; à découvrir : *Le Trésor de Beersel* et *Le Casque tartare*.
– *Le Chat :* depuis 1983, la silhouette massive de ce curieux matou philosophe, cousin belge de Snoopy, pratiquant l'autodérision, a hanté les pages du

supplément dominical du journal belge *Le Soir*. Dessiné par ce créateur multiforme qu'est Philippe Geluck, le Chat inflige ses aphorismes délirants à l'aide d'une logique tortueuse et décapante. Albums, agendas, peluches et cartes postales inondent les boutiques de souvenirs.

– *Gaston Lagaffe* : le héros sans emploi défini, entré – on ne sait comment – au journal *Spirou* en 1957. Anticonformiste, naïf et insouciant, écologiste avant la lettre, tendre défenseur des animaux les plus divers (chat dingue, mouette rieuse, homard, souris, hérisson...), inventeur-catastrophe d'un tas d'objets à l'usage incertain, grand cuisinier aux recettes inoubliables (morue aux fraises avec mayonnaise, huîtres au chocolat...), mélomane à toute heure (gaffophone)... L'antihéros né de l'imagination de Franquin est une préfiguration de la « bof génération ». Son pull trop court, ses espadrilles usées, son culte de la sieste, sa phobie du travail productif, sa malencontreuse tendance à faire échouer la signature des contrats en font l'antihéros le plus attachant de l'histoire du 9e art. M'enfin !

– *Lucky Luke* : « *I am a poor lonesome cow-boy.* » Chaque aventure du célèbre héros de la conquête de l'Ouest se termine par cette case où « l'homme qui tire plus vite que son ombre » disparaît dans le soleil couchant, juché sur son fidèle cheval Jolly Jumper. Morris, son dessinateur, a sillonné les États-Unis durant 6 ans dès 1948 pour rassembler toute la documentation nécessaire à la création de ce western de parodie. On y croise tous les mythes de l'Ouest américain : Roy Bean, Billy the Kid, Calamity Jane, Jesse James et des créations dues à l'imagination fertile de René Goscinny : les Dalton, *outlaws* plus bêtes que méchants, et Rantanplan, le cabot stupide.

– *Bob Morane* : immortalisé par le groupe de rock Indochine, Bob Morane a été un vrai rival pour Tintin dans l'univers de la littérature juvénile. Publiés par Marabout Junior, sous la plume d'Henri Vernes, à partir de 1953, 141 romans de l'aventurier aux cheveux coiffés en brosse feront rêver toute une génération d'adolescents à la cadence ahurissante d'un titre tous les 2 mois ! Tirées à près de 100 000 exemplaires à chaque parution, les aventures de Bob Morane, assisté de son fidèle second Bill Ballantine, aux prises avec leur implacable ennemi M. Ming, alias l'Ombre jaune, ont connu un engouement considérable, emportant à chaque épisode leur lecteur aux quatre coins de la planète – des vocations de routard sont nées de ces lectures fébriles où suspense et exotisme se mélangeaient. Les personnages ont été adaptés en B.D. avec des bonheurs divers.

– *Hercule Poirot* : encore un nom à ajouter à la liste des Belges méconnus... Eh oui, le célèbrissime limier à la perspicacité légendaire était né, pour Agatha Christie, dans le plat pays ! En 1916, à Torquay, dans le sud de l'Angleterre, où la jeune romancière s'était installée pour écrire son premier roman, la ville abritait de nombreux réfugiés belges. D'où l'idée de faire de son héros un agent de la Sûreté belge. « Le petit homme aux petites cellules grises » était né. Anglophobe, continental prétentieux et maniéré, Poirot cire ses moustaches, porte des chaussures vernies à la campagne et boit du chocolat à 5h... *Shocking* !

– *Saint Nicolas* : tous les petits Belges attendent avec impatience le 6 décembre pour recevoir leur manne de jouets. C'est à cette date que tombe la fête du grand saint, patron des enfants selon la tradition germanique. On peut le voir dès le mois d'octobre dans toutes les galeries commerçantes du pays. Assis sur un trône, flanqué de son acolyte, le père Fouettard, il distribue des bonbons aux

RACISME ?

En Belgique, les enfants sages reçoivent des cadeaux apportés par saint Nicolas le 6 décembre. Les enfants dissipés ont droit, eux, au Père Fouettard qui est... noir (Zwarte Piet en flamand). La commission des Droits de l'homme de l'ONU a demandé au gouvernement belge de promouvoir plutôt le Père Noël !

enfants sages. Autrefois, il se déplaçait sur un âne, à présent il fait son arrivée en hélicoptère ! Les enfants belges reçoivent aussi des cadeaux du Père Noël, les veinards !

– **Les Schtroumpfs :** ils sont entrés dans l'histoire de la B.D. par la petite porte... En 1958, dans un épisode des aventures de Johan et Pirlouit, *La Flûte à six schtroumpfs,* Peyo dessine une petite main bleue qui désigne la flûte en question et une bulle où un personnage caché glisse : « Vas-y, bonne schtroumpf ! » Un filon en or massif venait d'être découvert. Les petits lutins bleus, tous identiques hormis le Grand Schtroumpf, ont tous, à l'instar des sept nains, un caractère différent. Cela permet une gentille satire des travers humains et un monde à la Walt Disney où les seuls méchants sont un sorcier maladroit, Gargamel, et son hypocrite de chat, Azraël. Les Schtroumpfs ont séduit les Américains qui en ont fait un succès mondial par le biais de dessins animés et d'un merchandising colossal.

– **Thyl Ulenspiegel :** héros populaire issu de la tradition germanique, il fut repris en 1867 par l'écrivain flamand de langue française Charles De Coster, sous le titre : *La Légende de Ulenspiegel et de Lamme Goedzack au pays de Flandres et ailleurs.* Personnage picaresque, champion de la justice et de la liberté, il combat la tyrannie de l'occupation espagnole au XVIe s. Espiègle gamin des Flandres, à la tête d'une bande de gueux, il joue des tours pendables aux oppresseurs. En symbolisant l'esprit frondeur et la rébellion du peuple, il est devenu une figure révolutionnaire et, à ce titre, ses aventures ont été diffusées à des millions d'exemplaires en... russe ! Gérard Philipe l'a incarné au cinéma.

– **Tintin :** est-il besoin de rappeler l'origine de ce personnage qui fut le seul rival en célébrité du général de Gaulle (de l'aveu même de l'intéressé) ? Il est la figure emblématique de la bande dessinée franco-belge et un mythe culturel international. Depuis 1929, les générations se sont suivies dans le culte des

SAUVEZ LE TIBET

En 2006, le dalaï-lama en personne est venu à Bruxelles remettre à la Fondation Moulinsart une lampe à beurre clarifié, pour services rendus par Tintin à la cause tibétaine.

aventures du petit reporter à la houppe et à la culotte de golf, et de son chien Milou, bien sûr. C'est par l'intermédiaire des personnages qui entourent Tintin que l'œuvre d'Hergé atteint l'universel : les bordées de jurons et la fidélité bourrue du capitaine Haddock, la distraction et l'innocence du professeur Tournesol, l'obstination stupide des Dupond et Dupont, le sans-gêne de l'écervelée Castafiore, le fâcheux penchant de Milou pour l'alcool... Tous les travers humains sont représentés par une extraordinaire galerie de portraits tout au long des 23 albums. Tintin a fait l'objet de savantes exégèses et, par ailleurs, provoque chez les « tintinolâtres » une collectionnite qui, en salle des ventes, fait grimper les prix à des hauteurs himalayennes. Des traductions ont été publiées à 51 langues, et on estime la vente des albums à plus de 280 millions d'exemplaires ! Tintin est devenu un personnage vivant dans un film de Steven Spielberg ; son rôle a été attribué au jeune Anglais Jamie Bell et les ayants droit de l'héritage d'Hergé ont même annoncé la parution d'un nouvel album en... 2052, histoire de ne pas perdre les juteux droits d'auteur en 2052, quand l'œuvre tombera dans le domaine public !

Ces Belges que l'on croit français

La Belgique a compté de tous temps des talents dans tous les domaines des arts, des sciences ou des affaires. Beaucoup d'entre eux ont éprouvé le besoin de s'expatrier pour trouver succès ou reconnaissance, gênés aux entournures par l'exiguïté du territoire.

Dans cette diaspora, on peut dresser la liste de ceux et celles qui, sans renier leurs origines, se sont fondus dans le paysage hexagonal.

En littérature, un marché de quatre millions et quelques de francophones est bien trop restreint pour permettre à une belle plume de vivre de sa production. Aussi les écrivains ont-ils souvent choisi de se faire éditer par des éditeurs français dont des ....belges, comme Robert Denoël ou Hubert Nyssen.

Les feux de la rampe et la scène rock : Django Reinhardt, Régine, Plastic Bertrand, Victor Lazlo, Annie Cordy, Lara Fabian, Lio, Maurane, Laurent Gerra, sans oublier sœur Sourire !

Le cinéma et le théâtre, avec les réalisateurs Jacques Feyder, André Delvaux, Chantal Akerman, Alain Berliner, Eric-Emmanuel Schmitt, Frédéric Fontaine, Lucas Belvaux, Benoît Mariage les acteurs Marie Gillain, Deborah François, Marianne Basler, Natacha Régnier, Émilie Dequenne, Virginie Hocq, Patrick Bauchau, Olivier Gourmet, Yolande Moreau, Cécile de France, Virginie Efira et... Jean-Claude Van Damme défendant le muscle belge à Hollywood !

La scène. La danse aussi avec Anne-Teresa de Keersmaeker avec Frédéric Flamand, exilé à Marseille.

Sur les ondes, Olivier Minne sur France 2, Stéphane De Groodt sur Canal+, Karen Minier sur TF1, Charline Vanhoenacker et Alex Vizorek sur France Inter, Bibiane Godfroid à la direction de M6 et la « reine » Christine Ockrent qui n'a jamais renié ses origines.

De même, sont bien belges les artistes Pol Bury, Pierre Alechinsky ainsi que la bienfaitrice des bidonvilles du Caire : sœur Emmanuelle.

POPULATION

Les 11,2 millions d'habitants de la Belgique se serrent sur 30 528 km². Cela donne une des plus fortes densités de population au monde (comme au Japon). Environ 97 % des habitants sont citadins et une bonne partie de cette population se déplace tous les jours d'une ville à l'autre pour aller travailler !

Les grandes agglomérations d'Anvers, Gand, Mons, Charleroi et Namur ne se trouvent pas à plus d'une bonne demi-heure de train de Bruxelles (Liège et Bruges, 1h). Voilà pourquoi on assiste tous les jours à de formidables migrations ferroviaires et routières. Les gares dégorgent à heure fixe des dizaines de milliers de « navetteurs » et les entrées urbaines des autoroutes ressemblent à des entonnoirs géants pour film catastrophe.

Dans les années 1970, toutes les familles ne pensaient qu'à se trouver un petit coin de verdure à la campagne. Résultat : le centre des villes est devenu désert le soir et on a vu se constituer, le long des axes de communication, d'immenses conurbations qui font que vous ne savez pas vraiment quand vous avez quitté une ville pour entrer dans une autre. Tout se touche, se chevauche, s'interpénètre, les champs et les villas, les canaux et les autoroutes, les zones industrielles et les zones résidentielles, les cheminées et les clochers, les viaducs et les tunnels... Le village à l'échelle planétaire.

Les habitants de la Région flamande représentent 58 % de la population, ceux de Wallonie, 32 %, ceux de la région de Bruxelles-Capitale, avec un gros million, 10 %. Tous habitent le pays mais n'ont pas forcément la nationalité belge...

S'il est vain de vouloir identifier un physique type du « Belge moyen » (toutes les armées de passage ont eu le temps de provoquer pas mal de brassages de gènes), il est des apports de population plus récents qu'on peut isoler.

Les statistiques indiquent, parmi les nationalités étrangères (1 570 000 immigrés et « nouveaux Belges »), que la plus représentée en Belgique était jusqu'à nos jours l'italienne, issue de l'immigration venue après guerre travailler dans la mine.

Un accord entre les deux gouvernements (longtemps resté secret) prévoyait l'échange d'un ouvrier italien contre une tonne de charbon. La 2e génération (et bientôt la 3e) est parfaitement intégrée et des membres de cette communauté occupent à présent des fonctions de responsabilité dans les syndicats, et même au gouvernement.

En 2013, 1 195 122 personnes n'ayant pas la nationalité belge habitaient en Belgique, soit un habitant sur 10. Les Italiens étaient alors les plus nombreux (157 000), devant les Français (153 500), Néerlandais (143 500), Marocains (83 000), Roumains (51 000), Espagnols (43 000), Polonais (61 000), Turcs (40 000), Allemands (38 500) et Bulgares (23 000). C'est la région de Bruxelles-Capitale qui compte le plus d'étrangers (30 %), devant la région wallonne (9,5 %) et la région flamande (6,4 %).

Les ressortissants de l'ancienne colonie, les Congolais (anciens Zaïrois) ne sont qu'une vingtaine de milliers et animent joyeusement tout un quartier de Bruxelles, qu'ils ont baptisé « Matongé ».

Environ 450 000 Belges vivraient à l'étranger.

SAVOIR-VIVRE ET COUTUMES

– Les langues, toujours : au téléphone, dans la rue, annoncez d'emblée que vous ne connaissez pas le flamand et que vous n'êtes pas belge francophone ; cela évitera les malentendus. C'est parfois agaçant mais c'est comme ça, on en est arrivé là !

– En Wallonie et à Bruxelles, entre jeunes ou lorsqu'on est familier, on embrasse la personne de sexe opposé sur la joue une ou trois fois (pas deux). Les garçons, quand ils se connaissent bien, font de même, mais une fois. En Flandre, on est moins démonstratif.

– Ne prenez pas ce que vous croyez être l'accent belge, on vous repérera tout de suite.

– Dans les rapports professionnels, la simplicité est de mise et les rapports hiérarchiques peu ostentatoires. La pondération et la courtoisie ne sont pas de la lenteur d'esprit.

– On aime le consensus en Belgique, polémiquer pour le plaisir de prendre la contrepartie d'un interlocuteur n'est pas une preuve d'intelligence.

– À Liège, on apprécie la jovialité, et un brin de raillerie n'est pas déplacé.

– Être invité pour prendre le café veut dire passer vers 16h30.

– Les retards intempestifs ne sont pas de mise, seul le « quart d'heure académique » est toléré.

– Madame Pipi s'attend à recevoir 0,50 € dans sa petite assiette.

LES BOÎTES À TARTINES

Les écoles belges disposent rarement de cantines pour leurs élèves. Traditionnellement, les mamans préparent des « tartines » que les écoliers mangent le midi. Cette habitude se prolonge plus tard au travail, au bureau ou à l'atelier, ce qui permet de gagner du temps sur la pause de midi. Voilà pourquoi les Belges n'ont pas l'habitude de manger deux repas chauds par jour.

LE BRÛLAGE DE CULOTTE !

C'est lors de cette soirée festive entre amies que la future mariée belge enterre sa vie de jeune fille. Depuis quelques années, les garçons ont également adopté cette coutume qui consiste à porter une culotte de grand-mère pendant toute la soirée. Le passage de la jeunesse à l'âge responsable se fait alors par le joyeux embrasement de la culotte devant l'ensemble des convives bien imbibés. Les promis ont alors tous les droits pour convoler ensemble et s'aimer pour le meilleur et pour le pire.

SITES INSCRITS AU PATRIMOINE MONDIAL DE L'UNESCO

Organisation
des Nations Unies
pour l'éducation,
la science et la culture

En coopération avec
le centre du patrimoine mondial de l'UNESCO

Pour figurer sur la liste du Patrimoine mondial, les sites doivent avoir une valeur universelle exceptionnelle et satisfaire à au moins un des 10 critères de sélection. La protection, la gestion, l'authenticité et l'intégrité des biens sont également des considérations importantes.

Le patrimoine est l'héritage du passé dont nous profitons aujourd'hui et que nous transmettons aux générations à venir. Nos patrimoines culturel et naturel sont deux sources irremplaçables de vie et d'inspiration. Ces sites appartiennent à tous les peuples du monde, sans tenir compte du territoire sur lequel ils sont situés.

Pour plus d'informations : ● *whc.unesco.org* ●

– 1998 : les béguinages flamands.
– 1998 : les ascenseurs hydrauliques du canal du Centre et leur site (Hainaut).
– 1998 : la Grand-Place de Bruxelles.
– 1999 : les beffrois de Flandre et de Wallonie.
– 2000 : le centre historique de Bruges.
– 2000 : les habitations majeures de l'architecte Victor Horta (Bruxelles).
– 2000 : les minières néolithiques de silex de Spiennes (Mons).
– 2000 : la cathédrale Notre-Dame de Tournai.
– 2005 : le complexe maison-ateliers-musée Plantin-Moretus (Anvers).
– 2009 : le palais Stoclet à Bruxelles.
– 2012 : quatre sites du bassin minier : Grand Hornu, Bois-du-Luc, Bois-du-Cazier et Blégny.

SPORTS ET LOISIRS

La Flandre se prête à merveille à la pratique du vélo (c'est tout plat). Sur les immenses plages, près de La Panne, on peut s'adonner au char à voile et plusieurs ports de plaisance bordent la côte.

En Campine, l'équitation est à l'honneur. Les plans d'eau des lacs permettent toutes les activités nautiques et les rivières des Ardennes accueillent à la belle saison les fanas du kayak et les pêcheurs.

Les spéléos peuvent prendre leur pied dans les nombreuses grottes.

Des sentiers de grande randonnée sont balisés pour les adeptes de la marche et on peut même pratiquer l'alpinisme sur les rochers qui bordent la Meuse.

Quelques adresses utiles pour les amateurs de réserves naturelles et de randonnées pédestres ou cyclistes :

■ *Europ'Aventures :* *Sprimont, 41, Sainte-Ode 6680.* ☎ *061-68-86-11.* ● *europaventure.be* ● Tour-opérateur spécialisé dans l'organisation de trekkings et de randos à pied, à cheval, à vélo et à VTT. Propose en Belgique, notamment, la Transardennaise et la Transgaumaise. Brochures et cartes disponibles en s'adressant à la *Maison de la randonnée ASBL,* même adresse.
■ *Association belge des Sentiers de grande randonnée ASBL :* *BP 10, Liège 4000.* ● *sentiers.be* ● 3 500 km de sentiers balisés dans le sud du pays et édition d'une vingtaine de topoguides décrivant les itinéraires. Itinéraires cyclistes par routes de campagne, chemins de halage le long des rivières et canaux. Ces publications sont disponibles auprès de : *Auberges de jeunesse ASBL, rue de la Sablonnière, 28, Bruxelles 1000.* ☎ *02-219-56-76.*

LA RÉGION DE BRUXELLES-CAPITALE

BRUXELLES (BRUSSEL)   environ 1 300 000 hab. (agglomération)

▶ Pour se repérer, voir le plan général et le zoom détachables en fin de guide.

Une ville déroutante, mais ô combien attachante. Ceux qui la visitent pour la première fois n'en ont généralement qu'une représentation mentale assez floue. Peut-être une photo de la Grand-Place ou de l'Atomium, voire un des bâtiments des communautés européennes entraperçu à la télévision à l'arrière-plan d'un journaliste... En réalité, Bruxelles n'est jamais présente là où on l'attend. À l'instar de Rome, Paris ou Vienne, on croit visiter une grande capitale, on découvre une cité à taille humaine, presque provinciale. On pense découvrir une ville au riche passé médiéval issu de son rang de capitale des États bourguignons, on reçoit de plein fouet l'impact d'une ville moderne, fruit du développement urbain et industriel des XIXe et XXe s. On emprunte une rue tortueuse, on bute sur une voie rapide, on cherche des remparts, on tombe sur des tunnels. On l'imagine cohérente, telle que l'avait rêvée Léopold II, le roi-bâtisseur, et on la trouve incroyablement brouillonne, voire insaisissable. Cette ville est multiple, comme un gigantesque kaléidoscope où chaque perception visuelle est immédiatement contredite par celle qui suit. Ses habitants eux-mêmes ont pour leur cité un sentiment diffus, mêlant attachement profond et dénigrement moqueur.
Alors on pense pouvoir la visiter comme ça, juste avec les yeux, mais on se surprend presque malgré soi à l'aimer, avec le cœur... Pourquoi ?
Difficile à dire. Bruxelles n'est pas toute la Belgique, mais elle vous aidera à mieux la comprendre. On y trouve tout... et son contraire. Il faut dire qu'il n'est pas toujours aisé d'être capitale de la Belgique, siège des institutions européennes et capitale de la Région flamande, alors que 85 % de ses habitants parlent le français. Ce qui est sûr, c'est que dans cet îlot francophone en pays flamand qui, de surcroît, abrite 30 % d'étrangers, le visiteur s'aperçoit bien vite qu'au sein de cette nouvelle Babel, rien n'est jamais simple.
Bruxelles n'est pas la plus belle ville d'Europe, mais toute l'Europe l'a voulue : Espagnols, Autrichiens, Français, Hollandais... 800 ans d'administration sous influence étrangère, pour finalement se retrouver à la tête de l'Europe. Beau parcours...

LA RÉGION DE BRUXELLES

Si, administrativement, les compromis belgo-belges l'ont hissée au rang de région de l'État fédéral, prise en sandwich entre Flandre et Wallonie, on ne peut pas dire que cela se soit fait autour d'une identité claire, quoique... Cette diversité sociale et culturelle pourrait accoucher d'un modèle original où cohabitent Bruxellois de souche, Flamands, Wallons, cafetiers et restaurateurs ibériques et italiens, tenanciers de snacks grecs, turcs ou chinois, conducteurs de bus marocains, taxis africains, coiffeuses congolaises, lobbyistes américains, marchands de fringues pakistanais, ouvriers du bâtiment polonais, financiers anglais et promoteurs scandinaves, exilés fiscaux français, bijoutiers sikhs et toutes les nations du monde... un passionnant laboratoire de la multiculturalité.

Bruxelles est une de ces villes où le visiteur a intérêt à être pris par la main pour lui faire comprendre que la Grand-Place, certes « le plus beau théâtre du monde », comme disait Cocteau, est plus qu'une façade. Il faut l'encourager à pousser plus loin que le Manneken-Pis et à regarder au-delà des apparences. Allez donc faire un tour aux Marolles le dimanche matin, arpentez Ixelles et Saint-Gilles à la découverte des façades Art nouveau, allez humer, le dimanche, les senteurs safran et menthe fraîche du marché coloré du Midi, découvrez, au hasard des coins de rue, les façades B.D., égarez-vous dans les micro-

MAIS POURQUOI DIT-ON « BRUSSELLES » ?

On se trouve devant une exception de la langue française : le « x » se prononce ici « ss ». En fait, l'orthographe actuelle de la ville provient de l'habitude qu'avaient les scribes du Moyen Âge de remplacer les doubles « s » par une croix, tout en n'en modifiant pas la prononciation. Cette croix, assimilée au « xi » du grec ancien, a été prononcée « ks » en français à partir du XVIIIe s, mais ça n'a pas modifié l'usage pour Bruxelles dont le nom flamand d'origine est Brussel. Il existe d'autres exemples connus, comme Auxerre en Bourgogne qui se prononce « Ausserre ».

villages des coquets faubourgs arborés, descendez une bière dans un estaminet – comme on appelle ici les tavernes – et prenez-y du plaisir.

Car si Bruxelles paraît sérieuse, elle aime par-dessus tout la dérision. L'humour bruxellois porte même un nom : la *zwanze*, une gouaille bonhomme qu'on rencontre souvent dans les cafés populaires. C'est dans ces lieux de partage qu'on découvre que le Bruxellois sait se moquer de lui-même, bien plus que des autres. Et c'est une sacrée qualité.

Est-ce un hasard si c'est ici que la bande dessinée, le 9e art, a établi son temple ? Est-ce si surprenant si les deux emblèmes de la ville font, l'un, 51 cm, avec un petit zizi qui éteignit paraît-il un jour la mèche d'un tonneau de poudre, et l'autre 100 m de haut, énorme assemblage de boules de métal ? Et que dire de ce palais de justice éternellement en travaux qui fut le plus vaste bâtiment construit au XIXe s et qui domine de sa masse un quartier où vécut autrefois Bruegel ?

Truculente et gouailleuse, surréaliste et décontractée, un peu à l'image de la banale silhouette du petit monsieur au chapeau boule (Magritte) qui fut, lui, un véritable artiste subversif, Bruxelles est une cité qui ne se révèle qu'à qui sait la regarder.

UN PEU D'HISTOIRE

Lointaines origines

Bien sûr, comme un peu partout en Europe occidentale, des fouilles ont révélé la présence humaine dans la région bien avant notre ère et, à l'époque romaine, plusieurs villas, dont la plus connue sur la commune d'Anderlecht, exploitaient les ressources agricoles de la vallée de la Senne.

Le Moyen Âge

Sautons les siècles : 979 ! Déjà plus de 1 000 ans. Une date qui ne fait pas forcément l'unanimité chez les historiens – mais il faut bien commencer quelque part – situerait la fondation de la ville lorsque Charles de France, duc de Basse-Lotharingie fait construire un *castrum* sur une petite île de la Senne, la rivière qui traverse la région. *Brosella* (« habitation des marais »), comme le bourg se serait appelé alors, deviendra Bruxelles. Mais les textes qui étayent cette théorie datent du XIVe s, à l'époque où pour un duc de Brabant, une filiation dynastique directe avec Charlemagne présentait un avantage renforçant son pouvoir.

Plus prosaïquement, un emplacement fortifié sur une colline entre le comté de Flandre (vassal de la France à l'ouest) et les marches occidentales du Saint Empire romain germanique, le tout à la croisée d'un axe commercial ouest-est et d'une petite rivière navigable (en liaison avec l'estuaire de l'Escaut) présente bien des avantages stratégiques pour les comtes de Louvain. Ceux-ci donnent au XIe s une impulsion à l'essor naissant de la bourgade en érigeant un château sur le Coudenberg (aujourd'hui place Royale), en aménageant des installations portuaires et des moulins à eau sur la rivière et en créant un chapitre de chanoines pour garder les reliques d'une sainte qui répond au charmant nom de Gudule.

Puis, au début du XIIIe s, sous la houlette des comtes, devenus entre-temps ducs de Brabant, on ceinture l'ensemble des remparts, dont de nombreux vestiges sont encore visibles aujourd'hui. La ville se développe grâce à l'industrie du drap et est dirigée par une bourgeoisie marchande qui exerce son influence sur le « bas » de la ville tandis que les seigneurs et leurs représentants tiennent le « haut ». En 1229, les rapports sociaux entre les différentes composantes de la cité sont régis par une charte appelée *keure*. Sept clans patriciens (les lignages) se partagent le pouvoir civil en nommant chacun un échevin, composant ainsi la magistrature de la cité. Ils détiennent chacun une des clés des sept portes de la ville.

En 1261, une crise dynastique dans le duché de Brabant provoque l'éloignement des ducs de leur fief principal de Louvain pour s'installer à Bruxelles. C'est le début d'une ascension politique qui fait que Bruxelles se sent vite à l'étroit dans son enceinte. Qu'à cela ne tienne, on en dessine une plus grande dont le tracé suit les limites de ce qu'on appelle aujourd'hui le Pentagone. En 1302, les corporations d'artisans récusent l'autorité bourgeoise et s'emparent de la ville durant quelques années. Dès lors, la magistrature urbaine sera composée d'un représentant du duc, l'*amman,* assisté des échevins nommés par les lignages. La draperie connaît néanmoins un déclin et l'activité se tourne vers la tapisserie. C'est au XIVe s que la ville, prise durant 2 mois par les troupes du comte de Flandre, est libérée par *Everard 't Serclaes,* un héros dont un bas-relief sous une arcade de la Grand-Place rappelle le martyre, mais pour des faits bien ultérieurs à la délivrance de la ville.

De la période bourguignonne à celle des Habsbourg

En 1421, une insurrection permet aux corporations réunies en « nations » de forcer un accès au partage du pouvoir. Au nom d'un compromis bien compris entre gens de métier et patriciat, ce gouvernement d'alliance ne sera plus contesté à Bruxelles jusqu'à la fin de l'Ancien Régime. En 1430, par le jeu des alliances matrimoniales, les *ducs de Bourgogne,* les princes les plus puissants d'Europe (ils sont déjà comtes de Flandre) agrandissent considérablement leur domaine en héritant d'une grande partie des Pays-Bas (dont le duché de Brabant, avec aussi Anvers) et choisissent Bruxelles comme étape de leur cour itinérante. Toute cette époque où Bruxelles se dépense sans compter pour fixer cette cour, est aussi marquée par un développement de l'art et de l'artisanat, notamment la sculpture, l'orfèvrerie, le travail du cuir, l'enluminure et la tapisserie.

N'est-ce pas à cette époque qu'on élève l'hôtel de ville gothique et que tant de superbes retables sont ciselés ? La ville est riche, prospère même. Rogier de la Pasture, alias **Van der Weyden,** devient peintre officiel de la ville. Re-jeu des alliances, re-changement de pouvoir. La faute à Marie de Bourgogne (orpheline de Charles le Téméraire en 1477), qui se jette dans les bras de Maximilien d'Autriche, un membre de la famille des Habsbourg. Résultat, en 1515, c'est son petit-fils **Charles,** régnant sur l'Espagne, les Pays-Bas et bientôt élu empereur germanique, qui arrive en ville et en grande pompe pour se faire couronner. En 1549, perpétuant la tradition des cortèges processionnels, on donne une fête en l'honneur de son fils (le futur Philippe II), qui servira de modèle au célèbre **Ommegang** actuel.

Bruxelles continue de se parer de mille richesses et s'ouvre sur l'extérieur. L'anatomiste **André Vésale** y fait progresser les connaissances sur le corps humain. Mais Philippe II succède à Charles Quint, pré-retraité en 1555, après son abdication dans la *Magna Aula* du palais des Ducs. Charles Quint avait rêvé d'un grand empire européen, vivant dans la paix civile et religieuse. Découragé, usé, fatigué, l'empereur préfère se retirer dans un couvent au fin fond de l'Espagne.

Les temps troublés

Le règne de **Philippe II** inaugure une période agitée, sur fond de guerres de Religion. Continuateur de la politique paternelle qui avait, dès 1535, édicté les premières mesures contre la Réforme, il combat le calvinisme qui a fait beaucoup d'adeptes dans les couches aisées de la société. Finie la glorieuse époque, bonjour tristesse et déclin, cela durera près de deux siècles. **Guillaume d'Orange** s'oppose à l'absolutisme de Philippe II et rassemble autour de lui les partisans de la religion nouvelle. L'un a embrassé la foi protestante, l'autre est un catholique rigoureux. L'Inquisition, après les exactions des iconoclastes, charrie son cortège de souffrances. Le peintre **Bruegel** dénonce les excès de la guerre dans plusieurs de ses tableaux.

Ce qui devait arriver alors arrive : le peuple se soulève, des révoltes éclatent et atteignent leur paroxysme en 1568, lorsque le **duc d'Albe,** chargé d'appliquer la politique de Philippe II, contre l'avis de Marguerite de Parme (fille naturelle de Charles Quint et gouverneur des Pays-Bas), fait exécuter sur la Grand-Place les **comtes d'Egmont et de Hornes,** pourtant catholiques, mais opposés aux persécutions. Une plaque évoque encore ce drame sur un pilier de la Maison du roi et la date funeste reste inscrite en rouge dans les manuels d'histoire de Belgique. En 3 ans, 8 000 condamnations à mort sont prononcées par ce tribunal d'exception nommé **Conseil des Troubles.**

Jusqu'à la fin du XVIe s, l'ambiance n'est pas à la rigolade. Alexandre Farnèse, petit-fils de Charles Quint, soumet la ville en 1585.

Un peu de répit avant la catastrophe

Pourtant, le canal de Willebroek, projeté dès 1477, a été achevé en 1561 et Bruxelles se voit reliée à la mer via l'Escaut en évitant les droits de douane que Malines percevait sur le parcours de la Senne. Le quartier nord-ouest de la ville devient un port et des quais sont aménagés. La fille de Philippe II, l'**archiduchesse Isabelle,** et son époux **Albert** reprennent les rênes des Pays-Bas en 1598. Ils vont redonner à Bruxelles une dynamique artistique et commerciale. Les heurts s'apaisent et les ordres religieux fleurissent dans un climat de Contre-Réforme magnifié par Pierre Paul Rubens depuis Anvers. La production majeure de Bruxelles est devenue la dentelle dont l'époque est friande. Plusieurs milliers de dentellières y sont occupées. Marie de Médicis, évincée de la régence par Richelieu, trouve, en 1631, un refuge auprès d'Isabelle à Bruxelles.

Après des décennies de calme relatif, patatras ! La France joue au « chamboule-tout » avec l'Europe. Les guerres menées par Louis XIV contre la ligue d'Augsbourg conduisent les flottes anglaise et hollandaise à bombarder les ports français de la Manche. Prenant prétexte de ces agressions, le roi donne l'ordre de **bombarder Bruxelles** en 1695, l'opulente capitale de ces Pays-Bas espagnols qu'il rêve d'annexer. En fait, c'est une diversion destinée à détourner les troupes coalisées qui faisaient le siège de Namur et à les entraîner vers un champ de bataille plus favorable. Du vendredi soir 13 au dimanche 15 août à midi, le centre de la ville est bombardé

à boulets incendiaires et 4 000 maisons sont réduites en cendres. Quatre ans plus tard, la Grand-Place, étincelante, sort des décombres et dans un style qui provoque le choc des genres opposés, fait l'admiration de toute l'Europe. Mais le reste de la ville est reconstruit sur le plan ancien, une occasion ratée de rationaliser l'urbanisme.

Des Autrichiens aux Hollandais en passant par les Français

En 1713, la ville devient autrichienne, toujours sous la férule des Habsbourg. Comme du temps des Espagnols, le début de cette domination n'apporte que des malheurs. Citons pour exemple, la révolte des gens de métier – qui acceptent mal les levées d'impôts et le déclin de leur participation au pouvoir – qui se soldera par la décapitation en 1719 de leur doyen, **François Anneessens.** En 1731, un incendie détruit le palais des ducs de Bourgogne sur le Coudenberg. **Charles de Lorraine,** gouverneur des Pays-Bas (1744-1780), redonnera néanmoins un peu de lustre à Bruxelles en le parant de nombreux monuments classiques d'inspiration française. La place de Lorraine (future place Royale), l'église Saint-Jacques-sur-Coudenberg et les rues alentour constituent en fait le premier grand chantier architectural. L'avènement en Autriche de **Joseph II,** despote éclairé, voit une réorganisation de la justice, du commerce et de l'industrie, et marque la période de transition qui conduit à la fin de l'Ancien Régime, clos par l'épisode des États-Belgique-Unis en 1790. Les Autrichiens, provisoirement chassés, reviennent en force avant de quitter définitivement le pays sous la poussée des armées de la République française.

Après 1795, durant la présence française, Bruxelles occupe la place de **chef-lieu du département** de la Dyle. L'apport de la Révolution consacre la fin des privilèges et la naissance des Droits de l'homme. En émergent un nouvel ordre institutionnel, économique, social et juridique et un système législatif qui porte sur le devant de la scène un acteur jusque-là effacé dans le débat politique : le peuple. La Révolution laisse des traces marquantes dans l'organisation administrative, mais voit aussi l'usage du système métrique ou du papier-monnaie se répandre. Les fortifications médiévales sont rasées, n'en subsiste que la porte de Hal. Liège est aussi intégrée aux Pays-Bas méridionaux, qui vont passer sous l'administration des Pays-Bas après la débâcle de Napoléon à Waterloo.

Bruxelles partage alors le rôle de capitale du nouvel ensemble politique avec La Haye. Avec la création de la **Société générale** sont posés durant cette période les jalons d'une révolution industrielle qui verra la Belgique devenir la deuxième puissance économique du continent au XIXe s.

La capitale d'un nouvel État

En 1830, par rejet du calvinisme, de la culture néerlandaise, et aussi en raison des discriminations dont sont victimes les Belges (démographiquement majoritaires) dans la fonction publique et l'armée, et de la perte du marché français pour les industriels libéraux, le peuple se révolte contre les Hollandais. Dans la nuit du 24 au 25 août éclate la **révolution**. Inspirée par la révolution de Juillet en France, elle démarre de Bruxelles et gagne vite les provinces. Les Hollandais sont chassés après de durs combats aux alentours du parc de Bruxelles. La Belgique acquiert son indépendance après une conférence des puissances européennes à

L'OPÉRA QUI DÉCLENCHA LA RÉVOLUTION

En juillet 1830, au théâtre de la Monnaie, on jouait La Muette de Portici, qui avait pour sujet le soulèvement du peuple napolitain contre l'oppression des Bourbons. Cet opéra exaltait la patrie et la liberté. Les Belges galvanisés déclenchèrent une émeute, puis chassèrent peu après les troupes hollandaises.

Londres et la ville devient la capitale du nouveau pays qui choisit le modèle de la monarchie parlementaire. Après quelques tergiversations, Léopold de Saxe-Cobourg-Gotha y prête le serment constitutionnel le 21 juillet 1831 (voir « Personnages. Dynastie » dans le chapitre « Hommes, culture, environnement »). Avec l'industrialisation, Bruxelles développe de nouveaux quartiers et de gigantesques travaux sont entrepris. Sous l'influence des loges maçonniques, l'Université libre de Bruxelles est fondée. La seconde moitié du XIXe s., sous les règnes de Léopold Ier et de Léopold II, voit la construction de gares qui vont faire rayonner un réseau de chemin de fer très dense dans toutes les directions du pays, la ligne Bruxelles-Malines (1835) étant la première construite sur le continent. Le percement du canal vers Charleroi met le bassin houiller et sidérurgique du sud en liaison avec Anvers. Bruxelles se transforme considérablement : distribution généralisée de l'eau potable, pose d'égouts modernes, édification des galeries Saint-Hubert (1846), voûtement de la Senne pour cause d'insalubrité (1865), construction du palais de justice (1866-1883) et création du parc du Cinquantenaire (1880). Les nouveaux quartiers font l'objet d'un plan d'urbanisme novateur intégrant facilement un impressionnant tissu de petites et moyennes entreprises qui en font le premier pôle créateur d'emplois industriels du pays. Autant de facteurs qui font plus que doubler sa population à partir de 1830 qui avoisinera les 230 000 habitants en 1900. Avec Victor Horta et ses suiveurs, de superbes demeures *Art nouveau* sortent de terre au tournant du XXe s. Bruxelles connaît alors un important retentissement culturel. Des mouvements artistiques se forment et influencent les pays voisins. Les expos universelles s'y succèdent (1897, 1910, 1935) vantant le progrès des Arts et de l'industrie et faisant de la ville un point de convergence des capitaux et des idées. La Bourse construite vers 1870 en est l'un des symboles. Occupée pendant les deux guerres mondiales, Bruxelles est bombardée trois fois durant le second conflit.

Bruxelles aujourd'hui

Après la guerre, les grands travaux se poursuivent. La construction de la jonction ferroviaire souterraine à six voies entre les gares du Midi et du Nord, étalée sur près de 50 ans, provoque une saignée dans le tissu urbain. Les projets de voies rapides, d'élargissement d'artères, de destruction de quartiers pour les transformer en immeubles de bureaux ne rencontrent que peu d'obstacles chez les responsables politiques. La ville, balafrée de partout, subit un véritable traumatisme. Bruxelles tourne alors comme une essoreuse : elle renvoie sa population vers les banlieues plus riantes, laissant en son centre le champ libre aux spéculateurs de tout poil. La modernité prend le développement américain pour modèle.

En 1958, nouvelle *Exposition universelle.* L'Atomium, symbole du progrès par la science, en devient l'édifice phare. En 1967, le quartier nord subit l'assaut des pelles mécaniques pour créer une sorte de centre d'affaires prétentieusement appelé *World Trade Center*. En 1969, des comités se créent pour défendre la ville contre la spéculation et proposer des contreprojets mettant en avant la réhabilitation. Des combats sont menés et gagnés pour sauvegarder certains édifices. Pourtant, tout le quartier dit aujourd'hui « de l'Europe », autour de la rue de la Loi, est éventré pour élever des édifices ennuyeux qui accueilleront la « technostructure » européenne.

Cette prise de conscience salutaire a fini par faire émerger de nouvelles pratiques : depuis 20 ans, le laisser-faire n'est plus de mise. On est passé à une politique de rénovation plutôt que de démolition, même les buildings des années 1960 ont été modernisés. Le mobilier urbain a été remplacé pour offrir un environnement visuel plus agréable et les voiries ont été redessinées pour faciliter la mobilité mais aussi pour ménager des zones de promenade aux piétons et de balades aux cyclistes. Les avenues sont relookées, des places comme Rogier ou De Brouckère vont être entièrement repensées, et les tunnels souterrains revus, ce qui risque de ne pas résorber les bouchons... mais il fait suffisamment bon vivre dans le nouveau Bruxelles qui s'étend tout autour du Pentagone pour attirer sans cesse de nouveaux arrivants, conquis par la ville qui se redessine aujourd'hui.

Bruxelles, ville-région

Parallèlement à la profonde transformation de son tissu urbain, la ville connaît une modification de son pouvoir, du fait du glissement progressif du pays vers le *communautarisme*. La Belgique tente de répondre aux tiraillements entre les communautés flamande et francophone en redistribuant les cartes institutionnelles sur un modèle fédéral. En 1989, on crée la région de Bruxelles-Capitale, composée des 19 communes de l'agglomération. Les habitants de la région envoient au Parlement régional 75 élus, répartis selon une clé linguistique âprement négociée de 65 francophones et 10 néerlandophones. L'exécutif est confié à un gouvernement régional de cinq ministres (deux francophones, deux flamands et un ministre-président « linguistiquement asexué » !), flanqués de trois secrétaires d'État régionaux.

En parallèle à la création des trois régions géographiques (Bruxelles-Capitale, Flandre et Wallonie), on crée des communautés linguistiques (francophone, néerlandophone et germanophone) qui, évidemment, ne recoupent pas les régions. Aujourd'hui, Bruxelles est une ville-gigogne : capitale du pays tout entier mais aussi capitale de la Flandre, tout en étant une région administrative à part entière. Certains souhaiteraient pousser le processus en faisant de la ville une région cogérée par les deux communautés ou même un district international à la manière de Washington DC. Ce serait à coup sûr lui ôter définitivement ce qui reste de sa spécificité et cela priverait ses habitants du droit démocratique élémentaire de s'administrer eux-mêmes.

Pour compléter le tableau, Bruxelles est également le siège de l'*OTAN,* de l'*UEO,* de la *Commission européenne* et du *Parlement européen* (commissions parlementaires). Ce dernier regroupe ses institutions dans un seul et même quartier, construit de toutes pièces pour flatter son ego, entre le Pentagone et le parc du Cinquantenaire.

LES INSTITUTIONS EUROPÉENNES

Après des décennies de rivalité avec Strasbourg et Luxembourg, Bruxelles a semble-t-il définitivement acquis le titre de *capitale de l'Europe.* Elle abrite en permanence des institutions majeures de l'Union européenne : la Commission européenne, le Conseil des ministres et le Parlement européen (qui y tient ses commissions parlementaires alors que les sessions plénières se déroulent une fois par mois à Strasbourg).

Ces institutions à l'interaction parfois complexe drainent à Bruxelles une nébuleuse de groupes de pression qui exercent un lobbying effréné à la hauteur des

ambitions européennes. Avec plus de 500 cabinets-conseils, Bruxelles est la deuxième ville de lobbies au monde après Washington !
En dehors du Conseil de l'Europe, à Strasbourg (avec le Parlement européen), la Cour européenne de justice à Luxembourg et la Banque centrale européenne à Francfort, Bruxelles est donc au cœur du pouvoir décisionnel de l'avenir du Vieux Continent.

La Commission européenne

Les élections européennes de mai 2014 ont redistribué les cartes. La commission, dirigée par le luxembourgeois Jean-Claude Juncker, comprend 26 commissaires (plus le président) représentant les 28 pays de l'Union et veille à l'application des traités européens en répartissant la tâche entre 24 directions générales qui emploient 23 000 fonctionnaires. Elle propose les évolutions futures de l'Union et dispose de pouvoirs de décision. Elle cherche à concilier les points de vue des États membres. Son rôle est parfois perçu comme celui d'un supergendarme administratif, surtout dans le domaine très sensible de la concurrence économique. Elle rend compte de sa tâche dans un rapport annuel présenté au Parlement européen. La présidence du Conseil européen est exercée par le belge Herman Van Rompuy dont le mandat se terminera en novembre 2014.

Le Conseil de l'Union européenne

Épaulé par une armée de 2 000 fonctionnaires, c'est l'organisme qui vote les directives européennes ayant force de lois communautaires. Sa présidence est confiée par roulement à chacun des pays de l'Union, à raison de deux pays par an. Après la Grèce et l'Italie en 2014, c'est au tour de la Lettonie, puis du Luxembourg de prendre les commandes. Le Conseil est installé dans le mammouth architectural du *Juste-Lipse*.

Le Parlement européen

Les *766 députés* qui y siègent sont les représentants élus tous les 5 ans par les électeurs des 28 États membres de l'Union au nom de ses 508 millions de citoyens. Il accueille à Bruxelles, trois semaines sur quatre, les commissions parlementaires préparatoires aux sessions de vote strasbourgeoises, et ce, dans l'hémicycle du « Caprice des Dieux » (allusion moqueuse à sa forme en ellipse rappelant les contours de la boîte de la célèbre marque de fromage). Il amende et entérine les propositions de la Commission et exerce un pouvoir de codécision avec le Conseil des ministres. Son président au 1er semestre 2014 était l'Allemand Martin Schulz. À noter que l'on trouve aussi à Bruxelles la Cour des comptes, le Comité économique et social ainsi que le Comité des Régions.

LES EUROCRATES

Formant la moitié du contingent des Européens vivant à Bruxelles, les 30 000 Eurocrates ont parfois mauvaise presse. La *vox populi* a eu autrefois tendance à leur attribuer tous les maux de la capitale : la hausse de l'immobilier, la cherté des loyers, les embouteillages, les chantiers babyloniens, les prix élevés des restos. On leur prête exagérément des tas d'avantages éhontés : leur salaire généreux, leurs magasins hors taxes, leurs primes d'expatriés (à croire qu'habiter Bruxelles constitue la punition suprême !), leur plaque d'immatriculation, le fait qu'ils ne paient pas d'impôts, leur facilité à faire sauter les PV...
Tout cela est un peu vrai mais un peu faux aussi. L'immobilier bruxellois a subi des hausses, certes, mais bien moindres que dans d'autres capitales, et le prix moyen du mètre carré résidentiel reste l'un des plus bas des capitales européennes. Les Eurocrates paient des impôts eux aussi, mais à un taux moins élevé que ceux des Belges. À défaut de vrais magasins hors taxes, ils disposent, à leur installation, de quelques facilités pour acquérir des articles de base détaxés. Les

embouteillages ? Les Eurocrates sont parmi les plus grands utilisateurs du métro. Il est vrai, en revanche, que les restaurateurs et cafetiers (et encore, pas tous) en profitent pour augmenter leurs prix. Leurs salaires plutôt plantureux ? Oui, mais ils ont choisi de vivre parfois loin de leur famille.

Et eux, que pensent-ils de Bruxelles ? Ravis de se trouver à quelques heures de Londres, Paris, Amsterdam ou Cologne, où ils se rendent volontiers pour une expo ou du shopping le temps d'un week-end, ils la trouvent, en majorité, facile à vivre. Ils apprécient la modicité des loyers, comparés à ceux des autres grandes capitales, les moyens de transport et les banlieues vertes. Ils vénèrent les restos bruxellois, mais déplorent le provincialisme de la ville et surtout les chicaneries des administrations locales. Ils trouvent le centre assez sale et ne comprennent pas grand-chose aux problèmes belgo-belges. Ils vivent d'ailleurs un peu en cercle fermé, fréquentant après le bureau leurs pubs et restos nationaux groupés autour du rond-point Schuman, s'invitant les uns les autres et envoyant leurs mômes dans les écoles européennes.

Les Eurocrates se sentent bien à Bruxelles et ne demandent qu'à y rester. Quant aux Bruxellois, ils ont bien besoin de la manne qu'ils représentent (près de 5 milliards d'euros injectés tous les ans dans l'économie locale, soit 13 % du PIB de la région, générant, indirectement, près de 90 000 emplois). Et puis, à présent que se profile une Europe des 30, où pourrait-elle s'installer ailleurs qu'à Bruxelles ?

TOPOGRAPHIE DE LA VILLE

Le Pentagone

Pour le visiteur pressé, l'observation rapide de notre plan de Bruxelles permet de cerner ce qu'on appelle communément le Pentagone. Mais pourquoi donc appeler « pentagone » une figure qui, en fait, a six côtés et non cinq ? Allez savoir ! Bref, le Pentagone constitue le cœur de Bruxelles. La ville d'en bas, par rapport à la ville d'en haut, diront les habitants d'Ixelles. Il est délimité par de larges boulevards, sorte de périphérique urbain, truffé de tunnels, qui épouse le tracé de la deuxième enceinte de la ville. Amusant : ces boulevards ne portent pas le même nom d'un côté et de l'autre de la chaussée. En effet, à l'intérieur ils appartiennent à Bruxelles, et à l'extérieur à une commune différente.

Les communes de l'agglomération bruxelloise

Si vous avez bien suivi nos explications, vous savez donc que la région de Bruxelles-Capitale est un ensemble de 19 communes. La commune de Bruxelles-ville est l'une d'elles. Quand on consulte notre plan en couleurs, on s'aperçoit qu'elle se compose donc du Pentagone, additionné de plusieurs autres morceaux qui s'y sont greffés pour diverses raisons (simples calculs électoraux et spéculation immobilière, ironiseront certains). N'essayez pas d'y voir une cohérence géographique. Pour faire simple, disons que, hors de ce fameux Pentagone et de ses divers appendices, vous avez pas mal de probabilités d'être dans une autre commune. C'est pourquoi, une fois que vous aurez parcouru le centre de long en large, nous vous inviterons à aller découvrir ces nouveaux quartiers qui attirent aussi bien les nouveaux habitants que les touristes : Saint-Gilles, Ixelles (non, pas la taille de T-shirt...), Uccle, au sud, mais aussi Anderlecht, Schaerbeek...

Arrivée à Bruxelles

En avion

✈ **Brussels Airport** (hors plan détachable par G1 ou hors plan d'ensemble par Z7) : 1930 **Zaventem** (15 km au nord-est du centre). Infos vols (tlj 7h-22h) : ☎ 0900-70-000 (0,50 €/mn) ou (32)-2-753-77-53 (depuis l'étranger).

● *brusselsairport.be* ●
Brussels Airport est relié à la gare de
Paris-Gare du Nord directement par
train *Thalys* en 1h47 de trajet : départ
6h25 de Paris-Gare du Nord, arrivée
8h12, retour vers Paris à 9h46 pour une
arrivée à 11h35.

Pour rejoindre le centre-ville

➤ Depuis le niveau - 1 de l'aéroport,
un **train-navette** *(Brussels Airport
Express)* rallie la gare du Nord, la gare
Centrale et la gare du Midi. Départ ttes
les 15 mn, 5h30-0h30 (23h50 w-e).
Durée : 20 mn. Prix : 8,50 €.
➤ La ligne de **bus Airport Line** n° 12
(express), au niveau 0 relie l'aéroport
(plate-forme C) au centre-ville en 30 mn.
2 départs/h lun-ven 5h-20h. Puis le
n° 21 (omnibus) prend le relais 20h-23h,
w-e et j. fériés. Prix : 4 € hors bus, 6 €
dans le bus. Attention, peu d'arrêts en
centre-ville. *Infos :* ● *stib.be* ●
➤ Pour un *taxi* vers le centre, compter
env 45 €. C'est donc cher.
➤ Les agences de *location de voitures* sont situées dans le hall d'arrivée
et ouv 6h30-23h :
■ *Avis :* ☎ 02-720-09-44.
■ *Europcar :* ☎ 02-721-05-92.
■ *Hertz :* ☎ 02-720-60-44.
■ *Sixt :* ☎ 02-753-25-60.
✈ **Brussels South Charleroi Airport :**
☎ *0902-024-90.* ● *charleroi-airport.
com* ● *À 46 km du centre de Bruxelles.*
Cet aéroport accueille les vols des
compagnies *low-cost* Ryanair, Wizz Air
et Jetairfly.
➤ Un *bus-navette* relie l'aéroport à
la gare du Midi de Bruxelles (départ
situé à l'intersection de la rue de
France et de la rue de l'Instruction)
ttes les 20-30 mn. Trajet env 1h. Tlj
8h30-23h50 (Charleroi-Bruxelles) ou
4h-20h10 (Bruxelles-Charleroi). Billets : 14 € ; A/R 28 €, en vente sur
● *brussels-city-shuttle.com* ●, au terminal de l'aéroport ou dans le bus au
départ de Bruxelles. Il est conseillé de
prendre la navette 3h avant le départ
du vol.

En train

Six gares desservent la région de
Bruxelles-Capitale, toutes reliées
entre elles par une jonction ferroviaire.

Venant du sud, vous arrivez à
Bruxelles-Midi. *Infos concernant le trafic des voyageurs :* ☎ 02-528-28-28.
● *belgianrail.be* ● *thalys.com* ●
Avec *Thalys*, Bruxelles n'est plus qu'à
1h22 de Paris-Gare du Nord. Env
25 trains/j., soit env 2 départs/heure
en sem, moins le w-e. Lille n'est qu'à
35 mn en Thalys ou *Eurostar*. (voir
« Comment y aller ? »)

Arrivée à la gare du Midi

🚉 **Gare du Midi-Brussel-Zuid** *(plan
détachable A4 et plan d'ensemble Y8)* :
à env 1,5 km au sud de la Grand-Place.
C'est ici que tous les TGV, *Thalys* et
Eurostar arrivent. En descendant les
escalators, vous trouverez sur votre
droite des toilettes, des téléphones et
des consignes à bagages (manuelles
ou automatiques). Le hall principal
(orné, sur la gauche, d'une fresque
dédiée à Tintin) réunit boutiques,
agences de location de voitures (*Avis,
Hertz, Sixt* et *Europcar*) à gauche de
l'espace d'arrivée des TGV, un bureau
de change (pour nos lecteurs hors zone
euro) et la billetterie (en plein milieu, à
droite).
➤ Le tarif *Toute Gare Belge* (TGB)
vous permet de prolonger, à petit prix,
votre voyage *Thalys* ou *Eurostar* par
un trajet en correspondance sur un
train du trafic intérieur belge (Bruges,
Anvers, Namur, Liège par exemple, ou,
à l'inverse, de rejoindre votre gare *Thalys* depuis n'importe quelle gare belge).
Infos : ● *thalys.com* ● *b-rail.be* ●
🛈 **Kiosque Visit Brussels** *(office de
tourisme ; plan détachable A4, 3)* : *tlj
9h-18h. Fermé 1er janv et 25 déc.* Possibilité d'y faire une réservation d'hôtel
de dernière minute.
– Pour retirer de l'argent, on trouve des
distributeurs de part et d'autre du kiosque d'accueil (le 1er vers les taxis, puis
à gauche, le 2e en direction du métro, le
3e vers les voies 7-22).
➤ Par les transports urbains vers le
centre, le plus simple est de prendre
les trams souterrains nos 3 et 4 et de
descendre à la station Bourse ou
De Brouckère. Moins rapide, il y a aussi
le métro, mais il faut changer à la station Arts-Loi (et finalement se farcir
8 stations pour couvrir... 1,5 km !).

↖ ANVERS, A 12

Y **Z**

NORD

Atomium et Mini-Europe ♜♜♜

Musées d'extrême-Orient ♜

Av. P. de Strooper

Stade Roi-Baudouin

○ site inscrit au Patrimoine mondial de l'Unesco

Av. des Croix-de-feu

Houba-Brugmann Ⓜ

Parc de Laeken

Serres royales ♜♜

Stuyvenbergh

Domaine royal de Laeken

de Vilvorde

Hôpital Brugmann ✚

Château royal

Av. de Vilvorde

GAND, BRUGES, OSTENDE, E 40, A 10

Basilique du Sacré-Cœur de Koekelberg

Bd. de Smet de Naeyer

Bossaert

Av. R. Léopold III

Bd. Léopold II

Parc royal

LAEKEN

PONT VAN PRAET

Chaussée de Vilvorde

BRUSSELS Airport

7

Bockstael Ⓜ

Maison-Musée Magritte ♜

Pannenhuis Ⓜ

Marie-Christine

SQ. J. DE TROOZ

Train-World ♜♜

Av. Huart Chaussée de Helmet

Chaussée de Haecht

Belgian chocolate village ♜

Belgica Ⓜ

Av. Jean Jaurès

Rue de Molenbeek

Allée Verte

Av. de la Reine

Rue Gallait

PLACE COLIGNON

Chaussée de Haecht

Boulevard

EVERE

Bd Léopold III

↙ LIÈGE, A 3-E 40

7

Tour et Taxis ♜

Rue Picard

Simonis Ⓜ

Rue de l'Intendant

Av. Louis Bertrand

Maison Autrique ♜♜

Lambermont

Parc Josaphat

Bd Gén. Wahis

Rue Rogier

Reyers

Roodebeek

Av. Léopold III

Parc de Woluwe

MOLENBEEK SAINT-JEAN

voir plan détachable

Gare du Nord

ST-JOSSE-TEN-NOODE

SCHAERBEEK

Chaussée de Louvain

Bd B. Whitlock

8

Palais Stoclet ♜♜

Musée du transport urbain ♜♜

8

ANDERLECHT

BRUXELLES

voir zoom

Gare Centrale ♜

R. de la Loi

Q. de l'Europe

R. Belliard

Cortenberg

Parc du Cinquantenaire

Av. de Tervueren

Chaussée de Ninove

R. de France

Gare du Midi ♜

IXELLES

R. du Trône

Gare Bruxelles-Luxembourg

Ch. d'Ixelles

PLACE JOURDAN

ETTERBEEK

Av. d'Auderghem

Av. de Wavre

Bd L. Schmidt

SAINT-GILLES

Avenue

Louise

Av. Van Volxem

Av. Av. Fonsny

BARRIÈRE

Av. du Parc

Waterloo

Américaine

Étang d'Ixelles

Av. de la Couronne

Général Jacques

Bd du Triomphe

MONS, PARIS, E 19, A 2

Parc de Forest

Brugmann

Waterloo

LA BASCULE

E. Mot

Musée Constantin Meunier ♜

Bd de la Plaine

Avenue

Franklin

Université libre de Bruxelles

9

Parc Duden

d'Alsemberg

Av. Winston Churchill

Bois de la Cambre

Roosevelt

Université libre de Bruxelles

NAMUR, E 411, A4

9

FOREST

Chaussée

Avenue Brugmann

Parc Brugmann

Musée Van Buuren ♜♜

UCCLE

Avenue de

Waterloo

Fre

AUDERGHEM

1 000 m

Y **Z** ↘ Villa Empain ♜

En voiture

➤ **Pour entrer dans la ville :** pas évident si vous n'avez pas de GPS, de rejoindre le centre une fois qu'on quitte le contournement ouest (ring) de l'autoroute E 19, à la sortie 18 (Drogenbos). Prendre la rue de Stalle sur environ 2 km à travers les quartiers résidentiels d'Uccle, jusqu'à l'avenue Brugmann (*plan détachable B6*), prendre ensuite la chaussée de Charleroi, jusqu'à la place Stéphanie et la place Louise (*plan détachable C4*). Essayez de repérer de loin la flèche de l'hôtel de ville ou le dôme du palais de justice pour rejoindre l'intérieur du Pentagone. Une fois arrivé, laissez votre voiture dans l'un des nombreux parcs de stationnement.

Adresses et infos utiles

Codes postaux

Chacune des 19 communes composant la région de Bruxelles-Capitale possède son code postal. Voici ceux dont vous pourrez avoir besoin.
– *Bruxelles* (le Pentagone plus ses excroissances) **:** 1000.
– *Ixelles* **:** 1050.
– *Saint-Gilles* **:** 1060.
– *Etterbeek* **:** 1040.
– *Uccle* **:** 1180.
– *Anderlecht* **:** 1070.
– *Forest* **:** 1190.
– *Schaerbeek* **:** 1030.

Infos loisirs

Plusieurs magazines tiennent le public bruxellois informé de ce qui se passe en ville.
– Le *Zone 02*, journal hebdomadaire gratuit et complet, avec articles, critiques et tout le programme culturel du moment. Les expos y sont traitées par thèmes. Pratique ! On le trouve dans la rue, les vidéothèques, les bars, etc.
– L'*Agenda*, gratuit lui aussi mais moins touffu que le *Zone 02*.
– Le *Brusseleir :* un mensuel gratuit bilingue de la ville de Bruxelles qui recense les activités culturelles. Accessible en ligne sur le site ● *bruxelles.be* ● On trouvera également à l'office de tourisme un *Guide culturel* annuel très complet (10 €) avec la programmation détaillée mois par mois des spectacles, expos, festivals et événements.

Services touristiques et d'accueil

🅸 **BIP** (*Brussels Info Place ; plan détachable C3 et zoom détachable C3,* 1*) : rue Royale, 2, 1000, en face du musée Bellevue.* ☎ *02-513-89-40.* ● *visitbrussels.be* ● *biponline.be* ● *Tlj sf 1er janv et 25 déc 9h (10h w-e)-18h.* À proximité immédiate des grands musées du Mont des Arts. Dans un vaste espace accueillant, le *BIP* fournit brochures et dépliants sur la ville, un plan du centre avec situation des monuments et un agenda saisonnier des différentes activités culturelles. Également une belle carte sur le Bruxelles Art nouveau, plusieurs plans pour réaliser des balades pédestres historiques à thème (circuit de l'ancien port, du Mont des Arts, des Marolles, archéologie du bas de la ville...), et une quinzaine d'intéressants petits dépliants thématiques payants (0,50 €) : shopping, lesbien et gay, Tintin, façades B.D., mode et design, enfants, gastronomie... L'office peut aussi vous réserver gratuitement une chambre d'hôtel, parfois à prix réduit jusqu'à 50 % si c'est pour le jour même (demander les *last minute* !). Il vous suffit de préciser votre gamme de prix et le quartier où vous voulez séjourner, on fera la recherche pour vous. Sur place on trouve aussi la billetterie *Arsène 50,* pour assister à des spectacles et concerts à moitié prix le soir même (*mar-sam 12h30-17h30 ; infos* ● *arsene50.be* ●). Ne manquez pas, à l'étage, l'expo gratuite *Experience Brussels* consacrée aux Bruxellois et à leur ville (voir plus loin, « Le quartier et les musées du Mont des Arts »).
– Également un bureau d'infos de *VisitBrussels à l'hôtel de ville, sur la Grand-Place* (*zoom détachable B2,* 2). ☎ *02-513-89-40. Tlj 9h-18h.*
– Autre bureau d'accueil : *à la gare du*

Midi (plan détachable A4, **3** ; voir plus haut). Tlj 9h-18h.

Et également au *Parlement Européen* (plan détachable D-E3), *43, rue Wiertz (Building Spinelli ; tlj 10h-18h.*

De plus, le *BIP-VisitBrussels* propose à la vente :

– des cartes de transport de 1 ou 3 jours ;
– la **Brussels Card,** qui permet de visiter librement pendant 24h (24 €), 48h (34 €) ou 72h (40 €) 32 musées (dont le musée Magritte et les expos du Bozar) ou sites principaux bruxellois. Elle contient aussi une carte d'accès libre aux transports en commun et accorde des réductions importantes oussel des boissons gratuites dans des restaurants, bars et boutiques, ainsi que 25 % de réduction à l'Atomium ;
– les **Must de Bruxelles** (19 €), un carnet de 10 coupons à utiliser, les combinant, comme tickets d'entrée dans les principaux sites et musées ; intéressant si l'on compte en visiter au moins 4 ou 5 ;
– les billets des différents tours de ville en bus touristique, dont le *hop on-hop off,* qui permet d'interrompre et de reprendre comme on veut la balade dans Bruxelles.
– Durant l'été, des stewards (des « *helpers* ») circulent dans les centres touristiques pour renseigner les visiteurs. On les trouve à la Bourse, au Sablon, au Mont des Arts, à la gare Centrale et à l'Atomium, de 10h à 18h.
– *@tourisme : VisitBrussels* met à votre disposition une *application pour smartphones* très complète et téléchargeable gratuitement sur leur site internet. Sinon, les monuments de la ville sont dotés de **QR codes,** lisibles par les smartphones. Également d'autres *QR codes* apposés sur les devantures de certains musées, bars, restos, hôtels, etc., et ouvrant droit à des réductions.

Spécial jeunes

● *visitbrussels.be/youth* ● Cette branche du site internet de l'office de tourisme de Bruxelles propose une sélection d'adresses aux jeunes gens : hébergements, restos, bars, boîtes de nuit, événements culturels...

ⓘ USE-IT (plan détachable B1, **5**) : *quai à la Houille, 9 B, 1000.* ● *use-it. be* ● *Lun-sam 10h-13h, 14h-18h. Plutôt axé visiteurs anglo-saxons.* 🛜 Édite en anglais un plan de la ville, avec plein d'infos utiles, où sont localisés les AJ, quelques restos et bars, les façades B.D., les distributeurs d'argent, les laveries et même les friteries ! Propose également le même type de plan pour les villes flamandes.

Visites guidées

Agenda des visites guidées sur le site : ● *visitbrussels.be* ● Plusieurs associations (pratiquant des tarifs abordables) proposent de bonnes balades et visites guidées à thème, à réaliser en bus, à pied ou même à vélo :

■ **Voir et Dire Bruxelles** (zoom détachable C3) : *BIP, rue Royale, 2, 1000.* ☎ 02-563-61-51. ● *voiretdirebruxelles. be* ● *Lun-jeu 9h-13h, ven 9h-12h.* Table ronde de 4 associations qui s'inscrivent dans le développement du tourisme culturel à Bruxelles : l'*ARAU, Arkadia. be, Le Bus Bavard* et *Pro Vélo.* Sur le site, vous pourrez choisir un thème de visite guidée à pied ou à vélo, au milieu d'un ensemble de regards personnels et alternatifs sur les réalités bruxelloises. Partant chacune d'un point de vue différent, les associations invitent le visiteur à partager leur connaissance du patrimoine historique, architectural, économique, social, folklorique et naturel de Bruxelles et s'efforcent de mettre celui-ci en valeur.

14-18 Plusieurs associations proposent des visites guidées ajoutées à leur programme habituel, sur le thème de la Grande Guerre à Bruxelles. ● *visit-brussels.be/bite/BE_fr/minisite_1418/ visites-guidees.do* ●

■ *Itinéraires* (plan détachable C5): *rue de l'Aqueduc, 171, 1050.* ☎ 02-541-03-77. Résas . 📱 0496-38-85-94. ● *itineraires.be* ● Compter 8-19 €/pers. D'avril à décembre, circuits pédestres ou en segway autour de thèmes assez insolites : « *Sex and the city of love* », « Ceci n'est pas un itinéraire réaliste » (Magritte...), « Secrets et symboles de la ville, les francs-maçons à Bruxelles », « Gay

Bruxelles », « Tintin et Bruxelles », « Bruxelles B.D. », « Sur les pas de Jacques Brel », sans oublier les « Itinéraires verts » (dans les parcs, jardins et bois de Bruxelles), et même un rallye interactif pour découvrir la ville avec vos 5 sens...

■ *Once Upon a Time in Brussels* (zoom détachable B3) : *rue des Tanneurs, 58-62, 1050. ☎ 02-850-60-90. ● onceinbrussels.be ● Tours guidés de 4h à vélo électrique. Tte l'année, sur résa (de préférence 1 sem à l'avance). Compter 45 € (vélo inclus) ; réduc 39 € pour les familles, les moins de 21 ans et les seniors.* En matinée ou l'après-midi, par groupe de 10 personnes maximum, la sémillante Virginie, généreuse d'anecdotes croustillantes, fait visiter sa ville et les lieux insolites qu'elle a su dénicher à vélo à assistance électrique. De belles balades enrichissantes et sans effort.

■ *La Fonderie* (plan détachable A2) : *rue Ransfort, 27, 1080. ☎ 02-410-99-50. ● lafonderie.be ● Parcours pour les individuels mars-oct les w-e, et parfois mer-ven. Compter 9-13 € ; réduc ; gratuit pour les moins de 12 ans.* Toujours en rapport avec le travail et l'industrie, voici une vingtaine de parcours urbains et portuaires, à réaliser à pied, en bateau ou en car. Une manière de comprendre et de découvrir Bruxelles autrement, par le biais du travail de ses habitants, de son évolution sociale, industrielle, économique et architecturale.

■ *D-Tours* : *☎ 02-345-09-59. ● d-tours.org ● Compter 5 € ; 8 € pour 2 téléchargements (il suffit de se connecter sur le site internet et de télécharger les commentaires).* Là, il ne s'agit pas d'une association mais d'une initiative originale : vous faire découvrir 3 quartiers de Bruxelles (Grand-Place, Moolenbeek Marolles et Sainte-Catherine ; architecture contemporaine) en vous faisant écouter, pendant un peu moins de 1h30 chacun, un commentaire sur MP3. Au menu : interviews d'habitants, morceaux musicaux, extraits de films, petits commentaires historiques ; bref, une restitution vivante et colorée d'une certaine ambiance bruxelloise.

– *Pour la balade de la Grand-Place et le parcours d'architecture contemporaine : loc d'audioguide (7 €) à l'office de tourisme VisitBrussels de la Grand-Place (zoom détachable B2) ; tlj 9h-18h.*

– *Pour la balade dans les Marolles : au centre culturel Jacques-Franck, chaussée de Waterloo, 94-96, à Saint-Gilles (plan détachable B5) ; mar-ven 11h-18h30 ; sam 11h-13h30, 14h-18h30 ; dim 11h-17h, 19h-22h30. Fermé juil-août.*

– *Pour la balade dans le quartier Sainte-Catherine : au Walvis Café, rue Antoine-Dansaert, 209, en face du canal (zoom détachable B2).*

– À noter que les musées de la ville de Bruxelles proposent, de temps à autre, des activités et des visites à thème. Elles se déroulent à l'heure du déjeuner (12h30 précises) et le rendez-vous se fait généralement au musée de la Ville. *Plus de rens sur ● bruxelles.be ●*

Bruxelles autrement dit

■ *Greeters de Bruxelles :* ● *bruxel lesgreeters.be ● Greeters de Bruxelles* est un mouvement associatif de tourisme participatif créé en 2010. Il favorise la rencontre entre les visiteurs étrangers et les habitants passionnés par leur ville, ayant le sens de l'accueil et souhaitant partager leur passion. Bruxelles est particulièrement bien adaptée à cette démarche. Par charte, un *Greeter* reste un bénévole aux prestations entièrement gratuites qui s'engage tel un ambassadeur de sa ville, à vous accueillir, le temps d'une rencontre (de 2 à 4h), et vous propose, à travers ses yeux, de découvrir Bruxelles hors des sentiers battus. En tant qu'habitant il partage avec vous ses coups de cœur. La préférence ira vers des déplacements à mobilité douce : transports en commun, vélo, pedibus... selon un programme élaboré de commun accord. Comment faire pour *rencontrer un Greeter bruxellois* ? Remplir sur le site internet une fiche avec vos coordonnées, dates (prévoir un délai de 2 semaines) et préférences, *Greeters de Bruxelles* se charge du reste.

■ *Isa dans la Ville :* ● *isadansla ville.be ● Inédit : des visites guidées privées où l'histoire de la ville vous est contée à travers l'histoire de France ! Pour tous ceux qui cherchent un fil conducteur dans l'histoire morcelée de Bruxelles... Isabelle est bruxelloise et passionnée d'histoire de France. Elle propose 3 parcours pédestres d'environ 2h. Le 1er s'appelle Victor (comme Victor Hugo) et vous emporte au XIXe s., époque de la création de la Belgique ; le 2e s'appelle Louis (comme Louis XIV) et évoque la revanche des Bruxellois sur le Roi-Soleil ; le 3e se nomme Philippe (comme Philippe Le Bon), duc de Bourgogne, à qui la ville doit son âge d'or. Mais on peut aussi choisir un parcours à la carte, Isabelle s'adapte. Sur rendez-vous, en téléphonant (□ 0475-94-37-44 ; ou en remplissant une résa sur le site. 15 €/ pers mais cela en vaut la peine ; gratuit pour les enfants en dessous de 12 ans ; min 4 pers sf si on se joint à un groupe).

■ **Lezarts Urbains :** 102, rue de la Victoire. ☎ 02-538-15-12. ● lezarts-urbains.be ● Résa balades auprès de : ● caroline@lezarts-urbains.be ● Les amateurs de cultures urbaines et de hip hop peuvent s'adresser à cette association pour découvrir tout ce que Bruxelles recèle en street art, graffiti, rap, slam, danse hip hop... Depuis les fresques autorisées jusqu'aux réalisations illégales, le public aura l'occasion de décoder le travail en rue, de découvrir les techniques utilisées et la finesse de cet art hors normes. On se retrouve sur son site l'Agenda des cultures urbaines. Sinon, son centre de doc vous accueille dans la belle Maison du livre, à l'architecture Art déco à deux pas du parvis de Saint-Gilles. L'association y organise régulièrement des événements (concerts, festivals, rencontres...).

Ambassades

■ **Consulat de France** (plan détachable D2) ; bd du Régent, 42, 1000. ☎ 02-548-88-11. ● consulfrance-bruxelles.org ● Lun-ven 8h45-15h30.
■ **Ambassade de Suisse** (plan détachable D2) : rue de la Loi, 26, BP 9, 1040. ☎ 02-285-43-50.

■ **Ambassade du Canada** (plan détachable G3) : av. de Tervueren, 2, 1040. ☎ 02-741-06-11. ● canadainternatio nal.gc.ca/belgium-belgique ● Lun-ven 9h-12h (section consulaire).

Postes, télécommunications

✉ **Postes** (B-Post) : théoriquement, lun-ven 9h-17h, et sam mat. Certains bureaux ouvrent plus tard.
– Bureau de la pl. De Brouckère (zoom détachable C2) : ouv lun-ven 8h-18h, sam 10h30-16h30.
– Autres bureaux dans le centre : Ⓜ Gare-du-Nord, rue du Progrès, 80 (plan détachable C1) ; pl. Poelaert, 1 (palais de justice ; zoom détachable C3) ; ou encore rue des Bogards, 19 (zoom détachable B3).
– Bureau de la gare du Midi (plan détachable A4) : ouv lun-ven 8h-19h30, sam 10h30-16h30.

@ **Internet :** tous les hébergements, et souvent les bars et cafés, sont équipés du wifi, souvent gratuit. Accès Internet gratuit sur la Grand-Place depuis début 2014. Sinon, la plupart des endroits où surfer sur le Net sont des centres téléphoniques un peu poussiéreux qui ouvrent le temps d'une saison, parfois un peu plus...

Santé, urgences

■ **Secours médical urgent, pompiers :** ☎ 100.
■ **Numéro d'urgences européen :** ☎ 112.
■ **Police fédérale :** ☎ 101.
■ **Croix-Rouge :** ☎ 105.
■ **Médecins de garde :** ☎ 02-479-18-18.
■ **Dentistes de garde :** ☎ 02-426-10-26.
■ **Pharmacies de garde :** ☎ 0900-10-500 (0,50 €/mn).
■ **Hôpital Saint-Pierre :** ☎ 02-535-31-11.
■ **Hôpital César de Paepe :** ☎ 02-506-71-11.
■ **Centre antipoison :** ☎ 070-245-245.
■ **SOS dépannage véhicule :** ☎ 078-152-000.

LA RÉGION DE BRUXELLES

Banques, change

Partout dans Bruxelles on trouve de nombreux distributeurs d'argent liquide sur la façade des banques, fonctionnant avec les cartes *Visa*, *Maestro* ou *MasterCard*. Pour nos lecteurs suisses ou canadiens, on précise que les grandes banques *(ouv lun-ven 9h-16h)* font du change, avec un taux toujours meilleur à celui pratiqué par les petits bureaux de change, qui eux ont l'avantage d'être ouverts tard.

Transports

À pied

C'est le meilleur moyen de se déplacer à l'intérieur du Pentagone. Hormis quelques pentes (entre le bas et le haut de la ville), les distances sont courtes et les parcours agréables.

En métro, bus, tram

▶ Pour se repérer, voir le plan du métro au verso du plan détachable en fin de guide.

À Bruxelles, on utilise 3 types de transports en commun (métro, bus et tram), qui fonctionnent tous avec les mêmes tickets. L'ensemble du réseau est géré par la *STIB*. *Infos :* ☎ *070-23-2000 (0,30 €/mn).* ● *stib.be* ●
Les transports fonctionnent grosso modo de 6h à minuit, mais il existe aussi des bus nocturnes roulant le week-end jusqu'à 2h45 du matin (voir ci-après). Procurez-vous, à l'office de tourisme ou dans les stations de métro, le plan où figurent toutes les lignes (on rappelle que la *Brussels Card* offre un accès libre et illimité aux transports en commun). Le métro est efficace et compte 6 lignes. Quant aux bus et aux trams, euh... on trouve qu'il vaut parfois mieux marcher, surtout si la distance à couvrir est courte, cela vous évitera une attente parfois longue et un trajet souvent ralenti par le trafic de surface.
– *Achat des billets :* aux guichets et machines des stations de métro et tram, dans certains kiosques à journaux, dans les bus et les trams (uniquement le billet de 1 voyage, vendu plus cher dans ce cas : 2,60 € au lieu de 2,10 €), et dans les gares SNCB de la Région bruxelloise. Les stations de métro, tout comme celles de trams souterrains, se signalent par un « M » blanc sur fond bleu au niveau de la rue.
– *Cartes de 1, 5 ou 10 voyages :* chaque voyage est valable 1h et inclut la ou les correspondances entre les différents modes de transport, train compris (dans la zone couverte par la *STIB*). Un billet normal (« *Jump* ») coûte 2,10 €, la carte de 5 voyages 8 € et celle de 10 voyages 14 €. Cette dernière est donc intéressante. Le transport est gratuit pour les enfants de moins de 6 ans, à condition que ces derniers soient accompagnés d'un adulte.
– *Carte à la journée :* elle permet d'utiliser librement tous les transports publics pendant 1 jour. Coût : 7 €.
– *Le Noctis :* les bus de nuit circulent du vendredi au dimanche et sont accessibles avec des titres de jour. 20 lignes mènent aux quatre coins de la ville. Départ ttes les 30 mn env jusqu'à 2h-2h45 du mat selon la ligne. Toutes les lignes partent de la place Anneessens.
– *Important :* la *Brussels Card* donne droit à l'utilisation gratuite et illimitée des transports en commun (sf liaison aéroport).

En taxi

Ils sont assez chers (mais pas exorbitants) et relativement peu nombreux. À part sur les grandes artères et à la sortie des gares, peu de chances d'en attraper un au vol. Compter 5 à 10 € pour une course en ville (2,40 € de prise en charge plus 1,66 €/km sur le territoire de la région de Bruxelles-Capitale, 2,70 €/km en dehors). Surtaxe pour les trajets entre 22h et 6h. Pourboire compris dans le prix. Un reçu doit vous être remis en fin de course.
– *Compagnies de taxis : Taxis verts,* ☎ *02-349-49-49. Taxis bleus,*

☎ 02-268-00-00. **Autolux,** ☎ 02-411-41-42. Mais il y en a d'autres…

En voiture

Vraiment pas évident de s'y retrouver dans une ville truffée de voies rapides, de tunnels, de passages et de sens interdits. Même avec un GPS, on risque d'avoir des surprises. Sans une bonne carte, on risque de se perdre une bonne dizaine de fois. On rappelle que l'office de tourisme en vend une (0,50 €). Cela dit, Bruxelles n'est pas une ville qu'on sillonne en voiture. Les restructurations de quartiers entiers rendent encore plus incohérents certains flux automobiles. Et les radars, dans les tunnels, peuvent garder le souvenir de votre passage. Dans le périmètre du Pentagone, **la vitesse est limitée à 30 km/h.** Le mieux est de trouver un bon parking (attention, ils ferment vers 1h du matin) et d'explorer à pied le Pentagone. De plus, la police a la fâcheuse tendance, dans les environs de la Grand-Place, à envoyer les voitures mal garées à la fourrière, MÊME SI LA VOITURE NE GÊNE PAS LA CIRCULATION. Est-ce écrit assez gros ? Bref, cela peut vous coûter un max, d'autant que les frais pour récupérer le véhicule sont doublés le week-end et la nuit. Si la mésaventure vous arrive, adressez-vous au commissariat central de la police *(zoom détachable B2 ; rue du Marché-au-Charbon, 30, derrière l'hôtel de ville ;* ☎ *02-279-79-79).*

– Se munir de pièces de monnaie pour alimenter les parcmètres. Faites l'appoint. Compter dans le Pentagone 1,50 € pour 1h, 7 € pour 3h (la durée maximum). Un PV pour défaut de stationnement coûte entre 25 € et 40 €. Le stationnement est gratuit entre 18h et 9h et le dimanche. La plupart des parkings publics disposent d'une caisse automatique où l'on paie avant de récupérer sa voiture. Tarif longue durée : 15 €. Billets, monnaie et cartes de paiement sont acceptés.

– Pour les communes extérieures au Pentagone, en revanche, il est conseillé d'être motorisé, les transports en commun n'étant pas toujours d'une efficacité assurée. En outre, le prix du stationnement est moindre.

À vélo

Bruxelles ne connaît pas encore la pratique intensive de la bicyclette (peu de pistes cyclables aménagées, rues en pente), mais la ville a eu la bonne idée, pour encourager ce type de transport, de mettre en place le service de location de vélos **Villo !,** inspiré du système *Vélib'* parisien. Concrètement, on peut désormais louer un vélo à l'une des 180 stations réparties tous les 450 m dans 16 communes de la région de Bruxelles-Capitale, et le restituer à la station de son choix. Les bicyclettes étant arrimées à des bornes de stationnement, il suffit d'avoir une carte de paiement internationale *(Visa…)* et de lire les instructions sur l'écran tactile dont chaque station est équipée. Outre l'abonnement annuel de 32 €, il existe un abonnement « courte durée » à 7,50 € la semaine ou 1,60 € par jour. La location est gratuite la 1re demi-heure, puis de 1 et 2 € pour les 30 mn suivantes. Intéressant pour un déplacement, mais pas pour une longue durée. *Infos :* ☎ *078-05-11-10.* ● *villo.be* ●

Sinon, **Point vélo** loue de bons vélos pour 9 €/j. sans abonnement, aux gares du Midi, Centrale et du Nord. *Ouv lun-ven 7h-19h. Infos :* ☎ *02-512-68-90.* ● *cyclo.org* ●

Vous pouvez aussi contacter l'association **Pro Vélo,** qui loue également des vélos (mais plus cher, 15 €/j.) et **Once Upon a Time in Brussels,** pour des visites guidées de la ville. Pour les contacter et connaître leur programme, voir plus haut dans « Adresses et infos utiles. Visites guidées ».

Où dormir ?

Bruxelles, deuxième ville mondiale de congrès, est à déconseiller lorsque ceux-ci font, en semaine, le plein de congressistes : les prix flambent et les bons plans sont rares. En temps ordinaire, elle offre un éventail complet

LA RÉGION DE BRUXELLES

de formules de logement, du palace 5 étoiles au petit camping estival en passant par les auberges de jeunesse, les *B & B* et les hôtels de catégorie moyenne. On précisera juste que l'hôtel 1 étoile convenable est assez rare, ou alors excentré... et que l'hôtel 2 ou 3 étoiles a tendance à afficher des tarifs plutôt surestimés.

La bonne nouvelle, c'est que beaucoup d'hôtels (en particulier les grands) proposent des *tarifs « weekend »* et *« vacances »* (notamment en juillet et août) vraiment très avantageux. Ne pas hésiter à se renseigner par téléphone avant de réserver ou à consulter leurs promos sur Internet (notamment sur ● *visitbrussels.be* ●). On a parfois de très bonnes surprises ! Nous signalons les établissements qui pratiquent ces prix cassés. Par exemple, de nombreux hôtels « d'affaires » bradent véritablement leurs prix en fin de semaine : presque 50 % de ristourne, petit déj compris !

À noter que certains hôtels et hébergements bruxellois sont maintenant dotés d'un *label écodynamique* avec un classement de 1 à 3 étoiles, attribué par *Bruxelles Environnement* sur la base de leur respect des normes environnementales...

CAMPINGS

⚹ *Bruxelles-Europe à Ciel Ouvert* (plan détachable D4, *9*) : *chaussée de Wavre, 203, 1050.* ☎ *02-640-79-67.* ● *campingcie louvert@yahoo.fr* ● Ⓜ *Trône ou Maelbeek ; bus n°s 34, 38, 60, 80 et 95, « Parnasse ». À deux pas du Muséum des sciences naturelles et de la gare Bruxelles-Luxembourg. De la chaussée de Wavre, prendre l'allée qui monte devant l'église ; entrée sur une cour intérieure, à gauche. Ouv slt juil-août. Compter 30 € env pour 2 pers avec tente et voiture.* Un camping de 80 places, seulement pour les tentes, en pleine ville, presque en bordure du quartier européen ! Plutôt un vaste jardin ombragé au milieu d'un pâté de maisons en fait, sans autre infrastructure que les sanitaires de base. Sympa pour ceux qui veulent profiter d'une situation centrale, mais plutôt spartiate pour les habitués des

campings traditionnels.

⚹ *Camping Caravaning Club Brussels : Warandeberg, 52, 1970 Wezembeek-Oppem (hors plan d'ensemble par Z7).* ☎ *02-782-10-09.* ● *camping. wezembeek@hotmail.com* ● *camping-r3cb-brussels.be* ● Ⓜ *Kraainem (à 3,5 km) ; bus n°s 30 et 31 (rares). À 11 km à l'est du centre de Bruxelles, non loin de la sortie 2 du ring ouest. Ouv avr-sept. Compter 15 € pour 2 pers, avec tente et voiture. CB refusées.* Bien tenu mais un peu bruyant en journée à cause de l'aéroport. Buvette, volley, ping-pong et pistes de pétanque.

CHAMBRES D'HÔTES

Pour un week-end en amoureux, la formule chambre d'hôtes constitue une solution séduisante. Loin des hôtels standardisés, c'est une approche différente de la capitale, plus proche de ses habitants. Où l'on s'aperçoit aussi que le style contemporain se marie bien avec les intérieurs plus anciens, au cœur de la ville. De belles surprises en perspective, même si ce n'est pas toujours donné : les tarifs sont plus élevés que ceux des hôtels qui pratiquent des promos alléchantes le week-end. Vous trouverez des chambres aussi bien en maison qu'en appartement, avec ou sans sanitaires privés. Certaines disposent d'une kitchenette. Pour trouver, le plus simple, outre les adresses que l'on vous indique et auprès desquelles vous pouvez parfaitement réserver directement, est de contacter l'un des 2 centraux de réservation suivants.

■ *Bed & Brussels : rue Goffart, 78, 1050.* ☎ *02-646-07-37.* ● *info@ bnb-brussels.be* ● *bnb-brussels.be* ● *Lun-ven 8h30-12h, 13h30-17h. Possibilité de réserver par tél mais mieux vaut le faire sur leur site, qui donne de nombreux détails. Compter 70-120 € pour 2 pers, petit déj compris. Tarifs dégressifs, selon durée du séjour et réduc enfants 3-7 ans. Gratuit moins de 3 ans. Formules pour les stagiaires aussi. Si vous cherchez du plus long terme :* ● *brusselsdestination.com* ● *Et pour des chambres d'hôtes dans le reste de la Belgique :* ● *bedandbelgium.com* ● *Bed & Brussels* est la fédération et le central de réservation principal pour les *B & B* bruxellois. *Bed & Brussels* gère également les réservations sur le site de l'office de tourisme *Visit-Brussels.* Vous y trouverez pas moins de 250 adresses avec 3 catégories de confort, réparties dans les 19 communes et classées par thèmes. Pas de permanence téléphonique le week-end mais réservation directe sur le site.

■ *Taxistop :* av. Thérésienne, 7, 1000. ☎ 070-222-292. ● *taxistop.be* ● *Lun-ven 10h-17h30. Un peu moins cher que Bed & Brussels (à partir de 30 € pour 2 pers mais hors du centre-ville).* On peut contacter directement leurs adresses, qui sont quasiment toutes reprises sur leur site internet, avec leurs coordonnées et parfois une photo. L'offre s'étend au reste du pays. Cela dit, ne pas s'attendre au grand luxe... Centralise aussi les offres de covoiturage et d'échanges de maisons, là encore un moyen original de faire des économies.

Dans le Pentagone

🛏 *B & B Downtown-BXL (zoom détachable B2, 45) :* rue du Marché-au-Charbon, 118-120, 1000. ▯ 0475-29-07-21. ● *reservation@down townbxl.com* ● *downtownbxl.com* ● *Chambres 89-109 € selon confort et saison, petit déj compris. Parking payant à proximité.* 🛜 Les chambres réparties dans 2 immeubles attenants sont étonnantes. Elles allient le baroque, le contemporain et un esprit zen à la fois. L'une d'elles possède même un lit tout rond, sous les regards multiples de Marilyn, signés Warhol. 2 chambres ont des accents africains, alors qu'une autre fait de l'œil aux années 1960. Une adresse décalée et confortable, à un tarif très abordable. Petit bémol : l'escalier est raide!

🛏 *Chambres d'hôtes Lit de Senne (zoom détachable B2, 43) :* rue de la Grande-Île, 38, 1000. ▯ 0472-47-47-95. ● *lablengaudry@gmail. com* ● *litdesenne.be* ● *Double 110 €, petit déj compris.* 🛜 Charmante petite maison de ville ancienne plantée dans une ruelle tranquille du centre, à deux pas du quartier animé de Saint-Géry, bien connu des noctambules. Voici

2 belles chambres confortables avec salle de bains et agréable touche de déco contemporaine. Également un appartement dans le quartier. À dispo : cuisine, salon et micro-terrasse aux beaux jours.

🛏 *B & B Taptoe (zoom détachable B3, 49) :* pl. de la Vieille-Halle-aux-Blés, 24, 1000. ▯ 0474-79-23-25. ● *daniel.beauvois@me.com* ● *mybe dinbrussels.com* ● *Fermé en janv. Doubles 99-129 € (résas pour 2 nuits min) selon confort et période ; petit déj compris. Parking payant.* 🛜 Dans un petit immeuble du XVIIe s à deux pas du Manneken-Pis. Vous êtes chez Catherine Hunter, une artiste qui possède son atelier et une galerie d'art au rez-de-chaussée et loue à l'étage un grand et joli studio. Cadre cosy, lit *queen size.* Au-dessus, une gentille mini-salle à manger, avec coin cuisine et bureau. À deux pas, dans la calme impasse des Roses, 6 autres chambres de charme. Cuisine commune. L'hôtesse apporte à 8h15 le pain frais, beurre et confiture sont déjà au frigo, et tout le monde se fait son petit déj quand il veut !

🛏 *B & B Le Vaudeville (zoom détachable C2, 41) :* galerie de la Reine, 11-13, 1000. ▯ 0484-59-46-69. ● *info@thea treduvaudeville.be* ● *theatreduvaude ville.be* ● *2 chambres 120 € et 2 plus grandes 160 €, petit déj compris.* 🛜 De bien belles chambres donnant soit directement sur l'intérieur de la galerie, soit sur une courette. Une vraie mise en valeur du lieu, explorant les thèmes variés : « Diva », « Explorateur », « Black and White » et « Madame Loulou ». La « Diva » possède de beaux rideaux de soie sauvage et d'intéressants portraits noir et blanc, l'« Explorateur » présente une vitrine de souvenirs « retour d'Afrique », des fauteuils club... De la classe, du style, du calme. Une adresse particulièrement originale, qui ravira les amoureux du théâtre : ils pourront même visiter les coulisses, juste en dessous des chambres. Excellent accueil.

🛏 *B & B Le White Room (plan détachable B1, 42) :* rue Locquenghien, 45, 1000. ☎ 02-538-59-95. ● *info@ lewhiteroom.be* ● *lewhiteroom.be* ● *1 seule double 70 €, petit déj inclus. Attention, supplément de 10 € si*

LA RÉGION DE BRUXELLES

vous ne restez qu'une seule nuit. CB refusées. 🛜 Dans l'arrière-cour d'une ancienne laiterie, un vaste loft industriel, aux espaces ouverts et bien aménagés. Plafonds éclatés, escaliers métalliques, salon coloré. Le style est contemporain et personnel, zen et accueillant. À l'étage, 1 seule chambre, pas bien grande, parfaitement au calme. À noter qu'on partage la salle de bains avec Erik et Sven, vos hôtes (d'où le prix somme toute raisonnable). Le petit déj est en self-service, dans la grande cuisine. Tout est mis à disposition, on n'a plus qu'à actionner le grille-pain et la cafetière ! Un drôle de nid pour amateurs d'adresses hors normes.

🏠 *La Maison Jaune (plan détachable B2, 44) :* rue du Rempart-des-Moines, 11-13, 1000. 📱 0477-72-31-45. ● maisonjaune@skynet.be ● maisonjaune-bruxelles.net ● *Petit appartement de 50 m² à l'étage d'une maison jaune, avec terrasse, pour 4 pers (2 adultes et 2 enfants). Double 123,20 € pour la 1re nuit, petit déj compris, puis, selon durée du séjour, tarif dégressif (voir le site).* Un concept original que cette location d'appartement d'hôtes, tout en longueur, à l'étage d'une petite maison... jaune, colorée et gaie, à quelques minutes à pied de la Grand-Place. Pièces en enfilade, comportant une cuisine équipée et une salle de bains complète. Une bonne formule pour quelques jours en famille, à deux pas du centre. On s'y sent vite chez soi.

Au sud du Pentagone, à Ixelles et à Saint-Gilles

🏠 *B & B Chambres en Ville (plan détachable D3, 40) :* rue de Londres, 19, 1050. ☎ 02-512-92-90. ● reservation@chambresenville.be ● chambresenville.be ● *Fermé 22 déc-4 janv. Double 110 €, petit déj compris. Également des studios, à partir de 500 € la quinzaine.* 🛜 Voici une superbe adresse, à Ixelles, aménagée par un artiste amoureux des voyages. Consoles patinées, meubles de métiers, masques africains, chaises dépareillées, plancher qui craque... La chambre « La vie d'artiste » est décorée d'une grande

toile en tête de lit, « Retour d'Afrique » rassemble quelques beaux souvenirs de voyages... Des espaces soignés, très personnalisés. Beaucoup de style, de la personnalité, jusque dans la salle de petit déj (confitures maison), très pensée et zen à la fois.

🏠 *B & B Urban Rooms (plan détachable D3, 51) :* rue d'Alsace-Lorraine, 10, 1050. 📱 0471-95-15-35. ● contact@urbanrooms.be ● urbanrooms.be ● Ⓜ *Trône ou Porte-de-Namur. Fermé en juil et Noël-Nouvel An. Double 120 €, loft 135 €, petit déj inclus. Parking intérieur payant.* 🛜 Rue tranquille à la lisière du populaire quartier de Saint-Boniface-Matongé. Intérieur d'une élégante et lumineuse sobriété, grands volumes, lignes épurées... une véritable maison d'architecte. 3 chambres au cadre design d'un goût exquis, éclairage mesuré, TV écran plat, coffre, délicieux petit déjeuner (confitures de Corse, jus de fruits frais, sélection de thés, etc.)... Accueil suave de Julie, petite terrasse, jardin. Si c'est complet, second B & B ouvert dans le quartier par Tanguy, son mari.

🏠 *B & B Nouvelle Vie (plan détachable D4, 38) :* rue Longue-Vie, 57, 1050. ☎ 02-514-73-80. 📱 0495-49-67-70. ● info@nouvellevie.eu ● nouvellevie.eu ● *Doubles 85-130 €, petit déj inclus. Attention, supplément de 10 € si vous ne restez qu'une seule nuit. Paiement en espèces slt.* 💻 🛜 À 200 m de la place Saint-Boniface, à Ixelles, et à 5 mn à pied du Parlement européen, une ancienne imprimerie a été transformée, ainsi que les demeures voisines, par un voyageur du monde désireux d'offrir un refuge un peu fou, un peu chic aux nomades comme lui, aimant leur confort autant que l'originalité. Dans une très jolie maison de ville du XIXe s, 3 chambres décorées avec goût, fantaisie et élégance. Très agréable salle de petit déj ouvrant sur le jardin intérieur.

🏠 *B & B Charlie (plan détachable B5, 50) :* rue Jean-Robie, 42, 1060. ☎ 02-850-59-96. 📱 0474-59-57-45. ● charliebxl@gmail.com ● charliebdandbreakfast.com ● Ⓜ *Horta. Plusieurs possibilités de 70 € (single) à 140 € (quadr), petit déj inclus.* 🛜 Dans le quartier historique de Saint-Gilles, sur 2 étages belles chambres spacieuses avec un bon lit moelleux et une couette épaisse, attenante à un salon avec balcon. On aime bien la déco soignée et la touche vintage du mobilier chiné. Agréable salle de bains avec douche à l'italienne et w-c séparés. Petit déj en libre service au rez-de-chaussée. Bon accueil de Céline et Hawaly, jeunes trentenaires sympathiques.

🛏 *Brugmann Garden (plan détachable C5, 32) :* av. Brugmann 21, 1060. ☎ 02-880-78-46. ● info@brugmanngarden.be ● brugmanngarden.be ● Bus nos 54, 136, 137, et Ⓣ no 92 : Ma Campagne. Double 120 €, petit déj inclus, mais promos à surveiller. 🛜 Pas loin du musée Horta, une grande maison de maître traditionnelle avec ses trois pièces en enfilade prolongées par un long jardin à l'abri des regards. Déco cosy mélangeant le design et les souvenirs de famille. 4 chambres aux volumes généreux, dont 1 familiale pour 4 personnes. On prend le petit déj à la grande table commune : jus de fruits frais, œufs et bacon, croissants, baguettes, pâte au spéculoos et sirop de Liège.

Un peu plus loin du centre

🛏 *Chambres d'hôtes Le Relais du Castro (plan détachable G4, 52) :* rue Baron-de-Castro, 7, 1040 Etterbeek. ☎ 02-733-88-58. ● info@lerelaisducastro.be ● lerelaisducastro.be ● Ⓜ Thieffry (ligne 5). Double 120 €, petit déj inclus. Parking privé. 🖥 À seulement 7 stations du centre-ville, à 5 mn du métro, voici un havre de paix privilégié pour ceux souhaitant vivre la campagne en ville. Élégante et vaste demeure particulière à la blanche façade, non loin des institutions européennes. 2 chambres tout confort, mais le must de cette adresse, c'est surtout la qualité d'accueil. Le meilleur de l'hospitalité bruxelloise par cette famille qui connut jadis la maison entourée de maraîchages. En y venant entre mi-juin et mi-juillet, vous pourrez cueillir et déguster les cerises du jardin. Intérieur chaleureux, généreux petit déjeuner et soirées de plénitude l'été en terrasse...

🛏 *Côté Jardin (hors plan détachable par G6) :* av. Léopold-Wiener, 70, 1170. ☎ 02-673-36-40. 📱 0476-25-36-28. ● info@cotejardin.biz ● cotejardin.biz ● Bus no 95 depuis la pl. Royale, arrêt « Vander Elst » à 2 mn à pied de la maison. Sinon, c'est à 12 mn à pied de la station de métro Beaulieu. Situé dans la commune de Watermael-Boitsfort, au sud-est de Bruxelles, à env 5 km du centre. Compter 95-120 € pour 2, selon chambre et saison, petit déj compris. Parking gratuit. 🛜 Assez excentré, certes, mais ce B & B est vraiment agréable et ses 3 chambres sont douillettes et confortables. Et puis, il y a aussi la maison, spacieuse et bien décorée, avec sa vaste cage d'escalier surmontée d'une verrière de style Art nouveau. Le tout dans un environnement vert et aéré, à un jet de pierre d'un centre sportif avec piscine. L'hôtesse, c'est Cécile, une dame avenante et sympathique qui en connaît un bout sur l'art de recevoir. Petit déj pris dans un bel espace personnalisé.

AUBERGES DE JEUNESSE

Dans le Pentagone

🛏 *Sleep-Well Youth Hostel (plan détachable C1, 13) :* rue du Damier, 23, 1000. ☎ 02-218-50-50. ● info@sleepwell.be ● sleepwell.be ● Ⓜ Rogier. Dans la partie nord du Pentagone, à proximité de la rue Neuve et du centre commercial City 2. Réception ouv 24h/24. Nuitée 24 €/pers selon nombre de lits, avec sanitaires privés, petit déj-buffet compris. Une partie de l'auberge propose également des chambres de standing avec TV et frigo à 73 € pour 2 et à 98 € pour 3. Serviettes de bain et savon non compris. 🖥 🛜 Au total, 240 lits. Bienvenue dans cette grande auberge moderne, conviviale et bien équipée (Ecolabel). 2 formules d'hébergement, l'une classique avec des chambres impeccables de 1 à 6 lits (non superposés pour les doubles et triples, mais plus cher), toutes avec sanitaires privés (2 douches pour les dortoirs de 6 personnes), l'autre en chambres de grand confort pour 1 à 3 personnes avec parquet en teck, TV à écran plat et frigo, en formule hôtelière (accessible toute la journée). Coin cuisine à dispo, salle de jeux, bar pour le soir et resto pour le petit déj (repas seulement pour les groupes). Dans un vaste espace surmonté d'une verrière, fresque B.D. de Johan de Moor (voir le circuit des façades B.D. dans la rubrique « À voir. À faire » ci-après). Une AJ impeccable et très centrale.

🛏 *Gîte d'étape-auberge de jeunesse Jacques-Brel (plan détachable D2, 11) : rue de la Sablonnière, 30, 1000.* ☎ 02-218-01-87. • brussels. brel@lesaubergesdejeunesse.be • lesaubergesdejeunesse.be • Ⓜ Botanique ou Madou. À l'angle nord-est du Pentagone. Réception 8h-minuit. Pas de couvre-feu. Fermé la 2de quinzaine de déc. Nuitée 19,50-24,50 €/ pers selon âge (compter 3 € de plus pour les non-membres), petit déj-buffet et draps compris. Également des chambres doubles (25,20-27,80 €/ pers). 🖥 🛜 AJ officielle bien située, dans des locaux modernes. En tout, 171 lits en chambres irréprochables et assez spacieuses, de 2 à 8 lits, toutes avec douche et toilettes dans la chambre. Tenue impeccable et accueil sympa. Bar agréable et animé, où l'on sert toutes sortes de bières artisanales et de la petite restauration. Cuisine à disposition bien équipée. Le petit déj se prend dans une salle lumineuse dont la baie vitrée s'ouvre sur une calme courette. Côté services : laverie, consigne à bagages. Une AJ d'excellente qualité.

🛏 *2GO4 Hostel (plan détachable C1, 14) : bd Émile-Jacqmain, 99, 1000.* ☎ 02-219-30-19. • info@2go4. be • 2go4.be • Ⓜ Ijzer ou Rogier. Réception 7h30-13h et 16h-23h. Pas de couvre-feu. Nuitée en dortoir (âge max 45 ans) 20-30 €/pers, doubles avec sanitaires privés 60-70 € ; triples 90-105 € ; draps et café (le mat) compris. 🖥 Au nord du Pentagone, une AJ privée installée dans une grande maison de maître. Dans des pièces hautes de plafond, elle abrite des dortoirs de 4 à 14 lits et des chambres privées pour 2-4 personnes. Petit salon coloré et design avec cheminée au rez-de-chaussée et mignonne salle à manger sous verrière. Cuisine équipée. Une seconde adresse a été

ouverte dans une rue perpendiculaire à la Grand-Place *(rue des Harengs, 6-8 ; tarifs et confort similaires mais pas de réception sur place, le check-in se fait bd Émile-Jacqmain).*

🛏 *Centre Vincent-Van-Gogh CHAB (plan détachable D1, 10) : rue Traversière, 8, 1210.* ☎ 02-217-01-58. • info@chab.be • chab.be • nique ; Ⓣ nos 92 et 94 depuis la pl. Royale ; bus nos 65 et 66 depuis la gare Centrale. Juste un peu à l'extérieur du Pentagone, à deux pas du parc du Jardin botanique et à 10 bonnes mn de grimpette à pied de la gare du Nord. Réception 24h/24 (pas de couvre-feu). Résa conseillée, surtout pdt les vac scol. Nuitée 21,50-24,50 €/pers en dortoir de 4-10 pers. Également des chambres doubles et triples 29,50-30,50 €/pers avec sanitaires privatifs, petit déj compris. Draps compris, mais pas les serviettes de toilette. Pour les 18-35 ans slt. 🖥 (payant). 🛜 Ce n'est pas une AJ officielle mais un grand établissement privé abritant 210 lits. Une plaque sur le mur rappelle que le peintre Van Gogh y vécut en 1880-1881. L'auberge est divisée en 2 parties, situées de part et d'autre de la rue, dans un quartier calme mais peu attractif. Chambres convenables avec ou sans sanitaires privés. Il y a un bar animé le soir, 2 bagageries gratuites, TV et billard dans une véranda dans une calme courette, machine à laver et cuisine à dispo. L'auberge organise occasionnellement des concerts.

🛏 *Auberge de jeunesse Bruegel (zoom détachable B3, 12) : rue du Saint-Esprit, 2, 1000.* ☎ 02-511-04-36. • brussel@vjh.be • vjh.be • Réception 7h-1h ; fermé 10h-14h pour nettoyage (mais possibilité d'arriver et de s'installer 10h-13h). Nuitées 21-23,60 €/pers selon âge en dortoir de 4 lits ; 25,20-27,80 €/pers en chambres doubles avec sanitaires privatifs (3 € de plus pour les non-membres), petit déj et draps compris. 🖥 Donne sur un boulevard (pas trop bruyant), entre la gare du Midi et la gare Centrale (située à 600 m). Propose 135 lits répartis dans 48 chambres de 1 à 4 lits. L'avantage de cette auberge, c'est sa situation, assez idéale pour explorer la ville. À part ça, il s'agit d'une AJ qui remplit sa fonction, sans plus. Beaucoup de groupes et personnel plutôt néerlandophone. Repas simples et bons *(env 10 €)*. Parking fermé pour vélos et motos, bagagerie. Petit bar ouvert tous les jours à partir de 20h.

HÔTELS

Dans le Pentagone

**De prix modérés
à prix moyens**

🛏 *Hôtel À la Grande Cloche (zoom détachable B3, 37) : pl. Rouppe, 10, 1000.* ☎ *02-512-61-40.* ● *info@ hotelgrandecloche.com* ● *hotel grandecloche.com* ● Ⓜ *Annees- sens.* Doubles 70-90 € *selon confort.* 🖥 *(payant).* 📶 *Petits déj offerts sur présentation de ce guide si résa sur le site.* À mi-chemin de la gare du Midi et du centre historique, l'hôtel donne sur une place. Il propose des chambres rénovées et dotées d'un confort tout à fait correct pour le prix, même si les moins chères partagent leurs sanitaires. À signaler, entre nous : le rapport qualité-prix n'est plus aussi évident le week-end car, à la différence des 3 et 4-étoiles, cet hôtel ne brade pas ses prix en fin de semaine. Quoi qu'il en soit, veillez à bien vous faire confirmer votre réservation par mail.

🛏 *Hôtel Grand Colombier (plan détachable C1, 34) : rue du Colombier, 8, 1000.* ☎ *02-223-52-58.* ● *colombier@hotelseurop.com* ● *hotelseurop.com* ● Ⓜ *De Brouckère.* Doubles 59-75 € *selon période. Petit déj en sus 8 €/pers.* 📶 Certes, dans une rue pas très engageante, mais c'est central, à deux pas de la rue Neuve (celle des grandes marques) et du métro. L'intérêt de cet hôtel réside avant tout dans son style Art déco exceptionnel (comme pour l'*Espérance*, son petit voisin)... Superbe hall d'entrée rappelant l'ambiance des paquebots des années 1930. Un vrai décor de film ! En revanche, ce style n'a pas survécu dans la quinzaine de chambres, très classiques elles, voire ordinaires. Cependant, c'est bien tenu dans l'ensemble et imbattable

du point de vue prix.

🛏 *Résidence Les Écrins (plan détachable B1, 19) : rue du Rouleau, 15, 1000.* ☎ *02-219-36-57.* ● *les.ecrins@ skynet.be* ● *lesecrins.com* ● Ⓜ *Sainte- Catherine.* À deux pas de l'église Sainte-Catherine. Doubles 69-99 €, petit déj compris. À noter, 1 chambre sans sanitaires 65 € ; familiales, suites et appartements 115-180 €. Parking payant. 📶 10 % de remise sur le prix de la chambre sur présentation de ce guide. Au calme et dans le centre, près des charmants anciens quais, petit hôtel bien tenu, aux chambres rénovées et confortables. Deux d'entre elles, l'une avec petit salon, l'autre avec une grande salle de bains, sont de fort belle taille.

🛏 *Hôtel La Vieille Lanterne (zoom détachable B2, 16) : rue des Grands- Carmes, 29, 1000.* ☎ *02-512-74-94.* ● *lavieillelanterne@hotmail.com* ● *lavieillelanterne.be* ● Ⓜ *Gare-Centrale ou Bourse. Situation intéressante, à portée du jet du Manneken-Pis (juste à l'opposé en fait). Double 96 €, petit déj compris. « Petit cadeau » offert à la réception si résa en direct.* 📶 Plutôt une petite pension qu'un véritable hôtel, tenue par une dame charmante : 6 chambres (2 par étage) dans une maison Renaissance au-dessus d'une boutique de souvenirs. Escalier raide et étroit, mais chambrettes charmantes, à la déco classique et bien tenues, avec TV.

🛏 *Hôtel Max (plan détachable C1, 33) : 107, bd Adolphe-Max, 1000.* ☎ *02-219-00-60.* ● *max@3sh. be* ● *maxhotel.be* ● Ⓜ *Rogier. Doubles 64-110 € (à partir de 45 € en réservant longtemps à l'avance) ; pas de petit déj.* 📶 À trois pas de la place De Brouckère, un hôtel *low-cost* sans réception. L'arrivée et le départ se font sur une borne, juste à l'entrée. Règlement par carte de paiement en ligne ou sur la borne. Une soixantaine de chambres fonctionnelles, sobres et dépouillées, toutes avec salle de bains et TV ; petite touche de style contemporain en prime.

🛏 *Hôtel Queen Anne (plan détachable C1, 54) : bd Jacqmain, 110, 1000.* ☎ *02-217-16-00.* ● *reserva tion@queen-anne.be* ● *queen-anne.*

be ● *Doubles 120 € en sem, 64-75 € le w-e, petit déj inclus.* 🛜 Bien situé, un agréable hôtel jouant à fond le design contemporain à l'image du séduisant hall d'entrée. Une soixantaine de chambres agréables et de bon confort et quelques appartements pour les longs séjours.

🏠 **Motel One** *(zoom détachable C2, 31) : rue Royale 120, 1000.* ● *brussels@motel-one.com* ● *motel-one.com* ● *Doubles à partir de 69 €. Petit déj-buffet 7,50 €* 🛜 Le dernier-né de la chaîne allemande s'est installé à deux pas de la cathédrale et du parc de Bruxelles. Près de 490 chambres design toutes dans les tons turquoise RATP et marron, très bien équipées et agréables. Vous ne serez pas seuls au petit-déj, c'est sûr, mais le rapport prix-qualité est difficilement battable. Parking public à 100 m.

De chic à plus chic

Très difficile de classer tous ces hôtels, dont les prix varient du simple au double en fonction de l'offre et de la demande du jour. Avec un peu de chance, la chambre double à 170 € que vous avez repérée le jeudi va être proposée à moitié prix le lendemain soir. Soyez donc attentifs.

🏠 **Brussels Welcome Hotel** *(plan détachable B2, 23) : quai au Bois-à-Brûler, 23, 1000.* ☎ *02-219-95-46.* ● *info@hotelwelcome.com* ● *hotelwelcome.com* ● Ⓜ *Sainte-Catherine. Doubles 95-170 €. Suites 190-280 €, petit déj compris en cas de résa sur le site. Également des chambres familiales pour 3-5 pers. Tarifs w-e très avantageux (à partir de 85 €) et importante réduc pour nos lecteurs. Parking payant.* 🛜 En quête d'un établissement qui sort du commun ? Stop ! N'allez pas plus loin, c'est au *Brussels Welcome Hotel* que ça se passe. Ce boutique-hôtel propose une quinzaine de chambres rivalisant de charme et d'originalité, décorées chacune dans le style d'une culture d'Europe, d'Afrique ou d'Asie. Toutes ont leur cachet propre, de l'« Indienne », avec sa double porte en vieux bois sculpté, à la « Chinoise », équipée d'une mezzanine et

décorée d'une fresque de dragon, en passant par la « Congo », qui en jette avec sa peau de zèbre, sa moustiquaire et sa moquette mouchetée. L'hôtel étant victime de son succès, il est préférable de réserver à l'avance ! Accueil vraiment sympa.

🏠 **Hôtel Noga** *(plan détachable B1, 22) : rue du Béguinage, 38, 1000.* ☎ *02-218-67-63.* ● *info@nogahotel.com* ● *nogahotel.com* ● Ⓜ *Sainte-Catherine. Doubles 80-145 € selon confort et période, petit déj-buffet compris. Parking (15 €).* 🖥 🛜 *(payants). Réduc de 5 % sur présentation de ce guide si paiement en espèces.* Le patron, bordelais d'origine, passionné de mer et de bateaux, a réalisé un superbe décor marin dans les espaces communs... On peut jouer du piano ou aux échecs, faire une partie de billard ou encore lire des B.D., de vieux ouvrages ou la presse du jour. Les chambres, personnalisées, sont chaleureuses et confortables. Et puis, quel plaisir, après une bonne nuit au calme, de se retrouver devant un petit déjeuner fait maison de A à Z, les oreilles bercées par de la bonne vieille chanson française, celle qu'on n'entend plus guère ailleurs ! Évitez simplement les chambres sans vue du rez-de-chaussée.

🏠 **Hôtel Espérance** *(plan détachable C1, 53) : rue du Finistère, 1-3, 1000.* ☎ *02-219-10-28.* ● *info@hotel-esperance.be* ● *hotel-esperance.be* ● Ⓜ *De Brouckère ou Rogier. Une quinzaine de doubles 80-115 € selon période. Petit déj en sus 10 €/pers.* 🛜 C'est l'un des rares exemples d'Art déco intérieur intact de la ville. La salle à manger-réception de cette ancienne maison close se révèle un pur chef-d'œuvre avec ses superbes vitraux, les jardinières, le mobilier d'époque. Quant aux chambres, une seule a survécu aux outrages du temps : la n° 3, restaurée avec soin (sa baignoire rétro trône fièrement au milieu de la chambre). Quant aux autres, elles ont bénéficié d'un design raffiné et sont dotées de tout le confort possible. Pensez à réserver le plus tôt possible !

🏠 **Hôtel Sandton Brussels Centre** *(zoom détachable C2, 47) : rue* des Paroissiens, 15-27, 1000. ☎ 02-274-08-10. ● brusselscentre@sandton.eu ● sandton.eu/brusselscentre ● Ⓜ Gare-Centrale. Doubles 79-129 €. Petit déj-buffet (cher) en sus 15 €/pers. Promos sur leur site. ⏶ Hôtel moderne donnant sur une rue tranquille et discrète, toute proche de la Grand-Place. Belles chambres confortables à la déco contemporaine bien affûtée, d'un excellent rapport qualité-prix pour un 4-étoiles. Nombreux bistrots dans le quartier pour le petit déj, trop cher ici.

🛏 **Hôtel Saint-Géry** (zoom détachable B2, 27) : pl. St-Géry, 29-32, 1000. ☎ 02-204-06-20. ● info@hotelstgery.com ● hotelstgery.be ● Ⓜ Bourse. Doubles 89-169 € selon saison, belles juniors suites également. Petit déj-buffet 14 €. ⏶ 10 % de réduc sur présentation de ce guide (non valable sur promo). Situé sur l'une des places les plus agréables et festives de Bruxelles, proche de tout, un hôtel de bon confort entièrement refait récemment. Chambres insonorisées, de bonne taille, toutes décorées par un artiste différent, avec lit queen size, luminaire design et matériaux naturels (bois, pierre, verre). Le copieux petit déj se prend au bar lounge où l'on pourra écouter un concert jazzy le soir en fin de semaine. Excellent accueil, très pro.

🛏 **Hôtel Opéra** (zoom détachable C2, 24) : rue Grétry, 53, 1000. ☎ 02-219-43-43. ● reception@hotel-opera.be ● hotel-opera.be ● Ⓜ De Brouckère ou Bourse. Ouv tte l'année. Double 129 €, petit déj-buffet compris. Voir les tarifs spéciaux intéressants sur leur site. ⏶ 10 % de réduc sur prix de la chambre sur présentation de ce guide. Adresse très centrale, dans une artère commerçante entre la Bourse et la Monnaie. Une cinquantaine de petites chambres classiques mais confortables (coffre-fort), rénovées dans des tons chauds et agréables. Un bon rapport qualité-prix-situation.

🛏 **Hôtel Saint-Michel** (zoom détachable C2, 25) : Grand-Place, 15, 1000. ☎ 02-511-09-56. ● info@hotelsaintmichel.be ● hotel-saint-michel.be ● Ⓜ Gare-Centrale ou Bourse. Doubles 98-185 € selon vue, petit déj-buffet compris. Moins cher le w-e en

basse saison ou en cas de faible taux d'occupation. Parking payant à 2 mn à pied. 🖵 (payant). Oui, vous avez bien lu, voici le seul hôtel de la Grand-Place. Alors on précise tout de suite, si vous venez ici, c'est pour avoir une chambre donnant sur celle-ci. Sinon, on ne voit pas vraiment l'intérêt, à part celui d'être logé en pleine ville. Comme par hasard, les chambres avec vue sont les plus chères, mais quelle félicité que de profiter le soir des éclairages de ce merveilleux théâtre architectural !

🛏 **Hôtel La Légende** (zoom détachable B2, 39) : rue du Lombard, 35, 1000. ☎ 02-512-82-90. ● info@hotellalegende.com ● hotellalegende.com ● Ⓜ Gare-Centrale ou Bourse. Fermé 17 fév-15 mars et 21 déc-13 janv. Doubles 95-125 € selon standing et promo du jour ; un peu moins cher le w-e si on reste min 2 nuits. Également quelques suites pour 4 pers. Parking (20 €). Une bouteille de vin offerte sur présentation de ce guide. Bien situé, entre la Grand-Place et le Manneken-Pis, cet établissement abrite des chambres modernes et fonctionnelles, aux tons chauds, avec parquet, boiseries claires et double vitrage. Prix un peu élevés mais justifiés, somme toute, par la situation et la qualité du lieu. Le petit déj est servi dans une superbe salle surplombant l'agréable petite cour intérieure.

🛏 **Hôtel Atlas** (zoom détachable B2, 35) : rue du Vieux-Marché-aux-Grains, 30, 1000. ☎ 02-502-60-06. ● info@atlas-hotel.be ● atlas-hotel.be ● Ⓜ Bourse ou Sainte-Catherine. Doubles 149 € en sem, voire 260 € en période de foires et salons, 90 € le w-e et en juil-août (voir promos sur leur site). ⏶ Dans le quartier branché de la rue Antoine-Dansaert, mais donnant sur une place très calme, un hôtel qui a fait peau neuve et rend hommage à l'univers de la mode belge. Chaque chambre évoque un styliste ayant contribué à la vie du quartier à travers un « mood board » intégré dans un miroir. Pour la petite histoire, la salle du petit déj, au sous-sol, contient un bon bout de muraille de la première enceinte. Intéressant si l'on peut bénéficier du tarif week-end et basse saison. Excellent accueil.

🛏 **Hôtel du Congrès** (plan détachable

D2, 30) : *rue du Congrès, 42, 1000.* ☎ *02-217-18-90.* ● *info@hoteldu congres.be* ● *hotelducongres.be* ● *Compter 125-150 € en sem, petit déj compris, mais 80 € en moyenne le w-e, tarif qui descend parfois autour de 60 € en cas de très faible taux d'occupation ! Et c'est là que ça devient très intéressant.* 📶 *Un petit déj par chambre offert sur présentation de ce guide.* Une bonne affaire donc que cet hôtel d'hommes du même nom, pour qui sait choisir ses périodes. Style moderne épuré, dans les tons gris avec quelques plafonds anciens bien préservés. Très bon confort.

🛏 ***Pacific Café-Hôtel*** *(zoom détachable B2, 21)* : *rue Antoine-Dansaert, 57, 1000 (entrée discrète).* ☎ *02-213-00-80.* ● *info@hotelcafepacific.com* ● *hotel cafepacific.com* ● Ⓜ *Bourse. Doubles 79-179 € selon confort et période, petit déj compris ; moins cher le w-e. Ne pas hésiter à consulter le site, la résa donne droit à une réduc intéressante pour 2-3 nuits.* 📶 *5 % de réduc par nuit sur présentation de ce guide.* L'un des hôtels design les plus chaleureux de Bruxelles. Ici, le charme n'a pas cédé devant la modernité. Vieille maison oblige, les chambres sont de petits volumes et la rénovation a su jouer avec cette contrainte en cloisonnant l'espace à l'aide de rideaux (au risque de faire participer la salle de bains à la vie de la chambre). On aime bien celles sous les toits, jouissant d'une vue panoramique sur Bruxelles (assez magique le soir !). Le duplex est évidemment plus spacieux. Toutes sont en tout cas dotées d'un confort haut de gamme (clim, wifi, écran plat...) et même de doux peignoirs, signés Mia Zia comme tout le linge de l'hôtel.

Très chic

🛏 ***Hôtel Le XVIIᵉ*** *(zoom détachable C2, 29)* : *rue de la Madeleine, 25, 1000.* ☎ *02-517-17-17.* ● *info@ ledixseptieme.be* ● *ledixseptieme. be* ● Ⓜ *Gare-Centrale. À un jet de pierre de la Grand-Place. Double standard au prix de base 200 €, petit déj inclus.* 🖥 📶 Un des seuls vrais hôtels de charme de la capitale belge

L'élégance feutrée et l'excellence hôtelière dans l'ancienne résidence d'un ambassadeur d'Espagne. Magnifique hall d'entrée et chambres très bien aménagées, meublées à l'ancienne pour la plupart. Certaines sont pourvues d'une terrasse avec vue sur la flèche de l'hôtel de ville. Cour intérieure et calme absolu au cœur même de la cité. Accueil exceptionnel et confort maximum garanti, à des prix bien évidemment en rapport avec les grandes qualités du lieu. Pour nos lecteurs très, très à l'aise dans leur budget ou tout simplement tentés de se payer une petite folie... un peu adoucie par des réductions le week-end *(150 €, petit déj compris)* et davantage encore en basse saison *(100 € ; min 2 nuits sans petit déj).*

🛏 ***Hôtel The Dominican*** *(zoom détachable C2, 15)* : *rue Léopold, 9, 1000.* ☎ *02-203-08-08.* ● *info@thedo minican.carlton.be* ● *thedominican. be* ● Ⓜ *De Brouckère. Doubles à partir de 185 € mais qui peuvent s'obtenir autour de 120-160 € le w-e. Petit déj très cher : 27 € !* 📶 Situé derrière le théâtre de la Monnaie sur l'emplacement d'un ancien couvent, cet hôtel propose des chambres sobres et élégantes, comme il se doit. Excellente literie. Suites et lofts très chers complètent l'offre. Magnifiques salons d'accueil, les petits déj et déjeuners y sont servis. Club de sport, sauna, bains turcs et massage. Parking public à 100 m. Une plaque sur la façade rappelle que le peintre David y décéda.

En bordure du Pentagone

De prix moyens à plus chic

🛏 ***Hôtel Meininger*** *(plan détachable A2, 18)* : *quai du Hainaut, 33, 1060 Molenbeek.* ☎ *02-538-72-97.* ● *hoteleuropa@wol.be* ● *brussels hoteleuropa.be* ● Ⓜ *Comte de Flandre. Doubles 60-180 €, petit déj compris.* 📶 150 chambres sur 4 étages au bord du canal de Bruxelles, dans un quartier où on n'aurait pas eu l'idée d'aller dormir il y a peu. Avec ses allures de paquebot échoué, l'ancienne brasserie Belle-Vue, qui datait de 1913, n'avait rien pour inspirer de grands élans romantiques. Après rénovation, isolation et transformation selon les règles, c'est aujourd'hui un hôtel *low-cost* où l'on trouve un peu de tout, à tous les prix. Les familles peuvent s'y loger à bon compte, les jeunes et les groupes en goguette urbaine aussi. En fait, regardez bien la carte : il suffit de passer le pont pour se retrouver rue de Flandre, dans le quartier de la mode. Bon sang, mais c'est bien sûr !

🏠 **Hôtel Bloom** *(plan détachable D1, 26) : rue Royale, 250, 1210 Saint-Josse.* ☎ *02-220-66-11.* • *info@ hotelbloom.com* • *hotelbloom.com* • Ⓜ *Botanique. À proximité immédiate du Botanique, en bordure du Pentagone. Doubles 90-190 € selon confort et période. Petit déj 25 €/pers (19 € si résa en ligne).* 📶 Un grand hôtel de 305 chambres à conseiller à ceux qui aiment le design et l'art contemporain. De jeunes artistes ont pu laisser libre cours à leur imagination. Résultat, chaque chambre est unique. Spacieuses, confortables, très lumineuses, certaines ont même vue sur les serres du Jardin botanique. Les prix sont, certes, élevés mais, comme toujours, l'hôtel casse ses prix le week-end. Évitez les chambres du 1er étage au-dessus du bar : bruit et musique jusqu'à 1h du matin. Au petit déj, c'est un peu l'usine.

À Saint-Gilles et à Ixelles, au sud du Pentagone

De prix moyens à plus chic

🏠 **Hôtel Made in Louise** *(plan détachable C4, 36) : rue Veydt, 40, 1050.* ☎ *02-537-40-33.* • *info@madein louise.com* • *madeinlouise.com* • Ⓜ *Louise. Les prix, petit déj inclus, varient entre 95 et 225 € selon date de résa, période et jour de la sem. Les meilleures affaires sont à saisir entre le ven soir et le dim.* 📶 Complètement relooké, ce petit hôtel familial aménagé dans une grande maison dans un quartier calme dorlote ses hôtes dans une ambiance cosy. Plein de petits coins tranquilles (salon avec cheminée, bar, billard) et une déco design sobre dans

un camaïeu de gris, très « cocooning à la belge ». Chambres bien équipées, literie moelleuse, douche tropicale. Petit déj copieux dans une véranda donnant sur les jardins. Personnel adorable et aux petits soins. Un autre vrai coup de cœur.

🏠 **Hôtel Le Berger** *(zoom détachable C4, 56) : 24, rue du Berger, 1050.* ☎ *02-510-83-40.* • *info@lebergerho tel.be* • *lebergerhotel.be* • Ⓜ *Porte-de-Namur. Doubles 100-160 € selon confort et période, à partir de 60 € le w-e, petit déj inclus.* 📶 Cet hôtel de passe des années 1930 a fait peau neuve et accueille désormais des clients conventionnels dans le style de l'époque. Avec leurs meubles, lampes et papiers peints Art déco, les chambres demeurent confortables et feutrées. On les rejoint en glissant littéralement dans les couloirs aux lumières tamisées et multiples recoins. Une ambiance singulière et intime, qui vire un peu au coquin avec les miroirs disposés près des lits, autour des baignoires et... jusqu'au sol de l'ascenseur ! Sur place : resto, et bar-*lounge* avec petits salons dans l'ambiance. Une adresse originale pour un week-end (chaud !) en amoureux.

🏠 **Hôtel Neufchatel** *(plan détachable C5, 57) : rue Neufchâtel, 34, 1060.* ☎ *02-537-37-25.* • *info@hotelneuf chatel.be* • *hotelneufchatel.be* • Ⓣ *81, 83, 92, 97. Doubles 90-150 € selon période, petit déj compris. Compter le double lorsqu'il y a des congrès.* 📶 Juste à la limite entre Saint-Gilles et Ixelles, un surprenant petit hôtel familial qui fait dans le design sans se prendre au sérieux (la déco est très originale dans son style). Un hôtel cocooning d'une vingtaine de chambres qui joue de la couleur et de son charme pour vous retenir (de sa literie aussi). Beaucoup d'habitués, réclamant les chambres côté jardin. Accueil pro et cordial, et aux petits soins pour vous faire découvrir les bonnes adresses de leur quartier (et de Bruxelles en général !). Un très bon rapport qualité-prix avec un sympathique buffet pour le petit déjeuner.

🏠 **Vintage Hotel** *(plan détachable C4, 48) : rue Dejoncker, 45, 1050.*

LA RÉGION DE BRUXELLES

☎ 02-533-99-80. ● info@vintagehotel. be ● vintagehotel.be ● Ⓜ Louise. Résa en ligne conseillée. Doubles 90-170 € selon saison et demande, 175 € dans la caravane. ☏ Près de la légendaire et trendy avenue Louise, dans une rue calme à l'écart de l'agitation, un hôtel dédié aux années 1970. Les seventies, peace and love et flower power, revus et corrigés par un designer union class, cela donne cet hôtel original et classe, et bien sûr très confortable et accueillant. Chambres décorées et meublées dans le style des golden seventies. Dans la cour, kitschissime chambre dans une mythique caravane américaine Airstream pour une expérience de glamping (camping glamour alliant luxe et confort). Pour ceux qui ont connu ces années-là : un plaisir.

🛏 **Hôtel Rembrandt** (plan détachable C4, 20) : rue de la Concorde, 42, 1050. ☎ 02-512-71-39. ● rembrandt. be@gmail.com ● hotelrembrandt. be ● Ⓜ Louise ou Porte-de-Namur. Fermé en août et de mi-déc à début janv. Doubles 75-110 € selon confort, petit déj compris. ☏ Petit hôtel familial et agréable, comme on en voit de moins en moins, à deux pas de la place Stéphanie. En tout, 12 chambres décorées à l'ancienne, toutes un peu différentes mais toutes fort bien tenues. Les moins chères avec douche seulement (w-c sur le palier), les autres avec douche ou baignoire et w-c. Charme, discrétion, atmosphère accueillante, voilà comment résumer en quelques mots l'endroit. Le petit déj est servi au salon.

🛏 **Pantone Hotel** (plan détachable C4, 55) : pl. Loix, 1, 1060. ☎ 02-541-48-98. ● info@pantonehotel.com ● pantonehotel.com ● Ⓜ Louise. Prix des chambres suivant la taille, l'offre et la demande 70-170 € ! ☏ Ici, concept totalement novateur, pas de folie lyrique à la Starck, mais un jeu de couleurs, d'espaces, de formes jouant sur de superbes chromatismes et un design élégamment épuré. Inspiré de la célèbre gamme de couleurs Pantone qui révolutionna les arts graphiques il y a 50 ans. Tout est plaisant à l'œil, frais et harmonieux, on peut choisir la couleur de sa chambre suivant ses états d'âme ou son humeur. Au dernier étage, le Pantone Lounge, son bar et la vue panoramique. Boutique, ça va de soi !

🛏 **Hôtel Argus** (plan détachable C4, 17) : rue Capitaine-Crespel, 6, 1050. ☎ 02-514-07-70. ● booking@ argus-hotel.be ● argus-hotel-brussels. com ● Ⓜ Louise. Doubles 115-145 € en sem et 75 € le w-e, petit déj compris. Par ailleurs, promos régulières sur Internet (60-67 € pour 2). Parking privé si résa par Internet. ☏ Bien placé, en bordure du Pentagone, dans le quartier Louise, zone commerçante du haut de la ville pleine d'animation pendant la journée. Ce petit hôtel se révèle très abordable le week-end et carrément intéressant en été, lorsque ses tarifs baissent encore. Bref, c'est surtout pour les week-ends et juillet-août qu'on le recommande. Chambres rénovées impeccables, surtout fonctionnelles (TV, minibar) et sobrement décorées, dans un design plaisant. Préférez celles donnant sur la rue, un peu plus lumineuses.

Où manger ?

Bruxelles à table, mode d'emploi

Pas de problème pour manger sur le pouce pas cher. Exki, Le Pain Quotidien, Mamma Roma, on aime toujours autant (voir plus loin). En plus de notre sélection, consultez le site de ● visit brussels ● pour découvrir l'actualité des néo-cantines et bons plans.
Dans les rues aboutissant à la Grand-Place, on trouve quelques troquets et de petits restos (que nous vous indiquons) qui vont bien au-delà de la simple mangeaille. De même, plusieurs cafés proposent, à l'instar des eetcafes flamands, une carte simple et nourrissante. Certains d'entre eux vous sont signalés.
Il faut aussi bien avoir en tête que, dans cette ville, même les bons (voire très bons) restos, chers le soir, proposent souvent le midi, du lundi au vendredi, un plat du jour à prix

raisonnable. Il ne s'agit pas d'un menu, comme en France, mais juste d'un plat, en général assez copieux, pour être rassasié. Donc le midi, vive le plat du jour, même dans un resto huppé (qu'on pourra alors ranger dans la catégorie « Prix modérés » et remettre dans « Plus chic » pour le soir). D'autant plus que certains étoilés proposent des menus « jeunes » sur leur site !

Cuisines du monde

Ville très cosmopolite, Bruxelles offre un bel échantillonnage des différentes cuisines du globe avec toutes sortes de restos de cuisine étrangère disséminés un peu partout dans l'agglomération... Sans parler des italiens et des grecs, qu'on trouve dans toutes les communes, certaines nationalités sont mieux représentées dans certains quartiers que d'autres. Ainsi, si vous voulez manger un couscous, c'est plutôt près de la porte de Hal *(plan détachable B4)* qu'il faut aller, plus précisément rue de Moscou, située à 250 m de là, au *Jugurtha*. Tout près, rue Haute, un bouquet de petits restaurants espagnols, comme entre autres la *Villa Rosa* (aux n°s 393-395).
Les restos asiatiques, eux, sont bien sûr légion, mais la rue Van Praet *(zoom détachable B2)*, qui part de la Bourse vers Saint-Géry, en concentre un bon petit nombre, corrects pour la plupart. Pour manger indo-pakistanais, aucun problème non plus, mais autant savoir que le quartier de Matongé, près de la porte de Namur (où vivent les communautés africaine et indo-pakistanaise de Bruxelles), en réunit quelques-uns *(plan détachable C3)*. Dans ce coin d'Afrique, beaucoup de restos typiques aussi, mais si vous optez pour ce genre de cuisine, ne vous engouffrez pas nécessairement dans le premier venu, car l'hygiène y est aléatoire. Quant aux quartiers Saint-Boniface *(plan détachable D4)* ou Flagey *(plan détachable D5)*, on y trouve quantité de petits restos sympas, de tous les horizons, à tous les prix. Pas mal de terrasses aux beaux jours...

Bruxelles sur le pouce

De-ci, de-là, des charrettes de *marchands ambulants* proposent des barquettes de *caricoles* (soit des bulots ou des escargots de mer, soit des bigorneaux, appelés aussi en *brusseleir, chenuesekluete*, autrement dit « testicules de Chinois »). Ces gros mollusques cuits au bouillon de céleri (et servis chauds) sont parfois accompagnés d'un verre de vin blanc. Très bruxellois, bien que les bulots viennent de... Bretagne. La tradition de consommer des *caricoles* et autres produits marins remonte à l'époque où Bruxelles était un port relié à la mer via la Senne et l'Escaut, à la fin du XVIe s. Les marchands ambulants de poissons et crustacés se développèrent alors. On trouve aussi parfois chez ces marchands ambulants d'autres produits de la mer tels que des moules crues à la sauce piquante, des poissons séchés (généralement des plies, *scholle* en bruxellois), des crabes, des crevettes et des langoustines.
Malheureusement, la tradition perd du terrain. On en trouve encore parfois aux beaux jours place De Brouckère, devant la Bourse, et aussi, le week-end, à l'angle de la rue Haute et de la rue des Renards *(plan détachable B3)*. Pour info, le mouvement *Slow Food* de Bruxelles est une mine de renseignements : ● *slowfoodbrussels.be* ●

Friteries

Parfois appelées « fritures » en Belgique ou *fritkot* en bruxellois ; impossible, ou presque, d'y échapper ! Non, les Belges ne mangent pas des frites tous les jours. Cela dit, ils sont quand même fiers de leurs baraques à frites et, à toute heure, il peut y avoir la queue devant les meilleures. Quelques adresses sélectionnées avec soin auprès des connaisseurs locaux :

🍴 **Maison Antoine** *(plan détachable E3)* : *pl. Jourdan, 1, 1040 Etterbeek.* ● *maisonantoine@skynet.be* ● *Non loin du Parlement européen et du Muséum des sciences naturelles.* Tlj 11h30-1h (2h le w-e). Elle existe depuis 1948 ! Baraque à frites en dur, pas facile à repérer le dimanche matin au milieu du marché local. Frites croquantes et cuites à l'ancienne, dans la graisse de bœuf. Comme d'hab', en plus des frites servies en cornet de papier, comme l'exige la tradition, on peut commander une brochette, une *mitraillette* ou un sandwich, agrémentés de torrents de sauces (la tartare est faite maison) et déguster le tout avec une bière à la terrasse d'un des cafés du coin.

🍟 *Friture de la Chapelle (zoom détachable B3) : pl. de la Chapelle, tiens ! À deux pas du Sablon. Ouv jusqu'à 22h.* Tout simplement d'excellentes frites, épaisses et bien croquantes, comme on les aime. Incontournable pour les résidents et touristes de passage des Marolles et du Sablon.

🍟 *Frit Flagey (plan détachable D5) : pl. Eugène-Flagey, 1050 Ixelles. Tlj sf lun 11h30-minuit (2h le w-e). Fermé en juil.* Ici encore, une valeur sûre et l'une des plus anciennes friteries. Ça « routine » quelque peu et l'accueil est quelquefois désagréable, cependant les frites sont bonnes et il y a toujours du monde (l'attente peut être interminable !). Dégustation d'huîtres le dimanche matin.

🍟 ◖◗ *Friture René (hors plan détachable par A3) : pl. de la Résistance, 14, 1070 Anderlecht.* ☎ 02-523-28-76. *Tlj sf lun-mar 11h45-14h30, 18h-21h30 (ouv le lun oct-juil).* L'excellent resto de cuisine bien belge (moules, américain) propose un cadre typiquement bruxellois : banquettes de bois, miroirs biseautés, toile cirée en vichy... mais aussi un comptoir de frites à emporter. Depuis 1932, René a ses inconditionnels. D'ailleurs, il n'utilise que de la bintje, une des pommes de terre les plus parfumées, avec une belle texture, permettant une harmonieuse cuisson jusqu'au cœur de la frite ! À tester si vous visitez la maison d'Érasme dans cette commune des faubourgs.

🍟 *Fritland (zoom détachable B2) : rue Henri-Maus, 49, 1000. Tlj 11h-1h (3h ven-sam).* Point n'est besoin de prendre le tram pour de très bonnes frites dorées. Ici, sur le flanc de la Bourse, au cœur du quartier touristique, voici une bien populaire friterie. Pas de frites surgelées, les patates sont pelées et coupées main. Résultat, 250 à 300 kg

débités quotidiennement dans ce cadre moderne et propre. À l'intérieur, tables hautes et une terrasse aux beaux jours. Sinon, on peut accompagner les frites de carbonade, pilons de poulet, boulettes et brochettes.

🍟 *Friterie du Parc (plan détachable B5) : av. du Parc, 5, 1060. Tlj 11h-5h30 (7h ven-sam).* Au XVIIIᵉ s déjà, les voyageurs s'arrêtaient à cette barrière de Saint-Gilles, un endroit stratégique que les autorités communales ne se priveront pas d'exploiter en instaurant un droit de passage. Depuis plus de 30 ans, ce *fritkot* perpétue la tradition : touristes, riverains et passants s'arrêtent pour payer la dîme... en échange du précieux cornet.

S comme soupe, snack, sandwich, sain, sur le pouce...

Vivent les croquettes de poissons ! On peut s'improviser un en-cas tout simplement convivial et délicieux en s'arrêtant dans une des poissonneries de la place Sainte-Catherine (notamment *Noordzee*). On y trouve des croquettes de crevettes, des soupes de poisson ou des assiettes de coquillages, à accompagner d'une petite mousse ou d'un petit blanc bien frais.

Quelques chaînes très recommandables pour manger bon, sain, original, sur le pouce ou sur un coin de table :

🥖 ◖◗ *EXKI :* grand choix (sous vide mais tout frais du jour) de sandwichs, salades, soupes, jus de fruits mais aussi des petits plats de pâtes ou des tartes aux légumes. Les produits sont bio, issus du commerce équitable et plutôt diététiques. Self-service : on paie à la caisse et on va s'installer avec son plateau. Bon à savoir, les prix sont cassés après 17h pour les sandwichs. Une dizaine d'adresses en ville, dont notamment : *chaussée d'Ixelles, 12, 1050 (zoom détachable C3 ; ouv 7h30-22h, dim jusqu'à 20h) ; pl. De Brouckère, 14 (zoom détachable C2 ; ouv 7h30-20h) ; rue Neuve, 78 (zoom détachable C2 ; ouv 8h-19h, fermé dim) ; pl. de la Bourse, 2 (zoom détachable B2 ; ouv 7h30-22h) ; rue du Marché-aux-Herbes, 93 (zoom détachable C2 ; ouv 7h30-22h) ; pl. Stéphanie (plan détachable C4 ; ouv lun-sam 8h-20h, dim*

11h-18h) ; rue des Tongres, 15 (plan détachable G3 ; ouv 7h30-19h, fermé dim) ; ou à la gare du Midi (plan détachable A3-4 ; ouv 6h30-18h, dim 11h-17h)... mais il y en a d'autres.

🍴 |●| **Le Pain Quotidien :** né à Bruxelles, le « pain quot' » s'est multiplié très vite, en 25 ans. On en trouve plus de 80 dans le monde. Bref, il s'agit d'une boulangerie-restaurant qui a su trouver la bonne formule : un rayon boulangerie (proposant divers types de pain, de la viennoiserie et des produits artisanaux majoritairement bio) prolongé par une partie restaurant très agréablement aménagée de bois naturel. On y sert (à une grande table ou à des petites tables individuelles) de bons petits déj mais aussi, à midi, d'excellentes tartines, des salades et autres suggestions affichées au tableau noir. *En dehors de l'adresse connue des Sablons (voir plus loin), dans le centre, vous trouverez d'autres « Pain kot » (c'est comme ça qu'on les appelle ici), rue Antoine-Dansaert, 16 (zoom détachable B2) ; av. Louise, 124 (plan détachable C4) ; chaussée de Water-loo, 515 (plan détachable C6) ; rue des Tongres, 71-73 (plan détachable G3)...*

🍴 |●| **Mamma Roma :** 6 ou 7 adresses déjà pour cette minichaîne de pizzas à consommer sur place ou à emporter. Attention, gros succès, petites salles vite remplies. Tables hautes et comptoir au coude à coude. Ici, on sert les pizzas à la découpe et au poids ! Garnitures originales et savoureuses sur une pâte gonflée et assez légère ; essayer la tout aubergine, la tomate-cerise fraîche, la potiron-lardons, la courgette-fromage alpin, la saucisse-champignons et surtout la pomme de terre-truffe (parfois en rupture de stock tard le soir !)... Au tableau noir, les saveurs du jour. Nos préférées se trouvent au sud du Pentagone *(voir plus loin à Flagey et au Chatelain).*

Dans le centre et au nord du Pentagone

Sur le pouce

Il y a aussi, bien sûr, toutes les petites adresses des musées, ou celles qui se cachent tout autour, dont on vous parlera lors des visites. Pensez déjà au *Green Kitchen* qui est un Salad Bar situé dans le musée BELvue. Et à *Ciabatta Mania* à côté du MIM.

🍴 **Au Suisse – Maison Scheggia-Togni** *(zoom détachable B2, 73) :* bd Anspach, 73-75. ☎ 02-512-95-89. ● contact@ausuisse.be ● *Tlj sf dim et j. fériés 7h30-18h et 10h-19h sam. Compter 5-6 €.* 📶 Une institution en matière de sandwichs ! Décor rétro à souhait, avec son snack à l'américaine, ses stucs, ses marbres et ses hauts tabourets alignés le long du comptoir. Tout en faisant la queue, on a le temps de choisir son pain, puis sa garniture : viandes froides, mozzarelle, macédoine de légumes, boulettes, jambons... Sur place ou à emporter. Idéal aussi pour un petit déj. Populaire et intemporel, comme on aime.

🍴 **Noordzee** *(zoom détachable B2, 82) :* rue Sainte-Catherine, 45, 1000. ☎ 02-513-11-92. Poissonnerie ouv 8h-18h (17h sam), fermée dim-lun. Le bar à poissons à l'extérieur est ouv mar-jeu 11h-17h, ven-sam 11h-18h, dim 11h-20h. *Petites portions 4-8 €.* Cette poissonnerie-traiteur anime cette jolie place et propose un bar en inox en demi-cercle, et des petits guéridons avec chaises hautes où l'on se serre, debout sur le trottoir, pour profiter des huîtres, d'une bonne soupe de poisson ou d'escargots et de petites tapas : on a aimé les *esprots* (petits harengs *a la plancha*), les joues ou la nuque de cabillaud et les fritures de calamars. Ambiance bon enfant. Une adresse incontournable.

🍴 **Charli** *(zoom détachable B2, 85) :* rue Sainte-Catherine, 34, 1000. ☎ 02-513-63-32. *Lun-sam 7h30-19h ; dim 8h-13h30.* Boulangerie-pâtisserie dans cette rue très commerçante. On peut s'y attabler pour un petit déj café-jus d'orange sous un plan géant de Bruxelles et choisir parmi la production de viennoiseries : croissants, couques au chocolat ou aux raisins, brioches. Baguettes de pain bio garnies à emporter, et pourquoi pas se faire plaisir et rapporter un crámique ou un craquelin fondant ?

LA RÉGION DE BRUXELLES

🍖 **I●I** *Café Novo* (zoom détachable C3, **109**) : pl. de la Vieille-Halle-aux-Blés, 37, 1000. ☎ 02-503-09-05. ● contact@cafenovo.be ● Lun-sam 12h-22h, dim 23h. Plat 9 €. Lunch 11,50 €. Soupe 4,50 €. Juste en face du musée des Éditions Jacques-Brel. Un petit resto-snack convivial au cœur de la ville avec une clientèle de jeunes gens du quartier. Tartes salées, salades, soupes... Pour faire comme les étudiants sans être étudiant... Système d'échanges de livres et terrasse à l'arrière.

De bon marché à prix modérés

I●I *Les Gens que j'aime* (zoom détachable B2, **78**) : rue du Midi, 15, 1000. 📱 0475-95-73-68. Tlj sf lun midi. Plats 10-19 €. On est séduit par ce bistrot cosy à l'ambiance *seventies* colorée. Quelques colonnes en façade et des murs constellés de photos d'acteurs de cinéma, sportifs... Bref, des gens qu'on aime bien. Dans l'assiette, soupes, salades, tartines, pâtes, burger maison, sans oublier plusieurs plats du jour bien ficelés et pas chers du tout. Accueil gentil. Une belle adresse de quartier.

I●I *Bia Mara* (zoom détachable B2, **69**) : rue du Marché-aux-Poulets, 41, 1000. ● biamara@live.be ● ☎ 02-502-00-61. Lun-jeu 12h-14h30 et 17h30-22h30, ven-sam 12h-22h30 et dim 12h-16h. Menu 10 €. 📶 Une bière ou un verre de vin offert sur présentation de ce guide. Tenu par deux Irlandais accueillants, un petit *fish and chips* calme, propre et sans odeur, à la déco contemporaine et minimaliste, pour un repas sur le pouce à prix riquiqui. Haddock en croûte, tempura de saumon ou crevettes thaï, à accompagner de la garniture de son choix (bonne sauce à l'huile de truffe) et de frites maison saupoudrées de sel aux algues ou au piment. Quelques tacos également. Simplement bon.

I●I *Arcadi Café* (zoom détachable C2, **87**) : rue d'Arenberg, 1 B, 1000. ☎ 02-511-33-43. Tlj 11h30-23h30, service non-stop. Plats 9-16 €. 📶 Tout au bout de la galerie Saint-Hubert, un endroit plutôt touristique mais encore correct pour un bon plat du jour et de bonnes tartes aux légumes (la spécialité). Sinon, crêpes farcies, salades, omelettes, sandwichs et pâtes en veux-tu, en voilà. Décor un poil rétro, avec de petites tables rondes et des murs chargés de vieilles photos. Couscous le jeudi. Vin au verre.

I●I 🍷 🍸 *Flamingo* (plan détachable C1, **133**) : rue de Laeken, 171-179, 1000. ☎ 02-218-88-70. Tlj 8h-2h du mat. Formule déj 6,80 €. Brunch le dim. Concerts et DJs jeu-sam soir et dim ap-m. 📶 Tout de bois vêtu, avec un immense bar et dans un style industriel très similaire à celui du *Belga*, place Flagey, il est baigné de lumière grâce à un jeu de miroirs qui suivent le soleil depuis le sommet d'un immeuble voisin. Large terrasse sur la rue pour boire un verre et se sustenter d'une petite restauration savoureuse et bon marché, (sandwichs, tartines-salades à composer et plat du jour) le tout arrosé d'une *Volga* pression.

I●I *C'est bon, c'est belge* (zoom détachable B2, **80**) : rue de Bon-Secours, 16, 1000. ☎ 02-512-19-99. ● cbonc belge@hotmail.be ● Tlj sf mar-mer 12h-17h. Menus 18-22 €. Dans ce quartier où sévit la malbouffe, ce petit épicier-traiteur fait de la résistance. Sur l'ardoise, voici de bons petits plats typiques du plat pays, variant au fil des saisons, mitonnés avec soin et simplicité, puis servis dans la boutique sur quelques tables. Excellent rapport qualité-prix-accueil.

I●I *Le Meyboom* (zoom détachable C2, **91**) : rue des Sables, 39, 1000. ☎ 02-219-55-99. Ouv slt lun-ven 12h-14h30. Fermé de mi-août à mi-sept. Plats de pâtes 8,50-10 €. Anthony et sa famille tiennent cette affaire depuis bien des années, pile en face du CBBD. La recette est ultrasimple : 7 recettes de pâtes, servies en portions hyper copieuses. Et la petite salle de ce bistrot à l'ancienne, avec ses boiseries et ses glaces biseautées, est pleine à craquer tous les jours. Les plats existent en taille « normale » et « géante ».

I●I *Mam Mam* (zoom détachable B2, **61**) : rue du Marché-au-Charbon, 72, 1000. ☎ 02-502-00-76.

• info@mam-mam.be • Tlj sf dim midi et mar 12h-15h, 18h30-23h30. Lunch 12,50 € ; plats 11,50-17,50 €. Un joli resto thaï : salle soignée, contemporaine et plaisante avec ses murs de brique. En entrant, on est immédiatement mis en confiance par les délicates odeurs provenant de la cuisine. Et ça ne trompe pas ! Les plats sont riches en saveurs et réalisés avec raffinement. Accueil souriant. Une bonne adresse pour ceux qui veulent manger asiatique.

I●I Le Corbeau (plan détachable C1, **92**) : rue Saint-Michel, 18, 1000. ☎ 02-219-52-46. • le.corbeau@sky net.be • Tlj sf dim 11h30-22h (pour la cuisine). Ven-sam, bar ouv jusqu'à 4-5h du mat. Petits plats simples 9 € le midi slt, sinon plats 9-17 €. Les étudiants aiment à se donner rendez-vous dans ce grand bar bruyant et animé, où l'on se régale de spaghettis bolognaise ou d'un simple stoemp pour une dizaine d'euros. Mais Le Corbeau est aussi, et presque avant tout, un bar, où des grappes de jeunes viennent boire de la bière, servie au litre. Jam session et scène ouverte le jeudi soir (sauf en été), et tous les week-ends, on y danse sur les tables ! Bonne et chaude atmosphère.

De prix modérés à prix moyens

I●I Fin de Siècle (zoom détachable B2, **88**) : rue des Chartreux, 9, 1000. Pas de résas. Tlj 16h30 (18h pour la cuisine)-1h. Plats 13-17 €. CB refusées. Cette grande salle à la déco brute, un peu bruyante quand il y a du monde, recèle une belle verrière Art nouveau. Atmosphère populaire et joyeuse de stamcafé (troquet d'habitués) où la Pils se paie toujours à un prix plancher. Cuisine de grand-mère, copieuse (jambonneau moutarde, lapin à la kriek), avec quelques échappées méditerranéennes ou exotiques. Petits desserts tout simples et vins joliment choisis. Service virevoltant et facétieux, jamais débordé malgré l'affluence. En face, au coin de la rue Van Artevelde et de la rue des Chartreux, une annexe du même proprio (**9 et Voisins**).

I●I Viva m'Boma (zoom détachable B2, **110**) : rue de Flandre, 17, 1000. ☎ 0471-40-80-84. Tlj sf mer, dim et j. fériés 12h-14h30, 19h-22h30. Plats 13-19 €. ☎ Toujours beaucoup de monde dans l'arrière-salle de cette ancienne triperie. Une salle pas bien grande et sans fenêtres, aux murs blancs carrelés, avec des banquettes et des tables de bistrot. La raison de ce succès est simple : on y mange fort bien, copieusement et à des prix serrés. Spécialité : les abats et les tripes, forcément, mais vous allez vous régaler avec pot-au-feu de joue et queue de bœuf... Dommage qu'on n'y serve que du vin. Boutique quelques mètres plus loin pour qui veut manger sur le pouce, le midi.

I●I In 't Spinnekopke (plan détachable B2, **108**) : pl. du Jardin-aux-Fleurs, 1, 1000. ☎ 02-511-86-95. • info@spin nekopke.be • Tlj sf sam midi, dim et j. fériés 12h-15h, 18h-23h (minuit ven-sam). Plat du jour env 10 €. À la carte, plats 15-30 €. Bien calée depuis le XVIIIᵉ en contrebas du trottoir, cette « Petite Tête d'Araignée » a su tisser sa toile dans une charmante maison fleurie et champêtre. Plats typiques belges : anguilles au vert, carbonade au lambic, coq Spinnekopke... glaces à la bière. Ici, c'est le royaume du parler brusseleir un tantinet moqueur mais, heureusement, la carte est traduite en français. Préférez la salle de droite, façon « chez ma grand-tante », aux autres, revues à la sauce bourgeoise. Terrasse comme sur la place du village aux beaux jours. Service au lance-pierre.

De prix moyens à chic

I●I Les Filles (zoom détachable B2, **89**) : rue du Vieux-Marché-aux-Grains, 46, 1000. ☎ 02-534-04-83. • info@lesfillesplaisirsculinaires.be • Tlj 12h-14h, 18h-21h. Formule unique à 16 € le midi, 25 € le soir ; brunch le w-e 18 € (10h-18h). Pas de résa, venir tôt ou en fin de service. Poussez donc la porte de cette belle maison de maître pour gagner « l'atelier culinaire » des Filles, installé sur plusieurs niveaux. Cuisine ouverte, grandes tablées,

LA RÉGION DE BRUXELLES

assiettes et argenterie dépareillées, chinées à la brocante des Marolles. Là, Lisa Couvreur et ses copines mitonnent une cuisine de saison, simple et pleine de goût, avec de bons produits bio qui servent aussi à garnir les paniers. Et, comme à la maison, les convives se servent eux-mêmes dans les gamelles et débarrassent leurs assiettes ! Une adresse sympathique plébiscitée par le Tout-Bruxelles.

|●| *Houtsiplou* (zoom détachable B3, **72**) : *pl. Rouppe, 9, 1000.* ☎ *02-511-38-16.* ● *info@houtsiplou. be* ● *Tlj 12h-14h30 (15h le w-e), 18h-22h30. Suggestion du jour 13 €. Burgers et plats 14-19 €.* 🛜 Petit bar-resto de quartier tenu par une équipe de jeunes tournés vers la vie alternative et culturelle. Rendez-vous animé le soir sur une place qui est souvent endormie. On y vient autant pour l'ambiance, chaleureuse et simple, que pour les petits plats, bons et à prix sages. Moules-frites, croquettes, salades, burgers et tartines variées. Amusante fresque retraçant l'histoire de la Belgique façon B.D. sur le mur.

|●| *Café Bebo* (zoom détachable B3, **94**) : *av. de Stalingrad, 2, 1000.* ☎ *02-514-71-11.* ● *cafebebo@skynet. be* ● *Tlj sf dim 9h-1h (minuit le sam). Plat du jour 9,50 €.* Grande baie vitrée ouverte sur l'avenue Stalingrad et la place Rouppe. Cet ancien lieu branché est devenu une gentille petite adresse de quartier où l'on vous sert à toute heure un potage, un plat du jour (moussaka, hachis Parmentier, goulasch… que des plats belges !). En revanche, belle carte de bières artisanales. Le gros avantage, c'est qu'on y sert en continu, jusque tard. On n'y vient pas exprès, mais c'est parfait pour une petite grignote si on loge dans les hôtels du quartier.

|●| *Kika* (zoom détachable B2, **90**) : *bd Anspach, 177, 1000.* ☎ *02-513-38-32.* ● *eat@kaki-kika.be* ● *Ouv slt le soir (dès 19h). Fermé dim. Plat env 15-17 €, repas à la carte 25-30 €.* 🛜 Sur ce vilain boulevard, voici un établissement où il vaut mieux réserver, car les tables sont vite occupées. Pour le décor, flash-back dans les années 1970, où les luminaires d'époque dialoguent admirablement avec le hideux papier

peint, faisant lui-même des clins d'œil aux chaises, sorties de la même malle aux souvenirs. Prix modiques et cuisine de qualité, à dominante transalpine, avec des variations asiatiques. Une cuisine sans esbroufe, bien présentée, copieuse et réalisée avec des produits de qualité. Accueil tout en gentillesse.

|●| *Le Petit Boxeur* (zoom détachable B2, **95**) : *rue Borgval, 3, 1000.* ● *lesoxi1@hotmail.com* ● ☎ *02-511-40-00. Entre la Bourse et la pl. Saint-Géry. Tlj sf lun, sam midi et dim midi 12h-14h30, 18h-23h30. Fermé en juil. Menus 17 € (le midi) et 34 € (le soir) ; plats 16,50-24 €.* 🛜 *Café offert sur présentation de ce guide.* Une adresse discrète, bien pour le déjeuner. Le décor est intime : murs marron passé, lustres en fer forgé, grands miroirs, tables tendues de blanc éclairées par de petits spots… Le lunch s'avère de bon aloi et d'un rapport qualité-prix convenable. Le soir, on monte d'un cran, avec un ensemble de plats plus raffinés. On citera en exemple, mais cela change souvent, un risotto de saint-jacques ou le gigotin d'agneau aux abricots confits. Accueil agréable.

|●| *Brasserie de l'Ommegang* (zoom détachable C2, **99**) : *Grand-Place, 9, 1000.* ☎ *02-511-82-44.* ● *info@bras seriedelommegang.be* ● *Lun-sam 12h-15h, 18h-22h30. Fermé dim sf mai-sept. Plat du jour 15 € en sem ; plats 16-30 €.* Adresse de prestige, puisqu'il s'agit de la maison du Cygne qui vit défiler tant de visiteurs célèbres : Karl Marx y aurait fondé l'embryon de l'*Internationale*. Jules Vallès et les communards s'y époumonèrent. En 1914, le dramaturge Fernand Crommelynck officiait derrière le comptoir après avoir épousé la fille de la maison. La brasserie d'en bas est moins onéreuse que le resto de l'étage et permet de profiter des lieux et de manger très convenablement sans trop bourse délier. Le décor allie tradition et modernité, la cuisine quant à elle reste très classique.

|●| *Kom bij Mâ* (zoom détachable B2, **68**) : *pl. Sainte-Catherine, 3, 1000.* ☎ *02-502-35-73. Tlj sf lun 12h-14h30, 18h-22h30. Plats 13-17 €. Menu 30 €.* Le quartier Sainte-Catherine revient doucement à une belgitude bon teint que semblent apprécier les touristes. « Viens chez moi, qu'il disait (en VF), je te ferai des croquettes, des *balleke*s sauce tomate, une blanquette de veau à l'ancienne, et si t'es sage, tu auras aussi un sacré trio à te mettre sous la dent, les inévitables saucisse, lard et *stoemp* du jour. » Cadre simple et convivial avec, au mur, des photos des Belges incontournables (demandez au jovial patron de vous les identifier), terrasse vite remplie... rien de tel pour profiter de la vie !

|●| *Le Pré Salé (zoom détachable B2, 84) : rue de Flandre, 18-20, 1000.* ☎ *02-513-56-14. Tlj sf lun-mar 12h-14h30, 18h30-22h30. Fermé 1re sem de fév et 1re quinzaine de juil. Résa conseillée. Plats 12-21 €. Café offert sur présentation de ce guide.* Plus *brusseleir*, tu meurs ! Décor de boucherie revisitée avec carreaux de faïence, crochets à viande, banquettes, et cuisine ouverte sur la salle. Le temple des grosses moules charnues en saison, grande spécialité de la maison. Ici, en effet, on ne sert que la *Golden*, la Rolls des moules de Zélande. Niveau prix, ce n'est, certes, pas donné, mais rien à dire sur la qualité des produits. Accueil fluctuant, on peut le dire.

|●| *La Caneva (zoom détachable B2, 126) : rue des Grands-Carmes, 9, 1000.* ☎ *02-512-34-47. Tlj le soir slt 18h30-22h30. Plats 18-23 € (moins cher pour les pâtes).* Briques rouges et poutres apparentes, belle cheminée, nappes blanches et serviettes en tissu pour ce discret petit resto italien du centre. Peu de tables, résa conseillée. Bon accueil teinté d'une tout aussi discrète familiarité. Cuisine sérieuse : bons produits, pâtes cuites comme il faut et bien servies. Du classique bien troussé : osso-buco, poireaux au gratin, tortellini à la truffe noire ou trio de pâtes farcies... Belle carte des vins.

Plus chic

|●| *Aux Armes de Bruxelles (zoom détachable C2, 77) : rue des Bouchers, 13, 1000.* ☎ *02-511-55-50. • commer cial@auxarmesdebruxelles.com • Tlj*

12h-22h45 (23h15 sam et 22h30 dim). Fermé en juil. Résa conseillée le w-e. Moules env 26 €, formule lunch 21 €, menu 39 €. Carte env 50 €. Bon, il nous fallait quand même une brasserie traditionnelle et indémodable (1921) dans cette rue pesamment touristique ! De bonnes moules de Zélande, bien charnues, parfaitement cuites et généreusement servies. Parmi les autres spécialités de la maison : les croquettes de crevettes, les moules-frites, les carbonades à la gueuze, le vol-au-vent et les crêpes flambées sous vos yeux. Les fans de B.D. auront relevé que dans l'album *Les Sarcophages du 6e continent*, Blake et Mortimer s'y régalent d'une casserole de moules.

|●| *Taverne du Passage (zoom détachable C2, 100) : galerie de la Reine, 30, 1000.* ☎ *02-512-37-31. • taverne-du-passage.be • Tlj midi-minuit. Résa conseillée. Lunch en sem, 19-26 €. Compter facilement 40 € à la carte.* Plus de 80 ans de bons et loyaux services spécialisés dans l'après-théâtre ! Si les serveurs de cette vénérable institution estampillée Art déco portent toujours la livrée blanche surannée aux épaulettes dorées, les généreuses moules-frites, les croquettes de crevettes, la sole ostendaise, la cocotte de waterzooï, la crème brûlée au spéculoos et les pots de bière à la pression, contribuent contre vents et marées à conforter une magnifique ambiance bourgeoisement bon teint, propice aux conversations joyeuses ou feutrées. Une des meilleures cartes des vins de la ville. Rendez-vous en 2028 pour le centenaire...

|●| *Belga Queen Brussels (zoom détachable C2, 64) : rue Fossé-aux-Loups, 32, 1000.* ☎ *02-217-21-87. • info.brussels@belgaqueen.be • Tlj 12h-14h30, 19h-minuit. Brunch 18 € ; plats 22-48 € ; menus 33-45 €.* 📶 Installé dans le décor étonnant de la salle des coffres d'une ancienne banque de la Belle Époque, ce restaurant s'articule autour d'un vaste hall à colonnades de style Empire sous une immense verrière. Le lieu est un peu bruyant mais la déco est d'exception, marbre, *stucco* vénitien, mobilier contemporain... jusqu'aux toilettes bizarrement transparentes s'opacifiant lors de la fermeture

du verrou ! On trouvera également un bar-lounge dans la salle des coffres au sous-sol. Au menu, brunch original à prix démocratique le midi, et des classiques de la cuisine belge revisités.

I●I *La Boussole (plan détachable B1-2, 113) : quai au Bois-à-Brûler, 61, 1000. ☎ 02-218-58-77. Tlj sf sam midi, dim. Résa conseillée le soir. Lunch 16-18 €. Plats autour de 20 € à l'ardoise.* 2 restos pour amateurs de poisson, presque côte à côte. Celui-ci est plutôt un resto d'habitués, de Belges heureux comme des poissons dans l'eau à l'idée de venir chez ce Grec malin, volubile. Petit resto qui ne prête pas de mine, avec sa déco, où l'on travaille en famille. Quelques tapas marins d'anthologie, avant de craquer pour la sole ou le poisson du jour.

I●I *La Marie-Joseph (plan détachable, 113) : quai au Bois-à-Brûler, 47, 1000. ☎ 02-218-05-96. ● info@ niels1926.be ● Tlj sf lun et j. fériés 12h-15h, 18h30-23h. Plats 24-32 €.* Un des plus fameux restos de poisson haut de gamme de Bruxelles. Cadre d'une certaine sobriété sans recherche particulière, du bois blanc et un peu de bleu marine, quelques tableaux pour les autres notes de couleurs et l'habituel aquarium à truites au milieu. Le midi, clientèle d'affaires, accueil et atmosphère un poil conformistes comme il sied en ces lieux. Cuisine de pro, poisson d'une belle fraîcheur cuit à la perfection. Quelques plats réguliers : joues de raie sautées à l'ail, waterzooi de lotte, soupes de moules à la vénitienne, *fish and chips* comme à Canterbury...

Autour du Palais Royal et des Sablons

De prix modérés à prix moyens

Un petit conseil, surtout si vous visitez les musées, pensez aux « cantines », restos et autres cafétérias de musées. La plupart offrent des formules lunch très attractives et permettent de souffler dans un cadre agréable. Nos préférées : celles du musée des Beaux-Arts, du musée des Instruments de musique, du musée d'Art et d'Histoire (pour plus de détails, se reporter aux textes concernant les musées). Elles sont évidemment accessibles même à ceux qui ne font pas la visite.

🍽 **I●I** *Le Pain Quotidien (zoom détachable C3, 86) : rue des Sablons, 11, 1000. ☎ 02-513-51-54. ● bel gium@lepainquotidien.com ● Tlj 7h30 (8h le w-e)-19h. Tartines 9-13 €, salades 14-16 €. Également des suggestions du jour.* Une boulangerie-restaurant qui s'est multipliée (comme des petits pains !) dans toute la Belgique et au-delà, tellement la formule a marché (voir intro).

I●I *L'Arrière-Pays (zoom détachable C3, 104) : rue des Minimes, 60, 1000. ☎ 02-514-77-07. ● asbillaut@ hotmail.com ● Tlj 11h30-14h30, 18h30-23h ; en continu le w-e. Copieux menu du jour 12 €, plats 14-17 €.* En terrasse sur une calme placette ombragée en contrebas du Grand-Sablon, surplombant les Marolles ou dans une salle de type néo-bistrot aux couleurs de la Provence, une bonne petite adresse pour nos trekkeurs urbains. Au programme, tartines gratinées, agrémentées de bons produits du terroir hexagonal (les patrons sont lillois), cocotte de carbonades, cassoulet, burger de confit de canard ou copieux plat du jour... Bien aussi pour un apéro dînatoire accompagné d'une planche de charcuterie ou pour un thé en journée. Une adresse pleine de soleil.

I●I *Comics Café (zoom détachable C3, 103) : pl. du Grand-Sablon, 8, 1000. ☎ 02-513-13-23. ● contact@ comicscafe.be ● Tlj 11h-minuit en continu. Plats 13-24 €.* Au milieu des terrasses chic du Sablon, un concept de café-brasserie-B.D. avec un bronze de Tintin et Milou grandeur nature à l'entrée. Un dédale de pièces en enfilade et une mezzanine avec tables nappées de vichy où l'on peut se faire servir des Obélix burgers, brochettes Gaston Lagaffe, et autres steaks, cheese-cakes, plus quelques plats traditionnels. Rien de gastro, on vous prévient. Mais le lieu attire surtout le chaland pour son grand choix de B.D., des nouveautés aux albums de collection ainsi que pour sa collection privée de lithographies originales de grands auteurs.

|●| Den Talurelekker *(plan détachable D2, 81) : rue de l'Enseignement, 25, 1000.* ☎ *02-219-30-25. Tlj sf w-e et j. fériés 12h-14h, 18h-22h. Fermé fin déc et 2 sem l'été. Plats 11-16 €. CB refusées. Digestif maison offert sur présentation de ce guide.* Son curieux nom peut se traduire du bruxellois en « Lécheur d'Assiette », tout un programme. Si vous êtes dans le coin à une heure de table (le musée de la B.D. n'est pas loin), une petite pause s'impose dans cet estaminet qui sert une bonne cuisine et, là encore, à des prix qu'on croyait révolus. Carte faisant la part belle aux spécialités belges : *ballekes marolliennes,* carbonades à la gueuze, blanquette de veau, vol-au-vent... le tout dans une salle « à l'ancienne », avec des banquettes en bois, des lambris et du carrelage, ou sur la terrasse.

|●| Soul *(zoom détachable C3, 97) : rue de la Samaritaine, 20, 1000.* ☎ *02-513-52-13. ● soulresto.com ● Ouv mer-dim 19h-22h (21h dim). Fermé la sem de Noël. Menus 25-30 €, plats 16-22 €.* 📶 Cuisine fusion, cuisine végétarienne : l'équipe féminine qui a repris ce petit resto propose des préparations saines, équilibrées et bio. En cuisine, on continue de mélanger avec hardiesse les graines, les légumes rares aux sauces allégées et aux fruits originaux (comme la grenade). Les goûts, les tessitures et les saveurs ne sont pas laissés au hasard, et c'est un vrai voyage culinaire.

Chic

|●| Peï & Meï *(zoom détachable C3, 71) : rue de Rollebeek, 15, 1000.* ☎ *02-880-53-39. ● peietmei. be ● Tlj sf dim soir, lun. Le midi, « dégustation du marché » 19 € avec un verre de vin. Menus 34-39 € ; menu-surprise 50 €. Plats env 16-24 €.* Gauthier de Baere fait partie de cette nouvelle génération de jeunes chefs qui ont franchi le pas en ouvrant leur propre resto. Même si on est à deux pas du Grand-Sablon, ce petit resto serait passé inaperçu sans le

bouche-à-oreille qui l'a vite rempli. Cuisine clin d'œil au terroir, certes, mais surtout beau travail au plus près des produits, qu'ils soient d'ici ou d'ailleurs. La vue sur les cuisines est elle aussi une des raisons du succès, comme le choix du nom qui peut se traduire par « un garçon, une fille ».

|●| Bleu de Toi *(zoom détachable B3, 66) : rue des Alexiens, 73, 1000.* ☎ *02-502-43-71. ● bleudetoi@ skynet.be ● Ouv lun-sam le soir slt 18h30-22h30 (23h le w-e). Fermé vac de Pâques et à Noël. Menu 30 €. Plats 18-28 €.* 📶 Cadre propice au tête-à-tête amoureux (voir le nom du resto qui signifie en belge « entiché de toi »), même s'il n'est pas obligatoire d'avoir été visé par Cupidon pour y manger. Briques apparentes et feu dans la cheminée au rez-de-chaussée, petites salles bleues à l'étage (lumière un peu crue) et une adorable terrasse. Spécialités : la *bintje* farcie, une grosse pomme de terre inventée en 1905 par un instituteur hollandais passionné de croisement de patates, et le homard (plus cher), demi ou entier, à toutes les sauces. Les 2 s'associent pour une *bintje* farcie au homard royale (le prix est à la hauteur !).

|●| Lola *(zoom détachable C3, 76) : pl. du Grand-Sablon, 33, 1000.* ☎ *02-514-24-60. ● info@restolola. be ● Tlj midi et soir jusqu'à 23h30 (non-stop le w-e). Plats 16-34 € (pâtes env 16-22 €).* Avec ce décor moderne, on se dit que c'est l'endroit branché par excellence où l'on paie le ticket de présence que le contenu de l'assiette ! Et puis on s'aperçoit bien vite que c'est du sérieux, que la carte terre-mer est riche et abordable (festival de saint-jacques, beau jambonneau... pour 20 €), les préparations sont inventives et copieuses, la présentation soignée, le service pro. Et ça marche fort ! Dommage que les tables soient si serrées.

|●| Bozar Brasserie *(zoom détachable C3, 67) : rue Baron-Horta, 3, 1000.* ☎ *02-503-00-00. ● resto@ bozarbrasserie.be ● Fermé dim et lun. Menus 27 € (le midi), puis 36-60 € ; plats 19-31 €.* Au rez-de-chaussée du grandiose palais des Beaux-Arts, conçu par Horta en 1928, ce resto livre un élégant cadre contemporain sous des plafonds authentiquement Art déco. Carte de brasserie revisitée haut la main par un jeune chef brillant pour des plats somme toute assez simples, mais fins et hauts en saveur ; le tout concocté dans une cuisine ouverte spectaculaire. Un excellent moment culinaire, parfois gâché par un service pas à la hauteur.

Dans les Marolles

Au sud du Pentagone, une atmosphère, franche, populaire et riche à la fois de p'tites adresses sympathiques.

De prix modérés à prix moyens

|●| *Le Point de Chute* (*zoom détachable B3,* **180**) : *pl. de l'Épée, 10, 1000.* ● *contact@lepointdechute. com* ● *Fermé lun, plus le soir mar-jeu en basse saison, ven et w-e jusqu'à 22h. Plats 8-12 €.* 📶 *CB refusées.* À droite du *Havana* de Bruxelles, sur une petite place tranquille. Petit resto bio, aux couleurs vertes, où l'on sert des *bagels,* des croquettes, des pâtes et des salades.

|●| *Easy Tempo* (*zoom détachable B3,* **93**) : *rue Haute, 146, 1000.* ☎ *02-513-54-40. Tlj sf dim soir et lun 12h-14h30, 18h30-22h30. Pâtes et pizzas essentiellement, 8-16 €. Antipasti 10-14 €. CB refusées.* Dans le quartier des Marolles, petit resto italien, tout en longueur, au beau décor de faïence rappelant que l'on est dans une ancienne pâtisserie. Dans la salle du fond, on a opté pour une déco moderne, dans des tonalités sombres et plus contemporaines. Une bonne adresse, notamment pour la *pasta* : cannellonis onctueux et délicieux raviolis du chef. Cuisine ouverte sur la salle, toujours gage d'une impeccable hygiène.

|●| *Dangel* (*zoom détachable B3,* **60**) : *rue Haute, 246, 1000.* ☎ *02-512-29-45. Fermé 2e quinzaine de sept. Tlj sf lun 12h-17h (14h30 mar et mer). Plats 7-17 €.* Derrière sa façade bleu et blanc, c'est un fameux traiteur spécialisé dans le poisson et les fruits de

mer. Entre la kitchenette et les vitrines réfrigérées, on se régale de petits plats simples et savoureux (scampi, saint-jacques, tartare de *king crab,* bisque de homard avec morceaux...), servis à prix justes sur quelques guéridons en marbre, avec un verre de vin blanc.

|●| 🍷 *La Brocante* (*zoom détachable B3,* **127**) : *rue Blaes, 170, 1000.* ☎ *02-512-13-43. À l'angle de la pl. du Jeu-de-Balle. Tlj 5h-22h (17h le w-e). Plats 7-13,50 €. CB refusées.* Le dimanche, en fin de matinée, allez siffler à notre santé l'une des 150 bières artisanales de ce bistrot, l'un des plus animés des Marolles, et profitez alors d'un concert de jazz (de 12h à 15h) dans une ambiance populaire authentique. Pour reprendre des forces, laissez-vous tenter par une grosse omelette (4 œufs), un sandwich « Brocante » (cheddar et oignons dans un pain de viande maison), une tartine, une salade ou un bon petit plat à bâfrer à la bonne franquette.

De prix moyens à chic

|●| 🍷 *Le Wine Bar* (*zoom détachable B3,* **114**) : *rue Haute 198, 1000.* ☎ *02-503-62-50 ou 0496-82-01-05* ● *winebarsablon@hotmail.be* ● *Tlj sf dim à partir de 19h et sam 12h-15h, 19h-23h. Fermé de mi-juil à mi-août et Noël-Jour de l'an. Assiette de charcuterie 16-25 €. Plats 15-25 €.* 📶 Dans un cadre rustique et élégant tout à la fois, on se restaure d'une bien honnête cuisine de bistrot à la française, un poil revisitée. Bon jambon persillé et saumon fumé maison, servis en tapas ou plats. Carte des vins bien fournie, laissez-vous guider par le sympathique patron.

|●| *Brasserie Ploegmans* (*zoom détachable B3,* **93**) : *rue Haute, 148, 1000.* ☎ *02-503-21-24.* ● *ploegmans@ ploegmans.be* ● *Tlj sf lun, dim soir et j. fériés 12h-14h, 18h-22h. Fermé 2 sém début juil et 24 déc-3 janv. Plats 12,50-20 €. Lunch 14 €.* Autrefois estaminet légendaire des Marolles, le lieu a été converti en brasserie tout en gardant le décor de boiseries couronnées de miroirs et murs couverts de

plaques émaillées. On peut encore y venir boire simplement un demi, mais la petite carte mérite qu'on s'y attable pour savourer un de ces bons plats bruxellois des familles : blanquette de veau, *stoemp* lard-saucisses, onglet à l'échalote, etc. Souvent bondé le week-end, quand les Marolles font leur plein de touristes.

|●| *Restobières (zoom détachable B3, 75)* : *rue des Renards, 9-11 (signalé 32), 1000.* ☎ *02-511-55-83.* ● *info@restobieres.be* ● *Tlj sf lun ; midi 12h-15h30, 18h00-minuit. Menus 24-49 €, plat du jour env 12 €, plats 12-25 €.* 🛜 Apéritif maison offert sur présentation de ce guide. Pour rester dans l'ambiance « brocante » des Marolles, une halte chaleureuse et de caractère. La carte semble compiler et proposer tout ce que la cuisine belge compte de plus fameux. Entre croquettes et autres incontournables *stoemps* ou carbonades, on trouve *bloempanch*, *choesels*, waterzooï de poulet fermier et... gaufre de Bruxelles. La plupart des plats sont cuisinés à la bière, ce qui leur confère un arôme incomparable. Décor brocante aux murs chargés de plaques émaillées et de bouteilles de collection. Le dimanche midi, toujours plein, conseillé d'arriver de bonne heure !

Au sud du Pentagone, à Saint-Gilles

À un vol de corbeau du Pentagone, une autre atmosphère, franche et populaire.

De bon marché à prix moyens

|●| 🍃 *Ozfair (plan détachable B4, 122)* : *av. Jean-Volders, 9, 1060.* ☎ *02-534-67-00.* ● *info@ozfair. be* ● *Tlj sf dim 12h-15h (boutique 9h-18h30). Plat du jour 10 € ; formule 15 €.* Une boutique de commerce équitable et solidaire où l'on trouve de tout ! Produits alimentaires bio, huiles essentielles, large gamme de thés, petits cadeaux divers et même des vêtements. Au milieu de ce joyeux capharnaüm, quelques tables pour se rassasier de petits plats végétariens de saison (couscous de légumes,

ratatouille de quinoa, cocotte au poti-marron...) ou d'une bonne soupe maison 100 % bio. Fait également salon de thé où l'on pourra visionner un diaporama de photos de voyage de clients. Super accueil, forcément.

|●| *Le Waterloo (plan détachable B5, 129)* : *chaussée de Waterloo, 217, 1060.* ☎ *02-539-28-04.* ● *formatosalvatore@gmail.com* ● *Tlj sf mar 11h-15h, 17h45-22h45 (non-stop le w-e). Fermé de mi-juil à mi-août et fin déc. Plats 8-16 €.* 🛜 Le petit resto de quartier que l'on aimerait tous avoir à côté de chez soi pour les soirs où il n'y a rien dans le frigo ! On se régale des grands classiques de la cuisine bruxelloise (ah ! le jambonneau à la moutarde...), servis copieusement, à prix doux et avec le sourire. Clientèle de tous âges, principalement des habitués (mais les nouveaux sont les bienvenus), et des artistes le soir tard. Notre cantine à Saint-Gilles.

|●| 🍷 *La Porteuse d'Eau (plan détachable B4, 125)* : *av. Jean-Volders, 48, 1060.* ☎ *02-537-66-46.* ● *informations@laporteuse.eu* ● *Tlj 12h-15h, 18h-22h (non-stop le w-e). Fermé la dernière sem de déc et la 1re de janv. Formule déj 13,50 € (slt en sem) ; plats 9-15 €. Vin au verre 2,50 €.* Le croiriez-vous, la déco Art nouveau date d'à peine une trentaine d'années : fresques aux femmes mystérieuses, boiseries claires, escalier en colimaçon, ferronneries et lampes style « coup de fouet » sur 2 étages, une vraie réussite ! Et quand une belle lumière traverse les vitraux colorés, c'est, c'est... À propos, on y mange aussi. Cuisine traditionnelle bien tournée : râble de lapin moutarde, carbonade, vol-au-vent, waterzooi à la Gantoise, *stoemp* du jour, feuilleté de scampi et lardons fumés caramélisés, etc. Endroit sympa pour déguster de bonnes bières aussi. Aux beaux jours, quelques tables dehors.

|●| *Ma Folle de Sœur (plan détachable C4, 70)* : *chaussée de Charleroi, 53, 1060.* ☎ *02-538-22-39.* ● *sandrine@mafolledescœur.be* ● *Tlj sf sam midi et dim 12h30-14h30, 18h30-22h30. Fermé 2 sem fin août. Résa conseillée. Lunch 15 €, plats 13-17 €.* Un nom qui a fait le succès de cette petite salle à la déco soignée, où l'on vient grignoter

LA RÉGION DE BRUXELLES

une gentille petite cuisine locale à base d'huile d'olive et d'épices, plutôt bien maîtrisée. Carte d'incontournables : lapin à la *kriek*, croquettes aux crevettes grises... Sans oublier les suggestions affichées sur un tableau noir derrière le comptoir. Terrasse. Avec le temps, l'accueil s'est un peu fatigué, dommage.

iOi *Belgobon* (plan détachable C5, 131) : chaussée de Charleroi, 179, 1060. ☎ 02-539-35-94. ● belgobon@gmail.com ● Tlj sf lun soir, mar soir, sam midi et dim. Fermé 2 sem mi-juil et Noël-Jour de l'an. Plat du jour le midi 13 € ; menu 33 € le soir ; plats 17 €. Ce resto d'angle propose exclusivement des produits de terroir de producteurs bio. Transformés et servis sans esbroufe ni faux pas, on fait bombance d'une cuisine généreuse, sincère et saine. Côté boisson, goûter le vin de fleurs de pissenlit à l'apéro, puis un vin belge (forcément) qui surprend agréablement. Bien le midi pour une pause sur le parcours Art nouveau, on s'y attardera le soir pour un menu copieux dans un cadre cosy et coloré. Du 100 % belge et bon !

iOi *Chumadia* (plan détachable C4, 119) : rue d'Écosse, 32, 1060. ☎ 02-538-14-68. Tlj sf sam-dim. Carte 20-25 €. Ce restaurant serbe ne paie pas de mine mais le rapport qualité-prix est imbattable. Alexandra vous accueille avec beaucoup de gentillesse. Outre les spécialités de son pays, la recette du succès du *Chumadia*, ce sont ses viandes. Une côte à l'os de 1 kg pour 20 €, une entrecôte de 500 g pour 18 €, avec salade et petites pommes de terre grillées. Le *Chumadia*, c'est un petit secret que les gens du quartier font découvrir à leurs amis. Il est impératif de réserver, car c'est très souvent complet.

De prix moyens à plus chic

iOi *Le Café des Spores* (plan détachable B5, 79) : chaussée d'Alsemberg, 108, 1060. ☎ 02-534-13-03. ● cafedesspores@yahoo.fr.be ● Lun-sam 19h-23h. Menus 25-35 € (6 plats). 📶 Au rez-de-chaussée d'une

maison de maître avec mezzanine, un concept original : des petits plats peu copieux mais tous à base de champignons ! La sélection du jour figure sur une grande ardoise derrière le comptoir, là même où le chef fait sa cuisine. Vins au verre bien choisis (à défaut d'être bon marché !) pour accompagner tout ça.

iOi *La Buvette* (plan détachable B5, 79) : chaussée d'Alsemberg, 108, 1060. ☎ 02-534-13-03. Juste en face du *Café des Spores*, son grand frère (même tél). Tlj sf dim-lun, ainsi que mar midi et sam midi. Résa obligatoire. Lunch 25 €. Menu 45 € le soir. Une ancienne boucherie qui a conservé uniquement ses crochets, ses céramiques et une porte de chambre froide pour ne pas inquiéter le (beau) monde qui la fréquente. Ici, pas de carte. Le menu annoncé sur une petite feuille de papier est unique, minimaliste, décliné en 7 services, avec la garantie de saveurs originales à chaque passage-livraison. L'adresse la plus cotée du moment, avec certains plats assez bluffants, d'autres moins. On applaudit les associations bien trouvées et le travail original sur les produits. Belle carte de bières, eh oui. Service à la fois décontracté et très pro.

iOi *Leonor* (plan détachable C4, 134) : rue Saint-Bernard 1. 1060. ☎ 02-544-02-08. ● restoleonor@hotmail.be ● Ouv 12h-14h30 et 19h-22h, sf sam midi, dim et mer. Lunch 2 services à 14 €, menu tapas à 39 €. Déco florale un peu épurée, dans les tons pastels. Jambon bellota ibérique, calamars, gambas à la plancha, chipirons, poulpe, zarzuela, cassoulet asturien, tripes de maman juteuses viandes sud-américaines. Produits extra frais, beaucoup de créativité, la nouvelle Espagne à son meilleur niveau. Quelques lenteurs dans le service.

iOi *Premier Comptoir Thaï* (plan détachable C4, 96) : chaussée de Charleroi, 39, 1060. ☎ 02-537-44-47. Tlj sf dim ainsi que lun et sam midi ; 12h-14h et 19h-22h30. Fermé pdt les vac de Noël, dernière sem de juil et première quinzaine d'août. Menu 28 €, plats 14-16 €. À la frontière de Saint-Gilles et d'Ixelles. Un des meilleurs restaurants thaïlandais de Bruxelles, tenu par un couple charmant de... Vietnamiens. Dang Khoa, francophone d'une grande gentillesse, est très attentionné avec ses clients. Cuisine raffinée avec des degrés variables dans les doses d'épices, d'ailleurs c'est précisé sur la carte pour chaque plat.

À Ixelles, autour de Saint-Boniface et Matongé

Prix moyens

|●| Mano a Mano (plan détachable D4, **102**) : *rue Saint-Boniface, 8, 1050.* ☎ *02-502-08-01. Tlj sf le midi le w-e et le soir dim-mer 12h-14h30, 18h30-23h30. Plats 10-16 €.* Poussez la porte de ce petit restaurant italien, vous ne le regretterez pas ! Situé sur une placette animée bordée de restos branchés, il régale sa clientèle, depuis plusieurs années, de plats de pâtes succulents et copieux ou de pizzas croustillantes et bon marché. Très bon accueil, service efficace et bonne ambiance..:

|●| Le Tournant (plan détachable D4, **117**) : *chaussée de Wavre, 168, 1050.* ☎ *02-502-61-65. Tlj sf dim-lun et sam midi ; 12h-14h30 et 19h-22h30. Fermé 3 sem en août. Menus 19 € le midi, 36 € le soir ; plats 16-21 €.* Atmosphère relax et cuisine simple, sans chichis, mitonnée avec cœur. En plus de la mijotée agneau-abricots, des plats qui vont chercher ailleurs d'autres sensations gustatives. Un grand tableau noir reflète l'inspiration du jour. Sinon, le bar attire les amoureux de petits vins de pays, sélectionnés ici avec un joyeux et chantant discernement. Mon tout saupoudré d'un accueil gentil tout plein, mais ça vous vous en doutiez. Non, pas de réservation...

|●| Le Volle Gas (plan détachable D4, **65**) : *pl. Fernand-Cocq, 21, 1050.* ☎ *02-502-89-17.* ● *vollegas@skynet.be* ● *Ouv tlj sf dim 12h-15h, 18h-minuit. Plats 12-23 €.* Traduction du nom : « Plein Tube ». Au cœur d'Ixelles, sur une place jolie et vivante, la brasserie bruxelloise par excellence. Version un peu chic avec ses banquettes en bois sombre surmontées de miroirs, ses petites tables en marbre, ses publicités

rétro et son joli poêle de faïence en guise de dressoir. Prix toutefois démocratiques et carte autochtone vraie de vraie : les crevettes grises en croquettes, proposées avec le persil fatigué (dommage!), *stoemps,* waterzooi, lapin à la *kriek, ballekes* à la marollienne, coucou de Malines, filet américain et moules en saison. Une scène du film *Rien à déclarer* de Dany Boon y a été tournée.

De prix moyens à plus chic

|●| Amor Amor (plan détachable D3, **116**) : *rue du Trône, 59, 1050.* ☎ *02-511-80-33. Ouv 12h-14h30, 18h30-22h30. Fermé sam midi, dim et le soir lun-mar. Congés : de mi-juil à mi-août. Plats 25-27 €, sinon bonnes pâtes 18-19 €. Résa quasi obligatoire. Digestif maison offert sur présentation de ce guide.* Tout est petit ici : salle (une quinzaine de couverts), terrasse et même la carte... mais on met vraiment les petits plats italiens dans les grands. Du sérieux, du régulier, du frais et cuisson parfaite pour les pâtes. Agréable atmosphère. Côté vignes du Seigneur, on va choisir soi-même dans la plus belle bibliothèque qui soit, surtout au rayon sud de l'Italie. Cuisine ouverte, tout est élaboré devant vous. À propos, garder une toute petite place pour le tiramisú.

Autour de la place Flagey

Le quartier qui monte depuis le réaménagement de la place éponyme. On ne vient pas là pour faire une expérience gastronomique, pas vraiment, mais pour découvrir des lieux de vie bien typés, profiter de l'air du temps. Pour s'y rendre : trams n°s 81 et 83 ; bus n°s 38, 59, 60, 71 (bus de nuit N9 et N10)...

De bon marché à prix moyens

|●| Mamma Roma (plan détachable D5, **118**) : *chaussée de Vleurgat, 5, 1050.* ● *info@mammaroma.be* ●

☎ 02-640-42-80. Tlj 12h-22h30 (23h30 ven-sam). Menu lunch 8 €. ☏ Attention, gros succès, petite salle vite remplie. Animation et bruit assurés. Cadre dans les tons blanc, gris, rouge et noir. Tables hautes et comptoir au coude à coude. Ici, on sert les pizzas à la découpe et au poids (voir « S comme soupe... » plus haut). Au tableau noir, les saveurs du jour. Quelques *antipasti* aussi et même du vin rouge au verre buvable.

|●| ⟊ L'Épaulé Jeté *(plan détachable D5, 185)* : pl. Flagey, 13, 1050. ☎ 0487-62-22-61. ● epaulejete.be ● Tlj 8h-2h (3h jeu-sam). Lunch 15 €. Le célèbre *Café Belga* (voir plus loin « Où boire un verre ? ») partage désormais les honneurs de ce coin prisé d'Ixelles avec ce nouveau QG qui fonctionne selon un concept simple. Le midi, soupes, plats du jour, sandwichs qui ont le mérite de vous caler. On peut en profiter pour laver son linge, lire les journaux, etc. Pendant le brunch du dimanche, au rez-de-chaussée, les enfants sont pris en charge.

|●| Indochine *(plan détachable D5, 120)* : rue Lesbroussart, 58, 1050. ☎ 02-649-96-15. Tlj sf dim et lun midi 12h-14h30, 19h-23h. Fermé en juil. Copieux menus 17,50-20,50 €. Plats env 9-12 €. Digestif offert sur présentation de ce guide. Ah ! qu'on l'aime bien ce chaleureux resto, sa bonne cuisine indochinoise et son accueil suave ! Très populaire chez les jeunes et les étudiants pour la modicité des prix et la qualité régulière de la cuisine. En outre, on repart avec un max d'aphorismes et de proverbes appris sur place (pour certains assez surréalistes!). Tiens, on a bien aimé : « C'est moins le bruit des bottes qu'il nous faut craindre que le silence des pantoufles »... Et dans l'assiette, un bon canard laqué, l'abondant vermicelle mixte, les traditionnels *phô* et *dim sum* (bouchées à la vapeur), les plats en wok et grillades multiples. Populaire fondue cochinchinoise pour 2. Service plaisant et efficace, box pour les p'tites bandes.

|●| Les Super Filles du Tram *(plan détachable D5, 121)* : rue Lesbroussart, 22, 1050. ☎ 02-648-46-60.

● aamarcil@hotmail.com ● Tlj 12h-15h, 18h-23h, non-stop sam (dim, brunch salé ou sucré 11h-17h). Burgers 11-18 €. Là aussi, resto pas bien grand, décoré d'une grande fresque contemporaine. Vite rempli par des jeunes avides de bons burgers aux ingrédients peu habituels, comme le poulet ou le saumon grillé... mon tout servi sur planche avec un pot en terre de frites. Essayer donc le *Big Joe* avec ses 250 g de bœuf ! Sinon burger végétarien, quelques salades variées et de belles tartines à accompagner d'une chouffe au fût... Certes, pas une cuisine très sophistiquée, mais un bon rapport qualité-prix-convivialité ! Accueil relax, on s'en serait douté !

|●| Chez Oki *(plan détachable D5, 121)* : rue Lesbroussart, 62, 1050. ☎ 02-644-45-76. Menus 30, 40 et 50 € (3, 4 ou 5 services). Ce restaurant vous fera découvrir la cuisine japonaise d'une manière très surprenante. Les plats sont préparés « à la française » (donc dressage sur assiette), mais les ingrédients sont bel et bien japonais. Ce n'est pas donné mais l'expérience en vaut vraiment le coup. Elle vous changera des plateaux sushis que vous faites livrer chez vous.

|●| Le Variétés *(plan détachable D5, 185)* : pl. Sainte-Croix 4, 1050. ☎ 02-647-04-36. ● info@varietes. be ● Tlj 10h-minuit. Addition 40-50 €. Brasserie rôtissoire au rez-de-chaussée du paquebot *Flagey* sur le coin face à l'église. Un décor vintage qui rappelle les années 1930 : boiseries brutes, cuisine ouverte. Adresse branchée appréciée des *people* et des *musicos*. Andouillettes AAAAA, jambonneau moutarde, côte de bœuf irlandaise, ½ poulet-compote, ris de veau rognons et fruits de mer selon arrivage, le tout servi avec le sourire, mais sans empressement. Prix un poil forcés.

Dans le quartier du Chatelain

Une pépinière de bons restos, et pour toutes les bourses ! Pour s'y rendre de la place Royale ou du Petit Sablon : tram n° 92 pour l'avenue de Charleroi et n° 94 pour l'avenue Louise (ces trams font un arrêt à Louise pour une correspondance en métro). Ne manquez pas d'y faire un saut le mercredi en fin de journée, quand le *marché du Chatelain* bat son plein et qu'on vient de toute la ville boire un verre et grignoter en terrasse. Plein de petits stands improvisés font ce jour-là une sacrée concurrence aux restos qui restent vides assez tard. Si vous arrivez trop tard, offrez-vous une pizza à la découpe au *Mamma Roma (rue du Page, 42)*.

De bon marché à prix moyens

l●l *Le Pain du Châtelain (plan détachable C5, 106) : pl. du Châtelain, 29, 1050. ☎ 02-534-65-95. ● pain_duchatelain@gmail.com ● Tlj 7h (8h30 dim)-16h (17h le w-e). Fermé 1er janv et 25 déc. Compter 7-10 €. CB refusées. ☞ Café offert sur présentation de ce guide.* Très bien situé, au cœur d'Ixelles et de son animation. Un bistrot de style New York pour les jeunes urbains branchés, pour manger pas cher et bon. *Bagels, pasta,* salades, tartines et sandwichs, tout est à prix doux.

l●l *Le Pavillon (plan détachable C5, 107) : rue Defacqz, 64, 1050. ☎ 02-538-02-15. Tlj sf mer soir et w-e 12h-15h, 18h-23h. Fermé en août. Plats 7-15 €.* Un des petits restos les plus sobres et les moins chers du quartier branché d'Ixelles. Une sorte de cantine où l'on sert de la cuisine (belge et française) simple et bonne dans une salle à la déco dépouillée.

l●l *Les Fils à Maman (plan détachable C5, 132) : rue Fourmois, 29, 1050. ☎ 02-534-56-26. Tlj sf sam midi et dim soir 12h-14h30, 19h-23h. Fermé Noël-1er janv. Plats 10-15 €, le midi, 15-21 € le soir. Brunch dim 14-22 €.* En cuisine, 4 sales gosses se sont associés pour reproduire leurs recettes d'enfance. Des plats roboratifs donc, un brin régressif, mais tellement bon. Vous pouvez vous contenter d'un méga cheeseburger au *Caprice des dieux,* si vous craignez certains mélanges.

Côté déco, un pêle-mêle de photos-souvenirs et de héros des années culottes courtes période 1970-1980 (voir également les toilettes !). Tous les premiers mardis du mois, les fistons reçoivent leur maman en cuisine pour un plat unique. Et le dimanche, on ne s'ennuie plus, y'a brunch avec les copains... Comme à la maison, on vous dit, mais en mieux, et la vaisselle en moins !

De prix moyens à plus chic

l●l *Beurre-Noisette (plan détachable C5, 130) : rue du Page, 38, 1050. ☎ 02-534-21-55. ● gregoiredebacker@live.fr ● Tlj sf dim-lun 12h-14h, 19h-22h30. Congés 1 sem en janv et de mi-juil à mi-août. Résa conseillée. Le midi, plat 9 € et formules 13-18 €. Le soir, menu 38 € ou plats 22-29 €. Vin au verre env 4 €.* Un jeune chef trentenaire qui réalise une créative et surprenante, dans un cadre cosy, gentiment rétro-moderne : on applaudit. Des produits nobles, des mélanges audacieux, à la cuisson précise et au dressage que l'on n'ose déconstruire. Les suggestions changent tous les jours, mais à la carte, l'agneau de Lozère et le ris de veau nous ont enthousiasmés. On n'oubliera pas de vous prescrire un dessert, fait par un chef pâtissier tout aussi imaginatif. L'addition excite un peu la puce de la carte bancaire, mais le rapport qualité-prix est indéniablement excellent, particulièrement le midi.

l●l *La Quincaillerie (plan détachable C5, 105) : rue du Page, 45, 1050. ☎ 02-533-98-33. ● info@quincaillerie.be ● Tlj sf dim midi 12h-14h30, 19h-minuit. Formule déj 13,80 € ; menu 29 € ; plats 18-37 €.* Si vous êtes sur le circuit Art nouveau et si vous voulez rester dans le ton, vous trouverez ici un décor à la hauteur de vos attentes. Comme son nom l'indique, ce cadre mirifique est celui d'une ancienne quincaillerie. Une énorme horloge, une myriade de tiroirs, des coursives suspendues, des escaliers en fer forgé et du laiton à foison... Le décor 1900 d'origine est toujours là, un tantinet revisité par l'architecte Antoine Pinto, dont c'était là une des premières créations. Dans les assiettes, une honnête cuisine de brasserie avec quelques plats belges. Rapport qualité-prix indéniable, à l'heure du déjeuner tout au moins ; le soir, c'est très surfait.

I●I Arti Sauce *(plan détachable C5, 115)* **:** *chaussée de Waterloo, 421, 1050.* ☎ *0483-65-65-16.* ● *artisauce. com* ● *Tlj sf sam midi, dim-lun. Ouv jusqu'à 22h30. Formule 15 € le midi. Menu 37 € le soir.* Christophe Venmans fait partie de ces jeunes chefs débordant d'idées et d'énergie qui en ont eu assez de travailler pour les autres. Il s'est associé à son père pour ouvrir ce petit resto sympa. Couleur artichaut sur les murs, cuisine ouverte et jardin à l'arrière pour manger en terrasse. Le carrelage de l'ancienne boucherie est toujours là, mais la cuisine est jeune, actuelle, flirtant avec l'Asie, pour une union savoureuse qu'on apprécie, même quand il faut rajouter quelques euros à certains plats du menu-carte.

À Schaerbeek

Non seulement le sud de la commune de Schaerbeek offre de belles architectures et de paisibles promenades, mais aussi de remarquables adresses gastronomiques... Voici notre sélection !

De prix moyens à chic

I●I Âne Vert *(plan détachable D1, 112)* **:** *rue Royale-Sainte-Marie, 11, 1030.* ☎ *02-217-26-17.* ● *info@ anevert.be* ● *Ouv lun-ven midi et soir et sam soir. Fermé dim. Formule lunch 18 €, plats 13-24,50 €.* À 5 mn du Pentagone, en face des *Halles de Schaerbeek* et derrière le dôme néobyzantin de l'église Royale-Sainte-Marie. Un bistrot dont le nom rend hommage aux ânes, symboles de la commune quand ils approvisionnaient les habitants de Bruxelles en légumes de la vallée du Josaphat. Salle chaleureuse tout en longueur, gravures anciennes, photos des anciens bourgmestres, planches de Françoïs Schuiten, banquettes de bois et jolies tables nappées. Cuisine du cru : boudin, *stoemp*-saucisse, chicons au gratin, côte de veau à la

gueuze, etc. Le tout généreusement servi avec un joli sourire.

I●I Le Max *(plan détachable F2, 123)* **:** *av. Émile-Max, 87, 1030.* ☎ *02-733-17-88.* ● *lemax1975@ hotmail.be* ● Ⓜ *Diamant. Tlj sf dim 12h-14h30, 19h-22h30. Lunch en sem 9 €. Compter 25-30 € max (pâtes env 11 € et viandes 13 € en moyenne). CB refusées.* Le resto d'un chef plein de talent et un des membres du mouvement *Slow Food* à Bruxelles, propose une superbe cuisine franco-sarde. Choix rigoureux des produits, géniales déclinaisons de vieilles recettes (ah ! le porcelet grillé, l'épaule confite et selle d'agneau persillée, la goûteuse tête pressée...), sens des harmonies de saveurs, prix vraiment démocratiques, tout concourt ici au bonheur des papilles... Le midi, gros succès du buffet illimité de délicieux *antipasti* froids et chauds dans le joli caveau de brique rouge. Très belle carte de vins italiens, ça va de soi. Un jeudi par mois, buffet-concert à partir de 19h30. Pensez à réserver.

I●I Le Zinneke *(plan détachable F1, 124)* **:** *pl. de la Patrie, 26.* ☎ *02-245-03-22.* Ⓣ *n° 25 depuis Rogier, à peine 20 mn de transport, et on vous dépose au pied du resto ; bus n°s 65 et 54A (arrêt « Patrie »). Tlj sf lun et sam midi 12h-14h, 18h-22h. Lunch moules (4 préparations différentes) en sem 19,75 €, menus 29,50-35,50 €. Plats 13,50-25,50 €. Et réduc de 25 % sur l'addition (hors vins) si vous quittez la table avt 20h30 !* Un resto pour amateurs de moules et d'humour belge... Proposant pas moins de 69 goûts et parfums subtils, séduisants, étonnants parfois! Intérieur chaleureux de discret p'tit resto de quartier. Quelques clins d'œil Art déco, grande fresque, box en bois pour les familles d'habitués qui viennent souvent de loin. Produits soigneusement sélectionnés. Quelques fleurons de la carte : le poulet fermier en vol-au-vent, la carbonade de Black Angus à la gueuze, le *stoemp*, bien sûr... accompagné d'une *moinette* bio. Une cuisine de pro donc, capable de maintenir une haute qualité avec des produits sains (membre de *Slow Food*).

Où acheter des spéculoos ?
Où déguster des chocolats ou une glace ?

🛍 ⚜ *Dandoy (zoom détachable B-C2, 209) : rue Charles-Buls, 14, 1000.* ☎ *02-511-03-26. À côté de la Grand-Place. Ouv 9h30-19h (10h30 dim). Fermé entre Noël et 1er janv.* LE spécialiste du spéculoos et du pain d'épice depuis 1829. La maison est tout aussi célèbre pour ses cramiques aux raisins ou son pain « à la grecque » (traduction erronée du mot *gracht* voulant dire « fossé » – car c'est dans la « rue du Fossé » qu'autrefois on vendait le pain). 5 autres magasins dans Bruxelles ; le plus vieux (le plus joli aussi) date de 1858 et se situe 31, rue au Beurre (petite rue qui part elle aussi de la Grand-Place). Baudelaire venait y acheter son pain d'épice (qu'il savourait avec une bouteille de corton !). Celui de la rue Charles-Buls fait aussi salon de thé à l'étage et sert les meilleures gaufres de la ville.

🛍 ⚜ *Laurent Gerbaud (zoom détachable C3, 210) : rue Ravenstein, 2 D, face au BOZAR, 1000.* ☎ *02-511-16-02. ● info@chocolat gerbaud.be ● Tlj 10h30-19h30 (plus tard les soirs de concert). Fermé de fin juil à mi-août.* Dans cette boutique au dépouillement quasi cistercien, priorité au chocolat, celui que Laurent Gerbaud continue de produire sans recourir aux additifs et aux conservateurs qui maquillent le goût ou le banalisent. Ici, vous découvrez le vrai goût du chocolat à 75 % pur, et les combinaisons inattendues avec les fruits et les épices (kumquats, baies rouges de Perse, gingembre, pistache, etc.) qui portent la marque d'un grand créateur, exigeant, presque intégriste sur la qualité des produits. Tables pour une pause sucrée (éviter les tartes et les clafoutis, sans intérêt).

⚜ *Planète Chocolat (zoom détachable B2, 211) : rue du Lombard, 24, 1000. ● planetechocolat@skynet.be ● planetechocolat.be ● Boutique ouv mar-sam 10h30-18h30, dim-lun 11h-18h.* Démonstration de 45 mn sam 16h et dim 15h (sans résa) : 7 €. Cette chocolaterie, traditionnelle dans sa fabrication mais avant-gardiste dans le design de sa production (on lui doit le chocolat *Iris*), propose des chocolats à prix abordables, garantis sans agents conservateurs, sans OGM et 100 % pur beurre de cacao. Tous les week-ends, démonstration de fabrication de pralines et caraques, faite par un chocolatier plein d'humour. Travaux pratiques pour les moins timides et dégustation pour tous en fin de séance. Moins emballant les jours d'affluence.

🍴 *Comus & Gasterea (plan détachable B1, 207) : quai aux Briques, 86, 1000.* ☎ *02-223-43-66. ● comus@comus gasterea.com ● Mar-ven 12h-18h ; sam 9h-11h ; dim, lun et j. fériés 14h-18h. Fermé en janv et fév et la sem du 21 juil.* Au bout du quai sur le côté gauche, une longue façade qui abrite un glacier artisanal étonnant. À côté des parfums classiques, vous pouvez explorer des arômes assez surprenants : caramel salé, chocolat avec orangettes amères, 3 poivres, pétale de rose ou lavande, et même de la glace à la moule, au *pata negra* et au roquefort ! Une vraie expérience gustative.

🍴 *Le Framboisier Doré (plan détachable C5, 206) : rue du Bailli, 35, 1050.* ☎ *02-647-51-44. Tlj 12h-20h.* Ici, la devise c'est : « Comme en Sicile, vous achetez un parfum, pas une couleur ! »... Vous découvrirez une vingtaine de parfums de glaces à l'ancienne (parmi les quelque 300, paraît-il, en réserve). Dans la fabrication, uniquement des produits naturels et, bien sûr, ne manquez pas la sublime glace au spéculoos !

🍴 *Capoue :* c'est une mini-chaîne (7 établissements) réputée pour son côté artisanal, la qualité de ses sorbets, la variété de ses parfums de chocolat (ah ! le chocolat blanc !) et sa recherche des saveurs nouvelles. Quelques adresses : *Capoue Flagey (plan détachable D5, 205),* rue Lesbroussart, 2 *(tlj 14h-22h, à partir de 12h mer et w-e)* ; *Capoue Ixelles,* chaussée de Boondael, 395 A *(tlj 14h-22h, jusqu'à 19h lun et dim). Ttes les infos :* ● *capoue.com* ●

LA RÉGION DE BRUXELLES

Où boire un verre et rencontrer des Bruxellois(es) ?

Alors là, chapeau ! Toute la graine de folie bruxelloise a éclos sur le terrain fertile du débit de boissons. Il y a de tout : toutes les formes, toutes les tailles, tous les budgets. Cela dit, au-delà de l'estaminet, la ville manque un rien de tonus. Et même si c'est en train de bouger, Liège et Gand la détrônent encore pour leur bonne ambiance estudiantine. Le quartier le plus animé le soir reste celui du centre, autour de la place Saint-Géry *(zoom détachable B2)* où se succèdent les cafés historiques, branchés ou à thème, et les bars dansants (on n'a pas dit décents). Citons aussi, car ça bouge pas mal, le parvis de Saint-Gilles *(plan détachable B4)*, ainsi que le haut d'Ixelles, en particulier Saint-Boniface *(plan détachable D4)*, une placette envahie aux beaux jours par les terrasses des restos et cafés qui la bordent. Et, bien sûr, Flagey, qui devient de la folie dès le premier rayon de soleil, et Chatelain, où toutes les générations ou presque se retrouvent le mercredi soir autour du marché. C'est tout naturellement dans ces zones que se retrouve le gros de nos adresses, mais on vous en a déniché d'autres ailleurs, histoire de vous permettre de profiter comme il se doit de la vie nocturne de la capitale de l'Europe... Petite précision : quelques-uns de ces temples de la bière et de la zwanze se trouvent intégrés dans le parcours de la promenade guidée « Quand les estaminets racontent Bruxelles » du *Bus Bavard*. De 3 à 5h, selon l'humeur du groupe, de découvertes et de libations en compagnie de guides intarissables et passionnants. Les autres associations (Itinéraires, Pro Vélo, Vizit, Global Entreprises) ne sont pas en reste, évidemment (voir plus haut la rubrique « Adresses et infos utiles. Visites guidées »). Voir aussi le site ● *brusselsbeertours.com* ●

Estaminets, tavernes et cafés historiques

Dans le Pentagone

🍷 *À la Mort Subite (zoom détachable C2, 161) : rue de la Montagne-aux-Herbes-Potagères, 7, 1000.* ☎ *02-513-13-18.* ● *info@alamortsubite.com* ● *Tlj 11h-1h, dim 12h-minuit. Bière env 4,50 €.* C'est le *caberdouche* (vieux café) dans toute sa splendeur ! Fidèle au poste avec ses dorures passées, les miroirs piqués, les banquettes de bois et moleskine, les pilastres cannelés... et ses serveuses ripolinées et souriantes. Un pilier du temple de l'identité bruxelloise fréquenté, en leur temps, par Brel et Béjart. Les bonnes bières (faro, *kriek,* blanche lambic) attirent toujours les habitués et des cohortes de touristes. Toutefois, pour vous éviter une déconvenue, sachez que l'authentique gueuze, au goût aigre-doux, légèrement âpre, ne sert à température ambiante. Mais que les moins téméraires se rassurent, ils trouveront forcément une bière à leur goût. Et pour accompagner le tout, tartines au fromage blanc, salades et omelettes. Pour l'anecdote, *La Mort Subite* jouxtait autrefois les pompes funèbres *Melchior,* cela ne s'invente pas !

🍷 *À la Bécasse (zoom détachable B2, 169) : rue de Tabora, 11, 1000.* ☎ *02-511-00-06.* ● *alabecasse@skynet.be* ● *Tlj 11h-22h30.* 📶 Le prototype même de l'estaminet bruxellois ouvert depuis plus d'un siècle... L'entrée se repère à l'enseigne à l'oiseau incrustée dans le trottoir. Au fond de l'impasse, on découvre un troquet populaire et rustique (Maupassant l'aimait beaucoup), mais bien vivant. Le « lambic doux » accompagne merveilleusement une savoureuse tartine de tête pressée ou de fromage. Atmosphère paisible, où les habitués du lieu vous regarderont avec un œil amusé, comme s'étonnant que vous l'ayez déniché.

🍷 *Au Bon Vieux Temps (zoom détachable C2, 170) : impasse Saint-Nicolas, 4, entre la galerie du centre et la rue du Marché-aux-Herbes (n° 12), 1000.* ☎ 02-217-26-26. *Tlj midi-minuit.* Un de ces lieux un peu cachés, dont Bruxelles a le secret. On pousse une porte vénérable et l'on se retrouve transporté à la fin du XVIIe s :

lambris sombres, banquettes de bois, tables incrustées de carreaux de Delft, sous le regard protecteur et vitrifié des patrons de la ville, les saints Michel et Gudule. Dans une vénération emplie de componction, on vient y célébrer le culte des bières trappistes dont la très rare (et très chère) *West-Vleteren XII*, la meilleure au monde selon les connaisseurs. Respect ! Ceux qui regardent à la dépense se contenteront d'une excellente *Bourgogne des Flandres* accompagnée d'une assiette de cubes de fromage. Accueil et service inégaux, dommage...

▼ *Le Cirio* (zoom détachable B2, **168**) : rue de la Bourse, 18-20, 1000. ☎ 02-512-13-95. Tlj 10h-minuit (2h ven-sam). Le style éclectique mi-Renaissance, mi-Art nouveau dans toute sa splendeur : stucs peints façon cuir de Cordoue, sombres lambris, délicats putti en bois sculpté, cuivres patinés et toilettes aux urinoirs de faïence qui valent un petit détour, même sans motif pressant. On doit ce lieu classé Monument historique à un certain Francesco Cirio, fondateur des magasins alimentaires de produits importés d'Italie en 1886. L'établissement a changé de destination, mais pas de décor.

▼ *Le Falstaff* (zoom détachable B2, **178**) : rue Henri-Maus, 19, 1000. ☎ 02-511-87-89. ● info@lefalstaff.be ● Tlj 11h-minuit (1h le w-e). Le *Lipp* de Bruxelles, sur le flanc de la Bourse. C'est la grande brasserie classique, immense, qui ronronne depuis un siècle. Les temps changent, les patrons aussi, pas le décor : miroirs biseautés, plafonds à papier gaufré, lustres en pâte de verre, vitraux remarquables (dans le fond) où l'on voit le personnage de Falstaff boire un coup. Il faut dire que la maison fut dessinée en 1903 par le décorateur Houbion, disciple de Horta. Rien ne vous empêche d'y manger, rien ne vous y oblige non plus.

▼ *Poechenellekelder* (zoom détachable B2, **165**) : rue du Chêne, 5, 1000. ☎ 02-511-92-62. Tlj sf lun 11h-minuit (2h le w-e). Pour une ambiance chaudement bruxelloise, un « faro au fût » à s'envoyer ou un p'tit creux à combler, le *Poechenellekelder* (la « Cave du Polichinelle ») reste ce qu'il y a de mieux

dans un rayon de 50 m autour du Manneken-Pis. Sur une ardoise, les « bières spéciales » du moment. Les murs, garnis des marionnettes de toutes les légendes de Bruxelles, de gravures et de fresques, composent un patchwork coloré au milieu duquel on peut se faire servir une tête pressée, un *potte kees* ou un *kip-kap* (ce sont des tartines). L'été, petite terrasse croquignolette dont les chaises prennent rarement un quart d'heure de repos.

▼ *Taverne Greenwich* (zoom détachable B2, **88**) : rue des Chartreux, 7, 1000. ☎ 02-540-88-78. ● gastm@live.be ● Tlj non-stop 12h-minuit. 🛜 Café offert sur présentation de ce guide si vous y déjeunez. Autrefois camp de base des joueurs d'échecs de la ville. Magritte et Paul Nougé y avaient déjà leurs habitudes. On y retourne, depuis sa réouverture, pour y prendre un verre en journée et pourquoi pas un repas, car l'accueil est bon, l'architecture fait toujours rêver et la cuisine a fait des progrès.

▼ *Moeder Lambic Fontainas* (zoom détachable B2, **172**) : pl. Fontainas, 8 ; tlj 11h-1h, 2h le w-e. Atmosphère plus *lounge*, espace plus grand et plus confortable que dans la maison mère, à Saint-Gilles (voir plus loin), avec des fauteuils en mezzanine et barmen particulièrement accueillants. La spécialité ici, c'est la bière artisanale au fût. Ne sachant que choisir parmi la quarantaine de références, le serveur nous a donné des explications d'expert sur les saveurs de chacune d'elles, leur méthode de fermentation... et ce, pendant 10 minutes ! C'est pas du travail de pro, ça ?

▼ *La Fleur en Papier Doré* (zoom détachable B3, **160**) : rue des Alexiens, 55, 1000. ☎ 02-511-16-59. ● info@lafleurenpapierdore.be ● Fermé de mi-juil à mi-août. Tlj sf lun et dim soir 12h-22h. Plats 10-14 €. 🛜 Une vénérable institution, ouverte depuis 1846... 3 salles en enfilade pour un « estaminet folklorique », en forme de poème à la Prévert, où s'accumulent sur les murs patinés des tonnes de gravures, croûtes insolites, mots d'auteurs peints, aphorismes, textes latins... Ici se retrouvaient poètes surréalistes, écrivains et peintres qui venaient se présenter leurs travaux les uns aux autres pour recevoir critiques ou louanges. Après-guerre, visite de CoBrA (Alechinsky et Dotremont) et d'Hugo Claus, le plus grand écrivain flamand, qui y fêta bruyamment son premier mariage. Le poêle de Louvain provient du cabaret *Le Diable au Corps*, fréquenté par les jeunes Michaux, Magritte et Ghelderode. Et si vous êtes seul, regardez au fond de votre *kriek* Lindemans ou de votre « blanche au fût » et méditez cet aphorisme : « Tout homme a droit à 24h de liberté par jour ! » Fresque B.D. dans la cour-jardin avec Stam et Pilou, deux gamins de Bruxelles.

▼ *Goupil le Fol* (*zoom détachable C2, 162*) : *rue de la Violette, 22, 1000.* ☎ *02-511-13-96. Tlj 19h-5h, voire 6h.* Un lieu franco-français où passent encore Brel, Trenet, Piaf, du moins par vinyles interposés. Frayez-vous un passage parmi les livres posés là, les galettes de vinyles qui semblent pousser jusqu'au plafond, les gravures jaunies sous le regard royal d'Albert, Baudouin, Fabiola et les autres. Le rez-de-chaussée est plus convivial, plus social, mais certain(e)s préféreront les salons du 1er étage pour se vautrer dans les fauteuils et les canapés défoncés, plongés dans une opportune pénombre. Depuis plusieurs décennies, c'est comme ça, et on espère que rien ne changera.

Dans le quartier de Saint-Gilles

▼ *La Maison du Peuple* (*plan détachable B4, 174*) : *parvis de Saint-Gilles, 39, 1060.* ☎ *02-850-09-08.* ● *info@ maison-du-peuple.be* ● *maison-du-peuple.be* ● *Tlj 8h30-1h (3h ven-sam).* 🛜 On aime beaucoup ce lieu incontournable de Saint-Gilles au cœur de l'un des quartiers les plus populaires de Bruxelles. Au pied de l'élégante courbe du parvis où se tient un marché le matin, cette institution allie café culturel, brasserie, lieu de rencontre et de détente, où il fait bon passer une soirée à l'intérieur ou sur la terrasse. Décor de type industriel et murs de brique, quelques plats de restauration rapide et les traditionnelles boissons à

la carte (bières dont la Chouffe pression, *mojitos,* soft...). L'équipe qui gère l'établissement organise également des expositions, concerts pop-rock-électro et DJ set tous les week-ends, qui donnent une âme au lieu.

▼ Un peu plus loin, la terrasse du *Café de l'Union,* Q.G. du PS local, prend des allures de *ramblas* espagnoles dès que la température est douce. On y croise toute la diversité de ce quartier bien vivant. Le très populaire *Café Verschueren,* à gauche de l'église, a aussi ses inconditionnels qui viennent y refaire le monde, et ce depuis 1930.

▼ *Le Moeder Lambic Saint-Gilles* (*plan détachable B5, 179*) : *rue de Savoie, 68, 1060.* ☎ *02-544-16-99.* ● *info@moederlambic.com* ● *Juste derrière la maison communale de Saint-Gilles. Tlj 16h-3h.* 🛜 Un lieu, un temple presque, en tout cas un estaminet pas comme les autres, à placer dans le tiercé de tête des troquets de la ville. La carte affiche 250 à 300 étiquettes de bières différentes en bouteille. Autour des grossières tables de bois, de jeunes braillards sympathiques en diable, auxquels il n'est guère difficile de se mêler. Pour les solitaires, derrière les bancs, plongez votre main dans les larges bacs pleins de B.D. d'occasion, lues et relues par des milliers d'yeux et à la disposition de tous. Un vrai lieu, qu'on vous dit !

Bars branchés pour apéro zen ou soirée rock

Dans le Pentagone

▼ ♪ *L'Archiduc* (*zoom détachable B2, 164*) : *rue Antoine-Dansaert, 6, 1000.* ☎ *02-512-06-52.* ● *info@archiduc. net* ● *Tlj 16h-5h. Concert de jazz gratuit le sam à 17h.* C'est évidemment la nuit venue qu'on embarque sur ce navire Art déco, qui laisse voguer son âme le long de la rue Dansaert depuis 1937. Miles Davis et Django Reinhardt se sont produits sur la mini-scène. Un p'tit coup d'blues, une soirée pour conclure ? Sur le pont supérieur (la mezzanine) ou au ras des flots, on se laisse bercer par le jazz tranquille, un verre de genièvre ou de Fernet Branca à la main. Une véritable institution dans la nuit bruxelloise.

🍸♪ 🎵 *La Cueva de Pepe (zoom détachable C2, 183)* : *rue de la Fourche, 49, 1000.* 📱 *0483-02-78-88.* ● *info@lacuevadepepe.com* ● *Jeu à partir de 20h, ven-sam 22h-6h, dim à partir de 18h.* Ce petit local en sous-sol, point de ralliement de la communauté latina de Bruxelles, est bien connu pour ses concerts de salsa et sa généreuse musique des Caraïbes. Ambiance *muy caliente* les soirs de week-end, où les danseurs se démènent, attisés par les cocktails au rhum de Cuba. Une soirée simple mais formidable !

🍸 *Le Fontainas (zoom détachable B2, 184)* : *rue du Marché-au-Charbon, 91, 1000.* ☎ *02-503-31-12. Tlj 11h-0h30 (2h le w-e).* 📶 Un sympathique troquet où la jeunesse estudiantine se retrouve à un moment ou à un autre de la journée, que ce soit pour un p'tit noir, un thé indien, un chocolat chaud ou une petite mousse. Selon l'heure, ambiance plus ou moins studieuse, plus ou moins gay, plus ou moins festive et animée jusque sur la petite terrasse de coin. Clientèle gentiment bobo.

🍸 *Delirium Café (zoom détachable C2, 181)* : *impasse de la Fidélité, 4, 1000.* ☎ *02-511-01-39.* ● *info@deliriumcafe.be* ● *Tlj 10h-4h (2h le dim).* À deux pas de la Grand-Place, un énorme espace fait de salles séparées par des voûtes, aux murs couverts de plaques publicitaires émaillées. Pour remplir les verres, pas moins de 2 500 bières sont proposées ; un record entré dans le *Guinness Book* en 2004 ! Toujours bondé le week-end. Concerts blues et rock réguliers.

🍸 *Floris Bar (zoom détachable C2, 181)* : *impasse de la Fidélité, 12, 1000.* ☎ *02-514-44-44.* ● *info@deliriumcafe.be* ● *Tlj 20h-6h.* En face du *Delirium Café* et même proprio, qui fait ici dans les spiritueux. Résultat : autour de 500 genièvres différents, 110 rhums, 175 vodkas, autant d'absinthes... mais sans méthylène d'éther, heureusement ! En tout, pas loin de 2 000 noms à la carte !

🍸🍴 *Le Cercle des Voyageurs (zoom détachable B2, 182)* : *rue des Grands-Carmes, 18, 1000.* ☎ *02-514-39-49.* ● *info@lecercledesvoyageurs.com* ●

Tlj 13h-14h30 (16h dim), 18h30-22h30. Formule déj 14 €, menu 30 € le soir. Plats 15-22 €. Brunch dim. Joli décor néocolonial, avec une mappemonde au plafond et de gros fauteuils en cuir brun, où se côtoient gens du quartier, habitués, simples touristes et routards du monde entier. On vient y prendre un pot, goûter une cuisine exotique (péruvienne, thaï, indienne...), consulter de la doc de voyage (dans une agréable salle prévue à cet effet) et, pourquoi pas, lier connaissance avec l'un ou l'autre camarade bourlingueur. Très régulièrement : expos, conférences, projections, et concerts de musique du monde le jeudi.

🍸 *Via Via Café (plan détachable B1, 189)* : *quai de la Houille, 9, 1000.* 📱 *0476-38-21-08.* ● *info@viaviabxl.be* ● *viaviabxl.be* ● *Mar-sam 11h30-22h.* 📶 On entre par une calme courette sous verrière pour accéder à l'entrepôt de cette ancienne miroiterie, décorée de tableaux contemporains en expo. Un lieu un peu hors du temps pour consulter des guides de voyages, ses mails, jouer à un jeu de société, boire une bière ou un verre de vin bio et surtout rencontrer d'autres voyageurs venus là pour se poser un peu et tuer le temps. On retrouve ce concept de *Via Via Café* un peu partout dans le monde (Chili, Chine, Tanzanie...). Petite restauration, concert de musique brésilienne le mardi soir et mini-marché d'artisans le week-end dans un entrepôt attenant.

🍸 *Le Barbeton (plan détachable B2, 167)* : *rue Antoine-Dansaert, 114, 1000.* ☎ *02-513-83-63.* ● *info@barbeton.be* ● *Tlj.* Tout au bout de la rue Dansaert, côté canal, un lieu plutôt mignon et chaleureux pour voir la vie en bleu. Rien de réfrigérant, si vous pensez à l'hiver, le zinc a beau être bétonné, les murs et le plafond ont été recouverts de bois pour réchauffer l'atmosphère. L'été, pas de problème, on sirote un rosé bien frais ou tout autre boisson de couleurs en terrasse.

🍸🍴 *Brasserie du Lombard (zoom détachable B2, 186)* : *rue du Lombard, 1, 1000.* 📱 *0488-04-08-08.* ● *yagirian@hotmail.com* ● *Tlj 10h-minuit ; resto 11h-23h. Menu à partir de 20 €. Plat du jour 14 €.* 📶 *Café offert sur présentation de ce guide.* Cadre plus

LA RÉGION DE BRUXELLES

que centenaire chaleureux et revisité en couleurs (fresque surréaliste et vieilles affiches publicitaires). Clientèle de jeunes gens bruyants pour une large sélection de bières. À la pression, Blanche des Neiges, *Kriek*, Chouffe blonde, Delirium (au tableau, les nouvelles bières). Petite restauration non-stop, omelettes, snacks divers, quiches, moules. Au passage, ne pas rater les superbes urinoirs Twyford's... Large terrasse.

Ⅎ ♪ Au Soleil *(zoom détachable B2, 176) : rue du Marché-au-Charbon, 86, 1000.* ☎ *02-512-34-30.* ● *kinoherraz@ hotmail.com* ● *Tlj 10h-1h (2h le w-e).* Bar bruxellois authentique avec sa petite terrasse aux beaux jours, cet ancien magasin de « vêtements pour hommes, jeunes gens et enfants » attire bien du monde grâce, notamment, à ses excellentes bières dont la liste figure sur des ardoises au-dessus du bar. Quelques tartines ou soupes du jour. Sur la vitrine, avertissement que la terrasse doit être *gepleegd* à minuit sur ordre des casquettes ! Dans la même rue, assortiment assez large de bonnes adresses nocturnes.

Ⅎ ♪ Zebra Bar *(zoom détachable B2, 173) : pl. Saint-Géry, 35, 1000.* ☎ *02-511-09-01.* ● *info@zebrabar. be* ● *À l'angle de la rue Orts et de la pl. Saint-Géry. Tlj 11h-2h (3h le w-e).* 📶 *Checkpoint* sur l'invisible ligne de démarcation linguistique du quartier où se retrouvent volontiers les Flamands de la capitale. Café pionnier de la reconversion du quartier, à la salle un peu à l'étroit dans son décor de briques nues et de tables rondes, mais compensée par la grande terrasse qui déborde allègrement sur la place Saint-Géry. Concert jazz, rock et soul en fin de semaine. À la saison froide, on s'y presse volontiers pour siroter thé, caïpirinha (au litre !) ou jus de fruits frais et grignoter quelques *hapjes* (petits encas en flamand).

Ⅎ Mappa Mundo *(zoom détachable B2, 173) : rue du Pont-de-la-Carpe, 2-6, 1000.* ☎ *02-514-35-55.* ● *info@ mappamundo.com* ● *Tlj 11h-2h (3h le w-e).* 📶 Avec son intérieur faussement patiné par l'usage, c'est un magnifique bar au rez-de-chaussée, une petite terrasse chauffée et un étage accessible par un escalier en colimaçon. Joli

mariage de pierre, de vitrail et de lattes de bois. Comme au *Zebra*, ti-punch, *mojito* et caïpirinha sont à l'honneur, mais on peut aussi y prendre un simple thé ou grignoter un en-cas. Du monde en permanence, une ambiance cool, un service rodé. En face, **Le Roi des Belges** joue les vases communicants quand tout le reste est plein.

Ⅎ ♪ Café Bizon *(zoom détachable B2, 173) : rue du Pont-de-la-Carpe, 7, 1000.* ☎ *02-502-46-99.* ● *mail@cafe bizon.com* ● *Tlj à partir de 18h.* À 50 m des 2 précédents, le *Café Bizon* fut l'un des tout premiers bars à prendre part à la renaissance du quartier Saint-Géry. Son nom, il le doit sans doute à l'énorme tête de bison accrochée au mur du fond. Et pour se mettre en route, une spécialité : le *Bizon blood* (du *Jack Daniel's* avec de la crème de cacao) et 22 types de genièvre. Qu'est-ce que ce sera ? Clientèle plutôt flamande. Concerts chaque semaine et *blues jam sessions* le lundi.

Ⅎ ♪ Le Java Bar *(zoom détachable B2, 163) : rue Saint-Géry, 31 (angle rue Grande-Île).* ☎ *02-512-37-16. Ven-sam slt 20h-3h (jusqu'à 6h parfois).* Le point de rencontre des deux cultures nationales ! C'est le chanteur Arno et ses potes flamands qui ont lancé ce lieu, aussi fréquenté par les francophones, surtout pour son mélange des genres : se côtoient aussi bien les costard-cravate que de belles créatures aux jambes de gazelle... Tout ce beau monde se presse dans une ambiance *seventies* autour du bar en U, décoré à la Gaudí avec des capsules de faïence, et déborde joyeusement sur le trottoir si la météo le permet... En pleine rénovation lors de notre dernier passage.

Ⅎ ♪ Havana *(zoom détachable B3, 180) : rue de l'Épée, 4, 1000.* ☎ *02-502-12-24.* ● *info@havana-brussels.com* ● *Dans les Marolles, à l'ombre du palais de justice. Jeu-sam 19h-2h (5-7h le w-e).* Café-resto cubain sur 2 étages. Ambiance torride lorsque le lieu se métamorphose en boîte pour des nuits endiablées qui se prolongent jusqu'au petit matin. Également des soirées concert et des cours de salsa (en semaine).

Ⅎ ♪ Le Bonnefooi *(zoom détachable B2, 199) : rue des Pierres, 8, 1000.*

● *info@bonnefooi.be* ● *Tlj 16h-8h.* Une valeur sûre de la nuit bruxelloise. Long bar étroit avec mezzanine en fer forgé, baigné par la musique funk, soul et *R & B*, distillée par des DJs. Également un incroyable programme de concerts pour danser jusqu'au petit matin. Car le lieu est également réputé pour ses *afters*.

Dans le quartier de Saint-Gilles

🍷 ♪ *Le Bar du Matin* (plan détachable B5, *197*) : *chaussée d'Alsemberg, 172, 1190.* ● *bardumatin@gmail.com* ● Ⓜ *Albert. Dans le quartier de Forest. Tlj 8h-1h (2h le w-e, 4h jeu).* Autre temps fort des lieux branchés bruxellois, c'est un bar à la déco contemporaine sobre et boisée, avec de grandes baies vitrées sur le carrefour. Ambiance enflammée lors des concerts du jeudi (programmation éclectique : du jazz à l'électro en passant par la chanson, les musiques du monde...), et les soirs du week-end quand les DJs se mettent aux platines. La fête bat son plein, les discussions sont animées, et parfois les danseurs se révèlent. Également des *Apéros Photomatic* le dimanche à partir de 19h.

Dans le quartier de Saint-Boniface

🍷 🍴 ♪ *L'Amour Fou* (plan détachable D4, *101*) : *chaussée d'Ixelles, 185, 1050.* ☎ *02-325-73-53.* ● *infobox@lamourfou.be* ● *Sur la pl. Fernand-Cocq. Tlj sf lun 11h-1h du mat (3h le w-e) ; cuisine ouv jusqu'à 23h (1h le w-e). Fermé 3 sem de fin juil à mi-août. Burgers 12-14,50 € ; brunch sam-dim 12,50-20 €.* À toute heure de la journée, on aime follement ce lieu multiculturel. Pour manger d'abord, une douzaine de gourmet-burgers agrémentés de garnitures originales (agneau-tzaziki-harissa pour le Morocco, poisson frit pour le Pêchon, raclette pour le Suisse et même un végétarien aux épinards, le Popeye...) accompagnés de frites maison, de patates douces ou créoles ; le pain est fait maison. Salades, tacos et *quesadillas* complètent la carte. Le

soir, fréquents concerts mais aussi des DJ sets de disques vinyles (on peut apporter ses vieilles galettes noires) et pour ceux qui grelottent de soif, tequila, *mojito* ou Route du rhum (6 verres de breuvages différents !). Des projections, des expos, des événements festifs, il s'y passe toujours quelque chose... Un sympathique lieu d'échange et de rencontre.

🍷 🍴 *De Haus* (plan détachable D4, *101*) : *chaussée d'Ixelles, 183, 1050.* ☎ *02-503-21-95.* ● *kontact dehaus.be* ● *Sur la pl. Fernand-Cocq, tout à côté du précédent. Mer-ven 16h-minuit ; à partir de 11h le w-e.* Ambiance « maison » (forcément, les germanistes auront traduit illico) avec petit salon à l'avant, cuisine pour les bons petits plats maison autour des produits fermiers, et bar pour se hisser en dessous des vieilles caisses de vins, bières ou pommes accrochées au plafond. Et si votre chaise vous plaît, vous pouvez l'acheter ! Toilettes « jungle ».

🍷 🍴 *L'Ultime Atome* (plan détachable D4, *177*) : *rue Saint-Boniface, 14, 1050.* ☎ *02-513-48-84.* ● *ulti meatome@hotmail.be* ● *Tlj 8h (10h le w-e)-minuit. Lunch 11 €, carte env 25 €.* 📶 Boiseries, parquet et ventilos dans une grande salle jaune ornée d'une enseigne de globe terrestre en forme de poire. Connu des Bruxellois depuis des lunes, ce rendez-vous convivial du haut de la ville brasse en continu les habitués du quartier, les étudiants du coin venus potasser leurs cours, les papis en goguette et les familles en promenade. On peut y prendre son petit déj, ou piocher dans les suggestions du jour affichées au tableau noir. Beau choix de bières pour faire causette avec des Bruxellois.

🍷 🍴 *Malte* (plan détachable C4, *175*) : *rue Berckmans, 30, 1060.* ☎ *02-539-10-15.* ● *info@lemalte.be* ● *Tlj 12h-15h, 18h-minuit. Lunch 9,50 €, plats 14-22 €.* 📶 Non loin de la porte Louise, dans un quartier riche en bars de nuit. Décor rappelant celui des B.D. d'Hugo Pratt : lumières tamisées, murs dorés, tables et chaises de brocante, bougies, lustre de Venise, comptoir un peu kitsch et de vieux fauteuils avachis, où l'on peut roucouler en toute quiétude en sirotant, pourquoi pas, un thé au caramel... Lunch à prix démocratique, assiettes de charcuterie et atmosphère romantique pour dîner.

Dans le quartier de la place Flagey

Ce quartier est un vivier en pleine effervescence. On trouve sur ● *scribd. com* ● un guide spécial (Infamous-Guide-Flagey-Bars) recensant tous les lieux-show qui émergent. Ceux comme *Le Belga,* bien sûr, où tout le monde se retrouve (c'est la terrasse qui reste la plus longtemps ensoleillée), ceux fréquentés par les plus branchés comme *Épaulé Jeté* (voir « Où manger ? »), ceux qui semblent toujours ouverts comme la *Brasserie du Marché* (même place, mais au 11), ceux qui sont fréquentés par la communauté portugaise, etc. Il y a même les lieux où certains finissent par passer la nuit, comme *L'Amère à Boire* (8, rue du Belvédère), *Le Flip* (40, chaussée de Boondael) ou... les marches de l'église. Dans ces derniers lieux, on peut amener ses frites, achetées sur la place, à condition de consommer, bien sûr. Vous n'aurez aucune peine à trouver ces coins branchés, en tournant autour du *Belga* !

🍸 ♪ *Café Belga (plan détachable D5, 185) : pl.* Flagey, 18, 1050. ☎ 02-640-35-08. ● info@cafe-belga.com ● Tlj

8h-2h (3h le w-e). Au rez-de-chaussée de l'ancienne Maison de la radio (désormais centre culturel Flagey), un grand café qui fait à lui seul revivre le quartier depuis quelques années ; une véritable légende ! Clientèle variée du Tout-Ixelles, qui investit la grande salle Art déco ou, quand passe un rayon de soleil, la vaste terrasse sur la place. Presse du jour à disposition et possibilité de grignoter un bout. Ambiance festive en soirée. Concerts de jazz réguliers.

🍸 *The Old Oak (plan détachable E2, 187) : rue* Franklin, 26, 1000. ☎ 02-735-75-44. ● *oldoakirishpub@ gmail.com* ● Ⓜ Schuman. *Dans l'Euro District. Tlj 12h-2h (4h le w-e).* 🛜 Pour les amoureux de pubs irlandais, l'un des plus authentiques. Tout en longueur, le bois sombre y domine et, au fond, une belle verrière. Bien tamisé aussi, avec coins et recoins. Excellente sélection de bières et de vins et petite restauration de pub correcte *(midi et soir jusqu'à 22h, dim 20h).* Quelques animations en semaine : concerts, matchs sur grand écran, soirées à thème...

🍸 Pour les italianisants, au 66-68 de la même rue, un bar à vins sympa proposant également des livres et des animations selon l'humeur et l'heure : *Piola Libri (tlj sf dim 12h-20h – 18h sam ; plus d'infos sur ● piolalibri.be ●).*

Où écouter de la musique ?

Évidemment, tous les endroits cités dans cette rubrique sont autant de bars à fréquenter en dehors des jours où des formations se produisent. Mais leur essence est avant tout musicale, et c'est ces soirs-là que les meilleures vibrations s'en dégagent. *Yeah man* ! À l'inverse, il n'est pas rare que les bars cités précédemment (*L'Archiduc,* le *Café Belga,* le *Havana,* le *Café Bizon,* etc.) programment des concerts. Renseignez-vous...

♪ *Sounds Jazz Club (plan détachable D4, 166) : rue* de la Tulipe, 28, 1050. ☎ 02-512-92-50. ● *info@soundsjazz club.be* ● *soundsjazzclub.be* ● *À Ixelles, à deux pas de la pl. Fernand-Cocq.*

Tlj sf dim 20h-4h. Fermé juil-sept. Début des concerts à 22h. Lun et ven-sam, entrée : 5-10 € ; généralement gratuit les autres j. Depuis 1986, le rendez-vous obligé des amateurs de la note bleue. Beaucoup de groupes désormais reconnus, comme le Brussels Jazz Orchestra, ont démarré ici. De même, on y voit parfois Philip Catherine, un des chanteurs belges les plus en vue. Petite restauration possible. Concert tous les soirs.

♪ *The Music Village (zoom détachable B2, 171) : rue* des Pierres, 50, 1000. ☎ 02-513-13-45. ● *themusic village@skynet.be* ● *themusicvillage. com* ● *À côté de la Grand-Place. Concerts lun-jeu à 20h30, ven-sam 21h (porte ouverte à partir de 19h). Résa conseillée. Entrée : 7,50-20 € selon groupe et supplément de 2 € pour les non-membres. Fait aussi restauration (à partir de 13 €). Vin au verre.* Jazz-club avec possibilité de dîner ou simplement boire un verre, dans un cadre cossu mais engageant. L'entrée est assez chère, mais la programmation, assurée par des formations belges et étrangères, est de premier ordre.

♪ **Le DNA** *(zoom détachable B2, 203) : rue Plattesteen, 18-20, 1000.* ☎ 02-512-08-47. ● dnabxl.be ● *Mar-sam à partir de 17h. Entrée selon le groupe, souvent gratuit mer-jeu (voir la programmation sur le blog).* Repère de punks dans les années 1980, le vieux *DNA* (qui avait gardé sa façade « taches de léopard ») a changé de peau. Il s'offre une nouvelle vie. À suivre pour les fans. Concerts payants 19h30-22h : rock, metal, new-wave, électro, razzle tuut (?)...

Où voir un spectacle ?

– Trooop d'offres ! Heureusement, *Arsène 50* est là. Pour connaître l'ensemble de la programmation et l'actualité culturelle et artistique, rendez-vous sur ● *agenda.be* ●
– **Bon plan :** la billetterie *Arsène 50 (zoom détachable C3 ; rue Royale),* située à l'office de tourisme *Visitbrussels,* vend des places de spectacles et de concerts à moitié prix pour le soir même *(mar-sam 12h30-17h30 ; infos :* ● *arsene50.be* ●).

∞ **Chez Toone** *(zoom détachable C2, 188) : impasse Schuddeveld, 1000.* ☎ 02-511-71-37. ● toone.be ● Voir tous les détails concernant ce merveilleux petit théâtre de marionnettes dans la rubrique « À voir. À faire. Galeries et grands passages, plus loin ».

∞ **L'Ancienne Belgique (AB)** *(zoom détachable B2) : bd Anspach, 110, 1000.* ☎ 02-584-24-24. ● info@abconcerts.be ● abconcerts.be ● Ⓜ *Bourse. Résa ouv lun-ven 11h-18h (rue des Pierres, 25).* L'une des salles de concerts rock les plus en vue de Bruxelles, entièrement rénovée. Soyez attentif à sa programmation, les meilleurs groupes mondiaux y font régulièrement escale.

∞ ♫ ۱◐۱ **Le Botanique** *(plan détachable D1) : rue Royale, 236, 1210.* ☎ 02-218-37-32. ● info@botanique. be ● botanique.be ● 🛜 La scène du « *Bota* » est de tendance plus francophone que celle de l'*AB* ; il faut dire qu'elle n'est autre que le centre culturel de la communauté Wallonie-Bruxelles. Les différentes salles accueillent spectacles d'humour, pièces de théâtre et, bien sûr, concerts de rock, de pop ou de variétés, presque un soir sur deux. Également des soirées DJ régulièrement. Pas mal de têtes d'affiche et de valeurs sûres, mais aussi quelques talents plus confidentiels. Au printemps s'y déroule le festival des Nuits botaniques. Le *Café Bota* (☎ 02-226-12-28 ; *tlj 11h-minuit, service resto 12h-14h30, 18h30-23h)* propose une cuisine italienne traditionnelle (terrasse agréable) et le *Café Bota Stereo (ven-sam)* est un espace de concerts musicaux où il n'est pas interdit de danser.

∞ **Les Halles de Schaerbeek** *(plan détachable D1) : rue de la Constitution, 20, 1030.* ☎ 02-227-59-60. ● *reservation@halle.be* ● *halles.be* ● Ⓣ *n° 92, arrêt « Robiano ». Derrière l'église Sainte-Marie. Billetterie ouv lun-ven 13h-18h et 1h avt le spectacle (rue Royale-Sainte-Marie, 22 B ;* ☎ *02-218-21-07).* 🛜 Cet ancien marché couvert à la splendide charpente métallique, témoin architectural du patrimoine industriel, accueille de nombreuses manifestations culturelles (concerts, danse, cirque, performances, conférences, lectures, etc.). En sortant, allez boire un verre à l'*Âne Fou,* pile en face *(fermé le w-e).*

∞ 🍷 **Beursschouwburg** *(zoom détachable B2, 251) : rue Orts, 20-28, 1000.* ☎ 02-550-03-50. ● beursschouwburg. be ● *Dans la rue en face de la Bourse. Accueil lun-ven 10h-18h et 1h avt le spectacle ; café ouv mer-sam à partir de 19h30.* Le « *Beurs* » reste le haut lieu de la branchitude flamande de Bruxelles, sans cultiver pour autant l'esprit de ghetto. Un endroit polymorphe en fait, dédié aux arts de la scène, avec des spectacles théâtraux et de danse, des concerts (jazz, électro, musique contemporaine, musique du monde...), des montages vidéo, des présentations de collections de mode et même parfois des rencontres et débats. Bar au rez-de-chaussée et terrasse aménagée sur le toit où sont proposés des concerts payants (programmation assez pointue).

∞ 🎵 ▐●▌ *Recyclart (zoom détachable B3, 204) : gare de la Chapelle, rue des Ursulines, 25, 1000.* ☎ 02-502-57-34. ● recyclart.be ● Un lieu étonnant et multifonctionnel dans l'ancienne gare recyclée dont l'ancien buffet fait la part belle à la musique alternative. Des lieux polyvalents ouverts aux arts, à la fête, aux concerts et événements en plein air. Le jazz y occupe une belle place.

∞ *La Samaritaine (zoom détachable C3, 97) : rue de la Samaritaine, 16, 1000.* ☎ 02-511-33-95. ● samaritaine@skynet.be ● lasamaritaine.be ● Ⓜ Gare-Centrale. Ⓣ n°s 92 et 94 ; bus n°s 20, 48, 95 et 96. Mar-sam à partir de 19h30. Spectacle 1h après. Fermé de mi-juil à mi-août. Entrée : 10-15 €. Réduc de 5 € sur présentation de ce guide.* Adorable petit café-théâtre qui, depuis longtemps, anime ce petit bout de quartier à la lisière des Marolles. La charmante Huguette tient sa cave avec dynamisme et bonne humeur, accueillant ici des artistes passionnés. On peut aussi bien tomber sur un tour de chant que sur une pièce de théâtre, un récital de poésie ou un *one (wo)man show* comique. Toujours de la qualité et une bonne humeur communicative. Jazz belge le mercredi.

∞ *Le Bouche à Oreille (plan détachable F3, 190) : rue Félix-Hap, 11, 1040.* ☎ 02-742-29-21. ● info@bao.be ● bao.be ● Ⓜ Mérode ;

Ⓣ *Saint-Pierre (lignes n°s 81 et 82). Ouv les j. de spectacle 19h-minuit.* Un des lieux les plus originaux de la ville, près du parc du Cinquantenaire. Ancien couvent transformé en centre culturel offrant une large gamme d'activités : concerts, récitals, *one man shows*, théâtre, etc. À ce propos, ne pas rater, si c'est la saison, les séances du *Théâtre d'improvisation* (dans le style de la ligue d'impro québécoise, pour les fans). C'est vraiment d'une très haute qualité (il est conseillé de réserver). Sinon, on va boire un verre au foyer rétro du théâtre ou en terrasse. Dîners-spectacles et soirées à thème. Le lieu est souvent loué pour des événements privés.

∞ *Le Magasin 4 (hors plan détachable par B1, 191) : av. du Port, 51 B, 1000.* ☎ 02-223-34-74. ● magasin4.be ● Ⓜ Yser ; bus n°s 14, 15 et 245. En face de Tour & Taxi. Ouv les j. de concert. Entrée : 8-15 €.* Il s'y tient une douzaine de concerts par mois, plutôt en fin de semaine (téléphonez pour savoir). Musique alternative, on est susceptible d'y entendre tout ce qui s'écarte un peu des grandes tendances.

∞ *Chez Maman (zoom détachable B2, 192) : rue des Grands-Carmes, 7, 1000.* ● maman@chezmaman.be ● chezmaman.be ● Ven-sam 23h-6h et 1er jeu du mois 21h-3h. Entrée gratuite.* Un petit cabaret désopilant où l'on se pousse du coude pour applaudir les drag-queens qui font leur show sur le comptoir sur des airs de Mylène Farmer, Dalida et autres Kylie Minogue. Humour ravageur. L'adresse n'est pas exclusivement gay et l'ambiance plutôt bon enfant. Le spectacle ne débute pas avant 1h.

Où danser ?

Pas mal de boîtes finalement, mais beaucoup sont assez insipides et changent de mains régulièrement. Rares sont celles qui ouvrent avant le jeudi. On vous signale les plus stables et les plus en vogue dans la liste qui suit, qui comprend également un ou deux disco-bars sympas. On vous

rappelle que *La Cueva de Pepe*, le *Havana*, *Le Java Bar* et *Le Bonnefooi* (voir « Où boire un verre et rencontrer des Bruxellois(es) ? ») possèdent également une piste de danse.
Certains lieux sont des rendez-vous incontournables certains soirs de la semaine, mais pas les autres. Si on y

arrive le « mauvais » soir, on risque de se demander pourquoi les amis bruxellois sont fans de ces endroits !

Beaucoup sont inconditionnels de certaines soirées mais seront incapables de dire où et quand aura lieu la prochaine. Certaines soirées sont organisées chaque semaine ou chaque mois au même endroit, d'autres seulement une ou deux fois par an ou selon la motivation des organisateurs...

Heureusement, il existe un sésame qui répertorie les meilleurs plans-sorties de la ville ● *visitbrussels.be* ● rubrique « Soirées-à-bruxelles ». Tous les week-ends il y a aussi des soirées au *Bazaar Brussels, rue des Capucins, 63, dans les Marolles.* Il suffit de consulter le site pour être au parfum. ● *bazaarbrussels.com* ●

♥ ♪ ♫ *Madame Moustache (plan détachable B2, 200) : quai du Bois-à-Brûler, 5-7, 1000.* ▯ *0489-10-05-11.* ● *info@madamemoustache.be* ● *madamemoustache.be* ● *Mar-sam 19h-4h. Prix d'entrée variable selon soirée.* La boîte qui fait courir tout Bruxelles et même au-delà. Néocabaret au concept original : le *freak show*, mélange de burlesque, de western, de cirque et de fête foraine avec des concerts ou des soirées à thème (voir la programmation sur le site) dans une ambiance parfois déjantée. Clientèle éclectique plutôt branchouille. Bons cocktails. Arriver avant 1h pour avoir de la place. Un point noir, videurs pas commodes.

♪ *Le Fuse (plan détachable B4, 193) : rue Blaes, 208, 1000.* ☎ *02-511-97-89.* ● *info@fuse.be* ● *fuse.be* ● *Sam 23h-7h. Entrée payante.* Une valeur sûre de la nuit bruxelloise. Temple de la techno qui jouit d'une réputation internationale, les meilleurs DJs aux manettes. Techno au rez-de-chaussée et *deep house* au 1er étage. Clientèle toutefois assez jeune. Se métamorphose en *Démence* la veille des jours fériés pour d'incroyables et gigantesques *gay parties (même prix d'entrée).*

♥ ♪ ♫ *Le Café Central (zoom détachable B2, 194) : rue Borgval, 14, 1000.* ☎ *02-513-73-08.* ● *info@lecafecentral. com* ● *Tlj 15h-2h (5h le w-e).* En plein quartier fêtard de Saint-Géry, c'est un lieu multiple incontournable. Bien plus

qu'un simple bistrot branché, c'est une salle de concerts, un temple de la danse, et un cinéma le dimanche soir ; le tout dans un long local aux murs en bois, fréquenté à toute heure de la journée et de la nuit. Clientèle de tous âges, assez déjantée, qui allume le feu en soirée !

♪ *Le You (zoom détachable C2, 196) : rue Duquesnoy, 18, 1000.* ☎ *02-639-14-00.* ● *info@leyou.be* ● *leyou.be* ● *Jeu-sam 23h30 (23h jeu)-5h ; dim (pour des soirées gays) 21h-2h. Entrée (avec 2 boissons alcoolisées avt 0h30) : 15 €.* Privilégie une clientèle d'habitués plutôt jeune, mais les touristes y sont les bienvenus. Un lieu qui a connu bien des transformations. Actuellement, house, pop et rythmes commerciaux dans un vaste espace rouge avec écrans, mezzanines et boules en alu. Excellents DJs.

♪ *Le Montecristo (zoom détachable B2, 178) : rue Henri-Maus, 25, 1000.* ☎ *02-511-87-89. Mer-sam à partir de 22h.* À côté du *Falstaff*, disco-bar de style Art nouveau, au nom italien mais où l'on danse comme à La Havane ! Beaucoup de monde le week-end et cours de salsa certains soirs. Tendance à une sélection sévère à l'entrée. Au-dessus, le *Lounge Club (à partir de 22h ven-sam ; entrée payante)* récupère en fin de nuit - sous les battements de la house - les groupuscules épars de noceurs en quête d'un dernier frisson.

♪ *Spirito Brussels (zoom détachable C3, 195) : rue de Stassart, 18, 1050.* ☎ *02-502-30-00.* ● *spiritobrussels. com* ● Ⓜ *Porte-de-Namur. Dans le quartier d'Ixelles. Ven-sam 22h30-6h. Entrée payante.* Un lieu culte ! Installée dans une ancienne église désaffectée, cette boîte chic diffuse les grands classiques de la musique commerciale. Déco spectaculaire à la fois contemporaine et baroque, et clientèle de trentenaires et quadras débridée.

♪ *Mr Wong (zoom détachable B2, 201) : rue de la Vierge-Noire, 12, 1000.* ☎ *02-511-04-22.* ● *mrwong. be* ● *Jeu-sam 22h-5h30 (bar à sushi et saké à partir de 17h). Entrée : 5-10 €, gratuit certains jeu.* Derrière sa façade de grosse poissonnerie (ce qu'il fut) s'ouvre un bel espace avec des colonnes dorées, appliques Art déco, grands miroirs, parquet à motifs, mezzanine et un bar en zinc, dégageant une atmosphère chic et avant-gardiste. Un lieu mode à deux pas de la rue Dansaert.

Shopping

Chocolats belges

♨ **Laurent Gerbaud** (zoom détachable C3, **210**) : rue Ravenstein, 2 D, face au BOZAR, 1000. ☎ 02-511-16-02. ● info@chocolat gerbaud.be ● Tlj 10h30-19h30 (plus tard les soirs de concert). Fermé de fin juil à mi-août. Vous êtes dans le temple, la Mecque, la Cythère du chocolat. Voir plus haut « Où déguster un chocolat belge ? »

♨ **Planète Chocolat** (zoom détachable B2, **211**) : rue du Lombard, 24, 1000. ☎ 02-511-07-55. ● planete chocolat@skynet.be ● planetecho colat.be ● Boutique ouv mar-sam 10h30-18h30, dim-lun 11h-18h. Démonstration de 45 mn sam 16h et dim 15h (sans résa) : 7 €. Située entre la Grand-Place et le Manneken-Pis, une planète qui vous fera fondre (voir plus haut « Où déguster du chocolat belge ? »).

♨ **Pierre Marcolini** (zoom détachable C3, **214**) : pl. du Grand-Sablon, 39, et rue des Minimes, 1, à 50 m de là, 1000. ☎ 02-514-12-06. ● marcolini. be ● Tlj 10h30-18h30. Tout y est cher à notre cœur, cher aussi à notre portefeuille, hélas. De la haute couture pour vrais amateurs : formes surprenantes, arômes inédits.

Bières belges

On ne saurait trop vous conseiller d'aller vous abreuver à la source, à savoir la brasserie Cantillon, ultime témoin d'un monde en pleine mutation (voir chapitre « Bruxelles, toujours un peu plus loin »).

♨ **Beermania** (plan détachable D4, **212**) : chaussée de Wavre, 174-176, 1050. ☎ 02-512-17-88. ● beermania@ skynet.be ● beermania.be ● Tlj 11h (13h dim)-21h. Depuis 1983, le temple de la bière artisanale ! Avec plus de 400 références en bouteille, le magasin se targue d'être le n° 1 au monde !

C'est avant tout une adresse précieuse pour ses conseils dignes d'un bon caviste comme pour le vin. Organise des soirées dégustation et propose une petite restauration dans ses locaux fort accueillants.

Mode

Ça bouge à Bruxelles, même si cela ne paraît pas aussi évident qu'à Anvers. La boutique Mais il est où le Soleil ? se cache sur la place du Châtelain, à Ixelles (plan détachable C5). Pour le reste, petits et grands créateurs se concentrent tout autour de la rue Dansaert et de la place Saint-Géry : Stijl (seule boutique où l'on retrouvera à Bruxelles les créateurs anversois), Christophe Coppens, Sandrine Fasoli, Aznif Afsar, Y-Dress... L'office de tourisme édite un dépliant qui recense toutes les boutiques. À vous de faire votre circuit en fonction de votre temps, de vos goûts et... de votre budget ! Pour en savoir plus : ● madbrussels.be ●

Déco

Eh oui, la Belgique a la cote en matière de déco. Il suffit de feuilleter les magazines pour s'en rendre compte. Profitez donc de votre passage à Bruxelles pour visiter ces 2 boutiques pas comme les autres. Et sinon, rendez-vous rue Haute et rue Blaes, les 2 rues qui relient les Sablons aux Marolles. Vous y trouverez beaucoup de « brocanteurs » spécialisés dans le style industriel. Beaucoup de merveilles, avec pas mal de rééditions « patinées » (attention, les prix ne sont pas censés être les mêmes !). Voir aussi nos adresses dans la balade des Marolles un peu plus loin.

♨ **Émery & Cie** (plan détachable B1, **213**) : quai-des-Charbonnages, 78, 1000. ☎ 02-513-58-92. ● emeryet cie.com ● Tlj sf dim 10h-18h. On ne présente plus Agnès Émery, la nouvelle fée de la déco belge. Son nouvel espace moderne sur les quais au nord du Pentagone est à son image : onirique, baroque et excentrique. Jeter un œil à ses dernières créations ne coûte rien !

⬨ *Flamant – Home Interiors (zoom détachable C3, 214) : pl. du Grand-Sablon, 36, 1000.* ☎ *02-514-47-07.*

● *flamant.com* ● *Tlj 10h30-18h30.* Tout pour décorer sa maison et lui donner une irrésistible touche belge. Pour un intérieur sobre, élégant et intemporel. Un concept qui a fait tout le succès de la maison, et ce dans le monde entier. Le showroom de la place des Sablons est un lieu assez enchanteur.

Fêtes et manifestations culturelles

Vous pourrez trouver un calendrier détaillé sur le site ● *agenda.be* ● et bien sûr sur ● *visitbrussels.be* ● sans oublier ● *routard.com* ● à la rubrique « Destinations. Bruxelles ».

– *Janvier :* salon de l'Automobile, les années paires ; foire des Antiquaires (BRAFA).

– *Février :* Anima Festival (festival du Dessin animé) ; Affordable Art Fair ; Museum Night Fever (la date varie entre fin février et début mars).

– *Mars :* foire du Livre ; In Movement (festival biennal, chorégraphie contemporaine).

– *Avril :* festival international du Film fantastique et de Science-fiction de Bruxelles (BIFFF) ; ouverture fin avril-début mai des serres royales de Laeken ; Art Brussels (fin avril).

– *Mai et juin :* le 1er w-e de mai, fête de l'Iris, emblème de la région de Bruxelles-Capitale ; fête de l'Europe (le 2e week-end) ; Zinneke Parade (les années paires) ; les Nuits Botanique ; Kunsten Festival des arts (théâtre, concerts et événements…) ; Pride Day Brussels, 20 km de Bruxelles ; concours musical international Reine Élisabeth ; Jazz-Marathon (le dernier week-end de mai) : 3 jours et 2 nuits de folie où Bruxelles swingue autour des nombreux podiums installés dans la ville ; Brussels Film Festival ; fête de la Musique (fin juin), festival Couleur-Café (fin juin), tous les sons de la *world music* sur le site de Tour et Taxis.

– *Juillet :* l'*Ommegang* (début juillet), cortège historique important, clou de l'été ; festival de Musique classique (gratuit tous les midis) ; fête nationale (le 21), concerts de musique classique et de jazz au bois de la

Cambre ; Brosella Folk et Jazz Festival (au Heysel, le 2e week-end de juillet) ; « Bruxelles-les-Bains » (de mi-juillet à mi-août), une plage urbaine le long du canal, place Saincletette.

– *Août :* plantation du Meyboom (fête folklorique commémorant, selon la légende, la victoire des Bruxellois sur les Louvanistes en 1311) ; la cérémonie du Meyboom a été reconnue au patrimoine oral et immatériel de l'Unesco ; tapis de fleurs sur la Grand-Place (uniquement les années paires) ; foire du Midi ; Brussels Summer Festival (120 concerts dans la ville) ; Fiesta Latina, Feërien ; festival des Brigittines.

– *Septembre :* week-end de la Bière (le 1er du mois), sur la Grand-Place ; fête de la B.D. (2e pôle après le festival d'Angoulême, sur 2 week-ends) ; festival de Flandre et de Wallonie (musique classique) ; fêtes de l'Îlot Sacré et fêtes breugheliennes ; Design September (ex-Brussels Design Market) ; Bruxelles champêtre.

– *Octobre :* Nuit Blanche ; Fotofever Art Fair ; marathon de Bruxelles ; Brussels Accessible Art Fair, la biennale d'Art nouveau. Tous les 2 ans, les week-ends d'octobre (8e édition en 2015). Brocantes, salons d'antiquités, visites guidées, conférences, etc. Surtout, des sites habituellement fermés sont ouverts à la visite (☎ 02-563-61-51 ; ● *voiretdirebruxelles.be* ●).

– *Novembre :* Pink Screens, Nocturnes du Sablon ; Ars Musica (festival de Musique contemporaine) tous les deux ans.

– *Décembre :* Plaisirs d'hiver, marché de Noël et patinoire du côté de la place Sainte-Catherine. Brussels Ice Magic, Be Film Festival.

Principales brocantes

– **Commune de Bruxelles :** *pl. du Jeu-de-Balle, tlj 7h-14h, et pl. du Grand-Sablon, sam tte la journée et dim mat.*
– **Commune d'Auderghem :** ☎ 02-676-48-80. *Cette commune organise chaque dim 7h-13h une brocante qui change d'endroit. Le 1er dim du mois, pl. Pinoy ; le 2e, bd du Souverain, devant le centre culturel ; le 3e, bd du Souverain/Carrefour d'Auderghem ; et le 4e, viaduc Herrmann-Debroux.*
– **Commune de Forest :** *pl. Saint-Denis, dim 6h-13h.*
– **Commune de Schaerbeek :** *pl.*

Dailly, le 1er sam de chaque mois, tte la journée.
– **Commune de Woluwe-Saint-Lambert :** *pl. Saint-Lambert, le 1er dim mat du mois.*
– **Commune d'Anderlecht :** *bd S.-Dupuis, au Westland Shopping Centre, dim 8h-13h.*
– **Commune de Koekelberg :** *pl. Simonis, le 2e sam mat de chaque mois.*
– **Marché du Midi :** *dim mat, autour de la gare du Midi.* Vaste marché de denrées exotiques où l'Afrique du Nord côtoie la Sicile et l'Anatolie, sur fond de raï et de flamenco.

À voir. À faire

Bruxelles est une ville parfois déroutante dont les attraits ne s'imposent pas toujours d'eux-mêmes. On vous conseille éventuellement de faire appel à un guide spécialisé dans les visites de *Bruxelles autrement* ou à une association. Elles sont plusieurs à Bruxelles, toutes excellentes (voir leurs coordonnées en début de chapitre dans les « Adresses et infos utiles »). Elles sauront vous dévoiler les aspects les plus insolites de la ville. Ce n'est pas trop cher, surtout si vous vous regroupez à plusieurs.

Sinon, marchez beaucoup, laissez-vous guider par votre guide préféré, par l'humeur du temps et par les noms des rues. Vos pas vous ramèneront souvent dans le « Pentagone » (rien à voir avec Washington) à l'intérieur des boulevards de petite ceinture en différenciant bien ce que les Bruxellois appellent le « bas de la ville », par rapport aux quartiers royaux ou bourgeois du « haut de la ville ». Si vous ne voyez pas immédiatement la différence entre les deux, vos jambes vous l'indiqueront en fin de journée.

AU COEUR DU PENTAGONE (Bruxelles-Ville Centre)

À Bruxelles, tous les chemins des nouveaux arrivants mènent à la Grand-Place. C'est en déboulant de l'une des ruelles qui y mènent que vous découvrirez ce cœur toujours vivant de la ville basse. Le meilleur moment pour l'aborder est incontestablement à la tombée du jour, lorsque les dorures des pignons tarabiscotés et l'élan puissant de la flèche de l'hôtel de ville, magnifiés par les éclairages, se profilent sur le bleu intense du crépuscule bruxellois. À contrario, une visite matinale au milieu des camions de livraison risque d'occasionner une petite déception. Sachez, si vous trépignez d'impatience ou si vous n'êtes à Bruxelles que pour quelques heures, que le célébrissime Manneken-Pis n'est qu'à un jet de pipi de la dite Grand-Place.

Aux alentours de celle-ci s'étire un réseau de rues et de ruelles protégées et classées, qui ne mérite plus vraiment son vieux nom d'Îlot Sacré. La tradition commerçante de tout ce quartier est particulièrement ancrée dans les noms de rues : rue au Beurre, rue des Harengs, rue des Bouchers, rue du Marché-aux-Fromages, rue du Poivre... De quoi vous mettre la mousse à la bouche. Résistez à la tentation, il y a plein d'autres quartiers sympas pour déjeuner ou dîner (les pièges à touristes forment une large majorité des enseignes du quartier) !

LA GRAND-PLACE
(plan détachable, carte « la Grand-Place et ses maisons »)

Accès : Ⓜ️ *Gare-Centrale ou Bourse ; bus n°s 29, 38, 60, 63, 65, 66 et 71.*

Longue de 110 m sur 68, c'est le vrai cœur de la ville. Avec ses dorures joliment restaurées et sa grande diversité décorative, ce petit bijou a bien sûr été classé par l'Unesco au Patrimoine mondial de l'humanité. À signaler, pour ceux qui auraient envie de se laisser conter la ville en restant assis un moment au soleil, qu'un audio-guide commentant la Grand-Place est à louer à l'office de tourisme, au rez-de-chaussée de l'hôtel de ville. Sinon, miniguide à 0,50 € ou brochure plus détaillée à 3 €, pour qui voudrait ramener un supplément de lecture.

« La plus belle place du monde », écrivait Victor Hugo. « Le plus beau théâtre du monde », déclarait Jean Cocteau. Ce qui frappe au premier coup d'œil, c'est une apparente cohésion architecturale alors que se confrontent des éléments très disparates, puisqu'en dehors des maisons bâties après 1695, l'hôtel de ville est, bien sûr, de gothique tardif et la maison du Roi, l'ancienne halle au pain, une construction néogothique du XIXe s. Tout ici fut reconstruit sur plans, après 1695, date du grand bombardement de Bruxelles ordonné par Louis XIV et exécuté (c'est le mot juste) par le maréchal de Villeroy. La place entière, à l'exception de l'hôtel de ville, fut incendiée. Plus de 4 000 maisons en bois partirent en fumée dans les alentours. N'écoutant que leur courage, comme on dit dans les manuels d'histoire, les Bruxellois retroussèrent leurs manches, crachèrent dans leurs mains et bâtirent ce chef-d'œuvre de pierre en quelques années.

Mais revenons un peu en arrière lorsque, ici, dès le XIIe s, se tenait un grand marché, véritable agora politique tout autant que place de commerce, entouré de marais. Le mot « bruxelles » ne signifie-t-il d'ailleurs pas « édifiée sur des marais » ? On retrouve, en effet, ce symbole sur le drapeau de Bruxelles-Capitale : un iris sauvage jaune (une des seules fleurs capables de pousser dans l'eau des marais) sur fond bleu. La place prit de l'importance, devenant tour à tour lieu de réjouissances (on y célébrait les fêtes) et témoignage de la puissance publique (on y dressait l'échafaud). Au XIIIe s, bourgeois et riches commerçants édifièrent les premières maisons en pierre (Steen). On pava ensuite et les corporations florissantes s'installèrent dans des maisons à pans de bois de la place. Le commerce du drap fait alors la richesse de la ville.

Au XVe s, on élève l'hôtel de ville. En 1568, les **comtes d'Egmont et de Hornes,** critiques à l'égard de la gouvernance de l'envoyé de Philippe II, y perdirent la tête sous la hache du bourreau espagnol. Après le sauvage et non moins inutile bombardement français de 1695 (Napoléon ne déclara-t-il pas plus tard que cette destruction était stupide ?), on décide donc de repenser l'ordonnance de cette place, en contraignant les architectes à soumettre leurs plans à un magistrat. Ainsi naquit une émulation louable entre les différents corps de métiers, plus avides les uns que les autres à faire plus beau et plus riche que leur voisin. Résultat, surtout du côté ouest, une joyeuse cacophonie reflétant tous les particularismes, au grand dam de Maximilien-Emmanuel de Bavière, gouverneur de l'époque, qui, féru d'urbanisme, aurait voulu rebâtir la place dans une cohérence à l'image de l'autorité centrale dont il rêvait. Finalement, c'est cette diversité des styles de la place qui lui confère son charme.

À noter que les deux pouvoirs historiquement opposés se faisaient face : l'hôtel de ville et la maison du Roi (le pouvoir communal et le pouvoir princier).

Pour sa reconstruction, plusieurs dizaines d'artistes plasticiens se mirent au travail. Certains partirent en Italie pour s'imprégner des nouvelles influences et appliquèrent à la Grand-Place un style Renaissance tellement riche qu'on finit par le qualifier de baroque tardif (à part l'hôtel de ville, purement gothique). Et c'est vrai que chaque maison oscille constamment entre les styles Renaissance et baroque, qui se mêlent souvent imperceptiblement. Un savant mélange qui a su se libérer du corset imposé par chaque style pour engendrer un métissage architectural du plus bel effet. Sous des règles classiques (au 1er étage, des colonnes doriques, au 2e, des ioniques, et au 3e, des corinthiennes), les artistes laissèrent aller leur imagination tout en réussissant à traduire dans la pierre les spécificités de chaque corporation. Parfois la symbolique est évidente, d'autres fois il faut bien la chercher. Résultat : une place unique au monde. Ce qui fait dire aux Belges en s'adressant aux Français avec un brin de mauvaise foi : « Finalement, si Louis XIV n'avait pas bombardé la ville, nous n'aurions pas aujourd'hui une place aussi belle, une fois ! ».

Aujourd'hui, la plus fameuse place de la ville et d'Europe n'a pas complètement perdu sa vocation commerciale, puisqu'elle est le cadre quotidien d'un petit marché aux fleurs, réduit à un seul vendeur, il est vrai. Tous les deux ans, les années paires, vers le 15 août, elle est recouverte d'un magnifique tapis de bégonias (environ 750 000). Un véritable enchantement.

🏛🏛🏛 *L'hôtel de ville* (zoom détachable B-C2 et plan La Grand-Place A1) : *accessible pour une visite guidée slt certains jours à certaines heures.* ☎ *02-548-04-47.* ● *bruxelles.be* ● *Visites de 45 mn en français mer à 14h et dim à 12h et 15h (inscription sur place 15 mn avt le début de la visite). Entrée : 5 € ; réduc.* Érigé en gothique brabançon flamboyant très pur de 1402 à 1455, il était censé dépasser celui de Louvain en magnificence. Le bombardement français de 1695 en détruisit l'intérieur, mais épargna miraculeusement toute la structure. Le portail n'est pas tout à fait dans l'axe de la tour. On raconte que l'architecte, réalisant son erreur, se jeta du haut de celle-ci. Franchement, si tous les architectes de Bruxelles qui ont fait des erreurs devaient se balancer par la fenêtre, il y aurait des embouteillages à l'entrée des cimetières... En fait, le brave Jean Van Ruysbroeck est mort dans son lit bien après la fin des travaux, à l'âge respectable de 90 ans. Si le bâtiment est asymétrique, c'est simplement parce que l'aile gauche et la tour ont été construites en premier : Van Ruysbroek, qui s'est occupé de la flèche de la tour et de l'aile droite, était limité par les rues qui bordent l'hôtel de ville.

C'est le jeune duc de Bourgogne *Charles le Téméraire* qui posa la première pierre de cette nouvelle aile en 1444. La tour, haute de 97 m (avec la statue de saint Michel), est considérée comme un chef-d'œuvre de l'art gothique civil. Élancée, aérée et pleine d'élégance, cette coquette se compose de quatre étages qui s'affinent de plus en plus en grimpant, avec tourelles, clochetons, balcons en encorbellement, pinacles, hautes fenêtres flamboyantes, et se termine par une flèche de pierres ajourées. Au sommet se dresse un *saint Michel* terrassant le dragon, patron de la ville et qui fait office de girouette (l'original date du XVe s). C'est une des plus grandes girouettes d'Europe, en plaques de cuivres dorées à la feuille.

Les arcades qui bordent l'édifice au rez-de-chaussée abritaient autrefois les étals des marchands. Au-dessus, aux statues d'origine ont été rajoutées environ 300 sculptures du XIXe s, qui rendent hommage à tous les souverains et artistes de Bruxelles. Celles qui encadrent le portail sont des copies des statues d'origine qu'on peut voir au musée en face. Côté place, on identifie les princes, côté rue Charles-Buls, les bourgmestres et côté rue de la Tête-d'Or, les « génies » de la ville. Notez aussi que les fenêtres du 1er étage sont rectangulaires à gauche et ogivales à droite. À voir aussi : les mascarons grimaçants qui décorent les clés de voûte.

Au balcon d'honneur, le samedi matin, vous aurez peut-être la chance de voir apparaître un couple de jeunes mariés recevant l'ovation des grappes de touristes étonnés et ravis. Pour une minute, ils peuvent alors se prendre pour des seigneurs salués par leur bon peuple. Dans la cour d'honneur (accessible tout le temps), deux belles fontaines de pierre, allégories des deux grands fleuves belges, la Meuse et l'Escaut.

Visite

On passe en revue une vingtaine de salles de réception, salons, galeries, escalier d'honneur, antichambres, couloirs... Toutes les pièces sont ornées de tableaux, de bustes sculptés, de boiseries néogothiques et surtout d'exceptionnelles tapisseries. La plupart de ces œuvres datent du XVIIIe s et constituent un patrimoine exceptionnel. Parmi les plus belles pièces, voir les tapisseries de Vanderborght, les tableaux du vieux Bruxelles, la salle gothique (en fait, néogothique puisqu'elle fut refaite en 1868 par Jamaer, un disciple de Viollet-le-Duc), et les peintures allégoriques de la salle des mariages, ainsi que les plafonds où apparaissent les armes des corporations.

🕴🕴 *La maison du Roi et le musée de la Ville* (zoom détachable C2 et plan La Grand-Place B1) : ☎ 02-279-43-50. ● museedelavilledebruxelles.be ● Tlj sf lun 10h-17h (20h jeu). Fermé les principaux j. fériés. Entrée : 4 € ; réduc ; gratuit avec la Brussels Card, et le w-e pour les moins de 18 ans.

En fait, c'était autrefois la *broodhuis,* la halle au pain, et aucun roi n'y résida jamais. Placée en vis-à-vis de l'hôtel de ville, la halle fut remplacée par la maison du Duc (sous les ducs de Brabant puis de Bourgogne). Elle devint la maison du Roi sous Charles Quint qui la rebâtit complètement en gothique tardif une première fois, et elle fut à nouveau totalement restructurée au XIXe s, en pastichant l'hôtel de ville d'Audenarde. Elle fut à la fois bureau du receveur général, tribunal et même prison (les comtes d'Egmont et de Hornes y passèrent leur dernière nuit, le 4 juin 1568, avant d'être exécutés). Il s'agit donc d'un superbe bâtiment néogothique avec des volées d'arcades élégantes, loggia et balcon. Encadrant le portail, des statues de Marie de Bourgogne, de Charles Quint, des ducs Henri Ier et Jean Ier. L'édifice abrite un remarquable musée de la Ville de Bruxelles, à visiter pour bien comprendre les évolutions de la ville.

Rez-de-chaussée

Il est consacré aux arts plastiques et décoratifs. Chapiteaux sculptés, statues baroques, bas-reliefs du XVIIe s, salle des faïences et étains de Bruxelles du XVIIe au XIXe s. Admirable retable en triptyque symbolisant la Nativité. Parmi les peintures, un petit coup de projecteur sur le *Cortège de noces,* attribué à Pieter Bruegel l'Ancien (1567), avec tous ses paysans, et une *Chasse à l'épieu* dans de jolis tons bleus. Porcelaines et argenterie. En particulier, intéressante salle des tapisseries du XVIe s. On remarquera celle illustrant une des 10 plaies d'Égypte : *L'Invasion des grenouilles.* À l'époque, quelqu'un s'amusa à enlever tous les vénérables batraciens pour supprimer le caractère mélo de la tapisserie qui déplaisait au propriétaire (raté, leur silhouette reparaît partout !).

Si vous avez le temps, détaillez le magnifique *retable de Saluces* : on y découvre une rare représentation de la circoncision, une inhabituelle réhabilitation de Joseph (mis ici bien en valeur, également sur le panneau de derrière, avec une rare représentation de sa mort). Dans le 2e panneau à gauche, notez que Marie est enceinte, ce qui est là aussi exceptionnel ! Richesse des costumes et du décor en gothique fleuri ciselé. Remarquez aussi, au centre du retable, l'air hagard, stupéfait des personnages les bras écartés, montrant leur impuissance devant cette réalité insupportable : le petit Jésus a disparu (en fait, il a été volé !).

1er étage

Cette partie retrace l'évolution des espaces dans le Pentagone. Incontournable pour qui s'interroge sur l'histoire de la ville. On remarquera d'abord la superbe maquette de la première enceinte au XIIIe s : on y distingue bien le bas de la ville, avec l'embryon de port, et le haut, siège du pouvoir des ducs de Brabant, avec le château du Coudenberg. On parcourt les autres salles pour découvrir les nombreuses gravures, peintures et plans anciens qui permettent de comprendre l'évolution de la ville. Voir le beau panorama de Bruxelles en 1854, ainsi que l'impressionnant tableau du bombardement de 1695, lors duquel tout le centre fut détruit (4 000 bâtiments par terre, merci Louis XIV !). Et puis des photos, beaucoup, de 1850 à nos jours, très intéressantes pour leur valeur documentaire.

2e étage

Dédié aux Bruxellois, toujours au travers de gravures et portraits de personnages importants, comme Charles Buls, le plus célèbre bourgmestre de la ville. Dessins et photos d'ateliers, entrepôts, scènes et événements de la ville. Superbe charpente de la salle des expos temporaires.

Et pour terminer, la *salle dédiée aux costumes du Manneken-Pis* (on vous raconte son histoire un peu plus loin). Quelque 880 costumes, faits sur mesure et provenant du monde entier. Seule une centaine d'entre eux est exposée par roulement : Manneken-Pis en Gille de Binche, militaire, pompier, agent de la Sabena, reporter sans frontière, joueur de hockey, costume de torero, d'Elvis, de Mandela, de maharaja, d'Iroquois, etc. ; bref, un écran tactile permet de tous les voir. Un film de 20 mn présente aussi l'histoire du petit bonhomme.

14-18 Expo « Bruxelles à l'heure allemande » jusqu'à la fin 2014. 60 mois sous l'occupation germanique.

Les plus belles façades de la Grand-Place : étudions-les maintenant quelques instants, en commençant par l'ouest, côté gauche, à droite de l'hôtel de ville.
– *La maison du Renard :* la maison des Merciers, coiffée de la statue de saint Nicolas. Façade ornée de sculptures qui datent de la restauration du XIXe s. La plus centrale rappelle la justice impartiale (les yeux bandés), symbole de l'honnêteté dans le commerce. Ben voyons ! Elle est encadrée des quatre allégories des grands continents connus à l'époque, avec lesquels les Merciers commerçaient.
– *Le Cornet :* il abritait la corporation des bateliers, qui donnèrent ce nom à leur maison. D'un style purement italo-flamand, son pignon se caractérise par la forme d'une poupe de navire où quatre angelots soufflent des vents dans les quatre directions. Au 3e niveau, toute la symbolique de la mer. Au sommet, les armes du royaume d'Espagne et, la balustrade du ponton. Baudelaire vécut ici.
– *La Louve :* maison de la guilde des archers de saint Sébastien, qui se caractérise par un bas-relief où la Louve romaine allaite Romulus et Remus. Style baroque tardif avec réminiscences Renaissance et, au-dessus, quatre allégories : la Vérité, le Mensonge, la Paix et la Discorde. Au-dessus encore, des médaillons d'empereurs romains. Au sommet, un phénix doré rappelle que cette maison, comme l'oiseau, ressuscita plusieurs fois de ses cendres.
– *Le Sac :* doit son nom au bas-relief au-dessus de la porte. Façade particulièrement décorée : guirlandes, coquilles, balustres, cariatides et torchères. Elle hébergeait les menuisiers et les tonneliers.
– *La Brouette :* corporation des graissiers (d'où la statue de saint Gilles qui la surmonte). Deux brouettes ornent le portail de cette façade très classique, presque ennuyeuse, où l'on retrouve les trois ordres classiques. Les façades de la Brouette et du Sac furent édifiées au milieu du XVIIe s. Elles ont survécu au bombardement.
– *Le Roi d'Espagne :* c'est la maison à la grande coupole, occupée par les boulangers. Classique, elle aussi. On notera le buste du saint-patron des boulangers, au-dessus de la porte, et celui du roi d'Espagne Charles II au centre, qui coiffe deux prisonniers : un Turc et un Indien. Élégante Renommée dorée au sommet. Le café *Le Roy d'Espagne,* au rez-de-chaussée, possède une belle terrasse et une salle avec âtre, où pendent des vessies de porc gonflées. Estaminet plus intime avec décor de rue aux étages, pour s'attabler en bordure des fenêtres et jouir de la féerie lumineuse de la Grand-Place.
– Côté nord-ouest (à gauche de la maison du Roi), série de maisons plus simples tant sur le plan architectural que décoratif. La *maison du Paon* (bas-relief en

façade) et celle *du Heaume* (agrémentée de deux bas-reliefs sympathiques) mettent en scène des enfants.

– Côté nord-est (à droite de la maison du Roi), une autre série de maisons. Jeter un œil à la *chambre de l'Amman*, l'Amman étant un magistrat représentant le duc de Brabant. Les armes du duc ornent d'ailleurs la façade. Et la maison s'appelle aujourd'hui : « aux Armes de Brabant ».

– *Le Pigeon* abritait, avant le bombardement, la corporation des peintres mais ceux-ci durent la revendre car ils se ruinèrent lors de la reconstruction. Victor Hugo y habita en 1852, fuyant les foudres de Napoléon III. C'est là qu'il a rédigé son pamphlet *Napoléon le Petit*. Classique, seule sa fenêtre vénitienne au 1er étage la sort un peu de sa banalité.

– *La Chaloupe d'or* (superbe taverne) et *la Taupe* réunissaient les tailleurs. Portail surmonté du buste de sainte Barbe. On peut visiter la boutique *Godiva*, au rez-de-chaussée.

– Côté sud, l'ensemble le plus imposant de la place rassemble en fait sous une seule façade six maisons sous le nom de *maison des Ducs de Brabant,* doublé d'un effet monolithique voulu par le gouverneur Maximilien-Emmanuel de Bavière, en place au moment du bombardement de 1695 : il espérait créer un ensemble viennois imposant du même style sur tous les côtés de la place. 19 bustes des différents ducs et duchesses, sérieux comme des papes, ornent la façade. Au pinacle, fronton allégorique de l'Abondance, balustrade et torchères. Deux corporations résident à chacun des trois porches. Les médaillons les identifient : des outils pour les sculpteurs et les maçons, un pot d'étain pour les charpentiers, un moulin à vent et à eau pour les meuniers, une Fortune pour les tanneurs, une bourse et un ermite pour... on ne sait qui. Les sculpteurs et les maçons constituent avec les ardoisiers et les tailleurs de pierre le « métier » des quatre couronnés.

– Côté sud-ouest : même si la première maison à gauche s'appelle *Mont Thabor* et que l'architecte est connu sous le nom de Van de Putte, cette maison bourgeoise n'a jamais appartenu à la plus vieille corporation du monde mais tout simplement à un particulier. D'ailleurs, *putte* signifie « puits » en flamand.

– *La Rose* appartenait, comme il se doit, à la famille Van der Rosen, symbolisée par une simple rose épanouie dans un vase prenant gracieusement l'air à une fenêtre.

– *La maison des Brasseurs,* pour sa part, est ornée de bas-reliefs très explicites où l'on vendange et où l'on cueille le houblon. Au sommet trône Charles de Lorraine à cheval (chacun son dada !), gouverneur de Bruxelles envoyé par Vienne au XVIIIe s, et respecté des habitants de la ville. La maison abrite aujourd'hui dans ses caves un petit *musée des Brasseurs belges* : ☎ 02-511-49-87. ● *beerparadise. be* ● *Tlj 10h-17h. Entrée : 5 € ; réduc. Entrée gratuite avec la* Brussels Card. Outils, instruments de tonnellerie et machines des XVIIe et XVIIIe s, y sont présentés. On y trouve également un estaminet reconstitué façon XVIIIe s. Mais le lieu est aussi une vitrine pour montrer l'actualité du petit monde de la brasserie, qui a su évoluer avec le temps. Une bière en dégustation clôt la visite, comme de bien entendu.

– *Le Cygne :* de style purement Louis XIV, le Cygne a accueilli la corporation... des bouchers (rien d'étonnant, on mangeait de la vénérable volatile au Moyen Âge !). Vers 1830, elle fut transformée en café-logement. En 1847, Karl Marx venait y travailler avec Engels. Jules Vallès et les communards s'y époumonèrent. Le Parti ouvrier belge y fut fondé en 1885. Au sommet, allégories de l'Abondance, de l'Agriculture et de... la Boucherie. Tiens, on ne la voyait pas comme ça ! Aujourd'hui, le Cygne abrite un restaurant gastronomique très chic.

– La dernière maison, la plus modeste, *l'Étoile,* reconstruite au XIXe s pour élargir la rue mais sans rez-de-chaussée, se caractérise par son arcade qui remplace le porche. Sous celui-ci, voir le beau bas-relief Art nouveau dédié à Charles Buls et à certains architectes qui participèrent à la rénovation de la Grand-Place.

– La statue du gisant d'à côté date de 1902 et rend hommage au noble bourgmestre *Evrard 't Serclaes,* qu'on voit son son lit de mort. Ce « héros qui libéra Bruxelles des hommes du comte de Flandre au XIVe s » fut assassiné, puis vengé bien plus tard lors d'un conflit par les Bruxellois qui attaquèrent le château de Gaasbeek, où résidaient les assassins. Pour soutenir le siège du château, ils apportèrent des dizaines de poulets. De là le surnom des Bruxellois, *Kiekefretters,* littéralement « bouffeurs de poulets ». Il est de tradition de venir caresser la statue du héros.

– *Événements sur la Grand-Place :* l'*Ommegang,* début juillet ; le tapis de fleurs, mi-août (tous les 2 ans, années paires) ; tous les soirs en été ainsi que pendant la période de Noël, son et lumière qui met en valeur l'architecture de l'hôtel de ville sur fond de musique classique un peu grandiloquente.

Petit détour pour saluer Brel et le 2-Pis

➤ Prendre la rue Charles-Buls entre l'Étoile et l'hôtel de ville. À l'angle de la rue des Brasseurs, une plaque rappelle le site où s'élevait l'hôtel dans lequel Verlaine blessa Rimbaud au poignet après avoir acheté son revolver dans les galeries royales Saint-Hubert. Ah ! l'amour...

Au-delà de la rue du Lombard, un attroupement devrait vous guider facilement vers le petit bonhomme le plus célèbre du monde :

🎭🎭🎭 *Le Manneken-Pis* (zoom détachable B2) : *à l'angle de la rue de l'Étuve et de la rue du Chêne.*

Eh oui ! Comme tout le monde, vous vous direz : « Oh ! comme il est petit ! » 55,5 cm, pas un de plus ! C'est pourtant un grand monument à sa manière ! De plus, par rapport à la taille, la longueur du jet est infiniment respectable. Si la petite statue date du XVIIe s, il existait depuis le XIVe s une fontaine de pierre, la *fontaine du Petit-Julien,* où les femmes venaient puiser l'eau, tout simplement. On y adjoignit en 1619 ce petit bonhomme de bronze, sculpté par Jérôme Duquesnoy. Il symbolise l'irrévérence et une certaine indépendance d'esprit en faisant devant tout le monde ce que d'habitude l'on fait en cachette. En effet, c'est le seul « petit bonhomme » *(Manneken)* qu'on connaisse qui pisse dos au mur. Au rayon des anecdotes, avez-vous remarqué qu'il est gaucher ?

Depuis toujours, la tradition veut que les hôtes de la ville lui offrent un costume. Le premier fut Maximilien de Bavière, vainqueur du tir au *papegai* en 1698, qui lui fit cadeau d'un beau costume bleu et blanc. On rappelle que la plupart de ses panoplies (dont un costume de routard des années 1990) sont visibles, par roulement, au musée de la Ville de Bruxelles, dans la maison du Roi, sur la Grand-Place. C'est, en fait, le plus petit top model du monde.

Le Manneken possède une grâce et un sourire espiègle qui le rendent particulièrement sympathique. Bien sûr, sa vie fut mouvementée. L'original fut conservé intact jusqu'à ce que les armées de Louis XV l'amputent d'un bras (on ne sait pas si c'est la main qui tient son jésus ou l'autre). Pour s'excuser, Louis XV lui-même lui offrit un superbe costume de style... Louis XV. En 1817, il fut arraché de son socle par un ancien forçat qui voulait se ven-

QUI ÉTAIT LE MANNEKEN-PIS ?

Deux légendes parmi tant d'autres circulent à propos des origines du petit arroseur. L'une raconte qu'un enfant aurait éteint, de cette façon, la mèche d'une bombe avec laquelle les ennemis voulaient faire sauter la muraille de la cité ; l'autre, qu'un enfant perdu aurait été retrouvé par son père, un riche bourgeois de Bruxelles, dans la position qu'on lui connaît.

ger des institutions. Celui-ci se retrouva au violon pour 20 ans et se fit marquer au fer rouge en place publique. Régulièrement chahuté par les étudiants, il fut même enlevé par des Anversois en 1963 puis, en 1965, on le retrouva dans le canal. Il continue vaillamment, depuis, son petit pipi bonhomme car il n'est jamais à court de liquide. Il possède une vraie nounou en la personne de son habilleur officiel,

qui le change régulièrement. Vous aurez peut-être l'occasion d'assister à l'inauguration d'un nouveau costume. Sur la droite de la fontaine, sa petite échelle.
Sachez encore que son débit est réglable et parfois, lors de certaines fêtes, il arrose jusqu'au milieu de la chaussée. De temps à autre, on lui fait même uriner de la bière. En 2007, il a même servi à une campagne de sensibilisation contre le cancer de la prostate : il ne pissait plus que goutte à goutte !
Le petit garçon a aujourd'hui une petite compagne, *Jeanneke-Pis,* dans une impasse de la rue des Bouchers *(zoom détachable C2),* de toutes pièces créée à des fins commerciales, et on leur a adjoint un petit chien leveur de patte : le *Zinneke-Pis,* du côté de la rue des Chartreux *(zoom détachable B2).* Tout ça ne pisse pas bien loin !

➤ *Du Manneken-Pis à la place de la Vieille-Halle-aux-Blés :* remonter la rue du Chêne *(zoom détachable B2-3).* Au n° 27, vénérable maison du XVIIe s. Au bout de la rue, charmante place triangulaire de la Vieille-Halle-aux-Blés avec ses quelques façades romantiques et ses vieux pignons décrépis. Plutôt calme aujourd'hui, alors qu'un relais de poste l'animait autrefois. Du côté des toits, vers la rue du Lombard, on aperçoit la piscine de verre de l'hémicycle du Parlement de la Région bruxelloise qui est venu coiffer le bâtiment néoclassique de l'ancien Palais provincial. Une réussite architecturale incontestable... De la terrasse qui surplombe la rue, les élus bruxellois ont une vue imprenable sur les tours du paysage urbain. Certains d'entre eux se sont promis d'en faire raser les plus choquantes. Jetez un oeil en passant à l'entrée de la *rue de Villers* où s'élève un bout de muraille avec tour et vestiges de la première enceinte longue de 4 km qui ceinturait la ville au XIIIe s.

🍴 **Les éditions Jacques Brel** *(zoom détachable B3, 219) : pl. de la Vieille-Halle-aux-Blés, 11, 1000. ☎ 02-511-10-20. ● jacquesbrel.be ● Mar-dim 12h-18h ; tlj en juil-août (fermeture caisse à 17h30). Fermé 2 sem début janv. Entrée expo : 5 €, audioguide compris ; gratuit moins de 12 ans. Promenade en ville : 8 €, plan et audioguide compris. Billet combiné (expo + promenade) : 10 €.* Un petit espace consacré au grand Jacques, qui présente l'expo thématique « J'aime les Belges ! », sur les relations de l'artiste avec les gens de son pays à travers des images d'archives vidéo (témoignages, interviews, morceaux de chansons filmés lors de concerts). Hélas, comme souvent, la muséographie est bien triste avec sa reconstitution d'un intérieur d'appartement et son simili-studio d'enregistrement. L'audio-guide est très bien fait et réentendre le chanteur se livrer, donner quelques clés sur sa façon d'écrire et sur sa philosophie de la vie restent une expérience riche en émotions.

🍴 **Le musée du Costume et de la Dentelle** *(zoom détachable B2, 216) : rue de la Violette, 12, 1000. ☎ 02-213-44-50. ● museeducostumeetdeladentelle.be ● Tlj sf mer 10h-17h. Entrée : 4 € ; réduc ; gratuit avec la Brussels Card, le w-e pour les moins de 18 ans et pour ts le 1er dim du mois.* Dans quatre belles maisons de brique aux pignons à gradins, ce petit musée ne fait pas que dans la dentelle, mais s'attache à montrer, au fil des expositions, l'évolution du métier, des techniques. Fragiles, les collections sont présentées par roulement, le musée jouant tour à tour sur la nostalgie ou sur l'actualité pour attirer les passionnés.

🍴👫 **Le musée du Cacao et du Chocolat** *(zoom détachable B2, 220) : rue de la Tête-d'Or (à droite de l'hôtel de ville), 9-11, 1000. ☎ 02-514-20-48. ● mucc. be ● Mar-dim 10h-16h30. Fermé lun (sf lun férié). Entrée : 5,50 € ; réduc.* Un peu cher pour ce qu'on y voit, mais, avec le Manneken-Pis et Brel, il fallait bien un lieu pour rendre hommage à ce produit miracle qui ne semble pas connaître la crise et qui rend fous les touristes. Les Bruxellois aussi, par la force des choses, puisqu'un commerce sur quatre ouvrant dans le centre est consacré au dieu chocolat. Dans une maison classée de 1697, petit musée didactique qui relate l'arrivée de la fève de cacao dans nos régions et l'engouement qu'elle provoqua. Au rez-de-chaussée, dégustation de chocolat sur le comptoir d'un atelier de fabrication de pralines. Dans les étages, panneaux expliquant les différentes étapes de la fabrication du chocolat, services à chocolat, moules, porcelaines, boîtes en fer-blanc. Découvert au XVIe s par les conquérants espagnols chez les Aztèques du Mexique et rapporté ensuite en Europe, le chocolat était d'abord une boisson sacrée pour les habitants de l'Empire aztèque, mais aussi un puissant fortifiant. Bonne nouvelle pour les fans : un nouveau musée du Cacao devrait avoir ouvert ses portes en juillet 2014 à Koekelberg, dans les murs de l'ancienne chocolaterie-biscuiterie Victoria *(rue de Neck, 20-22, 1081 ; hors-plan d'ensemble par Y7)*. Le *Belgian Chocolate Village* se veut plus moderne que le musée de la Tête d'Or, il y a même une serre de cacaoyer à visiter). Info : ● *koekelberg.be* ●

GALERIES ET GRANDS PASSAGES
(zoom détachable C2)

🚶 **La place de l'Agora** *(zoom détachable C2) :* depuis la Grand-Place, prendre la rue de la Colline (boutique *Tintin* à gauche). En la remontant sur la droite, on tombe sur cette placette bien vivante (tous les samedis et dimanches, petit marché artisanal). Les corporations ne se situaient pas que sur la Grand-Place, elles occupaient aussi les rues alentour ! Certaines maisons ont conservé leur charme ancien avec des éléments baroques, tandis que trois hôtels ont été refaits « à la manière de ». Au milieu de ces blocs, place d'Espagne, Don Quichotte et Sancho Pança (copie du groupe qui trône à Madrid, sur la plaza de España) forment un ensemble sculpté assez réussi sur l'esplanade qui mène à la gare Centrale. Au centre, une fontaine agrémentée d'un intéressant bronze de Charles Buls, bourgmestre de la fin du XIXe s, assis au bord de la fontaine, aux moustaches affectueusement dressées et accompagné de son chien, tout aussi affectueux. Il tourne ostensiblement le dos à ce qu'est devenu le « Mont-des-Arts », échec cuisant d'une carrière vouée à la défense du patrimoine (voir plus loin). La rue de la Montagne, qui part de là, offre une belle série de maisons aux pignons variés et intéressants. Jetez un oeil sur l'*église de la Madeleine (zoom détachable C2),* une petite église gothique au portail baroque. Une croquignolette chapelle lui fut accolée sur la gauche en 1958, après la restructuration du quartier.

🚶🚶 Retournez sur vos pas vers un des hauts lieux de la promenade bruxelloise, les **galeries Saint-Hubert,** appelées aussi galerie du Roi, de la Reine et des Princes, selon la section *(zoom détachable C2, 239)* ; on y pénètre par la rue du Marché-aux-Herbes. C'est un ensemble néo-classique pré-haussmannien, à l'image de la mode fouriériste de 1840, date à laquelle l'architecte Cluysenaer les dessina. Considérées, à l'époque, comme particulièrement audacieuses, avec l'usage du fer et du verre, elles appartiennent au club doublement fermé des premières galeries couvertes d'Europe. Au fil des années, le lieu devint un endroit mondain où l'on pouvait rencontrer, au siège du Cercle artistique et littéraire (l'actuelle *Taverne du Passage),* des écrivains aussi célèbres que Baudelaire, Alexandre Dumas, Victor Hugo, Apollinaire ou Verlaine.
Pilastres de marbre, fenêtres en hémicycle, série de bustes perchés sur des corniches, elles constituent un ensemble architectural réussi, et la quasi-absence de néons leur a permis de conserver leur cachet. Salons de thé, brasseries, librairies de qualité et boutiques chic occupent le rez-de-chaussée des bâtiments. Les étages abritent des appartements privés. C'est ici que Verlaine acheta son pistolet et c'est dans un théâtre de la galerie, en 1896, qu'on projeta le premier film des frères Lumière.
Pour les gourmands, on y trouve la fameuse chocolaterie *Neuhaus* et son élégant salon de chocolat, concurrente de la non moins fameuse *Godiva.* C'est ici même que Neuhaus, d'origine suisse, vendait des bonbons pour la toux, des guimauves et des réglisses pour les maux d'estomac bien avant de les enrober de chocolat ! Les murs du magasin sont encore habillés des étagères de la pharmacie d'origine.

Depuis, d'autres chocolatiers célèbres (comme **Pierre Marcolini,** son voisin de droite) sont venus s'installer dans cet espace incitant à la relaxation d'un côté, à la dépense de l'autre.

🍴 *Le musée des Lettres et Manuscrits (zoom détachable C2, 239) :* galerie du Roi, 1, 1000. ☎ 02-514-71-87. ● mlmb.be ● À l'angle de la rue des Bouchers. Mar-ven 10h-19h, le w-e 11h-18h. Entrée : 7 € ; réduc. Vidéoguide (tablette tactile) : 1 €. Ce musée met en valeur le patrimoine écrit, véritable héritage culturel de l'Humanité. Au **1er étage,** la collection permanente expose – avec un rou-

UNE PRALINE PEUT EN CACHER UNE AUTRE

C'est en 1857 que le chocolatier suisse, Jean Neuhaus, décide d'enrober les médicaments de son beau-frère pharmacien de cacao, pour en masquer le goût. En 1912, son petit-fils remplace le médicament par de la crème et baptise cette première bouchée « praline », du verbe praliner (enrober une racine de plante). Son épouse crée le « ballotin », emballage de forme carrée, qui évite l'écrasement des chocolats. Rien à voir donc avec le maréchal de Plessis-Praslin, dont le cuisinier inventa le bonbon praslin ou praline, une amande enrobée de sucre cuit, au XVIIe s.

lement régulier – les correspondances et manuscrits de personnages célèbres autour de cinq thèmes : arts, sciences, littérature, histoire et musique. Ainsi déchiffre-t-on les mots de Gauguin, Matisse, Lautrec, Einstein, Freud, Voltaire, Balzac, Apollinaire, Hergé, Charles Quint, François Ier, De Gaulle, Mozart, Beethoven, Brel... Petit clin d'œil belge à chaque thème. Le **rez-de-chaussée** est, lui, consacré aux expos temporaires (se renseigner). Un musée qui plaira aux passionnés du genre.

🍴 *La rue des Bouchers et la Petite Rue des Bouchers (zoom détachable C2) :* plus de 50 % des touristes de la ville, en bons moutons de Panurge, s'y retrouvent en groupes pour avaler des moules-frites ou tout autre plat qui leur laissera un souvenir peu reluisant de Bruxelles. Tant pis, ils n'avaient qu'à acheter le *Routard* ! Traversée par les galeries, la rue des Bouchers a du charme mais les auvents des terrasses empêchent d'observer les lieux et les néons criards gâchent franchement le paysage. Essayez de glisser un œil au travers des stores pour observer les pignons à redans des maisons anciennes. Une exception peut-être à la médiocrité générale : le restaurant **Aux Armes de Bruxelles,** une des institutions gastronomiques incontestées de la capitale (voir « Où manger ? » plus haut).
➤ Dans la Petite Rue des Bouchers, au fond d'une minuscule impasse (côté gauche), on trouve le merveilleux petit *théâtre de Toone.*

🍴🍴 🚶 *Le théâtre royal de Toone (zoom détachable C2, 188) :* impasse Sainte-Pétronille ou rue du Marché-aux-Herbes, 66, 1000. ☎ 02-511-71-37. ● woltje@skynet.be ● toone.be ● Entrée par l'impasse Pétronille, à la hauteur du 66, rue du Marché-aux-Herbes, et donnant aussi sur la Petite-Rue-des-Bouchers. Fermé lun et en janv. Spectacles à 20h30 (jeu, ven et sam), plus à 16h sam. Téléphoner pour connaître le programme et réserver à partir de 12h. Billet : 12 € ; réduc jeu et sam ap-m pour enfants, étudiants et seniors. CB refusées. Durée : 2h (entracte compris).
Au beau milieu des restos à touristes, c'est un véritable îlot d'authenticité spirituelle. La maison elle-même date de 1696. Quant au célèbre théâtre de marionnettes pour adultes qu'elle abrite, il a été créé, à l'origine, en 1830 par un certain Antoine Genty, dit *Toone* en dialecte local. La tradition se perpétue vaillamment depuis, et aujourd'hui Nicolas Géal (Toone VIII !) assure les différentes représentations.
Une trentaine de pièces au répertoire, généralement de savoureuses parodies des grands classiques comme *Le Bossu, Les Trois Mousquetaires, Lucrèce Borgia, Macbeth, Othello* ou *Roméo et Juliette.* À Noël, place à la *Nativité* et,

à Pâques, on ressort la *Passion du Christ*. Conformément à la tradition, des « manipulateurs » animent les personnages tandis que Toone VIII fait toutes les voix à lui seul, même les chants féminins. Les pièces sont généralement dites dans un français émaillé de dialecte « bruxellois-flamand », un mélange hilarant ! Autre particularité : si l'on se met bien devant, on voit les manipulateurs en plein travail. On aime cette transparence dans l'art. Ainsi, on assiste à deux pièces : celle qui se déroule sur la petite scène et celle jouée en coulisses. À noter que le théâtre est doté d'une loge royale.

LE FRANGIN DE TINTIN ?

Chez Toone, à l'entracte, on visite le petit musée et ses dizaines de marionnettes du XIXe s. Les personnages sont fabriqués avec divers matériaux : les têtes sont en carton-pierre (colle et craie), le corps est fait de carton bourré de paille, les plus anciens ont des yeux de verre et les « bagarreurs » sont en bois. Dans chaque pièce, on retrouve Woltje, la vedette qui dénoue les drames et joue à l'occasion quelques tours pendables. On dit que Hergé se serait inspiré de Woltje pour créer Tintin. Il est vrai qu'il en a l'intelligence, la vivacité... et le pantalon de golf !

Toone, c'est le cœur de Bruxelles qui vit encore et, comme disait Cocteau, « il y a trop d'âmes en bois pour ne pas aimer des personnages en bois ayant une âme ».

℡ Au rez-de-chaussée, le petit estaminet **Chez Toone** est un lieu plein de chaleur, parfait pour rester dans l'ambiance et poursuivre le rêve après le spectacle.

BALADE AUTOUR DE LA BOURSE
(zoom détachable B-C2)

⚒ L'église Saint-Nicolas (*zoom détachable B2*) : croquignolette, c'est la seule église de la ville qui n'ait pas été débarrassée des maisons (ajoutées au XVIIIe s) s'accrochant à elle comme des arapèdes. Oubliez la façade côté rue de Tabora, depuis la rue au Beurre, la vision est plus romantique. Elle possède une longue histoire, puisqu'elle fut érigée il y a bientôt 800 ans. Avant, l'église était flanquée d'un énorme beffroi, que l'on distingue aisément sur les gravures anciennes. Démoli par une tempête, puis par le bombardement de 1695, il s'écroule sous le poids de ses cloches au XVIIIe s... et ne fut jamais reconstruit. Peu de vestiges subsistent de la prime jeunesse de l'église, si ce n'est sa forme originale qu'on qualifiera « de guingois ».
À voir, à l'intérieur, la *châsse des martyrs de Gorcum,* beau travail du XIXe s, ainsi que quelques vestiges romans et un tableau attribué à Rubens, la *Vierge à l'Enfant endormi.* Le 3e pilier du bas-côté gauche recèle encore un boulet français de 1695, fiché dans la pierre.

⚒ La Bourse (*zoom détachable B2*) : bd Anspach. À l'aise dans ses habits cossus éclectiques de la seconde moitié du XIXe s, elle impose son arrogance à tous. Dans ses jeunes années, Rodin a collaboré aux frises sculptées du fronton. Elle devrait se reconvertir bientôt en « Temple de la bière belge ». Sur son flanc gauche, des vestiges en sous-sol de l'ancien couvent franciscain des Récollets, fondé en 1238, ont été mis au jour. On les aperçoit partiellement par des baies vitrées mais on peut aussi les visiter. Ce site s'appelle **Bruxella 1238** : ☎ 02-279-43-76. ● musees.bruxelles.be ● *Visite guidée sur résa par tél, puis rdv dans le hall d'entrée de la maison du Roi, sur la Grand-Place, pour l'achat du ticket et le départ de la visite. Billet : 4 € ; réduc.* Dans ces sous-sols, on a également retrouvé le caveau de Jean Ier, duc de Brabant et fin stratège qui défit en 1288 l'archevêque de Cologne. Pour les passionnés d'histoire et d'archéologie uniquement.

🍷 Et puisque vous êtes là, prenez donc un verre de bière de l'autre côté de la Bourse, au *Falstaff (rue Henri-Maus, 17-23, 1000 ; zoom détachable B2,* 178), doté d'une des plus belles décorations de boiserie Art nouveau de la ville (voir plus haut « Où boire un verre et rencontrer des Bruxellois(es) ? »).

🏃 De là, les fans de ce style Art nouveau pourront descendre sur quelques dizaines de mètres, vers la gauche, le boulevard Anspach pour voir au n° 85 l'ancien *cinéma Pathé Palace.* Construit en 1881, d'abord hôtel des ventes puis grand magasin, il deviendra ce mythique cinéma bruxellois où les frères Lumière ont projeté leur tout premier film en 1895. Évoluant en cinéma-brasserie-concert-music-hall en 1914, il se transforme en temple pour cinéphiles dans les années 1950 et en complexe multisalles ultramoderne très attendu fin 2014 ! Ne reste plus que sa belle façade, au sommet de laquelle le coq se dresse toujours fièrement.

➤ Au-delà de la place de la Bourse et avant la place Fontainas, vers le sud, on peut se balader dans le lacis des rues d'origine médiévale qui composent le *quartier Saint-Jacques,* autour de l'église baroque *Notre-Dame-du-Bon-Secours.* Pas mal de nos adresses de bars et de restaurants se trouvent près de la rue du Marché-au-Charbon, autrefois chemin de pèlerinage menant les routards de l'époque vers Saint-Jacques-de-Compostelle. On peut encore apercevoir les fameuses coquilles en métal doré incrustées dans le pavage devant l'église. Ce balisage du chemin vers Compostelle traverse d'ailleurs tout le Pentagone, de la rue de Louvain à la rue Haute.

🏃 *L'église Notre-Dame-du-Bon-Secours (zoom détachable B2,* **205**) **:** *rue du Marché-au-Charbon.* Une des églises baroques les plus intéressantes. Pour la petite histoire, à peine achevée en 1695, elle fut quasiment détruite par les bombardements de Louis XIV et aussitôt reconstruite ! Jolie façade avec fronton en volute, mais surtout plan intérieur original (en cercle et non pas en croix latine). Pas de nef donc, on se retrouve d'emblée sous la coupole au milieu de colonnes à gros chapiteaux corinthiens. Beaux confessionnaux en chêne ciselé du XVIIIe s et autel central baroque en marbre.

🏃 Au-delà du boulevard Anspach, sur la droite quand on vient de la rue du Lombard, la petite *place Saint-Géry (zoom détachable B2)* constitue le cœur historique de la ville. C'est devenu un des coins les plus branchés de Bruxelles, avec ses nombreux bars plébiscités par les noctambules.
Ici, au Xe s, au milieu des marécages de la vallée de la Senne, s'est élevé, selon la légende, le premier castrum (camp fortifié) autour duquel sont venues s'agglutiner les premières maisons en bois, noyau de la cité primitive. De tout cela, bien sûr, rien ne subsiste, si ce n'est le lit de la rivière Senne qui permettait un transport fluvial de petit tonnage entre Bruxelles et Anvers, et qui fut voûtée au XIXe s pour des raisons de salubrité. On peut encore en observer une reconstitution en pénétrant (côté rue de la Grande-Île) dans la cour de l'ensemble de maisons anciennes joliment rénovées (*cour de Saint-Géry,* grille d'accès fermée à la tombée du jour). Dans un décor un peu hors du temps, avec en arrière-plan le clocher du couvent des Riches-Claires, en contrebas d'un escalier de pierre, stagne, comme un triste marigot, un des bras de la Senne qui fit jadis la prospérité de Bruxelles.
– *Les halles Saint-Géry (zoom détachable B2)* **:** *au milieu de la pl. Saint-Géry.* ☎ 02-502-44-24. ● *hallessaintgery.be* ● *Tlj 10h-18h pour les expos. GRATUIT. À l'intérieur, le* **Café des Halles** *et sa terrasse sont ouv jusqu'à 22h (plus tard le w-e).* Ensemble de brique, de fer et de verre construit en 1881 autour d'une fontaine pyramidale. L'intérieur a été remarquablement réaménagé et joliment mis en lumière. Accueille des expos temporaires liées en majorité à l'architecture et à l'urbanisme. L'animation, elle, est assurée par un agréable café dont les tables aux beaux jours débordent jusque sur les trottoirs. Tous les premiers dimanches du mois, un marché vintage y est organisé. ● *brusselsvintagemarket.be* ●
Ce quartier, qui a connu une véritable renaissance au début du XXIe s après des décennies d'abandon, regorge de cafés, de restos et de petits commerces plutôt

sympathiques. En témoigne l'émergence de la *rue Antoine-Dansaert (zoom déta-chable B2)* comme centre d'une vogue vestimentaire minimaliste, audacieuse et novatrice, dont quelques labels sont devenus des légendes vivantes dans les milieux de la mode. À arpenter aussi la *rue des Chartreux,* toute proche, siège de troquets accueillants. On y trouve le *Café Greenwich,* magnifique brasserie Art nouveau, récemment rénovée. C'est là que Magritte jouait aux échecs. Au bout de la rue, la statue du Zinneke, le chien bâtard, lève allègrement la patte pour un petit besoin légitime.

AU NORD-OUEST DE LA GRAND-PLACE, L'ANCIEN PORT ET LE BÉGUINAGE
(zoom détachable B-C2 et plan détachable B-C1-2)

Tout ce quartier nord-ouest du Pentagone se situait sur la route marchande qui menait des Flandres au Rhin. Au croisement de celle-ci, les quais du canal du XVIe s vers le nord, l'Escaut et Anvers où déchargeaient les bateaux de commerce. Le port étant devenu trop petit, on déplaça l'activité plus au nord, le long du canal prolongé au XIXe s vers Charleroi. Puis l'on finit par recouvrir les canaux ou par les boucher tout simplement. Sous le quai au Bois-à-Brûler passe aujourd'hui... le métro. C'est moins romantique évidemment. Lorsqu'on voit les photos de l'époque, on ne peut que déplorer l'abandon d'une voie navigable qui donnait à ce coin de Bruxelles un cachet incomparable. Agréable et tranquille, plutôt ignoré des touristes, ce quartier propose encore malgré tout, au-delà de la place De Brouckère, son petit lot de curiosités.

🏹 **Le théâtre royal de la Monnaie** *(zoom détachable C2) :* **pl. de la Monnaie, 1000.** ☎ **070-23-39-39 (billetterie).** ● *lamonnaie.be* ● *Visite guidée trilingue sept-juin, sam à 12h. Durée : 1h30. Entrée : 10 € ; 5,50 € moins de 30 ans. Billets en vente à la billetterie du théâtre (mar-sam 11h-18h) ou à l'office de tourisme Visit-Brussels. Départ de la visite rue Léopold, 23 (entrée des artistes).*
Construit en 1819, puis restructuré par Poelaert (l'homme du palais de justice) au milieu du XIXe s et une nouvelle fois rénové en 1985, l'ensemble n'a rien d'architecturale folichon. Au-delà des colonnades de la façade (façon temple grec), vous pouvez gratuitement jeter un coup d'œil sur la déco du vestibule avec ses colonnes gris-blanc de Buren, le plafond « claché » (comme on dit à Bruxelles) par Sam Francis et le pavement de marbre de Sol Lewis. En revanche, historiquement, il est le point de départ des célèbres « journées de septembre 1830 ».
C'est lors d'une représentation de *La Muette de Portici,* opéra bien oublié aujourd'hui du compositeur français Daniel-François-Esprit Auber, que des spectateurs se révoltèrent, mus qu'ils étaient par les chants libérateurs du ténor : « Amour sacré de la patrie, rends-nous l'audace et la fierté ! À mon pays, je dois la vie, il me devra la liberté ! », chantait-il. Il n'en fallut pas moins pour que se gonflent les rangs des révolutionnaires belges, qui prirent le chemin de l'indépendance...
« La Monnaie » inspira plus tard le compositeur d'une œuvre très différente dans la forme : Hergé en fit le décor d'une scène mémorable de l'album *Les 7 Boules de cristal.* C'est aujourd'hui une scène lyrique nationale incontournable.
De la place de la Monnaie à la place Rogier (voir plus loin) en suivant la rue Neuve s'étend une zone piétonne dédiée entièrement au commerce, et qui aurait déjà besoin d'un sérieux lifting. Animée la journée, triste et désertée la nuit.

🏹 **La place De Brouckère** *(zoom détachable B-C2) :* sa future rénovation très attendue devrait rendre son panache à une place aujourd'hui aussi banale et désœuvrée qu'elle fut vivante et animée au début du XXe s. Brel ne chantait-il pas « Place De Brouckère, on voyait des vitrines... » ? Elle a pu, des années 1930 aux années 1970, être comparée à une sorte de mini-Broadway bruxellois, lorsque de grandes publicités lumineuses y déversaient, depuis les toits, une clarté supérieure à celle de l'éclairage public. On a du mal à en croire ses yeux, quand on regarde les photos d'époque. Il ne subsiste désormais des ors d'antan que la rangée d'immeubles XIXe s, côté ouest, et, en face, l'hôtel *Métropole* doté d'une statue de la Liberté sur le toit.

🍷 Après un an de travaux, le *café Métropole* a rouvert ses portes, sans changements majeurs, car l'établissement était classé. Allez boire un verre à l'intérieur de ce magnifique café Belle Époque plutôt que de rester en terrasse. Nouveaux fauteuils, nouveau nom aussi (« le 31 »). Une carte de brasserie de bon niveau, puisque chapeautée par Alban Chambon, le chef du restaurant de l'hôtel (*so chic !*).

➤ S'il pleut ou si vous avez envie de vous faire une toile pour vous reposer, allez admirer la luxuriante décoration de la *grande salle du cinéma UGC* (ex-Eldorado) inspirée de la faune et la flore africaines, dans le plus pur style Art déco.

🗡 *L'église Sainte-Catherine* (zoom détachable B2) : *pl. Sainte-Catherine.* Depuis sa rénovation partielle, elle attire le regard des visiteurs arrêtés sur la place, le temps d'un verre ou d'un déjeuner au soleil. C'est encore Joseph Poelaert, certainement l'architecte le moins inspiré de son époque, qui commit cette église néo et postgothique, comme taillée au marteau-piqueur. Derrière l'église, à présent désacralisée (elle pourrait un jour prochain abriter un marché à l'ancienne), se trouve la tour Noire, vestige de la première enceinte du XIIIe s, garnie d'un bout de rempart et intégrée à présent à un ensemble hôtelier.

🗡 Sur le coin de la rue Melsens, dans un renfoncement, *La Centrale électrique* (zoom détachable B2, 224) est un espace muséal qui se destine à l'art contemporain, à la mode et au design à raison de 4 expos par an (*infos sur ● centrale-art. be ●*). Jetez un coup d'œil à la programmation, c'est souvent intéressant et même parfois complètement déjanté.

🗡 *La place Sainte-Catherine et les rues aux alentours* (zoom détachable B2) : la place, la rue Sainte-Catherine, la rue du Vieux-Marché-aux-Grains et ses voisines ont mieux à offrir, pour les flâneurs sachant flâner, que quelques pignons anciens harmonieux et variés, datant du XVIIe au XIXe s. C'est un des quartiers où il fait bon se poser, aux beaux jours, pour manger sur le pouce, ou plus si affinités (voir « Où manger ? »). Le spectacle de la rue est agréable, celui des bâtiments aussi. Il se dégage de l'ensemble une certaine continuité, loin des ruptures brutales des autres quartiers.

➤ N'hésitez pas à faire une incursion dans la rue de Flandre, une des artères les plus anciennes de Bruxelles, qui a retrouvé toute sa vitalité commerçante.

🗡 *Les anciens bassins* (plan détachable B1-2, 218) : ils portent toujours les noms de leur commerce respectif – quai aux Briques, quai au Bois-à-Brûler et, un peu plus au nord, quai aux Pierres-de-Taille, quai au Foin... Comblés au début du XXe s, ils ont évidemment perdu leur animation d'autrefois malgré les charmants bassins qui rappellent la vocation, disons « aquatique », du site. Notamment, l'immeuble d'angle au bout du quai aux Briques, appelé le *Cheval marin,* joyau de la Renaissance flamande et autrefois capitainerie du port. Dommage qu'il soit dans un triste état. Les quais sont bordés de restos de poisson (certains excellents, d'autres plus pièges à touristes) et le quartier en général a un cachet joliment conservé. De belles adresses pour les amateurs d'art de vivre, avec notamment un des hôtels les plus originaux de la ville (*Brussels Welcome Hotel*). Le long du quai, faites une pause chez le chocolatier Frédéric Blondeel (petit salon de dégustation) : ici, les pralines ont des goûts très originaux (● frederic-blondeel.com ●).

Au bout des quais, côté Marché-aux-Porcs, une étonnante statue rend hommage aux pigeons voyageurs qui étaient autrefois utilisés dans les transmissions des armées. Des colombes décorées pour faits d'armes, c'est un comble !

🎯 *La maison de la Bellone* (maison du Spectacle ; plan détachable B2, 241) : *rue de Flandre, 46, 1000.* ☎ 02-513-33-33. ● *bellone.be* ● *La cour est accessible lun-ven 10h-18h. Fermé en juil.* Invisible de l'extérieur, car nichée au fond d'un passage donnant sur la populaire rue de Flandre, c'est l'une des plus splendides façades de Bruxelles, créée par Jean Cosyn, l'architecte de la Grand-Place. Mélange splendide de transition entre baroque tardif et néoclassicisme français. Noter aussi la façade opposée, noire et discrète, qui lui répond de manière contemporaine et acoustique... Protégée par un toit translucide, la cour sert de décor rêvé à des lectures et autres représentations artistiques (théâtre, danse, et audiovisuel) organisées par le centre culturel qu'est la maison de la Bellone (programme sur le site internet). Côté rue, le *Bellone Café* offre une agréable pause pour un verre ou un repas à l'italienne.

🎯 Entre la place du Marché-aux-Porcs et la place du Nouveau-Marché-aux-Grains, un bout de quartier populaire où se côtoient le meilleur et le pire. Dans une section de la rue Rempart-des-Moines qui donne sur la rue de Flandre, la *rue de la Cigogne* (plan détachable B1), avec son porche baroque joliment ouvragé, est emblématique des très nombreuses impasses bruxelloises, chacune véritable microcosme social, parsemant le tissu urbain au XIXe s.

🎯 *L'église Saint-Jean-Baptiste-du-Béguinage* (plan détachable B1-2) : *pl. du Béguinage. Tlj sf lun 10h-17h (20h dim).* Sur une place agréable et pavée, tranquille comme tout, vous voici face à la plus élégante et la plus pure église en baroque flamand du XVIIe s de Bruxelles. Façade pas provocante, bien équilibrée, composée de trois registres indépendants. Si l'extérieur est baroque, l'intérieur reste gothique, avec notamment les voûtes à nervures et son plan en croix latine. Ce mélange réussi entre les styles reste l'une des particularités de cette église.
– À proximité, l'ancien **hospice Pachéco** donne une touche paisible au décor par l'ordonnance toute néoclassique de sa longue façade blanche. Sa réhabilitation en logements et bureaux est bien dans la mouvance actuelle. Les éclairages jaunes de la nuit apportent une note un peu fantastique à ce quartier peu fréquenté mais très fréquentable.

🎯 *Le Théâtre flamand* (plan détachable B1, 236) : *situé au bout du quai au Foin et du quai aux Pierres-de-Taille.* Un bien curieux bâtiment. Hybride est presque un euphémisme pour qualifier cette structure « pagodisante », jouant à merveille des matériaux à la mode à la fin du XIXe s, et surtout du fer. Sa façade reprend des éléments propres à la Renaissance, tandis que ses flancs, gonflés de balcons-terrasses de tailles décroissantes, évoquent presque une pyramide.

🎯 Dans la *rue de Laeken* (plan détachable B1), entre la rue du Pont-Neuf et la rue du Cirque, intéressante rénovation qui a heureusement tenu compte du modèle et des gabarits de la maison bruxelloise du XIXe s. Au no 73, petit *musée belge de la Franc-Maçonnerie* : ☎ 02-223-06-04. ● *mbfm.be* ● *Mar-ven 13h-17h (16h en été), sam 13h-16h (fermeture caisse 45 mn avt). Entrée : 6 € ; réduc.*
Parallèlement à la rue de Laeken, le boulevard Émile-Jacqmain (plan détachable C1) accueille, près du boulevard de la Petite-Ceinture, le nouveau **Théâtre national.**

DES BOULEVARDS À LA CATHÉDRALE

🎯 Au-delà de la petite ceinture, dans le prolongement du boulevard Émile-Jacqmain, s'étend le boulevard du Roi-Albert-II (plan détachable C1). On y aperçoit les tours d'un quartier administratif qui se voulait (selon les projets des promoteurs des années 1960) un nouveau Manhattan organisé autour d'un *World Trade Center*. Ne vous y promenez pas la nuit, les trottoirs sont squattés par un escadron de tapineuses. Dans la journée, en revanche, ceux que cela intéresse pourront aller découvrir une quinzaine d'œuvres monumentales de sculpteurs belges, plutôt bien intégrées dans l'environnement futuriste de la tour *Belgacom* ou du complexe de communications de la *gare du Nord.* On distinguera, entre autres, la *Fontaine* de Pol Bury ou la *Légende* de Rombouts et Droste. Les amateurs d'exotisme pousseront même sur l'autre flanc de la gare du Nord jusqu'à la **rue de Brabant** *(plan détachable C1),* regorgeant de marchandises de toutes origines, d'épices, de fruits et légumes en provenance d'Afrique du Nord.

🦌 À partir de 2015 on va pouvoir découvrir le nouveau visage de la **place Rogier** *(plan détachable C1)* qui évoqua longtemps ce qui se faisait de pire dans les villes américaines. Une tentative qui devrait rendre plus glamour ce lieu de passage obligé pour tous ceux qui transitent entre la gare du Nord et la très commerçante **rue Neuve.** Une rue qui ne mérite plus guère son nom, et débouche près du complexe commercial **City 2,** qui aura du mal à concurrencer les projets pharaoniques annoncés sur le plateau du Heysel.

Dans la *rue Neuve,* (déserte la nuit) on poursuit direction place de la Monnaie, en remarquant au passage des rescapés d'une époque révolue, comme la large maison espagnole avec pignons à gradins, le paquebot Art déco de l'ancien cinéma *Métropole,* masqué derrière la devanture d'une chaîne de vêtements, puis les cariatides et la haute verrière du **passage du Nord** vers la place De Brouckère, jadis haut lieu de l'élégance bourgeoise.

🦌 **L'église Notre-Dame-du-Finistère** *(plan détachable C1)* : *rue du Pont-Neuf, 45.* Construite au début du XVIIIᵉ s en style baroque classique. C'est l'intérieur qui se révèle étonnant, tout y semble démesuré ! Colonnes aux énormes chapiteaux et, sur les côtés, beaux lambris sculptés intégrant harmonieusement les confessionnaux, chœur en cul-de-four abondamment stuqué, impressionnant chemin de croix fait de grandes peintures, orgue monumental sculpté et orné de nombreux angelots... Mais le must, c'est la chaire, dans le genre baroque délirant, un vrai chef-d'œuvre !

🦌 **La place des Martyrs** *(plan détachable C2)* : accès par la rue Saint-Michel. La plus belle place néoclassique de Bruxelles fut laissée longtemps en état de décomposition avancée avant d'entamer sa réhabilitation en logements et bureaux. Elle abrite à présent les institutions du gouvernement de la communauté flamande. La technique choisie fut celle du façadisme, technique très bruxelloise qui consiste à tout détruire sauf la façade et à reconstruire derrière selon les impératifs de fonctionnalité. Cette rénovation lui a restitué un peu de l'éclat qui fut le sien à sa création à la fin de la période autrichienne. Au centre, une crypte et un mémorial rendant hommage aux combattants de la révolution belge de 1830.

🦌🚶🏃 **Le Centre belge de la bande dessinée** *(CBBD ; plan détachable C2)* : *rue des Sables, 20, 1000.* ☎ *02-219-19-80.* • *cbbd.be* Ⓜ *De Brouckère. Tlj sf lun 10h-18h. Fermé à Noël et le Jour de l'an. Entrée : 8 € ; réduc ; plus 1 € pour un billet combiné avec la fondation Marc-Sleen, en face. Entrée gratuite avec la Brussels Card. Avec le billet d'entrée, accès gratuit à la bibliothèque. sf dim-lun (16 ans min) et à la salle de lecture. Attention, ni vestiaire ni consigne.*

Le « cébébédé » a fêté ses 25 ans en 2014. Plusieurs générations de fans de la BD ont pu redécouvrir pour l'occasion ce lieu mythique, d'autant plus que sa nouvelle muséographie devrait permettre à un public plus large d'aborder ce 9ᵉ art, dont la Belgique a été le fer de lance, à défaut d'en être le berceau.

Au rez-de-chaussée
La **boutique,** une **salle de lecture** avec plus de 3 000 B.D. en accès direct *(mar-jeu 10h-17h, ven-sam 10h-18h, dim 12h-18h ; fermé lun ; accès à tous : 0,50 €/j., sans obligation de visiter le musée),* et la **bibliothèque,** une des plus fournies,

voire LA plus fournie au monde, puisqu'elle recèle quelque 70 000 titres en une quinzaine de langues *(mar-jeu 12h-17h, ven 12h-18h, sam 10h-18h ; fermé dim-lun ; droit d'entrée : 1,20 €/j. pour les plus de 16 ans, sans obligation de visiter le musée).* Toujours au rez-de-chaussée, exposition temporaire à l'**espace Horta** prolongée par une **brasserie-restaurant** et une **librairie.**

L'escalier
Monumental, évidemment. Attention, en descendant les marches, de ne pas tomber, comme le fait Haddock dans *Les Bijoux de la Castafiore,* car – l'avez-vous remarqué ? – une des marches est cassée, comme à Moulinsart... cela n'a même pas été fait exprès, mais on a conservé ce clin d'œil !

À l'entresol
Trois nouvelles expositions permanentes permettent désormais de découvrir, dans une muséographie plus adaptée à l'époque, un monde qui continue de fasciner petits et grands. La première que les visiteurs découvrent, une fois passé le comptoir d'accueil, leur raconte l'**Invention de la B.D.** Interactive, agréable à voir et à entendre, elle fait une grande place aux précurseurs de la B.D. On passe ensuite à l'**Art de la B.D.** en général, du processus de création à l'éventail des genres qui constitue la production européenne. La troisième est consacrée à celui qui a créé le bâtiment fabuleux accueillant tous vos héros de B.D. préférés : **Horta et les magasins Waucquez.**
Cette dernière partie fait revivre une aventure bruxelloise symbolique du XXᵉ s naissant, puisque c'est en 1905 que Victor Horta réalisa, pour le compte d'un important grossiste en textile, ce superbe édifice Art nouveau. Les magasins *Waucquez* ouvrent leurs portes dans un quartier alors encore bien vivant. La fonte, alliée au verre, permet des mariages architecturaux inouïs pour l'époque. Façade légèrement incurvée, vaste hall, omniprésence du verre, escalier monumental et balustrade aux ferronneries végétales. En 1970, le quartier perd ses dernières illusions, *Waucquez* ferme ses portes, le bâtiment est abandonné et tombe en décrépitude. Il faut attendre 1983 et un gros déploiement d'énergie pendant six ans encore pour sauver ce lieu et le transformer en ce magnifique temple de la bande dessinée. On note évidemment dès l'entrée, dans le hall, l'étonnant lampadaire central, la fusée lunaire d'Hergé, réalisée en bois par les élèves d'une école de menuiserie et offerte au musée, le buste de Tintin et la 2 CV de Boule et Bill, qui fut offerte par l'éditeur à Roba pour le 1 000ᵉ page de ses histoires parues dans *Spirou.*
Le mariage de la B.D. et de l'Art nouveau n'aurait pas dû surprendre, puisque la B.D. est née à peu près à la même époque. En 1896 pour être précis, aux États-Unis, avec *The Yellow Kid,* première association véritable de textes et d'images. Cependant, avec le temps, tous deux connurent quelques années difficiles. Tandis que les amoureux de l'Art nouveau se battaient pour le valoriser, bon an mal an, les fans de B.D. trouvaient eux aussi que la muséographie du centre avait mal vieilli : présentation démodée, planches mal éclairées dans certaines salles, etc. Le musée est entré heureusement depuis un an dans un processus de rénovation totale afin de pouvoir offrir pour ses 25 ans un nouveau visage à des fans qui n'étaient pas tous nés lors de sa création.

Au 1ᵉʳ étage
Autour du puits de lumière, une expo temporaire souvent remarquablement réalisée met l'accent sur un créateur particulier, et, plus loin, on trouve le *musée de l'Imaginaire,* dédié aux grands de la B.D., ceux qui ont commencé à être publiés en Belgique avant 1960. Des héros de papier et des créateurs dont beaucoup de visiteurs ne connaissent plus forcément les noms. Mais chacun possède son petit univers recréé pour lui autour de son personnage phare. Hergé est servi en premier, avec Tintin, mais c'est aujourd'hui à Louvain-la-Neuve qu'il vous faudra aller (à 30 km de Bruxelles !) pour découvrir véritablement l'univers qu'il a su créer, puisque les héritiers du maître ont choisi d'aller implanter son musée dans une ville

nouvelle et estudiantine en pleine campagne, près de laquelle il avait vécu, plutôt que dans la capitale. Une situation que tout le monde regrette aujourd'hui, à commencer par ceux qui n'ont pas pu l'empêcher.

Pas de vraie synergie pour l'instant entre les deux entités, il vous faudra prendre le train ou votre voiture (bon courage dans les deux cas) pour aller vous replonger dans le petit monde d'Hergé. En 2014, ses fans ont tenu à

rendre hommage à Jijé, dessinateur fabuleux qui fit faire à Will, Morris et Franquin leurs premiers pas. Jijé sera sans doute le premier dessinateur à mettre en scène un héros noir avec Cirage, dans *Blondin et Cirage*. En plus, Cirage est intelligent, ce qui n'était pas très bien vu en 1939 ! Le personnage dut disparaître durant l'Occupation, sur ordre des Allemands. Un autre truc marrant : regardez de près la planche où Jijé se voit accusé par Hergé de plagier Tintin avec son personnage de Jojo. Il répond simplement en faisant trois dessins qu'il envoie à son accusateur. On vous laisse découvrir ! Morris et Franquin, juste après la guerre, suivirent Jijé aux États-Unis, où ils dormaient dans son garage ! Ce qui n'empêchait pas Franquin, qui avait repris les aventures de Spirou (une véritable re-création pour le groom né sous le crayon de Rob-Vel) de continuer à envoyer régulièrement des planches au *Journal de Spirou*.

Tiens, à propos du *Journal de Spirou*, saviez-vous que c'est parce que la B.D. américaine était interdite par les Allemands pendant la dernière guerre que le fameux magazine recruta parmi les auteurs belges ? Et que cela expliquerait – en partie – l'essor du 9e art en Belgique ? Bien sûr, il y a d'autres tentatives d'explication, notamment celle du phénomène Hergé, ou encore celle selon laquelle le peuple belge, ne sachant plus à quelle langue se vouer suite au grand nombre d'occupations étrangères, se serait finalement rabattu sur le dessin, jugé plus efficace, pour exprimer ses idées. Ce qui est sûr, c'est que le pays compte aujourd'hui un dessinateur professionnel pour 30 000 habitants. Un record probablement mondial !

Mais revenons à notre visite, avec Jacobs, créateur de *Blake et Mortimer*, ancien baryton qui faisait de la B.D. « en plus ». Dans la vitrine reconstituant son atelier, on voit la célèbre *marque jaune* peinte sur sa table de travail. Et encore Bob de Moor, collaborateur d'Hergé pendant plusieurs décennies. Franquin possède également son espace où l'on voit le célèbre Gaston Lagaffe, parfait antihéros, premier du genre dans la B.D. européenne. Personne ne croyait à son succès.

Vandersteen, papa de *Bob et Bobette*, Jacques Martin, Tibet *(Ric Hochet)*, Roba *(Boule et Bill)* et, bien sûr, Peyo, dont les mondialement célèbres petits êtres bleus ne furent, au départ, qu'une émanation passagère des aventures de *Johan et Pirlouit*. Les lecteurs en redemandèrent (voir la vitrine d'objets *schtroumpfs*) ! Aujourd'hui, ce sont les personnages de B.D. les plus connus dans le monde (à cause des dessins animés) et ils devraient avoir droit, eux aussi, un jour prochain, à une mise en espace plus digne de leur renommée.

🍽🍷 On peut grignoter un bout ou boire un verre à la *Cafétéria Horta* du rez-de-chaussée ou au *Café du Meyboom* en face (voir « Où manger ? » plus haut).

– Également en face, la *fondation Marc-Sleen (tlj sf lun 11h-13h, 14h-18h)*, du nom de l'un des dessinateurs les plus populaires en Flandre grâce à *Néron*, son personnage fétiche. Juste quelques planches et croquis, qui parleront peu au public francophone, ayant rarement vu ces albums traduits. La fondation, gérée par le CBBD, se situe dans des locaux des anciennes *Presses socialistes*, à quelques mètres seulement des bâtiments des éditions Standaard, à l'endroit où son personnage a été créé ! Un lieu qui permet d'imaginer ce que cette rue pouvait être autrefois, avant que le chemin de fer ne la condamne à une lente décrépitude, et surtout avant que le centre national de la B.D. ne lui offre un nouveau départ. Aujourd'hui, les immeubles alentour ont été rénovés, le quartier est devenu propre, prospère mais pas forcément *yop-la-boum*...

🏃 Remonter (si les travaux de rénovation du quartier le permettent) jusqu'à la **place du Congrès** *(plan détachable C-D2)* où est érigée une haute colonne d'où Léopold Ier, premier roi des Belges, regarde vers les faubourgs. Cette colonne, une œuvre de jeunesse de Poelaert, rappelle la promulgation par le Congrès national en 1831 de la première Constitution belge (les quatre libertés constitutionnelles fondamentales), après l'indépendance. À l'arrière, essayez d'oublier la froide et désolante architecture de la cité administrative, que les fonctionnaires ont déserté de longue date du fait de la régionalisation des institutions et qui a été complètement vidée pour cause de désamiantage : cet échec urbanistique notoire fait l'objet d'une réhabilitation.

🏃 *Le Jardin botanique (plan détachable D1) :* tout au bout de la rue Royale, au niveau de la porte de Schaerbeek, avec la perspective à l'horizon du dôme byzantin de l'église royale Sainte-Marie. Les vastes serres du Jardin botanique (conçues par Balat, comme celles du palais de Laeken), sur la gauche, abritent un café et un espace multiculturel... Dans le jardin, illuminations nocturnes du plus bel effet sur fond de *skyline manhattanienne* du quartier Nord. Toujours de beaux arbres et également d'intéressantes sculptures, notamment de Constantin Meunier et de Charles Van der Stappen.

|⚫| 🍷 On peut prendre l'air du temps et un plat plus consistant au *Bota,* un café idéalement placé pour ceux à qui le vert donne faim.

➤ Pour poursuivre la visite par le quartier du Palais Royal, il suffit de longer la rue Royale jusqu'au parc de Bruxelles, l'espace vert le plus couru (au sens strict, à certaines heures) dans le périmètre du Pentagone. Sinon, pour revenir vers le centre, après la visite du Centre belge de la bande dessinée, on peut emprunter la *rue du Marais,* puis la *rue de la Montagne-aux-Herbes-Potagères.* À l'angle de la **rue du Fossé-aux-Loups,** bel immeuble d'angle abritant la *Caisse générale d'épargne et de retraite,* dont l'arrondi adoucit la dureté du placage de bronze qui le recouvre. Juste en face, un immeuble qui mérite un coup d'œil pour son style paquebot. En face, l'hôtel *Radisson-SAS,* qui emprunte la grammaire de l'architecture Art déco (mais pour dire quoi ? *This is the question !*). Dans le vaste hall, un pan de l'enceinte médiévale de la ville, menacé par les pioches, a été finalement conservé. Curieux effet que ce choc des siècles en ce lieu.
Le choc des siècles est encore plus évident lorsque, en remontant la rue d'Assaut, on aperçoit la façade de la cathédrale.

🏃🏃 *La cathédrale des Saints-Michel-et-Gudule (zoom détachable C2) :* pl. Sainte-Gudule, 1000. ● cathedralestmichel.be ● Visite libre lun-ven 7h-18h, sam 8h-15h30, dim 14h-18h. Crypte romane : sur rdv slt (☎ 02-219-75-30) 2,50 €. Vestiges archéologiques : tlj 8h-18h ; 1 €. Musée du Trésor : lun-ven 10h-12h30, 14h-17h ; sam 10h-15h ; dim 14h-17h ; 1 €. Billet combiné : 3 €. Visite guidée des tours le 2e sam du mois sur inscription (📱 0476-66-15-67) : 5 €.
Elle a été remise à neuf après 20 ans de travaux ininterrompus. Anciennement collégiale Saint-Michel, l'église fut à moitié débaptisée pour faire un peu de place à la pauvre Gudule, une sainte carolingienne qui défia le diable et dont les reliques furent conservées dès le Xe s dans la chapelle Saint Géry, sur l'île du même nom. Son statut de cathédrale est récent (1961). Elle se trouve sur le *Treurenberg* (« montagne des larmes », nom porté à cause de la présence d'un gibet, à l'époque). Superbe témoignage du gothique brabançon malheureusement flanqué aujourd'hui de bâtiments insipides. Du fait de la durée de la construction (de 1225 à 1500), les styles se mélangent allègrement, sans trop se bousculer. Les deux grandes tours du XVe s, très épurées, mais restées sans flèches, s'élancent

en façade, bien symétriquement : elles furent élevées sous le règne du plus grand des ducs de Bourgogne, Philippe III, dit Le Bon.

À l'intérieur, vaste nef élancée aux élégantes proportions, séparée des bas-côtés par de lourdes colonnes où s'adossent 12 apôtres baroques et massifs. Noter la différence de facture entre les piliers sud du XIVe s et ceux du nord réalisés un siècle plus tard. Les chapiteaux de ces colonnes massives sont ornés de feuilles de chou typiques du style brabançon. Parmi les autres chefs-d'œuvre, voir l'élégant triforium aux arcatures trilobées et la lourde chaire « baroque naturaliste », qui repose sur un *Adam et Ève*. La mort rôde sous la forme d'un élégant squelette. Le chœur, partie la plus ancienne, participe du style gothique primaire. Le chevet a conservé des éléments romans. La chapelle du Saint-Sacrement abrite un admirable autel de chêne sculpté de style gothique tardif très ouvragé.

Les autres chefs-d'œuvre auxquels il vous faudra jeter un œil sont les fameux *vitraux*. C'est Bernard Van Orley, peintre au service de Marguerite d'Autriche, qui en réalisa les cartons. Les plus connus sont, évidemment, les remarquables vitraux du XVIe s de la chapelle du Saint-Sacrement qui narrent l'histoire du vol des hosties et du « miracle » (voir encadré). En tournant le dos à l'autel, au-dessus de la tribune, un autre superbe vitrail, *Le Jugement dernier*, avec ses beaux bleus, ses verts éclatants et son jaune lumineux. Ceux du transept mettent en scène d'un côté Charles Quint et Isabelle de Portugal et, dans le bras sud, Marie de Hongrie, sœur de Charles Quint et gouvernante des Pays-Bas,

UNE TÉNÉBREUSE AFFAIRE

Nombre de vitraux et de peintures de la cathédrale évoquent la sinistre affaire du « miracle du Saint-Sacrement », où des juifs, au XIVe s, auraient dérobé et profané des hosties consacrées. C'était, comme chacun sait, leur passe-temps préféré, lorsqu'ils ne mangeaient pas des petits enfants chrétiens ! Mais voilà, de ces hosties, du sang se serait écoulé, constituant le « miracle ». Les juifs accusés furent condamnés au bûcher. Nous étions en pleine épidémie de peste et, comme souvent, les juifs trinquèrent les premiers. Bien que le vol n'eût jamais été prouvé, cette légende donna l'occasion à différents artistes de narrer cette injustice sur vitraux, tapisseries et toiles.

avec son mari défunt, Louis II, roi de Hongrie. Le déambulatoire donne accès à la chapelle de la Vierge, baroque.

On peut également visiter, dans la *crypte,* les vestiges de l'église romane, sous la cathédrale. Caveau de Jean II, orné de calligraphies de l'époque de Philippe le Bon et graffitis remontant vraisemblablement au XIIe s.

Nombre des œuvres d'art furent offertes par Charles Quint au XVIe s. On célébra longtemps le miracle des hosties (voir encadré) lors d'une procession annuelle dite du « Saint-Sacrement ». Après bien des tergiversations historico-religieuses, on décida en 1977 d'apposer une plaque remettant en cause la véracité de l'histoire et du miracle afin de « réparer » les dommages causés aux juifs de l'époque. La formulation est un peu alambiquée mais on est dans une ville où le consensus est un mode de vie et même de survie. Il était urgent que les vitraux cessent de choquer la communauté juive et d'alimenter le ressentiment.

À signaler, pour les ornithologues, la présence d'un couple de faucons pèlerins dans l'une des tours. Leur nid se garnit de petits chaque année.

LE QUARTIER ET LES MUSÉES DU MONT DES ARTS

Accès au quartier : Ⓜ *Parc, Porte-de-Namur ou Gare-Centrale ;* Ⓣ *n°s 92 et 94 ; bus n°s 27, 29, 38, 71 et 95.*

Changement de quartier et même d'univers en quelques dizaines de minutes. Profitez de la traversée du parc de Bruxelles pour reprendre des forces avant de rejoindre la rue de la Régence. Il vous faudra être en pleine forme pour aborder le quartier de la place Royale, désormais le vrai pôle muséal de la ville.

🏃 *La place Royale* *(zoom détachable C3) :* en haut de la « montagne Froide » *(Coudenberg),* elle a été aménagée dans un style parfaitement néoclassique – et à vrai dire un peu ennuyeux – à la fin du XVIIIᵉ s, qui rappellera à certains celui des places royales de l'Est de la France. Ce sont d'ailleurs des architectes français qui la réalisèrent, menés par Guimard et Barré. Tout fut bâti à l'initiative de *Charles de Lorraine,* gouverneur des Pays-Bas sous les Autrichiens de 1749 à 1780. En son centre, une statue équestre de *Godefroy de Bouillon,* l'illustre croisé autoproclamé « roi de Jérusalem ». Il remplaça la statue de Charles de Lorraine, descellée par les sans-culottes. Côté est, l'église Saint-Jacques-sur-Coudenberg au style néogrec avec colonnades. C'est sur une estrade devant l'église que Léopold Iᵉʳ prêta le serment constitutionnel le 21 juillet 1831.
– Sous la place, en face des bureaux d'accueil de *VisitBrussels,* une plaque rappelle l'existence de fouilles ayant permis de dégager le *site archéologique du Coudenberg* (voir plus loin), vestiges du palais des ducs de Bourgogne, incendié en 1731. Lorsqu'on voit les reproductions de ce que fut ce magnifique palais, on se plaît à rêver du visage qu'aurait présenté Bruxelles si ce drame ne s'était pas produit.

🏃🏃🏃 *Les musées royaux des Beaux-Arts* *(zoom détachable C3) : entrée par la rue de la Régence, 3, et par la pl. Royale, 1-2, 1000.* ☎ *02-508-32-11.* ● *fine-arts-museum.be/fr* ● *Tlj sf lun et j. fériés 10h-17h ; attention, une moitié des salles est fermée 12h-13h et l'autre moitié 13h-14h. Entrée : 8 € ; réduc ; gratuit pour les moins de 18 ans accompagnés d'un adulte, et pour ts le 1ᵉʳ mer du mois à partir de 13h. Entrée gratuite avec la Brussels Card pour les collections permanentes. Expos temporaires en supplément. Audioguide 4 €. Billet combiné avec le musée Magritte et le musée Fin de siècle : 13 €.*
Avec 20 000 œuvres (mais « seulement » 2 000 exposées), c'est le grand musée de peinture du pays. Un musée étonnant, qui exigerait presque une boussole pour s'y retrouver, notamment dans sa partie la plus classique.
C'est un vrai dédale, qui demande une bonne condition physique (on plaisante... quoique !), mais les gardiens et les gardiennes seront ravis de vous parler, voire de faire un bout de chemin avec vous, si vous repassez devant eux deux ou trois fois, à la recherche du Brueghel ou du Rembrandt que vous avez manqué. Pour le *musée Fin de Siècle* et pour le *musée Magritte,* plus récents, le problème se pose moins. Pensez à déposer votre sac et votre manteau au vestiaire, demandez le plan à l'entrée, on y voit alors à peu près clairement où trouver chaque section. Cafétéria basique et resto très chic au rez-de-chaussée, pour reprendre des forces à côté de la librairie.

La partie art ancien (XVᵉ et XVIIᵉ s)
Dans le grand hall, bel ensemble statuaire, reflet des goûts du XIXᵉ et du début du XXᵉ s. C'est de là qu'on accède aux étages consacrés à la peinture du XVᵉ au XVIIIᵉ s.
Les primitifs flamands sont évidemment à l'honneur. Leur travail se caractérise par un grand souci du détail mais aussi par la qualité même des huiles utilisées, qui ont permis aux couleurs de passer les siècles. On saluera au passage, selon les accrochages du moment, *L'Annonciation* du maître de Flémalle Robert Campin, un portrait d'*Antoine de Bourgogne,* fils naturel de Philippe le Bon, de *Rogier Van der Weyden* (XVᵉ s), Le *Martyre de saint Sébastien* de *Hans Memling,* avant de s'arrêter devant un triptyque de l'atelier *Jérôme Bosch, La Tentation de saint Antoine.* Les sujets où se mêlent monstres hybrides et humains furent souvent traités par Bosch, qui influença fortement Bruegel, comme vous le verrez un peu plus loin.
Parmi les oeuvres les plus remarquables, l'impudique *Vénus et Amour* de *Lucas Cranach,* une *Vierge à l'Enfant* de *Quentin Metsys,* reflétant avec beaucoup de

douceur l'amour maternel, et *La Fillette à l'oiseau mort,* tableau poignant et révélateur du doute qui commençait à planer sur la question de la vie et de la mort, à laquelle l'Église n'apportait plus de réponses satisfaisantes comme jadis. Ce tableau superbe autant qu'anodin de l'école flamande du XVIe s pose là un problème crucial pour l'époque.

Vos pas vous porteront devant plusieurs natures mortes, style qui prend de l'importance au XVe s, toujours avec ce souci de la lumière, des reflets, le rendu minutieux des matières...

Mais vous aurez hâte de découvrir la salle consacrée au plus grand des maîtres flamands, **Pierre Bruegel l'Ancien.** Dans *La Chute des anges rebelles,* l'influence de Bosch est particulièrement notable, avec une foison de monstres que les bons anges sont bien en peine de combattre. On peut s'amuser des heures à observer les monstruosités sorties de l'imagination de l'artiste. Le style en mouvement perpétuel annonce la venue du baroque. Dans *La Chute d'Icare,* la symbolique peut se résumer ainsi : la charrue ne s'arrête pas pour l'homme qui meurt ! Icare se noie et tout le monde s'en fout. Pauvre humanité vaniteuse. Dans la même salle, en plus du facétieux *Combat de Carnaval et Carême, Le Dénombrement de Bethléem* frappe par son incongruité. Le peintre n'a pas hésité à déplacer cette scène biblique au cœur d'un village flamand, ce qui lui permet de pratiquer une sorte de réalisme social. À quelques mètres à gauche, on peut voir le même tableau réalisé par Pierre Bruegel le Jeune, qui copia son papa avec beaucoup moins de génie.

Les XVIIe et XVIIIe s

Le plan de circulation est encore plus difficile à comprendre. Pour en faire le tour, on passe et on repasse dans les mêmes salles. Compliqué, dès lors, de vous proposer un sens de visite. Et même une sélection. De toutes les façons, vous ne risquez pas de louper les grands **Rubens,** comme la célèbre *Montée au calvaire* et *L'Assomption,* avec ses anges tournoyants et cette lumière qui semble frapper la toile par endroits ; ni devant la petite section d'art hollandais, avec ses **Ruysdael,** ses **Hals** et son unique **Rembrandt.** Ne manquez pas le vaste *Panorama de Bruxelles au XVIIe s* de Jean-Baptiste Bonnecroy, daté d'avant le bombardement de 1695 puisqu'on y aperçoit, à côté de la tour de l'hôtel de ville, celle du beffroi abattu par les boulets et, plus loin, l'ensemble du palais des ducs de Bourgogne ravagé par un incendie en 1731. Le musée possède également des toiles des deux maîtres anversois, Van Dyck, portraitiste de talent, et Jordaens. Quelques tableaux du début du XIXe s complètent le parcours actuel avec, notamment, le célèbre *Mort de Marat* de Jacques-Louis David, mort à Bruxelles en 1825, ou, plein de douceur romantique, *La Famille de Hemptine.* Les *Épisodes des journées de septembre 1830,* décrivant avec une fougue inspirée par Delacroix les combats contre les Hollandais, illustrent cet épisode important de l'histoire de Belgique.

♣♣♣ Le musée Fin de Siècle : *entrée par le musée des Beaux-Arts ; horaires et tarifs communs.* ● fin-de-siecle-museum.be ●

« Le carrefour de la création artistique que fut Bruxelles à la fin du XIXe s », c'est ainsi que fut annoncé ce musée qui a fait couler beaucoup d'encre, avant et même après son inauguration. Sur 3 niveaux et 6 000 m², sont rassemblées plus de 400 œuvres allant de 1863 à 1914 (un peu comme au musée d'Orsay à Paris, fastes ferroviaires en moins). Il faut gagner les sous-sols, via l'entrée du Palais des Beaux-Arts jusqu'au au niveau -8 (d'un musée qui va de -3 à -8) pour découvrir les fleurons d'une période plus large que les seules années d'un Art nouveau triomphant (à partir de 1893) et qui aborde tous les mouvements artistiques qui précèdent et suivent ce fameux tournant du siècle, où Bruxelles était un carrefour créatif et bouillonnant au cœur de l'Europe de la Belle Époque.

Le visiteur aura un peu de mal à se repérer dans la succession chronologique des courants artistiques, qui vont du réalisme aux débuts de l'expressionisme en passant par l'impressionnisme, le pointillisme ou le symbolisme. Il se posera probablement aussi quelques questions sur la *Société libre des Beaux-Arts,* le *salon des XX*, la *Libre Esthétique,* ou se penchera aussi avec un étonnement ravi sur la richesse des signatures d'artistes belges, connus certes, mais pas forcément familiers outre-Quiévrain, dont les membres des écoles de Tervueren ou de Laethem-Saint-Martin.

Plutôt que vous assommer avec une leçon d'histoire de l'art, laissez-vous plutôt porter par vos émotions et votre bon plaisir. Chaque salle recèle quelques pépites, signées Vincent Van Gogh, Georges Seurat, James Whistler, Paul Gauguin, Paul Bonnard, Édouard Vuillard, Odilon Redon ou encore, pour les Belges, Alfred Stevens James Ensor (très présent), Fernand Khnopff, Félicien-Rops, Léon Frédéric, Eugène Laermans, Henri Evenepoel, Théo Van Rysselberghe, William de Gouve de Nuncques, Léon Spilliaert (une vraie découverte !), Jean Delville, Emile Claus ou Henry Van de Velde.

L'UNIQUE VENTE D'UN VAN GOGH

Anna Boch était la fille d'un industriel. Peintre elle-même, elle rassembla une des plus importantes collections de son temps. Elle soutint de jeunes artistes, dont Van Gogh, et lui acheta, pour 400 francs (français), La Vigne rouge *– la seule œuvre vendue du vivant de Vincent. A sa mort, le collectionneur russe Sergueï Chtchoukine acquit* La Vigne rouge. *Voilà pourquoi il faut aller au musée Pouchkine à Moscou pour l'admirer.*

Et si la peinture est majoritairement représentée, d'autres arts sont abordés et s'interpellent avec à-propos. Sculpture avec Auguste Rodin, Georges Minne, Constantin Meunier, architecture avec Victor Horta, musique (wagnérisme), miniatures de décors de scène d'opéra, arts décoratifs, bijouterie (Wolfers) photographie, cinéma, poésie (Maeterlinck, Verhaeren)... la création de ce tournant de siècle avant le désastre de 1914-18 est incroyablement prolifique.

En feu d'artifice, le parcours se termine aussi et surtout par une somptueuse collection Art nouveau : celle des époux *Gillion-Crowet,* un couple de passionnés, au goût sûr et aux intuitions fulgurantes.

Alors même que l'Art nouveau déclinant se retrouve décrié sous le sobriquet de *style Nouille* depuis les années 1950, Anne-Marie Crowet part à la quête des plus belles pièces dans les salles de ventes, brocantes et maisons de particuliers. Trente ans plus tard, le couple se retrouve à la tête d'une collection remarquable, qu'il cède à la région Bruxelles-Capitale en 2006.

Meubles, tableaux, sculptures, coupes, carafes, lampes, pâtes de verre, bijoux, fauteuils, assiettes, argenterie... cet ensemble Gillion-Crowet forme un ensemble unique et superbement homogène qui illustre parfaitement le concept « art total » de l'Art nouveau. Tout cela témoigne aussi de l'extrême raffinement et de la délicate élégance de la démarche créative des artistes avec le mobilier *Nénuphar* de Louis Majorelle, le guéridon *Libellule* d'Émile Gallé ou les verreries de Lalique et de Daum.

– *Bonne nouvelle :* la réorganisation des collections publiques bruxelloises se poursuivra avec l'inauguration, autour de 2016-17, d'un nouveau musée (l'espace Vanderborght) consacré aux œuvres postérieures à 1914.

➤ Au coin de la rue de la Régence et de la place Royale, dans le prolongement du musée des Beaux-Arts et à gauche de l'entrée du musée Fin de Siècle et du musée Magritte, jeter un coup d'œil sur l'entrée de l'*hôtel Gresham,* ancien siège d'une compagnie d'assurances britannique, qui abrite la brasserie et la boutique du musée des Beaux-Arts. La rénovation a restitué magistralement le style Art nouveau de l'entrée du bâtiment avec mosaïques et cage d'ascenseur d'époque.

🐾🐾🐾 *Le musée Magritte Museum* (MMM ; *zoom détachable C3) : rue de la Régence, 3. Infos et résas :* ☎ *02-508-32-11.* ● *musee-magritte-museum.be* ● *Au* coin de la pl. Royale et de la rue Ravenstein, dans l'hôtel Altenloh. Horaires et tarifs communs au musée des Beaux-Arts. **Résa** (par tél ou Internet) **très conseillée le w-e** ; l'entrée se fait alors en « coupe-file » par le musée des Beaux-Arts. Audioguide (4 €) également très conseillé pour profiter des explications sur ce peintre et mieux appréhender son œuvre, moins évidente qu'il n'y paraît à première vue. Atelier de création pour les enfants au 3e étage.

LE SECRET DE MAGRITTE ?

La mère de Magritte se suicida en se jetant dans la Sambre. Le jeune René découvrit alors son cadavre, le visage caché par sa robe de chambre. Le terrible choc influença certains thèmes de sa peinture : personnages mystérieux, visages cachés par une pomme, un rideau, un bouquet de fleurs...

Ce musée consacré exclusivement au peintre belge a ouvert ses portes en 2009 et expose quelque 200 œuvres et archives du peintre sur cinq niveaux. La plupart proviennent du legs d'Hélène Scutenaire-Hamoir et, bien sûr de celui de *Georgette Magritte,* sa femme. Il faut saluer ici le travail qui a été accompli pour les mettre en valeur et éclairer une œuvre passablement complexe.

Pour comprendre Magritte, il faut partir d'une évidence : c'est un peintre moyen, d'ailleurs il n'aimait pas trop peindre. Magritte est, en revanche, un poète de génie qui pouvait tenir la dragée haute à *André Breton.* Il peignait en costume dans un coin de son salon et remplaçait régulièrement son loulou de Poméranie par un autre, blanc ou noir, appelé invariablement Toutou. Il habitait une petite maison banlieusarde, que vous pourrez visiter rue d'Esseghem, à Jette (la maison est devenue un musée, le mobilier y est installé comme à l'époque où le couple Magritte y vivait). Mais ce qu'il aimait par-dessus tout, c'était se retrouver avec ses copains du mouvement surréaliste à *La Fleur en Papier Doré,* rue des Alexiens (voir « Où boire un verre ? ») ou dans un café du même genre. Le mouvement surréaliste belge, créé en 1926, comptait entre autres et dans le désordre, Dotremont, Goemans, Scutenaire, Mesens, Servais, Lecomte, Mariën... C'est avec certains d'entre eux que Magritte se retrouvait chaque semaine ou presque pour discuter des titres de ses dernières productions, pour mettre en scène des gags de potache et les filmer, puis pour explorer, pour des revues confidentielles mais ô combien subversives, les concepts les plus extravagants de l'après-dadaïsme, et accessoirement résoudre des problèmes d'échecs.

On ne comprend rien à Magritte si on ne l'inscrit pas au sein de cette mouvance ancrée dans le paysage belge des années 1925-1940. Il resta toujours très indépendant du mouvement cornaqué avec autorité à Paris par Breton. Le Surréalisme a influencé tous les mouvements d'avant-garde, du pop art à l'art conceptuel en passant par l'hyperréalisme ; pas étonnant que l'Amérique l'ait plébiscité.

Magritte donne l'image d'un petit bonhomme tranquille et routinier, mais sous le chapeau melon s'est toujours trouvé un cerveau en ébullition. Avec lui les pommes dilatent les murs, les rochers défient la gravitation, les trombones prennent feu, les girafes tiennent dans un verre et le jour se confond avec la nuit. Magritte est un sémioticien de la peinture.

Les tableaux sont exposés par ordre chronologique et répartis sur trois étages. On remonte donc le temps en commençant par le haut. Dans l'ascenseur, mise en condition avec une déconstruction, au fil des étages, d'un portrait de sa femme... on vous en laisse la formidable surprise !

Au niveau supérieur

Les premiers tableaux, illustrés par les principes qui ont fondé toute son œuvre. « Il est défendu sous peine d'imbécillité de rien prévoir... ce que je fais et je ferai dans tous les domaines est imprévisible tout autant que l'apparition d'une image poétique. » Beau credo qui ouvre l'exposition. Magritte n'a jamais cru à la spontanéité de l'inconscient, bien que certains événements de sa vie, comme le suicide de sa mère, aient joué un rôle important. Tout ce qu'il a produit a toujours été le résultat

d'une longue réflexion. Dessinateur et peintre précoce, il s'essaie à divers genres avant d'éprouver le choc déclencheur à la découverte d'un tableau de **Chirico**. À cette époque, Magritte, jeune marié à Georgette, doit faire bouillir la marmite. C'est l'époque de ses « travaux imbéciles » où il travaille comme publiciste à notamment dessiner des pochettes de disques avec son frère Paul. Il qualifie lui-même cette période aux tableaux de tonalités sombres de « fantomatique » ; il est vrai qu'il était fan de Fantomas.
Pour lui et ses potes surréalistes, ce qui compte dans l'art, c'est de faire passer une idée, peu importe le média : « Être surréaliste c'est bannir de l'esprit le *déjà-vu* et rechercher le *pas-encore-vu*. » Dès lors, si vous cherchez à établir une corré-lation entre l'image du tableau et son titre, vous allez vous casser les méninges : il n'y en a aucune, et c'est voulu.

Le 2ᵉ étage

Il lève le voile sur des thèmes moins connus : Magritte à Bruxelles, face à la guerre (il s'est exilé quelques mois à Carcassonne), Magritte et le communisme (il a pris trois fois sa carte et a dessiné pour les syndicats du textile), la période du « surréalisme au soleil », dès la Libération, où il veut mettre de la dorure et du vichy à carreaux dans ses compositions néo-impressionnistes à la Renoir. Le public ne suit pas, il redouble de provocation avec la « période vache » où les personnages peinturlurés de manière criarde ressemblent aux Pieds Nickelés, où le lapin semble mû par une pile Duracell... Quel pied-de-nez aux conventions ! « On met les pieds dans le plat et on va leur en foutre plein la gueule », s'écrie Scutenaire, son vieux complice mal embouché... Les critiques sont déroutés, dégoûtés et hurlent à la provoc.

Magritte se marre. De son passé il a fait table rase : il refuse que le surréalisme s'institution-nalise, mais Georgette, qui aspire à un peu de confort, voudrait bien qu'il se remette à une production plus commer-ciale. Retour aux recettes qui font vendre et qui rapportent. Magritte se copie lui-même, multiplie les variations sur un même thème, décore les casi-nos et accepte une commande pour la Sabena, le sublime « oiseau de ciel » dont on remarque à peine qu'il survole les pistes d'un aéroport. Suivent les années de succès : Magritte voyage, découvre le Texas,

PLAIDOYER POUR LA PIPE

La peinture de Magritte joue sur le décalage entre un objet et son image. Parmi les plus célèbres, l'image de la pipe sous laquelle figure la légende « Ceci n'est pas une pipe ». Il s'agit en fait de considérer l'objet comme une réalité concrète et non pas la pein-ture qui le représente. Pour expliquer sa démarche, Magritte déclara : « La fameuse pipe, que me l'a-t-on assez reprochée ! Et pourtant, pouvez-vous la bourrer, ma pipe ? Non, n'est-ce pas, elle n'est qu'une représentation. Donc, si j'avais écrit sous mon tableau "Ceci est une pipe", j'aurais menti ! » C.Q.F.D.

Israël et l'Italie, photographie, filme et perd quelques amis qui ne voient en lui qu'un commerçant madré qui ne rechigne pas à la production en série.

1ᵉʳ niveau

On termine la visite par ce 1ᵉʳ niveau qui éclaire quelques temps forts de sa vie avec quelques-unes de ses plus grands chefs-d'œuvre : *L'Empire des lumières* avec deux versions, le *Vautour,* ou les *Shéhérazade* dont il exploita 20 fois le thème. Difficile de faire le malin devant *La Page blanche,* son dernier tableau à peine ébauché juste avant sa mort en 1967.
– Au **sous-sol** se trouvent encore un espace multimédia, une boutique et une librairie.

🖌 **Expérience Brussels** (zoom détachable C3, **1**) : rue Royale, 2-4, 1000. ☎ 02-563-62-00. ● biponline.be ● À l'étage de l'office de tourisme VisitBrussels.

Tlj sf 1ᵉʳ janv et 25 déc 10h-18h. GRATUIT. Cette petite expo amusante, originale et interactive peut constituer une bonne introduction aux réalités contemporaines de la capitale. Elle présente la région de Bruxelles-Capitale sous toutes ses coutures. Comment et pourquoi la région est née ? Quelle a été l'histoire de la ville ? Quel est son mode de fonctionnement ? Comment assume-t-elle son statut de ville internationale et de capitale de l'Europe ? Comment s'organise l'urbanisation bruxelloise (transports, énergie, environnement, santé, emploi, sécurité...) ? Quelles sont les composantes du melting-pot socioculturel bruxellois (jolie galerie de photos-portraits d'habitants) ? Qui y travaille ? Quelle est l'offre culturelle ? Quelles sont ses spécificités, ses coutumes, ses particularités, ses excentricités... ? Tout au long du parcours, on est suivi par écrans interposés de témoins joviaux qui font découvrir les saveurs du parler bruxellois. La muséographie est d'une originalité folle... comme ces haut-parleurs cachés dans des parapluies suspendus en clin d'œil à Magritte ! En fin de visite, dans la mezzanine, grande maquette lumineuse en relief pour se familiariser avec la topographie et les principaux centres d'intérêt de la ville.

🍴🚶 **Le musée BELvue** *(zoom détachable C3)* **:** *pl. des Palais, 7.* ☎ *070-22-04-92.* ● *belvue.be* ● *Tlj sf lun et j. fériés 9h30-17h (10h-18h le w-e et juil-août). Entrée : 6 € ; réduc. Entrée gratuite avec la Brussels Card, pour les moins de 18 ans accompagnés, et pour ls le 1ᵉʳ dim du mois. Ticket combiné avec le* Coudenberg *(voir plus loin) : 10 € ; réduc.* Installé dans l'ancien hôtel Bellevue, l'aile droite du palais royal, le musée a été rénové en 2005 pour les 175 ans d'indépendance du pays. Il retrace, par le menu, l'histoire moderne du pays tout en passant en revue les différents **souverains belges,** de Léopold Iᵉʳ jusqu'à Albert II (à la retraite, comme sa consœur hollandaise, il a abdiqué en faveur de son fils Philippe Iᵉʳ en 2013). Ce musée s'attache donc plus à l'histoire générale de la nation qu'à la vie de ses différents souverains. Et c'est tant mieux ! Une riche iconographie (vidéos, gravures, photos, documents sonores...) et une muséographie remarquable donnent vie à l'ensemble. Cela dit, pour bien situer chacun d'entre eux dans son contexte historique, il peut être bon, cher lecteur, de (re)lire l'excellente partie sur la dynastie belge dans la rubrique « Personnages » du chapitre « Hommes, culture, environnement » ; c'est le moment ou jamais ! L'exposition commence au 1ᵉʳ étage et comprend huit salles en tout.

– **La 1ʳᵉ salle** porte tout naturellement sur la naissance de l'État, avec pour pilote Léopold Iᵉʳ de Saxe-Cobourg-Gotha (c'est le nom de la famille royale), prince au chômage en 1830 mais au carnet d'adresses suffisamment étoffé pour se dégoter une couronne et garantir la neutralité du nouveau pays. Documents et images de la révolution belge face aux Hollandais.

– **Salle 2 :** l'industrialisation de la Belgique, qui, rappelons-le, fut le premier pays au monde à s'équiper d'un réseau de chemin de fer. À l'époque (1846), il fallait 2h pour relier en train Bruxelles et Anvers ! Évocation des charbonnages, hauts fourneaux et autres sites majeurs d'activité qui firent du jeune État une puissance industrielle de premier plan dans la seconde moitié du XIXᵉ s.

– Vient ensuite la Belle Époque (dans la **salle 3**), avec Horta et l'Art nouveau, les grandes réalisations architecturales, les Expositions universelles (sept avant la Première Guerre mondiale !), l'exportation des technologies du pays et le Congo, exploité jusqu'au trognon pour enrichir le royaume.

– Dans la **salle 4,** naissance des grands mouvements sociaux, des syndicats, mais aussi de la lutte pour le suffrage universel.

– Puis c'est l'invasion allemande de 1914, dans la **salle 5.** Nombreuses photos montrant l'exode de plus de 1 million de Belges vers les pays voisins, l'Occupation, la pénurie et, surtout, la résistance, incarnée par Albert Iᵉʳ qui, avec son armée, se cramponne dans les plaines de l'Yser pour tenir un petit bout de sol national.

– La **salle 6** est dédiée à l'entre-deux-guerres et la **salle 7** à la période 1940-1945, de nouveau à travers moult photos et images filmées.

– *Dernière salle,* la question royale, causée par l'attitude de Léopold III pendant la guerre et qui divisa le pays à la capitulation allemande. Le roi fut finalement écarté du pouvoir et la régence assurée par le prince Charles jusqu'en 1951, année où Baudouin Ier reprit le flambeau, pour 43 ans. La visite se termine par la reconstruction du pays et son entrée de plain-pied dans la société de consommation, la naissance de l'Europe, l'adieu au Congo, les *golden sixties,* les premières autoroutes, la multiplication des postes de télévision et la revendication du droit à l'avortement, pour ne citer que ça.

Un musée très bien fait, ludique, clair et agréable, bref, incontournable pour toute personne qui s'intéresse un tant soit peu à l'histoire belge ou européenne. Le règne des différents souverains est également évoqué entre les salles par de nombreux portraits.

I●I Restaurant *Green Kitchen* pour une pause déjeuner bien au calme entre deux musées.

🏃 *Le Coudenberg* (ancien palais de Bruxelles) : *entrée par le musée BELvue (voir plus haut).* ☎ 070-22-04-92. ● coudenberg.com ● *Tlj sf lun et j. fériés 9h30-17h (10h-18h le w-e et juil-août). Entrée : 6 € ; réduc ; gratuit avec la Brussels Card et pour les moins de 18 ans accompagnés. Ticket combiné avec le musée BELvue (voir plus haut) : 10 € ; réduc. Audioguide : 2,50 €.*

Ça n'en a pas l'air, mais ce sont les vestiges de la première enceinte et, surtout, du palais des *ducs de Brabant* édifié au XIIIe s et transformé par ceux de Bourgogne XVe s, puis par les *Habsbourg* au XVIe s, et fut fignolé sous le règne des Autrichiens. En 1731, un incendie le ravagea et il fallut attendre plus de 40 ans pour que les ruines soient rasées et le terrain remblayé pour créer une nouvelle place horizontale bordée d'immeubles néoclassiques (l'actuelle place Royale). Un petit film de 7 mn offre un bon aperçu général du site et de son histoire, et des panneaux explicatifs permettent de bien se repérer à l'intérieur. Le palais du Coudenberg était bordé d'imposants hôtels particuliers appartenant à des conseillers et des nobles de la Cour, dont l'hôtel d'Hoogstraeten qui sert d'entrée au musée. Ce bâtiment fut la résidence d'Antoine de Lalaing, qui était un des conseillers de Charles Quint, et de sa tante, *Marguerite d'Autriche.* En 1515, il y fait construire une galerie de style gothique. Cette galerie, qui sert de promenoir, subsiste encore et a été entièrement restaurée. On voit les *caves du corps de logis,* les soubassements de la *chapelle palatine,* ainsi qu'un tronçon de l'*ancienne rue Isabelle* qui menait à la cathédrale (autrefois à l'air libre, mais qui fut couverte au XVIIIe s). On peut aussi visiter ce qui reste de la *grande salle d'apparat du palais* (l'Aula Magna) construite sous Philippe le Bon, où Charles Quint abdiqua en 1555.

🏃 Avec la place Royale, on aménagea la place des Palais, grande esplanade où se situe le palais royal et, juste en face, le beau *parc de Bruxelles.* Le parc de Bruxelles, appelé autrefois *Warande,* était en fait la garenne (une sorte de jardin zoologique privé) des ducs de Bourgogne. Ce fut en 1830 le théâtre des combats qui opposèrent les partisans de l'indépendance aux troupes hollandaises. D'avion, on s'aperçoit que les allées du parc et toute sa composition recèleraient la panoplie quasi complète des outils maçonniques : équerre, compas, truelle. Mais comme vous n'avez pas d'avion... il ne vous reste qu'à jeter un coup d'œil à notre plan pour vous forger une opinion. Pour être complets, précisons que cette interprétation ésotérique du dessin du parc est contestée par les historiens sérieux...

🏃 *Palais royal* (zoom détachable C3) : *ouv au public fin juil-début sept, mar-dim 10h30-16h).* D'un style très, très classique (fin XIXe s). Au fronton du palais royal, un bas-relief symbolisant la Belgique avec les deux fleuves, la Meuse et l'Escaut. Visite du grand corridor, de la salle du Trône, de la salle Empire... Dorures, lustres énôôrmes et tutti quanti... Ennui et bâillements garantis, sauf dans la grande salle des glaces avec ses parquets en bois tropicaux et où les plafonds et le lustre monumental ont été recouverts de 1,4 million de scarabées (voir encadré). L'iconoclaste artiste gantois Jan Fabre et son équipe de 29 personnes ont eu besoin de près de 3 mois pour réaliser ce travail de fourmi.

À l'opposé du palais royal, de l'autre côté du parc, le palais de la Nation abritant le Parlement. Sur la gauche, dos au palais royal, l'ex-siège de la Société générale, vénérable vieille dame de l'économie belge qui se trouve désormais sous le contrôle du grand capital français (Suez-Veolia Environnement).

🏃🏃 De la place Royale (zoom détachable C3), on redescend la rue de la Montagne-de-la-Cour. Sur la droite, au n° 2, il n'y a que les aveugles qui ne lèveront pas les yeux devant la magnifique structure de fer et de verre de l'ancien **magasin Old England,** chef-d'œuvre Art nouveau de l'architecte Paul Saintenoy, avec sa fière tourelle d'angle ajourée en encorbellement et ses larges baies vitrées. Il accueille le musée des Instruments de musique (les Bruxellois disent « le MIM » !), qui n'est autre que l'un des plus riches du genre au monde !

🏃🏃 🏃 *Le MIM (musée des Instruments de musique – zoom détachable C3) : rue de la Montagne-de-la-Cour, 2, 1000.* ☎ *02-545-01-30.* ● *mim.be* ● *Tlj sf lun et j. fériés 9h30 (10h le w-e)-17h (fermeture caisse 45 mn avt). Entrée : 12 € ; réduc ; gratuit avec la Brussels Card et pour ts le 1er mer du mois à partir de 13h.*

Le « MIM » s'est installé dans ce magnifique bâtiment (voir plus haut) conçu en 1899 comme une ode modern style à l'industrie métallurgique florissante en Belgique (il faut dire que le financier du projet n'était autre que le patron des forges de Clabecq !).

Sur 3 000 m² et 4 niveaux, il peut depuis exposer quelque 1 200 pièces rares (sur un fonds de 7 000 instruments), que le visiteur découvre à travers plusieurs parcours thématiques. Ne vous attendez pas cependant à une muséographie audacieuse, digne des musées voisins. Heureusement, grâce aux casques à infrarouge remis à l'entrée, les instruments se dévoilent aussi à travers leurs sonorités... donnant ainsi un peu de vie à la visite. On passe en sons et en images de l'Opéra de Pékin au carnaval de Binche, ou encore des gamelans indonésiens aux synthétiseurs chers à Jean-Michel Jarre. En gros, on retrouve les instruments populaires du monde entier au rez-de-chaussée, un circuit historique de l'Antiquité au XXe s au 1er niveau, les instruments à cordes et à clavier (étonnante collection !) au 2e, et les pièces mécaniques (carillons, boîtes à musique et orgues de Barbarie) au niveau - 1. Un musée pour connaisseurs donc, et pour tous ceux qui prendront le temps de le visiter casque à l'oreille, notamment lors d'expositions à l'intitulé porteur autour d'un instrument magique.

À signaler encore, de nombreux concerts, soit dans une salle de 200 places, soit au beau milieu des collections.

🍴 Un des principaux intérêts du lieu, pour beaucoup d'habitués, c'est la possibilité de pouvoir profiter ici d'un brunch dominical excellent, mais un peu cher, et d'un superbe panorama de Bruxelles depuis la brasserie tout en haut, dont la déco de sycomore et de marbre blanc fait très Sécession viennoise. Demandez le ticket d'accès (gratuit) à l'accueil. Barbrasserie sinon aux heures et jours d'ouverture du musée.

LA REINE ET LES COLÉOPTÈRES

La reine Paola, désireuse d'intégrer l'art contemporain belge dans le vieux palais royal, contacta le plasticien Jan Fabre. Il lui proposa un revêtement du plafond par 1,4 million de carapaces de scarabées. Réverbérant la lumière, ces petites coques moirées passent selon l'éclairage par toutes les teintes de vert et de bleu, en reflétant les miroirs et les ors des murs. La reine Paola monta un jour sur l'échafaudage et colla elle-même les carapaces formant la lettre P au centre du plafond. Mais n'est-ce pas honteux de tuer autant de petites bêtes ?

LA RÉGION DE BRUXELLES

☈ Sur la gauche, en face du MIM, surplombant le puits de lumière du musée fin de siècle, l'élégante façade classique du *palais de Charles de Lorraine (zoom détachable C3),* dont les appartements, rénovés et désormais accessibles à la visite *(mer et sam 13h-17h ; 3 €, réduc),* abritent un ensemble décoratif élégant (mobilier, vaisselle, sculptures, tapisseries et gravures) représentatif du Siècle des lumières.

☈ *L'hôtel de Clèves-Ravenstein (zoom détachable C3, **217**) :* dans la descente, à l'angle de la rue Ravenstein vers le Bozar, c'est le seul vestige du XVe s, de la période des ducs de Bourgogne. Façade ouvragée en brique. Noter la présence d'un escalier des juifs et d'un balcon couvert (une bretèche).

☈ *BOZAR (palais des Beaux-Arts ; zoom détachable C3) :* rue Ravenstein, 23, 1000. ☎ 02-507-82-00. • bozar.be • À l'angle de la rue Baron-Horta. Tlj sf lun et j. fériés 10h-18h (21h jeu sf juil-août). Visite guidée du bâtiment dim à 10h. Entrée : 12 € ; réduc. Horta réalisa en 1928 cet édifice Art déco, style qu'il adopta après son voyage aux États-Unis. Œuvre tardive donc, qui abrite aujourd'hui un centre culturel de grandes dimensions : huit niveaux, 30 000 m² de surface, quatre salles d'expos et trois de concerts accueillent manifestations temporaires de grande qualité, concerts, festivals, théâtre, films et conférences. On y organise notamment tous les deux ans (années impaires) l'expo de prestige « Europalia ». Dans la grande salle de concerts (une des meilleures du monde du point de vue acoustique) se déroule, tous les ans, le concours musical *Reine Élisabeth* (alternativement piano, chant et violon).

◖◉ *Bozar Brasserie :* excellente table (voir précédemment « Où manger ? »).

☈ *Cinematek (zoom détachable C3, **226**) :* rue Baron-Horta, 9, 1000. ☎ 02-551-19-19. • cinematek.be • Dans le palais des Beaux-Arts. Ouv jeu et dim à 14h30 ; mer, ven et sam à 16h30 ; lun et mar à 18h30 (soit 30 mn avt la 1re projection de film ; l'accès aux salles n'est pas autorisé pdt la projection). Entrée : 4 €. Résa conseillée (nombre de places limité : salles de 29 et 117 sièges).
Un passage obligé pour les inconditionnels du 7e art. Avec quelque 145 000 copies en réserve, la cinémathèque de Bruxelles possède une collection de films à faire pâlir d'envie d'autres institutions du genre, et pas seulement les plus petites... Tous les jours, plusieurs films choisis autour d'une thématique (qui change tous les deux mois) sont projetés, dont certains muets, accompagnés au piano, comme au bon vieux temps ! Mais également des grands thèmes classiques et des cartes blanches. L'intérêt des projections, la qualité des copies et la modestie du prix d'entrée en font un lieu de référence.
Voir aussi le petit musée, dans le hall d'entrée, qui présente non seulement l'histoire mais aussi la « préhistoire » du cinéma (salle *Wunderkammer*), à savoir toutes les tentatives et façons de montrer, avant l'invention de la caméra, des images en mouvement (des ombres chinoises aux lanternes magiques et thaumatropes, en passant par les feuilleteurs, les praxinoscopes et les boîtes optiques). En bref, un joli condensé d'innovations techniques que l'apparition du cinéma a totalement occultées. Également, dans le hall, quatre écrans liés à une partie du fonds de la cinémathèque (surtout des films historiques sur la Belgique), où l'on peut chercher, choisir et visionner le film de son choix sur écran individuel.

☈ Tout le quartier, on s'en doute, a subi bien des chamboulements lors des travaux de la jonction ferroviaire entre les gares du Nord et du Midi. C'est après ces grands travaux, qui durèrent près d'un demi-siècle, qu'on édifia le *Mont des Arts* dans les années 1960. Rebaptisé *Square Center,* l'ancien palais des congrès a rouvert ses portes après des transformations et a été doté d'une entrée spectaculaire en forme de cube de verre. Bénéficiant de 13 000 m² d'espaces de conférences, le *Square* ambitionne d'attirer 250 000 visiteurs par an. Deux salles de réception sont décorées de fresques murales de Magritte et Delvaux datant des années 1960, mais ne sont pas accessibles au public.

🏃 Plus bas, sous une arcade, une ***horloge monumentale*** avec carillons et automates. Toutes les 15 mn, elle chante alternativement en français et en néerlandais. Pas de jaloux !

🏃 On descend le jardin du Mont des Arts jusqu'à la place de l'Albertine où, sur la gauche, se trouve la ***bibliothèque Royale Albert-Ier.*** On y a enclavé une belle chapelle gothique, seul vestige du château des Nassau (XVe s), ce qui peut faire hurler de rire – ou non – ceux qui n'imaginent pas la somme de compromis nécessaires pour faire passer à Bruxelles tous ces bouleversements architecturaux (qui n'ont rien de bouleversant, pourtant). *Musée du Livre et de l'Imprimerie.* De part et d'autre du boulevard de l'Empereur, Albert Ier (à cheval) et sa femme, la reine Élisabeth, servent de perchoirs aux pigeons. Amateurs de vieux livres, faites un petit crochet par la jolie ***galerie Bortier,*** repaire des bouquinistes.

🏃 Par la galerie Ravenstein, on rejoint la ***gare Centrale*** *(zoom détachable C2)* située sur la jonction souterraine qui relie les gares du Nord et du Midi. C'est la plus fréquentée de Belgique avec 140 000 passagers par jour, bien qu'elle ne possède que six voies. Tous les trains utilisant la jonction Nord-Midi s'arrêtent ici, sauf les *Thalys* et les *ICE* allemands. Et les amateurs de B.D., partis sur les pas de Tintin, feront ici un détour pour découvrir le MOOF dans toute sa splendeur.
La construction de la gare en centre-ville était déjà prévue avant 1914 par Horta. Après sa mort, l'architecte Maxime Brunfaut poursuivit son travail, rendu compliqué par les différents niveaux de sortie. L'entrée principale sur le coin de la Putterie et de Cantersteen se situe sous une façade en coin avec neuf fenêtres symbolisant les neuf provinces belges de l'époque. En face, l'hôtel *Méridien* et, derrière, la silhouette de la tour de l'hôtel de ville.

🏃 ***La maison de la Bande dessinée*** *(zoom détachable C2,* **225***) :* bd de l'Impératrice, 1, 1000. ☎ 02-502-94-68. ● jije.org ● Ⓜ *Gare-Centrale. Tlj sf lun 10h-18h. Entrée : 3 € ; réduc.* Occupant un coin du bâtiment de la gare Centrale, ce petit musée privé présente, dans une salle attenante à sa riche librairie, une expo temporaire semestrielle de planches originales d'un grand nom de la B.D. On y a vu des dessins de Franquin, Morris, Roba, Peyo, Joubert, Tilleux et d'autres de ces grands dessinateurs qui collaborèrent au célèbre journal *Spirou.* Tous sous la houlette de Jijé, dont on célébra ici en 2014 le centenaire de sa naissance.

🏃🏃 ***MOOF*** *(Museum of Original Figurines ; zoom détachable C2,* **238***) :* galerie Horta, rue du Marché-aux-Herbes, 116, 1000. Accès soit directement par un couloir de la gare Centrale, soit de la pl. de l'Agora par la galerie Horta (repérer le grand schtroumpf blanc). ☎ 02-265-33-25. ● moof-museum.be ● Ⓜ *Gare-Centrale. Tlj sf lun 10h-18h (dernière entrée à 17h). Entrée : 8 € ; réduc ; gratuit avec la Brussel's Card.*
En face de l'entrée principale de la gare Centrale. Un grand espace totalement dédié au 9e art, mettant en scène plus de 1 500 figurines et autres objets, tout droit sortis des albums de B.D. On pénètre ainsi dans l'univers de Spirou, des Schtroumpfs, de Gaston Lagaffe, du Marsupilami, de Lucky Luke, d'Astérix... et des super-héros plus récents. Également de belles mises en scène autour de Tintin, notamment avec un parallèle entre l'album *On a marché sur la Lune* et la vraie mission lunaire américaine qui eu lieu plus tard, en 1969. À côté des vitrines, de petits écrans apportent une foison d'anecdotes intéressantes sur la genèse ou la vie de tous ces personnages cultes. Projection de dessins animés adaptés des B.D., avec quelques explications sur le procédé technique.
Le Moof a intégré également les collections de la ***fondation Leblanc,*** du nom de l'éditeur et fondateur avec Hergé du journal *Tintin* en 1946. On y retrace la carrière d'un pionnier du 9e art. Issu de la Résistance, Leblanc a servi de caution morale à Hergé qui avait collaboré durant l'Occupation au journal *Le Soir,* aux mains de l'occupant.
Une ligne du temps illustre clairement le parcours de cet entrepreneur rigoureux qui, en plus de publier les albums de la collection du Lombard, utilisa aussi une

agence de presse et de publicité *(Publi-Art)* pour commercialiser les personnages de B.D. de son écurie. Sa réussite la plus spectaculaire fut bien sûr le journal *Tintin* qui diffusa en France jusqu'à 350 000 exemplaires en collaboration avec Georges Dargaud mais aussi les studios Belvision en partenariat avec Télé-Hachette.
Une autre publication de son groupe *Line,* destinée aux jeunes filles, fut rache-tée par Daniel Filipacchi qui en fit *Mademoiselle Âge Tendre.* Belvision produisit en 1968 le premier *Astérix et Cléopâtre* en dessin animé, avec un gag toutes les secondes ! On peut voir le matériel utilisé pour la fabrication de dessins animés à une époque où le numérique n'existait pas.

LES FAÇADES B.D.

🏃 En complément à votre visite au Centre belge de la bande dessinée, de la maison de la Bande dessinée et du MOOF, nous vous suggérons de découvrir les façades B.D. qui garnissent de plus en plus les murs de Bruxelles avec l'appui, bien sûr, du CBBD. Pas d'itinéraire suivi, parce que les façades en question sont très dispersées à l'intérieur (et à l'extérieur) du Pentagone et qu'il serait un peu idiot de vous faire parcourir des kilomètres rien que sur ce thème. En revanche, au cours de vos pérégrinations, vous repérerez aisément ces façades (marquées d'une bulle de B.D. sur notre plan détachable). Procurez-vous la brochure dispo-nible au BIP ou aux autres offices de tourisme.
Depuis le retour triomphal de Tintin débarquant du pays des Soviets à la vieille gare du Nord, la B.D. belge s'est nourrie des paysages urbains bruxellois. De Quick et Flupke fuyant le courroux de l'agent 15 jusqu'aux architectures oniriques de François Schuiten, ce n'est qu'un juste retour des choses que celle-ci égaie à présent les rues, pour le plus grand plaisir de ses habitants. Suivez le guide, en route pour le parcours B.D. !
Rien que sur le territoire de Bruxelles, on en compte aujourd'hui une cinquantaine, dont le circuit s'étend jusqu'aux communes de Laeken, Etterbeek, Uccle... Il est régulièrement mis à jour sur ● *brusselsbdtour.com* ● *bdmurales.skynetblogs.be* ●

BALADE AU SUD DU PENTAGONE, ENTRE SABLON ET MAROLLES

LE QUARTIER DU SABLON

➤ Suite du circuit murs peints qu'on vous a décrit par le menu précédemment (voir également le mini-plan dépliable spécial Sablon-Marolles proposé par *Visit-Brussels*). Ceux qui passeront directement de la place Saint-Jean au Sablon en empruntant la *rue de l'Hôpital* et la *rue Lebeau,* par le passage sous le boule-vard de l'Empereur, croiseront une curieuse forêt de 89 mâts de drapeaux aux cinq nuances de bleu-vert plantés sur l'insignifiant espace appelé *place de la Justice.* Il ne s'agit pas d'une quelconque implantation destinée à annoncer un événement culturel, mais bien d'une œuvre commandée à Daniel Buren par la Ville de Bruxelles.

🏃 **L'église Notre-Dame-de-la-Chapelle** *(zoom détachable B3)* **:** *pl. de la Cha-pelle, 1000. ☎ 02-213-00-65. Tlj 9h-19h (18h nov-fév), sf pdt les offices.* Postée à la frontière entre les Sablons et les Marolles, elle se situait en dehors de la première enceinte, et donc dans le faubourg. C'est un bel exemple de gothique brabançon, caractérisé par sa grosse tour-porche carrée. Au-dessus de la porte, une *Sainte Trinité* de Constantin Meunier, sculpteur talentueux du XIXe s. Cons-truite au XIe s et maintes fois remaniée, l'église abrite un mémorial dédié à **Bruegel l'Ancien,** situé dans la quatrième chapelle du collatéral de droite. Rappelons que

Bruegel peignit essentiellement des scènes paysannes et qu'il fut un observateur précis des traditions populaires de son époque. Il vécut un temps aux Marolles, juste à côté, dans la rue Haute où sa maison, au n° 132, devrait être aménagée en musée multimédia, à sa mémoire en 2017. À l'intérieur toujours, belle chaire baroque représentant Élie au désert, avec palmiers tenant le baldaquin et arbres exotiques. À gauche du porche, le sous-sol de la place triangulaire recèle un ancien cimetière médiéval. En sortant, passer derrière l'église pour en observer le chevet, parfaite transition entre le roman et le gothique, architecture rare en Belgique. Le dimanche matin, l'église est le rendez-vous de la très religieuse communauté polonaise de Bruxelles.

🥾 *La rue de Rollebeek* *(zoom détachable C3) :* lit d'un ancien ruisseau qui dévalait vers la Senne. Charmante comme tout, pavée et piétonne, bordée de belles maisons occupées par des antiquaires et de petits restos, elle fait la jonction jusqu'à la place du Grand-Sablon. Au n° 7, deux adorables maisons siamoises, toutes de brique vêtues et surmontées de pignons à redans.

🥾🥾 *La place du Grand-Sablon* *(zoom détachable C3) :* cette jolie place bourgeoise de forme triangulaire, bordée de demeures anciennes, s'impose peu à peu comme l'un des symboles du charme et de l'art de vivre bruxellois. C'est le coin tranquille et chic de la ville, où se sont installés des boutiques de vêtements, d'antiquités, des restos et le célèbre *pâtissier Wittamer*, l'un des fournisseurs de la Cour. Sans oublier le désormais incontournable *Pierre Marcolini* (qui fut apprenti chez Wittamer), le chocolatier « haute couture » au comptoir de chocolats 18 carats aussi exclusifs que le contenu d'une vitrine de joaillier.
Au départ, il y avait une colline de limons sablonneux (d'où le nom de Sablon), puis l'hôpital Saint-Jean et son cimetière occupèrent l'espace. Il fallut attendre le XVIe s pour que la noblesse et la bourgeoisie s'y installent en hauteur, le bas de la place étant occupé par un marché aux chevaux et au bois (« rue de la paille »), qui fournissaient services et attelages aux hôtels de maître. Aujourd'hui, c'est un centre animé où, le samedi et le dimanche matin, se tient un marché aux antiquaires. Attention, il ne s'agit pas de brocante ni de puces mais d'antiquités, chères, voire fort chères. *Ts les jeu 15h-21h, marché gourmet du Sablon. ● marchegourmet dusablon.be ●*
Au centre, une fontaine offerte par un exilé écossais en remerciement de l'hospitalité qu'il reçut de la part de la ville au XVIIIe s. Dommage que le centre de la place soit occupé par un parking à ciel ouvert.

🥾🥾 *L'église Notre-Dame-du-Sablon* *(zoom détachable C3) : pl. du Sablon, 1000. ☎ 02-511-57-41. Ouv en sem 9h-18h30, le w-e 10h-18h30.*
Ancien oratoire qui se transforma en une église importante à cause d'une légende, au XIVe s. L'histoire met en scène Béatrice Soetkens, une sorte de Jeanne d'Arc locale, qui entendit des voix en songe lui imposant d'aller à Anvers pour voler la *Vierge à la branche* située dans l'église Notre-Dame, et laissée à l'abandon des pèlerins. Elle vola donc la statue et fila en barque sur l'Escaut jusqu'à Bruxelles. Des arbalétriers, voyant la Vierge, protégèrent Béatrice et décidèrent de transformer l'oratoire en une vraie église capable d'accueillir des pèlerins. L'église fut agrandie et embellie grâce aux dons des fidèles, mais la statue fut détruite par des iconoclastes au XVIe s. De là naquit une procession annuelle menée par les arbalétriers, appelée *Ommegang* (« tourner autour »), impressionnant cortège historique qui se perpétue encore de nos jours et qui part toujours de cette église.
– *L'extérieur :* élégante façade de style gothique flamboyant avec sa rosace bien équilibrée. Ravalée, elle brille comme un sou neuf. Caractéristique du gothique brabançon, une tourelle à la croisée des transepts. C'est d'ailleurs à son sommet qu'on accrochait un perroquet lors du concours annuel du meilleur arbalétrier. En l'an 1615, l'*archiduc Albert*, souffrant de goutte, ne put y participer et c'est son épouse *Isabelle* qui le remplaça. Et elle gagna le concours ! Chacun des cinq serments (corporations militaires) possède sa chapelle dans l'église : les deux

serments des arbalétriers bien sûr, mais aussi celui des arquebusiers, celui des archers et celui des escrimeurs. Entrée par le transept sud.

– *L'intérieur :* de style gothique brabançon, avec ses chapiteaux ornés de feuilles de chou frisé que supportent 12 apôtres, comme à Saints-Michel-et-Gudule. Beau triforium aveugle et voûte de la nef très marquée par ses croisées d'ogives. La chaire baroque (et un peu lourde) évoque les quatre évangélistes : Luc (le bœuf), Marc (le lion), Matthieu (l'ange) et Jean (l'aigle). Devant le chœur, côté gauche, une copie de la fameuse *Vierge à la branche* et, au-dessus de la porte sud, une sculpture évoquant la légende où apparaît Béatrice dans sa barque, rapportant la Vierge d'Anvers. Dans le transept nord, la chapelle des *Tour et Tassis,* famille célèbre (et richissime) chargée par Charles Quint de mettre en place le service postal de l'Empire. L'église était appréciée de Paul Claudel, alors ambassadeur de France à Bruxelles, qui venait y prier chaque matin. Près de la chaire baroque, une inscription rappelle sa dévotion.

– *Le chœur :* un vrai chef-d'œuvre avec ses fines colonnes, ses nervures très marquées et son ensemble de vitraux ravissants qui font penser à ceux de la Sainte-Chapelle à Paris.

🗡 *Le musée de l'Érotisme et de la Mythologie* (*zoom détachable C3, 235*) : rue Sainte-Anne, 32, 1000. ☎ 02-514-03-53. • m-e-m.be • *Lun, jeu et ven 14h-20h ; le w-e 11h-17h. Entrée interdite aux moins de 18 ans. Entrée : 10 € ; visite guidée en sus 5 €.* Cet étonnant Eros-center d'un genre inédit, bien caché aux regards des passants, abrite la riche collection privée du docteur Guy Martens, un antiquaire amateur hors du commun : en plus de 40 ans, il a accumulé près de 500 pièces d'art érotique du monde entier datant de l'ère babylonienne (il y a 4 000 ans) à nos jours. Mais rien de graveleux, ni de voyeur... Il s'agit d'art, bien entendu ! Et l'art érotique remonte aux origines mêmes de l'homme, souvent rejeté car considéré comme art païen. Sur 3 niveaux, des satyres en érection peints sur des vases grecs ou étrusques côtoient des estampes japonaises du XIXᵉ s et des sculptures en cristal, porcelaine ou ivoire d'une grande finesse, représentant cunnilingus, partouzes, autosatisfactions féminines... Également des œuvres cachées surprenantes dans des objets anodins de la vie courante. Au rayon curiosité, on trouvera un préservatif en boyau de mouton datant de 1830, deux phallus en ivoire ayant appartenu à Jean Marais et un moulage impressionnant de celui de Raspoutine. Mais on ne vous dira pas la taille de l'objet !

🗡 *Le square du Petit-Sablon* (*zoom détachable C3*) : on adore ce petit parc clos par une grille dont les colonnes sont surmontées de superbes statues de bronze rendant hommage à toutes les corporations du XVIᵉ s. On y voit en vrac chaisier, chaudronnier, menuisier, forgeron... tous représentés avec leurs outils. Travail remarquable. Coquetterie suprême, chaque colonne est agrémentée d'un motif géométrique différent. De même, chaque portion de grille entre les colonnes propose un dessin original, s'inspirant de la cour extérieure de l'ancien Palais du Coudenberg (la « place des bailles »). Tout cela fut réalisé au XIXᵉ s, pour rendre une sorte d'hommage aux grands hommes du XVIᵉ s originaires de la région, histoire de légitimer le passé de la toute nouvelle Belgique de 1830. L'ensemble est très bien mis en valeur par un éclairage nocturne, contemporain et plutôt audacieux. Dans le haut du parc, au-dessus de la fontaine, les *comtes d'Egmont et de Hornes,* décapités en 1568 sur la Grand-Place (voir le chapitre « Histoire » dans « Hommes, culture, environnement » en début de guide). La personnalité d'Egmont a inspiré Goethe et Beethoven.

Tout autour, parmi les savants et humanistes du XVIᵉ s sculptés dans la pierre, on reconnaît Henri de Brederode (portant la besace des gueux) ainsi que les géographes Gérard Mercator et Abraham Ortélius. Derrière, le palais de la famille d'Egmont, affecté aux réceptions du ministère des Affaires étrangères. Joli parc clos (anciens jardins du Palais d'Egmont) qui permet de rejoindre le boulevard de Waterloo, derrière le gratte-ciel de « The Hotel » avec orangerie magnifiquement restaurée. Le *passage Yourcenar* relie le parc d'Egmont à la rue aux Laines et rend hommage à l'écrivaine par 14 citations tirées de l'*Œuvre au noir*. La rue de la Régence, artère percée au XIXᵉ s, mène au palais de justice.

🕯 **Le Musée juif de Belgique** (zoom détachable C3, **237**) : *rue des Minimes, 21, 1000.* ☎ *02-512-19-63.* ● *new.mjb-jmb.be* ● *Tlj sf lun 10h-17h. Entrée : 5 € (8 € lors d'expo temporaire) ; réduc. Entrée gratuite*

LE PREMIER ATLAS DU MONDE

Abraham Ortelius était un cartographe et géographe né à Anvers, en 1527. Il publia en 1570 un recueil de cartes géographiques réunies dans ce qui demeure le tout premier atlas du monde, et ce 20 ans avant la parution de l'atlas de Mercator. L'ouvrage eut tant de succès qu'il fut réimprimé 4 fois la première année de sa parution. En totalité, il connut 42 éditions en 7 langues différentes.

avec la Brussels Card, pour les moins de 12 ans, et pour ts le 1ᵉʳ dim du mois. Expo permanente présentant tous les aspects de la tradition juive en Belgique depuis le XVIIIᵉ s : récits de vies, rituels, objets du culte, photos, affiches, etc. Expos temporaires intéressantes. En mai 2014, un attentat y a fait 3 morts et un blessé grave.

🕯🕯 **Le palais de justice** (zoom détachable B-C3-4) : *pl. Poelaert.* Ⓜ *Louise.* Le rêve délirant commandé par le gouvernement de Léopold Iᵉʳ. Il reçut rapidement le surnom mérité de « Mammouth », vu l'ampleur de l'édifice. C'est l'architecte Poelaert qui « commit » cette chose colossale, monstrueuse même à certains égards. Imaginez : 2,6 ha de surface ! Rappelons que Saint-Pierre de Rome ne couvre que 2,2 ha. C'est bien simple, il fut le plus grand édifice construit en Europe jusqu'à l'édification du palais de Ceausescu à Bucarest. Inauguré en 1883 en grande pompe, il devait symboliser la grandeur de Bruxelles, que *Léopold II* voulait faire rivaliser avec Paris. Résultat : une étrange mixture de styles, avec du néoclassique, de l'assyro-babylonien, quelques références au gothique et bien d'autres influences indéfinissables. Le chantier a vu son budget dépasser les 50 millions de francs de l'époque (ce qui équivalait à une année entière de travaux publics dans le royaume) pour une estimation initiale de 4 millions à peine !

Cette démesure et la liberté laissée à l'architecte d'outrepasser presque toutes les règles initialement imposées restent encore un grand mystère. Savoir aussi qu'il a fallu amputer en partie le quartier des Marolles pour édifier la bête ! Voyez ce porche démesuré qui s'élève à plus de 40 m, et puis cette coupole, bien plus haut, presque riquiqui par rapport à l'ensemble. Une pyramide devait coiffer l'ensemble, on préféra une coupole pour ne pas encore alourdir les frais. Le palais s'organise autour du vide central de la salle des pas perdus, culminant à 100 m sous la coupole.

Pendant l'Occupation, les Allemands avaient entreposé des bouteilles de bon vin et de champagne dans les caves du palais. Les habitants des Marolles en volèrent beaucoup à la Libération. Les nazis mirent le feu à la coupole pour détruire leurs archives. Toute la statuaire évoque évidemment la justice sous toutes ses formes. On vous passe les détails, vous allez vous endormir. Pour finir, sachez qu'Orson Welles voulut y tourner *Le Procès* et qu'un de ses plus fervents admirateurs fut Hitler lui-même, de même que Sigmund Freud, mais pour des raisons différentes... Aujourd'hui, un autre chantier longue durée semble avoir placé le palais sous la protection de multiples échafaudages, alors même que les plus étranges rumeurs circulent sur ce qu'il pourrait abriter un jour ou l'autre, afin de réaffecter de manière rentable la surface existante.

🕯 À la hauteur du palais de justice débute le **quartier de l'avenue Louise** (qui relie le centre au bois de la Cambre). Avec l'avenue de la Toison-d'Or, c'est le coin des commerces chic du haut de la ville. Plusieurs galeries commerçantes jusqu'à la porte de Namur.

LA RÉGION DE BRUXELLES

🏃 Depuis la place Poelaert, à droite du palais de justice, un *ascenseur* permet de rejoindre (gratuitement !) le quartier des Marolles, en contrebas, à la hauteur de la rue de l'Épée. Une passerelle métallique offre un panorama de la ville assez spectaculaire. Beaucoup de monde pour admirer le paysage, ou pour s'inquiéter, quand des nuages de chaleur signalent qu'on a atteint, dans la ville d'en bas, les limites supportables de la pollution.

LE QUARTIER DES MAROLLES *(zoom détachable B3-4)*

Accès : Ⓜ *Porte-de-Hal ;* Ⓣ *n° 4 ; bus n°ˢ 27, 48, 134, 136, 137 et 365.*

Les Marolles constituent certainement le quartier où l'on retrouve le plus l'esprit populaire de Bruxelles, une certaine gouaille, un zeste de fronde. Ce n'est pas un « beau quartier », c'est plus. On le visite presque plus avec le nez et les oreilles qu'avec les yeux ! Bruegel qui y a vécu trouverait encore matière à peindre parmi les trognes des *zattekuls* (poivrots) qui fréquentent les derniers cafés populaires. Il n'y a pas si longtemps encore la tenancière d'un de ces estaminets tendait une corde en travers de la salle pour que ses clients *scheil zat* (ivre-morts) puissent s'y assoupir... À la fermeture, elle n'avait plus qu'à détacher la corde !

LE MELTING-POT MAROLLIEN

Ce quartier a toujours été habité par une population pauvre et étrangère (juifs d'Europe centrale, Espagnols, Marocains, Turcs) et l'on peut encore entendre des vieux Marolliens converser en dialecte brabançon, le brusseleir, parsemé de mots wallons, espagnols ou yiddish. En attestent les plaques des rues : bilingues en bleu, mais aussi flanquées d'une plaque blanche en marollien pur jus ! Une initiative de la confrérie du Bloempanch pour imposer le trilinguisme français-flamand-marollien ! C'est aussi cela, l'humour bruxellois.

Un peu d'histoire

Au XIIIᵉ s, le quartier se trouvait à l'extérieur de l'enceinte qui fermait la ville. Quand résonnait la cloche du soir, la population ne résidant pas à l'intérieur de celle-ci devait regagner les faubourgs. Le quartier accueillait alors une population « marginale » de paysans qui montaient en ville.
Les Marolles se développèrent autour de trois lieux : un lieu de culte (Notre-Dame-de-la-Chapelle), un lieu de soins (une léproserie) et un lieu de justice puisque, à l'emplacement du palais de justice actuel, se trouvait le *Galgenberg,* le « mont des Potences ». Et ce n'est évidemment pas un hasard si, au milieu du XIXᵉ s, c'est cet emplacement qui fut choisi pour installer l'imposant palais de justice. Les Marolliens n'avaient plus qu'à se tenir à carreau.

Du Moyen Âge au XIXᵉ s

Mais revenons un peu en arrière, lorsque tisserands et tanneurs peuplent le quartier. Cette dernière activité, réputée sale et malodorante, devait se tenir à l'écart. C'est au XVIᵉ s que s'installent ici les frères Minimes. Ils choisissent ce quartier pour aller à la rencontre des plus pauvres. Grâce à la construction de la deuxième enceinte au XVᵉ s, plus large que la première, les Marolles sont intégrées à la ville. Le niveau social s'améliore et la population demande qu'on installe des grilles au bas de certaines rues pour empêcher les prostituées de « déborder » dans tout le quartier. C'est à l'arrivée, au XVIIᵉ s, des sœurs *Apostolines* de la communauté *Mariam Colentes* que le quartier doit son nom. Mariam Colentes devint rapidement Mari-Cole pour finir en Marolles. Au XIXᵉ s, la paupérisation du prolétariat rend le quartier insalubre et plus pauvre que jamais. On y compte jusqu'à 40 000 habitants (10 000 aujourd'hui). Malgré les loyers chers, les proprios laissent les familles s'entasser dans des appartements exigus.

En 1866 débute la construction de l'œuvre architecturale la plus mégalomaniaque commandée par l'État belge : le *palais de justice*. On mettra près de 20 ans à l'achever. Pour cela, on n'hésite pas à raser des blocs de logements dans les Marolles et à exproprier des familles entières. Il faut remblayer des centaines de mètres cubes de terrain pour élever la chose qui, de fait, surplombe et écrase le quartier de sa masse. La rue Blaes est tracée. C'est à cette période que le Parti ouvrier belge fait construire, rue Joseph-Stevens, la *maison du Peuple* par Horta en 1899. Jean Jaurès assiste même à son inauguration. Elle sera malheureusement détruite en 1965 pour laisser la place à une tour de bureaux, sorte de donjon morose et lamentable.

L'« hygiénisme » et le XXᵉ s

La naissance du XXᵉ s voit le développement d'idées urbanistiques nouvelles : l'« hygiénisme » dicte de nouvelles normes de vie. En 1913, on édifie les premiers « blocs » d'immeubles, ancêtres de nos cités, comme la *cité Pieremans (plan détachable B4)*, au décor de *West Side Story* bruxellois. En hygiénisant, malheureusement, on déshumanise. Les blocs sont froids même si une rénovation les a rendus plus riants. Entre eux, c'est le royaume des courants d'air. Les relations entre citadins se meurent. Les républicains espagnols exilés après 1936 y trouvent refuge. Durant la guerre, les Marolles deviennent célèbres pour le marché noir de la rue des Radis. C'en est, de fait, le centre national. Les juifs viennent également s'y réfugier, et les SS opèrent des rafles régulières. Dans les années 1950, l'influence de Le Corbusier et de sa Cité radieuse se fait sentir. Parallèlement, en 1969, des associations de quartier s'organisent contre un délirant projet d'agrandissement du palais de justice et créent le Comité général d'action des Marolles. Après meetings et manifs, le projet est finalement remis dans les cartons et fait place à plusieurs projets de réhabilitation du quartier, basés sur le respect de l'histoire et de l'architecture. C'est une vraie victoire des comités de quartier contre la destruction de l'habitat.

Les Marolliens organisent alors l'enterrement symbolique du *Promoteur* et de *Dame Bureaucratie,* sa fidèle épouse (plaque commémorative au coin de la rue Monserrat).

Les Marolles aujourd'hui : vive le **street art** !

Mutation sociologique oblige, les Marolles possèdent désormais un petit côté branché-débranché tout à la fois. La rue Haute et la rue Blaes alignent en façade leur lot de brocantes sympathiques, alternant avec restos ou bars à la mode, c'est à dire ici hors des modes. Pas de quoi déstructurer le coin, plutôt de quoi lui insuffler un petit coup de jeune. C'est un quartier qui vibre surtout le matin, en particulier le dimanche, au rythme, non pas de la messe, mais de son célèbre marché aux puces, authentique en diable.

Guidé par des artistes spécialistes du *street art* et du graffiti, on peut parcourir les Marolles comme un musée à ciel ouvert. Apprenez à déchiffrer, décoder et comprendre les motivations de ces artistes sauvages. « Cachées » sur les toits, dévoilées sur les murs s'exposent des œuvres de Bonom, Créons, Idiot, Invaders, Oli B, Roa et de nombreux artistes mystérieux. Le quartier des Marolles offre une grande diversité de l'art urbain : tags, flops, stickers, pochoirs, wallpapers, reverse graffiti...

Balade sur réservation et infos pratiques sur le site de l'association Lezarts Urbains : ● *caroline@lezarts-urbains.be* ● (voir plus haut, dans Bruxelles, « Adresses et infos utiles »).

Petit circuit marollien pour trekkeurs urbains...

Tout le quartier s'organise autour des rues parallèles, rue Haute et rue Blaes. Cette dernière mène à la place du *Jeu-de-Balle,* où l'on trouve le marché aux puces. Curieusement, en flamand, la place porte le nom de *Vossenplein,* la place des Renards.

Ce petit tour est surtout réservé aux amateurs d'insolite, de détails, de « petits pas-grand-chose » qui font aimer une ville, et surtout un quartier.

On indique, sur le plan détachable, les différentes haltes par des petits carrés. Pas mal de façades B.D. à découvrir en chemin ; elles sont mentionnées par une bulle. Détails plus haut, dans le parcours spécial « Façades B.D. ».

➤ Départ à l'angle de la *rue Haute* et de la rue des Renards. On trouve là, en fin de semaine, une marchande ambulante de *caricoles*, bulots et bigorneaux cuits au court-bouillon et vendus en barquette, spécialité bruxelloise qui, malheureusement, a tendance à se perdre.

➤ Descendre la *rue des Renards,* qui a conservé son profil ancien et ses modestes petites maisons. Plusieurs brocanteurs, restos et troquets, comme *Le Père Tranquille,* au début de la rue, un bistrot au look hors du temps, où l'on peut manger dès 7h du matin le *stoemp* du jour, avec une saucisse, en compagnie des brocanteurs et de ceux qui sortent de boîtes *(ouv mar-dim 7h-15h, voire 16h le dim)*. Autres grands classiques : *Restobières*, au 9, et *La Brocante*, à l'angle de la rue Blaes (voir « Où manger ? »). Des lieux où vous ne risquez pas de vous retrouver seul, le dimanche matin !

➤ Sur la *place du Jeu-de-Balle* (sur la gauche), tous les matins, qu'il pleuve ou qu'il vente, que le soleil donne ou qu'il se terre, de 6h à 14h, le *marché aux puces* 🏃🏃 , appelé aussi *vieux marché* par les autochtones ● *marcheauxpuces.be* ●, répond présent. Bien sûr, c'est le dimanche que l'ambiance est à son comble. Un jour d'hiver rigoureux où il faisait un froid à congeler une frite, on n'a vu qu'un seul vendeur... mais c'est rare. Nombreux cafés autour de la place :

Le Marseillais, Le Chineur, La Clef d'Or, où on sert la soupe dès 4h du matin...

La place fut dessinée au milieu du XIXᵉ s, en vue d'assainir le quartier. On devait originellement la destiner au jeu de balle-pelote mais, en 1873, on l'affecta au marché aux puces. Il s'agit d'un marché « au carreau », c'est-à-dire un marché où les marchandises sont exposées à même le sol et censées être de vraies occasions. On y trouve ainsi toutes sortes de vieilleries, des ensembles d'objets hétéroclites et de valeurs très diverses. Un vrai poème à la Prévert : tableaux, chaises, bouquins, vieux téléphones, bibelots, petites cuillères... et relisez vos classiques : c'est ici que Tintin trouve la première maquette du navire, dans *Le Secret de la Licorne.*

Descendez sur quelques mètres la rue des Chevreuils pour ne pas rater la fresque B.D. consacrée à *Boule et Bill,* une des plus sympas de toutes les façades B.D. de la ville.

➤ Côté *rue Blaes,* l'ancienne caserne de pompiers construite en 1853 par Poelaert lui-même (enfin, façon de parler, c'était pas franchement un maçon) a été transformée en 71 logements et 23 magasins. Après le départ des pompiers, en 1982, le lieu n'a pas fonctionné. Il aura fallu attendre la restructuration complète des années 2011-2012 pour que la sauce prenne. Le rez-de-chaussée est occupé par de nombreux brocanteurs. Petit coup de cœur pour *Passé-Passion,* tenu par un couple étonnant (place du Jeu-de-Balle, 53). Lui continue de vendre et acheter les jouets anciens, elle est toujours autant passionnée par l'Art déco. Passez ensuite, au nº 70, par chez *Modes,* véritable temple du textile ancien et vintage (● *modes-antique-textiles.com* ●).

L'ex-caserne accueille également, dans le pavillon central, *Pin-Pon* : un restaurant trendy aux tarifs démocratiques mais au service parfois problématique. On y va pour profiter de la grande verrière, de la vue et de la terrasse au soleil.

➤ Remonter la *rue de la Rasière* sur la gauche. Tout au début de la rue, sur la droite, la première cité de logements sociaux du début du XXe s. Rythmes de briques brunes et claires, avec des décrochements de la façade et un passage sous arcades qui relie les différents blocs.

➤ On reprend la rue Blaes et ses magasins de brocante, qu'on remonte un peu (en passant, allez saluer l'ambiance routarde d'ATAT Store, au 6, pour vous dépayser), puis on récupère à droite la *rue des Capucins*. À 50 m sur la gauche, école de style Art nouveau.

➤ On retrouve la rue Blaes puis, à gauche, on prend la *rue Saint-Ghislain.* Au nº 40, un *jardin d'enfants* qu'on doit à Horta. Du pur Art nouveau, avec un clocheton, une entrée sous un auvent élégant et plein de détails amusants si l'on observe bien. On y trouve également un mont-de-piété (toujours en activité), à l'origine rue des Lombards et, en fait, la première initiative de ce type en dehors de l'Italie.

➤ Prendre à droite la *rue de Nancy.* Au nº 18, petit immeuble à caractère social, avec au centre les termes « Hygiène-Sécurité » en sgraffite, de la fin du XIXe s. Avec cet édifice, c'est le début de l'« hygiénisme ». Au nº 6, l'ancienne demeure d'un médecin accuse un style Art nouveau mais avec moins de concessions aux courbes. La volonté de changer l'architecture, de la faire bouger, se traduit par l'asymétrie et la rupture des rythmes.

➤ Dans la *rue des Tanneurs,* juste en dessous, au nº 60, l'ancien *palais du Vin,* rebaptisé *Ateliers des Tanneurs,* qui présente une longue façade digne d'intérêt, caractérisée par un large fronton surmonté d'une grappe. Chaque travée est ornée dans la partie supérieure du blason en sgraffite des différentes régions vinicoles de France et d'Europe en général. S'y organisent à présent diverses activités artisanales, et un marché bio s'y tient du mercredi au dimanche. Il y a même un resto, bio et bon à la fois.

➤ On reprend à droite la *rue du Miroir,* puis à gauche la *rue des Visitandines,* où une barre des années 1960 témoigne des tentatives de relogement des habitants des Marolles dans de tristes HLM. Le quartier, exemple emblématique d'une cacophonie urbaine consternante, fait enfin l'objet d'un plan de réhabilitation. Rescapée d'une autre époque, la petite *chapelle des Brigittines* est un parfait exemple du baroque brabançon, alternance de brique et de pierre. C'est aujourd'hui un théâtre et un centre d'art contemporain à la programmation variée.
Sur le terre-plein couvrant les voies de la jonction Nord-Midi, une piste de skate permet aux jeunes du quartier de se défouler un peu. Dans le même espace, sous la *gare de La Chapelle, Recyclart* un étonnant laboratoire artistique à vocation sociale, également lieu multifonctionnel, qui s'efforce de redynamiser ce quartier déstructuré et regroupe un ensemble de lieux polyvalents ouverts aux arts et à la fête : un café-resto, des espaces de création, des ateliers artistiques et artisanaux gravitent autour de cette surprenante « *place de la gare* », ouverte aux concerts et événements en plein air. Toute l'âme du Bruxelles underground se concentre autour de cette ancienne gare. Se reporter aussi à « Où voir un spectacle ? » plus haut. Infos : ● *recyclart.be* ●

➤ Remonter la rue du Miroir, et prendre à droite la *rue Haute.* Au nº 118, pignon ancien. Au nº 132 vécut le peintre Pieter Bruegel l'Ancien, dans cette maison en brique. Un musée consacré au peintre devrait y voir le jour en 2017. Au nº 148, la brasserie *Ploegmans,* l'un des plus vieux troquets du coin devenu bistrot. On y servait autrefois le faro au tonneau, et les enfants du quartier venaient y chanter le jour de l'Épiphanie. Vous pouvez y faire une halte déjeuner (voir « Où manger aux Marolles ? »). Au nº 164, maison dite « espagnole », car édifiée au temps des Pays-Bas espagnols. On peut remonter la rue de l'Épée et prendre l'ascenseur gratuit jusqu'à la place du palais de justice ou bien, à gauche, la rue des Minimes et regagner la place du Grand-Sablon.

➤ Ceux que ça intéresse pourront, depuis la place du Jeu-de-Balle, redescendre de l'autre côté, vers le sud et le bien nommé boulevard du Midi, jusqu'à la **porte de Hal**, vestige de la seconde enceinte de Bruxelles, datant du XIVᵉ s mais en grande partie reconstruite selon le style néogothique au XIXᵉ s et récemment rénovée.

🏃 *Le musée de la Porte de Hal (plan détachable B4) : 150, bd du Midi, 1000.* ☎ *02-534-15-18.* ● *kmkg-mrah.be/fr/la-porte-de-hal* ● *Tlj sf lun et j. fériés 9h30 (10h w-e)-17h (fermeture caisse à 16h). Entrée : 5 € ; réduc. Entrée gratuite avec la Brussels Card, et pour ts le 1ᵉʳ mer du mois à partir de 13h.* Ce bâtiment était à l'origine l'une des sept portes de la ville médiévale. Largement modifié au cours de son histoire, il abrite aujourd'hui un Musée historique sur quatre niveaux. Maquettes, reconstitutions virtuelles, matériel visuel et sélection d'œuvres d'art (peintures, colliers des guildes, armes...). On plonge dans le contexte historique de l'époque de sa construction à des fins défensives (mécanisme astucieux du pont-levis). Un étage complet du bâtiment est consacré aux expositions temporaires. Le grenier féerique, à la magnifique charpente, est réservé aux événements et aux animations pour enfants. Enfin, au sommet du bâtiment, une promenade sur le chemin de ronde offre un joli panorama sur Bruxelles et ses alentours.

BRUXELLES, TOUJOURS UN PEU PLUS LOIN

Jusqu'à présent, vous avez beaucoup marché pour parcourir le Pentagone. Maintenant, il va falloir aller plus loin, découvrir la ville côté sud, avant d'aller saluer l'Atomium plus au nord, et d'autres curiosités bruxelloises. Vous allez prendre le réseau des transports en commun et encore marcher pour découvrir quelques perles de l'Art nouveau, dans cette ville qui n'est pas si étendue qu'on pourrait l'imaginer au premier abord. Rappelons aussi ce que nous évoquions dans notre rubrique « Transports » : la plus grande galerie d'art de Bruxelles

L'ART DANS LE MÉTRO

Au hasard de vos errances souterraines, vous découvrirez les œuvres de Pol Bury à la station Bourse, d'Alechinsky et Dotremont à la station Anneessens ou de Jacques Moeschal à la station Gare-du-Midi. Hergé est présent station Stockel, tandis que la station Montgomery a été décorée par les artistes Pol Mara, Roger Somville, Jean-Michel Folon et Jo Delahaut. Et ainsi de suite... Une brochure à télécharger sur ● stib. be/kunst-metro-art ● répertorie tous les artistes qui ont œuvré à cette idée.

n'est ni plus ni moins que son réseau de métro. Plus de 30 ans après la mise en service du premier tronçon souterrain, le métro de Bruxelles est devenu un véritable musée. Dès lors, si vous empruntez ce moyen de locomotion bien pratique (gratuit avec la *Brussels Card*), vous aurez l'occasion de vous confronter aux réalisations des artistes contemporains. Plus de 60 œuvres d'art décorent ses quais et ses couloirs. Tous les genres sont représentés : peintures, sculptures, photos, B.D., vitraux... et tous les matériaux : de la toile au bronze et du bois au verre en passant par l'acier. L'art a pris le métro. Le métro a pris l'art. Et ça leur va plutôt bien.

LA COMMUNE DE SAINT-GILLES
(plan détachable B4-5)

La partie la plus intéressante du quartier se situe entre la porte de Hal et la place Louise, en remontant. Autrefois couverte de cultures maraîchères (dont le fameux chou de Bruxelles) c'est, depuis la fin du XIXᵉ s, un réseau agréable de rues tranquilles. Atmosphère agréable, où la mixité sociale n'est pas un vain mot. Le parvis de Saint-Gilles *(plan détachable B4)*, emblématique de la multiculturalité de Bruxelles, constitue un point de chute pour prendre un verre ou s'attabler dans un resto qui mitonne de fameux couscous. Un marché s'y tient tous les matins sauf le lundi. *Accès direct (* Ⓜ *Parvis St-Gilles ou Horta).*

Les amateurs de cultures urbaines et de *hip hop* peuvent s'adresser à l'association **Lezarts Urbains.** Son centre de doc, situé dans la très belle maison du Livre à l'architecture Art déco à deux pas du parvis de Saint-Gilles (102, rue de la Victoire), fourmille de ressources sur cette culture (voir les « Adresses et infos utiles » dans l'introduction de Bruxelles).

Pour les fans d'Art nouveau, il faut jeter un coup d'œil sur la portion de la **rue Vanderschrick** *(plan détachable B4, 222)*, entre l'avenue Jean-Volders et la chaussée de Waterloo. L'architecte Blérot y a bâti vers 1900 un ensemble remarquable de 17 maisons (du nº 1 au nº 25). Parti d'un plan commun, il a réussi à les différencier par un jeu subtil d'éléments décoratifs distincts. Une vraie partition architecturale. En remontant la chaussée de Waterloo, on aboutit sur un rond-point à la circulation intense nommé **barrière de Saint-Gilles** pour une pause-frites. En son centre, la petite statue de la **Porteuse d'eau.**

Un peu plus loin, par l'avenue Dejaer, autour de la **maison communale de Saint-Gilles** *(plan détachable B5)* en style Renaissance française, quelques cafés populaires, anciens ou modernes, qui font bon ménage. Un vrai quartier avec toutes sortes de gens, de commerces et de vibrations, même si certains trouvent qu'il se « boboïse » un peu vite. Et en plus, dans un rayon de 200 m autour de la place Van-Meenen, une brassée de façades qui rappellent par maints détails l'influence de l'Art nouveau sur l'architecture bruxelloise.

LA COMMUNE D'IXELLES (plan détachable D-E4-5)

Située au sud-est du Pentagone, c'est une commune riche et vivante, bourgeoise et populaire, jeune et métissée (presque autant de nationalités répertoriées qu'à l'ONU) et qui possède sa propre vie, indépendant de celle du centre de Bruxelles. L'artère principale, qui appartient, elle, à la ville de Bruxelles sur toute sa longueur et est la plus fréquentée, reste l'avenue Louise, bordée de demeures cossues et de boutiques de luxe. Près de la porte de Namur, autour de la chaussée de Wavre, et plus précisément dans la galerie d'Ixelles, s'est développé un secteur animé et coloré, une sorte de microsociété, appelé **Matongé,** du nom d'un quartier de Kinshasa au Congo. On y trouve une petite communauté congolaise bien vivante et pas trop mal intégrée. Le quartier **Saint-Boniface** *(plan détachable D4)*, autour de son église et de quelques maisons Art nouveau, constitue un îlot de bonnes adresses culinaires de même que plus bas autour de la place Flagey et des délicieux étangs bordés de maisons magnifiques.

🎥🏃 **Le musée des Beaux-Arts d'Ixelles** *(plan détachable D4)* : *rue Jean-Van-Volsem, 71, 1050.* ☎ *02-515-64-21/22.* ● *museedixelles.irisnet.be* ● Ⓣ *nº 81 ; bus nᵒˢ 38, 54, 59, 60, 71 et 95. Tlj sf lun et j. fériés 9h30-17h. Entrée : 8 € ; réduc ; gratuit avec la Brussels Card et pour les moins de 18 ans.*

Installé dans un ancien abattoir, c'est un excellent petit musée dynamique, principalement centré sur la peinture des XIXᵉ et XXᵉ s. Connu pour ses remarquables expos temporaires où, le dimanche, des historiens d'art accueillent les visiteurs pour répondre à leurs questions et leur faciliter la compréhension des œuvres. Cela étant, le fonds propre du musée possède aussi quelques raretés dignes d'intérêt. Par exemple, la collection complète d'affiches de Toulouse-Lautrec, ainsi qu'un ensemble de 1 000 lithos d'époque, dont de superbes affiches publicitaires, exposées par roulement. En 2014, des travaux ne permettaient pas de voir les collections permanentes. Consulter le site pour en connaître l'actualité.

À voir encore, des toiles flamandes (*Le Carnaval à Anvers,* de De Bie) et des salles consacrées aux (néo)impressionnistes, comme Van Rysselberghe *(Le Thé au jardin)* et Jan Toorop *(La Dame à l'ombrelle).* Un peu de sculpture aussi, avec Rik Wouters *(La Vierge folle),* du fauvisme brabançon et de l'expressionnisme, avec des œuvres de Constant Permeke *(Éclaircie)* et de Gustave De Smet *(Parade).* Enfin, on signale que les amateurs de Magritte ne seront pas en reste. Le bâtiment abrite aussi quelques Delvaux et de nombreux artistes contemporains. Un musée à découvrir !

➤ La longue chaussée d'Ixelles, quant à elle, mène à la vaste place Flagey, où l'on voit émerger l'***ancienne maison de la Radio*** rebaptisée ***Flagey*** *(plan détachable D5),* un drôle d'immeuble des années 1930, vieux « paquebot » de style moderniste, avec sa tourelle à gradins en guise de cabine de pilotage. Après 20 ans de désaffection, le « navire » a été complètement rénové et constitue un lieu culturel important à Bruxelles, en proposant au public non seulement des minifestivals de jazz et de musique (contemporaine ou traditionnelle), mais aussi toute une programmation cinématographique en rapport avec ceux-ci *(rens : ☎ 02-641-10-10 ou ● flagey.be ●).* Tout ce quartier est en train de prendre un nouvel élan. Y aller le matin pour le marché de la place Flagey *(le w-e 8h-13h30).*

🍽 Au rez-de-chaussée, un grand café populaire : le ***Café Belga*** (voir plus haut « Où boire un verre et rencontrer des Bruxellois(es) ? »). Mais son voisin, ***Épaulé Jeté,*** n'est pas mal non plus dans le genre (voir « Où manger ? »).

➤ Dans le prolongement de la place Flagey, on découvre avec ravissement les ***étangs d'Ixelles*** *(plan détachable D5),* bucoliques et romantiques, bordés de maisons de rêve. Ces anciens viviers de l'abbaye de la Cambre, aménagés en style romantique anglais, sont d'agréables buts de promenade et un lieu de pêche très prisé par les taquineurs de goujon du dimanche. Parmi les sept étangs qui s'égrenaient jadis le long de la vallée de Maelbeek, il n'en reste que deux. Pas si mal.

➤ Encore un peu plus loin, au bout de la série des étangs, l'***abbaye de la Cambre*** *(hors plan détachable par D-E5),* dont il ne reste plus grand-chose d'origine à part l'église gothique. Le monastère cistercien fut détruit lors des guerres de Religion, puis reconstruit aux XVIIe et XVIIIe s : on y voit encore la cour d'honneur et le cloître. L'espace vert qui l'entoure est un havre de paix au cœur de la ville. S'y trouve à présent la prestigieuse *École supérieure des arts visuels,* fondée en 1926 par l'architecte Henry Van de Velde. Parmi les disciplines enseignées : le graphisme, la photo, le design, la mode, l'urbanisme, la conservation, la restauration des œuvres d'art... et bien d'autres.

Circuit Art nouveau (plan détachable C-D5)

Pour plus de renseignements sur l'Art nouveau, voir le chapitre « Patrimoine artistique » dans « Hommes, culture, environnement » en début de guide. Et offrez-vous, pour continuer votre collection, le miniguide pliant de *VisitBrussels* sur l'Art nouveau et l'Art déco (en vente 0,50 €).

C'est à Ixelles qu'on trouve les plus belles réalisations et surtout la plus grande concentration d'***édifices Art nouveau,*** dont trois des quatre maisons construites par Victor Horta et classées au Patrimoine mondial de l'Unesco. Pour les fans de ce style, voici un petit circuit à la recherche des plus belles façades.

Cette balade de 2h30 à 3h sine dans les petites rues d'Ixelles et du haut de Saint-Gilles à la recherche des plus belles façades Art nouveau. C'est dans ce quartier que Victor Horta définit le vocabulaire de ce nouveau style. Octave Van Rysselberghe, Paul Hankar et Henry Van de Velde mirent leurs pas sur le chemin tracé par le maître.

La plupart de ces demeures qui faisaient encore mauvaise figure il y a 10 ans retrouvent leur lustre d'antan. Peu à peu, les façades sont frottées, les sgraffites restaurés et c'est toute la vie du quartier qui s'en ressent. Bistrots, restos et terrasses accueillantes fleurissent à chaque coin de rue. On conseille de faire la promenade plutôt en fin de matinée ou dans l'après-midi car l'itinéraire se termine par la visite du *musée Horta* *(ouv slt 14h-17h30 ; fermé lun et j. fériés).*

➤ Notre promenade débute aux étangs d'Ixelles *(plan détachable D5)* ; **on indique les différentes haltes par des petits carrés.** Pour y aller, bus n° 38 depuis la place De Brouckère ou bus n° 71 depuis la gare Centrale ou la porte de Namur (arrêt « Flagey »). Vous pouvez aussi arriver par l'avenue Louise, toute proche grâce au tram n° 94, vers laquelle le circuit bifurque assez vite, et adapter votre itinéraire en fonction. En illustration à notre commentaire, vous pouvez vous procurer l'excellente carte *Bruxelles, vivre l'Art nouveau* (3 €). Pas mal d'infos aussi sur le site de l'association consacrée à Ernest Blérot : ● ernestblerot.net ●

➤ *Au n° 36, avenue du Général-de-Gaulle :* la *Cascade,* construction Art déco, version paquebot. Juste à côté, deux maisons (jumelées) Art nouveau aux ferronneries végétales, signées Ernest Blérot, l'un des architectes emblématiques du quartier. Continuer sur l'avenue du Général-de-Gaulle qui borde les charmants étangs d'Ixelles, lieu de sérénité et de promenade. Puis tourner à droite, rue de Belle-Vue.

➤ *Rue de Belle-Vue :* joli alignement de cinq maisons presque identiques avec leur petit oriel. Trois d'entre elles sont du même Ernest Blérot. Remonter vers l'avenue Louise et tourner à droite, contourner le rond-point.

➤ *Au n° 346, avenue Louise :* cet hôtel de maître réalisé par Horta est une œuvre tardive, un peu rigide. Façade en fait assez banale. Prendre à droite la rue du Lac.

➤ *Au n° 6, rue du Lac :* maison d'habitation avec atelier d'artiste, construite par Léon Delune. Bow-window au 2e étage, porte à l'arrondi complet et décalé (règle de l'asymétrie), verrière à vitraux décorée de motifs végétaux. Tous les éléments de l'Art nouveau sont là. Tourner rue de la Vallée.

➤ *Rue de la Vallée,* ensemble incroyablement homogène de petites maisonnées. Elles sont l'œuvre d'un seul et même architecte : Ernest Delune (le frère de Léon). Dans l'une d'elles vivent toujours les descendants de l'architecte. Sympathiques et intarissables, il n'est pas rare qu'ils sortent raconter l'histoire de leur grand-père aux visiteurs qui se montrent curieux ! La rue de la Vallée croise en son milieu la rue Vilain-XIIII.

➤ *Aux n°s 7, 9 et 11 de la rue Vilain-XIIII* (oui quatorze, vous avez bien lu, d'ailleurs vous n'avez qu'à vérifier la plaque de rue !), trois maisons très différentes les unes des autres mais toutes axées sur la verticalité. On regagne l'avenue Louise qu'on reprend sur la droite. Cette avenue a subi de plein fouet la bruxellisation, à savoir une destruction quasi systématique des anciens édifices pour faire du neuf. Jadis grande artère qui servait de lieu de promenade aux calèches et fiacres, bordée d'hôtels de maître, elle reliait le centre au bois de la Cambre, ce beau parc de plaisance, prélude esthétique et civilisé à la forêt de Soignes qui le prolonge. C'est à présent une enfilade de tunnels et de voies rapides.

➤ ⊛ *Au n° 224, avenue Louise :* **l'hôtel Solvay,** l'une des grandes réalisations d'Horta, considérée comme l'une des plus achevées du maître, bâtie pour le neveu du magnat de l'industrie chimique. Pour sa construction, Horta a bénéficié d'un budget illimité. D'une symétrie parfaite (ce qui n'est pas l'habitude de l'Art nouveau), elle est agrémentée de mille et un détails dans les finitions (extrémité des tubulures métalliques, arrondi discret des fenêtres, absence d'angles cassants...). Superbe. À noter, la présence de trois balcons : qu'il devait faire bon jadis prendre l'air de l'avenue Louise du temps de son allée cavalière... Traverser et prendre à gauche.

➤ ◎ *Au n° 6 de la rue Paul-Émile-Janson : l'hôtel Tassel,* la maison manifeste du mouvement Art nouveau, édifiée par Horta en 1893, la toute première à combiner les nouveaux matériaux dans un dialogue aussi poussé : utilisation du fer dans la structure portante, mariage pierre-fer, bow-window surmontant une entrée centrale alors que les maisons bruxelloises possédaient une entrée latérale...

➤ Prendre à droite la *rue de Livourne.* Au n° 83, une maison sobre, demeure personnelle de l'architecte *Octave Van Rysselberghe,* dessinée par lui-même, typique de l'Art nouveau tardif. Elle conserve ses formes tout en rondeur mais s'est débarrassée de son ornementation végétale caractéristique.

➤ À l'angle des *rues de Livourne et Florence,* au n° 13, l'*hôtel Otlet,* encore une œuvre d'Octave Van Rysselberghe. Prendre la rue Veydt à gauche. Au bout, la rue Defacqz.
Avant de poursuivre dans cette rue, un petit crochet s'impose par la *rue Faider,* à gauche ; jeter un œil sur les superbes sgraffites dorés de la maison du n° 83, à l'intersection de la rue Janson. Sa voisine, au n° 85, mérite aussi toute votre attention.

➤ Revenir vers la *rue Defacqz.* Au n° 48, une réalisation de *Paul Hankar,* caractérisée par ses sgraffites dans la partie supérieure et ses fenêtres arrondies. Un peu plus loin, au n° 71, la résidence personnelle de l'architecte, remarquable par la facture massive et quasi féodale de son soubassement de pierre, qui s'allège à mesure que le regard s'élève. Sgraffites à motifs végétaux et animaliers, un peu japonisants.

➤ Prendre à gauche la rue Simonis et à droite la *rue du Bailli.* À l'angle du parvis de l'église de la Trinité (façade baroque), noter la maison d'angle tout en arrondis, couverte de brique vernissée et d'hirondelles qui s'envolent (au rez-de-chaussée, une halte s'impose pour siroter un thé au *Passiflore*). Pour la petite histoire, la façade de cette église de la Sainte-Trinité (qui date de 1625) a été déménagée du centre-ville (place De Brouckère) à la suite du percement des grands boulevards. On contourne par la droite l'église pour gagner la rue Africaine.

➤ *Au n° 92, rue Africaine :* maison pur Art nouveau, d'inspiration Sécession viennoise, caractérisée par la rondeur des fenêtres d'où pendent des verticales de pierre et de ferronneries travaillées. Poursuivre tout droit la rue Africaine et prendre dans le prolongement l'avenue Brugmann.

➤ À l'angle de l'*avenue Brugmann* et de l'*avenue de la Jonction,* l'*hôtel Hannon* (plan détachable B5, **234**), l'une des plus belles réalisations Art nouveau, abrite l'*Espace photographique Contretype* : ☎ *02-538-42-20.* ● *contretype. org* ● *Accès :* **T** *n°s 81 et 97 ; bus n° 54. Tlj sf lun, mar et j. fériés 11h (13h le w-e)-18h. Entrée : 3 € ; gratuit le 1er dim du mois.* Cet espace expose le travail de photographes contemporains belges et étrangers. Et ce n'est pas un hasard car, de son vivant, Édouard Hannon, industriel de son état, était un photographe averti. Hannon fit appel en 1902 à l'architecte *Jules Brunfaut,* absolument pas spécialiste de l'Art nouveau mais qui en réalisa malgré tout l'un des fleurons. L'extérieur se caractérise par un jeu entre la brique et la pierre, et par un grand balcon d'angle qui semble s'ouvrir comme une fleur. Un petit jardin d'hiver en bow-window complète ce tableau harmonieux. Ceux qui voudront visiter l'intérieur auront l'occasion d'admirer le splendide escalier orné d'une fresque de Baudouin, peintre rouennais qui, ici, réalisa une allégorie sur le thème des joies de la vie. Superbe. Mosaïque végétale au sol et pièce d'angle couverte de fresques où s'illustrent de jolies femmes.
On revient en arrière dans l'avenue Brugmann qui devient la chaussée de Charleroi. Puis à droite dans la rue Américaine, pour conclure la balade en beauté.

⊙ ☆☆☆ *Le musée Horta* (plan détachable C5) : *rue Américaine, 25.* ☎ *02-543-04-90.* ● *hortamuseum.be* ● 🕔 *nᵒˢ 81, 91, 92 et 97 ; bus nᵒ 54. Tlj sf lun et j. fériés 14h-17h30. Entrée : 8 € ; réduc, gratuit pour les moins de 6 ans accompagnés. On déconseille le w-e car beaucoup de monde et attente parfois longue ; sinon, arriver 1h avt l'ouverture. Le sous-sol de la maison attenante va être aménagé pour éviter aux nombreux visiteurs de faire la queue au-dehors.*

Résidence et atelier du plus célèbre des architectes belges, cette double demeure est née de la volonté d'Horta de lier intimement sa vie privée et sa vie profession-nelle. Ce dingue du travail était surnommé « l'archisec », à cause de son caractère entier et cassant. Pour en savoir plus sur Horta, lire plus haut le paragraphe qui lui est consacré dans la rubrique « Personnages » du chapitre « Hommes, culture, environnement ».

L'extérieur est en avancée, orné d'une structure métallique, avec verrerie et fenêtres arrondies. Ce n'est pas vraiment spectaculaire mais, une fois la porte franchie, c'est l'enchantement : harmonie, élégance, douceur des coloris, grâce des courbes... Toute la maison s'organise autour d'un escalier surmonté d'un puits de lumière couvert. À noter que ce qui frappe aussi ici, outre la beauté des décors dont Horta est le seul et unique responsable (des boutons de porte à la forme des gonds), c'est l'agencement des pièces les unes par rapport aux autres, comme ces quelques marches qui, chaque fois, les séparent, aérant ainsi les espaces.

La rampe d'escalier, basse dans les parties inférieures, va en s'élevant au fur et à mesure qu'on monte, protégeant ainsi l'utilisateur. De même, l'escalier se rétrécit au fil de l'ascension, libérant un espace conique qui permet d'accueillir plus de lumière. Encore un détail : la rampe d'escalier dans le salon (côté droit), qui donne naissance à l'accoudoir du canapé.

Dans la salle à manger, briques vernissées et mosaïque au sol qui, sous les pieds des convives, se mue en parquet, c'est plus chaleureux. Au 1ᵉʳ étage, la chambre d'Horta. Savez-vous de quel côté il dormait ? Côté jardin ! Car il s'y était fait amé-nager un petit placard avec un urinoir escamotable (on ne vous épargne aucun détail !). La chambre se prolonge par un dressing où, là encore, tout a été dessiné par Horta. Tout en haut de l'escalier, pour éclater l'espace, deux miroirs dialoguent à l'infini. Fin de la visite au sous-sol, qui lui servait d'atelier et de cuisines, et où l'on peut voir quelques maquettes de ses œuvres (palais des Beaux-Arts, maison du Peuple).

🕯 🚶 *Le musée des Enfants* (plan détachable E5, 233) : *rue du Bourgmestre, 15, 1050.* ☎ *02-640-01-07.* ● *museedesenfants.be* ● *Accès :* 🕔 *nᵒˢ 7 et 25 ; bus nᵒ 71. Ouv mer et w-e 14h30-17h ; tlj pdt les vac scol belges ; lun-ven slt en juil. Fermé d'août à mi-sept. Entrée : 7,50 € ; réduc.* Sympathique musée interactif, où parents et enfants font de multiples découvertes sur un thème qui gravite toujours autour de la personne humaine (psychologie et physique). Les différentes salles de cette jolie maison du siècle dernier, aménagée de manière chaleureuse et intelligente, présentent des ateliers variés, simples et pédagogiques, qui enchantent petits et grands. Animations régulières, à découvrir sur leur site.

Où manger ?
Où boire un verre durant cette promenade ?

Comme on le disait précédemment, le quartier ne manque pas d'adresses sympas, un tantinet branchées, exo-tiques pour la plupart et dans toutes les gammes de prix. Attention, pas mal sont fermées le soir et le week-end. Mais si vous êtes là un mercredi soir, profitez-en pour flâner du côté du *marché du Chatelain,* bio et agréable avec ses stands où tout le monde gri-gnote, boit, refait le monde.

🍽 |●| *Tea for Two* (plan détacha-ble C5, 202) : *chaussée de Waterloo, 394, 1060.* ☎ *02-538-38-96.* ● *info@ t42.be* ● *À 100 m à peine du musée*

Horta. Tlj sf lun 11h (12h dim)-18h. Une halte s'impose dans ce délicieux salon aux parfums d'encens, pour découvrir une centaine de variétés de thés de toutes provenances, du Darjeeling aux montagnes du Yunnan. Terrasse aux beaux jours. Petite restauration le midi et douceurs pour le *teatime, of course* ! ▮●▮ Sans oublier, bien sûr, nos autres bonnes adresses du quartier : *Belgobon, Les Fils à Maman, Beurre-Noisette* ou *La Quincaillerie.*

AU SUD DE BRUXELLES, LE BOIS DE LA CAMBRE (plan d'ensemble Z9)

Accès : Ⓣ *nᵒˢ 23 et 94.*
Terminant majestueusement l'avenue Louise, c'est un « bois de plaisance » de 124 ha aménagé pour la promenade du dimanche : allées plantées de fleurs, bassins où faire de la barque, étangs de pêche, sentiers... Il constitue une excroissance de la forêt de Soignes, acquise au milieu du XIXᵉ s par la Ville pour en faire ce que c'est devenu aujourd'hui. La forêt de Soignes, quant à elle, est une splendide forêt de hêtres de 4 000 ha (autrefois 12 000), ancien domaine des chasses royales, entretenue avec amour depuis Charles Quint. Des hêtres furent très régulièrement replantés pour lui conserver son aspect dense et cohérent. À l'orée du bois de la Cambre, on trouve la célèbre ULB **(université libre de Bruxelles),** avec ses bâtiments néo-Renaissance brabançonne.

🗡 *La villa Empain (hors plan d'ensemble par Z9) : av. Franklin-Roosevelt, 67, 1050. Infos :* ☎ *02-627-52-30.* ● *villaempain.com* ● *Tlj sf lun 10h-18h30. Entrée : 10 € ; réduc ; gratuit moins de 8 ans.* Il s'agit d'une des plus belles maisons Art déco de Bruxelles, construite en 1931. À l'époque, le jeune baron Empain avait fait appel à l'un des architectes les plus en vogue, le Suisse Michel Polak. Magnifiques marbres, boiseries et ferronneries. C'est le siège de la fondation Boghossian. Expos et conférences sont axées sur les cultures orientales et les liens qu'elles ont tissés ou tissent toujours avec l'Occident.

🗡 *Le musée Constantin Meunier (plan d'ensemble Z9) : rue de l'Abbaye, 59, 1050.* ☎ *02-648-44-49.* ● *fine-arts-museum.be* ● Ⓣ *nᵒˢ 23, 90 et 94 ; bus nᵒ 38. Mar-ven 10h-12h, 13h-17h. GRATUIT.* Le musée est installé dans la maison-atelier du peintre-sculpteur. Constantin Meunier (1831-1905) est certainement l'un des artistes se retrouvant le mieux sous l'étiquette du « réalisme social ». Constantin sculpta, peignit et dessina les réalités ouvrières de son époque. Il ne s'agissait nullement pour l'artiste d'endosser la cause du peuple (à la mode à cette époque), mais plus simplement d'élaborer un dialogue entre la condition de l'homme « laborieux » et l'expression artistique. Tout au fond, l'atelier de l'artiste, qui accueille les plus grosses pièces. On peut aussi voir plusieurs réalisations de Constantin Meunier au Jardin botanique.

LA COMMUNE D'UCCLE (plan d'ensemble Y9)

Une des communes les plus étendues de l'agglomération. Essentiellement résidentielle et tranquille, elle recèle de magnifiques artères bordées d'immeubles éclectiques, Art nouveau et Art déco, notamment le long des avenues Brugmann et Molière. Parcs, zones vertes et petits quartiers commerciaux du côté de *La Bascule* ou de la maison communale, place Saint-Job, en font une commune très prisée des « exilés fiscaux » français.

🗡🚶 *Le musée et les jardins Van Buuren (plan d'ensemble Y9) : av. Léo-Errera, 41, 1180.* ☎ *02-343-48-51.* ● *museumvanbuuren.com* ● *Accès :* Ⓣ *nᵒˢ 3,*

23, 24, 91 et 92 ; bus nᵒˢ 38 et 60. Tlj sf mar 14h-17h30. Entrée : 10 € ; jardins seuls : 5 € ; réduc ; gratuit pour les moins de 12 ans accompagnés. Prendre le livret explicatif à l'entrée. Cette superbe maison-musée de 1928, construite dans le style de l'école d'Amsterdam, est une des rares maisons Art déco (pur jus !) que l'on puisse voir telle qu'elle était à l'époque. Les amateurs apprécieront, forcément. Mais il faut ajouter qu'elle recèle une étonnante (par sa richesse, mais monsieur était banquier avant de devenir

mécène) collection privée de toiles du XVIᵉ au XXᵉ s, ainsi que quelques petites merveilles décoratives : mobilier en sycomore et palissandre du Brésil, ébène de Macassar, tapis d'Aubusson, argenterie Wolfers, laques japonisantes, coussins de Sonia Delaunay et piano d'Erik Satie. Entre autres trésors artistiques inestimables, une des versions de la *Chute d'Icare* de *Bruegel l'Ancien* (la différence avec qu'il n'y a pas de Dédale ailé dans la version du musée des Beaux-Arts de Bruxelles) et des toiles, d'époques diverses, de Fantin-Latour, Guardi, Ensor, Rik Wouters, Van Gogh, Permeke, Max Ernst, Van Dongen, Foujita, Signac et Van de Woestyne, ainsi que deux sculptures de Georges Minne. Magnifiques jardins, accessibles tous les après-midi, où sont organisées des expos de sculpture (allez vous perdre dans le labyrinthe). Parcours enfants.

À L'EST DE BRUXELLES, LE QUARTIER DE L'EUROPE
(plan détachable D-E3)

Au début des années 1960, ce quartier mixte d'habitations, de commerces et de bureaux comptait plus de 25 000 habitants ; il en reste moins de la moitié ; 50 % de sa surface de logements et 65 % de ses commerces ont disparu au profit des locaux affectés à l'administration européenne, des représentations étrangères et des sociétés de lobbying.

On peut dire que la cacophonie architecturale qui a présidé à la conception de ce quartier est un peu à l'image de la construction européenne : quelques réalisations méritent l'attention, mais l'ensemble donne l'impression d'un empilage d'immeubles ajoutés les uns aux autres dans la précipitation. L'axe principal en est la *rue de la Loi*, qui aboutit au rond-point Robert-Schuman (Ⓜ *Schuman*). Cette rue « courant d'air », sinistre à mourir, est raide comme la justice. Son nouvel éclairage nocturne l'a déjà rendue déjà plus riante. De plus, l'architecte Christian de Portzamparc (déjà choisi pour le musée Hergé à Louvain-la-Neuve) a été chargé de lui concevoir un nouvel habillage qui lui ôte, enfin, son aspect de canyon urbain.

L'édifice symbolisant l'Europe avec un grand « E » fut longtemps le *Berlaymont,* surnommé le « Berlaymonstre », ancien siège de la Commission de l'Union européenne, en forme de croix, rénové à coups de milliards après désamiantage. Aujourd'hui, il est détrôné par le nouveau Parlement européen, qui a reçu le doux surnom de « Caprice des Dieux » à cause de sa forme rappelant la boîte d'un célèbre fromage et, surtout, de son coût.

Tous les édifices du secteur abritent des institutions, principalement entre la rue de la Loi et la rue Belliard. C'est par là qu'on trouve le *Juste-Lipse*, bunker à eurocrates (225 000 m² et 24 km de couloirs !) flanqué d'un « petit frère » de 80 000 m² tout aussi imposant, le *Lex 2000*. De part et d'autre de la gare Bruxelles-Luxembourg (ex-quartier Léopold) bien rénovée, sont sortis de terre le *Paul-Henri Spaak* (qui abrite le grand hémicycle du Parlement) et l'*Altiero Spinelli*, du nom de deux fondateurs de la construction européenne.

Le nouveau Conseil de l'Union européenne devrait émigrer (si l'on ose dire) dans un tout nouvel édifice, l'***Europa***, à l'architecture surprenante. De la rue de la Loi, le bâtiment apparaîtra comme un grand cube, avec, sur sa façade, un patchwork de châssis en bois et de verre cristallin. Au travers de ce grand volume, on apercevra une forme d'amphore géante abritant les salles de conférences. En verre sablé, éclairée pendant la nuit, elle évoquera une lanterne déposée dans une boîte. Elle symbolisera également la transparence... tout un programme pour cette institution.

Au milieu de ce capharnaüm de béton, on trouve quelques bâtiments préservés et presque incongrus comme la ***bibliothèque Solvay,*** dans le parc Léopold, le singulier *couvent* néogothique, rue Van-Maerlant, reconverti en centre de documentation, et ce qui reste du *Résidence-Palace,* une merveille Art déco qu'avait conçue l'architecte suisse Michel Polak transformé en centre de presse pour l'UE.

Heureusement, à l'initiative de la Région bruxelloise, la chaussée d'Etterbeek qui serpente au creux de la vallée du Maelbeek doit se doter dans les années à venir de logements et de commerces pour réinsuffler un peu de vie à ce no man's land impersonnel. Mais vraiment, tout cela ne respire pas la joie de vivre.

🏃 *Le Parlement européen (plan détachable E3) : rue Wiertz, 60 (bâtiment Paul-Henri-Spaak – entrée visiteurs), 1050. ☎ 02-284-09-66. ● europarl. europa.eu ● Ⓜ Trône, Maelbeek et/ou Schuman ; bus n°s 12, 21, 22, 27, 34, 38, 54, 64, 80 et 95. Visite gratuite (avec audioguide) lun-jeu à 10h, 11h, 15h et 16h, ven slt à 10h et 11h. Durée : 45 mn. Attention, bien vérifier les horaires ; pas de visites les j. de séances plénières (il y en a 10 par an et elles durent 2 j.) ; se renseigner à l'avance par tél. Pas de résa possible et nombre de places limité, venir 1h avt. Carte d'identité obligatoire.*

Avant de le visiter, ne manquez pas d'aller jeter un coup d'œil à l'entrée de la gare (à droite du bâtiment d'origine en pierre bleue) où une fresque d'Hergé en noir et blanc, datant de 1932, décrit avec pas mal d'humour l'arrivée par le train de saint Nicolas à Bruxelles. On peut y voir Quick et Flupke et un moustachu suspicieux qui préfigure les Dupont et Dupond.

Historique de la communauté, organisation des commissions, préparation des rapports, réunions de groupes, présentation en séances plénières, élection du président, débats sur la nouvelle constitution, l'audioguide présente (trop vite évidemment) tout ce qui fait l'Europe d'aujourd'hui.

LE DRAPEAU EUROPÉEN, SYMBOLE CHRÉTIEN ?

Le drapeau de l'Europe avait besoin d'un symbole en 1949, qui rassemble la totalité des pays européens. Il fallait lui donner un emblème fort. Plusieurs projets se focalisent alors sur le chiffre 12 qui évoque la plénitude dans la tradition judéo-chrétienne. Un nombre symbolique comme les 12 mois de l'année, les 12 heures de l'horloge, ou les signes du zodiaque. Certains y ont vu également, un peu caché, un symbole de la chrétienté, en référence aux 12 étoiles entourant la tête de la Vierge Marie. D'ailleurs, son adoption officielle eut lieu le 8 décembre 1955, jour de la fête de l'Immaculée Conception.

Qu'on soit partisan de l'Europe ou eurosceptique, il aidera peut-être le quidam à mettre quelque chose de concret sous ce mot, cette idée, ce concept.

On pourra sans doute approfondir sous peu la question puisqu'un ***musée de l'Histoire européenne*** ouvrira ses portes à l'automne 2015 dans le Parc Léopold : architecture surprenante et scénographie moderne garanties. Les 24 langues officielles devraient être à l'honneur, le multilinguisme étant considéré comme l'expression de la diversité culturelle de l'Europe. Le projet est ambitieux, puisqu'il s'agit – pour le parcours permanent comme pour les expositions temporaires – d'offrir « à tous les Européens (et à leurs hôtes) une histoire raisonnée de l'Union, entendue comme une civilisation diverse mais unique ». Affaire à suivre.

🎏🎏 🏃 *Le Parlementarium (plan détachable D3) : rue Wiertz, 60 (bâtiment Willy-Brandt), 1050. ☎ 02-283-22-22. ● europarl.europa.eu/visiting/fr/parlamentarium ● Ⓜ Trône, Maelbeek ou Schuman ; bus nᵒˢ 12, 21, 22, 27, 34, 38, 54, 64, 80 et 95. Lun 13h-18h, mar-ven 9h-18h, le w-e 10h-18h. Entrée gratuite ; audioguide compris. Durée : 2h.* C'est un grand voyage virtuel à travers l'Europe, qui débute par une **section historique.** En bref, tout commence par une idée visionnaire : empêcher les conflits et assurer la paix grâce à la coopération économique et politique. On passe en revue le contexte historique des années 1920-1930 et, après la tourmente de la Seconde Guerre mondiale, les choses se concrétisent en 1948. Puis l'Europe prend son envol et les décennies suivantes voient l'adhésion de nouveaux pays, la signature de traités, l'union monétaire... Autant d'événements mis en parallèle avec un mur de photos rappelant le contexte économique, politique, social et technique de chaque époque, et des pupitres interactifs projetant des reportages et autres images d'archives. Ensuite, c'est une immersion totale dans le **Parlement européen,** toujours à grand renfort d'outils multimédias interactifs vraiment bluffants. Il est d'abord constitué de députés élus par les citoyens des différents pays de l'UE, dont ils représentent les intérêts. Leur nombre est fonction de l'importance de chaque population nationale, un tiers composé de femmes ; ils sont regroupés dans l'hémicycle par affinités politiques... On découvre ainsi qui sont les députés qui nous représentent et on écoute même leurs messages. Viennent alors leurs domaines d'interventions : Droits de l'homme, coopération et aide au développement, aide humanitaire, diplomatie, observation d'élection, commerce international, défense et sécurité ; le tout évoqué dans une grande salle dotée de pupitres mobiles à écrans permettant de se rendre virtuellement dans un pays ou une région en particulier... Pour finir, dans le genre « votre avis compte », on vous invite à suggérer des idées pour construire l'avenir de l'UE qui a sacrément besoin d'innover en la matière...

🎏🎏🎏 🏃 *Le musée des Sciences naturelles (plan détachable E4) : rue Vautier, 29, 1000. ☎ 02-627-42-11. ● sciencesnaturelles.be ● Même accès que le Parlementarium. Mar-ven 9h30-17h ; le w-e 10h-18h (pdt les vac scol belges, tlj sf lun 10h-18h). Fermé lun. Entrée : 7,50 € ; réduc. Entrée gratuite avec la Brussels Card, pour les moins de 6 ans, et pour ts le 1ᵉʳ mer du mois à partir de 13h. Supplément de 2,50 € pour les expos temporaires.*
Excellent musée d'Histoire naturelle, le 4ᵉ au monde (avec 37 millions de spécimens), niché dans un bâtiment que garde un dinosaure en bois grandeur nature, clin d'œil à la célèbre galerie qui a fait sa notoriété. La plus grande galerie de dinosaures d'Europe, tout en bénéficiant désormais d'une scénographie contemporaine et interactive, a gardé son charme rétro avec ses galeries suspendues et ses escaliers en fer forgé. Les innombrables fossiles et squelettes (authentiques pour la plupart) sont très bien mis en valeur et semblent encore plus impressionnants.
Le clou de la collection, unique au monde, sont les charmants **iguanodons,** découverts à Bernissart, près de Mons, en 1883 par des mineurs. Pour la petite histoire, ceux-ci croyaient avoir touché un tas d'or. Ce ne fut finalement qu'un tas d'os, sauf pour les paléontologues de l'époque, pour qui ce type d'os valait bien de l'or. Rendez-vous compte, il s'agissait des tout premiers squelettes complets de dinosaures découverts sur notre planète ! Une reconstitution de ces fouilles historiques est visible au sous-sol et bon nombre de vitrines relatent l'épisode.
Tout proche des iguanodons, ne manquez pas la nouveauté 2014 : la salle des mosasaures, ces gigantesques lézards prédateurs des mers, à la mâchoire aussi impressionnantes que celle des T-Rex.
Dans une salle annexe à la galerie, les enfants peuvent s'initier tout en s'amusant à la géologie et à la paléontologie dans le tout nouveau **PaleoLAB** *(accès*

payant 2 € et sur rdv). De manière générale, le musée a beaucoup misé sur l'aspect ludique et pédagogique.

La galerie de l'évolution

La partie la plus moderne et sans doute la plus captivante pour le visiteur est la *galerie de l'évolution* (au 4e étage). Elle fait parcourir en six étapes principales les millions d'années de la vie sur la planète au moyen de 600 fossiles et 400 animaux naturalisés, depuis les premières manifestations du vivant jusqu'à aujourd'hui. L'évolution étant un processus permanent, une grande partie de la salle est consacrée au présent et à l'avenir. Tous les êtres vivants (animaux et hommes) descendent d'un ancêtre unique apparu il y a 4 milliards d'années, et qui a évolué en formes très variées... Est-ce un hasard si les cellules de l'embryon de l'homme, de la tortue et du poulet sont quasi identiques ?

Cette galerie est aussi une illustration de la solidité de la théorie de Darwin sur l'origine des espèces et de leur évolution par la sélection naturelle, les variations, les modifications, les adaptations pour la survie. Dans cette étonnante galerie, on nous apprend que les animaux marins en colonisant les terres ont perdu leurs nageoires qui sont devenues des pattes, et parfois des ailes (insectes). Les arthropodes (crabes, acariens, araignées...) furent les premiers animaux de l'univers terrestre à s'être aventurés en masse hors de l'eau...

À quoi ressembleront les êtres vivant sur terre dans 50 millions d'années ? Peut-être à ces créatures bizarres que vous rencontrerez à la fin du parcours.

Les autres salles

Elles s'avèrent tout aussi passionnantes, même si la présentation date un peu. En plus des excellentes expositions temporaires proposées, on peut voir de belles collections d'insectes sans vie, de minéraux, et de coquillages (voir la *pinna*, moule géante autrefois utilisée pour sa soie), un vivarium qui renferme des mygales aussi vivantes que poilues, des phasmes, une ruche (cherchez la reine !) et d'autres curieux invertébrés tel l'axolotl. L'étage consacré aux mammifères est tout aussi surprenant, avec un classement des espèces par familles. On y apprend contre toute attente que le yack est un cousin de l'antilope et non de la vache, et que le bœuf musqué appartient en réalité aux caprins ! Sans oublier la remarquable salle des *baleines,* qui compte pas moins de 18 squelettes de cétacés.

Salle de la biodiversité

Ici, il s'agit de faire découvrir l'insolite et insoupçonnée vie animale et végétale subsistant dans les espaces urbains. Éloge, donc, des friches et de toutes ces failles, toutes ces anfractuosités, ces zones oubliées dans le béton et où s'engouffre à nouveau la vie... À commencer par les oiseaux dans les villes, dont on ne pensait pas que certains s'acclimateraient aussi bien... tels le faucon crécerelle ou pèlerin, le martinet noir et la corneille, les mouettes, etc. Même chose pour les animaux : en plus de ceux vivant traditionnellement dans les parcs (biches, écureuils, fouines...), aux portes des villes, on assiste aux curieuses intrusions de touristes inhabituels : renards roux, sangliers, hérissons, etc. Sans oublier, les animaux du sous-sol (acariens divers, cloportes, grillons du métro)... Tous sont resitués dans leur contexte, avec leurs habitudes. Vidéo pour les enfants « Faites votre jardin », jeux ludiques et pédagogiques, plus des sections sur la gestion des eaux de pluie, l'aménagement de l'espace public, les potagers de ville, les éco-quartiers dans une présentation claire et didactique.

🏃 *Le musée Antoine-Wiertz* (plan détachable E3, **230**) : *rue Vautier, 62, 1050.* ☎ *02-648-17-18.* ● *fine-arts-museum.be* ● *Au cœur du quartier européen, presque à côté du* Muséum des sciences naturelles. *Même accès que le* Parlementarium. *Tlj sf lun et w-e 10h-12h, 13h-17h. GRATUIT.*

Là, on a affaire à un artiste bien singulier. Une personnalité du mouvement romantique belge. Ce cher Antoine, bien que né au début du XIXe s, avait tendance à se prendre pour Rubens ou Michel-Ange. Mais il n'en avait pas, loin s'en faut, le génie. Certainement était-il conscient de ses limites, puisqu'il négocia fort intelligemment avec le gouvernement belge pour que celui-ci lui offre sa villa-atelier (dans laquelle nous sommes) en échange d'un legs de sa production à sa mort. Plutôt que de compter sur son unique talent pour vivre et se faire connaître, il devint donc, à sa propre demande, un « artiste-fonctionnaire » payant son emprunt (sa maison) en tableaux. Curieuse manière d'envisager l'art, en se bordant de tous côtés... Sous prétexte qu'elles n'étaient jamais terminées, Wiertz

VISIONNAIRE, PLUS QU'ON NE LE PENSE

En effet, Wiertz est probablement le tout premier à avoir envisagé Bruxelles comme future capitale de l'Europe... Et le plus drôle, c'est qu'il habitait non seulement à l'endroit même où allait naître l'actuel quartier européen, mais que le bâtiment qui accueille les commissions parlementaires, se trouve rue... Wiertz !

refusait de vendre ses œuvres... Cela dit, il serait injuste de ne pas lui reconnaître un trait original : celui d'avoir abordé tous les formats ! Du plus petit au carrément gigantesque. Déjanté, cocasse, macabre, cynique, à vous de dire !

LES MUSÉES DU PARC DU CINQUANTENAIRE
(plan détachable F3)

Vaste parc situé à l'est du centre-ville, au-delà du quartier européen. Dessiné à la demande de Léopold II pour le cinquantenaire de l'indépendance de la Belgique en 1880, sur d'anciens champs de manœuvres, il s'étale sur 30 ha autour d'un *arc de triomphe* monumental à trois arches, édifié au début du XXe s dans un style néoclassique par l'architecte français Girault. L'arc se poursuit de chaque côté par de grandes colonnades en hémicycle, décorées de mosaïques en l'honneur du pays. Les deux vastes halles métalliques situées derrière furent construites pour accueillir les grandes expositions de 1888 et de 1897. Aujourd'hui, elles abritent les musées royaux d'Art et d'Histoire, le musée royal de l'Armée et l'Autoworld.
Tout le quartier aux abords du parc du Cinquantenaire est truffé de superbes demeures bourgeoises aux styles très variés, pour la plupart édifiées au début du XXe s (voir, par exemple, l'étonnante *maison Cauchie,* au 5, rue des Francs). Dans le parc même, près de l'avenue de la Joyeuse-Entrée, on pourra aller jeter un œil à côté de la grande mosquée, au *pavillon des Passions humaines,* première réalisation de Victor Horta en 1889, conçu pour abriter l'œuvre de Jef Lambeaux, les *Passions humaines,* qui fit couler beaucoup d'encre et rougir (d'envie ?) beaucoup de dames. Hélas, jugé trop choquant, ce bas-relief monumental de marbre n'est pas accessible au public.

🍴 🚶 *Les musées royaux d'Art et d'Histoire (musée du Cinquantenaire ; plan détachable F3) :* parc du Cinquantenaire, 10, 1000. ☎ 02-741-72-11. ● kmkg-mrah.be ● Ⓜ Mérode. Bus et Ⓣ Gaulois ou Mérode (bus nᵒˢ 22, 27, 61, 80 et Ⓣ nᵒ 81). Mar-ven 9h30-17h ; w-e et j. fériés 10h-17h (fermeture caisses à 16h). Fermé lun. Entrée : 5 € ; réduc ; gratuit avec la Brussels Card, pour les moins de 12 ans, et pour ts le 1ᵉʳ mer du mois à partir de 13h (hors expos temporaires). Audioguide gratuit. Kit de jeu-parcours pour les familles. Suppléments pour les expos temporaires.
Cet immense bâtiment du XIXe s, qui occupe 4 ha et compte 140 salles visitables, regroupe les témoignages des différentes civilisations du monde (sauf l'Afrique centrale, qui a son propre musée mais est fermé pour restauration jusqu'en 2016) dans la plupart des disciplines artistiques (excepté la peinture qui a aussi le sien, et les instruments de musique désormais exposés au MIM). Sa visite vous prendra une bonne demi-journée, si vous êtes passionné par le sujet!

Le musée est divisé en quatre grands blocs thématiques : l'archéologie nationale (Préhistoire, Gallo-Romains, Mérovingiens), l'Antiquité (Égypte, Grèce, Proche-Orient et Iran, Rome), les arts décoratifs européens (un des plus gros morceaux avec l'Art nouveau belge, la céramique, le circuit XVIIe-XVIIIe s, dinanderie et ferronnerie, le circuit gothique-Renaissance-baroque, etc.) et les civilisations non européennes (un autre gros morceau : Amérique, art chrétien d'Orient, Asie du Sud-Est, Chine-Corée-Japon, Inde-Pakistan-Afghanistan, ainsi que l'art du monde islamique, etc.). La visite peut tout à fait suivre une autre logique, d'autant que les « départements » transcendent le plus souvent ce découpage thématique. Plan distribué à l'entrée pour vous y retrouver. Voir aussi le programme des expos temporaires.

– **Les arts décoratifs :** tout un complexe de salles dédiées aux arts décoratifs européens, du baroque au XXe s ; l'une des plus belles parties du musée. Parmi les fleurons : la reconstitution de la *bijouterie Wolfers* conçue par Horta. À l'intérieur, il faut vraiment découvrir les sculptures chryséléphantines (mélange d'ivoire et métaux précieux). Voir aussi le splendide *Sphinx mystérieux* (1897). *L'Orchidée* est également une œuvre saisissante, où toute la féminité est concentrée en un fragile objet. Non loin et dans un autre genre, on peut admirer la *salle des carrosses,* ayant appartenu aux souverains belges du XIXe s. Et la section *Préciosa et Verrerie* évoquant le raffinement et l'art de vivre aux XVIIIe et XIXe s à travers éventails, bijoux, montres, tabatières, lunettes, portraits miniatures...

– **Le circuit gothique-Renaissance-baroque** se trouve de l'autre côté de l'accueil mais appartient toujours à la section consacrée aux arts décoratifs. Remarquable pour son exceptionnelle collection de retables et de tapisseries, et pour ses superbes cabinets d'apparat. Un incroyable retable relate le *martyre de saint Georges,* imperturbable malgré tous les supplices que ses bourreaux lui font subir (salle 15). D'une grande force et d'une grande naïveté tout à la fois. Splendide !

– **L'Océanie et l'île de Pâques :** au rez-de-chaussée mais actuellement fermée, on ne peut voir de cette section que la statue colossale d'un *moai de l'île de Pâques,* « dieu des pêcheurs de thon », offerte par le Chili et rapportée par une équipe de scientifiques franco-belges en 1935. Datant du XIVe s, elle pèse 6 t ! Provenant de Polynésie et de Micronésie, le reste de la collection – dont on ne sait pas quand elle sera à nouveau présentée au public – demeure d'une grande importance ethnographique et archéologique, avec des pièces exceptionnelles allant du XIVe au XIXe s...

– **L'Amérique :** c'est l'une des belles et étonnantes collections du musée : une dizaine de salles qui donnent un aperçu assez complet des différentes civilisations du continent américain, allant de l'Alaska à la Terre de Feu. Du nord au sud donc, on verra notamment un *kayak inuit* (fin XVIIe s), absolument splendide, épuré, effilé, réduit à sa simple expression pour glisser sur l'eau avec la plus grande aisance (salle 25). On s'aperçoit qu'on n'a pas changé grand-chose à son dessin depuis cette époque...

Belle collection de pipes du début de notre ère, provenant de l'ethnie *Hopewell* (vivant sur le territoire actuel des États-Unis). Du Mexique, noter cette grosse femme de la région de Veracruz, en terre cuite, en position de scribe (salle 27). On ne manquera pas l'étonnante *momie péruvienne de Rascar Capac* (XVe s), ni la *statuette précolombienne* en bois ; deux pièces qui inspirèrent Hergé (salle 36).

Remarquable collection de parures à plumes provenant pour la plupart de différentes ethnies d'Amazonie. Observer notamment le manteau de plumes d'Amazonie, rapporté par les conquistadors et qui a plutôt pas mal traversé le temps (salle 28). Têtes réduites (vraiment fort réduites !), vases, amulettes, statuettes...

– **L'art du monde islamique :** cette longue salle présente un petit panorama de l'art islamique, notamment des collections de textiles dont la production s'étale du VIIᵉ au XIXᵉ s, de l'Afrique du Nord jusqu'en Iran, en passant par tout l'Empire ottoman. Pièce maîtresse, un **« velours à motifs »** ottoman (XVᵉ s), représentant des motifs à trois boules et des nuages. Voir aussi le **casque mamelouk** (XIIIᵉ s), portant le nom du sultan Ibn Qalawun (acier incrusté d'or). Également une belle série de céramiques, verreries, armes, et quelques enluminures d'Inde (alors sous domination musulmane). Beaux fragments de structures de bois sculptés, provenant d'une mosquée.

– **L'Asie :** au 2ᵉ étage, avec des choses étonnantes comme ce **lit-alcôve chinois** (salle 82). Ne pas négliger non plus le **bodhisattva**, statue en bois (XVIIIᵉ s) autrefois polychrome qui représente un personnage joufflu « parvenu au stade ultime de la perfection bouddhique » (salle 79). Et puis, bien d'autres statuettes indiennes (dont la **déesse Sivanatzaja**, salle 78) et tibétaines, des tambours vietnamiens, des reproductions de maison batak (Sumatra), etc.

– **L'Antiquité :** rien d'exceptionnel ici, dans la section **Égypte**, avec ses quelques sarcophages, momies, céramiques, statuettes funéraires, papyrus, amulettes en bronze... Également la **Grèce**, avec une sublime et très rare grande **statue en bronze dite « de Septime Sévère »** (salle 122), qui demeure le clou de la section avec la belle collection de vases grecs. Enfin, la partie évoquant **Rome** est vraiment anecdotique : voir quand même la maquette de la Ville Éternelle, et surtout l'immense mosaïque de chasse qui ornait, au Vᵉ ou VIᵉ s, la salle de réception du gouverneur romain d'Apamée, en Syrie.

– **Le département d'archéologie nationale :** une salle avec des vitrines à demi cylindriques explique la vie des premiers Belges. Ne pas manquer non plus le **cimetière mérovingien**, qu'on découvre sous nos pieds à travers des dalles de verre. Tout au bout, une autre salle présente des céramiques et objets en bronze de la civilisation d'El-Argar (sud-est de l'Espagne), qui fleurit entre 2300 et 1600 av. J.-C...

– **La salle des arts romans et mosans (ou salle aux Trésors) :** on peut y admirer les plus beaux exemples d'arts religieux roman et mosan, tels ce **reliquaire d'ivoire** en forme de basilique romane (la toute première pièce inventoriée du musée), ou le **phylactère de Marie et la croix-reliquaire** à double traverse, tous deux attribués à l'orfèvre Hugo d'Oignies (salle 0). Remarquable aussi, l'**autel portatif de Stavelot** (XIIᵉ s), représentant les martyres des différents apôtres. Mais la pièce la plus spectaculaire reste sans conteste le **chef-reliquaire du pape Alexandre Iᵉʳ**, où trône une tête de bronze antique sur un socle de laiton et argent doré orné de saints et de vertus et serti d'émaux, de cristal de roche et de pierres précieuses. Amusant, on vient de retrouver les reliques qu'il contenait dans l'église Saint-Jean-Baptiste de Herve !

– **L'Art nouveau et l'Art déco belge :** trois salles présentent essentiellement du mobilier remarquable signé, entre autres, par Victor Horta, Oscar Van de Voorde, Philippe Wolfers, Gustave Serrurier-Bovy et Léon Sneyers.

|●| Le Midi Cinquante : ☎ 02-735-87-54. Tlj sf lun 9h30-16h30 (accès libre, indépendamment du musée). Plat du jour 12 €, sinon plats 11-16 €. La cafétéria des musées royaux se trouve juste à gauche en entrant. Un lieu clair et plaisant, où le personnel reste affable malgré l'affluence. Cuisine soignée et savoureuse, ce qui est en soi une excellente surprise, rien de vraiment bon marché malheureusement. Belle terrasse donnant sur le parc aux beaux jours.

|●| La Joue de Vache (plan détachable E-F3, **128**) : av. d'Auderghem, 50, 1040 Etterbeek. ☎ 02-742-28-10. ● info@lajouedevache.be ● Tlj sf sam midi et dim 12h-15h (parfois 16h),

LA RÉGION DE BRUXELLES

18h-22h. *Fermé en août. Le midi, formule 15 €, sinon plats 15-21,50 €.* Une brasserie élégante, aux lignes pures et à l'assise confortable, bien pratique quand on n'a pas vu le temps passer en visitant un musée.

🍴 🚶 🏃 *Le musée royal de l'Armée et d'Histoire militaire (plan détachable F3) :* parc du Cinquantenaire, 3. ☎ 02-737-78-33. ● *klm-mra.be* ● Accès : voir « Les musées royaux d'Art et d'Histoire » plus haut. *Tlj sf lun 9h-12h, 13h-16h45. Entrée gratuite. Audioguide : 3 €.*

14-18 À l'occasion de la commémoration du centenaire de la Grande Guerre, le musée de l'Armée propose une grande et passionnante expo « *14-18, c'est notre histoire* » qui devrait rester accessible jusqu'à la fin avril 2015. ● *expo14-18.be* ● *Entrée : 12 €, réduc.*

Situé de l'autre côté des arcades par rapport au musée précédent. Vénérable et vaste musée répertoriant par le menu tout ce qui rappelle la guerre et les mille et une manières de combattre. Des épées du XVIIIe aux blindés de la Seconde Guerre mondiale en passant par les avions de chasse, la panoplie est aussi complète que variée.

Voici pour commencer une belle salle des *armes et armures* datant du VIIIe au XVIIIe s. Les *Pays-Bas autrichiens* (illustrés par des dizaines de portraits), la *période française* (souvenirs de Waterloo), puis la *Belgique au XIXe s,* défilent devant nous. Plus de monde pour voir ou revoir la grande salle consacrée à la *Première Guerre mondiale,* pleine de pièces d'artillerie souvent uniques (comme ce curieux gros char anglais), car la Belgique, qui avait fait figure de martyr en 1914, bénéficia d'impressionnants dons au sortir de la guerre. À côté, une cour rassemble *chars d'assaut* et *blindés.* Une dizaine de vitrines contiennent le *Trésor d'orfèvrerie des Cosaques de la Garde impériale* russe, évacué de Paris à Bruxelles par les survivants de ce corps de prestige qui craignait de le voir saisi par les communistes à la montée du Front populaire en 1936.

À l'étage sont traités de façon très interactive et pédagogique les conflits majeurs de la *période 1914-1944,* avec la montée du nazisme et une insistance particulière sur la *Seconde Guerre mondiale.* On peut voir, reconstitués ou non, la passerelle de commandement d'un navire de guerre britannique, la chambre d'écoute d'un sous-marin allemand, l'intérieur d'un bunker, la tourelle d'un bombardier américain, les obstacles de plage qui garnissaient le littoral français avant le débarquement de Normandie, un uniforme d'Eisenhower, en plus, bien sûr, d'une multitude de documents, cartes, schémas et images d'archives commentées.

Enfin, dans l'immense halle de fer et de verre, le clou du musée : plus de *130 avions* retraçant l'histoire de l'aviation, depuis les « faucheurs de marguerites » jusqu'aux avions à réaction. Collection unique, assez impressionnante, mais un brin poussiéreuse quand même. Assez incroyable de voir réuni un tel arsenal sous un même toit. Cafétéria *Sky Café* au milieu des avions.

Pas loin de l'entrée, un ascenseur permet aussi d'accéder à deux salles situées dans la partie supérieure de l'arc de triomphe, où sont exposés des objets napoléoniens. À quelques pas de là, les terrasses surplombant les arcades sont accessibles et offrent une vue plongeante sur l'avenue de Tervueren en direction de la forêt et, de l'autre côté, sur la rue de la Loi filant vers le centre-ville.

🍴 🚶 🏃 *Autoworld (plan détachable F3) :* toujours dans le parc du Cinquantenaire, en face du précédent. ☎ 02-736-41-65. ● *autoworld.be* ● Avr-sept, 10h-18h ; oct-mars, 10h-17h. Entrée : 9 € (8 € si résa sur le site) ; réduc ; 5 € pour les 6-12 ans. *Entrée gratuite avec la Brussels Card.*

Un musée privé exceptionnel, qu'aucun amateur de voitures ne peut décemment manquer ! Abrité sous la halle du Cinquantenaire en face du musée royal de l'Armée, ce vaste espace présente, dans un état remarquable, des véhicules rares et superbes, depuis les débuts de l'automobile jusqu'aux années 2000. Une collection d'une grande diversité, absolument magistrale, qui permet de suivre les grandes évolutions techniques et esthétiques du « bonheur à quatre roues », de la voiturette de Léon Bollée de 1896 à la DS de Citroën en passant par le camion Opel de 1914, la Tatra tchécoslovaque de 1951, les Lincoln des années 1960, les véhicules de pompiers des années 1930 et même les voitures belges... car il y en eut ! Et pas qu'une maigre poignée : ce fut même, avant la Seconde Guerre mondiale, un des fleurons de l'industrie du royaume, avec des marques comme *Minerva, Nagant, Imperia, Fondu, FN* (voir le beau modèle en aluminium et bois sculpté de 1930), et *Belga Rise,* jadis considérée comme la Rolls du plat pays ! Sinon, que dire du tricycle Aster de 1899, de la De Dion-Bouton de 1901 ou de l'Oldsmobile de 1904, avec son manche-guidon pour unique volant ? Un peu plus près de nous, une Packard de 1946, une curieuse Messerschmitt des années 1950 (conçue comme un cockpit d'avion et s'ouvrant par l'avant), une voiture Vespa de 1959, une 2 CV ou encore la Toyota peinte par Folon...

UN BRUXELLOIS SPEEDÉ

Fils du propriétaire d'une importante usine de caoutchouc qui fabriquait également des pneus, Camille Jenatzy était ingénieur en électricité et pilote automobile. Le 29 avril 1899, il fut le premier à franchir les 100 km/h sur route, dans les Yvelines, à bord de son bolide électrique en forme de torpille nommée la « Jamais Contente ». En 1909, il fut aussi le premier à dépasser les 200 km/h, à Ostende, au volant d'une Mercedes.

À l'étage, la zone « Sport et compétition » est dédiée à la course automobile et aux rallyes depuis 1906. On y a intégré un espace dédié au pilote de course de B.D., Michel Vaillant, dessiné par Jean Graton pour le journal de Tintin, à la grande époque.

🍴 *Brasserie sur place :* ouv 11h-18h. Plats 8-19 €.

🍴🍴 *La maison Cauchie (plan détachable F3) : rue des Francs, 5, 1040.* ☎ *02-733-86-84.* ● *cauchie.be* ● *En bordure du parc du Cinquantenaire. Même accès que les précédents. Visite guidée le 1er w-e du mois 10h-13h, 14h-17h30 (dernière visite à 16h30). Soirées d'été, mai-août, ts les mar 18h-21h (dernière visite à 20h30). Entrée : 5 € ; gratuit moins de 12 ans.*

Si vous n'êtes pas présent le week-end (jours de visite) et que vous passiez devant cette maison, jetez-y au moins un œil ! C'est Paul Cauchie qui, en 1905, réalisa pour lui-même cette demeure, dans laquelle il installa son atelier. Cauchie est un des architectes emblématiques de l'Art nouveau bruxellois. Il excellait dans l'art du sgraffite. Sur la façade, véritable vitrine de son travail, il avait fait indiquer ses spécialités et avait inscrit la devise de cette maison : « Par nous, pour nous ». Comme ça, les choses étaient claires.

La maison, menacée de destruction dans les années 1970, fut sauvée in extremis par Guy Dessicy (ancien collaborateur d'Hergé), qui en était tombé passionnément amoureux. Des années de restauration furent nécessaires pour lui redonner sa splendeur et la remeubler (certaines parties du mobilier étaient tout bonnement cachées au fond de la cave !). Si vous faites la visite guidée (passionnante), vous vous apercevrez que Cauchie utilisa également le sgraffite à l'intérieur de sa maison, puisqu'il y recevait ses clients.

Il est curieux de voir à quel point Cauchie se démarque de l'univers d'Horta. On retrouve évidemment toutes sortes de motifs végétaux, sans lesquels l'Art nouveau ne serait pas tout à fait ce qu'il est, sans oublier certaines influences japonaises (utilisation du bois pour les colonnes du porche, importance du symbolisme, stylisme du balcon...).

La visite guidée se limite au séjour, mais le sous-sol accueille librement les visiteurs et propose une expo sur le couple Cauchie et la restauration de la maison...

🍴🍴 Pas loin du Cinquantenaire, au nord du rond-point Robert-Schuman, les *squares Marie-Louise* et *Ambiorix (plan détachable E2, bus n° 54),* chef belge

LA RÉGION DE BRUXELLES

du début de notre ère, constituent les noyaux durs d'un secteur résidentiel de bon aloi, propice à la balade. L'ensemble respire le XIXe s cossu. Dans l'avenue Palmerston qui relie les deux square, quelques œuvres notables d'Horta, surtout au n° 4, l'*hôtel Edmond Van Eetvelde* ⬡ , construit en 1895 et doté d'une façade à structure métallique, innovant pour l'époque.

Au n° 11 (côté nord) du square Ambiorix, vous ne pourrez échapper à l'un des plus intéressants édifices Art nouveau du quartier : l'*hôtel du peintre de Saint-Cyr*, réalisé en 1903 par Gustave Strauven. À tous les étages, malgré les 4 m de largeur de la façade, on s'en met plein les mirettes mais le pompon reste la fenêtre circulaire du dernier étage, où le fer, le verre, le bois et la brique sont mis au service de la rondeur et des volutes. Quelle virtuosité !

AU NORD-OUEST DE BRUXELLES

LA RÉGION DE BRUXELLES

🏃 *Le site de l'ancien entrepôt des douanes de Tour et Taxis* (plan d'ensemble Y7) : *av du Port, 86 C, 1000.* ☎ *02-420-60-69.* ● *tour-taxis.com* ● Ⓜ *Ribaucourt et Yser ;* Ⓣ *n° 51 ; bus n°s 14, 57 et 89.*

Sans doute l'un des plus ambitieux projets de rénovation urbaine à Bruxelles. L'origine du nom provient de la famille Thurn und Tassis, fondatrice, en 1501, du réseau postal de l'Empire germanique. Charles Quint souhaitait disposer d'un réseau de messageries rapides pour communiquer d'un bout à l'autre de son vaste empire, et Bruxelles était un des lieux de carrefour de ce réseau de relais de poste. Mais la fin de l'Empire germanique en 1806 mit un terme au monopole de la famille. Ensuite, avec la prospérité économique de la Belgique, un ensemble de bâtiments industriels vit le jour sur les 37 ha du site, associant en un même lieu les fonctions complémentaires d'acheminement des marchandises, d'entrepôts et de services de douane. Mais la suppression des barrières douanières fit perdre progressivement au lieu sa raison d'être. Des associations comme *La Fonderie* se mobilisent au début du nouveau millénaire pour sauver ce joyau d'architecture industrielle et une société, Project T & T, se voit confier la rénovation du site en collaboration avec la Commission royale des monuments. Depuis, on peut considérer que la réussite est au rendez-vous, puisque d'ores et déjà des entreprises y ont installé leurs locaux et que des manifestations aussi prestigieuses que la foire du Livre y ont trouvé un lieu idéal pour y accueillir des dizaines de milliers de visiteurs. Si vous en avez l'occasion, n'hésitez pas à venir admirer les imposantes façades de brique et de pierre bleue, magnifiquement mises en valeur par l'éclairage de nuit.

Depuis l'avenue du Port qui mène à l'entrepôt, on peut admirer, de l'autre côté du canal (quai des Péniches), l'immense fresque rendant hommage à *Corto Maltese* (plan détachable B1).

🏃 *La basilique du Sacré-Cœur de Koekelberg* (hors plan d'ensemble par Y7) : *1080 Koekelberg.* Ⓜ *Simonis. Ouv 8h-17h.* Surnommée ironiquement la « Koeke-lique de Baselberg ». Pas de malentendu : si on vous signale cet édifice religieux, c'est surtout pour la vue sur la ville qu'on a de la coupole, la plus intéressante, nous semble-t-il, de Bruxelles (3 € pour y accéder). Pour le reste, on se contentera de préciser que c'est un édifice néobyzantin né de la volonté du grand bâtisseur Léopold II, à l'occasion du 75e anniversaire de l'indépendance. Cependant, le projet initial ne vit jamais le jour, et c'est en 1926 qu'on entama la réalisation du nouveau chantier, qui ne s'acheva qu'en... 1970. Enfin, pas grand-chose de remarquable donc, si ce n'est ses dimensions faramineuses (c'est le cinquième plus grand édifice chrétien au monde) et quelques vitraux modernes à l'intérieur.

🏃👫 *Belgian Chocolate Village* (plan d'ensemble, Y7) : *rue de Neck 20-22. 1081, Koekelberg.* Ⓜ *Simonis.* ☎ *02-412-14-90* ● *belgianchocolatevillage.be* ● *Ouv tlj sf mar 10h-18h. Entrée 8 € avec audio-guide (également pour enfant), réduc.* À proximité de l'imposante basilique de Koekelberg, un nouvel espace muséal consacré au chocolat sur le site qui fabriqua une des grandes marques belge : le chocolat Victoria, créé en l'honneur de la reine Victoria d'Angleterre (apparentée à la famille royale belge). Son produit-phare, le Big Nuts, faisait les délices d'un large public. Les 900 m² des anciens bureaux de la direction, avec imposantes mosaïques de carrelages reproduisant l'usine et les portraits des fondateurs en 1896 ont été réaménagés pour servir d'écrin à un parcours scénographique axé sur cet or noir qui fit la réputation de la commune. Depuis les plantations de cacaoyers dont on découvre quelques plants dans une serre en compagnie d'autres plantes tropicale, on découvre l'histoire de l'arrivée du chocolat en Europe, toutes les vertus médicinales, son économie et on peut suivre le processus de fabrication jusqu'au marketing du produit fini. Le visiteur est invité à participer à un atelier pratique et bien sûr, en libre-accès, déguster et faire ses achats dans une jolie boutique.

🦕 *La maison-musée René-Magritte* (plan d'ensemble, Y7) : rue Esseghem, 135, 1090. ☎ 02-428-26-26. Accès : Ⓜ Belgica ; Ⓣ n° 94 ; bus nᵒˢ 49, 53 et 88. Mer-dim 10h-18h. Entrée : 7,50 € ; réduc ; gratuit avec la Brussels Card.
Dans la commune de Jette, ce petit musée (à ne pas confondre bien sûr avec celui de la place Royale) s'est ouvert dans la maison même où a habité, de 1930 à 1954, le peintre René Magritte. Attention, vous n'y verrez pas ses œuvres mais plutôt des objets personnels qui évoquent son univers.
Au rez-de-chaussée de cette modeste maison de banlieue, reconstitution très fidèle de l'univers du peintre surréaliste. Rien de très spectaculaire au premier abord, si ce n'est un décor repeint dans les tons chers à l'artiste, une poignée d'originaux et des meubles que l'on retrouvera sur quelques-unes de ses plus célèbres toiles, comme le poêle à charbon, la cheminée, la baignoire et le piano. Au fond, la salle à manger-atelier où Magritte réalisa près de la moitié de ses tableaux. Aux 1ᵉʳ et 2ᵉ étages, quelques œuvres de ses copains surréalistes, ainsi que des documents et objets plutôt rares (près de 400), comme cette lettre de la Sabena assurant le peintre que son loulou Toutou serait traité avec les meilleurs égards à bord d'un de leurs avions, ou encore ce télégramme de condoléances envoyé par Baudouin et Fabiola à sa veuve après son décès. Très beau catalogue du musée.

LA COMMUNE D'ANDERLECHT (plan détachable A3-4)

Anderlecht, commune populaire de Bruxelles bien connue des amateurs de foot, était déjà habitée à l'époque romaine ; on y a trouvé les restes d'une villa du IVᵉ s. Elle a longtemps eu une vocation industrielle avec des abattoirs renommés et de nombreuses manufactures. Son centre historique se concentre autour de la collégiale des Saints-Pierre-et-Guidon qui sur les bases romanes a vu s'atteler de nombreux architectes du XIVᵉ au XIXᵉ s, tous fervents adeptes et continuateurs du gothique.

🦕 *La maison d'Érasme* (hors plan détachable par A3) : rue du Chapitre, 31, 1070. ☎ 02-521-13-83. ● erasmushouse.museum ● Ⓜ Saint-Guidon ; Ⓣ n° 81 ; bus n° 49. Tlj sf lun 10h-18h (béguinage 10h-12h, 14h-17h). Entrée : 1,25 €, valable également pour le béguinage. Visite guidée sur rdv.
Pas besoin d'avoir lu en entier l'*Éloge de la folie* pour faire le détour par cette maison où Didier Erasme de Rotterdam séjourna 5 mois en 1521. La charmante bâtisse de brique rouge où il habita, jouxtée d'un jardin propice à la réflexion, date de 1515 (Marignan) et fut transformée en un petit musée agréable dans les années 1930. L'objectif humaniste d'Érasme était fondamentalement positif : sélectionner chez les Anciens les idées conciliables avec le message évangé-lique. Il estimait que la révélation n'était pas l'apanage des érudits et devait être accessible au plus grand nombre. Ses voyages, ses échanges avec tous les grands esprits de son époque, son ouverture et son goût de la recherche critique en ont fait le patron d'un des programmes d'échanges estudiantins

européens les plus connus : *Erasmus.* Quelques souvenirs de ce grand humaniste : dans son ex-bureau, un moulage de son crâne, un portrait par Quentin Metsys, peintre anversois. La maison, merveilleusement restaurée, abrite une collection de meubles, de livres, de gravures et de tableaux des XVe et XVIe s. Les pièces maîtresses de ce programme restent les deux gravures d'Albrecht Dürer, dans le cabinet de travail d'Érasme, et, à l'étage, un triptyque de Jérôme Bosch de 1510 (*L'Adoration des Mages*).

La visite peut se poursuivre au *Jardin philosophique,* situé derrière la maison. Cet îlot de verdure a été conçu pour permettre au visiteur de se laisser aller à des rêveries ou à des réflexions que doivent susciter, notamment, les adages inscrits sur les parterres en forme de feuilles et sélectionnés – par Érasme – dans la sagesse antique et le savoir populaire. À l'entrée de cet espace vert, arrêtez-vous un instant au « jardin des maladies », planté des différentes espèces botaniques qu'utilisaient les médecins de l'humaniste.

À côté du musée, près de la collégiale, vous pourrez visiter le *béguinage* d'Anderlecht, le plus petit de Belgique (il n'y eut jamais plus que 8 béguines) charmant ensemble de maisons, certaines du XVIe s, ordonné autour d'un puits et d'un jardin. Petit musée sur l'histoire d'Anderlecht. Horaires d'ouverture identiques à ceux de la maison d'Érasme.

À deux pas de là, également, la pittoresque *rue Porselein,* et ses maisonnettes anciennes confèrent à ce bout de quartier une ambiance presque médiévale.

> ## MOTS D'AMOUR
>
> *Le mot « béguin » désignait autrefois la coiffe que portaient les béguines, ces habitantes des béguinages nombreux en Belgique. L'expression « être coiffé de quelqu'un » signifiait, quant à elle, tomber amoureux. Au fil du temps, les deux se sont mélangés pour aboutir à la formule bien connue « avoir le béguin ».*

✋ ❙●❙ En cas de petite faim, n'hésitez pas à demander la direction de la place de la Résistance pour acheter un cornet de frites à la *Friture René.* Ou pour manger sur place dans un cadre typique (voir intro « Où manger ? »).

🍴 *La brasserie Cantillon et le musée bruxellois de la Gueuze* (plan détachable A3) : *rue Gheude, 56, 1070.* ☎ *02-521-49-28.* ● *cantillon.be* ● Ⓜ *Gare-du-Midi ou Clemenceau ;* Ⓣ *no 81. Tlj sf dim et j. fériés 9h (10h sam)-17h. Entrée : 7 €, dégustation comprise.*

Dans ce coin populaire en partie transformé en quartier de la fripe, on trouve la toute dernière brasserie familiale à fabriquer le lambic, et ce depuis plus de 100 ans. Comme au temps des Sumériens, ce sont les « ferments célestes », apportés par l'air, qui « inoculent » le moût : c'est la « fermentation spontanée ». Babylone comptait 150 brasseries et les Égyptiens, Romains et Gaulois connaissaient, sans l'expliquer, ce miracle de la bière. Aujourd'hui, tous les ferments sont préparés en laboratoire. Ici, non : on conserve la magie et on ne brasse que d'octobre à mars, quand le moût peut refroidir tout seul. Seul le lambic (deux tiers d'orge, un tiers de froment) est fabriqué de cette façon.

À partir du lambic, on fait d'autres bières : la *gueuze* (jeune et vieux lambic), la *kriek* (avec griottes), la framboise (avec framboise) et le *faro* (avec sucre candi). Une visite unique en son genre donc, où une bonne partie du matériel utilisé date encore du XIXe s. La bière Cantillon y est brassée depuis quatre générations. La visite est libre mais un document vous permettra de comprendre les différentes phases de l'élaboration du breuvage. On rend visite à la cuve de cuisson et, dans le grenier, au grand bassin de 7 500 l, en cuivre rouge, tout plat, entièrement riveté, où se produit l'inoculation.

La salle de futaille rappelle les caves à vins, pleine de tonneaux et de pipes (650 l) remplis à ras bord et laissés ouverts durant 3 jours pour permettre les débordements. La dégustation vient clore la visite de cet univers, à mille lieues de la brasserie industrielle.

AU NORD DE BRUXELLES, LE DOMAINE ROYAL DE LAEKEN ET LE PLATEAU DU HEYSEL
(plan d'ensemble, Y7)

Deux mondes très différents à découvrir en prenant la voiture, le temps d'une balade familiale autant que dominicale. Le *Heysel* est un vaste espace culturo-sportivo-commercialo-industriel, comprenant un stade, un grand parc des expositions, un complexe récréatif *(Bruparck),* le cinéma *Kinépolis,* un planétarium et évidemment le fameux *Atomium.* Avant de découvrir ce dernier, vous passerez sans doute devant le *Grand Palais,* vaste halle d'exposition réalisée en 1935 dans un pur style Art déco, surmontée de quatre statues monumentales. Le Heysel est un quartier qui se situe à quelques kilomètres au nord du Pentagone, non loin du *domaine de Laeken.* Il s'agit d'un vaste parc, situé au nord du Pentagone, composé d'espaces verts, de petites forêts, de pièces d'eau, le tout soigneusement aménagé dans un style anglais.

🏃🏛 Au milieu du parc trône le *château royal,* œuvre de la fin du XVIIIe s, ancienne résidence des gouverneurs autrichiens. Napoléon en fit même l'acquisition en 1804. Puis l'édifice devint château royal sous le régime hollandais et dès l'accession de Léopold Ier au trône. Au début du XXe s, il reçut de nombreux aménagements. Plus à l'ouest, un belvédère (beau pavillon du XVIIIe s), un monument à Léopold Ier en néogothique et, bien sûr, les admirables *serres royales (plan d'ensemble, Y7),* qu'on ne peut visiter que quelques jours par an *(de mi-avr à mi-mai, tlj sf lun 9h30-16h, plus nocturne le w-e ; infos : ☎ 02-513-89-40 ;* **T** *n°s 4, 19 et 23, bus n° 53 ; entrée : 2,50 €).* De l'extérieur, par l'avenue du Parc-Royal, les serres sont déjà un ravissement. Il s'agit d'une série de dômes lumineux de tailles différentes, qui dialoguent entre eux comme des notes de musique. Cette remarquable structure est due à l'architecte *Alphonse Balat,* avec la participation d'un certain... Victor Horta. Chef-d'œuvre parmi les chefs-d'œuvre : la grande rotonde, aérienne, élégante et délicate. Si vous êtes à Bruxelles fin avril, ce serait une faute que de ne pas passer par là. On y fait alors la queue en rangs serrés pour se balader dans ces extraordinaires ensembles de végétation tropicale sous verre. En dehors de cette période, le domaine royal ne se visite pas.

🏃 Au sud du domaine, l'*église Notre-Dame de Laeken,* bâtie pour l'épouse de Léopold Ier, la reine Louise-Marie, et dont le dessin fut confié à Joseph Poelaert, l'architecte du palais de justice. Encore une fois, il rata plutôt son affaire et mit le gothique à la sauce Poelaert, mixture bien lourde à digérer. On y trouve la crypte royale. Derrière, dans le cimetière, on peut encore voir le chœur de la première église du XIIIe s et, non loin, un *Penseur* de Rodin, qui n'en pense pas moins.

🏃 **Les musées d'Extrême-Orient** *(plan d'ensemble, Y7) : av. Van-Praet, 44, 1020.* ☎ *02-268-16-08.* ● *kmkg-mrah.be* ●
Votre esprit curieux et vos yeux fouineurs n'auront pas manqué de s'étonner, depuis la route, de la présence, au nord du domaine royal et quasiment face à face, d'un « *pavillon chinois* » et d'une « *tour japonaise* ». Ces édifices furent « récupérés » par Léopold II à l'Expo universelle de Paris, en 1900, pour symboliser le début des relations commerciales (et amicales) entre la Belgique, le Japon et la Chine. *Ni l'un ni l'autre ne sont pour le moment visitables, des travaux d'envergure étant nécessaires pour les restaurer.*

🏃 **Le stade Roi-Baudouin :** ☎ *02-474-33-43.* ● *prosportevent.be* ● *Visite sur résa slt (par tél ou sur le site) lun-ven 10h-17h. Entrée : 6 € ; réduc.* Parcours dans les coulisses pour revivre les évènements marquants d'un stade qui a connu son lot d'exploits, mais aussi un drame resté dans les mémoires, en mai 1985, lors d'une finale de coupe d'Europe (des bagarres et un vent de panique ont fait 40 victimes). Le parcours évoque les exploits du sport belge et en particulier ceux des « Diables Rouges », l'équipe nationale de football, l'ambiance fervente du Mémorial Van Damme, le meeting d'athlétisme et des aspects plus problématiques du monde sportif : le dopage, la violence des hooligans... sans oublier des concerts mémorables comme ceux de Johnny Hallyday, U2...

🐾🐾🐾 🏃 *L'Atomium* *(plan d'ensemble, Y7) :* sq. de l'Atomium, 1020. ☎ 02-475-47-75. ● atomium.be ● Ⓜ Roi-Baudouin ou Heysel. Tlj 10h-18h. Entrée : 11 € ; billet combiné avec Mini-Europe : 23,50 € ; réduc ; gratuit pour les moins de 6 ans et avec la Brussels Card.

Vous vous trouvez à présent, les yeux ébahis et le cou tordu, devant la maille élémentaire du fer (et non pas une molécule ou un atome) grossie 165 milliards de fois. Imaginez votre guide en poche grossi à la même échelle : il mesurerait 33 millions de kilomètres ! La plus haute des neuf boules culmine à 102 m et la vue de là-haut est... panoramique, c'est le moins qu'on puisse dire (par beau temps, on aperçoit la tour de la cathédrale de Malines). Cet édifice incroyable fut créé pour l'Exposition universelle de 1958.

Comme tous les ouvrages du genre (la tour Eiffel, entre autres), il devait être détruit et ne le fut pas. On lui a même, en 2005, redonné son lustre d'antan en remplaçant l'aluminium des boules par de l'inox ! Avec la Grand-Place et le Manneken-Pis, il reste un symbole fort de la ville.

Tout d'abord, un ascenseur vous projette en 23 secondes dans la boule supérieure pour embrasser une vue exceptionnelle (compter jusqu'à 40 mn d'attente le week-end !). Là, possibilité de manger (au resto, qui occupe la moitié supérieure de la boule) ou de redescendre tout en bas pour partir à la découverte d'autres parties de la « molécule », liées entre elles par des escalators. Petites expos – permanente et temporaire – dans deux des cinq autres boules accessibles mais, globalement, cette deuxième partie de la visite a moins d'intérêt. N'empêche, le monument, lui, mérite vraiment le détour, surtout lorsqu'il surgit de la nuit comme un vaisseau spatial clignotant, style « Rencontres du 3e type ».

🐾🐾 🏃 *Mini-Europe* *(plan d'ensemble, Y7) :* Bruparck, 1020. ☎ 02-478-05-50. ● minieurope.com ● À côté de l'Atomium. Tlj 9h30 (10h oct-déc)-18h sf de début janv à mi-mars. Les sam de fin juil à mi-août, nocturne jusqu'à minuit et feu d'artifice à 22h30. Entrée : env 14 € ; réduc. Billets combinés avec l'Atomium et le complexe aquatique Océade. Sur 2,5 ha, Mini-Europe regroupe quelque 300 maquettes de monuments évoquant plus de 75 villes ou sites d'Europe.

Au pied de l'Atomium, voilà qui devait forcément inciter les spéculateurs à s'intéresser au lieu. Les promoteurs n'attendent plus que l'aval des autorités pour pouvoir construire ici le plus grand centre dédié au dieu Commerce que l'on ait jamais vu dans le pays. Vous avez encore jusqu'à 2016 pour aller saluer la tour de Pise, en vrai marbre, le château de Chenonceau, en vraie pierre, aller écouter Big Ben sonner et voir le Vésuve trembler, entendre hurler « Olé » dans les arènes de Séville ou voir Ariane V décoller...

AU NORD-EST, LA COMMUNE DE SCHAERBEEK
(plan détachable E-F1-2 et plan d'ensemble, Z8)

Au nord-est du Pentagone, avec 110 000 habitants, Schaerbeek (prononcez Skarbék) est la cinquième commune la plus peuplée de Belgique. Ses quartiers très différenciés sont à la fois très populaires et cosmopolites mais aussi résidentiels. Autrefois, elle était considérée comme la commune des artistes, qui y occupaient de nombreux ateliers.

Elle compte, outre sa gare de style Renaissance flamande – qui donne accès à *Train World,* la nouvelle attraction bruxelloise –, opérationnelle en mai 2015, quelques sites remarquables, comme le *parc Josaphat,* l'église néobyzantine

Sainte-Marie, les halles, ainsi que de nombreuses maisons Art nouveau et Art déco particulièrement bien préservées.

🏃🏃 *La maison Autrique* (*plan d'ensemble, Z8*) : chaussée de Haecht, 266, 1030. ☎ 02-215-66-00. ● autrique.be ● Accès : 🅣 n°s 90, 92 et 93 ; bus n°s 59, 65 et 66. Mer-dim 12h-18h (fermeture caisse à 17h30). Entrée : 6 € ; réduc ; gratuit avec la Brussels Card. La maison de l'ingénieur Autrique fut une des premières réalisations (1893) d'un jeune architecte de 32 ans nommé Victor Horta. Délaissée depuis 1986, elle avait attiré l'attention du dessinateur de B.D. François Schuiten et de son compère, le scénariste Benoît Peeters. Après sept années d'efforts et après que l'architecte Francis Metzger avait reçu la mission de « faire parler » la maison pour en retrouver le caractère originel (au travers des matériaux notamment), tel que l'avait conçu Horta, elle est à présent offerte à l'admiration des visiteurs comme une sorte de voyage dans le temps qui restituerait la vie de la bourgeoisie de la Belle Époque. La maison, tel un organisme vivant, revit littéralement à l'aide de la scénographie imaginée par les deux complices.

Ses habitants vous apparaissent au détour de la salle de bains. Dans la cuisine, on s'apprête à servir le repas du soir, les draps sèchent dans la buanderie, des cartes postales du vieux Schaerbeek s'échappent d'un meuble... Dans la bibliothèque, un film muet évoque les transformations architecturales de Bruxelles. On découvre également le cabinet de travail de l'ingénieur, avec ses innombrables cartes, et l'atelier d'un peintre français, Augustin Desombres, qui aurait travaillé pendant ses dernières années à Schaerbeek.

Le grenier se révèle être la caverne d'Ali Baba d'un personnage curieux : Axel Wappendorf, dont on nous dit qu'il fut l'inventeur méconnu de prototypes de moyens de transport insolites... Bref, on navigue, comme souvent à Bruxelles, entre rêve et réalité sans toujours bien discerner la frontière entre les deux mondes parallèles, et c'est là le grand mérite de cette re-création de la maison Autrique : entraîner le visiteur là où il ne s'imaginait pas pouvoir être mené...

14-18 Expo « Guerre et jouets » : les jouets belges en 14-18, jusqu'au 19 nov 2014.

🏃 À deux pas de la *maison Autrique*, l'*école communale n° 1,* la plus belle école de style Art nouveau de Bruxelles (1907). Dans ce quartier, qui fut autour des années 1900 un des faubourgs les plus huppés de Bruxelles, ne pas manquer de jeter un coup d'œil sur la majestueuse perspective de l'*avenue Louis-Bertrand,* se glissant dans une belle courbe descendante vers le parc Josaphat. De chaque côté se déploient de magnifiques façades inspirées par l'Art nouveau, rivalisant entre elles d'originalité. Aux 229-241, rue Josaphat (et 30, rue de la Ruche), œuvre de l'architecte Henri Jacobs (disciple d'Horta). Puis on suit la majestueuse avenue Louis-Bertrand, vers le *parc Josaphat* (*plan détachable F1 et plan d'ensemble, Z7-8*). De chaque côté, magnifiques façades inspirées par l'Art nouveau. Notamment aux n°s 59-61 et au n° 65. Certaines portent la marque de Gustave Strauven. À l'arrivée, passé le parc Josaphat, au-delà du boulevard Lambermont, douce plongée en milieu floral. Toutes les rues de ce quartier résidentiel portent d'ailleurs un nom de fleur : rues des *Héliotropes,* des *Capucines,* des *Glycines*... Celle des *Mimosas,* aux n°s 97-99, fut l'avant-dernière demeure de Magritte (ne se visite pas). Plantées de cerisiers du Japon, ces rues, au moment de la floraison (fin mars-début avril), se transforment en tapis roses ! Ensuite, le *boulevard Lambermont* possède également son pesant de belles demeures bourgeoises.

🏃🏃🏃 La *gare de Schaerbeek* (*plan d'ensemble, Z7*) accueille, à partir de mai 2015, si les délais sont respectés, *Train World,* la nouvelle grande attraction touristique de Bruxelles, autour du monde toujours fascinant des chemins de fer : ceux d'hier, d'aujourd'hui et de demain. C'est à l'artiste François Schuiten (le créateur de la série des *Cités obscures* chères aux amoureux de la B.D.) qu'a été confiée la scénographie originale de ce centre d'interprétation d'un genre nouveau, où l'on va pouvoir regarder, toucher, écouter... Parmi les vedettes invitées, la plus ancienne locomotive à vapeur conservée en Belgique, la « Pays de

Waes », de somptueuses voitures royales ou l'une des voitures TEE Inox, qui parcouraient l'Europe (à grande vitesse de l'époque, c'était avant les TGV). Des centaines d'objets, petits et grands, et même une authentique maisonnette de garde-barrière. Trains miniatures au grenier, comme il se doit. La suite à découvrir sur place, une fois passée la magnifique salle des guichets, qui a été restaurée. Le bâtiment lui-même, classé, est de style Renaissance flamande, un style architectural typique des chemins de fer de l'État belge.

Un hôtel étonnant, le *Train Hostel,* a été aménagé avec des voitures couchettes, mais on pourra aussi se contenter de pique-niquer sur place : une voiture-restaurant est à disposition dans la zone de transit, entre la gare et le nouveau bâtiment de 8 000 m² construit pour abriter ce nouveau rêve muséographique.

VERS L'EST, LES COMMUNES DE WOLUWE-SAINT-LAMBERT ET WOLUWE-SAINT-PIERRE
(hors plan d'ensemble par Z8)

Communes résidentielles, encore rurales il n'y a pas si longtemps, elles s'étendent au-delà du square Montgomery dans un environnement vallonné (la vallée de la Woluwe) traversé par l'avenue de Tervueren voulue par Léopold II et qui conduit à la forêt de Soignes. L'avenue longe le parc de Woluwe, doté de magnifiques étangs. C'est un endroit de promenade très apprécié des Bruxellois.

⊘ 🏃🏃 *Le palais Stoclet (hors plan d'ensemble par Z8) : av. de Tervueren, 281, 1150 Woluwe-Saint-Pierre. Accès :* Ⓜ *Montgomery ;* Ⓣ *nᵒˢ 39 et 44.* Bien qu'il soit fermé à la visite (excepté pendant la Biennale Art nouveau, les années impaires, les 4 week-ends d'octobre), on peut voir de l'extérieur une partie de cet incroyable édifice, symbole de l'Art nouveau viennois mais déjà préfigurateur de l'Art déco, réalisé en 1910 par l'Autrichien *Josef Hoffmann.* Emblématique du concept de l'« œuvre d'art totale », le bâtiment, ainsi que sa décoration intérieure et extérieure et son mobilier rompaient définitivement avec les canons habituels de l'Art nouveau. Conception anguleuse, très saccadée, terminée par une tour à gradins encadrée de fières sculptures de bronze. L'une des caractéristiques originales de l'édifice est d'avoir été totalement conçu le dos à la rue. La superbe façade se révèle tournée vers l'intérieur. Côté rue, c'est vrai, façade d'une grande banalité, mangée d'ailleurs par un immense auvent. À l'intérieur (qu'on ne peut visiter), une salle à manger est décorée entièrement de fresques de Klimt. C'est là qu'aurait dû trôner son célèbre *Baiser,* s'il n'avait pas été vendu entre-temps !

L'Unesco a classé en juin 2009 le palais Stoclet au Patrimoine mondial. Espérons que cette consécration permette de l'ouvrir au public.

🏃🏃 🏃 *Le musée du Transport urbain bruxellois (hors plan d'ensemble par Z8) : av. de Tervueren, 364, 1150 Woluwe-Saint-Pierre.* ☎ *02-515-31-10.* ● *trammuseumbrussels.be* ● *Accès :* Ⓣ *nᵒˢ 39 et 44 depuis le métro Montgomery. Ouv du 3ᵉ w-e de mars au 1ᵉʳ w-e d'oct, w-e et j. fériés 13h-19h ; en hiver, ouv le 2ᵉ w-e du mois 13h-17h. Entrée : 6 € ; réduc ; gratuit moins de 6 ans.*

Le musée est en fait un vaste dépôt encore pour partie en exploitation. Il rassemble une étonnante collection de tramways et d'autobus de toutes sortes, ayant tous servi au transport dans l'agglomération de Bruxelles. « Omnibus de pavé », puis tramways hippomobiles, sympathiquement appelés « moteurs à crottin », utilisés avant l'ère électrique. Intéressants tramways vicinaux (à vapeur). Puis une sélection de bus urbains, dont le premier fut mis en service en 1923. Nombreux trams de 1900 à 1950 permettant d'analyser l'évolution pas à pas de ce beau moyen de transport. Les premiers sont charmants comme tout, avec leurs plates-formes ouvertes, leurs jolies banquettes et leurs formes si esthétiques... Puis le tram évolue, devient plus confortable, moins beau aussi, bien que le « standard » soit entré dans l'imagerie populaire de Bruxelles. Voir encore quelques réalisations impressionnantes, comme cette « balayeuse de neige » américaine de 1904, cette motrice « Chocolat » de la même époque, ou cette « baladeuse » (wagon ouvert pour l'été). Beaucoup de références historiques, des bijoux de trams donc, un coin cafétéria au fond de la halle et, pour finir, une balade à ne pas manquer, avec le personnel en costume d'époque.

➤ Possibilité de faire un *trajet dans un vieux tram* de la ville du début du XXe s. Deux parcours au choix : entre le musée et le parc du Cinquantenaire ou vers la forêt de Soignes. *Billet : 8 € (visite du musée inclus). Départ : sam env ttes les heures et dim ttes les 40 mn. Trajet en 25 mn env.*

➤ *Brussels Tourist Tramway :* pour découvrir Bruxelles et son histoire en parcourant 35 km dans un tram historique datant de 1935. Un guide commente les trésors parfois bien cachés de la capitale et raconte une foule de petites anecdotes à son sujet. *Ts les dim avr-début oct. Départ à 10h, retour à 13h45. Billet : 20 €, réduc ; inscription 1 sem avt sur le site ● trammuseumbrussels.be ● et règlement par virement.*

QUITTER BRUXELLES

En train

🚊 Il existe *4 gares* à Bruxelles : *du Nord* (plan détachable C1 et plan d'ensemble, Y8), *Centrale* (plan détachable C2 et plan d'ensemble Y8), *du Midi* (plan détachable A4 et plan d'ensemble, Y8) et *Bruxelles-Luxembourg* (plan d'ensemble, Z8). Sachez que vous pouvez rejoindre la gare qui vous intéresse en montant dans n'importe quel train sur l'axe Nord-Midi. Exemple : pour prendre le train à destination de Paris qui part de la gare du Midi, il est possible de monter dans un train à la gare du Nord ou à la gare Centrale, puis de descendre au Midi pour changer de quai. Le billet est à acheter au guichet de la gare. Avec un billet international, on peut monter dans n'importe quel train au départ de n'importe quelle gare bruxelloise.

Où prendre votre train pour sortir de Bruxelles ?

➤ *Pour Paris et Lille :* uniquement à la gare du Midi.

➤ *Pour Anvers et Amsterdam :* gare du Midi, ou du Nord.

➤ *Pour Gand, Bruges et Ostende :* gare du Nord, Centrale ou du Midi.

➤ *Pour Liège et Cologne :* gare du Midi, Centrale ou du Nord.

➤ *Pour Namur et Dinant :* gare du Midi, Centrale, du Nord ou Bruxelles-Luxembourg.

➤ *Pour Mons :* gare du Nord, Centrale ou du Midi.

➤ *Pour Nivelles et Charleroi :* gare du Midi, Centrale ou du Midi.

➤ *Pour Namur et Luxembourg :* gare du Midi, Centrale, du Nord ou Bruxelles-Luxembourg.

En bus

➤ *Pour Paris :* Eurolines assure jusqu'à 11 liaisons/j. (voir le chapitre « Comment y aller ? » en début de guide).

■ *Eurolines à Bruxelles : rue du Progrès, 80, gare du Nord.* ☎ 02-201-03-09. ● eurolines.be ● Tlj 5h45-23h. Un autre bureau à la gare du Midi : pl. de la Constitution, 10. ☎ 02-538-20-49. Lun-ven 9h30-18h ; sam 9h15-14h15.

➤ *Pour circuler dans le Brabant wallon : TEC,* ☎ 010-23-53-53. ● infotec.be ●

➤ *Pour circuler dans le Brabant flamand :* De Lijn, ☎ 016-31-37-11. ● delijn.be ●

En avion

Pas vraiment une bonne solution au nord de la Loire, étant donné la rapidité du train.

➤ *Hop !,* la filiale d'Air France assure des liaisons de Brussels Airport vers *Lyon* et *Nantes*.

➤ *Brussels Airlines* dessert, depuis Brussels Airport, *Paris-CDG, Lyon, Marseille, Montpellier, Nice, Strasbourg, Toulouse* et *Genève*.

LA RÉGION DE BRUXELLES

LA RÉGION FLAMANDE

LA PROVINCE DU BRABANT FLAMAND (VLAAMS BRABANT)

En 1995, la Belgique, qui comptait neuf provinces depuis 1830, s'en est dotée d'une dixième : le Brabant – flamand ou wallon, peu importe, puisqu'il s'agit de la scission de l'ancien Brabant, seule province bilingue du pays. Son chef-lieu de toujours, Bruxelles, est devenu une région à part entière mais limitée aux 19 communes de son agglomération. Il a donc fallu recourir une fois de plus au partage du patrimoine commun : Louvain est devenu chef-lieu du Brabant flamand (à l'intérieur duquel Bruxelles est géographiquement enclavée) et Wavre a été choisi pour le Brabant wallon. La frontière entre les deux nouvelles entités, respectant la « frontière linguistique » née des accords de 1963, est scellée pour l'éternité.

Cette décision de scission politique fait peu de cas de l'histoire et des réalités géographiques : aucune frontière naturelle n'existe dans ce découpage transversal, la ligne de démarcation passe entre deux villages que rien ne distinguera jamais. L'histoire retiendra que ce Brabant fut en son temps un duché parmi les plus puissants des Pays-Bas et que son territoire s'étendait jusqu'en Hollande en englobant Breda, Anvers, Malines, Bruxelles et Louvain.

LA FORÊT DE SOIGNES (ZONIËNWOUD)

Magnifiée par les souvenirs d'Auguste Rodin, poumon vert de Bruxelles, ceinturée de charmants villages et à cheval sur les trois régions, la forêt de Soignes couvre à présent 4 300 ha. C'est la présence massive du hêtre qui lui donne cet aspect majestueux de cathédrale végétale. Le domaine actuel est tout ce qu'il reste de la grande forêt charbonnière qui, au temps de Charlemagne, s'étendait sur une très grande superficie.

Réservée à la chasse pour le bon plaisir des souverains successifs, elle était aussi exploitée pour fournir le bois de chauffage, le charbon de bois et aussi du minerai de fer. Elle apparaît souvent comme décor au XVIe s sur des tapisseries intitulées *Les Belles Chasses de Maximilien* qui montrent la cour des Habsbourg à Bruxelles chassant dans la forêt. Assez tardivement, des abbayes, des ermitages et des châteaux de villégiature entamèrent son caractère forestier exclusif. Sous les Autrichiens au XVIIIe s, le reboisement intensif de hêtres en futaies lui donna son aspect actuel. Pour permettre aux dames de suivre les chasses, Charles de Lorraine fit tracer ces grandes allées rectilignes qui portent le nom de « drèves ». Au début du XIXe s, on procéda à des ventes successives qui accélérèrent le déboisement au profit de l'agriculture. Depuis, malgré les saignées autoroutières et les appétits des promoteurs, les organisations de protection de l'environnement s'emploient à lui conserver son intégrité de sanctuaire naturel aux portes de la capitale. La forêt de Soignes est habitée par de nombreuses espèces sauvages : daims, chevreuils, renards, blaireaux, faucons crécerelles et éperviers.

TERVUEREN (3080)

À un petit bouquet de kilomètres au sud-est du centre de Bruxelles, situé en Brabant flamand, Tervueren est accessible depuis le parc du Cinquantenaire en suivant tout simplement l'avenue de Tervueren, longue artère percée au XIXe s. Elle mène au musée qui a rendu Tervueren célèbre : le musée royal de l'Afrique centrale. Agréable parcours qu'on réalise soit en voiture, soit en transports en commun. Dans un cas comme dans l'autre, on vous conseille de vous arrêter avant le musée royal, au musée du Transport urbain bruxellois (voir plus haut). Si vous êtes en voiture, faites donc halte quelques minutes sur l'avenue de Tervueren.

À voir. À faire

🏃🏃 *Le musée royal de l'Afrique centrale : Leuvenseteenweg, 13.* ☎ 02-769-52-11. ● africamuseum.be ● 🚋 n° 44, *terminus après un parcours dans la forêt de Soignes.* Ce musée imposant, posé au milieu d'un vaste parc, fut conçu à la fin du XIXe s par l'architecte français du Petit Palais à Paris, Charles Girault, à la taille de l'imagination de Léopold II pour accueillir le musée du Congo. Rappelons au passage que « l'État libre » du Congo était la propriété privée du roi, rien que ça ! Les historiens s'accordent aujourd'hui à penser que 10 millions d'habi-

LE VOLEUR DU SABRE ROYAL

En juin 1960, le Congo accède à l'indépendance. À Léopoldville, le roi Baudouin parcourt les avenues en voiture décapotable en compagnie du nouveau président Kasa-Vubu. Un homme surgit de la foule et arrache le sabre à la ceinture du souverain. Un photographe de presse allemand immortalise l'instant. Le petit homme en costume-cravate est arrêté, il sera libéré à la demande du roi et retombera dans l'anonymat, mais le sabre dérobé (puis restitué) deviendra le symbole de la liberté conquise par les Congolais.

tants de cet État du Congo périrent à la suite de cette phase de la colonisation des territoires et de l'exploitation de ses immenses richesses. Le souverain légua son domaine, en 1900, à son pays d'origine. *Une refonte complète du musée est en cours. Le musée a été fermé en 2013 et sa réouverture est programmée au printemps 2016.* Les jardins restent néanmoins accessibles.

Quelques lieux remarquables en bordure de la forêt :

🏃🏃 À l'extrémité ouest, aux abords de Tervueren, l'*arboretum (libre accès)* inclus dans le *bois des Capucins* rassemble les espèces forestières des climats tempérés. On peut y voir des spécimens des hautes tiges de la côte pacifique, tels le pin de Douglas et le séquoia.

🚶 *L'église Notre-Dame-au-Bois* (*Jesus-Eik*) : *au départ de l'E 411.* Halte obligée des promeneurs du dimanche pour déguster, en contemplant la façade baroque de l'église, une tartine de *plattekees* (fromage blanc) arrosée de Kriek.

🚶 *Le prieuré du Rouge-Cloître :* encore sur le territoire d'Auderghem, donc en région bruxelloise, un chapelet d'étangs borde les bâtiments du couvent augustinien du XIVᵉ s qui accueillit le peintre Hugo Van der Goes. C'est le point de départ de nombreux sentiers de promenade. *Centre d'information de la forêt :* ☎ 02-660-64-17.

🚶 *La Hulpe et le parc Solvay :* voir plus loin dans « La province du Brabant wallon », « Dans les environs de Genval ».

LE CHÂTEAU DE BEERSEL

Étonnant château fort édifié au début du XIVᵉ s et qui a subi des modifications à la fin du siècle suivant, après une destruction partielle. C'est aujourd'hui l'un des derniers vestiges de l'architecture militaire de la fin du Moyen Âge. Entouré d'eau et autrefois de marécages, c'était un poste de défense avancé qui protégeait Bruxelles. Ce qui le caractérise, c'est son étonnante conception, avec trois tours joufflues reliées entre elles par un chemin de ronde. La partie intérieure des tours est curieusement toute plate et ornée d'un pignon à redans. Plus tard, au XVIIIᵉ s, on a ajouté les toits pointus en ardoise. Le château perdit alors sa fière allure de forteresse. Toute la panoplie défensive est encore bien lisible : créneaux, archères, pont-levis, mâchicoulis, échauguettes.

Infos utiles

➤ À une dizaine de km au sud de Bruxelles. Prendre l'E 19 direction Mons, sortie Beersel ; bien indiqué. – ☎ 02-331-00-24. De mars à mi-nov, tlj sf lun 10h-12h, 14h-18h ; de mi-nov à fév, slt le w-e. Fermé en janv. Entrée : 2,50 €. Visite libre. Dans un cadre bucolique et mignon, petite aire de jeux avec poules et canards. Agréable resto-terrasse en face.

La visite

Les salles du château sont vides, et d'ailleurs celui-ci est peu entretenu. N'empêche, il a du charme. On déambule sans déplaisir de tour en tour, découvrant ici la fente qui laissait choir la herse, là une belle charpente... Noter comme le château se compose en fait de trois parties distinctes, autonomes. Les pièces, assez exiguës, se superposent curieusement. Dans la troisième tour, voir les voûtes et, au rez-de-chaussée, la salle de justice. On y découvre un étrange cachot grillagé, fiché dans le mur, absolument minuscule, et un sympathique instrument de torture. On allongeait le supplicié sur une croix pour mieux lui casser les jambes. Ah ! le raffinement du XIVᵉ s !

LE CHÂTEAU DE GAASBEEK

Gaasbeek se trouve au cœur d'une petite région appelée Pajottenland. Ce nom fut proprement inventé par un avocat un peu farfelu du milieu du XIXᵉ s, qui décrivit ce coin sous cette appellation. Au fil du temps, le terme trouva sa place dans le langage courant jusqu'à gagner le langage officiel. Bruegel l'Ancien vint souvent peindre la verte campagne et les villages environnants. Cet énorme château, dont les origines remontent au XIIIᵉ s, possède aujourd'hui l'apparence massive d'une néoforteresse du XIXᵉ s, époque à laquelle il fut complètement reconstruit après avoir subi les assauts classiques des siècles : incendies, guerres, abandon, etc. Au XIVᵉ s, l'édifice appartenait au seigneur de Gaasbeek qui fit assassiner Evrard 't Serclaes, personnage célèbre (voir à Bruxelles dans la rubrique « À voir. À faire », « La Grand-Place. Les plus belles façades de la Grand-Place »). Les Bruxellois, pour le venger, vinrent faire le siège du château et le détruisirent. C'est ici également que le célèbre comte d'Egmont vécut à la fin de sa vie, avant d'aller perdre la tête à Bruxelles.

LA PROVINCE DU BRABANT FLAMAND

Infos utiles

➢ Situé à une petite quinzaine de km au sud-ouest de Bruxelles. Accès possible en bus De Lijn, ligne LK, au départ de la gare du Midi à Bruxelles.

– ☎ 02-531-01-34. ● kasteelvangaasbeek.be ● Avr-début nov, tlj sf lun 10h-18h. Parc ouv jusqu'à 20h (18h en hiver). Entrée : 8 € ; réduc. Visite accompagnée, avec audioguide.

Où manger ? Où boire un verre ?

|●| ♟ **Oud Gaasbeek** : Kasteelstraat, 37, Lennik 1750. ☎ 02-532-56-92. À proximité du parking. Tlj sf lun. Fermette blanche traditionnelle qui propose, de mars à octobre, l'incontournable tartine de pain cuit sur bois garnie de fromage blanc, radis et petits oignons. Arrosée de Kriek, cela s'entend.

La visite

Si le château a un petit côté pâtisserie d'opérette, il est merveilleusement situé dans un parc de 40 ha dont une partie aménagée en jardins à la française. Les collections qu'il abrite sont d'une grande valeur ; elles furent offertes par la marquise d'Arconati, la dernière châtelaine, à sa mort.
Pour visiter les 16 salles aménagées en musée, les malins achèteront la brochure vendue à l'entrée. Les autres devront se contenter de passer en revue l'admirable mobilier, les tableaux, les tapisseries qui ornent les murs, le tout étant compris entre les XVᵉ et XVIIIᵉ s.
Visite accompagnée toutes les 20 mn (durée : 45 mn).
On ne va pas vous ennuyer avec une description fastidieuse et exhaustive de chaque pièce mais voici les plus belles : dans les deux premières chambres, mobilier Renaissance flamande. Salle des chevaliers néogothique. Dans la bibliothèque, au-dessus de la cheminée, portrait d'Érasme. La salle des archives abrite quatre tapisseries admirables, clou de la visite, réalisées à Bruxelles au XVIᵉ s. Elles évoquent l'histoire de Tobie. Dans une vitrine, voir le contrat de mariage de Rubens ainsi que son testament. Suivent plusieurs chambres. Dans celle

d'Egmont, sculptures des XVe et XVIe s, dans un beau style flamand. La salle de la galerie regorge d'objets d'art, coffre gothique, cheminée néo-Renaissance, lits de justice avec trône gothique, panneaux polychromes... Plusieurs salles encore avant d'atteindre les cuisines. Dans les dernières chambres, quelques belles toiles, notamment une *Tour de Babel* et un tableau grisaille du comte de Hornes présentant sa thèse. Dans celle de l'Infante... tableau de l'infante Isabelle.
Ouf ! Après cela, balade digestive quasi obligatoire dans l'immense parc.

LE JARDIN BOTANIQUE NATIONAL (NATIONALE PLANTENTUIN) DE MEISE

Infos utiles

➤ Le Nationale Plantentuin, à 3 km du village de Meise, est facilement accessible de Bruxelles, dont il est distant d'une quinzaine de km vers le nord. En voiture, prendre le ring, puis l'A 12 direction Anvers, sortie Meise. Ensuite, c'est fléché. En bus, avec la compagnie De Lijn (☎ 02-269-39-05), lignes 250 ou 251 au départ de la gare ferroviaire du Nord ; arrêt « Nationale-Plantentuin », à Meise. – Tlj 9h30-18h30 (17h oct-mars). Le Palais des plantes et les expositions ferment plus tôt que le reste du jardin. Infos : ☎ 02-260-09-70. ● jardinbotanique.be ● Entrée : 6 € ; réduc. Si vous pouvez venir un j. d'ouverture des serres, c'est préférable évidemment. Demander le plan à l'entrée.

La visite

Le Jardin botanique national, une petite merveille, a élu domicile dans le domaine de Bouchout, parc de 93 ha superbement entretenu. Les amoureux de jardins fleuris, de plantes exotiques et d'arbres séculaires trouveront ici de quoi se régaler. C'est l'un des jardins botaniques les plus riches d'Europe. Les Bruxellois y viennent en famille pour une balade dominicale. Le château de Bouchout, d'allure médiévale, trône au milieu du domaine. L'impératrice Charlotte, sœur du roi Léopold II et veuve de Maximilien d'Autriche, empereur du Mexique, fut la dernière habitante du château ; elle y résida de 1881 à 1927 en proie à la démence après la fin tragique de son mari. Le Jardin botanique est non seulement un site enchanteur mais surtout un lieu de recherche scientifique, qui abrite un nombre impressionnant d'espèces rares. On y trouve une orangerie, un château, un herbier (collection de plantes ligneuses) et évidemment les admirables serres en rénovation depuis 2014 et partiellement accessibles (Palais des plantes), complexes de plantations des cinq continents sur plus d'un hectare. Une serre est consacrée à la végétation des zones désertiques. Toutes les plantes tropicales et subtropicales. Une belle promenade en perspective.
|●| Petite *cafétéria* avec terrasse près du château, pour un en-cas après la visite.

LOUVAIN (LEUVEN)   (3000)   98 000 hab.

À une vingtaine de kilomètres à l'est de Bruxelles, Louvain a l'allure d'un bourg important qui fleure bon l'aisance flamande et qui a su se préserver des outrages immobilo-spéculatifs de la toute proche capitale. Des hordes d'étudiants lui imposent leur rythme et font vivre les terrasses de l'Oude

Markt. Malgré cela, Louvain est une ville posée, qui entend le demeurer. C'est d'ailleurs probablement pour ne pas briser cette harmonie flamande que la prestigieuse Université catholique de Louvain a été scindée en deux, à la suite des troubles linguistiques qui ont agité les années 1960. Les étudiants francophones ont alors trouvé refuge à Louvain-la-Neuve, créée *ex nihilo* en Brabant wallon pour les accueillir.
Mais retour à Louvain, où l'on appréciera sans nul doute l'animation contrôlée des cafés, le cours tranquille de la rivière Dyle, le flamboyant hôtel de ville et la cohérence architecturale de la cité, qui a le double mérite de ne pas ressembler à un musée géant et de brasser la Stella Artois.
– Vu la proximité avec Bruxelles, il n'est pas indispensable d'y loger.

UN PEU D'HISTOIRE

Même si les Normands y ont établi une forteresse au IXe s, Louvain ne connaît pas d'essor avant que Lambert Ier le Barbu n'y installe son château, au XIe s. Il faut attendre les deux siècles suivants pour que la ville devienne un centre important, remparé et riche, grâce aux cultures céréalières et à la manufacture de draps. La prospérité ne dure que ce que durent les roses et, à la suite de sanglantes émeutes au XIVe s, Louvain perd son statut de la capitale du duché de Brabant au profit de Bruxelles. Le second âge d'or vient de la culture des esprits. Sous l'impulsion des Bourguignons au XIVe s, Louvain se pare, entre autres, de son hôtel de ville et devient une ville universitaire qui, à l'égale de Bologne, Montpellier, Oxford ou la Sorbonne, rayonne dans l'Europe entière. Érasme lui-même y enseigne. Cette spécificité académique demeure de nos jours, malgré la séparation en 1968 des néerlandophones et des francophones. Louvain l'ancienne continue son petit étudiant de chemin à travers les siècles sans trop d'encombre. L'incendie provoqué par les Allemands en 1914, qui ravage la bibliothèque de l'université, et les terribles bombardements de 1944 n'ont pas raison de sa physionomie. À chaque destruction, de respectueux copieurs reconstruisent les bâtiments détruits selon les plans d'origine ou presque.

Adresses utiles

i Tourisme Leuven (plan B1) : Naamsesstraat, 3. ☎ 016-20-30-20. ● leuven.be ● Sur le côté droit de l'hôtel de ville. Tlj 10h-17h, sf dim et j. fériés en nov-fév. *Plan gratuit.* Vend aussi *(pour 4 €)* un guide très complet de la ville. Vente de l'*I Luv Leuven Ticket (16 €/pers)* comprenant l'hôtel de ville, le M Museum, le trésor de l'église Saint-Pierre et la Tour de la bibliothèque.

Gare NMBS (hors plan par B1) : *Martelarenplein. Infos horaires :* ☎ 02-528-28-28. *À 10 mn à pied du centre.* Au moins 2 trains/h pour Bruxelles. Liaisons directes également avec Brussels Airport. Kiosque avec journaux français.
@ Internet : ceux qui ont apporté leur attirail high-tech seront ravis d'apprendre que tout le centre de Louvain est connecté au wifi.

Où manger ?

Ce ne sont pas les restos qui manquent à Louvain. Oh non ! De la petite cuisine familiale italienne au restaurant de poisson huppé en passant par les spécialités culinaires de l'Inde ou du Tibet, on peut avoir du mal à faire son choix. Si vous êtes un peu serré côté finances, sachez aussi que de nombreux cafés proposent une restauration simple mais tout à fait correcte.

De bon marché à prix moyens

Dewerf (plan B1, **10**) : *Hogeschoolplein, 5. P.* ☎ *0476-96-56-28. Lun-ven 9h-minuit. Fermé 20 déc-fin janv. Plats 8-14 €.* À coup sûr l'un des café-restos les plus sympas de Louvain. Que cela soit pour son immense terrasse qui déborde sur la place ou son intérieur chaleureux avec poutres et murs décrépits, c'est toujours plein à craquer. On s'y presse pour les grosses salades, les plats de pâtes fumantes et fricassées de poulet bien roboratives, servies dans des miches de pain... Mais on peut aussi y venir l'après-midi pour leur excellent chocolat chaud ou jus de pomme (chaud aussi) à la cannelle. À fréquenter sans modération !

|●| De Blauwe Schuit (plan A-B1, **11**) : Vismarkt, 16. ☎ 016-22-05-70. ● info@ deblauweschuit.be ● Tlj sf dim oct-mars 10h-1h (2h w-e). Snacks et plats chauds ne dépassant pas 12 €. Au fond de la place du marché aux poissons. À l'intérieur, murs gris et plancher, cartes géographiques et objets ayant trait au voyage. Dès le premier rayon de soleil, on fonce sur la terrasse à l'arrière, l'une des plus agréables de la ville, arborée et où coule une fontaine. Pour manger, la carte fait surtout dans le froid l'été et le chaud l'hiver mais propose croque, pâtes et plats du jour toute l'année. Pas cher et plutôt bon.

|●| De Nachtuil (plan A-B1, **13**) : Krakenstraat, 8. ☎ 016-22-02-59. ● nachtuil.leuven@gmail.com ● Tlj sf lun 18h-2h (3h w-e). Fermé 2 sem en sept. À la carte compter 30-35 € pour 3 services. De ses heures d'ouverture, le resto tient son nom (« le hibou ») et de son sympathique patron, la tête d'oiseau de nuit de l'enseigne. On y sert aux

noctambules affamés une bonne cuisine belge, simple et bien consistante. Viandes fondantes, chicon au gratin, waterzoi de poisson, carbonades et lapin à la Westmalle. Également 1 ou 2 plats végétariens. 3 salles agréables et intimes.

|●| House of Lalibela (plan A1, **14**) : Brusselsestraat, 59. ☎ 016-23-38-80. ● seble11@hotmail.com ● Ouv mar-dim, slt le soir. Compter 25 €. Petite salle colorée. Les patrons, éthiopiens, sont charmants et ont vraiment le souci de bien faire. Résultat : on y mange très bien, et des plats pour la plupart inconnus, comme le minchet abish (du bœuf haché au gingembre et à la cardamome) ou le yemiser kik alicha, des lentilles rouges aux oignons et épices spéciales. On conseille de prendre un de leurs assortiments, c'est la meilleure façon de goûter à tout. Quand on vous disait qu'on trouve de tout à Louvain !

|●| De Klimop (hors plan par B1, **15**) : Martelarenplein, 5. ☎ 016-22-86-21. ● info@deklimopleuven.be ● En face de la gare, au rdc d'un hôtel. Lun-sam 11h30-14h30 et 17h30-22h. Plats env 13-29 €. Grande salle à la déco moderne et chaleureuse, façon néo-brasserie chic. Cuisine copieuse et fort bien inspirée. Carte saisonnière mais vous y trouverez toujours l'américain (steak tartare) et de belles grillades. Bon vin à la ficelle.

Où boire un verre ?

Cité de la bière et ville estudiantine, Louvain vous réserve quelques soirées de folles libations.
– Dès 22h-23h, l'Oude Markt (surnommé « le plus long comptoir du monde ») déborde d'une foule bourgeonnante qui passe allègrement d'un bar à l'autre. Entourant la place, quelques-unes des enseignes les plus fréquentées sont (dans le sens des aiguilles d'une montre) **De Rector** (DJ dès 23h), **De Colff** (et ses soirées étudiantes du jeudi), **De Giraf** (clientèle alternative), **De Farao** (qui se veut vaguement égyptien), **De Blockhut** (bière à prix cassés le mardi), sans oublier l'**Oase** (le fameux bar

des fins de soirée) ni le **Komeet** (ambiance jazzy).
– Bien d'autres cafés dans les rues qui partent de la Grand-Place, certains d'entre eux d'un style très différent de ceux cités plus haut, dont voici une petite sélection :

♟ Herberg Huisbrouwerij Domus (plan B1, **20**) : Tiensestraat, 8. ● info@ domusleuven.be ● Tlj sf lun 10h-1h (9h-2h ven-sam). Véritable institution louvaniste. Décor folklo-touristique presque bavarois ; on peut y admirer des briques, les vieilles poutres et les objets originaux en parcourant les escaliers et recoins. Spécialité recommandable au

↑ MECHELEN, Petit Béguinage

⚲ site inscrit au Patrimoine mondial de l'Unesco

NORD

↓ BRUXELLES, A 3 - E 40

LOUVAIN

LA PROVINCE DU BRABANT FLAMAND

■ **Adresse utile**

🛈 Tourisme Leuven

|●| **Où manger ?**

10 Dewerf
11 De Blauwe Schuit
13 De Nachtuil

14 House of Lalibela
15 De Klimop

🍷 **Où boire un verre ?**

20 Herberg Huisbrouwerij Domus
21 De Blauwe Kater
22 Thomas Stapleton
23 Café Gambrinus

cœur d'une carte qui tient de l'encyclopédie : la terrible Chouffe à 8° (servie en grande bouteille). Restauration possible avec quelques suggestions.

🍷 *Café Gambrinus (plan B1, 23) : Grote Markt, 13. Tlj sf dim. Fermó 15 j. en sept.* L'incontournable grand café de Louvain, pour son décor d'origine estampillé 1896, style pré-Art nouveau. Miroirs, vitraux aux motifs floraux, fresques allégoriques et murs en papier peint gaufré et doré. Le travail des boiseries murales et du comptoir mérite un coup d'œil attentif.

🍷 *De Blauwe Kater (plan B1, 21) : Hallengang, 1. ● blauwe.kater@skynet. be ● Dans un passage qui commence au n° 15 de la Naamsestraat. Tlj dès 19h.* Dans ce « Matou Bleu » tapi au fond d'une impasse, de petites formations de jazz et de blues se donnent en spectacle gratuitement chaque lundi. C'est alors à peine si l'on peut y lever le coude. Le reste du temps, ce repaire d'étudiants vibre au son de standards jazz, blues et pop rock. Et dans la pénombre de l'éclairage tamisé, on refait le monde jusqu'à plus d'heure.

LA PROVINCE DU BRABANT FLAMAND

🍷 ***Thomas Stapleton*** *(plan B1, 22) :* *Standonckstraat, 4.* ● *info@thomass tapleton.be* ● *Tlj de 16h à tard. Live music la plupart des sam soir.* Un *Irish pub* tout ce qu'il y a de plus classique, avec sa bonne ambiance feutrée, ses panneaux en bois vitrés, ses barriques, ses tubes de U2 et sa terrasse dans la cour. Idéal, bien sûr, pour y suivre tout type de retransmissions sportives. Pour info, Thomas Stapleton est un théologien anglais mort à Louvain en 1598.

À voir

🗡 ***Grote Markt*** *(Grand-Place ; plan B1) :* à la différence des autres grand-places du pays, celle de Louvain ne possède pas de dégagement important. Coincés entre l'hôtel de ville et la collégiale Saint-Pierre, que bordaient des maisons jusqu'aux années 1940, les cafés de la place paraissent un peu engoncés et l'on manque de recul pour bien observer la flamboyante façade de l'hôtel de ville. À sa gauche, la Table Ronde, bâtisse gothique, a été reconstruite à l'identique en 1921. Grâce à cela, la place, avec ses maisons à pignon, a conservé une certaine cohérence.

🗡🗡 ***Sint-Pieterskerk*** *(collégiale Saint-Pierre ; plan B1) :* Grote Markt. Lun-sam 10h-16h30, dim et j. fériés 11h-17h. Fermé mer. Concert de carillon : ven 12h-12h45, sam 15h-16h. Entrée du trésor : 3 € ; réduc.
Sa construction débuta au XVe s, sur l'emplacement d'une église romane. **Mathieu de Layens** prit évidemment part aux travaux, qui s'étalèrent sur plusieurs dizaines d'années. Au XVIIe s, après plusieurs effondrements dus à un terrain trop meuble, on renonça à élever la tour centrale qui devait culminer à 170 m. Si l'extérieur manque d'élévation, l'intérieur en revanche impressionne par l'élégance de ses proportions et la hauteur de sa voûte. Dans le chœur, une « *Sedes Sapientiae* » du XVe s, copie d'une plus ancienne du XIIe s, emblème de l'université. Jetez aussi un coup d'œil aux impressionnants fonts baptismaux et à leur couvercle en ferronnerie, au jubé du XVe s et à l'exubérante chaire baroque dédiée à saint Norbert tombant foudroyé de son cheval. Ce rocher de bois, d'où une végétation flamboyante dégouline sur des personnages et des animaux, est dû au ciseau fantasque de Jacques Berger, qui le réalisa au XVIIIe s.
Le trésor situé dans le déambulatoire recèle deux remarquables triptyques de **Dirk Bouts.** Dirk (ou Thierry) Bouts, peintre primitif flamand né à Haarlem, formé à l'école de Van der Weyden à Bruxelles, devient en 1468 peintre officiel de la ville de Louvain, où il meurt 7 ans plus tard. Le chef-d'œuvre de Bouts, *La Cène*, exécuté de 1464 à 1468, est exposé ici. Dans le panneau central, à droite du Christ rayonnant, Bouts s'est représenté debout coiffé d'un bonnet rouge. Son autre triptyque représente le martyre de saint Érasme qui, impassible, regarde ses bourreaux enrouler ses viscères autour d'un treuil.

🗡🗡🗡 ***Stadhuis*** *(hôtel de ville ; plan B1) :* Grote Markt, 9. Visites (guidées slt et dans ttes les langues) : tlj, tte l'année à 15h. Durée : 50 mn. Rdv à l'office de tourisme. Entrée : 4 €.
C'est principalement pour la façade du chef-d'œuvre de **Mathieu de Layens** qu'on vient à Louvain. Édifié au milieu du XVe s sous le duc de Bourgogne Philippe le Bon, l'édifice flamboie sous ses six tourelles octogonales. Les lignes verticales, à peine rompues par une abondance de niches, montent vers un toit troué par trois étages de fenêtres en chiens-assis. Au XIXe s, sur les conseils de Victor Hugo, visiteur assidu de la Belgique, on décida d'installer une statue dans chaque niche. 236 personnalités de pierre prirent ainsi place sur la façade dont... Napoléon Bonaparte (3e rangée, 2e statue à l'arrière de la tour).
La visite commence par la salle des Pas-Perdus. Plusieurs œuvres sculptées par **Constantin Meunier** et **Jef Lambeaux,** et une statue de *Marguerite*. Personnage

mythique de Louvain dont le corps repose dans la collégiale, Marguerite flotta miraculeusement sur la Dyle jusqu'à la ville, après que des brigands l'eurent violée et assassinée (une œuvre contemporaine rappelle également sa légende, sur Tiensestraat). On visite ensuite successivement des salles de styles Louis XIV, Louis XV et Louis XVI.

🏃🏃 Le musée M *(plan B1) :* Leopold Vanderkelenstraat, 28. ☎ 016-27-29-29. • mleuven.be • Tlj sf mer 11h-18h (22h jeu). Entrée : 12 € ; réduc (9 € slt avec achat en ligne) ; billet combiné avec le trésor de la collégiale. Audioguide : 2 €.
Conçu par l'architecte belge Stéphane Beel, le musée abrite une collection majeure d'œuvres de l'art médiéval tardif et du XIXᵉ s. Sobre et spacieux, il accueille même d'importantes expositions temporaires d'art contemporain.
La visite débute par la collection de sculptures de style gothique tardif (salle 1). À l'image du splendide *retable de la Passion,* pour la première fois exposé, le thème de la souffrance et des supplices du Christ revient avec une certaine... obsession.
Suit la salle phare du musée consacrée à la peinture des XVᵉ et XVIᵉ s (salle 3), avec notamment *Les Sept Sacrements* de **Van der Weyden,** témoignage décapant de la mode au Moyen Âge, et une *Montée au calvaire* de Michel Coxie (remarquez la mouche posée à main sur la croix !).
Le parcours continue avec la peinture figurative où sont croqués des notables louvanistes du XIXᵉ s (salle 4). La salle suivante est entièrement consacrée à Constantin Meunier (1831-1905), professeur à l'Académie des beaux-arts de Louvain. Peintre et sculpteur classique, il oriente radicalement sa peinture vers le réalisme social à la suite de la découverte des conditions de travail dans une manufacture de tabac. Son œuvre la plus poignante : *Le Grisou.* La plupart des courants du XIXᵉ s sont ensuite représentés (salle 6) avec Évariste Carpentier *(Enfant jouant)* ou encore Gustave Vanaise *(Le Nègre et moi).*
La visite se termine dans l'ancien hôtel Vander Kelen-Mertens consacré aux arts appliqués et à la représentation de la ville de Louvain dans l'art.
🍴 *Cafétéria* agréable à la sortie.

🏃 La Naamsesstraat *(plan B1-2) :* cette longue rue qui part vers le sud à droite de l'hôtel de ville mène au Grand Béguinage. Les nombreux bâtiments qui la bordent constituent un résumé des styles et de l'histoire de la ville.
Côté gauche, commençons par le baroque *doyenné des Drapiers,* construit en 1680, presque en face de leur ancienne halle offerte à l'université. La halle gothique en question, de la fin du XIVᵉ s, fut reconstruite après l'incendie de 1914. Un peu plus loin, trottoir de gauche, l'*église Saint-Michel,* dont seule la façade baroque résista aux bombardements de 1944.
On prendra ensuite la première rue à gauche, R. de Berriotstraat, qui longe le *Sint-Donatus Park* où demeurent quelques vestiges des remparts du XIIᵉ s.
Retour vers la Naamsesstraat. Au n° 59, le *collège du Roi* ; au n° 61, la façade rococo du *collège des Prémontrés* ; au n° 63, le *collège d'Arras.* Tous trois datent du XVIIIᵉ s. Au n° 69, façade gothique en brique avec pignon décoré de l'*hôtel Vant Sestich* (XVᵉ s) et, en face, le *collège Van Dale* de style Renaissance (XVIᵉ s). Avant l'*église Saint-Quentin,* construite entre les XIIIᵉ et XVᵉ s, prenez à droite Karmelietenberg, devant le *Collège américain* de style néogothique (ceux qui le désirent pourront aller voir l'église).

🏃🏃🏃 Groot Begijnhof *(Grand Béguinage ; plan A2) :* les origines du béguinage, le plus grand de Belgique avec ses 3 ha, remontent au début du XIIIᵉ s. Les 72 maisons à colombages ordonnées autour de l'église Saint-Jean-Baptiste datent toutefois des XVIIᵉ et XVIIIᵉ s. Baignées par deux bras de la Dyle, elles forment un ensemble romantique et calme, où il fait bon flâner dans les ruelles pavées, croiser un puits ou une fontaine, admirer les statues qui décorent les niches des façades, regarder la ronde des moineaux sifflotant au-dessus des pelouses ou même échanger un baiser sur un petit pont. Car ce pieux quartier a perdu de son ascèse initiale. Aujourd'hui, le Grand Béguinage abrite cadres universitaires et étudiants en quête de quiétude.

🏃 Enfin, si vous avez du temps, vous pourrez aller voir le *Petit Béguinage (hors plan par A1)*, dans la rue du même nom. Cette rue, élue plus belle de Flandre, démarre à l'église gothique Sainte-Gertrude, que borde un charmant bras de la Dyle. Un coup d'œil à la bibliothèque universitaire sur Mgr. Ladeuzeplein *(plan B1)*, construite en 1920 avec des fonds américains, ainsi qu'à la curieuse montgolfière de bronze de la place et vous aurez fait un honorable tour de ville.

Festivals

– **BeLEUVENissen** : *ven en juil, 20h-23h.* Concerts en plein air dans le centre, d'un style différent chaque semaine.
– **Marktrock** : *mi-août.* Festival de rock.

LA PROVINCE DU LIMBOURG (PROVINCIE LIMBURG)

La province du Limbourg est peut-être la moins connue des provinces belges. Aucune grande ville n'y draine les foules mais, lorsqu'on se donne la peine de la visiter, on s'aperçoit que le chemin est jalonné de quelques bonnes surprises...
Il faut dire que la zone a connu un boom économique remarquable car, si le développement s'est fait dans un premier temps grâce à l'industrie houillère, le Limbourg est devenu la terre d'élection des PME. Au carrefour de l'Europe occidentale, entre Pays-Bas, Ruhr, Rhin et bassin liégeois, cet espace économique est au cœur d'une très importante zone d'échanges, une situation privilégiée qui n'est pas sans incidence sur le niveau de vie. Et, en effet, cela respire la prospérité !
Historiquement, la province doit son nom à l'ancien comté, puis duché du Limbourg, dont le territoire englobait la partie méridionale des actuels Pays-Bas, située autour de l'axe sud-nord de la basse Meuse (Maastricht). L'indépendance belge scella le partage de cet ensemble, mais les liens historiques avec les habitants du Limbourg hollandais font des Limbourgeois une population un peu à part en Flandre, comme d'ailleurs l'atteste leur parler, difficilement compréhensible pour un habitant de la côte.
Les atouts de la province ? Quelques villes moyennes aux attraits historiques indéniables, une nature plus ou moins préservée (les bruyères de la Campine) et une hospitalité naturelle alliée à un vrai sens de la fête. Sans compter les statistiques de la météo, qui en font la partie la plus ensoleillée de Belgique !

HASSELT   (3500)   73 000 hab.

Par sa position centrale, Hasselt peut servir de base logistique pour visiter la région. Chef-lieu de la province, la ville séduit plus par son animation que par ses beautés architecturales. Les boutiques de fringues y pullulent et la mode est très présente. Restos et cafés suivent le mouvement et font preuve de beaucoup d'inventivité et d'originalité. Quelques milliers d'étudiants animent aussi la vie nocturne en période scolaire. Par ailleurs, Hasselt innove en matière urbanistique : le boulevard circulaire, ancienne voie express pour automobilistes pressés, a été complètement refait et dispose d'une promenade piétonne de 8 m de large, plantée d'arbres. Dommage, en revanche, que le centre administratif soit en béton.

Hasselt est très fière de son enfant du pays : la flamboyante rousse Axelle Red.

Adresses et infos utiles

Si vous êtes en voiture, garez-vous dans l'un des parkings situés en bordure du centre et rejoignez celui-ci à pied. Bon à savoir aussi, des vélos sont mis gratuitement à la disposition des visiteurs, sur la petite place derrière la maison communale *(Stadhuis)*, du lundi au samedi. Un grand bravo pour ces initiatives intelligentes !

ℹ️ *Office de tourisme : Maastrichtstraat 59. ☎ 011-23-95-40. Site* très complet en français. ● hasselt. eu ● Tlj 9h-18h (10h w-e). Brochure de la ville gratuite. Vous pouvez aussi y acheter la brochure *Promenade historique,* ainsi qu'un ticket combiné pour trois musées et le Jardin japonais au coût de 12 €.

🚉 *Gare NMBS : un peu en dehors du centre, côté ouest.* ☎ 011-29-60-00. Trains fréquents pour Liège, Anvers et Bruxelles.

Où dormir ?

Prix moyens

🏨 🍽 *The Century Hotel : Leopoldplein, 1.* ☎ *011-22-47-99.* ● *info@ thecentury.be* ● *thecentury.be* ● *Sur le ring (côté sud), à l'entrée du quartier piéton. Double 90 €, petit déj inclus. Lunch 12 € à la brasserie. Parking gratuit.* 📶 À l'étage d'une brasserie animée, une dizaine de chambres joliment rénovées du sol au plafond, à la déco design, avec TV écran plat et superbe salle de bains aux murs en pierre grise. Propose aussi quelques appartements avec le même service hôtelier. Une affaire !

Très chic

🏨 *Le Fabuleux Destin : Kempische Kaai, 68.* 📱 ☎ *0476-23-29-41.* ● *info@* chambresbhotes.be ● *chambres bhotes.be* ● *Fermé dim-lun. Au nord de la ville, à 200 m du centre. Compter 195 € pour 2, petit déj inclus. Promos sur Internet.* 📶 Heu... oui, c'est très cher, mais il faut voir l'endroit : une péniche de 1964 entièrement remise à neuf pour accueillir, outre les propriétaires (qui y vivent), 4 chambres d'hôtes design d'un confort absolu, avec lits à sommier hydraulique, TV écran plat, douche à faisceaux lumineux et jets... multiples. À l'arrivée, Jan et Hilde, qui parlent très bien le français, vous accueilleront dans leur salon. Le matin, petit déj (gastronomique !) servi en poupe et, à toute heure du jour, baignade possible dans la piscine chauffée (avec contre-courant) du bateau. Moralité : pas donné, certes, mais unique et follement original !

Où manger ?

Comme dans toutes les villes flamandes un peu importantes, le choix de restaurants est large à Hasselt. Gare toutefois au coup de bambou, surtout dans les endroits branchés à la déco un peu folle... La rue la plus riche en restos de toutes tendances est le *Zuivelmarkt* (marché aux Laitages), qui part de la cathédrale Saint-Quintus et va vers le béguinage.

Prix moyens

|●| ▼ Cafèlatino : *Zuivelmarkt, 12.* ☎ *011-22-34-82.* ● *cafe.latino@pandora.be* ● *Tlj sf mar à partir de 18h. Plats 12,50-20 €.* Pour manger latino ou boire un cocktail dans une ambiance tonitruante, rien de mieux à Hasselt, et probablement dans tout le Limbourg. Cadre tendance néocoloniale très agréable, avec du mobilier en bois coloré et plein de lumières tamisées partout. Au menu : tapas, *carne tampiqueña*, salade *Cancún*, *zarzuela* et de succulentes lasagnes mexicaines au poulet, pour ne citer qu'elles. De plus, c'est copieux et le vin au verre est vraiment bon. Accueil sympa.

|●| *Brasserie De Groene Hendrickx :* *Zuivelmarkt, 25.* ☎ *011-24-33-39.* ● *info@lodge-hotels.be* ● *Cuisine ouv tlj 11h-23h. Plat du jour 8,50 € ; à la carte plats 9-18 €.* Ancien bâtiment en brique superbement aménagé sur 600 m², avec entrée cochère, cour pavée et terrasse. Intérieur très épuré avec grandes baies vitrées donnant sur la rue et fausses cheminées. Carte abondante où figurent salades, pâtes et des plats plus ou moins classiques, comme les *loempia* aux légumes de saison et coulis de gingembre. Les suggestions du jour, plus chères, sont affichées en salle. Faut-il ajouter qu'on y croise de fort jolies Limbourgeoises ? Trop tard, c'est fait ! Cour-jardin pour les beaux jours.

|●| *De Geletterde Mens :* *Kolonel Dusartplein, 48.* ☎ *011-35-28-52.* ● *info@degeletterdemens.be* ● *Sur le ring, à deux pas du Zuivelmarkt. Ouvre à 8h ou 10h selon les jours, ferme à 23h. Pâtes, salades et woks 10-16 €, viandes et poissons 15-20 €.* Café-resto dont la déco s'articule autour des thèmes de l'imprimerie, du livre et des écrivains. En allant au petit coin, on tombe même sur des machines à écrire. Grand choix de plats soignés et belles portions dans les assiettes.

▼ *Café De Egel :* *Zuivelmarkt, 64.* ● *info@kaffee-de-egel.be* ● *Tlj sf dim jusqu'à 1h.* À peine visible de l'extérieur, ce pub apprécié des Hasseltois cache bien son jeu. Intime, chaleureux, il ne lui manque que le feu dans la cheminée pour vous garder des heures bien au chaud.

▼ *L'Export :* *Kolonel Dusartplein, 44.* ● *info@cafe-export.be* ● *À côté du resto De Geletterde Mens. Fermé lun.* L'un des cafés les plus fréquentés d'Hasselt, surtout le week-end. Terrasse l'été. Soirées DJ les jeudi, vendredi et samedi dès 23h. Installez-vous dans la salle du fond, à l'éclairage tamisé, vraiment superbe.

À voir

Au fil de votre promenade, vous verrez que la ville est agrémentée de statues marrantes. Heureuse initiative. À commencer par ce couple de jeunes gens assis sur un banc en plein milieu du Grote Markt. C'est d'un réalisme saisissant. À l'arrière-plan, une pharmacie occupe le rez-de-chaussée d'une maison Renaissance à colombages : *het Sweert*.

⚓ *L'église Saint-Quintus et la basilique Virga Jesse :* ce sont les deux églises principales.
– *L'église Saint-Quintus*, élevée au rang de cathédrale, ne laissera pas les amateurs d'art béats d'admiration. Néanmoins, des gargouilles de jolie facture égaient les côtés extérieurs et l'intérieur s'orne de quelques intéressantes statues polychromes du XVIe s. Le clocher de Saint-Quintus a un petit air de trompette renversée ; il abrite un carillon (petits concerts l'été), doublé d'un petit musée *(ouv slt sam ap-m en saison).*
– *La basilique Virga Jesse : Kappellestraat.* Elle a le privilège d'abriter... la Virga Jesse, que l'on fait défiler en procession tous les 7 ans. Cette fête, d'une grande importance

pour la ville, commémore le miracle de l'hostie de Herkenrode, qui se serait mise à saigner pour avoir été touchée par une main sacrilège en 1317. Les prochaines réjouissances pour la Virga Jesse auront lieu en août 2017. Vous avez le temps...

🎎 **Nationaal Jenevermuseum** *(musée national du Genièvre) : Witte Nonnenstraat, 19. ☎ 011-23-98-60. ● jenevermuseum.be ● Derrière le béguinage. Contourner celui-ci par la gauche en prenant la cheminée comme point de repère. Mar-dim 10h-17h (13h-17h le w-e nov-mars). Entrée : 4,50 € (dégustation comprise) ; réduc. Pour vous repérer dans le musée, demandez le petit descriptif des différentes salles en français. En rénovation jusqu'à fin 2014.*

Le musée du Genièvre est installé dans une authentique distillerie, où l'on peut suivre le processus de fabrication depuis le grain jusqu'à la goutte. Le genièvre est un vin de malt à base d'orge et de seigle. Une salle de distillation à vapeur fonctionne pour les besoins du musée.

Outre la *table aux arômes*, où l'on peut sentir les herbes et essences utilisées dans les différents types de genièvre, la partie la plus intéressante (enfin, la moins technique) porte sur la commercialisation du produit au début du XXᵉ s. On y voit des flacons, des verres, des étiquettes de marques et des slogans vantant les vertus du genièvre. Amusant aussi : les affiches contre la loi Vandervelde qui tentait de limiter la consommation du genièvre en en taxant l'achat et en l'interdisant dans les lieux publics.

À la sortie, dans l'estaminet, n'oubliez pas de siroter le petit blanc local (il titre à 40°). En plus doux, il y a la petite goutte de Saint-Lambert, à base d'herbes et de cassis, qui ne fait que 22°.

Et puis sachez que les *fêtes du Genièvre* se déroulent tous les ans vers la mi-octobre. D'une durée de 2 jours, elles permettent de voir les garçons de café se livrer à une course d'adresse.

🎎 **Modemuseum** *(musée de la Mode) : Gasthuisstraat, 11. ☎ 011-23-96-21. ● modemuseumhasselt.be ● Tlj sf lun 10h-17h. Fermé lors de l'agencement de nouvelles expos. Entrée : 6 € ; réduc.* Au travers d'expositions temporaires le musée municipal de la Mode permet de voir l'évolution des tendances vestimentaires depuis le XVIIIᵉ s : costumes, accessoires d'origine et illustrations de mode. Des stylistes y exposent également leurs créations.

🎎 **Het Stadsmus** *(Musée communal) : Maastrichterstraat, 85. ☎ 011-24-10-70. Tlj sf lun 10h-17h (13h-17h le w-e nov-mars). GRATUIT. Audioguide 1 €.* Collections sur l'histoire de la ville d'Hasselt et de l'ancien comté de Loon. Belle muséographie moderne, sur trois niveaux, mais il est dommage que les explications ne soient qu'en néerlandais. On peut y voir le plus vieil ostensoir du monde (1286). Intéressante série de céramiques Art nouveau.

🍴 **Cafétéria** pour déguster les bières limbourgeoises et le *spéculoos* local.

🎎 **Japanse Tuin** *(Jardin japonais) : Kapermolenpark, Gouverneur Verwilghensingel, 23. ☎ 011-23-52-00. Au nord-est de la ville, entre boulevard de ceinture et grand ring. Ouv avr-oct, mar-ven 10h-17h, w-e 14h-18h. Entrée : 5 € ; réduc.* La ville est jumelée avec celle d'Itami au Japon. Si les Nippons ont l'occasion de profiter des joies d'un beau carillon offert par Hasselt, ils ont pour leur part implanté un magnifique jardin de 2,5 ha sur la base des préceptes millénaires du *saku-ki*. C'est un vrai ravissement de subtilité, où d'infimes variations de relief s'harmonisent avec les pièces d'eau et les sentiers bordés de rochers posés là, comme par hasard. Les cerisiers sont, bien sûr, on fleur au printemps et un millier d'iris s'y épanouissent pour le seul plaisir de vos yeux. Une maison de thé et une maison de cérémonies complètent l'estampe.

Festival

– **Festival Pukkelpop :** *le 2ᵉ ou 3ᵉ w-e d'août, jeu-sam.* Rock alternatif et avant-gardes musicales.

DANS LES ENVIRONS D'HASSELT

LE DOMAINE PROVINCIAL DE BOKRIJK

Au nord-est d'Hasselt, sur le territoire de la commune de Genk (3600 ; importantes industries automobiles).
– *Bokrijklaan, 1.* ☎ *011-26-53-00.*

Comment y aller ?

➤ **En voiture :** d'Hasselt, traverser le canal Albert au nord de la ville et prendre la N 75, directement à droite ; l'entrée du parc est à 5-6 km. D'ailleurs en Belgique, prendre l'E 314, sortie Park Midden Limburg.
➤ **En train :** *IC* de Bruxelles à Hasselt ou Genk, puis train jusqu'à la gare de Bokrijk, située à 500 m du musée.

À voir. À faire

🏃🏃 🚶 *Bokrijk :* 550 ha de bois, d'étangs et de bruyères ayant appartenu à l'abbaye d'Herkenrode. C'est l'un des sites les plus fréquentés de l'Est de la Belgique, et à juste titre. Il faut distinguer deux parties à ce vaste ensemble. ● *bokrijk. be* ●

– *Le parc récréatif :* gratuit, avec plaine de jeux gigantesque (la plus grande de Belgique !), roseraie, réserve naturelle, étangs, superbe arboretum et un petit train qui fait le tour du domaine. Rançon du succès : ça grouille de familles à glacière le week-end !

– *Le musée en plein air : tlj sf lun avr-sept 10h-18h. Entrée : 10 € ; 7 € sur résa via Internet avt 1er juil ; réduc.* C'est ici que le domaine de Bokrijk vaut le coup. Sur 90 ha, ce musée restitue magistralement l'habitat rural des provinces de la Flandre (trois sections), ainsi qu'un noyau urbain du XVIe s. On plonge dans la vie quotidienne des siècles passés en se baladant de ferme en hameau, de grange en école rurale, du moulin à vent à la forge du maréchal-ferrant et de chapelle en auberge (un bel hommage, que tout cela, aux tableaux de Bruegel). On marche beaucoup car tout est très clairsemé. Les moutons broutent, les vaches ruminent, la basse-cour piaille, le meunier moud, les artisans bossent en costume d'époque et l'on peut prendre une gueuze et manger une tartine de fromage blanc attablé sur la place du village, où un pilori expose les voleurs de poules.
Une forme de tourisme intelligent, très en vogue dans les pays nordiques, même si de temps en temps l'une ou l'autre animation un peu lourde altère légèrement l'authenticité du cadre. Comme c'est vaste, prévoyez quelques heures pour tout parcourir.

LA HESBAYE LIMBOURGEOISE

(HASPENGOUW)

Cette partie sud de la province du Limbourg s'étale d'ouest en est entre Saint-Trond (Sint-Truiden) et la rive gauche de la Meuse, en face de Maastricht. Tongres (Tongeren) en est le principal centre touristique. Essentiellement agricole, la région est le verger de la Belgique : pommes, poires, cerises et fraises y sont cultivées de façon intensive.

TONGRES (TONGEREN)   (3700)   30 000 hab.

Avec Tournai, Tongres est la ville la plus ancienne de Belgique, carrefour de chaussées romaines, premier évêché du pays et, actuellement, grosse bourgade possédant quelques atouts touristiques de premier ordre dont un excellent musée gallo-romain, une majestueuse basilique gothique et des remparts romains. Tous les dimanches matin, sur le Leopoldwal et le Veemarkt, a lieu le plus grand marché aux antiquités du Benelux.

UN PEU D'HISTOIRE

En 57 av. J.-C., **Ambiorix** règne entre Meuse et Rhin sur les Éburons, une peuplade gauloise. César libère la tribu du joug des Aduatiques mais, en - 54, la tension s'installe entre les **Éburons** et les Romains. Les **Trévires,** une tribu de la vallée de la Moselle, lancent une grande révolte gauloise. Ambiorix est chargé d'une diversion. Il attaque de nuit le quartier d'hiver de la 14e légion romaine. À première vue, l'assaut échoue. Les chefs romains demandent à Ambiorix les raisons de son attitude. L'Éburon ruse, prétextant l'obligation pour lui de collaborer au projet d'offensive. Les Romains le remercient et lèvent le camp. En chemin, dans une vallée étroite, Ambiorix les attire dans un piège. Il leur inflige la plus grande défaite de toute la guerre des Gaules. Jules César rêve de se venger des *Belgae,* ces tribus celtiques du nord de la Gaule. Sa vengeance est sanglante, des historiens parlent même de génocide. Le pays est dévasté : femmes et enfants sont emmenés comme butin de guerre. Un des rares à s'échapper est Ambiorix, qui traverse le Rhin et se réfugie parmi les Germains.

Malgré tout, Tongres devient une cité romaine. En bordure de la fameuse chaussée Bavay-Cologne, une double enceinte ceinturait la ville (en subsistent des vestiges). Elle se dota d'un évêque, avant que les Francs saliens ne la saccagent, bientôt suivis d'Attila et des Vikings qui achevèrent le boulot. Dès lors, son destin se lia à la principauté de Liège. Louis XIV la démolit à nouveau. En 1815, elle intégra le Limbourg.

Adresses utiles

Office de tourisme : *via Julianus, 5.* ☎ *012-80-00-70.* ● *tongeren. be* ● *À proximité de la gare. Avr-sept lun-ven 8h30-12h, 13h-17h ; w-e 9h30-17h (10h-16h oct-mars).* On y vend le guide *La Route d'Ambiorix,* une promenade à la rencontre des vestiges romains et médiévaux de la ville. D'avril à septembre, location de vélos gratuite.
Gare NMBS : *à l'extérieur du boulevard de ceinture, à l'est de la ville.* Liaisons avec Liège et Hasselt.

Où manger ?

De bon marché à prix moyens

Herberg De Pelgrim : *Brouwersstraat, 9.* ☎ *012-23-83-22.* ● *pelgrims2@pandora.be* ● *Dans le béguinage. Cuisine jusqu'à 23h mais café ouv jusqu'à 1h. Fermé lun-mar et fin août. Petite restauration, salades et pâtes 7-13 €, viandes 10-19 €.* Maisonnette ancienne à l'intérieur chaleureux, avec tables en bois. Également une terrasse équipée de fauteuils d'osier. On y mange un peu de tout, à prix raisonnables. Essayez la savoureuse *boerenomlet* (omelette paysanne), les *spare ribs,* les tartines garnies ou la tarte aux pommes. Toilettes rustiques !
Bazilik : *Kloosterstraat, 1-3.* ☎ *012-21-33-24.* ● *info@bazilik.com* ●

À côté de la basilique. Tlj dès 10h. Plats 15-20 €. Grande salle agencée sur plusieurs niveaux. On adore les nombreuses boiseries, le grand comptoir ondulé, les fauteuils club disséminés ici ou là et surtout le splendide escalier central menant à la mezzanine.

Restauration pour tous les goûts avec quelques snacks le midi. Il y a même des petits déj, pour ceux qui seraient le matin à Tongres. Intéressants plats au wok, notamment celui de poisson, avec des scampi géants et d'énormes moules. On en a vraiment pour son blé !

À voir

🚶 Celui à qui les Belges doivent leur réputation de « peuple le plus brave de la Gaule », *Ambiorix,* se trouve fièrement campé sur un dolmen au milieu du Grote Markt. Son regard fixe la magnifique tour de la basilique Notre-Dame. Pour découvrir les principaux monuments, empruntez le sentier de promenade à son nom (guide en vente à l'office de tourisme), que l'on suit grâce à un balisage au sol fait de clous de bronze, le tout rythmé par des panneaux explicatifs.

🚶🚶 *Onze Lieve-Vrouwe basiliek (basilique Notre-Dame) :* Grote Markt. Tlj 9h-17h. Elle frappe immédiatement par ses proportions équilibrées. C'est l'un des plus beaux monuments gothiques de Belgique. On n'a même pas besoin d'ajouter un clocher à la tour, c'est parfait comme ça.
L'histoire de cet édifice religieux n'est pas banale. Allant chercher ses origines au IVe s, ce fut la première basilique de pierre à voir le jour au nord des Alpes. Saint Servais, en charge du siège épiscopal, en aurait organisé la construction et, de fait, les fondations les plus anciennes reposent sur une maçonnerie romaine. Une église romane du XIIe s aurait fait suite au sanctuaire primitif avec une enceinte et quatre tours d'angle.
Après un incendie en 1213 commencèrent les travaux de la basilique actuelle. Il fallut trois siècles pour en venir à bout et on peut observer l'évolution des différents styles gothiques en suivant les phases de la construction : chœur, nef, transept, chapelles latérales, portail puis tour. Restaurée à la fin du XVIIe s, après un incendie dû au passage des armées du Roi-Soleil (merci Louis), elle fut embellie de décorations extérieures. L'intérieur n'est pas en reste. Une sobriété pleine de majesté, sans ajout inutile. Des fouilles ont mis au jour les parties souterraines de l'édifice, notamment les tombeaux mérovingiens et l'hypocauste (système de chauffage) romain.
– *La statue de Notre-Dame de Tongres* (XVe s), dans la chapelle de la tour, jouit d'une réputation internationale. Tous les 7 ans, pour commémorer son couronnement, des fêtes grandioses sont organisées (prochain rendez-vous en 2016). Un cortège de 3 000 participants parcourt à cette occasion la ville, décorée en l'honneur de Marie. Un « jeu marial » a lieu en soirée. Un demi-million de visiteurs y participe ! Derrière l'autel sont conservés les liens qui retenaient, selon la légende, deux habitants de Tongres prisonniers en Terre sainte. Ils auraient tant invoqué la Vierge dans leurs prières qu'ils se seraient réveillés un beau matin « téléportés » au milieu de la basilique depuis la Palestine. Pas mal !
– *Le trésor :* avr-sept, tlj sf lun mat 10h-12h, 13h30-17h ; le reste de l'année, sur demande. Entrée : 4 €. C'est l'un des plus riches du pays, avec plus de 100 pièces au catalogue. En vedette, une agrafe mérovingienne en or (VIe s) sertie de pierres et d'émaux, un évangéliaire garni d'ivoire (IXe s) et, surtout, une tête de Christ en bois (roman du XIe s), dont Malraux a dit, dans son *Musée imaginaire,* que le sculpteur avait réussi à matérialiser, dans le regard du Christ, le moment indicible où la vie fait place à la mort.
– Il faut encore mentionner l'élégant *cloître* en U, d'une simplicité émouvante et qui serait ce qu'il reste d'un ancien monastère. Pierres tombales dressées contre les murs.

🚶 *Stadhuis (hôtel de ville) :* modèle réduit de celui de Liège. Exemple du classicisme du XVIIIe s.

🚶🚶🚶 *Le Musée gallo-romain :* Kielenstraat, 15. ☎ 012-67-03-55. ● galloro meinsmuseum.be ● C'est le curieux bâtiment sombre et moderne à l'arrière droit *de la basilique. Mar-ven 9h-17h, w-e 10h-18h. Entrée : 7 € ; réduc. Audioguide en français.* Ce musée flambant neuf propose un parcours sur l'histoire humaine dans la région depuis la préhistoire jusqu'au Moyen Âge. Près de 2 500 pièces sont présentées dans de grandes salles extrêmement bien pensées et faisant appel à toutes sortes de supports : films, cartels, dessins, maquettes et reconstitutions avec des personnages en cire. Autre idée géniale, la reproduction de certains objets, comme des silex, que le public peut prendre dans ses mains. À l'étage, la salle romaine s'organise comme la structure de la ville antique avec ses quartiers bien distincts. Bref, petit ou grand, on ne s'ennuie pas une seconde. Le musée atteint son objectif : faire revivre l'histoire et offrir aux visiteurs une lecture sociale, économique et culturelle de l'évolution de l'humanité. Une réussite !

◎⚸ *Le béguinage :* bel ensemble de petites maisons joliment restaurées, quelques-unes de style Renaissance, qui s'ordonne autour de son église gothique du XIIIe s. Classé au Patrimoine de l'Unesco, comme tous les béguinages du pays. Promenade dans un univers tranquille, agrémenté d'innombrables statues de la Vierge et de roucoulades des pigeons. Visite possible de l'église Sainte-Catherine, lorsque celle-ci accueille des expositions. *Petit musée du béguinage : mar-dim 10h-18h. Entrée : 3,50 € ; réduc.*

⚸ *Les murs romains :* à *l'ouest de la ville, au-delà du boulevard périphérique.* Ils faisaient 4,5 km de circonférence sous Trajan, au IIe s. Il en subsiste tout de même encore plus de 1 km. Ils mesurent à certains endroits près de 4 m de haut.

Manifestations

– Chaque année *(mai-juil)*, la basilique sert de cadre au programme ***Basilica*** du festival des Flandres (concerts symphoniques). *Rens : Basilica Concerten,* ☎ *012-23-57-19.* ● *festival.be* ●
– ***Fête de Notre-Dame-de-Tongres :*** *ts les 7 ans (prochaine en 2016).* Lire plus haut dans « À voir ».

**LA PROVINCE D'ANVERS
(PROVINCIE ANTWERPEN)**

Anvers... La métropole se taille la part du lion dans sa province, bien sûr. S'il vous reste une découverte à faire aujourd'hui en Belgique, la ville de Rubens, des diamants et de la mode, en pleine mutation architecturale et sociale, devrait vous surprendre. Malines, archevêché et ancienne capitale bourguignonne, reste une ville à l'histoire chargée. Lierre s'enorgueillit d'un mignon béguinage classé à l'Unesco.

ANVERS (ANTWERPEN)   507 000 hab.

« Anvers doit l'Escaut à la Providence, et tout le reste à l'Escaut. »

Un poète néerlandais

▶ Pour le plan d'Anvers, se reporter au cahier couleur.

Jusque dans son nom – comme le reflet d'un endroit –, cette ville est un mythe. Elle est chef-lieu de province, mais elle est bien plus : aux XVIe et

XVIIe s, elle rayonnait sur le commerce de l'Europe du Nord avant de céder la place à Amsterdam. De nos jours, son arrière-pays, c'est toute la Belgique et aussi la France du Nord, Aix-la-Chapelle... Cologne et la vallée du Rhin. Avec moins d'un demi-million d'âmes (plus si l'on prend toute l'agglomération), Anvers est une cité cosmopolite qui parle toutes les langues du monde (172 nationalités contre 193 à New York !). Aujourd'hui, c'est le second port d'Europe après Rotterdam. Voici la corne d'abondance des grands armateurs, des capitaines d'industrie, des négociants cossus. Mais aussi une des plus vieilles villes libres d'Europe, qui attire depuis toujours artistes et intellectuels. Marins en escale dans des auberges aux pignons baroques, courtiers en diamants, chefs-d'œuvre de Rubens et fruits du Congo : Anvers est née de l'Escaut qui la relie à la mer et au monde. Il y a là de quoi être secoué comme un vulgaire ballot débarqué sur les quais : Anvers n'est-elle pas cousue d'or ? Comme Marseille, cette ville semble être chouchoutée par Mercure, le dieu antique des voyageurs et du commerce. Autour du vieux port, les prostituées ne font plus recette. Des bars, des restaurants, des esplanades viennent accompagner l'émergence de nouveaux lieux culturels dressant dans le ciel le symbole de la ville de demain.

Il n'y a pas que les diamants qui brillent à Anvers. Ici, la Flandre a oublié la farce pour arborer le masque du génie. Anvers abrita Christophe Plantin – le Gutenberg des Flandres – et le grand Rubens, à la fois artiste, humaniste et diplomate. Ces deux personnages résument à eux seuls l'esprit qui souffle à Anvers. Ainsi s'épanouirent toutes les avant-gardes. Et la ville n'est pas non plus du genre à dilapider son héritage. Tout en recréant de nouveaux quartiers au nord et au sud, reliés bientôt par la promenade le long de l'Escaut, Anvers ne cesse de bichonner ses trésors. Aménageant, restaurant son patrimoine, lançant des expositions ou de nouveaux lieux prestigieux comme le spectaculaire musée MAS dans le quartier des docks, puis celui, fin 2013, consacré à la prestigieuse compagnie maritime « Red Star Line ». Et protégeant ce qui fait son âme : places, jardins, églises baroques et sanctuaires des guildes. Vieux cafés à vitraux où l'on sirote son genièvre sur des tables en marbre. Asperges à la flamande et bières d'abbaye. Une chaleur de tous les instants, portée par une qualité de vie que peu d'autres ports voisins approchent. Quel est le souverain qui n'a pas rêvé de contrôler ces bouches de l'Escaut ?

LA VILLE DE RUBENS

Pierre Paul Rubens naquit en 1577 à Siegen, près de Cologne, où sa famille s'était réfugiée. Il ne gagna Anvers qu'à l'âge de 12 ans. Sa précoce attirance pour l'art et pour l'*Antiquité* orientera sa destinée. Rubens fit ses classes chez divers maîtres, dont le plus connu était Otto Venius. À l'instar d'autres artistes, Rubens abreuva son jeune talent aux sources de l'Antiquité lors de son séjour en Italie. Cette influence ne se démentira plus. Elle inspira son œuvre, jusqu'à

ARISTOCRATIE LOCALE

Un sinjoor, c'est comme un señor espagnol. Dans le sens ancien et honorifique du terme. Les Anversois l'ont emprunté aux occupants du XVIe s qui étaient venus les mettre au pas. À l'inverse de l'hidalgo castillan, ombrageux mais rapiécé et bon à rien, le sinjoor se veut un businessman prodigue et enjoué. Ne rêvez pas : pour intégrer le club, il faut être Anversois, fils d'Anversois et, même, né dans la vieille ville.

l'architecture de sa demeure. Pour percer les secrets des anciens maîtres, Rubens s'astreignait toujours et toujours à reproduire leurs travaux. En 1598, il devint le *Maître de la Guilde de Saint-Luc,* le patron des peintres. Rubens vécut ses meilleures années sous le règne des archiducs Albert et Isabelle. En 1609, il fut nommé peintre à la cour de Bruxelles et il devint le représentant de sa ville et l'ambassadeur des souverains. À son retour d'Italie vers 1615, Rubens s'installa dans une vaste maison en plein centre d'Anvers. Son atelier attint une réputation internationale. Dès 1622, prospère et pétri d'humanisme, il sillonna les routes d'Europe comme diplomate apaiser les antagonismes de la *guerre de Trente Ans.* Il mourut à Anvers en 1640 et on l'enterra dans l'église Saint-Jacques. À défaut de l'égaler, ses élèves se firent un nom dans la peinture : Bruegel de Velours, Jordaens, Van Dyck...

Rubens réconcilia la peinture italienne et le génie flamand. Delacroix l'a surnommé le « Homère de la peinture ». Les Anversois l'aiment comme un père. Certains s'en proclament même les descendants.

MENUS PLAISIRS

Anvers est un port, et un port flamand. Deux bonnes raisons de faire la fête. Attendez-vous à y retrouver, quelque peu modernisées, les bambochades de Bruegel. Vous ne serez pas les seuls. Chaque week-end, les voisins Néerlandais passent en masse la frontière pour faire la noce dans les rues d'Anvers.

Des bars ? Des boîtes ? Sans doute. Mais la fête, c'est aussi, pour les vieilles dames, tenir leurs assises dans les pâtisseries en chipotant des *wafels* (gaufres) et, pour les employés de bureau, renouer, dès la pause, avec leur bistrot préféré (on dit *stampcafé*).

– N.B. : si vous parlez le français, on ne vous en voudra pas, surtout si vous déclarez votre amour pour la ville. Mais déclarez-le bien. Et si en langue locale la ville s'appelle Antwerpen, en français, ne l'oubliez pas, on dit Anvers comme dans « aver**se** ».

SPÉCIALITÉS

– *Antwerpse handen,* des biscuits au beurre ou au chocolat, avec ou sans massepain, en forme de main.

– *Le gâteau anversois,* une fine pâtisserie entre biscuit et cake, garnie d'amandes, de confiture d'abricot et de sucre glace.

– *Le semini,* un biscuit léger garni de graines de sésame et d'une figurine en massepain représentant Sémini, symbole de la fertilité (c'est mignon).

– *Les pains à la saucisse* et *les chaussons aux pommes* sont très appréciés des *sinjoren,* tout comme le *roggeverdommeke,* un délicieux pain gris bourré de raisins secs.

– La bière elle aussi a été élevée au rang d'art de vivre à Anvers. La brasserie *De Koninck* est célèbre pour sa savoureuse *Bolleke* aux reflets ambrés, sa noble cuvée, la blonde *Antoon* (créée en 1999 à l'occasion de l'année Van Dyck), et la bière de saison *Winterkoninck.* La *Ganzenbier* (la « bière des oies ») de Lillo, blonde ou brune, servie dans des bocks en pierre, rend quant à elle hommage au folklore du polder.

– Pour finir, l'*Élixir d'Anvers* est une liqueur aux vertus digestives, à base de 32 plantes et épices, préparée de manière traditionnelle depuis 1863.

LES ANVERSOIS CÉLÈBRES

– *Hendrik Conscience* (1812-1883) *:* le plus renommé des auteurs flamands de la période romantique était le fils de Pierre Conscience, un menuisier de Besançon venu à Anvers sous Napoléon, et de Cornelia Balieu, une jeune Campinoise. Il est connu pour avoir écrit *Le Lion des Flandres,* récit de la bataille des Éperons d'or en 1302 devenu le texte de référence du mouvement nationaliste flamand.

– *Christophe Plantin :* né près de Tours en 1514 dans une famille modeste. Il s'établit comme relieur à Anvers en 1549 et devint imprimeur à la suite d'une blessure. Il fut élevé à la dignité de bourgeois de la ville en 1550 et imprima son premier livre en 1555. Son atelier d'imprimerie *De Gulden Passer* (le Compas d'or) acquit une renommée justifiée dans l'Europe entière. Nommé architypographe par le roi Philippe II en 1570, il se hissa au premier rang des imprimeurs de son temps. En 34 ans il publia plus de 1 200 ouvrages, essentiellement religieux. À sa mort, en 1589, son gendre *Balthasar Moretus* hérita de l'imprimerie et la développa. Elle resta dans la famille jusqu'en 1871 : un record de transmission familiale. Les Plantin-Moretus, ses descendants, vivent toujours à Anvers.

– *Pieter Pot :* un bourgeois hollandais d'autrefois qui faisait distribuer aux condamnés des pains aux raisins. Des rues ont pris son nom. Et dans la Korte Gasthuisstraat, une boulangerie se targue de fabriquer les mêmes pains aux raisins qu'alors.

– *Lange Wapper :* sa statue se trouve au Steen. Ce lutin à métamorphoses se fait tour à tour minuscule ou gigantesque. Il s'infiltre partout pour punir les méchants. Les ivrognes, il se contente de les taquiner lorsqu'ils rentrent chez eux : du coup, ces braves gens s'en retournent boire...

– *Les statuettes de la Vierge :* nichées à tous les coins de rue. Les premières furent installées en 1585 par les jésuites, lors de la chute d'Anvers. Les mauvaises langues disent que c'était par souci d'économie : leur présence exemptait la rue des taxes alors perçues pour l'éclairage...

UN PEU D'HISTOIRE

Un point stratégique

Aux IVe et V^e s, bien avant d'arriver en France, les Francs s'étaient établis sur l'Escaut. Au Xe s, le marquisat d'Anvers intégrait le Saint Empire germanique. Un siècle plus tard, le Castellum et l'église Sainte-Walburge surgissaient du limon. Au XIIe s, on retrouva la ville annexée au duché de Brabant. Son importance grandit ensuite avec l'essor de l'industrie du drap.

JEU DE MAIN, JEU DE VILAIN

Autrefois, un géant nommé Druon Antigoon taxait lourdement les bateaux qui doublaient la courbe de l'Escaut. A ceux qui renâclaient à payer, il tranchait la main. Silvius Brabo, un soldat romain, décida de mettre fin à ce racket. Il tua le géant, lui coupa la main et la jeta dans l'Escaut. D'ailleurs, en flamand, « jeter la main » se dit « hand werpen ». C'est dans cette position que le sculpteur Jef Lambeaux statufia le valeureux légionnaire sur la Grand-Place.

L'âge d'or

Détrônant alors Bruges dont l'accès s'ensablait, au XVe s et au siècle suivant, Anvers devint le centre économique et commercial le plus important de l'Europe occidentale. Les marchands de tous les pays se firent un devoir d'y ouvrir une succursale. Sa population bondit de 40 000 à 100 000 habitants. Les bateaux embarquaient à tour de bras poissons, grains, sel et débarquaient les trésors – soies, diamants, verre et faïences – d'un Extrême-Orient tout juste découvert. Pas étonnant si sa prospérité attira les meilleurs artistes de l'époque. Anvers fut saisie par la fièvre culturelle. On y croisait du beau monde : *Quentin Metsys, Mercator, Bruegel, Juste Lipse, Plantin, Marnix de Sainte-Aldegonde...* En 1559, l'église Notre-Dame fut élevée au rang de cathédrale. Pour exhiber la bonne santé des affaires, on s'offrit une Bourse, une Maison des bouchers... Et c'est sous la protection de Charles Quint, Sa Majesté très catholique, qu'Anvers exportait ses célèbres retables sculptés.

Les guerres de Religion

Le déclin s'amorça dans la seconde moitié du XVIᵉ s. Philippe II, fils de Charles Quint, était plus un souverain espagnol que flamand : c'est-à-dire catholique et absolutiste, bien décidé à remettre de l'ordre dans ses possessions du Nord. À Anvers, les protestants étaient nombreux. Entre catholiques et réformés, la guerre civile fit rage. En 1566, un parti d'iconoclastes s'acharna sur la cathédrale, détruisant statues et tableaux de la Vierge et des saints. En 1576, le roi d'Espagne envoya ses armées dans les Flandres. Une partie des troupes espagnoles mutinées mirent la ville à sac. Cette « furie espagnole » tua plusieurs milliers d'habitants et ce drame fut l'élément déclencheur du soulèvement des provinces du sud des Pays-Bas espagnols restées loyales à la couronne espagnole. En 1583, François d'Anjou lança 4 000 soldats pour prendre Anvers. Sans vraie garnison de défenseurs, les citoyens repoussèrent l'attaque, mettant en déroute l'armée française.

En 1585, le *condottiere* de Philippe II, **Alexandre Farnèse** vint à bout de la résistance de la ville après un siège de 13 mois qui eut un retentissement dans l'Europe entière. Les provinces du Nord, sécessionnistes, fermèrent l'estuaire de l'Escaut et Farnèse, maître de la place, donna 4 ans aux non-catholiques pour quitter la ville. Pour le grand port, ce fut le début de l'isolement et la ruine. Tout bénéfice pour Amsterdam qui accueillit les fugitifs, ouvriers qualifiés, intellectuels, riches négociants et banquiers juifs. Il faudra attendre 1795, en effet, pour que l'Escaut soit rouvert à la navigation, grâce aux armées de la Révolution française.

1804-1814 : Anvers dans l'Empire français

Quand le Premier consul Bonaparte arriva à Anvers en 1803, il eut de la ville, c'est le moins qu'on puisse dire, une opinion tranchée (« C'est le patelin de province le plus délabré que j'aie jamais vu ! »). Il n'y passa qu'une nuit, mais le lendemain son premier soin fut d'ordonner la construction de nouveaux docks et des bassins plus vastes. Par sa position géographique, Anvers devra jouer, pour lui, le rôle d'« un pistolet braqué sur l'Angleterre », l'Escaut tenant lieu de canon. En 1810, Napoléon, devenu empereur, inaugura sur une galère d'apparat le petit Bassin, nommé aujourd'hui Bonaparte Dok.

La paix revenue à la suite de la bataille de Waterloo, les Pays-Bas furent réunis, pour la plus grande prospérité d'Anvers. En 1830, l'indépendance belge apporta d'autres soucis. Pour condition de leur départ, les Hollandais instaurèrent une lourde taxe sur l'Escaut qui ne fut abolie qu'en 1863 !

Les XIXᵉ et XXᵉ s

L'époque moderne apporta le dynamisme économique et culturel. On croisait à Anvers le peintre *De Braekeleer,* le sculpteur *Lambeaux,* l'écrivain *Hendrik Conscience,* les gloires de la nouvelle Belgique. La ville, on s'en doute, profita à plein de la révolution industrielle et de la colonisation du Congo qui fournit quantité de matières premières (caoutchouc, ivoire, minerai) et stimula le trafic portuaire. Des bâtiments en verre et en fer y proclamaient fièrement la modernité. Deux Expositions universelles s'ajoutèrent au rayonnement international

14-18 En 1914, avec l'occupation de Bruxelles, Anvers fut brièvement la capitale de la Belgique en tant que réduit défensif, à l'abri d'une imposante ceinture de forts. Bombardée par les Zeppelin, la ville tombe aux mains des Allemands après 13 jours de siège. L'armée belge entame sa repli derrière l'Yser. Cent ans plus tard, le Centre pour la paix élabore, avec plus de 50 partenaires, un programme de commémoration, dont le plus spectaculaire sera la construction d'un pont flottant temporaire sur l'Escaut le 3 octobre 2014, à l'identique de ceux qui permirent l'évacuation de la ville vers l'ouest, vers les plaines de Flandre, et la fuite de plus de 100 000 civils vers la Hollande, restée neutre. Anvers se vit attribuer les Jeux olympiques de 1920 en compensation de ses souffrances.

Malgré les épreuves des bombardements, en 1944, de V1 et V2 qui éventrèrent plusieurs quartiers (en 1945, on y dénombra plus de bombes qu'à Londres pendant le *blitz*), Anvers va reprendre son souffle grâce aux investissements du plan Marshall après 1945.

Avec plus de 180 millions de tonnes de marchandises et 15 000 navires qui y transitent chaque année, son activité portuaire se classe au deuxième rang européen, derrière Rotterdam (17ᵉ rang mondial), et son industrie pétrochimique en deuxième place dans le monde, après Houston.

Une réputation sulfureuse

Plus d'un demi-siècle après la guerre, aux élections communales de 2000, un électeur sur trois vota pour le Vlaams Blok, le parti de l'extrême droite flamande. Au printemps 2003, le « cordon sanitaire » autour dudit parti, devenu entre-temps Vlaams Belang, faillit se désagréger à la suite de la démission collective du collège de la Ville (le conseil municipal). Les élections de l'automne 2006 changèrent la donne et les partis démocrates réussirent à regagner la confiance des électeurs. Le Vlaams Belang, qui espérait investir la mairie, dut renoncer à son objectif de conquête, mais aux municipales de 2012, comme on s'y attendait, Bart De Wever, le leader du parti nationaliste N-VA (mais démocratique et pro-européen), fut élu au poste de bourgmestre avec près de 38 % des voix en sa faveur et un projet national qui œuvre à moyen terme pour une Belgique confédérale à défaut d'une république flamande immédiate. En conclusion, n'arrivez pas avec des idées préconçues pour autant, les Anversois sont accueillants et parleront volontiers de l'avenir de leur ville, de leur région, de leur pays et de l'Europe (dans l'ordre !) autour d'un verre et plus, si affinités. L'alternance de « fun shopping » et de culture décontractée fait partie des recettes conseillées pour apprivoiser une ville qui revendique un caractère à la fois éclectique et « bourguignon », terme ici n'ayant rien à voir avec l'image de terroir que les Français attribuent à la région du même nom.

Arriver – Quitter

En train

Attention, ne confondez pas les deux gares principales d'Anvers ! Pour toute info sur le trafic et les tarifs, il faut téléphoner à Bruxelles au : ☎ 02-528-28-28 (6h-22h). ● belgianrail.be ●

🚆 *Gare d'Antwerpen Centraal (Anvers gare Centrale ; plan couleur D3) : Koningin Astridplein, 27 (Pelikaanstraat). Dans le centre, comme son nom l'indique, mais à 15-20 mn à pied du cœur historique.* 📶 De 6 à 8 *Thalys* quotidiens en provenance de Paris, mais aussi de Bruxelles, d'Amsterdam s'y arrêtent chaque jour... Quelques trains nationaux aussi, rassurez-vous, si vous avez choisi de faire les villes flamandes en train, ce qui est une excellente idée.

🚆 *Gare de Antwerpen-Berchem : à 2 km au sud de la précédente (à peine quelques mn en train).* Bien vérifier

votre billet, car, mis à part les *Thalys*, de nombreux trains internationaux et nationaux s'arrêtent ici.

➤ *De Bruxelles :* départs des gares du Nord, Centrale et du Midi. Trains très fréquents (ttes les 20 à 30 mn), directs (parfois avec changement à Lierre ou Malines) pour Antwerpen-Centraal. Compter env 50 mn de trajet. Trains également pour Antwerpen-Berchem ; compter alors 35 mn ; il faudra faire une petite correspondance pour Antwerpen-Centraal.

➤ *De Paris :* de 6 à 8 *Thalys*/j. via Bruxelles. Durée du trajet : 2h10 env.

En bus

■ *Eurolines (plan couleur C2) : Van Stralenstraat, 8.* ☎ 02-274-13-50. ● *eurolines.be* ● *Lun-ven 9h-18h, sam 9h-15h30.*

Adresses et infos utiles

– **Codes postaux :** 2000, 2018, 2050.

Informations touristiques

🛈 **Anvers Tourisme et Congrès** (*plan couleur zoom*) : *Grote Markt, 13.* ☎ *03-232-01-03.* ● *antwerpen. be* ● *Tlj 9h-17h45 (16h45 dim).* Guide d'information général, comprenant un bon plan de la ville (1 €). Vend aussi, outre des cartes de transports et des tickets d'entrée pour le MAS, le *Palais* sur le Meir ou les promenades individuelles, toutes sortes d'autres brochures et petits guides pour découvrir tel ou tel aspect ou quartier de la ville (*Route portuaire, Guide de la mode...*). Enfin, l'office de tourisme peut se charger (et sans commission !) de vous réserver un logement. Vous pouvez aussi vous y procurer la *Antwerp City Card* au prix de 19 € pour 24h, 25 € pour 48h et 29 € pour 72h. Elle fait bénéficier d'une réduction ou de l'entrée gratuite à tous les sites incontournables d'Anvers et comprend également un carnet de dizaines de bons de réduction, notamment pour louer des vélos.

🛈 Vous trouverez un **autre bureau d'informations** à la gare Centrale (*plan couleur D3*), ouvert aux mêmes heures que l'office de tourisme principal.

Argent, banques, change

Pour nos amis suisses ou canadiens qui auraient besoin de changer des devises, il y a un **bureau Travelex** *(ouv tlj)* en face de la gare Centrale. Pour les autres, il y a des **distributeurs automatiques** acceptant les principales cartes de paiement *(Visa, Maestro...)* un peu partout en ville.

Poste, téléphone, Internet

✉ **Bureau de poste** (*plan couleur zoom*) : *Groenplaats, 43. Lun-ven 9h-17h ; sam 9h-12h.*
@ **Internet :** *sur Gemeentestraat, notamment au* **Central Internet** *(plan couleur D2-3,* **1** *; tlj 7h-2h) ; dans le centre historique, sur Nationalestraat (plan couleur B3-4) ; il y a aussi le cybercafé* **2Zones** *(plan couleur zoom,* **2** *; Wolstraat, 15 ; tlj 11h-minuit).* Sinon, dans les hôtels et les chambres d'hôtes, la gratuité devient aujourd'hui la grande tendance. Profitez-en !

Se déplacer dans Anvers

En voiture

Pas facile de rouler dans le centre d'Anvers car le trafic est dense et les rues plutôt étroites. On se facilitera grandement la vie en laissant sa voiture dans l'un des nombreux parkings du centre-ville... pour continuer à pied, voire en transports publics (bus et tram). Exemple : le parking de Groenplaats *(plan couleur B2-3)*, pratique, central et ouvert 24h/24. Ou encore celui d'Ernest-Van-Dijckkaai, face au château du Steen *(plan couleur A2)*. En revanche, évitez le parking Oudaan *(plan couleur B3-4)*, plus cher que les autres.
■ **Taxis :** ☎ *03-238-38-38.*

Transports en commun

Les trams et les bus sont ceux de la société *De Lijn*. En tout, il y a 34 lignes. Des plans du réseau peuvent s'obtenir à la **station de tram souterraine** de Groenplaats *(plan couleur zoom,* **3** *; lun-ven 8h-18h, sam 8h-16h)* ainsi qu'au **guichet De Lijn** situé Franklin Rooseveltplaats *(plan couleur C2 ; lun-ven 7h-19h, sam 8h-16h).*
– Les billets simples ou les cartes de 1 jour peuvent s'acheter dans les bus ou les trams. Compter 2 € pour les premiers et 7 € pour les secondes. Mais acheter son billet avant de monter à bord coûte moins cher. Autre possibilité : la carte de 10 voyages, à 9 €,

mais, attention, celle-ci ne s'obtient qu'aux machines des stations souterraines (en espèces seulement !) ou aux 2 endroits cités plus haut.

À vélo

Depuis 2012, Anvers s'est mise au « vélo à partager » surnommé ici *Velo-Antwerpen* : un système de location de bicyclettes on ne peut plus souple et pratique. Avec 135 bornes où retirer et déposer près de 1 000 vélos, c'est le moyen idéal pour découvrir la ville en totale liberté ; un parfait complément à la marche. Carte à la journée (3 €) et à la semaine (7 €). ● *velo-antwerpen.be* ● Ensuite, c'est gratuit la 1re demi-heure.
– Pour une location plus « classique » (pour une grande balade par exemple) voici quand même des adresses :
■ *Fiesthaven (plan couleur D3) :* Koningin Astridplein, 1. ☎ 03-203-06-73. ● *fiesthaven.be* ● *À la gare Centrale. Tlj 8h30-16h30 ; 9h-18h30 le w-e et en hte saison (Pâques et juil-août). Réduc de 25 % avec la* City Card *pour une journée.*
■ *Freewieler (plan couleur zoom) :* Steenplein, 1. ☎ 03-213-22-51. ● *info@v-zit.be* ● *Pâques-début nov, tlj 10h-17h. Compter 3 €/h, 12 €/j.* Une bonne cinquantaine de vélos mais on conseille de réserver. Suggestions de balades dans (et hors de) la ville.
■ *De Ligfiets (plan couleur B3) :* Steenhouwervest, 25. ☎ 03-293-74-56. ● *info@ligfiets.be* ● *Mer-sam 11h-18h.* Spécialité de vélos couchés.

À pied

Finalement la meilleure solution. L'essentiel de ce qu'il y a à voir à Anvers ne se trouve pas à plus de 20 mn à pied de la Grand-Place. De plus, des panneaux indicateurs vous remettront toujours dans le droit chemin si vous vous perdez. Chaque mât est surmonté d'une balise rouge indiquant le nom du quartier. Les flèches orange indiquent la direction de celui que vous recherchez et le nombre de minutes qui vous séparent de votre destination, les grises précisent votre destination.

Visites guidées de la ville

➤ Outre un grand nombre de visites à thème sur demande, l'office de tourisme propose deux *balades guidées* régulières de la ville pour les individuels. Réservations à l'office de tourisme donc, au ☎ 03-232-01-03.
– *À pied : tlj en juil-août et le w-e slt le reste de l'année, à 14h (français). Prix :* 6 €. Il s'agit d'une promenade avec un guide municipal à travers le cœur historique d'Anvers.
– *À vélo : **Antwerp by bike'** (plan couleur zoom, Steenplein).* ☎ 471-46-76-85. ● *info@antwerpbybike.be* ● *antwerpbybike.be* ● *Juin-sept, sam-dim départ 13h45. Compter 15 €/pers (8 € pour qui vient à vélo).* 3 circuits de belles balades de 3h en compagnie d'un guide (mais seulement en anglais et néerlandais), à la découverte d'endroits moins connus d'Anvers.
➤ *Avec le Touristram : ttes les heures, avr-fin sept 11h-17h ; oct-fin déc 13h-16h ; janv-mars le w-e slt. Départ de Groenplaats. Coût : 5,50 € ; réduc.* Pour les fatigués, un tram qui fait le tour de la vieille ville et du port en 35 mn. Pas cher et amusant.

Où dormir ?

Sauf promos sur leur site, les tarifs hôteliers sont généralement les mêmes pendant la semaine et le week-end. Ils ne varient guère non plus selon les saisons. Pensez toutefois à réserver les vendredi et samedi, à cause de l'affluence néerlandaise. Adresses non-fumeurs uniquement désormais. La formule des chambres d'hôtes se développe beaucoup en Flandre. Anvers ne fait pas exception. On vous rappelle que, généralement, les maisons d'hôtes ne prennent pas les cartes de paiement. Pour la liste complète des B & B anversois, vous pouvez aussi cliquer sur ● *bedandbreakfast-antwerp.com* ●
– À signaler que depuis janvier 2014,

la ville perçoit une taxe de séjour de 2,39 € par personne et par nuit, sauf pour les moins de 12 ans.

Dans le quartier de la gare Centrale

Chambres d'hôtes

🏠 *Melkhuis, Chez Hendrik Roelandt et Anne Salomez (hors plan couleur par D3, 33) :* Groenstraat, 25. ☎ 0487-22-73-78. ● bbmelkhuis@hotmail.com ● bedandbreakfastmelkhuis.be ● *De la gare Centrale, sortie Astridplein-Zoo ; à l'autre bout de la place, prendre la rue à droite (Carnotstraat), puis la 5e rue à gauche (Kerkstraat) et, enfin, la 4e rue à droite (Groenstraat). Compter 70 € pour 2. Petit déj 5 €. CB refusées.* 📶 Dans un quartier tranquille où il est facile de se garer. Jeune couple jovial et écolo vivant avec leurs 3 filles dans une maison à l'architecture moderne aménagée dans une ancienne laiterie (d'où son nom !). Intérieur lumineux mêlant harmonieusement le bois et le métal. Petites chambres réalisées dans les tons bruns, très nettes et très agréables, avec parquet. Douche et w-c privés. Agréable jardin. Un endroit remarquable à tous points de vue : décor, accueil et rapport qualité-prix. Vélos à louer.

Plus chic

🏠 *Colombus Hotel (plan couleur C2, 30) :* Frankrijklei, 4. ☎ 03-233-03-90. ● colombushotel@skynet.be ● colombushotel.com ● *Doubles 97-117 €, petit déj compris. Parking payant à proximité.* 🖥 📶 Face à l'opéra, hôtel confortable et chaleureux. Son principal atout, et non des moindres : une petite piscine couverte (et donc accessible toute l'année), doublée d'une salle de fitness. Pour le reste, la trentaine de chambres standardisées offrent un confort cosy, petit déj-buffet servi dans un décor style Art nouveau. Accueil très pro et souriant.

🏠 *Park Inn Antwerpen (plan couleur D3, 29) :* Koningin Astridplein, 14. ☎ 03-202-31-70. ● reservations.antwerpen@rezidorparkinn.com ● parkinn.com/hotel-antwerpen ● *Chambres 109-209 €, mais promos à surveiller à partir de 79 €. Petit déj (parfois compris) 16 €.* 📶 Tout près de la gare, face à la place, un hôtel de chaîne pratique et agréable à la fois, avec un accueil pro, une soixantaine de chambres colorées et lumineuses et un petit déj des plus correct, servi dans une salle agréable. Petite machine à café dans la chambre. Bien desservi par le tram, qui s'arrête juste devant l'hôtel. Spa de l'hôtel voisin accessible gratuitement avec salle de fitness, hammam, sauna, piscine, jacuzzi.

Autour de la Grand-Place

Chambres d'hôtes

🏠 *Le Patio (plan couleur zoom, 22) :* Pelgrimstraat, 8. ☎ 03-232-76-61. ● info@lepatio.be ● lepatio.be ● *Double 105 € avec petit déj. Résa 2 j. min le w-e ; tarif dégressif dès la 3e nuit. Fermé en août.* 📶 Une belle maison paisible à deux pas de la cathédrale. Il suffit de passer la porte pour oublier l'agitation extérieure. L'accueil de Nicole, la tranquillité des 3 chambres, coquettes, chaleureuses, invitent les pèlerins d'aujourd'hui (chez eux dans cette rue qui porte leur nom) à déstresser. Tout le monde loge au rez-de-chaussée, près d'un petit patio adorable. Petit déjeuner très copieux.

Prix moyens

🏠 *Hôtel Scheldezicht (plan couleur zoom, 35) :* St. Jansvliet, 10-12. ☎ 03-231-66-02. ● info@hotelscheldezicht.be ● hotelscheldezicht.be ● *Doubles 70-95 €, petit déj-buffet inclus. Réduc de 10 % sur présentation de ce guide.* Petit hôtel très bien situé, à deux pas de l'Escaut et du centre historique. Accès aux étages plutôt raide (normal, c'est la configuration des anciennes demeures et... leur charme aussi). Une vingtaine de chambres simples mais plaisantes, avec double vitrage et mobilier rétro...

ANVERS

3 d'entre elles (les moins chères) avec salle de bains commune. Le niveau sonore de l'environnement peut être dérangeant, prévoir des boules Quies. Réception un peu débordée mais accueil souriant.

🛏 **Hôtel Antigone** (plan couleur zoom, **25**) : Jordaenskaai, 11-12. ☎ 03-231-66-77. ● info@antigone hotel.be ● antigonehotel.be ● Doubles 100-110 €, petit déj inclus. Parking. 📶 Réduc de 10 % sur présentation de ce guide (et non via un central de résa, bien sûr). Proche de la Maison des bouchers (Vleeshuis), cet hôtel simple et classique offre une jolie vue sur l'Escaut et sa rive gauche. Déco hétéroclite et sans style mais agréable salle de petit déj. Chambres plutôt correctes, et bien tenues, mais les plus tranquilles sont à l'arrière.

Chic à très chic

🛏 **Hôtel Julien** (plan couleur zoom, **23**) : Korte Nieuwstraat, 24. ☎ 03-229-06-00. ● info@hotel-julien.com ● hotel-julien.com ● Compter 179-259 € pour 2, petit déj inclus. 📶 Cher, mais vraiment superbe ! Il s'agit d'un petit hôtel de grand charme niché dans 2 maisons restaurées du XVIe s, avec patios et toit-terrasse. Tout y est soigné à l'extrême, aménagé magnifiquement dans un esprit zen, plutôt contemporain. 11 chambres en tout, dotées, cela va sans dire, de tout le confort (TV, lecteur de CD et de DVD, clim, minibar...). Les 2 suites donnent sur la cathédrale. Sauna et hammam aménagés dans les caves du XVIe s.

🛏 **'t Sandt** (plan couleur zoom, **32**) : Zand, 13-19. ☎ 03-232-93-90. ● info@hotel-sandt.be ● hotel-sandt.be ● Double standard 200 € (170 € le w-e), petit déj compris ; suites 250-300 € (210-260 € le w-e). Parking 18 €/nuit. 📶 Drôle d'histoire que celle de cet hôtel de charme qui servit tour à tour de bureau des douanes et d'entrepôt pour agrumes. C'est aujourd'hui une belle maison de maître de style néorococo, classée Monument historique. L'ensemble a été entièrement rénové, alliant confort et élégance. Sur l'arrière, jardin à l'italienne où est servi le petit déj aux beaux jours.

Entre la gare Centrale et le centre historique, en bordure du Meir

Plus chic

🛏 **Hôtel Les Nuits** (plan couleur B3, **24**) : Lange Gasthuisstraat, 12. ☎ 03-225-02-04. ● sleep@hotelles nuits.be ● hotellesnuits.be ● Doubles à partir de 145 € ; bien surveiller les promos, car ça monte vite. Un boutique-hôtel flambant neuf... Déco et confort dernier cri, donc. 24 magnifiques chambres au design cosy et chaleureux, dans un style très flamand (très Flamant en fait !). Belles nuits assurées... Resto sur place.

Dans le quartier au sud et à l'ouest du Stadspark

Hôtel pour jeunes

🛏 **Boomerang Youth Hostel** (plan couleur C4, **38**) : Lange Leemstraat, 95. ☎ 03-238-47-82. ● boomerang hostel@hotmail.com ● boomerang hostel.be ● Depuis la gare, Ⓣ n° 15 (direction Mortsel) ou n° 2 (direction Hoboken). 2e arrêt après le tunnel du métro. Compter 12 € en dortoir et 30 € en chambre privée. Petit déj (2,50 €) et draps en sus. Très central. Installé dans un bel immeuble, l'intérieur est plutôt baba cool. Un des logements les moins chers de la ville, souvent plein de bonne heure. Une centaine de lits. Confort basique, mais c'est bien tenu et bonne atmosphère bohème. Jardin. Cuisine équipée.

Chambres d'hôtes

🛏 **Molenaars Droom** (plan couleur B4, **31**) : Molenstraat, 35, 2018. 📱 0474-52-70-61. ● greta.stevens@ telenet.be ● bedandbreakfastdream. com ● Dans une rue entre Britselei et Mechelsesteenweg. Fermé

10 juil-10 août. Compter 80-95 € pour 2 et 110-130 € pour 3. Promos ponctuelles sur le site. Paiement cash demandé à l'arrivée. Parking aisé dans la rue. 📶 2 jolies chambres pour faire de jolis « rêves de meunier » entièrement rénovées et décorées avec beaucoup de goût, dans une grande maison de maître... Petit déj très soigné, servi dans la chambre. La proprio est avenante et parle très bien le français. À quelques minutes de là, un joli studio tout équipé (pouvant accueillir jusqu'à 3 personnes) dans un immeuble plus récent.

Dans le quartier sud

Hôtel pour jeunes

🏠 **Auberge de jeunesse Pulcinella** *(plan couleur B3, 21)* : Bogaardeplein, 1. ☎ 03-234-03-14. • antwerpen@vjh.be • vjh.be • *Dans le quartier de la mode, à 5 mn à pied de la cathédrale. Compter par pers 24,10 € en dortoir et 28,10 € en chambre privée (moins cher pour les moins de 30 ans : respectivement 21,70 € et 25,70 €). Petit déj et draps compris. Rajouter 3 €/pers et par nuit pour les non-membres. Petite restauration à partir de 6 €.* 🖥 📶 Hyper central ! Voici une AJ toute neuve, vraiment nickel et design. L'architecte a opté pour le béton ciré et une large tonalité de gris. C'est beau, c'est impressionnant, mais cela reste un peu austère. Chambres spartiates de 2 à 6 personnes, toutes avec douche et toilettes, soit un total de 162 lits. Garage à vélos.

Chambres d'hôtes

🏠 **Bed and Breakfast Because the Night** *(plan couleur A4, 34)* : Verschansingstraat, 55. ☎ 03-248-02-48. • info@bbantwerp.be • bbantwerp.be • *Dans une rue débouchant sur le musée des Beaux-Arts d'un côté et le musée de la Photographie de l'autre. Compter 75-90 € pour 2, selon nombre de nuits ; petit déj 5 €. Parking pour* vélos et motos. 📶 Belle maison 1900 avec 3 chambres, une par étage. Toutes avec salle de douche, TV ; l'une d'elles avec kitchenette à disposition pouvant accueillir jusqu'à 4 personnes. Grand jardin et terrasse. Ceux qui recherchent la simplicité et une bonne qualité d'accueil trouveront là une adresse chez l'habitant authentiquement conviviale et sympathique. Ann, l'épouse de Paul, dispense quotidiennement des cours de yoga.

Prix moyens

🏠 **Hôtel Industrie** *(hors plan couleur A4, 36)* : Emiel-Banningstraat, 52. ☎ 03-238-66-00. • info@hotelindustrie.be • hotelindustrie.be • *Près de la Lambermontplaats. Doubles 53-65 €. Petit déj 5 €.* Dans une petite maison de brique, à l'escalier plutôt raide, 13 chambres simples mais correctes. Ce 2-étoiles n'a évidemment rien d'un hôtel de charme, mais on a là une bonne adresse dans sa catégorie. Petit déj-buffet. Bon accueil de la patronne et excellents renseignements sur le quartier.

Plus chic

🏠 **Hôtel O** *(plan couleur A4, 26)* : Leopold de Waelplaats, 34. ☎ 03-292-65-10. • info@hotelhotelo.com • hotelhotelo.com • *Doubles 125-225 € selon confort, saison et promo (sur Internet). Petit déj 15,50-20 € (un vrai repas !).* 📶 Un rêve d'architecte, pour des amateurs d'insolite rêvant de se payer une nuit dans le quartier le plus tendance de la ville. Il y a même des chambres « jeunes mariés », avec baignoire double. Déco tout en noir et blanc, jouant sur la lumière, les techniques actuelles pour rendre le séjour plus agréable encore. On vous laisse la surprise. Confort high-tech et haut de gamme. N'essayez pas d'ouvrir les fenêtres, en revanche (les claustrophobes risquent de ne pas supporter) ! Le buffet du petit déjeuner est proposé côté brasserie, on peut le prendre en terrasse, sur la place.

ANVERS

Dans le quartier de Zurenborg

🏠 **Mabuhay Lodgings** (hors plan couleur par D4, **39**) : Draakstraat, 32. ☎ 03-290-88-15 📱 0495-84-29-53. ● info@mabuhay.be ● mabuhay.be ● Double 59 € (belle sdb commune), petit déj 4 €. Séjour 2 nuits min le w-e. Studio et appartement tt confort 72 € pour 2 (4 nuits min ; tarifs dégressifs). TV. 📶 Petit souvenir offert sur présentation de ce guide. Un petit B & B tout simple et bien tenu pour ceux qui souhaiteraient résider dans cet intéressant quartier de Zurenborg. Un poil en dehors des sentiers battus, mais facilement accessible du centre par tram direct (8 mn de la gare avec le n° 11). Accueil très sympa du couple belgo-philippin. Une touche d'Asie dans la déco. Vélos à disposition.

Où manger ?

Vaste question. Il n'y a que l'embarras du choix. Restos à touristes des environs de la gare Centrale, près de la cathédrale ou le long de l'Escaut ; cuisine exotique, dans des lieux à la déco complètement déjantée, du côté du Zuid ; ou encore restaurants à thème, très en vogue à Anvers. Ces derniers prennent toutes les formes : restaurant métallurgique, à chicons (endives), XVIIIᵉ s, lounge, ecclésiastique et on en passe.

Autour de la gare Centrale

De prix moyens à plus chic

🍴 **Hoffy's** (plan couleur D4, **52**) : Lange Kievitstraat, 52. ☎ 03-234-35-35. ● hoffys@pandora.be ● Tlj 11h-22h sf ven soir (après 16h), sam et fêtes juives. Plats 18,50-22,50 €. Un traiteur juif au cœur du quartier des diamantaires, qui sert une cuisine casher, chère mais d'excellente tenue, variée et copieuse, comme à Tel-Aviv ou à New York. Service aimable et efficace. Salle pas vraiment faite au départ pour un

À la périphérie

Camping

⛺ **Camping de Molen** : Jachthavenweg, 6, Sint-Annastrand, Thonetlaan. ☎ 03-219-81-79. ● info@camping-de-molen.be ● camping-de-molen.be ● Accès pour les piétons par le Voetgangerstunnel. Depuis Anvers (par l'E 19), suivre la direction de Gand, sortir vers Linkeroever (rive gauche). De l'autre côté de l'Escaut, avec une belle vue sur la cathédrale. Ouv tte l'année. Compter 13-16 € pour 2 avec tente selon saison ; 22-26 € pour 2 avec caravane et électricité. 4 chalets à louer 45-48 €/j. 📶 Le camping le plus proche du centre-ville. Petite plage à proximité, donnant sur l'Escaut.

tête-à-tête en amoureux, mais on s'y sent bien, et l'équipe est là pour vous faire partager sa passion et sa connaissance de la cuisine juive.

🍴 **Lamalo** (plan couleur C3, **58**) : Appelmansstraat, 21. ☎ 03-213-22-00. ● info@lamalo.com ● Tlj sf ven-sam 12h-15h, 18h-22h. Fermé 10 j. à Pâques et en août. Lunch 15 € ; le soir, carte 45 €. Un peu plus chic, un peu plus choc que le précédent, voilà un restaurant qui porte, fièrement, la double étiquette : casher et méditerranéen. Mezze, viandes grillées et desserts pour vous culpabiliser de ne pas marcher des heures ensuite. Beaucoup de monde le dimanche.

🍴 🍮 **Del Rey** (plan couleur C3, **76**) : Appelmansstraat, 5. ☎ 03-470-28-67. ● info@delrey.be ● Salon de thé tlj sf dim et j. fériés, 10h-18h. Fermé 29 juil-10 août. Plats 12,50-22 €. 📶 Toutes les femmes qui viennent ici dépenser l'argent gagné par leur mari ne s'appellent pas Marilyn, mais elles partagent avec elle une passion pour les diamants. C'est LE dernier salon où l'on cause (fort, parfois), tout en grignotant des salades d'une grande fraîcheur, des plats du jour qui ne vous restent pas sur le ventre, des pâtisseries et des gâteaux à se damner. Ici, le *lunch* est servi à toute heure. À côté se trouve la pâtisserie-chocolaterie du même nom (goûtez le Merveilleux, qui porte bien son nom).

Entre la gare Centrale et le centre historique, en bordure du Meir

De bon marché à prix moyens

I●I Lombardia *(plan cou-leur zoom, 56)* : Lombardenvest, 78. ☎ 03-233-68-19. ● info@lombardia.be ● Tlj sf dim et j. fériés 8h-18h. Soupes 4,50-8 €, salades 12-19 € et plat végétarien 13,50 €. ☎ Un lieu coloré tenu depuis près de 20 ans par Alain Indria et sa mère, qui ont tout à la fois le sens du commerce, de l'accueil et le souci de notre santé. Ils ont mis au point un nombre étonnant de formules bio et bonnes à la fois, on se régale avec un simple sandwich au thon, naturellement bon, ou un burger maison à étages, aussi bien qu'avec les plats végé-tariens du moment. Ne manquez pas de goûter au *ginger tea*, boisson fétiche de la maison, universelle et tonique, à l'image du propriétaire de cette épicerie-resto qui affiche une belle santé. Un végétarien branché pas triste, vraiment.

I●I Zeppos *(plan couleur B3, 50)* : Vleminckveld, 78. ☎ 03-231-1789. Tlj, petit déj 10h-12h, puis omelette ou croque ; soir 18h-22h. Sympa-thique bar-resto de quartier où jeunes et étudiants sont assurés de trouver une cuisine simple, bonne, généreuse à prix abordables. Salle tout en lon-gueur, plancher et tables usées jus-qu'à la moelle. Quelques banquettes conviviales et on partage sans façon sa table avec les nouveaux venus. Bande-son éclectique, rock cool des années 1970 ou balades accordéon... Au menu, soupes, copieuses salades, *fish burger*, viande hachée ou *veg-gie* enroulé dans une grosse crêpe, steak... Bières pas chères.

Plus chic

I●I Bien Soigné *(plan couleur B3, 68)* : Kleine Markt, 9. ☎ 03-293-63-18. ● info@bien-soigne.be ● Lun-ven 12h-15h, plus ven 19h-22h. Résa très conseillée. Lunch 24,50 € ; menu ven soir 49,50 €. Un resto un poil tendance et un nombre de tables très limité. 2 associés, l'un au piano, l'autre en salle qui se fait un devoir et un plai-sir de décrypter le menu en flamand. Dans un cadre contemporain à l'élé-gante sobriété, on déguste une cuisine française aux accents italiens et plus largement méditerranéens... Cuisine moderne et goûteuse tout à la fois, aux produits bien choisis et pleine d'inspi-ration dans les sauces et les saveurs nouvelles. Accueil affable, atmosphère feutrée.

I●I Grandcafé Horta *(plan couleur C3, 55)* : Hopland, 2. ☎ 03-232-28-15. ● info@grandcafehorta.be ● Tlj à partir de 9h ; service 11h-22h (23h30 w-e). Petit déj 9,50-17,50 €. Snacks à par-tir de 12 € ; plats 14-33 €. Menu de saison 39,50 €. Un des plus specta-culaires décors de restaurant d'Anvers, qui porte le nom de son architecte : Horta. Des éléments de la maison du Peuple de Bruxelles, détruite dans les années 1950, ont été réemployés pour réaliser, sur plusieurs niveaux, ce mélange très design de poutrelles métalliques et de planchers en bois. La splendide salle Art nouveau est mal-heureusement réservée aux groupes. Cuisine de brasserie améliorée à déguster dans un cadre spacieux et lumineux, où l'on trouve aussi un coin bar (au niveau bas) plus cosy et plus intime. Terrasse tranquille. Beaucoup de monde le week-end.

Autour de la Grand-Place et vers l'Escaut

Prix modérés

I●I Le Pain Quotidien *(plan couleur zoom, 51)* : Steenhouwersvest, 48. ☎ 03-226-76-13. Lun-sam 7h-19h, dim 8h-18h30. Petit déj jusqu'à 12h sur la longue table commune. Une

ANVERS

formule, toujours la même, mais qui, de Bruxelles à Paris, en passant par Rome et New York, a fait ses preuves, mais pas encore sans son temps. D'abord, une ancienne boulangerie haute de plafond et son traditionnel comptoir de marbre. Des petits pains tout frais, des viennoiseries croustillantes, de bons gâteaux, des pâtes à tartiner (dont le célèbre sirop de Liège), des tartines salées, quelques salades et une grande table d'hôtes pour grignoter dès potron-minet tout en lisant le journal. Très bien aussi pour une pause déjeuner entre deux musées ou deux séances de shopping... Au tableau noir, les snacks du jour. 2 autres adresses à Anvers : *Lange Kievitstraat, 107 (près de la gare Centrale) et Mechelsesteenweg, 45-47 (au sud du Stadspark)*.

Prix moyens

I●I *Ulcke Van Zurich (plan couleur zoom, 65) : Oude Beurs, 50.* ☎ *03-234-04-94.* ● *ulcke_van_zurich@ hotmail.com* ● *Tlj sf mar à partir de 18h. Résa conseillée le w-e. Menus à partir de 18,50 €. Digestif offert sur présentation de ce guide.* Excellente adresse mais recettes classiques. Mme Ulcke, qui jadis occupait les lieux, avait, dit-on, un cœur plus grand que sa vertu. Qu'importe : aujourd'hui, c'est surtout pour les grillades et la côte à l'os qu'on vient, préparées et servies dans un cadre de boiseries très chaleureux, avec de grandes baies vitrées à l'ancienne donnant sur la rue.

I●I *Mata Mata et Pili-Pili (plan couleur zoom, 54) : Hoogstraat, 44.* ☎ *03-213-19-28.* ● *jbalrak@hotmail. com* ● *Tlj sf lun à partir de 18h. Plats env 15-20 €.* Pour changer complètement de registre, cuisine africaine ! À la carte : *mafe* sénégalais et malien, *moambe*, poulet *yassa, kuku nanasi* (plat tanzanien), *boboti* (sud-africain), *djege* (capitaine façon ivoirienne), tilapia au curry vert, brochette de scampi, etc. C'est bon et il y a du passage, ce qui rassure toujours sur la fraîcheur des produits. Cadre et déco sympas. Bons cocktails.

I●I *Brasserie Berlin (plan couleur B3, 60) : Kleine Markt, 1-3.* ☎ *03-227-11-01. Tlj de 8h30 (10h sam-dim) jusque tard. Actu sur* ● *brasserie berlin@gmail.com* ● *Tapas 4-20 € ; plats 11-28 €. Plat servi à volonté dim 12h-21h.* Occupant un vaste volume, un café-resto dans la mouvance actuelle. Cadre branché où d'énormes tuyaux courent le long du plafond, grosses tables de bois et long comptoir en U au milieu. Petite cuisine de brasserie tout à fait correcte et à prix abordables. Longue liste de cocktails, vins au verre et petite liste de bières pour accompagner. Snacks dans la journée. Le soir, carte plus étoffée : excellent *thai curry wok* scampi, cheeseburger, « croque van camembert », steak à toutes les sauces, *tataki*, etc. Concert de jazz le samedi soir.

I●I *De Pottekijker (plan couleur zoom, 57) : Kaasrui, 5.* ☎ *03-225-21-97.* ● *info@depottekijker.be* ● *Dans une rue qui donne sur le Grote Markt. Tlj 18h (17h sam-dim)-22h (23h ven-sam). Plats 14-21 € ; carte 30 € env.* ☎ Belle demeure du XVIᵉ s. Déco de boiseries sombres et de marionnettes birmanes, avec des miroirs, des lustres baroques et une sympathique mezzanine. La carte affiche diverses salades (de 2 tailles), de juteuses grillades et des poissons. Accueil souriant. Agréable pour un tête-à-tête.

Chic

I●I *Le Zoute Zoen (plan couleur zoom, 63) : Zirkstraat 23.* ☎ *03-226-92-20.* ● *info@lezou tezoen.be* ● *Tlj sf sam midi et lun. Résa conseillée. Lunch 20 €, menus 32-46 €. Digestif offert sur présentation de ce guide.* Viviane Verheyen a été élue « femme chef de l'année 2006 ». Une vraie consécration ! Depuis, cette adresse continue de faire l'unanimité. Les chauds partisans de la tradition y retrouvent les tenants de la modernité et tous se régalent dans un cadre original, chaleureux et pas guindé du tout. Dans l'une des salles (la romantique), on adore l'alliance de tous ces tons de rouge, livres et vénérables objets. Croquettes et carbonades version « améliorée », mais aussi plats d'inspiration française, italienne et japonaise. Viandes et poissons sont cuits à la perfection et très joliment servis...

Dans le quartier du vieux port et du MAS

C'est le nouveau quartier où il faut se montrer, en toutes saisons, autour du MAS, le musée dont toute la ville parle.

De prix moyens à plus chic

|●| Felix Pakhuis *(plan couleur B1, 74) : Godefriduskaai, 30. ☎ 03-203-03-30. ● living@felixpak huis.nu ● Tlj sf lun. Lunch 19,50 € ; plats 13-30 € ; brunch le dim 17,50-21 € sous forme de buffet.* Avant ou après la visite du MAS, rien de mieux qu'un déjeuner sur les docks ! L'endroit, assez branchouille, est très accueillant, cosy et aménagé dans un entrepôt magnifique réhabilité. Idéal donc le midi pour une salade, un plat de pâtes ou un stoemp, un plat qui porte bien son nom et à même de caler un appétit de docker ! Ambiance plus intime quand vient le soir mais l'addition flambe bien plus vite que les bougies et ce n'est pas vraiment l'endroit que l'on vous recommande pour casser votre tirelire. Carte et menu uniquement en néerlandais mais vous trouverez toujours un gentil serveur pour vous les traduire.

|●| Dock's Café *(plan couleur zoom, 70) : Jordaenskaai, 7. ☎ 03-226-63-30. ● info@docks.be ● Tlj sf sam midi et dim soir (fermé dim en été) ; service jusqu'à 22h (23h w-e). Résa vivement conseillée le w-e. Lunch 18 € ; menus 27,50-34 € ; plats 14-30 €.* Pas loin du Steenplein, brasserie branchée au décor impressionnant alliant harmonieusement la fonte, le marbre, le bronze et le bois. Personnel efficace et empressé à servir sur 2 étages les mets sophistiqués – à base de viande et de poisson – de la carte ou encore de gros plateaux de fruits de mer et crustacés. Spécialité d'huîtres (Colchester, Gillardeau...). Goûtez sinon à l'agneau des Pyrénées rôti au romarin, au poulet de Bresse ou à la sole de la mer du Nord, rien que des bons produits. Coup d'œil aux toilettes, étonnantes comme le

reste. Menu en français.

|●| Lux *(plan couleur B1, 78) : Sint Aldegondiskaai, 20. ☎ 03-233-30-30. ● info@luxantwerp.com ● Tlj sf sam midi 12h-14h30, 18h-22h (23h w-e). Lunchs 24-30 € (2-3 plats) ; menu 45 € ; plats 22-42 €.* 🛜 Installé dans un ancien entrepôt, juste devant le MAS. Cadre intérieur d'un luxe et d'une élégance étonnants (mais c'était la vitrine de l'entreprise !). Rien n'a changé, seuls l'atrium et l'ascenseur sont nouveaux. Immense volume, énormes colonnes et cheminée ouvragée en serpentine (marbre vert), lambris de chêne ciselé, plancher en bois... Tables bien séparées, parfois longues banquettes de moleskine. Cuisine sérieuse avec une touche personnelle. Fine alliance des petits légumes aux goûts souvent venus d'ailleurs. Plats joliment présentés. L'été, agréable terrasse face au bassin.

|●| ♟ Het Pomphuis *(hors plan couleur par B1, 62) : Siberiastraat. ☎ 03-770-86-25. ● info@hetpom phuis.be ● Tlj à partir de 10h ; cuisine 12h-15h, 18h-22h30 (non-stop 12h-22h dim). Carte 45-50 €.* Spectaculaire décor Art nouveau à 2 km au nord du centre, dans les docks. Il s'agit d'un bâtiment abritant de gigantesques pompes qui servaient autrefois à vider l'eau du bassin n° 7 pour mettre les navires en cale sèche. Assez spectaculaire de se restaurer dans ce décor, d'autant plus que la cuisine est d'une qualité remarquable, et le service étonnamment rapide, vu le monde qui s'y presse en soirée. On peut aussi se contenter d'y boire un verre.

|●| Amadeus *(plan couleur B1, 69) : Sint Paulusplaats, 20. 🖩 0493-093-329 ● ives@mail-box.be ● Tlj 18h30-23h (18h-23h30 ven-dim). Repas 13-25 €. Café offert sur présentation de ce guide.* Vaste salle de style années 1920, devanture ancienne en bois, avec vitraux colorés, glaces biseautées et nappes à carreaux rouges. Un côté nettement « attrape-touristes ». On y vient surtout en groupes s'empiffrer de *spare ribs* à volonté pour un prix fixe étudié *(15 €).* La cuisine traditionnelle de grand-mère plaira aussi aux fans des carbonades. Le tout arrosé d'un gros rouge qui tache et égayé par la proximité des demoiselles en vitrine du quartier rouge. Pour les accros des doigts gras, même maison qu'à Gand ! Autre adresse sur le Suikerrui, près de la Grand-Place.

Dans le quartier des anciens abattoirs, au nord-est de la ville
(hors plan couleur par D2)

Si vous voulez découvrir les quartiers de demain, en voie d'aménagements dans le nord de la ville, et surtout si vous avez une voiture, poussez jusqu'à ce quartier fréquenté par les locaux. Les abattoirs ont déménagé, mais il subsiste, sur Lange Lobroekstraat, quelques grossistes, des fournisseurs de matériels de cuisine et, bien entendu, les anciens restos spécialisés à l'époque dans la bonne viande. Et pour de bonnes bières, de vieux troquets de quartier comme au n° 39, au n° 77, le *Café Commercial* ou le *Den Draver*, au coin de la rue Mouturu. Pour digérer, à quelques centaines de mètres, la rue De Marbaix, une rue résidentielle présentant d'intéressantes façades Art nouveau ou éclectiques.

Piétrain *(hors plan couleur par D2, 81)* : *Lange Lobroekstraat, 25.* ☎ 03-236-51-62. ● *info@pietrainmarina.be* ● *De la gare, bus n° 23. Ouv 12h-14h30, 18h-21h30. Fermé sam midi, dim et j. fériés. Compter 30-40 €.* Pour les aventuriers urbains gastronomes, amateurs de viande, une valeur sûre. Certes, un poil excentré, mais vaut le coup. Des photos rappellent le temps des abattoirs et des boucheries. Tout est inévitablement un peu modernisé, mais on a conservé les lambris et les banquettes de moleskine. Et puis, c'est un bien sympathique resto de femmes. Le service, très pro, est mené tambour battant et la chef vient s'enquérir à la fin de l'avis du client. D'ailleurs, pas de risques. On se régale depuis 1955 de viandes tendres et bien servies. Spécialité d'entrecôte, goulasch, fricassée de veau...

Dans le quartier sud (Zuid)

C'est un des quartiers les plus recherchés par les amateurs de cuisine contemporaine, de bars branchés et de lieux tout simplement pittoresques. Les terrasses envahissent les rues aux beaux jours : vous avez le choix. Pour les fauchés, plusieurs petits restos turcs autour de la Gillisplaats. Cuisine et prix identiques.

Sur le pouce

🤚 **Haute Frituur** *(plan couleur A3, 64)* : *Kloosterstraat, 110.* Considérée par beaucoup comme la meilleure d'Anvers, cette friterie a quitté le Vlaamsekaai pour se rapprocher un poil du centre-ville. Le sympathique patron a son secret : des pommes de terre fraîches et un mélange de graisse de bœuf, dans la grande tradition belge... Dorées et croustillantes, ce sont de vraies friandises...

De prix modérés à plus chic

Walrus *(hors plan couleur par A4, 79)* : *Jan van Beersstraat, 2 (Troonplaats).* ☎ 03-238-39-93. ● *eva@restaurantwalrus.be* ● *Tlj 12h-22h. Plat du jour à 10 €.* Cadre de resto de quartier sans chichis dont la vieille clientèle locale s'est vu renforcée des néo-bobos. Ça donne une atmosphère animée réjouissante. Accueil gentil comme tout et cuisine classique (tartare, bœuf à l'étuvée) bien troussée et généreuse. Vin au verre pas cher.

Den Artist *(plan couleur A4, 73)* : *Museumstraat, 45.* ☎ 03-238-09-95. ● *brasserie.denartist@skynet.be* ● *En face du musée des Beaux-Arts. Tlj 8h30-minuit, service à tte heure. Snacks et plats 9-20 €, menus 14-22 €.* Au milieu d'une carte de brasserie assez éclectique (salades, pâtes...), une bonne dizaine de spécialités belges (comme un délicieux *stoofpotje*), servies avec le sourire. Joli et chaleureux cadre Art nouveau. Terrasse très courue aux beaux jours, et pas que par les artistes. Carte traduite en français.

De Broers Van Julienne *(plan couleur B4, 59)* : *Kasteelpleinstraat, 45-47.*

☎ 03-232-02-03. ● contact@debro ersvanjulienne.be ● Lun-sam 12h-21h (22h ven-sam), dim et j. fériés 17h30-21h. Formule lunch 13 € (12h-17h) ; plats 10,50-18 €. Cuisine naturelle, volontiers végétarienne. Spécialité de quiches dans une salle bordée d'étagères pleines de bouteilles et de boîtes métalliques, au rez-de-chaussée d'une maison de maître. On n'a qu'à faire son choix dans la vitrine. Sinon, il y a des plats plus élaborés tels la lasagne de quorn, les pâtes aux algues, le tajine de daurade et on en passe. Délicieux thés exotiques. Une halte très recommandée !

I●I L'Entrepôt du Congo (plan couleur A4, 72) : Vlaamsekaai, 42. ☎ 475-52-82-15. ● info@entrepotdu congo.com ● Tlj 7h30-1h ; service jusqu'à 22h30. Plats 9-18 €. 📶 Autrefois, cet entrepôt tout proche de l'Escaut stockait les marchandises pour les colonies. C'est aujourd'hui un café-resto à la déco rétro, évoquant, avec ses carrelages, ses colonnes et ses dessus de table en marbre, les cafés littéraires viennois. Idéal pour faire une pause, à deux pas des musées des Beaux-Arts et de la Photographie. Steaks, salades et pâtes à la carte tout à fait corrects. Excellent *scampi inferno* à 14 € (et bien servi !). Attention, le service peut être parfois un peu longuet (voire dépassé !).

I●I Chez Fred (Eten & Drinken ; plan couleur A3, 53) : Kloosterstraat, 83. ☎ 03-257-14-71. Tlj 10h-minuit (cuisine en continu jusqu'à 22h et 23h le w-e). Plats env 12-20 €. Petit bistrot de quartier à l'atmosphère chaleureuse, intemporelle et branchée. Carte courte et cuisine simple et de qualité régulière : salades, *pasta*, tartares et plats du jour... Bons produits, légumes tout juste saisis, frites bien croustillantes.

Bar également, si l'on veut juste étancher une vieille soif. Arriver de bonne heure, pas beaucoup de tables en bas. Terrasse l'été.

À Berchem

Un secteur résidentiel, au sud de la gare Centrale... L'occasion d'une balade dans ce joli quartier Art nouveau. Pour une arrivée triomphale, pendre le tram n° 11, il remonte la belle rue Cogels Osylei.

I●I Veranda (hors plan couleur par D4, 61) : Guldenvliesstraat, 60. ☎ 03-218-55-95. Ouv ts les midis sf lun-mar ; le soir, ouv slt sam et dim. Le midi, formule 2-3 plats 23-30 €, sinon menu dégustation 45 €. 📶 Une ancienne droguerie transformée en resto, grand comme un mouchoir de poche. Déco vintage mais cuisine résolument contemporaine. Nul besoin de tergiverser, voici notre coup de cœur à Anvers ! S'il est difficile de décrocher une table le week-end (c'est complet des semaines, voire des mois à l'avance), le déjeuner s'avère beaucoup plus calme ; il offre surtout un rapport qualité-prix époustouflant ! Davy Schellemans, chef trentenaire, jongle avec les émulsions et les cuissons à basse température tout en préservant les textures et les saveurs. La carte change très régulièrement, évoluant au gré des saisons, du marché et de l'humeur créative de ce chef qui réinvente sans cesse le terroir belge. Il nous offre une cuisine inspirée, pleine de surprises, d'une fraîcheur et d'une subtilité désarmantes. En salle, service assuré par un sommelier alerte et tatoué qui propose chaque jour un accord mets et vins (ou bière). Ambiance décontractée et informelle.

ANVERS

Où déguster une irrésistible pâtisserie ?
Où acheter d'excellents chocolats ?

🍵 🌀 Günther Watté (plan couleur zoom, 107) : Steenhouwers-vest, 30. ☎ 03-293-58-94. Tlj sf lun 10h30-18h30 (13h-18h dim). 📶 C'est un « Chocolade Café » dans un cadre

contemporain sophistiqué pour déguster un succulent chocolat chaud ou faire emplette de café de qualité, de ganache au thé, de praliné amandes et miel, de fourré de chocolat blanc aux fraises ou de pâtes de fruits de saison (ah, les citrons confits enrobés de chocolat noir !). Noyés dans de profonds fauteuils baroques, sous de beaux lustres, on atteint là une plénitude totale... En prime, une sélection de beaux desserts.

☕ ⊛ *Paleis op de Meir-Chocolats Line* (plan couleur B3, **66**) : *Meir, 50.* ☎ *03-206-20-30.* ● *info@thechoco lateline.be* ● *Tlj 9h30 (10h30 dim-lun)-18h30. Fermé 2 sem à la mi-janv.* C'est un cadre exceptionnel qui accueille aujourd'hui la marque Chocolate Line. Ce palais passa dans les mains de Napoléon, du roi Guillaume Ier des Pays-Bas et de la maison royale belge avant d'abriter aujourd'hui le nouveau roi du chocolat, qui est à la fois le plus fou des chocolatiers belges : Dominique Persoone, qui s'est fait un nom depuis Bruges. Visites guidées du palais proposées régulièrement *(voir site● paleisopdemeir.be ●).* Boutique et café sur place.

⊛ *Goossens* (plan couleur B3, **67**) : *Korte Gasthuisstraat, 8. Tlj sf dim-lun 7h-19h.* Cette boulangerie-pâtisserie à l'ancienne existe depuis 1864. La vieille pendule marque définitivement 10h45. À voir la queue, le succès semble ne s'être jamais démenti. Et pour cause, ici, rien que du traditionnel : brioche, cramique ou encore pains et feuilletés aux amandes, qui feront le délice des gourmands.

Où boire un verre ?

Pas d'inquiétude, en été, les fins de semaine sont chaudes à Anvers. Les alentours de la cathédrale, de l'hôtel de ville, du Vlaamsekaai et du port ne forment plus qu'une seule et immense fête. Alors, composez votre circuit : il y a des cafés littéraires, des bars à bière, des bars à genièvre, des cafés bruns séculaires, des bars à thème, à la déco ultra-design et branchée, en bref des bars à tout et à rien. La plupart servent aussi à manger, à grignoter tout au moins.

Dans le quartier de la Grand-Place et vers le sud

🍷 *Normo* (plan couleur zoom, **92**) : *Minderbroedersrui, 30. Tlj sf dim 10h-19h (18h sam).* 📶 Une jolie brûlerie de café pour les amateurs de petit noir, torréfié avec soin et servi avec le sourire. Également de très bons thés et de délicieuses tisanes.

🍷 *Via Via Café* (plan couleur zoom, **90**) : *Wolstraat, 43.* ☎ *03-226-47-49.* ● *antwerpen.belgium@viaviacafe. com* ● *Tlj à partir de 11h30 (15h dim). Plats 9-16 €.* Un café-resto sur le thème du voyage, qui possède des succursales aux monde entier (Tanzanie, Honduras, Mali, Nicaragua, Népal, Argentine...). On y écoute de la world music dans une grande salle à plusieurs niveaux ornée d'un immense planisphère. Petits plats et boissons des quatre coins du globe. Petite bibliothèque et, tout au fond, un panneau avec des annonces en tout genre.

🍷 *Den Heksenketel* (plan couleur zoom, **93**) : *Pelgrimstraat, 22.* ☎ *03-283-5673.* ● *denheksenketel@ hotmail.com* ● *Tlj jusque tard le soir.* À deux pas de la cathédrale, un troquet musical, l'un des plus sympas de la ville. Cadre vieillot hyper chaleureux où se réunissent tous les amoureux de folk music (surtout irlandaise). Régulièrement, il s'y déroule des sessions d'enfer, dans une atmosphère réjouissante de convivialité. D'ailleurs, c'est un café associatif et beaucoup de ceux qui y travaillent sont quasi bénévoles. Bières pas chères, ça va de soi ! À l'étage, une petite AJ privée aux ouvertures variables, avec des chambres simples, réservées aux musiciens et aux amoureux de la musique.

🍷 *De Foyer* (plan couleur B3, **91**) : *Komedieplaats, 18.* ☎ *03-233-55-17.* ● *info@defoyer.be* ● *Tlj 11h-18h (plus tard en cas de représentation). Brunch 11h-13h et afternoon tea 14h-18h. Fermé en juil.* Le somptueux cadre du théâtre Bourla a été réaménagé. On mange sous la coupole de la rotonde, de style néoclassique. Non content de se désaltérer à l'entracte, on peut encore grignoter à toute heure. L'ambiance et le décor se dégustent en même temps qu'un choix de vins de toutes provenances. Brunch et buffet de desserts le dimanche après-midi, avec petite musique d'accompagnement.

▼ De Negen Vaten *(plan couleur zoom, 98) : Zand, 1.* ☎ *03-293-91-91.* ● *info@denegenvaten.be* ● *Dans un passage à côté du Beveren Café (voir plus bas). Tlj dès 17h (13h le w-e).* De Negen Vaten, ce sont « Les Neuf Tonneaux » (porto, fino, sangria...) qui ornent cette bodega, nichée au fond d'une cour ravissante, à la terrasse chauffée. Ambiance sympa et carte de tapas, paella et zarzuela.

▼ De Vagant *(plan couleur zoom, 96) : Reyndersstraat, 25.* ☎ *03-233-15-38.* ● *info@devagant.be* ● *Tt près de la maison de Jordaens. Tlj à partir de 11h (12h w-e).* Vieux troquet qui est aussi un centre de promotion du genièvre belge. Cadre ancien vraiment resté dans son jus. Très vaste choix de genièvres, donc (plus de 400 !), qui se proposent d'ouvrir les appétits ou de faciliter la digestion. En face, la boutique dépendant du café, où des dizaines de genièvres sont vendus à emporter.

▼ Bierhuis Kulminator *(plan couleur B3, 95) : Vleminckveld, 32-34.* ☎ *03-232-45-38. Tlj sf dim et certains j. fériés 16h (20h lun)-minuit. Fermé quelques j. à Pâques, fin juil-début août, une sem autour du 11 nov et pdt les fêtes de fin d'année.* Un bar improbable, chez l'habitant ou presque, comme il en existe encore en Belgique, mais classé comme un des meilleurs bars à bières du monde ! Quelques grandes tablées, un vieux papier de paille aux murs, des jets de houblons suspendus et un vieux coucou qui égrène les heures avec sa vieille copine la pendule... Kitschissime et pourtant si attachant... Un vrai gisement. La « carte des bières », c'est en fait un livre avec des trésors, des bières rares, certaines millésimées, d'autres de microbrasseries inconnues produisant des merveilles. Près de 800 au choix... À déguster sur fond de musique classique et... baroque !

▼ Beveren Café *(plan couleur zoom A2, 98) : Vlasmarkt, 2.* ☎ *03-231-22-25. Tlj sf mar-mer à partir de 13h.* Célèbre pour son orgue de cap, voici incontestablement une adresse pour prendre le pouls de la ville. Ici, les Anversois ne rechignent pas à se mélanger avec les touristes et les marins. Il faut dire que certains soirs, en été, le bastringue fait des étincelles (en semaine, l'hiver, quand même beaucoup plus calme !)... Et ça continue sur les tables, dans la rue même... Ça, c'est Anvers !

▼ Den Engel *(plan couleur zoom, 99) : Grote Markt, 3.* ☎ *03-233-12-52. Tlj dès 9h.* Une institution ! Qui, passant par le Grand-Place, ne s'est jamais arrêté au *Den Engel* ? Ce vénérable café, autrefois enfumé mais toujours très bruyant et éclairé aux néons, pourrait n'être qu'un lieu de passage mais il a ses habitués. Nous, on l'aime beaucoup pour son côté authentiquement populaire, ses dures banquettes en bois et ses tables de marbre, ses glaces craquelées, sa vieille pendule qui s'obstine à rester sur 11h55 et sa collection de casquettes au-dessus du bar... Pourvou que ça doure !

▼ Café au Lait *(plan couleur zoom, 104) : Oude Beurs, 8.* ☎ *03-225-19-81.* ● *info@cafe-au-lait.be* ● *Tlj dès 18h (20h dim), mais ne s'anime vraiment qu'à partir de 23h.* Bar de nuit à la clientèle variée et multiculturelle. Pas mal de cocktails, le plus apprécié étant le strawberry daiquiri, à base de fraises fraîches. Sinon, il y a le mélange B52 – 3 couches de liqueur de café, Grand Marnier et Bailey's, à boire cul sec à la paille et puis encore la caïpiroska (vodka, citron et sucre de canne) ! Bondé le week-end, surtout après l'arrivée du DJ.

▼ De Groote Witte Arend *(plan couleur zoom, 100) : Reyndersstraat, 18.* ☎ *03-233-50-33.* ● *degrootewittearend.be* ● *Tlj 11h30-22h (minuit jeu et 2h ven-sam). Snacks 11h-17h.* Chapelle privée et cour retirée loin de la foule déchaînée. Anciennement occupée par les filles de la Charité-de-Saint-Vincent-de-Paul. Un havre de paix, avec musique classique, où déguster un flacon de vin. Belle terrasse en été bordée de colonnes et d'arcades, avec de longues tables. Possibilité de se restaurer en journée.

ANVERS

De Faam (plan couleur zoom, **101**) : Grote Pieter Potstraat, 12. ☎ 03-234-05-78. Tlj dès 16h. Café centenaire, indémodable, ancien repaire de l'écrivain Hendrik Conscience, où il fait toujours bon se presser autour du comptoir pour engager la conversation avec d'éventuels compagnons de virée. Cette rue recèle une profusion de lieux nocturnes. Les atmosphères changent d'un soir à l'autre. À l'angle de Grote Pieter Potstraat et de Haarstaat, au Chill-li, certaines soirées sont chaudes (surtout les fêtes étudiantes). Au Chartreux Bar, belle ambiance aussi, ainsi qu'à la Casa Bella, dans le même coin...

Le triangle Vleminckveld-Gasthuisstraat (plan couleur B3) concentre quelques sympathiques refuges pour oiseaux de nuit. D'abord, le **Zeppos** (voir « Où manger ? »). En face, serrés les uns contre les autres, le **Bar 219**, l'**Hypothalamus, le Pallieter...** Tous vaguement bohèmes, tamisés et fermant tard...

Du côté du MAS et du port

C'est là que la vie bat son plein, de jour comme de nuit, l'ouverture du MAS, le nouveau musée de la ville, coïncidant avec l'ouverture de bars et restos appelés à participer au renouveau du quartier.

Waagstuk (plan couleur zoom, **94**) : Stadswaag, 20. ☎ 03-225-02-19. ● waagstuk.be ● Tlj 10h-2h ; à partir de 14h le w-e et pdt les vac, et jusqu'à 4h les ven et sam. Fermé Noël-Nouvel An. 📶 Au fond d'une courette, dans un coin de cette belle place riche en bars, un vieil estaminet de caractère considéré comme l'un des meilleurs bars à bière au monde (ben oui, y en a deux à Anvers !). Installé dans un ancien entrepôt du XVIe s, époque où les bateaux y apportaient les chargements pour la pesée (Waag). Parmi les 130 bières au choix, la Hop Ruiter, de la Schelde Brouwerij, est une totale exclusivité. Une triple à 8 % à siroter avec bonheur... sans modération, sauf si vous prenez le volant ! On y trouve l'un des derniers fumoirs d'Anvers !

Dans le quartier sud

Le Chatleroi (plan couleur A4, **105**) : angle G.-Van-Horn et Leopold-De-Wael. ☎ 486-60-04-59. Situé en face du Hopper. Tlj jusque tard. Endroit chaleureux et patiné, quelques cadres dorés donnent une touche élégante à l'ensemble. Dès le milieu de semaine, plein comme un œuf. Une clientèle 25-35 ans s'y abreuve bruyamment et « chatte » sur de rugueuses tables de bois. Ici, d'ailleurs, pas de mal à « chatter », le chat y est roi...

Zar (plan couleur A4, **106**) : Pourbusstraat, 8. ☎ 03-293-32-13. Mar-sam 18h-2h30. Typique de la nouvelle génération de cafés tendance au décor assez sophistiqué. Mélange savant d'éléments kitsch et destroy, de mobilier et d'éclairages originaux, dans une mise en scène quasi théâtrale. Superbe bar pour un grand choix de cocktails (dont au moins 10 recettes de mojito)... Fumoir.

Où écouter du jazz ?

De Muze (plan couleur zoom, **97**) : Melkmarkt, 10. ☎ 03-226-01-26. ● info@jazzcafedemuze.be ● jazzcafedemuze.be ● Tlj à partir de 11h. Concerts (le plus souvent gratuits) tlj à 22h ainsi que dim à 15h. Ce café jazz est le repaire des rescapés du Flower Power. À croire qu'ils ne l'ont pas quitté depuis les années 1960... Ambiance hyper cool dans un cadre étonnant. Cadre bois et brique sur plusieurs niveaux. Dans une atmosphère bruyante, fiévreuse, tamisée et enfumée, on s'écroule dans des fauteuils en osier ou sur des banquettes de tram. Bon choix de bières, ça va de soi ! On y écoute encore John Lee Hooker, Memphis Slim et Johnny Griffin, c'est tout dire !

Café Hopper (plan couleur A4, **102**) : Léopold-De-Waelstraat, 2. ☎ 03-248-49-33. ● info@cafehopper.be ● cafehopper.be ● Tlj 9h-2h (3h jeu-sam). Maison d'angle, avec carrelage et murs de stuc. Concerts (généralement gratuits) de septembre à mai, le dimanche après-midi et le lundi, mardi ou mercredi soir. Bonne ambiance, enfumée, sous le portrait du regretté Chet Baker...

Où danser ?

♫ **Café d'Anvers** (plan couleur B1, 103) : Verversrui, 15. ☎ 03-226-38-70. ● cafedanvers.com ● En plein quartier rouge. Jeu 23h-6h, ven-sam 23h-7h30. Entrée : env 10 €. Bourré de monde les vendredi et samedi. Le plus drôle, c'est que cette discothèque, la plus ancienne boîte house du Benelux, se situe dans une ancienne église ! On peut d'ailleurs en voir les restes, joliment intégrés dans le décor. Se paie les meilleurs DJs (inter)nationaux pour faire danser la jeunesse. Soirées thématiques fréquentes. Dans la rue, des dames en vitrine, de moins en moins nombreuses...

Shopping

Depuis l'émergence de la fameuse bande des « Six d'Anvers » dans les années 1990, la réputation de son Académie n'est plus à faire : coupes déstructurées parfaites, finitions impeccables et détail loufoque qui compense le style parfois austère. Mais, attention, prix astronomiques ! Heureusement, on vous a déniché quelques marques et créateurs nettement plus accessibles, sans oublier quelques boutiques spécialisées dans le vintage. Si vous souhaitez suivre les traces des fashion victims, procurez-vous (par exemple à l'office de tourisme) le petit livre rouge (Fashion Walk) édité par le Flanders Fashion Institute ou rendez-vous sur ● antwerp-fashion.be ● Et puis, n'oubliez pas, les soldes démarrent le 1er janvier et le 1er juillet, avec des rabais de 30 à 70 % !

Stylistes et créateurs

Huidevettersstraat, Komedieplaats et Schuttershof sont de jolies rues élégantes et huppées où se concentrent pas mal de boutiques de luxe, aux enseignes bien connues. Les créateurs belges ont, quant à eux, plutôt investi le quartier de la Nationalestraat, suivant l'exemple de la star incontestée de la mode anversoise, **Dries Van Noten** ; le chef de file des « Six » s'est installé au Het Mode Paleis (au Palais de la Mode, au n° 16), une jolie boutique Belle Époque au nom prédestiné et à deux pas du musée de la Mode (voir plus loin). Toujours aussi incontournable, on ne le présente plus (mais on adore toujours !). Le Fashion Walk recense l'ensemble des marques et des jeunes créateurs, voici déjà quelques adresses qui font parler d'elles à Anvers.

☜ **Ann Demeulemeester** (plan couleur A4, 160) : Leopold de Waelplaats. ☎ 03-216-01-33. ● adshop@skynet.be ● Tlj 10h30-18h30. L'une des « Six d'Anvers ». Encore un bel exemple de boutique de mode qui se visite comme l'on visite une galerie d'art. Là encore, on frise la provocation, tant par les formes et les matières que par les prix... Les Japonais adorent ! L'espace est splendide en tout cas.

☜ ♟ **Verso** (plan couleur B3, 157) : Lange Gasthuisstraat, 9-11. ☎ 03-226-92-92. ● info@verso.be ● Tlj sf dim 10h-18h. Ce temple du luxe a trouvé ici un écrin magistral. Sous la verrière Art déco de l'ancienne Deutsche Bank, près de 2 000 m² entièrement dévolus à la mode, homme et femme. On y trouve les plus grandes marques internationales (Armani, Dior, Dolce & Gabbana, Fendi, Alexander Mc Queen, Gucci, Paul Smith, etc.) mais aussi quelques créateurs belges (comme Dirk Bikkembergs). Rien de bon marché, on s'en doute. Passez au moins admirer les lieux... Vous pouvez aussi boire un verre sur place, dans un décor design très trendy au **Verso Café,** aux murs tout noirs et aux cheminées monumentales. Très belle déco,

ANVERS

mais l'endroit, très conceptuel, manque singulièrement d'âme. Dommage...

Fripe et vintage

☸ **Sussies** *(plan couleur zoom B2, 153) :* Zwaluwstraat, 69. ● sussies winkel@hotmail.com ● Tlj sf dim 11h-18h. Boutique spécialisée dans le vintage seventies : fourrures, chemises à fleurs, robes « chasuble » ou à volants. Pas vraiment de griffes mais de tout petits prix.

☸ **Labels INC** *(plan couleur B3, 156) :* Aalmoezenierstraat, 3a. ☎ 03-232-60-56. ● info@labelsinc. be ● labelsinc.be ● Tlj sf dim 11h (14h mer)-18h. Vêtements griffés d'occasion. Pas vraiment du vintage, les modèles datent pour la plupart des dernières saisons. Peu de choix mais de véritables affaires à faire. Vente en ligne.

☸ **Jutka & Riska** *(plan couleur B3, 155) :* Nationalestraat, 87. ▯ 0473-52-82-52. ● riska@skynet.be ● Tlj sf dim 10h-18h30. Encore du vintage ! On y trouve de tout, de la paire de Moon Boots argentés à la petite robe Dior en passant par des tenues très « Yvette Horner »... Grand choix de sacs à main et de pochettes. Dominante eighties.

Une mode urbaine plus abordable (ou presque)

☸ **Fish & Chips** *(plan couleur zoom B3, 151) :* Kammenstraat, 36-38. ☎ 03-227-08-24. ● info@fishandchips. be ● Lun-sam 10h-18h30. Le rendez-vous des ados branchés et des adeptes du *street wear*, dans une rue plutôt vouée au gothique et au piercing... On y trouve de tout, y compris à boire et à manger ! Et pour ceux et celles qui aiment faire leur shopping en musique, DJ sur place !

☸ **Clinic** *(plan couleur A4, 161) :* De Burburestraat, 5. ☎ 03-248-69-11. ● info@clinicantwerpen.com ● Tlj sf dim mat et lun 10h-18h30. Un *concept store*, un peu comme le *Colette* parisien mais en moins sélect. Jeans et baskets édités en séries limitées s'arrachent littéralement. Un des cadres les plus tendance. Si vous voulez être dans le coup, c'est là qu'il faut aller !

☸ **Hospital** *(plan couleur A4, 163) :* De Burburestraat, 4. ☎ 03-311-89-80. ● hospitalantwerp.com ● En face du précédent. Là encore un concept store voué à la mode, aménagé sur plusieurs niveaux dans un ancien entrepôt. Mélange astucieux de décor ancien et moderne, utilisant toutes sortes de matériaux totalement éclectiques... Fringues griffées ; prix en conséquence.

Design et déco

Rien d'étonnant à ce qu'Anvers, ville modeuse et créatrice par excellence, se soit également imposée en matière de déco et de design. Les boutiques vouées aux arts de la table ou aux arts décoratifs pullulent. Il y en a pour tous les goûts, tous les styles et (presque) toutes les bourses. Parmi les moins chères : **Dill et Kamille,** une franchise belge dont on raffole *(Vleminckstraat, 9).* Nos préférées, belges à défaut d'être anversoises : **Agnès Émery** *(Reyndersstraat, 20)* et **Flamant** *(au Paleis op de Meir,* dans les anciennes écuries) ; deux sublimes show-rooms qui méritent une visite, ne serait-ce que pour le plaisir. Tout un art de vivre ! Les amateurs d'antiquités iront chiner du côté de Kloosterstraat.

À voir

Afin de simplifier votre découverte d'Anvers, nous avons choisi de regrouper les monuments et musées par quartier, en commençant par le centre ancien, sur les pas de Rubens, avant de partir à la découverte du quartier des diamantaires et de l'est de la ville. Le sud et le nord sont à garder pour la fin. Le nord surtout, depuis l'ouverture du MAS, le musée phare qui donne une nouvelle dynamique au vieux port. L'office de tourisme propose des itinéraires de promenades à thème qui pourront compléter la lecture de ces pages, à commencer par un

ANVERS

circuit « Rubens ». Il faut dire que l'on ne peut pas rêver meilleur guide que lui. Il fut avec son ami Rockox l'artisan de la transformation d'Anvers. À eux deux, ils changèrent la physionomie de la ville gothique pour en faire une splendide métropole baroque. Si vous voulez aller à l'essentiel, vous pouvez commencer la visite de la ville par celle de la *maison de Rockox* (voir plus loin « Entre la cathédrale et la gare Centrale, en bordure du Meir »). Ensuite, vous n'aurez plus qu'à filer à l'église Saint-Charles-Borromée, située à deux pas. La façade a été dessinée par Rubens lui-même, de même que la décoration intérieure. Puis direction la cathédrale et ses retables. Enfin, en fonction de l'heure et de votre appétit (au sens propre comme au figuré), vous pourrez vous diriger vers la maison Rubens.

On vous rappelle que la plupart des musées sont fermés le lundi et gratuits le dernier mercredi du mois (donc pas besoin de *City Card* ces jours-là !).

Dans le centre ancien, autour de la Grand-Place et le long de l'Escaut

🏹🏹 **Grote Markt** (Grand-Place) *et ses maisons des guildes* (plan couleur zoom) : au centre, une fontaine monumentale de Jef Lambeaux où un Brabo de bronze lance vers le fleuve la main du géant Antigoon. Le triangle de la Grand-Place est entouré par les maisons Renaissance des guildes. Au n° 5, la maison qui abrite le café *Den Bengel* était le siège des tonneliers : on y distingue, au sommet, la statue de leur patron, saint Matthieu. Le n° 7, qui porte une statue de saint Georges, hébergeait les réunions des arbalétriers. Le n° 38 accueillait la corporation des drapiers. Quant au n° 40, la maison Roodenborgh, elle passa des mains des tanneurs et des cordonniers à celles des charpentiers. On comprend leur convoitise : la façade baroque est la plus belle de la place.

🏹 **Stadhuis** (hôtel de ville ; plan couleur zoom) : *Grote Markt.* Date de 1564. Le style en fut Renaissance. Ou à peu près... Ainsi, la partie centrale est plutôt très flamande. Incendié par les Espagnols en 1576, il fut aussitôt rebâti. Trois niches surplombent l'hôtel. L'une abrite la Vierge – qui en a délogé Brabo vers la fin du XVIe s. Dans les autres, notez – c'est toujours utile – les deux vertus indispensables à qui veut gouverner : la Justice et la Prudence. Vous verrez aussi trois blasons : celui du duché de Brabant à gauche, celui de Philippe II au milieu et celui du marquisat d'Anvers sur la droite. L'aigle regarde en direction d'Aix-la-Chapelle (la « capitale » du Saint Empire romain).

🏹🏹🏹 **Onze-Lieve-Vrouwekathedraal** (cathédrale Notre-Dame ; plan couleur zoom) : ● dekathedraal.be ● Lun-ven 10h-17h, sam 10h-15h, dim et j. fériés 13h-16h. Interdit d'y circuler pdt les offices. Entrée : 6 € ; gratuit avec la City Card. À l'entrée, vous trouverez annoncé l'horaire de la visite guidée et gratuite en français (en général, lun-sam à 11h et 14h15, dim à 14h15 ; quelques visites supplémentaires en juil-août). À signaler : le remarquable site internet, en français !

C'est la plus grande église gothique des anciens Pays-Bas. Sa construction (1352-1521) prit quasiment deux siècles. Rien n'était trop beau pour afficher la prospérité de la cité. Comme toutes ses consœurs, elle a connu des hauts et des bas. Parmi les bas, le grand incendie de 1517, les raids iconoclastes des protestants (entre 1566 et 1581), la « sollicitude » de l'occupant français révolutionnaire. Le bon côté de ces désagréments fut que chaque destruction fut réparée par un embellissement inédit. Plusieurs architectes s'y sont donc succédé. Et les plus récents n'ont pas été les plus malhabiles. De 1973 à 1993, l'édifice a été nettoyé du sol au clocher, restauré, consolidé. On a fouillé ses sous-sols, mis en valeur ses trésors.

ANVERS

Commencez par admirer la tour : 123 m de haut s'il vous plaît, avec un carillon de 47 cloches. Du même coup, vous remarquerez sans doute, au sommet de la croisée du transept, une coupole à bulbe, plutôt incongrue...

La cathédrale comprend 7 nefs et 125 piliers. En plein centre, difficile de manquer la splendide chaire de Vérité, véritable chef-d'œuvre de la sculpture flamande de style baroque naturaliste, à la limite du rococo. Toutes aussi impressionnantes, les très belles stalles néogothiques. Parmi les innombrables statues et tableaux, Rubens impose quatre merveilles, d'un réalisme qui frôle le baroque. *L'Érection de la croix* (1610), *La Résurrection du Christ* (1612), *La Descente de croix* (même année) et *L'Assomption de la Sainte Vierge* (1625-1626). Le tableau *La Descente de croix* est très admiré par les touristes japonais qui apprennent à l'école une histoire intitulée « Nello et son chien Patrache », dont le dénouement pathétique s'achève au pied de cette peinture. Rubens aurait élaboré sa fameuse couleur rouge avec du sang de pigeon. Si *La Résurrection* lui a été commandée par Moretus, gendre de l'imprimeur Plantin, d'autres auraient été réalisées pour des corporations. Vous verrez encore deux magnifiques retables, *Notre-Dame de la Paix* et *La Légende de sainte Barbe,* ainsi que le remarquable gisant d'Isabelle de Bourbon.

Pendant les travaux du musée des Beaux-Arts, les grands retables s'exposent à la cathédrale. Quelle bonne idée ! Avant la Révolution française, la cathédrale comptait une dizaine d'autels commandés par les corporations, richement décorés et le plus souvent surmontés d'un imposant retable. Certains de ces chefs-d'œuvre, venus enrichir le fonds du musée royal, sont aujourd'hui de retour à la cathédrale. Grandiose et émouvant !

À signaler que la cathédrale est elle-même en rénovation. Avant de partir, n'oubliez pas de jeter un œil à la maquette, installée dans le transept gauche.

🦌 *Le puits de Quentin Metsys (plan couleur zoom, 121) :* devant l'entrée de la cathédrale, juste à droite en sortant. L'histoire raconte que le jeune Metsys était forgeron. Il s'éprit de la fille d'un peintre, mais ce dernier s'opposait à tout mariage. Dès qu'il terminait une toile, le peintre s'octroyait une petite fête en ville... en laissant sa fille seule. Profitant d'un de ces soirs, la jeune fille ouvrit la porte à Quentin Metsys. Le forgeron peignit une mouche sur le tableau que le peintre venait d'achever. À son retour, le père s'efforça de chasser la mouche tant elle était plus vraie que nature ! Beau joueur, il reconnut le talent de Metsys et l'accepta pour gendre. Ainsi est-il inscrit sur le puits : « *De smidt die uit liefde schilder werd* », autrement dit « Le forgeron qui devint peintre par amour ». On attribue l'élégante grille en fer forgé à Quentin Metsys issu d'une famille de forgerons de Louvain, qui s'initia à la peinture avec Dirk Bouts.

⊚ 🦌🦌🦌 *Museum Plantin-Moretus (plan couleur zoom) :* Vrijdagmarkt, 22. ☎ 03-232-01-03. Rens pour les visites guidées : ☎ 03-203-95-30. ● museum. antwerpen.be/plantin_moretus ● Tlj sf lun et certains j. fériés 10h-17h. Entrée : 8 €, audioguide inclus ; réduc ; gratuit avec la City Card et pour ts le dernier mer du mois.

Une véritable machine à remonter le temps, un lieu incontournable pour tous ceux qui s'intéressent à l'histoire du livre imprimé, et aux belles demeures en général. L'Unesco l'a d'ailleurs classé au Patrimoine mondial en 2005. Cette façade du XVIIIe s cache une magnifique demeure patricienne, doublée d'un lieu historique. Atmosphère un peu austère, comme il se doit dans un bel intérieur flamand : les murs couverts de cuir de Malines, les tapisseries d'Audenarde et de Bruxelles, les tables laquées incrustées d'ivoire, les parquets qui craquent, les cheminées en carreaux de Delft, le tintement du carillon dans le lointain...

C'est ici que, vers 1549, l'imprimeur tourangeau Christophe Plantin établit son imprimerie. Moretus, son gendre, poursuivit son œuvre, imité en cela par ses descendants, qui perpétuèrent cette activité de père en fils jusqu'en 1876, date à laquelle l'imprimerie fut vendue à l'État. C'est ainsi que, trois siècles durant, la même famille imprima et exporta à tour de bras atlas, bibles, bréviaires et missels. La maison ayant été transformée en musée remarquable, pas une salle qui n'apporte quelque élément essentiel à l'histoire de l'imprimerie.

Rez-de-chaussée

– **Salle 1 :** c'est le *Petit Salon* construit en 1620. Décoré de superbes tapisseries de Bruxelles du XVIe s aux thèmes mythologiques. Les corbeaux supportant les poutres sont ornés des deux symboles de la famille : l'étoile des Moretus et le compas des Plantin. Au-dessus de la belle cheminée en céramique et montants de bois sculpté, copie ancienne d'une *Chasse au lion* de Rubens.

– **Salle 2 :** le *Grand Salon* avec la galerie des portraits de famille par Rubens et des cabinets d'art, dont un extraordinaire meuble soutenu par quatre esclaves, débauche de bois précieux et dorures.

– **Salle 3 :** magnifiques bibles latines, dont plusieurs richement enluminées. Et un chef-d'œuvre : les *Chroniques de Jean Froissart*.

– **Salle 4 :** la librairie, qui avait son propre accès sur la rue. Superbe ! Au mur, un index de 1569 recensant les livres interdits par l'Église... À propos, les livres étaient seulement vendus en feuilles. Si on souhaitait les relier, il était nécessaire de s'adresser ensuite à un relieur, une autre corporation.

– **Salle 6 :** tapisseries aux fraîches couleurs (des « verdures » tissées à Audenarde) et un magnifique encadrement de porte intérieure donnant sur cour et ciselé style Renaissance.

– **Salle 9 :** la salle des correcteurs au grand pouvoir d'évocation avec une incroyable table de travail posée contre la fenêtre pour profiter de la lumière. Meubles sculptés et buste de *Kilianus*, l'un des plus célèbres correcteurs de Plantin qui participa au premier vrai dictionnaire franco-néerlandais-latin (40 000 entrées !).

– **Salle 10 :** le bureau de l'homme d'affaires Plantin, aux murs entièrement tapissés de cuir doré de Malines, autant signe d'opulence que pratique, puisqu'il conservait la chaleur. C'est ici qu'on gardait les liquidités, d'où les grilles aux fenêtres.

– **Salle 11 :** la *chambre de Juste-Lipse*. Une des plus émouvantes. Revêtue de cuir de Cordoue d'origine (1659). On y trouve une copie ancienne du tableau de Rubens *Lipse et ses élèves*, le plus célèbre humaniste après Érasme (noter Rubens en spectateur devant le rideau rouge).

– **Salles 13 et 14 :** deux salles étonnantes, d'abord la salle des caractères *(salle 13)*. Grandes casses où l'on rangeait les lettres. Dans la *salle 14*, l'imprimerie. Dès 1580, le cœur de l'entreprise. Elle abrite des presses en bois des XVIe et XVIIe s, qui sont les plus anciennes du monde. Cinq d'entre elles sont encore en état de fonctionner. Un trésor très bien conservé, où l'on peut voir les caractères anciens (qui se retrouvent également dans la fonderie). 80 ouvriers y travaillaient à l'époque. Ce fut la plus grande entreprise typographique du monde.

– **La cour intérieure :** un chef-d'œuvre de la Renaissance flamande. Festival de lignes horizontales, brique alternant avec le grès, fenêtres à meneaux, galeries à arcades. Curieusement, malgré le baroque en vogue, Moretus perpétua le style Renaissance afin d'harmoniser la cour avec les parties anciennes. Jardin scrupuleusement dessiné comme à l'époque.

1er étage

– **Salles 15 et 16 :** quelques pièces comme le premier volume de l'*Orlando furioso* de l'Arioste en français.

CENSURE AVEUGLE

Au XVIe s, l'index des livres interdits avait été établi par le duc d'Albe et devait être placardé dans toutes les librairies des Pays-Bas espagnols. C'est Plantin qui l'imprima. Il comprenait trois colonnes par ordre alphabétique : les auteurs dont toutes les œuvres étaient interdites, ceux dont certains textes seulement l'étaient, enfin les livres d'auteurs anonymes. L'ironie de l'histoire, c'est que certains ouvrages imprimés par Plantin lui-même y figuraient en bonne place.

ANVERS

– **Salles 17 et 18 :** différentes bibliothèques où l'on trouve une partie de la fameuse bible polyglotte (1568-1573), traduite en cinq langues (hébreu, grec, latin, syriaque et araméen). Plantin y travailla sous la direction directe du confesseur du roi Philippe II qui finança l'entreprise. Dessin de 1588, qui n'est autre que la plus ancienne représentation connue d'un plant de pomme de terre !

– **Salle 19 :** consacrée à Rubens. Il fit notamment deux illustrations pour un missel (1613). Il réalisa également de nombreux frontispices pour son grand ami d'enfance Balthasar Ier Moretus.

– **Salle 20 :** on y trouve de précieux incunables (tout ce qui fut imprimé avant 1500), notamment des exemples de la production des 10 imprimeurs anversois de l'époque (de 1482 à 1500). Sur les 900 ouvrages imprimés sur cette période, 395 le furent à Anvers.

– **Salle 21 :** c'est le salon des XVIIe et XVIIIe s. Atmosphère authentique avec ses collections de porcelaines de Chine et du Japon, la vénérable horloge et le grand clavecin épinette peint comme une toile.

– **Salle 22 :** présentation des manuscrits et enluminures de la plus haute rareté dans cette chambre des Archives. Plusieurs archives classées par l'Unesco au Patrimoine mondial de l'humanité en 2001 comme « mémoire du monde ». Ce sont les seules archives sur l'histoire et le fonctionnement de l'imprimerie depuis Gutenberg jusqu'au-delà du XVIIe s (journaux comptables, inventaires, lettres commerciales, testaments, affaires de famille, etc.). On peut ainsi suivre l'évolution d'une entreprise quasiment au jour le jour sur plusieurs siècles ! Parmi les documents : un livre des ouvriers de 1580, un registre des réclamations de 1713 et l'une des plus vieilles polices d'assurance, qui date de 1682.

– **Salle 23 :** c'est la salle de Géographie, avec le *Premier atlas moderne,* d'Abraham Ortelius. Publié en 1591 à Anvers, ce livre de cartes planétaires portait pour la première fois le nom d'atlas. Il connut un grand succès (46 rééditions !). Avant son déclin au profit d'Amsterdam, Anvers fut la capitale mondiale de la production de cartes et ouvrages géographiques. Une carte des Flandres du XVIe s, œuvre du célèbre *Mercator,* montre la plus grande extension du comté de Flandre englobant Dunkerque, Gravelines, Douai et Lille. Remarquer cette carte planétaire de 1587 où l'on cernait déjà la forme des continents (sauf l'Amérique du Sud qui a encore celle d'une patate).

– **Salle 24 :** fascinante, avec les productions étrangères de la même époque, classées par périodes et par pays. Émouvant, le dico latin-français de Robert Estienne (1549), la première édition du premier tome de l'*Encyclopédie ou Dictionnaire raisonné des sciences, des arts et des métiers* de Diderot et d'Alembert (1751), une bible en hébreu de Venise juste après l'arrivée des premiers juifs chassés d'Espagne...

– **Salles 25 et 26 :** petit salon et chambre à coucher tendus de cuir de Malines. Beau lit clos Renaissance.

– **Salle 27 :** toute l'illustration des livres, de la gravure sur bois (impression en relief) à la gravure sur cuivre (impression en creux). Noter au mur la richesse de l'alphabet romain, avec ses motifs bibliques, de la pomme d'Ève à la Crucifixion.

– **Salles 29 et 30 :** les ateliers de fonderie. On y voit encore les établis, les seaux à plomb et les outils utilisés pour fondre les caractères d'imprimerie. Vous saurez tout sur la création des caractères (poinçonner, marteler, fondre). Pièces uniques : les poinçons de *Claude Garamond* et *Robert Granjon,* les plus grands créateurs de caractères de monde.

– **Salles 31 et 32 :** une des rares bibliothèques privées qui nous soit arrivée quasi intacte. Une atmosphère magique qui redonnerait l'envie de lire à n'importe quel drogué de la télé... À propos, la valeur de l'ouvrage déterminait la reliure en parchemin blanc ou en cuir brun. La splendide *Crucifixion* du XVIIe s est de Peter Thijs qui prouve que la bibliothèque servit aussi de chapelle privée.

– **Salle 33 :** c'est la *salle Max Horn,* dédiée à ce bibliophile anversois qui légua en 1953 une collection unique de 1 447 ouvrages du XVIe au XVIIIe s. On découvre ici tout le travail de la reliure du XIIIe au XVIIIe s. Vers 1550 apparaît la technique de

la reliure à décor doré importée d'Orient. Mais le chef-d'œuvre reste cette gravure sur bois, imprimée sur 24 feuilles de parchemin et entièrement coloriée à la main. C'est *L'Entrée triomphale de Charles Quint et du pape Clément VII dans Bologne*, le 24 février 1530.
– **Salle 34 :** souvenirs et témoignages sur le grand auteur flamand francophone Émile Verhaeren (1855-1916).

🍴🍴 **Vleeshuis** *(Maison des Bouchers ; plan couleur zoom) : Vleeshouwersstraat, 38-40.* ☎ *03-233-64-04.* ● *museum.antwerpen.be/vleeshuis* ● *Tlj sf lun et certains j. fériés (ouv lun de Pâques et de Pentecôte) 10h-17h. Entrée : 5 €, audio-guide (en français) inclus ; réduc ; gratuit avec la City Card et le dernier mer du mois.*

Encore nommée, pour que ce soit plus clair, « Vieille Boucherie » ou « Halle aux Viandes ». Impressionnante dans tous les cas. La guilde des bouchers l'occupa de 1503 à 1795. L'architecture de style gothique tardif, conçue en 1500, est typique des dernières années du Moyen Âge. Elle mélange pierre et brique sur le mode dit *speklagen* (couches de lard). La Maison des bouchers fut édifiée dans un but hygiénique : le quartier s'était lassé de s'imbiber du sang des bêtes (on le surnommait *bloedberg*, la « montagne au sang »). Jusqu'à l'ère napoléonienne, les bouchers de la guilde se mariaient entre eux pour garder le pouvoir : le bâtiment comprenait même une salle des mariages. Dans leur cas on pouvait vraiment parler de consanguinité !

Un musée de la Vie musicale urbaine a été aménagé au rez-de-chaussée et au sous-sol. Il accueille, entre autres, une *collection d'instruments de musique* dont les fameux *clavecins* des XVIe et XVIIe s, fabriqués par la famille Ruckeers. La visite ne s'adresse pas seulement aux mélomanes et aux amateurs d'ins-truments anciens. Un audioguide, qui bénéficie en outre des toutes dernières techniques, a été traduit en français. Ainsi on peut, en plus de la vision et de l'explication sur l'instrument, l'entendre aussi jouer et régler les vibrations sonores (vraiment révolutionnaire !). Visite fort intéressante, donc, à travers tous ces instruments de musique et leur histoire. Ne pas rater, au fond de la grande salle, dans une douce pénombre, la fascinante galerie sur les livres de musique : fragments de partitions de chants grégoriens du XIIe s, livres des cantiques des XIVe et XVe s. Le plus ancien livre de musique présenté ici date de 1528. Premier livre de chansons de 1544.
– **Le sous-sol :** possède toujours son pavé médiéval d'origine. Intéressantes sec-tions sur la fabrication des cloches, les musiques militaires et les harmonies du XIXe s. Reconstitution d'un atelier de fabrication et de réparation d'instruments en cuivre : établis, tours, presses... Section colorée sur la musique comme art populaire : vidéos rigolotes, extraits de vieux films en noir et blanc, cartes pos-tales... Affiches anciennes, vénérables instruments comme ce *polyphon* de 1900, ce « piano-orchestrion », les orgues de Barbarie...

🍴 **Het Steen** *(plan cou-leur zoom,* **126***) : Steenplein, le long de l'Escaut.* L'histoire du château du Steen se confond avec celle d'Anvers. C'est ici que vivaient les premiers agriculteurs à l'époque romaine. Le *castrum* (château) ne serait apparu qu'au IXe s et ses remparts (côté place), au XIIIe s. À cette époque, le Steen faisait office de prison : le crucifix de l'entrée servait aux dernières prières. Mais le Steen eut également une voca-tion militaire. Planté sur le bord

PRIAPE ESCAMOTABLE

La statuette qui loge au-dessus du porche du Steen est un dieu nordique de la Fécondité appelé Sémini. Contre la stérilité, les dames avaient l'habi-tude autrefois d'embrasser sa virilité. Choqués par ces mœurs païennes, les jésuites l'émasculèrent. Indignés, des citoyens se groupèrent en un Club des amis de Sémini, et le grand fécondateur recouvra son intégrité physique. Mais il ne s'exhibe plus qu'une fois l'an, le pre-mier jour du printemps.

de l'Escaut, ce château stratégique gardait en quelque sorte la frontière entre les terres françaises et celles de l'Empire. C'est pourquoi Charles Quint, dont la devise *Plus Oultre* (« Toujours plus ») flotte au-dessus de la porte, le fortifia considérablement.

🎋 ***Vlaeykensgang*** *(plan couleur zoom, 129) :* on le rejoint en partant du n° 16 de l'Oude Koornmarkt. Dans ces ruelles pimpantes s'alignent d'étroites maisonnettes blanches à volets verts. Elles passent pour avoir abrité, au XVIᵉ s, les cordonniers et les sonneurs de cloches. Le Vlaeykensgang reste un lieu de rêve pour écouter les concerts de carillon.

➤ ***Balade autour de la Grand-Place :*** toutes les ruelles voisines regorgent de maisons de corporations qui sont autant de trésors. Par exemple la *Suikerrui* (rue au Sucre), qui relie l'ancien hôtel de ville au Steen : cette rue fut jadis un canal. On y apportait les cargaisons de mélasse de sucre venues des îles Canaries. Le n° 5 abrite la *Maison des Hanses,* qui fut l'un des premiers immeubles de bureaux. Sur sa façade, Jef Lambeaux a sculpté les figures allégoriques des grands fleuves d'Allemagne. Sur le côté, la belle dame reproduite dans le style opulent de Rubens n'est autre que la muse du sculpteur : comme son atelier se trouvait dans la rue voisine, il la voyait beaucoup.

Entre la cathédrale et la gare Centrale, en bordure du Meir

Ce sont les « ramblas » de la ville, comme vous le diront ses habitants, qui ont vu, d'un œil amusé, les trottoirs s'élargir et tout le secteur devenir piéton, ou presque, entre les deux « cathédrales », la gare Centrale ayant acquis ce statut peu catholique. Et c'est le Meir, l'une des plus grandes artères commerciales de Belgique, qui relie tout naturellement ces deux monuments. Ne manquez pas, au milieu, de faire une pause dans la galerie *Stadsfeestzaal,* entièrement rénovée.

🎋🎋🎋 ***Rubenshuis*** *(maison de Rubens ; plan couleur C3) :* Wapper, 9-11. ☎ 03-201-15-55. ● *rubenshuis.be* ● *Tlj sf lun et certains j. fériés 10h-17h (dernière entrée 16h30). Entrée : 8 € (un peu plus en cas de grande expo temporaire) ; billet combiné avec la visite du musée Mayer-Van-den-Berghe (sf pdt les expos) 10 € ; réduc ; gratuit pour les moins de 12 ans (et slt 1 € pour les 12-16 ans), avec la City Card et pour ts le dernier mer du mois. Audioguide (en français) 2 €.*
Plus qu'une révélation esthétique, la maison de Rubens propose un voyage dans la vie d'un homme.

Rubens chez lui

En 1608, à son retour d'Italie, Rubens a 31 ans et n'a pas encore d'enfant. Peintre de la Cour, représentant officiel d'Anvers, il est aussi un artiste riche et reconnu, ainsi qu'un diplomate chevronné. Propriétaire de cette maison *du Wapper* en 1611, il l'agrandit et l'embellit. Il y fait construire un musée très spécial inspiré du Panthéon de Rome. Sous une coupole de verre, il expose sa collection de sculptures antiques. Il fait construire un portique intérieur aux allures d'arc de triomphe romain qui donne à la demeure un petit côté *palazzo* italien. La maison de Rubens, moderne pour l'époque, devient ainsi la première demeure baroque d'Anvers. Il y vit et travaille. Comme diplomate, il y reçoit les grands de ce monde : Ladislas de Pologne, Marie de Médicis, la reine mère de France et le duc de Buckingham. La maison renfermait des œuvres de Titien, du Tintoret, de Véronèse, Léonard de Vinci, Raphaël, Ribera, Holbein, Antonio Moro, Van Eyck, Breughel le Vieux, Brouwer...
Comment vivait Rubens au quotidien ? D'après une correspondance, on prétend qu'il se levait tôt (5h), qu'il pratiquait l'équitation sur les remparts et qu'il assistait à la messe avant de se mettre au travail. On suppose aussi que pendant qu'il

travaillait, il recevait les visiteurs ou dictait une lettre, et on lui faisait la lecture d'œuvres de l'Antiquité. Il s'intéressait d'ailleurs à tout : voyages, histoire naturelle, art antique, archéologie. Après un déjeuner léger, il travaillait jusqu'à 5h ou 6h du soir. Sa tâche quotidienne terminée, il rédigeait son courrier. Il a laissé une importante correspondance. Il dînait ensuite, parfois en compagnie d'hôtes de marque, remplissant ses obligations de diplomate devant cultiver ses relations.

Cette vie sévère et réglée n'était-elle pas à l'image de la devise *Prions pour une âme saine dans un corps sain,* qui orne le portail de la maison ? Pourtant, les conditions de vie dans la maison étaient loin d'être faciles. À la cuisine, pas de four ni de fourneau. Il faisait très froid en hiver, bien que les murs fussent tapissés de cuir mordoré de Malines (à la façon de Cordoue, un très bon isolant).

Travailleur infatigable et aussi homme d'affaires avisé, l'artiste produisit ainsi 2 500 œuvres tout au long de sa vie. On ne restait pas inactif, à l'époque baroque. Cette maison fut la maison des joies et des peines de Rubens : en 1618 son fils Nicolas y naît, en 1623 sa fille Clara y meurt et en 1626 son épouse Isabelle Brandt la rejoint dans la tombe, sans doute frappée par la peste. À 53 ans, Rubens se remarie avec Hélène Fourment, une jeune beauté de 16 ans. Le portrait de ce second mariage (1630) a été réalisé dans le jardin de la maison. De cette union naissent cinq enfants. Souffrant d'arthrite, Rubens meurt le 30 mai 1640 dans cette demeure qui fut à l'image de son génie.

La maison renferme aussi de nombreux souvenirs de son séjour en Italie. Trompe-l'œil, bustes de la Renaissance, maison de Mantegna, de Vasari... À l'image de la noblesse des Flandres, Rubens fut un collectionneur avisé. En témoigne la richesse de son cabinet d'art, au rez-de-chaussée, envisagé comme un temple dédié à l'art : antiquités, instruments et livres scientifiques...

Visite de la maison
➤ **Rez-de-chaussée**

– *Dans la première pièce :* murs en cuir doré de Malines. Tableau représentant l'une des propriétés de Rubens. C'est du Watteau avant l'heure.

– *La cuisine :* vaste âtre et pots en majolique peinte de couleurs vives. Dans la pièce attenante, *Femme au raisin* de Jacob Jordaens, plein de références à l'amour (le perroquet, symbole de volupté et le panier de fruits, la fécondité !).

– *La salle à manger :* noter le superbe linteau en bois sculpté de la cheminée, ainsi que le buffet ciselé de style Renaissance. Au mur, un portrait de sa seconde femme et un des rares autoportraits du peintre (Rubens en peignit quatre, Rembrandt environ quarante !). On date traditionnellement cet autoportrait de 1630, année du mariage de Rubens avec Hélène Fourment. Rubens avait alors 53 ans.

– *Le cabinet d'art :* cabinets d'art et de curiosités sont à la mode au début du XVIe s. Cette collectionnite aiguë impose un nouveau genre pictural : la représentation du cabinet d'art. Le célébrissime tableau de Willem Van Haecht présente ici la collection de Cornelis Van der Geest (1555-1638), un ami de Rubens. Au premier plan, il le montre avec fierté à ses hôtes une des pièces maîtresses : *La Vierge à l'Enfant,* de Quentin Metsys. En bas, à gauche, sont assis les archiducs Albert et Isabelle, alors gouverneurs des Pays-Bas. Rien que ça ! Rubens, quant à lui, se tient à droite derrière l'archiduc (on peut aussi reconnaître Van Dyck derrière Van der Geest). La collection de Rubens, la plus importante d'Anvers à l'époque, a malheureusement été dispersée.

➤ **1er étage**

La grande chambre à coucher : avec encore une large cheminée, un lit de bois sculpté et le collier d'Hélène Fourment.

– *La lingerie :* mobilier de qualité dont une « presse à linge » abondamment ciselée et un buffet marqueté de style Renaissance.

– Dans la pièce suivante, portrait de Van Dyck par Rubens. Intéressante répartition de la lumière et ce regard un poil insolent !

– *Living-room :* c'était effectivement la pièce à vivre. Collier de guilde, entouré des portraits de ses grands-parents paternels.

➤ *Retour au rez-de-chaussée*

– Dans la pièce précédant l'atelier, on découvre plusieurs œuvres majeures : *Silenus qui dort* en bronze doré et lapis-lazulis du sculpteur bruxellois Frans Duquesnoy. *Portrait de sainte Agnès* (on reconnaît à l'arrière-plan le portique de la maison de Rubens), une vue de la demeure de l'artiste par un inconnu et un magnifique portrait de sa première épouse Isabelle.

– *Le grand atelier :* de la tribune, les visiteurs étaient autorisés à admirer le maître au travail. Nos coups de cœur : deux œuvres que tout oppose. D'abord *Adam et Ève,* une production pré-italienne (une des rares avant 1600), reconnaissable au style classique presque rigide, aux tons assez ternes. En fait, ce sont presque des statues. Il trouvera sa voie et la liberté à Rome. Ainsi, dans l'*Annonciation,* au retour de la Ville Éternelle, les couleurs sont éblouissantes, les corps déliés, personnages en mouvement, ornés d'élégants drapés... Une curiosité : *Henri IV à la bataille d'Ivry* (commandé par Marie de Médicis), un tableau inachevé qui permet de

comprendre la technique de Rubens. Il travaille les grandes lignes à grands coups de pinceau. Au centre, par exemple, un soldat casqué possède trois bras et deux armes. Rubens n'a pas encore choisi la bonne position du corps... Autres tableaux de Van Dyck.

🏃🏃 *Sint-Jacobskerk (église Saint-Jacques ; plan couleur C2) : Lange Nieuwstraat, 73-75. ☎ 03-225-04-14. Avr-oct, tlj sf mar 14h-17h. Ne se visite pas pdt les offices. Entrée : 2 €.* Cette église de style gothique flamboyant (XVe et XVIe s) fut la paroisse de Rubens. C'est là qu'il se remaria, c'est là qu'on l'enterra. Il avait lui-même choisi l'œuvre qui décore sa chapelle funéraire : *Notre-Dame entourée des saints* (1634). Une photo de famille en somme, Rubens étant saint Georges. En plus de la profusion luxuriante des marbres et des 23 autels, admirez au passage le *Saint Charles Borromée soignant les pestiférés* (1655), de Jacob Jordaens.

◎ 🏃🏃 *Begijnhof (le béguinage ; plan couleur C2) : entrée par la Rodestraat, laquelle donne dans l'Ossenmarkt. Tlj 9h-17h. GRATUIT.* Petit détour pour visiter, au nord du centre historique, un quartier qui cache en son sein un havre de paix, cela dit pour ceux et celles qui ont un peu de temps, car le béguinage d'Anvers n'a rien à voir avec celui de Bruges. On situe l'arrivée des béguines en 1544. En plus de leurs habituelles maisonnettes, ces dames de grande vertu construisirent un hôpital. Quand elles ne s'occupaient pas des malades, elles priaient ou faisaient de la dentelle. Des courettes charmantes précèdent les maisons aux noms évocateurs. Un conseil, venez tôt le matin (de toute façon, c'est le seul site ouvert à cette heure). La rue pavée, la vieille église, presque toujours fermée, baignent d'une paix sereine ces lieux délicieux. Allez savoir pourquoi les béguines ont disparu...

🏃🏃🏃 *Rockoxhuis (maison de Rockox ; plan couleur zoom) : Keizerstraat, 12. ☎ 03-201-92-50. ● rockoxhuis.be ● Tlj sf lun 10h-17h. Entrée : 2,50 € ; gratuit avec la City Card et pour ts le dernier mer du mois. Livret de visite en français.* Retour au centre ancien, pour repartir à la découverte d'Anvers... au temps de Rubens.

Pendant la rénovation du musée royal des Beaux-Arts d'Anvers (jusqu'en 2018), la maison Rockox accueille plusieurs œuvres du musée, se transformant ainsi en véritable *Cabinet d'Or,* tel que se présentait sans doute une collection d'art anversoise au Siècle d'or. En plus des œuvres habituellement exposées, vous y verrez de splendides peintures de Van der Weyden, Memling, Van Eyck, Rubens, Van Dyck, Jean Fouquet (et sa célèbre *Madone aux séraphins !*), entre autres. Soit une bonne centaine de chefs-d'œuvre en tout ! Il est évident que l'accrochage a été quelque peu chamboulé ; ne vous étonnez donc pas si tel ou tel tableau a été déplacé ou remplacé...

Rockox, humaniste, mécène et bienfaiteur des Arts, était l'ami, le protecteur de Rubens. Un ami haut placé qui plus est : neuf fois bourgmestre entre 1603 et 1625 (son oncle l'avait été sept fois avant lui !). Il vivait dans un hôtel de maître séduisant. Le voici, dans son jus, devenu une sorte de musée de l'Art et de l'Habitat au XVIIe s avec, au premier chef, l'une des toiles que cet amateur d'art commanda à son ami Rubens : *La Vierge à l'Enfant,* où figurent sa femme et son fils. Au fil des pièces, le notable d'Anvers dévoile son existence et ses goûts. Il aimait aussi le beau mobilier comme vous allez le voir.

– *1re salle :* la *Multiplication des pains* de Lambert Lombard se révèle une fort belle composition, addition harmonieuse de miniscènes. Très gracieuse *Vierge à l'Enfant* de Quentin Metsys, une de ses œuvres les plus anciennes, transition du style gothique vers la Renaissance. Cheveux très longs, car c'était (avec la taille fine) l'un des grands critères de la beauté féminine à l'époque.

– *2e salle :* on trouve deux études pour une toile de Van Dyck (1618) réalisée à l'âge de 19 ans. Son talent éclate déjà dans l'expression du clair-obscur. Puis une *Marie en adoration.* C'est en fait la première femme de Rubens et le message est clair : « bonheur conjugal et dévotion »... De David II Teniers, une *Fête de village* ou la vision d'un bourgeois sur ce qu'était la vie à la campagne.

– *3e salle :* magnifiques meubles sculptés, dont un cabinet incrusté d'ivoire montrant Adam et Ève chassés du paradis.

– *4e salle :* l'*Allégorie du Droit* de Maarten De Vos et un chef-d'œuvre anversois : un cabinet tout en broderie de soie rehaussé de fil d'or.

– *5e salle :* un admirable Frans Snijders, le *Marché aux poissons d'Anvers.* Il semble impossible que sur un marché il y ait autant de variétés et de formes aussi riches. Et toujours ce petit chat dans un coin, symbolisant souvent à l'époque la fourberie dans cette fausse abondance. Au centre de la demeure, jardin de simples.

– *6e salle :* *Fête au village* de Pieter Bruegel le Jeune (1560). Remarquable copie de l'œuvre de son père. Cabinet avec des peintures sur cuivre destiné à l'exportation (il ne risquait pas de s'abîmer à cause de l'humidité et des différences de température).

– *Dernière salle :* encore une jolie nature morte de Snijders, un Frans Francken et une intéressante *Kermesse* de Hans Bol. Quand on la détaille, on note les différences de classes et les diverses activités sociales : les gens du peuple sont personnifiés par ceux qui relèvent un personnage ivre. La noblesse, les riches négociants sont en bas à gauche. Ils ne viennent que pour se faire admirer. Au fond, une procession sort de l'église, tandis que les paysans traversent la foire avec leurs produits. Tous les acteurs de la société sont bien en place.

🏃🏃 *Sint-Carolus-Borromeuskerk* (église Saint-Charles-Borromée ; plan couleur zoom) : *Hendrik Conscienceplein, 12.* ☎ *03-231-37-51. Lun-sam 10h-12h30, 14h-17h. Fermé dim sf pour le culte (à 10h et 11h30 mais « circulation » interdite). GRATUIT.*

C'est l'un des joyaux du baroque dans le monde occidental. C'est aussi l'église de Rubens par excellence. Il en dessina même la façade. Évidemment, l'église comptait plusieurs œuvres du maître.

Les jésuites ont édifié l'église de 1615 à 1621. L'intérieur est un modèle de légèreté dans ses volumes et d'équilibre entre ses baroques, ses murs blancs et ses boiseries sombres, le tout rythmé par d'élégantes arcades. Remarquez les confessionnaux, ô combien gracieux et originaux. L'ensemble jouit d'une grande clarté. À l'étage, une belle loggia rappelle les églises latines du Sud. Avant d'être rendue au culte, l'église a servi de temple de la Loi, et même d'hôpital. La chapelle de Marie abrite les peintures religieuses de Rubens. Selon la brochure de l'église, « celui qui ne quitte pas ce lieu plein de joie doit être un endurci ».

– En programmant votre visite de l'église, n'oubliez pas, si vous êtes là un mercredi, de vous réserver l'accès au *musée de la Dentelle*.

– À côté de l'église se dresse la riche *bibliothèque* publique de la ville. Tout cela fait de la place Conscience l'un des lieux les plus romantiques d'Anvers.

– Petite curiosité : au n° 37 de la Wolstraat, poussez la porte, c'est ouvert ; vous vous trouvez dans une charmante courette au centre d'un pâté de maisons. Cela s'appelle *Bontwerkersplaats* et faisait partie d'un ensemble architectural de maisons ouvrières.

🏹 *De Boerentoren* (plan couleur zoom, 138) : *Schoenmarkt.* Construit de 1929 à 1932, le Boerentoren, siège de la banque *KBC*, serait le plus vieux gratte-ciel d'Europe. Art déco s'il vous plaît... L'édifice avait pour vocation d'abriter la première banque d'épargne destinée aux paysans. On ne peut pas le rater : il domine tout Anvers (93,75 m).

🏃🏃 ***Museum Mayer van den Bergh*** (plan couleur B3) : *Lange Gasthuisstraat, 19.* ☎ *03-338-81-88.* ● *museummayervandenbergh.be* ● 🅣 *n°s 7 et 4, arrêt « Lange Gasthuisstraat ». Tlj sf lun 10h-17h. Entrée : 8 € ; réduc ; gratuit avec la City Card et pour ts le dernier mer du mois. Ticket combiné avec la maison de Rubens : 10 €.* Vous voici dans le cénacle d'un grand collectionneur, Fritz Mayer Van den Bergh (1858-1901). L'homme menait une triple vie : d'un côté, il cumulait les fonctions officielles ; d'un autre, il passait son temps à collectionner les œuvres d'art avec une certaine prédilection pour le gothique et la Renaissance (tableaux, sculptures, faïences, porcelaines...) ; enfin, il enquêtait longuement pour déterminer l'histoire de chaque objet. Il rêvait de pouvoir montrer ses collections dans un musée. Il avait déjà acquis les manteaux de cheminée dont il comptait décorer l'endroit, quand la mort le surprit, encore jeune. Sa mère reprit le flambeau. Non contente de créer le musée, elle s'en institua même – chose incroyable pour l'époque – la conservatrice.

En tout, les collections comprennent 3 000 objets d'art et quelque 2 000 médailles et monnaies, mais seule une petite partie en est exposée. Impossible de tout citer, voici nos grands coups de cœur.

Rez-de-chaussée

Nombreux jolis petits maîtres, *Faune* de l'atelier de Rubens, mais surtout la fantastique *Fête paysanne* de Pieter Bout où le soleil, très inconstant, crée tout un jeu d'ombres sur la fête... Merveilleux triptyques *salle 4,* dont l'horrible *Martyre d'Erasmus* et la *Vierge allaitante* de Roger Van Weyden. À côté, les visages empreints de douceur de Marie, Catherine et Barbe du Maître de la légende de Madeleine. Mais le must, c'est ce *Calvaire* de Quentin Metsys, encadré des deux donateurs (à propos, à droite, que fait là Ève, pas plus haute que trois pommes ?). La palme de l'insolite revient à la *Dormition de la Vierge* du Maître d'Amiens où tous les personnages sont horribles et d'une pâleur cadavérique hallucinante.

1er étage

Francesco de Medici par A. Allori (super rendu du métal de la cuirasse), belle tapisserie de Bruxelles et une *Catherine et Barbe* de Lucas Cranach pleines de charme.

– *Salle 5 :* des natures mortes et de jolis vitraux peints des XVe au XVIIe s. Salle suivante, un étonnant *Jésus et saint Jean reposant sur sa poitrine* du Maître Heinrich de Constance, plein d'une tendre intimité (vers 1300).

Grande salle tapissée de cuir de Malines, c'est la bibliothèque. Grands portraits, enluminures, bijoux, superbe mobilier. Dans la petite salle attenante, *Fête de village* de Martin Van Cleef, mais surtout l'extraordinaire *Dulle Griet* (Margot l'*Enragée*) de Pieter Bruegel Ier, impressionnante dénonciation de la guerre et de ses méfaits, magistrale allégorie de la Folie, du Vice et de la Bêtise, et surtout dénonciation des horreurs de l'Inquisition.

En plus, on peut admirer ses *Douze Proverbes* peints sur des assiettes de bois, et, en prime, le *Recensement à Bethléem* de Bruegel le Jeune (une copie d'une œuvre de son père), ainsi que l'*Arrivée des Rois mages* de Jan Bruegel (un vrai boulot de miniaturiste).

– *Salle des sculptures religieuses (salle 8)* : d'abord, on admire la *Marie Madeleine* de Jan Gossaert, dit Mabuse : richesse du rendu du vêtement et de la coiffure sans égal, velouté et toucher de la peau exceptionnels...

UN FLAIR INCROYABLE !

Dulle Griet fut repérée dans une vente aux enchères par Fritz Meyer Van den Bergh en 1894. Le tableau était inconnu des marchands d'art présents. On supposait que ça pouvait être un Bruegel, mais le peintre était méprisé pour ses sujets peu nobles, voire grossiers. Fritz Mayer, qui possédait une solide connaissance de la peinture du XVIe s, conclut facilement la vente pour une somme dérisoire et prouva par la suite que c'était bien le « Dulle Griet » disparu mais répertorié dans un catalogue du XVIIe s. Elle est considérée depuis comme l'une des plus célèbres de Bruegel l'Ancien !

🏃 **Maagdenhuis** (Maison des vierges ; plan couleur B3, **123**) : *Lange Gasthuisstraat, 33.* ☎ 03-223-56-20. *Tlj sf mar 10h (13h le w-e)-17h. Entrée : 7 € ; réduc ; gratuit avec la* City Card *et pour ts le dernier mer du mois.* Des siècles durant, ce bâtiment logea des orphelines. Fort logiquement, il sert aujourd'hui de local au Centre public d'aide sociale. On ne visite que le rez-de-chaussée. Et d'abord le musée. Dans un décor superbement carrelé où reposent des armoires en chêne, vous admirerez quelques beaux tableaux. Et deux majestueux *Saint Jérôme*, l'un d'Antoon Van Dijck et l'autre de Maarten De Vos, tous deux datés de la fin du XVIe s.

ANVERS

De la gare Centrale à la gare de Berchem, promenade jusqu'au quartier Zurenborg (Art nouveau)

Quartier en pleine mutation, où le chic côtoie la déglingue, le quartier de la gare Centrale reste un bon point de chute pour nombre de voyageurs. Forte présence de l'Asie, d'un côté, avec des karaokés coréens et des épiceries chinoises. Pour les habitants d'Anvers, c'est un autre quartier, de l'autre côté de la voie ferrée, qui a leurs faveurs. Nombreuses villas Art nouveau et adresses très *trendy*.

🏃🏃🏃 **Le Jardin zoologique** (plan couleur D3) : *Koningin Astridplein.* ☎ 03-202-45-40. ● zooantwerpen.be ● *Sur la droite en sortant de la gare. Tlj tte l'année : 10h-19h en juil-août ; jusqu'à 18h en mai-juin et sept, 17h30 en mars-avr et oct, 16h45 le reste de l'année. Entrée : 22 € ; 17 € pour les 3-17 ans. Réduc (notamment avec la* City Card*).* Créé en 1843, le zoo d'Anvers est l'un des plus vieux au monde. Tout commença par une collection d'oiseaux empaillés car les concepteurs du lieu avaient en tête de promouvoir l'étude des sciences naturelles. Aujourd'hui, le zoo regroupe quelque 430 espèces et plusieurs milliers d'animaux, dont certains très menacés, comme l'*okapi* ou le *paon du Congo*. Outre les grands mammifères communs à tous les zoos, vous pourrez assister quotidiennement au nourrissage de nombreuses espèces comme les phoques, les manchots ou les rapaces, ou encore profiter des spectacles d'otaries à l'Aquaforum.

ANVERS

Ce zoo reste aujourd'hui un lieu de promenade unique en son genre, où l'on vient de toute la Belgique, en famille, passer la journée. On y mange plus devant les grilles que derrière, et les animaux semblent blasés devant le spectacle des enfants repus qui passent et repassent, avec leurs glaces et leurs pop-corns. Profitez des heures creuses pour visiter le *Vries-land*, où évoluent manchots et loutres de mer, et, surtout, le

ÉTONNANT OKAPI

Ce mammifère ne fut découvert qu'au début du XXe s, en Afrique centrale. Bien connu des pygmées, son existence avait été rapportée par l'explorateur Stanley. Très rare, ce ruminant qui tient de la gazelle et du zèbre, appartient en fait à la famille de la girafe. Sa langue peut atteindre 50 cm et lui permet de se nettoyer les oreilles. Ce qui est effectivement bien pratique !

biotope *hippotopia* (fraîchement rénové, de même que le *palais des oiseaux*), qui héberge des hippos, bien sûr, mais aussi des tapirs de Malaisie, des ragondins ou encore des pélicans frisés. Vous serez amusé par le *temple égyptien,* construit au XIXe s pour les girafes et les éléphants... Son auteur, Charles Servais, devait être encore sous le coup de l'égyptomanie mise à la mode par l'équipée de Bonaparte en visite chez les Mamelouks. Le bâtiment sera sous peu rénové. Le roi des animaux est, lui, à la fête puisqu'il vient de recevoir un nouvel enclos gigantesque où il cohabite avec des mangoustes jaunes et des suricates.

Le zoo d'Anvers occupe plus de 10 ha en plein centre-ville. C'est beaucoup. Et comme les Belges sont amateurs d'étrange, il court pas mal d'histoires parfois véridiques à propos d'animaux en fuite dans la ville. La Société royale de zoologie d'Anvers possède un deuxième parc près de Malines, à Muizen : c'est le parc animalier de *Planckendael,* une vaste réserve où la nature est en beauté et où les animaux disposent d'enclos plus grands.

🗡🗡 🏃 *Aquatopia (plan couleur D2) :* Koningin Astridplein, 7. ☎ 03-205-07-40. ● *aquatopia.be* ● *Dans les bâtiments de l'hôtel* Astrid Park Plaza. *Tlj (sf j. de Noël) 10h-18h (dernier billet 1h avt). Entrée : 14,50 € ; réduc (notamment avec la City Card) et forfaits famille.*

Pour les amateurs de faune aquatique, un aquarium d'1 million de litres, 16 km de tuyaux et 10 000 poissons. Divisé en une dizaine de sections (la forêt et les mers tropicales, la mangrove, les merveilles de l'océan, les lits des rivières australiennes...), il renferme une multitude d'espèces aux noms hilarants, comme les dollars d'argent, poissons-porcs, souffleurs épineux, chirurgiens olivâtres, cœurs saignants, demoiselles à queue dorée, oursins-crayons ou « chelmons à bec médiocre » !

Bien sûr, vous passerez dans le traditionnel tunnel à requins, où se meut aussi un poisson Napoléon, et pourrez admirer raies, murènes et poissons-pierres. Les curieux apprendront également, grâce aux bornes interactives, que les piranhas ne sont en fait guère dangereux pour l'homme... et que les poissons-clowns femelles sont tous d'anciens mâles auxquels une supériorité physique sur leurs congénères a imposé un changement de sexe !

🗡 *La gare d'Antwerpen Centraal (plan couleur D3) :* construite entre 1895 et 1905 par l'architecte L.-J.-J. de La Censerie, elle a subi d'importants travaux pour accueillir, depuis 2007, les *Thalys* en provenance de France. Son style néo-baroque vaut le coup d'œil. Une gigantesque verrière et un magnifique dôme coiffent l'ensemble. Les matériaux (fer et verre) autorisent tous les éclectismes (mélanges de styles, pour ceux qui auraient oublié). Ce grand urbaniste qu'était le roi Léopold II fut le plus ferme soutien de cette « cathédrale du chemin de fer ». Il y a même des touristes qui la prennent pour une église ! Jeter un coup d'œil au buffet du 1er étage, qui a été restauré. Vous pouvez rejoindre directement le quartier des diamantaires, qui longe la gare, ou partir à la découverte d'un des quartiers les plus attachants et les plus recherchés (par ses habitants) : Zurenborg, de l'autre côté de la voie ferrée, au sud-est de la ville.

Le quartier Zurenborg et la rue Cogels Osylei : non loin de la gare ferroviaire de Berchem (elle-même à 2 km au sud du centre). On peut s'y rendre en train depuis Antwerpen Centraal. Ou en passant sous le pont de la Guldenvliesstraat : c'est là que commence la Cogels Osylei. La gare de Berchem est également desservie par le bus n° 34, venant du centre, ainsi que par les trams nos 4, 9 et 11.

Vers la fin du XIXe s, le quartier Zurenborg n'était qu'une vaste exploitation agricole. Édouard Osy et John Cogels, descendants du banquier baron Jean Osy, décidèrent d'y bâtir une gare ferroviaire marchande afin de créer une zone industrielle le long de la voie ferrée Anvers-Bruxelles. Observant, vers 1880, l'accroissement de la population anversoise, ils changèrent leur fusil d'épaule et construisirent des habitations. L'opération immobilière se révéla aussitôt juteuse. Toute la bourgeoisie catholique et dorée rêvait d'une belle villa sur ces terres que l'on surnomma, du coup, le « quartier des Calotins » (Kalottenwijk).

Le style est typique du *Jugendstil* (Art nouveau), on ne peut plus éclectique et pourtant très homogène. Chacune de ces villas, qu'elle soit néogrecque, néogothique, néo-Renaissance, néobaroque ou encore Arts & Craft, est un modèle du genre, dans un pur esprit Belle Époque. Quelques très beaux exemples de pur *Jugendstil,* aux influences végétales et florales, fortement inspirées de l'architecte bruxellois Victor Horta. Détail : le Neuilly anversois vaut pour ses façades car l'intérieur en serait, prétend-on, plus banal. Pour les *sinjoren,* le look primait sur tout. Mais ne boudez pas votre plaisir, 170 de ces maisons sont classées Monuments historiques, signées, qui plus est, par de grands architectes tels que Jos Bascourt, un élève de Horta. Les amateurs d'ambiance et d'architecture seront comblés et ne regretteront pas cette petite virée à l'écart du centre-ville. Il suffit de repasser en dessous de la voie ferrée pour poursuivre la visite par celle du quartier juif, à l'ouest de la gare Centrale.

Le quartier juif et les rues des diamantaires

En regardant la façade de la gare ferroviaire, prendre sur la droite. On s'enfonce alors au cœur du quartier juif. La *Pelikaanstraat* et les rues alentour *(plan couleur D3)* sont bordées par des dizaines d'entreprises de bijouterie qui ont souvent leur boutique sous les voies du chemin de fer. Ici, les juifs hassidim (qui suivent les préceptes talmudiques de manière stricte), rejoints par des Indiens jaïns, des Libanais et des Arméniens, forment une communauté de quelque 20 000 âmes. Très pratiquants, ces juifs portent une tenue austère et simple : un manteau noir, un chapeau ou bien la traditionnelle kippa. Selon la tradition, ils ont de longues mèches en papillote roulées autour des oreilles.

LE CASSE DU DIAMOND CENTER, POUR 100 MILLIONS D'EUROS ENVOLÉS

Il eut lieu en 2003, dans cette rue des Diamantaires, longue de 300 m et surveillée par deux commissariats et des centaines de caméras. Notarbatolo, le « cerveau » italien avait créé Préciosa, une société de courtage bidon qui n'opéra aucune transaction mais pour obtenir des badges d'accès. 123 coffres furent vidés de leur contenu. Casse parfait, sauf que des objets inutiles furent abandonnés sur l'autoroute, dont un papier à en-tête de la firme. L'instigateur est aujourd'hui en prison, mais ses comparses (et le butin) courent toujours.

Jusqu'à présent, beaucoup de ces juifs pratiquants travaillaient dans l'industrie et le commerce du diamant. Clin d'œil linguistique : le mot anglais *jew* n'est-il pas contenu dans le mot *jewel* ? Le quartier des diamantaires d'Anvers joue depuis le XVᵉ s un rôle essentiel dans l'économie de la ville. Les juifs étaient déjà à Anvers au XIIᵉ s. C'est aujourd'hui *le plus grand centre diamantaire au monde.* Voilà un espace urbain qui ne mesure pas 1 km² mais dont le chiffre d'affaires dépasse les 20 milliards d'euros par an. Ce petit quartier assure à lui seul pas loin de 7 % (en valeur) des exportations annuelles de la Belgique !

Savez-vous que quatre des 29 Bourses du diamant que compte la planète se situent à Anvers ? On trouve dans ce quartier 1 500 sièges de sociétés diamantaires. Côté diamants bruts, ce sont près de 85 % de la production mondiale et 50 % des diamants taillés qui passent par Anvers. Selon des rites immuables au sein de la profession, les transactions orales y sont la règle. Et on est

forcément entre gens de parole : celui qui ne respecterait pas la sienne verrait sa tête mise à prix dans le monde entier. Cela dit, le marché est de plus en plus entre les mains de négociants jaïns du Nord de l'Inde, qui réalisent déjà 70 % des transactions. Le succès de ces Indiens, qui pratiquent une religion non violente où dominent le végétarisme et le respect des êtres vivants, provient de leur capacité à délocaliser leurs ateliers de taille dans leurs entreprises familiales de Bombay et du Gujarat.

🏃 *Diamondland (plan couleur C3, 149) : Appelmansstraat, 33 A.* ☎ *03-229-29-90.* ● *diamondland.be* ● *Lun-sam 9h30-17h30. On vous conseille la visite guidée (20 mn) lun-ven à 11h. GRATUIT.* On peut y voir les tailleurs de diamants au travail et suivre les étapes de ce délicat processus : le marquage, le clivage, le débrutage, la taille (facettage et polissage). Pour qu'un diamant soit beau, il doit réunir quatre qualités, les « Four C » en anglais : Carat, Clarity, Color and Cut, c'est-à-dire le carat, la clarté, la couleur et la coupe. Bien sûr, il n'est pas interdit d'acheter. Rien de bien palpitant au final.

Dans le quartier du MAS et du vieux port, au nord de la ville

🏃 *Hessenhuis (plan couleur C1, 142) : Falconrui, 53.* Cette majestueuse demeure du XVIᵉ s hébergeait les armateurs allemands. L'extérieur vaut le coup d'œil mais l'intérieur ne se visite pas. N'allez pas faire un détour rien que pour elle, cela dit.

🏃 *Sint-Pauluskerk (église Saint-Paul ; plan couleur B2, 130) : Veemarkt, 14, au nord de la Grand-Place.* ☎ *03-232-32-67. Entrée par la Nosestraat, au Veemarkt (marché au bétail). Ouv 1ᵉʳ mai-30 sept tlj 14h-17h ; le reste de l'année, ouv pour la messe (mar-ven à 18h et dim à 11h) mais la visite est interdite pdt l'office. Rens par tél conseillé. Gratuit (1 € pour le trésor ; gratuit avec la City Card).* L'incendie qui ravagea l'édifice dans les années 1960 semble avoir encore accentué son mystère (bien que tout ait été reconstruit). Le baroque du XVIIIᵉ s imprègne particulièrement les stalles, élégantes autant que majestueuses, ainsi que les confessionnaux richement ouvragés. Rubens a laissé ici plusieurs œuvres majeures : *La Dispute du Saint Sacrement* (1609), *L'Adoration du berger* et surtout *La Flagellation* (1617), qui font partie des 15 panneaux du *Mystère du rosaire.* L'église Saint-Paul passe pour être le seul lieu au monde où un Rubens, un Van Dyck et un Jordaens sont encore accrochés à leur place initiale. Vous apprécierez également le jardin et la cour de l'église – entre autres –, le calvaire, aux figures richement sculptées, surtout aux abords de la nuit, lorsqu'une lumière hitchcockienne enveloppe l'église.

– Entre l'église Saint-Paul et le vieux port se trouve toujours ce que l'on appelait le *quartier chaud* d'Anvers. Un quartier en mutation, colonisé par une clientèle plus jeune qui petit à petit éteint les fameux néons rouges et roses qui formaient une auréole cosmétique pas toujours esthétique autour des corps féminins, réunis ici sans distinction d'âge ou d'ethnie.

🍴🍴 *Het Eilandje :* avec l'ouverture, en 2011, du MAS, le musée de la décennie, qui a créé l'événement en Flandre et dans le monde des amateurs de muséographie contemporaine, c'est le quartier de la ville le plus tendance aujourd'hui que vous allez découvrir. Un projet de six tours de logements conçues par des architectes de renommée mondiale est en revanche freiné par certains habitants de la ville, qui craignent de voir ce quartier perdre son âme, alors que d'autres imaginent déjà Anvers en nouveau Bilbao, tout un pan de la cité revivant à la suite de l'implantation d'un musée digne du Guggenheim de Gehry...

Les temps changent mais, pour les habitants d'Anvers qui continuent à l'appeler par son petit nom, ce quartier reste *Het Eilandje (L'Îlot),* la partie la plus ancienne du port. Dans la longue courbe qu'effectue l'Escaut (au niveau de Montevideostraat) s'amarraient jadis les paquebots transatlantiques de la célèbre *Red Star Line* pour embarquer les énormes contingents d'émigrants à destination des Amériques... Aujourd'hui, il ne subsiste plus, au coude à coude, que de hautes grues désœuvrées et des quais déserts, propices à de romantiques promenades au soleil couchant... L'itinéraire démarre au *dock Bonaparte* où s'élève désormais le MAS (voir plus loin). À partir de là, vers le nord, ce ne sont que succession d'entrepôts abandonnés, de bassins délaissés, au long de rues et de quais dont les noms sont autant d'invitations au voyage ! Bataviastraat, Braziliëstraat, Limastraat, Madrasstraat, Indiëstraat... Balade qui permet de découvrir d'insolites architectures (comme le néogothique immeuble du pilotage), de vénérables enseignes coloniales délavées, d'antiques écluses désormais classées (Kattendijkhuis sur Limastraat), des agences maritimes au chômage... Tout cela baigne dans une atmosphère d'une âpre nostalgie, dans l'attente du nouveau plan de développement. Quelques restos et cafés branchés n'ont pas attendu et commencent à animer Bordeauxstraat et Napoleonkaai. Tout en haut déjà, sur Siberiastraat, les anciennes pompes servant à vider l'eau des bassins abritent un beau restaurant à la mode (*Het Pomphuis,* voir « Où manger ? »)... Ne pas manquer de se procurer l'excellente brochure « Het Eilandje » (éditée par l'office de tourisme) avec ses itinéraires fort bien détaillés, révélant toutes les richesses architecturales du port et son émouvante histoire à travers nombre de passionnantes anecdotes.

🍴🍴🍴 *MAS – Museum aan de Stroom (musée Au Fil de l'Eau ; plan couleur B1) : Hanzestedenplaats, 1. ☎ 03-338-44-34. ● mas.be ● Tlj sf lun 10h-17h (21h jeu) ; avr-oct, ouv w-e jusqu'à 18h. Entrée : 5 € pour l'expo permanente ; 8 € pour les expos temporaires ; billet combiné 10 € (réduc). Gratuit avec la City Card et pour ts le dernier mer du mois. Accès libre (avr-oct 9h30-minuit ; nov-mars 9h30-22h) pour qui veut profiter de la vue panoramique, au 10ᵉ étage. Vidéoguide compris dans le prix ou application téléchargeable pour smartphone, système génial et dernier cri mais encore faut-il pouvoir s'accroupir pour scanner certains flashcodes !* 📶
Impressionnant et intrigant, même un faux fourre-tout au premier abord. C'est le nouveau symbole de la ville qui s'autocélèbre de manière ostentatoire. Dressé au-dessus des anciens docks, évoquant les formes des conteneurs du port, l'entrepôt géant réalisé par l'architecte néerlandais *Willem Jan Neutelings* superpose sur 10 étages d'énormes coffres en porte-à-faux et reliés entre eux par des galeries vitrées. Ils abritent désormais les témoins du passé. Des « pierres de sable » d'Agra, dont la tonalité oscille du rouge au brun, habillent les façades, parsemées de 3 185 mains en aluminium, autre clin d'œil à la légende anversoise de *Silvius Brabo* (voir encadré, plus haut, dans « Un peu d'histoire »).

ANVERS

Au cœur de ce bunker des temps passés et à venir, les salles (pour reprendre un terme plus muséographique) compilent toute l'histoire de la cité, du Moyen Âge à nos jours en passant par l'âge d'or, et l'évocation des trésors ethnographiques ou maritimes d'autrefois, au moyen d'une muséographie résolument contemporaine. Des escalators vous incitent à passer du passé au présent, des salles d'exposition à la lumière des couloirs aux vitres déformantes, du noir au clair.

Le *Museum aan de Stroom,* le *MAS* (pour faire bref), est un bâtiment hors normes, voulu comme tel pour raconter aux hommes et femmes d'aujourd'hui l'histoire de la cité, de son port et de l'Escaut, et de leur ouverture sur le monde. Musée communal, il regroupe les collections disséminées autrefois dans des musées qui conservaient, chacun à leur façon, un peu de la mémoire des siècles : marine, folklore, ethnographique...

Au 2e étage (en accès libre), on vous montre l'« Anvers » du décor avec le dépôt où sont stockées les 180 000 pièces des collections de la Métropole. Le 3e étage accueille les expos temporaires.

Au 4e, démonstration de puissance ; prestige et symbole : Anvers est riche et prospère donc inattaquable ; les puissants ont toujours voulu en imposer au peuple, en étalant leur fortune. Tableau effrayant de la *Furie espagnole* lors de la prise de la ville, alors aux mains des Réformés, En face, un portrait d'*Alexandre Farnèse,* par Pourbus (1585). Vitrines illustrant la puissance à l'aide d'objets en provenance du Japon, de Polynésie et des royaumes africains.

Au 5e niveau, « *Métropole* » : « une ville se bâtit sur son passé mais vit au présent tout en se tournant vers l'avenir », une devise qu'Anvers a fait sienne. On comprend toute l'importance du fleuve : les travaux portuaires ordonnés par Napoléon en sont le témoignage. Magnifique automobile *Minerva* de 1930.

Niveau 6 : Anvers, fort mondial. Splendides maquettes évoquant le lien avec la colonie, le Congo d'où débarquent minerai et richesses agricoles. Grues et transbordeurs pour évoquer le labeur des dockers.

Aux 7e et 8e étages est exposée la collection ethnologique de Paul et Dora Janssen sous le thème « Vie, mort et au-delà ». Plus rien à voir avec Anvers ! Le parcours débute par un espace complètement opaque agrémenté d'un environnement sonore de bruits étranges quasi organiques. Sarcophages égyptiens, statuaire africaine, masques mélanésiens, estampes japonaises montrant les phases de décomposition du corps humain, chamanisme et culte des morts mexicains plongent le visiteur dans une réflexion sur la précarité de la vie et les solutions spirituelles pour y faire face, notamment par le soutien des religions du Livre.

En fin de parcours, découvrez la ville d'un œil neuf, sur la terrasse qui surplombe Anvers. En réalité, le parcours n'étant pas chronologique mais thématique, rien ne vous empêche de commencer par la terrasse panoramique et de visiter le musée en le descendant.

🎭 *Red Star Line Museum (hors plan par B1) :* Montevideostraat, 3. ☎ 03-206-03-50. ● redstarline.be ● Mar-ven 10h-17h, w-e 10h-18h. Entrée : 8 € ; réduc ; gratuit avec la City Card. Ouvert en septembre 2013, le *Red Star Line Museum,* du nom de la compagnie maritime qui transporta des millions d'émigrés vers les Amériques, se veut « un lieu de souvenir, d'expérience, de débat et de recherche sur la mobilité de l'être humain à l'échelle internationale ». Établi dans les entrepôts historiques de la Red Star Line, il s'attache autant à l'histoire de la compagnie qu'à celle, plus intime, des millions de passagers qui fuyèrent en masse misère, famine et persécutions religieuses ou politiques. Deux millions embarquèrent à Anvers – parmi eux, un certain Albert Einstein ! – dont moins de 200 000 Belges... Anvers était l'un des grands ports européens, point de ralliement cosmopolite pour tous ces migrants rêvant de l'Eldorado américain et s'apprêtant à rompre tout lien avec le continent européen. Tout au long de cette éprouvante traversée, les attendaient crainte, bonheur, espoir, drame et désillusion. Une scénographie vivante et interactive retrace cette grande aventure, des bas-fonds de Varsovie au centre d'Ellis Island en passant par le pont d'un transatlantique, le tout à grand renfort de documents multimédias et de souvenirs ou d'objets personnels... Un bon complément au MAS. Là encore, magnifique vue sur le port depuis la tour d'observation.

Au sud de la ville : le quartier du musée de la Mode et des Arts

L'ouverture du musée de la Mode en 2002 a donné un nouvel essor à ce quartier et à son artère principale, la Nationalestraat *(plan couleur B3)*. Entraînés par le vent du renouveau, des créateurs et des stylistes, tels que Dries Van Noten ou Walter Van Beirendonck, y ont installé leur atelier ou leur magasin (voir plus haut la rubrique « Shopping »). Le quartier, animé le soir, voit aussi fleurir les restos et cafés branchés. Les anciens entrepôts sont réhabilités et transformés en lofts à l'architecture d'avant-garde. Voilà un périmètre en pleine renaissance donc, et si différent des quartiers

UNE VILLE D'ART, DE DESIGN ET DE MODE

Depuis la fin des années 1980, Anvers s'est confectionné une réputation dans le domaine de la mode avec un style « minimaliste » très caractéristique. Des Parisiennes branchées font le déplacement à Anvers lors des soldes ou pour découvrir les dernières créations du groupe des « Six d'Anvers ». Dans le quartier du Vlaamsekaai, on peut visiter leurs showrooms, où se combinent, dans un mélange détonnant, mode décoiffante et art contemporain.

historiques autour de la cathédrale. Depuis le musée de la Mode jusqu'aux quais de l'Escaut, des édifices contemporains s'intègrent désormais aux maisons populaires, encore peuplées d'immigrés turcs. L'un des symboles de ce renouveau est la ***Kloosterstraat,*** quasiment dévolue aujourd'hui aux antiquaires. Au n° 15 (à côté du resto *Hecker*), on remarque une noble façade à pignon et fenêtres à meneaux. C'est la ***maison Mercator Ortelius,*** superbe demeure patricienne des XVIe-XVIIe s. Cour intérieure avec façades de brique surmontées de pignons à la flamande sur trois côtés. Aile du fond plus tardive ornée de deux statues du XVIIIe s (Vénus et Bacchus). Entre Kloosterstraat et Nationalestraat s'étend un sympathique quartier résidentiel. Élégante rue bobo, la ***Rijke Beukelaerstraat.*** Les riverains ont installé des bancs devant chez eux et fait pousser buissons et fleurs. Au n° 4, une élégante demeure de 1651 en brique avec porche baroque en grès.

Plus au sud, dans le quartier du *Zuid,* le musée d'Art contemporain se réclame de cette nouvelle ligne architecturale, qualifiée d'« architecture navale ». À l'angle du Sint Michielskaai, voici les zébrures noires et blanches de l'immeuble de Bob Van Reeth, architecte anversois contemporain très controversé.

🍴 ***MoMu – ModeMuseum*** *(musée de la Mode ; plan couleur zoom, 150) :* Nationalestraat, 28. ☎ 03-470-27-70. ● *momu.be* ● *Depuis la gare Centrale,* 🚋 *nos 9 et 15 ou depuis la pl. de la Reine Astrid* 🚋 *nos 3 et 5 arrêt « Groenplaats ». Ouv slt pdt les expos, tlj sf lun 10h-18h. Entrée : 8 € ; réduc.* Les Anversois le surnomment le « MoMu ». Dans un immeuble réaménagé, le musée de la Mode n'abrite que des expositions temporaires à thèmes. On y trouve aussi l'Académie d'Anvers, sa célèbre école, et le *Flanders Fashion Institute* (institut de la mode des Flandres) imprégné de l'esprit de la « Bande des six » constituée à la fin des années 1980 : Marina Yee, Ann Demeulemeester, Dries Van Noten, Martin Margiela, Walter Van Beirendonck et Dirk Bikkembergs.

🍴🍴🍴 ***KMSKA – Koninklijk Museum voor Schone Kunsten*** *(musée royal des Beaux-Arts ; plan couleur A4) :* Leopold De Waelplaats. ☎ 03-238-78-09. ● *kmska. be* ● *Gratuit avec la City Card. Attention, le musée est fermé pour rénovation*

ANVERS

jusqu'en 2017-2018. On vous rappelle que, le temps des travaux, les plus belles œuvres s'exposent à la maison Rockox et à la cathédrale d'Anvers (ainsi qu'au *Groeningemuseum* de Bruges). La salle « Reine Fabiola » continue à accueillir des expos temporaires...

14-18 Du 20 septembre 2014 au 11 janvier 2015 s'y tiendra une expo consacrée à l'art durant la Grande Guerre autour de six figures importantes, comme le peintre Rik Wouters, l'écrivain Émile Verhaeren et le poète Paul van Ostaijen.

🗡🗡 *M HKA* *(musée d'Art contemporain ; plan couleur A4) : Leuvenstraat, 32.* ☎ *03-260-99-99.* ● *muhka.be* ● 🅣 *Bres (lignes nᵒˢ 12 et 24). Tlj sf lun et certains j. fériés 11h-18h (jeu 10h-21h). Entrée : 6 € ; réduc ; gratuit avec la City Card.* L'architecture de cet ancien silo à céréales brille par sa sobriété fonctionnelle. À l'extérieur, façade abricot dans un environnement délabré. À l'intérieur, vastes salles blanc de blanc. Elles accueillent des expositions à thèmes ou des rétrospectives d'artistes contemporains. Un musée bien plus expérimental que son cousin de Gand. Espaces immenses : parfois une œuvre seule dans une salle de 100 m². Le M HKA veut questionner le réel et notre quotidien de la façon la plus artistique qui soit. C'est réussi ! Une œuvre étonnante par exemple n'est accessible qu'en prenant l'ascenseur. Si les collections du musée (de 1970 à nos jours) vous intéressent plus que ses expositions, il faudra venir pendant la période creuse, c'est-à-dire en été. Mais les expos tournantes sauront certainement retenir votre attention.

🍽 Agréables terrasse et *cafétéria.*

🗡🗡 *FoMu - FotoMuseum* *(musée de la Photographie ; plan couleur A4) : Waalsekaai, 47.* ☎ *03-242-93-00.* ● *fotomuseum.be* ● 🅣 *Bres (lignes nᵒˢ 12 et 24). Tlj sf lun 10h-18h. Entrée : 6 € ; réduc ; gratuit avec la City Card.* Ce musée exceptionnel est l'un des grands musées de la photo. À voir surtout pour ses expos temporaires mais aussi, au 2ᵉ étage, pour sa collection permanente, exposée par roulement : August Sander, Man Ray, Doisneau, Cartier-Bresson, William Klein, Brassaï, Izis, Boubat...

Attention, ce n'est pas un musée de l'histoire de la photo. Vous ne trouverez que quelques appareils, à commencer par ceux, à silhouette, du XVIIIᵉ s. Les visiteurs s'extasieront cependant devant le gros truc circulaire en bois pour visionner des photos à l'aide de jumelles. Quelques agrandisseurs aussi de-ci de-là. Voir encore les « caméras de voyage », qui rappellent qu'on voyageait alors avec de grandes malles. Chemin faisant, on découvre que la Belgique avait tôt succombé à la mode parisienne des cartes de visite-portraits. Que des bourses d'échange existaient déjà. Qu'on s'échangeait les photographies des célébrités pour les coller dans des albums. Plus « gadget », les ancêtres des appareils de James Bond : appareils camouflés dans des revolvers, des cannes, des montres à gousset, des chapeaux, des paquets de cigarettes...

🗡 *Nieuw Justitiepaleis* *(nouveau palais de justice ; hors plan couleur par A4, 152) :* architecture étonnante, d'apparence à la fois majestueuse et délicate, surplombant cette entrée sud de la ville. Un grand souci écologique a présidé à sa construction. Curieux toit en forme de crêtes de vague ou d'écailles dorsales de dinosaure. Au choix ! C'est l'architecte Richard Rogers qui l'a conçu (il avait déjà travaillé avec Renzo Piano pour le Centre Beaubourg à Paris).

Manifestations

– *Marché aux oiseaux :* dim 8h-13h, sur Oudevaartplaats (Theaterplein, près du théâtre Bourla, du café De Foyer et de la maison de Rubens). Beaucoup de plantes et pas mal de brocante.

– *Marché du vendredi* (Vrijdagmarkt) : chaque ven mat sur la place devant la maison de Plantin. Ventes publiques de brocante et de fonds de greniers.

– **Concerts de carillon :** *à la cathédrale, tte l'année, lun, mer et ven 12h-13h ; 1er mai-30 sept, 15h-16h ; juin-sept, également lun soir 20h-21h.*
– **The Taste of Antwerpen :** *4 j. en mai.* ● tasteofantwerp.com ● Une grande fête vouée à la gastronomie et qui attire chaque année plus de 120 000 gourmands.
– **Sinksenfoor** *(grande foire de la Pentecôte) :* *pdt 6 sem, au Waalsekaai et au Vlaamsekaai.*
– **Fashion Show :** *en juin. Rens :* ☎ 03-226-14-47. ● ffi.be/ ● Défilés de mode permettant de voir les créations des étudiants de l'Académie de la mode d'Anvers. Très populaire.
– **Marché de Rubens :** *le 15 août, sur la Grand-Place.* Vendeurs en costume de l'époque de Rubens.

DANS LES ENVIRONS D'ANVERS

🏃 **Linkeroever** *(rive gauche de l'Escaut) : pour y aller en voiture, emprunter l'un des tunnels qui passent sous l'Escaut : soit le Waaslandtunnel (il part non loin de l'Italielei), soit – plus au sud – le tunnel Kennedy. En empruntant l'un des trams qui passent sous l'Escaut (les n°s 3, 5, 9 ou 15), descendre à l'arrêt « Frederik-Van-Eeden ». À pied, à vélo ou à moto : emprunter le tunnel Sainte-Anne, que vous trouverez tt au bout d'une longue descente, en arrivant des escalators (ou du grand ascenseur) du Sint Jans Vliet (plan couleur zoom, 148). Ce tunnel est long de 572 m, pour 4,74 m de diamètre, le tt à près de 32 m de profondeur ! Malgré ces petits frissons, ça vaut vraiment le coup : la rive gauche offre un panorama exceptionnel sur la ville.* Dans ce **quartier** baptisé **Sint-Anna** – comme le tunnel et la plage voisine –, n'attendez pas trop d'extases architecturales. Mais ses cafés et ses restaurants, campés devant le panorama mentionné plus haut, forment un îlot de détente apprécié des Anversois.

🏃🏃 **Openluchtmuseum voor Beeldhouwkunst Middelheim** *(musée de Sculptures en plein air du Middelheim) : parc du Middelheim, Middelheimlaan, 61.* ☎ 03-827-15-34. *Bus n°s 17, 21 et 33. Tlj sf lun et certains j. fériés 10h-17h (21h juin-juil, 20h mai et août, 19h sept et avr). Entrée gratuite sf s'il y a une expo temporaire. Gratuit avec la City Card.* Avant tout, procurez-vous un plan du parc et de ses sculptures au guichet qui se trouve à l'entrée du bois, en face du château (vu la circulation, prudence en traversant la Middelheimlaan). Ce musée est né en 1950 d'une idée qui a germé à l'occasion d'une exposition de sculptures. Sur 30 ha, le parc montre des statues dans tous les coins – il y en a 400, un vrai jeu de piste ! – et vous offre, en prime, un joli château. Tâchez de reconnaître le *Monument à Balzac* (1892-1897) de Rodin, *Le Chien* (1958) de Calder – on le voit mieux de loin que de près –, *Orpheus* (1956) de Zadkine, l'amusant *Prophète* (1933) de Gargallo, les très expressifs *Roi et reine* (1952-1953) de Henry Moore et encore Maillol, Henri Laurens, Rik Wouters... Plus les œuvres prêtées pour des expositions ponctuelles. Au fond du parc, un pavillon abrite les statues les plus fragiles.

LE PORT D'ANVERS

🏃🏃 Anvers est à 88 km de la mer, via l'Escaut. Ça ne l'empêche pas d'être le 2e port d'Europe (après Rotterdam). Napoléon l'y a bien aidé... 2 000 ouvriers ont œuvré à la construction des bassins (Bonapartedok et Willemdok) de sa base navale. Deux siècles ont passé... Mais, à présent, l'activité a déserté le vieux port pour se concentrer dans les nouvelles zones portuaires. Inutile d'y chercher les parfums du Congo qu'exhalaient autrefois les marchandises débarquées sur le Steen...

ANVERS

Poumon de l'économie nationale, le port d'Anvers a généré un important pôle industriel. Celui-ci s'agrandit constamment : vers le nord, en direction de la frontière hollandaise, en amont et vers la mer. Des écluses géantes sont nées pour accueillir des navires toujours plus gros. La Berendrecht est la plus vaste au monde : 500 m de long, 68 m de large et 19,5 m de profondeur. Les esthètes regretteront pourtant que les docks et les tours des centrales atomiques aient évincé les polders et englouti tant de villages superbes pour pousser leur extension...

Entre le secteur industriel et les activités strictement portuaires, le port emploie plus de 70 000 personnes. Ce monstre aligne, tenez-vous bien, 127 km de débarcadères et 2 100 ha de docks. 110 millions de tonnes de marchandises y sont transbordées chaque année, au fil de 16 000 accostages. Ajoutez-y les raffineries, la pétrochimie, la chimie (une des plus grosses concentrations au monde) et des installations industrielles qui portent des noms célèbres : Monsanto, Solvay, Total Fina, Exxon-Mobil, BASF, Bayer, Air Liquide, Esso...

➤ **En voiture :** muni d'une bonne carte *Havenplan,* tracez votre itinéraire au fil des panneaux indiquant les villages ou industries. On a vu plus facile... Mais pas question de s'abstenir. Ce port géant a quelque chose de surréaliste, avec ses grues immenses égarées au milieu des raffineries, ses ponts levants qui trouent souvent votre route jusqu'au village de *Lillo* et sa petite église en pleine nature qui rappelle que, au bon vieux temps, la campagne des polders s'étendait à perte de vue. ● *portofantwerp.be* ● (en anglais).

➤ **En bateau :** la compagnie *Flandria (Steenplein ; plan couleur A2 ; infos :* ☎ *03-231-31-00 ;* ● *flandria.nu* ●) propose plusieurs types d'excursions.

– Excursion de 50 mn : *mai-fin sept ; départ du quai voisin du château du Steen, 13h-16h (ttes les heures). Les billets (8 € ; réduc, notamment avec la City Card) s'achètent au moment du départ (en hte saison, venir un peu plus tôt).* Vous découvrirez le panorama de la ville, sa respiration architecturale et ses écluses de légende.

– Excursion de 3h : *1 départ/j. à 14h30 mai-fin sept et ven-dim oct-nov. Compter 15 € (réduc, notamment avec la City Card).* Le bateau part du Londenbrugkaai, à 1 km au nord du Steen (suivre les flèches « Flandria » postées sur les quais).

– Excursion aux chandelles : *sur résa sam soir mai-fin sept, ainsi que le 3ᵉ sam du mois nov-avr.* Croisière nocturne de 3h avec repas à bord. Cher (69 €) et gentiment ringard.

– Excursion d'une journée : *juil-août, 1 à 2 fois/sem. Compter 81 €.* Jusqu'en Hollande (Vlissingen, Middelburg, Veere Goes).

LIERRE (LIER)   (2500)   33 900 hab.

Souvent surnommée « la Petite Bruges » ou « Lierke Plezierke » (« Lierre Petit Plaisir »). C'est un détour obligé lorsque l'on quitte Anvers. Si ses canaux et son béguinage rappellent le Grand Port, sa Grand-Place et sa curieuse tour Zimmer ont un charme bien à elles. Faites-vous plaisir en croquant les *Lierse Vlaaikens,* exquises tartelettes dont personne ne voudra vous confier la recette... légères, onctueuses et savoureuses, vous comprendrez rapidement pourquoi ! Leur goût épicé rappelle celui du spéculoos. Un label protège la recette originale.

UN PEU D'HISTOIRE

La première mention de Lierre date du VIIᵉ s. La légende dit que *saint Gommaire* en aimait les cours d'eau et qu'il y installa son ermitage. Lierre attendit 1212 pour prendre rang de ville. Depuis, sa prospérité ne s'est jamais démentie. La ville a enfanté quelques grands noms des Flandres : le peintre Opsomer, l'écrivain Felix Timmermans, l'horloger Zimmer... Les gens de Lierre, on peut le dire, ont la tête près du bonnet. Ayant eu à choisir entre une université et un marché au bétail, ils se décidèrent pour le second. Et gagnèrent le surnom flatteur de « Têtes de mouton » *(Schapenkoppen)*.

Arriver – Quitter

➤ *En train :* d'Anvers Centrale ou de Bruxelles Centrale, départ ttes les heures.

➤ *En voiture :* à 17 km d'Anvers. Quitter Anvers par l'E 19 en direction de Malines (Mechelen)-Bruxelles, prendre la sortie Duffel n° 8, ensuite c'est tout droit jusqu'à Lierre. Ou encore par l'autoroute de Liège (Luik)-Hasselt (E 313), prendre la sortie Massenhoven n° 19 et suivre les panneaux indiquant Lier. Garez-vous au parking payant de Gasthuisvest, près de Saint-Gommaire. Sinon, parking gratuit au sud de la ville

(10 mn à pied ou navette gratuite pour gagner la Grand-Place).

➤ *À vélo :* mais oui ! On peut venir d'Anvers ou de Malines en suivant les chemins de halage, à travers la campagne. Demandez dans les offices de tourisme concernés la carte des différents circuits balisés. Beaucoup de ces pistes cyclables sont en site propre et c'est tout plat ! Compter 6 € le topoguide régional. En plus de la carte et de l'itinéraire, vous y trouverez les étapes pour manger, dormir ou réparer le vélo.

Adresses utiles

🛈 *Office de tourisme :* hôtel de ville (Stadhuis), Grote Markt, 57. ☎ 03-800-05-55. ● toerismelier.be ● Avr-oct, tlj 9h-16h30 (16h dim). Fermé le w-e et 12h30-13h30 en hiver. Liste de *B & B.*

■ *Location de vélos : Fietspunt Lier,* Leopoldplein, 32. ☎ 03-488-18-51. ● fietspuntlier@skynet.be ● Lun-ven 7h-19h, w-e 9h-17h. Fermé le w-e sept-mars. Compter 10 €/j.

Où manger ? Où boire un verre ?

🍷 Le coin le plus animé de Lierre se trouve autour de la *Zimmerplein,* avec ses nombreuses terrasses face à la Zimmertoren.

🍴🍷 *Van Ouytsels Koffiehoekje : Rechtestraat, 27.* ☎ 03-480-29-17. ● ludovano@skynet.be ● *Près de l'église Saint-Gommaire. Tlj sf lun 9h (12h dim)-18h. Plat env 10 €.* Tout juste une dizaine de tables dans cette vieille « maison de café » qui torréfie encore elle-même. Quelques plats simples (salades, tartines, lasagnes, etc.) à l'heure du déjeuner.

🍴 *Zuster Agnes : Schapekoppens-traat, 16.* ☎ 03-288-94-73. ● info@ zusteragnes.be ● *Service tlj sf lun 11h-22h. Plats 10-22 € ; quelques snacks et tapas pas trop chers.* Situé à l'orée du béguinage, à deux pas de la tour Zimmer, voici le resto le plus sympa

de Lierre, avec une vaste terrasse aux beaux jours. La salle, plutôt contemporaine, est très chaleureuse. On s'y retrouve volontiers à l'heure du déjeuner pour des croquettes, une salade, une soupe, un wok ou des crevettes sautées.

🍴 *Brasserie Louis : Zimmerplein, 2-3.* ☎ 03-488-77-40. ● info@bras serielouis.be ● *Tlj 11h30-22h. Menu midi 17,50 € ; plats 15-22 € et snacks.* Une belle brasserie moderne à la salle parquetée, avec des murs taupe et un énorme lustre de bois blanc pour le moins original. On y sert une cuisine savoureuse et soignée, de quoi grignoter le midi (*broodjes,* toasts et pâtes) ou faire bombance le soir (bon navarin, notamment). C'est chic, mais l'addition reste relativement sage et le service est impeccable.

À voir. À faire

🏃 *Grote Markt* (Grand-Place) : on ne peut plus central, c'est donc un excellent point de départ pour la balade. Admirez déjà les façades des anciennes maisons des corporations, notamment celle des bouchers (la *Vleeshuis*).

🏃 *Stadhuis* (hôtel de ville) : de style rococo, il occupe le centre de la Grand-Place, juste sur l'emplacement d'une ancienne halle aux grains. La tour gothique du beffroi (1369) est classée Patrimoine mondial par l'Unesco, comme 53 autres beffrois en France et en Belgique.

◈ 🏃🏃 *Begijnhof* (béguinage) : *ouv tte l'année (visite libre). L'église est fermée aux individuels.* Construit au XIIIe s et remanié au XVIIe, voilà une vraie cité miniature, où le temps semble s'être arrêté. Commencez par jeter un coup d'œil à l'église de style baroque flamand, puis flânez dans les ruelles voisines où de pittoresques vieilles maisons rappellent le rayonnement du béguinage. Admirez enfin le calvaire et le chemin de croix.

🏃 *Zimmertoren* (tour Zimmer) : *Zimmerplein, 18.* ● *zimmertoren.be* ● *Tlj sf lun 10h-12h, 13h-17h. Entrée : 4 € ; réduc.* La fameuse tour date du XIIIe s, c'est un vestige des anciens remparts. L'horloge, quant à elle, date de 1930. Elle fut offerte à la ville par Louis Zimmer à l'occasion du centenaire de la Belgique. Onze cadrans ornent la façade, portant des représentations de la Terre et de la Lune. Sur le côté droit de la tour, les personnalités les plus marquantes de l'histoire belge défilent chaque jour à midi pile. Voir à l'intérieur le « studio astronomique » et le planétarium. Commentaires sonores en français. Le bâtiment voisin abrite l'atelier de Zimmer, ainsi qu'une autre horloge astronomique. Le tout est amusant et aussi bien intrigant, dans le genre casse-tête scientifique.

🏃🏃 *Le musée Wuyts-Van Campen & Baron Caroly :* *Florent Van Cauwenberghstraat, 14.* ☎ *03-800-03-96. Tlj sf lun et certains j. fériés 10h-12h, 13h-17h. Entrée : 4 € ; réduc.* Ce musée a la chance d'accueillir jusqu'en 2017 une belle collection de Pieter Bruegel l'Ancien, prêtée par le musée d'Anvers. Admirez avant toute chose *Les Proverbes flamands* (1607). Dans cette seule œuvre, il avait réussi à représenter 85 proverbes. Il s'agit ici d'une belle copie, réalisée par son fils Pieter Bruegel le Jeune. Plus intimistes, un tout petit Rubens, et *Les Paysans se chamaillant* (Vechtende boeren) de Jan Steen ou encore *Les Pèlerins* de Constant Permeke, typiques de l'art flamand du XXe s. Signalons encore Tytgat, Maurice de Vlaminck, Henri de Braekeleer... Mobilier et objets gracieux, dignes d'un joli musée de province. Et pour finir, d'intéressantes vues de Lierre au XVIIe s.

🏃 *La collégiale Saint-Gommaire :* *sur Kardinaal Mercierplein.* ● *sintgummaruskerktelier.be* ● *Ouv Pâques-nov, tlj sf sam et dim mat 10h-12h, 14h-17h. Expo de vitraux : 4 €. Accès libre au lieu de culte.* Cette église (1378-1625) de style gothique flamboyant brabançon vaut une visite pour son jubé d'une extrême finesse, véritable dentelle de grès blanc. Coup d'œil également à la châsse d'argent contenant les reliques de saint Gommaire. L'exposition des vitraux de la Renaissance permet d'admirer de près les vitraux du Roi, un époustouflant triptyque attribué à Nicolas Rombouts.

Manifestations

– *Marché aux Pigeons :* *Grote Markt ; dim 6h-12h.* De réputation internationale : des clients viennent du Japon et de Chine. De préférence entre janvier et avril pour l'animation.

– *Procession de Saint-Gommaire :* *en général le 2e dim d'oct.* Enfermées dans une châsse d'argent, les reliques du saint sont portées en défilé dans la ville (ça pèse tout de même 800 kg !).

MALINES (MECHELEN) (2800) 80 000 hab.

Malines a été l'une des capitales des Pays-Bas bourguignons. On ne sera pas surpris d'y voir tant de monuments classés, ainsi qu'un carillon célèbre dans le monde entier. Mais sa réputation tient aussi à ses cuirs dorés et à mille autres choses : des meubles, des tapisseries et des spécialités gastronomiques, comme les asperges blanches (en saison), les « coucous » de Malines (une race de poulet, à la chair extrêmement fine et moelleuse, traditionnellement cuit dans l'argile) et les choux-fleurs, sans oublier la Gouden Carolus, reine des bières

HALLUCINATION LUNAIRE

Pourquoi les Malinois sont-ils affublés du sobriquet de maneblusser (éteigneurs de lune) ? En 1684, un homme rentre chez lui après avoir visité pas mal d'estaminets. Il croit voir, dans le brouillard, la tour de l'église Saint-Rombaut en feu. À ses cris, toute la ville accourt avec des seaux d'eau et commence à faire la chaîne dans les escaliers de la tour. Lorsque la brume se dissipe et que la lune apparaît dans sa totalité, on réalise que l'incendie en question n'est que l'astre rougeâtre, dont le flamboiement s'encadrait dans le sommet de la tour...

brunes. Carrefour ferroviaire, Malines a servi pendant la dernière guerre de point de rassemblement des juifs de Belgique vers les camps de la mort. Un musée émouvant, ouvert en 2012 dans l'ancienne caserne Dossain, restitue ce terrible souvenir. Aujourd'hui, Malines compte 80 000 habitants, dont le primat de Belgique. Bref, prévoyez du temps.

UN PEU D'HISTOIRE

Avez-vous remarqué que l'hôtel de ville est une ancienne halle aux draps du XIVe s ? Malines est née du drap. Ça lui a réussi... À la fin du Moyen Âge, elle était la capitale des Pays-Bas. En 1473, Charles le Téméraire choisit Malines pour y installer sa Cour des comptes. En 1503, la ville fut choisie comme siège du Grand Conseil, le tribunal qui rendait la justice sur les 17 provinces des Pays-Bas espagnols. Au début du XVIe s, *Marguerite d'Autriche,* gouverneur des Pays-Bas, eut le bon sens politique d'y établir son palais. Toutes les bonnes choses ayant une fin, *Marie de Hongrie,* qui lui succéda, déménagea la Cour à Bruxelles, et la gloire de Malines se fana. La ville ne s'en remit jamais, d'autant qu'au XVIe s les Espagnols y occasionnèrent de considérables ravages...
Pendant la Première Guerre mondiale, la ville souffrit beaucoup des bombardements mais la zone détruite fut reconstruite à l'identique. De nos jours, sa position idéale entre Bruxelles et Anvers attire une nouvelle population, jeune et active, faisant de Malines une petite ville vivante et agréable.

Arriver – Quitter

➢ **En train :** d'Anvers, train ttes les 30 mn par le TGV Amsterdam-Bruxelles-Charleroi... De Bruxelles : par la même ligne, voire ttes les 15 mn par le train *Corail.* ● *b-rail.be* ●
➢ **En voiture :** à 25 km d'Anvers et de Bruxelles par l'E 19. Les sorties Mechelen Noord ou Zuid aboutissent à la rocade.

Adresses utiles

ℹ️ Office de tourisme *(plan B1-2)* **:** *Hallestraat, 4 ; sur le Grote Markt.* ☎ *070-22-00-08.* ● *toerismeme chelen.be* ● *Avr-sept, lun-ven 9h30-17h, sam 10h-16h ; jeu et j. fériés 12h30-16h ; le reste de l'année, lun-ven 9h30-16h30, w-e et j. fériés 9h30-15h30.* De Pâques à fin septembre, le week-end, visites guidées thématiques et historiques (durée 2h) en différentes langues (tous les jours en juillet-août). Assez riche en infos.

✉️ Poste *(plan A1)* **:** *Grote Markt. Lun-ven 9h-18h ; sam 9h-12h30.*

■ Location de vélos De Nekker *(hors plan par B1, 1)* **:** *Nekkerspoel, Borcht 19.* ☎ *015-55-70-05. Dans le parc de sport de Nekker, direction N 15.*

@ Internet : *Netpl@ce, Korenmarkt, 28 (plan A2). Tlj sf ven 10h-22h.*

Où dormir ?

Bon marché

🛏️ Jeugdherberg De Zandpoort *(plan B2, 10)* **:** *Zandpoortvest, 70.* ☎ *015-27-85-39.* ● *mechelen@vjh. be* ● *mechelen-hostel.com* ● *Fermé janv. Lit en dortoir 21,50 € (3 € de plus au-delà de 26 ans) ; double env 51 €. Draps et petit déj inclus. Parking.* 🖥️ *(payant).* 📶 Une AJ de 112 lits récente et pimpante, bien située aux abords du centre-ville. Dortoirs de 4 à 6 lits, tous dotés d'une salle de bains. Salon convivial, petit bar, prêt de jeux de société. Lunch et dîner possibles. Le staff est disponible et super sympa.

Prix moyens

🛏️ Fran Van Buggenhout *(plan A1, 11)* **:** *Straatje Zonder Einde, 3.* ☎ *015-20-97-21.* 📱 *0476-26-45-92.* ● *fran.ronny@skynet.be* ● *rentrooms. be* ● *Studio 70 €.* 📶 *Petit déj offert sur présentation de ce guide.* Dans un quartier très calme et pourtant proche du centre. 2 petits studios à la déco chaleureuse occupent une maison au fond du jardin avec entrée privative. Le plus grand est en duplex (idéal pour une famille) et tous les deux possèdent une petite salle de bains et une cuisinette. Adresse non-fumeurs. Très bon accueil.

🛏️ B & B De Groene Maan *(plan B1, 12)* **:** *Rik Woutersstraat, 19.* 📱 *0497-67-22-17.* ● *degroenemaan@ hotmail.com* ● *degroenemaan.be* ● *Doubles 70-85 €. Réduc à partir de la 3e nuit.* 📶 À 200 m du Markt, Klaas et Marijke proposent 2 charmantes chambres d'hôtes dans leur maison de maître du XIXe s. La moins chère avec salle de bains sur le palier. L'autre, côté cour, avec 2 chambres séparées par une salle de bains où trône une baignoire sur pieds. Très belle hauteur sous plafond avec poutres apparentes, parquet, meubles chinés avec goût, tons ocre et gris. Idéal pour une famille. Petit déj bio copieux à prendre dans les chambres ; il n'est pas obligatoire.

🛏️ 3 Paardekens Hotel *(plan A1, 13)* **:** *Begijnenstraat, 3.* ☎ *015-34-27-13.* ● *info@3paardekens.be* ● *3paardekens. be* ● *Doubles 62-67 € le w-e, 93-98 € en sem ; petit déj en sus (10 €/pers).* Un hôtel 3 étoiles niché dans l'hyper centre, à 30 secondes de la cathédrale (que l'on peut d'ailleurs admirer depuis la salle de petit déj !). Il s'agit en réalité du plus ancien hôtel de la ville, un ancien relais de poste complètement rénové. Le résultat n'a rien de bien original, mais c'est sans conteste une bonne affaire dans sa catégorie. Des prix raisonnables pour des chambres agréables, de style contemporain. De plus, l'accueil est super aimable.

Très chic

🛏️ Mercure Hotel Vé *(plan A2, 14)* **:** *Vismarkt, 14.* ☎ *015-20-07-55.* ● *info@ hotelve.com* ● *hotelve.com* ● *Doubles env 119-169 € selon saison et catégorie (moins cher le w-e), petit déj inclus.* 🖥️ *(payant).* 📶 Sur la place du marché aux poissons, dans une ancienne fumerie à poissons réhabilitée. L'escalier qui mène aux chambres est une ancienne cheminée et l'architecture réserve d'autres surprises. Cela dit, les chambres sont d'un

MALINES

■	**Adresses utiles**

- 🛈 Office de tourisme
- @ Internet
- 1 Location de vélos De Nekker

Où dormir ?

- 10 Jeugdherberg De Zandpoort
- 11 Fran Van Buggenhout
- 12 B & B De Groene Maan
- 13 3 Paardekens Hotel
- 14 Mercure Hotel Vé

|●| Où manger ?

- 20 De Margriet
- 21 Graspoort
- 22 Nostradam
- 23 Brouwerij Het Anker

🍷 Où boire un verre ?

- 30 De Gouden Vis
- 31 D'Hanekeef
- 32 Borrel Babbel

---

aspect très conventionnel : matériaux contemporains, confort moderne classique. Certaines ont vue sur le marché et le canal. Accueil aussi pro que sympa.

Où manger ?

Prix moyens

|●| De Margriet (plan B2, **20**) : Bruul, 52. ☎ 015-21-00-17. ● *info@demargriet.be* ● En plein centre. Service non-stop tlj sf dim 10h-22h. Plats 8-22 € ;

menu midi 12 €. C'est dans un ancien couvent qu'a été aménagé ce joli resto, salon de thé à ses heures. Une carte brasserie permet de se sustenter à moindres prix mais l'on peut décider de craquer pour un plat plus copieux comme du gibier (en saison) ou du coucou de Malines. Et pourquoi ne pas revenir à l'heure du goûter pour une gaufre maison ? Idéal pour un déjeuner rapide et gourmand. Terrasse aux beaux jours.

I●I *Graspoort (plan A2, 21) :* Begijnenstraat, 28. ☎ 015-21-97-10. ● info@graspoort.be ● *Petite impasse discrète. Tlj sf dim et sam midi 12h-22h. Plats 11-26 €.* Ce resto propose une cuisine fusion placée sous la triple influence de la Flandre, de l'Italie et du Japon : pâtes, woks, scampi, viandes grillées et quelques plats végétariens travaillés avec des produits d'une grande fraîcheur. Terrasse idéale pour écouter le carillon le lundi soir.

I●I *Nostradam (plan A2, 22) :* Blauwhondstraat, 25. ☎ 015-21-14-99. ● eetcafenostradam@gmail.com ● *Mar-ven 11h-15h, 17h-22h ; sam 10h-22h. Fermé dim-lun. Plats 8-17 €.* Un amusant petit resto-brocante truffé de babioles attendrissantes : Vierges et angelots, photos anciennes, mobilier

en bois de provenances diverses... On s'y sent tout de suite bien, car l'ambiance est intime et l'accueil très gentil. Dans l'assiette, une honnête petite cuisine à base de pâtes fraîches, lasagnes de différentes sortes, scampi et woks, ainsi qu'une large gamme de croques pour les petits creux. Sans prétention et bien plaisant !

I●I ♟ *Brouwerij Het Anker (plan A1, 23) :* Guido Gezellelaan, 49. ☎ 015-28-71-47. ● info@hetanker.be ● *Non loin des béguinages. Tlj 10h-23h (0h30 ven-sam). Cuisine 11h30-21h30. Plats variés env 8-23 €.* Cette brasserie produit les bières qui ont fait la renommée de la ville : la Gouden Carolus... inégalable depuis Charles Quint ! En saison, ne ratez pas la bière de Noël, une pure merveille ! Et pour accompagner toutes ces Gouden Carolus, déclinées en blonde, brune, ambrée, triple, etc., rien de mieux que de bonnes spécialités locales. Et ça tombe bien car la brasserie fait aussi restaurant. Dans une taverne donnant pour partie sur la fabrique et l'embouteillage, on se cale l'estomac en toute simplicité. C'est l'occasion, par exemple, de goûter au fameux coucou de Malines cuisiné... à la bière, bien sûr. Excellent accueil et prix raisonnables.

Où boire un verre ?

♟ *De Gouden Vis (plan A2, 30) :* Nauwstraat, 7. ☎ 015-20-72-06. *Près du Vismarkt dans le coin animé de Malines. Tlj à partir de 12h (10h sam).* Difficile d'imaginer que ce beau café rétro, avec sa devanture Art nouveau, ses éclairages étudiés, son comptoir à miroirs biseautés et ses grandes affiches publicitaires, était autrefois une poissonnerie. À l'arrière, jardinet et terrasse sous verrière, surplombant la Dyle.
♟ *D'Hanekeef (plan B1, 31) :* Keizerstraat, 8. *Tlj à partir de 9h (13h sam).* Petit bar de quartier éminemment sympathique. Dans la journée, on y voit défiler

avocats et magistrats (le palais de justice est à deux pas), tandis que le soir, à l'heure de l'apéro, ce sont plutôt les intellos et les philosophes qui se retrouvent pour lire, discuter et parfois s'enflammer...
♟ *Borrel Babbel (plan A1, 32) :* Nieuwwerk. ● de.vijf.vaten@skynet.be ● *Sur une placette cachée derrière la cathédrale. Tlj sf lun à partir de 17h (15h sam).* Un minuscule troquet qui ne doit son salut qu'à son emplacement sur une place adorable et très vivante le soir. À moins que cela ne soit pour sa spécialité de genièvre bien corsé... Oups ! On a un trou de mémoire.

À voir. À faire

Malines n'est sans doute pas Bruges. Mais avec 350 bâtiments classés et pas moins de quatre classements au Patrimoine mondial de l'Unesco (son beffroi et sa tour Saint-Rombaut, son grand béguinage et ses géants ; un record pour une si petite ville !), elle distille un charme bien à elle et réserve quelques surprises. Sans compter quelques musées passionnants à découvrir.

🏃🏃🏃 **Grote Markt** (Grand-Place ; plan A-B1) : point de départ d'une visite pleine d'intérêt. Les façades de la Grand-Place appartiennent à plusieurs styles différents. Une bonne raison : pour éviter la propagation du feu lors des incendies, la ville avait décidé de subventionner le remplacement des maisons en bois par des maisons en pierre. Ces rénovations se sont étalées sur plusieurs siècles, enrichissant l'architecture urbaine de toute la succession des styles depuis le gothique, facilement reconnaissable à ses pignons à redans. Quant aux bâtisses baroques, elles se reconnaissent à leurs volutes. La maison échevinale et l'actuelle poste sont les deux plus vieilles maisons de la ville.

– **Stadhuis** (hôtel de ville) : ancienne halle aux draps du XIVᵉ s, qui a sa grande sœur à Bruges (les Malinois avaient envoyé des gens la copier !). Malheureusement, avec la crise du textile (eh oui, déjà !), le beffroi ne fut jamais achevé, faute de moyens. L'intérieur est intéressant mais ne se visite qu'en groupe guidé *(inscription à l'office de tourisme ; en juil-août, tlj à 14h ; avr-juin et sept, sam-dim à 14h).* Les superbes stalles en bois rappellent que Malines a été la ville du meuble. Accolé et ne faisant plus qu'un, le palais du Grand Conseil, du pur néogothique. Très réussi ! Il fut achevé en 1911, d'après les plans de 1526.

– Au sud du Grote Markt, la **Schepenhuis** (Maison échevinale) : *tlj sf mer 10h-17h ; entrée : 8 €. Steen* du XIVᵉ s. Retapée, elle accueille une exposition très complète consacrée à Rik Wouters, un peintre et sculpteur du cru, adepte du fauvisme. Un artiste au destin tragique, mort jeune, qui aimait surtout peindre les femmes, qu'elles soient nues ou habillées, parfois même occupées à leurs tâches domestiques.

– **L'Ijzerenleen et les bailles de fer :** la place allongée bordée de belles façades bourgeoises, l'*Ijzerenleen*, est le résultat du comblement d'un canal. Les balustrades de fer datant de 1531 sont les vestiges de l'ancien marché aux poissons. À l'époque, elles empêchaient les badauds de tomber à l'eau.

🏃🏃🏃 **Sint-Romboutskathedraal** (cathédrale Saint-Rombaut ; plan A1) : *également sur la Grand-Place. Tlj sf lun 10h-17h (16h nov-mars).* Chapeau bas : voici la merveille du gothique brabançon. Avant de monter au sommet de la tour, ne négligez pas les quelques merveilles que recèle la cathédrale. Une splendide chaire de Vérité, pur chef-d'œuvre d'ébénisterie baroque, qui semble faire corps avec la colonne de pierre. Prodigieux ! Côté œuvres d'art : les *Martyres de saint Sébastien* ou *de saint George* de **Michel Coxie** et le *Christ crucifié* d'**Antoon Van Dyck** situé dans la partie droite du transept.

◎ **La tour :** *tlj sf lun 10h-18h (nombre de visiteurs limité, mieux vaut réserver en début de visite de la ville, dernière montée 16h30). Entrée : 7 € ; réduc.* Préparez votre souffle avant d'entamer l'ascension des 538 marches qui mènent à la plate-forme au sommet. La visite fléchée offre toutefois de multiples arrêts aux étages. Dire que sur les plans d'origine, elle devait faire 167 m ! Mais les Malinois n'eurent pas les moyens de leur orgueil : moins d'un siècle après le début des travaux, le manque d'argent fige l'ascension de la tour à une hauteur de 97 m. Viennent les guerres de Religion : l'église se découvre alors d'autres soucis que le prestige. Au vu des projections réalisées par les architectes modernes, il paraît que la tour est mieux ainsi. Notez qu'au début des guerres de Religion le gardien logeait dans la balustrade supérieure. C'est là qu'il claironnait en cas d'attaque ou de départ de feu. Enfin, cette tour est la seule au monde à comprendre deux jeux de 49 cloches. Les notes de ses carillons descendent baigner toute la ville d'une merveilleuse pluie sonore (un orage si vous vous retrouvez dans la chambre des carillons à heure fixe !).

🏃 **L'école de Carillon** (plan B1) : *Frederik de Merodestraat, 63.* ☎ 015-20-47-92. Accès malheureusement réservé aux groupes ou à quelques rares visites guidées

(s'adresser à l'office de tourisme). Cela dit, quand les élèves sont en répétition, rien ne vous empêche de demander gentiment à entrer. Avec un peu de chance, vous aurez droit à un petit concert... *La Marche turque,* par exemple, plutôt que *Let It Be...* Cette école unique au monde, sise dans un charmant bâtiment dans le goût rococo, accueille les étudiants pour 6 ans d'études. Croyez-le ou non, il y a chaque année une soixantaine d'inscrits. Les élèves, donc, s'entraînent sur les carillons de l'école, sur ceux du musée et sur ceux de Saint-Rombaut : impossible de ne pas entendre les répétitions... C'est à Malines qu'est née l'habitude d'assister aux concerts de carillon. En 1930, les concerts du lundi soir réunissaient près de 30 000 auditeurs, dont le Tout-Paris, venu exprès par train spécial.
– On peut les entendre carillonner le samedi à 11h30 et le dimanche à 15h. Pour mieux en profiter, concerts tous les lundis à 20h30, de juin à fin septembre (voir aussi la rubrique « Manifestations »).

🏛 *Le palais de Marguerite d'Autriche (plan B1) : Keizerstraat, 20.* Le palais de celle qui exerça la régence après 1507 n'ouvre pas son intérieur aux visites. Reste la cour intérieure gothique tardif, superbe et accessible la journée. La façade frontale (en brique), de style Renaissance, serait antérieure aux châteaux de la Loire. Les appartements de la régente occupaient le 1er étage, au-dessus des colonnes. La salle du Trône (à droite, quand on entre par la rue) abrite aujourd'hui le palais de justice. Nommée gouverneur général des Pays-Bas, Marguerite s'installe à Malines

UNE GRANDE DAME

Fille de Maximilien d'Autriche et de Marie de Bourgogne, Marguerite naît en 1480 à Bruxelles. Promise à l'âge de 3 ans, elle est répudiée par son époux Charles VIII, fils de Louis XI, qui épouse Anne de Bretagne. Remariée à Don Juan de Castille, elle se retrouve veuve en 1497. Son père la marie alors à Philibert le Beau de Savoie. À 21 ans, la duchesse est enfin amoureuse mais, hélas, Philibert meurt prématurément en 1504. Marguerite reste seule pour administrer Savoie et Bresse dans la tristesse.

en 1507. Elle se charge de l'éducation de Charles Quint et de ses sœurs. Sa gestion habile et ses talents de diplomate lui permettent de contribuer à la « Paix des Dames », à Cambrai en 1529, qui met fin à la guerre entre François Ier et Charles Quint. À la cour de Marguerite, les arts et les sciences de la Renaissance connaissent un bel essor ; elle reçoit d'éminents artistes et chercheurs (Bernard Van Orley, Érasme...). La musique polyphonique était sa grande passion.

🏛🏛 *Museum Het Zotte Kunstkabinet (Cabinet d'art fou ; plan A1) : Sint-Katelijnestraat, 22.* ☎ 015-29-01-55. • vliegendpeert.be • *Jeu-sam 14h (11h sam)-17h. Entrée : 4 €.* Une collection privée que les amateurs de Jérôme Bosch ne louperont pas. Très pédagogique, elle s'efforce de mettre en lumière tout le symbolisme contenu dans les toiles des peintres flamands des XVe-XVIe s. Financés par une nouvelle clientèle bourgeoise et plus uniquement par le clergé, ces peintres mettent alors en avant un langage pictural profane, dont les idées sont puisées dans la morale et la littérature médiévales. Avertissement satirique aux maris soumis et aux épouses infidèles dans *Hye Soeckt de Byle* attribué à l'atelier de Jérôme Bosch (avec le cupidon le plus laid de l'histoire de l'art !) ; satire sur la lascivité des personnes âgées dans *L'Étuve* de Hans Baldung Grien, plutôt brute de décoffrage, etc. Seulement deux salles situées dans une belle demeure ayant appartenu à la belle-mère de Pieter Bruegel, mais quelle bonne idée que ce *Kunstkabinet* !

🏛 *Sint Peter en Pauluskerk (église Saints-Pierre-et-Paul ; plan B1) : Veemarkt. Ouv, comme ttes les églises de la ville, tlj sf lun 13h-17h (16h 1er nov-31 mars).* En 1670, les jésuites ont dédié cette église à l'un des leurs, saint François-Xavier. Difficile d'imaginer plus baroque. Admirez la chaire en chêne qui représente un globe avec les quatre continents de l'époque, symbolisés chacun par un personnage et un animal fétiche. Accolé à l'église, l'ancien palais de *Marguerite d'York,* veuve de Charles le Téméraire et arrière-grand-mère de Charles Quint (qui y séjourna de 1500 à 1503). Superbement restauré, il abrite aujourd'hui le théâtre municipal.

🏛 *Sint Janskerk (église Saint-Jean ; plan B1) : Sint Jansstraat. Mêmes horaires que pour l'église Saints-Pierre-et-Paul.* Belle église à l'architecture gothique mais à la décoration baroque (jolis bancs de bois sculpté). Trois œuvres à voir en particulier : l'*Adoration des mages* de Rubens, triptyque où sa femme, Isabelle Brandt, a posé pour le visage de la Vierge. Et puis, derrière le buffet d'orgues, au 1er étage de la tour, deux grandes fresques murales du XIVe s représentant saint Georges, le tueur de dragons, et saint Christophe, patron des routards. C'est à l'occasion de travaux que ces œuvres étonnamment bien conservées ont été découvertes.

◎ 🏛 *Groot en Klein Begijnhof (grand et petit béguinages ; plan A1) : de part et d'autre de la Sint Katelijnestraat, la rue qui mène à Saint-Rombaut.* Plus ou moins fondu dans la ville, l'ensemble n'a pas le charme de la plupart des autres béguinages de Flandre. Quelques jolies maisons sur les Schrijnstraat, Twaalfapostelenstraat et Krommestraat.

🏛🏛 *Haverwerf (quai aux Avoines ; plan A1-2) :* n'y manquez pas les trois maisons. Celle de l'angle, dite *du Paradis,* est un bâtiment du XVIe s, typique du gothique brabançon, affichant sur un bas-relief la fuite d'Adam et Ève, honteusement chassés du paradis après l'affaire de la pomme. La maison suivante, à gauche, est de style Renaissance : on l'appelle *Les Diablotins.* La troisième, la rouge, est baroque. Datée de 1669, elle porte le nom de *Saint-Joseph.*

🏛 À la porte de Louvain, l'*église* baroque **Notre-Dame-d'Hanswijck** (plan A2), au dôme lumineux.

🏛 *Koninklijke Manufactuur van Wandtapijten (manufacture royale des tapisseries Gaspard De Wit ; plan A1) : Schoutetstraat, 7.* ☎ *015-20-29-05.* ● *dewit.be* ● *Visite guidée sam slt à 10h30 (sf juil et Noël-Nouvel An). Entrée : 6 €.* C'est ici que vous apprendrez à distinguer les tapisseries d'Amiens de celles de Bruxelles ou des Flandres, à deviner leur époque de fabrication et même les ateliers où elles sont nées. Les matériaux vont de la soie à la laine, en passant par le fil d'or ou d'argent. Et, de siècle en siècle, bien sûr, les coloris et la taille des figures évoluent. Pour illustrer ces spéculations passionnantes, voici des tapisseries d'exception : *L'Allégorie du temps* (XVIe s, Tournai ou nord de la France) illustre une sage maxime : « Si tu prétends aux honneurs, vois le passé et le présent, et prévois l'avenir. » ; *L'Offrande d'Isaac,* d'après Simon Vouet, date probablement de 1640 et provient d'Amiens. La visite s'achève au 2e étage sur des œuvres contemporaines.

🏛🏛 🏃 *Speelgoed Museum (musée du Jouet ; hors plan par B2) : Nekkerspoelstraat, 21.* ☎ *015-55-70-75.* ● *speelgoedmuseum.be* ● *Sortir de Malines direction Heist op den Berg, passer sous le chemin de fer ; le musée se trouve à côté de la gare ferroviaire de Nekkerspoel. Tlj sf lun et certains j. fériés 10h-17h. Entrée : 8,50 € ; réduc.* Tous les jouets d'antan qui font rêver les enfants d'aujourd'hui et les collectionneurs. Poupées, peluches, jouets mécaniques, marionnettes, Meccano, puzzles, crypto-jeux de l'oie, jeux optiques et sonores... Et même une reproduction en 3D d'un tableau de Bruegel. On fera la révérence au vélo d'enfant du roi Léopold III. Également des expos temporaires, un coin jeux et des ateliers pour enfants.

🏛🏛🏛 *Kazerne Dossin (musée de l'Holocauste et des Droits de l'homme ; plan A1) : Stassartstraat, 153.* ☎ *015-29-06-60.* ● *kazernedossin.eu* ● *Tlj sf mer 10h-17h. Entrée : 10 €. Audioguide gratuit.* Construit face à l'ancienne caserne qui servit de lieu de rassemblement et de transit pour la sinistre besogne des nazis, le musée est installé dans un grand monolithe blanc conçu par l'architecte anversois Bob Van Reeth. Il raconte, sur 4 étages, la déportation et l'extermination des juifs et tziganes de Belgique et du nord de la France. 28 convois partirent d'ici, emportant 25 835 détenus jusqu'à Auschwitz. Il n'y eut que 1 240 survivants. En plus du film de présentation de 12 mn, la force des centaines de documents et photos présentés se suffit à elle-même pour expliquer les causes de la montée de l'antisémitisme en Europe. Deux exemples, captés au cours de la visite et révélateurs de la perception des juifs en Belgique : d'un côté, leur intégration à la société belge avec l'exemple du lieutenant général Louis Bernheim, commandant multidécoré du front nord en 1918, et de l'autre, cette terrible vignette d'Hergé tirée de *L'Étoile mystérieuse,* publiée dans le quotidien *Le Soir* en 1942, où l'on voit deux juifs caricaturaux se réjouissant de l'annonce d'une fin du monde qui serait profitable à leurs affaires. Hergé supprimera, dans les versions suivantes, ces traces de l'antisémitisme ambiant à son époque et regrettera toujours de s'être laissé aller à cet humour plus que douteux qui entachera sa carrière.

Intelligemment, l'exposition se prolonge par une réflexion sur les Droits de l'homme en général, les génocides passés et contemporains (le Rwanda), et analyse la dynamique qui fait monter l'extrémisme et le racisme. Une approche globale plus qu'intéressante. Terrasse au sommet avec vue sur l'ancienne caserne (ancien *musée juif de la Résistance et de la Déportation*), qui accueille désormais un mémorial et un centre de documentation permettant aux familles de faire des recherches sur la destinée de leurs proches. 19 000 déportés y ont retrouvé leur identité. L'entrée du mémorial est gratuite.

➢ **Balade en bateau :** *avr-fin sept. Rens à l'office de tourisme ou au point de départ, sur le Haverwerf. A/R : 6 €.* Un moyen original de découvrir Malines. Empruntez l'un des bateaux qui sillonnent la Dyle et laissez-vous mener.

Manifestations

– **Procession d'Hanswijck :** *en mai, le dim qui précède l'Ascension.* Cette procession historico-religieuse est l'une des plus anciennes de Belgique (1272). Une grande procession (cavalcade) se déroule aussi tous les 25 ans : si la dernière a eu lieu en 2013, il faudra attendre 2038 pour la prochaine.
– **Concerts de carillon :** *juin-sept, lun 20h30.* Voir plus haut le paragraphe consacré à l'école de Carillon. La petite rue Straatje Zonder Einde ou encore le Minderbroedersgang (à droite devant la tour de Saint-Rombaut) offrent la meilleure acoustique pour écouter les carillons.
– **Park Pop :** *chaque jeu soir, en juil-août.* Concerts gratuits de musique populaire dans le parc Kruidtuin.
– **Maan Rock :** *le dernier w-e d'août ; gratuit.* Concerts de rock sur la Grand-Place avec des groupes belges et néerlandais.

DANS LES ENVIRONS DE MALINES

🏹🏃 **Dierenpark Planckendael** (parc animalier de Planckendael) **:** *Leuvensesteenweg, 582,* **Muizen** *(2812).* ☎ *015-41-49-21.* ● *planckendael.be* ● *À 4 km au sud-est de Malines. Accès en bus ou, mieux, en bateau (depuis Malines, du Colomabrug, près de la gare ferroviaire : départ ttes les 30 mn 9h30-17h30 en saison). Tlj 10h-17h30 (19h juil-août, 18h mai-juin, horaires restreints nov-fév). Fermeture des caisses 1h avt. Entrée :* 24 € *;* 17,50 € *pour les 3-17 ans, les étudiants et les seniors. Un peu moins cher en cas de résa en ligne.* C'est une sorte de lieu de repos des animaux du zoo d'Anvers dans un grand parc avec plaine de jeux. Nombreuses activités pour les enfants. Horaires de nourrissage des animaux sur le site.

LA PROVINCE DE FLANDRE ORIENTALE (OOST-VLAANDEREN)

C'est la Flandre de l'intérieur, enchâssée entre sa consœur occidentale qui a fenêtre sur mer à l'ouest, les collines du Hainaut au sud, le Brabant à l'est, pourvue d'une frontière naturelle, l'Escaut, au nord-est, qui ferme son espace avec la province d'Anvers, et pour finir une frontière hollandaise qui verrouille au nord l'accès à l'estuaire de l'Escaut. En vedette Gand, son chef-lieu, « capitale spirituelle » de la Flandre, sans négliger les « Ardennes flamandes » autour d'Audenarde, petite ville surtout connue des cyclistes du Tour des Flandres.

GAND (GENT)   (9000)   250 000 hab.

▶ Pour le plan de Gand, se reporter au cahier couleur.

« Une des plus belles villes historiques d'Europe », déclarait François Mitterrand en 1983. On ne pourra pas nier à l'ancien président un certain talent de précurseur, car aujourd'hui beaucoup de voyageurs parcourant le monde placent Gand dans le Top 10 des villes à visiter en priorité.
Si elle est fière de son passé, elle s'enorgueillit désormais d'être une ville du présent, que l'on visite à pied et à vélo, en s'intéressant aussi bien à son avenir qu'aux épisodes mouvementés de son histoire.
Et c'est d'ailleurs en passant par le STAM, dans un de ces musées tout neufs dont la Flandre a le secret, qu'il vous faudra entamer votre visite de Gand, visite que plus personne n'oserait proposer le temps d'une seule journée désormais.
Il faut prendre du temps pour découvrir les différents visages de cette ville « de gueux » qui n'a pas, à la différence de Bruges, été confinée dans un rôle de ville-musée. L'essor industriel, au XIXᵉ s, a laissé sa marque dans l'urbanisme, mais au lieu de procéder à des amputations massives, les Gantois se sont livrés à un lent travail de réhabilitation du centre historique sans oublier les quartiers plus délaissés. Il se dégage de cet ensemble un indéfinissable pouvoir d'attraction. Voilà une

GAND, VILLE VÉGÉTARIENNE

Un petit coup de pouce contre l'effet de serre. À Gand, le jeudi a été décrété jour végétarien par la municipalité. Une première européenne ! Rien d'obligatoire, mais la population, les cantines des écoles et de nombreuses entreprises jouent vraiment le jeu. Certains restaurants proposent même des menus 100 % verts ce jour-là pour sensibiliser les touristes. Selon l'ONU, 18 % des gaz à effet de serre proviendraient de la production de viande.

ville qui est un savant mélange de splendides constructions vieilles de plusieurs siècles, aux façades de brique rehaussées d'extraordinaires pignons dentelés, signes d'un art flamand riche et sûr de lui, et de modernité bien intégrée. Sa dynamique est portée par les 60 000 étudiants, ce qui en fait la plus grande ville universitaire de Belgique.
Au fil des rues commerçantes bordées d'hôtels particuliers et d'imposantes constructions civiles et religieuses, le centre ancien se découvre à

pied (surtout pas en voiture !). Bref : l'histoire de Gand, c'est aussi celle de l'Europe occidentale dont elle fut l'un des cœurs actifs. Les Gantois et les Gantoises ont gardé à la fois le goût du faste et du décor, ainsi qu'une approche très simple et chaleureuse des rapports humains, héritage des traditions corporatistes et ouvrières. Cela fait partie de leur génie.

VISITER GAND

N'espérez donc pas découvrir Gand en une journée, même en galopant. Il faut y passer une nuit, voire deux, pour profiter pleinement de la vie nocturne tout en se reposant d'escapades diurnes multidirectionnelles. Et puis il y a des éclairages qui rappelleront non sans raison aux Lyonnais ceux de leur ville ! En effet, chaque soir, à la nuit tombée, la ville se pare de mille lumières, mettant en valeur les façades, soulignant chaque détail architectural, modifiant les perspectives, restructurant l'espace... Le tout se reflétant sur les eaux de la Lys. Gand brille de mille feux et c'est féerique.

Outre l'hiver, calme et empreint de mystère, la meilleure époque pour venir se situe pendant les *Gentse Feesten,* les fêtes locales (entre le week-end précédant le 21 juillet et le week-end qui suit). Durant cette période, réjouissances, bals et braderies donnent le tourbillon à la ville de Charles Quint ; l'affluence, à cette période, vous posera cependant quelques problèmes de circulation, de réservation d'hébergement et de prix !

UN PEU D'HISTOIRE

Le STAM racontant mieux que nous, dans une muséographie contemporaine exemplaire et selon un ordre chronologique, les transformations de la ville au travers des âges, nous n'aurons pas la prétention ici de remplacer cette jolie machine à remonter le temps. Plantons juste le décor, pour vous donner quelques repères.

Les débuts connus de Gand sont bien modestes. Des hommes s'y installèrent, il y a 3 000 ans. Et un siècle après la conquête de la Gaule, des colonies romaines s'y établirent. Au confluent de la Lys et de l'Escaut se trouvait un noyau d'habitations, baptisé *Ganda* (« confluent » en celte). Au VIIe s arriva saint Amand, qui s'établit sur le mont Blandin. Il y érigea une petite chapelle qui n'était pas encore l'abbaye Saint-Pierre et entama sa mission d'évangélisation. Au confluent des deux cours d'eau, il fonda un deuxième centre religieux, modeste au départ, qui sera à l'origine de l'abbaye Saint-Bavon. Une agglomération se développa. Au VIIIe s, Charlemagne y fit construire un port pour sa flotte, ce qui n'empêcha pas, au IXe s, les Normands de venir passer les moines au fil de l'épée. C'est la raison pour laquelle on prit la précaution de construire une forteresse, qui deviendra par la suite le château des Comtes.

Le traité de Verdun

En 843, l'empire de Charlemagne fut divisé par ses héritiers en trois royaumes indépendants. La Flandre fut attribuée à *Charles le Chauve,* roi de Francie occidentale. Gand en faisait partie et devint ainsi une ville frontière entre royaume franc et Germanie, l'Escaut faisant office de ligne de démarcation. La prospérité arriva avec l'industrie de transformation de la laine anglaise en drap « flamand ». Plus de la moitié de la population était employée par cette industrie. Vendu dans l'Europe entière, notamment sur les marchés de Champagne, le drap enrichit une oligarchie de patriciens drapiers tenant les rênes du pouvoir, en principe au nom du *comte de Flandre,* mais souvent en opposition avec lui, et surtout en conflit avec les métiers issus de la paysannerie pauvre, venus gonfler les effectifs de l'industrie textile. Les conditions d'existence de ces foulons et teinturiers étaient particulièrement misérables. L'exploitation capitaliste était organisée au seul profit de cette caste marchande, dont l'intérêt était de maintenir des relations avec la source d'approvisionnement de la matière première, la laine d'Angleterre.

Un conflit majeur opposa *Gui de Dampierre,* comte de Flandre, à son suzerain *Philippe le Bel.* Le conseil des patriciens (rassemblés sous l'emblème du lys : *Leliaerts*) prit le parti du roi contre le comte et les métiers (rangés sous la bannière des griffes : *Klauwaerts*). La bataille des Éperons d'or (1302), où les Français se firent dérouiller, entérina la défaite de leurs partisans à Gand et le prolétariat des métiers obtint sa part de gâteau dans la gestion de la ville. Gand la révoltée avait engrangé une première victoire populaire et ce fait marquera son histoire.

La liberté, le commerce et l'essor économique

Malgré les libertés communales où, pour la première fois en Occident, le peuple a eu son mot à dire dans les affaires de sa cité par le biais de ses élus, elle connaît un déclin du fait même du mauvais fonctionnement de son système « démocratique ».

Au cours de la guerre de Cent Ans, la situation économique se dégrade. Avec 60 000 habitants, Gand est au XIVe s la deuxième ville la plus peuplée d'Europe après Paris. Ses édiles commettent l'erreur de multiplier les mesures protectionnistes vis-à-vis de ses voisins tout proches et de se débarrasser de celui qui la défendait magistralement sur la scène internationale : *Jacques Van Artevelde,* le flamboyant leader des tisserands.

Partisan du rapprochement avec l'Angleterre au nom des intérêts économiques de la Flandre, il était parvenu à maintenir celle-ci à l'écart du conflit et à obtenir la levée du blocus anglais. En 1345, à la suite de sordides querelles corporatistes, il fut assassiné par ses propres concitoyens, qui se rattraperont par la suite en surnommant Gand « la ville d'Artevelde ». Fils du peuple, il traitait d'égal à égal avec les rois, et le peuple a eu sa peau !

La ville natale de Charles Quint

Le XVe s marqua la fin des libertés. Les princes s'attelèrent à rogner ce que leurs prédécesseurs avaient concédé. Les ducs de Bourgogne qui avaient hérité de la Flandre réprimèrent les dernières révoltes dans le sang. C'est un Habsbourg, Gantois de naissance, *Charles Quint,* qui finit d'asservir la ville, lorsque, en 1539, ses habitants se révoltèrent contre une nouvelle levée d'impôts. Charles Quint prit des mesures brutales pour réprimer le soulèvement en exigeant des notables de la ville qu'ils défilent pieds nus avec une corde autour du cou. Depuis cette époque, les Gantois sont surnommés *Stroppendragers* (les « garrottés »).

La congrégation de Saint-Bavon quitta l'abbaye, son monastère fut rasé et remplacé par une caserne. Seuls quelques édifices de l'ancienne abbaye échappèrent à la démolition. L'empereur était cependant fier de sa cité : il se faisait fort de « mettre Paris dans son Gant ». En fait, un gant de velours sur une main de fer... Les Gantois en perdirent tous leurs privilèges historiques.

Gand est encore au centre du conflit pendant les guerres de Religion. Lorsque l'absolutisme espagnol imposa la foi catholique, Gand était devenue républicaine et calviniste. On signa dans ses murs le traité de Pacification, qui devait coaliser les catholiques et les réformés des Pays-Bas contre le pouvoir de *Philippe II* d'Espagne. Un siège très dur mené par Alexandre Farnèse l'obligea en 1584 à ouvrir ses portes aux troupes espagnoles. Les exactions, l'exil de milliers d'habitants, les famines firent chuter sa population de moitié et la ville entra en léthargie pour deux siècles. Et le catholicisme fut rétabli dans les Pays-Bas du Sud après la prise d'Anvers.

Une relation particulière avec la France

Au cours des XVIIe et XVIIIe s, Gand se releva lentement. Elle fut occupée à trois reprises par les Français, mais pour de courtes périodes. Mais Gand ne changea pas : la ville resta hostile à la France, de Louis XIV jusqu'à Napoléon.
En 1713, la Flandre passa aux mains des Habsbourg d'Autriche. La permanence de la fermeture de l'Escaut maintint l'asphyxie malgré la bienveillante parenthèse autrichienne. En 1792, après la victoire des armées révolutionnaires à *Jemmapes*, Gand est annexée à la république française comme le reste de la Belgique. *Liévin Bauwens,* ingénieur et espion mandaté par Napoléon, importa clandestinement d'Angleterre une machine à filer à vapeur, qui révolutionna l'industrie textile.
Du 20 mars au 22 juin 1815, Gand servit de refuge provisoire au roi *Louis XVIII* et au parti de la Restauration en exil : cet épisode des Cent-Jours est raconté par Chateaubriand dans les *Mémoires d'outre-tombe.*

Ville d'histoire, d'art et de commerce

La création du royaume de Belgique en 1830 va permettre à Gand de renouer avec la prospérité. L'université, où l'enseignement se faisait alors en français, forma les cadres de la bourgeoisie industrielle et la ville connut un essor intellectuel remarquable avec l'éclosion des talents de ses artistes et écrivains (francophones).
Au XIXe s, l'industrialisation fit de Gand le bastion du socialisme flamand ; le mouvement *Vooruit* en fut le fer de lance. *Édouard Anseele* fut le premier député socialiste flamand. En réaction contre une bourgeoisie « libérale » francophone, l'université de Gand devint, en 1930, la première du pays à dispenser l'enseignement uniquement en flamand.

DES FLEURS POUR LA CASTAFIORE

Tous ceux qui ont lu Tintin, Les Bijoux de la Castafiore, se demandent toujours pourquoi la cantatrice se vantait auprès des journalistes de Paris-Flash d'avoir rencontré Haddock à Gand (perle des Ardennes ! – sic –), parmi les fleurs. Sachez que la ville connaît une renommée internationale en la matière (la région de Lochristi, toute proche, est le centre d'une industrie florale). Eh oui, tous les 5 ans, les Floralies attirent des dizaines de milliers d'amateurs. La prochaine édition se déroulera en avril 2015.

Avec l'élargissement du canal Gand-Terneuzen et la construction du port, Gand se dota d'une ceinture industrielle qui en fit l'une des villes les plus actives du pays. La suite, découvrez-la au STAM, à travers les films et les photos de l'époque, que chacun peut sélectionner selon ses envies.

Arriver – Quitter

En bus

■ *Eurolines : Koningin Elisabethlaan, 73.* ☎ *09-220-90-24. À proximité de la gare ferroviaire. En sem 9h-12h30, 13h30-18h ; sam 9h-12h30.* Durée du trajet depuis Paris : un peu plus de 4h.

En train

🚆 *Gare Saint-Pierre (Gent Sint-Pieters-Station ; hors plan couleur par B3) : Kon. Maria Hendrika-plein. Infos horaires et billets au* ☎ *02-528-28-28 (à Bruxelles). Située à 30 mn à pied du centre historique. Pour rejoindre le centre historique, prendre les trams n°s 1, 21 ou 22 (à la sortie).* Bâtiment de style néogothique construit pour l'Exposition universelle de 1913. Gros travaux en cours jusqu'en 2014, n'arrivez pas au dernier moment pour prendre votre train !

GAND ET SES ENVIRONS

➤ *De/vers Bruxelles :* 3 trains directs/h en sem, 2 le w-e. Durée : env 30 mn.

➤ *De/vers Lille :* 1 train direct ttes les heures. Durée : env 1h10.

➤ *De/vers Paris :* 1 à 2 *Thalys*/h relient directement (via Bruxelles) Paris à Gand en 2h10. Mais il est plus probable que vous preniez un *Thalys* pour Bruxelles puis, de là, un train pour Gand.

En voiture

Gand est au carrefour de deux axes autoroutiers, l'E 40 *Bruxelles-Ostende* et l'E 17 *Lille-Anvers.* Une fois dans le centre, il va de soi que la voiture doit être laissée au parking. Celui du Vrijdagmarkt, souterrain, a l'avantage de permettre d'emblée la visite du centre.

Comment se déplacer dans Gand ?

Les zones à visiter sont suffisamment concentrées pour permettre les déplacements à pied. De toute façon, il est très difficile de rouler dans le centre... et encore plus de s'y arrêter ! Moralité : si vous êtes en voiture, cherchez-vous un parking tranquille ou, mieux, garez-vous dans une rue juste en dehors du centre. Là, en poussant sur le bouton jaune de l'horodateur, vous pourrez stationner 10h pour environ 3 € ! Seuls

le quartier universitaire, celui du musée des Beaux-Arts et celui de la gare ferroviaire sont un peu excentrés (20 à 30 mn de marche depuis Saint-Bavon). Sinon, il est toujours possible de louer un vélo à la gare ou dans le centre (voir plus loin « Adresses utiles »)... et de faire comme la moitié des Gantois : se déplacer en pédalant. Si le temps n'est pas favorable, le tram vous rendra bien service, de 6h à 23h (ou minuit).

Où se garer ?

🅿 Si vous n'avez pas suivi le conseil donné plus haut (se garer juste en dehors du centre), les *parkings P1 (Vrijdagmarkt ; plan couleur C1)* et *P7*

(près de l'église Saint-Michel ; plan couleur B2) sont centraux et municipaux (donc pas trop chers).

Adresses utiles

ℹ️ *Office de tourisme gantois (plan couleur B1) :* **Sint-Veerleplein, 5.** ☎ **09-266-56-60.** ● *visitgent.be* ● *Tlj 9h30-18h30 (16h30 de mi-oct à mi-mars). Fermé Noël et Jour de l'an.* Installé dans l'*Oude Vismijn* (ancienne halle aux poissons), tout près du château des Comtes. Un aménagement ultramoderne, tout à côté de la brasserie *Bord'eau,* où vous pourrez à loisir consulter sur une table tactile les documents en français, très bien faits, concernant la ville, ses musées, etc. Brochures et plans en libre-service. Peut aussi se charger de vous réserver un hébergement (sans commission).

– *Visites guidées* du centre historique, tous les jours à 14h30 (mai-octobre). *Compter 8 €/pers. Durée : 2h.*

– *City Card Gent :* carte valable 48h ou 72h et coûtant respectivement 30 ou

35 € ; en vente à l'office de tourisme et dans les principaux musées. En outre, elle donne accès aux trams et bus de la zone urbaine et comprend une balade en bateau. Pas de tarif réduit car les musées sont gratuits jusqu'à 18 ans révolus et certains ne coûtent que 1 € pour les moins de 26 ans.

ℹ️ *Office de tourisme provincial :* *Sint-Niklaasstraat, 2.* ☎ *09-269-26-00.* ● *tov.be* ● *Lun-ven 9h-12h, 13h15-16h45.*

✉️ *Poste centrale (plan couleur C2) :* *Lange Kruisstraat.*

◼️ *Taxistop (hors plan couleur par B3) :* *Koningin Maria Hendrikaplein, 65 B (sur la pl. de la gare).* ☎ *070-222-292.* ● *taxistop.be* ●

◼️ *Location de vélos : Biker (plan couleur C1, 2),* Steendam, *16.* ☎ *09-224-29-03. Tlj sf dim 9h-12h30, 13h30-18h (17h sam).*

*Également, **Max Mobiel**, Voskens-laan, 27. ☎ 09-242-80-46. Lun-ven*

7h15-18h45. Mêmes tarifs, à peu près, autour de 12 €/j.

Et si l'on allait dormir chez l'habitant ?

C'est le meilleur moyen d'aller à la rencontre des Gantois. Gand possède un joli bouquet de *Bed & Breakfast* (près de 70 !), dont vous pourrez vous procurer la liste, très bien faite et munie d'un plan, à l'office de tourisme. Comme partout, il est plus prudent de réserver, surtout si vous voulez y loger un week-end, car le nombre de chambres y est évidemment limité (en principe pas plus de trois). Sinon, il existe aussi un site internet : ● *bedand breakfast-gent.be* ● Attention, beaucoup refusent les cartes de paiement. Toutes sont non-fumeurs, désormais.

🏠 *Artigand (hors plan couleur par B3, 18) : Rozemarijnstraat, 27.* 🖥 *0477-63-66-40.* ● *artigand@tele net.be* ● *users.telenet.be/artigand* ● *À 10 bonnes mn à pied du centre, dans le prolongement de Papegaaistraat, après Coupure Links. Compter 70-75 € pour 2, petit déj compris. CB refusées.* 📶 La nouvelle et charmante propriétaire des lieux a gentiment rénové ces 3 chambres à l'agréable simplicité. Celle dite « des roses » possède un baldaquin, l'« Art déco », la plus spacieuse un lit... Art déco, et la « Japonaise » est, évidemment, la plus exotique. Petit déj soigné.

🏠 *Chambre Plus, chez Mia Ackaert (plan couleur B2, 21) : Hoogpoort, 31.* ☎ *09-225-37-75.* ● *chambre plus@telenet.be* ● *chambreplus.be* ● *Double 105 €, petit déj compris ; une suite avec jacuzzi 185 €. Min 2 nuits le w-e.* 📶 En plein centre, dans une maison du XVII⁰ s rénovée. 2 chambres tout confort, la « Congo » et la « Sultan », dont les noms parlent d'eux-mêmes, et une suite en duplex, exceptionnelle, dans une adorable maisonnette située à l'arrière. Petit déj servi sous une verrière... Que des produits frais et de qualité, absolument savoureux ! Mia, qui est professeur de cuisine, fait elle-même les croissants et les gâteaux. Au sous-sol, un superbe atelier culinaire. Un des *B & B*

les plus séduisants qu'on connaisse.

🏠 *B3-Bed-Breakfast-Boat (hors plan couleur par A1-2) : Zuidkaai, 43.* 🖥 *0477-54-00-03.* ● *info@bnbtripleb. be* ● *bnbtripleb.be* ● ⒯ *n° 3. Compter 105 € pour 2, petit déj compris (min 2 nuits le w-e).* Dormir sur une péniche, pourquoi pas ? Surtout lorsqu'elle est amarrée sur un canal d'un calme total (à part les coin-coin des canards peut-être !) à quelques minutes du centre en tram (compter un quart d'heure à pied). 2 chambres fort plaisantes, celle du « Capitaine » et celle du « Matelot » (avec un lit rond) au confort égal, mais de personnalités différentes. Toutes deux avec salle de bains et entrée indépendante. Copieux petit déjeuner. Possibilité de jacuzzi et sauna. Accueil très sympa.

🏠 *Simon says (plan couleur B1, 13) : Sluizekenstraat, 8.* ☎ *09-233-03-43.* ● *info@simon-says.be* ● *simon-says. be* ● *Congés 2 sem fin août et aux fêtes de fin d'année. Doubles 130-140 €, petit déj compris. Prix dégressifs à partir de 3 nuits. CB acceptées.* 📶 Un lieu attachant. Derrière cette magnifique façade Art nouveau se cache au rez-de-chaussée un *coffee-bar* décontracté *(fermé lun)* et, dans les étages, 2 chambres zen, remarquablement bien aménagées. Du noir et blanc qui vous fait voir la vie en couleurs, avec la vue sur la place et la terrasse, pour prendre son petit déjeuner ou grignoter, si l'envie vous en dit. *Simon says...* prends la vie du bon côté (c'est l'équivalent de notre *Jacques a dit*, le patron ne s'appelle pas Simon, vous l'aviez deviné !).

🏠 *Baeten's B & B (plan couleur B1, 17) : Burgstraat, 11.* ☎ *09-223-06-17.* ● *info@baetenbenb.be* ● *baetenb nbgent.be* ● *Doubles 80-95 €, petit déj compris.* 📶 À l'arrière d'une boutique de brocante tenue par Stefan (francophone), une dépendance abrite 2 chambres calmes et très bien tenues. On préfère un peu plus chère mais l'autre a une belle salle de bains avec baignoire à l'ancienne. Animaux non admis. Au passage, admirer dans le magasin le superbe escalier intérieur.

🏠 **Alphabed** *(plan couleur C2, 19) : Jan Palfijnstraat, 26.* 📱 *0497-68-91-08.* ● *info@alphabed.be* ● *alphabed.be* ● *Compter 85-95 € pour 2, petit déj compris.* Si la façade est la même que celles de toutes les petites maisons qui bordent cette discrète rue pavée, l'intérieur a été complètement repensé : des couleurs vives très contemporaines, des carrelages à l'ancienne... Parmi les 3 chambres (d'humeurs différentes), celle qui se croit dans les années 1970 possède un balcon sur cour (et une jolie vue sur la cathédrale). Accueil très sympa (et en français !).

🏠 **Be Our Guest** *(plan couleur C2, 24) : Houtbriel, 18.* ☎ *09-224-29-04.* 📱 *0474-80-77-95. Double 90 € avec petit déj.* 📶 Rue très tranquille. Une maison de caractère avec, à l'entrée, un piano et un petit ange en pierre. La propriétaire est photographe et on retrouve ses œuvres un peu partout dans la maison (remarquables photos en noir et blanc). Déco plutôt épurée dans les chambres, avec une pointe de baroque... Petite véranda pour le petit déj. Accueil vraiment affable.

🏠 **Onderland** *(plan couleur A1, 20) : Rabotstraat, 62.* ☎ *09-228-85-38.* ● *stay@onderlande.be* ● *onderland. be* ● *À un petit quart d'heure à pied du centre.* 🚋 *n° 1 ou 10. Compter 78 € pour 2, petit déj compris ; 120 € pour 4. Sauna (payant).* Dans un quartier tranquille, à peine excentré, cet immeuble du XIXᵉ s à la façade un peu sévère abrite, au rez-de-chaussée, une suite très grande (idéale pour les familles), avec hauts plafonds, boiseries et tentures. Sur l'arrière,

2 chambres doubles mansardées (l'escalier est un peu raide) plus contemporaines. Sympathique jardin intérieur (avec son lapin mascotte) où prendre le petit déj l'été. Ambiance très familiale.

🏠 **Aanaajaanaa B & B** *(plan couleur B2, 28) : Hoogpoort, 25.* 📱 *0476-75-52-55.* ● *info@aanaajaanaa.be* ● *aanaajaanaa.be* ● *Doubles 90-110 €, petit déj compris. 2 nuits min le w-e. Réduc à partir de 5 j. CB refusées. Vélos à dispo gratuitement.* 📶 Un B & B chargé d'histoire (cave du XIIIᵉ s, auberge au XVIᵉ s, puis imprimerie pendant 150 ans, enfin presbytère). Adresse intégralement écolo : peinture non toxique sur les murs, lits aux composants naturels, nourriture organique... Chambres de bon confort, fraîches et colorées. Ce curieux nom signifie « venir, partir » en langue hindi. Nuits parfois un peu bruyantes le week-end en raison de la présence d'une boîte de nuit en face.

🏠 **De Waterzooi** *(plan couleur B1, 22) : Sint-Veerleplein, 2.* 📱 *0475-43-61-11.* ● *info@dewaterzooi.be* ● *dewaterzooi. be* ● *Doubles 180-205 €, petit déj et garage compris. Prix dégressifs à partir de 2 nuits. CB acceptées.* 🖥 📶 Tout à côté du nouvel office de tourisme, et face au château des Comtes. Une des plus belles réalisations que l'on connaisse en matière de chambres en ville. Les propriétaires ont transformé un ancien resto avec vue sur le canal en une maison du bonheur, décorée de façon contemporaine. Escabeaux, armoires à souvenirs, fenêtres sur chambres depuis la salle de bains, beaucoup de charme et d'humour. Et superbe accueil (en français).

Où dormir, sinon, à Gand et dans les environs ?

Camping

⛺ **Camping Blaarmeersen** *(hors plan couleur par A3) : Zuiderlaan, 12.* ☎ *09-266-81-60.* ● *camping.blaarmeersen@gent.be* ● *blaarmeersen.be* ● *Un peu excentré, à 5 km à l'ouest de la ville en direction de Drongen, dans un complexe de loisirs sportifs doublé d'une réserve naturelle. Par l'autoroute* de Bruxelles, sortie n° 13 ; ou bus nᵒˢ 38 et 39 depuis le centre. Ouv du 1ᵉʳ mars au 1ᵉʳ w-e de nov. En hte saison, prévoir 19 € pour 2 avec tente et voiture (résa impossible pour les tentes fin juil pdt les fêtes de Gand). Chalets à prix modérés. 📶 Un 4-étoiles, très bien équipé pour les campeurs, même si les caravanes y sont légion (mais bien séparées du pré réservé aux tentes).

GAND ET SES ENVIRONS

Pas franchement convivial mais bon confort. Sanitaires chauffés. Épicerie et cafétéria. Baignades, piscine, squash, tennis, ping-pong, pétanque et beach-volley. Location de vélos.

Hôtels pour jeunes

🛏 **Auberge de jeunesse De Draecke** (*plan couleur B1, 11*) : *Sint Widostraat, 11.* ☎ 09-233-70-50. ● *gent@vjh.be* ● *jeugdherbergen.be* ● *À proximité du château des Comtes. Accueil 7h30-23h. Nuitée en dortoir 20,10 €, double 48,70 € ; petit déj et draps inclus. Supplément pour les non-membres. Lunch env 7 € et dîner 11,50 €.* 🖥 *(payant).* 📶 *Neuf,* central, propre et fonctionnel : parfait pour les petits budgets. Dommage que l'ambiance y fasse un peu défaut (au moins, c'est calme !). 106 lits en tout, répartis en chambres et dortoirs de 2 à 6 lits, avec douche et w-c. Quelques chambres doubles avec vue sur les 3 tours de Gand.

🛏 **Ecohostel Andromeda** (*hors plan couleur par A1*) : *Bargiekaai, 35.* 📱 *0486-67-80-33.* ● *andromeda@ecohostel. be* ● *ecohostel.be* ● *Sortir du centre par Begijnhoflaan ; arrivé au canal, longez-le par la droite, le bateau est amarré 200 m plus loin. Nuit à 22-24 €/pers en dortoir de 6 ou 8 lits ; double 65 €. Draps et petit déj compris.* 📶 *Voici une AJ* privée bien originale, installée dans une péniche au toit recouvert de végétation. Coquettes petites chambres et dortoirs dotés de matelas moelleux ; salle de bains commune. Seulement 18 places au total. L'idéal pour un séjour décalé, convivial et écolo, puisque le bateau est conçu pour consommer un minimum d'énergie (système de purification d'eau, bonne isolation, produits bio et équitables au petit déj). Salon pour bavarder et terrasse sur le pont pour prendre un bain de soleil, quand il y en a... Une bonne adresse à l'ambiance jeune et solidaire, avec un confort très correct et située à seulement 15 mn à pied du centre.

🛏 **Kaba Hostel** (*plan couleur D3, 23*) : *Filips Van Arteveldestraat, 35.* ☎ 09-223-53-33. ● *info@kabahostel. be* ● *kabahostel.be* ● *Check-in 15h-22h. Nuitées 27-30 €, petit déj inclus.*

Double avec sdb 75 €. 🖥 📶 *Une toute* nouvelle adresse pour petits budgets qui a eu la bonne idée de confier les murs des chambres, des dortoirs (de 3-6 lits) et des parties communes à des artistes locaux (dont vous risquez de croiser également les œuvres dans les rues de Gand). Déco aussi colorée que décalée donc. Cuisine équipée, petit bout de jardin et super accueil.

🛏 **Hostel 47** (*plan couleur C1, 27*) : *Blekerijstraat, 47.* 📱 *0478-71-28-27.* ● *info@hostel47.com* ● *hostel47.com* ● *Check-in 14h-22h. Nuitées 26,50-29 €, double 66 €, petit déj inclus. CB refusées.* 🖥 📶 *On vous prévient, c'est loin* d'être une adresse de charme : dortoirs de 4-6 lits, zéro déco, ambiance impersonnelle... Les salles de bains communes, certes modernes, donnent directement sur les couloirs. Mais Gand est une ville chère et les tarifs de cet « Hostel » plutôt destiné aux jeunes en font une bonne affaire pour les budgets serrés. De plus, c'est bien tenu, lumineux, et à quelques minutes du centre-ville. Cuisine à disposition.

Prix modérés

🛏 **Hôtel Flandria Centrum** (*plan couleur C2, 12*) : *Barrestraat, 3.* ☎ 09-223-06-26. ● *gent@flandria-centrum.be* ● *flandria-centrum.be* ● *Derrière Saint-Bavon. Doubles avec ou sans sdb 55-70 €, familiales 98-120 €, petit déj-buffet compris.* 🖥 📶 *Sympa-* thique et convivial, ce petit hôtel niché dans une rue calme, est un lieu de rencontre des routards du monde entier. Ils trouvent ici un hébergement simple mais bien tenu. On s'y croise dans le salon, tapissé de cartes géographiques, ou dans l'agréable salle de petit déj. 23 chambres en tout, certaines pouvant accueillir jusqu'à 4 personnes.

Prix moyens

🛏 **Limited.co Hotel** (*plan couleur A2, 14*) : *Hoogstraat, 60.* ☎ 09-225-14-95. ● *info@limited-co.be* ● *limited-co.be* ● *Double 90 €, petit déj inclus. Loft avec cuisine 115 € pour 3 (140 € pour 4). Lunch 10 € env. Parking à proximité.* 📶 *Les chambres au* mobilier ludique et coloré offrent un confort plus que convenable pour le prix. Les plus grandes peuvent accueillir jusqu'à 4 personnes. Toutes donnent sur un petit jardin bien agréable les soirs d'été. Petit bar-resto (soupes, salades, pâtes ; fermé le dimanche) au rez-de-chaussée. Accueil familial extra et ambiance jeune et fraîche.

Plus chic

🏠 *Hotel Harmony (plan couleur B1, 25)* : Kraanlei, 37. ☎ 09-324-26-80. ● info@hotel-harmony.be ● hotel-harmony.be ● Doubles 154-229 € selon catégorie, petit déj compris. Promos le dim et sur Facebook. Parking payant (12 €). 🛜 Déco très soignée, au goût du jour, et plein de petites attentions qui font toute la différence et tout le charme du lieu : belles matières, coin salon, baldaquin, cheminée, superbe rampe d'escalier sculptée... 4 catégories. Les chambres les plus chères sont équipées de jacuzzi et bénéficient d'une terrasse, voire d'une vue sur le canal. Chose rare pour un 4-étoiles, l'atmosphère a su rester simple et familiale. Le petit déj est tout bonnement exceptionnel avec œufs et gaufres à la demande, salade de fruits frais, charcuterie, poissons fumés... Il y a même une piscine sur le toit ! Un excellent rapport qualité-prix quand on en a les moyens. Vélos à louer.

🏠 *Ghent River Hotel (plan couleur B1, 26)* : Waaistraat, 5. ☎ 09-266-10-10. ● info@ghent-river-hotel.be ● ghent-river-hotel.be ● Au bord de la Lys. Doubles 109-300 € selon confort, promo et saison ; petit déj 21 €. Parking à 50 m. Accessible par voie d'eau ! Cette ancienne filature de coton, transformée en entrepôt par la suite, est aujourd'hui devenue un bien bel hôtel. 77 chambres en tout, d'excellent confort. L'architecture offre de beaux volumes et la déco mêle des matériaux bruts, comme le bois et la brique, à des meubles contemporains

et design. L'ensemble est plutôt réussi. Voir la grande cave médiévale avec ses colonnes ciselées. Sauna et salle de fitness.

🏠 *Hôtel de Flandre (plan couleur A2, 16)* : Poel, 1-2. ☎ 09-266-06-00. ● info@hoteldeflandre.be ● hoteldeflandre.be ● Doubles 99-120 € et suite 150 € (promos sur Internet). Un ancien relais postal transformé en joli nid d'amour pour un week-end romantique. En plein centre, il a tout pour séduire : des chambres confortables aux doux tons poudrés, une jolie salle de petit déjeuner (un beau buffet !) et des prix attractifs en période de promo. Accueil professionnel et cordial.

🏠 *Hôtel Erasmus (plan couleur A2, 15)* : Poel, 25. ☎ 09-224-21-95. ● info@erasmushotel.be ● erasmushotel.be ● Fermé 23 déc-10 janv. Doubles 99-120 €, petit déj compris. 🛜 (payant !). En plein centre, un petit hôtel agencé à l'ancienne par un antiquaire collectionneur, dans une vénérable maison du XVIᵉ s à double pignon à la flamande. Très bon accueil. L'atmosphère reste néanmoins très austère. Les chambres les plus grandes (et les plus chères) sont aussi les plus belles. On aime beaucoup celle donnant sur la rue, avec sa belle hauteur sous plafond, sa cheminée et ses fenêtres à meneaux. Quelques-unes donnent sur le jardin à l'arrière. Les moins chères n'ont pas toujours le même cachet, mais restent très correctes. Au sous-sol, minuscule chapelle, près de la cave.

🏠 *Gent Belfort (plan couleur B2, 29)* : Hoogpoort, 63. ☎ 09-233-33-31. ● nhgentbelfort@nh-hotels.com ● nh-hotels.com ● Doubles 109-259 € selon confort et saison ; petit déj 15-21 €. Parking payant (15 €). 🛜 On ne peut guère plus central (face à la superbe façade gothique de l'hôtel de ville). Un poil en retrait de la rue. Architecture plaisante, hôtel fonctionnel, agréable et offrant de très confortables chambres. Réception pro. Copieux petit déjeuner-buffet.

GAND ET SES ENVIRONS

Où manger ?

L'embarras du choix ! Contrairement à pas mal de villes historiques, les restaurants des abords immédiats des grands monuments ne sont pas forcément synonymes d'attrape-touristes.

Voici quelques bonnes adresses, testées pour vous, mais il est certain que vous en trouverez d'autres, tant l'offre est large. Repérez plutôt les restos aux abords desquels des vélos sont garés. C'est là que mangent les Gantois ! Profitez de votre passage à Gand pour essayer le fameux waterzoi local : bouillon crémeux de légumes (carottes, poireaux, céleri) et de pommes de terre, mijoté avec soit du poulet, soit du poisson. Bien préparé, c'est un régal !

Mais Gand se distingue surtout par ses nombreux restaurants végétariens de qualité, dont vous trouverez la liste dans un dépliant remis à jour chaque année, distribué à l'office : *A guide to veggie Ghent*, Gand étant à l'avant-garde en ce domaine, avec son jeudi, jour décrété végétarien par la municipalité.

À noter sinon que plusieurs adresses citées dans la rubrique « Où boire un verre ? » proposent également une petite restauration peu chère.

Spécial végétariens

I●I *Avalon* (plan couleur B1, *36*) : Geldmunt, 32. ☎ 09-224-37-24. ● info@restaurantavalon.be ● Derrière le château des Comtes. Lun-sam 11h30-14h30, plus certains ven-sam 18h-21h. Fermé 2 sem en août. Repas 13,50-19,50 €. Menu spécial les soirs des ven et sam 40 € (5 plats) sur résa. Un resto végétarien bien connu des fanas de produits macrobiotiques et de cuisine organique qui viennent y déguster une salade, une quiche ou des pâtes dans un décor composé de carreaux de faïence, tables en bois et même d'un poêle. Jolie fenêtre Art nouveau côté rue. Petite terrasse aux beaux jours.

I●I *Brooderie* (plan couleur B2, *46*) : Jan Breydelstraat, 8. ☎ 09-225-06-23. ● brooderie@telenet.be ● Tlj sf lun et mar 8h-18h. Fermé début janv. Menu 20,50 €, plats 9-14 €. Au cœur du vieux Gand, une jolie maison ancienne avec pignon cranté en face du musée du design. Cette boulangerie-restaurant

au cadre vieillot et patiné avec ses tables rugueuses en bois sert uniquement des produits bio. Petits déj et brunchs dès potron-minet et, à l'heure du lunch, des salades, des soupes maison, des quiches, des pâtes ou un plat du jour végétarien. À accompagner de pains aux céréales, aux olives, noix et raisins, etc. Salle agréable. 3 petites chambres toute simples au-dessus.

I●I *Patiron* (plan couleur B1, *52*) : Sluizeken, 30 (Oudburg). ☎ 09-233-45-87. ● patiron@skynet.be ● patiron. be ● Mar-sam 11h30-18h (15h sam). Fermé 22 déc-4 janv, 7-21 avr et pdt les fêtes de Gand (fin juil). Menu 11 €, plats 5-12 €. CB refusées. Un lieu chaleureux consacré aux quiches et aux tartes en général, qui sent bon la vie. Essentiellement végétarien. Superbe petite terrasse cachée, avec quelques tables au soleil. Potager en pot original.

I●I *Komkommertijd* (plan couleur C2, *53*) : Reep, 14. ☎ 09-269-02-10. ● info@komkommertijd.be ● Tlj sf lun-mar et sam midi 11h45-14h30, 18h-22h30. Déj sem 13,50 € (16 € w-e) ; carte 20-25 €. Un lieu improbable, au fond d'une cour, près d'un canal qui réapparaît après avoir dû longtemps se cacher. Un restaurant végétalien et végétarien à la fois, avec un grand buffet. Cadre agréable mais accueil un peu sec ; on ne rigole pas toujours, dans la vie... Au fait, vous avez traduit, bien sûr : ici, c'est tous les jours le « temps des concombres ».

Sur le pouce

I●I *Frituur Bij Filip* (plan couleur B2, *35*) : Groentenmarkt. Tlj sf mer soir, 12h-21h. Compter moins de 5 €. Adossé à la Vleeshuis, ce petit stand de rue est on ne peut plus pittoresque. Un Q.G. pour les gourmands et les fauchés qui s'y retrouvent en toute convivialité et simplicité. Il faut dire que les frites à la graisse de bœuf sont fameuses et les escargots au bouillon (en saison) fort savoureux. À déguster debout et avec les doigts, comme il se doit !

De bon marché
à prix moyens

|●| **Simon says** (plan couleur B1, **13**) : Sluizeken, 8. ☎ 09-233-03-43. ● info@simon-says.be ● Tlj 9h (10h w-e)-18h. Voir plus haut « Et si l'on allait dormir chez l'habitant ? ».

|●| **Lepelblad** (plan couleur B2, **38**) : Onderbergen, 40. ☎ 09-324-02-44. ● info@lepelblad.be ● Service non-stop, mar-sam 11h-20h30. Plats 13-20 €. 🛜 Voici un endroit où l'on se sent tout de suite bien. D'abord, il y a le cadre, clair et sympa, avec plancher, tables en bois, art contemporain aux murs et sièges design très confortables ; puis la carte, alléchante, où figurent soupes, sandwichs (chauds et froids), pâtes, salades et divers plats chauds ; et enfin, le contenu de l'assiette, tout simplement réjouissant (et copieux !). Bons légumes de saison. Bon accueil, qui plus est. Petite terrasse en été.

|●| **Du Progrès** (plan couleur B2, **32**) : Korenmarkt, 10. ☎ 09-225-17-16. ● info@duprogres.be ● Fermé mar-mer. Ouv midi et soir jusqu'à 21h30 (puis jusqu'à 22h, pas d'entrées, on ne peut commander qu'un plat chaud). Congés : 1re quinzaine de mars et 3 sem fin sept. Formule du jour 12 €, plats 10-19 €. Café offert en fin de repas sur présentation de ce guide. Vu l'emplacement en plein centre touristique, cette brasserie s'avère une bonne surprise. Décor de boiseries et glaces biseautées, clientèle locale et mélangée. Service rapide, courtois et attentionné. Et une cuisine classique et variée avec en vedette les croquettes de crevettes maison et des viandes tendres et goûteuses. Le tout servi copieusement. Au final, une maison sérieuse et une cuisine plus que correcte.

|●| **Uit Steppe En Oase** (plan couleur B1-2, **30**) : Jan Breydelstraat, 21. 🖷 473-96-17-81. ● tania.wallaert@telenet.be ● Ouv tlj sf lun et mar 12h-20h... et sf s'il pleut. Plats 10-15 €. Apéritif offert sur présentation de ce guide. Traverser la galerie des antiquités jusqu'au jardin de thé, îlot de verdure aménagé par Tanya, une archéologue voyageuse. On y sert des petits plats orientaux, végétariens et des boissons. Cadre superbe. Les grandes arches en bois du jardin proviennent d'une vieille mosquée du nord du Pakistan.

|●| **Brasserie Café des Arts** (plan couleur B3, **40**) : Schouwburgstraat, 12. ☎ 09-225-79-06. Tlj sf lun soir 10h-22h (23h le w-e). Fermé 2 sem début août. Snacks et plats 4-19 €. Taverne un peu sombre. Glaces, lambris et banquettes de bois, houblon séché au mur pour une restauration sans façon mais copieuse : pâtes, lasagne, scampi des Arts, quiches, salades, spare ribs, hochepot, carbonades flamandes. Les Gantois y viennent pour un en-cas rapide le midi ou un godet vite bu après le boulot.

|●| **Het Gouden Hoofd** (plan couleur D2, **51**) : Slachthuisstraat, 96. 🖷 0487-20-65-01. ● info@hetgoudenhoofd.be ● Tlj 11h30-1h mais cuisine ouv lun-ven 12h-14h et lun-sam 17h-22h. Brunch sam-dim 11h-15h. Lunch 14,50 €, carte 20-25 €. Un endroit improbable perdu dans un quartier quelque peu désert ! Dès lors, quelle surprise quand on pousse la porte et que l'on découvre la salle de resto et l'ambiance qui y règne... Contraint à déménager, le patron a investi et réhabilité un ancien entrepôt de viande, situé à quelques pas de son précédent Q.G. Et la clientèle a suivi ! Déco tout à la fois industrielle et intemporelle, atmosphère conviviale, bobo et éminemment sympathique avec ses grandes tablées en formica et son grand comptoir. Bonne petite cuisine, variée et dans l'air du temps, privilégiant les produits locaux.

|●| **De Lieve** (plan couleur B1, **50**) : Sint-Margrietstraat, 1. ☎ 09-223-29-47. Tlj sf sam-dim et j. fériés, 11h30-14h30, 17h30-22h. Plats 10-19 €. La Chouette, c'est tout un poème. Il y a la télé dans un coin pour les soirs de match, un bout de terrasse côté rue pour avoir la paix et des box pour s'attabler entre amis, près du bar. La cuisine se veut française mais est surtout, à nos yeux, délicieusement belge. Formule unique avec une douzaine de suggestions. Patron qui est là pour tout commenter et vous guider dans les plats typiques. Bon choix de bières.

GAND ET SES ENVIRONS

|●| *Amadeus (plan couleur B1, 41) :* *Plotersgracht, 8-10.* ☎ *09-225-13-85.* ● *ives@mail-box.be* ● *Dans le quartier de Patershol. Tlj 18h30-23h, plus dim midi. Menus 15-25 €. Café offert sur présentation de ce guide.* Boiseries, vitraux Art nouveau et musique des années 1920. Ici, les « *spare ribs* à volonté » se mangent avec les doigts et sont servis... à volonté. Pas de carte, les quelques plats sont présentés sur un buffet : gambas grillées, waterzoi gantois. Certes, pas d'une grande finesse, mais les gens y vont presque autant pour le *fun* ! Pour les fans, autres *Amadeus* dans la même rue (au n° 25) et sur le Gouden Leeuwplein, 7 *(mêmes ouvertures),* non loin de l'hôtel de ville, avec terrasse et vue sur le beffroi.

Prix moyens

|●| *'t Vosken (plan couleur C2, 33) :* *Sint Baafsplein, 19.* ☎ *09-225-73-61.* ● *brasserie@tvosken.be* ● *Tlj 18h-minuit. Plats 13-21 € ; quelques snacks moins chers.* La déco est régulièrement modernisée mais ne se dépare jamais de sa saga illustrée du *Roman de Renart*... Bons snacks et sandwichs. On trouve à la carte toutes sortes de pâtes, salades et grillades, mais les classiques flamands tiennent la place d'honneur : délicieux lapin à la bière, waterzoi, vol-au-vent, *spare ribs*... Petite sélection de vins. Belle terrasse au pied de la cathédrale.

|●| *De Gekroonde Hoofden (plan couleur B1, 39) :* Burgstraat, 4. ☎ *09-233-37-74.* ● *info@degekroon dehoofden.be* ● *Tlj 18h-minuit, plus dim midi. Fermé en juil et Noël-Jour de l'an. Grande affluence en permanence, résa conseillée. Menus 25,20-39 €. Café offert sur présentation de ce guide.* D'abord, la façade, où ont été sculptées les têtes des comtes de Flandre, mérite un coup d'œil appuyé. Intérieur particulièrement agréable avec poutres, grande cheminée et lustre monumental. On y sert également des *spare ribs* à volonté pour 17 € (endroit plus classe qu'*Amadeus*). Salades, grillades, *scampi picobello* et belle carte de vins. C'est toujours succulent.

|●| *De Foyer (plan couleur C2, 37) :* *Sint-Baafsplein, 17.* ☎ *09-234-13-54.* ● *info@foyerntgent.be* ● *Tlj sf lun-mar 12h-14h, 18h30-22h. Lunch env 14 € ; le soir, menu 34 € ; plats 18-33 €.* C'est le foyer du théâtre, à l'étage du *Koning-lijke Nederlandse Schouwburg.* Il accueille, entre autres, les troupes de comédiens. Il faut dire que le cadre est plaisant (plafond à caissons) et la vue sur la cathédrale (depuis le balcon-terrasse), imprenable. On peut aussi y venir le midi, grignoter une salade ou un plat dans l'air du temps.

|●| *Grand Café Godot (plan couleur B2, 49) :* Hooiard, 8. ☎ *09-329-82-08.* ● *info@godotgent.be* ● *Tlj 11h-1h ; cuisine 12h-23h. Formule lunch 16 € (12h-14h) ; plats 8-22 € et pâtes à moins de 15 €.* Un endroit très branché et souvent plein comme un œuf, au décor design blanc, noir et doré, avec une terrasse située au cœur de l'animation. Le midi, les employés du coin viennent en masse, attirés par la fraîcheur et la saveur de bons petits plats à prix raisonnables (pour ce genre de lieu). Le soir, c'est un point de rendez-vous populaire auprès des noctambules en partance pour la tournée des bars. On peut aussi grignoter à toute heure des tartines et tapas peu chères. Service attentif et rapide : du coup, on n'a même pas besoin de l'attendre, ce satané Godot !

De prix moyens à chic

|●| *Belga Queen (plan couleur B2, 34) :* Graslei, 10. ☎ *09-280-01-00.* ● *info. gent@belgaqueen.be* ● *Service tlj 12h-14h30, 19h-minuit (23h30 dim). Formules lunch 18-22 €, menu 35 €, carte 38-53 €.* Aménagé dans la plus vieille maison du Graslei (un ancien entrepôt à grains) par le chef-architecte Antoine Pinto. La mise en espace ultra-contemporaine, avec des passerelles métalliques suspendues, contraste avec les solides murs du XIIIe s : fauteuils en cuir pour un esprit *lounge,* vaisselle design, etc., jusqu'aux tabliers des serveurs et au cornet de frites artistiquement présenté ! Le chef revisite les recettes traditionnelles et n'utilise que des produits locaux. En

vedettes, les croquettes de crevettes au persil croustillant (et leur fine galette de moutarde de Gand !), le waterzoi au coucou de Malines et la glace aux *cuberdons*. La carte des bières (ou des vins belges – enfin, de viticulteurs Belges installés un peu partout dans le monde !) n'est pas en reste. Terrasse aux beaux jours.

I●I **Publiek** (plan couleur C1, 54) : Ham, 39. ☎ 09-330-04-86. ● info@ publiekgent.be ● Tlj sf dim-lun. Congés : de fin juil à mi-août et fin oct-début nov. Menus 25 € à midi (sf sam) et 55 € le soir. Dans une rue hors circuits touristiques (mais à deux pas du centre), le premier resto rien qu'à lui d'un des jeunes loups de la cuisine gantoise (formé, entre autres, chez Troisgros). Un bistrot gastro avec sa cuisine ouverte, ses produits de saison et de région simplement mais brillamment travaillés, son accueil souriant et son ambiance à la décontraction. Si les prix grimpent sérieusement le soir, le menu du midi est une vraie bonne affaire. Réservation plus que conseillée donc, d'autant qu'il n'y a qu'une petite quarantaine de places.

I●I **De 3 Biggetjes** (plan couleur B1, 44) : Zeugsteeg, 7 (Patershol). ☎ 09-224-46-48. ● de3biggetjes@telenet.be ● Ouv 12h-14h, 18h30-21h30 sf soir lun-mer et ven-sam tte la journée. Lunch 19 €, menu 34 €, carte 45-50 €. CB à partir de 60 € ! Dans une belle demeure médiévale, 2 petites salles tranquilles et cosy pour une cuisine française raffinée. Beaux produits suivant marché et saison. Délicieux desserts. Menu d'un remarquable rapport qualité-prix. Le patron est aux fourneaux. Une de nos plus belles adresses.

I●I **Cœur d'Artichaut** (plan couleur B2, 43) : Onderbergen, 6. ☎ 09-225-33-18. ● info@artichaut. be ● Tlj sf dim-lun 12h-14h, 19h-23h30. Lunch 16 €, menu 39,50 €, plats 13-30 €. Brasserie à la déco contemporaine, très agréable, au rez-de-chaussée d'une maison de maître. On y sert une cuisine savoureuse et variée, aux forts accents belges : cuisine à la bière, huîtres de *Grevelingen*, coucou de Malines... Feu dans la cheminée l'hiver, terrasse-jardin l'été.

Carte en français. Autres adresses dans l'air du temps à découvrir, au hasard des balades dans ce quartier très prisé des Gantois.

I●I **Brasserie Pakhuis** (plan couleur B2, 48) : Schuurkenstraat, 4. ☎ 09-223-55-55. ● info@pakhuis. be ● Dans une ruelle derrière le McDo du Korenmarkt. Tlj sf dim 12h-14h30, 18h30-23h (minuit w-e). Fermé 17-30 juil. Résa vivement conseillée le soir. Formule lunch env 14 €, menus 27-45 €. ☏ Dans le style Quincaillerie à Bruxelles et Pomphuis à Anvers, la brasserie branchée de Gand. Entrepôt monumental en fer forgé surmonté d'une grande verrière. Bar à huîtres et bar tout court dans la galerie en contre-haut. On pourrait croire que cela va être un peu l'usine avec une cuisine de brasserie passe-partout, mais pas du tout : viandes savoureuses et bien servies, accompagnées de petits légumes frais et bien choisis. En outre, service jeune et impeccable.

I●I **Volta** (hors plan par A1-2, 45) : Nieuwe Wandeling, 2b. ☎ 09-324-05-00. À 5 mn à pied de la Burg-straat. Tlj sf sam midi, dim et lun. Lunch 25 € ; le soir menu unique 65 € ; plats 28-36 €. ☏ Un drôle de resto aménagé dans une ancienne usine électrique à la déco moderne, résolument industrielle. Dans la cuisine largement ouverte sur la salle, on voit s'activer le chef et sa brigade dans une ambiance survoltée ! Les prix sont assez prohibitifs le soir ; il faut dire que le menu comporte 5 entrées, 1 plat et 1 dessert. On viendra donc plutôt le midi profiter de ce lunch au joli rapport qualité-prix avec, cette fois, 4 entrées à se partager et 1 plat chacun.

I●I **Café Théâtre** (plan couleur B3, 31) : Schouwburgstraat, 5-7. ☎ 09-265-05-50. ● info@cafe theatre.be ● Tlj sf sam midi 12h-14h, 19h (18h dim)-23h (minuit le w-e). Bar ouv à 10h. Brunch dim jusqu'à 15h. Fermé de mi-juil à mi-août. Formule lunch env 17 €, plats 17-34 €. Près de la place du Kouter, un bar-restaurant pour les jeunes urbains branchés et les employés du quartier. Salle aux couleurs rouge, brun et noir et à la sobre élégance, avec mezzanine et toilettes de style maghrébo-design. Ambiance chaleureuse, service rapide. Cuisine de brasserie nouvelle génération, aux senteurs provençales et aux influences exotiques. Bon rapport qualité-prix. La partie *lounge* (apéritif, musique et petite restauration soignée) est plus cosy que la partie resto.

Très chic

|●| *De Vitrine* (plan couleur C3, **47**) : Brabantdam, 134. ☎ 09-336-28-08. Tlj sf sam midi, dim et lun ; le midi, service 12h-14h ; le soir, 2 services 18h30 et 21h. Résa obligatoire ! Menus uniques : le midi 33-45 € pour 3-4 plats, le soir 45-55 € pour 4-5 plats. 📶 Les soirs de week-ends, c'est complet des semaines, voire des mois à l'avance (mais on peut avoir de la chance, suite à une annulation). Possibilité aussi de dîner au bar. Plus calme en semaine... On est dans une ancienne boucherie comme en témoignent comptoir, carrelages et crochets. Le nom du resto, quant à lui, est un clin d'œil aux vitrines des dames ; nous sommes ici au cœur du quartier rouge ! Les Français n'ont qu'à bien se tenir, une nouvelle génération de chefs belges arrive et ils sont redoutables ! Matthias Speybrouck dirige cette annexe de l'étoilé *In de Wulf* à Dranouter, près de Bailleul. Sa cuisine est d'une sensualité affriolante, élaborée dans un timing quasi chorégraphié. Pianos et fourneaux sont visibles depuis la (minuscule) salle et c'est un véritable bonheur que de le regarder œuvrer et d'admirer la minutie gracieuse et la précision du geste. Un total coup de cœur.

|●| *The House of Eliott* (plan couleur B1, **42**) : Jan Breydelstraat, 36. ☎ 09-225-21-28. ● house.of.eliott@ telenet.be ● Tlj sf mar-jeu midi. Fermé 3 sem en fév-mars et 15 j. en sept. Menus 49-60 €. Digestif offert à nos lecteurs. Cadre délicieux, plein de charme. Décor de mannequins portant de belles robes vintage, poupées, beaux objets, bibelots, photos anciennes, cadres argentés, miroirs, miniatures, mobilier cossu... Tout concourt ici à créer une atmosphère cosy, intime et chaleureuse, teintée de préciosité. L'idéal pour un dîner en tête à tête et de grandes déclarations d'amour. Cuisine au diapason, fine, raffinée, aux sauces délicates. Poisson cuit à la perfection. Spécialité de homard, décliné de nombreuses façons. Service parfois un peu longuet, mais tout est fait à la demande. Et puis ce temps qui s'écoule paisiblement...

Où boire un café et manger une bonne gaufre ou une part de tarte ?

🍴 |●| *Max* (plan couleur B2, **73**) : Gouden Leeuwplein, 3. ☎ 09-233-97-31. Tt à côté du beffroi. Tlj sf mar 14h-18h. Une institution à ne pas manquer, surtout si vous rêvez d'une gaufre confectionnée dans les règles de l'art. Rétro, mais pas trop.

🍴 |●| *Julie's House* (plan couleur B1,

78) : Kraanlei, 13. ☎ 09-233-33-90. ● julie@julieshouse.be ● Service non-stop, mer-dim (tlj vac scol) 11h-18h30. Petit déj 4-14 € ; déj 10-20 €. Pour les becs sucrés, une jolie petite adresse pour prendre un vrai bon petit déj, le matin, et revenir s'offrir une tarte au spéculoos ou un clafoutis, avec un café, l'après-midi.

Où boire un verre ?

On pourrait aisément consacrer un volume entier aux cafés gantois : *bruin cafés*, *kroegen*, caves, estaminets, rock-cafés, temples de la bière ou du genièvre... vous n'épuiserez jamais le sujet. Les quelque 60 000 étudiants que compte la ville se chargent d'animer tous ces troquets.
Pas mal de terrasses autour de Saint-Bavon et du beffroi, pour se

reposer dans la journée ou se donner rendez-vous.

Plus d'adresses sur ● *cafeplan.be* ●

Dans le centre historique (la Cuve)

🍸 |●| *Bord'eau (plan couleur B1-2, 74) : Sint-Veerleplein, 5.* ☎ 09-233-20-00. ● *info@bordeau.be* ● *Tt à côté du nouvel office de tourisme. Menu lunch env 15 €.* Architecture en fer, brique et verre du XIXe s, ample volume et mobilier épuré. Un espace contemporain où il fait bon se poser, au bord de l'eau, vous l'aviez deviné. On peut même déjeuner en paix. Cuisine de brasserie un peu chère, sinon.

🍸 *Den Turk (plan couleur C2, 62) : Botermarkt, 3.* ☎ 09-233-01-97. ● *info@cafedenturk.be* ● *Tlj 11h-3h.* 📶 Il est écrit que la maison date de 1228. Par son nom, ce café évoque les Turcs, peuple avec lequel commerçait Gand à son âge d'or. On peut y boire un verre dans un décor gantois traditionnel marron et blanc crème et, de temps en temps, écouter de la musique (jazz, blues). Atmosphère chaleureuse et animée, surtout le week-end. Bonne sélection de bières.

🍸 *Damberd (plan couleur B2, 63) : Korenmarkt, 19.* ☎ 09-329-53-37. ● *damberd@pandora.be* ● *damberd. be* ● *Tlj 12h-2h.* 📶 Sa terrasse est le meilleur endroit pour faire connaissance, à condition de trouver une chaise entre les tables et les vélos joyeusement dispersés. Si personne ne vient prendre votre commande, allez vous servir au comptoir et observez une partie d'échecs en cours. À l'intérieur, sur les murs, vues de Gand en marqueterie, assez fantastiques. Concerts de jazz (voir plus loin).

🍸 *Hotsy Totsy (plan couleur A2, 72) : Hoogstraat, 1.* ☎ 09-224-20-12. ● *hotsytotsy.be* ● *Tlj dès 18h (20h w-e).* Dans le temps, un club de jazz pour intellectuels de gauche, aujourd'hui, un café d'étudiants, délicieusement rétro, où les discussions vont bon train devant les photos de Mohammed Ali ou d'Al Capone. Billard.

🍸 *Het Galgenhuisje (La Potence ; plan couleur B1-2, 64) : Groentenmarkt,*

5. À l'extrémité de la Grande Boucherie (Groot Vleeshuis). Tlj 11h-5h. 📶 Le « plus petit estaminet de Gand » (plus historique, tu meurs !). Petite salle, petite terrasse, petite cave (hyper touristique), carreaux de Delft et vestige d'un ancien pilori où l'on attachait, c'est selon, les mauvais payeurs ou les « femmes de mauvaise vie ». Les condamnés à la pendaison y prenaient leur dernier repas. On s'y entasse aujourd'hui pour une bonne bière (brune) maison. Musique pas terrible ; l'accueil ne vaut guère mieux ; dommage...

🍸 *Het Waterhuis aan de Bierkant (plan couleur B1, 65) : Groentenmarkt, 9.* ☎ 09-225-06-80. ● *wate rhuis.aan.de.bierkant@skynet.be* ● *À côté du pont qui relie le Groentenmarkt au quartier de Patershol. Tlj 11h-2h (min). Fermé 24-25 déc et 1er janv.* 📶 Difficile à louper, avec sa terrasse privilégiée en bord de Lys. Véritable académie de la bière : plus de 170 bières belges disponibles (dont une bonne quinzaine au fût), quelques-unes assez rares, toutes détaillées et expliquées sur la carte que vous ne manquerez pas de lire attentivement. Toutes servies à température idéale. Les commentaires sont différents selon la langue utilisée ! On peut même lire du « gensch », le patois gantois très savoureux.

🍸 *'t Dreupelkot (plan couleur B1, 65) : sur le même quai que le précédent, dont il partage d'ailleurs la terrasse, vu que c'est le même propriétaire (une personnalité !).* ☎ 09-224-21-20. ● *dreupelkot@sky net.be* ● *Ferme 3 j. après les fêtes de Gand (faut bien ça pour se remettre !).* Complément obligatoire du bar à bières, le bar à genièvre (évitez, si possible, de mélanger les deux : les eaux de la Lys sont déjà assez peu engageantes comme ça). Ici, on boit debout, au comptoir ou autour des tonneaux, et cela se justifie. Assis, on n'est pas sûr de pouvoir se relever. Au coude à coude, on sirote comme il se doit l'alcool de grain dans de petits verres givrés, remplis à ras bord, et les tournées avec les Gantois se succèdent facilement...

Autour du Vrijdagmarkt
(plan couleur B1-B2)

L'âme populaire de Gand se perçoit sur le Vrijdagmarkt : le personnage de la statue centrale, le tribun Jacques Van Artevelde, y haranguait les foules. Il en est resté une habitude qui fait de cette place un lieu permanent de rassemblement. Tavernes nombreuses et terrasses souvent noires de monde. Marché le vendredi, bien sûr.

Herberg Dulle Griet *(plan couleur B1, 68)* : *Vrijdagmarkt, 50.* ☎ *09-224-24-55.* ● *info@dullegriet. be* ● *Tlj 12h (16h30 lun)-1h (19h30 dim).* Dulle Griet (« Margot l'Enragée ») est cette créature du tableau de Pieter Bruegel personnifiant la Guerre, et c'est ici un autre haut lieu gantois de la bière. Quelques exclusivités au fût, dont la Dulle Griet. Autre spécialité : le Max, un verre de 1,2 l. Attention, on vous demandera de laisser en gage une chaussure, qu'on mettra dans un panier au plafond et on ne vous la restituera que si vous rendez le verre en bon état ! À propos, la Max est uniquement brassée pour ce café qui offre d'ailleurs pas moins de 250 sortes de bières. Sinon, plusieurs petites salles vieillottes en enfilade et l'endroit se visite comme un musée, avec ses bouteilles aux étiquettes délavées en fond de comptoir et ses plaques publicitaires émaillées...

Pink Flamingo's *(plan couleur B2, 71)* : *Onderstraat, 55.* ☎ *09-233-47-18.* ● *info@pinkflamingos.be* ● *Lun-mer 12h-minuit, jeu-ven 12h-3h, sam 14h-3h, dim 14h-minuit. Fermé de fin juil à mi-août après les fêtes de Gand (pour cause d'épuisement).* Bar au décor assez délirant, un vrai repaire du kitsch. Hormis les toiles cirées à fleurs, les lustres de poupées Barbie, les statues religieuses, les trophées de chasse et les photos de stars hollywoodiennes, le décor change tous les 3 ou 4 mois. Musique pop et eighties. Accessoirement, plats de petite restauration.

Autour de Sint Jacobskerk
(plan couleur C2)

De Trollekelder Bier café *(plan couleur C2, 69)* : *Bij Sint Jacobs, 17.* ☎ *09-223-76-96.* ● *info@trollekelder. be* ● *Tlj 17h (16h w-e)-2h (voire 3h). Fermé en août.* 📶 Attention, des créatures grimaçantes vous entourent : les trolls des légendes germaniques ! Ils ne sont nullement menaçants et, si vous leur ouvrez votre bourse, ils vous régaleront de fromage, bière, saucisson ou de quelque autre mixture mitonnée dans la marmite du chef. Grande salle au sous-sol, avec un bon feu qui crépite dans l'âtre. La musique classique est leur mélopée préférée. Quelques bières sacrées parmi les 150 proposées.

Trefpunt *(plan couleur C2, 69)* : *Bij Sint Jacobs, 18.* ☎ *09-233-58-48.* ● *info@trefpuntvzw.be* ● *trefpuntvzw. be* ● *Tlj à partir de 17h (16h ven). Fermé 1er-15 août.* 📶 « Point de rencontre pour la promotion de l'art dans la rue », *Trefpunt* est le lieu où se prépare l'animation d'une partie des *Gentse Feesten.* C'est aussi, et avant tout, un *bruin café* qui reçoit, le dimanche, de fort bons musiciens. Excellente animation la plupart du temps, car c'est l'un des populaires rendos des musicos et de la bohème locale.

Au-delà de la Belfortstraat, le *Vlasmarkt* rassemble quelques cafés « jeunes » un peu destroy. À grands coups de décibels. Le spectacle est autant dans la rue que dans les salles enfumées.

Dans le quartier de Patershol *(plan couleur B1)*

Dans le triangle Kraanlei-Oudburg, Lange Steenstraat et Geldmunt, le *Patershol* est un vieux quartier idéal pour sortir le soir. On y trouve une trentaine de restos et quelques lieux nocturnes inoubliables. En hiver comme en été, on s'y sent bien mais à la mi-août les rues grouillent de monde pour les fêtes du Patershol. Ce fut un quartier bourgeois aux XVIIe et XVIIIe s, puis au XIXe s un quartier ouvrier avec l'implantation des industries textiles. Quasi à l'abandon, peuplé de familles immigrées, il fut sauvé de la démolition par la volonté des Gantois de préserver cet ensemble unique de structure urbaine de type médiéval. Il est aujourd'hui habité par des jeunes qui aménagent tantôt des lofts, tantôt des appartements au design recherché.

¶ *Rococo* (*plan couleur B1, 66*)*:* *Corduwaniersstraat, 57.* ☎ 09-224-30-35. *Tlj dès 22h.* Au cœur du quartier. Beau plafond mouluré bruni par les cierges et la fumée des cigarettes. Oasis de chaleur, de douceur et d'intimité, refuge des artistes dont Betty la Blonde est la muse. Le feu de l'âtre et des candélabres se reflète dans ses yeux... qui pétillent de toute façon. Presque toujours quelqu'un le week-end pour jouer du piano. On remplit les tables au fur et à mesure, bonne occasion de rencontre et de discussion. Un super café de nuit !

¶ *'t Velootje* (*plan couleur B1, 67*)*:* *Kalversteeg, 2. Dans une ruelle perpendiculaire à l'Oudburg, c'est la façade de briques jaunes et blanches. Tlj à partir de 19h (en fait, suivant l'humeur du patron) jusque tard, dépendant du moment.* Sur 40 m², un incroyable bric-à-brac, sorte de remise où s'entassent vieilles fringues et vélos suspendus, là où on peut encore planter un clou. Liéven est l'ermite qui habite cet antre, moitié réparateur de bécanes, moitié fripier. Il est assez farouche et, si vous n'êtes pas assis, vous ne serez pas servi. Une pancarte interdit formellement de danser ! Il faut dire que, dans un tel espace, cela tiendrait de l'exploit.

Une anecdote court au sujet de Liéven : il possède un vélo des régiments cyclistes de Napoléon III, qu'un fils de baron gantois, junkie, lui aurait vendu pour se procurer des substances illicites. Le musée du Louvre le convoiterait, mais Liéven refuse de s'en défaire !

Dans le quartier de l'université (plan couleur B-C3)

¶ ◖◗ *Gentse Gruut* (*plan couleur C3, 70*)*:* *Grote Huidevettershock, 10.* ☎ 09-269-02-69. ● *ingrid@gruut.be* ● *Lun-jeu 11h-19h, ven-sam 11h-23h, dim 14h-19h.* 🛜 Cette ancienne filature a été réhabilitée et accueille une toute nouvelle microbrasserie. La bière est donc brassée sur place et se déguste quasiment au cul du fût ! 4 bières au choix que l'on peut commander sous forme d'assortiment. Il faut savoir que la Gruut est une bière sans houblon, élaborée uniquement à base de céréales, d'herbes et d'épices, comme le voulait la tradition gantoise. Cadre très sympa, tout à la fois bohème, rustique et industriel. Fait aussi resto (pas mal de plats cuisinés à la bière) ! *Comptez 14 € pour le menu de base.*

Où sortir ? Où écouter de la musique ?

La vie nocturne est aussi très intense au sud de la ville historique, dans le quartier de l'université : le long de Sint Pietersnieuwstraat et, surtout, d'Overpoortstraat, jusqu'au Citadelpark, où se trouvent les musées des Beaux-Arts et d'Art contemporain ; là, s'égrène une kyrielle de cafés d'étudiants, parmi lesquels l'**Abu Simbel**, connu pour ses concerts, et le **Décadanse**, un bar où l'on guinche jusque très tard. Ambiance « guindaille », beuveries bruyantes et chansons paillardes garanties... sauf les week-ends et pendant les vacances scolaires (les étudiants sont de retour chez papa-maman).

♪ **Kunstencentrum Vooruit VZW** (*plan couleur C3, 80*)*:* *St-Pietersnieuwstraat, 23.* ☎ 09-267-28-20. ● *vooruit.be* ● *Tlj 10h (16h dim)-1h (2h sam).* Immense salle pour boire, manger (plat du jour bon marché) et écouter de la musique. C'est le grand rendez-vous des jeunes, des étudiants, des artistes de Gand, de ceux qui sortent le soir. Spectacle presque tous les jours (dans une autre salle prévue à cet effet) et concerts *(gratuits)* tous les jeudis. Inutile de dire qu'il y a de l'ambiance.

Les clubs de jazz...

♪ **¶ *Lazy River Jazz Club*** (*plan couleur B2, 61*)*:* *Stadhuissteeg, 5.* ☎ 09-230-41-39 *et* 09-225-18-58. ● *lazyriverclubgent.be* ● *Derrière l'hôtel de ville. Ouv 2 ou 3 fois/mois dès 21h et 2 fois/mois le dim 10h-12h pour l'apéro (sic !).* Permet de finir la soirée en douceur dans un club où la qualité des concerts de jazz ne s'est pas démentie depuis plus de 20 ans.

♪🍸 *Damberd (plan couleur B2, 63)* : *Korenmarkt, 19.* ☎ 09-329-53-37. ● *damberd@pandora.be* ● *damberd. be* ● À l'intérieur, sur les murs, vues de Gand en marqueterie, assez fantastiques. Concerts de jazz le mardi d'octobre à mars.

♪🍸 *Hot Club de Gand (plan couleur B1, 65)* : *Groentenmarkt, 15.* ☎ *0486-53-94-55.* ● *hotclubdegand. be* ● À côté du pont, au bout d'un couloir, un petit bar avec concert de jazz à la fraîche (normal, pour un hot club) et petite terrasse devant l'entrée.

... et les boîtes jeunes

♫ Sur Oude Beestenmarkt *(plan couleur C2)*, entre St-Jacobsnieuwstraat et Nieuwbrugkaai, se succèdent quelques hauts lieux incontournables de la nuit gantoise. On y trouve côte à côte le *Bardot*, le *Club 69*, le *Club Atlantic* et le *Video*. Les soirs de fin de semaine en été, ils sont noirs de monde. Musique et danse.

– Le quartier Afrikalaan, près de la gare Dampoort, est un autre lieu branché de la nuit avec, en vedette, le *Culture Club*.

Achats

🔶 *Vve Tierenteyn-Verlent (plan couleur B2, 115)* : *Groentenmarkt, 3.* ☎ *09-225-83-36. Tlj sf dim 8h30-18h30.* Cette belle boutique à l'ancienne est celle d'un célèbre moutardier gantois. Comme le décor, la recette est restée la même, sans conservateurs, à base de grains noirs et vendue à la louche. Pour amateurs de goûts vrais et de sensations fortes !

🔶 *Temmerman (plan couleur B1, 113)* : *Kraanlei, 79.* ☎ *092-24-00-41. Tlj sf lun.* Adorable et minuscule échoppe à l'ancienne, située dans l'une des plus jolies demeures du Patershol et spécialisée pour le plus grand bonheur des gourmands dans la (re)création de bonbons traditionnels. Entre autres spécialités, les *cuberdons* (ou *neuskes)*, petits cônes violets fourrés à la framboise, mais aussi les *mokkens* à l'anis et toutes sortes de guimauves, de pains d'épice et de spéculoos. Paradoxalement, l'accueil

manque singulièrement de douceur...

– Juste en face, ne manquez pas (bien que cela n'ait aucun rapport !) la *boutique de papiers peints.* À fleurs ou totalement psyché, il y a de quoi se dire que les Belges ont un train de retard en matière de déco... Que nenni ! La boutique, célèbre dans le monde entier, fournit le théâtre et le cinéma en motifs originaux et s'est spécialisée dans les années 1950-1960... La vitrine, assurément, vaut le coup d'œil !

🔶 *Sjapoo (plan couleur B1, 114)* : *Sluizeken, 29.* ☎ *09-225-75-35. Mar-ven 10h-13h, 14h-18h ; sam 11h-18h30.* Ria de Wilde est une jeune modiste qui crée de ses petites mains de splendides chapeaux, très structurés. N'utilisant que des feutres ou des pailles de première qualité, ses créations ont une classe folle. Prix tout à fait abordables. Compter quand même une centaine d'euros pour un modèle unique.

Marchés

– *Marché aux antiquités et aux puces* : *le mat ven-dim. Marché mixte qui se tient sur la pl. Beverhoutplein, près de l'église Saint-Jacques (Bij Sint Jacob).*

– *Marché aux fleurs* : *le dim mat, sur la fameuse pl. du Kouter.*

– *Marché aux oiseaux* : *le dim mat, sur le Vrijdagmarkt.*

– *Marché aux livres* : *le dim mat, rive gauche.*

– *Marché aux oiseaux de basse-cour* : *le dim mat, sur l'Oude Beestenmarkt.*

– *Marché au poisson et marchandise neuve* : *le ven mat, sur le Vrijdagmarkt.*

À voir

On vous rappelle l'existence de la *City Card Gent (30 ou 35 € pour 2 ou 3 j.)* que vous pouvez vous procurer à l'office de tourisme mais aussi dans chacun des sites et musées concernés. Elle offre la gratuité dans les principaux musées (expos temporaires comprises) ainsi que dans les bus et trains urbains « *De Lijn* ».

IMPORTANT : le mystique et mythique *Agneau* se refait une beauté ! Ce polyptyque considéré comme le plus beau tableau du monde (!) connaît une vaste campagne de nettoyage et de restauration. Jusqu'en 2017, il ne sera donc plus possible de le voir en son entier. Que cela ne vous décourage pas, au contraire ! D'abord parce qu'il sera toujours possible d'en admirer les deux tiers à la cathédrale mais aussi (ou surtout) parce que Gand n'abandonne pas le visiteur à son triste sort et profite de l'événement pour célébrer son polyptyque. Rendez-vous donc à la cathédrale, mais aussi au MSK pour assister en direct au travail de restauration, au STAM pour tout savoir du célèbre vol du panneau des *Juges intègres,* au couvent des Carmes où se dévoile l'*Agneau mystique* par le biais d'une exposition exceptionnelle.

Le centre historique

Le tour de Gand commence inévitablement par la Sint Baafsplein, au centre de l'espace piéton. Les terrasses ou les petits bancs permettent de s'y préparer, *Routard* et plan de ville en main (disponible à l'office de tourisme). Avec le plan, vous comprendrez bien ce que l'on nomme « *la Cuve* », il s'agit de la boucle comprise entre la Lys et l'Escaut, qui correspond aux origines de la ville. Un projet vise à remettre le canal en eau (entre le Brabantdam, le Oude Beestenmarkt et le Nieuwbrugkaai), dans le but de créer une grande piste cyclable et une voie navigable qui ferait, comme autrefois, le tour de la ville.

Notre circuit se fait évidemment de jour, de site en musée, mais n'hésitez pas à refaire un tour en ville *by night*. Gand s'est dotée d'éclairages féeriques et se pare de lumières, de couleurs et d'un tout autre relief...

🏛🏛🏛 *Sintbaafskathedraal (cathédrale Saint-Bavon ; plan couleur C2) :* Sint Baafsplein. • sintbaafskathedraal.be • Tlj 8h30-18h (17h nov-fin mars). Fermé pour les offices religieux (dim mat et j. fériés). GRATUIT. Tour de la cathédrale accessible slt au moment des Fêtes de Gand (4e sem de juil 11h-18h).

Avec le beffroi et sa halle, Saint-Bavon est l'orgueil des Gantois. Si le style dominant est gothique, la construction, échelonnée sur plusieurs siècles, est partie de l'église primitive dédiée à saint Jean-Baptiste, première paroisse de la ville. Charles Quint y fut baptisé et elle prit le nom de Saint-Bavon à la suite de la démolition de l'abbaye du même nom. Philippe II en fit une cathédrale et la confia au premier évêque de Gand. Elle subit des transformations tout au long des siècles : la crypte est romane, le chœur gothique rayonnant, la tour, la nef et le transept art gothique tardif. La tour de 82 m fut même dotée d'une flèche qui brûla en 1603. Pour se repérer, il suffit de savoir que l'on utilisa tout d'abord la pierre grise de Tournai par facilité, puis la pierre blanche du pays d'Alost, du temps de sa splendeur, et que l'on dut se rabattre sur la brique après le XVIe s, faute d'argent...

Saint-Bavon est un grand musée, son statut de cathédrale ayant incité tous les nantis de la ville à y construire l'un une chapelle, l'autre un tombeau, ou à doter l'intérieur de mobilier et de peintures monumentales. Remarquez le dessin des voûtes, plutôt compliqué. Sans entrer dans les détails, on devine immédiatement l'apport du baroque, par un jubé monumental en marbre orné de grisailles. Voir la chaire de vérité, réalisée par Laurent Delvaux, prototype du style rococo, avec le mélange de bois et de marbre (les arbres en marbre !).

302 | **LA RÉGION FLAMANDE / LA PROVINCE DE FLANDRE ORIENTALE**

– *Le chœur :* superbes stalles et candélabres aux armes de la couronne d'Angleterre.

– *Le déambulatoire :* avec autour ses chapelles commanditées par les grandes familles (l'une d'elles abritait l'*Agneau mystique*). Dans la première à droite du chœur, *Jésus au milieu des docteurs,* de Pourbus : Charles Quint, Philippe II et le duc d'Albe y sont représentés. À voir, tout autour, les mausolées d'évêques. Celui de Mgr Triest, dont l'expression semble porter tout le poids de la condition humaine (d'où son nom ?). Et encore les portes richement ouvragées et les tableaux, dont un Rubens, dans la chapelle de Saint-Pierre-et-Saint-Paul, la dernière, dans le déambulatoire (n° 25 sur le dépliant en français).

– Aux murs, dans le chœur et le transept, votre attention sera attirée par **les blasons** portant les armes des grandes familles de la noblesse des Pays-Bas bourguignons et espagnols. Le 23ᵉ et dernier chapitre (réunion) des chevaliers de la Toison d'or se tint à Gand en 1559 et on peut remarquer la présence des armoiries des comtes d'Egmont et de Hornes, membres de l'ordre, décapités à Bruxelles en 1568 sur ordre d'un autre membre, le duc d'Albe. Scandale chez les aristos car, même en ces temps troublés, on avait des principes.

– *La crypte :* *mêmes horaires que la cathédrale. Accès gratuit.* L'une des plus grandes cryptes romanes de Belgique, elle remonte aux années 1150 et contient un trésor religieux constitué d'objets du culte, d'une châsse (saint Macaire), de reliquaires, d'évangéliaires et de pierres tombales. Une peinture remarquable : *Triptyque du Calvaire* de Juste de Gand, un artiste flamand qui poursuivit sa carrière en Italie. L'architecture du lieu est particulièrement intéressante. La crypte fut agrandie pour permettre l'adjonction d'un chœur et de chapelles. Colonnes romanes ornées de fresques du XVᵉ s.

– *Le fac-similé de l'Agneau mystique :* dans une chapelle latérale (celle des donateurs). Cette copie a retrouvé l'exacte place qu'occupait le polyptyque. Regardez l'éclairage et les ombres sur le tableau... Ils correspondent exactement à la lumière naturelle provenant de la fenêtre de la chapelle. Si la porte est fermée, n'hésitez pas à la pousser (officiellement, l'entrée est réservée aux visiteurs du polyptyque original).

– ⚜⚜⚜ *Le polyptyque de l'Adoration de l'Agneau mystique :* *à gauche après l'entrée, dans l'ancienne chapelle baptismale. Avr-fin oct, lun-sam 9h30-17h, dim 13h-17h ; le reste de l'année, lun-sam 10h30-15h45, dim 13h-15h45. Dernière entrée 30 mn avt. Entrée : 4 €, audioguide compris. Gratuit avec la City Card Gent.* ATTENTION, cette œuvre est en restauration jusqu'en 2017. Les panneaux sont démontés un par un : seule une (grande) partie du polyptyque reste donc exposée à Saint-Bavon, tandis que les panneaux en cours de rafraîchissement sont transférés (dans le plus grand secret) au musée des Beaux-Arts. Là, les visiteurs peuvent assister au travail de restauration derrière une vitre. Le couvent des Carmes accueille également une grande expo consacrée à l'*Agneau mystique* (voir plus loin).

À ne manquer sous aucun prétexte ! Un des plus importants chefs-d'œuvre de l'histoire de la peinture. Une littérature considérable lui est consacrée, concernant ses origines, sa facture, son histoire au long des siècles et les déboires qu'il connut. Depuis toujours, le retable se trouvait dans la 6ᵉ chapelle (où se trouve aujourd'hui le fac-similé). Au grand dam des partisans de la tradition, les responsables de l'œuvre ont opté pour son déménagement afin de la protéger d'un vandalisme criminel et de lui assurer des conditions de conservation optimales. On peut donc à présent l'admirer dans une cage de verre à l'épreuve des balles mais, à notre avis, l'éclairage est loin d'être idéal. On vous recommande, même si ce n'est pas facile, d'éviter les heures de grande affluence pour vous imprégner du réalisme mystique de cet extraordinaire ensemble.

Une inscription en latin sur le cadre du retable indique qu'**Hubert Van Eyck** commença cette œuvre, en vantant les talents du peintre « le plus grand qui fut ». Le problème est que l'on ne connaît aucune autre œuvre de sa main, ce qui a amené certains à douter de l'existence même d'Hubert Van Eyck. Le quatrain dit

GAND ET SES ENVIRONS

aussi que son frère Jan acheva le tableau. Il a d'ailleurs signé neuf panneaux. La science et les techniques nouvelles ne donnent pas encore de réponse formelle.

La meilleure façon de l'aborder est d'en faire le tour, pour voir les panneaux qui apparaissent lorsqu'il est fermé. C'est ainsi qu'il était présenté aux fidèles, en dehors des jours de fête : car il était conçu comme une mise en scène du mystère divin, dont le retable extérieur était le prologue. On y voit, dans leurs vêtements d'apparat, les commanditaires : le riche magistrat *Joost Vijdt* et sa femme Isabelle Borluut. L'un, empreint d'une dignité dévote, l'autre, pas très heureuse d'avoir été obligée de poser ! Leur piété s'adresse aux statues des deux saints Jean, dans leurs niches (le Baptiste et l'Évangéliste). La partie médiane montre l'annonce à la Vierge dans une pièce basse de plafond (par où est donc passé l'archange Gabriel ?), dont les fenêtres nous laissent voir un décor urbain (si vous regardez bien, vous verrez des gens dans la rue !). Curieusement, les « paroles » sortant de la bouche de Marie sont à l'envers, symbolisant ainsi qu'elle s'adresse à Dieu, au monde céleste et non au commun des mortels. Les personnages du haut sont les sibylles de Cumes et d'Érythrée (selon les exégètes chrétiens, ces oracles avaient annoncé la venue du Christ), et les prophètes Michée et Zacharie.

Revenez ensuite devant le retable pour recevoir de face le choc de la révélation du mystère de l'*Agneau*. Dieu, le Père (ou le Fils ?), préside la scène de toute la magnificence de sa parure (regardez la transparence cristalline de son sceptre, on peut y voir la déviation de la lumière : *Van Eyck* maîtrisait les lois de l'optique). Que dire aussi de la fabuleuse précision du rendu des étoffes et des bijoux ? La couronne à ses pieds est sans doute celle des ducs de Bourgogne. En se tordant un peu le cou et à la loupe, on peut lire le texte du livre que tient saint Jean-Baptiste (en vert) ; chaque pierre de la couronne de la Vierge reflète la lumière censée venir de la droite. Les cheveux ont été peints un à un ! C'est tout bonnement prodigieux de précision et de maîtrise technique. De part et d'autre, la bande-son est assurée par les anges chanteurs et musiciens. Nul besoin d'attirer votre attention sur la somptuosité des brocarts et la complexité du pavement.

L'orgue a été reconstitué de nos jours sur la base de la représentation que l'on voit ici et il fonctionne parfaitement. Adam et Ève, émouvants de sincérité (surmontés de « grisailles » représentant Caïn et Abel), sont les premières représentations « naturalistes » du corps humain de la peinture occidentale. C'était révolutionnaire à l'époque (on peut même compter les poils des mollets d'Adam) et cela choqua l'empereur d'Autriche *Joseph II* qui, en 1781, les trouva indécents et les fit remplacer par des personnages « habillés ». On peut les voir à l'entrée de la cathédrale.

Pour bien comprendre l'œuvre, il ne faut pas perdre de vue l'importance de la symbolique dans la religion et dans l'art médiéval. Chaque détail a une signification propre.

– *La partie inférieure* du retable nous montre l'accomplissement du mystère : l'Agneau de la Rédemption est la clé pour la compréhension du sentiment mystique au Moyen Âge. Le salut vient du sacrifice du sang versé pour le rachat du péché originel : le sang jaillit du flanc de l'agneau et irrigue la terre via la fontaine de Vie (avec 12 jets comme les 12 apôtres). Le cortège des élus et des vierges sort des bocages et converge vers l'autel entouré d'anges. Le tableau s'articule sur trois octogones, symbole de perfection : la fontaine, tout d'abord, puis les anges faisant « cercle » autour de l'agneau, le tout inclus dans un troisième octogone, délimité par les quatre groupes de personnages. On sent bien aussi la transition, le passage du Moyen Âge à la Renaissance et les influences italiennes. Les perspectives et les proportions sont justes en ce qui concerne les paysages mais les personnages ont encore une attitude hiératique et ultra-réaliste.

– *À l'avant-plan à gauche,* les prophètes et les patriarches de l'Ancien Testament (parmi eux, Virgile !) et, à droite, les apôtres et confesseurs du Nouveau Testament. Chacun d'entre eux peut être identifié par ses attributs.

– *À l'arrière-plan,* dans la lumière irradiante de l'Esprit saint, la Jérusalem céleste, ville idéale où l'on a pu identifier plusieurs clochers : ceux de Mayence, Cologne, Utrecht et Bruges, notamment. L'environnement végétal est d'une précision encyclopédique. Des botanistes armés de loupes y auraient identifié 42 espèces de plantes, qui sont autant de symboles de pureté, d'humilité, de fidélité... Parmi elles, des figuiers, des grenadiers, des lauriers, des vignes et des palmiers peu connus sous les latitudes septentrionales ! (Jan Van Eyck aurait séjourné au Portugal et en aurait rapporté des croquis.)

– *Les panneaux latéraux* complètent le cortège, en illustrant les quatre vertus cardinales : à droite, les ermites (la Tempérance) sortant d'un ravin, saint Antoine à leur tête ; derrière eux, guidés par le géant saint Christophe, les pèlerins (la Prudence) ; repérez la coquille Saint-Jacques sur le capuchon du pèlerin de Compostelle ; et, en queue de peloton, un curieux personnage hilare (ce qui ne peut que choquer dans le contexte) en qui certains voient le diable ! À gauche, les chevaliers du Christ (la Force) avec, successivement, saint Georges, saint Michel et saint Sébastien dans leur équipement somptueux et, sortant du défilé rocheux, à leur suite, les très fameux Juges intègres (la Justice).

– *Le panneau de gauche* (*Les Juges intègres*) n'est qu'une copie, puisque l'original fut volé en 1934 par un inconnu, qui restitua le verso (saint Jean-Baptiste) pour attester qu'il était bien le voleur. Mais cela est déjà une autre histoire, qui intéresse plus les amateurs de polars que de mystère divin, quoique...

Il vous faudra attendre d'aller visiter le **STAM** pour tout savoir sur ce qui reste aujourd'hui un mystère tenant en haleine nombre de passionnés. Chaque année ou presque, un nouvel ouvrage sort sur le sujet. À l'heure actuelle, ce vol du panneau *Les Juges intègres* reste l'un des grands mystères non résolus de l'histoire policière du pays. L'enquête mit en évidence que le coupable ne pouvait être qu'un familier des lieux et que le panneau pourrait bien se trouver caché... dans la cathédrale ou dans le caveau funéraire du roi Albert Ier à Laeken ! Avis aux émules d'Hercule Poirot !

UN VRAI POLAR !

En 1974, un criminologue relança les recherches du panneau volé en 1934 grâce aux révélations faites 40 ans plus tôt, sur son lit de mort, par le présumé voleur, l'agent de change Goedertier. Ce rebondissement lança de nombreux détectives amateurs dans une chasse au trésor qui n'est pas terminée. Hitler avait même fait ouvrir le cercueil de Goedertier espérant y retrouver le panneau, en vain ! À quand un Van Eyck Code, écrit par un émule de Dan Brown ?

L'artiste qui fut chargé de la copie termina son travail en 1941, à grand-peine, découragé de ne pas pouvoir arriver au même degré de perfection que Jan Van Eyck. Tout méritoire que soit le résultat, on ne peut s'empêcher de remarquer la différence de luminosité du ciel et le manque de « piqué » des détails. Jan ou/et Hubert détenaient des secrets de technique picturale inégalés.

Pour achever la saga du polyptyque, sachez encore qu'en plus du vol des *Juges intègres,* il suscita bien des convoitises. *Philippe II* voulut l'emporter en Espagne, les iconoclastes protestants le brûler, les sans-culottes ne se gênèrent pas pour le transférer au Louvre, d'où il revint après la chute de Napoléon. En l'absence de l'évêque de Gand, six volets furent vendus et aboutirent dans la collection d'un amateur anglais, puis ils furent rachetés par le roi de Prusse qui les exposa au musée de Berlin. Adam et Ève (« les indécents ») furent achetés par le musée de Bruxelles.

Les panneaux berlinois revinrent à Gand en 1920, au titre de remboursement des dommages de guerre dus par les Allemands après 1914-1918. Transféré à Pau en 1940 (on était devenu méfiant), il fut volé par les services spécialisés en pillage de Goering, pour échouer en 1945 dans une mine de sel à Altaussee, en Styrie, en compagnie d'une grande partie du butin nazi (c'est le sujet du film *Monument Men* de Georges Clooney, sorti en 2014). De là, l'ensemble fut rendu à la Belgique et placé à Saint-Bavon sans connaître de nouvelles péripéties. Ouf !

🏵🏵 Lakenhalle et Belfort *(halle aux draps et beffroi ; plan couleur B2) : Staafsplein. Pile en face du porche de Saint-Bavon.*

– 🏵 **Le beffroi :** *on accède à la tour et à son carillon ainsi qu'à son musée des Cloches par le double escalier de côté.* ● belfortgent.be ● *Tlj 10h-18h. Entrée : 6 € ; réduc ; gratuit pour les moins de 19 ans et avec la* City Card Gent. *Visites guidées en anglais ou en néerlandais.* Le beffroi est le fier symbole du pouvoir civil, en opposition au pouvoir religieux. Il domine de ses 91 m la halle et le Botermarkt, dégagés à présent du tissu urbain qui les enserrait. Au sommet de l'édifice, un dragon-girouette en cuivre doré.

On monte à pied (ou en ascenseur), en passant par la salle où sont conservés les vestiges des dragons anciens et des statues de chevaliers. La *salle du Secret* contenait les coffres où étaient conservées jalousement les chartes des libertés. Un ascenseur permet d'accéder à la galerie à ciel ouvert où patrouillait la garde chargée de prévenir les incendies (fléau redoutable pour les maisons, construites essentiellement en bois). La contemplation de la ville est déconseillée à ceux qui souffrent de vertige ! Le beffroi abrite un carillon de 53 cloches (la Rolls des carillons, au dire des spécialistes). On vous conseille d'attendre l'heure ou la demi-heure pour voir fonctionner l'ensemble des mécanismes qui l'actionnent, ainsi que le bourdon de 6 t. Comme tous ses cousins flamands, le beffroi de Gand est classé au Patrimoine mondial de l'Unesco.

– **La halle aux draps** *(Lakenhalle) :* elle servait au XVᵉ s de centre d'affaires et de cour d'arbitrage pour le négoce du drap. C'est là que l'on accordait ou non, sous forme d'un sceau, la « Pucelle de Gand », label et gage de qualité, ancêtre de nos AOC ! Puis elle perdit sa fonction pour servir de salle d'entraînement à la confrérie des escrimeurs.

– À la sortie, vous verrez, dans l'angle de la halle et du beffroi, le bâtiment qui servait de prison et qui est surmonté d'un bien curieux fronton, le ***Mammelokker,*** réalisé d'après une légende romaine : le vieux Cimon, emprisonné et édenté, était condamné à mourir de faim, mais sa fille le sauva en lui donnant le sein à travers les barreaux !

– Sur le parvis, la nouvelle halle municipale. Une curieuse structure contemporaine, polyvalente et ouverte : un mélange de verre, de bois et de béton qui ne manque pas de faire grincer quelques dents, évidemment... Elle accueille des concerts, des spectacles de danse et des marchés.

🏵 Stadhuis *(hôtel de ville ; plan couleur B2, 92) : Botermarkt. L'hôtel de ville n'est accessible que dans le cadre des visites guidées du centre historique organisées par l'office de tourisme (mai-nov, lun-jeu 14h30).* Du Botermarkt, on remarque facilement, en contre-haut, l'ensemble hétéroclite de l'hôtel de ville. Les Gantois ont commis le péché d'orgueil en entamant sa construction. Ils voulaient bâtir le plus grand hôtel de ville d'Europe. Sa surface actuelle ne représente que 20 % de celle prévue dans les plans d'origine, et comme il leur a fallu beaucoup de temps pour en venir à bout (400 ans), ils se sont retrouvés avec une bâtisse hybride : la mode architecturale avait changé entre-temps. Il fut entamé en 1518, sur le mode gothique fleuri (la maison des Échevins de la Keure), interrompu au moment des troubles religieux, poursuivi sous l'administration calviniste en style Renaissance (la maison des *Parchons*) avec des matériaux de réemploi (les protestants s'emprossèrent de choisir ce style, catalogué « Réforme », en réaction contre le gothique, connoté « papiste »), complété par une aile en baroque flamand (la grande conciergerie) et parachevé par une chambre des Pauvres. Les statues de la façade gothique datent du XIXᵉ s. Les factions catholique et protestante y signèrent en 1576 la « Pacification de Gand », qui devait mettre fin au sanglant conflit religieux qui ravageait les Pays-Bas espagnols. Ses effets ne durèrent que quelques mois et le pays se retrouva à nouveau à feu et à sang, pour de longues années encore...

🏃 *Sint Niklaaskerk (église Saint-Nicolas ; plan couleur B2, 94) : Korenmarkt. Accès par le côté gauche quand on l'aborde par l'arrière. Tlj 10h (14h lun)-17h. Fermé pdt les offices.* De style gothique scaldien, sa masse de pierre impose le respect. Elle fut l'église de la chambre de rhétorique et de plusieurs corporations. Elle connut pas mal de déboires, au point de servir d'écuries pendant la Révolution française. Il fallut un long travail de restauration pour lui rendre son cachet actuel. On y trouve le plus bel orgue de la ville, signé Cavaillé, l'un des plus grands facteurs d'orgues de l'époque.

Les grands travaux de réaménagement du Korenmarkt, de la Belfortsstraat et de l'Emile Braunplein ont métamorphosé ce lieu idéalement situé au cœur de la ville. Une halle ouverte, avec un café-resto spacieux et donnant sur un nouveau parc communal, apporte un air neuf à cet endroit.

🏃 *Sint Michielsbrug (pont Saint-Michel ; plan couleur B2, 95) :* délaissant provisoirement le Korenmarkt et ses cafés sur la droite, le consciencieux lecteur du *Routard* se dirige vers le pont Saint-Michel à gauche du bâtiment de l'ancienne poste, le franchit mais pas tout à fait... parce que, arrivé là où se trouve la colonne surmontée d'un saint Michel, il effectue (comme des millions de visiteurs de Gand avant lui) un demi-tour droite qui lui permet, ô merveille, d'admirer la célèbre enfilade des tours de Gand, connue dans le monde entier. De ce point de vue, à votre droite la *Predikherenlei* et la façade massive de la *Grande Bâtisse (Het Pand),* ancien couvent des dominicains, et, collée à cette dernière, l'*église Saint-Michel,* dont la tour, qui devait être la plus haute de Belgique, est restée inachevée. *Golgotha* de Van Dyck, donnant une image de la Vierge inhabituelle (c'est le personnage le plus important du tableau).

Depuis le pont Saint-Michel, vous admirez l'un des plus beaux paysages urbains de Belgique : le quai au Blé (Korenlei) et le quai aux Herbes (Graslei) : leurs façades se reflètent dans la Lys, avec le château des Comtes au fond. Un escalier descendant du pont vous mène au premier et, de là, le regard embrasse d'un seul coup dix siècles d'architecture ! On vous signale quand même que notre point de vue favori, tout aussi impressionnant mais beaucoup plus intime, se situe sur l'autre petit pont, *Grasbrug.*

🏃🏃🏃 *Graslei (quai aux Herbes ; plan couleur B2) :* ancien port de Gand, on peut voir la haute silhouette de ***l'ancienne poste,*** de style néogothique. Elle avait été transformée en un centre commercial, aujourd'hui, bizarrement, laissé à l'abandon...

– *La maison des Bateliers francs* (1531) : gothique tardif aux pignons à volutes qui annonce déjà les fantaisies du baroque. Joli bateau de la Baltique en décoration.

– *La maison des Mesureurs de grains* (1698) : sur fond de brique, le style Renaissance flamande agrémenté de quelques ornementations baroques.

– *La petite maison du Tonlieu* (1682) : où officiait le receveur des taxes (en nature) au profit de la ville. Café bien placé, avec terrasse en été.

– *L'imposante maison de l'Étape du blé (Het Spijker,* 1200) : construction romane, une des plus anciennes que l'on connaisse en Europe. Maison fonctionnelle, destinée à l'entreposage du grain, hissé à l'intérieur par des échelles. Elle abrite le restaurant *Belga Queen* (voir « Où manger ? »).

– *La première maison des Mesureurs de grains* (1435) : de style Renaissance flamande.

– *La maison des Maçons* (1527) : haute et élégante façade gothique aux pignons surmontés de pinacles. Juste à côté, presque cachée, la plus petite maison de la ville.

➤ Du Graslei partent, en saison, des **excursions en bateau** qui vous font découvrir en 40 mn les rives d'un bout de la Lys et de la Lieve sous un angle inhabituel mais le commentaire est soporifique et inintéressant. Celui de son concurrent qui part du Korenlei, en face, est bien plus sympathique. *Tarif : 6,50 € pour une balade de 40 mn ; gratuit avec la* City Card Gent. *Sur demande, il est possible de faire le tour des fortifications (90 mn).*

Korenlei *(quai au Blé ; plan couleur B2) :* présente un visage plus récent, avec des constructions baroques et classiques, dont la mignonne *maison des Bateliers non francs,* peinte en ocre et blanc et surmontée d'une girouette en forme de caravelle. À remarquer la *fontaine* à trois étages permettant d'abreuver les chevaux, les humains et les oiseaux.

➢ On quitte les quais pour prendre la Jan Breydelstraat où, au confluent de la Lys et du canal Lieve, on a une première perspective sur la masse du château des Comtes. Au n° 5 de la rue se trouve, dans un hôtel du XVIII° s, le musée du Design. De là, on aperçoit l'arrière de l'ancien marché aux poissons, d'où l'on jetait, il y a peu encore, les déchets directement dans l'eau. En 1913 se tint à Gand une grande Expo universelle et l'on craignait que cela ne donnât une image peu flatteuse de la ville. On camoufla donc élégamment ce cloaque avec cette jolie construction surplombant l'eau. L'un des endroits les plus photogéniques aujourd'hui !

Design Museum *(musée du Design ; plan couleur B2) :* Jan Breydelstraat, 5. ☎ 09-267-99-99. ● designmuseumgent.be ● Tlj sf lun et certains j. fériés 10h-18h. Entrée : 8 € ; réduc. Supplément pour les grandes expos. Gratuit pour les moins de 19 ans et avec la City Card Gent. Un musée étonnant, à la scénographie un peu éclectique et décousue malgré une évidente volonté pédagogique. Autour d'une belle cour intérieure où s'élève un vase en polyester de 9 m, des salles qui restituent le mobilier, la décoration, la vaisselle et les bibelots de la bourgeoisie gantoise des XVIII° et XIX° s. Grand portrait de Louis XVIII qui y vécut en exil forcé lors de l'épopée napoléonienne des Cent-Jours. La majeure partie (la plus belle aussi) est consacrée au mobilier contemporain, à l'Art nouveau et déco, avec des pièces d'Horta, Hankar, Van de Velde, Serrurier-Bovy et des bijoux de Wolfers. Après, on passe au design des années 1960 à nos jours. C'est la partie la plus ludique, évidemment. Plancher qui grince d'un côté, plancher qui glisse de l'autre.

Au bout de la Jan Breydelstraat, à l'angle de la Burgstraat, le resto **De Gekroonde Hoofden** *(plan couleur B1, 39),* où l'on voit, sculptées en médaillon, les têtes de tous les comtes de Flandre jusqu'au dernier, Philippe II. Vous remarquerez qu'il manque les trois comtesses ; un peu misogynes, les Gantois !

À droite, toujours dans la Jan Breydelstraat, en franchissant la Lieve, on jette un œil sur la dernière maison de bois de Gand (resto *Le Tête-à-Tête*) et on débouche sur la **Sint Veerleplein** (place Saint-Pharaïlde), lieu des exécutions capitales et ancien marché aux poissons dont le portique baroque met en scène Neptune, la Lys et l'Escaut. Celui-ci fait l'objet d'un projet de réhabilitation important qui a permis d'accueillir l'office de tourisme et une galerie marchande, sans oublier cette brasserie *Bord'eau* où vous irez boire un verre en terrasse, si le temps s'y prête. À gauche, l'entrée du château des Comtes.

Gravensteen *(le château des Comtes ; plan couleur B1) :* Sint Veerleplein. ☎ 09-225-93-06. ● gravensteengent.be ● Avr-oct, tlj 10h-18h ; nov-mars, 9h-17h. Fermé certains j. fériés. Dernière entrée 45 mn avt fermeture. Entrée : 10 € (ciné-guide inclus remis en échange de votre passeport) ; réduc ; gratuit pour les moins de 19 ans (mais ils paient le ciné-guide 3 €) et avec la City Card Gent.
Superbe exemple d'une forteresse médiévale, inspirée du krak des Chevaliers en Syrie. Mais ne rêvons pas, il fut fortement remis en état par la ville de Gand au début du XX° s (on distingue la partie restaurée, du reste, à la différence de coloration de la pierre). Au XIX° s, le château était occupé par une filature, dans des conditions de travail que l'on devine. Des masures d'ouvriers étaient bâties dans la cour !
C'est Philippe d'Alsace, en 1180, qui l'éleva en remplacement d'un premier château. Il fut pendant 300 ans la résidence des comtes de Flandre qui utilisèrent ses formidables défenses à des fins essentiellement internes car les Gantois étaient souvent en révolte contre leur seigneur. En 1353, lassés de grelotter dans leur peu

confortable donjon, les comtes s'établirent en périphérie, au Prinsenhof, aujourd'hui disparu. C'est dans ce dernier que naquit Charles Quint. Le château servit de prison et de lieu où l'on battait monnaie.

La visite du château vous permettra de vous promener sur les remparts, de visiter les salles monumentales, de frissonner à l'évocation de ce qui pouvait se passer dans l'inévitable salle des tortures et de vous représenter sans trop d'effort d'imagination les joyeusetés de la vie médiévale. Salle d'armes avec armures pour finir. Le ciné-guide permet de suivre 14 saynètes retraçant *in situ* la vie de Philippe d'Alsace et de Mathilde du Portugal. Malgré tout les amateurs d'histoire resteront sur leur faim, la mise en valeur du monument, de ce point de vue, manquant sérieusement de consistance. En fait, si votre programme gantois est déjà bien chargé, rien ne vous empêche d'en faire le tour et d'économiser pour vous offrir une pause sucrée-salée dans les environs.

➤ Retour à présent au bord de la Lys, où vous apercevez, là où le tram franchit le pont, le célèbre café *Het Waterhuis aan de Bierkant* (voir « Où boire un verre ? Dans le centre historique (la Cuve) » ; *plan couleur B1*, **65**). Halte recommandée. En face, le long bâtiment sombre de la *Grande Boucherie*, du XVᵉ s. Impressionnant ! Sa taille gigantesque témoigne de l'importance de la ville au Moyen Âge. Entrez pour y admirer la charpente (on y trouve désormais une caféteria et une boutique destinée à promouvoir les produits du terroir de la Flandre orientale). Quant aux avancées à l'extérieur, elles accueillaient autrefois les marchands de tripes et de volailles qui n'avaient pas le droit de pénétrer dans la halle, réservée à la viande. Le bâtiment annonce l'entrée du marché aux légumes (Groentenmarkt). Tous les ingrédients d'un waterzooi complet !

🍴🍴 *Le quartier de Patershol* (*plan couleur B1*) **:** sur la rive gauche de la Lys, par le quai de la Grue (Kraanlei), ce vieux quartier est un foyer d'attractions pour noctambules et gastronomes (voir « Où manger ? » et « Où boire un verre ? »). Au nᵒ 65, l'ancien *hospice des enfants Alijn* abrite un musée. À la mi-août, fêtes du quartier.

🍴🍴 🚶 *Het Huis Van Alijn* (maison Alijn ; *plan couleur B1*) **:** *Kraanlei, 65.* ☎ 09-269-23-50. ● *huisvanalijn.be* ● *Tlj sf lun et certains j. fériés 11h (10h dim)-17h. Fermé 1ᵉʳ janv et 25 déc. Entrée : 6 € ; réduc ; gratuit pour les moins de 19 ans et avec la City Card Gent.*

Un lieu incontournable, pour comprendre la vie des Gantois d'hier et d'aujourd'hui. Charmant ensemble d'une vingtaine de maisonnettes communiquant entre elles et formant un carré autour d'un jardin. La visite ne vous prendra qu'une petite heure mais nous vous la recommandons chaudement. La vie quotidienne au XIXᵉ s et au début du XXᵉ s y est évoquée avec beaucoup de détails touchants. Les cycles de la vie quotidienne, les intérieurs bourgeois et les ateliers des artisans, les métiers révolus, la vie associative, les boutiques vieillottes, tout cela contribue à faire de la visite un fascinant voyage dans le temps.

1ᵉʳ étage

Les rituels de la naissance et de la mort. Photos, voilettes, couronnes, faire-part, vêtement de veuves. Un incroyable reliquaire dans la troisième pièce sous forme de tableau... Également, des talismans, un herbier, des ex-voto en cire ou en argent. Tout sur la vie religieuse, assez impressionnant.

Salle à manger traditionnelle, objets domestiques, poêle original. Émouvante estampe sur la misère. Petite section sur les jouets et vêtements d'enfants.

Rez-de-chaussée

Objets de tous les jours : robes, éventails, chapeaux et chaussures. Souvenirs divers : scolaires, militaires, communion solennelle. Traditions du mariage, costumes et gadgets en tout genre. De l'autre côté, reconstitution de boutiques traditionnelles dont une pittoresque échoppe d'apothicaire, puis celle du coiffeur, du droguiste, de l'épicier... Également, reconstitution d'intérieurs domestiques par décennies (années 1950, 1960, 1970...). Ça évoque beaucoup de choses et des remarques amusantes chez les visiteurs.

Retour au 1er étage (autre côté de la cour)
Fêtes et fanfares, jeux de société, loisirs à travers photos étonnantes et affiches. Le tout ponctué d'intéressantes vidéos. Jeux d'estaminets, dont la fameuse grenouille. Expo sur la musique et les vieux appareils photo. Puis la technique au service de la nostalgie dans un long couloir de vidéos et de films en noir et blanc sur un riche passé. C'est là qu'on s'aperçoit que la visite se révèle fascinante et sûrement plus longue qu'une heure ! Pour finir en beauté et parce que l'émotion donne nécessairement soif, ne pas manquer d'aller rendre visite au charmant vieil estaminet au fond de la cour. Boutique intéressante également.

🍴 **Kraanlei** *(quai de la Grue, plan couleur B1) :* il doit son nom à la grue qui y était installée. Arrimée à une petite maison, celle-ci permettait de décharger des pièces lourdes comme les fûts, les meubles ou les canons. Pour actionner son treuil, deux roues de part et d'autre entraînées par... des enfants orphelins qui avaient obtenu le privilège exclusif de faire fonctionner l'engin. On connaît la forme de ces grues grâce à plusieurs tableaux de l'époque où elles se trouvent reproduites, le décor urbain en arrière-plan (par exemple dans le triptyque de Memling, *Le Mariage mystique de sainte Catherine,* à l'hôpital Saint-Jean à Bruges).

🍴 À la hauteur du pont qui franchit la Lys, deux **maisons** baroques, dont l'une est décorée des *Sept Miséricordes*. Autrement dit les sept œuvres de charité : enterrer les morts, délivrer les prisonniers, visiter les malades, nourrir les affamés, désaltérer les assoiffés, habiller les dévêtus et accueillir les étrangers... Ce 7e commandement est implicite, car il s'agissait autrefois d'une auberge.

🍴🍴 **Vrijdagmarkt** *(marché du Vendredi ; plan couleur B1) :* centre politique et névralgique de la ville. Cette place a vu se dérouler tournois, prestations de serment et harangues de la maison des Tanneurs avec sa tour d'angle *(toreken),* où des luttes fratricides entre foulons et tisserands coûtèrent la vie au fier Jacques Van Artevelde, dont la statue continue de hanter la place. À l'un des angles, la façade vaguement Art nouveau de l'*Ons Huis,* la maison du Peuple, du parti socialiste gantois. Dans la Baudeloostraat, une enfilade étonnante de maisons Art nouveau, de style néo-Renaissance.

🍴 **Bij Sint Jacobs** *(église Saint-Jacques ; plan couleur C1,* **101***) :* en traversant en diagonale, on se retrouve sur le parvis et devant le portail roman (bien noir !) de cette église commencée en 1200. Le chantier s'étala sur cinq siècles et elle fut restaurée en néogothique. C'est là que se tient le marché aux puces.

🍴🍴 **Caermersklooster** *(couvent des Carmes ; plan couleur B1) :* Vrouwebroesstraat, 6 (entrée par la ruelle sur le côté).* ☎ 09-269-29-10. ● caermersklooster.be ● Tlj sf lun et certains j. fériés 10h-17h, slt à l'occasion d'expos temporaires. Accès gratuit ou payant selon les expos. Expo sur l'Agneau mystique : 2 €, gratuite pour les moins de 12 ans et avec la City Card Gent. Livret de visite en français.* Retour dans le Patershol ! Cet ancien couvent des carmélites date de 1329 ; récemment restauré, il accueille désormais le Centre culturel provincial. Le cloître accueille, pendant les cinq ans que durera la restauration, cette grande expo consacrée à l'*Agneau mystique*. Il s'agit ici de dévoiler les secrets de ce chef-d'œuvre, l'un des plus célèbres de l'art primitif flamand. Vidéos, gros plans, radiographies et dessins préparatoires en détaillent la genèse et les techniques. Se pose, ensuite, le problème de l'avenir du retable, une fois qu'il aura été restauré. Énième péripétie pour le polyptyque à l'histoire mouvementée : la ville réfléchit à un lieu pour héberger l'*Agneau mystique* après sa restauration tant il apparaît évident que la chapelle de la cathédrale ne remplit plus aucune des conditions de conservation ni de sécurité. Reste encore à trouver l'architecte et le lieu approprié... Certains des projets proposent un musée dans le palais épiscopal ; d'autres parlent d'investir la crypte ou le clocher de la cathédrale ! Pour finir, on peut suivre le travail des restaurateurs en temps réel au moyen d'une webcam reliée au MSK. On comprend bien qu'il s'agit autant de restauration que de conservation. Il faut évidemment réparer les outrages du temps mais surtout stopper les ravages provoqués par la couche de vernis posée dans les années 1950 et qui est en train de « manger » la couche de peinture.

Au sud de la Cuve

🏛 *La place du Kouter* (plan couleur B3, *103*) : grand quadrilatère bordé de constructions classiques. L'*opéra* et le *palais de justice* sont à côté et précèdent l'entrée de la *Veldstraat*, la rue commerçante la plus populaire de Gand. Au n° 45, dans un immeuble occupé par un grand magasin de confection, des diplomates anglais et américains signèrent en 1814 le traité mettant fin à l'état de guerre qui existait entre eux, à la suite de l'indépendance américaine.

UN HYMNE RÉVOLUTIONNAIRE

On le sait peu : le compositeur de la musique de l'Internationale était gantois. Exilé à Lille, Pierre Degeyter, qui dirige une harmonie, reçoit une commande du Parti ouvrier français pour mettre en musique un puissant poème écrit par Eugène Pottier en 1871. Le succès est immédiat et l'air est adopté par la IIᵉ Internationale en 1922, avant de devenir l'hymne de l'URSS. Malgré une pension versée par Staline, il mourra dans l'indigence en 1932, mais ses funérailles seront suivies par 50 000 personnes.

🏛 *Museum Arnold Vander Haeghen* (plan couleur B2, *104*) : *Veldstraat, 82 (sonner à « Culturele zaken onthaal »). ☎ 09-269-84-60. Visite guidée slt le ven et le sam à 14h30. GRATUIT.* Derrière cette belle façade vert pâle, la bibliothèque du lauréat du prix Nobel de littérature 1911, Maurice Maeterlinck (mort anobli en 1949), dont l'œuvre symboliste (en français) connut en son temps un retentissement considérable. Il fut qualifié de « nouveau Shakespeare » par un Octave Mirbeau enthousiaste. Debussy tira un opéra de son *Pelléas et Mélisande* mais, curieusement, ce sont ses ouvrages à vocation scientifique, comme *La Vie des abeilles*, *La Vie des termites* et *La Vie des fourmis*, qui sont le plus souvent réédités de nos jours.

Sous le même toit, le cabinet des illustrateurs et graphistes Doudelet et Stuyvaert, proches de Maeterlinck, et une petite merveille des Arts décoratifs : le salon chinois, aux murs tendus de soie peinte au XVIIIᵉ s. Voir aussi sur le mur arrière, donnant sur le canal, le poème « Serre d'ennui » visible depuis le quai Ajuinlei.

🏛 *Het Pand* (plan couleur B2, *106*) : Onderbergen, la « Grande Bâtisse ». On la reconnaît à son immense toit d'ardoises, sur le quai de la Lys, à côté de l'église Saint-Michel. Ancien couvent des dominicains, elle appartient aujourd'hui à l'université et est utilisée comme centre culturel, resto et foyer étudiant, mais on y trouve aussi le *musée des Vitraux* (visite sur demande). Le jardin est une réalisation de Jacques Wirtz, architecte du jardin des Tuileries à Paris.

🏛 *MIAT* (Museum voor Industriële Archeologie en Textiel ; plan couleur C1, *105*) : *Minnemeers, 9. ☎ 09-269-42-00.* ● *miat.gent.be* ● *Tlj sf lun et certains j. fériés 10h-18h. Entrée : 5 € ; 1 € pour les moins de 26 ans. Expo temporaire en supplément. Gratuit pour les moins de 19 ans et avec la City Card Gent. Demander le livret de visite en français (sf pour les expos temporaires).* Le musée d'Archéologie industrielle et du Textile a suivi l'exemple de ses confrères, en prenant un petit nom plus facile à retenir par les visiteurs. Cela dit, la muséographie semble bien vieillotte par rapport à celle de ses camarades. Il faut dire que le sujet ne se prête pas forcément à une présentation interactive et high-tech, mais le musée intéressera les amateurs d'histoire et de patrimoine industriels. Installé dans une belle et ancienne manufacture en brique, il retrace les bouleversements technologiques des 250 dernières années dans le domaine textile. Le 4e étage est le plus intéressant puisqu'il évoque les conditions de travail (notamment celles des enfants) et la vie quotidienne à cette époque : c'était le début du confort moderne, avec l'apparition de l'électroménager et des produits d'hygiène (voir le papier toilette du XIXe s !), l'essor du cinéma (reconstitution d'une salle à l'époque où la séance coûtait 4 francs) et les progrès de l'imprimerie. Au 5e étage, après avoir admiré la vue sur les toits de Gand, penchez-vous sur ces diables d'engins que sont la machine à vapeur de Watt (enfin, une copie) ou la fameuse Mule Jenny, machine à filer que Liévin Bauwens rapporta clandestinement en pièces détachées de Manchester, alors que l'Angleterre avait instauré le blocus du continent. Plusieurs générations de fillettes s'y abîmèrent définitivement les mains, mais le progrès industriel n'avait cure de ce genre de considérations !

➤ Le retour vers le centre peut se faire par la Belfortstraat, mais il sera plus agréable de rejoindre le Korenmarkt par les Serpentstraat, Onderstraat et Langemunt pour déboucher à nouveau sur le *Groentenmarkt (plan couleur B1-2),* où vous ne manquerez pas d'entrer dans l'adorable boutique *Vve Tierenteyn-Verlent* (voir « Achats »), qui fabrique, dans un grand tonneau, une moutarde artisanale dont la recette (secrète) fut donnée par des grognards de Napoléon, originaires de Dijon. Autre spécialité gantoise à rapporter à votre grand-tante à héritage : les *gentse mokken,* petits biscuits secs parfumés à l'anis. Le *Korenmarkt (plan couleur B2)* et ses tavernes vous attendent à présent pour reposer vos pieds fatigués et arroser vos gosiers desséchés.

Vers le nord-ouest

⊚ ☗ **Oud begijnhof** *(vieux béguinage Sainte-Élisabeth ; plan couleur A1, 107) :* on y parvient en partant du pont Saint-Michel et en poursuivant la Hoogstraat jusqu'au Begijnhoflaan et à droite. GRATUIT. Au XVe s, il n'était constitué que de huttes de paille. Un grand travail de restauration des maisons de brique a eu lieu. On peut y voir l'église baroque et, à droite, un monument à la gloire de Georges Rodenbach (dû au ciseau de Georges Minne), qui n'était pas un brasseur, comme le reste de sa famille (il existe une bière de ce nom), mais un poète symboliste, condisciple de Maeterlinck, qui fut attiré par ces lieux de rêverie et de mélancolie nostalgique.

☗ **Le Rabot** *(plan couleur A1, 108) :* prendre, au départ du béguinage, la Rabotstraat sur 100 m. C'est une ancienne écluse fortifiée qui gardait l'entrée de la Lieve dans la ville. Ces deux grosses tours rondes, coiffées d'un petit cône, sont caractéristiques de l'architecture militaire du XVe s.

☗ **Museum Dr Guislain :** *J. Guislainstraat, 43.* ☎ *09-216-35-95.* ● *museumdr guislain.be* ● À 2 km au nord-ouest du centre. Pour s'y rendre, tram nº 1 de la gare Saint-Pierre ou du Korenmarkt ; arrêt juste devant le musée. Tlj sf lun et certains j. fériés 9h (13h w-e)-17h. Fermé 1er janv, 24, 25 et 31 déc. Entrée : 8 € ; 1 € pour les moins de 26 ans ; gratuit pour les moins de 12 ans et avec la City Card Gent. Un musée qui fait partie désormais des incontournables de la ville. L'art brut, devenu une « tendance » aujourd'hui, attire la plupart des visiteurs, même si la base du musée reste l'histoire du traitement réservé aux troubles mentaux, de l'Antiquité à nos jours, dans un centre psychiatrique du XIXe s. C'est, en effet, à cette époque qu'apparurent les premiers soins psychiatriques, lorsque la « science » – incarnée par des praticiens comme le docteur Guislain – commença à s'intéresser aux désordres de l'âme. On y voit des scènes de trépanation (qui, rappelons-le, avait pour but de libérer l'esprit malin qui habitait celui du fou), les châtiments infligés aux prétendues sorcières, les premières camisoles de force, des appareils destinés à produire des chocs chez les malades, des « lits-boîtes »,

GAND ET SES ENVIRONS

baignoires thérapeutiques, une machine à couper le cerveau et toute la pharmacopée moderne. Globalement édifiant, même si l'ensemble manque parfois un
peu d'explications. Intéressante section consacrée à une collection d'œuvres
d'artistes « hors norme » (on parle plus facilement d'art brut aujourd'hui) et belles
expos temporaires.

Au sud de Gand (université et quartier des Arts)

On peut partir du **Botermarkt** en prenant l'enfilade des rues commerçantes qui
débutent par Mageleinstraat. Elles sont piétonnes et très agréables à parcourir,
bordées de quelques hôtels de maîtres baroques et néoclassiques. Ravissante
placette agrémentée de bancs et de fontaines à la hauteur de Kalandestraat. Puis,
par la Koestraat, on aborde le quartier de l'Université après avoir croisé les rails
du tram.

🏃 *Vooruit (plan couleur C3, 80) :* au début de Sint Pieternieuwstraat, cette façade
imposante est celle du Vooruit, qui hébergea le mouvement socialiste gantois. La
grande salle des fêtes, décorée de fresques allégoriques Art nouveau, rappelle, par
son alignement de petites tables en bois, les réunions syndicales qui s'y dérou-
laient naguère. Aujourd'hui, les étudiants viennent y réviser leurs cours, manger
un morceau ou boire un verre (voir « Où sortir ? Où écouter de la musique ? »). Le
Vooruit est aussi une très grande salle de spectacles au programme éclectique.

🏃 Dans le même courant de pensée, on repère sur la droite, 100 m plus loin, une
façade style « constructivisme soviétique » des années 1920 : c'était l'imprimerie
du journal *Vooruit,* disparu à présent. Le verre et l'acier auraient besoin d'un coup
de nettoyant pour figurer dignement au catalogue d'une architecture révolue.

🏃 L'architecture contemporaine est encore présente dans ce quartier, avec la
tour de la bibliothèque de l'université. Elle est l'œuvre d'Henry Van de Velde et
mélange élégamment le modernisme et l'Art déco.

🏃 En poursuivant vers le sud, au milieu des nombreux cafés d'étudiants, on
débouche sur une vaste esplanade, Sint Pietersplein. On y découvre la majestueuse façade baroque et le dôme de l'*église de l'abbaye Saint-Pierre.*

🏃 *Abdij Sint-Pieters (Centre d'art de l'abbaye Saint-Pierre ; plan couleur quartier
des Arts, 111) :* Sint Pietersplein, 9. ☎ 09-243-97-30. ● sintpietersabdijgent.be ●
Tlj sf lun et certains j. fériés 10h-18h (dernière entrée 16h30). Entrée pour l'abbaye
seule : 5 € ; ajouter 4 € pour le ciné-guide ; gratuit pour les moins de 19 ans et avec
la City Card Gent. Les bâtiments actuels datent des XVIIe et XVIIIe s. Inspirée du
classicisme romain, l'église abbatiale fut le fer de lance de la Contre-Réforme à
Gand. Le terrain est en déclivité et, à l'arrière de l'abbaye, vers l'Escaut, on cultive
encore la vigne sur un coteau, suivant la tradition des moines. Le lieu accueille
des expositions temporaires de grande envergure (droit d'entrée séparé) sur les
civilisations et l'art en général, mais vous pouvez n'y venir que pour voir l'abbaye.
– « Alison – Le Secret des Anges déchus » est un parcours de 70 mn à effectuer à
l'aide d'un ciné-guide où l'on suit le moine Alison, personnage qui vécut de 1753
à 1823, tout au long d'une intrigue historico-policière.
– Dans l'aile de l'abbaye Saint-Pierre *(Sint Pietersplein, 14),* petit musée scolaire
(géologie, minéraux, pierres, sciences naturelles).

🏃🏃🏃 *MSK – Museum voor Schone Kunsten (musée des Beaux-Arts ;
plan couleur quartier des Arts) :* Nicolas de Liemaeckéreplein, 3 (Citadelpark).
☎ 09-240-07-00. ● mskgent.be ● À 15 mn à pied de la gare Saint-Pierre et à
20 mn du centre, ou Ⓣ Van Nassaustraat (ligne n° 1). Tlj sf lun et certains j. fériés
10h-18h. Entrée : 8 € ; 2 € pour les moins de 26 ans ; gratuit pour les moins de
19 ans et avec la City Card Gent. Audioguide 2,50 €. Plan pour vous permettre
de mieux vous repérer dans le dédale des salles. Il figure parmi les plus anciens

musées du pays. Le bâtiment qui l'abrite fut construit en 1902 par Charles Van Rysselberghe, frère du peintre Théo. De style éclectique mais de dimension humaine, il se trouve dans le parc de la Citadelle, au sud du centre-ville, en face du SMAK, le musée municipal d'Art contemporain.

Un nouvel agencement aéré et didactique vous invite à remonter le temps, des primitifs flamands aux modernes, l'intervention d'un créateur contemporain pouvant très bien perturber l'ordonnancement des salles. Surtout, l'accent est mis sur la confrontation de l'art flamand avec d'autres courants artistiques en Europe.

La visite chronologique commence par la droite.

Les primitifs flamands et hollandais (XIVᵉ-XVIᵉ s)

– *Salle 1 :* retables et peinture sacrée, trinité du XVᵉ s en albâtre, divers triptyques dont celui de la famille de sainte Anne (ou l'apologie de la lecture).

– *Salle 2 :* ne pas manquer cette *Crucifixion* de Jan Provost. Étonnante disproportion des têtes. L'une d'entre elles cache celle du larron de droite. Noter aussi comme l'artiste « bouche les trous et les vides » avec des têtes pour créer la multitude. Deux œuvres majeures de Jérôme Bosch : le célébrissime *Portement de croix,* où les trognes patibulaires et grimaçantes des larrons et des spectateurs tranchent radicalement avec la douleur résignée du Christ et le visage diaphane de Véronique qui tient (déjà) le saint suaire dans ses mains. Remarquable, entre autres, pour son absence totale de perspective. Le *Saint Jérôme* est une œuvre de jeunesse abordant, là encore, le thème de l'opposition du Bien et du Mal : le saint en prière est entouré de paysages contrastés, l'un effrayant à l'avant et l'autre paisible à l'arrière. Le hibou symbolise le mal guettant l'oiseau. Dans la *Madone et Enfant* de Roger Van der Weyden se dégage plein de tendresse. L'œillet rouge symbolise tout à la fois l'amour et la future souffrance du Christ.

– *Salle 3 : Vierge à l'Enfant* du Maître de Francfort entre deux anges. Beau drapé. *Adoration des Mages* avec premiers effets de perspective (ruines, personnages, paysages).

Renaissance et baroque (XVIᵉ et XVIIᵉ s)

Maarten Van Heemskerck, Maarten de Vos et Michel Coxie sont représentatifs du courant maniériste.

– *Salle 4 :* c'est ici que les visiteurs ont le plaisir d'admirer en direct le travail de restauration du polyptyque de l'*Adoration de l'Agneau mystique.* Un travail minutieux, méticuleux, pas forcément spectaculaire mais vraiment fascinant. Pour plus de détails, on vous conseille vivement de compléter votre visite par celle du couvent des Carmes.

– *Salle 5 : Jugement dernier* de Michel Coxie pour un tribunal de Gand (dans l'hôtel de ville jusqu'en 1825). Dans les nuages, les prophètes, les saints, les martyrs. Noter le tumulte des corps disgracieux des damnés emportés en enfer par les diables et les serpents à tête de chien. *Sainte Famille* et *Sainte Anne* de Maarten de Vos. Juste avant Rubens, ce fut le peintre le plus en vogue. Des bébés partout, symbolisant différents états de la vie de Jésus.

– *Salles 6, 7 et 8 :* les toiles exposées dans les salles plus petites sont groupées par thème : la peinture de genre (Pieter Bruegel le Jeune), les paysages (Roelant Savery) et les portraits (Frans Hals, le Tintoret). L'époque baroque est illustrée magistralement par Rubens, mais aussi par Jordaens, Van Dyck et Philippe de Champaigne. Dans *François d'Assise recevant les stigmates* de Rubens (peint 5 ans avant sa mort), vive expression du désarroi et de la douleur. *Couronnement de sainte Rosalie* de Gaspar de Crayer (1644), l'un des héritiers de Rubens. Cependant le style s'est attadi, peinture « statique », comme si le successeur n'avait rien à apporter de plus !

– *Salle 7 : Flagellation* de Rubens. C'est une esquisse pour un commanditaire, mais même une esquisse est un chef-d'œuvre !

– *Salle 8 :* l'*Avocat du village* de Pieter Bruegel le Jeune. Quel désordre dans l'étude, le classement des dossiers (les paysans payent en nature). *Portement de croix* miniaturisé dans un beau paysage d'un certain « Monogramist DR » !

Noter les soldats qui repoussent la foule, tandis que d'autres semblent amener quelqu'un vers le cavalier... Ce serait une métaphore des pratiques de l'Inquisition.
– *Salle 13 :* belle *Bataille de Lépante,* victoire décisive sur la flotte ottomane (remarquable rendu dramatique de la tempête). Pittoresque *Étalage de poissonnier* d'Adrian Van Utrecht. Quasiment de l'hyperréalisme, et ça apparaît même largement fantasmé, car on n'a jamais vu tant de variétés de poissons sur un même étal. En même temps, contraste entre l'attitude figée du personnage et le sentiment presque de répulsion à la vue de ces poissons trop sensuels. À propos, noter le petit voleur à gauche.

XVIIᵉ, XVIIIᵉ et XIXᵉ s
Pour ne pas vous lasser et toujours vous surprendre, nous allons juste vous donner quelques repères, les accrochages étant ici plus souvent remis en question.
– *Le grand hémicycle (salle 14)* abrite *le néoclassicisme belge* (seconde moitié du XVIIIᵉ s, première moitié du XIXᵉ s) avec, entre autres, Joseph Suvée et François Navez, élèves de David.
– *Salle 15 :* les petits (et grands) maîtres flamands ; des petits formats surtout. Scènes campagnardes, fêtes de village... *Portrait de femme* de Frans Hals. Elle a 53 ans, aucune complaisance de la part de l'artiste, regardez les mains usées par le temps... Très curieux *Trompe-l'œil* de Cornelis Gijsbrechts (1664) qui permettait de démontrer son talent et sa virtuosité technique. Toile pleine de symboles du temps qui passe et de la précarité de l'existence.
– *Salle 17 :* Gustave Doré *(Incendie de Rome),* J.-F. Millet, Chassériau, Daumier, Fromentin... Et l'on découvre l'un des chefs-d'œuvre de Géricault : le *Portrait d'un kleptomane.* Il a peint une dizaine de portraits de malades mentaux, dont celui-ci. Le personnage semble surpris, Géricault lui rend une certaine dignité dans l'expression.
– *Salle 18 :* détailler *La Chauve-souris* de Ferdinand de Braeckeleer. Certes la manière est académique, mais scène amusante avec tous ces braves gens apeurés agissant chacun différemment.
– *Salle 19 :* panorama de la peinture du XIXᵉ s. Des paysages, mais surtout un joli petit Corot, *La Carrière de Chaise-Marie.* Puis l'école de Barbizon (Th. Rousseau, d'Aubigny...).
Vers la fin du XIXᵉ s, la Belgique connaît une vie artistique florissante où l'impressionnisme français tient le haut du pavé. Pour preuve, les toiles d'Émile Claus, d'Henri Evenepoel *(L'Espagnol à Paris)* et de Théo Van Rysselberghe, à qui l'on doit *La Lecture.* Avec une technique pointilliste éprouvée, il nous brosse une composition de groupe autour du poète Émile Verhaeren.
Tant en littérature (Maeterlinck) que dans les arts plastiques, le symbolisme a été particulièrement prolifique en Belgique. Plusieurs symbolistes comme Fernand Khnopff, Léon Frédéric, William Degouve de Nuncques et Léon Spilliaert sont bien mis en valeur.
Le Gantois George Minne est à l'honneur dans la section sculptures *(salle O),* en compagnie de Rodin et Bourdelle. Vient ensuite la *salle N* monumentale, en hémicycle, dominée par un relief gigantesque du sculpteur anversois Jef Lambeaux, *Les Passions humaines.*

XXᵉ s : les temps modernes
Pour le XXᵉ s émergent deux courants où les artistes gantois ont joué un rôle important : le symbolisme rural de l'école de Laethem-Saint-Martin avec Gustave Van de Woestyne et Valerius de Saedeleer, et surtout l'expressionnisme flamand. Après la Première Guerre mondiale, ce mouvement influencé par le cubisme français et l'expressionnisme allemand a tenté de faire converger plusieurs tendances vers un expressionnisme populaire et figuratif. En fer de lance, Constant Permeke *(Paysan allongé),* Frits Van den Berghe, Gustave de Smet, Edgard Tytgat et Jean Brusselmans. Quelques exemples intéressants d'expressionnisme européen avec Heckel, Kirchner et Rouault.
– *Salle S :* la peinture moderne avec notamment Rik Wouters et *Perspective II.*

– *Salle P :* James Ensor et son célèbre *Squelette regardant des chinoiseries* ou le thème obsédant de la mort chez l'artiste. À côté, *Pierrot et squelette en robe jaune...*
– *Salle R :* l'*Entrée du Christ à Jérusalem* toujours d'Ensor. Un vrai tumulte pré-surréaliste ! D'Alfred Stevens, une fascinante *Marie Madeleine* aux longs cheveux, avec beaucoup de sensualité dans le coup de pinceau et une certaine théâtralité. Quant au symboliste Fernand Khnopff, il peint de belles choses, essentiellement pour échapper à la laideur du monde industriel. Il visait avant tout un monde idéal et harmonieux.
– *Salles J-K-L :* paysages industriels et vie quotidienne à la fin du XIXᵉ s. Notamment œuvres de Den Duyts et Pierre Paulus.
Dans les dernières salles, vous tomberez peut-être sur un Delvaux, ou sur un Magritte bousculant sans cesse la manière occidentale de représenter les choses. Dans *Le Balcon de Manet,* il remplace les personnages de la peinture de Manet par des cercueils...
|●| Pour se reposer : le *Mub'art,* la brasserie-restaurant aménagée à l'entresol du musée... *Lunch autour de 13 €, sinon plats à la carte 17-25 €.* Accueillant et correct.

ⵣ SMAK *(musée municipal d'Art contemporain ; plan couleur quartier des Arts) :* Citadelpark. ☎ 09-240-76-01. ● smak.be ● *En face du musée des Beaux-Arts.* ❶ *Van Nassaustraat (ligne nº 1). Tlj sf lun et certains j. fériés 10h-18h. Entrée : 8 € ; 2 € pour les moins de 26 ans ; gratuit pour les moins de 19 ans et avec la City Card Gent.* L'art contemporain depuis 1945. Le *Stedelijk Museum voor Actuele Kunst* abrite toujours au moins une expo temporaire conjointement à l'exposition – tournante – d'œuvres de la collection permanente. Impossible, donc, de citer des œuvres en particulier mais vous êtes presque assuré d'y voir sous une forme ou une autre des artistes tels que Panamarenko, Bacon, Raysse, Hammons, Beuys, Broodthaers, Juan Muños ou encore Villeglé. Tout est présenté sur deux niveaux, dans d'immenses espaces lumineux.

ⵣⵣⵣ STAM *(musée de la Ville de Gand ; plan couleur quartier des Arts) :* Godshui-zenlaan, 2. ☎ 09-267-14-00. ● stamgent.be ● *À 15 mn à pied de la gare.* ❶ *Van Nassaustraat ou Verlorenkost (ligne nº 1) ou* ❶ *Bijlokeho (lignes nºs 4 et 24). Tlj sf lun et certains j. fériés 10h-18h. Entrée : 8 € ; 2 € pour les moins de 26 ans ; gratuit pour les moins de 19 ans et avec la City Card Gent.*
Entièrement rénové durant cinq longues années, il a rouvert ses portes en 2010. Situé dans les bâtiments de l'abbaye et du couvent de la Bijloke (fondés au XIIIᵉ s par Jeanne de Constantinople), il vous invite à remonter le temps, en partant du présent au passé, tout en savourant une muséographie exemplaire. Trouvant un bel équilibre entre les besoins d'un musée du XXIᵉ s et la valeur historique de ces lieux, il replace dans un cadre unique les nombreux témoignages de l'histoire de la ville, de la préhistoire au XXIᵉ s, naguères éparpillés dans d'autres lieux.
L'ajout d'un bâtiment contemporain en verre, par lequel on pénètre dans les lieux, et le parti pris de l'architecte de jouer sur les volumes et le design font du STAM un musée du futur, ouvert à tous, où chacun peut prendre plaisir et intérêt.
Il vous faudra d'entrée glisser vos pieds dans des chaussettes (elles sont destinées à la protection du plan de ville en verre géant que vous allez fouler) avant de faire un premier saut dans le passé. Seules deux salles ont échappé aux destructions (les autres bâtiments ont subi au XVIᵉ s les conséquences des troubles religieux de l'époque). La première, le dortoir de l'abbaye, raconte l'histoire à travers des objets originaux, des manuscrits, des documents intelligemment et joliment choisis. En revanche, dans le réfectoire, aucune pièce n'est présentée afin de respecter son atmosphère apaisante.
C'est dans le cellier que la splendeur de Gand au Moyen Âge vous sera contée : vous saurez tout, sans tomber jamais dans le didactisme ni l'ennui, sur les grands et les petits métiers du textile, sur l'importance du port et de l'eau. Des portraits des ducs de Bourgogne devraient vous permettre de vous y retrouver dans cette histoire complexe où la Flandre d'hier allait jusqu'à Beaune. Après un salon

consacré à Charles Quint, la seconde salle dédiée au XVIe s est plus sombre, reflet d'une période noire, de la fureur iconoclaste du moment.

Tout ce que l'on vous a conté, en bref, dans l'introduction de ce chapitre est ici développé, illustré. On voit Gand devenir une ville provinciale, et les rêves d'indépendance s'envoler. La suite vous transformera en enquêteur, puisque le plus grand mystère gantois de tous les temps, le vol du panneau *Les Juges intègres* (voir plus haut les pages sur l'*Agneau mystique*) vous est ici livré à travers des documents d'époque.

Bandes-son interactives, écrans tactiles, murs d'images et trouvailles technologiques de toutes sortes vous guident jusqu'aux temps modernes, la vie industrielle surgissant à travers des images et des films en noir et blanc, tout au long d'un tunnel.

Vous pourrez à la sortie jouer à votre tour avec des Lego pour construire l'avenir de la cité. Un avenir où tout un quartier devrait voir le jour à la place des anciens docks. Un avenir qui passe aussi par ce quartier des Arts en train de naître autour du STAM et des deux autres grands musées de la ville, qui pourraient être un jour reliés par un immense jardin, si la quatre-voies était enfin enterrée.

IOI Très jolie cafétéria (avec wifi) pour un lunch ou une petite pause.

À voir encore, si vous avez du temps

Au sud-est de Gand

🍴 **Geraard de Duivelsteen** (château de Gérard le Diable ; plan couleur C2, **109**) : ☎ 09-225-13-38. *Derrière la cathédrale Saint-Bavon, au bord d'une portion de l'Escaut qui n'est pas voûtée.* Ici se trouvait, au Moyen Âge, la frontière entre France et Saint Empire germanique. Gérard le Diable était seigneur de Gand en 1216 et son château est aussi sombre que l'était sa peau (d'où son surnom). On ne le visite plus, le château servant de lieu de stockage des archives de l'État. Ce quartier a été rénové et transformé par la construction d'un port de plaisance : le *Portus Ganda*.

◉ 🍴 En poursuivant par les Sint Annaplein et Lange Violettenstraat, on aboutit au **klein begijnhof** (*petit béguinage Notre-Dame ter Hoyen* ; plan couleur D3, **110**), fondé vers 1234 par Jeanne de Constantinople (reconstruit vers 1600). Oasis de paix, comme il se doit, où l'on peut profiter de la grande pelouse pour rêver à cette époque lointaine où les hommes partaient de longues années en croisade, pendant que leurs femmes, telle Pénélope, attendaient leur retour en vivant de piété, de charité et de la solidarité entre épouses délaissées... Les béguines furent probablement, à l'origine, des épouses solitaires. En réalité, par ce fait, elles prirent les habitudes des nonnes. Dans leur monde clos et pieux, elles eurent au fil des siècles le statut de chanoinesses, suivant une règle monastique ascétique basée sur la prière, le travail manuel et les œuvres caritatives.

Manifestations

– **Gent Jazz Festival :** *ts les ans à la mi-juil, sur 10 j.* ● gentjazz.com ● Des artistes de renommée internationale se produisent au centre musical de Bijloke, sur Godshuizenlaan.

– **Gentse Feesten** (Fêtes de Gand) : *chaque année, sur 10 j. en juil.* ● gentsefees ten.be ● Grande manifestation populaire qui se déroule dans un centre-ville rendu entièrement piéton. Chars décorés, spectacles de rue, concerts gratuits, etc. Le dernier jour, une procession reconstitue l'épisode historique des *stroppendragers*.

– *International Film Festival :* *ts les ans, pdt 10 j. à la mi-oct.* ● *filmfestival.be* ●
Un festival de cinéma existant depuis 1974, axé tout particulièrement sur les
musiques de films. Les meilleurs compositeurs de B.O. y sont passés : Ennio
Morricone, Georges Delerue, Maurice Jarre...

AUTOUR DE GAND :
LA RÉGION DE LA LYS (LEIE)

Avant de se jeter dans l'Escaut, la Lys se traîne paresseusement dans la
plaine flamande et ses berges aux méandres alanguis constituent un environnement rural particulièrement bucolique. Ce tableau attira, au tournant
du XXᵉ s, une colonie de peintres et de sculpteurs qui firent des villages de
Deurle et Laethem-Saint-Martin un centre artistique réputé, sortes de Barbizon ou de Pont-Aven flamands. L'art ayant besoin de commanditaires, ils
furent suivis de la bourgeoisie gantoise aisée. Les bois et les prairies cachent
derrière leurs haies de splendides résidences à moins de 6 km du beffroi de
Gand. Voilà certainement de quoi meubler une petite journée d'excursion.

➤ *Croisière sur la Lys :* *rens à l'office de tourisme de Gand :* ☎ *09-266-56-60.*
Puisqu'il n'y a pas de route longeant la Lys, le meilleur moyen d'en apprécier les
charmes en été (en dehors du vélo) est de s'embarquer pour une de ces minicroi-
sières qui partent de Recollettenlei *(plan couleur Gand, B3),* au sud du centre. Plusieurs compagnies proposent des formules similaires, mais sachez que l'aller-retour
peut prendre de 4 à 5h et, souvent, on vous débarque, comme par hasard, devant
une brasserie où l'on vous laisse tout le temps de consommer... À vous de juger.

➤ *Circuit des villages de la Lys à vélo :* la meilleure façon de découvrir en individuel ces très jolis coins. En vous rappelant qu'il est possible de vous procurer des
vélos pour la journée à la gare Saint-Pierre de Gand *(résas :* ☎ *09-241-22-24).* Tarif
préférentiel si vous voyagez en train. Le point de départ idéal se situe aux abords
du Waterspoortbaan de Gand (le bassin des compétitions d'aviron). Avant de vous
mettre en selle, procurez-vous, à l'office de tourisme, la carte de promenade *Leies-
treekroute, Fietsen tussen Gent en Deinze.* L'itinéraire balisé vous fait parcourir
55 km d'un environnement de marécages, de boqueteaux, de sous-bois jusqu'aux
villages d'Afsnee, Laethem-Saint-Martin, Deurle, Bachte-Maria-Leerne (château
d'Ooidonk) et Deinze. Un ravissement sans trop d'efforts. Les villas cossues avec
leur embarcadère et hangar à bateaux, le golf, les haras, les pelouses taillées aux
ciseaux à ongles, les voitures haut de gamme dans les garages, tout cela a un petit
air de Palm Beach, palmiers en moins, et fleure bon la Flandre prospère.

DEINZE (9800)

Adresse utile

🛈 *Office de tourisme :* *Emiel Clausplein,* | *Tlj en sem 10h-12h, 14h-16h ; de mi-juin*
4. ☎ *09-380-46-01.* ● *vvvleiestreek.be* ● | *à mi-sept 9h-12h, 13h-16h.*

Où camper ?

⋏ *Camping Groeneveld :* *Groene-* | ☎ *09-380-10-14.* ● *info@campinggroene*
velddreef, 14, Bachte-Maria-Leerne. | *veld.be* ● *campinggroeneveld.be* ● *Ouv de*

GAND ET SES ENVIRONS

mi-mars à mi-nov. Selon période, 17-20 € pour 2 avec tente. Environnement boisé

pas loin d'Ooidonk. 5 cabanes *(37 €/j.)* tout équipées *(trekkershutten).*

À voir

🎥🎥 **Museum van Deinze en Leiestreek** *(musée de Deinze et de la région de la Lys)* : *L. Matthyslaan, 3-5.* ☎ *09-381-96-70.* ● *museumdeinze.be* ● *Mar-ven 14h-17h30 ; w-e 10h-12h, 14h-17h. Entrée : 8 € ; réduc ; gratuit jusqu'à 12 ans.* Attachant musée, situé dans un bâtiment blanc et moderne, lui-même sis dans la bourgade de Deinze, ville principale de la région, au bord de la Lys, et connue pour son marché à la volaille. Deux sections distinctes : les peintres et sculpteurs de la Lys, avec de superbes compositions post-impressionnistes d'Émile Claus *(La Récolte des betteraves)* et de Van Rysselberghe, les œuvres très nombreuses des artistes cités plus haut et une découverte : la sculpture de Jozef Cantré. C'est également un musée de la vie quotidienne en ville, avec des objets se rapportant aux métiers, aux commerces (un comptoir à épices), etc. Une idée à relever : pour certaines collections d'objets, on vous montre sur un lutrin une reproduction picturale en rapport avec les objets exposés. Par exemple, une scène d'arrachage de dents de Jan Steen pour les instruments de dentisterie. Bravo !

LE CHÂTEAU D'OOIDONK

🎥🎥 *Accessible par le village de* **Bachte-Maria-Leerne,** *au bout d'une allée de tilleuls.* ☎ *09-282-35-70.* ● *ooidonk.be* ● *Avr-15 sept, dim et j. fériés 14h-17h30 ; juil-août, ouv sam également. Parc ouv tlj sf lun. L'entrée du château est assez chère : 9 € ; celle du parc seul beaucoup moins : 2 € (1 € en hiver). Une brasserie à gauche de l'entrée permet de se restaurer.* Les Belges appellent Ooidonk le « Petit Chambord », et c'est vrai que cette résidence princière de style Renaissance flamande a beaucoup d'allure. Les deux corps de logis en brique, les douves, le pont-levis, les toits d'ardoise et les tours d'angle surmontées d'élégants clochers à bulbe lui donnent un air à la fois austère et tarabiscoté. Il est encore habité et l'aménagement intérieur est riche de mobilier Louis XV et Louis XVI, de portraits imposants, dont celui de Philippe de Montmorency, comte de Hornes. Le bras mort de la Lys, les jardins à la française, les prés et les plantations boisées donnent à l'ensemble un cachet classieux.

LE CHÂTEAU DE LAARNE

🎥 *À 13 km de Gand, accès par la R 4 autour de Gand, sortie n° 5.* ☎ *09-230-91-55.* ● *slotvanlaarne.be* ● *Mai-fin sept, dim, visite guidée à 15h ; juil-août, jeu et dim à 15h. Entrée : 7 € ; réduc.* Un des châteaux de défense de Gand datant du XIIe s, entouré de douves. Grosses tours d'angle au toit pointu. L'entrée et la loggia sont évidemment postérieures. On pénètre par un pont de pierre. La partie centrale du château a été aménagée récemment pour abriter un très beau mobilier anversois, ainsi que des tapisseries, des peintures et une magnifique collection d'orfèvrerie et d'argenterie.

LES ARDENNES FLAMANDES

Le sud de la province est une région de collines ondulantes où, venant de Tournai, l'Escaut se faufile dans un paysage verdoyant, parsemé de villages anciens et de routes sinueuses. Ici, le plat pays prend du relief : pensez, le mont de l'Enclus, près de Renaix, culmine à 150 m ! C'est presque dans les nuages !

AUDENARDE (OUDENAARDE) (9700) 30 000 hab.

La « capitale » de la région est une petite cité située au bord de l'Escaut, à la frontière historique du Saint Empire romain germanique et du royaume de France. Cette position stratégique explique beaucoup d'événements de son histoire. La tapisserie permit à Audenarde de connaître la richesse et la prospérité au XVIe s. Autour de sa Grand-Place, l'hôtel de ville gothique et les quelques maisons à pignon témoignent de cette splendeur passée. On s'y adonne à deux activités multiséculaires : le brassage et la tapisserie. Le jeudi, jour de marché, est le jour le plus animé.

UN PEU D'HISTOIRE

Après une implantation d'origine située un peu plus au nord et la construction d'une abbaye Saint-Sauveur à Ename, Audenarde se développa autour d'un petit port au bord du fleuve. On ceintura le tout de remparts, la situation de ville frontière entre France et Saint Empire germanique n'étant pas des plus confortable. En 1521, Charles Quint, venu guerroyer dans le Tournaisis (alors français), séjourne six semaines à Audenarde et s'éprend d'une servante locale, Jeanne Van der Ginst de Nukerke.

Au moment des guerres de Religion entre catholiques et protestants, 40 % des tisserands protestants d'Audenarde s'exilent aux Pays-Bas ou dans le nord de la France. C'est le cas de Franz der Planken, licier (tapissier) d'Audenarde, qui émigre en France où il francise son nom : de la Planche. Le roi Henri IV lui demande de développer son activité dans son royaume. Ses descendants fonderont plus tard, à l'initiative de Colbert, la manufacture des Gobelins à Paris.

Au XVIIe s, la tapisserie donne du boulot à 20 000 habitants ! Hélas, comme partout en Flandre, les guerres portent un coup fatal à cette belle prospérité : les Français viennent trois fois sous ses murs avant de se faire rétamer par un certain duc de Marlborough en 1708. Reprise en 1745, la ville est démantelée.

Une bâtarde au destin glorieux

Née à Audenarde, en 1522, des amours de Charles Quint avec la fille d'un tapissier, Marguerite de Parme, reconnue par son père, fut élevée comme princesse de sang et épousa à 14 ans le duc de Florence, Alexandre de Médicis. Restée veuve après l'assassinat de son mari par Lorenzino, son cousin, elle épousa Octave Farnèse, alors âgé de 15 ans. De ce mariage naquirent en 1545 des jumeaux, dont un seul survit : il deviendra le condottiere Alexandre Farnèse, celui qui « pacifiera » les Pays-Bas au profit de la couronne d'Espagne. En 1559, alors qu'elle est devenue entre-temps duchesse de Parme, son demi-frère, le roi Philippe II, la nomma régente des Pays-Bas sous la tutelle d'une *Consulta,* un triumvirat qui prenait directement ses ordres à Madrid. Elle réussit à tempérer la politique anti-calviniste de Philippe II, dans l'espoir de se concilier les éléments les plus modérés de la société flamande. Mais, en raison des troubles, le roi mandata le duc d'Albe pour mener une expédition punitive dans les Flandres. Il entra en 1567 à Bruxelles à la tête d'une armée de 40 000 soldats. Marguerite demanda à être relevée de ses fonctions et se retira dans son royaume de Naples. À nouveau sollicitée par Philippe II pour reprendre le gouvernement des Flandres en 1579, elle dut faire face aux ambitions de son fils, Alexandre. C'est finalement lui qui devint gouverneur des Pays-Bas avec les pleins pouvoirs. Marguerite retourna en Italie où elle mourut la même année que son époux.

Arriver – Quitter

➤ *En train :* une ligne relie Bruges à Bruxelles en passant par Courtrai, Audenarde et Zottegem.
➤ *En bus :* Audenarde est sur la ligne de bus Gand-Renaix du réseau *De Lijn*.
➤ *En voiture :* venant de Gand, par la N 60 (28 km). Venant du sud, par Tournai et Renaix (Ronse).

Adresse utile

🛈 *Office de tourisme :* Hoogstraat, 1 (sur un côté de l'hôtel de ville). ☎ 055-31-72-51. ● oudenaarde.be ● 1er mars-30 sept, tlj 9h30-17h30. Hors saison, lun-ven 9h30-17h, w-e 14h-17h. Demandez le *Guide touristique d'Oudenaarde*, gratuit.

Où manger ? Où boire un verre ?

Pas mal de terrasses et restos autour du Grote Markt, en tout cas de quoi caler tous les appétits ; s'il fait beau, vous serez sans doute tenté de choisir l'établissement le mieux exposé.

🍽 *De Mouterij :* Meersspoortsteeg, 2. ☎ 055-30-48-10. ● mouterij@skynet.be ● *Dans une ruelle qui part du Grote Markt et longe le musée du Tour-des-Flandres. Tlj sf mar-mer 10h30-21h (22h w-e). Plats 10-26 €. CB refusées.* Endroit original que cette ancienne malterie, bâtiment industriel réaménagé avec beaucoup d'à-propos en resto. Sol carrelé, voûtes de brique, banquettes de cuir clouté, plaques publicitaires émaillées, instruments de brassage et photos rappelant l'activité passée. Jardin agréable à l'arrière. Dommage que la cuisine soit un peu moins originale.

🍷 *Café De Carillon :* Grote Markt, 49. ☎ 055-31-14-09. ● info@carillonoudenaarde.be ● *Tlj sf lun.* À l'ombre de l'église Sainte-Walburge, cette croquignolette maison aménagée en taverne se remarque à ses deux mignons petits pignons jumeaux en brique jaune. Intérieur rustique (du genre café brun) et terrasse bien en vue, idéale pour prendre le pouls de la ville. Possibilité aussi d'y boulotter un plat du jour à prix modérés.

À voir

🎗🎗 *MOU* (Museum van Oudenaarde) : *dans l'hôtel de ville, sur Grote Markt (accès par l'office de tourisme). ● mou-oudenaarde.be ● Mars-fin sept, mar-dim 10h-17h30 ; oct-fév, mar-ven 10h-17h, sam-dim 14h-17h. Entrée : 6 € ; réduc ; gratuit jusqu'à 12 ans. Ticket valable aussi pour la* Huis de Lalaing.
Quel plus bel écrin pour un musée que le splendide hôtel de ville d'Audenarde ? Voilà une construction du plus beau gothique brabançon, achevée en 1537 (règne de Charles Quint) et ciselée comme une pièce d'orfèvrerie. La tour-beffroi centrale porte, comme émergeant d'un bouquet (la couronne impériale), la statue dorée de *Hanske de Krijger* (petit Jean-le-Guerrier, le protecteur de la cité). Vous remarquerez les deux aigles bicéphales des Habsbourg. Le coût de la construction a représenté à l'époque l'équivalent de celui de 35 maisons bourgeoises. Le matériau utilisé fut la pierre de Balegem mais celle-ci, trop poreuse, subit au XXe s la corrosion de l'oxyde de carbone. Chaque pierre abîmée a été remplacée par du grès français.
– La visite du musée permet d'admirer la *halle aux draps* du rez-de-chaussée, datant du XIIIe s. Elle abrite une exposition virtuelle sur le développement de la ville et des documents sonores où l'on entend par exemple le peintre Adrian Brouwer s'exprimer sur son travail. Quelques objets « solides » néanmoins, comme

cette **collection de 12 pots en étain** à couvercle (les *simarts*), offerts autrefois aux hôtes de marque. Aucune autre ville de Belgique n'a conservé la douzaine complète.
– Au 1er étage, une autre halle aux draps, du XIVe s, sert de salle d'exposition à une douzaine de panneaux des fameuses **tapisseries d'Audenarde,** appelées « verdures » (à cause de la dominante bleu-jaune-vert de leurs coloris). Les thèmes sont pour la plupart bibliques, mythologiques ou paysagers. Il fallait entre 4 et 5 ans pour en tisser une, sur la base d'un projet appelé carton. Si vous voulez épater votre copain (ou copine), voici un petit truc pour les reconnaître infailliblement : un chardon atteste le made in Audenarde. Cherchez-le ! Après la tapisserie, l'autre richesse était le drap. Celui d'Audenarde, réputé dans toute l'Europe, était exporté jusqu'à Venise.
– Les 2e et 3e étages abritent la **collection d'argenterie,** qui comprend des objets raffinés offerts à la ville par Ernest de Boever, un riche commerçant d'Audenarde : pintes à bière sculptées, cruche en forme de cerf, tabatières en coquillage et cette étonnante boîte de poudre à canon en écailles de tortue... Dans un coin de la **salle des Échevins,** un tambour de porte en bois sculpté du XVIe s et un portrait équestre de Louis XIV, à qui l'on devait bien cela puisqu'il avait payé la fontaine aux dauphins qui se trouve devant l'hôtel de ville. On peut achever la visite par un tour sous les combles, afin de jeter un œil à l'impressionnante charpente de l'édifice.

🏛 **Le gigantesque Grote Markt :** au milieu duquel trône majestueusement le bel hôtel de ville. La place est ceinturée par quelques belles maisons Renaissance. La plus remarquable, la maison de Marguerite de Parme, mérite plus qu'un coup d'œil. Elle abrite un très bon resto, pas donné. En revanche, l'église Sainte-Walburge a toujours l'air d'un éléphant sur la route du cimetière. L'ensemble manque malgré tout d'harmonie, avec toutes ses enseignes et son immense parking.

🏛 **Sint Walburgakerk** (collégiale Sainte-Walburge) : *juste à côté du Grote Markt. En saison, mar-dim 14h30-17h, ainsi que jeu 10h-12h.* La construction a dû être un peu chaotique, car de l'extérieur on dirait deux églises mises dos à dos. N'empêche qu'au pied de son portail la vue de sa tour de 90 m couronnée d'un petit chapeau baroque donne le vertige. Abrite un splendide trésor d'église.

🏛 **Centrum Ronde Van Vlaanderen** (musée du Tour-des-Flandres) : *entre le Markt et Sainte-Walburge.* ☎ 055-33-99-33. ● crvv.be ● *Tlj sf lun 10h-18h ; dernière entrée 1h avt fermeture. Entrée : 8 € ; réduc ; gratuit jusqu'à 14 ans.* Évocation détaillée de l'épopée du cyclisme belge à travers sa course la plus célèbre, le Tour des Flandres. Elle commence par un petit film tâchant de restituer l'atmosphère dudit tour (qui, rappelons-le, a lieu chaque 1er dimanche d'avril, au départ de Bruges) ; ensuite, on passe dans une salle pleine de bruit et d'écrans pour tout savoir sur la course, ses embûches (les fameux chemins pavés des Ardennes flamandes !), l'évolution de son itinéraire et l'importance qu'il revêt par ici. Grâce à une carte codée remise à l'entrée, on peut aussi suivre les stratégies et les habitudes de l'un des 12 cyclistes à avoir remporté le Tour au moins deux fois. Ce n'est toutefois pas le cas de l'ancien champion du monde, Freddy Maertens, que vous croiserez à l'accueil.

🏛 Exilée sur l'autre berge, la silhouette sombre et énigmatique de l'**OLV van Pamelekerk** (église Notre-Dame-de-Pamele) : *pour les individuels, visites slt Pâques-fin sept, sam 14h-17h30.* On doit cette église à un certain Arnulf de Binche. C'est un pur exemple du gothique scaldien du XIIIe s. Les gisants des seigneurs de Pamele s'y trouvent. Chœur très coloré.

🏛 **Huis de Lalaing :** *Bourgondiëstraat, 9. Sur la même rive que Notre-Dame-de-Pamele, de l'autre côté du pont. Mars-oct, tlj sf lun 14h-17h30 ; l'hiver, mar-ven 14h-17h. Même ticket que pour le MOU.* **En travaux de rénovation pour une durée qui reste indéterminée...** La belle façade Renaissance de cette maison du XVIIᵉ s abrite un centre qui fait office de « clinique de la tapisserie ». On peut assister au travail de restauration et un espace éducatif à base de photos permet d'en comprendre le processus. Intéressant. Sur le même palier, au sein de l'atelier VASA, on crée de nouvelles œuvres, selon les mêmes techniques qu'au Moyen Âge (à savoir 1 m² par an). C'est aussi un centre d'apprentissage du métier de tapissier. En sortant, on peut se reposer dans le jardin où pousse un ginkgo biloba vieux de plus de 150 ans.

Manifestations

– **Fête de la Bière :** *le dernier w-e de juin.* On l'appelle aussi la fête Adrien-Brouwer (peintre de l'époque de Rubens) car, apparemment, c'est lui qui en est à l'origine.
– **Feest in Het Park :** *4 j., en août.* ● *festinherpark* ● Un des plus gros festivals de musiques actuelles (rock, pop, reggae, hip-hop...) du pays. Et à prix très démocratiques.

DANS LES ENVIRONS D'AUDENARDE

– **Ename :** *à 2 km à l'est d'Audenarde.* Ce bourg paisible au pied d'une colline servit autrefois de frontière entre la France et le Saint Empire romain germanique. Des moines bénédictins y fondèrent une abbaye au bord de l'Escaut, qui fut détruite à la Révolution (française). Ename possède son musée :

🏃 🚶 **Pam Ename :** *Lijnwaadmarkt, 20.* ☎ *055-30-90-40.* ● *pam-vo.be/ename* ● Bus n° 41 depuis Audenarde. Tlj sf lun 9h30-17h. Entrée : 2,50 € ; réduc ; gratuit jusqu'à 12 ans. Petit mais intéressant et conçu avec les moyens les plus modernes. Les visiteurs ont à leur disposition des audioguides multilingues. Le thème du musée est la mémoire collective d'Ename à travers les histoires locales, les souvenirs familiaux, les photos du passé, de 974 à aujourd'hui. Des écrans tactiles permettent de remonter dans le temps et de reconstituer avec des images de synthèse le site de l'abbaye (incroyable pour un si petit musée !). Le clou de la visite : le son et lumière, reconstitution d'un banquet villageois avec des personnages en résine, style musée Grévin. On se croirait dans un tableau de Bruegel.
– La visite du musée inclut aussi celle de l'église et du jardin, très agréable en été. Construite en 974 avec des éléments datant d'Othon, l'église a été rénovée et abrite une peinture murale de style byzantin.

LA PROVINCE DE FLANDRE OCCIDENTALE (WEST-VLAANDEREN)

« Le pays où un canal s'est perdu. » Personne n'a pu mieux que Jacques Brel décrire les paysages de la Flandre côtière. Immense platitude gagnée sur la mer au cours des siècles, où le ciel, l'eau et la terre se confondent dans les brumes maritimes. Les polders, terres âpres aux habitations abritées des vents, où les hommes se livrent peu. Plaines inondées où des hommes venus de très loin parfois se sont entre-tués, pendant 4 ans, dans un carnage aussi effroyable qu'absurde, ne laissant que ruines et cimetières. Bande côtière où le béton du tourisme sauvage a créé un nouveau mur de l'Atlantique à la place des anciens petits villages de pêcheurs. Dunes et prés salés préservés où viennent encore nicher des oiseaux rares.

GAND ET SES ENVIRONS

Et Bruges, bien sûr. Bruges la Morte, oubliée de l'Histoire, il y a 150 ans, Bruges la Belle et ses trésors admirablement restaurés, Bruges la Riche de ses visiteurs innombrables, enfin Bruges la Secrète avec ses quartiers méconnus et son mysticisme hors du temps.

BRUGES (BRUGGE)   (8000)   117 000 hab.

▸ Pour les plans de Bruges, se reporter au cahier couleur.

◉ Ville n° 1 du tourisme en Belgique, Bruges est un miracle de l'Histoire. Tombée en léthargie pendant 4 siècles, elle n'a pas connu l'industrialisation et ses magnifiques bâtiments ont été judicieusement retapés lors de la vague néogothique du XIXᵉ s. Ce qui lui vaut, pour son centre historique, un classement au Patrimoine mondial de l'humanité par l'Unesco. En la visitant, même si tout n'est pas vraiment d'origine, vous aurez d'abord l'impression de faire un voyage dans le temps, à l'époque des splendeurs des ducs de Bourgogne. Et puis, en sortant des sentiers battus, en flânant le nez au vent vous découvrirez aussi, un peu plus secrètes, les facettes romantiques et mystiques de l'âme flamande.

UN PEU D'HISTOIRE

L'existence de Bruges est liée aux sables : il y a 1 000 ans, la côte de la mer du Nord ne présentait pas la même configuration qu'aujourd'hui. À cette époque, des marées d'équinoxe rompaient régulièrement la frêle barrière des dunes et la mer envahissait les basses terres, y laissant plus tard des bandes sablonneuses et des chenaux naturels. Sur ces terres pauvres vivaient tant bien que mal des peuplades à peine christianisées, descendantes des tribus de Morins et de Ménapiens que César n'avait même pas pris la peine de soumettre.
Sur l'une de ces jetées naturelles *(brygghia)*, un peu moins précaire que les autres, s'installèrent des **paysans libres** qui entreprirent de fortifier le lieu pour se garder des raids des Normands. Un certain **Baudouin Bras-de-Fer,** comte, mais surtout soudard notoire, obtint en dot ces terres incultes du roi Charles le Chauve dont il avait kidnappé la fille. Cette « Flandre » vint s'ajouter à ses possessions de l'Artois et du Cambrésis. Voilà comment la Flandre et la France ont lié leur destin.

Le miracle de la mer

Le site fut fortifié et des échanges commerciaux se développèrent avec les ports du Nord. Une enceinte fut construite et, en 1134, les éléments se déchaînèrent : la mer ouvrit largement le chenal qui mène à elle. L'estuaire du Zwin se forma et assura à Bruges trois siècles de prospérité, à condition de maintenir un drainage permanent pour éviter l'ensablement. Lorsqu'en 1150 *Philippe d'Alsace,* comte de Flandre, accorda des privilèges à la cité, Bruges se trouvait à la tête du commerce avec l'Angleterre et les villes de la Baltique. Elle était administrée par des marchands prospères qui organisaient leur propre justice.
En 1180, *Damme* fut fondée pour servir d'avant-port d'où les marchandises étaient transbordées dans des embarcations plus petites avant d'arriver à Bruges. La situation géographique, entre Angleterre, foires de Champagne et Lombardie, entre sud-ouest de la France et Baltique, entre bassin du Rhin et Bretagne, fit de Bruges le plus grand centre de transit du Moyen Âge. Les comtes

de Flandre touchaient les dividendes de ce florissant commerce en s'efforçant en retour d'en préserver la sécurité.

Le *libre-échange* et le *capitalisme* virent le jour dans cette cité avec la fondation du *premier marché des changes.* L'établissement libre de « comptoirs commerciaux » de toutes les nations vit affluer des marchands des quatre coins de l'Europe. L'import-export était leur apanage, les Brugeois se réservant la vente de détail et la transformation du drap anglais, avec l'embauche d'une main-d'œuvre paysanne bon marché et sévèrement contrôlée.

Au XIVe s, les Flamands affrontent la France

À l'avènement du XIVe s, des difficultés surgirent : par le jeu des successions comtales, le roi de France Philippe le Bel fit main basse sur la Flandre et favorisa le parti des notables (les *Leliaerts*, à l'emblème de la fleur de lys). Ceux qui exerçaient des petits métiers se révoltèrent, à la fois contre leur condition d'exploités et contre le pouvoir en place inféodé aux Français. Le parti des *Klauwaerts* (les griffes du lion héraldique des Flandres), le matin du 18 mai 1302, prit les armes et passa au fil de l'épée tous ceux qui, au saut du lit, étaient incapables de prononcer, avec l'accent guttural requis, les mots : *schild en vriend* (« bouclier et ami », mais plus vraisemblablement : *'s gilden vriend,* « ami des guildes »). Et comme les Français, on le sait, n'a jamais été doué pour les langues étrangères... Quelque 1 400 d'entre eux disparurent ainsi du paysage lors de cet épisode de l'histoire connu sous le titre de « Matines brugeoises ». Les Français et leurs partisans furent donc massacrés, ce qui provoqua l'ire légitime de Philippe le Bel, qui s'empressa d'envoyer la fine fleur de sa chevalerie pour aller rogner les griffes au lion flamand.

11 juillet 1302 : la bataille des Éperons d'or

Le combat se déroula sous les murs de *Courtrai le 11 juillet 1302* et la piétaille flamande s'empressa de dérouiller les chevaliers français embourbés dans la gadoue avec leurs armures pesantes et leurs chevaux caparaçonnés. Aucun combattant ne fut fait prisonnier et leurs éperons furent rapportés en guise de trophées. Ils resteront longtemps suspendus dans la cathédrale en souvenir de la victoire des petits sur les grands.

D'autres batailles, aussi cruelles et aussi importantes militairement, se dérouleront plus tard, sur le sol flamand, mais c'est celle-là que le mouvement flamand, au XIXe s, choisira comme emblème de la lutte du peuple contre l'oppression de ses notables.

L'âge d'or du commerce et des arts

En 1369, le mariage de l'héritière du comté de Flandre, Marguerite de Maele, avec Philippe le Hardi, duc de Bourgogne, marqua l'amorce de l'âge d'or de Bruges mais aussi le début de son déclin. Le Zwin commençait à s'ensabler et il restera encore à la ville un siècle de fastes à vivre, mais quel siècle ! Sur le plan artistique, Bruges rivalise avec Florence. Ses peintres *Memling, Van Eyck, Van der Goes* et *Gérard David* réalisent les chefs-d'œuvre de l'école flamande du XVe s.

Des navires vénitiens, catalans, russes, génois, biscayens, bretons, hanséatiques et portugais livrent tous les jours des marchandises. On en compte jusqu'à 150 à la fois dans le bassin du Minnewater. Ils déchargent du vin, des tapis, des oranges, des fourrures, de l'huile, du cuir, de la soie, des métaux, des épices, de la laine, des animaux exotiques et même de l'ivoire et des diamants.

1429 : une ville courtisée par toute l'Europe

En 1429, *Philippe le Bon* installa sa cour au Prinsenhof et, lors de son mariage avec *Isabelle de Portugal,* donna des fêtes somptueuses. Bruges fut tapissée de draperies vermeilles. Quelque 800 marchands en tenue d'apparat accueillirent la fiancée. Le repas de noce se déroula dans un faste inouï (ne croyez pas qu'on en rajoute, c'est pas notre style !) : vaisselle d'or, draperies de brocart tissé d'or et banquet monumental. On continua le lendemain avec joutes et réceptions dans un décorum tel que les échotiers de l'époque en parlent comme d'un événement inégalé en Occident. Pour couronner le tout, Philippe le Bon en profita

UN ORDRE UN PEU TROP CATHOLIQUE

L'ordre de la Toison d'or exalte l'esprit chevaleresque ; ses buts sont la gloire de Dieu et la défense de la religion chrétienne. Il passe ensuite aux Habsbourg autrichiens et espagnols en conservant le caractère religieux et aristocratique que lui avait donné Philippe le Bon. Son rituel d'admission demeure toujours, avec adoubement par l'épée et serment, en français.

pour s'introniser, ainsi que 23 seigneurs de sa suite, dans un nouvel ordre de chevalerie qui suscitera toutes les jalousies : *l'ordre de la Toison d'or.*

Bruges, la Bourgogne et les Habsbourg

En 1468, on remit le couvert pour le mariage de **Charles le Téméraire** et de **Marguerite d'York.** Mais le nouveau (et dernier, d'ailleurs) duc de Bourgogne était moins apprécié : il leva de lourds impôts pour financer ses campagnes militaires. En tombant, en 1477, au siège de Nancy, il laissait à sa fille Marie (l'idole des jeunes et même des vieux Brugeois) l'héritage bourguignon qui fut transmis illico aux **Habsbourg** par le mariage de celle-ci avec **Maximilien d'Autriche.**
Marie mourut au cours d'un accident de chasse et Maximilien se rendit impopulaire au point de se faire séquestrer par les Brugeois. Son principal conseiller, **Pieter Lanchals** (Long-Cou en flamand), fut décapité devant ses yeux et l'archiduc, en proie à une frayeur légitime, concéda tout et n'importe quoi aux Brugeois pour recouvrer sa liberté, mais obtint de ceux-ci (dit la belle légende) d'entretenir à tout jamais des cygnes (pour leur long cou, suivez un peu !) en souvenir du supplicié. Promesse tenue.

XVIe s : le déclin

En 1500, la ville totalisait de 45 000 à 50 000 habitants. C'était la cité la plus riche d'Europe du Nord mais le Zwin, la voie économique vitale, s'ensablait inexorablement et les Brugeois dépendirent de plus en plus de leurs avant-ports, Damme et Sluis. Ils multiplièrent les mesures protectionnistes et les contrôles vexatoires. Leur drap n'était plus compétitif, les manufactures anglaises avaient appris à le tisser et n'avaient plus besoin de la Flandre pour écouler la laine. Quant à Maximilien d'Autriche, rancunier, il favorisa l'installation des marchands à Anvers, la place commerciale montante. Anvers, port sur l'Escaut, devint la rivale de Bruges et finit par la supplanter.
Au début du XVIe s, les étrangers avaient quitté Bruges et plus de 5 000 maisons étaient vides. En 1520, deux galères vénitiennes jetèrent l'ancre à Sluis. La Sérénissime République, elle aussi en déclin, vint pour la dernière fois saluer sa consœur du Nord. Les guerres de Religion entre protestants et catholiques accélérèrent ce déclin, beaucoup de Brugeois nantis et adeptes de la Réforme choisissant l'exil vers la Hollande, plutôt que les persécutions de l'Inquisition.

Du XVIIe au XXe s : trois siècles de sommeil

Au cours de ces trois siècles, Bruges vivota dans l'espoir cent fois remis au lendemain d'un canal qui la relierait à la mer. Hélas, les flux commerciaux empruntaient à présent d'autres routes. Avec la liaison Gand-Bruges, la ville se maintint au rang de port régional. Elle entretint une industrie locale de dentelle qui parvenait à peine à nourrir une partie de la population. Le petit peuple vivait de charité. Les propriétaires rentiers organisèrent le système d'assistance des *maisons-Dieu* et des hospices.

À l'intérieur même de l'enceinte des remparts, on trouvait des champs cultivés ! L'indépendance belge de 1830 en fit un chef-lieu de province et, en 1848, *une famine* poussa les habitants à l'émeute. On ressortit des cartons un projet de canal vers la mer qui, grâce aux efforts de Léopold II, vit le jour en 1907, entre Blankenberghe et Heist, mais fut détruit par la guerre de 1914-1918.

Le réveil de la Belle Endormie

Curieusement, Bruges dut son renouveau à son passé oublié. Dans la seconde moitié du XIXe s, des écrivains et artistes anglais romantiques, en visite sur le continent, se prirent de passion pour cette ville qui répondait par son décor à leur engouement pour le Moyen Âge. Ils furent rejoints par d'autres Britanniques qui choisirent de s'établir à Bruges pour des raisons bien plus terre à terre : des officiers britanniques de l'armée des Indes à la retraite, ils ne pouvaient, avec leur modeste pension, mener le même train de vie qu'au Bengale ou au Pendjab.

Ils achetèrent à Bruges, à quelques encablures de leurs blanches falaises, de superbes maisons pour une bouchée de pain et trouvèrent un personnel de maison prêt à travailler pour de modiques gages. Tout ce beau monde formait une petite colonie, qui recevait des visites de parents et amis et, bientôt, un collège de petits Anglais en casquette et uniforme vit le jour. Bruges sortit lentement de sa torpeur, se mit à restaurer son patrimoine monumental et à assainir ses canaux. On construisit de nouveaux bâtiments, à l'imitation du Moyen Âge. Des hôtels s'ouvrirent, des restaurants fleurirent, la ville était devenue la destination idéale pour tout couple en voie de formation durable... et la suite aurait pu donner naissance à un dessin animé signé Disney tellement elle est connue et reconnue internationalement. Voilà pourquoi vous aussi vous lisez ces lignes, car le conte de fées peut réserver des surprises, si l'on manque de repères...

Depuis 1949, en reconnaissance de son passé de cité internationale, Bruges a, par ailleurs, le privilège d'avoir été choisie pour former, dans le *Collège de l'Europe,* les futures élites de la Communauté européenne.

Pour ce qui est du domaine culturel, Bruges s'enorgueillit d'une salle de spectacle qui depuis 10 ans fait partie des grandes réussites de l'architecture contemporaine : le *Concertgebouw.* Avec un orchestre « *Anima Eterna Brugge* » connu de toute l'Europe et un festival Ars Musica qui abolit les frontières entre les amoureux de la musique (liens étroits tissés avec Lille et Arras, entre autres).

Petites infos en vrac, pour terminer. D'abord, un film à voir en DVD d'urgence, un polar loufoque tourné à Bruges pendant l'hiver 2007 par Martin McDonagh : *Bons baisers de Bruges.* Autre curiosité : le joueur de basket Tony Parker est né à Bruges, ce qui n'est nullement le cas du chocolatier Jeff, d'origine française, lui !

Conseils pour visiter Bruges

Pour aborder cette ville dans les meilleures conditions, nous vous ferons une triple recommandation.

– *Primo :* Bruges est une ville au romantisme incomparable, alors venez-y, si possible, en couple. Vous vous forgerez des souvenirs pour la vie en vous baladant enlacés, le long des canaux, même sous la pluie. Les petits restos intimes et les cafés chaleureux, perdus dans la nuit, abriteront vos roucoulades. Vous y reviendrez ensuite avec les enfants, puis avec d'autres parents, puis autrement, qui sait, ainsi va la vie...

– *Deuzio :* la haute saison (en particulier mai, juin et septembre) n'est pas le meilleur moment pour en profiter. La ville est submergée de visiteurs. De plus, vous paierez plus cher votre

BRUGES ET SES ENVIRONS

chambre d'hôtel. Essayez plutôt le début du **printemps,** lorsque les narcisses tapissent les pelouses du béguinage, ou quand vient **l'automne** et que l'on peut flâner à l'aise sur les quais des brocanteurs et se repaître à satiété des trésors de la peinture flamande. Les week-ends sont aussi, on s'en doutait, plus chargés que la semaine.
– **Tertio :** et c'est une injonction ! La ville n'est **pas faite pour la voiture,** et les meilleures surprises, vous les aurez en la parcourant à pied ou à bicyclette. Vous perdre dans les ruelles est la meilleure chose qui puisse vous arriver. Au détour d'un pont ou d'un canal, vous tomberez sur une église ignorée des foules, sur un vieil estaminet où le temps s'est arrêté ou sur la très digne confrérie des arbalétriers en train de s'exercer au tir. Les seules déclivités sont les dos-d'âne des petits ponts de pierre. De même, pédaler dans la ville endormie, au hasard des pavés, s'avère une véritable plongée dans un univers auquel la nuit procure des formes fantasmagoriques.

Arriver – Quitter

➢ **En train :** de et vers Lille, 3 trains directs/j. (env 1h30 de trajet). Sinon, nombreuses liaisons depuis Lille via Courtrai *(Kortrijk).* De Bruxelles, liaison ttes les 30 mn (env 1h de trajet). Enfin, de Paris, en saison, 1 ou 2 *Thalys* directs/j. (env 2h30 de trajet).

➢ **En voiture :** Bruges se trouve en bordure de l'E 40 Bruxelles-Ostende (sortie 8), à 90 km de la capitale. On peut aussi la rejoindre de Paris (320 km) par l'autoroute du Nord et Lille, ensuite par Courtrai *(Kortrijk)* et l'E 403.

Où se garer ?

La ville compte plusieurs parkings, notamment dans le centre (cinq parkings souterrains à moins de 10 €/24h), et plusieurs parkings périphériques gratuits, mais le plus grand (1 600 places), le plus pratique (ouvert tous les jours 24h/24) et de loin le moins cher (seulement 3,50 € par jour !) se trouve à côté de la gare *(plan couleur I, A3).* Inutile donc, à notre avis, d'en chercher un autre, d'autant qu'il n'est qu'à 15 mn à pied du centre et qu'il est même possible, avec le ticket de ce parking de rejoindre gratuitement le Markt en bus. Bon à savoir, la *Brugge City Card* donne droit à 25 % de réduc sur le prix des parkings couverts du centre-ville. On précise aussi, pour ceux qui voudraient découvrir la ville avec la petite reine, qu'on peut louer des vélos à la gare. Autre raison de laisser votre voiture au parking, une réglementation très contraignante régit le stationnement en centre-ville. Dans les rues principales, c'est payant tous les jours entre 9h et 20h, avec une durée maximale de 2h. Les autres rues sont en zone bleue et vous devez donc mettre un disque de stationnement (maximum 4h), sauf les dimanches et jours fériés, entre 9h et 20h, sous peine d'une amende de 35 € par jour. Pas la peine d'essayer de gruger en relançant le disque pour 4h de plus : la société privée qui est désormais en charge de dresser les contraventions (quelle époque !) est équipée d'appareils photo et de GPS pour repérer les petits malins. Enfin, dans certaines parties du quartier West-Brugge (autour du *Concertgebouw*), le stationnement est payant jusqu'à 22h.

Comment circuler ?

Le cœur historique de Bruges est un ovale de 2 à 3 km de diamètre, c'est dire que tout peut se visiter **à pied** ou **à vélo.** L'organisation des sens uniques est délibérément faite pour empoisonner la vie des automobilistes et la vitesse est limitée à 30 km/h. En revanche, les vélos

BRUGES ET SES ENVIRONS

peuvent emprunter les rues dans les deux sens (pas toutes, attention !).

À la sortie de la gare ferroviaire, un bureau d'information de *De Lijn* vend des billets pour les *autobus* (1,20 € ; 2 € si vous les achetez dans le bus même), qui passent presque tous par le Markt (« Centrum »). Pour vous repérer à l'intérieur de la ville, levez le nez, vous apercevrez toujours l'une des trois tours principales. Vous apprendrez vite à les reconnaître !

Adresses utiles

ℹ️ *Office de tourisme et Concert-gebouw Brugge* *(plan couleur I, A2) : Concertgebouw, 't Zand, 34 ; au rdc de la célèbre salle de concerts de Bruges.* ☎ *050-44-46-46.* ● *toerisme@brugge. be* ● *brugge.be* ● *Tlj 10h-17h, dim et j. fériés 10h-14h.* 3 écrans de consultation sont à la disposition du public. L'office de tourisme propose différentes formules et documents intéressants pour visiter Bruges et ses environs : vente d'un billet combiné pour les 16 musées municipaux à 20 € (valable 3 jours). Vente également de la *Brugge City Card* valable 48h ou 72h au prix de 38 et 43 € (35 et 40 € pour les moins de 26 ans) donnant droit à l'entrée gratuite dans 26 musées de Bruges et la région, balade en bateau et à des réductions sur les transports et les spectacles. Difficile à amortir malgré tout... faites vos calculs ! On peut s'y procurer également le dépliant mensuel gratuit *Events@brugge* qui détaille le calendrier des manifestations culturelles en ville (● *events.brugge.be* ●). Et un guide payant (5 €).

– *Visite guidée de la ville :* ● *ticket sbrugge.be* ● *Tte l'année, tlj pdt vac de Pâques et en juil-août mais aussi w-e avr-oct et certains j. en hiver. Prix : 9 €/pers ; réduc. Départ 10h30, 14h30 ou 16h selon j. et saison.*

– Enfin, une borne interactive informe en permanence de l'état de disponibilité du logement à Bruges et dans les environs. Pratique !

ℹ️ *Bureau du tourisme de la Grand-Place* *(plan couleur II, B2) : à l'Historium, Markt 1. Tlj 10h-17h.* Le bureau le plus central et sans doute le plus pratique.

ℹ️ *Bureau du tourisme de la gare* *(plan couleur I, A3) : dans la gare, en entrant par la porte de gauche. Lun-ven 10h-17h, sam-dim 10h-14h.* Plan de la ville gratuit.

✉️ *Bureau de poste* *(plan couleur II, B2) : Markt, 5.* ☎ *050-33-14-11.*

■ *Argent et change :* *vous trouverez des distributeurs **Bancontact/Mister-Cash** (ceux-ci permettent des retraits avec les cartes Visa ou MasterCard) sur le Markt, sur Simon Stevin Plein (plan couleur II, B2), ainsi que sur Vlamings-traat (plan couleur II, B1-2).*

@ *Téléboutique* *(plan couleur II, B2) : Philipstockstraat, 4. Tlj 9h-20h.* Une dizaine de terminaux.

🚆 *Gare* *(plan couleur I, A3) : Station-splein, à env 15 mn à pied du centre.* ☎ *050-30-24-24.* Outre un bureau du tourisme, on y trouve également des consignes.

🚌 *Transports publics :* *De Lijn,* ☎ *059-56-53-53. Le billet d'un trajet en bus coûte 2 €. Billet pour une journée : 5 €. Billet 3 j. à 6 € au lieu de 12 € avec la City Card.*

■ *Location de vélos :* ATTENTION, devant la recrudescence des vols, beaucoup de loueurs sont réticents à l'idée de laisser leurs vélos passer la nuit dehors. Si vous voulez louer un vélo plus de 1 jour et le garder le soir, il vous faudra vérifier auprès de votre hôtel (et prouver à votre loueur) que votre monture pourra dormir à l'abri. Par ailleurs, on vous rappelle que certains hôtels mettent des vélos à votre disposition. Sinon, les locations varient entre 6 et 12 € par jour. Là encore, réduc chez certains loueurs avec la *City Card*.

– *À la gare ferroviaire (plan couleur I, A3) :* ☎ *050-39-68-26. Service de loc (sem 7h30-19h ; w-e 9h-21h). Comp-ter 8 € la ½ journée avec votre billet de train et 12 €/j sans billet.* On signale d'ailleurs au passage que vous pouvez acheter, avant d'entamer votre voyage, un forfait train/vélos dans de nombreuses gares belges. C'est encore moins cher : 9 €/j.

– *'t Koffieboontje (plan couleur II, B2, 1) : Hallestraat, 4.* ☎ *050-33-80-27. Tlj*

9h-22h. Compter 12 €/j. et 38 €/sem. Tarif préférentiel pour étudiants. Possibilité de louer un tandem ou un VTT.
– *De Ketting (plan couleur I, B-C3) : Gentpoortstraat, 23.* ☎ *050-34-41-96. Le moins cher de la ville : 6 €/j., 20 € pour un vélo électrique.*
– *Éric Popelier (plan couleur II, B2, 2) : Mariastraat, 26.* ☎ *050-34-32-62. Tlj sf lun en hiver 10h-18h. Compter 12 €/j. Loue également tandems et vélos électriques.*
– *Bruges Bike Rental (plan couleur II, B2, 3) : Niklaas Desparsstraat, 17.* ☎ *050-61-61-08. Tlj 10h-20h. Env 10 €/j. Tarifs étudiants. Loue aussi des tandems.*
– *Bauhaus Bike Rental (plan couleur I,*

C1, 11) : 135, Langestraat, à la Bauhaus International Youth Hostel (voir « Où dormir ? »). ☎ *050-34-10-93. Compter 9 €/j. (6 € hors saison).*
– *Quasimundo : rens et résas au* ☎ *050-33-07-75 ou ● quasimundo. com ● Différentes formules ; pour une balade de 2h30, compter 28 €/pers ; 26 € pour les moins de 26 ans.* Tours guidés (en anglais) à vélo dans Bruges mais aussi dans les environs, jusqu'à la frontière hollandaise (en passant par Damme). Ciré, casque et eau fournis, ainsi qu'un pot dans un café local. Départ du Burg.
■ **Taxis : Markt,** ☎ *050-33-44-44.* **Stationsplein,** ☎ *050-38-46-60.*

Où dormir ?

Bruges compte plus de 100 hôtels et, la concurrence aidant, les prix sont restés majoritairement raisonnables pour la qualité proposée. Beaucoup d'adresses de charme sont dispersées dans la ville et faire un choix peut s'avérer embarrassant tant sont dignes d'éloges le sens de l'hospitalité et le savoir-faire des hôteliers brugeois. Parler le français ne leur pose le plus souvent aucun problème. À noter tout de même que les tarifs sont plus élevés en haute saison, à savoir, en gros, de mai à octobre, ainsi que, d'une façon générale, le week-end. Janvier et février sont les mois creux.
– *Réservations :* directement auprès de l'hôtel. Possible aussi auprès de l'office de tourisme, sur Internet ou sur place mais, dans ce cas, uniquement pour le jour même et moyennant une petite commission (les prix ne sont pas forcément les plus attractifs, attention !). Inutile de préciser qu'en période de grande affluence, et notamment les week-ends de printemps, il est vivement conseillé de réserver sa chambre le plus à l'avance possible.
– *Réductions :* toute l'année, de nombreux hôteliers proposent des promos ou des formules spéciales, tant pour la semaine que pour le week-end. Outre une ou deux nuitées, elles comprennent généralement un repas, une entrée dans un musée ou un tour en bateau. C'est le moment de taper

dans la catégorie « Très chic » ou « Coups de folie » !

CAMPING

⚠ *Memling (hors plan couleur I par C1) : Veltemweg, 109, Bruges-Sint Kruis (8310).* ☎ *050-35-58-45. ● info@ camping-memling.be ● camping-memling.be ● À 3 km vers l'est. Bus nos 11 ou 58A qui passe à la gare ferroviaire. Arrêt « Carrefour » sur la Maalsesteenweg. Résa conseillée. Compter 12-22 € pour 2 avec tente (17-27 € avec voiture) et 21-27 € avec caravane. 5 € supplémentaires pour 1 seule nuit (juil-août).* 🛜 Sous les arbres mais banal, bien équipé, douches gratuites. Location de caravanes (2 chambres, cuisine équipée) autour de 100 € en juillet-août (et Pentecôte) et 90 € le reste de l'année. Supermarché, piscine couverte et toboggan à 300 m. Le camping n'étant pas très grand, pensez à réserver suffisamment à l'avance sauf si vous arrivez avant 13h.

AUBERGES DE JEUNESSE À BRUGES ET DANS LES ENVIRONS

🏠 *Jeugdherberg Europa (plan couleur I, B3, 10) : Baron Ruzettelaan, 143, Assebroek (8310).* ☎ *050-35-26-79. ● brugge@vjh.be ● jeugdherbergen. be ● À la sortie de la ville, direction Oostkamp. De la gare ferroviaire, bus n°s 2 et 20, direction Assebroek, arrêt « Wantestraat ». À pied, compter 20 mn (1,5 km). Réception ouv tlj 7h30-23h. Résa conseillée. Compter 18 €/pers, 19,90 € pour les plus de 30 ans, draps et petit déj compris. Ajouter env 3 € si vous ne possédez pas votre carte de membre de la FUAJ. Menu du jour 11,50 €.* La plus grande AJ du pays : 208 lits, soit 20 chambres de 6 personnes et 22 de 4 avec douche et w-c privés. Bâtiments en brique, avec de grandes baies vitrées donnant sur un grand jardin. Laverie toute proche. Beaucoup de groupes.

🏠 *Bauhaus International Youth Hostel (plan couleur I, C1, 11) : Langestraat, 133-137. ☎ 050-34-10-93. ● bruges1@bedsandbars.com ● bauhaus.be ● Dans la partie est du centre. Bus n°s 6 ou 16 de la gare ferroviaire. Pas de couvre-feu mais réception slt 8h-minuit. Resto ouv 12h-14h, 18h-22h ; non-stop en saison. Compter 16-25 € pour une place en dortoir de 4 à 16 lits, double 50 € env (avec douche) ; draps et petit déj inclus. 🖥 (payant). 🛜* L'auberge abrite quelque 150 lits sur plusieurs étages. Lavabos dans les dortoirs mais douches le plus souvent communes. Spacieux et plus ou moins propre, cela dépend de l'époque et de l'affluence. Le grand bar-resto du rez-de-chaussée, le *Sacré-Cœur,* est toujours assez animé. Laverie sur place et location de vélos (voir plus haut). *Bauhaus* est membre de l'association *Europe Famous 5 Hostels.* Une adresse bruyante, tout comme son annexe, le *Bauhaus Budget Hotel* tout à côté.

🏠 *Snuffel Backpacker Hostel (plan couleur II, A1, 13) : Ezelstraat, 47-49. ☎ 050-33-31-33. ● reception@snuffel. be ● snuffel.be ● Bus n°s 3 et 13 de la gare ferroviaire, arrêt « Snuffel ». Une soixantaine de lits répartis en chambres de 4 mixtes (16-20 €/pers, petit déj et draps inclus) ou 6 lits pour les filles (17-19 €/pers) ou 8-14 lits mixtes (16-18 €/pers). Prix variables selon les j. 🛜* Déco sympa et accueil décontracté. Certaines chambres bénéficient d'un lavabo et/ou d'une douche. Armoires avec cadenas à l'extérieur des chambres. Café ambiance rock (là aussi, vous êtes prévenu, si vous cherchez le calme, prenez une chambre d'hôtes). Forfait à 10,50 € pour essayer 5 bières (le patron en propose 25, sans compter les bières de saison) ; *happy hour* à 1 € la bière entre 21h et 22h. Concerts gratuits (sauf juillet-août) ; programme sur Internet. Location de vélos possible *(6-8 €/j.)* mais à condition de ne pas le sortir le soir !

🏠 *Charlie Rockets (plan couleur II, B2, 23) : Hoogstraat, 19-21. ☎ 050-33-06-60. ● info@charlierockets. com ● charlierockets.com ● Compter 18 € la nuit en chambre de 4 ou 6 (22 € avec le petit déj). Double 55 €, petit déj inclus. Parking. 🛜* Central, simple, pas cher, pas génial non plus. Adresse originale, il faut le reconnaître, aménagée dans un ancien cinéma aux couloirs tortueux et plein d'escaliers. Bar au rez-de-chaussée qui anime la rue. Ne conviendra pas à ceux qui cherchent avant tout la tranquillité, autant prévenir ! Entretien aléatoire et accueil pas forcément polyglotte. Service laverie, *lockers,* consigne à bagages. Billards.

🏠 *Auberge de jeunesse Herdersbrug : LodewijkCoiseaukaai, 46, Brugge-Dudzele (8380). ☎ 050-59-93-21. ● brugge.dudzele@ vjh.be ● jeugdherbergen.be ● Au bord du canal Bruges-Zeebrugge, à 5 km au nord de la ville. Navette depuis la gare ferroviaire ; téléphoner en arrivant ou compter 15 mn à pied. Fermé 15 déc-15 janv. Pour 1 nuit, prévoir 24 €/pers, petit déj compris. Dîner 12,50 €. Parking gratuit. 🛜* AJ moderne et horizontale. Entièrement rénovée. 21 chambres, dont une double seulement, 4 familiales. Et 16 dortoirs de 6 personnes. Location de vélos. Resto et terrasse.

🏠 *De Passage (plan couleur II, A2, 12) : Dweersstraat, 26-28. ☎ 050-34-02-32. ● info@passage bruges.com ● passagebruges.com ● Bus de la gare ferroviaire vers le Markt, arrêt « Sint Salvatorkerk ». Parking payant dans la même rue. Fermé de début janv à mi-fév. Compter 20 €/pers la nuit, draps et couette compris ; pas de petit déj. 🛜* Bien situé et pas trop cher ; deux atouts non négligeables. Pour le reste, des dortoirs de 4, 6 ou 7 lits superposés, des douches et des toilettes sur le palier et un café-resto où il vaut mieux éviter de manger... Pour dépanner donc, car l'ensemble est loin d'être terrible.

CHAMBRES D'HÔTES

On vous recommande chaudement les agréables et économiques formules des chambres d'hôtes *(Bed & Breakfast)* à Bruges. Certaines de ces adresses sont de véritables petits trésors de convivialité et de charme, qui vous procureront les meilleurs souvenirs de votre séjour et, qui sait, créeront peut-être des amitiés durables. De très nombreuses possibilités (on en compte plus de 170 officielles) de chambres doubles ou familiales à consulter dans le *Logiesbrochure* disponible à l'office de tourisme. Attention, la plupart n'acceptent pas les cartes de paiement et toutes sont non-fumeurs.

Un site intéressant pour aller au-delà de notre sélection : ● *weekendhotel.nl/ hotels/brugge/1/fr* ●

De bon marché à prix moyens

🏠 **Marie-Rose Debruyne et Ronny D'Hespeel** *(plan couleur I, B1, 14) : Lange Raamstraat, 18.* ☎ *050-34-76-06.* ● *mietjedebruyne@yahoo.co.uk* ● *bedandbreakfastbruges.com* ● *Depuis la gare, bus nos 14 ou 4. Doubles 60-80 € avec petit déj. Parking payant 9 €/nuit.* 📶 Tranchant sur son environnement, une maison qui semble sortie d'une B.D. futuriste : sas d'ouverture cosmique, salle de bains en inox, aux courbes arrondies et dessinée par Ronny, architecte de métier. 3 chambres simples à la fois design et confortables. Accueil particulièrement prévenant et chaleureux.

🏠 **Chambres d'hôtes Ivonne de Vriese** *(plan couleur II, C2, 21) : Predikherenstraat, 40.* ☎ *050-33-42-24.* ● *ivonne.de.vriese@pandora.be* ● *devriese.be* ● *Fermé en janv. Double 65 €, petit déj inclus. Réduc à partir d'un séjour de 1 sem.* Vieille maison très bien située, près d'un canal, avec des propriétaires courtois (francophones), qui louent 2 chambres avec douche

et w.-c. Atmosphère authentique, qui conviendra à des couples d'un certain âge et même d'un âge certain. Le quartier lui-même est très attachant. Possibilité de parking (zone bleue).

🏠 **Dieltiens-Debruyne Koen & Annemie** *(plan couleur II, B-C2, 15) : Waalsestraat, 40.* ☎ *050-33-42-94.* ● *dieltiens@bedandbreakfastbruges. be* ● *bedandbreakfastbruges.be* ● *Doubles 70-95 €.* 📶 *Offres spéciales Routard hors saison.* Une maison du XIXe s, dans la plus pure tradition brugeoise, avec des pièces lumineuses et charmantes, et des objets anciens. Accueil jovial et souriant par un couple de musiciens (Koen est flûtiste). 3 chambres avec tout le confort (TV, cafetière, frigo, etc.). Elles donnent sur une petite rue calme. Petit déj copieux pris dans la salle à manger commune. Par ailleurs, location sur plusieurs jours d'un studio et d'un appartement dans une jolie demeure ancienne. Possibilité de stationner les vélos et de louer un garage à deux pas.

🏠 **AM/PM** *(plan couleur I, A3, 16) : Singel, 10.* 📱 *0485-07-10-03.* ● *info@ bruges-bedandbreakfast.com* ● *bruges-bedandbreakfast.com* ● *Congés : de fin juil à mi-août. Compter 70 € pour 2 (80 € si l'on reste 1 seule nuit), petit déj compris.* 📶 Caché dans une impasse, au bord d'un petit canal et à proximité du centre-ville, voici un *B & B* très bien conçu et vraiment pas cher (pour Bruges !) tenu par Tiny et Kevin, un jeune couple très accueillant. Cette maison de 1905 a été transformée en un genre de loft par Kevin, architecte de son état, dans un esprit contemporain aéré et chaleureux. Les chambres, hautes de plafond et dans les tons gris souris, sont mi-futuristes, mi-pop art, toutes avec salle de bains et rendues lumineuses par de très hautes fenêtres. Pas d'élément de confort superflu. Les deux plus grandes peuvent accueillir un 3e lit si besoin. Prix modérés et ambiance relax assurée : une aubaine pour les routards !

🏠 **Absoluut Verhulst** *(plan couleur II, C2, 27) : Verbrand Nieuwland, 1.* ☎ *050-33-45-15.* ● *b-b.verhulst@ telenet.be* ● *b-bverhulst.com* ● *Compter 95 € pour 2 et 160 € pour 4, petit déj compris ; séjour de 2 nuits* *min.* 📶 Dans une maison de 1650, à la pimpante façade rouge, une adresse de charme. 2 chambres confortables au 1ᵉʳ dont la plus grande possède une salle de bains très design. Sous les toits, un petit appart très agréable pour 4 personnes (2 chambres et 1 pièce commune). Les propriétaires, Frieda et Benno, sont vraiment très sympathiques. Petit jardin fort agréable avec bassin. C'est là qu'on prend le copieux petit déj quand il fait beau. Sinon, c'est dans la chaleureuse salle à manger aux tons bleus et décorée avec personnalité. Vélos à disposition.

🛏 *Baert B&B Art Gallery (plan couleur I, A3, 19) :* Westmeers, 28. ☎ 050-33-05-30. 📱 0477-33-31-46. ● info@bedandbreakfastbrugge.be ● bedandbreakfastbrugge.be ● Doubles 85-90 €, tarif dégressif à partir de 2 nuits ; petit déj compris. Diverses réduc selon période à découvrir sur le site. CB refusées. 📶 Réduc de 5 € (10 € à partir de 2 nuits) ainsi qu'une bière de Bruges offertes sur présentation de ce guide.* Une adresse plébiscitée par nos lecteurs : une maison d'hôtes toute cosy et colorée dans un quartier qui a gardé une allure de village. Ancienne maison datant du XVIIᵉ s, au bord d'un gentil ruisseau (le canal des Capucins), dans un environnement verdoyant. Accueil particulièrement affable des hôtes qui se mettront en quatre pour vous. Ce sont aussi des artistes et leurs œuvres égayent encore plus la demeure. 2 chambres, rouge ou or, fort plaisantes avec salle de bains privée. Copieux petit déjeuner à base de bonnes choses maison, pris dans la chaleureuse salle commune. Petite terrasse pour regarder le temps s'écouler au fil de l'eau. Vélos à louer. Une adresse pour romantiques, poètes et amoureux de la vie en général...

🛏 *Den Witten Leeuw (plan couleur I, B3, 22) :* Walplein, 27. ☎ 050-33-28-26. ● denwittenleeuw@hotmail.com ● denwittenleeuw.be ● Doubles 90-110 € avec petit déj ; suites 125-135 € pour 2 pers. Parking payant.* Située sur une ravissante placette pavée, une adresse à la déco chic et ethnique proposant 2 chambres doubles calmes et confortables, avec

salle de bains, TV, et 1 suite avec lit à baldaquin pouvant accueillir une famille de 6 personnes. Autre atout, un paisible jardin à l'arrière, doté d'une petite piscine (chauffée en été) et de transats. Hammam payant. Excellent accueil, de surcroît.

🛏 *Contrast Bed & Breakfast (plan couleur II, C2, 49) :* Predikherenrei, 5. ☎ 050-33-46-67. ● info@contrastbrugge.be ● contrastbrugge.be ● Bus nᵒˢ 16 et 6. Doubles 85-95 €, petit déj compris. Possibilité de garage fermé.* 📶 En bord de canal, quartier calme, très proche du centre, une belle façade néogothique en brique. Dries et Cathy proposent 3 chambres d'hôtes aménagées dans un ancien atelier restauré dans un style résolument géométrique et contemporain. Les chambres au design très étudié intègrent chacune une salle de bains en rond et bénéficient d'une mezzanine dotée d'un lit supplémentaire. Elles donnent toutes sur le jardin et sont reliées à la maison d'habitation par une verrière originale, elle aussi.

🛏 *Het Wit Beertje, M. Defour (hors plan couleur I par A3) :* Witte Beersstraat, 4. ☎ 050-45-08-88. ● info@hetwitbeertje.be ● hetwitbeertje.be ● À 200 m après le chemin de fer au bout de la Smedenstraat. Fermé en janv. Doubles 66-87 €, petit déj compris. 📶 Réduc sur les chambres sur présentation de ce guide.* Petite maison simple, un peu en dehors du centre historique mais à proximité de la gare ferroviaire et de la *Smedenpoort* (ancienne porte de ville). Beaucoup de gentillesse chez ce couple masculin de Brugeois qui proposent 3 chambres un peu kitsch avec TV, douche et w-c privés à prix vraiment bon marché. Petit déj varié, servi dans un charmant jardin ou dans la chambre. Si vous arrivez par le train, prévenez, on vient vous chercher.

🛏 *Marjan Degraeve (plan couleur I, C2, 18) :* Kazernevest, 32. ☎ 050-34-57-11. ● marjan.degraeve@wol.be ● bedandbreakfastmarjandegraeve.be ● En face du canal périphérique. Double 70 € pour 2, petit déj compris. Parking gratuit. 📶 Une adresse aux surprises artistiques décoiffantes. Décor simple mais assez délirant, mêlant le kitsch et le culte du 7e art. 2 chambres à l'étage, toutes deux avec salle de bains et w-c. Marjan propose une excellente liste d'adresses de restos pas chers, ainsi qu'une bière spéciale à son nom et un apéro à base de pomme de sa fabrication. Vélos à louer *(6 €/j.)*.

🏠 *Waterside B & B (plan couleur I, C2, 26)* : *Kazernevest, 88.* ☎ *050-61-66-86.* ● *waterside@telenet. be* ● *waterside.be* ● *2 doubles 70 € avec sdb commune. Pour 1 seule nuit, 10 € de plus.* 📶 Petite maison, ambiance familiale et 2 chambres claires et pimpantes. Conviendrait tout à fait à une famille souhaitant préserver l'autonomie des parents. Il suffit de traverser pour aller saluer les canards et partir en balade au fil de l'eau. Voie rapide en bruit de fond, en revanche.

🏠 *Chambres Rita Riemaker (hors plan couleur I par B1, 20)* : *J & M. Sabbestraat, 46.* 📠 *0486-83-87-88.* ● *rita.riemaker@pandora.be* ● *bedandbreakfast-brugge.com* ● *Doubles 65-75 €, petit déj copieux inclus.* 📶 Accueil jovial de Rita. Son mari est peintre, spécialisé en vitraux et gravures. Ses œuvres couvrent les murs. Les 2 chambres rénovées se trouvent côte à côte à l'étage. L'une avec salle de bains, l'autre avec douche et w-c extérieur. Vue sur le jardin ou sur la rue. Bonne adresse pour un couple et 2 enfants. Excellent petit déj avec pain et confitures maison et une divine pâte à tartiner au chocolat !

🏠 *'t Geerwijn, M. et Mme De Loof (plan couleur II, A2, 17)* : *Geerwijnstraat, 14.* ☎ *050-34-05-44.* 📠 *0475-72-47-02.* ● *info@geerwijn. be* ● *geerwijn.be* ● *Fermé 10 janv-10 fév. Doubles 75-85 €, beau petit déj compris. Parking aisé à proximité.* 📶 Dans une rue tranquille, très près du centre, une superbe demeure de 1871. 3 chambres rénovées avec sanitaires, aux noms de peintres impressionnistes, décorées de tissus provençaux et meublées à l'ancienne avec beaucoup de goût, chez un couple charmant ; madame soigne les petits déjeuners, monsieur s'adonne à l'aquarelle. Un remarquable rapport qualité-prix.

Plus chic

🏠 *Huis Koning (plan couleur II, A1, 48)* : *Oude Zak, 25.* 📠 *0476-25-08-12.* ● *info@huiskoning.be* ● *huis koning.be* ● *Doubles 110-120 €, petit déj compris ; séjour 2 nuits min.* 📶 La belle façade à pignon date du XVIIe s, c'est pourtant côté pile que se trouve le véritable charme de cette maison, sise au bord d'un canal verdoyant. Selon un récent classement, cette maison « du Roi » figurerait parmi les meilleures chambres d'hôtes de Belgique (voire d'Europe), c'est dire tout. Aucun luxe pourtant, juste un certain art de vivre savamment cultivé, un subtil mélange de simplicité et de convivialité. 3 chambres de grand confort, à la déco contemporaine et chaleureuse. Le petit déj sera servi, selon la saison, dans la cuisine ou en terrasse, au bord du canal.

🏠 *Asinello B & B (plan couleur II, A1, 39)* : *Ezelstraat, 59A.* ☎ *050-34-52-74.* 📠 *0478-38-86-47.* ● *info@asinello.be* ● *asinello. be* ● *Doubles 110-160 €, petit déj compris. Séjour de 2 nuits min (sf dim).* 📶 À deux pas de la vieille ville, un B & B capable d'allier confort, esthétique, bien-être et qualité d'accueil. Sous l'œil attentif et amical d'un petit âne en peluche, symbole de la maison. Bien en retrait de la rue, calme total. 3 chambres d'une blancheur immaculée et au design contemporain d'une finesse et d'une élégance achevées. D'intéressants tableaux d'avant-garde pour ceux qui douteraient de l'évolution de la ville. La chambre la plus chère, sous de vastes combles, possède beaucoup de charme. Un « bain à bulles » dans 2 chambres. Petit déjeuner copieux et accueil particulièrement affable de Monique et Peter. Hammam (résa conseillée).

🏠 *B & B Sint Niklaas (plan couleur II, B2, 42)* : *Sint-Niklaasstraat, 18.* ☎ *050-61-03-08.* 📠 *0473-35-09-80.* ● *anne@sintnik.be* ● *sintnik.be* ● *Doubles 100-145 €, petit déj (copieux, avec des produits faits maison) compris. CB acceptées. Possibilité de louer un vélo.* 📶 Dans une ruelle parallèle au Markt, une somptueuse maison de maître rénovée dans un style design.

3 belles chambres, dont une vaste chambre ovale avec baignoire d'antan, ou deux plus petites sous les toits mais avec vue imprenable sur le beffroi. Dilemme pour faire un choix ! Élégance des tons et des tissus.

⚐ **Number 11** *(plan couleur II, B2, 47)* : *Peerdenstraat, 11.* ☎ *050-33-06-75.* ● *contact@number11.be* ● *number11. be* ● *Doubles 155-235 €, petit déj compris. Fermé 1 sem fin janv. Loc de vélos.* 📶 Au cœur du vieux Bruges, sur l'un des plus vieux ponts de la ville. Maison d'hôtes de grand charme : les chambres, réalisées dans les tons vanille et gris-blanc, sont splendides. Pas données, c'est sûr, mais prix plutôt justifiés. D'autant que l'ensemble de la demeure est à l'avenant : jardin d'hiver, salles de bains 1930, bibliothèque et cheminée dans le salon... le grand style, quoi !

⚐ **Nuit Blanche** *(plan couleur II, B2, 50)* : *Groeningestraat, 2.* 📱 *0494-40-04-47.* ● *contact@nuit-blanche.be* ● *bruges-bb.com* ● *Doubles 175 et 195 € avec petit déj. Résa impérative plusieurs mois à l'avance en saison et les w-e ; le site internet indique les disponibilités.* 📶 Attention, adresse d'exception ! Cette magnifique demeure médiévale du XVe s fait face à l'église Notre-Dame et sa porte donne directement sur le plus petit pont de Bruges : un tableau enchanteur que l'on peut admirer à loisir depuis le ravissant jardin clos. Le maître des lieux est un peintre d'une jovialité sans pareille. Il faut dire qu'il a la chance d'habiter la maison de ses rêves ! Les 2 chambres possèdent à la fois le charme de leur âge (cheminée, vitraux d'origine...) et tout le confort moderne, à ceci près que l'habituelle TV est remplacée par un écran de cinéma et un projecteur. Pour l'anecdote, sachez que ces murs ont vu le roi Léopold III être présenté à sa seconde femme Lilian et que l'actuel roi Albert II aurait consommé son mariage avec la reine Paola dans l'une des chambres. Ça en jette, non ? Le rez-de-chaussée sert de galerie d'expo. Quant au petit déjeuner, gourmet et plantureux, il apporte chaque jour son lot de surprises. L'adresse ultime pour une nuit de noces ou un petit coup de folie !

HÔTELS

Prix moyens

⚐ **Hôtel Van Eyck** *(plan couleur II, B2, 24)* : *Korte Zilverstraat, 7.* ☎ *050-33-52-67.* ● *vaneyck@unicall. be* ● *hotelvaneyck.be* ● *À proximité immédiate du Markt. Doubles avec petit déj, 73-80 € selon confort et taille, également triples et quadruples. Parking payant. 10 % de remise, janv-mars, pour la nuit de dim à lun sur présentation de ce guide.* En plein quartier commerçant, mais dans une rue tranquille, cette grande maison blanche datant du XVIIe s, à l'ambiance « bonne bourgeoisie » brugeoise, abrite un hôtel au charme un peu passé. Atmosphère familiale, 8 chambres seulement. Un incroyable escalier tournant, couronné d'une verrière, mène à des chambres sobrement meublées, dont la déco vieillit doucement. Les moins chères sont sans w-c. La n° 7 a une vue sur le beffroi. Le petit déj-buffet est servi dans une salle aux tons lumineux. L'accueil est très affable.

⚐ **Hôtel Fevery** *(plan couleur I, B1, 28)* : *Collaert Mansionstraat, 3.* ☎ *050-33-12-69.* ● *paul@hotelfevery. be* ● *hotelfevery.com* ● *À l'ombre de l'église Saint-Gilles. Fermé une sem fin juin et fin juil et la 3e sem de nov. Doubles 59-99 €, petit déj compris. Familiales (intéressant pour 4 pers, avec 2 chambres) 100-125 €. Promos sur le site. Parking privé payant.* 📶 Une petite maison banale à l'extérieur mais bien fleurie et décorée comme un intérieur familial. Chambres rénovées et de bon confort. En tout cas, nuits paisibles garanties et accueil du patron particulièrement affable. Depuis quelques décennies déjà, une maison sérieuse.

⚐ **Hôtel Cavalier** *(plan couleur II, B2, 29)* : *Kuipersstraat, 25.* ☎ *050-33-02-07.* ● *info@hotelca-valier.be* ● *hotelcavalier.be* ● *Tt près du Markt et derrière le théâtre municipal. Doubles 73-85 € avec douche et w-c, petit déj-buffet compris. Garage à vélos.* 📶 Sur résa en mentionnant le guide, chambre à 70 € au lieu de 75 € du 8 janv à mi-mars et 12 nov-19 déc sf ven et sam soir. Un hôtel familial

BRUGES ET SES ENVIRONS

fort bien placé, avec une salle à manger décorée de fresques d'inspiration antique. Une façade et un hall un peu tristounes mais des chambres joliment rénovées et de très bon confort (double vitrage). Accueil très pro et sympa à la fois de la patronne.

🏠 **Hôtel De Pauw** (plan couleur I, B1, **31**) : Sint Gilliskerkhof, 8. ☎ 050-33-71-18. ● info@hoteldepauw. be ● hoteldepauw.be ● Derrière l'église Saint-Gilles. Congés : de mi-janv. à févr. Chambres 65-95 €, petit déj inclus. Possibilité de ½ pens à la Taverne Oud Handbogenhof tte proche (même maison), 27 €/pers. Parking privé payant. 🛜 Un petit hôtel à la façade en brique, rétro et toute fleurie. Abrite 8 chambres régulièrement rénovées, avec douche et w-c. Petit déj servi au milieu des fleurs, resto en annexe.

De prix moyens à chic

🏠 **Hôtel Lucca** (plan couleur II, B1-2, **33**) : Naaldenstraat, 30. ☎ 050-34-20-67. ● lucca@hotel-lucca.be ● hotellucca.be ● Dans le quartier de l'église Saint-Jacques. Doubles 78-108 €, chambres pour 3-4 pers 98-138 € (idéales pour les familles). Les parties communes, à la déco assez hétéroclite, voire kitsch, rappellent le lustre d'antan de cette ancienne maison des marchands de Lucques, en Toscane, qui fut aussi une loge maçonnique. Les 12 chambres sont équipées de douche ou de bains, w-c et TV. Ces chambres sont assez vastes et hautes de plafond. Caves voûtées du XIVe s servant de réception, bar et salle du petit déj possédant beaucoup d'allure !

🏠 **Hôtel Jacobs** (plan couleur I, B1, **34**) : Baliestraat, 1. ☎ 050-33-98-31. ● info@hoteljacobs. be ● hoteljacobs.be ● Face à l'église Saint-Gilles. Resto le soir slt. Fermé 10 j. en janv. Doubles 69-109 € selon confort et j. de la sem ; familiale env 140 € ; petit déj-buffet copieux inclus. Ascenseur. 🛜 Belle maison d'angle, fleurie, avec pignon à redans. Chambres très convenables, rénovées il y a peu. Jolie vue sur les toits depuis le dernier étage, par exemple depuis

la chambre n° 304 qu'on aime bien. Ambiance cosy, couleurs chaleureuses et bar-salon agréable. L'ensemble est parfaitement tenu. Accueil très souriant et pro à la fois. Parking aisé, dans un quartier calme et résidentiel.

🏠 **Hôtel Blabla** (plan couleur II, A2, **32**) : Dweerstraat, 24. ☎ 050-33-90-14. ● info@hotel-blabla.be ● hotelblabla.be ● Doubles 85-105 € selon taille et saison. Familiales 130-165 €. CB refusées. 🛜 Très centrale cette typique petite maison à pignons. L'intérieur a été radicalement rénové : du bois, des couleurs claires et quelques touches de design. La petite adresse sympa. Comme le patron, pas avare de bons plans sur la ville.

🏠 **Hôtel De Goezeput** (plan couleur II, A2-3, **30**) : Goezeputstraat, 29. ☎ 050-34-26-94. ● info@hotel-goezeput.be ● hotelgoezeput.be ● Bar ouv jusqu'à 22h. Fermé en janv. Doubles 80-120 € (125-145 € pour 3-4 pers) ; petit déj compris. Promos sur Internet. 🛜 Belle bâtisse, ancienne dépendance d'abbaye, dans une rue tranquille près du Zand. Parties communes cossues mêlant habilement le moderne et l'ancien. Un bel escalier mène aux chambres, confortables, avec poutres pour les plus belles. Parfois mansardées pour les romantiques. Bon accueil.

🏠 **Hôtel Groeninghe** (plan couleur II, A2, **25**) : Korte Vuldersstraat, 29. ☎ 050-34-32-55. ● info@hotelgroe-ninghe.be ● hotelgroeninghe.be ● Doubles 85-120 € avec petit déj. 🛜 Hôtel fleuri d'allure cossue et entièrement rénové, avec une agréable salle de petit déj très claire, qui contraste avec le salon de style flamand plus sombre. Dans les 8 chambres, déco « bonbonnière » dans les tons rose ou bleu, certaines (les nos 1 et 2) avec ciel de lit et toutes avec douche. Excellent accueil.

🏠 **Hôtel Karel De Stoute** (plan couleur II, A2, **40**) : Moerstraat, 23. ☎ 050-34-33-17. ● kareldestoute@ pandora.be ● hotelkareldestoute. be ● Près de l'église Saint-Jacques. Doubles 80-130 € selon confort et saison, petit déj compris ; triple 150 €. Dans un quartier tranquille, une grande bâtisse blanche pleine d'histoire, comme l'attestent la tour d'angle et la cave voûtée (où a été aménagé un bar). Cette maison faisait partie du *Prinsenhof* (cour des Princes), résidence des ducs de Bourgogne. Une dizaine de chambres, spacieuses et confortables, les plus belles avec poutres au plafond. Les n°s 3 et 7 ont leur salle de bains dans la tour. Les n°s 9 et 11 donnent sur le jardin.

🏠 *Hôtel Martin's Brugge (plan couleur II, B2, 37)* : *Oude Burg, 5.* ☎ *050-44-51-11.* ● *brugge@martinshotels.com* ● *martinshotels.com* ● *Doubles 79-220 € selon confort, saison et promo.* 📶 Près de la grande place et de l'hôtel de ville, une adresse on ne peut plus centrale. Avec 177 chambres, on est loin de la *guesthouse* de charme. Mais celles-ci, contemporaines et élégantes (et ce, quelle que soit leur catégorie), offrent un confort haut de gamme et s'avèrent très confortables. Bon accueil, très pro. Espace très agréable pour prendre le petit déj, et bar pour patienter devant une bière.

🏠 *Hôtel Botaniek (plan couleur II, B2, 35)* : *Waalsestraat, 23.* ☎ *050-34-14-24.* ● *info@botaniek.be* ● *botaniek.be* ● *Non loin du parc Astrid et du Burg. Doubles 70-105 € selon confort et saison, petit déj-buffet compris ; familiales 120-170 €. Parking payant à 50 m.* 📶 Hôtel de maître du XVII⁰ s, sis dans un quartier et une rue tranquilles. 9 chambres très confortables, à la déco élégante et intemporelle. Belle vue sur les tours depuis les chambres n°s 7, 8 et 9 situées sous le toit.

🏠 *Hôtel Malleberg (plan couleur II, B2, 36)* : *Hoogstraat, 7.* ☎ *050-34-41-11.* ● *hotel@malleberg.be* ● *malleberg.be* ● *Près du Burg. Fermé 15 janv-5 fév. Doubles 85-130 € avec petit déj. Quelques chambres pour 3 et 4 pers 140-240 €. Parking payant et vélos à louer.* 📶 *Billets de promenade en bateau offerts à nos lecteurs à partir de 2 nuits.* Petit hôtel plutôt chic, très central. Élégante façade de pierre avec fenêtres à meneaux et sur l'arrière, un joli patio fleuri. 9 chambres avec douche, certaines mansardées, agréablement décorées dans des tons chauds et modernes, avec parquet ciré et poutres apparentes. La rue

est très animée, préférez les chambres à l'arrière ou au dernier étage.

De plus chic à très chic

🏠 *Hôtel Adornes (plan couleur II, B1, 38)* : *Sint Annarei, 26.* ☎ *050-34-13-36.* ● *info@adornes.be* ● *adornes.be* ● *Fermé en janv. Doubles 100-159 € selon taille, période et promo, petit déj continental inclus ; familiale 189 € max. Parking gratuit à condition de prévenir.* 🖥 📶 3 maisons à pignon à redans restaurées et formant un ensemble charmant au point de rencontre de 3 canaux, dans le quartier Sainte-Anne, le plus authentique de Bruges. Une vingtaine de chambres, impeccablement tenues, avec mobilier de pin et poutres apparentes. Nos préférées, les n°s 15, 16 et 17 pour leur vue sur le canal. Très jolie salle de petit déj avec une belle cheminée. Buffet plantureux. Accueil sympathique. Vélos et *kick bikes* (trottinettes) à disposition. Une de nos meilleures adresses.

🏠 *Hôtel Boterhuis (plan couleur II, A-B2, 41)* : *Sint Jacobsstraat, 38-40.* ☎ *050-34-15-11.* ● *boterhuis@telenet.be* ● *boterhuis.be* ● *Congés : 3 dernières sem de janv. Doubles 95-130 € selon saison. Parking privé payant.* 📶 Rénovation habile d'une portion d'enceinte (élégante cour intérieure médiévale avec tour et passage voûté). Façade au pignon cranté. 11 chambres de belle taille, claires, de bon confort, sobrement décorées et avec parquet. Les moins chères sont en façade d'une jolie rue passante et surtout assez animée le soir (pas mal de bars, de part et d'autre). Les prix, peut-être un peu élevés, s'avèrent proportionnellement plus intéressants pour les chambres familiales. La plus belle, située dans une tour, est la n° 8. C'est aussi la plus chère. Salle voûtée pour le petit déj. Taverne au rez-de-chaussée.

🏠 *Hôtel Marcel (plan couleur II, B2, 51)* : *Niklaas Desparsstraat, 7-9.* ☎ *050-33-55-02.* ● *info@hotelmarcel.be* ● *hotelmarcel.be* ● *Doubles 90-135 € selon taille et saison. Promos sur le site internet.* 📶 Dans une rue tranquille, même si à deux pas du Markt. L'immeuble a de la bouteille mais l'hôtel est tout neuf. Pour la déco, le ton est donné dès le tranquille café du rez-de-chaussée : du design contemporain, tout de sobriété. Une originalité : ces photos géantes de Bruges qui, dans de confortables chambres, tapissent murs ou plafonds (l'effet est plutôt surprenant !). Jolie vue si l'on grimpe un peu dans les étages (il y a un ascenseur). Accueil pro mais chaleureux.

🛏 *Hôtel Ter Duinen (plan couleur I, B1, 43) :* Langerei, 52. ☎ 050-33-04-37. ● info@terduinenhotel.be ● terduinenhotel.be ● *Fermé en janv ainsi que la 2e sem de juil et 1er-14 nov. Doubles 139-199 € selon vue, confort, promo et saison ; triples et quadruples également ; petit déj inclus. Parking privé.* 📶 *Réduc de 5 % sur présentation de ce guide, slt si paiement en espèces, sf w-e (arrivée ven ou sam) et j. fériés, et aussi avec résa sur le site de l'hôtel.* Belle demeure blanche au bord d'un canal romantique, à 2 coups de pédale du centre-ville. Chambres doubles chaleureuses et délicieusement meublées. Demandez la n° 28 ou la n° 34, pour leur vue sur le canal. Adorable orangerie aménagée en patio. Superbe salle à manger décorée avec un goût très sûr. Petit déj très soigné. Accueil charmant et prévenant. Une vraie adresse de charme.

Coups de folie

🛏 *The Pand Hotel (plan couleur II, B2, 44) :* Pandreitje, 16. ☎ 050-34-06-66. ● info@pandhotel.com ● pandhotel.com ● *Doubles 185-443 € ; petit déj (au champagne !) 22 €. Pensez à surveiller les promos (très intéressantes) sur Internet.* 📶 L'hôtel de charme par excellence ! L'aménagement alliant le raffinement et le confort anglo-saxon (voir le salon et sa cheminée, et le bar so *British*), il est considéré comme l'un des 100 plus beaux hôtels au monde. Chambres de très grand confort, toutes différentes, avec un magnifique mobilier d'antiquaire. Sauna (payant) et produits cosmétiques de marque,

boutique. La maîtresse des lieux incarne la tradition de l'hospitalité brugeoise. À deux pas de l'hôtel familial, 2 somptueuses maisons d'hôtes, pour lesquelles tous les superlatifs sont permis ; les prix sont à la mesure (mais ne sommes-nous pas dans la catégorie « Coups de folie » ?) : la *Maison Le Dragon (● maisonledragon.be ●)* et la *Bonifacius Guesthouse (● bonifacius.be ●).*

🛏 *Martin's Relais Oud Huis Amsterdam (plan couleur II, B1, 46) :* Spiegelrei, 3. ☎ 050-34-18-10. ● info@oha.be ● oha.be ● *Dans le quartier de la Hanse. Compter 99-385 € selon confort, saison et promo ; petit déj 20 €.* 📶 Le luxe feutré et la volupté des authentiques maisons de tradition hôtelière. Le long d'un des plus beaux canaux. 4 maisons de maître du XVIIe s réunies. Couloirs ornés de gravures et de tapisseries, parquets qui craquent juste ce qu'il faut pour apprécier le moelleux des tapis. Superbe entrée. Une des cheminées offre un ravissant décor de céramique. 3 catégories de chambres de dimensions plus que confortables, aux meubles d'époque, avec vue sur le canal ou sur le jardin. Bar cosy pour les fins de soirée. Jardin et terrasse gazonnée. Petit déj-buffet plantureux, servi dans une belle salle imposante. Accueil, en revanche, très impersonnel.

🛏 *Hôtel Die Swaene (plan couleur II, B2, 45) :* Steenhouwersdijk, 1. ☎ 050-34-27-98. ● info@dieswaene.com ● dieswaene-hotel.com ● *Au bord du Groenerei, à deux pas du Burg. Doubles 245-475 € selon confort mais grosses promos sur Internet (à partir de 175 € !). Petit déj 20 €. Parking 15 €.* 📶 Cet hôtel brugeois a été classé 3e au palmarès des hôtels les plus romantiques de la planète. Dire que son aménagement est luxueux tient donc du lieu commun. Le mobilier est de style, les toiles, de maître et la cuisine du resto, celle d'un chef étoilé. Mais on est en droit de trouver la déco plus pompeuse que charmante et l'atmosphère plus compassée que raffinée. Confort et prestations sont évidemment irréprochables. Piscine couverte et sauna.

Où manger ?

Il y a incontestablement de très bonnes tables à Bruges, mais il vous faudra, hélas, y mettre le prix. Rappelez-vous que, même pas cher, un mauvais repas est toujours trop cher ! Et que la gaufre réchauffée que l'on vous proposera pour 2 €, à deux pas du béguinage, a toutes les chances de finir à la poubelle. Votre courrier en atteste, pas mal de petites arnaques aussi : des suppléments imprévus ou non mentionnés à la carte, le pain payant, des bouteilles d'eau surfacturées, des vins médiocres... C'est dommage, mais lorsque la demande dépasse l'offre, c'est souvent le cas. Ne vous étonnez pas non plus si telle ou telle adresse avec terrasse vite remplie aux beaux jours ne fait pas ou plus partie de ce guide, ce n'est pas forcément un oubli de notre part.
À l'inverse, et peut-être faut-il y voir l'effet de la crise (ou de la raison), sachez que beaucoup de vrais chefs proposent des lunchs très attractifs et des dîners à prix encore raisonnables. Conclusion pour ceux qui ne vivent pas que d'amour et d'eau fraîche (et encore : on rappelle qu'il n'y a JAMAIS de carafe d'eau gratuite en Belgique !) : si vous êtes un peu exigeants, il faudra choisir dans nos adresses « Plus chic ». Un dernier conseil : si vous redoutez les ambiances lourdement touristiques, évitez le Zand et surtout le Markt, si ce n'est pour y prendre un verre.

Sur le pouce

I●I Merveilleux (plan couleur II, A-B2, 65) : Muntpoort, 8. ☎ 050-61-02-09. ● info@merveilleux. eu ● Accès par la Geldmuntstraat. Tlj sf dim et j. fériés 10h-18h. Lunch 17,50 € env ; teatime 10 €. Dans une ruelle dérobée aux regards, ce petit salon de thé n'a pourtant aucun mal à faire le plein ! À l'heure du lunch, touristes et habitués se battent pour décrocher une table et se sustenter vite fait, bien fait. Vol-au-vent aérien et croquette de crevettes exceptionnelle ; avis aux amateurs ! Pas donné, mais à ce prix-là on déjeune avec des couverts en argent (sauf la croquette à manger avec les doigts, comme il se doit !). Bonnes pâtisseries, bien sûr, et un excellent chocolat chaud.

I●I Tea-room 't Eekhoetje (plan couleur II, B2, 61) : Eekhoutstraat, 3. ☎ 050-34-89-79. Tlj sf mar 8h-18h. Snacks et plats 5-19 €. Bar-salon de thé proposant de délicieux sandwichs à emporter ou de bons petits plats à consommer sur place. Toujours beaucoup de monde, en salle comme en terrasse et ce dès potron-minet, à l'heure du petit déj. Idéal aussi pour un café, avec un gâteau.

I●I 't Brugs Pitahuis (plan couleur II, B2, 74) : Philipstockstraat, 35. ☎ 050-67-76-11. Tlj sf lun 12h-14h, 18h-22h env. Congés 12-31 janv. À la carte, 6,50-22 €. Sympathique adresse, idéale pour un repas sur le pouce tout en profitant, assis, d'un cadre reposant et agréable. Bons pitas, samosas et falafels préparés à partir de produits frais, généreusement fourrés. Généreuse brochette bengali.

De bon marché à prix moyens

I●I Salade Folle (plan couleur I, B3, 60) : Walplein, 13-14. ☎ 050-34-94-43. ● info@saladefolle. com ● Tlj sf dim-lun 11h-21h30 ; tlj juil-août. Menus 18-30 €. 🛜 Café offert à nos lecteurs. Pour de savoureuses salades chaudes ou froides, un plat de pâtes bio ou encore une quiche au roquefort ou à la feta. 2 petites salles et 1 mezzanine. Tout, ici, est soigné, du décor (clair, avec des tables en bois) au pain qu'on vous sert, accompagné de 2 types de beurre. Quelques fleurons de la carte : le poulet au curry et le magret de canard aux champignons. Vraiment un bon endroit où se restaurer.

I●I Passion for Food (plan couleur II, B2, 74) : Philipstockstraat, 39. Tlj sf mar 11h-14h30, 17h-20h (22h ven-sam). Plats 11-27 € ; soupe du jour 6 € ; 4 mezze-tapas 10 €. CB refusées. Gentil petit resto-salon de thé à la déco moderne et colorée. Salades

(2 tailles) et soupes aux saveurs orientales et méditerranéennes relevées et accompagnées d'un très bon pain au sésame. Spécialité de tajines. Également de délicieux jus de fruits frais. Une petite halte bien agréable. Minuscule cour aux beaux jours.

|●| Het Dagelijkse Brood-Le Pain Quotidien *(plan couleur II, B2, 77)* : *Philipstockstraat, 21.* ☎ *050-33-60-50. Tlj 8h-18h. Petit déj (salé et sucré), sandwichs, soupes, salades, quiches aux légumes, env 9-14 €.* Formule à succès qui a fait plein de petits sous l'appellation *Pain Quotidien* (même maison à Bruxelles, Anvers et Gand). Grande salle sobre et chaleureuse à la fois où l'on s'attable avec plaisir pour bruncher dans une ambiance conviviale autour de la grande table d'hôtes ou sur les côtés pour plus d'intimité. Produits frais et, bien entendu, toutes sortes d'excellents pains et de bonnes tartes. Possibilité d'acheter pain et confitures.

|●| Ganzespel *(plan couleur I, C2, 83)* : *Ganzestraat, 37.* ☎ *050-33-12-33.* ● *nicky.s.b.b@skynet.be* ● *Ouv ven-dim 18h30-22h. Plats 10,50-19 €. CB refusées.* Dans une jolie petite maison d'époque aux fenêtres rouge brique, un peu à l'écart des grands sentiers touristiques, 2 petites salles intimes (l'une équipée d'une grande table) avec plein de jeux de l'oie (d'où le nom du resto) aux murs. Ambiance flamande (petites bougies, couleurs chaudes) et clientèle d'habitués. Accessoirement, fait aussi *B & B*.

|●| Trium Trattoria Snack *(plan couleur II, B1, 62)* : *Academiestraat, 23.* ☎ *050-33-30-60, Tlj sf lun (sf si férié) 9h-21h. Menus 13-19 €, plats 9-20 €.* Resto italien, très bien placé et économique (idéal en famille ou entre copains). Cadre contemporain classique. Pas de chichis, c'est pratique le midi. Entre le resto et la cafétéria (pas franchement intime !). Pâtes, risotto, pizzas (sur place ou à emporter) et petits vins convenables. Les serveurs parlent une sorte de « néerlando-italo-franglais ». Service rapide.

|●| Restaurant Sint-Barbe *(plan couleur II, C1, 87)* : *St-Annaplein, 29.* ☎ *050-33-09-99.* ● *info@sintbarbe. be* ● *Tlj sf mar et mer 8h30-11h pour le*

petit déj, 11h30-14h30 pour le déj, puis jusqu'à 17h salon de thé, avec tarte du jour, scones, etc. ; puis 18h-21h pour le dîner. Formules déj 12 et 16 € (quart de vin et café compris). Plats 14-25 €. Plats bien élaborés genre anguilles, vol-au-vent ou un *rib eye* bien tendre avec de bons légumes. Une petite étape fraîche et agréable dans ce quartier Sainte-Anne peu touristique et où il n'y a pas trop de petites adresses.

De prix moyens à plus chic

|●| Arthie's *(plan couleur II, B2, 82)* : *Wollestraat, 10.* ☎ *050-33-43-13.* ● *info@arthies.com* ● *Tt près du Markt. Tlj sf mar 11h30-22h (23h w-e). Le midi, menus 19-22 € ou snacks, tapas et plats 15-29 €. Le soir, menu 36 €.* 🛜 Un vrai bon resto que ce *Arthie's*, où l'on déguste une cuisine flamande moderne et travaillée, faisant preuve d'inventivité dans les associations de saveurs. De bons produits, une présentation attractive, un service soigné... Le cadre contemporain est également très réussi : murs habillés de cuir noir jusqu'à mi-hauteur, bar illuminé, éclairages savamment distillés. Terrasse à l'arrière. On recommande vivement.

|●| De Bottelier *(plan couleur II, A1, 79)* : *Sint Jakobsstraat, 63.* ☎ *050-33-18-60.* ● *restaurant@debot telier.com* ● *Tlj sf sam midi et dim-lun. Fermé juil. Résa conseillée. Formules 10 € (lunch) et 25 € (soir), pâtes et salades 11-14 €, plats 14-22 €.* 🛜 Un superbe bistrot à la déco intemporelle, où l'on passerait bien son temps à regarder s'égrener les heures sur l'une des innombrables horloges qui ornent les murs. De bons petits plats à tous les prix et pour tous les goûts. Le patron parle parfaitement le français et vous traduira gentiment la carte. Clientèle éclectique et atmosphère conviviale. L'adresse est bonne et cela se sait, mieux vaut réserver.

|●| 't Klein Genoegen *(plan couleur II, B2, 81)* : *Sint Salvatorskoorstraat, 3.* ☎ *050-34-02-38.* ● *info@bistrotklein genoegen* ● *Tlj sf dim-lun. Lunch 18 €, plats 14-26 €, menu 35 €. CB refusées.* Un adorable resto, bien dans l'air du temps. Jolie déco au design baroquisant. Cuisine authentique, à base de produits frais, ne reniant pas ses origines flamandes (croquettes, carbonades) mais faisant la part belle aux salades et pâtes et autres spécialités un peu plus méditerranéennes.

|●| *Bistro De Schaar (plan couleur I, C2, 72) : Hooistraat, 2.* ☎ 050-33-59-79. *Tlj sf mer-jeu 12h-14h30, 18h-22h. Fermé 15 j. en juil. Plats 20-25 €. Compter 40-45 € pour un repas.* Vieille maison au bord d'un canal, où il fait bon s'asseoir en hiver. Le chef cuisine au centre de la salle à manger, dans un intérieur chaleureux et sobre, brique et poutres. Spécialité de grillades. Et puis aussi champignons farcis aux escargots crème curry, magret sauce framboise, tournedos de lotte ou onglet irlandais sauce bordelaise.

|●| *Bistro De Nisse (plan couleur I, C2, 88) : Hooistraat, 12.* ☎ 050-34-86-51. 🖥 0498-93-86-53. ● *kriscastelein@hotmail.com* ● *Tlj sf lun-mar à partir de 18h (jusque tard !) ainsi que dim midi. Plats env 26 €.* Belle maison traditionnelle avec une coquille Saint-Jacques en façade. Cadre bois et brique plaisant pour une honnête et classique cuisine. Spécialité de fondues viande et poisson. Sinon, scampi au curry, gambas à la Christine, pâtes diverses...

|●| *'t Gulden Vlies (plan couleur II, B2, 86) : Mallebergplaats, 17.* ☎ 050-33-47-09. ● *mail@tguldenvlies. be* ● *Tlj sf dim-lun-mar 19h-1h (rare à Bruges !). Fermé en janv et sept. Menus 17-25 €.* 🛜 Un sympathique petit restaurant tenu par un jeune couple accueillant. On y mange une honnête cuisine bio du terroir flamand dans un décor chaleureux rénové. Bonne cuvée du patron.

|●| *De Koetse (plan couleur II, B2, 75) : Oude Burg, 31.* ☎ 050-33-76-80. ● *koetse@proximedia.be* ● *Tlj sf jeu. Menus env 23 € le midi (sf dim), puis 35-43 € ; plats 22-32 €.* Grosse maison jaune datée de 1681. On y cultive les traditions de la mer : anguilles (osez les « au vert », elles sont fameuses !), moules, écrevisses, croquettes de crevettes et poisson grillé sont donc à la carte avec les bières

qui conviennent. Les viandards ne sont néanmoins pas oubliés avec du bœuf BBB, maturé 3 semaines et cuit dans la rôtissoire ! Le tout servi dans un intérieur typiquement flamand. Une adresse sérieuse sous ses faux airs de piège à touristes.

|●| *Taverne The Hobbit (plan couleur II, B2, 63) : Kemelstraat, 8.* ☎ 050-33-55-20. ● *valeriehobbit@ telenet.be* ● *Tlj 18h-minuit. Fermé en sept. Menus 25-40 € (tt compris pour ce dernier).* Déco hétéroclite très *Lord of the Rings*, un bric-à-brac sympá. *Spare ribs*, spaghettis, lasagnes, ossobuco et spécialité de grillades. Chaude atmosphère près du feu de bois. Salle à l'étage. Ne pas manquer de prendre leur petit journal, le *Daily Hobbit*, assez rigolo !

|●| *De Stoepa (plan couleur I, A3, 89) : Oostmeers, 124.* ☎ 050-33-04-54. *Tlj sf lun 12h-14h, 18h-minuit ; snacks servis en continu. Plats 14-22 €.* 🛜 Une bonne petite adresse qui intéressera les lecteurs se baladant dans le sud de la ville. Dans une mignonne ancienne demeure d'angle. Cuisine aux influences orientales et méditerranéennes. Snacks divers, pâtes, currys, belles salades et excellent wok aux scampi citron et légumes sautés. Cadre fort plaisant et accueil jeune. Aux beaux jours, très agréable terrasse.

Chic

|●| *Kok au Vin (plan couleur II, A1, 67) : Ezelstraat, 19-21.* ☎ 050-33-95-21. ● *info@kok-au-vin.be* ● *Tlj sf dim-lun 11h45-14h, 18h30-21h45. Congés : fin juil-début août et début nov. Formule lunch 15 € en sem ; menus 25-55 €.* La déco ludique et colorée cache une adresse tout bonnement exceptionnelle. Le jeune chef propose à prix doux une cuisine simple mais déjà gastronomique. Malgré son nom, le resto est spécialisé dans le poisson, livré chaque matin. Mêlant terre et mer, sucré et salé, le chef revisite tous les terroirs avec brio. Les produits sont de première qualité et les poissons cuits à la perfection. Évidemment, on trouve du coq au vin en bonne place sur la carte. Accueil

et service sont à l'avenant. Une des meilleures adresses de Bruges, assurément.

I●I **Bistro Bruut** (plan couleur II, B2, 64) : Meestraat 9. ☎ 050-69-55-09. ● info@bistrobruut.be ● Tlj sf sam-dim. Congés : fin juil-début août et 1 sem autour de Noël. Menus 16 € midi, 39-59 € le soir. Brut, comme les tables de bois de l'agréable petite salle et comme les (superbes) produits rigoureusement sélectionnés par le chef. Des produits qui « doivent parler » assure ce jeune chef quand il fait le tour des tables. La pièce de bœuf cuit sans ajout de matière grasse, les langoustines à même la table sur des galets de la côte d'Opale. Plantes sauvages, légumes quasi inconnus, bières vraiment artisanales : c'est surprenant (et diablement bon !). Au service, les garçons en chemises à carreaux ne sont pas vraiment francophones, mais se débrouillent pour vous expliquer toutes les subtilités des plats. On a vraiment bien aimé (et on vous conseille de réserver !).

I●I **Refter** (plan couleur II, C2, 70) : Molenmeers, 2. ☎ 050-44-49-00. Tlj sf dim-lun. Congés : 1re quinzaine janv et juil et 1re sem sept. Résa indispensable le soir. Lunch plat-dessert 25 € et menu 35 € avec quelques suppléments. 🛜 Divine surprise que cette idée du grand chef belge Geert Van Hecke d'avoir ouvert une annexe façon brasserie (ou réfectoire !) en plein cœur de Bruges. Ici, c'est son fils qui tient la boutique. Et l'héritage n'a pas été dilapidé. Résultat, une cuisine flamande remodelée à la sauce contemporaine, savoureuse, légère, fraîche. La cuisine ouverte sur la salle permet également aux cuisiniers en herbe de voir les maestros à l'œuvre. Agréable terrasse dans la cour.

I●I **Le Chef et Moi** (plan couleur II, B2, 78) : Dijver, 13. ☎ 050-39-60-11. ● info@lechefetmoi.be ● Tlj sf dim-lun. Formule 15 € et menu déj 22 €, autre menu à 35 €. Si Bruges se prête remarquablement bien aux balades romantiques, ce resto s'avère, lui, parfait pour un dîner en tête à tête : boiseries, lourdes tentures, lustres à pendeloques, cheminée, toiles anciennes... (et un fond sonore jazzy pas si anachronique

en somme). L'ambiance est finalement détendue, et la cuisine, dans une grande tradition franco-belge, tout simplement bien troussée.

I●I **De Pottekijker** (plan couleur II, A1, 90) : Achiel Van Ackerplein, 2 (hoek Ezelstraat). ☎ 050-33-81-41. ● de-pottekijker@skynet.be ● Ouv slt jeu-dim. Menus 27,50-39 €. 🛜 Digestif ou café offert sur présentation de ce guide. Un cadre un peu moins décontracté, à choisir de préférence si l'on vient avec bonne-maman pour parler d'héritage ou des petits-enfants. Cadre sobre pour une cuisine assez classique, mais fort bien exécutée avec une touche toute personnelle.

I●I **De Pepermolen** (plan couleur II, C2, 71) : Langestraat, 16. ☎ 050-49-02-25. Tlj sf mer-jeu 12h-14h30, 18h-22h. Fermé 2 sem en janv. Résa conseillée. Lunch 15 €, menus 37-44 €. Un petit restaurant très recommandable à l'enseigne du moulin à poivre. Salle coquette ouvrant sur la rue ; le soir, éclairage joliment tamisé avec des bougies. Ardoise avec les suggestions du chef. Cuisine flamande mais pas uniquement, copieuse et jeune d'esprit. Quelques plats vedettes : la sole de Douvres, le filet de canard épices et sauce au porto, et l'agneau-gratin dauphinois. Accueil attentionné. Menu en français. Beaucoup de monde, pensez à réserver.

I●I **L'Assiette Blanche** (plan couleur II, B2, 77) : Philipstockstraat, 23-25. ☎ 050-34-00-94. ● stefaan.timmerman@telenet.be ● Tlj sf mar-mer. Fermé 1re sem de mars et fin juil-début août. Lunch 20 € ; menu gourmand 35 € et menu 4 services 47 € (café offert) ; plats 26-30 €. Une des adresses les plus sincères de Bruges, repaire d'habitués venus se régaler en tenue de ville, de familles en tenue du dimanche et de touristes gourmets en tenue plus décontractée. Ce chef vous surprendra en mariant à sa façon les meilleurs produits d'Europe : crevettes grises, huîtres de Bretagne, porc iberico, poulet des Landes... Cuisine forte en goût, que l'on savoure dans un décor classique et cossu, en parlant vins avec un sommelier qui connaît son métier et une patronne qui sait mettre tout le monde à l'aise.

|●| De Stove (plan couleur II, B2, 76) : Kleine Sint Amandsstraat, 4. ☎ 050-33-78-35. ● info@restaurant destove.be ● Tlj sf mer-jeu et les midis de lun, mar et ven. Fermé 2 sem en janv et 2 sem en juin. Résa conseillée. Carte env 50 €. Kir offert sur présentation de ce guide. Décor simple mais lumineux. Le vieux poêle de fonte trône devant la cheminée et le chef s'affaire à ses fourneaux avec autant de cœur pour une collation simple que pour un plat élaboré. Tout, du pain jusqu'aux desserts, est fait maison. Spécialité : bouillabaisse à la flamande. Vins d'Afrique du Sud, du Chili et d'Argentine.

|●| Huidevettershuis-Dreveken (plan couleur II, B2, 66) : Huidevettersplein, 10-11. ☎ 050-33-95-06. ● info@huidevettershuis.be ● Tlj sf mar. Menus lunch 21,50 € et le soir 31,50-43 € ; plats 21-40 €. Dans l'ancien siège de la guilde des tanneurs, une adresse ultratouristique mais sérieuse. Idéalement située au bord du canal du quai du Rosaire. L'un des plus beaux pignons baroques du coin (1716). Ambiance « bourguignonne » et cossue, avec du mobilier du XVIIe s. Spécialités flamandes mitonnées dans le respect de la tradition. Produits nobles et plats à la bière. N'hésitez pas à découvrir la variété des fromages belges en fin de repas. Service stylé, à l'ancienne. Si c'est complet, cette place pleine de charme offre maints autres restos.

|●| Breydel-De Coninc (plan couleur II, B2, 69) : Breidelstraat, 24. ☎ 050-33-97-46. Tlj sf mer 12h-14h, 18h-21h30 (22h sam). Résa indispensable le w-e. Menu 38 € ; compter autant à la carte. Ouvert depuis plus de 50 ans. Avec le temps, l'adresse, spécialisée dans les poissons et les fruits de mer, s'est faite plus élégante, et les prix ont grimpé. La casserole de moules fait plus ou moins 1,3 kg (par personne !), le poisson est d'une fraîcheur irréprochable et les frites sont croustillantes à souhait. Les amateurs trouveront également des coquilles Saint-Jacques aux épinards, un excellent waterzoi et des anguilles

à la carte, cuisinées de différentes manières. Un peu en perte de vitesse, malgré ces éloges...

Très chic

|●| Restaurant Patrick Devos (plan couleur II, A2, 80) : Zilverstraat, 41. ☎ 050-33-55-66. ● info@ patrickdevos.be ● Tlj sf mer soir, sam midi et dim. Lunch 3 services 35-40 € ; menus 60-85 € ; carte 78-88 €. Une magnifique demeure qui figurait déjà sur le plan de ville en 1261. En 1880, elle hérita d'une nouvelle façade et en 1900 d'un superbe décor Art nouveau à l'intérieur. Salle aux boiseries néogothiques, jardin intérieur semi-sauvage. Ici officie Patrick Devos, l'un des chefs les plus cotés du royaume, perpétuellement en quête des harmonies les plus subtiles, malgré quelques audaces à priori acrobatiques, qui en surprendront plus d'un.

|●| Zeno (plan couleur II, B1, 84) : Vlamingstraat, 53. ☎ 050-68-09-93. ● info@restaurantzeno.be ● Tlj sf sam midi, dim et lun 11h55-13h45, 18h55-20h45. Le midi, plat du jour (et café) 25 €. Menus 38 € (sf w-e), 55 € (sf sam) et 80 ou 100 €. Reinout Reniere œuvrant jusqu'ici à l'ombre des étoilés, a pris son envol et joue à son tour dans la cour des grands. Le cadre est à l'unisson de sa cuisine : un ancien hôtel particulier, chic, calme. Si le samedi soir les menus s'avèrent plutôt inabordables, en semaine, cette belle adresse propose un menu d'un rapport qualité-prix déjà plus raisonnable. Sa cuisine, tant par la présentation que par les saveurs (ou la farandole d'amuse-bouches !), est une fête gracieuse, une ode à la Belgique et à la gourmandise. Le produit, de saison, souvent rare, volontiers rustique, toujours raffiné, est au centre de tout, admirablement interprété : pain maison à la bière de Bruges, pomme de terre rose des Flandres, poissons de la mer du Nord, jets de houblon, choux de Bruxelles, pigeon de Steenvorde... L'ambiance peut d'ailleurs paraître un peu figée, trop recueillie peut-être. Ou zen comme Zeno...

BRUGES ET SES ENVIRONS

Où goûter ? Où manger une bonne gaufre ?
Où prendre un café ou un chocolat chaud ?
Où acheter de bons chocolats ?

La ville compte une cinquantaine de chocolatiers mais seulement six artisans. Autant dire que la « Capitale du chocolat » propose le pire et le meilleur. Et comme souvent, le meilleur se paie. À vous de voir si vous préférez la quantité ou la qualité...

🍫 *Laurenzino (plan couleur II, A2, 110) : Noordzandstraat, 1. Tlj 10h-22h (23h ven et sam) ; 11h-19h30 en hiver.* Ce kiosque de rue propose de délicieuses gaufres maison, fraîches ou réchauffées selon l'affluence. Vu le débit, elles n'attendent jamais longtemps, qu'on se rassure...

🍽 🍫 *Tea-room De Proeverie (plan couleur I, B3, 102) : Katelijnestraat, 6.* ☎ *050-33-08-87.* ● *info@sukerbuyc. be* ● *En face de la maison mère, la chocolaterie Sukerbuyc. Tlj 9h30-18h.* Un véritable salon de thé avec sa déco coquette et sa musique classique qui ronronne non-stop. Le café, le thé ou le chocolat chaud vous sont servis avec style et sucreries en accompagnement. Difficile de résister aux affolantes pâtisseries maison.

🍫 Voir aussi plus haut (« Où manger ? »), le salon de thé *Merveilleux (plan couleur II, A-B2, 65).*

🍫 *Depla Pol (plan couleur II, B2, 107) : Mariastraat, 20.* ☎ *050-34-74-12. Tlj 10h30-18h. Compter 38 € le kilo de chocolat.* À notre avis, le meilleur rapport qualité-prix, dans un cadre sobre et élégant. Du chocolat haut de gamme à prix encore raisonnable. Ganaches

plutôt classiques mais qui frôlent la perfection. Le praliné, par exemple, est un pur délice : croquant et pas trop sucré, avec un vrai goût de noisette. Évidemment, vous ne manquerez pas de choix et, si vous hésitez, on vous fera gentiment goûter...

🍫 *The Chocolate Line (plan couleur II, B2, 104) : Simon Stevinplein, 19.* ☎ *050-34-10-90.* ● *info@choco lateline.be* ● *Tlj 9h30 (10h30 dim-lun)-18h30. Compter 50 € le kilo.* L'une des chocolateries les plus cotées de Bruges. Bien sûr, elle a son prix, mais qualité garantie. Tout y est fait à base de produits naturels et même bio. Si vous l'avez manqué à Anvers, retrouvez l'univers très personnel de Dominique Persoone qui s'est fait un nom ici, avant de partir à la conquête de l'Europe (et d'inventer, pour les Rolling Stones, du chocolat à... sniffer). On s'y presse pour ses associations originales (voire audacieuses), comme les chocolats à l'huile d'olive, à la tomate et aux olives, ou encore au piment, au safran, au curry... Difficile, vraiment, de résister à l'envie de s'offrir un ballotin !

🍫 *Chocolats Dumon (plan couleur II, B2, 103) : Eiermarkt, 6, Simon Stevinplein, 11 et Walstraat, 6.* ☎ *050-34-62-82 et 050-33-33-60.* ● *stephan. dumon@telenet.be* ● *Tlj 10h-18h30. Compter 20 € le kilo.* Autre artisan chocolatier qui vend de bons chocolats. Plus classique mais bien moins cher aussi que les autres, c'est un bon compromis. Accueil expéditif.

Où boire un verre ? Où sortir ?

Par comparaison avec Gand ou Anvers, vous risquez de trouver la nuit brugeoise bien provinciale. Pourtant, il existe, parfois bien cachés, quelques bistrots ou *muziek cafés* où l'on pourra, en compagnie de riverains, disserter à l'envi des mérites de la cervoise locale, évoquer les légendes brumeuses d'un passé mythifié ou, plus prosaïquement,

parler du parcours en championnat du football-club de Bruges.

Cafés traditionnels

🍺 *Staminee De Garre (plan couleur II, B2, 90) : De Garre, 1.* ☎ *050-34-10-29. Tlj 12h-minuit (1h w-e).* Dans un minuscule boyau (ancien coupe-feu) qui donne sur la Breidelstraat, on trouve cette maison du XVIe s, réservée aux amateurs de bière. Plus de 130 variétés régionales, 5 véritables trappistes et le cru local, le redoutable Triple Garre ! Avec le décor de brique et de poutres, le vieux poêle en fonte, difficile de faire plus couleur locale. Carte pleine d'humour pour qui comprend le flamand. Si, vers minuit, la sono distille le *Boléro* de Ravel, sachez que c'est le signal convenu pour vous mettre élégamment à la porte.

🍷 **Vlissinghe** *(plan couleur II, B1, 91)* : *Blekersstraat, 2.* ☎ *050-34-37-37.* ● *info@cafevlissinghe.be* ● *Tlj sf lun-mar 11h-minuit (plus tard ven-sam, 19h dim). Fermé en janv.* Cachée dans une petite rue, cette ancienne auberge a un passé qui remonte à 1515. Bien qu'elle ait été entièrement refaite en 1870, on s'aperçoit dès l'entrée qu'on est dans un lieu où l'histoire est présente (dommage que le présent soit moins souriant !). Portraits d'ancêtres, lambris patinés par la fumée des pipes, tables en bois usées et vieux poêle donnent un cachet fou à l'ensemble. On a l'impression de pénétrer dans la salle à manger d'une demeure bourgeoise traditionnelle. Une agréable cour fleurie de rosiers grimpants sert de terrasse.

🍷 **L'Estaminet** *(plan couleur II, B2, 98)* : *Park, 5.* ☎ *050-33-09-16. Tlj 11h30 (16h mer) jusque très tard le soir.* En face du parc Astrid, un authentique estaminet datant de 1900. À l'intérieur, une salle des plus pittoresque où s'affiche à toute heure une gaieté bon enfant. Joyeux chahut à l'heure de l'apéro où tout le monde semble se connaître. Une grande terrasse sous verrière accueille les touristes, puis les noctambules, dans des fauteuils en rotin. En cas de fringale, quelques plats sont proposés (soupe de poisson réputée).

🍷 **Craenenburg** *(plan couleur II, B2, 92)* : *Markt, 16.* ☎ *050-33-66-10. Tlj. Possibilité de se restaurer sur le pouce.* 📶 C'est toujours, sur le Markt, le lieu de rendez-vous des Brugeois. Terrasse stratégique s'il en est. Belle demeure datant de 1305, relookée comme ses voisines avec habileté. De l'étage, Marguerite d'York suivit les tournois de chevaliers sur la place à

l'occasion de son mariage avec Charles le Téméraire. Maximilien d'Autriche y fut enfermé par les Brugeois en 1488. Intérieur chaleureux, banquettes de moleskine et vitraux.

🍷 **Terrastje** *(plan couleur II, B1, 97)* : *Genthof, 45.* ☎ *050-33-09-19.* ● *cafe terrastje@yahoo.co.uk* ● *Tlj sf mar-jeu. Fermé en janv.* Charmante petite maison du XVIIIe s à la façade rouge rutilante avec, comme son nom l'indique, une toute petite terrasse riante pour une petite halte sans chichis au bord du canal, loin du tintouin touristique. Service parfois débordé. Si c'est le cas, vous n'aurez qu'à en profiter pour feuilleter les différentes lectures laissées à disposition (beaucoup de guides et de livres sur Bruges).

Bar à vins

🍷 ▮◀ **Wijnbar Est** *(plan couleur II, B2, 93)* : *Braambergstraat, 7.* ☎ *050-33-38-39.* ● *wijnbarest@scarlet.be* ● *Tlj sf lun-mar à partir de 16h. Fermé en sept. Service jusqu'à minuit. Plats 10-20 €. Compter 4,50 € le verre.* Une carte des vins épaisse comme un livre et une quinzaine de vins servis au verre. Jolie déco, très XIXe s, avec déjà, à l'époque, un beau travail de récup' : antiques carreaux de Delft, immense cheminée sculptée, boiseries, vitraux... L'ensemble finit par être harmonieux, on ne peut plus intime et chaleureux. Possibilité de grignoter à l'apéro (olives, chorizo, etc.) ou quelques plats plus consistants pour les oiseaux de nuit (pâtes, raclette, planches de fromage et charcuterie...). Concert le dimanche soir.

Escales de nuit

🍷 **'t Brugs Beertje** *(plan couleur II, B2, 94)* : *Kemelstraat, 5.* ☎ *050-33-96-16.* ● *info@brugsbeertje. be* ● *En face de la taverne* The Hobbit. *Tlj sf mer 16h-1h (2h le w-e). Fermé 2 sem fin juil.* Un véritable musée de la bière : bouteilles rares, sous-bocks de toutes les provenances, verres de collection, plaques publicitaires en dégustation, plus de 300 variétés aux arômes vraiment variés (dont 5 à la pression qui changent régulièrement).

BRUGES ET SES ENVIRONS

2 raretés : *'t Sanisje Honingbier*, bière artisanale au miel, et la Rolls des cervoises, la *Sint-Bernardus* – si rares qu'elles ne sont pas toujours en stock. Possibilité de grignoter assiette de fromages, pâtés, spaghettis, toasts divers...

Lokkedize : *Korte Vuldersstraat, 33.* ☎ 050-33-44-50. ● *erik.broos@skynet. be* ● *lokkedize.be* ● *Dans les environs du Zand. Tlj 19h-minuit (1h sam-dim).* Étape de nuit sympa. Cheminée, brique, tablées animées et petite restauration. Chants grégoriens, R'n'B et jazz. Chanson française le samedi. *Live music* le week-end. Petite restauration de type *eetcafee* : pitas et petits plats du monde. Loue aussi de coquets studios et apparts de 70 à 100 €.

Vino Vino blues & bar à tapas *(plan couleur II, B1, 95) :* Grauwwer-kersstraat, 15. ☎ 0486-89-80-66. ● *rick.corty@hotmail.com* ● *Tlj sf dim-lun 18h-2h. Congés : 1re quinzaine de sept.* Dans le quartier Saint-Jacques, ce café draine les amateurs de bon blues et de très bons vins espagnols. Tables éclairées à la bougie pour grignoter *empanadas*, fromages et tapas. Ambiance flamande plutôt que *movida*.

Du Phare : *Sasplein, 2.* ☎ 050-34-35-90. ● *duphare@duphare. be* ● *duphare.be* ● *Loin du centre, au nord de Bruges, mais facile à trouver. Il suffit de suivre le Langerei jusqu'au bout (hors plan couleur I par B1). Tlj sf mar de 11h30 jusque tard.* C'est presque une expédition que d'arriver au Dampoort (entrée du canal de Damme), où se trouve ce *bruin café* chaleureux, installé dans une grosse demeure. Mais vous ne le regretterez pas. Après tout, ce n'est jamais qu'à 10 mn à vélo ! Chicago-blues et Delta-blues bercent les conversations autour du comptoir, sous l'œil goguenard de Gainsbarre en buste de plâtre. Bien aussi pour casser la croûte au bord de l'eau. Concerts 2 à 3 fois par mois.

Musiek cafés

De Versteende Nacht *(plan couleur II, C2, 100) :* Langestraat, 11. ☎ 050-68-81-77. ● *de.versteende. nacht@hotmail.com* ● *Tlj sf dim 19h (17h pour le bar)-2h. Fermé fin août.*

Café offert sur présentation de ce guide à nos lecteurs qui y prennent un repas. Jazzkroeg pour les fanas de la note bleue. Assez calme. On écoute religieusement les formations qui s'y produisent régulièrement sous un immense portrait de jazzman. C'est aussi un *eet-cafee*, avec plats assez chers et généreuse carte de bières.

Ma Rica Rokk *(plan couleur II, A2, 101) :* 't Zand, 7-8. ☎ 050-33-24-34. ● *info@mari carokk.be* ● *Tlj de 11h à très tard le w-e.* Point de rencontre permanent, sur la place la plus animée le soir. Grande terrasse et long bar en bois pour draguer. Clientèle plutôt jeune. Cocktails et apéritifs mais aussi petit café l'après-midi.

Charlie Rockets *(plan couleur II, B2, 23) :* Hoogstraat, 19. Au rdc de l'auberge de jeunesse du même nom. *Ouv presque tt le temps.* Un des rares *rock bar* de Bruges et l'atmosphère la plus jeune et électrique. Décor totalement hétéroclite, énorme projo rappelant le passé de l'établissement. On peut également y jouer au billard et aux fléchettes. Soirées DJ (parfois très animées) les vendredi et samedi. Concerts.

De Kelk *(plan couleur I, C2, 108) :* Langestraat, 69. 0473-73-34-60 ou 0472-71-32-32. ● *dekelk.wordpress. be* ● *Tlj sf mar, à partir de 19h... jusque tard.* Décor de vieilles bouteilles dans tous les sens et une grande pendule qui s'est définitivement arrêtée à 18h30... Dans un coin, la cagnotte traditionnelle des clients pour faire la fête de temps à autre. Atmosphère tamisée et houblonnée à souhait. Venez tester une des 400 bières au menu. Les plus populaires ici sont la Brugse tripel et les bières de Rochefort, mais on en a trouvé de vraiment *zar-bies*, comme celle au cacao (la Floris chocolat, goût intéressant cependant !), la Mongozo coconut, la Gribou-sine et même une XX !

The Crash *(plan couleur I, C1-2, 109) :* Langestraat, 78. ● *the crash.be* ● *En face du De Kelk. Tlj jus-qu'à l'aube ; à partir de 21h en été et 20h en hiver (ven à partir de 16h).* Un autre *rock bar*, plus intime. Quelques soirées à thème genre *Metal music* ou années 1980. Bonne musique et assez animé, ça va de soi.

♪ **Joey's Café** (plan couleur I, A2) : Zuidzandstraat, 16 A. ☎ 050-34-12-64. ● cajunmoon@hotmail.com ● Accessible par le centre commercial du Zilverpand. Fermé dim. Longue salle tout en brique nue, calme certains soirs, délirante parfois. On peut pousser la sono à fond, les boutiques aux alentours sont désertes. Petite restauration.

Bar à bières

🍸 ⊕ **2Be** (plan couleur II, B2, **96**) : Wollestraat, 53. ☎ 050-61-12-22. ● shop@2-be.biz ● 2-be.biz ● Tlj 10h30-18h45 (bar et magasin). Situé dans une demeure du XVe s ayant appartenu au maire (espagnol) de la ville, 2Be est vite devenu une véritable attraction touristique. C'est avant tout un magasin où l'on trouve plus de 1 100 sortes de bières, sans oublier les verres et le merchandising qui vont avec, ainsi que des produits régionaux (confiseries, moutarde, etc.). De quoi s'alourdir de manière insensée avant le voyage retour ! Pour déguster sur place, un bar a été aménagé au fond de l'impasse : chaque mois, 7 bières sont sélectionnées pour être servies à la pression. Également quelques bières en bouteilles, qui changent par roulement. Certes, le concept est outrageusement commercial. Mais comment ne pas mordre à l'hameçon ?

🍷 **Café Rose Red** (plan couleur II, B2, **106**) : Cordoeaniersstraat, 16. ☎ 050-33-90-51. ● info@cordoeanier. be ● Tlj à partir de 10h (jusqu'à 23h lun-jeu, minuit ven-sam et 22h dim). Petite terrasse sur cour pour les beaux jours et cadre bistrot les autres jours pour ce café discret. Levez les yeux vers le plafond pour découvrir d'où vient son nom. Carte des bières longue comme le bras, qui s'intéresse particulièrement aux bières d'abbaye (dont toutes les trappistes « officielles »).

Marchés

– **Vismarkt** : le mat mar-sam. Marché aux poissons, produits de la mer hyper frais.
– **Markt** : le mer. Marché traditionnel, avec maraîchers et fleuristes. Ça surprend dans ce cadre.
– **'t Zand** : le sam, sur le Beursplein. Un marché tous produits qui déborde sur la place.
– **Dijver** : les sam-dim en saison touristique. Brocante le long du canal sillonné par les petits bateaux remplis à ras bord de touristes. Le plus filmé par les caméscopes.

À voir

Il est bien sûr illusoire de penser pouvoir visiter Bruges en un court week-end. Pour profiter pleinement de la ville et des environs, il faut compter une troisième journée. L'itinéraire qui vous est présenté est scindé en deux parties dont chacune peut convenir pour une journée très bien remplie.

La première balade peut se faire à pied. Pour la seconde, un vélo vous fera gagner du temps. Cela dit, vous pouvez vous passer de ces conseils et musarder à votre guise car le charme de Bruges, c'est aussi la flânerie au hasard des rues et des canaux.

– La **Brugge City Card,** valable 48h ou 72h, au prix de 40 et 45 €, donne droit à l'entrée gratuite dans 26 musées de Bruges et la région, balade en bateau et à des réductions sur les transports et les spectacles. On vous rappelle qu'elle impose un rythme très soutenu afin d'être amortie en seulement 2 ou 3 jours... Pour info, si vous prévoyez, par exemple, de ne visiter que le Groeningemuseum, l'Historium, le musée Memling et de faire une balade en bateau, il vous en coûtera sans la carte déjà aux alentours de 31 €... Plus de renseignements sur ● bruggecitycard.be ● ou sur ● brugge.be ●
– Sinon, il existe un billet combiné à 20 € valable pendant 3 jours dans les 16 musées municipaux de la ville. En vente à l'office de tourisme et dans les principaux musées concernés.

BRUGES ET SES ENVIRONS

Il faut savoir que la plupart des musées sont fermés le lundi ainsi que le 1er janvier, l'après-midi de l'Ascension et le 25 décembre. Les églises, l'*Historium,* le beffroi ainsi que l'hôtel de ville restent ouverts le lundi.

Enfin, profitant de l'afflux touristique, deux « musées » ont vu le jour, l'un consacré à Dalí (sur le Markt, au pied du beffroi), l'autre à Picasso (sur le site du *Memling in Sint Jan*). L'un comme l'autre proposent surtout des lithographies pour un prix d'entrée, du coup, très exagéré (gratuit avec la *City Card,* toutefois, pour les inconditionnels de ces artistes).

Promenade dans le centre de la ville

🏹🏹🏹 **Le Burg** (plan couleur II, B2) : le Burg est le site du *castrum* originel, l'endroit fortifié bâti par Baudouin Bras-de-Fer, vers 879. Ce fut le lieu où s'exerçait le pouvoir. La diversité architecturale y est étonnante. Le quadrilatère du Burg (marché le mercredi matin sur la grande place est occupée) est incomplet : il s'ouvre au nord sur une place plantée de tilleuls. C'est à cet endroit que s'élevait, jusqu'en 1799, l'église Saint-Donatien, rasée par la Révolution française. La construction de l'hôtel sur la place a mis au jour les bases de l'édifice roman disparu. On peut voir ces vestiges dans la cave de l'hôtel (visite en groupe), ainsi qu'une maquette de l'église de style carolingien réalisée avec les pierres des fouilles. Le pavement de la place restitue le tracé des murs.

🏹🏹 **Stadhuis** (hôtel de ville ; plan couleur II, B2) : *tlj 9h30-17h. Entrée : 4 € ; réduc ; billet combiné avec l'ancien palais du « Franc ». Gratuit avec la City Card.* Joyau du gothique (achevé en 1421), c'est le premier d'une lignée de bâtiments communaux de prestige construits en Flandre et en Brabant. Son érection marque le passage du pouvoir du comte de Flandre vers les édiles de la cité. À l'inverse de la brique, le choix de la pierre (plus chère au transport et rare en ces régions) dénote une volonté de prestige. L'élan vertical du gothique est renforcé par les 48 statues des comtes et comtesses de Flandre. Elles sont de facture assez récente. Les originaux (peints par Jan Van Eyck) étaient comme par hasard « tombés » de leur niche lors de la visite des sans-culottes.
– À noter, les 24 blasons des villes qui formaient le « Franc » de Bruges. On y voit celui de Dunkerque, vassale de Bruges.
– Dans **le hall,** avant de prendre l'escalier à gauche menant à la salle gothique, jetez un coup d'œil sur le vestibule où, à gauche, se trouve une toile monumentale avec Napoléon Ier et le bourgmestre de Bruges de l'époque. Celui-ci, voulant immortaliser la visite de l'Empereur qui lui avait remis la Légion d'honneur, commanda cette toile. Entre-temps, le vent de l'histoire avait tourné et ce portrait était devenu compromettant pour lui. En vous déplaçant légèrement pour faire jouer les reflets, vous remarquerez autour de la tête du brave homme une découpe masquée par une restauration récente. Il avait préféré se faire « décapiter » pour éviter les critiques de ses rivaux politiques. D'autres toiles monumentales du XIXe s.
– **La salle gothique** de l'hôtel de ville constitue une entrée en matière amusante de l'histoire de Bruges, et de la Flandre en général. Vous trouvez sur les murs un bon aperçu des événements importants qui jalonnèrent la période médiévale pendant laquelle Bruges connut son apogée. Suivez la numérotation des tableaux car, outre que ces fresques néogothiques subliment l'histoire à la manière des images d'Épinal, le déroulement des épisodes de la « Bruges Story » est peu conforme à la chronologie. L'illustration du retour des Brugeois de la bataille des Éperons d'or est particulièrement représentative de la manière romantique de traiter l'histoire. La voûte de la salle est composée d'une magnifique armature de chêne ornée de médaillons et de clefs de voûte sculptées.
– **Dans la salle annexe,** de très intéressantes cartes anciennes permettent de voir le développement de la ville et les bâtiments disparus (remparts, Saint-Donatien).

🏋️ **Markt** (plan couleur II, B2) : le marché s'y tient depuis l'an 958 ! C'est dire le nombre de choses que ces pierres auraient à raconter si elles le pouvaient : fêtes somptueuses, révoltes, tournois, exécutions capitales, mariages, bûchers, défilés de troupes.

La diversité architecturale couvre six siècles. Deux maisons se distinguent de part et d'autre de l'entrée de la Sint Amandstraat : à gauche, celle à la haute façade gothique avec la girouette et l'anémoscope (du XXe s), à droite celle du café Craenenburg (du

MIEUX VAUT APPRENDRE LES LANGUES ÉTRANGÈRES !

Le 18 mai 1302, 1 600 rebelles au comte de Flandre fouillent maison par maison, à la recherche des Français du clan des Leliaerts. Les deux compères statufiés sur le Markt, Jan Breydel et Pieter De Coninck, leaders des métiers, participent à la ratonnade. Au saut du lit, les occupants sont priés de répéter « Schild en vriend » (« bouclier et ami »). Trahis par leur accent, les Français sont massacrés sur place : plus de 1 000 victimes.

XIVe s) avec sa façade habilement reconstituée. Petites maisons aux pignons à redans du côté nord (du XVIIe s). L'une d'entre elles a un joli panier d'or au sommet. La façade du palais provincial, malgré sa grande allure, n'a pas plus de 100 ans, elle non plus. C'est du néogothique pas très catholique, mais le résultat est réussi. À côté, la poste, dans le même esprit.

Le monument le plus étonnant est, bien sûr, le fier beffroi avec la halle à ses pieds. Le beffroi écrase véritablement la halle de sa hauteur démesurée. Cet empilement d'éléments a quelque chose de curieux. On s'attend à voir, du sommet, surgir encore un cylindre supplémentaire comme issu d'une structure télescopique. Il paraît que, avant 1741, une flèche surmontait le tout. Elle fut détruite par la foudre. Mais sans doute cette impression de disproportion s'atténue-t-elle lorsqu'on considère l'ensemble de plus loin.

🏋️ **Historium** (plan couleur II, B2) : Markt, 1. ☎ 050-27-03-11. ● historium.be ● Dans l'ancienne halle aux draps. Tlj 10h-18h (21h jeu) ; fermeture des guichets 1h avt. Résa vivement conseillée. Représentations ttes les 4-5 mn. Entrée : 11 € ; réduc et forfait famille (30 €). Possibilité de billet jumelé avec une visite guidée de la ville (sur résa) ou avec le Groeningemuseum : 15 €. Gratuit avec la City Card. La Flandre aime son passé, mais elle est également passionnée par la modernité. Pour preuve, ce tout nouveau musée interactif ouvert fin 2012, qui propose un voyage sensoriel au cœur de l'âge d'or de Bruges. Plus précisément, en 1435, juste avant que les Brugeois ne se soulèvent contre Philippe le Bon. En fil rouge, l'histoire d'un damoiseau, apprenti de Jan Van Eyck qui, tombé éperdument amoureux d'un modèle du peintre, cherche cette damoiselle (et une perruche verte !) dans tout Bruges, du port aux bains publics en passant, évidemment, par l'atelier de Van Eyck. Le moins que l'on puisse dire, c'est que l'attraction est de grande qualité, assurée par des vidéastes de renommée internationale. Sept salles, cinq sens et trois dimensions, voilà de la belle vulgarisation ! Dommage que cela ne dure que 25 mn... Voilà qui fait court et, donc, cher ! Heureusement que les réductions et les billets jumelés permettent d'en baisser le prix et qu'il y a désormais une petite exposition (tout aussi interactive) en fin de visite. La reconstitution du Bruges médiéval est époustouflante de beauté (ah, la waterrhalle !), la musique symphonique assez hypnotique et l'histoire, même si un peu mièvre, se suit avec plaisir. Très documentée, incroyablement réaliste, cette plongée dans le passé (et le tableau de Van Eyck, la Vierge au Chanoine Van der Paele) est assurément une expérience à tenter. N'empêche qu'on n'en revient toujours pas que les historiens, pourtant consultés pour le moindre détail, aient laissé passer l'assiette de fraises... en plein hiver, en 1435 ! Soit 100 ans avant la conquête du Chili (d'où viennent les variétés de fraises cultivées de nos jours) et 300 ans avant la fraise de Plougastel. Mais là, on chipote...

🏚🏚 **Belfort** *(beffroi ; plan couleur II, B2) : tlj 9h30-17h (dernier accès à 16h15). Entrée : 8 € ; réduc ; gratuit avec la* City Card.
Les sportifs s'empresseront de grimper les 366 marches qui mènent à la terrasse supérieure. Pour vous permettre de souffler, des étapes sont prévues. Après 55 marches : la *chambre du trésor*, où étaient conservées les précieuses chartes. Protégées derrière des grilles de fer forgé, elles étaient enfermées dans des coffres à serrure multiple : le bourgmestre et les huit échevins avaient chacun une clé et il fallait absolument la présence des neuf au complet pour en actionner l'ouverture. À la 112e marche, petit arrêt pour regarder le panorama. Après 220 marches, vue sur la *cloche de 6 t*. Elle s'appelle « Victoire ». Début de l'escalier de bois, jusqu'à la marche 333, où est placé le mécanisme qui actionne le *carillon de 47 cloches*. Après 352 marches, la pièce du carillonneur. Il donne l'aubade trois fois par semaine le soir en été. Encore quelques marches et vous recueillez le fruit de vos efforts pour profiter de la vue sur la ville. Sur le pourtour de la balustrade, table d'orientation.
– Au pied du beffroi, maquette de l'ensemble avec des explications en braille.
– **Concerts de carillon :** *en été, lun, mer et sam 21h et 22h, dim 14h et 15h ; 16 sept-14 juin, mer 11h et 12h, sam 14h et 15h.*

🏚 **Les halles** *(plan couleur II, B2) :* elles datent du XIIIe s et servaient de marché couvert. La fonction d'entrepôt était assurée par une autre halle, aujourd'hui disparue. La *Waterhalle* (à l'emplacement du palais provincial actuel) était construite à cheval sur la Reie et ses quais permettaient un transbordement immédiat des bateaux à fond plat qui venaient des avant-ports. C'est une des choses que l'*Historium* restitue merveilleusement bien.

➤ Retour vers le Burg.

🏚🏚 **Basiliek van het Heilig Bloed** *(basilique du Saint-Sang ; plan couleur II, B2, 124) : à droite de l'hôtel de ville. D'avr à mi-oct, tlj 9h30-12h, 14h-17h ; le reste de l'année, tlj sf mer ap-m 10h-12h, 14h-17h. Certaines parties peuvent être éventuellement fermées. Entrée : 2 € ; gratuit pour les moins de 12 ans et avec la City Card.*
Curieuse construction que cette « basilique » dédiée aussi à saint Basile, un saint byzantin dont quatre vertèbres ont été rapportées au retour d'une croisade. Il s'agit en fait de l'imbrication d'une église inférieure, romane, et d'une seconde, gothique, par-dessus, le tout relié par un escalier extérieur Renaissance, à l'angle de l'hôtel de ville.
– *La chapelle inférieure* a gardé un style roman des plus pur : gros murs de moellons, quatre colonnes rondes massives, un chœur étriqué et peu d'ouvertures sur la lumière. À droite, une madone de bois polychrome, comme toute la statuaire du Moyen Âge (1300). La restauration de ces statues réserve parfois des surprises. Celles que l'on qualifie parfois de « Vierges noires » peuvent s'avérer, au nettoyage, être des statues peintes de couleurs délicates : des siècles d'offrandes de cierges laissent des traces de suie durables mais pas indélébiles. Une statue du Christ en bois et un tympan de porte représentant le baptême de saint Basile complètent l'inventaire du trésor roman.
– *La chapelle haute,* d'origine romane, fut comme souvent modifiée au XVe s ; elle fut démolie par les Français à la Révolution et reconstruite au XIXe s en style néogothique. À droite, sur un autel rococo, l'*ampoule du Saint-Sang* qui contiendrait quelques gouttes du sang du Christ. Cette ampoule est exposée sur un reposoir tous les jours (normalement) à 11h30 après la messe et de 14h à 16h. Voici une relique vénérée des Brugeois depuis le XIIe s. La légende raconte

UN DON DU SANG !

C'est un étrange cérémonial, aux yeux des profanes, qui se déroule chaque jour, après la messe, dans la chapelle haute, sous le regard imperturbable du (ou de la) dépositaire de la précieuse ampoule contenant quelques gouttes du sang du Christ. Les croyants attendent leur tour pour aller imposer leurs mains sur le reliquaire, avant d'offrir leur propre don en faveur de l'église. Le reliquaire est essuyé entre chaque « imposition ».

que lors de la deuxième croisade, en 1146, Thierry d'Alsace reçut des mains du patriarche de Jérusalem quelques gouttes du sang du Christ.

L'histoire ressemble à celle du calice du Graal, recherché par les chevaliers de la Table ronde. La précieuse relique fut préservée dans une fiole de cristal, rapportée en grande pompe à Bruges et exposée à la vénération des fidèles. La tradition rapporte qu'il se liquéfiait tous les vendredis, ce qui multiplia le nombre de pèlerins. Chaque année, le jeudi de l'Ascension, la procession du Saint-Sang rassemble des centaines de pèlerins et draine des dizaines de milliers de spectateurs sur son parcours (voir plus loin la rubrique « Manifestations »).

– *Le musée de la basilique :* il expose, entre autres, le magnifique reliquaire du Saint-Sang, merveille d'orfèvrerie réalisée au début du XVIIᵉ s. Les respectables membres de la confrérie du Saint-Sang entourent la châsse. Ils ont été peints par Pourbus en 1556.

🍗 ***Brugse Vrije*** *(ancien palais du « Franc » ; plan couleur II, B2) :* pl. du Burg, 11 A. Tlj 9h30-12h30, 13h30-17h. Entrée : 4 €, combinée avec la visite de la salle gothique de l'hôtel de ville, audioguide inclus ; gratuit avec la City Card.

L'ensemble architectural classique actuel remplace le palais du « Franc » destiné à abriter l'administration des communes périphériques à la ville. Il servit de palais de justice. De l'ancien édifice de 1525, il ne subsiste à l'extérieur que la façade sud (que l'on voit du Steenhouwerdijk) et aussi la salle des échevins où se trouve le musée.

Vous y verrez, dans la *salle Renaissance,* la formidable *cheminée monumentale de Charles Quint,* réalisée en 1531 par Blondeel à la demande de la ville, qui voulait ainsi fêter la victoire de l'empereur sur François Iᵉʳ à Pavie. Faite de marbre noir pour l'âtre, d'albâtre pour la frise et de chêne pour la composition qui la surmonte, elle comporte des poignées de cuivre accrochées à la hotte, pour permettre aux seigneurs de se tenir en équilibre lorsqu'ils séchaient leurs bottes à la chaleur du feu. Parmi les personnages entourant Charles Quint, on reconnaîtra Maximilien d'Autriche, Marie de Bourgogne, Ferdinand d'Aragon et Isabelle de Castille. Les figures masculines semblent bien pourvues par la nature.

🍗 Entre le greffe du palais et l'hôtel de ville, on emprunte, sous la mignonne arcade, une rue au nom bizarre, la ***Blinde Ezelstraat*** *(rue de l'Âne-Aveugle).* En pente légère, elle débouche sur la *Reie,* qui permettait aux bateaux d'aller jusqu'au Markt. Vous remarquerez le peu de profondeur de l'eau, à peine 2 m au centre. Lorsque les progrès de la construction navale firent apparaître les bateaux à quille, le tirant d'eau de la Reie se révéla insuffisant et Damme devint un relais obligé pour le transbordement des marchandises. Il prit alors de plus en plus d'importance.

🍗 La vue des deux côtés du pont est pleine de charme. Le ***Vismarkt*** *(marché aux poissons),* sur la gauche, est un cadeau de Napoléon (marché tous les matins sauf dimanche et lundi).

🍗 La petite ***Huidevettersplein*** *(place des Tanneurs),* sur la droite, servait, comme son nom l'indique, au commerce des peaux. La colonnette au centre comportait une balance utilisée pour peser les peaux et, sur la façade de l'hôtel de Bourgogne on voit, sculptées en bas-relief, les étapes du travail du cuir. Il faut dire qu'avant de prendre ce nom plus chic, le lieu s'appelait autrefois *De Koe* (« La Vache »).

🍗🍗 Passé la place, après l'embarcadère des bateaux, le ***Rozenhoedkaai*** *(quai du Rosaire).* Re-cliché sur les maisons de bois (reconstituées), l'eau, le lierre, les saules, le beffroi, les tourelles de l'hôtel de ville...

🍗 La promenade se prolonge par le ***Dijver*** et, le long des canaux, on se rend compte, par les types de maisons, de la stratification sociale de la ville : aux patriciens et marchands, les maisons pourvues d'un embarcadère ; aux artisans, les maisons à pignons ; aux petits métiers, les maisons basses de la périphérie. Sur le Dijver se trouve le collège d'Europe et, le week-end, les étals de brocanteurs s'y pressent.

✦✦✦ *Groeningemuseum*
*(musée Groeninge ; plan cou-
leur II, B2) : Dijver, 12. Tlj sf lun
(ouv lun de Pâques et de Pentecôte) 9h30-17h. Entrée : 8 € ;
réduc ; gratuit avec la City Card.
Billet jumelé avec l'Historium :
15 € ; réduc.*
Un musée incontournable dont
on regrettera pourtant le choix
d'un éclairage blafard qui ne met
pas toujours bien en valeur les
œuvres. C'est d'autant plus triste
que le musée a été récemment
réaménagé... Le parcours, ré-
agencé donc de manière épurée,
reste néanmoins chronologique. Il
faut savoir que l'accrochage sera
amené à évoluer jusqu'en 2017,
car le *musée Groeninge* accueille
plusieurs œuvres majeures du
musée royal des Beaux-Arts
d'Anvers, fermé pour rénovation jusqu'en 2018.

> **Salle 1 : la Ville comme commanditaire d'ouvrages**

On retrouve ici les commandes faites dans le but de rappeler aux édiles les devoirs de leur charge. En vedette, *Le Jugement dernier* attribué à Jérôme Bosch. Il existe plusieurs versions de ce chef-d'œuvre. Quand bien même il s'agirait de l'œuvre d'un élève, elle est de bien belle facture. Insensée et hétéroclite, avec profusion de détails et de symboles, elle nous apparaît aujourd'hui bien burlesque, sinon sur-réaliste. C'est oublier la forte puissance du symbole au Moyen Âge. Deux autres œuvres à ne pas manquer : *Le Jugement de Cambyse* de Gérard David, tableau de justice décrivant le supplice du juge corrompu. La surprise du juge qu'on arrête est manifeste, sa grimace quand on l'écorche tout autant ! Et, autre plaisant détail, la peau du juge est tendue sur le siège du fils qui succède à la charge de son père... L'autre œuvre est *Le Jugement dernier* de Pourbus, inspiré de celui de Michel-Ange à la chapelle Sixtine au Vatican. Pourbus est considéré comme le dernier primitif. Pour cette œuvre, il utilisa de mauvais pigments qui disparaissent peu à peu, faisant apparaître du même coup les dessins préparatoires.

> **Salle 2 : les œuvres des primitifs flamands**

L'appellation, quelque peu péjorative en français, apparaît à la fin du XIXe s et est employée lors de l'exposition rétrospective de Bruges en 1902. Il faudrait en fait dire « la peinture des Pays-Bas méridionaux au XVe s ». À cette époque, le travail de la peinture est encore proche de l'artisanat. L'« ymagier » peint sur des supports très divers : tissus, meubles, murs, papier (enluminures) ou armoiries. Comme tout artisan, il se voit passer des commandes où toutes les contraintes sont précisées : sujet, coloris, dimensions. Il exécute et est payé en retour. Il appartient à une corporation qui lui a appris les techniques de son métier et qui codifie son activité. Ses œuvres sont anonymes. Il ne signe pas. Son talent, s'il en a, sera de restituer le plus exactement possible la réalité et, comme tout bon artisan, de chercher de nouveaux moyens pour y arriver. La technique de la pein-ture à l'huile existe, elle ne demande qu'à être perfectionnée.
Ce sont les conditions économiques qui provoquent le boom de la peinture. Les riches marchands et les notables aiment montrer qu'ils ont des moyens ; ils finan-cent des chapelles privées et les dotent d'œuvres où le sujet religieux domine, mais où ils apprécient de se retrouver portraiturés. Confits en dévotion peut-être,

mais aussi affublés de leurs plus beaux atours, dans des décors familiers, urbains ou privés. En jouisseurs des plaisirs et des richesses, ils exigent qu'on y voie les ors, les tapis, les brocarts et tout le luxe que leur condition leur procure. L'« ymagier » exécute. Son génie, il l'emploie à faire briller les pierres et les émaux, à rendre un tapis tellement réaliste qu'on a l'impression de pouvoir toucher ses boucles, à peindre un visage si finement que l'on peut en inventorier chacun des défauts, à trouver pour chaque chose la nuance de coloris la plus adéquate. Il est perpétuellement en quête de la perfection. Les grands (ducs, princes, évêques) ont l'ego moins scrupuleux et se font simplement tirer le portrait. Tâche lucrative pour le peintre, qu'ils envoient en voyage pour se faire une idée de la princesse lointaine qu'ils comptent épouser. Le peintre remplit alors une double mission. Il est à la fois portraitiste mandaté mais aussi diplomate chargé de négocier les conditions du mariage. Ce statut le sort de l'anonymat. Ce fut ainsi que Jan Van Eyck devint célèbre. De « valet de chambre » de Philippe le Bon, Jan devint ambassadeur secret de celui-ci pour demander la main d'Isabelle de Portugal. À partir de sa réussite, les peintres connaîtront des fortunes plus publiques.

De Jan Van Eyck, admirez ici *La Madone au chanoine Van der Paele.* Sublime composition sur bois dans un état de conservation exceptionnel. Le cadre en imitation marbre est couvert de commentaires. Le rendu des étoffes, de l'armure, du tapis (regardez là où il fait un pli sur la marche !) est hallucinant de précision. Le pauvre chanoine n'est pas épargné, on peut compter le nombre de ses verrues (l'occasion de vous rappeler l'*Historium*, une nouvelle et sympathique attraction consacrée à ce chef-d'œuvre et l'existence d'un billet jumelé – voir plus haut). *Portrait de Marguerite Van Eyck*, la femme du peintre, à l'âge de 33 ans. Un portrait sans concession.

Voir aussi, de Hans Memling, le triptyque *Moreel*, de Hugo Van der Goes, *Mort de la Vierge.*

➤ *Salles 3 à 10 : de la fin du XVᵉ à la fin du XXᵉ s*
La disposition définitive des salles risquant d'évoluer d'ici votre passage, donnons juste quelques indications quant au nouveau sens de visite envisagé par la conservation du musée. La période bourguignonne attira de nombreux artistes à Bruges – certains dont on ne connaît toujours pas l'identité, comme le Maître de la *Légende de sainte Ursule*. Mais à partir de 1520, la peinture brugeoise s'enrichit du contact avec l'Italie. La salle 3 nous invite à découvrir la peinture brugeoise de l'époque. *L'Avare et la Mort* de Jan Provost est sans équivoque...
– Un chef-d'œuvre signé Gérard David, *Baptême du Christ.* Plusieurs œuvres de Pieter Pourbus, dont une *Cène* pour le moins agitée, illustrent, salle 4, le thème Renaissance et la transition vers le Baroque.
– *Salle 5 :* du XVIIIᵉ s, les portraits d'aristos anglais signés Van Dyck et des œuvres de Quellinus, Achtschellinck et Jacob Van Oost le Vieux (un *Couronnement d'épines* aux superbes clairs-obscurs).
– Les salles suivantes sont consacrées à la seconde moitié du XIXᵉ et au XXᵉ s : historicisme et symbolisme avec Khnopff, Minne et Ensor ; expressionisme (Permeke, Wouters, de Smet, Van den Berghe, Brusselmans ou Van de Woestyne et son immanquable *Dernière Cène*)...
Les deux représentants emblématiques du surréalisme belge ne manquent, bien sûr, pas à l'appel : Magritte avec *L'Attentat* et Paul Delvaux avec *Sérénité.*
La dernière salle est réservée à l'art moderne et notamment à l'artiste-plasticien Marcel Broodthaers, qui s'interroge sur l'art et le musée comme produits commerciaux. Autodérision du *Groeningemuseum* ou clin d'œil aux visiteurs qui viennent de parcourir innocemment six siècles de l'histoire de la peinture ?

⚲ *Arentshuis (Maison Arents ; plan couleur II, B2, 126) : Dijver, 16. Tlj sf lun 9h30-17h. Le billet acheté pour le musée Groeninge donne droit (pdt 2 j.) à l'entrée de la Maison Arents ; sinon, entrée : 4 € ; réduc ; gratuit avec la City Card.* Anciennement nommé Brangwyn, du nom d'un architecte et décorateur anglais qui vécut à Bruges au XIXᵉ s et légua ses collections à la Ville, et auquel l'étage est consacré, cet édifice de style Empire accueille désormais des expos temporaires de qualité. En face de l'entrée, la boutique des musées brugeois (peu d'ouvrages en français).

🏃🏃 *Gruuthusemuseum (musée Gruuthuse ; plan couleur II, B2) : Dijver, 17. Tlj sf lun 9h30-12h30, 13h30-17h. Entrée : 8 €, audio-guide inclus ; réduc ; gratuit avec la City Card.*
La toiture et les façades de l'édifice ont déjà été restaurées. La seconde phase de restauration est annoncée pour début 2015, ce qui devrait entraîner la *fermeture du musée jusqu'à nouvel ordre...* Mais tout cela reste encore bien hypothétique ; se renseigner.

Chaque salle du parcours fait le lien avec un autre site du *Bruggemuseum*, cela dans le but d'éclairer le concept muséal dans son ensemble. Ne soyez pas étonné de n'apercevoir qu'une faible partie de cet édifice dont le nom même fait référence à sa fonction initiale, oubliée même des amateurs de bière, ce qui est un comble. Le *gruut* était le mélange de fleurs et de plantes séchées qu'il fallait ajouter au moût de froment et d'orge pour donner du goût à la bière. Le monopole du *gruut* était détenu par une famille : les Van Brugghe. Par extension, le lieu de leur activité, *Gruuthuse* (Maison du *gruut*), supplanta leur patronyme et ils devinrent les seigneurs de Gruuthuse. Au XVIᵉ s, le houblon rendit inutile l'usage du *gruut* et les Gruuthuse aménagèrent les anciens entrepôts en maisons seigneuriales.
À l'extinction de la lignée, la ville fit de la demeure des Gruuthuse un mont-de-piété, puis finalement ce musée, qui abrite une vaste collection de meubles, d'objets de la vie quotidienne et des métiers, d'armes, de monnaies, de tapisseries étonnantes (truffées de proverbes sous la forme de bulles de B.D.), d'instruments de musique, d'ustensiles de cuisine, de pharmacie... Vous y découvrirez un oratoire unique dans son genre et une cuisine vieille de 500 ans. On trouve à l'entrée des salles, consacrées chacune à un thème précis, des fiches explicatives en différentes langues. L'ensemble du musée (quelque peu raccourci pour quelques années encore) est agréable à parcourir et permet une instructive plongée dans le temps.
Le palais Gruuthuse est situé au pied de la formidable masse de l'église Notre-Dame. Pour en apprécier les dimensions, il vaut mieux la contourner par la gauche en passant par les jardins aux tilleuls en espalier et le petit pont Saint-Boniface, sous lequel passent les bateaux en route pour le béguinage. Au risque de décevoir les âmes romantiques, les petites maisons en bois sont des reconstitutions récentes. Mais c'est tellement joli !

🏃🏃🏃 *Onze Lieve-Vrouwekerk (église Notre-Dame ; plan couleur II, B2) : tlj 9h30 (13h30 dim)-17h. Accès gratuit à l'espace de culte. Mais pour voir les mausolées et la Madone de Michel-Ange, c'est payant : 6 € ; réduc ; slt 4 € pdt tte la durée des travaux (jusqu'en 2017). Gratuit avec la City Card.*
Construite en gothique scaldien au XIIIᵉ s, elle présente une caractéristique immédiatement visible, sa vertigineuse tour de 122 m, qui en fait la plus haute construction de brique d'Europe. La brique permet de monter très haut mais présente un défaut : on ne peut la sculpter. D'où l'allure un peu sévère de tous ces édifices. Dès l'entrée, l'attention est attirée à droite par le rassemblement devant la chapelle de la Vierge où se trouve, dans une niche noire, une *Vierge à l'Enfant* de Michel-Ange, œuvre de jeunesse en marbre blanc (de Carrare) du sculpteur italien. Réalisée en 1504, elle était destinée à la famille des Piccolomini de Sienne mais ne put être payée. Michel-Ange fut tout heureux de la vendre à un marchand brugeois, qui la légua à l'église. C'est une des rares œuvres de Michel-Ange à avoir quitté l'Italie

du vivant de l'artiste. Cette « Madone de Bruges » a été volée deux fois, par les révolutionnaires français, en 1794, et par des soldats allemands, en 1944 (épisode évoqué dans le film *Monuments Men,* de 2014).

On y vient surtout, n'en déplaise aux admirateurs de Michel-Ange, pour les deux *mausolées funéraires* de Marie de Bourgogne et de son père, Charles le Téméraire (qui, malheureusement, ne seront pas visibles jusqu'au printemps 2016).

La triste histoire de Marie de Bourgogne

Lorsque Charles le Téméraire, dernier duc de Bourgogne, mourut au siège de Nancy en 1477, il laissa ses possessions à sa fille unique, Marie de Bourgogne. Celle-ci épousa sans attendre l'archiduc Maximilien d'Autriche. Elle devint l'enfant chérie des Brugeois : la beauté, la jeunesse, deux enfants, etc. Une star de magazine (la Lady Diana de l'époque, vous diront certains guides). Le malheur survint en 1482 lorsque, à l'âge de 25 ans, au cours d'une partie de chasse, elle fit une lourde chute. On la releva, blessée, mais elle rendit l'âme néanmoins une semaine plus tard en laissant son mari aux prises avec les Brugeois et deux enfants au destin agité : Philippe le Beau et Marguerite d'Autriche. Désireuse d'être enterrée à Bruges, elle eut un mausolée de légende sur lequel des Bourguignons anonymes viennent encore se recueillir. La dépouille de son père vint, sur ordre de Charles Quint de Nancy, rejoindre sa fille pour le sommeil éternel, dans un mausolée jumeau.

Lors de fouilles récentes, les restes de Marie furent exhumés et des légistes purent déterminer la cause de sa mort. En plus des fractures aux bras, ils s'aperçurent que les sabots du cheval avaient provoqué des blessures internes et perforé le poumon. De plus, Marie était enceinte. Sortez vos mouchoirs !

Les mausolées sont d'une facture superbe : Marie est touchante de grâce, ses longues mains fort finement ciselées. Le mausolée de son père, fondu 70 ans plus tard sur le modèle du premier, dénote dans ses détails l'apport de la Renaissance.

– Les *sarcophages* que l'on aperçoit dans la crypte, sous les mausolées et dans une chapelle, sont ceux de prélats du XIIIe s. Les fresques romanes qui en ornent l'intérieur sont absolument splendides et admirablement conservées. L'artiste, plutôt contorsionné au fond du trou, n'avait que quelques heures pour peindre *al fresco*, ce qui n'était pas sans complication. Pour les sarcophages les plus récents, on se contenta de tapisser les parois de dessins faits à l'avance sur papier, qu'il suffisait ensuite de coller à la chaux.

– L'église recèle encore bien des trésors tels la *Vierge aux sept douleurs* (1528) d'Isembrant, un *Christ en croix* de Van Dyck et des tableaux de Pourbus et de Gérard David. En contournant le déambulatoire, vous remarquerez de superbes confessionnaux sculptés et en contre-haut la chapelle privée des Gruuthuse.

🎬🎬🎬 *Memling in Sint Jan* (Memling à Saint-Jean ; plan couleur II, B2-3) **:** *Mariastraat, 38. Tlj sf lun 9h30-17h (dernier billet à 16h30). Billet : 8 € ; réduc (le billet inclut la visite de l'hôpital Saint-Jean, du musée Memling et de la vieille pharmacie). Gratuit avec la* City Card. *Textes en français.*

En face du parvis de Notre-Dame, ce vaste ensemble de brique servit d'hôpital à la ville jusqu'en 1976. Fondé au XIIe s, il était utilisé comme hôtel pour offrir le gîte et le couvert aux marchands. Des miséreux y étaient abrités pour la nuit mais remis à la porte dès le matin. Sa fonction de lieu de soins et de bienfaisance ne vint que plus tard. Sa construction d'origine se vit augmentée de plusieurs annexes au cours des siècles. Dans les salles des malades sont présentés des objets relatifs à la vie hospitalière ainsi que quelques œuvres d'art religieux dans une muséographie sobre et aérée.

L'intéressante expo décrit le rôle de l'hôpital et des œuvres de charité depuis sa fondation, la vie quotidienne des sœurs et des malades, ainsi que les soins donnés par les chirurgiens, assistés des barbiers. Pour se faire une idée précise de l'organisation de l'hôpital autrefois, il faut s'attarder sur le tableau assez angoissant de

Jean Beerblock (1778) qui représente la salle des malades et ses 150 lits répartis en travées selon le sexe. Quelques écrans interactifs permettent d'approfondir le fonctionnement de l'institution. Au fond de la salle, prendre l'escalier en colimaçon pour accéder au grenier de Diksmuide qui servait à stocker les réserves et pour en admirer la monumentale charpente en chêne de 15 m construite en 1234 et considérée comme la plus ancienne du Benelux.

Le musée Memling
Né en 1435 en Allemagne, soldat de métier, Hans Memling travaille à Cologne et à Bruxelles avec Rogier Van der Weyden (de la Pasture). Il s'installe en 1465 à Bruges, dont il devient citoyen, après avoir été soigné, dit-on, à l'hôpital pour blessures de guerre. Quatre des six œuvres exposées ont d'ailleurs été commandées par cette même communauté religieuse. Il a pour clients des ordres religieux, des bourgeois et des marchands italiens. On remarque d'ailleurs l'importance des scènes urbaines. Doté d'un sens aigu de la couleur, il réussit dans ses compositions la synthèse des apports de ses prédécesseurs et annonce déjà la Renaissance. La sérénité de ses personnages contraste avec le maniérisme qui caractérisera les peintres du XVIe s.
Situé dans une petite salle qui n'est autre que la chapelle de l'hôpital Saint-Jean. Quelques œuvres exceptionnelles sont installées dans ce lieu spécialement conçu pour leur mise en valeur. Privilège esthétique rare !
– *La châsse de sainte Ursule :* sur un coffre de bois sculpté, agencé comme une chapelle gothique, on voit le récit du pèlerinage à Rome de sainte Ursule accompagnée de ses 11 000 vierges, leur retour par Bâle et leur massacre par des païens à Cologne. La légende se situe aux premiers siècles de la chrétienté, mais Memling a représenté le cadre géographique et les costumes de son époque. On reconnaît les clochers de Cologne.
– *Triptyque de saint Jean-Baptiste et saint Jean l'Évangéliste :* le panneau central évoque le mariage mystique de sainte Catherine. Les épisodes de la vie des deux saints Jean (patrons de l'hôpital) sont évoqués par une succession de scènes à l'arrière-plan. La vision de l'Apocalypse de l'Évangéliste à Patmos est fulgurante d'imagination et le regard que posent les spectateurs sur le Baptiste lors de sa décapitation en dit long sur le dédain qu'ils ont pour lui.
– Deux petits triptyques : celui de l'*Adoration des Mages* et celui de la *Déploration du Christ* sont moins spectaculaires mais bien délicats tout de même.
– Dans la chapelle Corneille adjacente (mais parfois placé aussi dans la salle) : un portrait de jeune fille, souvent appelée la *Sybille Sambetha*, car on a longtemps pensé qu'elle représentait la Persane qui annonça la venue du Christ. Le relief est accentué par le bout des doigts débordant du cadre.
– *Diptyque de Maarten Van Nieuwenhove :* les deux personnages se trouvent dans la même pièce. La preuve en est donnée par le reflet de leur dos dans un petit miroir rond derrière la Vierge. Le portrait du donateur est attendrissant.

L'ancienne pharmacie
On y accède par l'extérieur, avec des horaires un peu réduits (9h30-11h45, 14h-17h).
Mérite absolument ce détour, qui ne vous prendra que quelques minutes : un petit cloître entoure une jolie cour intérieure avec un puits à margelle et des parterres de simples. Dans la pharmacie : mortiers, balances, pots en grès témoignent de l'activité de cette ancienne institution. Dans la salle de réunion annexe, quatre siècles de pharmaciens vous contemplent. Certains étaient espagnols.

🍴 Au bord du canal, et à l'intérieur des anciens bâtiments de l'hôpital, restaurés de façon très contemporaine, un bar-*lounge*, le **B.In.** L'endroit est plaisant, design au possible, sous une grande verrière. Si le resto est hors de prix, on peut toujours s'y arrêter pour boire un verre. De la terrasse (merveilleuse !), on voit passer les bateaux et on aperçoit les visiteurs se balader sur le toit de la brasserie *De Halve Maan*.

🏃🏃 *Godshuizen* (maisons-Dieu ; plan couleur I, B3) : *sortir de l'hôpital Saint-Jean, prendre à droite et emprunter la très animée Katelijnestraat. Immédiatement, vous apercevrez à gauche et à droite (Stoofstraat) des entrées de couloir chaulées et surmontées d'un nom et d'une date. Allez voir, vous vous trouvez en présence des maisons-Dieu.*

La maison-Dieu est un phénomène social et urbain typiquement brugeois. Les plus vieilles datent du XIIIe s mais leur nombre n'a cessé d'augmenter au fil des siècles.

Au milieu du XIXe s, Bruges était la ville la plus pauvre du pays et on se rappelle qu'à partir du XVIe s elle a cessé de se développer : de grandes zones sont restées vides à l'intérieur des remparts. Par ailleurs, la misère s'est installée et une partie de la population s'est retrouvée sans même un toit. Les guildes, propriétaires de terrains vides (souvent des « fonds de jardins »), se sont préoccupées du sort de ces miséreux et ont financé la construction de ces petites maisons basses, faites d'une seule pièce, une seule fenêtre et une lucarne mais, luxe pour l'époque, disposant au centre d'un point d'eau, d'un jardin potager et de toilettes.

Une chapelle jouxte l'ensemble et rappelle par sa présence le caractère religieux de cette assistance. Les riches Brugeois ont toujours pratiqué la charité, mais les causes de la pauvreté n'ont jamais été éradiquées. Actuellement, ces maisons sont restaurées et gérées par la commission d'assistance publique qui les attribue à des retraités ou à des personnes à revenus modiques. Il s'en dégage un charme de maison de poupée tout à fait désuet et une grande quiétude.

Un peu plus loin se trouvent plusieurs beaux ensembles, datant du XVIIe s pour la plupart : *Godhuis De Pelikaan* (Groene Rei), *Zorghe* et *Schippers* (Stijn Streuvelsstraat), *De Vos* (Noordstraat), *Meulenaere* et *Saint Joseph* (Nieuwe Gentweg), etc. On compte en tout à Bruges près de 40 sites et 260 maisons. Vous pouvez y pénétrer, tout en respectant bien sûr l'intimité des habitants.

➤ Par la *Stoofstraat* (rue des Étuves : bains publics, fréquentés au Moyen Âge par les hommes et les femmes ensemble !), on débouche sur le *Walplein,* petite place ombragée où se trouve une des « attractions » favorites des touristes...

🏃🏃 *Brouwerij De Halve Maan* (brasserie La Demi-Lune ; plan couleur I, B3, **131**) : *Walplein, 26.* ☎ *050-444-222.* ● *halvemaan.be* ● *Visite guidée : Pâques-oct, départ ttes les heures 11h-16h (17h sam) ; en hiver, 2 départs en sem à 11h et 15h, le w-e, départ ttes les heures 11h-17h (16h dim). Entrée : 7,50 € ; boisson comprise ; réduc ; gratuit avec la City Card. Durée : 45 mn. Accès difficile pour les pers à mobilité réduite.* Datant de 1546, c'est la dernière brasserie qui subsiste en centre-ville. La visite de cette ancienne malterie intéressera tous ceux qui n'ont jamais vu ce genre d'exploitation, d'autant plus que « la » guide est un modèle du genre, dosant érudition et humour, pour mieux captiver petits et grands. Tout le processus de fabrication est expliqué et, en parcourant les installations, restées dans leurs jus, les visiteurs découvriront nombre de détails concernant aussi bien les plantes que les hommes ayant leur rôle à jouer dans le brassage de la bière, tandis que les amateurs apprécieront les collections de verres, de canettes, de cartons à bière, etc. Dans les cuves, vous l'apprendrez peut-être, comme les 100 000 visiteurs annuels, les ouvriers chargés du nettoyage devaient porter un masque pour se prémunir d'une cuite aux vapeurs d'alcool. Suivez la visite, d'ailleurs, si vous voulez éviter les maux de tête à l'avenir, et ne plus vous faire remarquer en demandant une bière sans mousse. L'atelier du tonnelier et l'estaminet 1900 achèvent la visite, ça tombe bien, vous allez pouvoir passer aux travaux pratiques. À noter : la vue depuis les toits est magnifique et la bière, la *Brugse Zot* – offerte avec le billet –, une blonde du meilleur goût.

🏃 *Diamantmuseum* (musée du Diamant ; plan couleur I, B3, **132**) : *Katelijnestraat, 43.* ☎ *050-34-20-56.* ● *diamondmuseum.be* ● *Tlj 10h30-17h30. Entrée : 7 € ; 10 € si vous voulez assister à une démonstration de taille à 12h15 (parfois 13h15 ou 15h15) ; gratuit avec la* City Card.

Si le but est malgré tout commercial (ne rêvons pas !), cet espace d'exposition nous apporte la preuve que le diamant était déjà taillé à Bruges à la fin du XIVe s, et ce avant Anvers, la grande rivale commerciale. La présence dans les chroniques d'un certain Van Berquem, tailleur de pierres précieuses de son état, l'atteste. Il est vrai que la présence de la cour de Bourgogne dans la ville avait de quoi lui garantir du boulot.

DIAMANT CONTRE DIABLE

L'incube, ce démon qui couchait avec les femmes endormies, était la terreur des hommes au Moyen Âge. Le diamant, symbole de fidélité, protégeait l'épouse de ces assauts répugnants. Voilà pourquoi, même si l'on en a oublié la signification, on offre toujours un diamant à sa fiancée.

Toutes les facettes de la taille sont décrites et les outils d'époque exposés. Volonté didactique des panneaux décrivant l'origine géologique du diamant, ainsi que les aspects contemporains de cette industrie, dont la valeur des échanges commerciaux atteint des sommes faramineuses. Expo de quelques-uns de ces précieux joyaux sertis dans des parures tant anciennes que modernes et copies des diamants les plus célèbres du monde. Prix d'entrée quand même très élevé par rapport à l'intérêt, dommage. À moins, bien sûr, d'être passionné par le sujet.

⊚ ✳✳✳ *Prinselijk Begijnhof ten Wijngaarde* (béguinage princier de la Vigne ; plan couleur I, B3) : *par la Wijngaardstraat, on rejoint le site le plus emblématique de la ville. Tlj 6h30-18h30.*
Le béguinage de Bruges est à la Flandre ce que la tour Eiffel est à la France : un lieu emblématique. Avec les autres béguinages de Flandre, il est désormais classé au Patrimoine mondial de l'Unesco. C'est vrai que de cet endroit (exceptionnel en hiver) se dégage une indicible poésie, comme si une grâce divine se manifestait en permanence dans

WHEN BEGAN *THE* BÉGUINE

Fondé en 1245, le béguinage héberge des femmes qui, tout en vivant en communauté – mais sans prononcer de vœux –, mènent une vie à la fois pieuse et active, une sorte de spiritualité laïque, en somme. Les béguines donnent des soins aux malades. Elles sont chassées par les guerres de Religion, puis par la Révolution française, et la dernière béguine s'éteint en 1928. Les lieux sont actuellement occupés par une congrégation de bénédictines qui portent la traditionnelle robe noire rehaussée de la coiffe blanche.

le bruissement du feuillage de ses hauts peupliers. L'éclat impressionniste des taches de soleil sur les pelouses piquetées de jonquilles, le trottinement d'une religieuse se pressant vers la chapelle, le bandeau rouge et blanc des maisonnettes cachées derrière le muret de leur jardin, tout cela contribue à faire du béguinage un lieu habité par les anges.
– Une petite *église Sainte-Élisabeth* sert de lieu de culte aux bénédictines. Vous pourrez, en vous faisant discret, assister à la célébration des vêpres, chantées de leurs petites voix cristallines. Vous y verrez une belle chaire sculptée supportée par un ange solide et courageux. Tout autour, lambris de chêne. Belles stalles ciselées ainsi que le buffet d'orgues.
– Une *maison de béguines* est aménagée en petit *musée (à gauche près du portail d'entrée ; lun-sam 10h-17h, dim à partir de 14h30 ; entrée : 2 € ; réduc ; gratuit avec la City Card).* Vie quotidienne, cuisine, meubles et petit cloître.

✳✳ *Minnewater* (lac d'Amour ; plan couleur I, B3) : autre lieu d'un romantisme incontesté. L'ancien bassin principal est fermé vers l'intérieur par la maison de l'Éclusier. De l'autre côté, une grosse tour de défense garde l'accès au canal Bruges-Gand. C'est un vestige des fortifications qui ceinturaient la ville.

➤ Arrivé à l'extrémité sud de la promenade, pour rejoindre le centre, reprendre la Katelijnestraat jusqu'à Notre-Dame et poursuivre par la *Heilige Geeststraat* jusqu'au pied de la grande tour de brique.

🏚🏚 **Sint Salvatorskathedraal** *(cathédrale Saint-Sauveur ; plan couleur II, A2) :* *Sint Salvatorhof.* ● *sintsalvator.be* ● *Tlj sf dim pdt les offices 10h-13h, 14h-17h30 (15h30 sam).* **Attention, le chœur et le transept sud sont actuellement en rénovation donc inaccessibles.**

Au IXe s se dressait ici une église romane. De construction en incendie et de destruction en restauration, cette église de brique est devenue cathédrale à la suite de la disparition de Saint-Donatien. Il se dégage de son clocher une impression de massive austérité, même si le sommet néoroman égaye un peu l'ensemble. L'intérieur atténue cette impression : pour une fois, le chœur n'est pas trop envahi de baroque, le jubé du XVIIIe s a été déplacé en 1935 pour se retrouver au fond de l'église, surmonté d'orgues, et c'est mieux ainsi. La statue du Dieu créateur en marbre blanc est signée Arthus Quellin. Le XIIIe chapitre des chevaliers de la Toison d'or s'y est tenu en 1478. On peut y voir les blasons. Dans le chœur, deux mausolées et une belle châsse (de saint Éloi), ainsi que de belles stalles du XVe s. Huit tapisseries du XVIIe s, largement tendues sur les murs, racontent la vie du Christ. Dans les chapelles adjacentes, tout à fait dignes d'intérêt, un retable représentant l'arbre généalogique de sainte Anne et un christ en croix qui a l'air de taper dans un ballon. La légende dit qu'en fait il a repoussé un iconoclaste qui voulait le détruire.

En revenant vers le narthex, on aperçoit, comme à l'église Notre-Dame, des sarcophages peints, véritables chefs-d'œuvre de l'art roman (en accès gratuit cette fois !). En levant la tête, on peut voir l'intérieur de la tour (0,50 € pour éclairer).

🏚🏚 **Le trésor de la cathédrale :** *tlj sf sam 14h-17h. GRATUIT.* Un véritable « petit » musée d'art religieux qui surprend par sa richesse : *La Dernière Cène,* un triptyque de Pourbus (1559), le *Martyre de saint Hippolyte* de Bouts et Van der Goes, une série de lames funéraires en cuivre (spécialité brugeoise née du manque de pierres dans la région) et un très beau portrait de Charles Quint à 20 ans.

➤ Par la très commerçante *Steenstraat,* à droite, on rejoint le Markt, terme du premier itinéraire.

🏚 **Sound Factory** *(plan couleur II, A2, 142) :* 't Zand, 34. ● *sound-factory.be* ● *Juste à côté de l'office de tourisme, au 7e étage. Tlj sf lun (ouv Pâques et Pentecôte) 9h30-17h (dernier ticket 16h30). Entrée : 6 € ; gratuit avec la City Card.* Une nouvelle attraction qui permet de jouer de la musique à l'aide d'engins high-tech comme l'OMNI, un gros champignon à 108 faces qui synthétise une infinité de sons, ou plus simplement de jouer du carillon sur les 21 cloches de bronze de l'ancien beffroi. C'est distrayant, mais un peu cher pour ce que c'est... Reste la très belle vue sur les toits de Bruges depuis le toit-terrasse.

Promenade dans les quartiers moins fréquentés

Si vous avez décidé de faire la suite à vélo, c'est le moment d'en louer un dans la Hallestraat, à droite du beffroi. À vélo, attention, certaines portions de rue sont à sens unique même pour les cyclistes. Regardez bien les panneaux : *uitgezonderd* signifie « sauf ». Dans le cas d'une interdiction totale, poussez votre bécane à la main sur le trottoir. La maréchaussée est aimable mais ferme.

➤ On quitte le Markt par le fond à droite (Philipstockstraat). Quatrième à gauche (Middelburg), ensuite tout droit par Sint Walburgstraat pour arriver sur Sint Maartensplein.

🏚 **Sint Walburgakerk** *(église Sainte-Walburge ; plan couleur II, B1, 136) :* *Boomgaardstraat.* Le prototype de l'église de style jésuite, c'est un monument d'une grande unité esthétique. Première au monde à avoir été dédiée à saint François-Xavier. On a affaire à un baroque assez dépouillé et la succession des colonnes toscanes rythme harmonieusement la nef. Les confessionnaux Empire ont quelque chose d'égyptien ; jetez un coup d'œil sur la finesse du travail du banc de communion. C'est une église qui contraste beaucoup avec ses consœurs brugeoises. Tous les soirs de Pâques à fin septembre, sauf le mercredi, le doyen y organise des auditions de musique enregistrée (entre 20h et 22h) ; du Bach ou des chants grégoriens, dans la lumière nimbée du couchant irradiant la grande nef blanche.

🏛🏛 *Le quartier Sainte-Anne : contourner Sainte-Walburge sur la droite, par Kandelaarstraat, pour se retrouver sur le Verversdijk ; prendre à gauche et passer le petit pont en dos-d'âne pour plonger vers l'église Sainte-Anne.* Cette partie de Bruges est éminemment pittoresque. Le quartier fut aussi très pauvre. Si les petites maisons basses ont l'air de nos jours toutes pimpantes, il faut se rappeler qu'au XIXᵉ s elles hébergeaient une population misérable. Le miracle, c'est qu'elles n'aient pas été rasées.

🏛🏛 *Sint Annakerk* (église Sainte-Anne ; plan couleur II, C1) : *avr-fin sept, tlj sf sam ap-m et dim 10h-12h, 14h-16h.* D'apparence extérieure banale, elle surprend dès l'entrée par l'exubérance de la décoration, essentiellement du XVIIᵉ s. Une église paroissiale frappée par le délire ornemental. Profusion de boiseries, de cuivre, de peintures monumentales et d'odeurs d'encens. C'est lourd, surchargé et il n'y a pas un mètre carré de libre. Mais, en définitive, c'est cohérent. Après la messe, le *disbank* à droite de l'entrée servait de comptoir de distribution de jetons pour se procurer vivres et vêtements.

➤ Prendre ensuite, à l'arrière de l'église, la Venkelstraat et, tout de suite à droite, le Rolweg.

🏛🏛 🚶 *Volkskundemuseum* (musée des Arts et Traditions populaires ; plan couleur I, C1) : *tlj sf lun 9h30-17h. Entrée : 4 € ; gratuit avec la City Card. Plan en français.* Huit anciennes maisons-Dieu en enfilade abritent cet adorable et intéressant petit musée. On se promène dans des reconstitutions thématiques de la vie d'il y a 100 ans. Dans l'ordre, la classe, la cordonnerie, le sabotier, l'épicerie et la salle consacrée aux pipes et au tabac, la chambre à coucher, la salle de séjour, la confiserie, la pharmacie, la chapellerie, le tailleur... La cour aménagée en jardin intérieur offre un cadre idéal à une halte reposante. L'estaminet du *Zwarte Kat* contient un piano mécanique et la salle du haut présente des souvenirs du tirage au sort pour le service militaire et pas mal d'autres objets thématiques.

➤ Par la *Balstraat*, on arrive à l'exotique église de Jérusalem et au centre de la Dentelle attenant.

🏛🏛 *L'église de Jérusalem* (plan couleur I, C1) : *Peperstraat. Pour les heures d'ouverture, voir le Centre de la dentelle.* C'était l'église privée d'une riche famille de marchands génois, les Adornès. Elle appartient toujours à leurs descendants. Deux d'entre eux, vers 1470, au retour d'un pèlerinage en Terre sainte, obtinrent du pape l'autorisation de bâtir une église sur la base des plans de l'église du Saint-Sépulcre. Voilà pourquoi cette construction paraît si atypique, avec son clocher-tour surmonté de la croix de Jérusalem et de la palme de Sainte-Catherine (du mont Sinaï). Les deux tourelles arborent un soleil et un croissant de lune. À l'intérieur, les gisants Adornès, dont le visage est illuminé par le soleil au solstice d'été (d'autres membres de la famille reposent sous les dalles). Sous la chapelle, une fausse crypte avec une copie du tombeau du Christ. Vitraux remarquables également.

🏛 *Kantcentrum* (Centre de la dentelle) : *Balstraat, 16.* ● *kantcentrum.eu* ● *Tlj 10h-12h, 14h-18h (17h sam). Entrée : 3 € ; gratuit avec la* City Card. Expos de pièces de dentelle, évidemment, et explication des techniques de fabrication. L'après-midi, on y voit d'ailleurs des dentellières au travail. À ce propos, sachez que la dentelle fabriquée à Bruges est, sinon introuvable, du moins chère et bien cachée. Celle qui est vendue dans les boutiques est authentique, dans la mesure où les techniques utilisées et les modèles le sont, mais elle est faite en Asie dans des ateliers gérés par les sœurs missionnaires qui ont enseigné cet art populaire aux jeunes Philippines.

➤ 🏃 À quelques pas de là, on emprunte la Stijn Streuvelsstraat pour se retrouver en bordure d'un parc où s'exercent, un n° 59, les très dignes arbalétriers de la **Sint Jorisgilde** *(guilde Saint-Georges ; plan couleur I, C1, **140** ; entrée : 2 €).* Les membres tirent tous les mardi et vendredi dès 18h. Ils sont en blazer avec écusson et cravate, portent des titres et s'appellent *confrater.* Ils ont le privilège d'escorter le Saint-Sang avant la procession et sont fiers de leurs traditions qui remontent au XIVe s. Leur local, visible sur demande, abrite une collection d'arbalètes et de souvenirs passionnants. Ils se font un plaisir d'accueillir le visiteur pour expliquer toutes les subtilités de ce noble art, pas du tout dépassé puisqu'il paraît que l'armée suisse utilise encore cet engin ! Vous pourrez aussi les voir tirer à la verticale des plumets fichés à 36 m au sommet d'un mât.

➤ En poursuivant dans la même rue, on aboutit au canal extérieur.

🏃 **Windmolens** *(moulins à vent ; plan couleur I, C1, **141**) : en saison, mai-sept, tlj sf lun 9h30-12h30, 13h30-17h (slt le w-e en sept). Entrée : 3 € ; gratuit avec la* City Card. Au XVe s, 28 moulins tournaient de concert. Aujourd'hui, seuls celui du nord (Sint Janhuis), encore en activité, et le moulin Koelewei (juillet-août, mêmes horaires) peuvent être visités. La machinerie est toujours aussi impressionnante.

🏃 **Sint Sebastiaansgilde** *(guilde des Archers de Saint-Sébastien ; plan couleur I, C1, **143**) : Carmerstraat. Mai-sept, mar-jeu 10h-12h, sam 14h-17h ; hors saison, mêmes j. mais 14h-17h. Entrée : 3 €. Demandez que l'on vous diffuse le commentaire en français, très bien réalisé.* Sa fondation date de 1302 (encore !). La milice très sélecte accueillit Charles II d'Angleterre lorsqu'il vivait en exil à Bruges, chassé par Cromwell. Depuis, tous les souverains anglais en sont membres de fait. Ces messieurs s'exercent le lundi soir soit dans le jardin, soit dans une longue galerie couverte.

🏃 **Engels Klooster** *(couvent anglais ; plan couleur I, C1, **144**) : Carmerstraat, 85. Sonnez au n° 83 et la sœur tourière vous fera entrer en vous remettant un dépliant explicatif. Tlj 14h-15h30, 16h15-17h15. Fermé mer et dim. Gratuit pour les individuels.* La seule église avec coupole de la province est un superbe édifice baroque Renaissance. Le pavement bicolore en étoile et l'autel composé de 23 marbres différents sont remarquables.

➤ Pour la suite du parcours, il vous faudra un peu pédaler (ou marcher) : prenez à droite la *Speelmanstraat,* puis à gauche la *Snaggaardstraat* (petits zigzags, dus aux sens interdits) pour déboucher sur le *Potterierei,* le très joli canal qui mène au Dampoort. Remontez-le sur la droite sur 300 ou 400 m. Profitez du charme fou de ce canal tranquille à l'écart des foules. Si vous apercevez l'un des célèbres cygnes brugeois, sachez que la ville s'en occupe attentivement (la promesse faite à Maximilien !) et qu'ils ont, gravés sur leur bec, le « B » de Bruges ainsi que leur date de naissance !

🏃 **Onze Lieve Vrouw ter Potterie** *(musée de l'hôpital Notre-Dame-de-la-Potterie ; hors plan couleur I par B1, **145**) : Dijver, 1. ☎ 050-44-87-11. Tlj sf lun 9h30-12h30, 13h30-17h. Entrée : 4 € ; réduc ; gratuit avec la* City Card. Très ancienne institution caritative qui fonctionne encore de nos jours. L'hôpital a rassemblé dans un musée les trésors de son patrimoine : toiles de Van Oost, de Pourbus, art religieux, livres d'heures et meubles. L'*église* attenante est d'un baroque somptueux : les cuivres brillent, les marbres resplendissent. On vous propose de poser vos lèvres sur une relique de saint Idesbald !

➤ En quittant le quai droit, on passe en face sur le *Lange Rei* pour retourner vers le centre. À la hauteur de Sint Gilliskoorstraat, tourner à droite.

🏃 **Sint Gilliskerk** *(église Saint-Gilles ; plan couleur I, B1, 146)* : église de quartier, elle est intéressante pour son architecture de type église-halle. À l'intérieur, un polyptyque de Pourbus, *L'Adoration des Mages*. Pour le reste, l'église est un peu dénudée.

🏃 En quittant ce quartier d'un calme hors du temps, on prend par l'Oost-ggistelhof, le Spaansebrug et la Spanjaarstraat pour arriver à hauteur de la jolie **Van Eyckplein** (avec la statue du peintre). À l'angle d'Academiestraat se dresse la masse imposante de l'**Oude Tolhuis** *(ancien Tonlieu ; plan couleur II, B1, 147)* de 1478. C'était une sorte de douane où le droit de passage était perçu. Il contient à présent les 130 000 volumes de la bibliothèque communale.
Cette place est le centre du **quartier hanséatique,** du nom de la Hanse, association des ports de la Baltique à laquelle Bruges était affiliée. Les diverses nationalités présentes à Bruges avaient leur propre rue, leur auberge et leur comptoir commercial. Les noms des rues environnantes en gardent la trace.
À proximité, à un angle, la **loge des Bourgeois** où, entre autres statues, on peut voir l'*ours de Bruges* que Baudouin Bras-de-Fer terrassa, selon la légende.

🏃 **Choco-Story** *(plan couleur II, B1, 151)* : *Wijnzakstraat, 2 (Sint Jansplein).* ☎ *050-61-22-37.* ● *choco-story.be* ● *Tlj sf certains j. fériés 10h-17h. Fermé 2ᵉ et 3ᵉ sem de janv. Entrée : 7 € ; réduc. Billet groupé avec Lumina ou le musée de la Frite 11 € ; réduc. Gratuit avec la City Card.* Un petit musée consacré à l'histoire de la fève de cacao, son importance rituelle dans les civilisations précolombiennes, jusqu'à son arrivée en Europe par le biais des Espagnols, et son succès dans les cours royales au XVIIᵉ s, pour devenir une boisson populaire à partir du XIXᵉ s. Ce qui représente 2 600 ans d'histoire, tout de même ! L'aspect économique de la production du cacao n'est pas non plus oublié. Au fil des salles, belle collection de chocolatières et surtout quelques splendides spécimens d'art précolombien. On y trouve aussi un ensemble de moules et de râpes de toutes formes. Enfin – à tout seigneur, tout honneur –, le dernier étage est consacré au chocolat belge et à ses spécificités, rendant ainsi hommage à Neuhaus, l'inventeur de la praline en 1912. Les spécialistes apprécieront la collection de boîtes à l'effigie de la famille royale. Quant aux plus raisonnables, ils s'attarderont sur les panneaux qui expliquent les effets du chocolat sur la santé.
Et, pour finir la visite, après la salle des sculptures (en chocolat bien sûr !), démonstration de la fabrication des différents types de chocolat, histoire de vous mettre l'eau à la bouche avant de sortir par la boutique. Un joli petit musée succulent à parcourir, avec des vitrines et des panneaux explicatifs concis et bien faits, qui fera saliver les amateurs mais intéressera aussi tous les gourmands.

🏃 **Lumina Domestica** *(musée de l'Éclairage ; plan couleur II, B1, 151)* : *Wijnzakstraat, 2 (Sint-Jansplein).* ☎ *050-61-22-37.* ● *luminadomestica.be* ● *Tlj sf certains j. fériés 10h-17h. Fermé 2ᵉ et 3ᵉ sem de janv. Entrée : 6 € ; réduc. Billet groupé avec Choco-Story 11 €. Gratuit avec la City Card.* Pour les lecteurs intéressés par l'histoire de l'éclairage artificiel à travers les âges (y a de la matière, ça remonte à 400 000 ans), un musée passionnant regroupant les collections du patron de *Choco-Story,* qui n'a rien d'un illuminé, sa réussite le prouve. De la torche à l'ampoule électrique (plus de 6 000 pièces anciennes) en passant par les lampes à huile égyptiennes et romaines, les lampes à pétrole et à gaz... En prime, vous saurez tout sur le ver luisant et le poisson-lanterne !

🏃 **Frietmuseum** *(musée de la Frite ; plan couleur II, B1, 152)* : *Vlamingstraat, 33.* ☎ *050-34-01-50.* ● *info@frietmuseum.be* ● *frietmuseum.be* ● *Tlj sf certains* *j. fériés 10h-17h. Fermé 2e et 3e sem de janv. Entrée : 6 € ; réduc. Billet groupé avec Choco-Story 11 € ; réduc. Gratuit avec la City Card*. Étonnant, le premier musée au monde sur ce sujet, même si on aurait rêvé d'un lieu plus aéré, plus fou, pour ce voyage au pays de la frite. Installé derrière une façade magnifique des XIVe-XVe s (l'édifice original abritait la représentation commerciale de Gênes), ce musée de la Frite aurait dû se compléter d'ailleurs de « et de la Pomme de terre » ! Riche histoire qui commence au Pérou et qui livre son pesant d'anecdotes et infos insolites. Vous apprendrez comment le tubercule arriva aux Pays-Bas en 1567 via les Canaries, et comment il contribua à supprimer la terrible maladie de l'ergot de seigle (fléau des paysans). Édition originale du livre écrit par Parmentier et édité en 1789. Émouvante séquence sur la Grande Famine qui frappa l'Irlande en 1845 lorsque toutes les cultures de pomme de terre furent anéanties par le *Phytophthora infestans,* un genre de mildiou. Bien sûr, séquences sur ses cousines : les maniocs, patates douces, topinambours...

Pour qui voudrait tout savoir sur *la frite, sa culture,* explications sur sa naissance dans la vallée de la Meuse, ses premiers bains à 170 °C dans la graisse de bœuf et de cheval. Premiers appareils à faire les frites, pittoresques vieux modèles, friteuses de toutes tailles... On apprend comment la Belgique devint la terre d'élection de la frite, sur fond de photos de baraques à frites, livres, affiches, documents divers.

I●I C'est dans la cave médiévale voûtée, faute de jardin, qu'on dégustera des frites délicieuses, fondantes et cependant bien craquantes à l'extérieur...

⚲ *Huis ter Beurze (maison Van der Beurse ; plan couleur II, B1, 148) : à l'angle de Grauwwerkersstraat et Vlamingstraat.* Cette maison, toute rectangulaire (et toute en hauteur), abritait au XIVe s une auberge où les marchands italiens traitaient leurs affaires : la première bourse du monde !

⚲ *Hof Bladelin (ancien hôtel Bladelin ; plan couleur II, B1, 149) : Naaldenstraat, 19. Tlj sf dim 10h-*

BOURSE STORY

Le terme de « bourse » apparaît au début du XIVe s. Une auberge de Bruges, qui porte le nom de ses propriétaires, Van der Beurse, est le lieu d'échange pour les marchands. Rapidement, on disait aller « à la Beurse », chaque fois qu'on réglait l'aspect financier d'une affaire. En 1309, le phénomène s'institutionnalise par la création de la Bourse de Bruges.

12h, 14h-17h. Si c'est fermé, il suffit de sonner ! GRATUIT. Il se distingue par sa tourelle décorative. Il eut des occupants célèbres : Bladelin, trésorier de la Toison d'or, Laurent de Médicis (buste dans une niche), Tomasso Portinari et le malheureux Lamoraal d'Egmont (raccourci par le duc d'Albe). On peut visiter la cour.

➤ En poursuivant par la même rue et en empruntant la petite Boterhuis, on aperçoit l'arrière de l'église Saint-Jacques.

⚲ *Sint Jacobskerk (église Saint-Jacques ; plan couleur II, A2, 150) : tlj en saison slt, 10h-12h, 14h-17h (ou alors à l'occasion de la messe, sam à 14h30).* Église-halle à trois nefs, elle fut embellie par les dons des ducs de Bourgogne, proches résidents. Les iconoclastes ne laissèrent pas grand-chose des trésors qui la meublaient. Il reste tout de même quelques miettes remarquables : le jubé, des peintures de Blondeel et de Van Oost et, surtout, un retable attribué à un anonyme brugeois, le Maître de la légende de sainte Lucie, qui peignit *La Légende de sainte Lucie de Syracuse.* La ville de Bruges y est représentée à l'arrière-plan.

➤ L'itinéraire se termine par un retour vers le Markt par la Sint Jacobsstraat. Il reste des quantités de petits coins à explorer mais là, on vous laisse le plaisir de la découverte.

BRUGES ET SES ENVIRONS

Balade en bateau

🚣🚣🚣 Cinq embarcadères différents mais tous situés en plein centre, à un jet de pierre les uns des autres. *Même itinéraire de 30 mn pour ts les bateaux. Pas d'horaires fixes : on attend que le bateau soit plein pour partir. En saison (de mars à mi-nov), ils circulent en principe tlj 10h-18h ; hors saison, w-e et vac scol slt. Arrêt complet de la navigation janv-fév. Prix : 7,60 € ; ½ tarif pour les enfants ; gratuit avec la City Card. En cas d'averse, on vous prête un parapluie.* Un complément sympa à votre promenade pédestre. S'il ne faut rien en attendre du point de vue du commentaire (inepte, bavard et débité en quatre ou cinq langues à la fois), le parcours offre des points de vue légèrement différents de ce qu'on voit en marchant.

Manifestations

– **Procession du Saint-Sang :** *ts les ans, le jeudi de l'Ascension (le 14 mai en 2015).* On en trouve la trace depuis 1291. Bruges sort ses plus beaux atours pour célébrer la tradition de la procession du Saint-Sang. Cette fête à caractère essentiellement religieux draine des dizaines de milliers de spectateurs, qui s'installent des heures à l'avance pour se trouver aux lieux de passage stratégiques du cortège. Le défilé présente des tableaux vivants de l'Ancien et du Nouveau Testaments. Suit alors un cortège de marchands et de métiers du Moyen Âge, qui précèdent Thierry d'Alsace et sa suite rapportant la précieuse fiole du Saint-Sang de Jérusalem. La mise en scène n'a rien d'un carnaval et une certaine dramaturgie naïve n'est pas sans rappeler les « mystères » médiévaux. Et lorsque la véritable relique passe, portée par l'évêque et sa suite, l'assistance se lève et se signe dans un recueillement impressionnant. On entend voler les mouches. C'est aussi cela la Flandre.
– **Triënnale :** du 20 mai au 18 octobre 2015 se tiendra la première édition de cette manifestation dédiée à l'art contemporain, dans la lignée de ce qu'avait proposé Bruges, en 2002, alors qu'elle était capitale européenne de la Culture.
– **Zandfeesten :** *juil-sept.* Puces de luxe sur le Zand.
– **Cactus Festival :** *le 2ᵉ w-e de juil.* ● *cactusmusic.be* ● Festival de musique en plein air (rock, reggae...).
– **Fête des Canaux :** *ts les 3 ans en août. Prochaine édition en 2016.* Plus folklo-touristique, cette fête se passe en nocturne à grand renfort de costumes chatoyants, de danses et d'effets sonores et lumineux le long des canaux.
– **Fastes de l'Arbre d'or :** *ts les 5 ans fin août, 2 dim consécutifs. Prochaine édition en 2017.* Dans le même registre, ceux-ci reconstituent le mariage de Charles le Téméraire et de Marguerite d'York. Quelque 90 groupes participent au spectacle qui est, par son ampleur, la reconstitution la plus brillante du calendrier brugeois.

DANS LES ENVIRONS DE BRUGES

JABBEKE (8490)

🏛🏛 *Le musée provincial Constant-Permeke :* Gistelsesteenweg, 341. ☎ 059-50-81-18, ● *muzee.be* ● À 15 km à l'ouest de Bruges. Tlj sf lun 10h-12h30, 13h30-18h (17h30 en hiver). Entrée : 3 € ; réduc avec la City Card.
Permeke a habité cette grosse maison des « Quatre-Vents » de 1930 à sa mort en 1952. Quelque 150 œuvres y sont exposées, dont la quasi-intégralité de ses sculptures.
Membre actif de la première école de Laethem-Saint-Martin, Permeke participe à la guerre de 1914-1918, est blessé et soigné en Angleterre. C'est là qu'il réalise

ses premières compositions inspirées du monde agricole et animées de personnages façonnés dans la glaise. Revenu à l'Ostende de son enfance, il traite le
milieu des pêcheurs et peint inlassablement la mer et ses aspects changeants.
Installé dans sa maison de Jabbeke, il s'adonne à la sculpture monumentale. La
Bretagne lui inspire un retour aux paysages. Une rétrospective a lieu à Anvers un
an avant sa mort, où il se voit consacré comme le peintre belge le plus important
de l'entre-deux-guerres.

Ce qui différencie Permeke de l'école expressionniste allemande, c'est l'exploitation systématique de la matière. La couleur est appliquée sur la toile en couches
superposées qui rappellent les dépôts argileux des berges des fleuves. Le brun et
le vert dominent, le minéral et le végétal fossilisé s'interpénètrent dans un univers
au tellurisme instinctif. À ceux qui faisaient de longues exégèses de son œuvre,
Permeke répondait par un rire gras et sonore, en affirmant que son art était simplement flamand et paysan. De fait, l'émergence de cette école a coïncidé avec
celle du Mouvement flamand, ancré dans les valeurs liées au sol.

Les œuvres sont disposées agréablement dans cette grosse villa, sans fioritures.
Ses tableaux les plus connus sont ici : *L'Adieu, Le Semeur, Famille...* Mais aussi
une très belle série de dessins de nus qui peuvent rappeler Modigliani en plus
lourd. Dans l'atelier de sculpture, des nus gisants et un « autobuste » en bois qu'on
pourrait croire issu de la statuaire africaine. Quelques sculptures sont disséminées
dans le jardin.

DAMME   (8430)   11 000 hab.

**L'ancien avant-port de Bruges est une ville miniature qu'il ne faut pas rater si
vous avez un peu de temps après votre marathon brugeois. C'est à Damme
que la légende d'Ulenspiegel (Thyl l'Espiègle) a vu le jour. C'est aussi un
excellent point de départ pour randonner à vélo dans les polders, « là où
un canal s'est perdu », comme le chantait le grand Jacques. Enfin, un peu à
l'instar de Redu (dans les Ardennes), Damme est devenu un village du livre
en 1997 et accueille, outre une dizaine de bouquinistes permanents, un marché aux livres le 2e dimanche de chaque mois.**

UN PEU D'HISTOIRE

Damme vient de *dam* (digue), comme dans « Amsterdam ». Vous voyez, c'est
facile le flamand ! Après la fameuse tempête de 1134 qui crée le Zwin, des Fri-
sons (des spécialistes, déjà) viennent endiguer la région et sécher les polders.
Une jetée d'accostage est construite sur le Zwin. À son extrémité, un village de
pêcheurs : Damme. Un canal le relie alors à Bruges. Rapidement, la petite cité
obtient des droits de monopole : le vin de Bordeaux et le hareng de Suède. Début
du boom de la construction, avec l'église Notre-Dame, les halles et l'hôpital Saint-
Jean. Philippe Auguste incendie la ville. On reconstruit mais, dès la fin du XIIe s,
l'ensablement du Zwin menace. Damme reste pour Bruges un relais de première
nécessité. En 1468, c'est à Damme que Charles le Téméraire épouse Marguerite
d'York. Ensuite, même destinée que sa voisine avec la décadence et les guerres
de Religion. Au XVIIe s, les remparts médiévaux sont remplacés par des fortifications à la Vauban. Damme est alors un avant-poste dans la guerre contre les
Pays-Bas. Napoléon fait creuser un canal vers l'estuaire de l'Escaut, sans tenir
compte de l'urbanisation. Résultat, la ville est amputée de moitié. Et, en 1944, de
terribles combats ont lieu à proximité.

Arriver – Quitter

➤ *À pied, en voiture ou à vélo :* il n'y a que 5 km à parcourir de Bruges, c'est dire si on a le choix du moyen de transport. De plus, c'est enfantin à trouver : du Dampoort, au nord de la ville, prendre le long du Damsevaart (le canal) et c'est tout droit.
➤ *En bateau :* départ du Noorweegsekaai *(hors plan couleur I de Bruges par B1).* Le *Lamme Goedzak,* petit bateau touristique à aubes, navigue d'avr à mi-oct 5 fois/j. Le voyage prend 35 mn et le départ a lieu à l'entrée du canal (à gauche) ttes les 2h, 10h-18h. Vous pouvez le prendre à l'aller ou au retour ou bien les deux. *A/R 10,50 €, trajet simple 7,50 € ; réduc.*
➤ *En bus :* début avr-début oct, possibilité de prendre le n° 43 depuis la gare ou le Markt (6 liaisons/j.).

Adresses utiles

ℹ *Office de tourisme :* Jacob Van Maerlandtstraat, 3. ☎ 050-28-86-10. ● toerismedamme.be ● *Sur la place principale. Avr-sept, lun-ven 9h-18h ; w-e 10h-12h, 14h-18h. Le reste de l'année, lun-ven 9h-12h, 13h-17h ; w-e et j. fériés 14h-17h.* Le bâtiment *Het Huyse de Grote Sterre* abrite un musée sur Thyl l'Espiègle (voir rubrique « Personnages » dans « Hommes, culture, environnement ») mais, à moins de bien comprendre le flamand, celui-ci vous laissera plutôt perplexe, la brochure en français proposée à l'accueil n'aidant guère à s'y retrouver. En revanche, doc très complète, en français, sur le bourg. Possibilité de louer des vélos.
■ *Location de vélos :* Tijl et Nele, J. Van Maerlantstraat, 2. ☎ 050-35-71-92. *Tlj sf ven 9h30-18h30. Compter 10 €/j. et 2,50 €/h.* Demandez le parcours fléché de la *« Riante Polderroute ».*

Où dormir ?

Camping

⚐ *Camping Hoeke :* Damse Vaart Oost, 10, à *Hoeke,* à 12 km de Bruges et 7 km de la mer. ☎ 050-50-04-96. *Le long du canal, entre Damme et Sluis, dans la verdure. Ouv de mars à mi-nov. Compter env 18 € pour 2 avec tente et voiture.* Le calme ! Sauf en haute saison où l'on a tendance à entasser les campeurs.

De prix moyens à chic

⌂ *Hofstede De Stamper :* Zuiddijk, 12. ☎ 050-50-01-97. ● destamper. be ● *En pleine campagne à env 2 km de Damme. Depuis Damme, traverser la place, passer devant l'église, puis tourner à gauche vers Lapscheure ; prendre la 1re petite route à droite (Zuiddijk) et rouler env 1 km pour trouver un portail bleu sur votre droite. Double 95 €, petit déj inclus, prix dégressifs. Supplément de 10 € pour 1 seule nuit. Possibilité de table d'hôtes, slt le soir, 33 €/pers (sans la boisson).* 📶 Dans une belle ferme du XVIIe s, toujours en activité, Marc Nyssen a aménagé avec beaucoup de goût 5 chambres rustiques avec tomettes anciennes au sol et poutres apparentes. Beau mobilier traditionnel et une attention toute particulière à ne pas dénaturer le lieu. Également, dans un petit bâtiment annexe, un studio avec 2 lits clos avec des rideaux, une kitchenette et une salle de douche. L'ensemble tout en pin ressemble à une maison de poupée mais, attention, l'escalier pour y accéder est très raide. Dîner de « cuisine bourguignonne ».
⌂ *B & B Hoeve de Steenoven :* Damse Vaart Zuid, 24. ☎ 050-50-13-62. 🖩 0474-27-25-80. ● info@hoevedes teenoven.be ● *hoevedesteenoven. be ● À 1,5 km de Damme, tt droit en longeant le canal. Doublés 55-70 €, petit déj inclus. 10 € de plus en cas de résa pour 1 seule nuit.* 📶 *Entre canaux et champs,* Geert et Ingrid proposent 3 chambres d'hôtes

BRUGES ET SES ENVIRONS

installées dans un ancien corps de ferme. Même déco mi-rustique, mi-contemporaine, mais aménagements différents : la « *cosy* » possède un lit en alcôve, la « *family* » dispose de lits superposés pour les enfants. Salle de petit déj et salle de billard donnent sur la cour de la ferme. Location de vélos pour de superbes balades en perspective.

Où manger ?

Côté restos, l'embarras du choix mais aussi du portefeuille. On est en plein dans la zone des excursions gastronomiques du dimanche, chères aux familles flamandes. À l'addition, c'est le coup d'arbalète !

|●| Tante Marie : *Kerkstraat, 38.* ☎ *050-35-45-03.* ● *info@tantemarie. be* ● *Dans la rue principale. Tlj sf ven 10h-19h. Fermé 10 j. en mars et 2 sem en déc. Formules 16-25 € (avec coupe de champagne !), salades 15,50-21 €, plats chauds 13-19 €.* Salle spacieuse, au décor clair, avec une partie salon de thé et un comptoir où reposent de succulentes pâtisseries (un peu chères néanmoins) et le café. Côté resto, la maison fait dans les pâtes, salades et quiches, croquettes de crevettes. On adore la formule dégustation de 3 plats au choix façon tapas. Idéal pour le déjeuner, d'autant que c'est franchement bon. Service attentionné.

|●| Estaminet Soetkin : *Kerkstraat, 1.* ☎ *050-37-29-47. Tlj sf mer (et jeu en hiver). Snacks 7-13 €, plats 13-21 €.* Le long du canal, près de l'embarcadère. Salle type bistrot, mais surtout grande terrasse idéale en été pour un repas rapide : salades, steaks, anguilles, scampi...

À voir

🎥🎥 Le meilleur moyen de se rendre compte visuellement de ce que Damme a pu être par le passé est de grimper en haut de la *tour de l'église (1 € ; ascension slt en saison)* et, à 43 m d'altitude, d'embrasser le paysage alentour. On distingue nettement le tracé des anciennes fortifications, à l'intérieur desquelles toute une ville se serait. Il n'en reste pas le quart. Et pourtant, ce qui subsiste ne trompe pas. Damme a connu des temps meilleurs, mais il y règne un climat un peu aristo (très *gentleman farmer*), comme si ses vieilles pierres n'en finissaient pas de se remémorer la gloire d'antan.
– Au pied de l'église, un *cimetière* où les saules taillés en candélabres répondent aux pierres de la nef en ruine.

🎥 **Stadhuis** *(hôtel de ville) : ne se visite pas, sf quand il y a des expos.* Datant de 1464, coiffé d'un immense toit, il offre un bel exemple du gothique tardif : dans les niches, entre les fenêtres, les comtes de Flandre continuent à monter la garde du passé. À l'angle sud, deux pierres de justice : on les pendait au cou des femmes médisantes, qui étaient forcées de trimballer ce lourd collier jusqu'à l'église pour se confesser. L'horloge, quant à elle, est d'origine.

🎥 **La statue** sur la place est celle d'un Flamand important : **Jacob Van Maerlant** (XIIIe s), appelé le « père de la poésie néerlandaise ». Ce fut surtout un moraliste que les écoliers flamands sont obligés de se farcir, parce qu'il fut l'un des premiers à utiliser la langue populaire, le *diets*. Sa pierre tombale est dans l'église. On la prend à tort pour celle de Thyl l'Espiègle, qui est un personnage de fiction. Une farce digne de son esprit frondeur serait à l'origine de la confusion.

🎥 **Sint Janshospitaal** (hôpital Saint-Jean) : *Kerkstraat, 33.* ☎ *050-46-10-80.* ● *ocmw-damme.be/museum-st-jan* ● *Pâques-fin sept, tlj sf lun et ven mat 11h-12h, 14h-18h. Entrée : 1,50 € ; réduc, notamment avec la* City Card. Fondé par Marguerite de Constantinople au XIIIe s, il tenait ses revenus de la « jauge des

vins ». Le père jaugeur mesurait la capacité des tonneaux de vin de Bordeaux importés à Damme. Nul doute que la fonction était très convoitée.
– Un petit *musée* présente un ensemble d'objets religieux, de meubles, de pierres tombales et un *Christ* de Duquesnoy.

Manifestation

– *Marché aux livres :* le 2ᵉ dim de chaque mois.

OSTENDE (OOSTENDE)   (8400)   69 000 hab.

La « reine des plages » de la Belle Époque a beaucoup perdu de son lustre. Elle ressemble davantage aujourd'hui à une vieille dame anglaise un peu fripée, surtout en basse saison. Le rêve de Léopold II d'en faire le centre d'un littoral à l'urbanisation cohérente et harmonieuse s'est bel et bien effiloché au fil des décennies sous l'appétit des promoteurs et l'absence de scrupules des responsables politiques. Il faut dire aussi que l'ouverture du tunnel sous la Manche, privant les Ostendais du flux maritime des *British* qui avaient l'habitude d'y faire escale, n'a pas aidé la cité à trouver un nouveau souffle. On notera tout de même qu'Ostende reste la ville la plus animée de la côte belge, en particulier les soirs de fin de semaine, le long de *Langestraat.* Pour conclure sur une autre note positive, on précisera aussi que les amateurs d'art y trouveront un excellent musée nouvellement refait, et que les inconditionnels des produits de la mer se délecteront du contenu des petites barquettes vendues dans les échoppes qui, en saison, se succèdent le long du port. Mais il faut bien chercher car, de plus en plus, on remplace les crevettes et les langoustes par du surimi. Ostende est la ville natale du chanteur Arno (mais il vit à Bruxelles).

UN PEU D'HISTOIRE

Au début du XVIIᵉ s, Ostende se rallia à la cause des Réformés : son port est utilisé par les « gueux de mer » hollandais, ce que ne put admettre le commandement espagnol. Pendant 3 ans son siège en fait le centre du monde : l'Empire espagnol et l'Europe catholique y affrontent les Pays-Bas du Nord et l'Europe protestante en un véritable conflit international, où 55 000 Espagnols, Italiens, Français, Anglais, Hollandais, Italiens, Wallons, Flamands perdent la vie dans les fossés et tranchées entourant la ville ruinée.

Le champ de bataille autour d'Ostende devint un centre d'expérimentation militaire où toutes sortes de nouvelles techniques furent testées. Les conséquences pour la population locale furent désastreuses. Le général Spinola en vint à bout en 1604 après avoir affamé les assiégés. Pour se faire pardonner, les Espagnols mirent sur pied une « compagnie d'Ostende » qui établit des comptoirs en Inde et sur les côtes africaines. Expérience éphémère qui ne dura que 60 ans.

LA CHEMISE DE L'ARCHIDUCHESSE

En 1601, l'archiduchesse Isabelle, fille de Philippe II, dresse le siège devant Ostende et fait le serment de ne pas changer de chemise tant que la ville ne sera pas prise. Le siège dure 3 ans. Depuis, le terme de « couleur Isabelle » signifie une teinte jaunasse... plutôt sale.

Après Waterloo en 1815, les Anglais se piquèrent de plaisirs balnéaires et installèrent les premières cabines de plage. *The Queen Victoria herself* vint même y faire trempette en 1834. On découvrit une nappe aquifère aux propriétés thérapeutiques.

Le chemin de fer depuis Bruxelles, la liaison quotidienne avec l'Angleterre et l'engouement de la bourgeoisie aisée pour les casinos et les champs de course assurèrent à Ostende une réputation internationale, semblable à celle de Deauville ou de Monte-Carlo. Léopold II, roi bâtisseur, ne s'y trompa pas et œuvra pour donner un cachet prestigieux au front de mer. À l'arrière de la digue aujourd'hui défigurée, on trouve encore pas mal de ces maisons 1900, mélange de style Art nouveau et balnéaire.

La guerre de 1914-1918 apporta son lot de destructions et la période 1940-1945 vit les Allemands raser le vieux casino 1900 pour installer une batterie côtière. Les dunes furent hérissées de bunkers de béton. Le goût pour les casemates était pris...

Arriver – Quitter

➤ **En voiture :** à l'extrémité de l'E 40, à 115 km de Bruxelles.

➤ **En train :** au bout de la ligne Cologne-Bruxelles. 1 train/h depuis et vers Bruxelles. Désormais desservi 1 fois/j. (2 fois le dim) par le *Thalys* depuis Paris en 2h45.

➤ **En tramway :** Ostende se situe au milieu des 69 km de la ligne du tram qui longe la côte. Circule de 5h-6h à 23h-minuit ; fréquence ttes les 10 mn en été (20 mn en hiver). Il n'en coûte que 5 € pour une carte de 1 j. Pour un trajet court (1 à 2 zones), compter 1,30 €. Tickets vendus dans les librairies, gares, supermarchés, etc. On peut aussi les acheter directement à bord, mais ils sont largement plus chers. Pour demander l'arrêt, sonnez. Horaires et tarifs sur ● *delijn.be* ● *dekusttram.be* ●

➤ **En bateau :** en juil-août, 1 liaison/j. avec Nieuwpoort avec la compagnie *Seastar*. Durée : 1h30. ● *seastar.be* ●

Où se garer ?

Toutes les rues du centre sont payantes *(tlj 9h-19h)*, mais restent moins chères que les parkings. En revanche, on ne peut s'y garer que pendant 2h ou 4h, ça dépend des rues (celles des abords du front de mer et du parc Léopold – *plan A-B2* – permettent de se garer 4h). Si vous êtes là pour la journée, on vous conseille plutôt d'utiliser l'un des deux grands *parkings gratuits* situés en bordure du Maria-Hendrikapark *(plan B-C3)*, à 10 mn à pied du centre. Cerise sur le gâteau, on peut même y emprunter gratuitement des vélos pour la journée (au Rand parking Maria-Hendrikapark) ! Les places s'y font toutefois rares en saison. Autre solution : se garer, gratuitement là encore, près du fort Napoléon et gagner le centre-ville avec la navette maritime *Blue Link* (voir plus loin).

Adresses utiles

ℹ️ In & Uit *(office de tourisme ; plan B1) :* Monacoplein, 2. ☎ 059-70-11-99. ● *visitoostende.be* ● Juin-août, tlj 9h (10h dim)-19h ; le reste de l'année, 10h-18h. Brochure gratuite avec plan de la ville. Vous pouvez demander le dépliant *Trajets à vélo et à pied à travers et autour d'Ostende*, gratuit lui aussi. *City Pass* en vente pour 1 jour (12 €), 2 jours (15 €) et 3 jours (20 €), réduc pour les enfants ; entrée gratuite dans certains musées et attractions.

✉️ **Poste** *(plan B2) :* Van Iseghemlaan, 52. Lun-ven 9h-18h ; sam 9h-12h30.

🚂 **Gare NMBS** *(plan C3) :* Natiën-kaai, 2. ☎ 02-528-28-28 (n° national). ● *b-rail.be* ● À côté du port. Service de *loc de vélos (à gauche des guichets) tlj 8h-20h. Env 10 €/j.* La gare aurait besoin d'un bon lifting.

🚃 **Station de trams et bus De Lijn** *(plan C3) : Brandariskaai.* ☎ *070-220-200. À 100 m de la gare ferroviaire.* Également sur Marie-Josée-Plein.

⛴ **Blue Link** *(plan C2) : embarcadère*

à côté de l'aquarium. Navette qui fonctionne tlj 6h30-21h en saison, 7h45-18h15 en hiver. Billet gratuit. Une jolie chaloupe de sauvetage en mer permet, entre autres, de gagner le fort Napoléon en évitant de contourner la ville. On peut y embarquer les vélos.

Où dormir ?

Avec plus de 4 000 lits disponibles, vous n'aurez, en principe, aucun problème pour trouver où vous loger. En cas de difficultés néanmoins (les week-ends des vacances d'été sont très chargés), adressez-vous à l'office de tourisme, ils tâcheront (sans commission) de vous dégoter quelque chose.
À savoir aussi : beaucoup d'hôtels pratiquent des tarifs haute et basse saison, la haute saison correspondant grosso modo aux week-ends et aux vacances scolaires.

Très bon marché

🛏 **De Ploate Jeugdherberg** *(plan C1, 1) : Langestraat, 72.* ☎ *059-80-52-97.* ● *oostende@vjh.be* ● *vjh.be* ● *Nuitées à partir de 20,10 € (22,15 € si plus de 26 ans), petit déj inclus.* 🖥 📶 Au total, 157 lits dans 49 chambres de 2 à 6 lits. Une toute nouvelle AJ, lumineuse, colorée, moderne, confortable et en plein centre. Bar, salle TV et salle de lecture. Cuisine à disposition et on peut y prendre ses repas midi et soir sur commande préalable. Local pour les vélos.

De prix moyens à un peu plus chic

🛏 **Hôtel Princess** *(plan C1, 3) : Boekarestraat, 7.* ☎ *059-70-68-88.* ● *info@hotelprincess.be* ● *hotelprincess.be* ● *Doubles 75-100 € selon saison, copieux petit déj-buffet inclus. Familiales 100-150 €. Loc de vélos. Parking payant.* 📶 Une adresse familiale (il y a même une salle de jeux pour les enfants) avec des chambres dont la déco, très conventionnelle, date un peu mais

qui offrent ce qu'on peut appeler un joli rapport qualité-prix (surtout pour la ville). Certaines avec balcon et vue sur un morceau de mer, au bout de la rue). Accueil très serviable.

🛏 **Hôtel Cardiff** *(plan B2, 2) : St.-Sebastiaanstraat, 4.* ☎ *059-70-28-98.* ● *hotelcardiff.be* ● *Fermé mar en basse saison et de mi-nov à mi-déc. Prix variables, en hte saison, doubles avec ou sans sdb 80-90 €, petit déj inclus. Un poil plus cher pdt les vac scol et grands w-e.* Petit hôtel familial rénové à la déco ultra-classique (sinon un peu chargée) mais chaleureuse, tenu depuis plus de 40 ans par le même couple de proprios. Propose 16 chambres, de confort correct. Resto attenant, décoré d'une fresque de Madou (peintre belge du XIXe s).

🛏 **Hotel 't Vistrapje** *(plan C2, 6) : Visserskaai, 37.* ☎ *059-80-23-82.* ● *vis trapje.be* ● *Double 75 €. Possibilité de ½ pens : 135 €/2 pers.* Une poignée de chambres gentiment rénovées, pas immenses (mais elles donnent sur le quai et le marché aux poissons) et à prix mesurés. Au rez-de-chaussée, un resto, vieille affaire de famille, à la cuisine axée sur les produits de la mer.

🛏 **Ostend Hotel** *(plan C1, 4) : Londenstraat, 6.* ☎ *059-70-46-25.* ● *info@hotelostend.be* ● *hotelostend. be* ● *Doubles standard 85-99 € selon saison et j., petit déj inclus. Familiales pour 4 pers 106-126 €. Promos en basse saison. Parking payant.* 📶 *(gratuit dans le lobby).* Construction moderne sans cachet. Vaste *lobby* décoré d'œuvres conceptuelles. Les étages se partagent 110 gentilles chambres au confort et aux couleurs d'aujourd'hui. Pas super original mais sans bavure.

🛏 **Hôtel Bero** *(plan C1, 5) : Hofstraat,*

OSTENDE

MER DU NORD

Plage

Plage

← Galeries Royales

Albert I Promenade

Casino

15

Iseghem

22

P

Maison James Ensor

20 **21**

laan

Vlaanderenstraat

Langestraat

Stadsmuseum

Albert I Promenade

13

Koningstraat

A. Buylstr.

WAPEN PL.

St. Sebastiaansstr.

2

GROENTEN-MARKT

← Hippodrome

LÉOPOLD I PL.

K. Janssenslaan

Witte

Nonnenstr.

14

Kaalstr.

Ooststr.

steenweg

Torhoutse

Léopoldspark

Hendrik Serruyslaan

Christinastr.

Kappellenstraat

Sint-Paulusstr.

Roglerlaan

E. Beernaerstraat

laan

Jozef II

Saints-Pierre-et-Paul

Alfons

E. Beernaertstr.

straat

NIEWPOORT, DE PANNE ←

Pierterslaan

P

Vindictive

laan

Mu.Zee

Hôtel de ville

Mercator

Leopold III laan

Romestraat

Teperstraat

Kairostraat

Spoorwegstraat

Verenigde Natieslaan

Mercatorlaan

P

Lijndraalersstr.

OSTENDE

Koninginnelaan

Ed. Gavelistr.

Leffingestraat

Graaf De Smet De Naeyerlaan

P

A   **↙ Fort Napoléon,** *BRUGES, KNOKKE*   B

1 A. ☎
hôtelbe
Doub
cor

Albert I Promenade

Hofstr.

Kapucijnenstr.

🏛 3

5

J 12

🏛 4

1

10 |●|

Nieuwstr.

11

6

Marché aux poissons

Franciscusstr.

VISSERS PL.

P

Visserskaai

P

Navire Amandine

Brandariskaai

T

Perron

C

1

2

3

■ **Adresses utiles**

ℹ In & Uit
🚋 Station de trams et bus De Lijn
⛴ Embarcadère Blue Link

🏛 **Où dormir ?**

1 De Ploate Jeugdherberg
2 Hôtel Cardiff
3 Hôtel Princess
4 Ostend Hotel
5 Hôtel Bero
6 Hôtel't Vistrapje

|●| **Où manger ?**

10 Stad Kortrijk
11 L'Enfant Terrible
12 Taverne Den Artiest
13 Toi, Moi et la Mer et le Chevalier
14 DiVino Wijnbistro
15 Bistro Beau Site

🍷 **Où boire un verre ?**

12 Taverne Den Artiest
20 Cafe Botteltje
21 De Zeegeuzen

🍷🎵 **Où sortir ?**

22 Tao Bar

OSTENDE

OSTENDE (OOSTENDE)

...9-70-23-35. ● info@
...o.be ● hotelbero.be ●
...s 140-190 € selon saison et
...ort, petit déj compris. Parking
...ayant. 🖵 📶 Établissement de la
chaîne *Tulip Inn* offrant d'excellentes
prestations à des tarifs encore abordables. Les chambres standard sont
équipées d'un purificateur d'air (et de
TV et salle de bains, bien sûr). Literie
récente. Il existe même une gamme

de chambres « écolo » avec, entre
autres, l'éclairage aux leds et du triple
vitrage. Agréable piscine couverte en
accès libre, tout comme le sauna, le
bain turc et la salle de fitness. Solarium
et terrain de squash payants. Vélos à
louer. L'hôtel, tenu par la même famille
depuis près d'un siècle, possède aussi
un bar à whiskies... élu 2ᵉ meilleur du
Benelux en 2009 par une association
de connaisseurs.

Où manger ?

Comme ailleurs sur la côte, manger
revient plutôt cher à Ostende. Le resto
« type » propose une cuisine assez,
non, *très* bourgeoise (en sauce) dans
un décor genre faux chic tapageur,
avec des plats compris entre 12 et
30 € (plutôt à partir de 15-20 € pour le
poisson). Si c'est sur la digue que vous
avez décidé de vous asseoir, attendez-
vous à payer pour le coucher du soleil.
Parfois, cependant, vous trouverez à
la carte des salades et des pâtes, ce
qui permet de manger non seulement
moins cher mais aussi plus léger. Ouf !
Surtout si on passe plusieurs jours à
Ostende... Et puis voici quand même
quelques bons petits restos.

Prix moyens

I●I **Stad Kortrijk** *(plan C1, 10)* : *Langestraat, 119.* ☎ *059-70-71-89. Tlj
midi et soir. Plats 9-15 € (moules plus
chères).* Petit resto bien conservé dans
son jus, où l'on s'entasse midi et soir
pour s'envoyer vite fait une plie-frites,
un rumsteak, une tomate-crevettes
ou un plat de moules. Cuisine simple
mais soignée, à base de produits frais
et, surtout, à prix modérés. Également
des omelettes, pratique si l'on n'a pas
trop faim. La salle est à l'image du
reste : simple, avec cloisons en bois et
fourneaux bien en vue. Attention, il y a
parfois tellement de monde qu'il faut
(après avoir fait la queue) mettre le couvert soi-même !
I●I **L'Enfant Terrible** *(plan C2, 11)* :
Nieuwstraat, 16. ☎ *059-51-33-86.
À l'entrée de la rue, côté port. Tlj sf
mer. Menus (servis midi et soir) 15-25 €.*

Décor coquet rehaussé de fausses
plantes. Spécialités de moules (de
Zélande), de croquettes de crevettes,
de soupe de poisson (en entrée), sans
oublier le *mixed grill* de viande ou de
poisson. C'est simple, savoureux, et
on n'y laisse pas son porte-monnaie.
Bon accueil mais service parfois un
peu long.
I●I **DiVino Wijnbistro** *(plan B2,
14)* : *Wittenonnenstraat, 2.* 📱 *0473-
87-12-97.* ● *nathalie@wijnbistrodi
vino.be ● Tlj midi et soir (sf lun-mar).
Menu lunch 10,50 €, le soir 27,50 €.
CB refusées. Apéritif offert sur présentation de ce guide.* Un peu de Sud
dans l'assiette, ça change de la cuisine
roborative ! Ce resto d'influence italo-
française propose des plats riches de
maintes saveurs : pâtes maison, poissons gratinés, salades, raclettes et de
nouvelles suggestions chaque jour.
Également des assiettes de fromage.
Belle carte des vins du monde entier.
La toute petite salle, romantique et
intimiste, est idéale pour un dîner en
amoureux, à la lueur des chandelles et
bercé par une musique douce.
I●I 🍷 **Bistro Beau Site** *(plan B1,
15)* : *Albert-Iᵉʳ-Promenade, 39.*
☎ *059-80-51-94. Tlj sf mar 11h-19h
(un peu plus tard le w-e). Sandwiches
env 6-10 €, pâtes et salades 14-20 €.*
Sur le front de mer et dans un superbe
bâtiment Art déco de 1949, un bistrot cool pour grignoter sandwiches,
pâtes et salades ou quelques petits
plats plus enlevés en feuilletant livres
d'art et revues branchées. Superbe
vue sur les flots bleus (ou gris) depuis
le 2ᵉ étage (si l'on a pris la peine de
réserver une table).

OSTENDE

Un peu plus chic

|●| **Taverne Den Artiest** (plan C1, **12**) : Kapucijnenstraat, 13. ☎ 059-80-88-89. ● info@artiest.be ● Tlj 17h-2h. Plats 17-24 €. Ici, déco Art nouveau avec mezzanine à balustrade qui abrite en permanence une expo d'art. Clientèle locale et de touristes, venue se repaître des côtes à l'os, spare ribs et filets brésiliens qui rôtissent en salle. Parfois figure aussi à la carte le canard au calvados. Quoi qu'il en soit, c'est copieux, bien réalisé et l'atmosphère Années folles unique. Voir aussi « Où boire un verre ? ».

|●| **Le Chevalier** (plan A1, **13**) : Albert-Ier-Promenade, 66. ☎ 059-70-58-74. ● vanderaa@telenet.be ● Tlj sf mer-jeu (hors j. fériés). Formule 17 € le midi et menu 31 €. Carte 40-50 €. Face à la mer et dans un décor sobrement contemporain, un genre d'institution locale qu'un Ostendais (et demi !) sur deux vous conseillera sûrement si vous lui demandez où manger poisson et autres fruits de mer. Et ils sont nombreux aussi à penser que la bouillabaisse de l'endroit est la meilleure de la côte ! Grosse clientèle d'habitués donc, autant accros à la fraîcheur des produits qu'à l'accueil plus que chaleureux. Intéressante formule le midi.

|●| **Toi, Moi et la Mer** (plan A1, **13**) : Albert Ier-Promenade, 68. ☎ 059-80-66-13. ● snowycook@hotmail.com ● Fermé mar. Lunch 19 € (sf dim et j. fériés), menus 25-38 €. Café offert sur présentation de ce guide. Une bonne adresse sur la digue pour les amateurs de poissons et fruits de mer : croquettes de crevettes, solettes meunière, assortiment de poissons au jus de veau, cabillaud à la moutarde, homard, etc. La bouillabaisse de la mer du Nord, avec saint-jacques, langoustines, crevettes grises et divers poissons, nous a laissé un excellent souvenir ! On dîne en terrasse ou dans une salle feutrée, assis sur des sièges en cuir rembourrés. Accueil malheureusement parfois rugueux.

Où boire un verre ?

Un des attraits indéniables d'Ostende, c'est son animation nocturne, et ce malgré une baisse de la fréquentation des jeunes British qui, imbibés, mettaient de l'ambiance (euphémisme !) dans les rues de la ville. Ceux-ci, paraît-il, en faisaient d'ailleurs trop (notamment dans les chambres) au goût de certains hôteliers qui, depuis, leur barrent tout simplement l'accès à leurs établissements. Mais bon, cela n'empêche pas Ostende de continuer à vivre... le soir.

☍ ♪ **Taverne Den Artiest** (plan C1, **12**) : voir plus haut « Où manger ? ». En plus d'être un chouette resto, c'est aussi un endroit sympathique pour vider un godet, et même parfois écouter de la musique car il y a des concerts blues et jazz de tempo en temps (agenda sur leur site ● artiest.be ●). Essayez une bière maison ou encore une Hapkin, la bière à la hache !

☍ **Cafe Botteltje** (plan B1, **20**) : Louisastraat, 19. Tlj 11h30 (16h30 lun)-1h. Vénérable institution locale. Vous y trouverez le plus grand choix de bières et de genièvres de la côte : quelque 300 sortes pour les premières et 50 variétés pour les seconds. À la bonne vôtre ! Quelques plats pas chers aussi. Le tout dans un décor de pub anglais : boiseries de rigueur et vieux objets sur des étagères.

☍ **De Zeegeuzen** (Auberge des Gueux de Mer ; plan B1, **21**) : Kapucijnenstraat, 38. Tlj sf mar 17h (18h hors saison)-4h. Dans plusieurs pièces en enfilade, discussions animées autour des tables en forme de roues. Aux murs, souvenirs de marine et généalogie des familles seigneuriales de Belgique. Commandez donc une zeegeuzen, gueuze (bière bruxelloise) additionnée d'un alcool... secret. Très rafraîchissante ! À côté, le **Spanish Inn**, une des seules maisons rescapées de l'époque espagnole, propose des petits concerts au synthé tous les week-ends dès 21h.

OSTENDE

Où sortir ?

Au début de la Langestraat, sur 300 m, succession de bars, karaokés, *pita-houses*, *night shops* et disco-clubs. C'est à celui qui produit le plus de décibels ! Dans l'ordre : le **Hemingway** (spécialiste du mojito), le **Copador** (belle sélection de cocktails), le **Lafayette** (soul et funk, et portraits de Marvin Gaye aux murs), le **Twilight** (*beach parties* en hiver), ou encore le **Manuscript** (déco évoquant le sud des États-Unis) se partagent les noctambules.

♪ *Tao Bar (plan B1, 22)* : *Langestraat, 24-26.* ● *info@tao-oostende.be* ● *Tlj à partir de 14h.* C'est le bar qui draine le plus de monde. Le week-end, il peut y avoir jusqu'à 500 personnes ! On danse alors où on peut, au son de la house, du R'n'B ou de la musique électro. *Lounge bar* le reste du temps, fréquenté par une clientèle assez B.C.B.G. À côté, un resto de cuisine du monde *(fermé lun-mar)*.

À voir

Rappel : il existe un *City Pass* donnant accès aux principaux musées et attractions d'Ostende. Intéressant si vous comptez voir plusieurs attractions (sinon, oubliez). Pour ceux qui prévoient de passer plusieurs jours entre La Panne et Knokke, il existe aussi un *pass* pour toute la côte. Ces différents *passes* peuvent inclure ou non une carte du tram côtier. On les achète à l'office de tourisme.

Mu.ZEE (plan A2) : *Romestraat, 11.* ☎ 059-50-81-18. ● *muzee.be* ● *Tlj sf lun 10h-18h. Entrée : 5 € (plus cher en cas de grande expo temporaire) ; réduc.* Consacré à l'art belge depuis 1850, il passionnera les amateurs ! Les œuvres changent régulièrement car elles sont exposées par roulement mais, en gros, on découvre des dessins et peintures de **James Ensor** (*Autoportrait au chapeau de paille*), **Spillaert** (dont un autoportrait halluciné), des classiques du symbolisme et de l'expressionnisme : Servaes, Permeke *(Le Cabriolet)*, Daye, Van den Berghe, De Smet, Tytgat, Wouters... Sculptures d'Oscar Jespers. La collection retrace en outre l'émergence de l'expressionnisme, à travers des œuvres de Jean Brusselmans *(Vue sur la plage et baigneuses)* et les collages dada de Paul Joostens. Un énigmatique Paul Delvaux ferroviaire : *L'Âge du fer*.
La principale salle du musée, nouvellement aménagée, abrite des pièces maîtresses comme l'*Autoportrait au chapeau fleuri* d'**Ensor** ou *La Nuque* de **Tuymans**. Parmi les représentants du mouvement CoBrA, il y a **Alechinsky, Karel Appel** et **Dotremont**. Puis du pop art et des mouvements plus récents, avec **Raveel, Panamarenko, Van Tongerloo**, les iconoclastes **Broodthaers, Wim Delvoye** (*Incroyable bétonneuse baroque*) et **Jan Fabre**. Place a été faite aussi à Van Anderlecht, digne représentant de la peinture lyrique abstraite, apparentée à la peinture gestuelle (coups de pinceau violents). Sculptures en bois de Vic Gentils, qui utilise des pièces détachées de piano, pieds de table, etc. Enfin, l'art belge actuel s'incarne dans les peintures de **Tuymans, Leblanc** et les œuvres picturales de toute une nouvelle génération de jeunes créateurs.
– Expositions temporaires de grande qualité.

Stadsmuseum (plan B1) : *Langestraat, 69.* ☎ 059-51-67-21. ● *oostende.be/stadsmuseum* ● *Ouv tlj sf mar 10h-12h30, 14h-18h. Entrée : 4 € ; gratuit pour les moins de 19 ans.* Dans l'ancienne maison de Marie-Louise, épouse de Léopold Ier, le premier roi des Belges. C'est ici aussi qu'elle mourut, en 1850, dans la chambre à l'étage que l'on peut visiter. Mais cette belle demeure abrite avant tout un intéressant musée sur l'histoire de la ville, de l'époque espagnole à aujourd'hui. Quelques pièces au fil de la visite peu ou prou chronologique : au rez-de-chaussée, des céramiques romaines et des boucles de ceintures médiévales. Dans la cour, de pittoresques commerces ambulants (2 centimes le cornet dans la baraque à frites !). Évocation, ensuite, de l'ancien train Nord-Express et du passé maritime de la ville avec un film sur la pêche et de nombreuses maquettes de bateaux comme celle d'un transporteur de glace norvégien du XIXe s. Maquettes toujours pour rappeler la liaison Ostende-Douvres (1846-2002), du premier bateau à vapeur au *Prince Philippe*, dernière « malle » utilisée pour relier les villes belge et anglaise. On découvre ensuite des peintures du port d'Ostende au XVIIe s et représentations diverses de la ville à la Belle Époque (on y voit, entre autres, les cabines de plage montées sur roues que les Ostendais louaient aux bourgeois venus se détendre à la côte). Terrasse panoramique, tout en haut. Un musée, en constante évolution, qui devrait donc connaître de nouvelles modifications d'ici peu.

🏛 ***James Ensorhuis*** *(maison et atelier de James Ensor ; plan B1) :* Vlaanderensstraat, 27. ☎ 059-50-81-18. Tlj sf mar et certains j. fériés 10h-12h, 14h-17h. Fermé en cas de grosse tempête. Entrée : 2 € ; réduc ; gratuit pour les moins de 12 ans. En 1917, Ensor hérita de cette maison, qui appartenait à son oncle, et du magasin de souvenirs qui allait avec. Il ferma le négoce mais garda tout tel quel. C'est ici qu'il recevait ses amis, peintres et critiques. Il y vécut jusqu'à sa mort, en 1949. Beaucoup de tableaux furent alors vendus. Le lieu est une tentative de reconstitution de son univers mais les toiles sont remplacées par des reproductions. Les objets du magasin, en revanche, sont authentiques et ont souvent été source d'inspiration : la carapace de tortue, le poisson-scie, le cygne empaillé et surtout les fameux masques de carnaval.

À l'entresol, reconstitution en trois dimensions d'un tableau qui fut perdu dans l'incendie de l'hôtel de ville en 1940, *Pauvre bougre qui se chauffe*. À l'étage : le salon-atelier où Ensor travaillait. Ses principales compositions monumentales y sont, là encore, reproduites. Le mobilier et l'harmonium se retrouvent dans certains tableaux. Ensemble émouvant.

🏛🏛 ***Le navire « Le Mercator »*** *(plan B3) :* Pensjagersstraat, 8. ☎ 059-51-70-10. ● zeilschip-merçator.be ● Tlj sf j. fériés 10h-17h. Entrée : 4 € ; réduc. Amarré dans le port de plaisance, le navire-école de la Marine marchande belge fut opérationnel de 1932 à 1960. On peut parcourir ses ponts et ses coursives, et se rendre compte des conditions d'existence spartiates des cadets embarqués pour faire leur apprentissage d'officiers de marine. Les commentaires en quatre langues nous apprennent que le navire a rapporté une statue de moai de l'île de Pâques, ainsi que la dépouille du père Damien, béatifié par Jean-Paul II en 1995.

🏛🏛 ***Le navire « 0.129 Amandine »*** *(plan C2) :* Vindictivelaan, 35Z. ☎ 059-23-43-01. ● museum-amandine.be ● Amarré un peu plus loin, à l'entrée du port. Tlj 10h-17h (17h30 juil-août). Entrée : 4 € ; réduc. Le symbole de la pêche ostendaise dans les eaux islandaises. Construit à Ostende en 1961, ce chalutier a voyagé pendant plus de 30 ans avec de vieux loups de mer. Il pouvait rapporter l'équivalent de 70 t de cabillauds, d'aiglefins, de flétans, de raies, de homards et de limandes en une campagne. On frissonne, le temps d'une visite, en songeant à ce que devait être le quotidien des neuf membres d'équipage. Conçu comme un musée interactif, avec film explicatif. On n'échappe ni au vacarme de la salle des machines... ni aux odeurs recréées.

🏛 ***Le fort Napoléon*** *(hors plan par A3) :* Vuurtorenweg, de l'autre côté du port. ☎ 059-32-00-48. ● fortnapoleon.be ● Suivre la direction Blankenberghe. ❶ Duin en Zuin. Sinon, navette maritime gratuite Blue Link (voir plus haut). Avr-fin oct, tlj sf lun (sf juil-août) 10h-18h ; le reste de l'année, mer-ven 13h-17h, w-e et vac scol 14h-17h. Entrée : 5 €, audioguide inclus ; réduc. Vestige d'un passé mouvementé, le fort a été construit au début du XIXe s pour protéger la côte, alors napoléonienne, d'une invasion anglaise. Achevé en 1814, il n'eut guère le temps de remplir sa fonction. Un siècle plus tard, durant la Première Guerre mondiale, il sert de logement aux artilleurs allemands. On peut voir de cette époque la fresque *Der Barbar,* représentant un soldat allemand qui, de son sabre, transperce la tête des ennemis. Derrière lui, les drapeaux des nations à vaincre. Durant la Seconde Guerre mondiale, il redevient l'un des quartiers d'artillerie de l'occupant allemand mais aussi un bar à bières pour officiers. Enfin, déclaré Monument national en 1976, il est restauré à partir de 1995 et ouvre ses portes, en tant que musée cette fois, au public en 2000. Les différentes salles retracent plutôt bien toute son histoire et permettent de comprendre son fonctionnement.

☒ *Bar* au design branché près de l'accueil et un *restaurant* (chic) au milieu des dunes.

À voir encore

⚎ *L'estacade ouest :* elle date de 1837. C'est un des emblèmes de la ville. Idéal pour profiter du vent du large. Rien que pour ça, on aimerait Ostende !

⚎⚎ *La digue ouest et les colonnades du promenoir ou « galeries royales » :* prolongent la villa royale jusqu'à l'hippodrome Wellington. Effets géométriques et perspectives sur 400 m de long, qui ne manquent pas de rappeler les compositions de Giorgio De Chirico.

⚎ *Le casino,* pour les fresques de Delvaux.

⚎⚎ *Le port et le petit marché aux poissons* (plan C2) : sur le quai des Pêcheurs. On y trouve aussi l'*aquarium de la mer du Nord* (tlj en saison ; entrée : 2 €), totalement inintéressant et où se languissent quelques pauvres créatures marines neurasthéniques à force de voir défiler les rares visiteurs. Y aller plutôt pour renifler l'atmosphère portuaire et profiter des échoppes sur les quais qui vendent des barquettes de poisson et de crevettes, succulentes de fraîcheur.

⚎ Enfin, voir la monumentale *église Saints-Pierre-et-Paul* (néogothique), à laquelle on a ajouté un mausolée de marbre à la mémoire de Louise-Marie, première reine des Belges.

À faire

La promenade de la digue et du port est l'activité principale de l'immense majorité des villégiateurs sur la côte belge. Avec les pâtés de sable des enfants qu'on surveille en somnolant derrière un paravent, la balade en « cuistax » et la traditionnelle halte de l'après-midi au tea-room pour avaler force glaces, crêpes et gaufres de Bruxelles (les toute fines, excellentes !), le séjour se passe plutôt sereinement.
Pourquoi cet engouement étrange pour une côte finalement toute plate et qui n'offre au regard

CO-PÉDALAGE BALNÉAIRE

Le cuistax (en France, on l'appelle Rosalie) fait partie intégrante du paysage des stations de la côte belge. Il s'agit de cycles, comportant plus de deux roues (tricycles, quadricycles), munis d'un nombre variable de sièges (jusqu'à 12) et de pédaliers, et loués aux estivants. Ils roulent sur la digue de mer mais sont interdits sur la route. Ils peuvent ressembler à tout et n'importe quoi, pourvu qu'ils fassent mal aux cuisses. D'où leur nom.

qu'une muraille quasi ininterrompue d'immeubles ? Difficile à dire, mais ce qui est sûr, c'est que cette habitude de séjour est partagée par nombre de Français (du Nord), d'Allemands, d'Anglais et de Néerlandais. Bon an mal an, on dénombre environ 35 millions de nuitées sur la côte belge ! Chiffre impressionnant qui ne

OSTENDE

tient même pas compte des visiteurs d'un jour, très nombreux. La réponse à cette interrogation se trouve sans doute dans la mer elle-même : son climat tonique est reconnu et il arrive souvent que la bande côtière seule bénéficie de soleil quand le temps est couvert partout ailleurs. De plus, cette partie du pays offre un spectacle de lumière perpétuellement changeant. Les peintres et écrivains ne s'y sont pas trompés : beaucoup s'y sont établis et la mer du Nord a toujours été pour eux une source d'inspiration.

➤ **Midnight Love Tour :** *inscription auprès de l'office de tourisme. Prix : 5 €.* Marvin Gaye, ça vous dit quelque chose ? Eh bien sachez qu'Ostende a joué un rôle particulier dans sa vie. Alors qu'il était dépressif, accro à l'alcool et aux drogues, en conflit avec sa maison de disques et pourchassé par le fisc, c'est ici, sur la côte belge, qu'il s'est ressourcé et s'est remis à composer. Ostende a ainsi vu naître le tube immortel *Sexual Healing.* C'est cette renaissance que la balade *Midnight Love Tour* vous propose de suivre, à travers un parcours de 2h guidé par un iPhone (dépôt de caution), au gré de témoignages et d'anecdotes qui amènent le visiteur dans une douzaine de lieux fréquentés par le prince de la soul.

➤ **Excursion en mer :** en saison, de 45 mn à 1h30 le long de la côte, vers Nieuport, avec la compagnie *Seastar* (☎ 058-23-24-25 ; ● seastar.be ●) ou avec le *Franlis,* au départ de l'estacade *(plan C2 ;* ☎ 059-70-62-94 *;* ● franlis.be ●).

Manifestations

– **Le 1er w-e de mars :** le vendredi, cortège des Lumignons. Le samedi, bal costumé du Rat mort.
– **Lotto Kites International :** *le 2e w-e de mai.* Le plus important lâcher de cerfs-volants de Belgique.
– **Ostende à l'Ancre :** *fin mai-début juin, pdt 4 j.* Grand rassemblement de voiliers de différents pays, marché d'antiquités maritimes et spectacles divers.
– **FUZEE :** *en juil ou en août, pdt 4 j. (pour connaître les dates précises :* ● fuzee. be ●). Théâtre de rue avec des spectacles parfois hauts en couleur, assurés par différentes troupes et compagnies.
– **Fin d'année à Ostende :** *pdt tt le mois de déc.* Patinoire, marché de Noël et autres festivités.

DANS LES ENVIRONS D'OSTENDE

🏃 **Le domaine de Raversijde :** *Nieuwpoortsesteenweg, 636.* ☎ 059-70-22-85. ● west-vlaanderen.be/raversijde ● Dans les dunes, vers Middelkerke, au sud-ouest d'Ostende. Avr-11 nov : sem 14h-17h, w-e, j. fériés et vac scol 10h30-18h (dernière entrée 1h avt). Entrée par musée : 6,50 €, audioguide compris. Billet combiné pour les 3 musées : 9,75 € ; réduc.
– **1er volet :** le **mémorial Prince Charles.** On y trouve l'ancienne résidence du prince Charles, frère du roi Léopold III, qui assura la régence du royaume pendant l'épisode de la « question royale ». Souvenirs historiques de l'ex-propriétaire, homme curieux, chaud lapin volontiers misanthrope, qui fut aussi un petit peintre pendant ses années de retraite.
– **2e partie :** le **musée en plein air du Mur-de-l'Atlantique.** Aménagé dans les bunkers et les tranchées fortifiées, bâtis par les Allemands au cours des deux guerres mondiales, un site qui intéressera les amateurs d'histoire militaire (batteries d'artillerie, poste de commandement, uniformes sur des mannequins presque vrais, etc.).
– Enfin, la **3e partie :** un **village de pêcheurs** du XVIe s reconstitué, avec maisons en toit de chaume.

OSTENDE

LA CÔTE EST, D'OSTENDE AU ZWIN

Une trentaine de kilomètres séparent Ostende de la frontière hollandaise. L'alternance de stations balnéaires et de dunes n'est interrompue que par le port de Zeebrugge et son environnement industriel. La réserve ornithologique du Zwin marque la fin du littoral belge. N'hésitez pas à prendre le tram de la côte pour relier les différents sites.

DE HAAN (LE COQ)   (8420)   12 400 hab.

Adorable petite station balnéaire au nord-est d'Ostende, précédée d'un beau cordon de dunes. À l'instar du Zoute, ses habitants ont eu le bon goût de préserver l'habitat de cottages 1900 entourés de jardinets, ce qui dégage un charme certain. La plage est modeste mais l'ensemble respire une douceur de vivre qu'on retrouve difficilement dans les autres stations de la côte.
– *Fête du Trammelant :* le 1er sam d'août. En costumes Belle Époque.
– *Fête des Géants :* le 2e w-e de juil. Cortège d'une cinquantaine de géants, fête folklorique, brocante, etc.

Adresses utiles

🛈 *Office de tourisme :* Koninklijk Plein, dans la petite gare du tram. ☎ 059-24-21-34. ● dehaan.be ● Tlj juil-août 9h30-18h ; avr-juin et sept-oct 9h30-12h, 13h30-17h ; nov-mars 9h30-12h, 14h-16h30. Réservation gratuite de chambres d'hôtel. Demandez-leur la très belle brochure qui raconte, photos sépia à l'appui, l'histoire architecturale de la ville.

■ *Location de vélos et « cuistax » :* Fietsen André, Leopoldlaan, 9-11. ☎ 059-23-37-89. ● fietsenandre@ hotmail.com ● À deux pas de l'office de tourisme. Tlj sf lun 9h-18h. Vélo env 13 €/j. Très nombreux modèles pour pédaler seul, à deux ou en famille, comme ces mignons petits karts à pédales customisés pour les enfants.

Où dormir ?

🏠 *De Stoeten Hoane :* Jasmijnlaan, 2. ☎ 059-23-57-90. 📱 0473-49-82-54. ● carla@destoetenhoane.be ● destoetenhoane.be ● Un peu à l'écart de la station, par la Nieuwe Steenweg (une fois sur celle-ci, prendre à droite après le centre sportif puis la 2e à gauche et de nouveau à gauche). Compter 62-69 € selon chambre ; 3 € de moins la 2e nuit. Petit déj... plus 2 bières compris ! CB refusées. 📶 Bienvenu au « Coq hardi », un B & B d'exception, qui n'a pour seul petit inconvénient que d'être un peu éloigné de la plage. La maison, moderne, n'a l'air de rien mais à l'intérieur, c'est la surprise... D'abord les 2 chambres (salle de bains commune),

design, avec des meubles déjantés (réalisés par Geert, le proprio) et super bien équipées : TV écran plat, frigo, lecteurs de CD/DVD (belle collection de films), lampes télécommandées et literie confortable, avec matelas inclinable. Il y a même des peignoirs pour faire le voyage jusqu'à la salle de bains commune, équipée d'une douche à hydromassage et de vasques reposant sur une tranche de peuplier vernie... Petit déj très complet (jus d'orange frais et œufs préparés différemment tous les jours) que Carla, la très accueillante hôtesse, annonce en faisant sonner un gros réveil rouge ! Aux beaux jours, on peut le prendre au jardin, où coule un petit ruisseau. Vaisselle signée

LA CÔTE EST

Philippe Starck ; tout ici est décalé, pour le plus grand plaisir des hôtes... Un vrai coup de cœur !

🛏 *Hôtel-Villa La Tourelle :* *Vondellaan, 4.* ☎ *059-23-34-54.* ● *info@latourelle. be* ● *latourelle.be* ● *Pas loin de la plage. Congés : janv. Doubles 80-100 € avec petit déj. Séjour de 2 nuits min le w-e et 3 nuits min en juil-août.* 📶 Charmant petit hôtel de 9 chambres installé dans une maison à tourelle (on l'aurait deviné !) qui fleure bon la Belle Époque. Déco intérieure aux tons doux et apaisants, avec frises marines et planchers récents. Les chambres possèdent toutes une salle de bains, la plupart ont un lit à baldaquin, et certaines un balcon. Également des chambres triples. Accueil et service de qualité : en définitive, une bien bonne adresse.

Où manger ?

🍴 *Edwart Eethuis :* *Driftweg, 4.* ☎ *059-23-72-43.* ● *eethuisedwart@ skynet.be* ● *Face à l'arrêt de tram. Mer-dim 18h-22h. Plats 12,50-24,50 € ; menu du marché 39 €.* Un bon resto gastronomique à prix encore abordables, vu la qualité. Les menus changent en fonction des produits du marché et de l'inspiration du chef : langue d'agneau au curry, joue de porc à la bière, bouillabaisse... C'est du sérieux, du goûteux. Service dans une élégante salle avec cheminée et poutrelles blanches.

🍴 *Au Bien Venu :* *Driftweg, 14.* ☎ *059-23-32-54.* ● *au.bien.venu@ pandora.be* ● *Près de l'arrêt du tram. Tlj sf mar-mer 12h-14h, 18h30-21h. Menus 27-37 € ; à la carte, compter au moins 50 €.* Spécialiste des huîtres, du poisson, des fruits de mer, du homard et de la bouillabaisse locale (la *zeebrugeoise*), mitonnée par un chef haut en couleur. Sole à l'essence de homard, Saint-Jacques au pistou, langoustines géantes aux herbes... Cela donne le ton, non ? Cadre chic. Bien, mais cher.

DANS LES ENVIRONS DE HAAN

🎿 🚶 *Sea Life Centre :* *Koning Albertlaan, 116,* **Blankenberge** *(8370).* ☎ *050-42-43-00.* ● *sealife.be* ● *À la sortie de Blankenberge en direction de Knokke. Tlj 10h-18h (19h juil-août et 17h en hiver) ; dernier ticket 1h avt. Entrée : 17 € ; 3-11 ans : 14,50 €. Forfaits famille. Nettement moins cher acheté en ligne.* Une belle initiative que ces *Sea Life Centres*, un groupe d'aquariums implantés dans plusieurs pays européens. Centres de revalidation pour phoques mal en point, leur mission est aussi d'œuvrer pour la conservation du monde marin en sensibilisant le public à sa galopante détérioration. Une cinquantaine d'aquariums permettent ainsi d'admirer la faune de la mer du Nord et d'autres mers du globe. En vedette, les piranhas, l'hippocampe moucheté, les requins, l'esturgeon, les raies pastenagues, les calamars, les poissons-scorpions, le jardin des pieuvres (avec une géante de plus de 2 m) et, le plus étonnant, les bébés crabes japonais géants, les plus grands crustacés du monde, pouvant atteindre, à l'âge adulte, 3,70 m d'envergure et envelopper de leurs pinces une voiture ! À l'extérieur, on trouve des loutres, des pingouins du Chili et, bien sûr, les phoques, que l'on peut voir s'ébattre avec entrain dans un vaste bassin extérieur... ou soignés et nourris dans la section prévue à cet effet.

KNOKKE-HEIST   (8300)   33 900 hab.

Knokke-Heist, tout au long de ces 11 km de littoral, voit s'égrener quantité de villages et de plages aux noms plus ou moins évocateurs : Heist, Duinbergen, Albertstrand (ou Albert Plage), puis Knokke et enfin le Zoute. De plus en plus

chic au fur et à mesure qu'on se rapproche du Zoute. Hôtels, boutiques (et quelles boutiques ! Hermès, Cartier...), restos chic, villas, casino, galeries d'art, frime sur les terrasses de la « place m'as-tu-vu », Jaguar, Mercedes et night-clubs sélects. Dommage que, comme ailleurs, les cottages aux murs blancs et aux toits rouges aient largement cédé la place à des immeubles sans grâce, et ce malgré une réglementation draconienne. C'est vrai que l'on ne peut pas tout à fait parler de massacre, car les immeubles n'ont que quelques étages. Mais bon, quand même !... Heureusement reste la magnifique réserve tout au bout du Zoute, sauvage et préservée, et qui vaut le voyage à elle seule.

À Knokke, si vous avez de l'argent à flanquer par les fenêtres, rendez-vous au casino, où vous aurez le privilège de flamber sous la grande peinture murale de 72 m commandée à Magritte et rassemblant la majorité de ses thèmes favoris.

Adresses utiles

ℹ️ Office de tourisme : Zeedijk-Knokke, 660. ☎ 050-63-03-80. ● knokke-heist.info ● Tlj 8h30-18h. Demander la brochure de la ville, très complète. Bornes Internet gratuites (accès limité à 15 mn).

ℹ️ Autre bureau à Heist : Knokkestraat, 22. Même tél. À côté du tram. Tlj 9h-12h30, 13h30-17h30.

Où dormir ?

🏠 B & B Villa Zonneslag : Elizabethlaan, 103. ☎ 050-60-56-99. ● info@villazonneslag.be ● villazonneslag.be ● Double 110 €, petit déj inclus ; supplément de 10 € pour 1 seule nuit. CB refusées. Dans un quartier résidentiel très calme, et pourtant à deux pas de la fameuse Lippenslaan. Seulement 2 chambres tenues avec gentillesse par un couple âgé. Monsieur a des tas d'histoires à raconter sur la ville et la région, puisqu'il est guide de métier. Quant à Madame, elle met un point d'honneur à chouchouter ses hôtes. Les chambres sont spacieuses et tout confort, avec baignoire, sèche-cheveux, TV, parquet au sol et literie de qualité.

🏠 B & B Knotwilgenhoeve : Jonckheersestraat, 44. Dans l'adorable village de Ramskapelle, sur la N 300, au sud de Heist. ☎ 050-51-54-55. ● info@knotwilgenhoeve.be ● knotwilgenhoeve.be ● Ouv tte l'année, sf 1 sem en juin. Compter 80 € pour 2 avec petit déj ; supplément de 10 €/pers pour 1 seule nuit ; tarif dégressif à partir de 3 nuits. Les enfants de moins de 12 ans paient ½ tarif. Un endroit tout indiqué pour les familles : dans une ferme en plein milieu des champs, de spacieux duplex pour 4 personnes avec sanitaires, frigo, TV, et les lits des enfants en mezzanine. Quel plaisir de voir les vaches, chèvres naines et moutons brouter paisiblement, bien loin des rues clinquantes de Knokke ! Autre atout, le petit déj fermier très complet où presque tout est maison : confiture, pain, yaourts, jus de pomme... Cuisine commune à disposition, bien pratique. Et en prime, un accueil charmant, d'un grand naturel. Le seul souci, c'est que l'adresse est très populaire : il faut donc réserver bien à l'avance, surtout pendant les vacances scolaires.

Où manger ?

Knokke concentre la majorité de ses restaurants et brasseries sur le Lippenslaan et le front de mer. La qualité est souvent au rendez-vous, mais ponction sérieuse du portefeuille garantie...

🍴 Taverne Exotique : Zeedijk, 695.

☎ *050-61-12-30. Sur la digue, pas loin de l'office de tourisme. Tlj sf mer. Carte entre 10 € (snack) et 35 € (plats).* Rien de vraiment exotique dans cette petite brasserie moderne où on se sustentera sans façon de croque-monsieur comme de plats flamands (de la carbonade aux croquettes de crevettes). C'est simple et bon, le service est aussi souriant qu'efficace, les familles avec enfants bienvenues : rien à redire.

|●| *Cézanne : Lippenslaan, 98.* ☎ *050-62-39-00. ● restaurantce zanne@skynet.be ● Tlj sf mar-mer. Fermé 2 sem en mars et 3 sem en oct. Lunch 16,50 € (21 € dim). Compter 26-38 € à la carte.* Cadre minimaliste et néanmoins chic, mais cuisine à prix raisonnables pour Knokke. Même le petit menu du déjeuner est de qualité. On vous recommande la bouillabaisse, particulièrement bonne. Service efficace et très aimable.

|●| *Alexandra : Van Bunnenplein, 17.* ☎ *050-60-63-44. ● info@restauran talexandra.be ● Tlj sf jeu (et ven hors vac scol). Résa conseillée. Menu lunch 22,50 €, le soir 39,50 € ; plat env 25 €.* Une des adresses que l'on serait tenté de ranger dans la catégorie « Plus chic » au vu de certains prix qui s'envolent à la carte. Pourtant, à y regarder de près, les moules, tout en étant excellentes, ne sont pas beaucoup plus chères qu'ailleurs. Clientèle plutôt chic. Service aimable. Terrasse aux beaux jours.

Où sortir ? Où boire un verre ?

🍷 ♪ *Antique café : Lippenslaan, 135.* ☎ *050-62-50-50. ● info@antiquecafe. be ● Tlj 9h-21h (plus tard le w-e).* Boire un café assis sur une bergère Louis XV, ou un verre de vin confortablement installé dans un authentique chesterfield en cuir, ou encore siroter un cocktail au coin du feu, à Knokke, c'est possible ! À vous de choisir. Ici, comme chez tous les antiquaires, tout est à vendre, mais cet endroit hors norme est aussi un bar, plutôt branché. Et on adore ! Ambiance un peu huppée, genre « chic décontracté », et prix à l'avenant. Concerts et soirées à thème de temps à autre en été.

À voir

🏃 👫 *Le Zwin, réserve naturelle : Gr. L. Lippensdreef, 8, 8300.* ☎ *050-60-70-86. ● west-vlaanderen.be/zwin ● Bus De Lijn nº 12 et nº 13, slt en juil-août, depuis la gare ferroviaire de Knokke. Accès facile à vélo en longeant la côte, ou en voiture en empruntant Zoutelaan ou Kustlaan. Tlj (sf lun hors vac scol) 9h-17h30 (16h30 oct-Pâques). Entrée : 2 € ; réduc. Visite guidée chaudement recommandée (possible en français) dim tte l'année à 10h : 7,20 €. Sinon, audioguide à louer (2,50 €) ou à télécharger gratuitement sur votre lecteur MP3.* De l'estuaire qui, au Moyen Âge, portait à marée haute les bateaux jusqu'à Bruges, il ne reste qu'une trouée au milieu des dunes, encore submergées aux marées d'équinoxe et lors des grandes tempêtes du nord-ouest. Entre-temps subsistent des prés salés qui constituent un biotope spécifique, où 120 espèces d'oiseaux viennent nidifier. La réserve, créée en 1952, présente deux visages : d'abord les pinèdes, à l'entrée (où nichent les cigognes blanches, qui sont nourries chaque jour à 15h), qui sont aménagées en étangs et volières avec oiseaux aquatiques, rapaces, échassiers et palmipèdes ; ensuite, sur une

LA BATAILLE DE L'ÉCLUSE

En 1340, le bras de mer du Zwin est le théâtre d'une terrible bataille navale entre les navires d'Édouard III d'Angleterre et les vaisseaux de Philippe VI de Valois. Quatre navires sont équipés d'un nouvel engin : le canon. La bataille est dantesque, 200 navires et leurs cargaisons gisent encore par le fond, à l'entrée de l'estuaire. C'est le début de la guerre de Cent Ans.

LA CÔTE EST

centaine d'hectares, une étendue marécageuse, battue par les vents, où l'on peut observer à la jumelle (et bien botté !) les espèces migratrices et les plantes salines. Attention, pas d'accès à la plage à partir de la réserve, il faut pour cela passer par Knokke ou par la petite ville hollandaise de Cadzand. La végétation au printemps et à l'automne offre des coloris de toute beauté.

🏛 *Museum Sincfala :* *Pannenstraat, 140, à* **Heist.** ☎ *050-63-08-72.* ● *sincfala. be* ● *Tlj 10h-12h, 14h-17h30. Entrée : 3,50 € ; réduc.* Toute l'histoire de la région du Zwin : la poldérisation, les soubresauts de l'histoire, la vie des pêcheurs... Dans le jardin du musée, on monte à bord du crevettier Jessica, des années 1930. L'une des rares visites culturelles à faire à Knokke.

LA CÔTE OUEST,
D'OSTENDE À LA PANNE

Au fur et à mesure que l'on suit la route royale vers la frontière française, les plages s'élargissent et la bande de dunes croît en hauteur et en densité. L'estuaire de l'Yser, ce petit fleuve côtier qui fit tant parler de lui, force la route à faire un crochet et, après La Panne, une autre réserve naturelle marque la fin du territoire belge.

NIEUPORT (NIEUWPOORT)   (8620)   10 000 hab.

Port de pêche, port de plaisance le plus important de la côte, Nieuport fut entièrement détruit en 1914-1918. Tout fut reconstruit sur le modèle ancien mais en utilisant une brique de couleur jaune un peu triste. À part ça, le front de mer y est presque aussi laid qu'ailleurs. Reste la jolie jetée et la réserve naturelle qui s'avèrent deux bonnes raisons de venir à Nieuport. La lumière y est souvent magique.

Adresses utiles

🛈 **Pavillon d'information :** *Hendri-kaplein, 11.* ☎ *058-23-39-23.* ● *nieuw poort.be* ● *Au début de la digue (à Nieuwpoort-Bad). Juil-août, tlj 9h30-18h ; avr-juin et sept-oct, tlj 9h30-12h30, 14h-17h ; en hiver, tlj 10h-12h30, 14h-16h30.*

🛈 Autre *office de tourisme* à *Nieuport Stad, sur Marktplein, 7* (☎ *058-22-44-44*) *: juil-août, tlj 9h-17h (12h w-e) ; le reste de l'année, lun-ven 9h-12h, 13h30-16h30.* Donne une liste des hébergements.

Où dormir ? Où manger ?

Camping

🏕 **Kompas Camping :** *Brugses-teenweg, 49.* ☎ *058-23-60-37.* ● *nieuwpoort@kompascamping.be* ● *kompascamping.be* ● *À 4 km de la plage. Descendre à l'arrêt de tram*

« Nieuwpoort Stad ». Ouv de fin mars à mi-nov. 23-37 € selon saison pour 2 avec tente. 📶 *(payant).* Un immense terrain à caravanes avec taverne, friterie, piscine, toboggan, pétanque, minigolf et ferme pour les enfants. Location de vélos et, plus original,

de tipis pour 4 personnes. Essentiellement pour les familles.

De prix moyens à chic

🛏 *Lighthouse :* Kaai, 46.
☎ 058-23-73-52. ● info@light-house.
be ● light-house.be ● À env 3 km
du front de mer, face aux rails du
tram. Fermé de mi-nov à mi-mars.
Compter 70-80 € selon sem ou w-e
pour 2 avec petit déj, préférence donnée à 2 nuits en hte saison ; réduc
de 10 % à partir de 3 nuits. Loc de
vélo. 🖥 📶 Pour les amateurs de
décor marin, un petit *B & B* proposant
3 chambres simples mais bien tenues,
avec douche intégrée, w-c privatifs, TV
et jolies photos de bateaux. Agréable
salon commun accolé à la salle de petit
déjeuner, là encore décorée de vieilles
affiches et de maquettes de bateaux :
le patron tenait, ici même, une boutique
d'articles nautiques, et c'est un sacré
bricoleur, puisqu'il a tout transformé
lui-même !

|●| *Het Kompas :* Henegouwenstraat,
1. ☎ 058-23-08-23. ● info@hetkom
pas.be ● Sur la digue, à env 500 m de
l'office de tourisme. Tlj sf mar (et mer
hors vac scol) 11h30-22h. Fermé 2 sem
en oct et 2 sem en fév. Plats 13-36 €.
Joli décor : salle tout en longueur,
avec de gros piliers en bois massif et
des petits recoins délimités par des
rambardes en fer forgé. Beaucoup de
monde, on y vient à toute heure pour
savourer une cuisine variée, avec
aussi des options végétariennes. Si
vous venez l'après-midi, fendez-vous
carrément d'une crêpe normande aux
pommes ! Également des suggestions
du jour. Très bon accueil.

|●| *The Sailors :* Kaai, 7.
☎ 058-23-45-80. À 3,5 km du front
de mer, face aux rails du tram. Tlj
sf mar. Sert tard le soir mais résa
conseillée. Compter 25-30 € à la carte.
Une adresse franchement populaire
avec des chansons réalistes (ou de
la variété française années 1970 !) en
fond sonore. La carte ne propose que
de bonnes viandes (entrecôte, brochettes, cochon de lait ou saucisses)
ou des fruits de mer que la patronne
fait griller dans la cheminée qui trône
au milieu de la petite salle, forcément
rustique. Patates cuites sous la cendre
en accompagnement, portions gargan-
tuesques et bonne humeur garantie
(l'accueil ne demande qu'à se dérider).

À voir. À faire

🔻🔻 *L'estacade (la jetée) :* promenade pour humer l'air du large, assister au retour
des plaisanciers ou, pour les mômes, louer à l'heure (en saison) des filets carrés
que l'on remonte à l'aide d'une poulie. Les prises miraculeuses sont rares. Depuis
que le chenal reliant la ville à son bord de mer a été réaménagé, la promenade y
est aussi agréable pour les piétons que pour les cyclistes. À signaler : une nouvelle
tradition, lancée par les gamins des écoles paraît-il, qui consiste à enfoncer une
capsule de bouteille (en plastique et si possible de couleur pétante) sur un des
boulons de l'estacade. Il ne reste plus guère de place aujourd'hui et tous ces petits
poucets ont transformé la jetée en arc-en-ciel !

🔻🔻 *La réserve naturelle de Ijzermonding :* l'estuaire de l'Yser est classé
réserve naturelle. À cet endroit, la côte n'est qu'une splendide succession
de plages, de dunes, de prés salés, de vasières et de polders. On y accède à
pied ou à vélo depuis la station ou l'estacade, via l'ancien domaine militaire.
L'ancienne base navale a été entièrement démantelée, permettant à la nature de
reprendre ses droits.

14-18 🔻 *Le monument au roi Albert :* tlj sf w-e et j. fériés 8h45-12h, 13h15-18h
(17h en hiver). Entrée : 1 €. Monument grandiloquent (et assez laid pour tout dire)
avec statue équestre à la mémoire du « roi-chevalier », érigé à l'endroit précis où,
en 1914, en accord avec ses alliés, Albert Ier décida d'inonder la plaine de l'Yser
pour arrêter l'avance allemande. C'est l'éclusier Geeraert qui ouvrit, à l'endroit

LA CÔTE OUEST

appelé la « patte-d'oie », les vannes du canal de dérivation. Les polders furent immédiatement inondés à la marée montante et les troupes du Kaiser stoppées pour 4 ans. Panorama du sommet du monument.

– Une **commémoration** de la 1re bataille d'Ypres et de l'inondation des plaines de l'Yser s'y déroulera le 28 octobre 2014.

🕯 *Le Markt* est un quadrilatère aux façades de brique jaune un peu sévères, très répandues dans la région. Les arcades de la halle surmontée d'un beffroi sont très élégantes.

➤ **Promenades en bateau :** *en juil-août, de Nieuport à Dixmude ou Ostende, avec la compagnie Seastar (Orientpromenade, 2 ; ☎ 058-23-24-25 ; ● seastar. be ●). Prix A/R : 18,50 €.* Compter 1h30 pour la balade, dans chaque sens. Un bon moyen, quoiqu'un peu cher, de découvrir la plaine de l'Yser.

COXYDE-OOSTDUINKERKE (KOKSIJDE)

(8670)	18 000 hab.

Ces deux stations sont à présent réunies depuis la fusion des communes. Au menu, hautes dunes (jusqu'à 33 m), larges plages propices à la pratique du char à voile ou à la traditionnelle pêche à la crevette à cheval – qui a été classée au Patrimoine culturel immatériel de l'Unesco – et, surtout, trois intéressants musées. Il est un peu difficile de se repérer dans les différents quartiers de cette station très étendue. Pour faire simple, vers l'ouest, plutôt au bord de mer, on trouve Sint-Idesbald. En continuant vers l'est, par l'avenue longeant le tram, on arrive à Coxyde-sur-Mer (Koksijde-Bad), avec, en retrait dans les terres, le village de Coxyde. De même qu'un peu plus loin, après quelques dunes, on trouve Oostduinkerke. Là encore, il faut distinguer le front de mer du village.

Adresse utile

🛈 **Office de tourisme :** *Info Koksijde, Zeelaan, 303 (à côté du casino de Coxyde-sur-Mer).* ☎ *058-51-29-10. ● koksijde.be ● Avr-sept, tlj sf dim mat 9h-12h, 13h30-17h30 ; oct-mars, tlj 9h-12h, 13h30-16h30. Autres* **bureaux** *d'information sur la digue de Sint-Idesbald et à Oostduinkerke-Bad, Astridplein 6 : ouv tlj pdt vac scol et le w-e tte l'année.* Demandez le calendrier des sorties de pêche à la crevette (en saison, de juin à mi-septembre).

Où dormir ?

Camping

⚎ **Eureka :** *E. Clauslaan, 2.* ☎ *058-51-22-39. ● info@campin geureka.be ● eureka-bloemenduin. bé ● Entre Coxyde-sur-Mer et Coxyde « village », derrière le musée Ten Duinen 1138. Ouv de mi-mars à fin oct.* Compter 16-20 €/nuit pour 2 avec tente. Propose aussi des mobile homes aménagés pour 4-6 pers, 70-85 €. 📶 Attention, seuls les emplacements caravanes permettent de garer sa voiture. Camping familial situé à l'arrière de la station, non loin de 2 ou 3 îlots de dunes.

Très bon marché

🏠 **Jeugdherberg De Peerde-visser :** *Duinparklaan, 41, à Oostduinkerke-Bad.* ☎ *058-51-26-49.*

● *oostduinkerke@vjh.be* ● *peerdevis ser.be* ● *Fermé 15 déc-1ᵉʳ fév. Nuitée 20,10 € (22,15 € pour les + de 25 ans), petit déj compris ; doubles avec sdb 54,10-58 €. Repas 11,50 €. Carte obligatoire.* 🖥 📶 Dans un bâtiment moderne aux allures de quartier de haute sécurité. Quelque 135 lits en chambres de 2, 4 et 6 lits. Terrains de jeux, petit bar et salle à manger ressemblant à un réfectoire d'école (repas à heures fixes). Bus et tram à 800 m.

Où manger un peu chic ?

🍽 🏠 **Maison de la Mer :** *Koninklijke Baan, 215.* ☎ *058-52-38-88. À la sortie de Coxyde en allant vers La Panne, sur la gauche. Tlj midi et soir sf lun (excepté juil-août) jusqu'à 21h30. Plats 28-45 €.* Difficile à rater, c'est l'énorme maison au toit pentu posée sur la route entre Coxyde et La Panne. Pas pour toutes les bourses, certes, mais on en a pour son argent. Spécialités de poisson et fruits de mer bien sûr, servies dans une très grande salle aux tons gris assez classe, avec plafond à poutres et baies vitrées garnies de rideaux courts. Le plat vedette, c'est la bouillabaisse maison, normale ou royale mais toujours très réussie, servie dans une gigantesque assiette ! Agréable terrasse à l'arrière aux beaux jours. Propose aussi 3 chambres d'hôtes, de charme *(autour de 110-125 €, avec petit déj-buffet).*

À voir

🏛🏛 *Paul-Delvaux Stichting (Fondation Paul-Delvaux) : Paul Delvauxlaan, 42, à Sint-Idesbald.* ☎ *058-52-12-29.* ● *delvauxmuseum.com* ● *Avr-sept et pdt vac scol, tlj sf lun (excepté juil-août et lun fériés) 10h30-17h30 ; le reste de l'année, jeu-dim. Fermé début janv-fin mars. Entrée : 8 € ; réduc.* Dans une ancienne fermette, au milieu d'un quartier de villas pimpantes, la Fondation Delvaux, créée bien avant la disparition du peintre en 1994, est un magnifique musée que nous vous recommandons chaudement. L'univers personnel de ce prince de l'onirisme est magistralement restitué. Breton ne le considérait pas comme un surréaliste, son univers était trop léché, pas assez spontané... On y retrouve en tout cas tout le magasin d'accessoires de son imaginaire : sa collection de trains miniatures, les tramways en bois, un squelette, des maquettes de temples grecs, des palettes maculées de couleurs et la reconstitution de son atelier de Boisfort à Bruxelles. Les photos de Delvaux, de sa petite enfance (Paul-Henri Spaak fut son camarade de classe) jusqu'à ses vieux jours, nous le montrent vêtu éternellement d'une originale chemise à grand col ouvert mais sans manches. Les peintures plongeront ses fans dans la délectation. La pénombre bleutée des deux grandes salles d'exposition met superbement en valeur les corps statufiés de ces belles créatures éthérées, aux poitrines parfaites. Plongée dans des songes à la fois précis dans leurs détails et improbables dans leur juxtaposition, humour absurde des hommes en chapeau boule, trains fantômes pénétrant les entrailles d'acropoles lunaires, jeunes dames en chapeau et crinoline guettant l'arrivée de trois-mâts immobiles...

🏛🏛 *Le musée abbatial Ten Duinen 1138 : Koninklijke Prinslaan, 6-8, à Coxyde-sur-Mer* (très bien fléché). ☎ *058-53-39-50.* ● *tenduinen.be* ● *Avr-oct : mar-ven 10h-18h ; nov-mars : le w-e slt, 14h-18h. Fermé en janv. Entrée : 5 € ; réduc.* Installé à côté des ruines de l'abbaye des Dunes, dans une grosse bâtisse de pierre et de verre, ce récent musée vous révélera tout, ou presque, sur les moines cisterciens, leur vie quotidienne et le fonctionnement de leur abbaye. Une bonne façon d'en apprendre plus sur le Moyen Âge, d'autant que tout est présenté de manière ludique et interactive. On peut, par exemple, interroger des écrans tactiles, faire parler des mannequins ou encore écouter les chants des frères dans des combinés téléphoniques. Vous voulez savoir ce que mangeaient les moines ? Réponse dans la cuisine reconstituée de l'abbaye, où des tiroirs révèlent non seulement le contenu, mais aussi la valeur nutritionnelle de leur ration quotidienne. Tout est évoqué, jusqu'à la question de l'abstinence sexuelle. À voir encore, au second étage, une belle collection d'objets liturgiques (calices, ciboires, vases d'autel...) provenant de différents pays d'Europe. Et, bien sûr, les ruines de l'abbaye elle-même, en partie reconstituées.

🏃🏃 *National Visserijmuseum Navigo (musée de la Pêche) :* Pastoor Schmitzstraat, 5, à *Oostduinkerke-Village.* ☎ 058-51-24-68. ● *navigo-museum.be* ● *Avr-oct : mar-ven 10h-18h ; nov-mars : le w-e slt, 14h-18h. Fermé en janv. Entrée : 5 €, audioguide inclus ; réduc.* Musée récent et moderne consacré à l'histoire de la pêche dans la région. Sachez pour commencer que la plage d'Oost-duinkerke est la seule au monde où l'on pratique encore la pêche aux crevettes à cheval. Les techniques ont un peu évolué (cette

UNE TRADITION CREVETTIÈRE QUI PERDURE

◎ *Sur la plage d'Oostduinkerke, on peut admirer une pratique qui a failli disparaître, mais qui est encore exercée par une douzaine de familles : la pêche aux crevettes à cheval. Le canasson (un robuste brabançon) tire un chalut de 10 m de large dans lequel les crevettes viennent s'engouffrer. Elles sont stockées dans des paniers accrochés aux flancs du cheval, avant d'être cuites sur la digue.*

tradition remonte à plus de cinq siècles) mais le travail reste épuisant. En fait, cette pêche était surtout pratiquée par les petits paysans des dunes, qui pouvaient ainsi compléter leurs maigres revenus et mettre un peu de beurre dans les chicons. Évocation de la fête annuelle de la crevette qui dure deux jours à la fin juin. La visite, très complète, nous amène tour à tour sur une plage (avec le cri des mouettes !), dans une maison de pêcheur, un atelier de charpenterie, une salle de navigation, et sur le pont de l'un des rares bateaux de pêche à avoir survécu à la guerre. Un musée à la fois plaisant et instructif.

LA PANNE (DE PANNE)   (8660)   10 000 hab.

La station balnéaire, bien connue des Lillois et des Ch'tis, partage avec la France toute proche une immense plage sans brise-lames. Cela permet la pratique grisante du char à voile. Ambiance toutefois lourdement touristique en saison d'autant que La Panne abrite, avec *Plopsaland*, le plus gros parc d'attraction de Belgique. La réserve naturelle du Westhoek, elle, est une belle étendue sauvage, lorgnée sans cesse par les promoteurs et défendue bec et ongles par les associations de protection de la nature.

Adresses utiles

🛈 *Office de tourisme :* Zeelaan, 21. ☎ 058-42-18-18. ● *depanne.be* ● *Juil-août, tlj 8h (9h w-e)-18h ; le reste de l'année, 8h (9h sam et 10h dim)-12h, 13h (14h w-e)-17h. Fermé dim ap-m* | *hors vac scol.* Donne une carte des sentiers pédestres dans la réserve. 🚆 *Gare NMBS :* à *Adinkerke (3 km au sud de La Panne).* ● *b-rail.be* ● Liaisons avec Gand et Bruxelles.

Où dormir ? Où manger ?

🛏 *Hôtel Cécil :* Markt, 14. ☎ 058-42-14-57. ● info@hotelcecil. be ● hotelcecil.be ● Doubles 55-85 € selon saison. 📶 Un petit hôtel familial au centre de La Panne. Les chambres sont – pour le prix – d'un honorable confort, mais pas franchement immenses (et les salles de bains sont à l'avenant). Une adresse plus d'étape donc que de séjour. Accueil très souriant.

🛏 |●| *Villa Select :* Walckierstraat, 7. ☎ 058-42-99-00. ● info@hotelvilla select.be ● hotelvillaselect.be ● Sur la digue. Doubles 110-160 € selon saison. Menu unique 35 €. 📶 Une jolie découverte que cet hôtel posé pile-poil sur la digue. Pour la vue des vastes fenêtres des chambres côté mer – vraiment spacieuses, simplement confortables et avec un certain charme intemporel. Pour la vue, toujours, depuis l'agréable salle du resto et la cuisine maison au gré du marché, simplement mais joliment amenée. Mais aussi, et surtout, pour l'accueil vraiment exceptionnel du jeune couple aujourd'hui installé dans cette vieille maison à tourelles. Piscine couverte, sauna et bain turc.

🛏 *Hôtel Maxim :* Toeristenlaan, 7. ☎ 058-42-14-57. ● info@hotelmaxim. be ● hotelmaxim.be ● Double 100 €, petit déj compris ; moins cher hors saison et à partir de 2 nuits. Promos sur le site. Parking payant. Dans un quartier résidentiel, à proximité des plages. Petit bâtiment des années 1970 un peu démodé mais les chambres (20 en tout) sont très confortables, avec TV écran plat, bonne literie, bureau et salle de bains nickel. Certaines d'entre elles possèdent une terrasse. Accueil tout à fait charmant. Une bonne adresse.

À voir

Au-delà du monument prétentieux à Léopold Iᵉʳ, qui fit là ses premiers pas sur le sol belge (comme Armstrong sur la Lune), débute la réserve du Westhoek. Quelques lotissements de tours cubiques ne réussissent pas à gâcher le site.

🎬 *La réserve du Westhoek :* on peut parcourir cet espace naturel tte l'année, à condition de ne pas quitter les sentiers balisés. Le mieux consiste à faire une promenade guidée. Infos à l'office de tourisme. Les 340 ha (même superficie que Central Park, à New York) appartiennent à la Région flamande, qui en a réglementé strictement l'accès. Les dunes constituent un milieu perpétuellement changeant, à cause de l'action de la mer et des vents. Une zone centrale, dépourvue de végétation, est appelée la « petit Sahara ». Quand il fait très chaud, avec un peu d'imagination, cela peut faire illusion... La végétation faite d'oyats, de troènes, d'argousiers, de sureaux noirs et de saules rampants contribue tout de même à fixer les dunes. Entre les plus hautes de celles-ci se creusent des dépressions situées sous le niveau de la mer, appelées « pannes ». Enfin, inondées par la mer en hiver, elles forment un milieu marécageux où se développe une végétation spécifique : orchidées sauvages et gentianes.

🚶 *De Nachtegaal :* Olmendreef, 2, au sud du centre-ville par Kerkstraat. ☎ 058-42-21-51. En été, tlj 10h-18h ; le reste de l'année, lun-ven 10h-17h, sam-dim 10h (13h30 l'hiver)-17h30. GRATUIT. Centre de visiteurs dédié à la nature. Sur 3 étages, on peut glaner plein d'infos sur l'écosystème côtier, sa faune, sa flore, son climat. Des jeux éducatifs pour enfants le rendent assez ludique. Sentier nature dans les dunes.

À faire

– Les routards amateurs de sensations fortes pourront s'essayer au *char à voile* (infos auprès de **LAZEF**, Dynastielaan, 20 ; ☎ 058-41-57-47 ; ● lazef.be ●). La largeur exceptionnelle de la plage à marée basse permet des évolutions qui peuvent flirter avec les 50 km/h par bonne brise. Au ras du sable, c'est décoiffant !

FURNES (VEURNE) (8630) 11 500 hab.

Cette adorable petite ville, au centre de l'arrière-pays côtier appelé Veurne-Ambacht, est une cité tout à fait intéressante. L'influence espagnole y a laissé des traces durables, tant du point de vue de l'architecture que du côté des traditions. La procession des Pénitents, héritage des Pays-Bas espagnols, n'a rien à envier à celle de Séville.

FURNES LA GLORIEUSE !

On le sait peu mais Furnes fut la capitale de la Belgique pendant près de 4 ans ! En effet, ayant échappé aux bombardements, elle était la seule ville encore intacte pendant la Première Guerre mondiale, sur le petit bout de Belgique non occupé. Le roi Albert Ier en fit son quartier général. La reine Élisabeth, elle, préféra s'installer sur la côte, à La Panne.

UN PEU D'HISTOIRE

Ville drapière comme la majorité des villes de Flandre, elle jouit d'une prospérité fluctuante, en fonction des relations triangulaires Flandre-Angleterre-France. Lors du règne des archiducs Albert et Isabelle, les polders environnants furent asséchés. Une garnison espagnole permanente défendait Furnes, avant-poste de l'Espagne aux confins de l'Empire face au royaume de France, jusqu'au début du XVIIIe s.

Comment y aller ?

➤ **En voiture :** à 7 km de La Panne et 28 km d'Ostende. Tout au bout de l'E 40.
➤ **En train :** en provenance de Bruxelles, Gand, La Panne...
➤ **En bus :** depuis Ypres, Poperinge, Nieuport, La Panne, Ostende, Dixmude... *Horaires et tarifs :* ☎ 070-220-200. ● delijn.be ●

Adresses utiles

🛈 **Office de tourisme :** Landshuis, Grote Markt, 29. ☎ 058-33-55-31. ● veurne.be ● Janv-mars, lun-jeu 9h-12h, 13h30-17h ; ven-sam 10h-12h, 14h-16h. Avr-mai et oct-déc 9h (10h ven-sam)-12h, 13h30-17h ; fermé dim oct-mars. Juin-sept, tlj 9h (10h w-e)-17h. Demandez la brochure Veurne de A à Z (1 €) : 2 promenades y sont proposées. Également une petite salle d'information avec écrans tactiles.

■ **Location de vélos :** 2 adresses en ville, tlj 1er mars-15 oct : **Tweewielcenter de Voorstad** (Ieperse Steenweg, 20 ; ☎ 058-31-16-86) et **Wim's Bike Center** (Pannestraat, 35 ; ☎ 058-31-22-09). Moyen de transport idéal pour visiter les Moëres (marais asséchés) et la région Bachten de Kupe (l'arrière-pays de l'Yser).

Où dormir ?

🛏 **De Loft :** Oude Vestingstraat, 36. ☎ 058-31-59-49. ● deloft@pandora. be ● deloft.be ● Doubles 85-90 € selon saison, petit déj inclus. Tarifs dégressifs. Parking payant. 📶 À 300 m du Markt, une ancienne forge aménagée en hôtel

– taverne – tea-room, avec une dizaine de chambres et des apparts, sans fioritures et d'un confort correct. Jeune tenancier aimable qui organise des expos dans son salon de thé *(ouv tlj sf mar 8h30-19h)*. Vélos à louer.

Plus chic

🏠 **'t Kasteel en Koetshuys** : *Lindendreef, 5-7.* ☎ *058-31-53-72.* ● *info@ kasteelenkoetshuys.be* ● *kasteelenko etshuys.be* ● *Compter 108-125 € pour 2, petit déj compris. Possibilité de ½ pens le w-e. Résa en ligne.* Dans un joli hôtel particulier qui a fêté ses 100 ans, une douzaine de chambres d'hôtes de belle taille. Déco de charme, avec plancher et hauts plafonds moulurés. Petit déj gourmand

pour démarrer la journée d'un bon pied. En option, un sauna, un hammam et une salle de massages (à réserver). Une belle adresse de style.

🏠 **The Old House** : *Zwarte Nonnenstraat, 8.* ☎ *058-31-19-31.* ● *info@theoldhouse. be* ● *theoldhouse.be* ● *Compter 80-105 € selon chambre, date et saison ; petit déj 15 €. Parking gratuit.* 📶 Ici, c'est un ancien commissariat, datant de plus de 200 ans, qui a été transformé en un vaste *B & B*. Les 14 chambres sont superbes, spacieuses et tout confort. Un bon mélange d'atmosphère XVIIIe s et de modernité. Pour se détendre, un salon-piano d'époque et, ouvert à tout le monde, un agréable tearoom où l'on peut déguster un délicieux chocolat chaud ; c'est là aussi qu'on prend l'excellent petit déj. Très bon accueil.

Où manger ? Où boire un verre ?

Toutes ces adresses sont situées sur ou à un jet de pierre de la Grand-Place.

De bon marché à prix moyens

🍽 🍸 **Taverne Flandria** : *Grote Markt, 30.* ☎ *058-31-11-74.* ● *taverneflan dria@telenet.be* ● *À côté de l'office de tourisme. Tlj sf mer soir et jeu 10h-22h (minuit en saison). Plats 8-14 €.* Taverne classique avec son décor traditionnel et son lot d'habitués. L'occasion de goûter à quelques produits du terroir, comme le boudin blanc et le pâté de Furnes, ou le fromage de Lo. Sinon, lasagnes, croquettes ou chicons au jambon... Service aimable et choix de bières important (120 !), dont la Westmalle au fût. Une bonne halte.

🍽 **Grill De Vette Os** : *Zuidstraat, 1, en bordure de la Grand-Place.* ☎ *058-31-31-10.* ● *info@grilldevet teos.be* ● *Tlj sf mer-jeu 18h-2h ; ouv aussi dim midi. Fermé 2 sem début oct. Repas env 35 €.* 📶 *Apéro offert sur présentation de ce guide. De Vette*

Os, c'est le « bœuf gras » en flamand. Réputé pour ses demi-poulets (rôtis en salle), son carré d'agneau, son bœuf Angus, ses grillades diverses et, l'hiver, ses *stoofpotjes* (sortes de pot-au-feu). Amusant, on prend place sur des bancs de parc. Ambiance très animée tard le soir. Bon choix de vins de différents pays.

🍽 🍸 **'t Hof van de Hemel** : *Noordstraat, 13.* 📱 *0474-88-46-84.* ● *info@ thofvandehemel@be* ● *Tlj de 9h30 au dernier client. Service en continu. Fermé lun et dim sf pdt vac scol. Menus 13,50-30 €. CB refusées.* 📶 Pour une cuisine simple mais servie avec gentillesse, dans le beau cadre d'une maison médiévale. Dans cette jolie taverne à l'ancienne, on vient siroter avec une modération toute monastique la St-Bernardus, produite dans le village frontalier de Watou et disponible au fût. Côté assiette, plein de snacks pour toutes les faims et des spécialités pas trop ruineuses de pâtes maison, de crevettes et d'escargots. Bœuf étuvé à la bière des moines. Terrasse à l'arrière.

Où sortir ?

🍸 **Café Oud Veurne** : *Appelmarkt, 2.* 📱 *0485-31-36-20.* ● *info@oud-veurne. be* ● *Ouv ven-sam slt (mer-dim pdt vac*

scol) dès 16h. Bar dansant dans une spectaculaire petite cave voûtée. On vient de loin pour s'y amuser. Prix corrects.

LA CÔTE OUEST

À voir

🏃🏃 Grote Markt *(Grand-Place)* **:** ensemble harmonieux, surtout du côté des maisons Renaissance flamande, avec leurs pignons mignons, tous différents. Le bâtiment du *Landshuis,* ancienne châtellenie gérant les communes environnantes, plus tard palais de justice, est de facture classique. Le *beffroi* qui le surplombe fut érigé en gothique mais le joli clocher à bulbes aux boiseries jaunes est baroquisant.

D'autres maisons méritent qu'on s'y attarde : le *Pavillon espagnol (Spaans paviljoen),* à l'angle gauche de l'Ooststraat, fut construit au XVe s et servit de Q.G. aux officiers ibériques. C'est une sorte de tour fortifiée de quatre étages, en brique claire. En face, l'ancienne *boucherie (Vleeshuis),* au pignon joliment festonné, est reconvertie en salle d'exposition. À l'un des angles du Markt, une maison à arcades servait de base à la garde de nuit. Une girouette en forme de lion des Flandres la surmonte.

🏃🏃 Stadhuis *(hôtel de ville)* **:** *Grote Markt. Horaires de visite annoncés sur un panneau devant l'office de tourisme. Se renseigner pour savoir à quelle heure est la visite en français. Entrée : 3 € ; réduc.* Coincé dans un angle de la place, à côté du Landshuis, il présente une double façade dont l'une est précédée d'une élégante loggia à quatre colonnettes. À l'arrière, un clocheton avec un bulbe en forme de goutte.

L'intérieur de l'édifice a conservé de magnifiques reliques du passé. On trouve dans l'entrée des objets expiatoires de justice et le portrait du héros local qui informa en 1914 l'état-major allié sur les potentiels de défense que présentait l'inondation de la plaine de l'Yser. Dans plusieurs salles, mobilier des XVIIe et XVIIIe s très bien conservé, portraits des archiducs Albert et Isabelle, de Louis XIV, de Joseph II et de son frère Léopold. Un superbe manteau de cheminée aux armes d'Espagne et, dans la chapelle attenante à la salle d'audience de l'ancien palais de justice, deux *Delvaux, La Dame de Furnes* et *Le Parc.* Remarquables aussi sont les revêtements muraux : tentures en cuir de Malines dans l'ancienne salle du conseil, tentures et chaises de velours bleu dans la salle du collège et, surtout, cuir repoussé de Malines dans la salle qui servit de bureau à Albert Ier et où il reçut Poincaré et George V.

🏃 Sint-Walburgakerk *(église Sainte-Walburge)* **:** *Grote Markt.* Elle est restée longtemps incomplète et son achèvement ne fut clôturé qu'au début du XIXe s. Dans la nef de droite, on peut voir un reliquaire contenant un morceau de la « Vraie Croix », bien sûr ! La ruine en face du parvis est celle de la nef du XIVe s et de son portail, restés isolés du corps principal de l'église.

– Le petit parc qui borde cet ensemble est un havre de paix charmant, aux arbres centenaires, retentissant du sifflement des merles. Un beau buste du peintre Paul Delvaux y trône. Il était citoyen d'honneur de Furnes, où il passa ses dernières années.

🏃 La tour-donjon de l'église Saint-Nicolas : *à l'autre bout de la Grand-Place.* Cette massive tour-donjon carrée (qui ne se visite pas) écrase les petites maisons attenantes. Le carillon égrène les notes de l'*Hymne à la joie.* Le niveau du portail d'origine donne une idée du rehaussement du sol depuis le XIIIe s, date de sa construction.

Manifestation

–**Procession des Pénitents** *(Boetprocessie)* **:** *le dernier dim de juil.* On voit de très nombreux participants (250 cagoulés) venir expier leurs fautes en traînant de lourdes croix. Le sommet est atteint avec le Christ, qui se coltine une double barre de 40 kg. Cela dure depuis 1644, preuve indéniable que l'Espagne a laissé ici plus que des souvenirs. Le nombre des participants croît même d'année en année !

Spécialités

Les *potjesvlèsch* sont des rillettes en gelée composées de lapin, de poulet, de veau. On en tartine une tranche de pain de campagne et on arrose le tout d'une trappiste de Sainte-Sixte. Également le *jambon de Furnes,* sans rival au rayon des jambons séchés.

DANS LES ENVIRONS (PROCHES) DE FURNES

🏺 👫 *Bakkerijmuseum* (musée de la Boulangerie et de la Confiserie) **:** *Albert I-laan, 2.* ☎ *058-31-38-97.* ● *bakkerij museum.be* ● *À proximité du carrefour E 40-A 18, dans la banlieue de Furnes. Juil-août : tlj 10h (14h w-e)-17h30 ; le reste de l'année, tlj sf ven 10h (14h w-e)-17h. Entrée : 5 € ; réduc.* Une ferme du XVIIᵉ s qui abrite un petit musée attachant. La place du pain dans l'art, les chefs-d'œuvre en sucre, en

SUÇOTTE ET TAIS-TOI !

Une spécialité locale : la babelutte, un caramel fait de sucre et de beurre salé emballé dans un papier blanc et bleu. Ce nom provient du flamand « babelen » (« bavarder ») et « uit » (« terminé »). On dit qu'autrefois, pour faire taire quelqu'un, on lui offrait une babelutte. En effet, cette friandise a tendance, dans la bouche, à tellement coller aux dents que ça empêche de parler.

massepain ou en chocolat, une boulangerie 1900, tous les outils de la pâtisserie, les fers à gaufres et à hosties, les moules à dragées, un vieux four à bois, une pelle à enfourner un « pain français » de 2,5 m, des cylindres pour bonbons acidulés et plein d'autres objets destinés à mettre la main à la pâte... En sortant, allez donc déguster une crêpe, une gaufre ou une part de tarte maison à la cafétéria.

DIXMUDE (DIKSMUIDE) (8600) 15 000 hab.

La « perle » des polders, comme ses habitants la nomment, est une ville chargée de symboles. Ville verrou de la plaine de l'Yser, elle se trouva aux avant-postes des combats de 1914 et fut à ce titre une des villes martyres de la Grande Guerre. Choisie comme lieu de commémoration des soldats flamands tombés dans les tranchées, elle vit l'érection d'une première *tour de l'Yser,* symbole international de la Paix et lieu de rassemblement des mouvements nationalistes flamands.

UN PEU D'HISTOIRE

Dixmude, à présent à près de 20 km de la mer, fut un port qui commerçait avec l'Angleterre via l'Yser, alors un estuaire. Ville drapière, elle vendait aussi son célèbre beurre à Paris. Les troupes allemandes de 1914 s'y heurtèrent à une défense acharnée des Belges, épaulés par une brigade de 6 000 fusiliers marins français. La ville fut pilonnée par l'artillerie lourde et les défenseurs durent se replier derrière

LA CÔTE OUEST

l'Yser et s'y enterrer pour 4 ans. Dixmude n'était plus qu'un champ de ruines. Après le conflit, ses habitants la rebâtirent à l'identique.

Adresses utiles

🛈 **Office de tourisme :** *Grote Markt, 28.* ☎ *051-51-91-46.* ● *diksmuide. be* ● *Tlj 10h-12h, 14h-17h.* Prenez-y la brochure *Diksmuide* qui propose une petite promenade guidée de la ville et les différents circuits à vélo à faire dans les polders. Vous y trouverez aussi les adresses où louer votre deux-roues.

🚆 **Gare NMBS :** *Bortierlaan. À 300 m du Markt.* Trains pour Gand et La Panne.

Où dormir dans le coin ?

🏠 **Kasteelhoeve Viconia :** *Kasteelho-evestraat, 2, Diksmuide-Stuivekens-kerke (8600).* ☎ *051-55-52-30.* ● *info@viconia.be* ● *viconia.be* ● *Fermé en janv et 1re quinzaine de sept. Doubles 84-112 selon j. et saison, avec petit déj ; le w-e, séjour de 2 nuits obligatoire (toujours en ½ pens) 128-156 €/pers.* En pleine nature, à 7 km de Dixmude en direction de Veurne et 20 km de la frontière française, une ferme-château en brique de style néogothique, ancienne institution norbertine. Chambres à la déco et au confort standard et cuisine du terroir de bonne tenue. Grandes pelouses et jardin. Location de vélos sur place.

À voir

🏃 **Grote Markt :** grande place reconstruite à l'identique après 1918 en brique jaune du pays. Hôtel de ville néogothique.

🏃 **Sint-Niklaaskerk** *(église Saint-Nicolas) : Grote Markt.* Fidèlement reconstituée d'après un original du XIVe s, elle contient un *Chemin de croix* de Georges Minne. Sur une colonne, photo de la ville détruite.

🏃 Au-delà du portail gauche de l'église Saint-Nicolas, la rue mène au *Vismarkt (marché aux poissons)* puis, franchissant un canal, jusqu'au *béguinage.* Agréable lieu de paix articulé autour d'une pelouse et d'une chapelle. Si ça a l'air si propre et net, c'est qu'ici aussi il a fallu reconstruire.

14-18 🏃🏃 **Ijzertoren et museum Aan de Ijzer** *(tour de l'Yser et musée Au Long de l'Yser) : Ijzerdijk, 49.* ☎ *051-50-02-86.* ● *aandeijzer.be* ● *Tlj 9h (10h le w-e)-18h (17h en hiver). Fermé 24 déc-2 janv. Entrée : 8 € ; réduc.* Construite après la Première Guerre mondiale, cette tour assez peu gracieuse se dresse à la sortie de la ville et abrite un musée réparti sur... 22 étages. En 1946, elle fut dynamitée « d'une façon professionnelle, efficace, anonyme et tout de même connue » (!) et reconstruite en plus grand (84 m). Avec les débris de la première tour, on dressa une *porte de la Paix,* à la manière d'un arc de triomphe. Aujourd'hui, son musée, par le biais d'une muséologie interactive, se consacre à la Première Guerre mondiale et à ses victimes, à la paix et aux Droits de l'enfant... le tout sur fond de reconnaissance et d'affirmation de l'identité du peuple flamand. On peut d'ailleurs lire, au sommet de la tour, la devise-slogan en croix *AVV-VVK – Alles voor Vlaanderen, Vlaanderen voor Kristus !* – « Tout pour la Flandre, la Flandre pour le Christ ! ». Mais bon, plus qu'un endroit consacré à la gloire et à l'autonomie dudit peuple, il s'agit d'un monument à la paix et à la liberté, comme en témoigne d'ailleurs le festival musical organisé chaque année autour de ces deux thèmes par l'association responsable du musée. Vue panoramique du haut de la tour, auquel on accède par ascenseur avant de redescendre à pied aux travers des salles d'un musée dont la scénographie a été complètement repensée en 2013. Il retrace, de manière chronologique, la bataille de l'Yser d'octobre 1914, ses préparatifs et ses conséquences sur la suite de la guerre. Ce tout nouveau musée, qui présente peu d'objets, a surtout parié sur la mise en scène : proche de l'art contempo-rain parfois (avec ces vêtements accrochés à un labyrinthe de grillages rouillés pour évoquer l'exil des civils), voire du parc d'attraction (pièces obscures, lumières stroboscopiques qui éclairent des photos de soldats morts dans la boue...). Dommage, plus on descend les étages, plus les traductions en français se font rares... Mais laissons peut-être à ce musée, inauguré au prin-temps 2014, le temps de trouver ses marques.

14-18 🍴 ***Dodengang*** *(« Le Boyau de la Mort »)* **:** *Ijzerdijk, 65. Sur la berge gauche du fleuve, à 3 km du pont qui enjambe l'Yser. Avr-11 nov, tlj 10h-17h ; le reste de l'année, slt mar et ven 9h30-16h. Fermé Noël-Nouvel An. GRATUIT.* Ce réseau de tranchées en chicane se trouve sur la berge gauche du petit fleuve, à l'endroit où celui-ci, large d'une vingtaine de mètres, séparait les lignes des Allemands et des Bel-ges. Les Allemands avaient une tête de pont sur la rive gauche. Les tranchées conservées ser-pentent sur environ 400 m. Dans le musée, le 1er étage aborde les faits historiques et la vie quotidienne dans les tranchées. Photos, bandes vidéo, cartes et pièces de collection illustrent cette tranche d'histoire dramatique. En entendant gazouiller les oiseaux aujourd'hui, on a du mal à imaginer que des combats effroyables se sont déroulés dans ces avant-postes, sans cesse sous le feu de la mitraille. Il arriva même que, à portée de voix les uns des autres, des soldats des deux camps se mettent à vouloir fraterniser...

> ## HÉROÏQUES ANIMAUX
>
> *Pendant la Grande Guerre, bien des animaux ont souffert de la stupidité humaine. Les mules acheminaient ravi-taillement et munitions ; les chiens déni-chaient les blessés sous la mitraille ; les pigeons portaient les messages et étaient souvent abattus. Les canaris et les grillons s'arrêtaient de chanter à l'approche des gaz asphyxiants... Les seuls à en avoir profité furent les mouches, les rats et les poux.*

DANS LES ENVIRONS DE DIXMUDE

14-18 🍴 ***Le cimetière allemand de Praetbos-Vlasdo* :** *à 7 km à l'est de Dixmude,* c'est une large pelouse installée au milieu d'un bois tranquille. Depuis plus de 60 ans, un magnifique groupe statuaire veille sur le repos éternel de 25 638 soldats allemands de la Grande Guerre. Leurs noms sont gravés par groupes de 20, sur de simples dalles plates. Beaucoup étaient des étudiants et, parmi eux, Peter, le fils de Käthe Kollwitz. L'artiste berlinoise a donné au cimetière deux poignantes sta-tues agenouillées, celles d'un père et d'une mère accablés par le chagrin, muets de douleur. L'expression de leur désespoir est la meilleure propagande que l'on ait faite contre la guerre.

🍴 ***Old Timer Museum Bossaert* :** *Tempelaere, 12, **Reninge** (8647).* ☎ *057-40-04-42.* ● *oldtimermuseum.be* ● *Sur la N 8, entre Furnes et Ypres, entre Oostvleteren et Woesten. Lun-ven 13h (13h30 lun)-18h15, sam 10h30-17h15. Fermé dim et j. fériés. Entrée : 7 € ; réduc.* Installé dans un complexe commercial flanqué d'une cafét'. Superbe collection privée d'une centaine de voitures anciennes et motos, pour les amateurs de belles car-rosseries. Vaste hall d'expo lumineux. En vrac, quelques modèles qui nous ont tapé dans l'œil : Lincoln Continental 1978, Fawcett Flyer 1918, Mercedes 600 de 1965, Moskovitch 1951, FN 1924, Minerva 1930, Packard 1939, Alcyon 1925, Landaulet 1908, Austin Seven 1932 et plusieurs légendaires Ford T...

YPRES (IEPER)   (8900)   35 000 hab.

*« J'aimerais acquérir toute la ville d'Ypres comme grande ruine.
Pour le peuple britannique, il n'existe pas de lieu plus saint. »*

Winston Churchill

Ville martyre symbole de la folie des hommes (elle donna son nom à un gaz de combat, l'ypérite), ville souvenir pour des centaines de milliers de familles britanniques, ville modèle de la reconstruction courageuse, Ypres est une cité qu'il ne faut en aucun cas manquer lors d'une visite de la Flandre. Les monuments détruits ont été rebâtis avec une précision de maquettiste. Malgré tout, une certaine froideur domine. Le musée *In Flanders Fields* fait revivre avec tous les moyens technologiques modernes la réalité de ces années terribles.

LA CHIMIOTHÉRAPIE, ENFANT DE L'HORREUR

Le gaz moutarde a pour effet d'affecter la division des globules blancs, mais également celle des cellules cancéreuses. Il n'en fallait pas plus pour effectuer les premières tentatives de chimiothérapie à base de composants du gaz moutarde.

CENTENAIRE DE LA GRANDE GUERRE

14-18 Pendant quatre longues années, la Belgique, et surtout la Flandre, fut le théâtre de batailles parmi les plus sanglantes de la Première Guerre mondiale. Dès 1914, les paysages de prairies et de villages paisibles furent transformés en un vaste champ de bataille. La guerre n'a pas seulement impliqué des citoyens européens, mais aussi des combattants venus du monde entier, engagés sur le front comme ressortissants de colonies, protectorats ou territoires liés aux pays en guerre. Un million de soldats furent tués, blessés, ou portés disparus, tandis que des milliers de civils sans abri furent contraints de tout quitter. La guerre dévasta des villes et villages entiers, les défigurant au point de les rendre méconnaissables. Aujourd'hui encore, les paysages de la région témoignent de la guerre. Ils hébergent des centaines de monuments et de cimetières lourds de signification historique pour les peuples du monde entier. En Flandre occidentale, nombre de musées interactifs sont ouverts aux visiteurs, expliquant les différents aspects du conflit au travers des batailles, de la vie quotidienne et des implications de la guerre en général.
Des cérémonies du type de celle du *Last Post* rappellent qu'aujourd'hui encore, à travers l'hommage qui leur est rendu, les soldats morts ne sont pas oubliés. Le désir ardent pour la paix reste bien vivant.
Depuis le début de 2014, le 100e anniversaire du début de la Grande Guerre est célébré sur la base d'un projet mémoriel qui se poursuivra évidemment jusqu'en 2018.

UN PEU D'HISTOIRE

Ypres, au Moyen Âge, est l'une des trois grandes villes de la Flandre avec Bruges et Gand. Sa population compte au XIIIe s jusqu'à 40 000 habitants (plus qu'aujourd'hui), occupés essentiellement à la production du drap qui se vendait dans l'Europe entière. Encore une fois, le déclin vient de troubles sociaux, suivis d'une

LA CÔTE OUEST

épidémie de peste et de conflits sanglants avec la France. On voit la récession se prolonger au cours des siècles suivants avec la prise dévastatrice par le duc de Parme en 1584, qui fait massacrer sa population. Objet de sièges successifs de la part des Français au XVIIᵉ s, la ville leur échoit au traité de Nimègue en 1678. Aussitôt, *Vauban* s'empresse d'en faire une place forte modèle. L'Autriche en 1716, puis la France à nouveau en 1792, la Hollande en 1815... Ypres partage en ces siècles troublés le destin commun de toutes ces villes frontalières, victimes du grand jeu de ping-pong de la politique européenne. Malgré tous les aléas de l'histoire, Ypres avait réussi à conserver à peu près intacts ses monuments architecturaux. C'était sans compter les canons Krupp de l'armée du Kaiser.

Il fallut près de 50 ans (1919-1967) pour reconstruire Ypres. Les travaux furent financés en grande partie par les dommages de guerre allemands et, le moins que l'on puisse dire, c'est que le résultat est époustouflant. La halle est une parfaite illusion de gothique authentique !

La ville se souvient chaque jour de cette tragédie en perpétuant la cérémonie de la sonnerie aux morts de la Première Guerre mondiale.

1914-1918 : l'Apocalypse à Ypres

En octobre 1914, alors que l'inondation des polders bloque l'avance allemande un peu plus au nord, les Anglais supportent autour d'Ypres le poids d'une offensive de grande envergure. Ils se maintiennent avec les Canadiens et les Français, mais Ypres et ses monuments servent de cible aux grosses pièces prussiennes. Huit siècles d'architecture sont réduits à un tas de ruines fumantes.

Pendant quatre ans, cette partie du front occidental *(le saillant d'Ypres)* va connaître des combats d'une violence inégalée dans l'Histoire. Les conditions effroyables (boue, pluie) et les moyens employés (pilonnage incessant, gaz de combat) vont décimer toute une génération de jeunes venus des deux camps. Défendu par les troupes venues des quatre coins de l'Empire britannique, le champ de bataille de la Flandre va coûter la vie à près de 450 000 d'entre eux ! Des dizaines de milliers n'eurent même pas de sépulture officielle. Les pertes allemandes furent encore plus épouvantables.

GALERIE DE SOLDATS

Parmi les combattants présents à Ypres durant la période 1914-1918 : Louis-Ferdinand Céline, gravement blessé en 1914 à Poelkappelle (il fut invalide à 75 %) ; l'Allemand Ernst Jünger (écrivain aussi), qui connut l'enfer de Passendale ; Georges Guynemer, tué en combat aérien à Poelkappelle et Adolf Hitler, pas souvent en première ligne, mais blessé à Wijtschate.

Comment y aller ?

➢ *En train :* ● b-rail.be ● Au bout de la ligne Bruxelles-Courtrai-Ypres.
➢ *En voiture :* de Lille et Courtrai (E 17), prendre l'A 19 qui mène aux abords de la ville.

Adresses utiles

🅸 *Office de tourisme :* Lakenhalle, Grote Markt, 34. ☎ 057-23-92-20. ● ieper.be ● 1ᵉʳ avr-15 nov : lun-ven 9h-18h, w-e 10h-18h ; fermeture à 17h le reste de l'année. Guide des loisirs gratuit, avec la liste et un petit commentaire sur toutes les balades et tours thématiques, à faire dans le coin. Sinon, vente des cartes des promenades à vélo, notamment *Le Circuit de la paix.* C'est aussi le centre d'infos pour la région autour d'Ypres, appelée le *Westhoek ;* voir aussi le site ● toerismewesthoek.be ● Belle librairie. Ne partez pas sans jeter un œil aux cartes postales, on y voit la ville avant 1914-1918, après 1914-1918 et aujourd'hui. Édifiant !

■ *Location de vélos :* au camping *Jeugdstadion,* situé juste en dehors du centre, côté sud. ☎ 057-21-72-82. Compter 10 €/j. Sinon, à l'*Hôtel Ambrosia,* D'Hondtstraat, 54 (mêmes tarifs) et dans d'autres hôtels.

Où dormir ?

Chic

🏠 *Regina :* Grote Markt, 45. ☎ 057-21-88-88. ● info@hotelregina.be ● hotelregina.be ● *Doubles à partir de 80 €, petit déj compris.* Grande bâtisse de brique jaune sur la place principale, en face de la halle. Chacune des 20 chambres porte le nom d'un artiste : Piaf, Garbo, Ensor, Magritte... Elles sont toutes différentes, très confortables et originales dans la déco, avec une salle de bains en carreaux de faïence ou en pierre apparente, ça dépend. Bar et resto sur place *(fermés le dim).* Accueil très pro.

🏠 *Hôtel O :* D'Hondtstraat, 4. ☎ 057-36-23-30. ● ieper@hotelhotelo.com ● hotelhotelo.com ● *À deux pas de la Grand-Place. Fermé fin déc-fin janv. Doubles 79-119 € selon chambre et saison, petit déj (moyen) inclus. Réduc de 4 € si l'on réserve par e-mail.* 📶 Cet hôtel de centre-ville a choisi de coller à la thématique récurrente de la ville : la guerre. Chambres décorées de malles, jerricans et vrais-faux téléphones d'époque. Sans oublier les éléments du confort moderne : clim, écran plat, literie d'excellente qualité. Ça pourrait être de mauvais goût, mais tout est conçu avec une sobre élégance et sans le côté oppressant qu'on serait en droit de craindre. Certaines chambres ont une vue extra sur la place (carillon tonitruant compris), d'autres sont mansardées. Tables et chaises de mess dans la salle de petit déj. Vous aurez sans doute l'occasion de bavarder avec les gérants, un couple d'Anglais hauts en couleur. Vélos en location.

🏠 *Albion :* Sint Jacobsstraat, 28. ☎ 057-20-02-20. ● info@albionhotel.be ● albionhotel.be ● *Doubles 105-148 €, petit déj inclus. Parking privé. Vélos à louer.* 📶 Dans les anciens locaux des services sociaux de la ville, un hôtel non dénué de charme, occupant de vastes volumes. Déco standard dans les chambres, impeccables et spacieuses, avec salle de bains moderne. Le petit déj (excellent) se prend dans une sorte de salon-bibliothèque. Propriétaire très courtoise.

Où manger ?

La vie nocturne se réduit à quelques cafés-tavernes-restos autour du Markt.

Prix moyens

|●| *In 't Klein Stadhuis :* Grote Markt, 32. ☎ 057-21-55-42. ● info@inhetkleinstadhuis.be ● *Tlj midi et soir de 9h jusqu'au dernier client (cuisine 11h-minuit) ; fermé dim hors saison. Lunch dès 18 €, plats 15-22 €. Snacks à prix modérés.* 📶 Café offert sur présentation de ce guide. Cette façade à pignon abrite une joyeuse taverne peinte dans les tons gais, sur 2 étages. Ça ne désemplit pas, on y vient autant pour boire un godet que pour se caler la panse. Cuisine soignée pour toutes les bourses, du spaghet' maison au jambonneau sauce champignon (la spécialité archi-copieuse) en passant par la moussaka, l'onglet, la tartiflette ou le gratin de poisson. Également des options végétariennes. Profitez-en aussi pour siffler une (ou deux) *Hommelbier,* la bière de la proche petite ville de Poperinge. Concert gratuit le mardi soir en juillet-août.

|●| *Het Moment :* Botterstraat, 42. ☎ 057-36-43-04. ● pascal_roegier@telenet.be ● *À deux pas du Grote Markt. Tlj sf mer. Congés : fin*

juil-début août. Menu 15 € midi sem. Carte env 30 € le soir. Une adresse comme on en rencontre plus souvent qu'à son tour dans les Flandres, entre salon de thé, snack-bar et brasserie. Mais dans celle-là, la qualité des viandes grillées (black angus, côte à l'os), l'accueil souriant, la cuisine ouverte (toujours bon signe, ça !) et le cadre gentiment design nous ont bien plu. Salades et croque-monsieur pour les petits budgets.

I●I *Den Anker :* Grote Markt, 30. ☎ 057-20-12-72. ● *denanker-petrus@ telenet.be* ● *Tlj 12h-22h. Menus 15 € le midi et 23-31 € le soir ; plats 15-25 €.* Moules-frites et autres plats traditionnels, comme la côte à l'os ou la brochette géante de bœuf, à déguster dans une salle classique, fréquentée par une clientèle bien sage. Les portions sont vraiment généreuses (les salades peuvent suffire à un repas) et le service diligent.

Où boire un verre ?

🍷 *De 12 Apostels :* D'Hondtstraat, 18. ☎ 057-36-66-22. ● *christophe.gan tois@telenet.be* ● *Dans une rue perpendiculaire à la Grand-Place. Tlj sf dim-lun dès 16h.* Une invraisemblable collection emplit ce vieux bistrot : images pieuses, crucifix, christs et vierges de plâtre mais aussi des posters vintage de Cloclo ou Joe Dassin (et quelques portraits de la famille royale et une

vidéo de feu de bois pour faire bonne mesure !). Éminemment kitsch, mais c'est fait exprès. Bonne ambiance, évidemment.
– Sinon, le pittoresque Vismarkt est l'un des rares endroits d'Ypres qui s'anime un peu le week-end. Plusieurs bars, les uns à côté des autres, où la jeunesse locale aime à faire la fête, comme le *Charlie Brown, De Vage Belofte* ou le *Paljas.*

À voir. À faire

🏛🏛 L'immense *Grand-Place*, la gigantesque *halle aux draps* de style gothique (125 m de long) et le massif *beffroi* carré (classé, comme les autres beffrois de Belgique, au Patrimoine mondial de l'Unesco, il se visite depuis le musée *In Flanders Fields*, pour 2 € de supplément) donnent une idée du volume du commerce qui pouvait se traiter ici avant le XIIIe s. La halle, comme presque toute la ville, fut entièrement dévastée par les bombardements et reconstruite à l'identique (une prouesse !). De nos jours, même si l'ensemble est harmonieux, leur taille frise la démesure : la halle aux draps pourrait, à vue de nez, contenir toute la population de la ville !

14-18 🏛🏛🏛 *In Flanders Fields :* au 1er étage de la halle aux draps, Grote Markt, 34. ☎ 057-23-92-20. ● *inflandersfields.be* ● *D'avr à mi-nov, tlj 10h-18h ; le reste de l'année, mar-dim 10h-17h. La caisse ferme 1h plus tôt. Entrée : 9 € ; réduc. Billet valable également pour les autres musées de la ville.*
À ne pas rater ! Musée moderne et interactif, rénové en 2012 en utilisant les dernières technologies pour restituer les douloureuses années 1914-1918, où la ville fut prise dans l'œil du cyclone de batailles titanesques et meurtrières au point d'hériter, comme Coventry, Verdun, Dresde, Stalingrad, Hiroshima ou Sarajevo, du label peu enviable de ville martyre.
La nouvelle exposition permanente décrit l'invasion de la Belgique et les premiers mois de la guerre de mouvement, puis les quatre années d'enlisement dans des tranchées, dans le *Westhoek* (depuis la plage de Nieuport jusqu'à la Lys, à Armentières), puis la fin de la guerre et les commémorations qui n'ont pas cessé depuis. Beaucoup d'aspects différents du conflit sont abordés au fil de la visite. La nouvelle scénographie, à priori un peu incohérente, a préféré laisser de côté le point de vue exclusivement historico-militaire, qui demeure comme il se doit toujours important et privilégie la manière d'appréhender le passé dans sa relation avec le

LA CÔTE OUEST

présent et en tenant compte de son aspect international avec la présence de plus de 50 nationalités qui se sont affrontées dans la région.

On y décèle une vision de l'histoire, centrée sur l'expérience humaine mais aussi, aujourd'hui, à défaut de survivants, une approche du paysage contemporain comme dernier témoin tangible de cette guerre. Le parcours s'appuie sur une quantité d'objets retrouvés sous terre, de documents et de témoignages qui imprègnent le visiteur de la réalité de cette page tragique de l'Histoire. Le bracelet remis à l'entrée lui permet de suivre l'histoire personnelle de quatre témoins ayant vécu la guerre et des présentations interactives le confrontent à ses semblables qui ont vécu 100 ans plus tôt. Des écrans interactifs permettent également d'approfondir tel ou tel aspect particulier du conflit, comme, entre autres, le traitement des blessés ou la vie en dehors du front. Le visiteur trouvera donc dans ce patchwork muséal plus d'éclairages particuliers selon ses centres d'intérêt que de cohérence linéaire classique. À lui, donc, de faire son marché au milieu de tout cela. Quelques points forts malgré tout.

Dès le début de l'enlisement du front, on peut constater à quel point l'arsenal industriel des belligérants a été mis à contribution pour fabriquer des armements capables de provoquer des percées décisives. La vie quotidienne dans les tranchées est évoquée au travers des passe-temps des soldats qui s'ingénient à transformer des débris militaires en œuvres d'art naïf. L'artillerie lourde, aidée par l'observation aérienne, a de son côté réduit la campagne des environs d'Ypres à l'état d'un sol lunaire. On a même construit des faux arbres en acier pour épier les lignes ennemies. L'emploi du *gaz moutarde* (nommé *ypérite* en hommage malheureux à la cité rasée) a décimé les rangs des combattants, pris de court et contraints d'uriner sur leurs mouchoirs pour se protéger sommairement les voies respiratoires. Le « saillant d'Ypres », où un demi-million de combattants ont perdu la vie, est devenu l'antichambre de l'Apocalypse.

Après quatre années, le calme est revenu enfin sur Ypres, ses habitants sont rentrés et ont entamé courageusement une longue reconstruction, et la région a vu émerger les alignements de dizaines de milliers de croix fleuries de coquelicots.

Malgré son parti pris de s'adresser en priorité aux générations nouvelles habituées au zapping (les contingents de visiteurs scolaires sont légion) et son épuration par rapport à la version précédente, ce musée, riche de témoignages humains, reste un incontournable et devrait toujours drainer un énorme public. Il contribuera, on l'espère sincèrement, à enlever aux générations futures toute envie de faire la guerre. Intéressantes expos temporaires en fin de visite, dont celle qui aura lieu du 1er octobre 2014 au 4 janvier 2015, intitulée : *La bataille de l'Yser et la 1re bataille d'Ypres.* Elle sera suivie, du 15 avril au 20 juin 2015 d'une expo ayant pour thème *La 2e bataille d'Ypres et les attaques au gaz.*

> ## TRÈVE DE NOËL
>
> *Le 25 décembre 1914, à Saint-Yvon, dans les tranchées autour d'Ypres, les Français et les Britanniques entendirent des chants de Noël venant des lignes d'en face. Des soldats allemands sans armes sortirent à découvert et échangèrent des cadeaux avec les Britanniques. Le lendemain, ils organisèrent un match de foot. Un ténor donna même un récital, applaudi par les Français. Par la suite, les états-majors, alarmés par ces attitudes pacifistes, ordonnèrent un bombardement, puis déplacèrent les unités « contaminées » par la fraternisation.*

Le beffroi est accessible *(2 €)* et procure une vue de la ville et des environs depuis le sommet. Cafétéria-restaurant au rez-de-chaussée.

🪨 **Stedelijk Museum :** *Leperstraat, 31.* ☎ *057-23-92-20. Près de la Rijselpoort. Tlj sf lun 10h-12h30, 14h-18h (17h l'hiver). Entrée : 2,50 € ou incluse dans le billet du musée In Flanders Fields.* Musée de la Ville situé dans un ancien hospice, intéressant pour se rendre compte du chantier colossal qu'a été la reconstruction d'Ypres. À cet égard, le film de 15 mn (en français) sur un écran télé diffusé au 2ᵉ étage est édifiant. Au 2ᵉ étage toujours, le plus ancien plan de la ville (1564). Au 1ᵉʳ, entre autres œuvres d'artistes locaux, jolis pastels de la toiles de la peintre yproise Louise de Hem.

✻ *La cathédrale Saint-Martin :* elle a également bénéficié de la reconstruction, en héritant d'une nouvelle flèche, absente avant 1914 et culminant à 102 m. L'intérieur est assez grandiose. Le tombeau du fondateur de la doctrine janséniste, l'évêque Jansénius, s'y trouve en compagnie de Robert de Béthune, comte de Flandre, dans la chapelle du Saint-Sacrement. Une stèle rappelle l'aide apportée par les Flamands aux partisans de William Wallace à la bataille de Bannockburn, où les Écossais flanquèrent la raclée aux Anglais en 1314 ! Une autre rend hommage aux enfants de France tombés sur le sol belge pendant la Grande Guerre. Ouf, l'honneur est sauf !

14-18 ✻ ▼ *Ramparts War Museum :* Rijsselstraat 208. Ven-mar 10h30-20h. *Entrée : 3 €.* Dans des décors d'un réalisme saisissant, ce musée présente des objets découverts au cours des fouilles. On emprunte les boyaux bordés de planches en bois de la reconstitution des tranchées et des tunnels en y ressentant, comme les combattants, l'horreur et la folie de la Grande Guerre.
▼ Pub aux nombreux souvenirs pour se remettre des émotions avec une *Peace beer.*

➤ *La promenade des remparts :* demandez le plan du parcours à l'office de tourisme. Longue de 2,6 km, cette agréable balade démarre au départ d'anciennes casemates où la brasserie *Sint Bernardus* de Watou a eu la bonne idée d'installer une chaleureuse taverne. On découvre ensuite la *porte de Menin* (où se déroule la cérémonie du Last Post ; voir « Manifestations » ci-après), les *fortifications de Vauban,* qui surplombent les douves, un

> ### LE PRIX NOBEL ÉTAIT UN CRIMINEL DE GUERRE
>
> *Fritz Haber, chimiste allemand d'origine juive, découvrit le gaz moutarde qui tua tant de soldats dans les tranchées de la Grande Guerre. En 1918, considéré comme un héros dans son pays, il reçut le prix Nobel de chimie ! Confrontée à cette horreur, sa femme se suicida. Il fut aussi à l'origine du Zyklon B que les nazis utilisèrent dans les chambres à gaz.*

petit cimetière militaire de la Première Guerre mondiale. La promenade se termine sur la *Boterplas,* à l'ouest de la ville.

Manifestations

14-18 – *Cérémonie du Last Post :* ts les soirs à 20h, à la porte de Menin. Sur ● lastpost.be ● vous trouverez le calendrier des grandes manifestations, en uniformes, avec fanfare, etc. Une date à retenir : le 9 juillet 2015 pour la 30 000ᵉ cérémonie.
Depuis 1928, une cérémonie simple mais émouvante se déroule sous l'arche. Deux clairons yprois (du corps des pompiers) jouent la sonnerie aux morts en mémoire des 54 896 militaires du British Empire tués avant le 15 août 1917 et dont les corps ne furent jamais retrouvés. Après cette date, 34 984 autres disparurent encore. Leurs noms sont inscrits au *Tyne Cot Cemetary* à Passendale. Toutes les nationalités de l'Empire y sont présentes : quel destin incroyable pour ces Australiens, Néo-Zélandais, Sikhs, Écossais, Gallois, Irlandais, Afghans, Sud-Africains ou Birmans, d'avoir respiré pour la dernière fois sous le ciel de la Flandre... Les morts

LA CÔTE OUEST

ne sont pas oubliés, et on est à chaque fois surpris du nombre de participants et de la ferveur du recueillement qui préside à la cérémonie.

– **Fête des Chats :** ts les 3 ans, le 2e dim de mai. Prochaine édition en 2015. D'après une tradition médiévale qui voulait qu'à date fixe des chats fussent jetés du haut de la tour du beffroi. Cette cruelle coutume servait de support à la « fête des Chats », qui se perpétue de nos jours. Festivités le samedi et cortège de chats le dimanche, à l'issue duquel on jette encore des chats du haut du beffroi, mais des chats en peluche. En recevoir un sur le crâne est censé porter bonheur !

ROUGE COMME LE SANG

Les coquelicots, que chaque Anglais porte à la boutonnière le 11 novembre, fleurissaient en abondance dans les champs de Somme et des Flandres, et leur couleur rouge vif constituait un symbole évident pour le bain de sang de 1914-1918. En 1921, une Française, Mme Guérin, proposa au maréchal anglais Haig que les femmes et les enfants des régions dévastées fabriquent des coquelicots en papier pour recueillir des fonds et venir en aide aux gueules cassées.

DANS LES ENVIRONS D'YPRES

Quelques hauts lieux de 1914-1918 au départ d'Ypres

14-18 La région d'Ypres est parsemée de cimetières, de cratères d'obus et de petits musées. On retrouve encore des vestiges de la guerre tous les ans en labourant.

La brochure In Flanders Fields décrivant l'itinéraire 1914-1918 (à faire en voiture) est disponible en français (3 €) auprès des offices de tourisme de la région. Cette route de 82 km et 30 étapes environ (deux boucles autour d'Ypres) vous aidera à faire le tri parmi les innombrables tranchées et cimetières. Voici, en attendant, l'essentiel de l'essentiel.

14-18 ⚔ En partant vers l'est sur la route de Menin, le **Hooge-Crater** (Meenseweg, 467 ; ● hoogecrater.com ●) témoigne des énormes trous laissés par les explosions de sapes souterraines. Chapelle et petit musée avec de nombreux objets et armes retrouvés dans le sol (tlj sf lun 10h-18h, dim 10h-21h ; entrée : 4,50 €).

14-18 ⚔ À **Langemark,** le plus grand cimetière allemand, avec plus de 44 000 noms gravés sur

HITLER, HÉROS DE 1914-1918 ?

Bien qu'il ait reçu la croix de guerre, Hitler s'arrangea avec la vérité en rédigeant Mein Kampf. En fait, il fut estafette (messager) entre les états-majors à l'arrière des lignes. Il fut hospitalisé pour avoir été légèrement exposé au gaz moutarde, mais fut surtout soigné en psychiatrie pour « hystérie de guerre ». Conséquence heureuse : il interdit l'usage des gaz de combat dans la Wehrmacht en 1939-1945 !

des stèles de bronze, mélangés sans distinction d'âge ou de grades. Belle présentation vidéo sur place.

14-18 ⚔ À **Poelkappelle,** au carrefour de la N 313 et de la route de la forêt d'Houthust, d'où démarra l'offensive libératrice de 1918, le très beau monument à Georges Guynemer, commandant de l'escadrille des cigognes, titulaire de 54 victoires et abattu le 11 septembre 1917.

14-18 ⚔⚔ À **Zillebeke,** deux collines, Hill 60 et Hill 62, portaient des noms de cotes d'altitude. Des milliers de Britanniques y succombèrent. On y trouve un mémorial aux *Queen Victoria Rifles* et un monument aux sapeurs australiens, ainsi qu'un petit musée au *Sanctuary Wood*. Celui-ci n'est pas forcément des plus palpitants (comme souvent avec ces petits musées privés faits avec les moyens du bord) ; en revanche, il donne accès à des tranchées qui se trouvent dans un remarquable état de conservation.

14-18 ⚔ Sur le territoire de **Zonnebeke**, le *Tyne Cot Cemetary* rappelle aux Anglais l'enfer de Passendaele, le point du front le plus redouté par les Tommies. Au flanc de la colline, dans une ordonnance qu'on hésite à qualifier « de parade », s'alignent plus de 12 000 tombes, souvent anonymes, et sur les murs sont gravés les noms de plus de 35 000 autres disparus.

14-18 ⚔⚔ *Memorial museum Passchendaele 1917 :* lepers-straat, 5, à **Zonnebeke** (8980). ☎ 051-77-04-41. ● passchendaele. be ● Fév-nov, tlj 9h-17h (dernier ticket, 1h avt). Entrée : 7,50 € ; réduc.

Ce musée, considérablement agrandi en juillet 2013, relate brillamment l'offensive britannique de 1917. On commence la visite par le 1er étage et les cinq grandes batailles d'Ypres, pour s'intéresser plus spécialement à la bataille de Passchendaele, une tentative de percée de la ligne des crêtes (le « saillant d'Ypres »). 100 jours ! Au

SE BATTRE ENTRE COPAINS

La conscription n'existait pas en Grande-Bretagne. Les 300 000 soldats de l'armée de métier étaient insuffisants pour faire face aux besoins de cette guerre mondiale. L'état-major leva des « bataillons de copains » (chums brigade) réunissant des volontaires de la même école ou du même village. Avec la garantie de combattre côte à côte, les épreuves de la guerre des tranchées devenaient, en principe, plus supportables.

total 500 000 morts de part et d'autre. Tout ça pour grignoter 8 km sur l'ennemi. Vous parlez d'une victoire ! Pour rendre compte de cette absurdité mais aussi en hommage à tous ces soldats sacrifiés, le musée présente toutes sortes d'objets militaires ou personnels, des maquettes, des photos, des documents cinématographiques, des gravures. Des commentaires audio (en français) donnent vie aux vitrines. Muséographie ludique et interactive. On pourra ainsi soulever le paquetage (30 kg !) d'un soldat de l'époque, respirer (ou tout au moins sentir !) de l'ypérite et, surtout, crapahuter dans des souterrains, puisqu'une galerie a été reconstituée à l'identique dans les sous-sols, avec le poste de commandement, un poste de secours, les dortoirs, etc. Claustrophobes s'abstenir ! À l'extérieur, c'est tout un réseau de tranchées, méticuleusement reconstituées, que l'on sillonne avant de découvrir une des petites maisons américaines de la reconstruction de 1922, tout en bois.

Ce musée constitue une bonne introduction à la visite des champs de bataille et n'est pas réservé, bien au contraire, aux seuls fanatiques d'histoire militaire. D'ailleurs, la visite se termine sur une sculpture contemporaine de l'artiste néo-zélandaise Hellen Pollock.

⚔ Et encore, dans les environs, des quantités de petits mémoriaux et cimetières, enchâssés dans les cultures et dédiés aux Canadiens, Australiens, Néo-Zélandais, Sud-Africains... ayant combattu pour la gloire de l'Empire britannique.

POPERINGE

(8970)   19 500 hab.

Après avoir donné son nom au tissu appelé « popeline », cette petite cité à 11 km à l'ouest d'Ypres est devenue la *capitale du houblon*. Le paysage est ponctué de ces hauts tuteurs autour desquels la plante s'enroule. La préparation des jets de houblon au printemps est l'une des particularités de la cuisine locale. Bref, avec en plus un centre charmant autour du Markt, Poperinge mérite bien une brève halte.

Adresses utiles

🛈 *Office de tourisme :* Stadhuis, Grote Markt, 1. ☎ 057-34-66-76. ● poperinge.be ● Tlj (sf dim oct-mars) 9h-12h, 13h-17h (16h w-e). Prenez-y le plan de la ville, où sont pointées toutes les curiosités.

🚉 *Gare :* Leperstraat, 165. ☎ 056-26-35-51. Trains de Courtrai via Ypres.

■ *Location de vélos :* à l'*Hôtel Belfort*, Grote Markt, 29. ☎ 057-33-88-88. Compter 10 €/j.

Où dormir ?

De prix modérés à prix moyens

🏠 |●| *Predikherenhof :* Elverdingseweg, 25. ☎ 057-42-23-66. ● predikherenhof@telenet.be ● predikherenhof.be ● À 4 km de Poperinge, direction Elverdinge. Double 82 €, petit déj inclus. Table d'hôtes le soir slt ; ½ pens possible (69,50 €/pers). Ferme au milieu des champs, proposant 6 chambres impeccables et toutes différentes équipées de mobilier en bois et d'une très bonne literie. Chacune porte le nom d'une vache... décédée puisque, maintenant, les vaches n'ont plus de nom. Vraiment l'endroit idéal pour sentir la région ! Terrasse agréable, qui plus est, donnant sur des cultures de moutarde, et même quelques paons dans la cour. Le petit déj-buffet est servi dans une salle rustique bien sympathique. Accueil charmant.

🏠 *Talbot House :* Gasthuisstraat, 43. ☎ 057-33-32-28. ● info@talbothouse.be ● talbothouse.be ● Fermé 20 déc-5 janv. Doubles avec sdb commune 43-78 € selon saison, petit déj inclus (5 € supplémentaires pour un « English breakfast »). 📶 La *Talbot House,* ancien refuge pour les soldats anglais de 1914-1918, continue d'accueillir ceux qui le désirent (principalement des Britanniques) pour la nuit. Pas le grand luxe (chambres de 1 à 4 lits avec lavabo, salle de bains à l'étage), mais bien tenu et literie douillette. Et puis quel pied de dormir dans un musée ! Quelques chambres plus modernes au fond du jardin. Pour plus d'infos sur l'histoire du lieu, lire plus loin la rubrique « À voir ».

Où manger dans la région ?

|●| *Gasthof 't Hommelhof :* Watouplein, 17, **Watou-Poperinge (8978).** ☎ 057-38-80-24. ● info@hommelhof.be ● Watou est à un jet de pierre de la frontière française. Fermé lun, mar et jeu soir, mer tte la journée. Juil-août ouv tlj. Menus 35-54 € ; carte 45-50 €. Une étape gastronomique au cœur du mignon village de Watou. Décor d'auberge flamande, le houblon sèche au-dessus du comptoir. Spécialité de cuisine à la bière : le demi-coq à la blanche de Watou, le jambonneau à la triple Saint-Bernard et, en saison, les délicieux jets de houblon qui accompagnent la solette sauce Nantua. Prix raisonnables pour la qualité. Terrasse aux beaux jours.

Où boire un verre dans les environs ?

🍷 ✪ *In de Vrede :* Donkerstraat, 13, **Westvleteren (8640).** ☎ 057-40-03-77. ● philip@indevrede.be ● À 6 km au nord de Poperinge, par la N 321, en direction de Westvleteren (c'est fléché). Tlj sf ven (et jeu sf été) 10h-20h *(au moins). Fermé 1ʳᵉ quinzaine de janv, 2ᵉ sem des vac de Pâques et 2ᵈᵉ quinzaine de sept.* Caféteria située en face de l'abbaye Saint-Sixtus, perdue au milieu des polders et qui ne se visite pas, mais où l'on fabrique une des 6 vraies bières trappistes de Belgique : la **Westvleteren**, une brune mousseuse et charpentée qui existe en version 6, 8 ou 12°. Cette dernière a été élue à plusieurs reprises « meilleure bière du monde » par les connaisseurs. Comme ce nectar ne se vend pas dans le commerce, les aficionados viennent de loin pour s'en procurer, dans la boutique accolée à l'abbaye... mais seulement sur réservation, et à raison d'une caisse de 24 bouteilles par mois (via le site ● *sintsixtus.be* ●). On peut cependant la déguster au café, et en acheter 6 bouteilles par personne sans avoir commandé à l'avance. Au fond de la cafét', petite expo gratuite *(14h-17h sf ven)* sur la vie des moines et le travail à la brasserie.

I●I ♪ *Wally's Farm : Abeelsweg, 232 ; dans la campagne environnante, à 3 km au sud de Poperinge (direction Steenworde).* ☎ *057-33-52-24.*

☐ *0475-37-78-04.* ● *info@wallysfarm. be* ● *wallysfarm.be* ● *Ouv ven-sam dès 19h, dim 12h, les j. fériés et tlj sf lun de mi-juil à mi-août. Résa recommandée. Menus 15,50-18 €. CB refusées.* Une adresse dans la région connue comme le houblon ! Immense salle conviviale, pleine de souvenirs, icônes et symboles de la culture rock et country américaines. Il faut dire que le maître des lieux, le grand Wally, voue un véritable culte à Elvis, Chuck, Gene et Buddy and Co et... se révèle lui-même un super chanteur de rock doué d'une belle voix « presleysienne » ! Atmosphère bon enfant, grosses tablées de gens de tout bord et se repaissant de belles planches de saucisses et côtelettes (dimanche, travers de porc), arrosées d'une gamme exhaustive de bières... Vins à prix modérés et bons desserts. Avec Wally sur scène, vous ne resterez pas une minute sur votre séant. Ne pas manquer le 15 août, la grande commémoration Elvis (musique à fond la caisse, BBQ, etc.). D'autres initiatives dans l'année, voir le site internet... Ô ouap babeloula balap benboum !...

À voir

🏛 Près du Markt, la **collégiale Saint-Bertin,** église-halle avec tour massive carrée. On y verra un jubé assez original, le baldaquin du Saint-Sacrement en style Louis XV, et une chaire de vérité, en provenance de Bruges, particulièrement ouvragée.

🏛 *L'église Saint-Jean :* construite au XIIIᵉ s, après une forte progression de la population. Elle est surmontée d'un coquet clocher à bulbes. À l'intérieur, des grandes orgues imposantes ainsi qu'un lustre de fer forgé et un autel Renaissance où est exposée une statue de la Vierge miraculeuse, baladée tous les ans en procession à la suite d'un miracle survenu en 1479, lorsqu'un bébé mort-né, non baptisé et enterré en terre non consacrée, fut exhumé vivant après que ses parents avaient prié la Vierge pendant 3 jours. Enfin, oint par le curé, il put alors trépasser en paix quelques heures plus tard... provoquant un afflux de pèlerins émerveillés par la miséricorde de la Vierge.

🏛 *L'église Notre-Dame :* autre église-halle, du XIVᵉ s et en briques ; elle recèle un joli portail Renaissance et, dans le chœur, des stalles et bancs de communion ouvragés.

🏛 *Hopmuseum* (musée national du Houblon) : *Gasthuisstraat, 71 (tt près de la Grand-Place).* ☎ *057-33-79-22.* ● *hopmuseum.be* ● *Mars-nov mar-dim et j. fériés 10h-18h. Fermé déc-fév. Entrée : 5 € ; réduc.* Situé dans l'ancien « poids public », où, jusqu'à la fin des années 1960, le houblon fut contrôlé, pesé et pressé. Instruments, pressoirs et cuves sont accompagnés de panneaux explicatifs (en français), dans le cadre d'une nouvelle muséographie, et racontent l'histoire du houblon au fil du temps et des saisons.

LA CÔTE OUEST

14-18 🍴 **Talbot House :** *Gas-thuisstraat, 43.* ☎ *057-33-32-28.*
● *talbothouse.be* ● *Tlj sf lun 10h-17h30 (dernier ticket 16h30).*
Entrée : 8 € pour le musée et la maison Talbot ; réduc.

BOIS DU DIABLE

Personne ne sait vraiment pourquoi, au Moyen Âge, le houblon était sur-nommé ainsi. Peut-être parce qu'il est de la même famille que la salsepareille, chère aux Schtroumpfs, le chanvre, mais aussi le cannabis !

Un peu cher pour ce qu'il y a à voir, dommage. En tout cas, mieux vaut bien maîtriser l'anglais (ou le flamand !). Poperinge, à l'arrière de la ligne de front en 1914-1918, servait de centre de récréation et de repos pour les Tommies. Un prêtre anglican, Thomas « Tubby » Clayton, fit de cette maison un véritable lieu de fraternité et de réconfort pour les soldats durement éprou-vés par les combats. Aucune discrimination de grade ou de condition n'y était faite, et l'optimisme et l'humour *British* y étaient imposés (pour ceux qui n'étaient pas d'humeur, une chapelle était aménagée dans le grenier). La réputation de ce havre de tranquillité au milieu de l'enfer fit le tour du front, même dans les lignes ennemies ! Et Talbot House devint un véritable symbole de paix pour tous ceux qui connurent cette époque. Récupérée par ses propriétaires, la maison recevait encore des visites quotidiennes après la guerre. En 1940, la Gestapo tenta de s'emparer de ses archives. En 1944, Talbot House reprit du service pour les sol-dats polonais qui libérèrent la région.
C'est aujourd'hui, pour les Anglais, un véritable pèlerinage. On visite la maison, qui est aussi un lieu d'hébergement (voir plus haut « Où dormir ? »), ainsi que le musée attenant qui, au travers d'objets, photos et documents variés, restitue l'histoire de la maison et l'atmosphère qui y régnait. Naturellement, si vous y dormez, la visite est comprise dans le prix de la nuit.

Manifestations

– **Triennale du Houblon :** *le 3e dim de sept, ts les 3 ans. Prochaine édition en 2017.* Une grande manifestation sur les terres de la houblonnerie flamande.
– **Fête de la Bière :** *le dernier w-e d'oct.* Dégustation de bières de caractère à l'*hôtel Palace (Leperstraat, 34),* derrière l'office de tourisme.

DANS LES ENVIRONS DE POPERINGE

14-18 🍴 **Le cimetière militaire de Lijssenthoek :** *Boescheepseweg 35 A. À env 5 km au sud-ouest de Poperinge (fléché depuis la R 33 qui contourne la ville). Centre de visite tlj 10h-18h. GRATUIT.* Ce cimetière abrite, sous 10 784 tombes, des soldats tombés au front en provenance de 30 nations différentes. Pour qu'ils ne restent pas des anonymes pour le visiteur d'un jour, un bâtiment contem-porain, récemment construit à l'emplacement exact d'un hôpital militaire français de 1915, leur donne un visage et une voix (étonnant mur où l'on colle son oreille pour entendre extraits de lettres, de journaux intimes...) et raconte leur histoire (un calendrier géant en offre une, différente, chaque jour)...

14-18 🍴🍴 **Plugstreet 14-18 Experience :** *rue de la Munque, 18. 7782, à Plo-egsteert, dans l'arrondissement de Comines-Warneton (qui fait partie du Hainaut) au sud d'Ypres.* ☎ *056-484.000* ● *plugstreet1418.com* ● *Tlj 10h-17h (19h le 1er ven du mois). Entrée : 5 € ; réduc.*
Tout à côté du colossal Mémorial où chaque 1er vendredi du mois, à 19h, a lieu la cérémonie du *Last Post,* en hommage aux 11 369 soldats du Commonwealth tombés ici et sans sépulture connue (pourtant, ce ne sont pas les cimetières mili-taires qui manquent dans le coin...). À 50 m de là, sous une pyramide de verre, un

tout nouvel espace creusé sous terre pour rappeler les anciens abris de béton et les tranchées. Comme son nom l'indique, c'est bien à une expérience qu'est conviée le visiteur. Parce que si ce « centre d'interprétation » paraît de prime abord plutôt petit malgré ses 400 m², on pourrait passer des heures sur le mur d'images à faire défiler du bout des doigts les rares photos ou les films d'archives et les explications sur la bataille de Messines de juin 1917, aussi courtes que didactiques, ou sur la vie de la population locale pendant le conflit. Parmi le peu d'objets exposés (l'accent a vraiment été

LA BATAILLE DE MESSINES

Le 7 juin 1917, les Britanniques déclenchent une vaste offensive, destinée à déloger l'ennemi d'une colline dominant leurs positions au sud du saillant d'Ypres. Elle est précédée de l'explosion apocalyptique de 19 mines placées au bout de tunnels creusés par les mineurs canadiens et australiens, et bourrées de plus de 450 t d'explosifs. La déflagration est entendue jusqu'à Londres et Dublin et les Allemands y perdent 10 000 combattants, mais malgré le gain de terrain, l'offensive débouche dans les semaines suivantes, sur le désastre de Passchendaele.

mis sur les nouvelles technologies), beaucoup sont civils, comme ce très symbolique voile de crêpe porté par les veuves de guerre. La visite débute par un film d'une vingtaine de minutes qui remet l'époque en perspective et qui est tout sauf manichéen, rappelant les 700 000 civils allemands morts de faim pendant l'hiver 1917-1918. Expos temporaires régulières. Brochure « Sur les chemins du souvenir » pour parcourir les cimetières et lieux de mémoire des environs.

COURTRAI (KORTRIJK)   (8500)   74 900 hab.

Depuis le XIVe s, Courtrai est la capitale mondiale du lin, grâce à la spécificité des eaux de la Lys, propices au rouissage. De grands travaux d'aménagements (espaces verts, pistes cyclables, plage urbaine en été) ont redonné à ses rives leur caractère bucolique, tandis que de nouveaux ponts à l'allure futuriste apportent une touche de folie à l'ensemble. C'est aussi un pôle économique et universitaire (plus de 25 000 étudiants) de première importance, à proximité de la métropole lilloise.

UN PEU D'HISTOIRE

Un château fort, dont on a conservé les tours « Broel », voit le jour au XIIe s. Dans la plaine de Groeninge, les chevaliers de Philippe le Bel sont mis en pièces le 11 juillet 1302. Cette grande déroute, appelée la bataille des Éperons d'or, inspira au fil des siècles de nombreux chansonniers et romanciers, et ce de part et d'autre de la frontière. Les Français rendront la monnaie des éperons en 1382, en n'omettant pas de mettre le feu à la ville.

L'INVENTION DU CAFÉ INSTANTANÉ

On la doit à un certain George Washington (né à Courtrai d'un couple anglo-belge et émigré à New York en 1897). Il fit fortune pendant la Première Guerre mondiale grâce aux commandes de l'armée américaine. L'entreprise périclita lors de la Seconde Guerre mondiale quand les militaires préférèrent la marque... Nescafé.

LA CÔTE OUEST

Sinon, dès le XVᵉ s, Courtrai est connue dans le monde occidental pour sa spécialité du damassé. De nos jours, les tissus d'ameublement, les tapis et la décoration perpétuent cette tradition.

Adresses utiles

🛈 *Office de tourisme pour Courtrai et la vallée de la Lys* (Streek-bezoekerscentrum) : *Begijnhofpark.* ☎ 056-27-78-40. ● *kortrijk.be* ● *Avr-sept : en sem 10h-18h, le w-e 10h-17h ; oct-mars, tlj 10h-17h.* Liste des *B & B.* Nombreuses brochures détaillées à disposition sur les principaux monuments de la ville. Location de vélos *(10 €/j.).*

🚃 *Gare : Stationplein, 8.* ☎ *056-26-32-00.* ● *b-rail.be* ● *À 300 m du Markt.* Trains pour Lille, Ypres, Gand, Bruges et Bruxelles.

Où dormir ?

Courtrai, bien que très sympathique, ne justifie pas forcément une étape nocturne. Voici une adresse au cas où... Sinon l'AJ doit rouvrir après rénovation en 2015.

Prix moyens

🏠 *Hôtel Focus : Hovenierstraat, 50.* ☎ *056-21-29-08.* 📱 *0475-36-15-71.* ● *info@focushotel.be* ● *focushotel.be* ● *Un peu à l'écart du centre au sud de la gare. Téléphoner avt de venir (parfois il n'y a personne à la réception). Fermé 20 déc-5 janv. Résa souhaitée. Doubles 80-90 € selon le nombre de nuits, petit déj inclus. Possibilité de ½ pens.*

Également 2 apparts et 1 villa (de 1 nuit à 1 mois). 📶 Une adresse vraiment sympathique, où les 12 chambres, lumineuses et tout confort, ont été décorées de façon personnalisée par différents artistes courtraisiens. Haute en couleur pour celle du peintre, couverte de manuscrits aux murs pour celle de l'écrivain ou très fonctionnaliste pour celle du designer. Salon plein d'agrément. Les enfants sont les bienvenus et pourront, en prime, disposer de livres et de jeux. Loue également des vélos. Au n° 34 de la même rue, une annexe genre AJ propose des dortoirs et des chambres propres et nettes *(compter 60 € la double avec petit déj).*

Où manger ? Où boire un verre ?

Bon marché

🍴🍷 *'t Fonteintje : Handboogstraat, 12.* 📱 *0498-16-86-76.* ● *laurence@corneille.telenet.be* ● *En bordure de la Lys, non loin de la Grand-Place. Ouv 16h-1h (3h w-e). Fermé mar à partir de Pâques et dim en hiver. Plats 9-12 €. CB refusées.* Difficile à deviner de l'extérieur, mais voici l'un des plus vieux *eet-cafés* de Courtrai, sinon le plus vieux, puisque la maison date de 1661. Intérieur chaleureux, mêlant vieux bois, tableaux contemporains et éclairages intimistes. En été, agréable terrasse au bord de l'eau. Y circulent de bonnes grosses assiettes de pâtes et lasagnes bien fumantes et pas chères du tout. Une aubaine pour les affamés pas trop fortunés, d'autant que l'accueil est extra. Si vous êtes satisfait, n'hésitez pas à le dire à Laurence, la sympathique patronne, ça lui fera grand plaisir !

Prix moyens

🍴🍷 *Café Rouge : sur la pl. Sint Maartenskerkhof, 6a.* ☎ *056-25-86-03.* ● *caferouge@skynet.be* ● *Tlj sf lun. Fermé 2 sem en oct. Plats 15-25 €, snack env 10 €.* Une maison blanche du XIXᵉ s. Au rez-de-chaussée, bistrot et tea-room à la déco moderne et agréable, et une terrasse propice à une rêverie mélancolique en face de l'église. On entend le parquet craquer, le vent bruire dans les grands arbres et le bourdon égrener les heures... Dans l'assiette, une belle variété de plats bien mijotés. Accueil et service charmants.

I●I *Beau M:* *Grote Markt, 22.* ☎ *056-22-42-20.* ● *alain.van.de.sande@telenet.be* ● *Tlj 10h30-22h (minuit ven-sam). Menu midi 12,50 € ; plats 15-26 €.*

Un beau petit resto au décor design, qui séduit la clientèle locale grâce à sa cuisine flamande remise au goût du jour et mâtinée d'influences italiennes. Au-delà de quelques clichés tendance, c'est à la fois bien exécuté et assez copieux. L'après-midi, on y sert des gaufres et de jolis gâteaux pour un quatre-heures gourmand.

À voir

🪓 **L'hôtel de ville :** *sur le Markt.* Date des XVe, XVIe et XVIIe s. Il possède, dans sa belle salle des échevins, une remarquable cheminée gothique, mélange de bois, de pierre et d'albâtre. Sur la façade de style Renaissance (restaurée aux XIXe et XXe s), les figures sculptées des comtes de Flandre. Visite en dehors des cérémonies officielles *(juil-août, mar, jeu et w-e 15h-17h. GRATUIT).*

◉ 🪓 **Le beffroi :** solitaire au milieu du Markt, c'est un vestige de l'ancienne halle aux draps du XIIIe s. Il est coiffé de cinq tourelles et d'un Mercure, symbole du dynamisme des habitants et du commerce. Les deux jacquemarts, Manten et Kalle, sont quant à eux de création récente et sonnent les heures.

🪓 **Onze Lieve-Vrouwekerk** (église Notre-Dame) : *Ouv 8h (9h sam et 11h dim)-18h.* Bâtie au XIIe s, elle eut le grand privilège de servir de salle d'expo pour les fameux éperons français. Comme ils furent récupérés, ceux qui restèrent n'étaient que des copies. Un chef-d'œuvre : la statue de sainte Catherine, du XIVe s. À voir aussi, les fresques murales de la chapelle comtale et les portraits des comtes de Flandre, ainsi qu'une *Élévation de la Croix* d'Antoon Van Dyck.

◉ 🪓🪓 **Le béguinage :** *dans la rue Begijnhofstraat. Tlj 7h-21h (20h en hiver). Chapelle 13h-17h (12h-17h w-e).* C'est l'un des plus attachants du pays, classé comme tous les autres par l'Unesco. Une quarantaine de maisonnettes d'une blancheur éclatante s'ordonne autour d'une charmante place d'où partent quelques ruelles pavées. En dehors de la chapelle Saint-Matthieu dotée d'un des plus vieux orgues des Flandres (1678) et d'un tout nouveau musée interactif, on savoure ce village miniature de l'extérieur. Pour l'anecdote, les maisons appartiennent désormais à des particuliers qui doivent obligatoirement être âgés de plus de 50 ans.

🪓🪓 **Kortrijk 1302 :** *Begijnhofpark.* ☎ *056-27-78-50.* ● *kortrijk1302.be* ● *Tlj sf lun 10h-18h (17h w-e, j. fériés et oct-mars). Entrée : 6 €, audioguide compris ; réduc. Billet combiné avec le* Broelmuseum *et le* Vlasmuseum *: 8 €.* Situé dans l'ancienne abbaye de Groeninge, ce musée retrace l'histoire de la cité en faisant la part belle à la fameuse bataille des Éperons d'or de 1302. Remarquable scénographie interactive qui rend la visite absolument palpitante. On revit la bataille au jour le jour par le biais de maquettes, d'écrans vidéo... Les protagonistes (de splendides sculptures d'époque placées sur un échiquier géant) nous content la grande Histoire mais nous dévoilent aussi les enjeux diplomatiques et les arcanes de la politique... Ne manquez pas, par exemple, la triste histoire de Philippine de Dampierre, qui serait morte empoisonnée par la reine de France.

Récit d'une bataille
Le 11 juillet 1302, à la suite de l'épisode des *Matines brugeoises* (voir le texte sur Bruges), l'armée de Philippe le Bel rencontre les milices communales de Flandre aux abords de Courtrai. Les milices flamandes, les *Klauwaerts* (du « parti de la griffe »), encadrées par quelques chevaliers wallons, prennent position sur une hauteur, au bord de la Lys. Les chevaliers français, en bien plus grand nombre,

s'établissent sur la colline en face. Ils sont organisés sous le commandement de grands seigneurs de la Cour. La bataille commence avec l'intervention des arbalétriers français. Ils repoussent leurs adversaires, puis les « piétons » (les fantassins) se mettent en marche pour achever d'écraser l'ennemi.

Le comte Robert d'Artois, qui dirige l'*ost royal,* lance à son tour sa chevalerie à l'attaque. Mais, dans leur impatience d'en découdre, les chevaliers bousculent leurs propres troupes à pied, pour ensuite chuter et s'embourber dans les fossés derrière lesquels s'abritent les Flamands. La bataille s'achève en quelques heures sur un désastre sans nom. Robert d'Artois lui-même est tué, les assaillants dédaignant de le capturer pour en tirer rançon.

Les Flamands ramassent alors dans la boue de la plaine de Groeninge les ornements abandonnés par les chevaliers français. Ces fameux éperons d'or iront garnir l'église Notre-Dame de Courtrai.

Une bataille qui en dit long...
La bataille des Éperons d'or n'est pas un détour anodin de l'Histoire, elle symbolise aussi la libération, la résistance contre l'occupant français. À ce titre, elle tient une place à part dans la littérature flamande, depuis sept siècles. Plus encore, depuis la création de l'État belge, en plein âge d'or du romantisme. Le 11 juillet 1302 devint même une date emblématique pour les mouvements nationalistes qui fleurirent un peu plus tard en Flandre, comme dans le reste de l'Europe d'ailleurs. Cristallisant l'identité flamande, cette date fut commémorée et récupérée comme un précieux outil de propagande contre la « contamination » de la Flandre par la langue et la culture françaises. C'est ce que nous racontent les dernières salles du musée et en partie le film d'une dizaine de minutes qui clôt la visite. Passionnant !
– Pour finir, un petit tour si le cœur vous en dit dans le *dormitorium* qui abrite le *musée de l'Histoire de Courtrai,* de la préhistoire au XXIe s.

🛠 ***Broelmuseum :*** *Broelkaai, 6.* ☎ *056-27-77-80.* ● *broelmuseum.be* ● *Au bord de la Lys, à deux pas des tours médiévales, derniers vestiges des fortifications de la ville. Tlj sf lun 10h-12h, 14h-17h ; w-e 11h-17h. Entrée : 3 €. Billet combiné avec le Kortrijk 1302 et le Vlasmuseum : 8 €.* Musée communal restituant le passé artistique de la ville avec ses figures de proue que sont Roelandt Savery, paysagiste baroque, actif à Courtrai au début du XVIe s, et Louis-Pierre Verwée, peintre animalier réaliste du XIXe s et grand amateur de vaches. Salle de céramiques avec abondantes explications techniques.

🛠🛠 ***Vlasmuseum*** *(musée du Lin) : Nordstraat 4.* ☎ *056-21-01-38. Au centre. En principe, mars-nov, mar-ven 9h-12h30, 13h30-18h ; w-e 14h-18h. Entrée : 3 € avec audioguide en français. Billet combiné avec le Kortrijk 1302 et le Broelmuseum : 8 €.* Ce tout nouveau musée (ouverture à l'automne 2014) s'est installé dans une ancienne usine située au bord de la Lys.

LA PROVINCE DU BRABANT WALLON

À la suite de la scission politique de l'ancien Brabant, le Brabant wallon a reçu son autonomie et constitue depuis l'une des 10 provinces belges. À Nivelles, les traditions sont proches de celles des cités hennuyères voisines. Wavre et les riantes communes vertes des environs deviennent de plus en plus la banlieue proche de Bruxelles. Enfin, Louvain-la-Neuve, comme on le sait, est une ville créée de toutes pièces mais qui a réussi une greffe spectaculaire.

À ceux qui se demandent ce qu'il y a à voir en Brabant wallon, on rappelle les deux principaux pôles d'attraction de la province : le site de Waterloo et ses musées, les superbes ruines cisterciennes de Villers-la-Ville, sans oublier le musée Hergé de Louvain-la-Neuve.

WATERLOO   (1410)   29 700 hab.

Poétisé par Victor Hugo au XIXe s, chanté par le groupe Abba au XXe s, victoire pour les uns, débâcle pour les autres, Waterloo est devenu au fil des temps un lieu mythique. Situé en lisière de la forêt de Soignes, à une petite vingtaine de kilomètres au sud de la capitale, c'est une excursion de quelques heures, facile à inclure dans la visite de Bruxelles. La petite ville de Waterloo n'a pas un grand intérêt en soi, mais c'est juste un peu plus au sud que s'est déroulée la fameuse bataille,

ET ROTHSCHILD DOUBLA SA FORTUNE

Le 18 juin 1815, l'un de ses employés se trouvait sur les lieux de la bataille de Waterloo. Il envoya un pigeon-voyageur à Londres, lorsque son issue penchait pour la victoire des Alliés. À la Bourse, Nathan Rothschild fit courir le bruit contraire. Les cours s'effondrèrent et le banquier n'eut qu'à racheter des paquets d'actions à bas prix avant que la nouvelle officielle de la déroute de l'Empereur n'arrive dans la capitale.

où les armées anglaises, hanovriennes et hollando-belges commandées par Wellington, alliées aux Prussiens de Blücher, mirent définitivement en déroute l'impérialisme napoléonien. Les Belges, eux, ont un peu de mal à se situer dans tout ça. Ils avaient des soldats dans les deux camps ! Curieusement, en Belgique, la bataille de Waterloo a engendré un véritable culte du souvenir napoléonien : dans certains endroits, notamment dans la province du Hainaut, des processions liées au calendrier religieux sont organisées régulièrement, avec grognards en costume, fifres, tambours et tout le tralala. Et de grandes festivités sont d'ores et déjà prévues pour le bicentenaire de la bataille de Waterloo en 2015.

UN PEU D'HISTOIRE

> « Waterloo Waterloo Waterloo, morne plaine.
> Comme une onde qui bout dans une urne trop pleine..
> Dans ton cirque de bois, de coteaux, de vallons.
> La pâle mort mêlait les sombres bataillons... »
>
> Victor Hugo

Au matin du 18 juin 1815, tout est calme. Le mauvais temps empêche la bataille de s'engager avant 11h30. Sur le terrain, deux armées : celle des alliés, menée par Arthur Wellesley, duc de Wellington, maréchal de sept armées, alliée à celle de Blücher, maréchal de l'armée prussienne et à celle du prince d'Orange-Nassau, commandant en chef des troupes hollando-belges et qui sera (légèrement) blessé au combat. En face, celle dirigée par Napoléon Bonaparte, empereur des Français, qui a repris le pouvoir de retour de son exil à l'île d'Elbe.

Les hostilités étaient déjà engagées depuis quelques jours. Le 14 juin, Napoléon avance rapidement à la rencontre des armées alliées dans le but de les combattre séparément, avant qu'elles ne se rejoignent. Le 16, à Ligny, l'armée française arrache une victoire sur Blücher. Le 17, Napoléon arrive à la plaine du Mont-Saint-Jean. Il passe la nuit à la ferme du Caillou (devenue un musée). De son côté, Wellington s'installe dans une auberge au village de Waterloo qu'il a transformée en quartier général. Les deux hommes dorment à quelques kilomètres de distance.

Le dimanche 18, à 11h30, la bataille s'engage ; elle dure toute la journée. Les deux camps s'affrontent d'abord à la ferme d'Hougoumont, où des rangs entiers d'hommes tombent. C'est à 13h30 que la principale attaque française se déchaîne, tandis que les combats redoublent à la ferme de la Haie-Sainte, puis à celle de la Papelotte. Sur l'aile gauche, Ney n'en fait qu'à sa tête et les Français sont contraints d'abandonner leurs positions. Napoléon attend les renforts de Grouchy, qui ne viennent pas. À 16h, c'est la grande canonnade. Un peu plus tard, le bruit court que les

troupes prussiennes arrivent. Napoléon abat ses dernières cartes et envoie la garde impériale. C'est le va-tout. Les canons sont pointés, les troupes en place. Elles avancent, lentement mais sûrement. Les bombardements sont terribles, la garde impériale passe de front mais subit une attaque sur son flanc. Au passage du chemin creux, la bataille devient tangente. À 20h10, Wellington ordonne une avancée générale. La garde impériale s'effondre. À la nuit tombante, tout est perdu, l'Empire est défait. Sur les 180 000 soldats qui ont pris part au combat, 48 000 sont blessés ou morts. Une partie de ceux-ci gisent sur la plaine, morne plaine...

Comment y aller de Bruxelles ?

➤ *En voiture :* c'est de loin le moyen le plus pratique pour visiter les trois sites historiques majeurs de Waterloo, situés sur la même route en partant de Bruxelles (la chaussée de Waterloo qui devient, à Waterloo, la chaussée de Bruxelles), la N 5, qui, à l'époque de la bataille était déjà la principale route d'accès à Bruxelles ; on rencontre donc successivement du nord au sud (en venant de Bruxelles) : le musée Wellington, la butte du Lion et le dernier Q.G. de Napoléon, à quelques kilomètres les uns des autres. Par le ring Est, sorties 28 (Waterloo-nord), 27 (Waterloo-centre) et 25 (butte du lion).

➤ *En bus :* compliqué, surtout si l'on veut voir tous les sites. Le *bus W,* pour Waterloo et la butte du Lion (50 mn), quitte la gare du Midi à Bruxelles ttes les 30 mn env. Si vous voulez voir le musée Wellington, le Hameau du Lion puis revenir sur Bruxelles, on conseille de prendre la carte 1 j. à 7 €. Le dernier Q.G. de Napoléon n'est accessible qu'avec le *bus n° 365,* peu fréquent.

Adresse utile

🛈 *Maison du tourisme de Water-loo :* chaussée de Bruxelles, 218. ☎ 02-352-09-10. • waterloo-tourisme. be • Dans le centre de Waterloo, face au musée Wellington. Juin-sept, tlj 9h30-18h ; le reste de l'année, tlj 10h-17h. Fermé le 25 déc et 1er janv. Petit guide de visite téléchargeable sur leur site internet, plan du champ de bataille très complet, liste des chambres d'hôtes, accès Internet, plan des sentiers de balade sur le site historique... Vend aussi le petit guide Le Champ de bataille de Waterloo pas à pas, et d'autres publications sur le sujet. Appli smartphone disponible.

Où dormir ? Où manger ?

🛏 *Chambres d'hôtes Le Vert Bocage :* av. du Vert-Bocage, 9. ☎ 02-387-28-34. • yahyazaouk@hot mail.com • levertbocage.be • À env 2 km du musée Wellington. Double 65 €, suite familiale 4 pers 135 €, petit déj inclus. Supplément de 10 € pour 1 seule nuit. CB refusées. 🖥 📶 Apéritif maison offert sur présentation de ce guide. Plantée dans un quartier résidentiel vert et tranquille, cette maison offre 3 chambres d'hôtes impeccables et fonctionnelles. Proprios charmants. Le petit déj, varié, se prend à la grande table du salon, moderne, avec cheminée et belle vue sur le grand jardin et sa terrasse. Une bonne adresse.

🛏 *Hôtel Le Joli Bois :* rue Sainte-Anne, 59. ☎ 02-353-18-18. • info@waterloo hotel.be • waterloohotel.be • Entre le musée Wellington et le Hameau du Lion. Doubles 70-119 € selon taille et saison, petit déj 8 €. 📶 Installé dans un quartier résidentiel tranquille, à deux pas de la N 5, un hôtel familial d'une petite quinzaine de chambres nickel et confortables, plus ou moins grandes selon le prix. Certaines avec vue sur jardin. Une bonne adresse, assez centrale.

🛏 🍴 *Gîtes de La Tourelle :* Place Comte Cornet, 3, 1474 Ways. 📱 0474-63-43-48. • info@gitetourelle.be • gite tourelle.be • À côté de Genappe, env 7 km au sud de la butte du Lion. Résa conseillée. Gîte (2-4 pers) 200 € le w-e, et 406 € la sem ; petit déj en sus 6 €/j. par pers ; repas 20 €/pers. Également un gîte pour 8-10 pers 582 € le w-e et 798 € la sem. 📶 Au cœur du village de Ways, cinq gîtes sympa dans un ancien moulin, bâtisse blanche totalement rénovée, donnant sur un pré où coule une rivière. En tout, 4 superbes gîtes (2 à 4 personnes) et un autre plus grand (8 à 10 personnes). Sanitaires nickel et coin cuisine équipé d'un lavabo ancien. En prime, une fromagerie, de l'autre côté de la rue, ainsi qu'un salon de dégustation, tous deux installés dans un ancien béguinage. Ne pas négliger le salon : on se régale, dans une salle rustique, de petits plats délicieux pas chers du tout, faits maison à base de fromage de chèvre (elles sont juste à côté !) mais pas seulement.

|●| *L'Amusoir :* *chaussée de Bruxelles, 121.* ☎ 02-354-82-33. ● *infolamusoir. be* ● *Tlj, et jusqu'à minuit jeu-sam. Lunch env 10 € ; plats 10-22 €.* 🛜 Le resto de Waterloo qui ne désemplit pas. Agréable déco rustique, de style ancienne ferme, avec cheminées qui ronronnent en hiver et terrasse sur jardin aux beaux jours. Dans l'assiette, de bonnes viandes mitonnées avec soin, leur spécialité. Une carte en fait pour tous les goûts et tous les appétits.

Simple et à prix juste. Accueil aimable.

|●| *La Sucrerie :* *chaussée de Tervueren, 198.* ☎ 02-352-18-18. ● *ghw@ martins-hotels.com* ● *Dans le Martin's Grand Hotel. Fermé le midi le w-e. Lunch 21 € ; plats 20-25 €.* L'un des meilleurs restos de Waterloo. Ce bâtiment industriel, une ancienne sucrerie de betteraves, offre un cadre spectaculaire : splendides voûtes en brique subtilement éclairées. Côté fourneaux, délicieuse cuisine à la fois classique et sophistiquée, dont la carte change au gré des saisons. Pour ne pas se ruiner, le lunch laisse déjà de bons souvenirs.

À voir. À faire

– *Conseil :* pour mieux sentir ce que fut cette terrible bataille qui scella le sort de l'Europe pour plus d'un siècle, on vous conseille de commencer par la visite du *musée Wellington,* un rien vieillot mais très bien fait, puis de vous diriger vers le *Hameau du Lion,* 5 km plus au sud sur le territoire de la commune de Braine l'Alleud, qui regroupe plusieurs attractions : la fameuse butte du Lion, l'impressionnante fresque circulaire de la bataille, la diffusion de deux films historiques dans le Centre du visiteur. Enfin, 4 km plus au sud, on termine par le *dernier Q.G. de Napoléon.*

– *Tickets :* la maison du Tourisme de Waterloo propose le *Pass 1815,* très complet, qui comprend l'entrée au *musée Wellington,* les attractions du *Hameau du Lion,* et donne aussi accès au *dernier Q.G. de Napoléon (musée du Caillou)* pour 13,50 € ; réduc. Et si le temps de tout voir vous manque, sachez que les attractions du *Hameau du Lion* sont seules accessibles – indépendamment du reste – avec un *pass Hameau* à 9 € ; réduc.

🎥🎥 *Le musée Wellington :* *chaussée de Bruxelles, 147.* ☎ 02-357-28-60. ● *museewellington.be* ● *Au centre de Waterloo, face à l'église. Tlj : avr-sept 9h30-18h, oct-mars 10h-17h. Entrée : 6,50 €, audioguide compris ; réduc ; accès inclus dans le* Pass 1815 *et gratuité avec la* Brussels Card. Le quartier général de Wellington, ancienne auberge-relais, a été transformé en un étonnant musée, riche en souvenirs d'époque. De plus, la visite se fait avec un excellent audio-guide. Les commentaires replacent véritablement le visiteur dans ce que devait être l'atmosphère de l'époque. 14 salles en tout, chacune donnant un éclairage particulier. Voici quelques points forts.

– *Salle 2 :* schéma général de la bataille. Voir l'avis de recherche des déserteurs lancé par l'armée britannique !

– *Salle 4 :* sur les victimes de Waterloo, dont le colonel Gordon, l'aide de camp de Wellington, mort le 18 juin pendant la bataille.

– *Salle 6 :* c'est là que Wellington passa la nuit du 17 au 18 juin et qu'il reçut, à 2h du matin, la confirmation de la participation à la bataille des armées prussiennes. Dans une armoire vitrée reposent deux des 247 pièces du service en porcelaine que Louis XVIII offrit au duc de Wellington pour le remercier d'avoir réduit la dette de guerre et fait évacuer, après 3 ans d'occupation, ses troupes du territoire français.

– *Salle 8 :* gravures sur la rencontre entre Wellington et Blücher, chef des forces prussiennes âgé de 73 ans lors de la bataille (qu'il se contenta, du coup, de suivre à cheval).

– *Salle 10 :* consacrée à Napoléon et à ses généraux. Peintures et aquarelles rappelant ses batailles et son exil à Sainte-Hélène, belle gravure de l'Empereur sur son lit de mort.

– *Salle 14* : la grande salle, qui retrace la bataille par des plans lumineux, le tout accompagné d'excellentes explications et de morceaux choisis de textes. Armes, récits, costumes... Très bien fait.

Détails historiques : c'est parce que Wellington signa ici, à Waterloo, et non dans un autre village, le soir du 18 juin, son communiqué de victoire que le nom de Waterloo resta attaché à la bataille. On trouve depuis des « Waterloo » un peu partout, pas moins de 124 dans le monde, dont 35 aux États-Unis ! Pour les Français, le lieu de la bataille

UN HOMME ET DEUX ENTERREMENTS

Une vitrine de la salle 4 du musée Wellington expose la jambe de bois de Lord Uxbridge, commandant en chef, qui perdit sa vraie jambe au combat. Détail macabre et cocasse : la jambe emportée par un boulet fut retrouvée sur le champ de bataille et lord Uxbridge assista plus tard à l'enterrement de celle-ci ! Lorsqu'il mourut en 1854, la jambe fut exhumée, ramenée en Angleterre et placée dans sa tombe. La prothèse fit le chemin inverse et se trouve donc au musée de Waterloo !

resta longtemps Mont-Saint-Jean, pour les Prussiens Belle-Alliance (du nom de la ferme où Wellington et Blücher se congratulèrent) et pour les Hollando-Belges, Quatre-Bras. C'est aussi à Waterloo qu'est né, après 1815, le tourisme en rapport avec la bataille : pendant des décennies, une malle-poste a conduit, de Bruxelles, des voyageurs essentiellement anglais désireux de se tremper dans le fleuve de l'Histoire. Le descendant du duc de Wellington vient une fois par an inspecter les 2 000 ha de fermes qui furent attribués à son ancêtre après la bataille et toucher son pactole de droits de fermage. C'est Bonaparte qui a perdu et ce sont les Belges qui trinquent !
À propos de trinquer... Le musée espère bien avoir remis en état l'espace mitoyen du rez-de-chaussée pour offrir aux visiteurs assoiffés d'histoire un petit remontant. Sinon, un salon de thé voisin saura vous réconforter.

ᛘ **La chapelle royale :** *en face du musée Wellington.* Beau dôme du XVIIᵉ s. Érigée dans le style baroque par le gouverneur espagnol des Pays-Bas dans l'espoir de voir enfin le roi Charles II engendrer un héritier (peine perdue !). Après 1815, les Anglais en firent un lieu de commémoration et financèrent la construction de l'église. On peut y voir des plaques gravées par des familles ou des régiments britanniques et hollando-belges. Une plaque mentionne que l'église a été aussi financée par les compagnons d'armes du prince d'Orange ; une autre, à la gloire de Napoléon, apposée récemment dans ce lieu dédié aux vainqueurs, aurait pas mal irrité la reine Élisabeth II lors d'une visite...

Le Hameau du Lion

À 5 km au sud du musée Wellington, sur le territoire de Braine l'Alleud par la chaussée de Bruxelles. ☎ 02-385-19-12. ● *waterloo1815.be* ● Tlj 9h30-18h30 (10h-17h oct-mars). *Accès inclus dans le* Pass 1815. *Également le* Pass Hameau *pour visiter les seules attractions du site : 9 € ; réduc.* Le Hameau du Lion regroupe les attractions suivantes :

ᛘᛘ **La butte du Lion :** *entrée : 7 € (inclut le panorama de la bataille) ; réduc ; accès inclus dans le* Pass 1815 *et le* Pass Hameau. Élevée entre 1823 et 1826 à l'endroit précis où fut blessé le prince d'Orange-Nassau lors des combats, son ascension par un escalier de 226 marches gratifie le visiteur d'un panorama sur la campagne où Français et alliés eurent à en découdre. C'est le gouvernement des Pays-Bas qui fit édifier cette colline pour y percher, à 45 m, cet énorme lion de fonte de 28 t, emblème des Orange-Nassau. En fait, le jeune prince hollandais n'y subit qu'une blessure légère, mais on en fit tout un fromage ! La bête, elle, regarde vers la France, pour protéger le pays de l'envahisseur (les *Frenchies, of course* !).

🏹🏹 *Le panorama de la bataille : entrée : 7 € (inclut la butte du Lion) ; réduc ; accès inclus dans le* Pass 1815 *et le* Pass Hameau. Réalisée en 1912, la peinture retrace un épisode crucial de la bataille vers 17h : une des charges de la cavalerie : le 3e corps de Kellermann, les survivants du 4e corps de Milhaud, la division de cavalerie légère de Lefèbvre-Desnoëttes

AVOIR LES DENTS DU BONHEUR

À l'époque napoléonienne, les soldats devaient décapsuler leur charge de poudre avec les dents, tandis qu'ils tenaient leur fusil des deux mains pour le recharger. Ceux qui avaient les incisives écartées ou pas assez résistantes étaient réformés. Une petite imperfection à l'origine d'un grand bonheur.

et la cavalerie lourde de la garde impériale de Guyot. Même si cette technique de représentation appartient à un autre âge, on ne peut qu'être impressionné par la facture de ce panorama de 110 m de long et de 12 m de haut, doublée aujourd'hui d'une sonorisation appropriée. Les peintres ont réussi à restituer, par la perspective et le foisonnement des personnages, l'extrême confusion de la bataille, la rage de vaincre des combattants et la détresse des mourants. Une œuvre traversée par le souffle de l'épopée, mais qui commence à dater un peu, muséographiquement parlant...

🏹🏹 *Le musée de Cire : accès inclus dans le* Pass 1815 *et le* Pass Hameau. Annexe du *Bivouac de l'Empereur* (la taverne rustique du site), ce petit musée poussiéreux présente des mannequins de cire (les visages ont été réalisés par des artistes du musée Grévin... en 1949 !) mis en scène avec des uniformes d'époque. Il évoque la veille et le lendemain de la bataille. L'endroit faisait déjà fonction d'hôtel et de musée vers 1825, lorsque le sergent-major Edward Cotton, rescapé des combats, décida d'y installer la collection d'armes et d'objets qu'il avait ramassés sur le champ de bataille pendant plusieurs années. Parmi les touristes anglais de l'époque, il y eut là la reine Victoria.

🏹 *Les deux films historiques : dans le Centre du visiteur. Accès inclus dans le* Pass 1815 *et le* Pass Hameau. D'abord, le film documentaire « Waterloo, histoire d'une bataille » (20 mn) permet de visualiser la chronologie du déroulement des combats. Ensuite, le 2d film, qui est en fait un montage d'une sélection d'extraits du film *Waterloo*, réalisé par Sergueï Bondartchouk en 1970, nous plonge dans les grandes heures de la bataille. Idéal pour s'y retrouver, en famille notamment, quand on cherche désespérément dans un coin de sa mémoire à savoir qui a fait quoi.

À voir encore

🏹 *Le dernier Q.G. de Napoléon : chaussée de Bruxelles, 66.* ☎ 02-384-24-24. *À 4 km au sud de la Butte, côté gauche de la route N 5 en allant vers Genappe. Tlj 9h30-18h (10h-17h nov-mars). Entrée : 2 € ; réduc. Accès inclus dans le* Pass 1815. C'est dans cette demeure champêtre que Napoléon passa sa dernière nuit... à régner sur l'Europe. Quelques salles (bien moins complètes que le musée Wellington) où l'on peut voir le lit de l'Empereur, un masque mortuaire, les plans de bataille ainsi que le curieux squelette d'un hussard français trouvé en 1910 sur le champ de bataille. Armes, médailles, souvenirs de campagne, dont un bicorne de l'Empereur. Petit ossuaire dans le jardin derrière et grand verger.

Manifestation

– **Week-end de reconstitution de la bataille de Waterloo :** *le w-e le plus proche du 18 juin.* Des soldats en costume d'époque bivouaquent et recréent l'atmosphère de la bataille à travers les mouvements de troupes. Grosses pétarades ! En 2015, le bicentenaire de la bataille de Waterloo donnera lieu à une commémoration d'envergure du 17 au 21 juin avec plus de 4 000 soldats, 300 chevaux et une centaine de canons. Au programme : reconstitution de deux phases de la bataille, spectacle sons et lumières, inauguration officielle de la Ferme d'Hougoumont récemment restaurée...

NIVELLES
(1400) 26 000 hab.

À une bonne demi-heure en voiture du centre de Bruxelles, Nivelles, malgré les bombardements allemands de 1940, est une grosse bourgade tranquille, surtout connue pour sa fameuse collégiale romane superbement restaurée et sa *tarte al'djote* bien goûteuse.

UN PEU D'HISTOIRE

C'est l'abbaye fondée au VIIe s par Itte, femme de Pépin l'Ancien, comme chacun le sait, qui est à l'origine de la ville. Leur fille **Gertrude** en fut la première abbesse (avec un nom pareil, que pouvait-elle faire d'autre ?). Au fil des siècles, l'abbaye prend de l'importance et, au XIIe s, la cité se dote d'une enceinte. Elle poursuit son extension, à l'image de l'abbaye qui accueille des chanoinesses de haut rang qui vivent dans le luxe. À Nivelles, on fabrique du lin et de la dentelle. Avec la dispersion de l'artisanat, la ville perd de son importance. Quant à l'abbaye, elle périclite à la fin du XVIIIe s. Le principal fait marquant de son histoire récente reste ancré dans la mémoire des anciens : c'est le terrible bombardement de 1940, qui ruina la collégiale et tout le centre-ville.

Adresse utile

Maison du tourisme du Roman Païs : *rue de Saintes, 48.* ☎ *067-22-04-44.* ● *tourisme-roman-pais.be* ● *Tlj 8h30-17h.* Outre les infos classiques, vous y trouverez une douzaine de topoguides et de fiches pour partir en randonnée cycliste dans le pays Roman et même une grande virée en voiture.

Où dormir ?

La Ferme des Églantines : *chemin de Fontaine-L'Évêque, 8.* ☎ *067-84-10-10.* ● *fermedeseglantines@hotmail.com* ● *fermedeseglantines.be* ● *À 2,5 km du centre de Nivelles. De la Grand-Place, prendre la direction de Mons puis, au 1er rond-point, le grand axe de gauche et suivre les indications. La « ferme » est au milieu des champs. Compter 75-80 €* pour 2, 100 € pour 4, petit déj compris. Table d'hôtes sur résa : 25 €. ☞ Tenu par Rose-Mary et son mari, Robert, qui a entièrement relapé le fenil de cette ancienne ferme (et pas seulement !) pour y installer 5 chambres d'hôtes bien confortables avec un jacuzzi pour 2 d'entre elles (plancher, salle de bains en carreaux de faïence, TV satellite, etc.). Petit déj (varié) pris dans

LA PROVINCE DU BRABANT WALLON

l'ancienne étable, à la déco agréablement rustique. On peut aussi y dîner pour 25 € sans les boissons (sur réservation avant 16h sauf le dimanche), ce sera pour vous l'occasion de discussions animées avec ce passionné de Robert ! Enfin, amis des bêtes, sachez que vous serez ici entourés de chiens, chats, lapins, oies, ânes, chevaux et moutons. Au total, quelque 250 animaux !

Où manger ?

– Les amateurs de terroir goûteront la spécialité de Nivelles, la *tarte al'djote*, composée pour moitié de fromage (le *bètchéye*) et de bettes (autrefois appelées « *jottes* »), mais aussi d'oignons hachés et de fines herbes. Une recette qui remonte à 1218, sinon plus, et à consommer avec une bière locale, la *Jean de Nivelles*. Les meilleures à emporter se vendent au restaurant de *L'Union* (Grand-Place, 27), à la boulangerie *Tout au Beurre* (rue de Namur, 70), mais également à la *Brasserie des Arts* (Grand-Place, 51). Pour tout savoir sur la recette, la confrérie et les tartes labellisées, rendez-vous sur le site ● djote.be ●

– Certains petits restos servent aussi les *doubles*, des crêpes de sarrasin au fromage gras.

|●| *Brasserie-restaurant des Arts :* Grand-Place, 51. ☎ 067-21-83-73. ● info@brasseriedesarts.be ● Pile en face de l'entrée de la collégiale. Mar-dim 11h-15h, 18h-23h (minuit ven-sam ; fermé dim soir-lun). Fermé également certains j. fériés et 8 j. de sept. Menu 26 €, plats 15-35 €. Apéro offert sur présentation de ce guide. La brasserie qui fait courir le Tout-Nivelles pour dîner en joyeux groupes autour des grandes tables rondes ou tout simplement pour boire un verre en terrasse aux beaux jours. Cuisine franco-italienne bien enlevée, avec quelques curiosités locales, comme le saumon cru mariné à la nivelloise, la raclette nivelloise ou la côte de veau à la d'Jean d'Jean (une bière de Nivelles). Service prévenant et virevoltant. Soirée à thème les 2ᵉ et 4ᵉ samedis du mois.

À voir

Une promenade de 2h30 *Sur les pas de Jean de Nivelles* est disponible à la Maison du tourisme. L'occasion de découvrir le joli centre-ville, en grande partie piéton.

🐾🐾 *La collégiale Sainte-Gertrude :* sur la Grand-Place. ☎ 067-22-04-44. Tlj sf dim mat 9h-17h (18h mai-sept). Visite guidée (6 € ; réduc) tlj à 14h, ainsi qu'à 15h30 le w-e. Durée : 1h30. On précise que la crypte et la salle impériale ne sont accessibles que lors de ces visites.

Avant de vous en raconter l'histoire, il faut savoir que ce que vous voyez aujourd'hui est en quelque sorte une « copie conforme » de la collégiale du Moyen Âge. En grande partie détruite pendant la guerre, elle fut reconstruite grâce aux indemnisations payées par les Allemands. Et là fut donnée une formidable leçon de démocratie directe. Les autorités organisèrent un référendum auprès des habitants pour définir le style qu'on allait adopter pour la nouvelle collégiale. C'est le roman rhénan qui l'emporta. Bravo à lui.

Fondée en 650, la collégiale fut édifiée sous sa forme actuelle au XIᵉ s pour montrer la puissance de l'Empire germanique. Le style se rapproche du roman classique et se définit précisément comme ottonien, caractérisé notamment par un plafond plat. Celui-ci est en béton imitant le bois. La grande particularité tient au côté bicéphale de l'ouvrage, c'est-à-dire à la présence de deux chœurs. Celui situé à l'est s'élève sur une crypte et était utilisé pour les messes, tandis que l'autre, situé à l'ouest, servait aux grandes célébrations (Noël, Pâques, Pentecôte). Ensemble aux belles proportions (102 m de long). Autre élément particulier du style ottonien : l'absence de décoration sur les piliers carrés et sa grande simplicité.

– *Le chœur :* avec, au fond, un vestige de fresque du XVe s représentant le martyre de saint Laurent. Derrière le chœur, la châsse de sainte Gertrude, refaite de façon particulièrement moderne après que l'original avait fondu sous les bombes allemandes. Les habitants de Nivelles, qui goûtent assez peu son style, la surnomment la « boîte à sardines ». À droite du chœur ouest, un char en bois du XVe s qu'on sort le jour de la Saint-Michel pour une grande procession, chargé de la châsse. La sainte, ainsi tirée par six chevaux, est censée protéger les récoltes de l'invasion des rongeurs. D'ailleurs, ne voit-on pas sur toutes les représentations de sainte Gertrude des rats courir à ses pieds ou sur la crosse qu'elle tient ? Dans la nef, une maquette en carton de l'ancienne collégiale avec sa flèche gothique et ses petites maisons adjacentes.

– *L'avant-corps :* il donne à la façade de l'église l'aspect d'un chevet. Édifié au XIIe s, il est le siège du chœur occidental de l'église. Le tout a été restauré superbement. Admirables coupoles de pierre.
Dans le cadre de la visite guidée, possibilité d'accéder aux chapelles-tribunes de l'avant-corps. Voir le trou de Sainte-Gertrude, curieux passage entre un mur et une colonne où seuls réussissaient à passer les gens en état de grâce. Un état dont étaient exclus les gros, étant donné l'étroitesse du paysage.
En poursuivant la grimpette dans la tour, on passe par les prisons de l'abbaye. Tout en haut, la salle impériale est l'endroit où l'abbesse rendait la justice. Aujourd'hui transformée en petit musée, elle abrite notamment les restes fondus de la châsse originelle de la sainte. Au sommet de la tour, le jacquemart doré, Jean de Nivelles, sonne toutes les heures.

– *La crypte :* accessible uniquement lors des visites guidées. Ce n'était pas un cimetière mais un lieu de prière. Les deux piliers carrés servaient à se repérer pour être sous les reliques de sainte Gertrude situées dans le chœur. En se positionnant juste en dessous, les pèlerins venaient se sanctifier. À côté, on peut deviner les ruines de cinq églises, bâties ici entre les VIIe et Xe s. On y retrouva de nombreux ossements mais, comme les gens y étaient enterrés nus, il fut impossible de les identifier. Certains évoquent la présence d'Ermentrude (petite-fille de Charlemagne) et d'Himeltrude (épouse supposée de Charlemagne), qui mesurait 1,90 m.

– *Le cloître :* sur le flanc nord de l'église, alors que d'habitude les cloîtres sont au sud. Pas toujours ouvert. À l'époque de sa construction au XIIIe s, Nivelles était une importante place marchande et le côté sud était occupé par le marché qu'on ne pouvait déplacer. Seul un flanc du cloître a survécu aux bombardements. Ancien cimetière de moines, c'est aujourd'hui un cimetière de carillons.

🏃 *Le Musée communal :* rue de Bruxelles, 27. ☎ 067-88-22-80. ● musee-nivelles.be ● *Ouv mar-ven 9h30-12h, 14h-17h, ainsi que les 2e et 4e dim du mois. Entrée : 2 € ; réduc. Visite guidée sur rdv.* Installé dans un édifice du XVIIIe s, coquet et noble, ce petit musée abrite de riches collections concernant l'histoire de la ville. Parmi les plus belles pièces, quatre statues provenant de l'ancien jubé de la collégiale, de pur style gothique brabançon tardif (fin du XVe s), tout en finesse et en grâce. Le 1er étage se consacre à la musique et à l'artisanat local. Une des salles les plus intéressantes présente les études des sculptures de Laurent Delvaux, sculpteur baroque du XVIIIe s, originaire de Nivelles. Au 2e étage sont mises en avant les fouilles archéologiques de la région.

Manifestations

– *Carnaval :* le dim après Mardi gras. Carnaval *Aclot* le lendemain, avec cortège nocturne (assuré par les *Gilles de Nivelles*).
– *Tour Sainte-Gertrude :* le dim qui suit le 29 sept. Sur une quinzaine de kilomètres à la découverte des champs, six chevaux tirent un char du XVe s sur lequel est posée la châsse de sainte Gertrude.

L'ABBAYE DE VILLERS-LA-VILLE

Située à une douzaine de kilomètres à l'est de Nivelles et à une trentaine au sud de Bruxelles. Villers-la-Ville est aussi minuscule que connue. Et ce grâce aux ruines de sa superbe abbaye gothique.

➤ *Pour s'y rendre :* prendre l'E 19 vers Mons ; sortie 19 à Nivelles, puis N 93. Villers est ensuite fléchée sur la gauche.

UN PEU D'HISTOIRE

Ce sont les cisterciens, et notamment saint Bernard, qui fondent l'abbaye au XIIe s dans cette belle vallée de la Thyle. Ce sera la plus importante jamais construite dans le pays. Elle commence sa vie tambour battant, et la petite église se voit rapidement adjoindre des édifices complémentaires. Un siècle après son érection, elle rayonne sur tout l'Occident chrétien. Les moines sont propriétaires de terres immenses et gèrent d'autres communautés. Son aura s'amenuise aux XVIe et XVIIe s avec les guerres de Religion, avant de connaître un renouveau puis d'être pillée par les Français en 1794, après leur victoire à Fleurus. Comme beaucoup d'abbayes à l'époque, elle servit alors de carrière de pierre et tomba rapidement en ruine. Aujourd'hui, outre la beauté romantique qui se dégage du site, c'est la grande cohérence architecturale qui frappe et émeut, quand on sait que des ajouts continuels vinrent l'enrichir tout au long de ses six siècles d'existence. Se mêlent ici avec harmonie des styles fort différents.

L'État racheta l'abbaye en 1892 pour la restaurer et l'ouvrir à la visite. En déambulant au gré de votre humeur, vous découvrirez facilement les édifices les plus importants.

Infos pratiques

– *Rens :* ☎ 071-88-09-80. ● *villers. be* ● *Avr-oct, tlj 10h-18h ; le reste de l'année, tlj sf mar 10h-17h. Entrée : 6 €* | *pour la visite libre, 7,50 € avec l'audioguide ; réduc.*

La visite

🏃🏃 *L'église abbatiale :* proportions impressionnantes (94 m x 40 m) et voûte de 23 m. Il en subsiste encore la nef. Élevée au début du XIIIe s en forme de croix, elle fut la première en style gothique dans la province, tout en conservant une grande sobriété.

🏃 *Le cloître :* d'abord roman, il se mit à la mode gothique comme tout le monde. Dans l'un des angles repose un croisé, le bienheureux Gobert d'Aspremont, qui mourut en odeur de sainteté à Villers. Nous, on n'a rien senti. Un gisant en marbre recouvre son tombeau.

🏃 *Le réfectoire :* sa taille permet de s'imaginer le nombre de convives à table. Son style n'est déjà plus roman, tout en n'étant pas encore complètement gothique. Les fenêtres ogivales accueillaient la lumière tandis que nos bons moines accueillaient généreusement la bonne bière brassée par leurs soins. À côté, la cuisine dont on aperçoit encore la hotte.

🏃 *L'hôtellerie :* tout au fond de l'abbaye, c'est une remarquable construction basse de style roman épuré, avec ses grosses voûtes à arêtes et ses épaisses colonnes. On y brassait la bière. Vu la taille imposante du lieu, on peut aisément imaginer les quantités qui y circulaient.

🏃 *Le palais abbatial :* ce fut en fait le dernier ajout de l'histoire de l'abbaye au début du XVIIIe s, avant son abandon à la fin de celui-ci. C'est sans doute la partie qui colle le moins à la cohérence architecturale de l'ensemble. Mais ce n'est pas bien grave, vu ce qui subsiste aujourd'hui.

🏃 *Le jardin médiéval :* 70 sortes de plantes médicinales dans un espace clos bordé de hauts murs. Le choix des plantes a été fait sur la base des écrits médicaux d'Hildegarde de Bingen, abbesse de la région rhénane au XIIe s.

🍴 En face de l'abbaye, le *Moulin de Villers,* un café-brasserie qui sert de la petite restauration.

Manifestations

L'abbaye et l'église accueillent des *manifestations culturelles* variées : animations familiales le lundi de Pâques, représentations théâtrales *(ts les soirs de mi-juil à mi-août),* concerts musicaux la nuit « des chœurs » *(fin août),* etc.

LOUVAIN-LA-NEUVE   (1348)   18 700 hab.

Vous n'êtes pas venu ici par hasard, non ! Il est fort à parier que le fameux *musée Hergé,* implanté à Louvain-la-Neuve, demeure la raison essentielle de votre visite, à 25 km au sud de Bruxelles, dans cette ville bien curieuse, entièrement sortie du sol dans les années 1970.
À l'origine, ce sont les heurts entre communautés flamande et wallonne au sein de l'université de Leuven – la Louvain flamande – qui ont provoqué la « sécession ». Littéralement fichus à la porte de la ville, les francophones se sont retranchés en Wallonie pour créer leur Louvain à eux.
C'est une ville neuve donc, la première en Belgique depuis Charleroi. Posée au-dessus du sol sur des pilotis, son centre urbain est entièrement piéton, les voitures ayant été reléguées dans de grands parkings en sous-sol, tout comme les trains et les bus. En surface, Louvain-la-Neuve affiche une physionomie simple, à taille humaine, avec beaucoup de béton, certes, mais des bâtiments parés de brique et d'ardoise. Passerelles, places, unités de vie, facs, commerces... tout cela est intimement lié, répondant bien à l'idée de mixité des fonctions. Et puis les espaces verts n'ont pas été oubliés, ni les œuvres d'art qui parsèment les rues...
L'arrivée en ville est un peu curieuse. On cherche des rues, un centre, des gens, et on ne rencontre que des panneaux nous donnant le choix entre plusieurs parkings (le parking « Accueil » est central et tout près de l'office de tourisme). On tourne en rond avant de comprendre comment la ville fonctionne !

LE HÉROS À LA HOUPPE

La houppette de Tintin a fait gloser les psys, qui se sont tous plantés ! En relisant Tintin au pays des Soviets *(le premier album), on s'aperçoit que la mèche relevée sur la tête n'arrive qu'après quelques pages. Hergé lui dessine d'abord une mèche qui tombe. Mais, peu après, notre héros voyage dans une voiture décapotable qui roule à vive allure. Sa mèche se relève naturellement, à cause de la vitesse. Ça plaît à Hergé... qui ne la fera jamais retomber.*

Adresses utiles

ℹ️ *Office de tourisme :* Galerie des Halles (à côté des guichets de la gare ferroviaire), pl. de l'Université, 1. ☎ 010-47-47-47. ● tourisme-olln.be ● Lun-sam 9h (11h sam)-17h ; juil-août, ouv dim 11h-15h. Plan de la ville et infos générales sur L-l-N et ses environs, guide de balade pour découvrir les œuvres d'art de la ville (payant). Sur place : maquette de L-l-N, projection d'un petit film sur la ville, et expos d'art temporaires.

🚉 *Gare ferroviaire SNCB :* entrée par la rue des Wallons ou pl. de l'Université ; les rails se trouvant en sous-sol. ☎ 02-528-28-28. ● b-rail. be ● De Bruxelles, train direct pour Ottignies, puis celui vers L-l-N (l'option la plus rapide) ; ou train omnibus (sans changement à Ottignies). Vérifiez les horaires avant de partir, afin d'éviter de galérer.

🚌 *Gare routière TEC :* bd du Sud (angle bd de Wallonie). ● infotec.be ● Nombreuses lignes rayonnant autour de L-l-N et sillonnant la région.

Où manger ? Où boire un verre ?

Ville estudiantine, Louvain-la-Neuve regorge de snacks, friteries, *pita-houses*, pizzerias et brasseries où l'on peut tout aussi bien se sustenter d'un plat simple que s'envoyer une gueuze...

De bon marché à prix moyens

|●| *Le Respect-Table :* terrasse des Ardennais, 20. ☎ 010-45-89-58. ● lavis-jf@tiscalinet.be ● Lun-sam 12h-14h ; mar, jeu et ven 19h-21h. Formule déj 13 € ; menu du soir 23 € ; plats à partir de 9 €. À mi-chemin entre le resto et la table d'hôtes, une adresse que l'on aime beaucoup pour son cadre gai et coloré, et surtout pour la qualité de sa cuisine, copieuse, saine et bien fraîche... tendance bio, équitable et respectueuse de l'environnement. Vue directe sur les fourneaux où les plats savoureux sont mitonnés simplement, mais avec soin et inventivité. Bons petits vins bio. Service aimable.

|●| 🍷 ♀ *Crêperie bretonne La Mère Fillioux :* pl. des Brabançons, 1 A. ☎ 010-45-15-85. ● annedenizmon@yahoo.com ● Tlj 9h-minuit. Fermé pdt les vac de Noël. Crêpes 3-20 €. 📶 Café offert après un repas salé sur présentation de ce guide. Une foule de crêpes salées et sucrées pour tous les goûts, les meilleures au sarrasin avec herbes fraîches et épices. Simple et correct, mais parfois un peu cher. En tout cas, les gens s'y pressent toute la journée, installés sur du gros mobilier rustique en bois ou en terrasse. Et le choix est tout aussi impressionnant côté glaces et boissons (bières, cafés et thés de toutes provenances).

🍷 *Le Brasse-Temps :* pl. des Brabançons, 4. ☎ 010-45-70-27. Tlj 11h (15h dim)-1h ; fermé w-e juin-août. 2 grandes cuves en cuivre dans cette micro-brasserie où l'on déguste quelques bonnes bières maison.

Un peu plus chic

|●| *Empreintes Nomades :* rue Rabelais, 26. ☎ 010-45-61-60. ● empreintesnomades@gmail.com ● Tlj 12h-15h, 18h-23h (minuit ven-sam). Résa conseillée le soir. Formules déj 10-18 € ; carte 25-30 €. 📶 Apéritif maison sans alcool offert sur présentation de ce guide. Ambiance orientalisante de bon goût (plafond tendu de tissus, bons gros fauteuils, petites loupiotes...) dans ce resto où les assiettes sont bien remplies de mets succulents. Spécialités de grillades, couscous et tajines, sans oublier des plats plus classiques, et puis les suggestions, genre *fusion*... Espace ciné et activités pour divertir les enfants. Accueil sympa. Une très bonne adresse.

|●| *Nulle Part Ailleurs :* Grand-Rue, 9. ☎ 010-45-13-27. Tlj 12h-15h, 18h-23h (23h30 w-e). Résa conseillée. Formule déj env 15 € ; menus 22-30 € ; plats 12-20 €. Un autre bon resto dont la carte affiche des couscous et des tajines, mais également d'honnêtes plats de poisson ou de viande, et puis des salades. Déco chaleureuse, un brin arabisante. En sortant, allez faire un tour au *Beer Bar* voisin, pour vous changer les idées. 180 sortes de bières, et une ambiance qu'on ne trouve nulle part ailleurs, sur ce vaste campus.

À voir

🏃 *Le musée de L-I-N :* pl. Blaise-Pascal, 1. ☎ 010-47-48-41. ● muse.ucl.ac.be/home/index.php ● Tlj sf lun et j. fériés 10h (14h w-e)-18h. Fermé 24 déc-2 janv. Entrée : 3 € ; réduc ; gratuit pour les moins de 18 ans et pour ts le 1er dim du mois. Installé dans un bâtiment de la faculté de Philo & Lettres, dont la biblio-

thèque surplombe les salles d'expo, ce musée des Arts et Civilisations abrite aussi bien des statues anciennes à caractère religieux et des collections ethnographiques (essentiellement d'Afrique et d'Océanie) que des œuvres d'art naïf et contemporain. Belles gravures de Dürer, Goya, Picasso ou Rembrandt, et peintures, dessins, estampes et sculptures belges du XXe s, exposées par rotation. Seule une salle est réservée à l'expo permanente : la « salle du dialogue », avec des œuvres de même thème, traitées par des artistes d'époque et d'origine très différentes. Également des expos temporaires venant d'ailleurs, tous les 2 ou 3 mois.

🏃🏃🏃 🏃 *Le musée Hergé (plan B1) :* rue du Labrador, 26, ou plutôt bd du Nord (si vous utilisez un GPS). ☎ 010-48-84-21. ● museeherge.com ● Parking « Grand-Place ». Tlj sf lun et j. fériés 10h30-17h30, w-e 10h-18h (fermeture caisse 1h avt). Entrée : 9,50 € ; réduc ; 5 € pour les 7-14 ans. Audioguide gratuit. L'implantation du musée Hergé à Louvain-la-Neuve se révèle être un choix incompréhensible aux yeux de beaucoup, dicté – paraît-il – par des raisons financières et personnelles. L'argument de la résidence d'Hergé à Chaumont-Gistoux, dans la bucolique campagne environnante ne convainc pas vraiment. Cet éloignement de tout explique aussi pourquoi on peut se retrouver un peu seul, certains jours de semaine, à errer dans ce temple contemporain élevé à la mémoire d'un homme qui avait su, avec un simple crayon, créer un personnage universel.

« À force de croire à ses rêves, l'homme en fait une réalité », disait un jour le créateur de Tintin à l'astronaute Neil Armstrong. Le musée qui lui est consacré est, sans aucun doute, à la hauteur de ses rêves. Les familiers du petit reporter remarqueront tout de suite le clin d'œil dès la lecture de l'adresse officielle : la *rue du Labrador,* créée à Louvain-la-Neuve en hommage à celle où Tintin habitait dans une ville ressemblant à s'y méprendre à Bruxelles, avant de s'installer entre deux voyages au château de Moulinsart acheté par le capitaine Haddock après *Le Trésor de Rackham le Rouge.* Moulinsart qui est, comme tout bédéphile le sait, inspiré du *château de Cheverny,* demeure aussi entouré de paysages de la campagne brabançonne qui servent à présent aussi d'écrin au musée Hergé conçu par l'architecte *Christian de Portzamparc,* malgré les bâtiments élevés tout autour depuis sa création. De la plate-forme qui coiffe la ville universitaire, on accède à cet étrange vaisseau suspendu par une longue passerelle, comme pour un embarquement portuaire vers l'aventure. La façade se présente comme les deux pages d'un livre ouvert : à gauche, la silhouette de Tintin de dos, à droite comme une page blanche avec, au bas, la signature d'Hergé.

La construction, d'une légèreté étonnante, est un hommage stylistique évident à la « ligne claire », avec ses volumes suspendus disposés en quinconce, ses murs obliques sans angles droits, entre lesquels s'articulent huit salles d'exposition, reliées entre elles par des passerelles et des escaliers. Aux murs dans des tons pastel, des thèmes décoratifs comme du papier peint, inspirés par l'œuvre d'Hergé (les murs des buildings américains, les vagues de la mer...).

Sur deux niveaux, les huit salles thématiques nous plongent immédiatement au cœur de l'œuvre : début de la visite au dernier étage, avec une première salle consacrée aux débuts de ce garçon modeste mais très tôt griffonneur compulsif, né à Bruxelles en 1907 sous le nom de Georges Remi et qui trouva son pseudo en inversant les initiales de son nom : RG. Ses premiers dessins sont publiés dans le journal **Boy-scout belge** où il crée le personnage de Totor qui ressemble déjà étrangement au futur Tintin, sans la houppette.

Les aventures de Tintin et Milou, publiées à partir de 1929 dans le journal *Petit XXᵉ* – annexe pour jeunes du *Vingtième siècle* –, occupent évidemment une grande place dans le musée. On découvre de nombreuses planches originales (en rotation au fil des mois), le processus de leur élaboration, mais aussi les autres facettes d'Hergé : affiches, publicité, cinéma et caricatures. De 1940 à 1944, Hergé a collaboré au journal *Le Soir*, aux mains de l'occupant, cela n'en faisait pas pour autant un pronazi, preuve en est cette caricature publiée en 1939 dans un journal satirique où une de ses créatures, Monsieur Bellum, taggue un mur d'un « *Hitler est un fou* » sans ambiguïté.

Tout ce parcours foisonne de citations souvent pleines d'humour qui ajoutent encore au plaisir d'une visite passionnante lorsqu'on découvre l'extraordinaire galerie de portraits des 228 personnages qui peuplent les aventures de Tintin, dont les principaux (Milou, Haddock, Tournesol, les Dupond/t...) sont présentés en détail ; leur genèse, l'inspiration de l'auteur... Cette identification à ses personnages, Hergé la revendiquait haut et fort : « Tintin, et tous les autres, disait-il, c'est moi ! » Suit encore une salle passionnante où l'on découvre les rapports étroits entre l'œuvre d'Hergé et le cinéma, tant du point de vue du découpage scénaristique que des influences du 7ᵉ art sur les aventures de Tintin (King Kong pour *L'Île noire*, Charlot, Tom Mix, les frères Marx, etc.).

Dès *Le Lotus bleu*, influencé par sa rencontre avec son ami chinois Tchang, Hergé va s'intéresser de près au monde réel dont il s'inspire et qu'il transpose dans son oeuvre selon ses propres codes, bien sûr, mais aussi ceux que lui imposent la Belgique de l'époque. Il se documente sur les révolutions étrangères, les réalités sociales et politiques des pays où Tintin se rend. Une démarche qui rompt avec la naïveté et l'insouciance des premiers albums. Car « la civilisation ne s'arrête pas aux portes de l'Europe » ; c'est la fin des clichés !

Dans la salle du *Laboratoire*, l'influence de la science, jusqu'au paranormal, apporte la preuve de la rigueur avec laquelle la vulgarisation scientifique était traitée pour créer les engins aussi sophistiqués que la fusée lunaire (*On a marché sur la lune* sort en 1954, alors que le premier pas de Neil Armstrong sur la lune a lieu en 1969) ou le sous-marin en forme de requin du *Trésor de Rakham le Rouge*, et autres inventions du professeur Tournesol.

Puis le *Musée imaginaire* rassemble de nombreux objets réels ou fictifs évoquant les mondes lointains et les civilisations mystérieuses auxquels Tintin se frotte. Ils ont été accumulés par Hergé au moment où il dessinait les albums...

Les studios Hergé sont une autre facette de sa carrière. Durant 21 ans, Hergé est à la tête d'une entreprise florissante qui fait vivre de nombreux collaborateurs (dont Bob de Moor et Jacques Martin) et où il rencontre une jeune coloriste, Fanny Vlamynck, qui devient sa seconde épouse et, à sa mort, la gestionnaire parfois controversée des droits d'auteur liés à l'œuvre...

À la fin de sa vie, Hergé s'est littéralement passionné pour l'art contemporain. Pour preuve, les esquisses de son dernier album, *Tintin et l'Alph Art* où un personnage apparaît sous les traits du marchand d'art Fernand Legros.

En fin de parcours, d'éminents personnages tels que Michel Serres, Haroun Tazieff, le dalaï-lama, Alain Resnais rendent hommage à Hergé. Mais le plus durable n'est-il pas celui de la société belge d'astronomie qui a baptisé un corps céleste, découvert entre Mars et Jupiter, du nom d'Hergé ?

« Tintin m'a rendu heureux, disait ce dernier, je me suis beaucoup amusé, et, en plus, on m'a payé pour le faire ! » Une vie bien remplie...
Le rez-de-chaussée est consacré à d'intéressantes expos temporaires qui changent tous les six mois.

🐚 **Boutique :** au rez-de chaussée, pour des articles plutôt chers, certes, mais qui continuent d'entretenir le mythe et d'autres personnes, forcément, dont le mythe aurait pu se passer !

|●| **Le Petit XX**ème **:** au rez-de-chaussée, c'est le café-resto du musée.

🏃 Si vous avez un peu de temps, allez jeter un œil au **quartier de la Baraque,** au nord-est du centre. C'est l'une des « zones résidentielles » (si on peut appeler ça comme ça) les plus étranges de Belgique, caractérisée par son habitat alternatif, suite au refus d'accepter le plan urbanistique imposé par l'université.

Événement

– **Les 24h vélo de Louvain-la-Neuve :** chaque année en octobre les Néo-Louvanistes se mettent en selle pour un marathon cycliste de... 24h ! Comme ces coureurs ne sont pas des surhommes, ils se relaient au sein d'équipes. Et c'est l'équipe qui, au bout des 24h, a totalisé le plus grand nombre de tours qui remporte la course. Au tout début, il s'agissait d'un véritable défi sportif mais, très vite, l'humour a pris le dessus et les vélos se sont mués en véhicules à pédales au look complètement fou !

LE LAC DE GENVAL

Faire un petit tour au sud de Bruxelles et ne pas s'arrêter à Genval serait bien dommage. Genval, lieu de villégiature, est bien connu des Bruxellois puisqu'ils viennent y flâner le dimanche, au bord de son charmant lac, entouré de coquettes demeures et aménagé pour les sports nautiques.

Où manger ?

Nombreux restos, chers évidemment, mais le cadre champêtre et bourgeois à la fois donne bien envie de prendre place en terrasse, au bord de l'eau, pour un bon repas arrosé. À part ces restos assez cossus, en voici un à prix moyens dans le centre du village.

|●| **La Clé :** rue de la Station, 39, 1332. ☎ 02-654-17-20. ● info@restaurant lacle.com ● Juste en face de la gare. Tlj sf dim et j. fériés (et sam en basse saison) 12h-14h30, 19h-22h30. Fermé 2de quinzaine d'août-1re sem de sept. Autour de 30 €. Digestif maison offert sur présentation de ce guide. Bistrot-brasserie sympa avec coin véranda ou bien, au fond, une salle garnie de miroirs. Honnête cuisine saisonnière affichant salades, pâtes, grillades et quelques plats moins classiques comme le waterzoi de poussin ou les lasagnes de saint-jacques et crevettes grises. Plats à emporter.

À voir

🏃 **Le musée de l'Eau et de la Fontaine :** av. Hoover, 63, 1332. ☎ 02-654-19-23. ● lemuseedeleauetdelafontaine.be ● Juste en retrait du lac. Lun-ven 9h30-12h, 13h30-16h30 ; w-e et j. fériés 10h-18h. Entrée : 4 € ; réduc. En visitant ce musée, vous saurez enfin tout sur l'eau, son origine, ses différents usages, sa nécessité et la manière de l'amener jusqu'à nous. Ouf ! Une section est également consacrée aux fontaines et aux pompes à eau, dont vous découvrirez enfin le fonctionnement. Visite instructive et plaisante. Devant le musée, jeter un œil à la *Sirène échouée sur un rocher,* véritable cri d'alarme contre la pollution aquatique.

DANS LES ENVIRONS DE GENVAL

En bordure de la forêt de Soignes

🏃 *Le domaine de La Hulpe :* traversée par la charmante rivière Argentine, l'ancienne propriété de l'industriel Ernest-John Solvay est un superbe parc de 220 ha qui appartient à la Wallonie. Des pelouses bordées de massifs d'azalées et de rhododendrons, des étangs, des collines plantées d'essences rares (séquoias notamment) en font un lieu de promenade particulièrement apprécié. Un grand lac servait autrefois de source d'approvisionnement en eau aux fabricants papetiers de la région. Le domaine et le château au milieu ont servi de décor pour le tournage du film *Le Maître de musique.*

🏃🏃 *La Fondation Jean-Michel-Folon : drève de la Ramée, dans la ferme du château de La Hulpe, ou (avec GPS) 111 chaussée de Bruxelles, 1310 La Hulpe, où on trouve un fléchage.* ☎ *02-653-34-56.* ● *fondationfolon.be* ● *Parking à 400 m de la ferme, petite trotte. En bus, depuis Bruxelles, prendre la ligne n° 366 des TEC, au départ de la pl. Flagey, arrêt « Parc-Solvay ». Tlj sf lun 9h-17h, w-e 10h-18h (la caisse ferme à 17h). Entrée : 9 € ; réduc.*
Tout l'univers de l'artiste est évoqué à travers un parcours très joliment aménagé dans d'anciens bâtiments agricoles disposés autour d'une cour carrée. La visite s'ouvre sur une projection où glisse le pinceau de l'aquarelliste sur la feuille blanche, puis on pénètre, par une porte-livre, dans l'imaginaire poétique et onirique de Jean-Michel Folon. Dans un accrochage plus ou moins chronologique, ses aquarelles, peintures, sérigraphies, vitraux, tapisseries et ses illustrations d'œuvres littéraires (Prévert, Kafka, Apollinaire) évoquent un monde d'intimité et de douceur, où les thèmes récurrents sont la défense de l'environnement et la place de l'homme, souvent seul, dans la ville. À noter, le mur d'affiches encadré de miroirs produisant une vertigineuse mise en abîme.
Remarquable collection de timbres et de correspondance illustrée, envoyée à son ami Soavi. Dans la *Tête de l'homme bleu,* une salle des glaces diffuse le célébrissime générique d'Antenne 2 en compagnie de sa contribution publicitaire à la prospection gazière. Avec ses sculptures en bois, ses marbres et bronzes patinés, ses eaux-fortes et une étonnante série de petits personnages aux têtes toutes différentes, on découvre une œuvre moins connue, détournant les objets de leur usage courant et qui ne cache pas sa parenté avec la thématique surréaliste si présente dans l'univers artistique belge. Reconstitution de l'atelier du sculpteur et commentaires de Folon en vidéo. On a vraiment bien aimé aussi, dans une courette, le parapluie d'eau qui protège un personnage debout à la Magritte, la salle où un bonhomme assis rappelle celui qui résiste aux marées de la plage de Knokke-Heist et surtout, surtout, dans une autre pièce, l'élégant ballet d'un petit automate acrobate, sous une voûte étoilée. Magnifique ! La visite se termine par la *boutique* du musée.

🍽 🍸 À côté se trouve la *Taverne de l'Homme Bleu,* cafétéria où l'on peut se restaurer (● *tavhommebleu@ hotmail.com* ● *Fermé pour les vac de fin d'année ; 11h-18h ; café offert après un repas sur présentation de ce guide* 🛜 *).* En terrasse d'une salade généreuse ou d'une tartine de fromage blanc aux radis et aux oignons, arrosée d'une Kriek.

LA PROVINCE DE LIÈGE

Visage avenant, épanoui, facettes multiples et même, devrions-nous dire, particulièrement contrastées, quand, aux bocages du pays de Herve, succèdent, sans transition, les Fagnes, relief et végétation plus proches de la toundra sibérienne que des prairies à pommiers. Fagnes d'ailleurs merveilleusement chantées par Apollinaire. Paradis des randonneurs et autres amateurs de tourisme vert. Sans oublier la dimension industrielle et humaine, avec le bassin minier de Blégny et son fascinant écomusée. Et pour finir, Liège, qu'on a aimée pour sa chaleur. Mais trêve de bavardage, on vous en cause tout de suite...

LIÈGE (4000, 4020) 197 000 hab. (agglomération : environ 600 000 hab.)

> ▶ Pour le plan de Liège, se reporter au cahier couleur.

En préambule, force est de reconnaître que Liège n'est pas la plus belle ville de Belgique : hormis le cœur de la cité, qui recèle quelques perles architecturales, pas mal de béton mal placé, de constructions disgracieuses et de bâtiments gris formant un ensemble assez anarchique, auquel il n'est pas facile de trouver une once d'harmonie ; sans parler du passé industriel de la région qui, avec ses usines massives dans la banlieue sud-ouest, à Ougrée notamment, a littéralement défiguré certains abords de l'agglomération. Mais en dehors de cela, Liège véhicule une réputation justifiée de ville accueillante, vivante, rieuse, voire exubérante. N'y fête-t-on pas le 14 Juillet avec presque plus d'enthousiasme qu'en France ? Mieux : au centre de Liège se trouve le « Carré », un petit périmètre plein de cafés animés pour la plus grande joie des noctambules. Ce fameux Carré serait même – imaginez un peu ! – la zone où coule le plus de bière au mètre carré... dans le monde ! En effet, s'il est une chose qui ne déçoit pas à Liège, c'est bien cette chaleur, cette convivialité, qu'on retrouve dans la rue, sur les marchés, au comptoir des estaminets... Ce n'est d'ailleurs pas pour rien qu'on la surnomme la Cité Ardente ! Et puis, on le disait, la ville possède quand même un patrimoine architectural non négligeable (près de 400 bâtiments classés) et quelques musées intéressants. Enfin, routards coquins, sachez que les Liégeoises passent pour les plus jolies et effrontées des Belges ; alors, à 2h10 de Paris en *Thalys,* n'hésitez plus à débarquer sous l'aérienne structure de la nouvelle gare conçue par Santiago Calatrava pour y faire la bamboche !

UN PEU D'HISTOIRE

Tout commence un jour noir de 705, lorsque saint Lambert, évêque de Tongres-Maastricht, se fait trucider sur les berges de la Légia. Son successeur, saint Hubert, décide de construire, sur les lieux de l'assassinat, un sanctuaire qui rapidement devient un lieu de pèlerinage très populaire. Plus tard, il y transfère son évêché. Liège n'est alors qu'un minuscule village. Charlemagne lui accorde pourtant quelque attention, car sur la route d'Aix-la-Chapelle, c'est une étape obligée. Il y fait même battre monnaie. Pour les Normands, c'est déjà la « cité ardente » : elle brûle en 881. En 972, un nouvel évêque est nommé par l'empereur Otton Ier. C'est *Notger,* un gars décidé, un bâtisseur, qui met en place les bases d'un État

LIÈGE

souverain et prospère : la principauté de Liège. À l'époque, on disait : « Liège doit Notger au Christ et tout le reste à Notger. »

Liège, ville cléricale, voit aussi se développer une société civile de commerçants, d'artisans et de professions libérales. Des luttes âpres pour le pouvoir se déroulent entre l'évêque et ses subordonnés. Révoltes, négociations, trêves ponctuent la vie liégeoise jusqu'à la paix de Fexhe, signée en 1316. C'est la grande charte fondatrice de la démocratie liégeoise, qui proclame le droit d'intervention du peuple dans le gouvernement de l'État.

Nombreux sont ceux qui convoitent la principauté, à commencer par les Bourguignons. Louis XI, en bisbille avec la maison de Bourgogne, leur accorde son soutien en catimini, mais par deux fois les laisse tomber. La première fois, Liège y perd ses remparts, ses libertés (et même son perron, transporté à Bruges) ; la seconde fois, en 1468, Charles le Téméraire rase carrément la ville, ne sauvegardant que les églises. Bon prince cependant, il autorise immédiatement sa reconstruction.

Sous le règne d'*Érard de La Marck,* prince-évêque de 1505 à 1538, Liège remonte la pente. Le développement de l'industrialisation, grâce au charbon de la région et au fer des Ardennes, apporte une prospérité sans égale grâce notamment aux fabriques d'armes. L'appui donné à Charles Quint se révèle également récompensé : Jean de Corte (dit Curtius) s'enrichit en fournissant la poudre à canon aux armées impériales. Et l'esprit de la Renaissance, pénètre abondamment la cité. Humanistes et artistes y insufflent une riche vie culturelle et intellectuelle.

La belle saga de Liège s'interrompt en 1789, lorsque la ville s'enflamme pour la Révolution et chasse les princes-évêques après avoir démantelé la cathédrale Saint-Lambert. L'intervention des armées de la République est décisive, elles ne s'y conduisent pas de façon très conviviale pour les Liégeois eux-mêmes. En 1795, Liège devient département français sous le nom de département de l'Ourthe, et la ville découvre les ravissements de la centralisation et de la bureaucratie françaises ! Napoléon a besoin de canons. Liège se met à en fondre en masse. Le savoir-faire de ses forgerons et de ses fondeurs attire aussi l'industriel anglais John Cockerill, qui y installe des usines métallurgiques. Le paysage en est bouleversé. En 1815, à Liège, on n'apprécie guère Guillaume d'Orange. Le divorce ne tarde pas.

En 1826, démarrage du premier four des cristalleries du Val Saint-Lambert. Pendant ce temps-là, la politique continue son chemin. À l'amer épisode français succède la transition batave. Pour le précipiter, Liège s'allie à Bruxelles. La révolution de 1830 et la création de la Belgique doivent beaucoup aux Liégeois... En 1889, naissance de la manufacture d'armes d'Herstal.

14-18 En août 1914, le plan Schlieffen appliqué par l'état-major allemand escompte sur le libre passage de leurs troupes en Belgique pour attaquer la France par le nord. Devant le rejet de l'ultimatum par le roi Albert Ier, le 4 août, trois corps d'armée entrent en Belgique et déferlent vers Liège, appuyés par de nombreux canons et obusiers. Ils sont persuadés que la résistance de la petite armée belge de 200 000 hommes, constituée de « troupes d'opérette et de forts de carton », sera de faible durée. Les défenses belges tiennent le coup et parviennent même à repousser les assaillants. La

LE CAFÉ LIÉGEOIS

Avant 1914, ce breuvage, à la carte de bien des bistrots, s'appelait le « café viennois ». Pourquoi ce changement de nom ? En 1914, lors de l'invasion allemande de la Belgique, les forts ceinturant Liège offrirent une résistance acharnée aux Teutons, qui n'en vinrent à bout qu'avec le concours de la grosse Bertha et des énormes canons autrichiens. Enthousiasmés par cet héroïsme et écœurés par la brutalité germanique, les cafetiers parisiens décidèrent alors, par solidarité, de rebaptiser le café viennois « café liégeois » ! À Paris, la station de métro Berlin fut rebaptisée Liège.

LIÈGE

ceinture des forts entourant Liège est prise à revers par des infiltrations vers le centre de la ville. Dès lors, les artilleurs allemands prennent position sur les hauteurs et pilonnent les forts à revers, pendant dix jours. Ceux-ci, construits en béton non-armé, ne résistent pas aux projectiles de 420 mm tirés par les canons Krupp et finissent par capituler. Le retard de l'avancée en Belgique des troupes du Kaiser permet aux Français et aux Britanniques d'achever leur mobilisation. Cet héroïsme vaut à la ville l'attribution de la Légion d'honneur. Les caricaturistes publient des dessins montrant que le « bouchon de Liège » avait empêché Guillaume II de faire main basse sur la Champagne.

Après plusieurs commémorations en août 2014, deux expos majeures sont organisées à Liège jusque fin mai 2015 :
– Liège dans la tourmente : au musée de la Vie Wallonne.
– J'avais 20 ans en 1914 : à la gare des Guillemins (sur 4 000 m²). ● liege expo14-18.be ●

Simenon, fils de Liège

Il naît à Liège le 13 février 1903 et meurt à Lausanne le 4 septembre 1989. Entre ces deux dates, plusieurs centaines de romans, nouvelles, contes et ouvrages à caractère autobiographique. C'est l'auteur francophone le plus traduit au monde (avec, paraît-il, Hergé ; encore un Belge !). Famille modeste, originaire d'**Outremeuse,** quartier populaire de Liège, dont l'histoire et l'atmosphère le marquent beaucoup. Ado, il écume les librairies et montre un esprit curieux et fouineur. À 16 ans, il devient reporter pour la Gazette de Liège, où il s'occupe des faits divers. À 18 ans, il rejoint un cercle culturel et intellectuel d'inspiration libertaire, la « Caque ». Soirées de poésie dans les vapeurs d'alcool et exaltation de la bohème. Il ne s'y implique pas vraiment et écrit son premier roman sous le nom de Georges Sim. Mais Simenon s'ennuie dans cette ville provinciale. Il prend le train pour Paris, un jour froid de décembre 1922, sans se retourner. Plus tard, il expliquera : « Comme au foot, il faut choisir la ligue dans laquelle on jouera : locale, nationale ou internationale. » Il ne revint pas ou presque. En 1930, il crée le personnage du fameux commissaire Maigret dont la devise était : Comprendre, ne pas juger. Son rythme de production fascine tout le monde. Sait-on qu'il écrivit aussi plus de 100 romans non policiers ? Il lui arrivait même d'en écrire un en une semaine ! Liège est fière de son auteur universel et populaire, même si cette fierté se teinte parfois d'amertume pour l'infidèle qu'il fut à l'égard de sa terre natale. N'a-t-il pas été jusqu'à faire disperser ses cendres sur la terre suisse ? Qu'importe ! L'esprit de Simenon restera longtemps encore associé à Liège. Il nous a même semblé qu'il a mis tellement de Liège dans ses ouvrages que la moindre rue d'Outremeuse nous paraît familière...

Adresses et infos utiles

Infos touristiques

🅸 **Office de tourisme de la ville de Liège** (plan couleur B1, 1) : Féronstrée, 92. ☎ 04-221-92-21. ● liege.be ● Lunven 9h-17h, sam-dim 10h-16h (15h dim en hiver). 🛜 Plan de la ville et de ses environs, liste des hébergements et restos, agenda culturel, infos transports, itinéraires de treks urbains à faire soi-même, intéressants dépliants pour découvrir Les Coteaux de la Citadelle (le quartier le plus ancien et pittoresque), et les circuits Simenon (avec audioguide gratuit), brochures pour explorer les grands thèmes de l'architecture liégeoise (Moyen Âge, Renaissance, Art nouveau, Art déco...). Organise aussi de passionnantes balades guidées à thème (voir le programme), principalement d'avril à octobre (prix : 6-10 €, réduc ; durée : env 2h). On peut, enfin, acheter sur place le **Liège City Pass** (16 €, valable 48h) pour visiter les musées et les sites liégeois remarquables et profiter

LIÈGE

d'un forfait pour utiliser les transports en commun des TEC à volonté, pendant 24h. Il est également en vente à la gare de Liège-Guillemins et à l'AJ *Georges-Simenon*.

🛈 *Maison du tourisme du pays de Liège* (plan couleur B1, *2*) *: pl. Saint Lambert, 32-35.* ☎ *04-237-92-92.* ● *provincedeliege.be* ● *Tlj 9h-18h (9h30-17h30 en hiver).* Toutes les infos sur la province de Liège et ses points d'intérêt : musées, sites historiques, curiosités... Ils éditent plusieurs brochures intéressantes, téléchargeables sur : ● *ftpl.be* ● *Vente du* Liège City Pass.
– Un site précieux pour les amateurs de culture, d'histoire et de patrimoine : ● *fabrice-muller.be* ●

Poste, télécommunications

✉ *Poste* (plan couleur B1) *: pl. du Marché, 32. En sem 9h-18h (19h lun), sam 10h-16h.*
@ *Internet :* la plupart des hébergements et cafés sont équipés du wifi gratuit, tout comme l'office de tourisme, d'ailleurs. Sinon, on trouve des *phone shops* équipés d'ordinateurs, notamment rue des Guillemins (plan couleur A4) : *ouv tlj 9h-20h, pour la plupart.*
Depuis 2014, le Wifi est gratuit sur plusieurs places publiques de Liège à raison de 2h/jour.

Transports

🚆 *Gare ferroviaire SNCB de Liège-Guillemins* (plan couleur A4) *: pl. des Guillemins.* ☎ *02-528-28-28.* ● *b-rail. be* ● *thalys.com* ● Trains directs pour Bruxelles, Gand, Bruges, Ostende,

Verviers, Aix-la-Chapelle, Cologne, Eupen, Luxembourg, Namur, Charleroi, Mons, Tournai et Anvers. Également 6 *Thalys*/j. depuis et à destination de Paris (2h10 de trajet, via Bruxelles, et 3h, 1 fois/j., via Mons, Charleroi et Namur). En descendant du train, on est saisi par le gigantisme de cette voûte blanche d'acier au look futuriste, réalisée en 2009 par l'architecte espagnol Santiago Calatrava. Un bel ouvrage, certes, mais qui tranche avec le quartier alentour, plutôt vétuste mais en cours de rénovation. Sur place, un *point d'infos touristiques* (tlj 9h30-17h30). Puis, bus n°s 1 et 4 pour rejoindre le centre-ville. *Vente du Liège City Pass.*

🚌 *Gare des bus TEC* (plan couleur B1) *: Maison du TEC, pl. Saint-Lambert.* ☎ *04-361-94-44.* ● *infotec. be* ● *Lun-ven 6h30-18h30 (8h30-16h30 juil-août), sam 9h-13h.* Pour se déplacer dans la ville et en Wallonie. Prix du ticket pour un trajet urbain : 1,90 €. Bon plan : un ticket à 4 € pour circuler sur tous les transports en commun durant toute une journée.

■ *Eurolines* (plan couleur A4, *3*) *: rue des Guillemins, 94.* ☎ *02-274-13-50.* ● *eurolines.be* ● *Lun-ven 9h-12h30, 13h30-17h30 ; sam 9h-12h30, 13h30-15h30.* Nombreux A/R en autocar avec Paris, Londres et Amsterdam. Également des liaisons régulières avec l'Italie, l'Allemagne et l'Espagne.

■ *Location de vélos :* à la *Maison des cyclistes* (plan couleur A4), à la gare ferroviaire SNCB de Liège-Guillemins, pl. des Guillemins. ☎ *04-222-20-46.* ● *maisondescyclistes.be* ● *Avr-oct : lun-ven 11h (7h mar et jeu)-19h. Loc : 13 €/j.* Propose aussi des promenades guidées à bicyclette.

Où dormir ?

De bon marché à prix modérés

⌂ *Auberge de jeunesse Georges-Simenon* (plan couleur C2, *10*) *: rue Georges-Simenon, 2, 4020.* ☎ *04-344-56-89.* ● *liege@lesauberges dejeunesse.be* ● *lesauberges*

dejeunesse.be ● *En Outremeuse. Bus n° 4 depuis la gare de Liège-Guillemins. Réception ouv jusqu'à 1h (23h dim). Fermé en janv et 1 sem mi-nov. Nuitées 18-34 €/pers selon âge et taille de la chambre ; petit déj et draps compris. Menu 12 €. Vente du* Liège City Pass. 🖥 🛜 *Remise de 10 % sur le prix de la 1re nuit sur présentation de ce guide.* Accolée au cloître des Récollets, cette belle AJ en intègre des parties, mêlant harmonieusement les matériaux modernes aux antiques structures. En tout, 215 lits répartis dans 45 chambres de 2 à 7 lits superposés, disposant chacune de sanitaires complets et d'armoires à cadenas. Celles du dernier étage possèdent une mezzanine. Cuisine, resto, grande salle à manger, coin TV, bagagerie et petite bibliothèque. Dehors, la grande cour pavée accueille parfois des animations, notamment pour la fête du 15 août et la fête de la Musique. Et puis petit détail amusant : ce n'est pas la peine d'apporter vos bombes à tag, le ciment des murs est traité anti-graffiti !

🛏 *B & B Ceci n'est pas un Hôtel (hors plan couleur par A1, 11) :* rue Sainte-Marguerite, 47, 4000. 📱 0475-48-84-80. ● info@hotel-liege.be ● hotel-liege.be ● Double 60 € ; petit déj en sus 5 €/pers. CB refusées. 🛜 Dans un quartier populaire métissé, à 10 mn à pied du centre, on recommande volontiers cette vieille maison abritant 3 belles chambres confortables et aménagées avec goût, mettant en valeur l'architecture originelle. Salon et cuisine à dispo des hôtes. Accueil sympa de Joan qui connaît les bonnes tables du quartier.

Prix moyens

🛏 *B & B Matin Tranquille (hors plan couleur par A1, 14) :* rue Auguste-Donnay, 74, 4000. ☎ 04-224-44-60. 📱 0485-05-37-44. ● marlene@matin.tranquille.be ● matintranquille.be ● À 20 mn à pied du centre. Doubles 65 € selon confort et saison ; petit déj compris. 🛜 À 10 mn à pied du centre, au sommet de la colline de la Citadelle, dans un secteur résidentiel calme et vert. Maison de caractère des années 1930, construite avec des éléments d'architecture Art nouveau : planchers à l'ancienne, cheminées de marbre, plafonds moulurés. Un charme fou ! Au choix, 3 jolies chambres confortables, dont une avec salle de bains séparée mais privée, et une autre – la plus chère – avec kitchenette et salon. Petit jardin pour le petit déj aux

beaux jours. Accueil gentil.

🛏 *Hôtel Les Acteurs (plan couleur A2, 13) :* rue des Urbanistes, 10, 4000. ☎ 04-223-00-80. ● lesacteurs@skynet.be ● lesacteurs.be ● Dans une rue donnant sur le bd de la Sauvenière. Doubles à partir de 60 € selon j. de la sem ; petit déj en sus 7 €/pers. Parking extérieur : 10 € la nuit. 🛜 Un petit déj/chambre offert sur présentation de ce guide.* À deux pas du Carré, plébiscité par les noctambules, un hôtel simplement décoré sur le thème du cinéma. Une quinzaine de chambres avec TV et sanitaires privés, sobres, fonctionnelles et vraiment nickel. Salle du petit déj colorée. Une affaire familiale qui roule toute seule et ne demande rien à personne.

🛏 *Le Cygne d'Argent (plan couleur A3, 17) :* rue Beeckman, 49, 4000. ☎ 04-223-70-01. ● info@cygnedargent.be ● cygnedargent.be ● Bus n° 1 depuis la gare et pour le centre. Doubles 80-87 € selon j. de la sem ; petit déj en sus 9 €/pers. Garage fermé payant. 🛜 Dans une rue résidentielle calme, hôtel d'une vingtaine de chambres confortables et bien tenues. Au même prix, les plus récentes sont dotées d'une belle déco contemporaine, avec parquet et jolie salle de bains (nos préférées) ; sinon, les autres sont très correctes mais un brin kitsch, avec moquette et tentures assorties aux couvre-lits. Une très bonne adresse.

De plus chic à chic

🛏 *Hôtel de la Couronne – Husa (plan couleur A4, 15) :* pl. des Guillemins, 11, 4000. ☎ 04-340-30-00. ● info.couronne@husa.es ● hotelhusadelacouronne.be ● Devant la gare TGV de Liège-Guillemins et à 10 mn du centre avec les bus n°s 1 et 4. Doubles 56-125 € selon période et promos ; petit déj-buffet en sus 11 €/pers. 🛜 Si la façade rétro a été préservée, ce bel hôtel de grand standing compte près de 80 chambres aménagées avec soin dans un design contemporain élégant, coloré et chaleureux. Bien confortables et d'un excellent rapport qualité-prix. Bravo, on recommande !

LIÈGE

🛏 *Hôtel Hors Château (plan couleur B1, 12)* : *rue Hors-Château, 62, 4000.* ☎ *04-250-60-68.* • *info@hors-chateau.be* • *hors-chateau.be* • *Doubles 95-125 € selon confort ; petit déj en sus (cher et succinct) 12 €/pers. Parking privé payant.* 📶 Niché dans un bâtiment rénové du XVIIIᵉ s, au cœur du vieux Liège, face à l'ancienne église des Rédemptoristes, on aime bien cet hôtel, l'un des rares de la ville véritablement doté de cachet. Une petite dizaine de chambres confortables, douillettes, et agrémentées d'une déco moderne bien aiguisée dans des tons brun-gris. Resto sur place.

🛏 *Hôtel Univers – Best Western (plan couleur A4, 16)* : *rue des Guillemins, 116, 4000.* ☎ *04-254-55-55.* • *univershotel@skynet.be* • *univers hotel.be* • À deux pas de la gare TGV de Liège-Guillemins et à 10 mn du centre avec les bus nᵒˢ 1 et 4. Doubles à partir de 59 € ; petit déj-buffet 9 € / pers ; promos sur le site internet. Parking payant. 📶 *(payant).* Hôtel de bon confort mais sans caractère particulier, avec des chambres fonctionnelles d'allure moderne : tons chauds, parquet... Une bonne adresse, bien dans sa catégorie.

🛏 *Hôtel La Passerelle (plan couleur B2, 18)* : *chaussée des Prés, 24, 4020.* ☎ *04-341-20-20.* • *passerelle hotel@skynet.be* • *hotelpasserelle.be* • *En Outremeuse. Doubles 99-172 € ; petit déj-buffet en sus 12 €/pers. Parking privé payant.* 📶 Hôtel familial proposant une quinzaine de chambres, un peu petites pour les moins chères mais agréables, confortables et nickel. Certaines ont même un tout petit coin salon. Prix surestimés, dommage !

Où manger ?

Bon marché

🍴 *La Frite (plan couleur B1, 26)* : *rue de la Cité, 5.* ☎ *04-223-44-21. Tlj sf lun et mar 12h30-14h30 (11h le dim), 18h-21h30 (23h le ven et sam). Moins de 10 €. CB refusées.* 📶 *Une mini-frite plus sauce offerte pour l'achat d'un hamburger sur présentation de ce guide.* Ici, on dévore des frites de qualité, réalisées avec des pommes de terre locales coupées juste avant leur double cuisson, et accompagnées de sauces maison, de *boulets*, ou d'un burger cuit à votre goût. Salle toute simple avec des comptoirs et vue sur la rue. Accueil sympa.

🍴 *Terre Mère (plan couleur B1, 27)* : *rue de la Régence, 21.* ☎ *04-221-38-05.* • *info@terremere.be* • *Tlj sf dim 9h-15h30 (16h30 sam). Plats 6-13 €.* Des saveurs étonnantes ! Tout petit resto bio, détox et végétarien, tenu par un nutritionniste – soucieux du développement durable – qui concocte salades, tartines et sandwichs avec des légumes et fleurs oubliées. Également de bons cocktails de jus frais. Mobilier épuré en bois recyclé. Une bonne alternative au régime liégeois hypercalorique.

🍴 *Le Pain Quotidien (plan couleur A2, 34)* : *rue du Mouton-Blanc, 19.* ☎ *04-223-60-12. Tlj 8h-18h (17h dim). Plats 5-11 €.* Dans le quartier commerçant et branché du Carré, c'est un resto de la célèbre chaîne belge. On retrouve ici tout ce qui fait son succès à travers le monde : cadre cosy et chaleureux avec la grande table d'hôtes, et puis les pains spéciaux, viennoiseries, soupes, salades, tartes, tartines, etc. ; le tout réalisé avec de bons produits bio en majorité.

🍴 *Exki (plan couleur A2, 36)* : *pl. de la Cathédrale, 6-8.* ☎ *04-221-42-29.* • *liege@exki.com* • *Lun-sam 7h30-20h. Plats 4-7 €.* Une autre chaîne, spécialisée dans la restauration rapide de qualité et essentiellement bio. À la carte : salades, sandwichs, soupes, tourtes, etc., sans oublier de bons petits plats aux intonations italiennes... Recettes riches en légumes et en saveurs. Et à ce prix-là, c'est du bonheur !

De prix modérés à prix moyens

🍴 *Café Lequet (plan couleur B2, 29)* : *quai sur Meuse, 17.* ☎ *04-222-21-34. Tlj sf dim soir et mar 12h-14h, 18h-21h.*

LIÈGE

Fermé pdt la 1re sem des vac de Pâques. Plats 10-17 €. CB refusées. Digestif offert sur présentation de ce guide. On adore ce bistrot populaire dans son vieux décor de bois. Vous y mangerez – à prix justes – l'un des meilleurs *boulets* de la ville et de solides plats de ménage traditionnels, type potée. Steak issu directement de l'abattoir et frites bien croustillantes. Une adresse authentique où l'un des meilleurs moments demeure le dimanche midi, lorsque la foule rugissante du marché de la « batte » envahit la salle. Service gouailleur à souhait !

I●I *Le Bouquin (plan couleur B2, 30) :* pl. des Carmes, 8. ☎ 04-222-37-07. *Tlj 7h-1h. Plats 6-20 €.* Gentille brasserie de quartier plantée sur un angle de rue. On y déguste de délicieux petits plats traditionnels ou aux intonations françaises, sur des tables en marbre. Également des salades, pâtes et croques. Une adresse authentique fréquentée par les gens du coin. Terrasse aux beaux jours.

I●I *Chez Léo (plan couleur B1, 33) :* En Féronstrée, 111. ☎ 04-221-43-14. ● *leowittrock@skynet.be* ● *Tlj sf lun-mar 11h-15h30, 18h-23h. Formule déj 12 €, menus 17-25 €, plats 11-25 €.* La bonne cantine du quartier ! Le patron, jovial et débonnaire, mitonne avec amour une savoureuse cuisine traditionnelle, simple et de saison. C'est soigné, aimablement servi et gentiment tarifé. Cadre coloré plutôt chaleureux.

I●I 🍷 🎵 *Caffè Internazionale (plan A1, 40) :* rue de la Casquette, 17. 📱 *0489-27-36-55. Tlj sf dim 8h40-18h. Ven et sam soir, petits concerts de jazz.* Au cœur du Carré, un espace coloré tout en longueur, au look sympa de deli italo-new-yorkais, décoré par des artistes locaux. Collection de coucous dans la salle du fond. Spécialité de délicieux sandwiches au pastrami. On y sert aussi des tapas, des salades et des pâtes à prix doux, mais on peut s'y pointer pour le petit déj et siroter un latte bien crémeux. Vente de produits italiens.

I●I *Amour, Maracas et Salami (plan couleur A2, 24) :* rue Sur-la-Fontaine, 78. ☎ 04-223-65-86. ● *maracas@skynet.be* ● *Ouv le midi lun-ven, et le ven soir. Fermé w-e. Plats du jour 13-14 €.*

Café offert sur présentation de ce guide. Petite adresse assez simple, nommée d'après une phrase d'un roman de Georges Perec. Petites tables étroites dans 3 charmantes pièces en enfilade ; celle du fond étant surplombée d'une mezzanine garnie de plantes et d'une verrière. L'endroit idéal pour se sustenter d'un délicieux plat du jour mijoté avec soin, copieux et économique. Plus simple encore : le potage du jour, une assiette de fromage ou une salade. Atmosphère gentiment bohème.

I●I *L'Œuf au Plat (plan couleur B1, 21) :* quai de la Batte, 30. ☎ 04-222-40-32. ● *œuf.plat@skynet.be* ● *Lun-sam sf mar 12h-14h, 18h-21h30 ; dim 8h-15h. Menus 10-18 €, plats 6-16 €. Digestif maison offert sur présentation de ce guide.* Agréable salle aux murs en brique, vieilles poutres et poêle à bois qui ronronne en hiver. Ici, la spécialité, c'est l'œuf, servi sous la forme de bonnes grosses omelettes (paysanne, végétarienne, *matoufet*...) et fricassées. Mais il y a aussi des steaks et des raclettes aux œufs, avec divers accompagnements permettant, en tout, 2 048 combinaisons ! Également des petits déj le dimanche matin (marché de la Batte à deux pas) et, tous les jours, un menu pas cher incluant le *peket,* deux œufs, lard et saucisse, quart de vin rouge et re-*peket* ! Clientèle locale, on parler qui ne l'est pas moins. On aime !

I●I *Le Taboulé (plan couleur B2, 22) :* pl. du 20-Août, 22. ☎ 04-221-12-22. ● *letaboule@gmail.com* ● *Lun-ven 12h-13h30, 18h30-23h. Fermé sam midi, dim, et midi de j. fériés. Congés : 21 juil-21 août. Résa nécessaire le sam soir. Menu 21 € ; plats 7-14 € ; mezze env 12 €. Digestif, café ou thé offert sur présentation de ce guide.* Un resto libanais plébiscité par les gens du quartier pour sa cuisine sérieuse et goûtue : houmous, kebab, couscous, falafel, etc., et des grillades. Bref, tout ce qu'on fait de bon au pays du cèdre ! Cadre plutôt agréable avec murs de brique.

I●I *Le Numidie (plan couleur A2, 31) :* rue du Frère-Michel, 21. ☎ 04-223-36-85. *Tlj 18h-2h (4h w-e). Plats 10-17 €.* Ici, on dévore un fameux

LIÈGE

couscous servi jusque tard. Également des tajines, à engloutir dans
une ambiance orientale sympa. Bref,
un resto idéal pour les noctambules
affamés !

|●| *Les Sabots d'Hélène* *(plan cou-
leur A2, 32) : rue Saint-Jean-en-Isle, 18.
☎ 04-223-45-46. Au cœur du Carré.
Tlj 18h30-0h. Résa impérative le w-e.
Repas complet à la carte 30 €. Apéritif maison offert sur présentation de
ce guide.* Derrière sa façade discrète,
une adresse où venir entre amis profiter d'une formule conviviale : la charbonnade. Selon votre choix, on vous
apporte, à table, une viande à cuire
sur un petit barbecue au charbon de
bois surmonté d'une hotte, au milieu
de chaque table. Sympa mais enfumé !

|●| *Bruit qui Court* *(plan cou-
leur A2, 25) : bd de la Sauvenière, 142.
☎ 04-232-18-18. ● info@bruitquicourt.
be ● Tlj 11h-13h (1h w-e). Résa impérative le w-e. Plats 11-17 €.* Dans cette
ancienne banque, étonnante grande
salle sous verrière – un peu *lounge*
branché sur les bords – aux tons brun
et pourpre. Côté fourneaux, des plats
simples et pas trop chers, du genre :
salades, pâtes, assortiment de fromages belges et son véritable sirop
de Liège...

|●| *La Main à la Pâte* *(plan couleur B2,
20) : rue Saint-Paul, 23. ☎ 04-222-
13-40. ● lamainalapate@skynet.be ●
Tlj 11h30-14h30, 18h-22h30 (23h30
ven-sam). Plats 10-26 €. Apéro offert
sur présentation de ce guide.* Un honnête resto italien proposant des plats
pour toutes les bourses, à commencer
par les pizzas et les pâtes. Le tout servi
dans une grande salle assez élégante.
Service efficace et stylé.

De prix moyens
à plus chic

|●| *Paris-Brest* *(plan couleur A1, 23) :
rue des Anglais, 18. ☎ 04-223-47-11.
● dansmichelparisbrest@gmail.com ●
Tlj sf w-e 11h30-13h30, 18h30-21h.
Résa impérative, surtout le soir. Plats
4-17 €, menus 25-30 €.* Dans une rue
paisible, à deux pas de la place Saint-
Lambert, ce petit bistrot caché fait
l'unanimité à Liège. Les habitués sont

nombreux à s'y presser le midi, que ce
soit côté bar pour s'envoyer un petit
plat vite fait, ou côté resto, aménagé
dans une jolie cour couverte avec mur
végétal. Une ambiance assez conviviale pour une cuisine surprenante
d'invention, de finesse et de saveurs,
mitonnée avec des produits traditionnels et frais de terroir. Quelques plats
aux accents plus exotiques. On s'est
régalés !

|●| *Le Bistrot d'en Face* *(plan cou-
leur B1, 35) : rue de la Goffe, 8-10.
☎ 04-223-15-84. ● info@lebistrotden
face.be ● Fermé sam midi et lun-mar.
Résa très conseillée. Plats 11-24 €.* La
pierre apparente, les petits vichys, le
plafond rustique, les toiles aux murs et
les bouteilles au garde-à-vous sur le
comptoir ; le tout saupoudré de quelques symboles de la vie rurale. Bref,
toute la mythologie du bouchon lyonnais jusque dans les assiettes, avec de
succulents plats du genre : andouillette
grillée, fricassée de rognons de veau,
cassolette d'escargot, museau de
porc, etc., affichés sur l'ardoise. Également quelques spécialités liégeoises,
du coup plus discrètes. Nos papilles
ont aimé !

|●| *Le Labo 4* *(plan couleur B2, 90) : quai
van Beneden, 22. ☎ 04-344-24-04.
● info@lelabo4.be ● En Outremeuse,
derrière l'Aquarium. Tlj sf sam midi.
Résa conseillée le w-e. Menus 22-33 €,
plats 16-19 €.* Étonnant ! Un ancien
labo de chimie reconverti en resto. Les
tables sont installées entre les paillas-
ses, éviers, becs de gaz ; le tout sous
une charpente industrielle avec baies
vitrées. L'originalité se poursuit jusqu'en cuisine, où 3 chefs – coréen, bré-
silien et belge – mitonnent de savants
mélanges culturels pour une alchimie
de saveurs. Adeptes des portions
copieuses, passez votre chemin !

|●| *Le Vin sur Vin* *(plan couleur B1,
38) : pl. du Marché, 9. ☎ 04-223-
28-13. ● alainremy.vins@skynet.be ●
Tlj sf j. fériés. Menu 24 €, plats 10-22 €.*
En face du Perron, symbole des
libertés liégeoises, dans une des plus
anciennes maisons de la place avec
ses poutres basses et sa belle cheminée en carreaux de faïence bleue.
Juste quelques plats à la carte pour
une cuisine de terroir originale, avec

LIÈGE

quelques touches méditerranéennes. Bœuf et poisson y sont à l'honneur. Et le tout est habilement valorisé par d'excellents crus bien choisis. Une adresse à fréquenter surtout en soirée pour roucouler en tête à tête. Accueil moyen, dommage...

I●I Taverne Tchantchès et Nanesse *(plan couleur B2, 28) : rue Grande-Bêche, 35.* ☎ *0475-58-36-91.* ● *info@ taverne-tchantches.be* ● *En Outre-meuse. Fermé lun midi, mar midi, mer midi, sam midi et dim soir. Menus à partir de 26 €, plats 13-25 €.* 📶 *Digestif offert sur présentation de ce guide.* D'abord, cette pittoresque maison du XVIe s, avec façade couverte de plantes et fenêtres à vitraux, donne le ton. À l'intérieur, cadre rustique : brique, poutres apparentes et, au-dessus du bar, des rangées de marionnettes. Dans l'assiette, cuisine liégeoise typique et servie copieusement.

I●I España *(plan couleur B1, 39) : En Féronstrée, 109.* ☎ *04-223-34-07. Fermé mer et jeu. Résa conseillée le w-e. Paella 19 € (prévoir 40 mn d'attente).* Si le cadre ne paie pas de mine, le contenu de l'assiette, lui, détonne : magnifique et très copieuse paella aux fruits de mer pour s'empiffrer sans compter !

Plus chic

I●I Le Thème *(plan couleur B1, 37) : impasse de la Couronne, 9.* ☎ *04-222-02-02.* ● *reservation@ letheme.com* ● *Signalé par une pancarte dans la rue Hors-Château. Tlj sf dim 19h-21h30. Congés : fin juil-début août. Menus 35-40 €.* 📶 *Apéritif offert sur présentation de ce guide.* Très secret, au fond d'un étroit passage pavé qui s'ouvre sur des courettes privées. Et surtout très original : tous les ans, on change entièrement le décor, toujours autour d'un thème bien précis. Atmosphère classe et très intime pour une cuisine tout aussi exceptionnelle, raffinée et inventive, dont les menus changent eux aussi souvent. Idéal pour un tête-à-tête amoureux.

Où déguster une bonne gaufre de Liège ?

I●I Pollux *(plan couleur A2, 36) : pl. de la Cathédrale, 2 (angle rue Vinâve-d'Île).* Des gaufres de Liège préparées à la demande et à base d'ingrédients de qualité... La gaufre de Liège se distingue de celle de Bruxelles par une pâte bien plus épaisse, sucrée (et qui donc caramélise à la cuisson) et aromatisée à la cannelle et à la vanille... miam !

Où boire un verre ? Où écouter de la musique ?

Dans le Carré
(plan couleur A-B1-2)

Le Carré, c'est le cœur ardent du Liège nocturne ! Un espace piéton appartenant à la jeunesse, avec ses cafés et bars rugissants où règne une atmosphère chaude et trépidante, surtout en fin de semaine. Inutile de citer tous les endroits sympas du Carré. L'ambiance change régulièrement de trottoir, et les musiques se concurrencent à qui mieux mieux. Mais voici quand même quelques incontournables. À noter que, désormais, canettes et verres sont interdits dans la rue sous peine d'amende ; on boit dans du plastique, c'est sans doute plus sûr.

Y ♪ Comme ça, en vrac, une poignée de rades, tels l'**Aller Simple,** le **Déluge, Le Soleil a rendez-vous avec la Lune,** le **Geographic Café** et le **Cour Saint-Jean,** toujours pleins d'étudiants bien braillards. Pour les plus âgés, il y a aussi **L'Escalier** (réputé pour ses concerts électro), l'**Orange Givrée** (avec ses balançoires en guise de tabourets), les **3 Rivières** (belle sélection de rhums dans une ambiance *lounge*), le **Notger** (bar *lounge* très design attirant trentenaires et quadras branchés), la **Guimbarde** (déco post-industrielle) et le **Mad Murphys,** où l'on peut se causer sans devoir forcément s'époumoner.

LIÈGE

En dehors du Carré

La Maison du Peket *(plan couleur B1, 51)* : *rue du Stalon, 1-3.* ☎ 04-250-67-83. ● *contact@maison dupeket.be* ● *Tlj de 10h à tard.* Un lieu rustique et chaleureux, tout en pierre et brique, avec plein de salles et de recoins. On y sert tous types de *pekets*, fruités, nature, flambés ou mélangés à la bière. Terrasse sympa en été.

The Senor Duck *(plan couleur B1, 55)* : *En Neuvice, 5.* 📱 *0485-91-44-21. Tlj de 11h à tard. Concerts ou session DJ mer-dim.* La dernière coqueluche du centre-ville ! C'est un petit bar à concerts au programme éclectique, installé dans une vieille maison où l'escalier dessert un dédale de mezzanines intimistes. Ambiance festive.

Taverne Saint-Paul *(plan couleur B2, 53)* : *rue Saint-Paul, 8. Tlj sf dim de 10h à tard.* Ce bâtiment du XVII⁰ s était un ancien relais de diligence, transformé en débit de boissons en 1881. Un des plus vieux cafés de la ville, surtout le plus pittoresque... C'est le cœur vibrant, l'âme de Liège. Une institution ! Et l'un des seuls à se rapprocher des « cafés bruns » flamands. Décor de bois patiné, stucs, fenêtres à vitraux, vieux carrelage, objets anciens. Excellentes bières au fût.

Le Pot-au-Lait *(plan couleur B2, 54)* : *rue Sœurs-de-Hasques, 9.* ☎ 04-222-07-94. ● *info@potaulait. be* ● *Tlj 12h-3h.* Murs complètement fous, peinturlurés de couleurs pétantes, avec des sculptures surréalistes, des formes en bois, des fresques d'anges, des déesses hindoues... Thèmes majeurs : le mysticisme et les extra-terrestres ! Musique forte distillée par un DJ.

Le Jardin des Olivettes *(plan couleur B1, 50)* : *rue Pied-du-Pont-des-Arches, 6. Dans une ruelle menant au pont. Ouv ven-sam à partir de 20h (21h dim).* Une véritable institution liégeoise : depuis des lustres, dans une ambiance vraiment folklo, vieux et moins vieux montent sur la petite estrade chanter des tubes inusables. D'ailleurs, aux murs, pas mal de photos noir et blanc des habitués. La musique est toujours assurée par un pianiste, souvent le patron lui-même, qui n'a qu'à puiser dans les 6 ou 7 valises de partitions mises à disposition.

Le Vaudrée II *(plan couleur A2, 52)* : *rue Saint-Gilles, 149.* ☎ 04-223-18-80. ● *vaudree@gmail.com* ● *Tlj 10h (14h dim)-3h.* Une adresse qui devrait ravir les biérophiles. Certes pas pour le cadre, plutôt moche, ni pour l'ambiance, assez morne, mais pour son énorme choix de bières : quelque 900 étiquettes (fruitées, ambrées, bio, sans alcool...) et une vingtaine à la pression ! Goûtez aussi aux cocktails de bières (Merveilleuse de Rochefort, Flambée, Superbe), c'est la spécialité de la maison. Fait aussi resto.

En Outremeuse

Le Randaxhe *(plan couleur B2, 56)* : *chaussée des Prés, 61.* ☎ 04-341-19-29. ● *georges-debiolle@ skynet.be* ● *Tlj 8h-minuit.* 📶 Un bistrot de quartier tout ce qu'il y a de plus typique, avec son comptoir, son mobilier en bois et ses consommations à prix plancher : vins, bières, café, chocolat... Et pour mettre un peu de solide dans le liquide, carte de restauration sommaire, du genre : soupe du jour, *boulets*, croque-monsieur... Le rendez-vous tranquille des habitants du coin. Accueil affable.

À voir

Avant de vous lancer à la découverte de la ville, procurez-vous le plan du centre de Liège à l'office de tourisme. Il est joliment illustré et vous sera très utile pour arpenter la ville à pied. L'office propose un riche programme de visites thématiques guidées de la ville (urbanisme et architecture, histoire et patrimoine, en famille, nature, folklore, littérature, etc.) ; une cinquantaine en tout, principalement d'avril à octobre *(prix : 6-10 € ; réduc ; durée : env 2h).* On peut y acheter le **Liège City Pass** *(16 €, valable 48h)* pour visiter les musées et sites remarquables liégeois.

L'art mosan

Vous entendrez souvent parler d'art mosan à Liège. Pour un néophyte, ce concept abscons semble faire référence à des contrées lointaines sinon exotiques ou renvoyer à des temps prébibliques... Et pourtant, il désigne tout simplement l'art né sur les bords de Meuse, géographiquement entre Dinant et Maastricht. Ce néologisme de 1882, créé par un universitaire, désigne un art né de la rencontre, aux XIe et XIIe s, des cultures romanes (donc latines) et germaniques. Il se distingue par le culte du beau... Et ce beau trouve toute son expression dans l'orfèvrerie, la sculpture et l'architecture. Cela dit, l'art mosan par excellence, c'est le travail des métaux, avec une certaine prédilection pour le bronze et le laiton (la ville de Dinant est l'héritière de cette tradition et est toujours réputée pour sa « dinanderie »). Ce travail du métal est souvent associé, comme à Limoges, à celui des émaux champlevés.

🛉 **La place Saint-Lambert** (plan couleur B1) **:** le cœur historique de la ville, réaménagé après 30 ans de travaux ! Les découvertes archéologiques y furent très importantes et il a fallu concilier la circulation automobile et les fouilles dont on peut désormais contempler le résultat à l'Archéoforum (voir ci-après). Sur cette place s'élevait l'une des plus imposantes cathédrales du nord de l'Europe. Elle fut démolie par les révolutionnaires liégeois en 1793, puis servit de carrière de pierre jusqu'en 1828. Lors des excavations, on en retrouva les fondations mais aussi les vestiges de la première église édifiée sous Notger (Xe s), ceux d'une villa gallo-romaine, ainsi que des traces d'habitat néolithique et même paléolithique. Un vrai mille-feuilles ! Finalement, c'est au sculpteur-architecte **Claude Strebelle** qu'on a confié la tâche d'aménager la place en fonction de toutes les contraintes existantes, et le résultat est plutôt réussi : une belle place bien revêtue et bordée d'îlots de bâtiments, certes, très modernes mais non sans harmonie avec le gabarit et les lignes du palais des princes-évêques. En face de ce dernier, on a même percé une nouvelle galerie marchande.

🛉 🛉 **L'Archéoforum** (plan couleur B1, **70**) **:** pl. Saint-Lambert. ☎ 04-250-93-70. ● archeoforumdeliege.be ● Entrée à côté du tunnel d'où débouchent les bus. Visite guidée (1h30). Tlj sf lun 9h (10h sam-dim)-17h (dernier départ). Entrée : 6 € ; réduc ; gratuit avec le Liège City Pass. Il s'agit donc des vestiges archéologiques de la place Saint-Lambert aménagés dans un vaste espace multimédia, le plus grand du genre en Europe. Accompagné d'un guide, on y découvre, outre des objets préhistoriques (pierres, ossements d'animaux, etc.), les fondations des différents édifices qui se sont succédé ici (voir précédemment). Tout est imbriqué, entremêlé, mais le ou la guide, aux subtiles explications, permet d'y voir plus clair. Une belle visite, surtout si le sujet vous parle.

🛉 **Le palais des Princes-Évêques** (plan couleur B1) **:** dominant la place Saint-Lambert, voici l'imposant palais qui fut la résidence des princes-évêques. Construit à l'emplacement de la première résidence de Notger. Ce que l'on voit aujourd'hui est une reconstruction de 1536 (après maints pillages, incendies et guerres). Il échappa à la fureur iconoclaste de 1793. Il servit ensuite d'entrepôt, de prison, d'hôpital, et abrite aujourd'hui le palais de justice et le siège du Gouvernement provincial de Liège.

Accès libre à la première cour qui sert de parking. On y notera une certaine influence italienne dans le plan et le style, s'alliant avec le gothique. Une curiosité architecturale : pour renforcer le rythme de l'ensemble, sur chaque côté, les formes des colonnes changent et alternent grâce à la grande variété des motifs des chapiteaux et socles des colonnes. Décor floral, bouffons, masques grimaçants, etc. Le prince-évêque Érard de La Marck, grand ami d'Érasme, y fit introduire des éléments de l'œuvre de ce dernier, notamment de l'Éloge de la folie. La découverte des Amériques inspira également les sculpteurs : plantes, perroquets, têtes de singe et masques ethniques.

Au 1er étage, l'ancienne salle de réception et de banquet des princes-évêques, à la superbe décoration du XVIIIe s, qu'on ne peut malheureusement visiter qu'à des moments exceptionnels ou sur rendez-vous (se renseigner à l'office de tourisme).

La place du Marché *(plan couleur B1) :* l'une des plus anciennes de la ville. Toujours bordée d'immeubles du XVIIIe s (Louis XIV fit détruire ceux des siècles précédents) et de nombreux cafés-restos avec terrasse qui en font un lieu des plus agréables les soirs d'été. Au centre, le *Perron* et sa fontaine, symbole des libertés communales. Il fut transféré à Bruges pendant 11 ans, après la prise de la ville par Charles le Téméraire en 1467.

UN P'TIT PÉKET, M'FI ?

En wallon, le mot « péket » signifie « piquant» et c'est le nom donné au genièvre. Il viendrait du langage des houilleurs. Cet alcool de grain est aromatisé aux baies de genévrier. On le boit frappé ou agrémenté d'arômes de fruits. On le retrouve aussi dans les recettes locales à base de caille ou de canard et il accompagne idéalement le poisson fumé et le fromage de Herve.

Sur la colonne, la traditionnelle pomme de pin qu'on retrouve sur beaucoup de perrons. En se refermant, elle symboliserait le peuple qui sait se serrer les coudes pour se défendre. En s'ouvrant, c'est la joie qui s'exprime, l'ouverture sur le monde et la fertilité quand elle libère ses graines. Belle métaphore !

L'hôtel de ville *(plan couleur B1, 73) :* bordant au sud la place du Marché, c'est un élégant édifice appelé familièrement « la Violette » par les Liégeois. Depuis le XIIIe s s'élève ici le pouvoir communal, contrepoids indispensable à la tyrannie des évêques. D'abord dans une demeure à l'enseigne de la Violette, remplacée en 1718 par l'édifice actuel, après diverses destructions. Style classique, d'une certaine sobriété, avec un double escalier décoré de... pommes de pin. De l'autre côté, cour d'honneur encadrée de deux ailes. Sur le mémorial des policiers morts pour la patrie, un certain Arnold Maigret qui inspira peut-être le personnage du célèbre commissaire... mais d'autres affirment que Maigret était le nom d'un médecin voisin de Simenon, place des Vosges à Paris, avec lequel il partageait la passion des bateaux.

Possibilité de visiter l'intérieur de l'hôtel de ville. Essayez de vous joindre à un groupe. Grande salle des pas perdus avec joli plafond polychrome. De Del Cour, sculpture originale des *Trois Grâces,* supportant la pomme de pin du Perron. À l'étage supérieur, l'ancienne salle des mariages et salle du conseil communal au plafond richement décoré de stucs.

Le quartier Féronstrée et Hors-Château *(plan couleur B-C1) :* entre colline et Meuse, la naturelle extension de la ville médiévale vers le nord-est. C'est un quartier qui vaut une visite approfondie, pour son intérêt architectural et tous ses petits secrets charmants...

La rue Hors-Château, tracée au XIe s en dehors des murailles, aligne aujourd'hui nombre de belles demeures aristocratiques et bourgeoises. Tout au début, l'ancienne *église Saint-Antoine (plan couleur B1).* Construite en 1645 dans le style jésuite. Noter les cinq étages à pilastres, chapiteaux, volutes, guirlandes et niches à statues. Elle a été restaurée assez récemment et accueille depuis des expos temporaires.

Le musée de la Vie wallonne *(plan couleur B1) : cour des Mineurs, 1.* ☎ 04-237-90-50. ● viewallonne.be ● *À côté de l'église Saint-Antoine. Tlj sf lun 9h30-18h. Fermé 1re sem de janv et certains j. fériés. Entrée : 5 € ; réduc ; gratuit pour ts le 1er dim du mois et avec la* Liège City Pass. Abrité dans l'ancien couvent des frères mineurs, de style Renaissance mosane, c'est le plus riche musée ethnographique de Wallonie. Son architecture moderne aux excroissances de verre et de métal offre une magnifique vue sur la ville. Sur deux niveaux, la muséographie présente des collections d'objets, de documents et d'images touchant

LIÈGE / À VOIR | 437

LIÈGE

à tous les aspects de la vie wallonne du XIXᵉ s à nos jours : au total 100 000 pièces, dont beaucoup de photos, affiches, cartes postales, vidéos. Sections thématiques : histoire, géographie, économie, vie quotidienne, consommation, religions et croyances, fêtes, savoirs, métiers d'art. L'espace Saint-Antoine, aménagé dans une église désacralisée, accueille les expos temporaires. Un musée particulièrement agréable ! Parmi les mets de choix : une authentique guillotine (avec un moulage en plâtre

> ### WALLONS, ENFANTS DE LA PATRIE...
>
> *Liège est considérée comme la ville la plus francophile de Belgique. Elle a même reçu, par un décret d'août 1914, la Légion d'honneur, en hommage à la résistance de ses forts lors de l'avancée allemande. Liège fut ainsi la première ville étrangère digne de cet honneur. Aujourd'hui, elle ne partage ce privilège qu'avec quatre cités hors hexagone : Luxembourg, Belgrade, Volgograd (ex-Stalingrad) et Alger.*

de la tête du dernier guillotiné, en 1824). Beaucoup plus gai (quoique), les terres cuites de Léopold Harzé : entre Goya et Dickens, il a su donner force et vie à ses fabuleuses scènes de rue... Un théâtre marionnettes actif (voir plus loin la rubrique « Théâtres de marionnettes »), un centre de documentation, une boutique et un espace saveurs viennent compléter ce nouvel ensemble.

🎭🎭🎭 *Le Grand Curtius* (plan couleur C1) : quai de Maastricht, 13 (accès possible par En Feronstrée, 136). ☎ 04-221-68-40. ● grandcurtiusliege.be ● Tlj sf mar 10h-18h. Entrée : 9 € ; réduc. ; gratuit pour ts le 1ᵉʳ dim du mois et avec la Liège City Pass. Billet combiné avec musée Grétry : 12 € ; réduc. Audioguide compris. Expos temporaires.

L'ensemble muséal du Grand Curtius regroupe, en une seule et même entité de 5 600 m², les collections des anciens *musées d'Armes, du Verre, d'Archéologie, des Arts décoratifs, d'Art religieux et d'Art mosan.* Organisé sur trois niveaux en **parcours chronologique,** il restitue l'histoire du pays mosan de la préhistoire à nos jours. Un **parcours thématique** vient compléter le précédent : il regroupe les richesses muséales de la ville de Liège autour des thèmes de l'égyptologie, du verre, des armes, des spiritualités chrétiennes et philosophiques.

Commençons par le plus spectaculaire : dans sa belle livrée rouge en brique et pierre calcaire, le fier palais (en fait un bâtiment à vocation commerciale) construit par Jan de Corte, un industriel qui a fait fortune dans le commerce des armes et de la poudre à canon, est familier aux promeneurs des bords de Meuse. On qualifie son style de « Renaissance mosane ». La tour de guet qui le coiffe est postérieure à sa construction qui débuta à la fin du XVIᵉ s. Remarquez sur la façade les mascarons en tuffeau repeints comme à l'origine. Il y a là un mélange d'armoiries familiales, de grotesques et même une scène scatologique (rangée du milieu à l'extrême droite) où un personnage accroupi vient déposer son petit cadeau ! Le bâtiment principal accueille les expos temporaires de prestige. Ne manquez pas de visiter les combles et les pièces d'apparat qui comportent de magnifiques cheminées monumentales.

Le **parcours chronologique** débute par la section préhistoire particulièrement riche dans la vallée de la Meuse où abondaient les grottes favorables au peuplement : ossements, pierres taillées, céramiques, armes en bronze, bijoux... La période gallo-romaine apporte aussi son lot de témoignages, avec des céramiques, amulettes, verres, statuettes, mosaïques, monnaies... Le Moyen Âge constitue le point culminant du parcours, notamment avec l'art religieux mosan. Il propose quelques trésors incomparables : l'*évangéliaire* de Notger en ivoire et émaux ; une *Sedes Sapientiae* de 1060, appelée Vierge d'Évegnée, à la confondante ressemblance avec un président de la France disparu ; un triptyque doré du XIIᵉ s ; une *Vierge à l'Enfant,* dite Vierge de Dom Rupert, en grès sculpté, qui donne le sein ; un *Christ en majesté* du XIIIᵉ s où l'on sent déjà l'influence du gothique parisien, ainsi qu'une *Mise au tombeau* en marbre de Carrare. Ne manquez pas, caché derrière son rideau, un sublime dessin d'un élève de Van Eyck – *La Vierge dans l'église* – d'après un tableau du maître ; puis une magnifique *Vierge* à la donatrice et *Sainte Marie Madeleine,* attribuée à un maître bruxellois.

Ensuite, les luttes pour le pouvoir sont évoquées par ce tableau de la restitution du Perron aux Liégeois après son exil à Bruges par Charles le Téméraire ; collier de guildes en argent dans la salle Renaissance et singulière représentation en marbre d'un cadavre rongé par les vers sur un tombeau. Puis, dans la section XVIIᵉ s, beaux cabinets marquetés ; jolie guirlande florale entourant la Sainte famille, de Jan Bruegel de Velours ; magnifique statuaire baroque de Jean Del Cour, un enfant doué du pays qui fut l'élève du Bernin. On rejoint alors les salons aux dorures rutilantes de l'hôtel Hayme de Bomal, où sont exposés les trésors du legs du baron et de la baronne Duesberg, grands collectionneurs de pendules. Napoléon se rendit deux fois à Liège. On peut admirer plusieurs bustes et peintures le représentant, ainsi qu'une petite sélection d'armes de l'époque... Et justement, on finit par l'industrie des armes, tradition liégeoise depuis le XVIᵉ s. Les **sections thématiques** dans la résidence Curtius débutent par une petite section consacrée à l'égyptologie (sarcophages, statuettes funéraires...). Ensuite, la collection des **verres** est sans aucun doute l'une des plus riches qui soit : verres antiques incroyablement bien conservés, vénitiens, hollandais, anglais et bien sûr les plus belles pièces de la cristallerie du Val Saint-Lambert.

Côté **armes,** l'arsenal est encore plus impressionnant ; bien sûr, la production de la FN (Fabrique nationale) de Herstal est largement représentée, mais la profusion des armes blanches tant militaires que civiles laisse pantois. Notez le travail sur les magnifiques fusils de chasse et les gourdes à poudre incrustés de nacre et d'ivoire, et puis ces armes insolites : intégré dans un porte-monnaie, voué à la défense d'un bureau-secrétaire, stylo d'agent secret, en forme de cane ou d'épée, ou encore façon couteau suisse avec canif et tire-bouchon !

L'ARME À L'ORIGINE DE LA PREMIÈRE GUERRE MONDIALE ÉTAIT LIÉGEOISE

C'est un browning 1910 de la FN (Fabrique nationale de Herstal) qui servit au nationaliste serbe Gavrilo Prinzip à assassiner l'archiduc autrichien François-Ferdinand et sa femme à Sarajevo le 28 juin 1914, mettant comme le veut le cliché, « le feu à la poudrière des Balkans », en entraînant le monde dans l'horreur pour 4 ans.

✺ Retour dans la **rue Hors-Château** *(plan couleur B1)* pour détailler d'autres **hôtels particuliers** du XVIIIᵉ s. Notamment aux nᵒˢ 5, 9 et 13.

✺✺ **L'escalier de la montagne de Bueren** *(plan couleur B1, 75) :* insolite et colossal escalier de 375 marches, l'un des plus longs d'Europe ! Construit en 1880 pour permettre aux soldats de la caserne située tout en haut de gagner la ville directement, sans avoir à passer par certaines rues... autrefois mal famées ! À propos, on lui donna le nom de « montagne de Bueren » en souvenir des 600 Franchimontois et de leur célèbre capitaine, Vincent de Bueren, qui tentèrent héroïquement de s'emparer de Charles le Téméraire, alors cantonné en haut de la colline. Vous pouvez bien sûr partir à l'assaut des marches pour découvrir les quartiers accrochés aux pentes de la colline mais nous vous conseillons plutôt un autre itinéraire.

✺ À gauche de l'escalier de Bueren, suivre l'exquise petite **impasse des Ursulines.** C'est le début du sentier des coteaux (dépliant disponible à l'office de tourisme). Vestiges d'un béguinage fort bien rénové. Devant, un ancien relais de poste du XVIIᵉ s entièrement remonté ici. Aventurez-vous sans hésiter jusqu'au panorama que l'on a de la tour des Vieux-Joncs. La ville est à vos pieds... Descente possible par la rue Pierreuse.

LIÈGE

⚓ Retour à nouveau dans la rue **Hors-Château** pour partir à la découverte des **impasses du quartier** (plan couleur B1, 76). Elles menaient jadis aux logements des employés des grands hôtels particuliers, où s'installèrent par la suite des familles ouvrières aux revenus modiques. Comme les *mews* anglais, elles sont réinvesties aujourd'hui par les amoureux du charme et du calme de ces ruelles piétonnes bordées de courettes intimes.

⚓ Traverser la rue Hors-Château pour la **cour Saint-Antoine,** située au niveau du n° 114, entre les rues des Brasseurs et Hors-Château. Exemple typique de rénovation intelligente dans les années 1970. Compromis harmonieux d'immeubles anciens et de rajouts ou réadaptations modernes. À une extrémité, on distingue bien les vestiges d'une brasserie du XVIᵉ s. À l'autre se détachent, au-dessus de la petite maison rouge, les tours avec clochers de l'église Saint-Barthélemy.

⚓⚓ **La collégiale Saint-Barthélemy** (plan couleur C1) : *pl. Saint-Barthélemy.* ☎ 04-250-23-72. • *st-barthelemy.be* ● *Entre la rue Hors-Château et En Férons-trée. Tlj 10h-12h et 14h-17h (fermé dim ap-m). Entrée : 2 € pour la visite avec les fonts baptismaux ; gratuit avec le* Liège City Pass. Une des plus anciennes de Liège. Consacrée en 1015. Extérieur roman typique. Seul le grand porche de style néoclassique fut ajouté au XVIIIᵉ s et rebouché depuis. Sa rénovation, qui a pris près de 10 ans, s'est achevée en 2006. La façade a été joliment repeinte à la mode allemande afin de rappeler que l'église dépendait autrefois de l'archevêché de Cologne, d'où ce blanc et ce rouge qui détonnent assez. C'est malgré tout l'un des rares exemples de collégiales romanes demeurées en l'état, sans modification (ou presque), à l'époque du gothique. Élégants clochers en forme de losanges biseautés. L'intérieur, décoré de stucs au XVIIIᵉ s, est resté en style baroque mais épuré de tous ses excès.
L'église est en fait surtout connue pour ses **fonts baptismaux** du XIIᵉ s, dits de « Renier de Huy », un pur chef-d'œuvre d'art mosan. Ils appartenaient à une autre église détruite à la Révolution et constituent aujourd'hui l'une des sept merveilles de Belgique, rien que ça ! Cuve en laiton de 500 kg, soutenue par 10 pieds en forme de bœufs (au lieu des 12 initiaux) et ornée de scènes de baptême, dont celui du Christ dans le Jourdain, de Craton (un philosophe grec), de Corneille (un centurion romain)... Le couvercle, lui, a disparu. C'est vraiment un pur chef-d'œuvre, empreint d'un style d'une grande maturité, montrant un modelé superbe ; bref, un véritable poème inscrit dans le métal. Ses origines restent toutefois incertaines : au vu des caractères nettement orientaux, certains parlent d'un butin arraché à une basilique byzantine lors de la prise de Constantinople, d'autres assurent qu'il s'agit d'une réalisation qui ne doit qu'au génie des fondeurs des bords de Meuse.

⚓⚓ **Le musée des Beaux-Arts de Liège** (BAL ; plan couleur B1, 79) : En Féronstrée, 86. ☎ 04-221-92-31. • *beauxarts liege.be* ● *Dans l'îlot Saint-Georges (entrée sur l'esplanade du bâtiment, dans une petite rue à l'angle de l'office de tourisme). Tlj sf lun et j. fériés 10h-18h. Entrée : 5 € ; réduc ; gratuit pour ts le 1ᵉʳ dim du mois et avec le* Liège City Pass. Ouvert depuis peu, il regroupe désormais en une seule entité, les collections anciennes de

ADOLF N'AVAIT AUCUN GOÛT !

Parmi les œuvres majeures présentes au BAL : Gauguin, Picasso, Kokoschka et Chagall. Amusant : c'est au mauvais goût de Hitler que ces derniers doivent leur présence au musée... Comment ? Tout bêtement parce que Hitler, décidé à expurger les musées allemands de « l'art dégénéré », les mit en vente en Suisse et que, coup de chance pour le musée, un groupe de mécènes liégeois les acheta !

l'ex-**musée d'Art wallon** qui occupait les lieux jusqu'ici, et les œuvres du **musée d'Art moderne et d'Art contemporain (MAMAC)** et de son *cabinet des Estampes et Dessins*. Le bâtiment de l'ex-MAMAC deviendra le **Centre international d'art et de culture** (CIAC ; plan couleur B4, 91) en 2015...

En Féronstrée signifie littéralement la « rue des *férons* », cela indique qu'y travaillèrent jadis les ouvriers des métaux. C'est l'une des plus vieilles rues de Liège.

🏃 *Le musée d'Ansembourg (plan couleur C1, 80) :* *En Féronstrée, 114.* ☎ *04-221-94-02.* ● *liege.be/culture* ● *Tlj sf lun, mar, mer et j. fériés 10h-18h. Entrée : 5 € ; réduc ; gratuit le 1er dim du mois et avec le Liège City Pass.* Musée dédié aux Arts décoratifs liégeois du XVIIIe s. Installé d'ailleurs dans un hôtel particulier de l'époque, construit en 1738 dans le style Régence pour un banquier négociant en cuir. Ici, pas de vitrines. On visite comme si le proprio nous avait laissé un moment les clés. Vous y admirerez le génie des ébénistes liégeois exprimé au travers des meubles, portes et lambris. Superbe salon de musique avec son plafond orné de stucs, ses tapisseries d'Audenarde, aux fraîches couleurs, ses panneaux de bois ciselés. Dans la salle à manger, murs recouverts de cuirs polychromes et dorés, dits « style Cordoue ». Lambris et bois sculptés de toute beauté. Voir aussi la cuisine, entièrement revêtue de carreaux de faïence de Delft. D'autres salles à l'étage, dont une possède l'ancienne table du conseil privé du palais des Princes-Évêques, en chêne et marqueterie.

🏃 *L'îlot Saint-Georges (plan couleur B1) :* entre le musée des Beaux-Arts et la rue Surles-Foulons, une série de façades des XVIIe et XVIIIe s, victimes d'opérations immobilières de-ci de-là, dans les années 1970, et remontées ici. Un îlot archéologique en quelque sorte. L'édifice d'angle est un bel exemple d'architecture Renaissance mosane du XVIIe s, avec ses alternances de bandes de brique et de fenêtres à meneaux.

🏃 Autres immeubles intéressants dans le coin : la *maison Havart (plan couleur B1, 97),* quai de la Goffe. Abritant aujourd'hui le restaurant *Au Vieux-Liège,* elle date du XVIe s. Imposante et pittoresque, avec ses étages en encorbellement couverts d'ardoises. De l'autre côté du parking (rue de la Goffe), tout en longueur, l'ancienne *halle aux viandes,* le plus vieil édifice public de la ville (1546) où, il n'y a pas si longtemps, œuvraient encore les *mangons* (bouchers).
La *rue de la Goffe* aligne encore nombre d'intéressantes demeures des XVIIe et XVIIIe s. Le *quai de la Goffe,* quant à lui, témoigne de l'activité batelière et portuaire importante qui s'y déroulait. La *Goffe* (le « gouffre ») indique une échancrure, un refuge où pouvaient « s'engouffrer » les bateaux pour décharger les marchandises. Les deux mâts en forme de crayon rappellent la fonction du lieu. Tout le long de la Goffe et de la Batte se déroule le dimanche matin un fameux marché aux puces très couru régionalement (voir plus loin la rubrique « Marchés et puces »).

🏃 Des quais, vous pouvez revenir vers la place du Marché par la rue de la Cité et la *rue Neuvice, vinâve* du XIIe s, reliant la Meuse à la place du Marché. Les maisons du XVe s abritent encore pas mal de commerces populaires, décorés d'enseignes métalliques à l'ancienne aux noms évocateurs : « Le Cerf fleuri », « Le Lion vert », « Al Manoie di Noûvice »...
Entre les nos 23 et 24, la *rue du Carré,* venelle médiévale où l'on a quelque mal à se balader en couple !

Le quartier de l'île

Eh oui ! C'est dans une ancienne île liégeoise que nous vous convions à traîner vos baskets. Regardez le plan de la ville, notez la boucle des boulevards de la Sauvenière et d'Avroy. C'est un ancien bras de la Meuse comblé au début du XIXe s. D'ailleurs, subsistent pas mal de noms de rues évoquant cette époque : rue Pont-d'Isle, rue Pont-d'Avroy, Vinâve-d'Isle, rue Saint-Jean-en-Isle, etc. Aujourd'hui, en tout cas, la jeunesse l'a investi et en a fait son pré carré, comme d'ailleurs l'indique le nom du cœur actif de la nuit liégeoise, le *Carré (plan couleur B2)...*

🏃 *La cathédrale Saint-Paul (plan couleur B2, 81) :* pl. *de la Cathédrale.* ☎ *04-232-61-31.* ● *cathedraledeliege.be* ● *Tlj 8h-17h.*

LIÈGE

Ancienne collégiale fondée au Xᵉ s et rebâtie en gothique au XIIIᵉ s. Au XIXᵉ s, à la suite du Concordat, elle devint cathédrale et fut même restaurée, remplaçant la cathédrale Saint-Lambert agonisante (dont elle recueillit quelques dépouilles, comme le carillon).

À l'intérieur, on retrouve d'ailleurs la rigueur gothique d'origine. Voûte de la nef du XIIIᵉ s, voûtes du plafond du XVIᵉ, ainsi que les hautes fenêtres et l'abside (avec peinture d'inspiration allemande). Notre grand coup de cœur : le magnifique *Christ gisant* (1696), œuvre de Jean Del Cour. Influence du Bernin certaine. Richesse du drapé, corps encore frémissant, que la matière n'arrive même pas à exprimer glacé. Autre merveille, la verrière du transept sud, datant du XVIᵉ s. Dans sa partie supérieure, vous reconnaîtrez le *Couronnement de la Vierge,* par les trois membres de la Sainte-Trinité.

Remarquable également, la chaire avec une étonnante représentation de Satan presque séduisante (cornes très discrètes mais, attention, pieds fourchus et ailes de vampire !). À droite du chœur, *Vierge à l'Enfant* inhabituelle. Elle n'a pas de contact maternel avec Jésus qu'elle présente déjà comme un homme. Longiligne avec un grand cou, et traces de polychromie.

– Ne pas manquer non plus le beau *cloître,* voûté de brique, et son petit jardin.

– *Le trésor : dans l'annexe claustrale, entrée par la cathédrale ou par la rue Bonne-Fortune, 6.* ☎ *04-232-61-32.* ● *tresordeliege.be* ● *Tlj sf lun 14h-17h ; entrée (audioguide inclus) : 5 € ; réduc ; gratuit avec le* Liège City Pass. *Visite guidée à 15h (3 € en plus).* Au XVIᵉ s, un voyageur italien qui visitait Liège parlait de la cité comme « un paradis des prêtres ». Le trésor en est l'un des témoignages encore tangible. Il propose, sur trois niveaux, un nouveau parcours historique et artistique de la ville avec quelques chefs-d'œuvre issus de la défunte cathédrale Saint-Lambert, comme l'impressionnant *buste-reliquaire de saint Lambert* (à la mesure de la dévotion dont il faisait l'objet !). Le prince-évêque Érard de La Marck offrit les 5 kg d'argent nécessaires pour le réaliser. On le voit d'ailleurs agenouillé devant le socle où se nichent différentes scènes particulièrement travaillées de la vie de saint Lambert. Autres pièces fameuses, le *reliquaire de saint Georges,* offert par Charles le Téméraire (pour se faire pardonner l'incendie de la ville en 1468 ?), en or massif (avec une grande finesse de détails (observez le plissé du coussin !), et la chasuble de David de Bourgogne.

🏛 *L'église Saint-Jean-l'Évangéliste (plan couleur A1, 82) : pl. Xavier-Neujean.* ☎ *0485-64-20-37. Ouv à Pâques et de mi-juin à mi-sept : tlj sf lun mat, ven mat et dim mat, 10h-12h, 14h-17h. Visite guidée gratuite.* Ancienne collégiale fondée au Xᵉ s. Style hybride pittoresque car le clocher carré flanqué de deux tourelles est roman et la rotonde qui le sépare de la nef est une reconstruction du XVIIIᵉ s. À l'intérieur, la rotonde de style néoclassique est surmontée d'une très haute coupole et entourée d'une galerie circulaire avec une dizaine de chapelles. Admirable *Vierge* dite « *des Miracles* », datant du début du XIIIᵉ s. Là aussi, Jésus trône sur le genou, détaché de sa mère, et le regard de la Vierge, pas maternel pour un rond, porte loin et haut, tandis qu'elle foule un dragon des pieds.

🏛 *L'église Saint-Jacques (plan couleur A2, 83) : pl. Saint-Jacques.* ☎ *04-222-14-41. Tlj sf dim mat 10h-12h, 14h-18h (16h30 sam ; 17h dim en mars et oct). Visite guidée gratuite sur rdv.* Considérée par beaucoup comme la plus belle de Liège. Abordez-la par le côté Meuse – pour l'apprécier. À gauche, le narthex, massive et rustique construction romane prolongée par un volumineux vaisseau de style gothique flamboyant.

La première église fut fondée en 1016 par Baldéric II, successeur de Notger, comme abbatiale d'un monastère bénédictin. Au début du XVIᵉ s, la vieille voûte romane s'effondra. Le nouveau vaisseau gothique flamboyant fut construit en un temps record (25 ans !).

À l'intérieur, on prend encore plus la mesure de la richesse architecturale de Saint-Jacques : le summum du style flamboyant qui jette ses derniers feux avant de céder le pas au style Renaissance ! Ce qui frappe d'abord, c'est la voûte, la plus

LIÈGE

travaillée au monde, dit-on ! Festival de nervures, d'entrelacements et de clefs de voûte. S'y intercalent nombre de portraits, médaillons et motifs peints.
Toutes les surfaces entre triforium et arcades sont sculptées d'arabesques et de têtes de personnages bibliques. Le long de la nef, monumentales statues blanches. Ni marbre ni albâtre, c'est du tilleul peint, œuvre du grand Del Cour.
– *La chapelle Saint-Rémy :* dans le transept gauche. Laissez-vous émouvoir par la douceur et l'air douloureux de la *pietà* du XVe s. À droite de cette chapelle, adorable *Vierge à l'Enfant* (1523) en bois doré, debout sur un croissant de lune.
– *Le transept droit :* pierre tombale du prince-évêque Baldéric II en marbre noir de Theux (du XVIIe s). Dans une chapelle latérale du chœur, à droite, découvrez, cachée sous l'autel, une *Mise au tombeau* polychrome du XVIe s (avec pleureuses et figures d'orientaux).
– *Les stalles :* elles datent de la fin du XIVe s et méritent d'être détaillées. Nombre de miséricordes (ces rebords sous le siège relevé qui permettaient de se reposer un peu en station debout) montrent de surprenantes figures et représentations satiriques, grotesques ou fantastiques. À vous de découvrir les deux personnages accroupis en train de déféquer... (allez, on vous aide, ils sont à droite !).
– Ne partez pas, il reste à voir les superbes *vitraux* du XVIe s. Au centre du chœur, le *Sacrifice d'Abraham,* offert par l'abbé qui reconstruisit l'église.

⚲ *L'Opéra royal de Wallonie (plan couleur A1, 84) :* rue de la Casquette, 4. ☎ 04-221-47-22. ● operaliege.be ●
C'est l'un des rares bâtiments de style Empire à Liège. Édifié en 1818, il peut recevoir 1 600 personnes. L'architecte s'inspira du théâtre de l'Odéon à Paris. Beau plafond peint. Le fronton triangulaire fut un rajout tardif, les Liégeois trouvant leur opéra pas assez cossu !
De part et d'autre, l'occasion de juger des conceptions architecturales bien différentes. À gauche, la longue barre de verre du centre commercial que l'architecte, pour se donner bonne conscience, a pourvue d'arcades, rappelant celles de l'opéra. Noter également l'architecture en gradins laissant respirer l'opéra et permettant, en outre, d'amener en douceur le paysage urbain au niveau de l'église Saint-Martin sur sa colline.
Devant l'opéra, la *statue d'André-Modeste Grétry,* le célèbre compositeur liégeois (dont vous visiterez la demeure dans l'Outremeuse). Dans le socle, une urne avec son cœur.

⚲ *La Cité Miroir (plan A1, 78) :* place Xavier Neujan, 22. ☎ 04-230-70-50. ● citemiroir.be ● Cet espace culturel « au service de la citoyenneté, de la mémoire et du dialogue des cultures », occupe un lieu qui vaut le coup d'œil : les anciens bains et thermes publics de la ville de Liège, réhabilités de manière spectaculaire en conservant les tonalités blanc et vert des carrelages d'origine, le tout au profit de salles de spectacles, concerts et d'expositions temporaires. L'association des Territoires de la mémoire y propose une remarquable expo permanente, pédagogique et émouvante Plus jamais ça ! Un parcours audio-guidé d'1h15, dans l'horreur des camps nazis. *Lun-ven 9h-16h ; w-e 11h-15h. Entrée 5 €, réduc.*

➤ Maintenant, nous allons rendre visite à quelques rues et monuments voisins du quartier de l'Île...

⚲ *L'église Saint-Denis (plan couleur B1, 85) :* rue de la Cathédrale, 64. ☎ 04-223-57-56. *Tlj 9h30 (12h dim)-17h.* L'une des plus anciennes églises de la ville, puisqu'elle fut fondée par l'évêque Notger à la fin du Xe s. Narthex et nef romans, chœur gothique. Le narthex a retrouvé son aspect d'antan mais l'intérieur est de style baroque du XVIIIe s. Dans le transept droit, on découvre un retable gothique avec une remarquable *Passion,* véritable foisonnement de personnages. Dans les nefs, plusieurs œuvres de Lambert Lombard (du XVIe s), dont un *Ecce Homo,* le *Baptême du Christ.*

🐾 *La rue Léopold* (plan couleur B1) : tracée et construite en 1875 dans la grande tradition haussmannienne, à travers le vieux quartier de la Madeleine.

Le quartier d'Outremeuse (où vécut Simenon)

– *Le Liège City Pass, permet de disposer gratuitement d'un audioguide Simenon, pour parcourir le quartier.*

> **OÙ MAMAN SIMENON SE RÉVÉLA SUPERSTITIEUSE**
>
> *C'est au n° 24 de la rue Léopold, au-dessus d'une boutique de chapelier, que naquit Georges Simenon le vendredi 13 février 1903 à minuit dix. Presque un début de roman, puisque sa mère le déclare finalement né le 12 à 23h30 ! À l'époque, le vendredi 13 portait malheur (comme encore aux États-Unis).*

Outre la Meuse, *djus d'là Moûse* (comme disent en dialecte wallon ses habitants), vous découvrirez le quartier exprimant le mieux, à notre avis, l'esprit liégeois. C'est la patrie de Tchantchès, le gavroche de la ville, qui incarne vraiment cet esprit. Le goût de l'indépendance et l'esprit frondeur des gens d'Outremeuse s'expriment d'ailleurs bien par les deux « institutions culturelles » qui y coexistent : la « République libre d'Outremeuse » et la « Commune libre de Saint-Pholien ». Elles recouvrent très exactement les paroisses de Saint-Nicolas et de Saint-Pholien, ainsi que les deux anciennes activités professionnelles de l'île : les tisserands pour Saint-Nicolas et les tanneurs pour Saint-Pholien. Les habitants d'Outremeuse mettent un point d'honneur à défendre leur quartier, à préserver la langue wallonne et les traditions culturelles de Liège.

En fait, ce n'est même pas le plus beau des quartiers et, depuis quelques années, de l'avis même des Liégeois, il connaît un certain déclin, perdant progressivement restos, cafés et autres lieux autrefois conviviaux, même en Roture. Architecturalement, ça donne plutôt l'aspect d'un patchwork hybride de styles (principalement du XIXe s déclinant et banales tours du XXe s). Les rues et points pittoresques se circonscrivent à l'axe allant de l'église Saint-Pholien à la rue Puits-en-Sock et aux ruelles alentour.

Vous nous avez compris, l'Outremeuse ne conviendra pas aux visiteurs pressés. Il vous faudra traîner les pieds, le plus souvent le nez en l'air, pour repérer des détails architecturaux insolites et, bien sûr, les *potales* !

On en profitera pour s'arrêter à tous les hauts lieux simenoniens. Le grand Georges avait dit : « C'est de l'enfance et de l'adolescence que nous tirons le principal de notre acquis. À 70 ans, j'agis, je pense, je me comporte comme l'enfant d'Outremeuse. » Et, plus tard, comme on lui faisait remarquer que ses descriptions de quartiers de banlieue possédaient souvent un air d'Outremeuse, il avait ajouté : « Dans mes romans, on retrouve Liège, même si cela se passe à Nantes ou à Charleroi. »

Bien, on y va, par le *pont des Arches* (titre du premier roman de Simenon, écrit à 16 ans, signé Georges Sim), ou la populaire passerelle qui rejoint le boulevard Saucy. Citons encore Simenon : « Il y a, frontière entre le faubourg et le centre de la ville, un large pont de bois qu'on appelle la Passerelle. La Passerelle est un peu la chose des habitants d'Outremeuse, le pont qu'on franchit sans chapeau, pour une course de quelques instants [...] »

🐾 À l'angle de la rue Surlet et du boulevard Saucy (plan couleur B2), **statue de Tchantchès**, symbole du Liégeois éternel. Puis prendre le boulevard de l'Est.

🐾 **L'église Saint-Pholien** (plan couleur B1, 86) : bd de la Constitution, 1. ☎ 04-343-26-35. Ouv lun-ven 8h-12h. Elle n'est pas particulièrement sexy (reconstruite au début du XXe s avant qu'elle ne s'écroule) mais c'est un peu le phare de la Commune libre. Décoration intérieure typique du style kitsch néogothique. Ce fut le cadre du premier Maigret, *Le Pendu de Saint-Pholien*. Simenon construisit son intrigue à partir de la mort de Joseph Kleine, l'un de ses amis, retrouvé pendu un matin à la clenche (poignée) de la porte droite de l'église. Kleine faisait partie avec Simenon de la fameuse « Caque », cette minisociété secrète où l'on buvait fort, tout en philosophant à longueur de nuit sur l'art et la littérature. Elle regroupait peintres, décorateurs, musiciens, jeunes écrivains et poètes. En plus de Simenon, on y trouvait le malheureux Kleine, ainsi que le peintre Auguste Mambour et le futur éditeur Denoël. Accoutrements bizarres, looks de néoromantiques, lectures publiques de Nietzsche, de textes sacrés d'Inde, et saouleries. Cela dura de 1919 à 1922. La mort de Kleine mit fin à la cohésion du groupe.

🦶 **La rue des Écoliers** (plan couleur B1, 86) : c'est la « rue du Pot-au-Noir », dans le roman. Au n° 13, accès à l'impasse de la Houpe, aujourd'hui fermée par une porte. C'est là, tout au fond, au 1er étage d'une menuiserie, que se réunissait la « Caque ».

🦶 Quelques rues où habita successivement **Simenon**. Au n° 25, rue Georges-Simenon (ancienne rue Pasteur), il résida avec sa famille de 1905 à 1911. On y trouve aujourd'hui la nouvelle AJ. Également au n° 53, rue de la Loi, de 1911 à 1917. Dernier domicile, au n° 29, rue de l'Enseignement, de 1919 à 1922, quand il était jeune reporter à la Gazette de Liège, avant de fuir à Paris.
Place du Congrès, buste de l'écrivain. Ce fut son premier terrain de jeu. À 12 ans, il aimait y observer les étoiles, toujours allongé sur le même banc.

🦶 **L'église Saint-Nicolas** (plan couleur C2, 87) : rue Fosse-aux-Raines. ☎ 04-343-26-35. Ouv lun, mar et jeu 8h-12h. Vous êtes désormais en République libre d'Outremeuse. C'est le plus vieil édifice religieux du quartier. Construit en 1710. Façade baroque. À l'intérieur, mobilier XVIIIe s. Dans le transept gauche, la célèbre Vierge noire que l'on emmène en procession le 15 août. La famille Simenon occupait le dernier banc au fond à droite. C'est le grand-père, Chrétien (c'était son prénom !), qui faisait la quête, pour la confrérie Saint-Roch.

🦶 Juste en face de l'église, la **rue des Récollets,** l'une des plus typiques du quartier. Bordée de maisons basses, elle n'a guère changé depuis le temps où Henriette (la maman de Georges) se plaignait de la saleté des innombrables gosses jouant dans cette rue habitée par des familles pauvres. Aujourd'hui, il n'y a presque plus d'enfants...

🦶 **Le musée Grétry** (plan couleur C2, 88) : rue des Récollets, 34. ☎ 04-343-16-10. Ven-dim 10h-18h. Entrée : 2,25 €. Billet combiné avec le musée Grand Curtius : 10 € ; réduc. Demeure-musée d'André-Modeste Grétry (1741-1815), grand compositeur d'opéras-comiques qui a « réussi à Paris ». On lui doit des œuvres immortelles comme : Où peut-on être mieux qu'au sein de sa famille ? Il est aussi l'auteur de souvenirs littéraires plutôt rousseauistes : Réflexions d'un solitaire. Il eut le malheur de perdre ses trois filles. Cette demeure, édifiée au XVIIIe s avec une jolie façade à colombages, et rénovée en 2010, plut à Simenon qui la visita lors d'une de ses rares visites à Liège, en 1952. Il écrivit dans ses mémoires : « Ses fenêtres ont gardé leur vitrage verdâtre en culs de bouteille cernés de plomb. Une maison comme on en voit sur les tableaux des maîtres flamands, en clair-obscur... une maison comme j'aurais aimé. » L'intérieur se révèle effectivement charmant, voire un poil émouvant. Tout est en place, mobilier d'époque et pianos du maître.

🦶 **La rue Puits-en-Sock** (plan couleur C2) : notre rue préférée. C'est le vinâve, la rue principale du quartier. Nombreuses ruelles perpendiculaires et commerces. C'est là que naquit Désiré, le père de Simenon. Chrétien, le grand-père, tenait une chapellerie au n° 58. Désiré, qui travaillait aux Guillemins, ne manquait pourtant pas d'aller embrasser son père chaque matin. Le petit Georges, lui, venait le dimanche.

🦎 *La rue Roture* (*plan couleur C2*) **:** au niveau du n° 44, rue Puits-en-Sock, une ruelle mène à En Roture. Insolite double grille en chicane à l'entrée, appelée familièrement « la cage aux lions ». Elle servait à casser l'élan des mômes lorsqu'ils jaillissaient de la ruelle, leur évitant ainsi de passer sous le tram ! Aujourd'hui, En Roture est une rue où s'alignent restos et bars, malgré le déclin qui touche tout le quartier.

🦎🎭 🚶 *Le musée Tchantchès* (*plan couleur B2*) **:** *rue Surlet, 56.* ☎ *04-342-75-75.* ● *tchantches.eu* ● *Mar et jeu 14h-16h (sf juil-août et j. fériés). Entrée : 1 €.* Siège de la République libre d'Outremeuse. D'après la légende, Tchantchès (François en wallon) naît en 760 en Outremeuse. Après une jeunesse turbulente, il devient le compagnon d'armes de Roland, le neveu de Charlemagne. On le représente avec un grand sarrau, un pantalon rapiécé, une casquette de soie noire, un foulard à carreaux rouges et des sabots. C'est un franc buveur, préférant, tout bébé déjà, le *peket* au lait. Sa compagne, Nanesse, a un fort caractère. Lui-même possède un grand cœur, beaucoup de bon sens et « il tiesse près dè bonèt » (la tête près du bonnet). Sa marionnette, créée au XIXe s, est célèbre et Tchantchès continue à symboliser l'esprit frondeur et le goût de la liberté des Liégeois. Nombreux souvenirs de notre héros liégeois (photos, tableaux, diplômes) et superbe collection de marionnettes. Chaque année, le musée s'enrichit de nouveaux costumes. *Oct-avr, spectacles mer 14h30 et dim 10h30 ; entrée : 3 €* (voir plus loin la rubrique « Théâtres de marionnettes »).
– À côté, la *Maison des métiers d'art* : expos temporaires.

🦎 🚶 *L'Aquarium, le musée de Zoologie et la Maison de la science* (*plan couleur B2, 90*) **:** *quai Van Beneden, 22. Aquarium et musée de Zoologie :* ☎ *04-366-50-21.* ● *aquarium-museum.be* ● *Lun-ven 9h-17h (10h-18h w-e, j. fériés, juil-août et pdt les vac de Pâques). Entrée : 6 € ; réduc ; gratuit avec le* Liège City Pass.
Maison de la science : ☎ *04-366-50-04.* ● *masc.ulg.ac.be* ● *Lun-ven 10h-12h30, 13h30-17h ; w-e et j. fériés 14h-18h (juil-août tlj 13h30-18h). Entrée : 3,50 € ; réduc. Billet combiné pour l'ensemble : 8,20 € ; réduc. Gratuit avec le Liège City Pass.*
Dans un grand bâtiment, trois attractions différentes pour vous faire découvrir le monde de la science et de la zoologie. Vaut la visite, même si on aimerait voir quelques travaux de rénovation rafraîchir un peu l'ensemble.
– *L'aquarium Dubuisson* abrite deux ou trois dizaines de bassins renfermant, en tout, 250 espèces des mers chaudes ou froides. Un réservoir de 66 m³ accueille aussi de petits requins. Au fil de la visite, on peut admirer la daurade royale, le bar commun, l'énigmatique murène, la rascasse rouge, le mérou noir, les poissons-vaches, les poissons-pierres et les axolotls, pour ne citer qu'eux. Enfin, reconstitution du biotope des rivières wallonnes. Fresque de Paul Delvaux avec l'évolution des espèces pour thème.
– *Le musée de Zoologie :* présentation vieillotte, digne des musées d'antan, mais très riche collection d'espèces, conservées dans des bocaux à formol ou naturalisées. Les amateurs apprécieront ! Entre autres raretés, on peut y voir des vers solitaires, une salamandre, un homard géant, un casoar à casque, une souris à miel, un diable de Tasmanie, ainsi que des squelettes de poissons, reptiles et mammifères, notamment ceux d'un anaconda et d'une fabuleuse baleine-rorqual de près de 20 m. Fort belle section aussi sur les coraux.
– *La Maison de la science :* ici, il est interdit de ne pas toucher ! De plus, il y a (en principe) toujours un animateur pour orienter les visiteurs et faire la démonstration d'expériences, les plus drôles étant celles réalisées avec l'azote liquide ou l'électricité statique (horripilation, cage de Faraday, simulation d'éclairs...). Belle collection aussi d'appareils et nombreuses installations pour faire comprendre les phénomènes optiques (disque de Newton, hologrammes, fibres optiques...), électriques, radioactifs (étonnante chambre de Wilson permettant de visualiser les

LIÈGE

particules !) ou de transformation d'énergie (dynamo de Zénobe Gramme). Et pour terminer : un phonogramme Edison, des postes de télé ancestraux, un curieux tableau périodique des éléments et une section minéralogique.

🎯 *La Maison de la métal-lurgie (plan couleur B3, 92) : bd Raymond-Poincaré, 17.* ☎ *04-342-65-63.* ● *mmil. be* ● *Lun-ven 9h-17h ; avr-oct, également sam-dim 14h-18h. Entrée : 5 € ; réduc ; gratuit avec le Liège City Pass.* Dans une ancienne usine, un passionnant musée consacré à ce qui fut l'une des plus grandes activités de la région liégeoise. Agrémenté de panneaux et petits films didactiques, on parcourt plusieurs espaces thématiques, à commencer par la reconstitu-

DES LIÉGEOIS À VERSAILLES

En 1678, Arnold de Ville, un jeune Hutois (de Huy) vint à Paris travailler pour le Grand Condé. Très ambitieux, il proposa au roi Louis XIV un projet pour élever l'eau de la Seine afin d'alimenter les jardins de Versailles en eau. Ce fut la fameuse « machine de Marly », une pompe monumentale sur la Seine située entre Bougival et Port-Marly, construite sur les plans d'un autre liégeois, le maître-charpentier Rennequin Sualem.

tion d'une vieille forge wallonne (XVIIᵉ-XVIIIᵉ s) avec ses outils d'époque, sans oublier le plus vieux haut-fourneau du pays (1693), équipé d'énormes soufflets et marteaux. On se familiarise alors avec les différents types de minerais de fer et la fabrication du charbon de bois, le combustible des origines. Ensuite, un espace est consacré aux métaux non ferreux, comme le zinc, dont la première usine naquit à Liège au XIXᵉ s. Autre industriel emblématique de la révolution industrielle en Wallonie, l'Anglais John Cockerill est ici évoqué à travers quelques objets personnels, et les nouvelles technologies qu'il développe, notamment grâce au coke et à la machine à vapeur. Et c'est tout naturellement qu'on aboutit à la sidérurgie moderne, ses techniques, ses enjeux... En parallèle, un autre circuit consacré aux énergies nous promène à travers une salle informatique où l'on découvre les ancêtres de nos ordinateurs, comme cette étonnante tabulatrice de la fin du XIXᵉ s. L'énergie hydraulique est aussi abordée avec, en point d'orgue, une maquette de la fameuse « machine de Marly » commandée par Louis XIV pour alimenter en eau le château de Versailles. La machine à vapeur, puis le moteur à explosion (inventé par un Belge !) nous propulsent dans l'ère du pétrole et du gaz ; pour finir par l'électricité, ses débuts et ses moyens de production actuels.

🎯 *Le musée des Transports en commun (plan couleur C4, 96) : rue Richard-Heintz, 9.* ☎ *04-361-94-19.* ● *musee-transports.be* ● *Ouv mars-nov, lun-ven 10h-12h, 13h30-17h ; sam-dim 14h-18h. Entrée (avec audioguide) : 5 € ; réduc ; gratuit avec le Liège City Pass.* Sous un vaste hangar, pour les amoureux des vieux trams, une balade dans l'histoire des transports de la ville. Ils ont retrouvé toutes leurs couleurs vives et leurs banquettes de bois bien astiquées. Projection de films anciens.

🎯 *La nouvelle gare des Guillemins (hors plan couleur par A4) :* même si vous ne venez pas en train, la nouvelle gare de Liège-Guillemins vaut le coup d'œil. L'ancienne datait de 1958. Après un concours international, la réalisation du projet a été confiée à l'architecte catalan Santiago Calatrava Valls, choisi notamment pour son savoir-faire en matière de gare. Avec ses 32 000 m² et ses 40 m de hauteur, la gigantesque voûte de verre et d'acier qui couvre les neuf voies impressionne. Dommage qu'elle détonne quelque peu dans le quartier plutôt délabré qui l'environne, mais ce dernier connaît aujourd'hui une profonde rénovation. Enfin, une première en Europe : un accès autoroutier direct à la gare doublé d'une aire de parking.

Marchés et puces

⚡ **Brocante de Saint-Pholien** (plan couleur C1, **94**) : *en Outremeuse, ven mat, sur le bd de la Constitution.* Elle a tellement de succès qu'elle s'étend désormais presque jusqu'à l'ancien hôpital de Bavière. Les vrais chineurs sont là avant 7h, pour faire de bonnes affaires. Chouette atmosphère dans les vieux troquets alentour.

⚡ **Marché de la Batte** (plan couleur B1, **95**) : *dim mat, quai de la Batte, entre la Passerelle et le pont Saint-Léonard.* Énorme marché coloré. Tout aussi énorme foule qui s'en va boire et manger dans les cafés et petits restos qui bordent le quai.

LIÈGE

Théâtres de marionnettes

∞ **Théâtre des marionnettes de Liège** (plan couleur B2) : *au musée Tchantchès, rue Surlet, 56.* ☎ 04-342-75-75. ● tchantches.eu ● Ouv oct-avr, spectacles mer 14h30 et dim 10h. Entrée : 3 €. Grands thèmes historiques traditionnels : l'épopée de Charlemagne, *La Chanson de Roland*, etc.
∞ **Théâtre de marionnettes du musée de la Vie wallonne** (plan couleur B1) : *cour des Mineurs, 1.*

☎ 04-237-90-50. ● viewallonne.be ● À côté de l'église Saint-Antoine. Spectacle pour adultes le 3e jeu du mois à 20h, et pour ts le mer à 14h30 et le dim à 10h30 ; séances supplémentaires les mar et jeu à 14h30 pdt les vac scol. Entrée : 3 €. On retrouve les mêmes personnages qu'au musée Tchantchès et, pour cause, car ils font partie intégrante de la vie et du folklore wallons.

Manifestations

– **Festival de Jazz de Liège** : *en mai, pdt 2 j., au palais des congrès.*
– **Le 14 Juillet** : fêté davantage à Liège (ville de tradition républicaine) que le 21 Juillet, la fête nationale belge.
– **Les fêtes du 15 août** : *en Outremeuse.* Parmi les plus vivantes de Liège ! Elles s'étalent en fait sur une semaine et attirent plus de 200 000 personnes. Le 14, on promène le « bouquet », structure métallique de 6 m de haut garnie de fleurs et reproduisant les emblèmes des vieux métiers. Suivent des chants et danses folkloriques wallons, puis les bals populaires (jusqu'à 2h du mat) dans les rues En Roture et Grande-Bêche. Au même moment, le tir de *campes* (une grosse pétarade) marque l'ouverture officielle des festivités (qui en réalité débutent dès le 12). Le lendemain, le 15 donc, constitue l'apothéose de la fête, avec d'abord une procession de la Vierge noire d'Outremeuse. Départ de l'église Saint-Nicolas (rue Fosse-aux-Raines). Grand-messe (avec sermon en wallon). Mât de cocagne. Exposition et spectacles des marionnettes liégeoises au musée Tchantchès. Cortège folklo avec des géants à travers les rues du quartier. Dans la soirée, re-grands bals, notamment rue Grande-Bêche. Le 16 août, enfin, enterrement, vers 17h, de Mati l'Ohe... suivi d'un bal (où chacun est déguisé) dans la rue En Roture et d'un feu d'artifice. Fête foraine place de l'Isère.
– **Liège Cité de Noël** : *pl. du Marché et le long des grands magasins de la pl. Saint-Lambert (en fait dans tt le centre).* Le plus grand marché de Noël de Wallonie dure tout le mois de décembre. Un vrai village d'échoppes en bois décorées, proposant dégustations et artisanat.

DANS LES ENVIRONS PROCHES DE LIÈGE

14-18 ⚡⚡ **Le Fort de Loncin** : *rue des Héros, 15, 4431 à* **Ans**, *à proximité de l'autoroute E 40 vers Bruxelles.* ● fortdeloncin.be ● Visites guidées (3h) ou via un audioguide (1h30) le w-e avr-juin et sept-oct 14h-18h ; tlj sf lun en juil-août ;

LIÈGE

nov-mars, les 1er et 3e dim du mois à 14h. Entrée : 7 €, réduc. Musée seul : 2 €. Tenu à l'époque par 500 défenseurs, le fort de Loncin occupait une place stratégique protégeant la route et le chemin de fer vers Bruxelles. Il reste le plus emblématique des 12 forts de défense qui constituaient, avant 1914, la place forte de Liège. Dans le petit musée, on peut voir armes, uniformes, cartes et objets ayant appartenu à la garnison, ainsi que la Légion d'honneur et son décret d'attribution à la ville de Liège. Dans un coin, une réplique des terribles obus de 420 mm et 900 kg de la « Grosse Bertha » qui vinrent à bout des défenses. Il fallut 8 jours de bombardement et 15 000 obus pour obtenir sa destruction. Le 15 août, vers 17h20, une de ces monstrueux projectiles, arme inconnue jusqu'alors, perça la voûte de la poudrière et provoqua l'explosion du fort. On peut encore voir les coupoles cuirassées extérieures soufflées par la déflagration. Les restes de 350 servants du fort gisent toujours sous les décombres devenus leur tombeau. Il faut préciser que les Allemands connaissaient bien les faiblesses du fort, ils en avaient fourni l'armement !

🗽 🏃 ***Préhistomuseum :*** rue de la Grotte, 128, **Flémalle** 4400 *(Ivoz-Ramet).* ☎ 04-275-49-75. ● *ramioul.org* ● *Le musée est fermé pour rénovation jusqu'en juin 2015.*

🗽🏃 ***Le château et les cristalleries du Val Saint-Lambert :*** esplanade du Val, **Seraing** (4100). ☎ 04-330-36-20. ● *immoval.be* ● *cristaldiscovery.be* ● *Accès : bus n° 9 de la pl. de l'Opéra. Château ouv avr-oct, tlj 10h-17h. Pour la cristallerie : visites tlj (avec guide le w-e, sans supplément) à 10h, 11h30, 14h et 15h30. Entrée : 12 € ; réduc.*
Installée dans une ancienne abbaye cistercienne transformée en manufacture après la Révolution française, la cristallerie du Val Saint-Lambert, la plus importante fabrique de verre au monde, a pas mal perdu de son aura. En un siècle, sa main-d'œuvre a été divisée par 100 et sa production, jadis de 150 000 pièces par jour, est désormais limitée à des articles de luxe (cependant encore et toujours de grande renommée).
Outre les ateliers qui se visitent (la cristallerie proprement dite), le site s'est doté, dans ce qu'on appelle le *château,* d'un musée et d'un parcours multimédia. Plutôt bien fichu, celui-ci retrace, lors d'un voyage fictif en ballon, l'évolution du Val Saint-Lambert puis, à travers différentes mises en scène, l'histoire du verre, depuis les Babyloniens jusqu'au XIXe s en passant par les maîtres verriers du Moyen Âge. La partie musée, elle, présente un espace « ludique » qui permet d'appréhender le cristal à travers quelques œuvres massives, ainsi qu'une galerie à plusieurs niveaux où l'on peut admirer les plus belles pièces réalisées par la manufacture. Celle-ci, comme on l'a dit, se visite aussi (droit d'entrée compris dans le billet) et complète bien les expos du château car c'est ici qu'on peut assister au soufflage et au façonnage des pièces de cristal. Une bonne occasion de s'émerveiller du savoir-faire de ces maîtres artisans !

🗽 🏃 ***Source O Rama :*** av. des Thermes, 78 bis, **Chaudfontaine** (4050). ☎ 04-364-20-20. ● *sourceorama.com* ● *À env 10 km au sud-est de Liège. Tlj sf sam 9h-17h (10h-18h dim et pdt les vac scol). Entrée : 10 € ; réduc.* Chaudfontaine (la bien nommée !) est le seul endroit en Belgique où jaillit, au terme d'un cycle de 60 ans, de l'eau thermale chaude (également conditionnée en bouteilles pour la consommation). Un long parcours donc, abondamment expliqué et illustré au travers de modules multimédia (dont une petite salle de ciné avec sièges mouvants et minipulvérisateurs d'eau). Les mômes apprécieront. Sinon, le musée parle aussi de l'eau en général : son cycle naturel (explication de la nappe phréatique dans une grotte fictive), ses « méfaits » (évocation des catastrophes liées à l'eau), la nécessité qu'elle représente pour les êtres vivants, ses propriétés physico-chimiques, thérapeutiques... L'eau existe-t-elle ailleurs dans le système solaire ? Réponse, de nouveau, dans l'un des modules. La visite s'achève par un concert ponctué de jets d'eau, dirigé par « O », petit personnage en forme de goutte... d'eau.

LA BASSE MEUSE

LA MINE DE BLEGNY

À une dizaine de kilomètres au nord-est de Liège, le charbonnage de Blegny, qui fut le dernier à fermer dans le bassin liégeois (1980), s'est reconverti en un captivant musée industriel. La mine fut exploitée très longtemps. D'abord en surface, puis en sous-sol dès le XIXe s, elle descendait sur huit étages jusqu'à 530 m de profondeur et employait 650 personnes. On y extrayait jusqu'à 1 000 t de charbon par jour. Aujourd'hui, on visite la mine et le musée qui lui a été adjoint, en partie dans d'anciens bâtiments et salles. On peut même, depuis peu, faire un tour en tortillard et se balader sur un des terrils du site pour découvrir son écosystème. L'ensemble fait partie du circuit de la *route du Feu*.

Comment y aller ?

➤ *En bus :* de Liège, prendre le bus n° 67 pl. Lambert ; arrêt près de Blegny-Mine.

Où dormir ? Où manger dans le coin ?

|●| *Le Jardin de Caroline : rue Sai-velette, 8,* **Housse-Blegny** *(4671).* ☎ *04-387-42-11.* ● *lejardindeca roline@belgacom.net* ● *Fermé mar-mer. Résa conseillée. Menus 29-49 €, plats 20-34 €.* Dans un coin résidentiel calme, jolie maison en brique pour-vue de jolies petites salles rustiques et assez cosy, réchauffées en hiver par la cheminée. Dans l'assiette, une fine cuisine française réputée bien au-delà de Blegny. Le 1er menu (pas servi le samedi soir) présente un excellent rapport qualité-prix. La carte évolue au gré des saisons et fait la part belle au foie gras, aux langoustines et saint-jacques. Si vous ne le connaissez pas encore, tentez le fromage de Herve au dessert. Terrasse aux beaux jours. Bon accueil.

À voir

⊚ 👫 👫 *La mine : rue Lambert Marlet, 23,* **Blegny** *(4670).* ☎ *04-387-43-33.* ● *blegnymine.be* ● *Tlj avr-début sept et pdt les vac de carnaval et de Toussaint ; le reste de la saison, slt w-e et j. fériés. Visites en français à 11h, 13h30, 14h30 (slt dim et j. fériés) et 15h30 ; en hte saison, visites supplémentaires à 12h30, 14h30 et 16h30. Durée : 2h. Entrée : 9,60 € ; 14,30 € avec le musée ; réduc.* Une visite particulièrement vivante et émouvante, surtout si vous avez la chance d'être guidé par un ancien mineur. Elle commence par un film sur l'histoire du charbon. Puis on descend à 30 m de profondeur, par la cage de mine, pour se balader dans une galerie avec toute sa machinerie, en état de marche et audible ! On y voit les procédés d'extraction, d'étayage, l'évolution des outils et des tech-niques à travers le temps, ainsi que les différents métiers liés à la mine (boutefeu, géomètre...). Ensuite, descente à 60 m avec, entre les deux niveaux, l'exploration d'une « taille ». En bas, vous saurez tout sur « l'anse de cinq pouces », la mesure du travail du mineur, et les rudes conditions de labeur de ce dernier. Incroyable, on apprend également que la silicose ne fut reconnue comme maladie profes-sionnelle qu'en 1964 ! Enfin, on remonte à la surface, jusqu'à la Recette et le Triage-lavoir, perché à 12 m de haut. C'est là qu'était trié puis lavé le charbon.

Impressionnants culbuteurs, tamis, trémies et systèmes d'encagement et de décagement des berlines (wagonnets).
Le site a été classé au Patrimoine de l'Unesco en 2012.

✖✖ ✖✖ *Le musée : mêmes horaires que la mine. Durée : 1h30. Entrée : 6 €, audio-guide compris ; 14h30 € avec la visite de la mine ; réduc.* Situé dans l'un des plus anciens édifices miniers de Belgique (1816). Une quinzaine de salles thématiques d'origine ou reconstituées. On y découvre toute l'organisation de surface de la mine (guichets où le mineur prenait son matériel, infirmerie, douches, « salle des pendus », bureau du géomètre...), plus l'outillage des XIXe et XXe s, des lampes à chandelles (très dangereuses, à cause des fuites de grisou) aux marteaux-piqueurs. Également des végétaux fossilisés, des explications sur les produits dérivés du charbon (encore bien présents dans notre vie quotidienne), etc. Vraiment intéressant.

I●I Possibilité de se restaurer sur place, notamment, à la *brasserie,* d'une planchette de fromage ou de la « fricassée du mineur », accompagnées d'une bière des Houyeû.

LE PAYS DE HERVE

Au nord-est de Liège s'étend le pays de Herve, une région bocagère verdoyante qui évoque parfois la Normandie. Même si l'urbanisation galopante tend à en faire de plus en plus une grande banlieue de Liège, il reste quelques villages à la personnalité affirmée et des coins champêtres se prêtant à de magnifiques balades.

AUBEL   (4880)   4 150 hab.

Petit bourg du pays de Herve, producteur de beurre, de sirop et de cidre, qui draine les habitants des villages voisins pour son marché séculaire du dimanche.

Adresse et info utiles

🛈 *Office de tourisme : hôtel de ville, pl. Nicolaï, 1.* ☎ 087-68-01-39. ● aubel-info.eu ● *Lun-ven 8h-12h, mer 13h-16h30, jeu 17h-19h, sam 10h-14h.* Plan des environs ; brochure très complète pour bouger, visiter, manger et dormir dans le coin ; agenda culturel ; carte de 10 promenades balisées à la découverte des fermes ancestrales et de splendides balades dans la région ; le tout délivré par un personnel sympa, compétent, et passionné par sa région.
– *Marché : dim mat.* Réputé chez les gastronomes du coin, il recèle les succulents produits du terroir local, parmi lesquels : sirops, fromage d'Herve...

Où dormir ? Où manger ?

🏠 I●I *Aux Berges de la Bel : route de Val-Dieu, 112.* ☎ 087-76-69-52. ● info@auxbergesdelabel.be ● *aux bergesdelabel.be* ● À env 2 km d'Aubel (panneaux). Doubles 68-77 €, selon taille ; petit déj compris. Au resto : formule midi 16 €, menu 26 €, plats 13-23 €. 📶 Au fond d'un petit vallon où coule un ruisseau, cette vieille ferme a été rénovée avec une touche contemporaine qui nous plaît. En tout, 4 jolies chambres confortables, mâtinant vieilles pierres et mobilier moderne. Côté fourneaux, cuisine inventive et savoureuse qui mijote les produits frais du cru. Un bon rapport qualité-prix général.

I●I *Le Casse-Croûte de Val Dieu :* *dans l'abbaye du Val-Dieu, route de Val-Dieu, 226.* ☎ *087-69-28-48.* ● *leon.stassen@aubel.be* ● *À env 2,5 km d'Aubel (panneaux). Tlj sf mar 11h30-17h30. Plats 7-15 €.* C'est la cantoche self-service des gens du coin, aménagée dans les anciennes étables de l'abbaye de Val-Dieu, avec mangeoires, vieilles poutres, murs blancs, grandes tablées et chaises d'école. Sur l'ardoise, quelques bons

plats typiques, simples et copieux, du genre : jambonneau, fondue au fromage, vol-au-vent... que l'on arrose volontiers des bières brassées dans l'abbaye. Ambiance authentique. C'est sûr, on reviendra ! Et tant qu'on y est, l'abbaye (XIIIe-XIXe s) se visite *(visite guidée sur rdv lun-sam ; billet : 5 €).*

I●I *Le Panier Gourmand :* *pl. Antoine-Ernst, 19.* ☎ *087-68-81-11.* ● *le.panier.gourmand@skynet.be* ● *En plein centre, sur la place en dessous de l'église. Fermé lun, mer-jeu soir et sam midi. Lunch env 15 €, menus 26-31 €.* La valeur sûre du village. Cuisine soignée qui sublime les saveurs des produits du terroir local. La carte change au gré des saisons, tout en conservant des bons petits plats de ménage pas chers, type vol-au-vent, boulettes, salades...

Spécialité

– *Le sirop d'Aubel (autrement dit, sirop de Liège) :* vous verrez vite qu'il est à la Wallonie ce que le sirop d'érable est au Canada. On en voit partout, on en met dans tout ! Il s'agit d'un sirop de pommes et de poires réduit à l'extrême. Dès le XVIIe s, les fermiers du pays d'Aubel fabriquaient, via une double cuisson et un pressage, du sirop avec des poires et des pommes de leurs vergers, essentiellement dans un but de conservation. Pour obtenir 1 kg de sirop artisanal, il faut 8 kg de fruits (généralement 80 % de poires et 20 % de pommes). Aucune adjonction de sucre n'est nécessaire. Il fait merveille sur des crêpes ou une simple tartine, mais c'est en cuisine qu'il révèle toutes ses qualités : lapin ou lièvre à la bière, boulettes liégeoises, carbonades... Il accompagne évidemment le fromage de Herve.

⊛ *Siroperie Artisanale d'Aubel :* *rue Kierberg, 20.* ☎ *087-68-64-38.* ● *sirop.be* ● Cette petite entreprise familiale fabrique un savoureux sirop, mais aussi des confitures et du jus de pomme. Visite guidée possible (le samedi à 16h) et boutique sur place.

HERVE   (4650)   17 210 hab.

Petite capitale du pays du même nom, elle produit depuis le XIIIe s un fameux fromage, qui, pensons-nous, bat le munster au niveau senteur ! Le Herve, tel est aussi son nom, est le seul fromage belge titulaire d'une AOP (Appellation d'origine protégée), délivrée par l'Union européenne en 1996.

Adresse utile

🄸 *Maison du tourisme du pays de Herve :* *pl. de la Gare, 1.* ☎ *087-69-31-70.* ● *paysdeherve.be* ● *Avr-sept, 9h (10h le w-e)-18h ; oct-mars, 9h (10h le w-e)-17h. Fermé lun (juil-août).* Plan pour découvrir le village à pied, brochure très complète pour bouger, visiter, manger et dormir dans le coin, liste des hébergements et des restos du terroir, agenda culturel, expos temporaires et espace multimédia consacrés au pays de Herve, carte des balades pédestres dans les alentours ; location de VTT et vélos électriques pour parcourir l'ancienne ligne de chemin de fer n° 38. Sur place, également un bistrot pour s'essayer aux bons produits du cru.

Où dormir ? Où manger à Herve et dans les environs ?

Brunch Panier : *rue Jardon, 71, à Herve.* ☎ 087-46-26-72. ● *info@ lebrunchpanier.be* ● *À proximité de la piscine de Herve. Fermé sam midi, et lun. Plats 12-24 €, menus 37-47 €.* L'une des bonnes tables de Herve. Installé dans une vieille maison du village, charmant petit resto à la déco moderne, colorée et soignée. Dans l'assiette, délicieuse cuisine mariant tradition et évolution, avec des sauces formidables. Également des moules.

Chambres d'hôtes La Ferme de Berwausault : *voie de Hougnes, 42, Battice (4651).* ☎ 087-67-89-16. ● *isabel@chambresherve.be* ● *chambresherve.be* ● *À env 2 mn de Herve en voiture. Repas du soir à 19h30. Double 60 € en sem, 70 € le w-e, petit déj compris (jusqu'à 9h30). Table d'hôtes env 18 €/pers. CB refusée. Parking (gratuit)* 🛜 Isolée sur les hauteurs campagnardes de Herve, une ravissante ferme où l'on élève des moutons. À dispo, plusieurs jolies chambres (2-4 personnes) agréablement décorées, confortables et nickel, toutes avec vue sur les prés. Fait aussi table d'hôtes pour les seuls clients. Accueil très aimable. Une excellente adresse à prix doux. Possibilité de louer des vélos.

Hôtel Le Wadeleux : *Wadeleux, 417, Charneux (4654).* ☎ 087-78-59-12. ● *info@wadeleux. be* ● *wadeleux.be* ● *À env 10 mn de Herve en voiture. Resto fermé merjeu. Double 110 €, petit déj en sus env 13 €/pers. Menu 30 €.* Nichée sur le haut d'un coteau, cette ancienne ferme est devenue un bel hô.tel de charme de 6 chambres confortables et aménagées avec goût sur une note toute contemporaine. Grandes salles de bains et vue imprenable sur la campagne. Sur place, centre de remise en forme avec hammam, jacuzzi, sauna... C'est aussi l'une des meilleures tables du coin. Cuisine savoureuse et créative, qui magnifie les bons produits du cru, et dont le thème change régulièrement.

Achat

Fromagerie Le Vieux Moulin : *rue Sur la Commune, 14, Battice (4651).* ☎ 087-67-42-86. *Fév-nov, visite guidée sam 14h30 ; tarif : 1,50 €.* Fromagerie artisanale produisant le succulent Herve, que l'on vous emballe sous vide pour faciliter son transport, ouf !

À voir

Dans le centre de Herve, quelques *demeures* des XVIIe et XVIIIe s. Un truc curieux : les *Six Fontaines,* grand lavoir public en brique construit en 1773. Il s'agit d'une longue galerie à arcades abritant six bacs en pierre, alimentés chacun par une source différente.

L'Espace des Saveurs et Découvertes : à la Maison du tourisme. Mêmes horaires. ● *espacedessaveurs.be* ● *Entrée : 3 € ; réduc.* Spectacle audiovisuel expliquant la fabrication du fromage, du sirop de pomme et de poire, et du jus de pomme. Dégustation et vente de produits sur place.

Manifestation

– **Grande cavalcade :** *le lun de Pâques.* Étonnante parade de chars tirés par des chevaux de traits ; unique en Belgique.

SOIRON   (4861)

Important carrefour au temps des Romains, Soiron est aujourd'hui classé parmi les Plus Beaux Villages de Wallonie. Il faut dire que ses vieilles demeures de granit gris blotties sur une colline autour de sa ravissante église affichent un caractère vraiment pittoresque.

Où dormir ? Où manger à Soiron et dans les environs ?

|●| *Restaurant Vieux Soiron : rue du Centre, 51, à Soiron.* ☎ 087-46-03-55. ● *vieuxsoiron.be* ● *Ouv ven-dim et j. fériés 12h-14h et 18h30-21h. Fermé 2 sem en sept. Résa très conseillée. Menus 29-39 €, repas 35-40 €. Apéritif maison offert sur présentation de ce guide.* Un vrai resto de village, fait de petites salles rustiques, basses de plafond, avec poutres et parquet qui craque, cheminée en fonte et carreaux bleu de Delft (Hollande)... Côté miam-miam, excellente cuisine traditionnelle qui porte haut les viandes et autres produits du terroir, sans oublier le gibier en saison. Une adresse largement plébiscitée par les gens du cru.

▲ *Chambres d'hôtes Des Genêts sur l'Herbe : chemin du Terril, 15, **Xhende-lesse** (4652).* ☎ 087-66-04-33. ● *des. genets@skynet.be* ● *À env 4,5 km de Soiron par la rue de Xhendelesse, puis suivre la rue du Bief et son prolongement sur 3 km env, et tourner rue du Terril. Doubles 45-65 €, petit déj inclus. Apéro offert sur présentation de ce guide.* Au bout d'une impasse donnant sur les champs, cette jolie maison d'hôtes est tenue par un couple charmant. Voici de superbes chambres (2-4 personnes) confortables et meublées d'ancien pour une atmosphère sympathique, voire assez romantique. Petit déj copieux, avec confitures et gâteaux maison. Coin salon sur mezzanine, avec livres et jeux. Et même un jardin avec piscine !

À voir

🔨 *L'église Roch :* son clocher est une ancienne tour de défense du XIe s. À l'intérieur, remarquable harmonie décorative. Riche ornementation du tabernacle (le sacrifice d'Abraham). Noter, autour du chœur, le délicat ciselage des lambris. Les stalles, confessionnaux et bancs ont été réalisés au XVIIIe s par le même artisan. Confessionnal marqué d'un étrange « confesseur étranger »... À gauche, chapelle des seigneurs de Soiron. Dans le chœur, le tableau central est une bonne copie de la *Transfiguration* de Raphaël.

🔨 Devant l'église, à droite, deux *maisons* de 1663 de style Renaissance liégeoise, avec portes en accolades. Descendre la petite rue du cimetière pour rejoindre une pittoresque petite place entourée de demeures anciennes. La grande maison d'angle, au n° 80, est l'ancienne brasserie du village.

LA PROVINCE DE LIÈGE

VERVIERS (4800) 56 600 hab.

Verviers, Capitale wallonne de l'eau, est une ancienne ville industrielle spécialisée, dès le XVIIᵉ s, dans la production de la laine. Située au bord de la Vesdre, c'est l'une des têtes de pont de l'industrialisation européenne du XIXᵉ s, reconnue mondialement pour ses innovations techniques. La richesse des grands patrons se traduit alors par la construction de somptueuses demeures et hôtels particuliers. Après la Première Guerre mondiale, Verviers est le centre lainier le plus florissant d'Europe. Parallèlement, les luttes ouvrières pour de meilleures conditions de travail et de salaire en font aussi l'un des phares du syndicalisme européen. La concurrence internationale de la seconde moitié du XXᵉ s provoque le déclin de Verviers, qui tente dès lors une difficile reconversion... Pour le voyageur de passage, la « ville de l'eau et de la laine » présente quelques curiosités : vestiges industriels de la grande période de prospérité, demeures patriciennes, musées insolites, fontaines... Sans oublier la fameuse Ploquette, la bière de Verviers !

Adresses et infos utiles

ℹ️ Maison du tourisme du pays de Vesdre : rue Jules-Cerexhe, 86. ☎ 087-30-79-26. ● paysdevesdre. be ● Au rdc de la Maison de l'eau. Tlj (sf lun nov-mars) 9h-17h. Toutes les infos sur la ville et sa région : plan, agenda culturel, tourisme vert... Propose aussi des visites guidées thématiques à la découverte du patrimoine naturel, culturel ou industriel du pays de Vesdre. Vente de produits du terroir local.

ℹ️ Antenne d'infos de la province de Liège : rue des Martyrs, 1.

☎ 087-35-08-48. ● provincedeliege.be ● Lun-ven 9h-17h, sam 10h-12h (sf juil-août).

🚉 Gare ferroviaire SNCB : pl. de la Victoire, 1. ☎ 02-528-28-28. ● b-rail. be ● Trains directs pour et depuis Liège, Eupen et Spa.

🚌 Arrêt des bus TEC : devant la gare ferroviaire. Également un bureau TEC en centre-ville (pl. Verte, 33. ☎ 087-35-44-30 ou 04-361-94-44. ● infotec. be ●). Bus pour les Fagnes.

■ Marché : sam mat, pl. du Marché (devant d'hôtel de ville).

Où dormir à Verviers et dans les environs ?

De prix modérés à plus chic

🛏️ Chambres d'hôtes La Villa Fleurie : rue de la Libération, 18b. ☎ 087-22-38-21. ● la_villa_fleurie@ yahoo.fr ● lavillafleurie.be ● À quelques km au sud de Verviers. Prendre la E 42 vers Spa, sortie nº 7, puis la route vers Theux ; c'est env à 1,5 km plus loin, au fond de l'impasse qui part sur la droite après la station Total. Double 60 €, petit déj inclus. Au bout d'une rue qui donne sur la campagne, cette maison agréable et fort bien tenue dispose de 2 chambres aux tons estivaux avec TV et lavabo. Salle de bains commune

impeccable. Jardin avec piscine. Accueil gentil.

🛏️ Hôtel-restaurant Verviers : rue de La Station, 4. ☎ 087-30-56-56. ● sales@hotelverviers.be ● hotel verviers.be ● Doubles 95-150 € selon confort. Petit déj 13 €/pers. 📶 Un 4-étoiles à prix attractifs, installé dans l'imposant bâtiment de l'ancienne douane (XIXᵉ s). Verviers ne pouvait rêver plus bel hommage à son passé industriel ! Une centaine de chambres confortables, élégantes et résolument contemporaines. Certaines sont même de charmants petits duplex. Sur place : piscine, resto, brasserie...

Où manger ?

De prix modérés à prix moyens

IOI *Le Café du Théâtre :* rue Jardon, 21. ☎ 087-51-34-14. Tlj sf dim 12h-14h, 18h-20h30. Menu à partir de 11 €. CB refusées. Café offert sur présentation de ce guide. À deux pas du théâtre, un bon resto où l'on trouve, inscrits à l'ardoise, des plats de ménage amoureusement préparés et copieux. Cochon et bœuf sont à l'honneur ; la maison affichant pour spécialité : les pieds ou la tête au chutney. Prix serrés et déco un tantinet rétro, bien dans l'air du temps...

IOI *Le Patch :* chaussée de Heusy, 173. ☎ 087-22-45-39. ● lepatch@ skynet.be ● Sur les hauteurs de Verviers. Fermé sam midi, dim et lun soir. Plats 9-18 € ; lunch à prix attractif. Petites maisons de charme. Patine à l'ancienne, collection d'objets chinés aux puces, tables en bois décorées à la main. Dans l'assiette, cuisine goûteuse, mitonnée par la maîtresse des lieux et servie avec le sourire. Pièces de viande de belle taille qui fondent dans la bouche, bons plats de pâtes fumantes, appétissantes salades et suggestions variées en fonction du marché. Terrasse en été.

Où boire un verre ? Où écouter de la musique ?

Y *La Boule Rouge :* pont Laurent, 10. ☎ 087-33-39-50. ● la.boule.rouge@ skynet.be ● En plein centre. Tlj sf dim midi 10h-15h, 18h-23h. ⏰ Apéritif offert sur présentation de ce guide. On aime bien cette brasserie chaleureuse, avec ses boiseries, recoins, affiches colorées et excellente bande musicale. Belle carte des bières. Fait aussi resto. Accueil sympa.

Y *Le Saint Andrews :* pl. du Martyr, 50. ☎ 087-70-64-86. ● standrews pub@gmail.com ● Ouv tlj lun au jeu 11h-1h30 (2h30 le ven), sam 14h-2h30 et dim 15h-1h30. ⏰ Petit pub à l'ambiance *Irish*, qui sert la seule Guinness au fût de Verviers. Beau choix de whiskies aussi.

♪ *Spirit of 66 :* pl. du Martyr, 16. ☎ 087-35-24-24. ● info@spiritof66. be ● spiritof66.be ● En plein centre. Entrée : 10-30 €. On y vient de toute l'Europe pour assister aux nombreux concerts (quasi tous les soirs) de blues, rock, pop, métal... assurés par des artistes anglo-saxons. Excellente ambiance.

À voir

🏃🏃 *Le centre touristique de la Laine et de la Mode :* rue de la Chapelle, 30. ☎ 087-30-79-20. ● aqualaine.be ● Tlj sf lun 10h-17h. Entrée : 6 € (audioguide compris) ; réduc ; expo temporaires 5 € (audioguide payant) ; billet jumelé 7 €. Installée dans un bâtiment néoclassique ayant appartenu à la famille d'industriels Dethier (en activité jusqu'en 1970), cette expo propose deux parcours audioguidés. Le *premier* retrace, à travers une mise en scène, les différentes étapes du processus de fabrication de la laine (de la tonte du mouton au salon du tailleur) à l'époque où le commerce de ladite laine faisait la fortune de la ville (1800-1950). Ambiance d'atelier reconstitué à grand renfort d'outils, machines, laboratoire, coloration, etc. On s'y croit vraiment ! Le *second parcours* évoque la mode, en présentant les costumes des principales

UN GOÛTEUR PAS DÉGOÛTÉ

Avant l'apparition du savon, on dégraissait la laine à l'urine ! Celle-ci était récoltée dans les foyers par un monsieur qui devait aussi goûter le liquide, histoire de s'assurer qu'il contenait assez d'ammoniaque. Ah ! les joies des métiers d'antan !

époques, de l'Antiquité à nos jours... Des expos temporaires, une boutique et un centre de documentation viennent compléter cette initiative destinée à donner un second souffle touristique à la ville. Ceux que le sujet passionne pourront également demander à l'accueil le parcours-promenade de 1h30 sur le thème « Je file en ville ». La première étape du circuit se situe dans la cour : une machine à vapeur, symbole de la révolution industrielle, apparue à Verviers à la fin du XVIIIᵉ s.

🎣 *La Maison de l'eau : rue Jules-Cerexhe, 86.* ☎ *087-30-14-33.* ● *aqualaine.be* ● *Dans le même bâtiment que l'office de tourisme. Mêmes horaires. Entrée : 2,50 € ; réduc.* Déclarée Capitale wallonne de l'eau, Verviers se devait d'avoir son musée de l'Eau. En effet, c'est grâce à l'eau de la Vesdre – pauvre en calcaire – que la ville fit prospérer son industrie lainière ; l'eau fournissait aussi la force motrice des machines. Ce parcours multimédia montre les aménagements réalisés sur la rivière pour servir les ambitions industrielles, mais évoque aussi le traitement des eaux usées et les menaces qui pèsent sur sa préservation. Ceux qui souhaitent creuser le sujet feront le parcours-promenade dans les rues de Verviers, à la découverte des fontaines de la ville (dépliant disponible à l'entrée).

🎣🎣 *Le musée des Beaux-Arts et de la Céramique : rue Renier, 17.* ☎ *087-33-16-95.* ● *verviers.be* ● *Lun, mer et sam 14h-17h ; dim 15h-18h. Entrée : 2 € ; réduc.* Dans un ancien hospice (façade couverte de dalles funéraires !), ce musée recèle une riche collection de peintures et de porcelaines ; donation privée de Jean-Simon Rénier, peintre et archéologue verviétois décédé au début du XXᵉ s.
– *Au rez-de-chaussée,* on trouve essentiellement des *peintures du XVIᵉ au XIXᵉ s. Châtiment d'Ananias et Saphira* de Pierre Pourbus le Vieux, paysage de Jean Van Goyen, *La Vierge, l'Enfant Jésus et saint Jean* de Jacques Van Oost... Pas mal de peintres flamands.
Pièce Louis-Philippe avec de grandes scènes champêtres. Voir aussi le meuble à gravures liégeoises. Ne pas rater la collection de *porcelaines,* l'un des ensembles du genre les plus complets de Belgique !
– *Au 1ᵉʳ étage,* enfin, *peintures des XIXᵉ et XXᵉ s,* avec notamment des représentants de la petite école verviétoise (tendance intimiste), mais aussi une poignée d'œuvres d'artistes plus connus, tels que Constantin Meunier, Carpentier, Courbet, Fernand Khnopff, Paul Delvaux ou Magritte. Ce même niveau abrite aussi des expos temporaires d'art contemporain.

🎣 *Le musée d'Archéologie et du Folklore : rue des Raines, 42.* ☎ *087-33-16-95.* ● *verviers.be* ● *Mar et jeu 14h-17h, sam 9h-12h, dim 10h-13h. Entrée : 2 € ; réduc.* Installé dans une demeure bourgeoise du XVIIIᵉ s, ce musée expose les découvertes archéologiques de la région, mais aussi des collections d'armes et de mobilier anciens, faïences bleu de Delft (Hollande), meuble à dentelle, boîtes de Spa... Salles consacrées à la préhistoire et à l'Antiquité : silex, monnaies liégeoises et romaines, statuettes égyptiennes. Et au sous-sol, une surprise : le théâtre de Bethléem (l'un des derniers d'Europe !) qui, chaque année entre les 20 et 30 décembre, conte l'histoire de Noël avec des personnages verviétois en papier mâché, animés par des enfants.

Petite balade en ville

🎣 *L'hôtel de ville : pl. du Marché.* Élégante bâtisse blanc et gris du XVIIIᵉ s, de style classique. Sur le fronton, une devise qui devrait plaire à Jacques Séguéla : *Publicité Sauvegarde du Peuple.* Bien entendu, il s'agissait probablement de la publicité des débats ! Devant, le traditionnel *Perron.*

🎣 *La rue des Raines :* l'une des plus aristocratiques, elle mène à l'église Remacle. Nombreuses demeures bourgeoises. Aux nᵒˢ 42 et 50, noter les encadrements de fenêtres, tout à la fois élégants et sobres. Aux nᵒˢ 11 et 13, charmantes maisons à colombages et brique. La *place Remacle* est bien calme et mystérieuse la nuit, lorsque l'église paraît moins sévère.

🏃 Repasser par la rue Renier, traverser le pont. À gauche part la charmante **promenade des Récollets,** qui court sur la colline au milieu des arbres et offre un joli panorama sur la ville. Tout au bout, des escaliers. On a le choix entre revenir en ville ou se balader dans le vieux quartier populaire autour de la rue Spintay.

🏃 Voir aussi la **chaussée d'Heusy,** avec ses superbes villas Art nouveau et Art déco. Un quartier excentré et cossu qui plaira aux amateurs d'architecture urbaine.

DE L'USAGE RELIGIEUX DES PHÉNOMÈNES NATURELS

On attribue un miracle étonnant à la Vierge noire de l'église Notre-Dame-des-Récollets. Lors d'un tremblement de terre, en 1692, le bras gauche de la statue de la Madone, tendu vers l'extérieur, se replia pour saisir la main de l'Enfant Jésus qu'elle portait... afin de le protéger de la chute, selon les 4 000 fidèles qui assistèrent à l'événement !

LA PROVINCE DE LIÈGE

LIMBOURG (4830) 5 800 hab.

Sur une colline, l'une des plus charmantes petites cités médiévales de Wallonie. Place forte importante jusqu'à la fin du XVIIIe s, elle connut une existence agitée (guerres de Religion, guerre de Trente Ans, etc.). Louis XIV fit sauter le château en 1675. On peut d'ailleurs voir cet épisode peint sur un mur du réfectoire au musée des Invalides à Paris... Malgré cela, la ville conserve les beaux vestiges de ses remparts, d'où le panorama est superbe. Mais notre coup de cœur, c'est la place principale aux hauts pavés disjoints : plantée de vieux tilleuls, tout en longueur, de guingois, elle a conservé une délicieuse homogénéité architecturale. Tout en haut, petit manoir néo-Renaissance ; l'occasion d'une jolie promenade à flanc de colline par le chemin des Écureuils.

Adresse utile

🛈 **Office de tourisme :** *av. David, 15, Dolhain (en ville basse de Limbourg).* ☎ *087-76-04-00.* ● *ville-limbourg.be* ● *Tlj 10h-16h, 13h-16h (sf lun 13h-18h), sam 10h-12h. Fermé mar et ven ap-m.*

Plan de la ville, itinéraires de promenades, agenda culturel... Propose en saison, le dimanche, une visite guidée gratuite de la vieille ville.

Où manger ? Où boire un verre ?

🍽🍷 **Aux Ambassadeurs :** *rue des Remparts, 116.* ☎ *087-76-63-36.* ● *leonfrancesch@hotmail.com* ● *En arrivant dans la ville haute, sur la gauche dans le virage. Tlj sf ven, 11h-19h (21h en été et 17h le jeu). Tea-room et petite restauration. CB refusées.*

Boisson offerte sur présentation de ce guide. Cette vieille maison en pierre s'ouvre sur une salle rustique avec cheminée et pierres apparentes. À la carte : crêpes, gaufres, sandwichs, pâtes, soupes... Simple et bon.

Où dormir ? Où manger dans les environs ?

🏠🍽 **Chambres d'hôtes Bretts :** *Herbiester, 68, Jalhay (4845).* ☎ *087-* *37-76-68.* ● *info@bretts.be* ● *bretts. be* ● *À env 8 km au sud de Limbourg.*

LA PROVINCE DE LIÈGE

Double env 60 €, petit déj compris. Menu complet 20 €. Aménagées dans une vieille maison d'un village tranquille, voici 5 chambres à la fois rustiques et bohêmes, toutes avec salle de bains nickel. Fait aussi table d'hôtes pour les seuls clients, dans une salle chaleureuse parsemée d'objets anciens. Copieux et pas trop cher. Jardin verdoyant. Tenu par un couple anglo-belge sympa. Une bonne petite adresse, qu'on vous dit !

🏠 ¡●¡ *Au Vieux Hêtre : route de La Fagne, 18, Jalhay (4845).* ☎ 087-64-70-92. ● *vieuxhetre@skynet. be* ● *vieuxhetre.com* ● *À 8 km au sud de Limbourg. Resto ouv jeu-dim et j. fériés,* *12h-14h et 18h30-20h30. Résa bien à l'avance conseillée. Doubles 60-350 € selon confort et saison, petit déj inclus. Menus 25-35 €. Apéro, café ou digestif offert sur présentation de ce guide.* En bord de route, une accueillante auberge construite en pierre de pays. Pour dormir, une dizaine de chambres confortables et d'allure classiques. Côté fourneaux, Robert Dedouaire, chef réputé de la région, concocte des plats de saison particulièrement inspirés et inventifs, avec des produits d'une extrême fraîcheur. Le 1er menu présente un bon rapport qualité-prix. Agréable jardin aux beaux jours. L'une des meilleures tables de la région.

À voir

On accède au vieux Limbourg depuis le faubourg de Dolhain ; au niveau du pont sur la rivière, une discrète pancarte vous indique la ville médiévale, perchée sur son promontoire...

🎯 *L'église Georges :* du XVe s. Beau porche avec, en médaillon, saint Georges terrassant le dragon.

🎯 *L'Ancienne Justice de Paix : pl. Georges, 30. Mai-sept, sam-dim 14h-18h. GRATUIT.* Intéressante maquette de Limbourg en 1632, donc avant sa destruction par les Français.

DANS LES ENVIRONS DE LIMBOURG

🎯 *Le barrage et le lac de la Gileppe :* inauguré par Léopold II en 1878, pour répondre aux besoins de l'industrie textile verviétoise, il retient plus de 25 millions de mètres cubes d'eau sur une surface de 130 ha. Un majestueux lion de grès de 300 t monte la garde au faîte du barrage. Le tour du lac de retenue constitue un excellent but de balade à vélo.

EUPEN (4700) 19 250 hab.

À la frontière du plateau de Herve et de la grande forêt d'Hertogenwald, Eupen est la petite « capitale » de la Belgique germanophone. Elle abrite ainsi le siège du Gouvernement de la communauté germanophone. Juchée sur une colline bordant la Vesdre, c'est une ville commerciale et industrielle plutôt agréable. Elle s'enrichit aux XVIIe et XVIIIe s grâce au textile et à la laine, et aligne aujourd'hui dans son charmant petit centre historique de jolies demeures bourgeoises de cette époque.

Adresses utiles

🛈 *Office de tourisme : Marktplatz, 7.* ☎ 087-55-34-50. ● *eupen.be* ● *Lun-ven 9h-17h, sam 9h-13h, fermé* *dim (sf juil-août 9h-13h).* Plan de la ville, liste des hébergements alentour, brochure proposant plusieurs balades pour découvrir le centre historique, itinéraires de randonnées pédestres dans la région, agenda culturel... Organise aussi une promenade de 2H dans la ville avec, à la clé, une entrée à la chocolaterie *Jacques (sf w-e)* et la visite du musée de la Forêt à Ternell (situé à 7 km d'Eupen). Également des visites du Parlement germanophone (XVIIIe s), et loue des vélos électriques.

🚆 *Gare ferroviaire SNCB :* Banhofstrasse. ☎ 02-528-28-28. Trains directs pour et depuis Liège, Louvain, Bruxelles, Gand, Bruges et Ostende.

🚌 *Gare routière TEC :* Aachenerstrasse. ☎ 087-74-25-92. ● infotec. be ● À 10 mn à pied du centre historique. Bus ttes les 30 mn à 1h pour Aix-la-Chapelle (Aachen), et les Hautes-Fagnes (Malmedy, Botrange, Saint-Vith...).

LA PROVINCE DE LIÈGE

Où dormir ? Où manger à Eupen et dans les environs proches ?

Camping

🏕 *Camping Hertogenwald :* Oestrasse, 78, à Eupen. ☎ 087-74-32-22. ● info@camping-hertogenwald. be ● camping-hertogenwald.be ● À env 3 km au sud-ouest d'Eupen, sur la N 629. Ouv tte l'année. Env 20 € pour 2 avec tente et voiture. Bien aménagé, dans un environnement vert, on plante sa tente à la lisière du bois. Sanitaires propres. Sur place : jeux pour les enfants, pub avec billard et baby-foot.

Bon marché

🏠 |●| *Gîte d'étape d'Eupen :* Judenstrasse, 79, à Eupen.☎ 087-55-31-26. ● gite.eupen@gitesdetape. be ● gitesdetape.be/eupen ● À 1 km de la gare. Nuit env 16 €/pers, petit déj inclus mais draps en sus 4 €. Possibilité de ½ pens et pens complète. Plantée sur un coteau verdoyant dominant la ville, au cœur d'un quartier résidentiel tranquille, cette grande bâtisse a rouvert ses portes au printemps 2013 après une totale rénovation. Au choix : des chambres doubles, triples ou des dortoirs (4-6 personnes), avec sanitaires privés. Une adresse idéale en famille. Très bon rapport qualité-prix.

🏠 *Pension Packbier :* Feldstrasse, 37, Kettenis (4701). ☎ 087-55-64-89. ● w. packbier@skynet.be ● D'Eupen, suivre la direction Aachen-Raeren ; puis dans Kettenis, tourner à droite dans la rue Lindenberg, puis tt de suite à gauche et à droite dans la fourche ; la maison est

un peu plus loin sur la droite. Ouv sam-mar. Nuitée 18 €/pers, petit déj compris. Vous lisez bien ! À peine le prix d'une auberge de jeunesse. Évidemment, l'endroit n'a rien de luxueux. C'est au contraire tout simple mais extrêmement cosy, chaleureux et nickel. La belle cuisine, avec son poêle à bois, est laissée à disposition. En tout, 4 chambres doubles avec sanitaires sur le palier. Accueil et atmosphère très bohème.

🏠 *Pension Zum Goldenen Anker :* Marktplatz, 13, à Eupen. ☎ 087-74-39-97. ● zum.goldenen. anker@gmail.com ● zum-goldenen-anker. be ● Réception au bistrot du rdc. Double 60 €, petit déj compris. En plein cœur historique d'Eupen, petite pension de 6 chambres fonctionnelles et proprettes, avec douche et lavabo (w-c à l'étage). Une bonne adresse toute simple.

De prix moyens à plus chic

🏠 *B & B Julevi :* Heidberg, 4, à Eupen. ☎ 478-49-32-36. ● info@julevi.be ● julevi.be ● Double 95 €, petit déj compris. À deux pas du centre historique, dans une magnifique maison de caractère du XIXe s, voici 3 chambres d'hôtes de charme. Tout confort et déco contemporaine de très bon goût. Adorable véranda donnant sur un jardinet à l'arrière. Une excellente adresse. C'est sûr, on y reviendra !

|●| *Restaurant Delcoeur :* Gospertsrasse, 22-24, à Eupen. ☎ 087-56-16-66. ● info@delcoeur.be ● En plein

centre. Tlj sf jeu et sam midi, 12h-14h30, 18h-21h30. Formule déj 28 €, menus 33-56 €. 📶 D'abord, une grande salle haute, mansardée, et dotée d'une déco contemporaine aux couleurs chaudes. Peu de plats à la carte – ce qui est une garantie de fraîcheur – pour une cuisine de terroir un brin créative mais sans esbroufe. Également des plats dits « rustiques », plus simples et très abordables. Un resto chic finalement pour toutes les bourses.

À voir. À faire

🗡 **L'église Nicolas :** *Marktplatz.* Édifiée en 1724. Les deux clochers furent ajoutés au XIXᵉ s. À l'intérieur, trois nefs de même hauteur, type « halle ». La déco est un chef-d'œuvre du style rococo chargé (pléonasme !). Autel dans le genre imbattable, comme le sont aussi les niches à baldaquin, abritant (à gauche) la Vierge et (à droite) saint Joseph. Tout le pourtour est lambrissé avec des confessionnaux sculptés et ciselés d'un seul tenant. Noter, sur les bancs, les traditionnels noms gravés (ou en lettres de cuivre) des grandes familles de la ville. À commencer, au 1ᵉʳ rang, par le « Magistratus Eupensis ».

➤ **Balade dans la vieille ville** *(ville haute – Oberstadt) :* **se procurer le dépliant à l'office de tourisme.** Marktplatz, demeures patriciennes du XVIIIᵉ s, ainsi que dans Kirchstrasse et Bergstrasse. Au n° 32, Klotzerbahn, voici l'édifice du Gouvernement de la Communauté germanophone, dite *Maison Grand Ry,* construite au XVIIIᵉ s par un important marchand de textile. Sur Aachenerstrasse, encore d'autres maisons patriciennes baroques, et l'hôtel de ville, abrité dans un ancien couvent du XVIIᵉ s.

🗡 **Eupener Stadtmuseum** *(musée de la ville d'Eupen) :* **Gospertstrasse, 52.** ☎ 087-74-00-05. ● *eupener-stadtmuseum.be* ● *Mar-ven 9h30-12h et 13h-16h, sam 14h-17h et dim 10h-12h. Entrée payante.* Tout juste réaménagé en 2013, il est abrité dans cette belle maison bourgeoise du XVIIᵉ s, à l'élégant fronton. Exposition sur l'industrie textilo-lainière et l'artisanat local, sans oublier le carnaval, grande tradition locale. On y apprend ainsi que des poteries de Raeren (XVIIᵉ s) furent retrouvées dans des tombeaux indiens d'Amérique du Nord. Comme quoi, la mondialisation ne date pas d'hier ! Belle collection d'horloges. Reconstitution d'un atelier d'orfèvre.

Manifestations

– **Carnaval :** l'un des plus captivants du pays, bien dans la tradition rhénane. Dans cette ville du textile, les costumes furent longtemps confectionnés à partir de chutes de tissus multicolores. Le samedi, le prince du carnaval reçoit tous pouvoirs des mains du bourgmestre. Le jeudi, cortège des Vieilles Femmes. Le dimanche, défilé des Enfants. Le lundi, grand cortège « des Roses » *(Rosenmontag),* avec jets de caramels. Grand bal chaque soir.
– **La Martin :** *le 11 nov.* Très fêtée à Eupen, où elle se termine par un grand feu de joie.
– **Summer in the City :** *w-e fin avr-début sept.* Concerts gratuits dans le cœur historique : rock, jazz, tyrolien...

LES HAUTES-FAGNES

Une région bien particulière en Belgique. Alors qu'un peu au sud, à Torgny, c'est presque la Provence, ici, en Hautes-Fagnes, c'est quasi la toundra ! D'Eupen à Malmedy s'étendent plus de 4 000 ha de zone humide, marais, landes et tourbières, parsemés de quelques sapinières et bosquets de feuillus. Ici, le climat est rude quasiment toute l'année. Étés frais, hivers longs et rigoureux, brouillards fréquents. Pensez que la température moyenne annuelle est de 7 °C, qu'il peut déjà geler fin septembre, qu'il peut encore geler fin mai, qu'il a parfois neigé en avril, voire en mai, que c'est en août qu'il pleut le plus...

Arrêtons là, on n'est pas ici pour décourager le lecteur. Car c'est aussi un formidable écosystème, avec des plantes de montagne et d'autres presque boréales : molinia, linaigrettes, myrtilles, airelles, orchis des sphaignes, jonquilles et toutes les variétés de mousses, bruyères et lichens, etc. Riche faune représentée par les grosses bébêtes d'abord – sangliers, cerfs, chevreuils – et les plus petites – renards, belettes, hermines. On y a répertorié 160 espèces d'oiseaux, dont la moitié vit là de façon permanente. Parmi lesquels : la pie grièche, le geai, la grive, la fauvette, le coucou, l'alouette, la mésange, le vanneau huppé, le faucon, l'épervier, la buse et, le roi d'entre eux, le tétras-lyre (ou coq de bruyère), dont il ne reste que quelques dizaines d'individus (très difficiles à observer).

Une curiosité géologique : de larges cuvettes, les *pingos* ou *palses,* dépressions remplies d'eau et de tourbières allant jusqu'à 50 m de diamètre et entourées d'un talus. À l'origine, des bulles de glace qui, au moment de la fonte, taraudèrent le sol.

Mais tout cela se révèle bien fragile. Depuis le XIXᵉ s, l'assèchement des sols, la reforestation, les mises en culture ou prairie ont considérablement réduit les Fagnes. En outre, ces paysages âpres, voire dramatiques, attirent nombre d'amoureux de la nature et de randonneurs, ce qui peut, si ce n'est pas réglementé, présenter un danger pour l'écosystème. C'est pour préserver cette nature que, depuis 1957, cette zone est désormais protégée et fait partie du parc naturel Fagnes-Eifel, à cheval entre Belgique et Allemagne, classé Natura 2000.

LE CENTRE NATURE DE BOTRANGE

*Route de Botrange, 131, **Robertville** (4950).* ☎ 080-44-03-00. • botrange. be • *Situé sur la route qui va d'Eupen à Robertville. Pour s'y rendre de Liège en transports en commun : train jusqu'à Verviers, puis bus n° 390. Tlj 10h-18h. Entrée : 6 € ; 7,50 € avec le film ; réduc.* Dans une nouvelle présentation interactive, le Centre nature de Botrange est un beau bâtiment en bois clair qui se fond bien dans l'environnement, et a pour mission de faire connaître à un large public le parc naturel des Hautes-Fagnes. Outre une grande variété de promenades pédestres guidées axées sur la découverte de la nature (de l'excursion ornithologique à l'observation des chauves-souris en passant par les balades en char à bancs), le lieu propose une exposition permanente (FANIA), bien conçue, présentant l'évolution géologique de la région, son histoire récente, sa faune, sa flore et son écosystème. On y apprend pas mal de choses, notamment que Botrange, il y a 500 millions d'années, se situait au pôle Sud et que la zone, tout au long de sa dérive vers sa position actuelle, fut successivement sous-marine, désertique, tropicale et hautement montagneuse. Pour finir, l'histoire de l'homme et de son impact sur le paysage avec un *film (1,50 €)* illustrant l'extraction de la tourbe par les villageois.

On trouve sur place aussi une boutique avec de la documentation, des livres et des cartes de promenade. Enfin, le centre dispose d'une bibliothèque, d'une cafétéria et organise des expos temporaires et des animations pour enfants. Les étourdis pourront également y louer une paire de bottes en caoutchouc, ou encore des skis de fond...

DANS LES ENVIRONS DU CENTRE NATURE DE BOTRANGE

BOTRANGE

À 694 m, « Le Signal », comme on l'appelle ici, est le point culminant de la Belgique. De la tour, par beau temps (oui, ça arrive !), on découvre un vaste panorama sur les Fagnes.

➤ **Trois itinéraires** didactiques permettent de découvrir à pied le plateau sous ses différents aspects. Il s'agit du **sentier de Neûr Lowé** (5 km), du **sentier de la Polleur** (2,5 ou 4,5 km) et du **parcours des 3-Bornes** (5 km). Plan disponible au Centre nature, mais mieux vaut se munir de la

carte IGN au 1/25 000 (vendue au centre) et bien sûr de bonnes chaussures, de préférence imperméables.
– Le 1er itinéraire, qui part du Centre nature, traverse ou longe les landes, les tourbières et les forêts d'épicéas, 3 composantes essentielles des Hautes-Fagnes, et montre comment celles-ci se sont imposées au paysage d'origine.
– Le 2ᵉ, qui démarre un peu avant la bifurcation de la N 68 en venant d'Eupen (à environ 3 km du centre), porte sur la formation de la tourbière et sa transformation, par l'homme, en un paysage de landes (par assèchement).
– Le dernier, enfin, part de la baraque Michel, située à quelque 4 km du centre. Il suit les traces de la présence humaine sur le plateau au cours des siècles (on y voit notamment les *bornes*, qui signalaient les confins d'États, tels que le duché de Limbourg ou le marquisat de Franchimont) et offre quelques-uns des plus beaux points de vue sur les Fagnes. Vous y croiserez le « pavé de Charlemagne », voie mérovingienne enfouie sous la tourbe.

➤ Vous pouvez aussi récupérer au Centre nature **La Ronde de Botrange,** un « itinéraire de promenade, à la découverte des bornes, croix, monuments et vestiges historiques sur le plateau des Hautes-Fagnes ». On vous y conte toutes les histoires (souvent tragiques) et les légendes qui se rattachent à ces sites, à l'instar de la Croix des Fiancés...

LE CHÂTEAU DE REINHARDSTEIN

*Chemin du Cheneux, 50, **Ovifat** (4950).* ☎ *080-44-68-68.* ● *reinhardstein. net* ● *Accès en voiture par Ovifat (panneaux), puis 750 m de marche à partir du parking. Visites guidées sam-dim 11h15 et 14h30 ; j. fériés 14h30 ; vac scol : w-e, mar et jeu 14h30. Entrée : 6,50 € ; réduc.*
Situé dans une vallée étroite, sur un éperon rocheux. Tôt, à l'ère médiévale, le site fut fortifié. Les célèbres quatre fils Aymon s'y réfugièrent un jour. En 1354, un nouveau château fut édifié, qui connut, au fil des siècles, de prestigieux proprios : les Nassau, les Schwarzenberg et, pour finir, les Metternich. Le père du fameux négociateur de Vienne vendit le château, qui fut ensuite démantelé et servit de carrière de pierre. Reconstruit à partir de 1969, il a retrouvé son imposante allure et domine à nouveau ce site exceptionnel.

À l'intérieur, le professeur Overloop, collectionneur passionné, a brillamment remeublé et décoré les salles. Entre autres pièces remarquables, nous avons relevé, dans la *salle des Chevaliers,* une cathèdre seigneuriale, une très rare armure italienne articulée du XVIᵉ s, une belle tapisserie d'Audenarde, un coffre italien de mariage, un christ de Sluter en bois sculpté du XVᵉ s. Dans la première salle, statue de Charlemagne du XVIIᵉ s et superbe roi David sculpté avec harpe.

MALMEDY

(4960)   12 350 hab.

À l'origine : deux abbayes jumelles, l'une à Stavelot, l'autre à Malmedy, fondées en 648 par saint Remacle. Si l'abbaye de Stavelot prit plus d'importance, le scriptorium de Malmedy, en revanche, était réputé, ainsi que son école. Comme beaucoup de villes, Malmedy eut droit à son cortège de destructions : pillée par les Vikings et les Magyars aux IXᵉ et Xᵉ s, ratiboisée par Louis XIV en 1689. Elle connut toutefois une période de prospérité au XVIIIᵉ s, avec le développement des tanneries, des papeteries, du textile et autres industries. La Révolution y trouva un écho considérable. Elle devint sous-préfecture du département français de l'Ourthe puis, en 1815, après le Congrès de Vienne, fut rattachée à l'Allemagne. Ce n'est qu'en 1925 que Malmedy devint belge, après un référendum. Elle fut reconstruite à la suite d'un bombardement américain effectué par erreur en décembre 1944 et demeure aujourd'hui un important centre commerçant, également réputé chez les adeptes du tourisme vert dans les Hautes-Fagnes, qui offre de nombreuses possibilités.

➤ *Pour s'y rendre depuis Liège :* train jusqu'à Verviers, puis bus n° 395 jusqu'à Malmedy. Autre solution : train jusqu'à Trois-Ponts, puis bus n° 47.

LE « CWARMÉ », CARNAVAL DE MALMEDY

Un des plus pittoresques de Belgique ! Les 4 jours (appelés ici « Grantès Haguètes ») précédant le Mardi gras sont particulièrement intenses. Liesse populaire. Auparavant quatre jeudis, disons de « mise en jambes », l'auront préparé. En principe, tout le monde se déguise. Costumes et personnages originaux portant des noms qui ne le sont pas moins : le *sôté* (le nain), la *Djoupsène* (l'Égyptienne), le *vêheû* (le putois), *Grosse-Police* (qui ouvre le carnaval), le *sâvadje* (le sauvage), etc. Carnaval mené par le *trouv'lé* à qui l'on remet les pleins pouvoirs pendant 4 jours. Les *longs-nés* se baladent en *bâne corante* (« bande courante »), taquinent les passants et imitent leurs gestes. Ces derniers, pour s'en débarrasser, leur paient parfois un verre. La *haguète,* quant à elle, immobilise ses victimes avec un « happe-chair » pour qu'elles demandent pardon.
Le lundi se déroulent des jeux de rôle. Petits théâtres de rue. Des sketchs, souvent en wallon, racontent les petits travers de la ville et de ses habitants. Événements politiques et politiciens sont souvent brocardés avec force et humour. Le mardi soir, on brûle la *haguète.*

Adresses utiles

ℹ️ *Maison du tourisme des Cantons de l'Est :* pl. Albert-Iᵉʳ, 29 A. ☎ 080-33-02-50. ● cantons-de-lest. be ● malmedy.be ● Tlj 10h-18h ; fermé lun-mar hors saison. Plan de la ville, liste des hébergements, agenda culturel, infos loisirs vert (randonnées pédestres, VTT...) dans la région, etc. 🚌 *Gare routière TEC :* av. de la Gare. ☎ 04-361-94-44. ● infotec.be ●

Bus de et pour Vith, Verviers, Stavelot, Trois-Ponts, Ligneuville, Waimes... ■ *Location de vélos et VTT : chez Sport et Nature, pl. du Parc, 21.*

☎ *080-33-97-01.* ● *sportsetnature.be* ● *À proximité de la gare routière TEC.*

Où dormir ? Où manger à Malmedy et dans les environs proches ?

Des dizaines de logis et de chambres d'hôtes dans la campagne des environs. N'hésitez pas à vous procurer la brochure à la Maison du tourisme. Précision utile : à moins que vous ne veniez pour ça, évitez absolument les périodes de courses au circuit de Spa-Francorchamps, les prix s'affolent sans mesure !

Camping

⚠ *Camping familial : rue des Bruyères, 19, à Arimont (4960).* ☎ *080-33-08-62.* ● *info@campingfamilial.be* ● *campingfamilial.be* ● *À quelques mn en voiture de Malmedy. Env 16 € pour 2 avec tente et voiture. Petite restauration 18h-20h.* 🛜 Situé sur une colline, à proximité de la forêt. Belle vue sur Malmedy et les alentours. Piscine, jeux pour les enfants, friterie...

Bon marché

🏠 |●| *Auberge de jeunesse Hautes-Fagnes : route d'Eupen, 36, à Bevercé.* ☎ *080-33-83-86.* ● *malmedy@laj.be* ● *lesaubergesdejeunesse.be* ● *À 2,5 km du centre de Malmedy, sur la route d'Eupen. Bus nos 395 et 397 depuis le centre-ville. Selon confort : nuitée en dortoir 16-20 €/pers, doubles 46-50 € ; petit déj inclus. Repas env 10 €.* 🖥 🛜 AJ moderne et spacieuse avec salle commune équipée d'une cheminée. En tout, près de 180 lits, répartis dans des chambres de 2, 4, 6 et 8 lits, avec ou sans sanitaires. Fonctionnel et nickel. Coin TV, bar, ping-pong et plaine de jeux.

🏠 |●| *Gîte d'étape : rue des Charmilles, 69, à Ovifat.* ☎ *080-44-46-77.* ● *gite.ovifat@gitesdetape.be* ● *gitesdetape.be/ovifat* ● *Nuit env 16 €/pers, petit déj inclus mais draps en sus 4 €. Possibilité*

de ½ pens et pens complète. En pleine nature, ce bâtiment moderne abrite des chambres pour 2, 4, 6 et 12 personnes ; toutes avec lits superposés et lavabo. Douche et w-c communs. Sommaire mais impeccable et pas cher. Et puis plein de bons conseils pour découvrir la région côté nature (VTT, ski de fond, randonnée pédestre...).

|●| *Au Petit Chef : pl. de Rome, à Malmedy.* ☎ *080-33-07-49.* ● *restaurant@aupetitchef.be* ● *Tlj sf mer. Plats 9-20 €.* En plein centre, c'est d'abord LA friterie des gens du cru. C'est ensuite une taverne spécialisée dans les moules, déclinées à toutes les sauces. Également des petits plats du jour sans prétention, et des salades... Simple, bon et pas cher ; le tout servi dans une salle qui ne paie pas de mine.

De prix moyens à plus chic

🏠 |●| *La Boulinière : chemin du Château, 9, à Arimont (4960).* ☎ *080-77-15-39.* ● *sabine.fabritius@belgacom.net* ● *labouliniere.be* ● *Resto (sur résa slt) fermé lun-mar. Doubles à partir de 85 €, petit déj compris. Menus 25-30 €, plats env 16 €.* Sur le plateau dominant Malmedy, cette jolie maison, une ancienne ferme, abrite des chambres charmantes, à la déco néo-rustique. On aime bien la « Louise », pour sa petite touche rétro et montagnarde. Fait aussi resto, proposant des plats de terroir toujours mitonnés avec soin.

|●| *À La Truite argentée : Bellevue, 3, à Malmedy.* ☎ *080-78-61-73.* ● *marc.bodarwe@skynet.be* ● *À la sortie de Malmedy, direction Waimes. Tlj sf mer-jeu. Menus 20 € (midi en sem)-35 €, plats 14-27 €.* Installée dans une maisonnette en bois, un resto élégant,

réputé pour son excellente cuisine gastronomique à prix juste. Juste quelques plats à la carte, dont la truite d'élevage demeure la grande spécialité (vivier attenant à la maison). Également du gibier en saison. Une fraîcheur formidable ! Service dans le jardin aux beaux jours.

🏠 *Gîtes et chambres d'hôtes à la ferme d'Arimont* : *chemin de la Cense, 22, à Arimont (4960).* ☎ *080-33-00-68.* ● *info@ fermedarimont.be* ● *fermedarimont. be* ● *À 3 km de Malmedy. Double 60 €, petit déj compris.* Dans un beau coin de nature, voici 2 chambres d'hôtes de style campagnard, aménagées dans l'ancienne grange, avec petit coin cuisine et salon

commun équipé d'un poêle. Également 4 gîtes rustiques pour 4 à 6 personnes. On peut jouer au ping-pong, au baby-foot et même tirer à l'arc dans le fenil. Une bonne adresse où se mettre au vert.

🏠 I●I *L'Esprit Sain* : *chemin Rue, 46, à Malmedy.* ☎ *080-33-03-14.* ● *info@ espritsain.be* ● *espritsain.be* ● *Double env 100 €, petit déj compris. Menu 30 €, plats 15-20 €.* 📶 En plein centre, un bel hôtel récemment rénové dans un style moderne simple et sympa. Une dizaine d'agréables chambres tout confort. Fait aussi resto, réputé pour ses recettes originales et pleines de goût, réalisées avec de bons produits frais.

À voir. À faire

🗡 *La cathédrale Pierre-Paul-et-Quirin :* héritière de l'ancienne abbatiale, dernier souvenir de l'abbaye qui reçut le statut de cathédrale entre 1920 et 1925, quand Malmedy n'était ni belge ni allemande. Reconstruite au XVIIIᵉ s après le grand incendie de 1689. Façade de pierre assez sobre. Voûte en berceau, nef unique avec coupole à la croisée du transept. Si l'atmosphère intérieure paraît froide, en revanche, intéressant mobilier. Chaire en bois doré particulièrement ornementée (fleurs, feuillages, etc.). Dans le chœur, siège épiscopal à baldaquin, stalles et portes sculptées.

🗡🗡 *Le Malmundarium :* *pl. du Chatelet, 9.* ☎ *080-79-96-68.* ● *malmundarium. be* ● *À côté de la cathédrale. Tlj sf lun et vac scol 10h-18h (17h nov-Pâques). Entrée : 6 € ; réduc. Audioguide en français 2 €.*
Récemment réhabilité par la ville, l'ancien monastère de Malmedy (XVIIIᵉ s) abrite désormais plusieurs musées intéressants, sans oublier les expos temporaires dans les combles.
– *Le musée du Papier :* ce fut l'une des industries les plus importantes de la région. Origine du papier depuis les guêpes triturant les fibres de bois jusqu'au papier d'écorce chinois, en passant par le papyrus, le parchemin et les tablettes d'argile. Représentation de toutes les qualités : papier d'Extrême-Orient, papier de fibre de mûrier, papier filigrané de Taiwan, papier arabe (de chiffon), etc. Qu'est-ce que le papier ? D'où vient-il ? Comment est-il fabriqué ? Peut-il être recyclé ? Toutes ces questions et bien d'autres encore sont abordées par le biais d'une scénographie multimédia attrayante et adaptée. Petit atelier de fabrication du papier.
– *Le musée de la Tannerie :* la vue, le toucher et l'odorat seront sollicités lors de ce voyage au cœur du cuir, de son histoire et de sa fabrication. Ce savoir-faire s'est développé à Malmedy dès 1500, grâce aux moines, pour finalement péricliter dans les années 1990.
– *Le musée du Carnaval :* souvenirs, documents, amusantes photos et vidéos des carnavals passés. Maquettes de chars, affiches, journaux spécifiques, etc. Présentation de personnages et de costumes traditionnels très colorés.
– *Le trésor de la cathédrale :* tableaux représentant les différents princes et autres abbés de Malmedy, calices, ostensoir, statuettes, croix...

DANS LES ENVIRONS DE MALMEDY (ET DE VITH)

🗡 *Brasserie de Bellevaux :* *à Bellevaux.* ☎ *080-88-15-40.* ● *brasseriedebellevaux.be* ● *Bellevaux est fléché dans la zone industrielle, à l'entrée de Malmedy, puis suivre la route et le fléchage sur 5 km env. Ouv sam-dim (mer-dim de mi-juil* à août) *11h-18h. Visite guidée de la brasserie (40 mn) à 16h ces mêmes j., suivie d'une dégustation : 6 €.* Fondée par un Néerlandais, autodidacte et passionné de bière, une microbrasserie charmante et bucolique... Le brassage et la fermentation se font à l'ancienne, mais il vous expliquera tout ça très bien... Blonde, blanche, ambrée, brune et noire (la fierté du brasseur !), il y en a pour tous les goûts. Chemins de randonnée tout autour de la vieille ferme et de quoi grignoter au retour, en buvant une bière bien fraîche...

40-45 🍴🍴 *Baugnez 44 Historical Center :* route de Luxembourg, 10, à *Baugnez.* ☎ 080-44-04-82. ● *baugnez44.be* ● *À env 4 km au sud-ouest de Malmedy, direction Waimes. Tlj sf lun-mar (sf j. fériés et vac scol) 10h-18h. Entrée : 7,50 € ; réduc.* Ce musée porte sur la bataille des Ardennes, ultime offensive de Hitler dont l'ambition était de reprendre le port d'Anvers... Un parcours audioguidé nous en retrace l'évolution à grand renfort d'images, d'objets et de matériel militaires d'époque mis en scène avec des mannequins dans des vitrines. Certaines reconstitutions sont parfois glaçantes, comme celle évoquant le massacre de 84 prisonniers américains par les soldats allemands à Baugnez... Un film de 25 mn complète le tout. Boutique et brasserie sur place. C'est l'un des meilleurs musées du genre de la région, qui en compte plusieurs.

🍴🍴 *Schieferstollen Recht :* Zum Schieferstollen, 9 A, **Recht** *(4780).* ☎ *080-57-00-67.* ● *schieferstollen-recht.be* ● *Entre Malmedy et Vith (sorties 12 ou 13 sur l'autoroute E 42). Tlj sf lun et j. fériés 10h-18h (fermeture caisse 16h30). Visite guidée à 11h et 14h. Durée : 1h30. Entrée : 8 € ; réduc.* Le village de Recht, en communauté germanophone, a longtemps recelé d'importantes carrières de pierre bleue, le fameux schiste, avant que les frères Margraff ne décident d'y creuser une galerie souterraine d'extraction, à la fin du XIXᵉ s. Elle fut exploitée jusqu'en 1908 et devint une réserve d'eau de 1936 à 1975. Elle est désormais ouverte au public, après plusieurs années de travaux de déblayage. C'est une visite intéressante : après avoir revêtu un casque et un ciré, on traverse un tunnel de 400 m sous terre, avant de découvrir la « salle de la cathédrale », l'énorme cavité où s'affairaient les mineurs. Leur boulot ? Extraire, à la dynamite, des dalles de schiste, 12h à 14h par jour, dans la quasi-obscurité. Les gravats (qui constituaient 70 % de la masse extraite) servaient d'échafaudages. Émouvant témoignage d'un labeur aujourd'hui inconcevable. Avant d'entamer la descente, procurez-vous un flacon de liqueur aux herbes à la réception, ça vous réchauffera le cœur dans la galerie.

SAINT-VITH (SANKT VITH)   (4780)   3 300 hab.

Belge depuis 1920, Saint-Vith est, après Eupen, la deuxième ville de la communauté germanophone. Rasée par l'aviation américaine en 1944, elle a été reconstruite avec la volonté d'offrir à ses habitants un cadre plaisant, dans un environnement de prairies et de bosquets. Le seul vestige ancien est la tour Büchel, dernière trace d'une enceinte du XIVᵉ s.

Adresses utiles

ℹ️ *Office de tourisme :* Hauptstrasse, 43. ☎ *080-28-01-30.* ● *st.vith.be* ● *Juil-août, lun-sam 9h-12h30, 13h-16h30 (18h ven), dim et j. fériés 9h30-13h ; le reste de l'année, tlj 9h-12h30,* 13h-15h30 (18h ven), fermé dim et j. fériés. Plan de la ville avec circuit de visite à pied, doc sur toute la région et ses possibilités de tourisme côté nature (VTT, randonnées pédestres, ski...), visite guidée de la ville, location de vélos électriques...

🚌 **Arrêt des bus TEC :** *sur le rond-point Am den Linden.* ☎ 04-361-94-44. ● *infotec.be* ● *À deux pas de l'office de tourisme.* Bus réguliers de et pour Verviers, Stavelot, Eupen, Malmedy...

LA PROVINCE DE LIÈGE

Où dormir ? Où manger ?

Camping

⛺ 🍴 **Camping Wiesenbach :** *Wiesenbachstrasse, 58C.* ☎ 080-22-61-37. ● *info@campingwiesenbach.be* ● *campingwiesenbach.be* ● *À 1 km du centre. Ouv tte l'année. Env 15 € pour 2 avec tente et voiture.* Dans un cadre boisé. Resto, piscine et sentiers de promenades à pied et à VTT.

Bon marché

🏠 🍴 **Auberge de jeunesse Ardennen-Eifel :** *Rodterstrasse, 13 A.* ☎ 080-22-93-31. ● *sankt-vith@vjh.be* ● *lesaubergesdejeunesse.be* ● *En contrebas du centre, env 500 m de l'arrêt des bus. Réception à partir de 17h. Nuitées 15,60-22 €/pers, petit déj compris.* Dans un coin vert et boisé, une AJ en forme de quadrilatère, avec une pelouse intérieure. Une centaine de lits répartis dans des chambres de 2 à 8 personnes, fonctionnelles et nickel. Resto-bar, ping-pong et jeux de société.

Prix moyens

🏠 🍴 **Hôtel-restaurant Am Steineweiher :** *Rodterstrasse, 32.* ☎ 080-22-72-70. ● *info@steineweiher.be* ● *steineweiher.be* ● *En contrebas du centre. Double 90 €, petit déj inclus. Menus à partir de 24 €, plats 6-20 €.*

Parking gratuit. 📶 Dans un environnement boisé au bord d'un étang, une quinzaine de chambres un peu kitsch mais douillettes, confortables et impeccablement tenues, avec balcon sur le parc pour certaines. Grande salle de resto au style un peu suranné, avec lambris, tableaux, tapisseries et cheminée. Délicieuse cuisine aux intonations françaises, qui mitonne à merveille truite et gibier.

🛏 **B & B Schlommefurth :** *Rodt, 217.* ☎ 080-57-03-80. ● *info@schlommefurth.be* ● *schlommefurth.be* ● *À 7 km au nord-ouest du centre-ville. Double 80 €, petit déj inclus.* En contrebas d'une route départementale tranquille et à la lisière de la forêt sillonnée par une multitude de chemins de randonnée pédestre. Cette vieille maison rénovée en pierre du pays compte 4 chambres charmantes et tout confort. Une belle adresse pour se mettre au vert. Accueil gentil.

🍴 **Restaurant Le Luxembourg :** *Hauptstrasse, 71.* ☎ 080-22-80-22. ● *info@luxembourg-restaurant.be* ● *En plein centre, à deux pas de l'office de tourisme. Tlj sf mar soir, mer et jeu. Plats 12-19 €.* De ce resto gastronomique cher et réputé, on ne recommande que la brasserie, dans une petite salle élégante avec cheminée, donnant sur la rue. Même cuisine, mais carte plus démocratique. Juste quelques plats de saison savoureux et concoctés avec des produits d'une fraîcheur absolue. Un bon rapport qualité-prix au final.

Achats dans les environs

🍫 **Belgian Chocolate Design :** *K.F. Schinkelstrasse, 45, Schönberg (4782).* ☎ 080-54-93-33. ● *belgian-chocolate-design.be* ● *Tlj sf dim-lun 9h-18h (mar 13h-18h).* Dans ce patelin perdu des Ardennes, voici l'atelier et la boutique d'Axel Hanf, artisan chocolatier de renommée nationale. Vraiment exquis !

À voir

🔍 **Heimatmuseum** *(musée de la Vie régionale) : Schwarzerweg, 6.* ☎ 080-22-92-09. *Tlj 13h (14h sam-dim)-17h (16h ven-sam). Entrée : 2 €.* Dans l'un des bâtiments de l'ancienne gare ferroviaire. Reconstitution d'intérieurs au XIXᵉ s, archéologie et traditions populaires de la région. Art sacré et belle bibliothèque.

🕴 *Le musée de la Bière :* Rodt, 89A. ☎ 080-22-63-01. ● biermuseum.be ● À 7 km au nord-ouest du centre-ville. Pdt les vac scol, tlj 10h-18h ; le reste du temps, slt le w-e. GRATUIT. Plutôt une taverne qu'un musée. Le patron expose son impressionnante collection : 4 500 sortes de bières issues de 140 pays, avec les verres assortis. Dans un refuge de ski, des gadgets et des pièces de collection, ainsi qu'un petit montage vidéo pour expliquer les processus de fabrication. On peut bien sûr y boire un verre, mais aussi louer des skis de fond en hiver pour profiter d'un parcours récréatif.

Manifestations

– *Carnaval :* le dim du Mardi gras. Réputé.
– *Grand marché aux puces :* le 1ᵉʳ ven d'août. Accueille chaque année plus de 600 exposants.

STAVELOT   (4970)   6 900 hab.

L'histoire de la ville est bien entendu étroitement liée à celle de son abbaye, concurrente de celle de Malmedy. Elle était le siège d'une petite principauté autonome dirigée par un prince-abbé. Membre du Saint Empire germanique dès 843, elle conserve une certaine indépendance. C'est la Révolution française qui met fin à ce statut en 1795, en l'intégrant au département de l'Ourthe. En 1815, Stavelot est séparée de Malmedy et reste à la Belgique.
Aujourd'hui, elle présente un visage avenant de ville d'histoire ayant su, malgré les affres des guerres, conserver une grande partie de son patrimoine architectural. Pour les fans de vieilles automobiles, arrêt obligatoire aux caves de l'abbaye !

Apollinaire à Stavelot

Stavelot fut une étape importante dans la vie du poète, et la ville lui rend aujourd'hui un vibrant hommage avec un musée. Le jeune Wilhelm Apollinaris de Kostrowitsky naît à Rome le 26 août 1880, de père inconnu. Sa mère, la baronne Olga-Angelica de Kostrowitsky, lui donne les prénoms de Guillaume et Apollinaire. En 1899, la petite famille s'installe à Paris, avant de prendre des vacances en Belgique. La baronne, flambeuse ruinée, tente de se refaire au casino de Spa et place le jeune Guillaume et son frère à la pension *Constant,* rue Neuve, 12 (aujourd'hui, l'hôtel-resto Ô *Mal-Aimé*).
Apollinaire y passe l'été, sympathisant avec les milieux littéraires de la ville, randonnant en forêt et, surtout, nouant une idylle avec Maria Dubois, sa première muse. Celle-ci est aussi jolie que spirituelle. Quant à la maman joueuse, elle se fait virer de Spa et part tenter sa chance à Ostende, oubliant ses enfants. Le patron de la pension s'inquiète, car l'argent de la location ne rentre plus. Guillaume écrit alors à sa mère qui lui répond, avec l'argent... du billet de train pour rentrer à Paris. Dans la nuit du 5 octobre, les deux jeunes gens partent à la cloche de bois, laissant une lourde ardoise ! Gros scandale dans la ville, une famille qui présentait si bien ! Depuis, Stavelot a plutôt fort opportunément tiré profit de l'anecdote.

Adresses et info utiles

ℹ️ *Office de tourisme :* dans l'ancienne abbaye, cours de l'Abbaye, 1. | ☎ 080-86-27-06. ● stavelot.be/tourisme ● Tlj 10h-13h, 13h30-17h. Plan de la ville, liste des hébergements à la campagne, agenda culturel, brochure *Stavelot à pas de loup* pour découvrir la ville et ses environs lors d'une promenade inspirée par la légende locale du loup, jadis très présent dans la région. Organise des promenades guidées à thèmes dans la nature environnante (*sam ap-m juil-sept, et pdt certaines vac scol*).

🚆 *Gare ferroviaire SNCB : la plus proche se trouve à Trois-Ponts, 6 km de Stavelot.* ☎ 02-528-28-28. • *b-rail.*

be • De là, trains pour Liège. Pour aller à Trois-Ponts, bus nº 745. Sinon, de la gare de Verviers, bus nº 294 pour Stavelot (et Trois-Ponts).

■ *Location de vélos et VTT : chez Ardennes Cycling, av. du Doyard, 5E.* 📱 *0476-47-17-40.* • *ardennes-cycling.be* • *Également chez Coo Adventure, Petit Coo, 4, Coo 4970 (à 9 km à l'ouest de Stavelot).* ☎ *080-68-91-33.* • *coobike.be* • Organise aussi des activités sportives.

– *Marché : jeu mat, sur l'esplanade de l'abbaye.*

Où dormir ? Où manger ?

Campings

⛺ *Camping de L'Eau Rouge : Cheneux, 25.* ☎ 080-86-30-75. • *fb220447@skynet.be* • *eaurouge. eu* • *À 4 km du centre. Ouv tte l'année. Compter 15 € pour 2 avec tente et voiture.* 📶 Bordé par une rivière, un petit camping au vert. Jeux pour les enfants, tir à l'arc...

⛺ *Camping de Challes : route de Challes, 5.* ☎ 080-86-23-31. *À 2 km du centre.* Camping simple, rustique et familial, dans un cadre verdoyant, en bord de rivière.

⛺ *Camping de la Cascade : chemin des Faravennes, 5, à Coo.* ☎ 080-68-43-12. • *info@camping-coo.be* • *camping-coo.be* • *À côté du parc de loisirs de Coo. Ouv avr-oct. Env 18 € pour 2 avec tente et voiture.* Bordé par un cours d'eau, petit camping confortable largement ombragé par les arbres.

De bon marché à prix moyens

🏠 *Chambres d'hôtes Bel Natura : av. F.- Nicolay, 18.* ☎ 080-86-14-21. 📱 *0473-37-03-54.* • *di.dublet@skynet. be* • *belnatura.be* • *Double 72 €, petit déj compris.* Dans la rue principale (tranquille) de Stavelot, à deux pas de l'abbaye, on est sous le charme de ces 4 chambres confortables, toutes décorées avec goût dans un style moderne qui met en valeur l'architecture de cette charmante maison du XIXe s. Belles salles de bains et aménagements de qualité. Tenu par un gentil couple italo-belge qui possède aussi l'épicerie fine italienne du rez-de-chaussée. Une adresse de charme à prix très raisonnable. On recommande !

🏠 |●| *Rest'Ô Mal-Aimé : rue Neuve, 12.* ☎ 080-86-20-01. • *info@oma laime.be* • *omalaime.be* • *Resto ouv ven-sam 19h-22h, dim 12h-14h, 18h30-21h30. Fermé les 3 premières sem de juil. Doubles 50-75 € selon saison ; (bon) petit déj en sus 10 €/pers. Ajouter 27,50 € pour la ½ pens. Menu 30 €. CB refusées. Digestif maison offert sur présentation de ce guide.* Bienvenue dans la maison historique qui abritait jadis la fameuse pension *Constant* d'où Apollinaire s'enfuit à la cloche de bois. Un peu partout sur les murs figurent des portraits du bonhomme, et puis des poèmes de Desnos et de Soupault, sans oublier quelques vers d'Apollinaire *himself*. Côté dodo, 6 chambres confortables et colorées, dotées de jolies salles de bains. Au resto, cuisine d'humeur et de saison, inventive et audacieuse, d'un bon rapport qualité-prix. Accueil pétulant.

🏠 |●| *Auberge Saint Remacle : av. F.-Nicolay, 9.* ☎ 080-86-20-47. • *info@ auberge-stavelot.be* • *auberge-stave lot.be* • *Double 75 €, petit déj en sus 7,50 €/pers. ½ pens possible. Au resto, plats 13-21 €.* Une maison bien tenue qui abrite une dizaine de chambres confortables, à la déco contemporaine sobre (noir et blanc) et de bon goût. Également d'autres chambres et studios dans la rue derrière, tout aussi confortables et bien tenus, mais d'allure plus standard. Fait aussi resto avec de bonnes spécialités de viandes grillées.

🍴 *Friterie Ardennaise :* rue Basse, 7. ☎ 0474-89-74-43. Ouv tlj sf mer 11h30-14h30 et 17h30-21h30. Moins de 10 €. Une vraie friterie où les pommes de terre sont sélectionnées et épluchées à la main, avant d'être plongées dans l'huile suivant un protocole précis ! Idéal pour caler un petit creux sur le pouce. On peut aussi accompagner les frites d'un steak ou d'une côte de porc, à avaler dans une petite salle quelconque. Simple, honnête, et pas cher du tout. Une adresse plébiscitée par les gens du cru qui s'y pressent en soirée.

Chic

🛏 *B & B Dufays :* rue Neuve, 115. ☎ 080-54-80-08. ● dufays@skynet.be ● bbb-dufays.be ● Doubles 115-125 € selon j. de la sem et période, petit déj inclus. Tenu par des Néerlandais, c'est un B & B de grand style, dans une demeure de caractère de la fin du XVIIIᵉ s. En tout 6 chambres à thème (française, africaine, Mille et Une Nuits, années 1930...), superbes et confortables, avec TV et grande salle de bains. Petit déj-buffet bien fourni, servi dans une très jolie salle. Une bien belle adresse.

Où dormir ? Où manger dans les environs ?

🛏 *Gîte d'étape du Château de Wanne :* à Wanne, Trois-Ponts (4980). ☎ 080-86-31-06. ● gite.wanne@gitesdetape.be ● gitesdetape.be ● À 6 km au sud de Stavelot. Nuit env 16 €/pers, petit déj inclus mais draps en sus 4 €. Possibilité de ½ pens et pens complète. 🖥 Assis face à la vallée, ce château du XVIIIᵉ s abrite un vingtaine de chambres de 2 à 7 lits. Fonctionnel, nickel et sympa.

🛏 🍴 *Auberge La Métairie :* Wanne, 4, Trois-Ponts (4980). ☎ 080-86-40-89. ● lametairie@skynet.be ● lametairie.be ● Dans le village de Wanne, au niveau du rond-point. Resto fermé lun-mar. Doubles 95-110 € selon taille, petit déj-buffet inclus ; tarifs dégressifs en sem. Lunch 20 €, menus 31-45 €. Cette ravissante auberge de village compte 6 chambres douillettes, confortables, et aménagées avec soin et beaucoup de goût. Côté resto, 2 salles chauffées au bois en hiver. On s'y régale d'une savoureuse cuisine réalisée avec des produits frais de saison et servie à prix justes. Si vous n'avez pas trop faim, petite restauration aussi à midi. Terrasse aux beaux jours.

À voir

🚶 *La place Remacle :* avec ses gros pavés et entourée de demeures de caractère, elle montre une plaisante homogénéité architecturale, dans toutes les nuances de gris. Fontaine du perron du XVIIIᵉ s, symbolisant les libertés communales. Ruelles charmantes en haut de la place, bordées de maisons à colombages ou à façade d'ardoise.

🚶 *L'église Sébastien :* pl. du Vinâve. Tlj 9h-18h. Édifiée au XVIIIᵉ s. Autel central en bois imitation marbre de 1717. Belle chaire en chêne sculpté de la même époque, ornementée des quatre docteurs de l'église. Ne pas manquer, dans le chœur, l'un des chefs-d'œuvre de l'art mosan : la *châsse de saint Remacle* (avec les reliques du fondateur de l'abbaye), datant du XIIIᵉ s. Elle mesure 1,70 m (longueur inhabituelle). Remarquable travail d'orfèvrerie. Possibilité aussi de voir le trésor (slt pdt les vac scol de Pâques, d'été et de Noël, jeu-dim 14h-18h ; infos : ☎ 474-08-65-25).

🚶🚶 *L'ancienne abbaye :* cours de l'Abbaye, 1. ☎ 080-88-08-78. ● abbayedestavelot.be ● Tlj 10h-18h. Accès aux 3 musées : 8,50 € ; réduc. Rayonnant de la Loire à l'Empire germanique, l'abbaye de Stavelot fut édifiée au XIᵉ s. Elle était alors plus grande que celle de Malmedy, et saint Remacle la préférait. De l'abbaye des origines ne subsistent que les vestiges archéologiques (en plein air) de son église, mais aussi la base de la tour qui, jadis, s'élevait à 100 m de hauteur. À voir aussi son immense baie et le porche du XVIe s au blason martelé, ainsi que les bâtiments du couvent du XVIIIe s. Ils s'ordonnent autour du jardin du cloître et abritent aujourd'hui un complexe muséal. Sur rue, beau porche en brique avec fenêtres à meneaux en pierre et portes en accolades.

L'abbaye accueille également, toute l'année, de nombreuses manifestations artistiques et abrite l'office de tourisme, la bibliothèque publique, le centre culturel local et la galerie *Triangle Bleu* (art contemporain).

14-18 Exposition « Il était une fois 1914 », jusqu'à la mi-novembre 2014, avec une combinaison d'objets et de documents d'époque associés à des planches de B.D. *Entrée : 5 €.*

🍴 Au *Café des musées*, bières, fromages et salaisons artisanaux de la région.

🍴🍴 *Le musée du Circuit de Spa-Francorchamps : au sous-sol de l'abbaye.* Pour les amateurs de vieilles guimbardes de course et de vénérables motocyclettes, c'est la visite à ne pas rater, dans les splendides caves médiévales voûtées en brique de l'abbaye. On ne va pas vous décrire tout le catalogue mais en voici quelques fleurons rutilants (certains d'entre eux pouvant toutefois être temporairement exposés ailleurs) : d'abord, la production de la fameuse usine FN (Fabrique nationale), notamment le premier vélomoteur un cylindre (133 cm^3) de 1902, mais aussi de nombreux exemplaires des usines Saroléa et Gillet (les productions de ces trois usines, installées toutes trois à Herstal, furent dénommées les « demoiselles d'Herstal »). Puis la Ferrari F40, une Chevron B48. Citons encore la Talbot Lago et la Ford Capri, victorieuses aux 24 Heures de Francorchamps, ainsi qu'une Porsche 917 de 1970, qui permet d'apprécier l'évolution des véhicules, et vous aurez une bonne idée du trésor que recèlent ces galeries... Le tout, bien sûr, complété de photos, châssis, moteurs de F1 et affiches insolites.

🍴 *Le musée historique de la Principauté de Stavelot-Malmedy : au rdc de l'abbaye.* Parcours multimédia retraçant l'histoire de la principauté abbatiale de Stavelot-Malmedy. On peut y voir une belle sélection d'objets religieux et archéologiques, savamment mis en valeur par un environnement de sons et d'images. La section consacrée à Wibald bénéficie d'une scénographie particulièrement soignée. Elle correspond à l'âge d'or de l'abbaye (XIIe s), qui connut avec cet abbé un essor sans précédent. C'est ce que l'on comprend en admirant le fac-similé de la célèbre « bible de Stavelot » dont l'original est aujourd'hui conservé à la *British Library*.

🍴 *Le musée Apollinaire : au 1er étage de l'abbaye.* Pour les amoureux du poète, visite obligatoire ! Pour les autres, une intéressante dérive dans ce musée où traînent des odeurs de génie, sur les pas d'un destin peu ordinaire. La première salle en restitue les différentes étapes, année par année, sur la base de textes illustrés de photos et surmontés de citations – à son propos – de ceux qui l'ont connu (Picasso, Chagall, Marie Laurencin, Cocteau...). Le parcours s'achève donc en 1918, lorsque, deux ans après avoir été blessé durant la Grande Guerre, Apollinaire succombe à la grippe espagnole. S'ensuit une évocation de son univers poétique dans la petite bibliothèque.

Manifestations

– *Carnaval du Laetare : le dim, 3 sem avt Pâques (en fait, du sam soir au lun soir).* Des centaines de *Blancs Moussis*, revêtus d'une cape et d'un capuchon blancs, affublés d'un long nez rouge, se répandent dans la ville en compagnie des chars et des géants. À l'origine, un édit du prince-abbé en 1499, interdisant aux moines de

LA PROVINCE DE LIÈGE

participer au carnaval. Les habitants, résolus à se moquer de l'abbé, participèrent aux festivités en se déguisant en moines blancs.

– *Festival de Théâtre :* début juil, dans l'abbaye. Infos et résas : ● festival-vts.net ● ou à l'office de tourisme.

– *Festival de Musique de Stavelot :* les 2 premières sem d'août, dans l'ancienne abbaye. Infos et résas : ☎ 080-86-27-34 ● festivalstavelot.be ● ou à l'office de tourisme. Musique de chambre.

– *Festival du Conte et de la Légende :* 3 j. en oct. Infos et résas : ☎ 080-88-05-20. Apéro, spectacles et promenades dans la nature, entremêlées de récits.

– *Festival de la Chanson française :* en oct. ● 1chanson.be ●

– *Festival de Jazz :* le 2ᵉ w-e de nov, dans les caves romanes de l'abbaye. Résas : ☎ 080-88-05-20. ● ccstavelot.be ●

DANS LES ENVIRONS DE STAVELOT

40-45 ✖ *Le musée historique de Décembre-1944 :* rue de l'Église, 7, à La Gleize-Stoumont (4987). ☎ 080-78-51-91. ● december44.com ● Ouv mars-nov, tlj (sf lun et mar hors saison) 10h-18h ; le reste de l'année, vac scol, w-e et j. fériés slt. Entrée : 7,50 € ; réduc. Dédié à la bataille des Ardennes, dont l'offensive allemande se brisa finalement ici, à La Gleize, ce petit musée rénové en 2013, très complet, présente de nombreuses vitrines, où des mannequins habillés en soldats sont mis en scène à grand renfort de matériel de guerre, photos, plans-reliefs, armes, poste de secours reconstitué... Au 1ᵉʳ étage : collections d'insignes et de grades. Unes de journaux originales annonçant l'échec de l'offensive et la libération de la Belgique. Émouvant, le vieux vélo qui sauva un blessé américain. Ou encore, mais ça c'est moins émouvant, un char *Tigre* de 69 t (le plus puissant de son époque) allemand abandonné au moment de la débâcle.

✖ ✖✖ *Coo :* village renommé pour sa cascade, ses multiples activités sportives, dont les balades en kayak sur l'Amblève, et son fameux parc d'attractions extrêmement touristique, *Plopsa Coo :* ☎ 058-42-02-02. ● plopsa.be ● Ouv avr-déc, horaires variables (voir site internet). Entrée : 27 € ; réduc.

SPA   (4900)   10 500 hab.

Une des plus célèbres stations thermales et de villégiature d'Europe. De nouveaux thermes ont été construits sur la colline en 2004, dont l'accès peut se faire par un funiculaire. Pas vraiment une destination routarde, mais une ville pépère, très atmosphère début de siècle (l'autre !), et un point de départ idéal pour de multiples randonnées alentour.

UN PEU D'HISTOIRE

Les Romains connaissaient déjà les vertus curatives des eaux de la région. D'ailleurs, « Spa » ne vient-il pas de *sparsa* (« qui jaillit » en latin) ? C'est au XVIᵉ s qu'apparaît un début d'amorce d'activité thermale. Les *bobelins* (toujours du latin : *bibulus*, « grand buveur ») débarquent de plus en plus nombreux à Spa dans les *pouhons* (fontaines). Et du beau linge : la reine Margot, Christine de Suède, le tsar Pierre le Grand, l'empereur Joseph II, Charles II d'Angleterre, Monteverdi (qu'inspirait le chuintement cristallin des sources), Victor Hugo, Meyerbeer... Parallèlement à cela, l'eau se transforme en or lorsqu'on découvre qu'il est possible d'occuper les *bobelins* avec les jeux d'argent et de hasard. Ainsi Spa gagne-t-elle, au XVIIIe s, le surnom de « Café de l'Europe ».

Pendant la Première Guerre mondiale, la ville sert de lieu de repos et de convalescence à 100 000 soldats allemands. Le Kaiser Guillaume II choisit également d'y résider avec son état-major... pour finalement abdiquer le 9 novembre 1918.

Spa demeure assurément le berceau du thermalisme moderne, et son nom a été étendu à l'activité elle-même.

JOURS SOMBRES POUR LE KAISER

Le chancelier Max von Baden ayant annoncé son abdication, la république fut proclamée à Berlin le 9 novembre 1918, et le Kaiser se réfugia à Doorn aux Pays-Bas. Protégé par la reine Wilhelmine, il ne fut pas livré aux vainqueurs pour être jugé, comme le souhaitaient les Alliés. Son exil fut endeuillé par le suicide de son fils Joachim, ce qui entraîna la mort de l'impératrice. Il se remaria un an après et écrivit ses mémoires.

Adresses et infos utiles

🛈 **Maison du tourisme du pays des Sources :** *rue du Marché, 1A.* ☎ *087-79-53-53.* ● *pays-des-sources.be* ● *Ouv 9h (10h jeu et w-e)-18h (17h oct-mars).* Plan de la ville, liste des hébergements, agenda culturel, brochure *Pays des Sources – guide touristique* pour connaître toutes les curiosités et les loisirs verts de la région. Propose aussi des promenades guidées à la ½ journée (plus fréquentes en été).

🚉 **Gare ferroviaire SNCB :** *rue de la Gare.* ☎ *04-241-58-23.* ● *b-rail.be* ● Trains toutes les heures pour Liège avec changement à Pepinster ou Verviers-Central.

■ **Location de vélos et de VTT :** *chez Velodream, rue Général-Bertrand, 6.* ☎ *087-77-11-77. Mar-sam 9h-18h. Assez cher.*

Où dormir ?

Spa se distingue par une hôtellerie de qualité... Rien de vraiment bon marché mais le confort et le charme sont au rendez-vous. Beaucoup de belles chambres d'hôtes aux alentours, installées dans des maisons de caractère (liste disponible à la Maison du tourisme).

Camping

⛺ **Camping Parc des Sources :** *rue de la Sauvenière, 141.* ☎ *087-77-23-11.* ● *info@parcdessources.be* ● *camping-spa.be* ● *À 1,5 km au sud-est de Spa par la N 62, direction Francorchamps. Ouv avr-oct. Env 25 € pour 2 avec tente et voiture.* En bordure de la forêt, dans un joli petit coin de nature. Piscine, jeux pour les enfants et cafétéria.

Prix modérés

⛺ **Pension des sources :** *chemin du Soyeureux, 2.* ☎ *087-77-11-53. À 3 km à l'est du centre de Spa. Double 60 €, petit déj inclus. Parking gratuit.* Sur les bords du lac Warfaaz, un petit hôtel pourvu de chambres basiques mais propres ; toutes avec salle de bains. Fait aussi resto chinois (les proprios en sont), mais on ne l'a pas testé. Un rapport qualité-prix correct dans le coin.

Chio

⛺ ▮●▮ **Chambres d'hôtes L'Étape Fagnarde :** *av. Gaspar, 14.* ☎ *087-77-56-50.* ● *info@ef-spa.be* ● *ef-spa.be* ● *Résa conseillée w-e.*

Doubles 108-130 € selon saison, petit déj inclus. Table d'hôtes à 19h30 (pour min 6 convives) 40 € (vin compris). Parking gratuit. 🖥 📶 Sur les hauteurs de Spa, entourée de verdure, cette vaste demeure ancienne dispose de 6 chambres confortables, impeccablement tenues et régulièrement rénovées, ainsi que d'un gîte pouvant accueillir 5 à 6 personnes. Le reste de la maison est aussi bien arrangé et soigné : bibliothèque, sauna et, dans le jardin, ping-pong, volley-ball et pétanque.

🏠 **Hôtel La Tonnellerie :** *parc des Sept-Heures, 1.* ☎ *087-77-22-84. ● latonnellerie@skynet.be ● latonnellerie.be ● Doubles 90-115 € selon taille, petit déj compris.* 📶 Juste à côté de la gare de funiculaire, cette élégante maison isolée livre 8 jolies chambres aménagées dans un style « bord de mer » (parquet et planches cérusées aux murs), charmantes et tout confort. Bon resto sur place (cher).

🏠 **Hôtel L'Auberge de Spa – Best Western :** *pl. du Monument, 3-4.* ☎ *087-77-44-10. ● info@hotel-thermes.be ● hotel-thermes.be ● Double à partir de 90 €, petit déj compris.* 📶 En plein cœur de Spa, dans un pittoresque bâtiment ancien à colombages, de belles chambres confortables et récemment rénovées avec de beaux matériaux, dans un style résolument moderne. Fait aussi resto (cher). Ambiance *Cocoon* !

Plus chic

🏠 **Chambres d'hôtes Villa d'Olne :** *chemin Henrotte, 92.* ☎ *087-77-12-99. ● info@villadolne.be ● villadolne.be ● Doubles 125-190 € selon taille et confort, petit déj inclus.* 📶 Ici, on est vraiment tombés sous le charme ! Perchée sur un coteau verdoyant résidentiel, c'est une élégante maison restée à l'abandon pendant un demi-siècle et que les proprios, un couple accueillant, ont retapée avec passion pendant... 10 ans. Résultat : une grande et sublime villa avec 6 chambres d'hôtes tout confort, et dignes d'un magazine de déco. Certaines, les plus chères, sont de vrais petits appartements avec coin cuisine et salon. Sur place : billard, salle de gym, sauna-hammam-jacuzzi et piscine. C'est sûr, on reviendra !

Où manger ?

De bon marché à prix moyens

🍴 **Aux Caprices de Sophie :** *pl. Verte, 15.* ☎ *087-77-62-28. Ouv mer-dim. Plats 5-16 €, menu 25 €.* Sandwichs, salades, tartines, pâtes, soupes et quelques plats chauds tout simples ; telle est la carte de Sophie, qui officie dans un joli local aux intonations contemporaines colorées. Nourriture saine, bonne et pas chère. Ambiance bobo à fond !

Chic

🍴 **Le Grand Maur :** *rue Xhrouet, 41.* ☎ *087-77-36-16. ● info@legrandmaur.com ● Ouv le soir mar-sam, et dim midi. Formules 27-35 €, menu 40 €.* Dans une demeure ancienne au style particulièrement élégant. Plancher de bois verni, superbe cheminée ornée de faïences et de stucs délicats, belles estampes. On retrouve cette élégance dans une cuisine de saison, classique mais parfaitement exécutée, ainsi que dans le service. La carte change au gré des saisons. Prix raisonnables pour la qualité proposée.

Où manger dans les environs ?

🍴 **Le Vinâve :** *Solwaster, 90, Jalhay (4815).* ☎ *087-47-48-69. ● info@levinave.be ● levinave.be ● Fermé lun soir et mar, plus mer en hiver. Menus 25-34 €, plats 13-17 €.* À l'écart des sentiers touristiques, ce resto de village est largement apprécié par les gens du coin. L'accueillant patron est en salle, pendant que sa femme concocte une magnifique cuisine de terroir et de saison, inventive et à base de produits fermiers. Et copieuse avec cela, monsieur passant régulièrement entre les tables pour s'assurer qu'on en a encore assez dans l'assiette (faute de quoi, il ressert !). Un vrai coup de cœur !

Achats

☸ **Maison Daenen :** *pl. Pierre-le-Grand, 5.* ☎ *087-77-04-08. Fermé lun.* Ici, vous trouverez l'*Élixir de Spa,* un alcool à base de plantes mais dont la recette est tenue secrète.

À voir. À faire

🏃🏃 **Les anciens thermes de Spa :** *pl. Royale.* Construits en 1868, ils présentent une façade typique Napoléon III. Ils ont été fermés pour faire place aux *nouveaux thermes de Spa :* colline d'Annette et Lubin. ☎ *087-77-25-60.* ● *thermesdespa. com* ● *Accès par le funiculaire qui part au pied de l'hôtel Radisson, ou bien en voiture ou à pied (sentier). Tlj 10h-21h (22h ven, 20h dim). Soins à partir de 20 €.* Perchés sur la colline mais toujours alimentés par l'eau de la source Clémentine, les nouveaux thermes de Spa représentent un centre ultramoderne, avec bains carbo-gazeux, buses hydromassantes, canons à eau, sièges à bulles, canapés bouillonnants, saunas, hammams, espaces de relaxation et de remise en forme. La totale, quoi ! Le tout complété par un bar-cafétéria et des terrasses avec vue panoramique sur la ville de Spa.

🏃 **Le musée de la Ville d'eau :** *av. Reine-Astrid, 77 B.* ☎ *087-77-44-86.* ● *spa villaroyale.be* ● *De mars à mi-nov, tlj 14h-18h. Entrée (billet jumelé avec l'entrée au musée spadois du Cheval : 4 € ; réduc ; gratuit pour ts le 1er dim du mois.* Installé dans l'ancienne villa Marie-Henriette, reine de Belgique et épouse de Leopold II, qui vivait ici au XIXe s avec sa fille Clémentine... On découvre ici les plus beaux exemples de l'art local : les *jolités,* les fameuses boîtes peintes de Spa. Elles pouvaient recevoir de 12 à 16 couches de laque, avec à chaque fois ponçage, puis polissage à la paume pour la dernière couche afin d'obtenir ce précieux aspect satiné. Motifs divers : avec incrustation de nacre ou de laiton, décor à l'encre de Chine, scènes mythologiques ou champêtres. Tous types d'objets : boîtes à quadrilles, coffrets, boîtes à ouvrage, nécessaires de toilette, coffrets à jeux, etc.

🏃 **Le musée spadois du Cheval :** *av. Reine-Astrid, 77 B. Dans les anciennes écuries de la villa Marie-Henriette. Mêmes horaires et billet d'entrée que le musée de la Ville d'eau.* Au rez-de-chaussée, calèches, instruments de pesage, sellerie, uniformes, gravures et miniatures, atelier de maréchal-ferrant. Au 1er étage : peintures diverses, aquarelles et photos anciennes.

🏃 **Le musée de la Lessive :** *rue Hanster, 10.* ☎ *087-77-14-18.* ● *sparea lites.com* ● *Vac de Pâques et juil-août, tlj 14h-18h ; avr-oct, le w-e slt ; le reste de l'année, sam et dim et j. fériés slt. Entrée : 3 € ; réduc.* Voici l'histoire de la lessive de l'Antiquité à nos jours ! Ne riez pas, on y apprend plein de choses. Par exemple, que pour blanchir le linge on a utilisé l'urine (un puissant dégraissant) pendant 2 000 ans ; ou qu'au Moyen Âge on lessivait deux fois par an (c'était la « grande buée » de printemps et d'automne !), ou encore que l'apparition de la machine à laver individuelle doit beaucoup aux mouvements hygiénistes du XIXe s (liés à la condition ouvrière de l'époque) ainsi qu'à la découverte de l'existence des germes pathogènes et de leur rôle dans de nombreuses maladies... Au fil des salles, on passe en revue toute cette histoire, des « tonneaux lessive » avec système de bielles aux « fouloirs » des années 1930 avec pieds mécaniques pour battre le linge, en passant par la « lessiveuse du célibataire » (munie d'un grand moulinet) et la petite Hoover des années 1950, vendue à l'époque pour l'équivalent de trois mois de salaire d'instit'... L'avenir de notre bonne vieille lessiveuse ? Peut-être la machine à ultrasons, ces derniers ayant des propriétés... détachantes. Qui a dit que la lessive ne pouvait pas être un sujet intéressant ?

Petite balade en ville

↟ *Le pouhon Pierre-le-Grand :* *pl. Pierre-le-Grand, là où se trouve la Maison du tourisme.* C'est la source la plus célèbre. Grande structure sur poutres en fer forgé. Au mur, le *Livre d'or,* grand tableau avec tous les VIP qui ont honoré Spa de leur présence (dont Pierre le Grand en 1717). La source distille une eau riche en fer, légèrement piquante et acidulée. Aujourd'hui, le *pouhon* abrite la Maison du tourisme, et son jardin d'hiver donne lieu parfois à des expos temporaires.

↟ À côté des anciens thermes, le **casino,** avec sa demi-rotonde à colonnes, demeure le plus ancien du monde (1763), même si l'édifice actuel date du début du XXe s. Salles de jeux et salon rose de style Louis XVI. Salle des fêtes imitant le théâtre de la reine à Versailles. Théâtre style Napoléon III. Pour nos lecteurs qui veulent perdre la boule *(tlj 11h-4h, 5h le w-e)* !

↟ *La galerie Léopold-II :* *dans le parc des Sept-Heures.* C'est une longue galerie, supportée par 160 colonnes de fonte gracieuses, qui relie deux petits pavillons. Elle permettait de se promener tranquillement par temps de pluie. Tous les dimanches matin, la galerie abrite une brocante renommée.

➤ Et sinon, Spa, au cœur d'une belle nature préservée, offre une infinité de balades à faire à pied, à cheval, à VTT mais aussi en skis de fond ou en luge ; ce qui explique sans doute que l'animation y est présente à longueur d'année, et qu'en hiver la petite station thermale prend des airs de station de ski.

Fêtes et manifestations

Spa, comme beaucoup de villes thermales, propose de nombreuses activités et animations culturelles. Agenda disponible à la Maison du tourisme.

– **Les Francofolies de Spa :** *5 j. autour du 21 juil.* ● *francofolies.be* ● *Billets en vente dès janv.* Transfuge des Franco de La Rochelle, c'est l'événement musical majeur pour la francophonie.

DANS LES ENVIRONS DE SPA

↟↟ *Le circuit de Spa-Francorchamps :* *route du Circuit, 5,* **Francorchamps (4970).** ☎ *087-29-37-10.* ● *spa-francorchamps.be* ● *À 9 km au sud-est de Spa et à 8 km au nord de Stavelot. Visites guidées de mi-mars à mi-nov, chaque 1er et 3e mar, et 2e mer du mois à 14h. Durée : 1h30. Entrée : 9,50 € ; réduc.* Au dire de certains pilotes, le plus beau circuit du monde ! 7 km de bitume en pleine nature et un site qui ne cesse de s'étendre depuis 1924. Les grands prix de F1, mais aussi les 24h en 2CV, accueillent chaque année des milliers de spectateurs. En saison, possibilité de visiter le circuit mais aussi ses coulisses, et, pourquoi pas, de s'offrir quelques tours de piste au volant d'un bolide !

↟ ↟ *Le château de Franchimont :* *allée du Château, 17,* **Theux (4910).** ☎ *087-53-04-89.* ● *chateau-franchimont.be* ● *À 8 km au nord de Spa. Mai-sept, tlj 10h-18h ; avr et oct, les w-e 11h-17h ; vac scol de Pâques et Toussaint 11h-17h. Fermé le reste de l'année. Entrée : 3,50 € ; réduc. S'il n'y a personne à l'entrée, les billets se prennent à la cafétéria à côté du château.* Ancienne place forte qui défendait le marquisat du prince-évêque de Liège. On y reconnaît le « bouclier » caractéristique du XIVe s, fait de deux tours semi-circulaires, encadrant un mur en étrave et qui protégeait le donjon des tirs d'artillerie.

Sa vue commandait deux vallées mais son importance stratégique diminua au fil des siècles. À la fin du XVIIIe s, il tomba en ruine et servit ensuite de carrière de pierre.

Ancien escalier à vis dont ne subsistent que les premières marches, menant au chemin de ronde et à la chambre haute de la tour carrée. Belle vue sur les deux vallées. Nombreux escaliers descendant dans les casemates. Au milieu, basse-cour avec vestiges de bâtiments à destination rurale (puits, cuisine, fours banaux, etc.).

UNE OFFENSIVE AUDACIEUSE

C'est de Franchimont que partirent 600 habitants pour tenter un raid osé : délivrer le roi Louis XI, captif de Charles le Téméraire à Liège. Le camp de ce dernier était situé en haut de la montagne de Bueren. Le raid s'effectua de nuit. Malgré l'effet de surprise et le courage des assaillants, les Bourguignons étaient trop nombreux et les 600 Franchimontois furent massacrés. Les représailles du duc de Bourgogne furent terribles : incendie de Liège et de Theux. Cet épisode resta profondément ancré dans les mémoires et l'histoire de la Belgique.

AU SUD DE LIÈGE

Pour ceux et celles qui se dirigent vers la province du Luxembourg (La Roche-en-Ardenne, Bastogne) ou Namur, voici quelques sites ou villages au fil de la route qui y mène.

LES GROTTES DE REMOUCHAMPS

🍴🥾 *Route de Louveigné, 3,* **Remouchamps (4920)**. ☎ 04-360-90-70. ● mondesauvages.be ● *En plein centre du village. Fév-nov, tlj 10h-17h30 ; déc-janv, w-e et vac de Noël 10h-16h (fermeture caisse 1h15 avt). Entrée :* 12 € ; réduc. Compter 1h15 pour la visite (prévoir une petite laine). Moins spectaculaires que celles de Han. On les chemine à pied sur 1 200 m avant d'arriver à la grande salle dite « de la cathédrale » (70 m de long et 40 m de haut). En cherchant un peu, vous verrez comment la nature a sculpté, bien avant l'homme, une crèche de Noël, des orgues et des fonts baptismaux ! Le retour se fait en barque par la rivière ; ce qui, paraît-il, constitue la plus longue navigation souterraine d'Europe.

🥾 Le site des grottes est couplé au parc animalier **Le Monde Sauvage,** sur le territoire d'Aywaille : *Fange de Deigné, 3.* ☎ **04-360-90-70.** ● mondesauvage.be ● *De mi-mars à mi-nov, tlj 10h-17h pour la dernière entrée. Entrée :* 19 € ; réduc. En petit train ou en voiture, on participe à un véritable safari africain avec les girafes, éléphants, hippopotames, rhinocéros, zèbres, gnous dans un cadre naturel, conçu de manière à permettre aux animaux d'évoluer en semi-liberté. Également un espace américain avec ses temples mayas, ses volières et les ours du Canada. Spectacles de rapaces, perroquets et otaries.

🛈 *Maison du tourisme du pays d'Ourthe-Amblève :* route de Louveigné, 3-5, **Remouchamps** 4920. ☎ 04-384-35-44. ● ourthe-ambleve.be ● À côté des grottes. Tlj 8h30 (9h w-e)-17h (17h30 ven et w-e en juil-août).

AYWAILLE

Important carrefour routier, surnommé la « porte de l'Ardenne liégeoise ».
➤ Agréable liaison pédestre et cycliste vers Remouchamps par la *voie des Aulnes*.

LA PROVINCE DE LIÈGE

À voir dans les environs

🦴 🚶 *Le château de Jehay :* rue du Parc, 1, **Amay** (4540). ☎ 085-82-44-00.
● chateaujehay.be ● À 20 km au sud-ouest de Liège. Avr-oct, mar-ven 14h-18h,
w-e et j. fériés 11h-18h (fermeture caisse 17h). Entrée (château, parc et expo) :
5 € ; réduc.

L'un des plus ravissants châteaux du Liégeois. Magnifique exemple de la
Renaissance mosane au XVI⁰ s. Construit sur pilotis et cerné par les eaux, il
présente des façades à damier, alternance de moellons et de pierre de taille,
unique en Belgique. C'est aussi l'un des plus intéressants musées privés qu'on
connaisse.

D'abord, les collections d'art. Dans le grand hall, meubles anciens, tapisseries,
christ en ivoire de Jean Del Cour, belles dentelles. Collection d'argenterie, tableau
de Bruegel de Velours et un *Saint Jean Baptiste* de Murillo. Grande salle à manger
meublée en style Renaissance et vaste salon décoré de façon extrêmement raffinée. Quelques pièces encore, comme d'inestimables porcelaines, une splendide
Sedes Sapientiae (Vierge assise) romane, une tapisserie des Gobelins sur un carton de Teniers, des œuvres de Lambert Lombard, un clavecin peint du XVIII⁰ s,
de superbes horloges, etc.

HUY   (4500)   22 300 hab.

L'une des villes préférées de Victor Hugo en Belgique. Avec quelques raisons.
Elle possède une magnifique collégiale et un vieux centre offrant de paisibles
promenades à travers l'histoire.

UN PEU D'HISTOIRE...

Situé au confluent de la Meuse
et du Hoyoux, à mi-chemin entre
Liège et Namur, le site fut toujours stratégique. Au X⁰ s, c'était
la 2⁰ ville de la principauté après
Liège et le centre commercial le
plus actif. Ce qui lui valut d'obtenir la première charte de l'Empire
germanique. La ville fit partie de
la province de Liège jusqu'à la
Révolution française.

C'est à Huy que Pierre l'Ermite
prêcha en 1095 la pre-
mière croisade.

ATTRAPPE-MOI SI TU PEUX !

*Le nom d'un des jeux favoris des
enfants vient de Jean Colin-Maillard, un
guerrier hutois (originaire de Huy), anobli par le roi Robert en 999. L'histoire
raconte que ce combattant valeureux
eut les yeux crevés au cours d'une
bataille, mais qu'il continua à se battre,
frappant au hasard tout autour de lui de
son lourd maillet...*

La ville dut également sa renommée au travail du métal. Elle donna naissance à
de fameux orfèvres, dont Renier de Huy (créateur des fonts baptismaux de l'église
Barthélemy à Liège) et Godefroy de Huy (auteur des châsses de la collégiale). Huy
a vu naître le père Pire (Prix Nobel de la paix 1958) et Jean-Joseph Merlin. Qui
c'est ça ? Eh bien, rien de moins que l'inventeur du patin à roulettes ! Autre célébrité : un certain Colin-Maillard.

Huy dut subir, tout au long de l'histoire, des dizaines de sièges et de guerres.
En 1944, elle n'échappa pas aux destructions, mais la reconstruction et la restauration de la ville respectèrent assez bien le caractère des quartiers anciens.

Adresses et infos utiles

🇮 **Maison du tourisme du pays de Huy Meuse-Condroz :** *quai de Namur, 1.* ☎ *085-21-29-15.* ● *pays-de-huy. be* ● *Installé dans l'ancien hospice d'Oultremont. Avr-sept, sem 8h30-18h, w-e 10h-18h ; le reste de l'année, sem 9h-16h, w-e 10h-16h.* Plan de la ville, itinéraire de balade urbaine (sur le tracé du pèlerinage de Jacques de Compostelle), agenda culturel, plan des randonnées pédestres dans la campagne environnante, infos sur la route des vins de Huy. Accueil compétent.

🇮 **Antenne d'infos de la province de Liège :** *av. des Ardennes, 8.* ☎ *085-25-45-53.* ● *provincedeliege. be* ● *Lun-ven 9h-17h, sam 10h-12h (sf juil-août).*

🚆 **Gare ferroviaire SNCB :** *pl. Z.-Gramme, 4.* ☎ *04-241-31-42.* Trains directs pour et depuis Liège, Namur, Charleroi...

🚌 **Gare routière TEC :** *pl. Z.-Gramme.* ☎ *04-361-94-44.* Bus n°s 9 et 85 pour Liège, notamment.

Où dormir ? Où manger ?

Bon marché

🍴 **Le Gourmand'wich :** *rue Sous-le-Château, 15.* ☎ *085-25-27-64.* ● *lambertfra@live.be* ● *En plein centre. Ouv lun-ven midi 11h-14h30. Congés fin juil-début août. Sandwichs 3,80-7 € ; assiettes 12-14 €.* Petite boutique sobre pour engloutir de fameux sandwichs. Carte longue comme le bras où l'on choisit aussi le pain. Également la soupe du jour, et des assiettes froides préparées simplement avec de bons produits frais. Une adresse pour les fauchés.

Prix moyens

🛏 🍴 **Hôtel du Fort :** *chaussée Napoléon, 5-9.* ☎ *085-21-24-03.* ● *info@hoteldufort.be* ● *hoteldufort. be* ● *En bord de Meuse, au pied du pont. Resto ouv tlj sf le soir le w-e et j. fériés (sf 15 août), 12h-14h, 18h30-20h30. Double 90 € ; petit déj en sus 8-12 €. Menus 13-35 €, repas 24 €.* 🖥 📶 *Apéritif maison offert sur présentation de ce guide.* Le long d'une route à grand passage, un hôtel familial bien tenu avec des chambres fonctionnelles plutôt banales, mais tout juste rénovées, bien insonorisées et équipées de salles de bains récentes et TV. Côté resto, cuisine passe-partout pour le

1er menu mais, à la carte, quelques délicieuses suggestions plus élaborées. Belle carte des vins, le dada du patron. Accueil gentil.

🍴 **La Petite Cour :** *rue des Fouarges, 20.* ☎ *085-24-07-32.* ● *emmanuel@ lapetitecour.be* ● *En plein centre. Mar-sam 12h-14h, ven soir (menu unique), et 1 sam soir/mois (menu à thème). Plats 8-15 €.* Table d'hôtes installée au fond d'une épicerie fine. Sur l'ardoise, petite suggestion de soupes, ravioles, spécialités savoyardes, etc., mitonnées simplement sous vos yeux dans la cuisine ouverte. Belle cave à vins. Une adresse côté saveurs. Terrasse aux beaux jours.

Un peu plus chic

🍴 **La Tête de Chou :** *rue Vierset-Godin, 8.* ☎ *085-23-59-65.* ● *info@ latetedechou.be* ● *À proximité de la Grand-Place. Fermé sam midi, dim-lun, j. fériés et en sept. Plat du jour 13 €, plats 20-22 €, menu 36 €.* En plein cœur historique de Huy, cette façade verte cache un délicieux petit resto à la déco contemporaine dans les tons beige-bleu. Plusieurs tables et une ambiance assez intime en soirée. Petite carte de saison bien balancée pour une cuisine inventive, généreuse et pleine de goûts. Au final, un bon rapport qualité-prix.

LA PROVINCE DE LIÈGE

Où dormir ? Où manger dans les environs ?

🛏 🍴 *Hôtel des Touristes :* val-lée du Hoyoux, 4, **Modave** (4577). ☎ 085-41-15-05. ● info@hoteldes touristes.be ● hotelestouristes.be ● À env 12 km au sud de Huy. Au carre-four du village. Double 61 €, petit déj en sus 7 €/pers. Resto tlj sf lun en basse saison, 12h-14h, 18h30-21h. Menus 8,50-18 €. 📶 Café offert sur présen-tation de ce guide. Hôtel d'une dou-zaine de chambres plutôt simples mais ravissantes, avec plancher brut, TV et salles de bains nickel. Côté fourneaux, spécialité de viandes grillées pour des plats simples et bons. Et puis on aime bien aussi le bar de pays du rez-de-chaussée qui accueille en journée les papys du village le temps d'une partie de cartes. À proximité, le château de Modave qui se visite (voir « Dans les environs de Huy »).

🛏 *Domaine du Château de Modave :* rue du parc, 2, **Modave** (4577). ☎ 085-23-35-83. ● info@domainedu chateaudemodave.be ● domainedu chateaudemodave.be ● À env 15 km au sud de Huy. Doubles à partir de 80 € ; petit déj en sus 12 €/pers. 📶 Dans une dépendance du château de Modave, une vingtaine de belles chambres confortables à la déco contemporaine, dont les moins chères – plutôt petites – se trouvent sous les toits. Les autres sont plus spacieuses et s'ouvrent sur la campagne à perte de vue. Resto sur place. Une bonne adresse au vert.

Où boire un verre ?

🍸 Une foule de thés, cafés et infu-sions à déguster avec des mignar-dises à l'heure du *Five O' Clock* dans la boutique **Enchan'Thés** (● info@ enchanthe.be ● rue du Pont, 12 ; ouv mar-sam 9h30-18h ; une dégustation offerte – sur 2 commandées – sur pré-sentation de ce guide). Et puis pas loin de là, poussez donc la porte du **Contre**

Vents et Marées (rue Van Keerbergen, 1 ; ex-rue du Coq), un joli cocktail-bar intime où le tenancier donne parfois un petit concert.

🍸 *Les bars de la Grand-Place* concentrent l'essentiel de l'animation en soirée. Ambiance souvent festive le week-end. Allez-y à l'instinct !

À voir. À faire

🎭🎭 *La collégiale Notre-Dame :* rue des Cloîtres, 1. ☎ 085-21-20-05 (Maison du tourisme). Au bord du quai de Namur, face à la Maison du tourisme. Tlj sf lun 9h-12h, 14h-17h. Sur l'emplacement de plusieurs sanctuaires antérieurs, sa cons-truction commença en 1311 pour s'achever en 1536. Exté-rieurement, architecture homo-gène, d'aspect cependant mas-sif dû probablement à la grosse tour, réminiscence du style roman et qui, perdant sa flèche en 1803 à la suite d'un coup de

LA VIA MOSANA

Elle relie Aix-la-Chapelle (Aachen) à Namur. C'est l'une des nombreuses routes qui mènent à Compostelle depuis le Danemark, via Liège, Paris ou Vézelay... Autant dire que la route est encore longue ! L'ampleur de la majes-tueuse collégiale de Huy s'explique en grande partie par le fait que la ville était une étape du pèlerinage. Il existe d'ail-leurs un circuit fléché ; il suffit de suivre les coquilles dorées qui se trouvent devant les monuments concernés.

foudre, ramassa un peu plus l'allure générale. La rosace qui la perce fut long-temps considérée comme l'une des quatre merveilles légendaires de Huy (dont deux disparurent : le pont et le château médiéval) et demeure la plus grande rosace rayonnante du pays. Pour ceux qui savent compter, la 3e merveille est la fontaine du XVe s au centre de la Grand-Place ! Par beau temps, remarquable contre-jour en fin d'après-midi.

À l'intérieur, plan à trois nefs avec un beau sentiment d'élévation et une impression d'harmonie globale. Fenêtres du chœur s'élançant à 20 m. Peintures des voûtes de 1536, de style Renaissance. Crypte correspondant au chevet de l'église de 1066. Pavé d'origine.

– *Le trésor : juil-sept, ouv ts les w-e 14h-16h45 ; avr-juin et oct, slt le 1er w-e du mois. Entrée : 3 € ; réduc.* C'est le chef-d'œuvre de la collégiale. Exposition des plus belles châsses de Belgique. Châsse de saint Domitien (1172) avec ses personnages en argent et ses vêtements en or. Châsse de saint Marc (XIIIe s) en cuivre doré et émaux champlevés. Scènes de la vie du Christ : les bergers, les Rois mages, l'entrée à Jérusalem, la Descente de croix, etc. De l'autre côté, la fuite en Égypte, la résurrection de Lazare, etc. Châsse Notre-Dame, attribuée au maître de la *châsse de saint Remacle* à Stavelot. Beau travail niellé et filigrané avec ses 12 apôtres en métal repoussé et pierres précieuses.

🏃 En sortant, longer le flanc intérieur de la collégiale jusqu'au *portail de Bethléem,* l'ancienne entrée du cloître. *Nativité* datant du XIVe s. Au-dessus, âne et bœuf soufflant séparément sur le Christ emmailloté. Sur les colonnes, animaux fantastiques et personnages grotesques.

🏃 *Le musée de la Charte des libertés :* rue Vankeerberghen, 20. ☎ 085-23-24-35. *Tlj sf w-e 14h-16h (w-e de mi-mai à mi-sept 14h-18h). GRATUIT.* Installé dans l'ancien couvent des frères mineurs, ce musée est dédié à l'histoire et aux activités traditionnelles de la ville. On passe d'abord un portique monumental de style Louis XIII et le cloître de 1662. Petit topo, dans l'ordre, des collections.
– *Salle 1 :* évocation de la charte de libertés de Huy (1066) sur des sceaux et des monnaies. Art et orfèvrerie religieuse aussi, notamment des parchemins, reliquaires de voyage. Puis un véritable chef-d'œuvre : le *Beau Dieu* (1240) de Huy, l'un des plus grands crucifix du pays. Intéressant travail sur le plissé du périzonium (le péri quoi ?... le pagne, si vous préférez !).
– *Salle 2 :* arts décoratifs mosans, argenterie, vaisselle en faïence d'Andenne, étains et horlogerie du XVIIe au XIXe s.
– *Salle 3 :* peintures et gravures représentant la ville.
– *Salle 4 :* c'est la section archéologique, qui couvre toutes les périodes gallo-romaine (poterie...), mérovingienne, Moyen Âge et les temps modernes (verrerie, balles de mousquets, clés et serrures, etc.).
– *Salle 5 :* consacrée à la viticulture ; grand pressoir du XVIIIe s.
– *Dans les dernières salles :* collection de pipes et de lampes, outils pour fabriquer les balles, boîtes à poudre, vêtements du XIXe s, ameublement rural, lit clos wallon du XVIIIe s. Reconstitution d'une cuisine paysanne. Pour finir, salon et salle à manger bourgeois du XIXe s et outils de sabotier et de corroyeur.

14-18 🏃 *Le fort :* chaussée Napoléon. ☎ 085-21-53-34 ou 085-21-29-15 (Maison du tourisme). *Accès à pied, ou en téléphérique en saison (cher). Avr-sept, en sem 9h-17h ; w-e et j. fériés 10h-18h. Juil-août, tlj 10h-18h. Entrée : 4 € ; réduc.* Construit en 1818 à 45 m au-dessus de la Meuse, à l'emplacement de l'ancien château. Prison au XIXe s, caserne dans les années 1920 et 1930, il servit à nouveau de prison sous les nazis. Aujourd'hui, il abrite un *musée de la Résistance et des Camps de concentration.*

Balade dans la ville

🏃 *L'hôtel de ville :* sur la Grand-Place. Il fut construit en 1766. Façade classique en pierre bleue et brique surmontée d'un fronton triangulaire sculpté. Au milieu de la Grand-Place, le *Bassinia.* C'est une fontaine (en restauration) du XVe s, avec un bassin de bronze surmonté de quatre statuettes. Le beau fer forgé, avec l'aigle bicéphale autrichien, fut ajouté en 1733.

🦌 De l'autre côté du pont Roi-Baudouin, voir la *maison Batta* de 1575 (voir aussi la rubrique « Où manger ? Où boire un verre ? »), l'*hôtel de la Cloche* (quai de Compiègne), bel édifice de la Renaissance mosane (1606).
On cultivait la vigne à Huy depuis l'époque mérovingienne, et cette activité connut son apogée au XVIᵉ s. Louis XIV fit arracher les pieds de vigne. Le déclin vint au XIXᵉ s, mais, depuis 1963, une petite dizaine de viticulteurs produisent un petit pinard honnête et entretiennent la tradition en faisant vivre la confrérie du Briolet. On peut voir, sur la rive gauche de la Meuse, les coteaux du vin de Huy.

Manifestations

– *La Flèche wallone : mi-avr.* Un événement cycliste majeur en Belgique. La course relie Charleroi à Huy, où une côte de 22 % attend les coureurs. Très populaire !
– *Les fêtes de la Jean au mont Falise :* avec animations musicales et grands feux. À ne pas manquer.
– *Les fêtes du 15 août :* LA grande fête de Huy : rassemblement des confréries gastronomiques, grande fête foraine et feu d'artifice tiré du fort.

DANS LES ENVIRONS DE HUY

🥾🚶 *Le château de Modave :* rue du Parc, 4, *Modave* (4577). ☎ 085-41-13-69. ● modave-castle.be ● *À env 15 km au sud de Huy. D'avr à mi-nov, tlj 10h-18h ; fermé lun hors juil-août et j. fériés. Entrée : 7,50 € (audioguide compris) ; réduc ; gratuit pour les moins de 12 ans.* Accroché sur un piton rocheux, le château date en grande partie du XVIIᵉ s. Belle alliance de pierre grise et de brique dans un ordonnancement classique. Un charpentier liégeois ingénieux, qui avait réussi à faire monter l'eau de la rivière au château, fut invité à Versailles par Louis XIV. Il inventa la fameuse « machine de Marly » qui acheminait l'eau de la Seine jusqu'aux fontaines du château. Autre anecdote, c'est à Modave que Louis XVI devait se rendre (attendu par le comte d'Artois) au moment de sa fuite. Mais il y eut Varennes... À l'intérieur, somptueux décors. Remarquables plafonds, mobilier, peintures, tapisseries de Bruxelles. Beaux jardins. Un hôtel a été aménagé dans une dépendance (voir plus haut « Où dormir ? Où manger dans les environs ? »).

LA PROVINCE DE LUXEMBOURG

C'est la province la plus boisée de Belgique. Ici, point de grandes villes ayant entamé les forêts profondes. Les rivières elles-mêmes hésitent à s'y frayer un chemin et, au moindre obstacle, s'écoulent en d'interminables boucles. On connaît un coin où, sur quelques hectares, on peut apercevoir six méandres de l'Ourthe. Comme les paysans du cru, les rivières ici prennent leur temps. Le Semois, au sud, n'est pas en reste, livrant en outre d'impressionnants paysages, comme le tombeau du Géant à Botassart. Dans ces paysages accidentés, des châteaux, encore des châteaux, et des souvenirs nécessairement douloureux quand on évoque la bataille des Ardennes et Bastogne, la ville martyre. De quoi alimenter la réflexion lors des longues randonnées en pays de Gaume. Au point de ne pas s'apercevoir, pour parodier Brel, que, dans la région de Virton, la Provence redescendait la Vire et le Ton...

LA ROCHE-EN-ARDENNE (6980) 4 300 hab.

Nichée dans la vallée de l'Ourthe, petite capitale du tourisme du Nord de la province. Paysage escarpé qui attira longtemps stratèges et bâtisseurs de châteaux. Les premiers touristes furent les Celtes, les Romains, les comtes de Namur, puis les ducs de Luxembourg, les Bourguignons, les Autrichiens, Charles Quint, Philippe II. Louis XIV, ayant trouvé l'esthétique du château plutôt ratée, se hâta de le démolir et commanda à un disciple de Vauban une nouvelle mouture. En décembre 1944, l'offensive des Ardennes fut terriblement destructrice pour la ville. Mais La Roche-en-Ardenne se reconstruisit vaillamment. Aujourd'hui, quasiment chaque maison abrite une boutique touristique. Beaucoup de Néerlandais et de Flamands en saison, pour qui le moindre relief prend des allures d'Alpes...

Adresses utiles

🛈 **Maison du tourisme du pays d'Houffalize-La Roche-en-Ardenne :** *pl. du Marché, 15.* ☎ *084-36-77-36.* ● *coeurdelardenne.be* ● *la-roche-tourisme.com* ● *Tlj 9h-17h (8h30-18h30 en juil-août).* Outre les documentations classiques (hébergement, activités, promenades, circuits, etc), ils peuvent aussi, et sans frais, vous réserver une chambre d'hôtes ou d'hôtel.

■ **Location de VTT et de kayaks :** *Ardenne Aventures, rue de l'Église, 35 (dans le centre).* ☎ *084-41-19-00.* ● *ardenne-aventures.be* ● *Ouv tlj avr-oct, le reste de l'année sur résa.*

Où dormir ? Où manger ?

La Roche compte quelque 17 hôtels, plusieurs campings et de nombreuses chambres chez l'habitant, dont la liste est disponible à l'office de tourisme.

Campings

⚊ **Floréal :** *route de Houffalize, 18.* ☎ *084-21-94-67.* ● *camping.laroche@florealgroup.be* ● *florealgroup.be* ● *Le seul camping de La Roche ouv tte l'année. Compter 25 € (en hte saison) pour 2 avec tente et électricité.* Un peu l'usine, mais bon équipement.

⚊ **Le Benelux :** *rue de Harzé, 24.* ☎ *084-41-15-59.* ● *info@campingbenelux.be* ● *campingbenelux.be* ● *Ouv avr-sept. Emplacement 15 € (parking et électricité inclus).*

⚊ ⎮●⎮ **Le Vieux Moulin :** *Petite Strument, 62.* ☎ *084-41-13-80.* ● *info@strument.com* ● *strument.com* ● *Ouv Pâques-oct. 17 € pour 2 avec tente (électricité et douche en sus).* Non loin du centre et, cependant, dans une vallée encaissée à l'écart de toutes constructions. Resto à l'hôtel en annexe.

⚊ **Camping du Pouhou :** *route de Marche, 4.* ☎ *084-41-11-74.* ● *campingdupouhou@skynet.be* ● *campingdupouhou.be* ● *À 3 km du centre. Ouv Pâques-oct. Compter 14,84 € pour 2 avec tente (électricité en sus).* Le plus simple, le plus nature et le moins cher de tous. Les voitures restent à l'extérieur du camp.

Bon marché

🛏 **Chambres d'hôtes Le Vieux La Roche :** *rue du Chalet, 45.* ☎ *084-41-25-86.* ● *levieuxlaroche@skynet.be* ● *levieuxlaroche.com* ● *Tt près du centre. Doubles 43-60 € selon confort et saison, petit déj inclus.* Une maison ardennaise joliment restaurée, proposant 5 chambres avec douche ou bain et lavabo, simples mais plutôt coquettes et vraiment pas chères. Petite terrasse-jardin.

De prix moyens à plus chic

🛏 I●I *Hôtel Moulin de la Strument :* *Petite Strument, 62.* ☎ *084-41-15-07.* ● *info@strument.com* ● *strument. com* ● *Sur le parcours de la Trans- ardennaise, à 600 m du centre. Resto fermé en sem hors vac scol. Fermé 1er janv-13 fév. Compter 95-115 € pour 2, petit déj compris. Au resto, lunch 13 €, menus 26-30 € ; plats 15-25 €.* 📶 *(hôtel slt). Apéro offert sur présentation de ce guide dans le cadre d'un repas.* Bel établissement installé dans un ancien moulin à eau, lui-même situé dans une belle vallée. Chambres colorées, sympas et soi- gnées. Également une très belle suite, à peine plus chère. Feu de cheminée et pierre du pays au resto, où l'on peut goûter, le week-end, à une cuisine de terroir fine et généreuse (en semaine, ce n'est pas toujours le patron qui est aux fourneaux) : truites, civet de che- vreuil, carré de porcelet au miel, sau- mon fumé artisanal. Profitez-en aussi pour visiter le petit musée de la Meu- nerie, en annexe.

I●I *Hôtel-restaurant Le Midi :* *rue de Beausaint, 6.* ☎ *084-41-11-38.* ● *info@hotelmidi.be* ● *Tlj 12h-14h, 18h30-20h30. Fermé 1re quin- zaine de janv. Repas 25-35 €, plats 16-28 €.* 📶 *Apéro offert sur pré- sentation de ce guide.* Salle classique et cossue mais pas forcément très gaie (mis à part la collection de bouteilles entreposées dans un renfoncement creusé dans la roche ; plutôt kitsch !). Accueil sympathique et bonne cuisine de terroir. Gibier en saison.

Où dormir ? Où manger dans le coin ?

🛏 *Chambres d'hôtes Le Clos de la Fontaine :* *rue de la Fon- taine, 2,* **Chéoux-Rendeux** *(6987).* ☎ *084-47-77-01.* ● *leclosdelafon taine@skynet.be* ● *leclosdelafon taine.be* ● *À 15 km env à l'ouest de La Roche. Fermé 3 sem de fin juin à mi-juil, le 2e w-e de sept et le 1er w-e de déc. Doubles 80-120 €, petit déj compris.* 📶 *Apéritif offert sur présentation de ce guide.* Dans une solide maison de pays à colombages, 5 chambres d'hôtes agréables et rus- tiques, avec plancher brut, poutres, TV et sanitaires impeccables. Idéal pour ceux qui recherchent un hébergement sympa dans un joli coin de campagne, d'autant qu'il y a pas mal de balades à faire dans les environs (le couple de proprios peut vous prêter des cartes au 1/25 000). En prime, une salle à manger très cosy avec cheminée, là même où se prend le petit déj composé de confitures maison, de fromages et charcuteries artisanales et même de jus de pomme pressée ! De quoi démar- rer d'un bon pied ! Pour les séjours, un gîte pouvant accueillir 8 adultes et 3 enfants.

🛏 *Chambres d'hôtes Le Marron- nier :* *rue du Marronnier, 2,* **Beausaint** *(6980).* ☎ *084-41-15-04.* ● *info@ lemarronnier.be* ● *lemarronnier.be* ● *À 3 km de La Roche sur la N 89 direc- tion Saint-Hubert. Double 60 €, fami- liales 80-110 €. Petit déj 10 €.* 📶 *Réduc de 10 % sur le prix de la chambre sur présentation de ce guide.* 4 chambres mansardées dans l'annexe d'une mai- son en pierre : « Gauguin », « Klimt », « Monet » et « Van Gogh ». Simple mais charmant, comme l'accueil d'Yvette, la sympathique proprio flamande. Possibilité de table d'hôtes le soir et, le matin, petit déj-buffet complet avec omelette au lard.

I●I *Au Comte d'Harscamp :* *route de Marche, 5,* **Rendeux-le-Haut** *(6987).* ☎ *084-45-74-54.* ● *jurgen.schreurs@ hotmail.com* ● *À 11 km de La Roche et 3 km de Chéoux (et du Clos de la Fontaine). Tlj sf mer-jeu (sf j. fériés). Formule 29 €, plus dessert 6 €, ou menu unique 39 €. Pas de carte, pas de lunch.* 📶 Cette solide bâtisse médiévale fut autrefois cour de justice. Massive et impressionnante, elle a de quoi intriguer avec ses murs épais et ses barreaux aux fenêtres. Aujourd'hui, bougies et lumières tamisées parti- cipent à la féerie, tandis qu'un feu cré- pite dans la cheminée. Salle tout à la fois élégante, chic et rustique. Sols de galets, murs de pierre et murs taupe, mobilier de bois brut, l'esprit médiéval est cultivé mais dans une ambiance *lounge* tout de qu'il y a de plus contemporaine... Une belle adresse dans tous les sens du terme. Cuisine de terroir d'ici et d'ailleurs, fine et créative. Impressionnante « carte » des vins que l'on va chercher soi-même à la cave. Terrasse aux beaux jours.

Où boire un verre ?

Y La cabane du Quai Son : *7, rue des Bateliers.* ☎ 084-75-22-80. ● *lequai son.be* ● *En saison, ouv tlj pdt les vac scol 10h30-minuit ; hors vac scol ouv mar-dim à partir de 11h. En hiver, ouv ven, sam, dim et pdt les vac scol 11h-minuit (cuisine jusqu'à 22h). Que* ce soit en terrasse au bord de l'eau aux beaux jours ou au coin du feu, en hiver, cet endroit a tout pour plaire et vient secouer et réchauffer l'ambiance rochoise. Concerts fréquents et convivialité assurée.

À voir

Le château : *rue du Vieux-Château, 4.* ☎ 084-41-13-42. ● *chateaudelaroche. be* ● *Juil-août, tlj 10h-18h ; avr-juin et sept-oct, 11h-17h ; le reste de l'année, sem (sf ven hors vac scol) 13h-16h, w-e et tlj pdt les vac scol de Noël, Carnaval et Pâques 11h-16h30. Fermé en cas de neige et/ou de verglas, ainsi que le 25 déc, le 1er janv et lors du carnaval rochois. Entrée : 5 € ; réduc.* Belles ruines dominant fièrement La Roche. Le premier château fut bâti au XIe s. Renforcé ensuite par tous ses occupants. Au XVIIIe s, il fut démantelé par Joseph II. Ses murs, tout en tranches de schiste superposées et partiellement couverts de mousse, ne manquent pas d'allure. Spectacle de fauconnerie le week-end en saison (tous les jours pendant les vacances scolaires) et autres animations, telles que l'apparition d'un fantôme à la tombée de la nuit...

40-45 **Le musée de la Bataille-des-Ardennes :** *rue Châmont, 5.* ☎ 084-41-17-25. ● *batarden.be* ● *Mer-dim 10h-18h ; janv-mars (sf vac de carnaval), slt le w-e et vac scol. Fermé Noël, Jour de l'an et le dim du carnaval rochois. Entrée : 6,40 € ; réduc.* Un musée qu'on aime bien pour son côté didactique et la richesse de ses collections. Son proprio, un jeune passionné par la Seconde Guerre mondiale, n'a pas ménagé ses forces pour réaliser une exposition claire sur l'origine et le déroulement de la bataille des Ardennes, avec une insistance particulière sur le bombardement de La Roche en décembre 1944, perpétré par les Américains pour contrer l'avancée allemande. Le tapis de bombes (voir les photos au rez-de-chaussée) n'épargna que 18 maisons ! Au 1er étage : diaporamas sur les paras, vieilles affiches, reconstitution du 10 janvier 1945 (seconde libération de La Roche par la 84e division d'infanterie US), armes, grenades et objets personnels, dont des biscuits et l'ancêtre de la barre chocolatée Mars. Vitrines troupes anglaises, aviateurs... Le 2e étage est dédié à l'armée allemande. Quelques pièces : une édition de Mein Kampf de 1932 et la fameuse « Enigma », machine à encoder les messages.

Le musée de la Meunerie de la Strument : *voir l'adresse plus haut dans « Où dormir ? Où manger ? ».* ☎ 084-41-15-07. *Ouv les w-e et tlj pdt les vac scol 10h-18h ; le reste de l'année, slt sur rdv. Fermé janv-fév. Entrée : 4 € ; réduc ; gratuit pour les clients de l'hôtel.* Moulin du XIXe s, conservé dans l'état d'origine et joliment rénové par les soins du propriétaire.

Manifestation

– **Week-end historique :** *le 1ᵉʳ w-e d'août.*

Dans les environs de la roche-en-ardenne

🏃 **Le parc Chlorophylle :** *près de Dochamps, village à une douzaine de km au nord de La Roche.* ☎ 084-37-87-74. ● parcchlorophylle.com ● *Tlj 10h-17h (18h juil-août). Fermé de mi-nov à mi-mars. Entrée : 7 € ; petite réduc pour les enfants.* Parc forestier de 9 ha, avec plaines de jeux pour les mômes et circuits didactiques sur tout ce qui a trait à la forêt. À noter aussi : la longue passerelle de 15 m de haut permettant de côtoyer la cime des arbres, ainsi qu'un superbe point de vue sur près de 40 km de campagne depuis la cafétéria du site. Pour les familles.

VIELSALM
(6690) 7 600 hab.

À 450 m d'altitude, petite ville dans un environnement sympa de forêts et de collines rocheuses. L'une des régions les plus intéressantes de Belgique sur le plan géologique. Belle fête le 20 juillet avec le sabbat des Macrâlles (sorcières). Le lendemain, fête des Myrtilles. Piscine subtropicale dans le complexe *Sunparks* ; bon à savoir si le temps est à la pluie.

Adresses utiles

🛈 **Maison du tourisme de Viel-sam et Gouvy :** *av. de la Salm, 50.* ☎ 080-21-50-52. ● vielsalm-gouvy. be ● 📶 *Tlj 9h-18h (10h-17h sam-dim).*

Fermé fêtes de fin d'année.
■ **Location de vélos :** *au Garage Léonard, rue Fosse-Roulette, 24.* ☎ 080-21-53-81.

Où manger à Vielsalm et dans les environs ?

I●I **Le Petit Restaurant :** *rue des Comtes-de-Salm, 33, à Salmcha-teau (à 2 km).* ☎ 080-21-44-80. ● fb871286@skynet.be ● *Dans la rue principale du village. Ouv le soir ven-sam fin nov-fin mars (ou début avr, mais mieux vaut téléphoner avt). Plats 8-16 €.* Décor comme à la maison, poêle au milieu, meubles bourgeois, horloge et petits cadres. Dégustation de petits plats de terroir 100 % maison. Salades, soupes, truite fumée, fricas-sée au lard, chèvre chaud et, même, une raclette « mieux et moins chère qu'à la montagne » (un peu plus chère quand même que les autres plats)... C'est savoureux et bien servi. Une adresse toute simple et chaleureuse

comme on les aime.
I●I **Contes de Salme :** *rue J.-Bertholet, 6.* ☎ 080-21-62-36. ● info@ardennes-resorts.com ● *En face de l'église de Vielsalm. Tlj 11h-21h30 (22h w-e et j. fériés). Fermé 3 sem en janv et 10 j. en juin. Plats 13-26 €, lunchs 14-20 € selon le nombre de plats, carte 35 € env.* 📶 *Apéritif offert sur présentation de ce guide.* Restaurant-brasserie-bar à vins (et même gîte) édifié sur le site du premier château des comtes de Salm. L'intérieur en jette : on mange dans une grande salle chaleureuse, tout en bois et en pierre du pays, pleine de niches et de recoins. Allez faire un tour aux toilettes, elles valent le coup d'œil ! Au menu, solide tartiflette, truite

du val de Salm, entrecôte du pays, *spare ribs,* jambonneau et beaucoup, beaucoup de salades l'été. On peut aussi juste venir siroter un café (de grande origine), une bière de Vielsalm ou encore un verre de vin, accompagné, pourquoi pas, d'une assiette de charcuterie ou de fromage. Très touristique.

À voir

🏃 **La Maison du pays de Salm :** *av. de la Salm, 50.* ☎ *080-21-50-52. Tlj 10h30-16h30. Fermé fêtes de fin d'année. Entrée : 5,50 € ; réduc.* Parcours multimédia fort bien conçu, d'environ 45 mn, sur l'histoire, le patrimoine et la géologie de la région. Film d'introduction d'abord, puis plongée dans les entrailles du sol avec la découverte des variétés de schistes dont l'exploitation fit vivre la population du val de Salm. Photos, outils et reconstitution miniature sur le travail de l'ardoise ou du coticule et les traditions des ouvriers mineurs et carriers. Inventaire des richesses architecturales et du folklore des environs et petit « show » des macralles, avant de passer au coin de l'âtre d'une chaumière ardennaise pour écouter le récit de bien belles légendes où le diable est souvent évoqué mais toujours vaincu !

🏃 **Le musée de l'Histoire et de la Vie salmienne :** *rue Tienne Messe, 3.* ☎ *080-21-57-68. Près de l'église. Ouv slt juil-août : mar-sam 10h-12h, 13h-17h, dim 14h-17h30. Entrée : 2 €. Billet combiné avec le musée du Coticule : 4 €.* Installé dans une maison du XVIIIe s. Expo de vêtements régionaux et de tous les aspects de la maison traditionnelle en haute Ardenne.

🏃 **Le musée du Coticule :** *à Sal-mchateau, à 2 km de Vielsalm.* ☎ *080-21-57-68. Avr-Toussaint, mar-sam 10h-12h, 13h-17h ; dim et j. fériés 14h-17h30. Entrée : 2,50 €. Billet combiné avec le musée de l'Histoire et de la Vie salmienne : 4 €.* Aujourd'hui, ce petit musée, installé dans un ancien atelier, permet de ne pas oublier cette pierre qui affûtait les lames. Présentation géologique, documents, outils, machines en état de fonctionnement montrant toutes les étapes de la fabrication.

C'ÉTAIT AVANT GILLETTE

Le coticule, unique au monde, est un schiste très dur dont on s'aperçut qu'il usait les meilleurs aciers. Pas étonnant qu'il devint la pierre à affûter les rasoirs. Depuis le XVIe s, Vielsalm en était devenue la capitale, exportant sa pierre à aiguiser dans le monde entier. Mais l'avènement du jetable et du rasoir électrique fit péricliter cette activité et, dans les années 1970, les puits d'extraction fermèrent progressivement.

HOUFFALIZE   (6660)   5 025 hab.

Petite bourgade lovée dans un méandre de l'Ourthe, Houffalize fut complètement rasée en janvier 1945 par les bombardements. Sur une place, un char allemand Panther, repêché dans la rivière après l'offensive, témoigne encore de ce tragique épisode. À l'endroit où se trouvait une tannerie et où furent ensevelis des dizaines d'habitants, dont de nombreux enfants, la ville a voulu construire un site de mémoire tourné vers l'avenir : Houtopia, né de cette volonté de sensibiliser nos contemporains aux valeurs pacifiques universelles par le biais des Droits de l'enfance. On applaudit à cette initiative. Les environs d'Houffalize hébergent quelques centres d'activités de plein air.

LA PROVINCE DE LUXEMBOURG

Adresse utile

i *Office de tourisme :* pl. de Janvier-45, 2. ☎ 061-28-81-16. ● houffalize.be ● Tlj 9h-13h, 13h30-16h30 (17h30 juil-août).

Où dormir ? Où manger ?
Où boire un verre dans le coin ?

🛏 |●| *Hôtel L'Ermitage :* rue de La Roche, 32. ☎ 061-28-81-40. ● hotel lermitage@skynet.be ● hotelermi tage.be ● À 1 km du centre-ville (déjà la campagne !). Fermé fin juin-début juil et la 1re quinzaine de sept. Doubles avec sdb 75-85 €, petit déj compris. Menus 28-45 € ; carte env 34 €. 🛜 Remise de 5 % sur le montant de l'addition, à l'hôtel comme au resto, sur présentation de ce guide. Un petit hôtel familial tout simple, à l'ancienne... Les chambres, refaites récemment pour certaines, sont tout à fait convenables pour le prix. Cuisine de spécialités ardennaises avec quelques échappées exotiques : casserole d'écrevisses, truite au jambon, coq à la Chouffe et wok de scampi au beurre d'agrume. Gibier en saison. Accueil adorable.

🍷 |●| ♪ *La Petite Fontaine : Achouffe,* 26 (6666 Houffalize), village à 6 km de Nadrin et à 7 km d'Houffalize. ☎ 061-28-80-13. Ouv tlj 10h-18h, puis à nouveau le sam soir à partir de 21h pour les concerts. En face de la brasserie artisanale d'Achouffe, un étrange endroit, souvent bondé et peuplé de nains de jardin. Kitschissime ! Et plutôt (très) enfumé. On peut s'envoyer une Chouffe (blonde) ou une Mac Chouffe (brune), dans une ambiance typiquement belge, éminemment conviviale. Concerts le samedi soir. Dans la taverne, située au sein même de la brasserie, on peut manger un bout, notamment un honnête lapin à la Chouffe (☎ 061-28-94-55 ; fermé mar-mer hors saison et de fin juin à mi-juil). La visite de la brasserie est malheureusement réservée aux groupes (● achouffe.be ●).

À voir

🧍 🧍‍ *Houtopia, Le Monde aux enfants :* pl. de l'Église, 17. ☎ 061-28-92-05. ● houtopia.be ● Tlj sf sam hors vac scol 11h-17h (10h-18h juil-août). Fermé en janv. Entrée : 6,25 € (6,80 € en juil-août) ; petites réduc enfants et familles. Centre récréatif et éducatif destiné aux enfants, qui découvriront leurs droits et leurs devoirs au travers d'abord d'un montage filmé multiécran, fort bien fait, d'une vingtaine de minutes, présenté par le regretté Peter Ustinov. Des artistes de cirque miment des saynètes qui, mêlées à des images d'archives parfois assez dures, enseignent aux mômes qu'ils sont les hommes et les femmes de demain et que, en leur garantissant leurs droits irrépressibles à l'éducation et à la sécurité, notre pauvre monde ne pourra qu'évoluer harmonieusement. Pas d'angélisme pour autant : l'exploitation des enfants à des fins guerrières, les perversions des adultes, les dégâts causés à l'environnement et toutes les tares dramatiques de nos sociétés sont exposés sans complaisance. Au sous-sol, un espace d'activités ludiques et interactives développe par modules des thèmes un peu rebattus pour nous mais non pas pour les enfants, comme la sécurité routière, la santé, le recyclage des déchets, les dangers domestiques, les cinq sens, les migrations des espèces menacées (comme la cigogne noire), etc. Des aires de pique-nique, une cafétéria, une plaine de jeux et un parcours aventure (avec un tobogan de plus de 30 m) sont également prévues pour permettre à tous de se délasser.

DURBUY

(6940)   10 800 hab.

Blottie au pied d'une paroi rocheuse (la Falize), dominée par son château et à l'abri derrière ses remparts, Durbuy fut une petite bourgade de 400 habitants jusqu'en 1977, année où elle fusionna avec d'autres communes. Ce qui ne l'empêche pas de se prévaloir, pour sa promotion, d'avoir été (et d'être encore !) « la plus petite ville du monde ». Avec ses quelques ruelles médiévales, ses demeures anciennes et son site pittoresque (premier vrai paysage abrupt en venant des polders), elle draine tout au long de l'année une foule de Néerlandais et de Flamands, lassés de leur morne plaine et aspirant légitimement à un peu de relief ! Vous l'avez compris : en haute saison, ce centre de villégiature peut distiller une atmosphère lourdement touristique...

LA PROVINCE DE LUXEMBOURG

Adresse utile

🄸 **@** *Office de tourisme : pl. aux Foires, 25.* ☎ *086-21-24-28.* ● *durbuyinfo. be* ● *En plein centre. Lun-ven 9h-18h, w-e 10h-18h. Hors saison, ferme à 17h.* 🛜 Nombreuses activités plus ou moins sportives à effectuer dans le coin. Propose à certaines dates, des visites guidées pour les individuels. Se renseigner pour le calendrier ; inscription obligatoire.

Où dormir ? Où manger ?

De prix moyens à très chic

🛏 |●| *Le Sanglier des Ardennes : rue Comte d'Ursel, 14.* ☎ *086-21-32-62.* ● *info@sanglier-des-ardennes.be* ● *sanglier-des-ardennes.be* ● *Tlj tte l'année. Doubles 80-300 € selon confort et saison. Petit déj 15 € ; brunch campagnard le dim 40 €. Côté brasserie, lunch 18 €, menus 28-35 €, plats 14-25 €. Au resto, plats 22-35 € et menus 40-70 €.* 🛜 Cette grosse maison dominant la place principale, entièrement relookée au goût du jour, est incontestablement la belle adresse de Durbuy, tout à la fois chicos et cosy. Chambres confortables, de taille variable et de styles variés, réparties dans différents bâtiments du village. Spa et *wellness* pour parfaire le séjour. Salle à manger avec vue panoramique sur l'Ourthe et la verdure. On y déguste une cuisine de terroir de haute volée, fine, goûteuse et mettant la Wallonie à l'honneur. Une affaire qui tourne de façon très pro, que ce soit au restaurant gastronomique ou du côté de *Chez Fred*, la brasserie attenante, réputée pour ses cocottes.

|●| *Le Fou du roy : rue du Comte d'Ursel, 4.* ☎ *086-21-08-68. Ouv mer-dim et tlj pdt les vac scol. Menu 35 € ; plats 12-25 €.* Une table un peu surfaite mais offrant néanmoins un rapport qualité-prix honnête pour Durbuy. Jolie déco dans un style brocante décalée et cuisine correcte et dans l'air du temps.

|●| *La Canette : 1, rue Alphonse Eloy.* ☎ *086-21-26-68. Ouv slt le soir (tard !) ven-mar, plus dim midi. Formules et menus 29-38 €.* Dans une vieille auberge du XVIIIe s, un petit bistrot cultivant un esprit campagnard, chaleureux et convivial. À la carte, petits gris de Namur et petits plats mitonnés. Accueil souriant. Rapport qualité-prix un peu limite, mais on est à Durbuy !

Où dormir dans les environs proches ?

🛏 *Chambres d'hôtes à la Ferme de Durbuy : Warre, 72 (6941).* ☎ *086-21-44-44.* ● *info@fermede durbuy.com* ● *fermededurbuy.com* ● *À 2 km au nord de Durbuy. Chambres doubles 91-111 €. Table d'hôtes le soir sur résa 30 €.* 🛜 *Apéro offert sur présentation de ce guide.* Jolie ferme équestre donnant sur la vallée de l'Ourthe. Outre 2 gîtes pour les groupes, l'endroit dispose de 2 chambres doubles et de 3 suites, charmantes et très soignées, avec vieux plancher, salle de bains à l'ancienne, tentures et couvre-lits à carreaux. Salle à manger du même tonneau. Et pour démarrer la journée du bon pied, un petit déj composé de jus d'orange pressée, œufs, charcuterie et fromages de la région. Bien pour une retraite en pleine nature, d'autant qu'on peut y monter à cheval.

À voir. À faire

➤ *Balade dans le vieux centre :* petit mais d'une remarquable homogénéité. Rue des Récollectines, rue Éloi, rue de la Prévôté, vous découvrirez de nobles demeures anciennes en pierre grise et de ravissants clins d'œil architecturaux. Rue Comte-d'Ursel s'élève la vieille halle au blé du XVIe s (qui vient d'être restaurée), l'un des rares exemples de pignon à colombages de la province. C'est l'ancienne grange aux dîmes, où les paysans venaient payer leur fermage. Plus tard, elle fut utilisée pour rendre la justice.

🧗 🚶 *Le parc des Topiaires :* sur la rive de l'Ourthe opposée à celle de la vieille ville. ☎ 086-21-90-75. ● topiairesdurbuy.be ● Tlj 10h-18h mars-oct ; 10h-17h nov ; déc, ouv slt w-e et vac scol 10h-16h. Fermé de début janv à mi-mars. Entrée : 4,50 € ; réduc ; 1 € pour les moins de 12 ans et gratuit pour les moins de 5 ans. Un hectare de buissons, les fameuses topiaires, taillées de toutes les manières, du crocodile au Manneken-Pis. Au total, plus de 250 figures ; plus touristique qu'artistique. Sympa en famille.

– 🚶 *Durbuy Adventure :* rue de Rome, 1. ☎ 086-21-28-15. ● durbuyadventure. be ● Le plus grand parc aventure de Belgique. Activités multiples : kayak, VTT, via ferrata, accrobranche, karting, speleo, quad... Hébergement possible en chalets ou en tipis.

DANS LES ENVIRONS DE DURBUY

BARVAUX-SUR-OURTHE (6940)

Adresse utile

🛈 *Maison du tourisme du pays d'Ourthe et Aisne :* Grand'Rue, 16. ☎ 086-21-35-00. ● ourthe-et-aisne.be ● *Lun-ven 8h30-18h30, sam 10h-18h, dim 10h-16h. Fermé 1er janv, 1er mai, 1er nov, 11 nov et 25 déc.*

Où dormir dans le coin ?

🏠 *Maison d'hôtes « Lai L'Oiseau » :* Petite Hoursinne, 9, **Erezée (6997).** ☎ 0473-67-90-38. ● lailoiseau@hot mail.com ● lailoiseau.be ● À env 15 km à l'est de Barvaux. Compter 65-75 € pour 2, petit déj compris. 🛜 Apéritif offert sur présentation de ce guide. Dans un hameau entouré de forêts, où brament des cerfs à la saison des amours (on en dénombre une centaine dans la zone !). Si vous tombez bien (entre septembre et octobre), Jean-Pierre se fera un plaisir de vous guider pour vous les faire entendre (on n'en dit pas plus...). Mais revenons au lieu : il s'agit d'une pimpante et charmante maison campagnarde proposant 2 chambres d'hôtes indépendantes et en rez-de-jardin (dont une pouvant accueillir jusqu'à 4 personnes), adorables et impeccablement tenues. Le matin, petit déj bio, très apprécié des hôtes. Le sympathique couple peut aussi vous prêter des VTT, histoire de parfaire le processus de remise en forme.

À voir à Barvaux et dans les environs

🚶🏃 *Le labyrinthe :* rue Basse-Commène. ☎ 086-21-90-42. ● lelabyrinthe.be ● À 10 mn à pied de la gare de Barvaux. Ouv début juil-août tlj 10h-19h (dernière entrée à 17h), plus les w-e de sept et le 1er w-e d'oct. Entrée :3 € ; réduc pour les enfants de moins de 1,50 m. Tous les ans, un champ de maïs de 2 ha est aménagé en labyrinthe géant animé par des comédiens déguisés. Un régal pour les mômes qui prennent un malin plaisir à perdre leurs parents dans ce dédale végétal.

🏃🏃 *Wéris :* l'un des plus beaux villages de Wallonie avec, il faut le reconnaître, une jolie homogénéité. Wéris est surtout le plus grand site mégalithique de Belgique. Vous trouverez tous les renseignements nécessaires à la *Maison des mégalithes :* pl Arsène Soreil, 7. ☎ 086-21-02-19. ● megalithes.musee@belgacom.net ● Juin-sept, tlj 10h-19h ; 10h-17h le reste de l'année. Entrée : 2 €. Quelques vitrines et une vidéo assez intéressante présentent les différents mégalithes. Vous trouverez ici tous les circuits et les conseils pour partir découvrir ces curieuses pierres dressées au néolithique et constituées de « poudingue », une roche composite censée rappeler le pudding anglais ! En tout, 27 menhirs et deux allées couvertes qui ont donné lieu à bien des légendes...

🍽 Plusieurs restos au village, dont le *Tiesse di Bwes (rue des Combattants, 8. ☎ 086-38-71-63. ● tiessedibwes.be ●),* rarement ouvert malheureusement.

🚶🏃 *Rivéo :* rue Haute, 4, **Hotton** (6990). ☎ 084-41-35-71. Au sud de Durbuy. Juil-août, tlj 10h-18h ; le reste de l'année, tlj sf lun 10h-17h (18h w-e). Fermé en janv. Accès aux jardins et au minigolf : 6 € ; à l'aquarium et à l'expo : 7 € ; 11 € pour le tout ; réduc. Espace muséographique consacré aux rivières et à la nature. La vocation étant essentiellement pédagogique, on peut regretter le prix quelque peu élevé. Il n'empêche que l'ensemble est assez bien fichu, assez ludique. On trouve là une bonne manière d'occuper des enfants qui découvriront une faune et une flore souvent méconnues et qui seront sensibilisés aux grands enjeux écologiques. Des activités nature et pêche sont régulièrement proposées.

ℹ️ Le bâtiment abrite également le *syndicat d'initiative.* Vous y trouverez toutes les infos touristiques : ☎ 084-46-61-22. ● si-hotton.be ● 📶

🏃🏃 *Les grottes de Hotton :* chemin du Speleo Club, 1, **Hotton** (6990). ☎ 084-46-60-46. ● grottesdehotton.be ● Avr-Toussaint, tlj 10h-17h (18h juil-août) ; le reste de l'année, visites w-e 12h30, 14h et 15h30, et tlj à 11h, 12h30, 14h et 15h30 pdt les vac de Noël et de carnaval. Entrée : 9,50 € ; réduc. Découvertes dans les années 1960 et classées depuis. Concrétions de couleurs et de formes d'une grande variété. « Macaronis » transparents, belles draperies minérales. Mais la grande originalité de ces grottes réside dans la surprenante faille souterraine que vous parcourrez d'abord tout en bas, puis par un aménagement en corniche : 35 m de haut sur 200 m de long ! Très impressionnant !

🍸 *Le Chat de Geluck :* pl. du Chat (!), **Hotton** (6990). *Sur la rive opposée au centre-ville (enjamber le pont, emprunter la rue principale puis tourner dans la 3e à droite).* Le chat de Geluck est le premier personnage fictif à avoir une voie à son nom. Avant Tintin, pensez donc ! Cela méritait bien une statue... et celle-ci est plutôt imposante et sympathique. Surréaliste aussi ! À bien y regarder, on voit qu'il pleut SOUS le parapluie ! Certes l'environnement laisse quelque peu à désirer (un parking et une station-service) mais que ne ferait un fan pour être photographié auprès de son matou préféré ?

MARCHE-EN-FAMENNE (6900) 17 500 hab.

Agréable petite ville administrative et commerçante qui, depuis de nombreuses années, déploie beaucoup d'efforts pour mettre en valeur son patrimoine architectural. Résultat globalement positif, puisqu'elle est capable aujourd'hui de présenter un centre-ville fort intelligemment restauré et une gentille animation. Sur le plan historique, la ville possédait jadis une ceinture de remparts qui fut liquidée par les armées de Louis XIV et dont seule une tour subsiste aujourd'hui. La dentelle, jusqu'à la fin du XIXe s, fut une importante activité (300 dentellières en ville à l'époque et 850 dans la région). Une école de dentelle travaille à sa relance aujourd'hui.

Adresse utile

🔲 @ *Maison du tourisme du pays de Marche et de Nassogne :* pl. de l'Étang, 15. ☎ 084-34-53-27. ● *tourisme-marche-nasssogne.be* ●

Lun-ven 8h30-17h30, w-e et j. fériés 9h30-17h. Fermé le 11 nov, le 25 déc et le 1er janv.

Où manger ? Où boire un verre ?

|●| 🍷 *Le Manoir :* rue du Manoir, 2. ☎ 084-45-55-14. ● *jurgen.schreurs@hotmail.com* ● *le-manoir.be* ● *Plats 16-28 € ; menus 35-60 €.* Dans une belle demeure datant de 1616, les propriétaires du Comte d'Harscamp (notre coup de cœur à Rendeux-Haut) ont ouvert ce bel hôtel restaurant design et trendy. Service au jardin aux beaux jours... À la carte, le midi : pâtes, viandes ou poissons grillés ; idéal avant ou après la visite du musée, situé à deux pas.

|●| *La Gloriette :* rue de Bastogne, 18. ☎ 084-37-98-22. ● *info@lagloriette.net* ●

À env 2 km du centre de Marche. Fermé dim soir, lun et mer soir. Congés : 2 sem fin août et 1 sem en janv. Menu en sem 25 €, puis 35-60 € ; plats 20-33 €. 📶 Jolie façade en brique rouge rehaussée de volets verts. Dans une salle agréable, aux murs blancs et tables joliment dressées, on y savoure des mets raffinés et délicats, tels (mais la carte change bien sûr) : pot-au-feu de volaille fermière au bouillon de truffes ou les Saint-Jacques en consommé de crustacés... Bien bon accueil. Une bonne adresse pour une halte gastronomique dans le coin.

À voir. À faire

🏃 *Le musée de la Famenne :* rue du Commerce, 17. ☎ 084-32-70-60. ● *musee.marche.be* ● *Mar-ven 10h-12h, 13h-17h ; sam 10h-12h, 14h-18h ; dim et j. fériés 14h-17h ; fermé lun et w-e déc-mars. Entrée : 3 € ; réduc ; gratuit pour ts le 1er dim du mois.* Installé dans un joli édifice en brique du XVIIIe s, ce musée évoque l'histoire de la Famenne, du bas Moyen Âge au XXe s. Objets retrouvés dans les cimetières et dépotoir de Wellin et Hamoir ; maquette d'un village carolingien, sculptures du Maître de Waha (XVIe s) et meubles de Chignesse (XVIIIe s). À l'étage, belle salle du « monument », une chapelle de Marche, encore visible aujourd'hui, où les parents d'enfants mort-nés allaient porter leur défunte progéniture pour tenter de leur faire retrouver quelques signes de vie et, ainsi, pouvoir vite les baptiser (faute de quoi ils étaient condamnés à errer dans les limbes !), et une maquette montrant Marche au XVIe s. Une nouvelle salle est dédiée à la dentelle de Famenne. Enfin, au grenier, des expos temporaires consacrées au XXe s.

➤ **Balade dans le centre :** *église Saint-Remacle* dominant la jolie place centrale. Elle date du XIVᵉ s. Abside gothique et pittoresque clocher. Tout autour, beaucoup de *demeures anciennes* des XVIIIᵉ et XIXᵉ s. Façades peaufinées, bien léchées. Tout le quartier a conservé un certain cachet. Maisons basses, *rue des Dentellières,* avec de petites marches devant chaque porte. Le circuit « Balade au cœur de Marche » (en vente à la Maison du tourisme) permet de découvrir de belles bâtisses de caractère, telles que l'ancienne halle aux blés, la maison Jadot et son jardin à la française, la maison Dochain dit « Le Manoir », etc.

Manifestations

– **Carnaval :** temps fort de l'année, avec l'élection du prince, le cortège, le « gugusse » et la « grosse biesse ».
– **Marché 1900 :** le 15 août.

DANS LES ENVIRONS DE MARCHE-EN-FAMENNE

🏃 **L'église Saint-Étienne et les vitraux de Jean-Michel Folon :** à Waha, à 2 km de Marche. La plus ancienne église romane de Belgique. Elle possède encore, à droite du chœur, sa pierre de dédicace (23 juin 1050). Clocher avec toits biseautés se superposant dans une certaine rigueur géométrique. À l'intérieur, voûte et baies romanes. Trois nefs à l'architecture simple. Au-dessus du chœur, remarquer le superbe calvaire gothique. Surtout, ne pas manquer les splendides vitraux contemporains, œuvre de Jean-Michel Folon. Devant le porche, un vénérable « tilleul de justice » au corps noueux, très vieux. On y attachait les prévenus en attente de jugement.

SAINT-HUBERT   (6870)   5 620 hab.

Petit centre de villégiature entouré de belles forêts (que l'on peut découvrir sur des chemins balisés), Saint-Hubert propose aussi une remarquable basilique. Le jeune saint Hubert était, en 683, un prince insouciant, amateur de chasse. Il s'apprêtait à abattre un cerf un Vendredi saint, quand une croix lumineuse apparut entre les bois. Il entra ainsi dans un monastère et, plus tard, devint le prince-évêque de Liège. C'est le saint patron des chasseurs et des bouchers.

Adresses utiles

ℹ️ **Maison du tourisme du pays de Saint-Hubert :** pl du Marché, 15. ☎ 061-61-30-10. ● saint-hubert-tourisme.be ● Tlj 9h-17h30. 📶 Vente de cartes des différentes balades thématiques à faire dans la région.
■ **Location de vélos et VTT :** God-froid Sports, route de Poix, 11 B. ☎ 061-61-28-10. Mar-sam 9h-19h, dim 9h-12h. Fermé lun.

Où dormir ? Où manger ? Où boire un verre ?

🏕 **Camping Europacamp :** rue de Martelange. ☎ 061-61-12-69. À 1,5 km du centre, sur la route de Bastogne. Ouv mars-déc. Compter 11 € env pour 2 avec tente et voiture. Situé dans les bois, camping familial sur une quinzaine d'hectares. Emplacements bien isolés et végétation généreuse. Jeux pour les enfants.

De prix moyens à un peu plus chic

🛏 🍴 🍷 *L'Ancien Hôpital : rue de la Fontaine, 23.* ☎ *061-41-69-65.* ● *info@ancienhopital.be* ● *ancienho pital.be* ● *Hôtel ouv tlj, resto fermé mar-mer hors vac scol, plus lun hors saison.*

Doublés 99-145 €, petit déj compris. Lunch 28,50 € ; menus 25-45 € ; plats 20-32 €. 🛜 *(resto).* Vous l'aviez deviné, l'endroit est sis dans un ancien hôpital du XVIIe s, superbement rénové. Propose de bien belles chambres dont une suite en duplex avec salle de bains en mezzanine. Petit déj varié, comprenant même un dessert ! C'est aussi un bar à vins où, dans une salle à la fois classe et chaleureuse, on peut s'enfiler de bonnes fondues bourguignonnes, au fromage ou... au chocolat !

Où dormir dans les environs ?

🛏 *Auberge de jeunesse : rue de la Gendarmerie, 5, Champlon (6971).* ☎ *084-45-52-94.* ● *champlon@lesau bergesdejeunesse.be* ● *lesauberges dejeunesse.be* ● *Arrêt de bus à 50 m. Réception 8h-12h, 17h-23h (check-in 17h-22h). Congés 5 janv-8 fév et 30 nov-18 déc. Nuitées 15-33 €, petit déj compris. Repas 10-13 €*

env. 🖥 🛜 *Apéritif offert sur présen-tation de ce guide.* Presque en bordure de la N 4, belle maison en pierre entiè-rement rénovée. Bon confort. Quelque 80 lits en chambres de 1 à 15 lits. Cui-sine équipée, bar, ping-pong, terrain de volley et mur d'escalade. Jardin avec barbecue. Prêt de vélos. Restauration sur place.

À voir

🚶 **La basilique Saint-Pierre-Saint-Paul-Saint-Hubert** *(ouf !) : tlj 9h-18h (17h nov-avr).* Elle dépendait de l'abbaye. Édifiée au XIe s, reconstruite en gothique au XVIe. Elle hérita en 1700 d'une façade classique un peu massive et surmontée de deux clochers. À l'intérieur, belle ampleur du vaisseau à cinq nefs, alternance de gris et de rose pour les piles, calcaire blond pour le haut et certaines parties du triforium. Superbe voûte en brique avec arches en grès. Dans le transept gauche, mausolée assez grandiloquent de saint Hubert, du XIXe s. Stalles de 1733, notables pour leurs panneaux sculptés contant la vie de saint Hubert et de saint Benoît. Beau travail sur les accoudoirs et miséricordes. Autel monumental en marbre avec Vierge.
– *Le déambulatoire :* avec chapelles rayonnantes. Troisième chapelle à gauche, ancien trésor avec fenêtrage Renaissance. Première chapelle à droite, 24 émaux peints à Limoges abîmés par les huguenots.
– *La crypte :* voûtes d'origine en brique reposant sur deux piles centrales.
– *Le transept droit :* autel de saint Hubert, style Renaissance tardive avec relique de l'étole du saint. Devant, balustrade sculptée. Retable tout en hauteur *(Saint Hubert et le cerf).* Buffet d'orgue Renaissance joliment restauré reprenant les motifs de la porte.

🚶 **Le musée Pierre-Joseph-Redouté** *: rue Redouté, 11.* ☎ *061-61-14-67.* ● *musee-pierre-joseph-redoute.be* ● *Juil-août, 13h-17h. Entrée : 2,50 € ; réduc.* Pierre-Joseph, l'enfant prodige de la région, est né en 1759 et décédé à Paris en 1840. Il y devient l'un des meilleurs aquarellistes de son époque. Il est universellement connu pour les illustrations de ses ouvrages de botanique. Une renommée qui poussa les scienti-fiques du monde entier à venir le rencontrer, comme l'Américain Audubon. Professeur talentueux, il compte parmi ses élèves des personnages illustres : la reine Marie-Antoinette, Metternich, le roi de Wurtemberg et la première reine des Belges, Louise-Marie d'Orléans. La rose qui porte son nom lui assure l'immortalité.

🏹 *Parc à gibier :* *rue Saint-Michel.* ☎ *061-25-68-17. Fermé le jeu hors vac scol ; en janv-fév, ouv slt w-e. Se renseigner auprès de l'office de tourisme pour les horaires et les tarifs.* On vient ici en famille pour gambader en forêt et pour observer du gibier en quasi liberté : biches, cerfs, chevreuils, sangliers... Un grand moment reste évidemment la saison des petits marcassins, faons et autres bébés qui gambadent avec leur mère.

Manifestations

– **Royal Juillet musical :** *ts les w-e du mois.* Concerts et récitals.
– **Journées internationales de la chasse et de la nature :** *1er w-e de sept.* Bénédiction de pains et d'animaux, concert de trompes de chasse, messe, spectacle historique et marché artisanal. Festivités un peu similaires (sans le concert et le spectacle mais avec un rallye équestre) pour la canonisation de saint Hubert *(le 3 nov).*

DANS LES ENVIRONS DE SAINT-HUBERT

🏹 **Le musée des Celtes :** *pl communale, 1,* **Libramont** *(6800).* ☎ *061-22-49-76.* ● *museedesceltes.be* ● *Mar-ven 9h30-17h, dim et j. fériés 14h-18h ; fermé lun et sam hors juil-août. Congés : 20 déc-20 janv. Entrée : 4 €, réduc.* Ce petit musée s'intéresse à la culture celtique. La présentation est un peu vieillotte, mais a le mérite de bien remettre des pendules à l'heure. Une vitrine s'attache tout particulièrement à « en finir avec les légendes » et les clichés, et tord le cou à bien des idées reçues sur nos ancêtres les Gaulois. La plupart des vestiges découverts et d'objets exposés sont liés aux rites funéraires. Tombelles et nécropoles ont livré des témoignages précieux quant à l'organisation de ces sociétés celtiques. Ainsi, les guerriers étaient enterrés avec leurs armes quand certains notables (homme ou femme !) se faisaient inhumés avec leur char ! Le dernier étage du musée est dédié à l'habitat, à l'artisanat et à la vie quotidienne.

🏹 🚶 **Euro Space Center :** *à côté de la sortie 24 de l'E 411, sur la commune de* **Transinne** *(6890).* ☎ *061-65-64-65.* ● *eurospacecenter.be* ● *Tlj juil-août 10h-17h (horaires réduits hors saison). Compter 2h de visite. Entrée : 11 € ; réduc. Ajouter 4 € pour le simulateur de marche lunaire et 4 € pour le planétarium. Compter 17 € pour la totale.* Pour tout savoir sur l'espace, son histoire et sa conquête. Cadre évidemment en relation avec le sujet : un vaste hangar divisé en modules dédiés chacun à un aspect de la thématique spatiale. Le parcours commence par un film un peu cucul sur l'ESA (l'Agence spatiale européenne), puis on entre dans le *temple des planètes,* consacré aux satellites artificiels et aux corps célestes, avant de passer par un espace dédié à la conquête spatiale, puis dans une réplique du module qui a été arrimé à l'ISS (la station spatiale internationale), et, enfin, le long d'une impressionnante réplique d'*Atlantis.* Ceux qui ne sont pas sujets aux maux de tête pourront également se faire un *Space Show...* Pas moins de 5 expos temporaires complètent l'ensemble. Malgré tout, le plus amusant, le plus intéressant, le plus mémorable reste incontestablement le simulateur de marche lunaire et le film projeté au planétarium ; en supplément donc !

FOURNEAU-SAINT-MICHEL (6870)

Un domaine consacré à la vie rurale, niché dans une jolie vallée vierge entre des collines boisées, à 8 km au nord de Saint-Hubert. Au XVIIIe s, le dernier abbé de Saint-Hubert installa sur ce site un fourneau destiné à une exploitation métallurgique, dont on pouvait encore voir il y a peu la halle aux soufflets et l'étonnant « maka », ou « martinet », un énorme marteau d'affinage pesant jusqu'à 200 kg (non visible jusqu'à nouvel ordre).

LA PROVINCE DE LUXEMBOURG

Où manger ? Où boire un verre ?

|●| ♈ Bar Al Pêle : un peu avt L'Auberge du Prévost en venant de Saint-Hubert. ☎ 084-21-00-24. ● info@alpele.be ● Tlj sf mer 10h-19h (17h en sem). Plats 8,50-12 €. CB refusées. Café offert sur présentation de ce guide. Une fois franchie la porte de cette belle maison traditionnelle, on découvre un ravissant décor rustique et cosy, rappelant les intérieurs d'antan. On y sert, dans de petites poêles, de bonnes spécialités paysannes à prix modiques : omelette forestière, vôte (crêpiau local), fricassée au jambon, matoufé, patates aux lardons, potée, soupe grand-mère, crêpes, gaufres et glaces. Terrasse ombragée. Accueil chaleureux. Une belle adresse...

|●| L'Auberge du Prévost : à côté du domaine. ☎ 084-21-09-15. ● auber geduprevost@skynet.be ● Ouv ts les midis sf mar, ainsi que le soir ven-dim, 12h-14h et 18h-21h. Congés : déc-fév. Résa conseillée. Menus 25-32 € ; carte 40 € env. ☎ Café offert sur présentation de ce guide. Comme dans une ancienne grange aménagée, vaste salle pleine de poutres sous un haut plafond en pente. Beaucoup de charme et de rusticité avec vue sur la vallée. Le chef se plaît à renouveler constamment ses recettes au rythme des saisons, même s'il tient beaucoup à quelques classiques comme le cassoulet, la truite meunière ou le jambonneau. Également quelques plats végétariens, ce qui n'est pas courant par ici. Une excellente adresse ! Dommage qu'en cas d'affluence le service soit vite débordé et l'attente trop longue.

À voir

🏃🏃 Le Domaine provincial luxembourgeois du Fourneau-Saint-Michel : ☎ 084-21-08-90. ● fourneausaintmichel.be ● Mars-nov, tlj sf lun (sf juil-août et j. fériés) : 9h30-17h (17h30 juil-août). Entrée : 5 € ; réduc.
Dans une vallée ravissante et paisible, à l'écart de la campagne plus peuplée des environs, ont été réinstallés de nombreuses habitations rurales, fermes et édifices divers, provenant de tous les coins de la Wallonie. Vous y admirerez l'adorable chapelle de Farnières en son enclos, avec quelques jolies pierres tombales, la vieille imprimerie (ses casses, son marbre), la vénérable école communale et son vieux poêle au milieu, la siroperie, diverses granges, ainsi que de nombreux anciens métiers. Deux parcours ; l'un de 1 km et l'autre de 2,2 km.
De nombreuses animations émaillent la saison. Chaque année, le dernier week-end ouvert de novembre, veillée d'Ardenne avec conteurs. Activités folkloriques et artisanales le week-end du 21 juillet (fête nationale).

LE VILLAGE DU LIVRE DE REDU

À l'ouest de Saint-Hubert, un village entièrement dédié au livre. Tout a commencé, très précisément, à Pâques, en 1984, un jour particulièrement ensoleillé... Ce jour-là, pour la première fois, les livres ont envahi les rues de ce petit village d'à peine 400 habitants. Il y en avait partout : sur les trottoirs, dans les granges et les anciennes étables, sur des tréteaux dressés pour l'occasion. Et le succès fut au rendez-vous : 15 000 visiteurs s'étaient déplacés pour participer au premier grand marché du livre rare ou d'occasion jamais tenu en Wallonie. Le village du Livre de Redu était né. Ce fut le premier en Europe continentale (depuis, il y a eu Bécherel en Bretagne, et bien d'autres). Une quinzaine de librairies spécialisées en livres rares et précieux, avec une multitude de livres d'occasion dans tous les domaines. Plus quelques artisans dont l'activité est liée au livre (dorure, reliure, fabrication de papier). Aujourd'hui, ça devient vraiment un succès populaire avec plusieurs centaines de milliers de visiteurs qui se rendent à Redu chaque année. Malgré tout, privilégiez plutôt les week-ends, les jours fériés et les périodes de vacances pour être certain que toutes les librairies sont ouvertes. À noter aussi, un petit *musée de l'Imprimerie*, dans la *Librairie Ardennaise*.

Les grands rendez-vous annuels des amateurs de bouquins ont toujours lieu le week-end de Pâques : en plus des librairies habituelles, une quarantaine d'exposants-libraires prennent possession des rues de Redu lors de la Fête du livre. Ne manquez pas non plus la *nuit du Livre (le 1er sam d'août)* ; feu d'artifice ce soir-là. Plus d'infos sur • *redu-villagedulivre.be* •

Adresse utile

🛈 **Maison du tourisme du pays de la Haute-Lesse** *(Daverdisse, Libin, Tellin, Wellin) : pl. de l'Esro, 60.* ☎ *061-65-66-99.* • *haute-lesse-tourisme.be* • *En plein centre. Tlj mars-oct 9h-18h et nov-fév 9h30-16h30.* 📶

Où dormir ? Où manger ?

Plusieurs possibilités de **chambres d'hôtes** à Redu. La Maison du tourisme en donne la liste.

🏠 ▮●▮ **L'Escargon :** *rue de la Prairie, 36.* ☎ *061-65-63-27.* • *lescargon@gmail.com* • *lescargon.be* • *Double 65 €, petit déj compris. Table d'hôtes le soir sur demande (réservée aux hôtes) ; resto ouv à ts sur résa le 1er w-e du mois. Menus 18-27 €. CB refusées.* 📶 *Apéritif offert sur présentation de ce guide.* Car *L'Escargon,* c'est l'une des librairies de Redu. Accessoirement, le sympathique couple de propriétaires loue 2 de ses chambres, naturellement

pleines de livres, et fait de temps en temps à manger... pour le plus grand bonheur de ceux qui se laissent tenter !

▮●▮ **Al Bleue Gurnouille :** *19, rue de Transinne.* ☎ *061-46-06-60.* • *contact@albleuegurnouille.be* • *Ouv slt ven 18h30-21h, sam-dim 11h30-14h, 18h30-21h. Résa obligatoire ! Congés en janv. Plat 18 €, menu-carte 34 €.* Un adorable resto avec pierres apparentes, feu de cheminée et jolie déco. Le menu-carte, au choix restreint (mais suffisant), est une garantie de fraîcheur et de qualité. Cuisine soignée et de saison. Attention, le resto est tout petit et le nombre de places limité.

BASTOGNE (6600) 15 200 hab.

D'aucuns pourraient penser que Bastogne est une ville moins séduisante que Liège, surtout si l'on songe au comportement étonnant des coureurs participant à la célèbre course cycliste. À peine arrivés à Bastogne, nos pédaleurs s'en retournent aussi sec à Liège ! Trêve de boutade, Bastogne est aujourd'hui la ville symbole de l'héroïque résistance à l'Offensive von Rundstedt, restée dans l'Histoire sous le nom de Bataille des Ardennes. C'est à Bastogne que s'achève la voie de la Liberté, bornée depuis Utah Beach. Sur la place principale, char Sherman et buste du général McAuliffe. Outre son monument commémoratif, la ville propose une remarquable église ancienne, Saint-Pierre, rescapée de toutes les guerres. Le tout nouveau *Bastogne War Museum* a ouvert au printemps 2014.

UN PEU D'HISTOIRE

40-45 Le 16 décembre 1944, à l'aube, l'armée allemande, dirigée par le général von Rundstedt, lance une ultime offensive en Belgique. Son but : reprendre Anvers, isoler les armées alliées du Nord et, si possible, les contraindre à capituler.

LA PROVINCE DE LUXEMBOURG

Les conditions sont favorables : les usines d'armement tournent à plein et la mobilisation des hommes de 16 à 60 ans a permis de créer de nouvelles divisions. Seule faiblesse : l'aviation. Mais les conditions météo leur sont, sur ce terrain, également favorables. 240 000 hommes, 2 000 canons et 1 000 chars (dont les fameux Tigre et Panther) sont lancés dans la bataille. En face, pour contrer le choc de l'offensive, à peine 240 chars, 576 canons et 83 000 hommes (dont beaucoup de troupes peu expérimentées). L'offensive allemande s'enfonce comme un coin dans le dispositif allié et Bastogne est encerclée. Le 22 décembre, à la demande de reddition des Allemands, le **général McAuliffe** aura cette réplique devenue célèbre : « *Nuts !* » (« Des noix ! »). Par

LES FAUX SOLDATS AMÉRICAINS DE SKORZENY

Le plan de Hitler pour gagner l'offensive des Ardennes comportait un volet secret. Il confia au SS Otto Skorzeny (qui avait délivré Mussolini) la mission de recruter des Allemands parlant l'anglais et de les doter d'uniformes et de matériel américains pour, en avant-garde, prendre les nœuds routiers et semer la pagaille, notamment en répandant de fausses rumeurs. Une de leurs erreurs, qui permit de les neutraliser, fut qu'ils embarquaient à quatre par jeep alors que les yankees ne circulaient jamais à plus de deux ! La police militaire les arrêta facilement en leur posant des colles relatives aux vedettes de Hollywood et aux tournois de base-ball. Ceux qui furent capturés terminèrent devant le peloton d'exécution.

chance, le lendemain, le brouillard se lève et Bastogne peut être ravitaillée par les airs. Attaques incessantes des Panzer, bombardements et raids aériens allemands terribles ne changent rien à la détermination des défenseurs. Fin décembre, il n'y a plus que 1 000 habitants en ville. La IIIe armée, dirigée par **Patton,** lance une offensive du sud pour libérer Bastogne. Le 26 décembre, c'est chose faite. Cette victoire américaine fut plus symbolique que stratégique. Une fois la ville libérée, les combats ne s'arrêtent pas pour autant ; ils s'intensifient même. Le plateau de Bastogne ne sera pas sécurisé avant la mi-janvier 1945.

Adresse utile

🛈 *Maison du tourisme du pays de Bastogne :* pl. McAuliffe, 60. ☎ 061-21-27-11. ● *paysdebastogne.be* ● | *De mi-sept à mi-juin 9h30-12h30, 13h-17h30 et de mi-juin à mi-sept 9h00-12h30, 13h, 18h.*

Où dormir à Bastogne et dans les environs ?

De bon marché à prix modérés

🏠 *La Pommeraie :* dans le village de **Sprimont,** 41, Ste Ode (6680). ☎ 061-68-86-11. ● *contact@euro paventure.be* ● *europaventure.be* ● À 12 km à l'ouest de Bastogne. Compter 35 €/pers, petit déj compris. Table d'hôtes sur résa à partir de 20 € ; menu-enfants. CB refusées. 🖥 📶 Digestif offert sur présentation de ce guide. 3 chambres d'hôtes rustiques et confortables, avec salle de bains,

dans une vieille maison du pays, plutôt basse de plafond ! Table d'hôtes, assez simple, avec spécialités régionales et gibier en saison. *La Pommeraie,* c'est aussi une étape de la Transardennaise, sur le parcours de grande randonnée, reliant La Roche à Bouillon en plusieurs jours. Renseignez-vous si l'aventure vous tente. Dans tous les cas, faites-vous bien préciser votre réservation... ici et pas ailleurs.
🏠 *La Ferme des Bisons :* à Reco-gne. ☎ 061-21-21-15. ● *info@fer medesbisons.be* ● *fermedesbisons. be* ● À 6 km au nord de Bastogne,

direction Houffalize. Gîtes (min 4 pers) à partir de 200 € le w-e et 360 € la sem. 📶 5 splendides gîtes en bordure de forêt, aménagés avec tout le confort moderne, dans les dépendances d'une grosse ferme du XVIIIe s dont les lourdes charpentes et les espaces généreux ont été préservés. L'un des gîtes dispose d'une dizaine de mignonnes petites chambres neuves avec sanitaires privés, que peuvent occuper les individuels en juillet et août ; un autre, de chambres entièrement équipées (TV, cuisine, salle de bains...) de 4 à 13 lits, pour les familles ou les groupes. Les autres voient encore plus grand et peuvent accueillir de 13 à 28 personnes. Chacun des gîtes possède un espace commun avec salon, billard et Internet. Un petit coin de paradis pour les enfants, d'autant que dans la prairie voisine, un troupeau d'une centaine de vrais bisons américains broute paisiblement l'herbe ardennaise (voir « Dans les environs de Bastogne »).

Un peu plus chic

🏠 *Hôtel Léo@Home :* pl. McAuliffe, 50. ☎ *061-21-14-41.* ● *info@hotel-leo.com* ● *wagon-leo.com* ● *En plein centre de Bastogne, presque à côté du wagon-resto du même nom. Congés : 23 déc-22 janv. Doubles 85-100 €, petit déj inclus ; familiales 125-135 €.* 📶 Joli petit hôtel moderne et central abritant 6 chambres bien arrangées et d'un excellent confort pour le prix. 6 nouvelles chambres dans un immeuble voisin, *L'Hôtel Léo, le 2e.* Le petit déj-buffet se prend dans un espace très agréable, avec mobilier en bois clair, au rez-de-chaussée. Sympa ! Les clients de l'hôtel auront droit à une réduction de 10 % au resto (au wagon ou au bistrot).

Où manger ?

|●| *Le wagon-restaurant Léo :* rue du Vivier, 4-6. ☎ *061-21-14-41.* ● *restaurant@wagon-leo.com* ● *En plein centre. Tlj sf lun. Service non-stop 11h30-21h30 ; résa obligatoire le w-e (sinon venir tôt... ou tard !). Congés : 23 déc-22 janv. Lunch 19,90 €, menus 33-39 €, plats 10-38 €. Apéritif offert sur présentation de ce guide.* Difficile à rater, c'est le wagon-restaurant bleu. De toute façon, tout le monde le connaît car, ici, c'est une sorte d'institution, et ce depuis 1946 ! À l'intérieur, banquettes et boiseries vernissées, comme dans un train de la Belle Époque. Salle plus importante à l'arrière, avec moquette et quelques motifs Art nouveau. Service efficace (plus ou moins aimable) et cuisine soignée, axée sur les grands classiques : croquettes de crevettes, moules de Zélande, anguilles au vert, bœuf BBB, choucroute paysanne, vol-au-vent (bouchée à la reine) à l'ancienne, truite. On peut dire que la maison assure parfaitement son rôle de promoteur de la cuisine belge !

Où boire un verre ?

🍸 *La brasserie Lamborelle :* rue Lamborelle, 19. ☎ *061-21-80-55. Ouv tlj sf lun et mar soir à partir de 11h.* LE café sympa de Bastogne. 150 bières au choix dont l'insolite *Airborne* servie dans un casque de GI ! Quelques plats pour accompagner le tout.

À voir

40-45 🕯 *Le mémorial :* sur la colline du Mardasson. Immense construction en forme d'étoile à cinq branches, hommage du peuple belge à l'armée américaine et à ses alliés pour leur participation à la libération de l'Europe. Au centre, une simple phrase : « Le peuple belge se souvient de ses libérateurs américains. » Sur les murs sont gravés les noms de toutes les unités ayant participé à la Bataille des Ardennes. Possibilité de monter sur la terrasse du mémorial.

🎒🎒🎒 🚶 *Bastogne War Museum :* à côté du Mardasson. ☎ 061-21-02-20. Tlj sf lun 10h-17h (18h30 le w-e). ● bastognewarmuseum.be ● Entrée : 12 € ; réduc. La visite audioguidée du Mardasson est incluse. Nouveau lieu de mémoire consacré à la Bataille des Ardennes, ce superbe musée habillé d'une architecture audacieuse en forme d'étoile a ouvert ses portes au printemps 2014. Réparti sur 1 600 m², riche de ses documents et matériels issus de collections éparses et agrémenté de mises en scène multisensorielles originales, il permet au visiteur de se mettre dans la perspective historique de ce dramatique épisode de la Seconde Guerre mondiale et, grâce au parcours audioguidé, de se plonger au cœur des événements qui mobilisèrent près de 400 000 combattants, mais aussi des milliers de civils pris au piège dans la tourmente. On propose au visiteur de suivre de façon récurrente quatre personnages (qui ont existé), qui ont vécu les événements et qui incarnent chacun un point de vue différent : un jeune garçon de 13 ans d'un village voisin, une institutrice qui participa à la résistance, un caporal américain et un lieutenant allemand. On les retrouvera à diverses étapes du parcours.
L'introduction restitue le contexte historique de l'avant-guerre en perspective avec la montée des extrémismes. Comme des correspondants de guerre, on est convié à une conférence de presse qui expose les origines du conflit grâce aux images d'archives. On découvre, ensuite, les principales phases de la guerre et leurs théâtres d'opération, de 1940 à la Libération, par le biais de nombreux documents, films et matériels. On vit avec les habitants les affres de l'Occupation, les privations, l'insécurité... pour déboucher, dans le nouveau bâtiment, sur la fin 1944, où l'on se retrouve plongé avec les Ardennais dans la tourmente de l'offensive allemande. Dans un décor d'hiver au milieu des forêts de sapin (mêmes la température et l'odeur des pins y sont !), on subit le feu des mitrailleuses ennemies. Ensuite, on endure dans un estaminet bastognard les longues nuits d'angoisse réfugié au fond de la cave, sous les bombes. Toute une mise en condition plus que réaliste pour se rendre compte des réalités de ce terrible épisode du conflit mondial, jusqu'à la délivrance, après l'échec des nazis. La guerre s'achève sur le théâtre européen, puis dans le Pacifique avec l'explosion des premières bombes atomiques et la reconstruction d'un nouvel ordre mondial, porteur d'espoirs mais aussi des germes de conflits nouveaux. Les enfants et les jeunes étudiants ne sont pas oubliés, des bornes interactives à leur niveau de compréhension et des dossiers pédagogiques leur sont destinés.

🗡 *Bastogne Barracks :* quartier Slt Heintz, rue de La Roche, 40. ☎ 061-24-21-24. Mar-dim visites guidées (durée 1h30) : 9h, 10h, 13h et 14h. GRATUIT. Les anciennes casernes de l'armée, qui servirent de QG à l'état-major du général Mc Auliffe, ont été partiellement reconverties en centre d'interprétation de la Seconde Guerre mondiale grâce à des reconstitutions, avec personnages de cire, et quelques faits marquants de la bataille de 1944, comme le maigrichon repas de Noël des officiers de la 101e Airborne. Tout au long du parcours, les photos géantes exposées restituent exactement les lieux tels qu'ils étaient à l'époque. La caserne assure également la restauration et la conservation des véhicules et des engins blindés du patrimoine du Musée royal de l'Armée à Bruxelles. Plus de 80 engins y sont visibles.

🗡 *L'église Saint-Pierre :* pl. Saint-Pierre. Sur le chemin du mémorial, ne pas manquer cette étonnante église. Du XIIe s subsiste le massif clocher roman. Nef reconstruite au XVe s en gothique flamboyant. À l'intérieur, c'est la voûte des trois nefs qui frappe d'emblée, véritable treillis de lierres, nervures et clefs de voûtes qui jaillissent de chaque pilier. Derrière l'orgue, remarquable *Mise au tombeau* en bois du XVIe s. Mais le chef-d'œuvre de l'église, ce sont les fonts baptismaux romans en pierre sculptée cachés derrière une porte au fond. Aux angles, des têtes taillées de facture assez primitive. Surmontées d'un ravissant dais en fer forgé.

Manifestation

– *Foire aux Noix :* en déc.

DANS LES ENVIRONS DE BASTOGNE

🏕 🚶 *La Ferme des Bisons :* à **Recogne.** ☎ 061-21-21-15. ● fermedesbisons. be ● *Voir plus haut « Où dormir à Bastogne et dans les environs ? ». Se renseigner sur les horaires et j. d'ouverture, entre la mi-juil. et la fin août. Visites guidées (1h) l'ap-m en juil-août ; entrée : 4 € ; réduc.* L'Ouest américain en plein cœur de l'Ardenne, avec une harde d'une centaine de têtes de ces puissants, fascinants et pourtant paisibles bestiaux. À voir de près en char à bancs *(tarif : 4 €).* En plus, et surtout, dans un vaste fenil, un étonnant petit musée de la vie des Indiens des plaines. À découvrir avec un conservateur-guide passionnant et intarissable qui se fait plaisir, au travers de tous les tableaux vivants et des dizaines d'objets authentiques, en racontant la vie et les mœurs des tribus Sioux, Creeks ou Dakotas. La reconstitution d'un grand tipi est réellement spectaculaire. Au resto, viande de bison à la carte.

ARLON   (6700)   28 7300 hab.

Chef-lieu de la province de Luxembourg. Petite ville tranquillou de la Lorraine belge. Avec Tongres, elle est considérée comme la ville la plus ancienne du pays. Elle fut une opulente cité romaine fortifiée qui succomba néanmoins aux invasions barbares et franques. Après une vraie scoumoune, d'autres barbares, déguisés en civilisateurs (les Français pour ne pas les nommer), pillèrent et saccagèrent la ville, que ce soit ceux du duc de Guise, du Roi-Soleil ou ceux de l'an II (Arlon, z'enfants de la patrie...). Même des Croates sévirent en 1636 !

Adresse utile

🛈 *Maison du tourisme du pays d'Arlon :* rue des Faubourgs, 2. ☎ 063-21-94-54. ● arlon-tourisme. be ● *Près de la pl. Léopold. En sem 8h30-17h, le w-e 9h-17h.* Plan d'Arlon et petite brochure proposant une promenade en ville. Et évidemment, toutes les informations touristiques locales, et régionales, comme des cartes de promenades (deux parcs naturels à moins de 15 km).

Où dormir ? Où manger ?

🏠 🍴 *Hostellerie du Peiffeschof :* chemin du Peiffeschof, 111. ☎ 063-41-00-50. ● info@peiffeschof.be ● peiffeschof.be ● *À 2-3 km à l'est du centre. Resto fermé les w-e et j. fériés. Congés : 12-20 avr, 7-20 juil et 25 déc-3 janv. Doubles 98-146 €, petit déj (avec yaourt de ferme et fromage artisanal) non compris (12 €) ;* familiales 120-140 €. Plats 13-23 €, formules le midi 24,50 € et 29 € le soir. 📶 *Une carte de promenades offerte sur présentation de ce guide.* Un bel hôtel contemporain non loin de la ville mais déjà dans les champs (et appartenant d'ailleurs au réseau des *Relais du Silence*). Bon accueil et belles chambres, bien finies, dans les tons chauds et équipées, en plus du confort habituel, de lits douillets. Côté cuisine, l'établissement a du répondant, avec son agréable brasserie *Le Zinc*. Salon fumoir, terrasse sympa avec tables et chaises en bois. Une bonne adresse.

▌●▌ *Le fils de Paul :* *rue dè Diekirch, 25-27.* ☎ *063-57-01-03. Tlj sf sam midi et dim. Lunch 15,90 €, plats 15-23 €.* 📶 Pour nos lecteurs qui viendraient se perdre aux confins de la Belgique, de la Lorraine et du Luxembourg, une table branchée, vivante et sympa. L'ensemble est un peu surfait, mais on s'y sent bien. Cela suffit parfois à passer une bonne soirée. Cuisine un peu chère donc mais tout à fait correcte : croquettes de crevettes, effiloché de lapin au foie gras et sauce au pain d'épices, tartare, cocottes... Service efficace et souriant.

▌●▌ *Maison Knopes :* *Grand-Place, 24.* ☎ *063-22-74-07.* ● *pascal.knopes@ skynet.be* ● *Tlj sf lun 9h (14h dim)-18h ; repas le midi slt. Carte 20 € env. Café offert sur présentation de ce guide dans le cadre d'un repas.* Fondé en 1936 (mais franchement relooké depuis), cet endroit est à la fois une boutique, un salon de thé et un resto. Jolie salle au sol pavé et murs en crépi, ou tables en terrasse pour les beaux jours. On y vient tant pour un petit déj que pour une boisson chaude ou pour grignoter un morceau (attention, pas de restauration le dimanche). Carte d'une grande diversité : *ginger coffee, moka de java,* cafés alcoolisés, 25 sortes de thés, galettes au sarrasin, salades de saison et plats régionaux.

▌●▌ *Faubourg 101 :* *rue des Faubourgs... 101.* ☎ *063-60-28-33.* ● *faubourg101@skynet.be* ● *Tlj sf sam midi et dim ; service non-stop jusqu'à 22h en sem et 23h les ven-sam. Lunch env 12 €. À la carte, plats 9-26 €.* 📶 *Apéritif offert sur présentation de ce guide.* En bordure du centre. L'endroit a de quoi intriguer ; derrière cette façade austère aux faux airs de chapelle, se cachent en réalité d'anciennes écuries, réhabilitées en lieu de convivialité. Bel espace sur 2 étages mêlant harmonieusement le rustique et le contemporain. Très souvent bondé, mais l'ambiance n'en est que meilleure ! À la carte, des plats du genre camembert rôti, daurade grillée, onglet à l'échalote, tortellinis à la crème et au jambon et salade du Faubourg (aux lardons, avec un œuf à cheval). Rien à redire, c'est bon, copieux et bien présenté. De plus service sympa et efficace. À fréquenter sans hésitation !

Où dormir ? Où manger ?
Où boire un thé dans les environs ?

🛏 ▌●▌ *Le Château du Pont d'Oye :* *rue du Pont d'Oye, 1, Habay (6720).* ☎ *063-42-01-30.* ● *info@chateau dupontdoye.be* ● *chateaudupont doye.be* ● *À 13 km au nord-ouest d'Arlon par la N 40. Doubles 75-175 € selon confort. Petit déj 12 €. Table d'hôtes 29-45 € selon nombre de plats (menus de fête 44-64 €).* Ce magnifique château du XVIIe s est une adresse de charme et de caractère, hors du temps, hors des modes. Fréquenté en son temps par Pierre Nothomb, c'est aujourd'hui un centre de rencontre organisant des expos, des soirées et des festivals littéraires, ce qui contribue à l'atmosphère feutrée et romantique des lieux. L'ambiance est plus celle d'une grande maison de famille que d'un relais-château, et c'est aussi bien comme ça... Les chambres les moins chères ont leur salle de bains (privée) en face, sur le palier. Sur place, resto (réservé aux résidents), bar et salon de thé. Parc accessible aux promeneurs.

Où boire un verre ?

La spécialité du coin est le *maitrank*, qui existait déjà du temps de Charlemagne. Les moines ajoutaient des plantes ou des fruits dans le vin blanc pour en diminuer l'acidité. La coutume se perdit en Luxembourg, sauf à Arlon où familles et estaminets continuent de la fabriquer, tandis que les ambassadeurs du maitrank en défendent farouchement la recette. Dans le vin, on fait macérer de l'aspérule odorante avec des quartiers d'orange, du sucre et de l'alcool (pour la conservation). C'est en mai qu'on réalise cette opération, d'où le nom !

On peut s'en procurer à la Maison du tourisme du pays d'Arlon ou en déguster à la terrasse du *Gathy,* la brasserie de la place Léopold.

🍷 🎵 Et sinon, l'endroit sympa d'Arlon, *Faubourg 101 (voir plus haut)* propose aussi des expos, des soirées à thème, des concerts : *ouv jusqu'à 1h en sem et 2h les ven-sam. Programme sur ● fau bourg101.be ● 🛜* Bien aussi pour boire un verre, tout simplement.

À voir

🛐 *L'église Saint-Donat :* elle s'élève sur une butte qui fut fortifiée d'après des plans de Vauban. Accès par un escalier bordé d'un calvaire. Église de style hybride. Dans le chœur, boiseries et portes du XVIIIe s. Maître-autel de style rococo. Chapelle de gauche, vestiges de fresques du XVIIIe s. Autel de la même époque. À côté, *Vierge à l'Enfan* sur un croissant de lune. Entre la Grand Place et l'église Saint-Donat, jolies ruelles tout autour comme la rue Capucine, la rue Saint-Donat avec leurs petites maisons serrées les unes contre les autres...

🛐🛐 *Le Musée archéologique :* rue des Martyrs, 13. ☎ 063-21-28-49. ● ial.be ● *Mar-sam 9h-12h, 13h-17h30, 1er dim du mois puis ts les dim avr-oct ainsi que les j. fériés 13h30-17h30 ; fermé les 1er, 2 et 11 nov et pdt vac de Noël. Entrée : 4 € ; réduc (gratuit le 1er dim du mois mai-sept). Ticket combiné avec le musée Gaspar.* Splendide collection d'antiquités gallo-romaines (la plus importante de Belgique) qui témoigne de l'occupation de l'empire dans la région. Mention spéciale pour les bas-reliefs prélevés sur des monuments funéraires, ils sont d'une facture réellement exceptionnelle. En voici les pièces les plus significatives : *Officier assistant à un sacrifice,* belle sculpture du Ier s, autel funéraire de Julius Maximinus, stèle au satyre *(Vénus au long drap),* la *Louve androphage* et puis, le must du musée, *Les Voyageurs, Routard* à la main (si, si !). Exemples de poterie sigillée et verres romains (délicats flacons à parfum), lampes à huile, armes et outils en bronze, fibules et autres objets de parure. Moule en plomb de faux-monnayeurs, petits dieux en bronze... Au 1er étage, salle d'expo temporaire.

🛐 *Le musée Gaspar :* en face du précédent. ☎ 063-60-06-54. ● ial.be ● *Mar-sam 9h30-12h, 13h30-17h30 ; dim (avr-sept) et j. fériés 13h30-17h30. Fermé lun pdt les vac de Noël. Entrée : 4 € ; réduc et ticket combiné avec le musée archéologique ; gratuit pour ts le 1er dim du mois.* Jean Gaspar était un sculpteur animalier d'Arlon. Quelques-unes de ses œuvres (parfois à contenu politique, comme le « Coq gaulois », perché sur un casque allemand) sont présentées à l'étage, dans deux salles. Au rez-de-chaussée, remarquable retable de l'école anversoise du XVIe s. Ce joli musée organise aussi deux expositions temporaires par an (liées à l'art et à l'histoire du pays d'Arlon).

🛐 *Le parc archéologique :* rue des Thermes-Romains. Au sud de la ville. Vestiges de la plus ancienne église chrétienne de Belgique (IVe s). À côté, restes des thermes romains. Pas très spectaculaire, mais intéressera les fans.

🛐 *Le site médiéval et historique de Clairefontaine :* rue du Cloître, à **Clairefontaine** (village à 5 km à l'est d'Arlon). ☎ 063-21-78-02. ● clairefontaine-arlon.be ● *Possibilité de venir à pied depuis Arlon (env 12 km A/R). Tlj tte l'année 8h-20h ; accès libre et gratuit. Visite guidée (2 €) le dim à 15h juin-oct. Idéalement, passer à la Maison du tourisme du pays d'Arlon pour récupérer le petit plan de visite.* Outre le site archéologique médiéval (habitation et prieuré) ainsi que des ruines de

LA PROVINCE DE LUXEMBOURG

l'ancienne abbaye cistercienne, on y retrouve une chapelle néoromane du XIXᵉ s qui, au travers de son mobilier et de ses vitraux, rappelle l'histoire de l'abbaye. Berceau de l'histoire luxembourgeoise, la chapelle abrite la sépulture de la comtesse Ermesinde. À côté de la stèle commémorative de la nécropole comtale, on peut se rafraîchir à la source sacrée de saint Bernard.

|●| ⍟ *Chalet Alcazar* aux produits cisterciens, terrasse avec joli point de vue sur le site médiéval de Clairefontaine *(ouv dim 11h-20h juin-oct).*

Manifestations

– *Marché aux puces* : *le 1ᵉʳ dim de chaque mois, sf déc-fév.*
– *Les Aralunaires* : *fin avr-début mai.* Festival de musique, plus de 90 concerts dans 40 lieux insolites.
– *Carnaval* : *le w-e avt le Laetare (4ᵉ dim de carême).*
– *Faaschtebounen* (Fèves de carême) : *le 1ᵉʳ dim de carême.*
– *Fêtes du Maitrank* : *3ᵉ ou 4ᵉ w-e de mai. Rens à la Maison du tourisme.*
– *Veni Vidi Orolaunum* : *un w-e fin août ou début sept.* Fête gallo-romaine dans le centre-ville d'Arlon.

LA GAUME

Le point le plus au sud de la Wallonie. Un relief assez différent du reste du pays. Ici, le paysage est tout en douceur, rondeur et volupté. Villages riants aux toits en tuile romaine bénéficiant d'un légendaire microclimat. En quelques dizaines de kilomètres, il peut y faire 2 à 3 °C plus chaud (et même plus, comparé à la Fagne). Chimay, dans le Hainaut, reçoit presque deux fois plus d'eau que Torgny !
Bienvenue au pays de la *touffaye* et du pâté gaumais ! Les gens d'ici sont naturellement frondeurs et affichent quelques traits du caractère méridional, dont la jovialité. Alors qu'en Ardenne on parle le wallon, en Gaume, on parle le lorrain. Bref, ça en deviendrait presque exotique !

14-18 Avec la Bataille des Frontières, la province de Luxembourg se trouva au cœur des combats de la Grande Guerre, elle fut traversée par les troupes allemandes qui cherchaient à rejoindre la France, alors même que la Belgique était neutre et en paix. La fin du mois d'août 1914 fut particulièrement sanglante. Des centaines de civils furent exécutés sans raison et sans sommation. Le 22 août, 26 276 soldats y trouvèrent la mort (16 940 Français et 9 335 Allemands). Une petite brochure (*14-18 Bataille des Frontières – La Grande Guerre, 100 ans d'histoire en Luxembourg belge*) fort bien faite est disponible dans les divers offices de tourisme. Elle recense les lieux emblématiques : villages martyrs, cimetières, monuments et plaques commémoratives, musées... De même le livret intitulé *Traces et Mémoire,* publié par la fédération touristique du Luxembourg belge. Il y a fort à parier que ce ne sont que les premières de nombreuses autres publications à venir.
Plus d'infos sur ● *luxembourg-tourisme.be* ●

VIRTON   (6760)   10 500 hab.

Aimable petite ville bâtie sur un mamelon dominant le Ton. Capitale de la Gaume, dont elle présente la culture et l'histoire dans un remarquable musée.

Adresse utile

ⓘ *Maison du tourisme de la Gaume :
rue des Grasses-Oies, 2 B.* ☎ *063-
57-89-04.* ● *soleildegaume.be* ● *Tlj 9h-18h.* Donne un livre touristique magnifique et très complet sur la région.

Où dormir ? Où manger dans le coin ?

**|●| *Cœur de la Gaume :* rue
Docteur-Hustin, 51, *Ethe* (6760).**
☎ *063-58-18-04.* ● *maryvonnesch
mitz@yahoo.fr* ● *À la sortie de Virton.
Tlj sf lun₋mer (sf fériés). Plats 15-20 €.* Bienvenue en Gaume ! Vous trouverez, à la carte, des spécialités au bon goût d'ici : pâté gaumais, touffaye, potée, cabu roussi ou encore « *el boudin noir è sa compote de peumme coum les Gaumais l'iemant bin tertou* »... Il faut dire que Glaude en un peu l'ambassadeur et le conservateur des traditions locales... Une adresse rustique, un poil folklorique, où il fait de nouveau bon vivre et manger...

🏠 |●| *Château de Latour :* Latour
(6761), à 3 km à l'est de Virton. ☎ *063-
57-83-52.* ● *chateaudelatourbernard@
skynet.be* ● *chateaudelatour.be* ● *Resto tlj sf dim soir et lun. Fermé 3 sem
en janv et fin août. Double 83 €. Petit
déj non compris. Menu 29 €.* 📶 *Apéro
maison offert sur présentation de ce
guide ainsi qu'une bouteille de jus
de pomme maison pour les hôtes.* Un château dont les fondations sont vieilles de 1 000 ans. Abandonné à la Révolution française, on raconte encore dans le coin que Marie-Antoinette s'y serait réfugiée avec ses bijoux... À moitié ruiné, l'endroit possède énormément de cachet. 14 chambres à la déco vieillotte mais bien agréables pour leur mariage de pierre nue, tons chauds et fenêtres à carreaux. Élégant salon avec âtre et restaurant au rez-de-chaussée proposant une cuisine de terroir « améliorée ». Accueil très courtois.

Où acheter du bon pâté gaumais ?

2 adresses incontournables pour cette délicieuse tourte (une pâte levée farcie de viande de porc marinée), désormais protégée par une I.G.P. Le 26 décembre a lieu, chaque année, le concours du plus gros mangeur de pâté gaumais ; le record à battre est de 1,562 kg en 20 mn !

⊛ *Bitaine :* Val d'Away, 17.
☎ *063-57-08-88. Dans la zone industrielle en sortie de Virton. Tlj 6h-19h.* Cette boulangerie fait le meilleur pâté gaumais que l'on connaisse. Fabrication sur place (on pourra vous le mettre sous vide). Autre adresse en centre-ville : *Grand-Rue, 43 ;*
☎ *063-57-72-24.*

**⊛ *A. Maréchal :* Grand-Rue, 88,
Gérouville (6769).** ☎ *063-57-75-38.
Tlj sf dim-lun.* Cette boucherie charcuterie confectionne chaque mercredi l'authentique pâté gaumais à la pâte levée ; les autres jours, il faudra se contenter de celui à la pâte feuilletée ou l'acheter sous vide et surgelé (pratique pour le voyage !). Un peu plus loin, sur la place, l'arbre le plus vieux de Belgique, un orme planté à l'occasion de l'affranchissement de la ville en 1259. À vrai dire, il est un peu mal en point.

À voir

🏛 *Le Musée gaumais :* rue d'Arlon, 38-40. ☎ *063-57-03-15.* ● *musees-
gaumais.be* ● *Ouv mars-nov : tlj sf mar (hors juin-août) 9h30-12h, 14h-18h. Entrée :
5 € ; réduc.* Riches collections ayant trait à l'histoire et à la culture de la Gaume. C'est aussi l'un des plus riches musées de métallurgie ancienne de Belgique. L'expo se tient sur quatre niveaux, dans l'ancienne partie (un couvent du XVIIIe s) et dans une aile plus récente.

Ancienne partie
– *Rez-de-chaussée :* pierres tombales et tabernacle en pierre du XVIe s. Cheminées monumentales, vieux poêles, ferronnerie d'art.
– *Caves :* ateliers de vieux métiers, notamment du sabotier, du cordonnier, de l'imprimeur, du bourrelier (qui travailla jusqu'en 1984 !) et du ferblantier. Forges du maréchal-ferrant. Malheureusement fermées jusqu'à nouvel ordre.
– *Cour :* plaques de cheminées et pierres tombales.
– *1er étage :* cabinet de curiosités, avec un exemplaire original de l'*Encyclopédie* de Diderot et d'Alembert. Cabinet médical aussi, avec le premier transfuseur de sang (1914) connu. Reconstitution d'un intérieur traditionnel gaumais avec son pêle (la « belle chambre ») et sa cuisine dotée de sa grande cheminée, de sa pompe en cuivre...
– *2e étage :* consacré à l'enfance (berceaux, jouets...). On y voit aussi un vieux mécanisme d'horloge. Son jaquemart, bien que contemporain, est l'un des trois du genre encore en état de marche en Belgique.

Nouvelle aile
– *Cave :* section contes et légendes du pays gaumais.
– *Rez-de-chaussée :* collections archéologiques. Pierre montrant la moissonneuse de Trévires mentionnée par Pline l'Ancien au Ier s. Bassin en bronze de Sainte-Marie-sur-Semois. Fouilles de la nécropole mérovingienne de Torgny. Colliers de perles en pâte de verre et fibule discoïde en or.
– *1er étage :* beaux-arts d'artistes gaumais, dont Nestor Outer, Camille Barthélémy, Marguerite Brouhon...
– *2e étage :* coutumes et croyances, pratiques religieuses. Ex-voto et pharmacopée. Vierges de pèlerinages et de procession. Croix en faïence du curé Pierre Pierre (1780) et *Assomption* du frère Abraham Gilson (XVIIIe s). Orfèvrerie religieuse, crèches populaires, fers à hosties. Incroyable vierge « gigogne », volée puis retrouvée ; on découvrit qu'elle recélait en son buste une autre vierge plus ancienne...

Manifestation

– **Foire aux Amoureux :** *26 déc.* Grande fête avec DJean d'Mady et Djeanne, les géants de Virton.

DANS LES ENVIRONS DE VIRTON

Le musée de la Vie paysanne : à **Montquintin.** *Juil-août, tlj 14h-18h.* ☎ 063-57-03-15 (Musée gaumais de Virton). ● *musees-gaumais.be* ● *Entrée gratuite avec le billet d'entrée au musée de Virton.* Cette ferme-musée est un bel exemple de bâtiment rural du XVIIe s. Son intérieur a été entièrement reconstitué. C'est un bon complément à la visite du Musée gaumais. Le village, perché sur une butte et toujours protégé par son château fort et son église romane, a été reconnu « Patrimoine majeur de Wallonie ». Derrière l'église, terrasse avec un visiorama pour interpréter le panorama. On aperçoit la citadelle de Montmédy et, par beau temps, Arlon, à 35 km !

Le parc archéologique et le Musée lapidaire : à **Montauban.** ● *musees-gaumais.be* ● *L'accès au parc et au musée est libre et gratuit tte l'année.* C'est ici que fut découvert le bas-relief de la Moissonneuse de Trévires en 1958. Depuis, Montauban, site millénaire, ne cesse de fasciner promeneurs et historiens. Dans un bâtiment à l'impressionnante modernité, sont exposés de splendides bas-reliefs gallo-romains. Tout autour, des vestiges célèbrent la mémoire des quatre fils du duc Aymon fuyant Charlemagne, vivace légende locale, épique et chevaleresque.

TORGNY (6767)

Le village le plus au sud de la Belgique, dans un environnement bucolique extra. Magie du microclimat, on se retrouve presque dans un bourg provençal. Une chose est sûre, ce village mérite amplement son classement parmi les plus Beaux villages de Wallonie. On y admire les demeures de calcaire blond qui prennent des tonalités or et miel au soleil couchant, les toits de tuiles romaines rouges et, sur la place, le lavoir du XIXᵉ s, à la solide charpente de bois. Beaucoup de maisons possèdent des linteaux millésimés. Et sinon, c'est la rivière Chiers qui sert de séparation entre la Belgique et la France. Elle est considérée comme la plus ancienne frontière du royaume de France, fixée en 1659, au traité des Pyrénées.
Torgny possède une tradition viticole. Deux vignobles y sont en exploitation, dont un joliment appelé Clos du Poirier du Loup. On en produit 6 000 bouteilles. Rien d'étonnant finalement, ce sont les Romains qui y importèrent la vigne et elle subsista jusqu'à la fin du XIXᵉ s. Il faut dire que la protection des vents du nord et le sol de calcaire se réchauffant rapidement au soleil sont autant de facteurs favorables.
– Attention, les jours d'affluence, le parking est difficile, il faut se garer à l'entrée du village.

Adresse utile

🛈 *Syndicat d'initiative Le Méridional : pl. Albert-Paul, 6.* ☎ 063-57-83-81. ● *torgny.be ● En haut du village, près de l'église, au-dessus de* La Grappe d'Or. *Tlj sf lun (et dim hors saison) 13h30-17h30.* Vente de cartes de promenades balisées à faire à pied, à cheval ou à vélo dans la région.

Où dormir ? Où manger ?

Prix modérés

🛏 *Chambres d'hôtes L'Escofiette : rue de l'Escoffiette, 7.* ☎ 063-57-71-70. ● lescofiette@skynet.be ● *lescofiette. be ● Fermé pdt les fêtes de fin d'année. Double 60 € (65 € si 1 seule nuit), petit déj compris ; familiale 100 €. CB refusées.* 🖵 *Sur présentation de ce guide, réduc de 10 % en sem sur le prix de la chambre à partir de 2 nuits.* Dans une belle demeure du village, ancien pensionnat de jeunes filles, 5 chambres doubles personnalisées, avec équipement complet et du linge très soigné. Accueil particulièrement aimable de Dany, et chaleureux salon équipé d'une cheminée. Magnifique petit déj, gourmand et varié, avec produits du terroir. Une bien sympathique adresse.

🛏 ❙●❙ *La Romanette : rue Grande, 3.* ☎ 063-57-79-58. ● *romanette.be ● Tlj sf mer, plus mar soir hors saison (sf pour les résidents) ; ouv tlj 26 juin-20 août. Congés : 20 août-3 sept. Chambre double 69 €, petit déj compris. Menus 18-20 € les w-e oct-mars ; plats 9-19 €.* 📶 *Café offert sur présentation de ce guide.* À côté d'un café-resto avec terrasse, 4 chambres d'hôtes bien finies, avec TV et belle salle de bains. Rien à redire pour le prix ! Bon accueil. Soirée barbecue pas chère au resto les mercredis d'été.

De plus chic à très chic

🛏 ❙●❙ *L'Empreinte du Temps : rue de l'Escoffiette, 12.* ☎ 063-60-81-80. ● info@lempreintedutemps.be ● *lem preintedutemps.be ● Tlj sf lun-mar. Fermé fin janv-début fév et fin août-début*

LA PROVINCE DE LUXEMBOURG

sept. Doubles 95-120 €, suite 220 €, petit déj inclus. Menu 26 €, plats env 17 € et carte 37-41 €. Tenu par le même couple de proprios que La Grappe d'Or (voir ci-après), mais moins cher que celui-ci. Pourtant, les sept chambres sont superbes et très chaleureuses ! Toutes personnalisées, avec vieux plancher et murs en crépi ou en pierre de Torgny. Au resto (résa conseillée le week-end !), sis dans une belle cave aménagée au goût du jour, excellente cuisine, du même « tonneau » qu'à La Grappe d'Or mais en un peu moins sophistiqué, vu la différence de prix. N'empêche, c'est l'un des meilleurs endroits où casser la graine de toute la région !

🏠 I●I La Grappe d'Or : rue de l'Ermitage, 18. ☎ 063-57-70-56. ● info@lagrappedor.com ● lagrappedor.com ● Dans la rue menant à l'église. Mêmes horaires d'ouverture que L'Empreinte du Temps. Doubles 140-160 €, petit déj (sublime !)

compris. Au resto (résa indispensable le w-e), menu le midi en sem 32 € (42 € avec le vin) ; plats 27-35 € ; menus 57-99 € (92-147 € avec les vins). Un établissement de caractère, tenu par un jeune couple accueillant : ce sont aussi les proprios de L'Empreinte du Temps. Si vous y logez, préférez les chambres de l'annexe, superbes. Mais les autres, de style plus ancien, sont progressivement rénovées. Pour manger, on a le choix entre le jardin d'hiver et 2 salles plus intimes. Repas cher mais cuisine de saison de très grande réputation. Pour vous mettre l'eau à la bouche : jarret de bœuf des prairies gaumaises braisé au vin rouge et truffe, croustillant de pieds de porc, jeune oignon au vinaigre de vin jaune ; filet de sole limande en infusion de tilleul et eau de jeune coco, tapioca à l'orange sanguine, brocoli brûlé. Astiquez, mais alors sérieusement, vos papilles !

Manifestation

– **Grande fête artisanale :** le 3e dim de juil.

L'ABBAYE D'ORVAL   (6823)

Nichée, comme la plupart des abbayes, dans un site exceptionnel. Elle fut fondée au XIe s et devint rapidement l'une des plus prospères d'Europe. Elle est célèbre aujourd'hui pour son fromage (malheureusement pasteurisé) et plus encore pour sa bière trappiste, l'une des meilleures bières de Belgique, autant dire l'une des meilleures bières au monde ! « Orval » viendrait de « Val d'or » (le verlan existait-il déjà dans ces contrées ?). Selon une solide légende, la comtesse Mathilde, protectrice de l'abbaye, avait perdu sa bague nuptiale, d'une très grande valeur sentimentale, dans une source. Une truite miraculeuse la lui retrouva. L'histoire de l'abbaye ne fut pas de tout repos. Elle fut détruite plusieurs fois mais se releva toujours : au XIVe s, en 1637, par le maréchal de Châtillon, en 1793 au canon par les troupes du général Loison. En 1926, des moines s'y installèrent et une nouvelle église fut édifiée sur les anciennes caves du XVIIIe s. Et ce n'est pas l'une des moindres originalités que la cohabitation des deux abbayes côte à côte.

Infos utiles

– **Renseignements :** ☎ 061-31-10-60. ● orval.be ●
– **Horaires et tarifs :** tlj : 9h30-18h30 juin-sept ; jusqu'à 18h mars-mai et oct ; 10h30-17h30 nov-fév. Visites guidées (1h) l'ap-m en juil-août et dim en sept. Entrée : 6 € ; réduc.

La visite

👫 En fait, la nouvelle abbaye de style Art déco (tout comme l'étiquette de sa bière !) ne se visite pas mais elle est suffisamment imposante pour ne pas passer inaperçue. Le visiteur n'a accès qu'aux ruines de l'ancienne abbaye gothique et cistercienne.
– Toutes les heures, un *audiovisuel* retrace l'histoire de l'abbaye.

Au fil de la visite, on peut apercevoir la *fontaine Mathilde,* où comme le prétend la légende, la truite miraculeuse retrouva la fameuse bague en or de la comtesse. Un petit *musée,* aménagé dans les superbes caves du XVIIIᵉ s, présente divers objets : des plaques de cheminée aux armes des abbés, de vieux pavements, des maquettes de l'ancien et du nouveau monastère, ainsi qu'un historique des abbayes cisterciennes.

Le plus intéressant reste la visite des *ruines de l'église abbatiale,* romantiques en diable ! Elles n'ont rien perdu de leur grandeur ni de leur émouvante noblesse. Remarquable puissance d'évocation. Nombreux vestiges significatifs, comme la grande rosace du transept gauche, les chapiteaux romans et gothiques. Noter, près du chœur, les piliers plats destinés à recevoir les stalles qui s'y adossaient. À droite, accès au cloître. Belle salle capitulaire.

Les anciens communs restaurés accueillent désormais un petit musée de la Bière et une maquette tactile du monastère.

En fin de parcours, ne pas manquer non plus la *vieille pharmacie* en sortant à gauche, puis en droite ligne. Bocaux vénérables, mortiers, petits tiroirs peints, cornues, balance sculptée du XVIIIᵉ s. Expos temporaires.

🍺 Vous pourrez acheter la célèbre bière d'Orval, à la boutique de « souvenirs » (cela dit, on la trouve assez facilement dans les supermarchés de la région). Vous y trouverez également de beaux verres sérigraphiés, du fromage et de délicieux petits biscuits. Pour faire le plein de bière, contournez donc l'abbaye par la droite, jusqu'à l'entrée de la brasserie (qui ne se visite pas sauf à l'occasion de rares journées « portes ouvertes ») et vous pourrez acheter l'Orval par caisse de 24, plus la consigne de la caisse. Un bon plan quand on sait que l'Orval se bonifie en vieillissant. *Vente aux particuliers lun-jeu 8h30-9h, 9h15-12h, 13h-16h et ven 8h30-9h, 9h15-12h.*

Où manger dans le coin ?

🍽 *Le Chameleux : Chameleux, 5 (6820).* ☎ *061-31-10-20.* ● *lecha meleux@skynet.be* ● *À côté du relais romain. Ouv tlj sf mar soir et mer. Congés : début sept. Plats 8,50-16 € ; carte 15-21 €. Café offert sur présentation de ce guide.* On aime beaucoup cette petite auberge de campagne avec une terrasse reposante face à la vallée. Patron très sympa. Cuisine simple, goûteuse, copieuse et à petits prix. Truite meunière, omelette aux pommes de terre et lard, crêpes et quelques plats en plus l'hiver.

LA VALLÉE DE LA SEMOIS

LA HAUTE SEMOIS

Adresse utile

ℹ️ *Maison du tourisme du pays de la Semois entre Ardenne et Gaume :* *esplanade du Panorama, 1, Florenville (6820).* ☎ *061-31-12-29.*

LA PROVINCE DE LUXEMBOURG

● *semois-tourisme.be* ● *Au pied de l'église. Pdt vac scol, tlj 9h-19h (18h vac de Noël et Toussaint) ; le reste de l'année, lun-sam 9h-18h, dim 10h-16h.*

Très bien documenté, notamment en ce qui concerne les nombreuses activités proposées dans le coin (randos, kayak).

À voir

✗ *Chassepierre :* l'un des plus beaux et des plus pittoresques villages du coin. Voir les vieilles demeures et l'église se mirant dans l'eau le soir, au soleil couchant. Le week-end qui suit le 15 août, festival des Artistes et théâtre de rue.

✗ *Herbeumont :* à mi-chemin entre Florenville et Bertrix se trouve un petit coin de Gaume tout à fait bucolique. Avec ses 80 km de balades balisées en forêt, c'est un paradis pour les promeneurs... Au cœur du village, les belles ruines d'un château du XIIIe s. Remises en valeur en 2010, elles ont été classées Patrimoine majeur de Wallonie.

✗✗ *Au cœur de l'Ardoise :* domaine de la Morepire, rue du Babinay, 1, **Bertrix** (6880). ☎ 061-41-45-21. ● *aucoeurdelardoise.be* ● *À 7 km env du centre ville. Pdt les vac scol, tlj sf lun 10h-18h (dernière descente à 17h) ; le reste de l'année, ouv slt le w-e (mêmes horaires) et le mer à 14h. Entrée : 10 €, réduc.* Casque de chantier sur la tête, on s'enfonce à 25 m de profondeur (les mineurs descendaient quant à eux à plus de 60 m) et l'on arpente quelque 800 mètres de galeries... Le bruit des gouttes, les noires ténèbres, les jeux d'ombres, l'humidité de 100 % et la température de 10° rendent la visite quelque peu oppressante, mais on comprend d'autant mieux combien les conditions de travail pouvaient être difficiles. La mine fut exploitée pendant près de 90 ans, jusqu'en 1970. Le schiste est une roche vieille de 400 millions d'années (la veine court sur une centaine de kilomètres), une sorte de millefeuille dont on fait l'ardoise. À l'époque, les blocs de 150 kg étaient remontés à dos d'homme afin d'être débités à la surface.

BOULLON

BOUILLON   (6830)   5 450 hab.

Ici, la Semois forme une large boucle. À l'endroit le plus étroit de celle-ci, sur une arête, s'étire l'une des plus impressionnantes forteresses d'Europe (et la plus grande de Belgique). Bouillon, petite capitale d'un duché, dont le dernier héritier était un prénommé... Godefroy. Avant de partir prendre Jérusalem avec le succès que l'on sait, il vendit en 1096 son château aux princes-évêques de Liège. Les proprios suivants seront successivement les princes de La Marck, puis à nouveau les princes-évêques. En 1676, Louis XIV l'accorde à la famille de La Tour d'Auvergne. En 1795, le duché est intégré au nouveau département des Forêts et, en 1830, à la Belgique définitivement. Aujourd'hui, Bouillon se révèle l'une des destinations les plus touristiques de Wallonie. Beaucoup de monde en été et le week-end. Hôtels en nombre, ça va de soi.

Adresses utiles

🅸 *Maison du tourisme du pays de Bouillon :* quai des Saulx, 12. ☎ 061-46-52-11. ● *bouillon-tourisme. be* ● *Juil-août, tlj 9h30-18h30 ; le reste de l'année, tlj 10h-18h (17h dim).* 🛈 Vente des cartes de promenades balisées à faire dans la région. 🅸 *Syndicat d'initiative :* au guichet du château. Mêmes horaires d'ouverture que ce dernier.

Où dormir ?

De bon marché à prix moyens

⚏ *Camping Au Moulin de la Falize : Vieille-Route-de-France, 62.* ☎ 061-46-62-00. ● *moulindelafalize@ swing.be* ● *Sur les hauteurs de la ville. Du centre de Bouillon, prendre à gauche avt le tunnel qui mène au château et faire 1 km. Fermé en janv. Compter 16 € l'emplacement pour 2.* Entouré de bois. Tennis et centre de loisirs avec jeu de quilles, billard et, en juillet-août, une piscine. Accueille pas mal de caravanes.

⚏ *Auberge de jeunesse : route du Christ, 16.* ☎ 061-46-81-37. ● *bouil lon@laj.be* ● *lesaubergesdejeunesse. be* ● *Sur les hauteurs de Bouillon également. En basse saison, ouv ven et sam. Fermé janv-début fév. Nuitées à partir de 14,90 € (16,50 € pour les + de 26 ans), petit déj et draps compris ; compter 19-43 € en chambre double ou individuelle.* 🖳 📶 Propose 126 lits en chambres de 1 à 10 lits. Véranda, jardin, ping-pong, cuisine, machine à laver, barbecue et jeux de société. Possibilité, souvent, d'y manger un plat du jour bon marché. Surtout, l'AJ offre une superbe vue sur la ville et sur le château, en particulier la nuit. Également des gîtes pour 8 et 20 personnes, tout équipés.

⚏ *Hôtel Relais Godefroy : quai de la Tannerie, 5.* ☎ 061-46-42-04. ● *relaisgodefroy@skynet.be* ● *relaisgodefroy.be* ● *Au bord de la Semois. Fermé janv-fév et 15 j. en nov et déc. Doubles 55-75 € selon confort, vue et saison, petit déj non compris (5 €) ; familiales (jusqu'à 6 pers) 80-155 €. Parking gratuit.* 🖳 📶 *Petit déj offert sur présentation de ce guide.* Hôtel moderne et fonctionnel, s'apparentant un peu à un centre d'hébergement. Chambres avec ou sans vue sur la Semois, équipées ou non de salle de bains, mais toutes

très bien tenues. Les plus chères bénéficient même d'un réel effort de déco. Idéal pour les sportifs qui viennent s'exercer dans la région, d'autant que l'établissement organise aussi des week-ends VTT, kayak, pêche à prix forfaitaires.

Plus chic

⚏ *Hôtel de la Poste : pl. Saint-Arnould, 1.* ☎ 061-46-51-51. ● *info@ hotelposte.be* ● *hotelposte.be* ● *Dans le centre. Double 110 €, petit déj compris.* 📶 Bâtiment blanc datant du XVIIIe s, avec tourelles d'angle. L'intérieur est resté à peu près comme à l'époque, avec ses boiseries, son marbre rose, ses salons... Pas mal de charme en fait, y compris dans les chambres, arrangées à l'ancienne, avec parquet qui craque et, pour certaines, un petit coin salon meublé de fauteuils donnant sur la rivière... Très bonne tenue générale. Petit déj varié pris dans la grande salle cossue du rez-de-chaussée, là même où l'on peut manger, et fort bien, à midi ou le soir (voir « Où manger ? »).

⚏ *La Ferronnière : voie Jocquée, 44.* ☎ 061-23-07-50. ● *info@laferron niere.be* ● *laferronniere.be* ● *Congés : 2 sem janv et 2 sem fin juin-début juil. Doubles 97-137 €, petit déj compris ; familiales 162-182 €.* 📶 Près du centre mais déjà sur les hauteurs, cette grosse bâtisse abrite, outre un resto de haute tenue (voir « Où manger ? »), une demi-douzaine de chambres de bon aloi, avec sanitaires nickel et excellente literie. Les prix varient selon la taille et l'orientation (certaines donnent sur le château). Dans *Les Jardins de la Ferronnière*, création de nouvelles suites, avec accès à l'espace bien-être (sauna, hammam, jacuzzi ; payant pour les autres clients). Petit déj remarquable.

Où manger ?

Certes, les restos ne manquent pas à Bouillon, de là à y faire bonne chère... En voici toutefois quelques-uns

qui méritent une attention particulière. Pas vraiment bon marché malheureusement...

IOI *Le restaurant de l'hôtel Pano-rama : rue Au-Dessus-de-la-Ville, 25.* ☎ 061-46-61-38. ● *info@panorama hotel.be* ● *Fermé mer-jeu hors vac scol. Menus 35-45 €.* 🛜 *Apéritif offert sur présentation de ce guide.* Tenu par la même famille depuis 3 générations. Sur les hauteurs de la ville, on s'installe dans une salle assez classe, au fond musical discret, avec lustre en fer forgé et vue sur le château. L'un des restos les plus recommandables de Bouillon. Cuisine dans l'air du temps, mêlant allégrement les terroirs d'ici et d'ailleurs.

IOI *Le restaurant de l'Hôtel de la Poste : voir ci-avant la rubrique « Où dormir ? ». Menus 30-40 €, compter 49 € à la carte.* Outre un hôtel assez charmant, c'est aussi un resto gastro, à prix plutôt élevés. On y mange cependant très bien, en terrasse aux beaux jours ou dans la grande salle cossue du rez-de-chaussée, face à la Semois. Service très sympa.

IOI *La Ferronnière : voir plus haut la rubrique « Où dormir ? ». Tlj sf lun-mar midi. Lunch 20 € (sf dim), menus 35-65 € ; carte 42-66 €. Apéro offert sur présentation de ce guide.* Cuisine française élaborée et très réputée sur la place de Bouillon. Agréable et élégante salle aux tentures, avec nappes et revêtements de chaises assortis. En été, service au jardin. Le soir, le nombre de tables étant limité, le restaurant affiche souvent complet avec les clients de l'hôtel qui ont la priorité.

Achats

⊛ *Le Marché de Nathalie : Grand-Rue, 22.* Une boutique où l'on trouve 300 sortes de bières belges (la plupart artisanales) : Vieille Brune et Petrus, Cochonnette, Quintine, Lupulus et, bien sûr, leurs bières à eux (brassées à 3 km), que sont la Médiévale, la Cuvée de Bouillon, la Blanche de Bouillon, la Bouillonnaise, la Vauban et la Noirefontaine. Également, pour les amateurs, de la gelée et du saucisson à la bière.

À voir

Sachez qu'il existe des billets jumelés pour l'ensemble des trois sites. *Pour la visite du château, du musée ducal et de l'Archéoscope, comptez 14,50 € (réduc) ; pour d'autres formules combinées dans la province, consultez le site* ● *archeoscopebouillon.be* ●

🏃🏃 *L'archéoscope Godefroy-de-Bouillon : quai des Saulx, 14.* ☎ 061-46-83-03. *Ouv 10h-18h juil-août, jusqu'à 17h mai-juin et sept, jusqu'à 16h le reste de l'année. Fermé : lun oct-début mars, le mat en sem déc et fév. Congés : janv. Entrée : 6,25 € ; réduc.* Attraction de prestige de la ville de Bouillon. Installé dans une ancienne ferronnerie – elle-même ancien couvent –, complètement rénovée des combles au sous-sol avec un savoir-faire remarquable. La preuve vivante que l'on peut faire du beau avec du vieux. L'archéoscope se veut une attraction de vulgarisation offrant un regard sur le passé prestigieux, ou prétendu tel (tous les historiens ne sont pas d'accord), du duché de Bouillon. Place, donc, à la légende dorée du héros des lieux : le preux Godefroy, seigneur de Bouillon sacré roi de Jérusalem à l'issue de la première croisade. Un spectacle multimédia nous fait le récit (très romancé) du pieux duc en route pour la Terre sainte et son glorieux destin. Son et lumière spectaculaire. L'histoire reprend ensuite ses droits avec une section où les croisades sont évoquées du point de vue musulman par Bichara Kader, professeur palestinien de l'Université libre de Bruxelles. À l'étage, expo sur l'histoire de la défense militaire du territoire de Bouillon à travers les siècles, avec un comparatif des différentes forteresses du coin. Du multimédia encore, avec une immense carte au sol et des vidéos. Plus loin, hologramme du *Journal ency-clopédique* qu'on verra au Musée ducal. Le parcours s'achève avec les cellules reconstituées des religieuses qui habitaient ces murs avant la Révolution.

🏃🏃 🏃 *Le château :* ☎ 061-46-62-57. *Juil-août, tlj 10h-19h ; avr-juin et sept, tlj 10h-18h (18h30 w-e) ; mars et oct-nov, tlj 10h-17h, (w-e d'oct 18h) ; déc-fév 13h*

(10h w-e et pdt vac de Noël et de carnaval)-17h. Derniers billets vendus 45 mn avt la fermeture. Fermé en sem en janv. Entrée : 6,50 € ; réduc. Visite nocturne à la torche, les mer, ven, sam et dim en juil-août, moyennant un petit supplément (pour la torche...). Long de 340 m, large de 40 m, le château aurait été construit au VIIIᵉ s sur ordre de Charles Martel. Il fut considérablement remanié au XVIᵉ s puis sous Vauban. C'est donc un condensé de l'art de la défense à travers les siècles, auquel ne manque que le donjon médiéval détruit par les Hollandais en 1824. De la cour d'honneur, parcours fléché qui vous réserve quelques surprises pittoresques : oubliettes, salle de torture, escaliers taillés dans le roc, greniers souterrains et autres passages secrets. Du haut de la tour d'Autriche, terminée en 1551, charmant point de vue sur l'ensemble du château, la ville et les caprices nonchalants de la Semois. Également une expo (intitulée *Scriptura*) sur l'écriture et son enseignement au cours des siècles, à laquelle on accède par la salle *Godefroy*. Enfin, spectacle décoiffant de fauconnerie dans la cour d'honneur (installez-vous à l'arrière des gradins !), trois ou quatre fois par jour tous les jours entre Pâques et début novembre mais aussi le reste de l'année, les week-ends et pendant les vacances scolaires.

🕮 *Le Musée ducal : rue du Petit, 1-3.* ☎ *061-46-41-89. De Pâques à mi-nov : tlj 10h-18h (17h oct-nov), jusqu'à 17h le reste de la saison. Entrée : 4 € ; réduc.* Installé dans une grosse demeure du XVIIIᵉ s, ancien palais du gouvernement. Histoire et folklore, reconstitution d'un logis ardennais (cuisine, salle à manger). Atelier de tisserand. Souvenirs de l'époque où les écrivains brimés politiquement en France se faisaient imprimer ou écrivaient des articles ailleurs, notamment à Bouillon. Voltaire, Buffon, d'Alembert, Chamfort, l'abbé Prévost, Mirabeau, Diderot participèrent à ce premier « Bouillon de culture » ! Salle historique consacrée à Godefroy de Bouillon et aux croisades. Grande maquette du château au XIIᵉ s.

🕮 🕮 *La ferme des Fées : Mont-de-Zatrou, 1, Les Hayons.* ☎ *061-46-89-17.* ● *fermedesfees. be* ● *À env 8 km à l'est de Bouillon. Ouv 10h-12h30, 13h30-18h. Fermé mar en juil-août, mar-mer le reste de l'année. Entrée libre pour les salles d'expo.* Ce lieu, c'est la création de Marie-Laure et Michel, qui ont tout lâché pour venir faire des figurines en pâte à modeler dans ce petit village. Réalisées à l'échelle un quart, elles représentent les Ardennais d'il y a 100 ans dans leurs activités quotidiennes, mais aussi les fées et sorcières qui peuplaient, sinon la région, en tout

RÉCUPÉRATION HISTORICO-POLITIQUE

En 1830, la Belgique se cherchait des racines historiques solides et éprouva le besoin d'exalter « ses gloires du passé ». Les historiens s'approprièrent Godefroy (né à Boulogne-sur-Mer !) pour glorifier ce supposé ancêtre. Godefroy devint l'idéal du Belge pieux et brave. Il fut aussi récupéré par les fascistes belges, qui firent, dans un amalgame entre croisés et SS, un parallèle entre Godefroy et leur chef Léon Degrelle, lui aussi originaire de Bouillon.

cas l'imagination de ses habitants. On est reçu par le couple, qui expose et vend sur les lieux ces drôles de petits personnages. Petite taverne sur place.
– En partant, ne manquez surtout pas de faire un saut jusqu'au *point de vue du Mont-de-Zatrou,* situé à 500 m de là.

DANS LES ENVIRONS DE BOUILLON : LA BASSE SEMOIS

CORBION (6838)

Village ardennais typique à l'ouest de Bouillon, à 400 m d'altitude, au cœur des forêts, fier d'un enfant du pays, né en 1520 : Sébastien de Corbion, dit

Sébastien « Pistolet », inventeur de l'arme à feu et non du petit pain rond vendu dans les boulangeries belges.

Avec *70 km de sentiers balisés*, Corbion, sur le parcours du GR 14 Ardenne-Eifel, est également une base de départ pour les marcheurs ; alors astiquez vos bottines et préparez vos mollets : huit magnifiques points de vue sur la vallée de la Semois vous attendent. Itinéraires de randonnées à l'*Hôtel des Ardennes*. Si vous êtes fumeur, vous pouvez bien sûr faire les promenades (c'est même recommandé !) mais vous pourrez aussi faire halte au petit *musée du Tabac* (pas mal de plantations dans la région), dont le proprio confectionne des « bouchons de tabac », à fumer dans une pipe.

Où dormir ? Où manger ?

Prix moyens

🛏 *Auberge Le Relais :* rue des Abattis, 5. ☎ 061-46-66-13. ● info@hotel lerelais.be ● hotellerelais.be ● Près de l'église. Ouv d'avr à mi-nov. Résa souhaitée. Doubles 85-99 €, petit déj-buffet compris ; familiales 120-180 € pour 3-6 pers. Formules w-e et sem. 🛜 (à la réception slt). Ambiance familiale comme chez papa et maman. Une dizaine de chambres un peu étriquées et vieillottes avec salle de bains. Salon et resto au cadre rustique ardennais, agrémentés l'un et l'autre d'une cheminée. Bon camp de base pour des randonnées en forêt, d'autant que la patronne est très accueillante. Resto rustique proposant une cuisine campagnarde sans prétention qui pourra dépanner les plus éreintés. Loue aussi un gîte pour 6 personnes avec cheminée.

Plus chic

🛏 ❙●❙ *Hôtel des Ardennes :* rue de la Hate, 1. ☎ 061-25-01-00. ● contact@ hoteldesardennes.be ● hoteldesar dennes.be ● Fermé de début janv à mi-mars. Doubles 97-122 € selon confort et saison, petit déj-buffet compris. Formules et menus 19-35 €, carte env 38 €. 🛜 Sur présentation de ce guide, apéro offert et réduc de 10 % sur le prix de la chambre (hors sam et j. fériés). Hôtel de bonne réputation dans ce village tranquille, tenu par la même famille depuis plus d'un siècle. Chambres confortables. Un conseil : choisissez-les plus petites, moins chères et pas très différentes. Ambiance feutrée, salle à manger cossue et clientèle assez chicos. Excellente cuisine gastronomique traditionnelle : truite au bleu, homard grillé au thym... Billard, ping-pong et joli jardin avec jeux pour les enfants.

ROCHEHAUT (6830)

Fort jolie route par Corbion et Poupehan. Ce village haut perché (d'où le nom !) est un lieu de villégiature très prisé le week-end et pendant les vacances (résultat, beaucoup de *B & B* et de gîtes à louer, du plus rustique au plus charmant). La raison de ce succès, un panorama remarquable sur le méandre de la Semois, qui abrite le petit village de Frahan. Une fascinante curiosité géologique ! Un chemin de 1,5 km y conduit (mais par la route, comptez huit bornes !).

Où dormir ? Où manger ?

🛏 *Les 3 Mousquetaires :* rue de la Cense, 37. ☎ 061-46-69-70. ● info@ ardennechalet.com ● ardennechalet. com ● Double 65 € (60 € à partir de 2 nuits). L'un des premiers *B & B* de Belgique, puisqu'il existe depuis... 1974 ! Il est tenu par Sylvie et son époux, qui vous donneront de bonnes infos sur la région et tout ce qu'on peut y faire. Dans une maison moderne (et sans véritable cachet), les chambres toutes différentes mais toutes avec

TV, salle de bains, petit coin salon et peintures sur les murs. Petit déj varié, composé de yaourt, fromage et charcuterie. Un bon rapport qualité-prix.

🏠 *L'Auberge de la Ferme :* rue de la Cense, 12. ☎ 061-46-10-00. ● info@ aubergedelaferme.be ● aubergede laferme.com ● Congés : 3 sem en janv. Doubles 75-135 €/pers, petit déj compris. Nombreux forfaits « étape » et « séjour ». 📶 Au cœur du village, immanquable, car *L'Auberge de la Ferme,* c'est en fait aussi *L'Auberge de la Fermette, L'Auberg'Inn, L'Auberge du Palis* et la *P'tite Auberge,* en tout 4 beaux bâtiments en pierre de pays regroupant 72 chambres. Celles-ci sont toutes bien conçues et confortables, mais plus on paie et plus le confort croît, bien sûr : de la « petite chambre » avec sanitaires et TV à la suite avec vaste salon, baie vitrée munie de tentures électriques et salle de bains immense équipée de baignoire-jacuzzi et douche à multijets... Faites votre choix ! Le proprio, c'est Michel Boreux (et sa famille), un personnage controversé dans le coin pour les ambitions démesurées que certains lui prêtent – en plus de l'hôtel et de ses 2 restos, il possède une boutique de produits du terroir, un musée agricole et un parc animalier (voir plus loin) de 40 ha ! Sans compter plusieurs gîtes ruraux dans le village... – mais qui a le sens de l'accueil et qui, indéniablement, fait bien les choses.

🍴 *La Taverne de la Fermette :* dans la rue principale, à côté de L'Auberge de la Ferme *(mêmes coordonnées que celle-ci). Tlj 12h-22h (carte réduite 15h15-18h). Plats 16-23 € ; carte 33-52 €.* C'est l'un des 2 restos de *L'Auberge de la Ferme* (l'autre, gastro, est plus cher !). Très bonne cuisine de terroir (pur et dur), à prix tout à fait raisonnables et généreusement servie. La viande vient en droite ligne de l'élevage familial (race limousine essentiellement). La cuvée de Rochehaut est une bière brassée spécialement pour la maison. De plus, le cadre faussement rustique est soigné et chaleureux. Toujours du monde, accueil extra, bref, un sans-faute et, à notre humble avis, l'une des meilleures adresses du coin.

LA PROVINCE DE LUXEMBOURG

Où dormir ? Où manger dans les environs ?

🏠 🍴 *Hôtel-restaurant Beau Séjour :* rue du Tabac, 7, **Frahan** (6830). ☎ 061-46-65-21. ● info@ hotel-beausejour.be ● hotel-beau sejour.be ● Tlj avr-nov ; slt le w-e le reste de l'année. Fermé en janv et 20 juin-10 juil. Doubles 80-100 €, petit déj compris ; promo « mid-week » avec la 4e nuit offerte en ½ pens. Menus 25-36 €. 📶 (au bar slt). Sur présentation de ce guide, apéritif offert. Grosse bâtisse en contrebas de Rochehaut (situé à 9 km par la route), au bord du méandre de la Semois. Chambres convenables, un peu vieillottes pour certaines, mais l'ensemble est bien tenu. Préférez celles qui donnent sur la rivière. Bonne cuisine au resto. Spécialités de truite aux amandes et de magret de canard au sirop de Liège... Jardin. Point de départ pour des balades dans les environs.

À voir

🏹 🎿 *Le parc animalier « Entre Ferme & Forêt » :* ● entrefermeetforet.be ● Ouv tte l'année (sf en cas de neige abondante) ; départs pour la visite en face de La Taverne de la Fermette, tlj en sem à 10h45, 14h, 15h10, 16h20 et 17h30 ; le w-e : 10h45, 13h30, 14h45, 16h, 17h15 (à vérifier quand même). Billet : 10 € ; réduc. Ticket combiné avec l'Agrimusée : 17 €. On vous le disait, Michel Boreux voit les choses en grand : il a créé, en bordure du village, sur une pente douce donnant sur un beau vallon, un parc animalier de 40 ha regroupant une quarantaine d'espèces de nos régions, ou plus exotiques : ânes, chèvres, sangliers, cerfs blancs, moutons roux d'Ardenne mais aussi bisons, aurochs, bouquetins, lamas, autruches, émeus (autruches d'Australie), walabys (petits kangourous), ainsi que certains des animaux... consommés aux restos de *L'Auberge de la Ferme* (les vaches « limousines », entre autres). C'est joli, et les bêtes sont loin d'être confinées, mais la balade en petit train (1h10) peut se révéler lourdement touristique... En revanche, on peut le découvrir seul et à pied si on loge à l'hôtel.

BOTASSART *(6833)*

🎥🎥 On aime bien ce village menant peut-être au plus beau méandre qui forme le *tombeau du Géant.* On reste saisi par la grandeur, l'harmonie du paysage. À contempler en amoureux. On retrouve ses émois d'ado.

ALLE-SUR-SEMOIS *(5550)*

Sans bien s'en rendre compte, on est passé dans la province de Namur. Centre ardoisier et village très touristique de la basse Semois. Les campings se succèdent le long de la rivière et, désolé pour les heureux propriétaires de caravanes, cela gâche vraiment le paysage. Le centre du village, restauré récemment, est toutefois bien joli avec ses maisons en pierre de schiste autour de l'église au clocher bulbeux.

À voir. À faire

🎥 *Ardois'Alle :* rue de Repposeau, 12. 📱 0497-45-43-74. ● ardoisalle.be ● *Ouv avr-1er nov, tlj sf lun pdt les vac scol ainsi que les w-e et j. fériés ; visites à 11h, 13h30, 14h30, 15h30 et 16h30. Entrée : 6 € ; réduc.* Plongée dans le sous-sol schisteux (attention, température d'environ 10 °C !) pour découvrir l'industrie ardoisière à présent disparue. Magie des profondeurs, couloirs angoissants et salles baignées par la nappe aquifère. Vidéo et petit musée pour en savoir plus. Compter environ 1h en tout.

➤ Plusieurs activités sportives sont possibles au départ d'Alle, à commencer par la *descente de la Semois en kayak (compter 2 à 6h, selon le lieu d'embarquement et min 12,50 €/pers.* **Chez L'Ami Pierre :** ☎ 061-50-03-67, ● amipierre.be ● *; Kayaks de la Semois :* ☎ 061-50-13-87, ● kayakslavanne.be ● *; Récréale :* ☎ 061-50-03-81, ● recreale.be ●*).* Également du *VTT* (8 circuits balisés dans le coin). Infos au centre *Récréale (voir plus haut),* où se trouvent aussi un bowling et un minigolf.

VRESSE-SUR-SEMOIS *(5550)*

Frère jumeau du précédent, Vresse est aussi un village apprécié des peintres (plusieurs lieux d'expos). Le *Centre d'interprétation d'art de l'École de Vresse* expose de façon permanente 250 tableaux d'artistes ayant contribué, depuis plus de 100 ans, à la renommée artistique de la région *(rue Albert Raty, 112a.* ☎ *061-58-92-99 ; tlj début avr-fin déc, 14h-17h).* On trouve aussi à Vresse un pittoresque pont à trois arches, dont la dernière construction remonte à 1774. La légende prétend que Saint Lambert l'aurait rétréci pour faire une mauvaise blague à Sainte Agathe, la sainte du village voisin. Protégée par une « cabane » vitrée, une reproduction, en bois et en taille réelle, de la locomotive « Le Belge » (datant quant à elle de 1835)...

Adresse utile

ℹ️ *Maison du tourisme de l'Ardenne namuroise :* rue Albert-Raty, 83. ☎ 061-29-28-27. ● ardenne-namuroise.be ● *Juil-août, tlj 9h-18h ; le reste de l'année, ouv tlj mais horaires variables.* Toute la doc sur la région et, en prime, une boutique de produits du terroir et une galerie de peinture à l'étage.

Où dormir ? Où manger dans le coin ?

▲ I●I Maison d'hôtes Les Alisiers : *rue du Coin, 17,* **Membre (5550),** *à 3 km de Vresse-sur-Semois.* ☎ *061-50-00-01.* ● *info@les-alisiers.be* ● *les-alisiers. be* ● *Fermé 1 sem en janv et en sept. Doubles 79-94 €, petit déj inclus ; familiale 135 €. Roulotte 165-210 € le w-e, 230-420 € la sem. Table d'hôtes 39 €, apéro, vin et café compris. CB refusées.* ☎ *Réduc de 10 % sur le prix de la chambre sur présentation de ce guide.* Une bonne adresse si vous cherchez à vous poser, même une nuit, dans la région. Dans la maison, 3 chambres coquettes et très bien tenues, avec mobilier en bois et murs de pierre apparente. On aime bien la « Simone » (là même où la proprio est née !), avec mezzanine et grosses poutres au plafond. Mais il y a fort à parier que vous craquerez pour la magnifique roulotte qui campe dans un jardin voisin ; rose et bleue, bourrée de charme et ultracosy ! Petit déj (confitures maison, croissants, œufs de ferme) pris dans un beau salon avec piano. La maison est fière aussi de sa table d'hôtes, concoctée par le proprio, qui était restaurateur à Namur.

À voir. À faire dans les environs

🏃🏃 Laforêt : à 2 km de là, un croquignolet petit village, considéré comme un des plus beaux de Wallonie, voire de Belgique. Un havre de quiétude ! Ses solides maisons rurales construites en schiste ont bien de quoi séduire le visiteur mais on peut regretter qu'il soit réduit malheureusement à l'état de village résidentiel ou, pire, de village-musée. Remarquez ces curieuses granges à la charpente branlante et apparente ; ce sont d'anciens séchoirs à tabac. En juillet et août, un ancien pont en bois tressé est monté afin de rejoindre Vresse par le bord de l'eau.

LA PROVINCE DE NAMUR

« Les bords de la Meuse sont beaux et jolis.

Victor Hugo (1838)

Comme il avait raison, le père Hugo. Et aujourd'hui c'est toujours aussi vrai. Les habitants de la *Belle Province* belge pèchent par excès de modestie et auraient intérêt à mieux faire connaître leurs trésors. Encore une province bien verte, profondément entaillée par la Meuse qui livre là, de Namur à la frontière française, une délicieuse balade bucolique. L'eau est bien présente. Surtout en profondeur, où elle a taraudé la roche et produit parmi les plus belles grottes du pays. Du coup, les sportifs sont à la noce : il faut voir les grimpeurs faire la queue, le dimanche, au pied des falaises de Freÿr. Et puis son lot de châteaux, manoirs, remarquables musées, églises et abbayes. Et le meilleur tout de suite... Namur, l'autre capitale de la Belgique !

NAMUR (5000) 111 000 hab.

Si Liège étourdit par son rythme effréné, Namur, au contraire, apaise par son côté gentiment provincial. Et puis, ici, point de voies à grande vitesse ou trop de ponts à franchir pour découvrir de nouveaux quartiers. Au pied de son rocher, tout est à portée de lance-pierre, circonscrit à un beau centre

historique, en grande partie préservé. Et pourtant, sa position
stratégique entre Sambre et
Meuse lui valut bien des sièges
au long des siècles. Les promoteurs immobiliers l'ont aussi
durement attaqué dans les
années 1970-1980. À ce dernier
siège cependant, les Namurois
ont bien riposté. Aujourd'hui,
Namur est la capitale administrative de la Wallonie et le siège

L'ESCARGOT NAMUROIS

*Le petit-gris de Namur est l'une des
grandes spécialités culinaires de la
ville... mais l'escargot se trouve être également son emblème. Jusqu'à une chanson taquine qui compare le Namurois au
gastéropode : « On dit qu'les Namurwès
sont lents... mais quand ils sont dedans,
ils y sont pour longtemps. »*

du Parlement wallon s'est installé au pied de la citadelle, dans l'ancien hospice
Saint-Gilles.
Namur jette sa réputation de ville « sage » aux orties lors des fêtes de Wallonie,
le troisième week-end de septembre. La ville est alors prise de frénésie : de la
musique à tous les coins de rue et le *peket* qui coule à flots. À ne pas manquer.

UN PEU D'HISTOIRE

Même si une occupation préhistorique est avérée, ce sont les Romains qui donnent à Namur une réelle urbanisation. Le site est stratégique et se développe
rapidement. Sous Charlemagne, c'est déjà une petite ville. Au Xe s, installation
du premier comte de Namur. Le dernier, ruiné, vend sa ville en 1421 à *Philippe
le Bon,* duc de Bourgogne. Dès lors, Namur ne cesse, pendant cinq siècles,
d'être convoitée et assiégée. À tel point que les maisons possédaient des greniers carrelés pour éviter que les boulets chauffés à blanc n'y mettent le feu.
Non, on ne va pas vous faire la liste des sièges, mais voici quand même quelques temps forts : après la séquence bourguignonne vient l'occupation espagnole. Au XVIIe s, *Louis XIV* s'intéresse à son tour à cette position stratégique.
Après l'avoir conquise en 1692, il la perd trois ans plus tard, au profit de *Guillaume d'Orange.* Puis, en 1701, retour de la France et, en 1715, de la Hollande.
En 1746, *Louis XV* remet le couvert, mais la ville est reprise par l'Autriche qui
se hâte de démolir les remparts.
En 1792, les armées de la Révolution française s'en emparent et
en font la préfecture de Sambre-
et-Meuse jusqu'en 1814.
Au XIXe s, cachée par son rocher,
Namur est oubliée par la révolution
industrielle. Tant mieux ! En outre
au XXe s, les deux guerres mondiales furent moins meurtrières pour
l'architecture de la ville que dans
nombre d'autres cités belges.

DÉFENDONS LA PETITE BOURGEOISIE !

*En 1901, le Congrès international « de
la petite bourgeoisie » se tint à Namur.
Face à un grand capital sans visage, il
s'agissait de préserver les valeurs du
petit commerce et de l'artisanat : propriété, travail et économies. Déjà !*

14-18 Le 18 août 1914, le roi Albert
décide de replier l'armée de campagne vers le « réduit national » d'Anvers. La ceinture de forts de Namur se retrouve isolée face à 100 000 soldats allemands
appuyés par 400 pièces d'artillerie. Les Britanniques sont encore à Maubeuge
et les Français s'installent sur la Sambre, mais des troupes venant de Givet ont
aussi pour mission de garder les ponts sur la Meuse entre Dinant et Namur. Le
23 août, après un pilonnage intensif des forts par les obusiers de gros calibre,
les forts sont détruits. Les servants sont mis hors de combat ou capturés.
La résistance belge a exacerbé les Allemands qui n'hésitent pas, sous prétexte
d'être harcelés par des francs-tireurs, à s'en prendre aux populations civiles.
Les représailles à leur encontre sont terribles : 262 personnes à Andenne,

674 à Dinant, 383 à Tamines... en tout, plus 1 500 habitants de la province sont passés par les armes. Ces exactions pèseront lourd dans le jugement de l'Histoire et serviront avec efficacité à la propagande alliée, surtout dans les pays anglo-saxons. La résistance de Namur en 1914 donna le temps à **Joffre** d'élaborer sa tactique pour remporter la bataille de la Marne.

Adresses et infos utiles

🛈 **Maison du tourisme du pays de Namur** (plan B-C1, **1**) : gare de Namur. ☎ 081-24-64-49. ● namurtourisme.be ● Tlj 9h30-18h. 🛜 Plan de la ville, liste des hébergements (hôtels, chambres d'hôtes, « gîtes citadins »...), dépliant sur les différents circuits pédestres pour découvrir la citadelle, brochure payante détaillée *Vill' en poche*, avec quantité de promenades urbaines et thématiques dans le centre historique, itinéraires de randonnées pédestres dans la région. *Enfin, la Maison du tourisme organise ts les ap-m (sf jeu) en juil-août (et le lun ap-m en mai, juin et sept) des visites guidées de la vieille ville (durée : 1h30-2h). Également un autre point d'infos à la* **halle al'Chair** (ex-Maison des bouchers ; plan C2, **2**), dans le bâtiment du Musée archéologique, rue du Pont, 21. ☎ 081-24-64-48. Avr-sept, tlj 9h30-18h ; oct-mars tlj sf lun 10h-17h. Vente des billets de croisière sur la Meuse.
– @*tourisme* : les principaux monuments de la ville sont dotés de **QR Codes**, lisibles par les smartphones et donnant accès à des infos précises. Également un **audioguide MP3** téléchargeable gratuitement sur smartphones depuis leur site internet.
– Pour toute l'actualité culturelle, nocturne et noctambule : ● namurbynight.be ●
🛈 **Fédération du tourisme de la province de Namur** (plan A2, **3**) : av. Reine-Astrid, 22. ☎ 081-77-67-57.

● paysdesvallées.be ● Lun-ven 9h-12h, 13h-16h30. Pas vraiment réservé au public, mais si vous avez des questions sur la province, vous pouvez leur téléphoner, consulter leur site ou même vous y rendre. À noter que leur brochure est disponible à la Maison du tourisme du pays de Namur (voir plus haut).
✉ **Grande poste** (plan C2) : av. Golenvaux, 43. Dans le quartier du théâtre. Tlj sf dim.
🚆 **Gare ferroviaire SNCB** (plan B1) : pl. de la Station. ☎ 02-528-28-28. ● b-rail.be ● thalys.com ● Env 500 m au nord du centre ancien. Liaison *Thalys* depuis Paris le soir en 2h20, et vers Paris le matin tôt.
🚌 **Gare routière TEC** (plan C1) : rue Sous-le-Pont. **Point info TEC** : pl. de la Station. ☎ 081-25-35-55. ● infotec.be ●
■ **Location de vélos** : à la Maison des cyclistes (plan B1), à la gare ferroviaire SNCB. ☎ 081-81-38-48. ● maisonsdescyclistes.be ● Tte l'année, 11h-19h (dès 7h mer-jeu). Loc : 14 €/j. Propose aussi des promenades guidées à bicyclette.
Namur s'est également mise au système *Vélib'*. La version locale s'appelle « Li Bia Vélo » et met 240 bicloune à disposition dans 24 stations. ● libiavelo.be ●
– **Marché** (plan B-C1-2) : sam mat ; rue de Fer, rue de l'Ange, rue Saint-Jacques, rue Lelièvre, et pl. Saint-Aubin.

Où dormir à Namur et dans les environs ?

Camping

⛺ **Camping Les Trieux** : rue des Trîs, 99, **Malonne** (5020). ☎ 081-44-55-83. ● camping.les.trieux@skynet.be ● campinglestrieux.be ● À quelques km à l'ouest de Namur ;

accès : bus n° 6. Ouv avr-oct. Compter 11-14 € pour 2 avec tente et voiture. Loc caravane et mobile-home 45 €, plus 4 €/pers. 🖳 🛜 Un camping plutôt bien situé, sur une pente douce bordée d'un pré et de sapins, en bordure d'une forêt. Ping-pong et

NAMUR

NIVELLES, BRUXELLES

CHARLEROI

Rue de l'Armée Grouchy

Av. des Combattants

PLACE DE LA STATION

Av. de la Gare

Rue

Quai de l'Écluse

R. F. Wodon

Bd E. Mélot

Rue de Bruxelles

R. des Croisiers

PLACE D'OMALIUS

Rue Godefroid

Avenue de Stassart

Parc Louise Michel

PL. A. RYCKMANS

Av. Léopold II

Rempart de la Vierge

Rue

Grandgagnage

Rue des Carmes

PL. G. FALMAGNE

R.E. Hambursin

Av. Cardinal Mercier

Rue J. Grafé

PLACE DU PALAIS DE JUSTICE

Rue Lelièvre

Rue Saint Jacques

26

Rue H. Lemaître

R. Bruno

R. de l'Arsenal

42

Cathédrale St-Aubain

Rue Basse Marcelle

R. Haute Marcelle

22

Sambre

Boulevard Frère

du Séminaire

32

PLACE ST-AUBAIN

Église St-Loup

Avenue

de l'Évêché

38

Musée Groesbeeck de Croix

R. du Collège

Rue de la Croix

Reine

R. J. Saintraint

31

R. St. Jean

30

Astrid

Orban

Musée Félicien Rops

R. du Président

20

25

3

Rue

13

35

Rue Bord de l'Eau

Panoramas

Porte de Bordial

Route

des

Rampe Verte

Tour Joyeuse

Bien

de

Canons

Citadelle

Tour César

la Foliette

des

Merveilleuse

Fort

Parc attractif Reine Fabiola

Chemin

Route

Merveilleuse

ROND-POINT M. THONAR

Musée de la Forêt

Stade

Casino

Av. Vauban

Avenue du Milieu du Monde

Théâtre de Verdure

Route

Rue Saint Martin

Avenue de la Plante

Avenue Baron de Moreau

Boulevard

36

14

Château de Namur

DINANT (Rive g.), WÉPION 12

NAMUR

LEUVEN
Boulevard
d'Herbatte

site inscrit au Patrimoine
mondial de l'Unesco

0   100   200 m

NORD

PLACE LEOPOLD
R. Borgnet
Rue
Rue
des Dames Blanches
Gaillot
Rue Lucien Namèche
Rue J.-B. Dewez
Rogier
Boulevard
Rue de Marne
Rue Général Michel
33
Cauchy
Rue des Bourgeois
PLACE DES CADETS
Av. Albert 1er
E 42 → HUY, LIÈGE

Hôtel de ville
Musée provincial
des Arts anciens
Théâtre
Beffroi
E. Cuvelier
R. J. Billiart
R. de la Tour
Peplin
R. de l'Étoile
Rue du Lombard
R. de l'Étoile
Rue des Lanciers
Rue du
Rue Brabant
Saint
Nicolas
PLACE L'ILON
10

PLACE D'ARMES
Av. F. Golenvaux
Bd Isabelle Brunell
l'Ange
PL. M. GERVAIS
Brasseurs
24
21
37
45
2
R. du Pont de France
PONT DE FRANCE
PLACE ST-HILAIRE
Parlement Wallon
11
Dame
Notre
Boulevard Baron Louis Huart
Meuse
de la
Meuse
Mary
Oprè
Van
Rue
Avenua
Rue
Coppin
J.
Materne
Quai
PONT DE JAMBES
Meuse
de
Rue
Tilleux
de
Rue
Vauban
Dave
de
Rue
Mottiaux
Rue
de
Paradis
Parc Reine Astrid

DINANT (Rive dr.)

NAMUR

■ Adresses utiles

1 Maison du tourisme du pays de Namur
2 Maison du tourisme du pays de Namur (Halle al' Chair)
3 Fédération du tourisme de la province de Namur
✉ Grande poste
🚂 Gare ferroviaire SNCB *(Thalys)*, Maison des cyclistes
🚆 Gare routière TEC

🛏 Où dormir ?

10 Hôtel Les Tanneurs de Namur
11 Cabines d'hôtes La Valse Lente
12 Auberge de jeunesse de Namur
13 Les Gîtes du Vieux Namur
14 The Royal Snail

🍴 Où manger ?

10 Le Grill des Tanneurs, L'Espièglerie
14 Agathopède
20 Le Bon Vin
21 À Table !
22 La Maison des Desserts
23 La Petite Fugue
24 Le Temps des Cerises
25 La Charbonnade
26 Ursule et Petula

🍷 Où boire un verre ? Où sortir ?
♪ Où écouter de la musique ?

30 Terrasses de la place du Marché-aux-Légumes, Piano Bar
31 Café Le Collège – Chez Jean
32 Le Chapître
33 Caprice d'Ambiance
34 La Boule Rouge
35 La Cuve à Bière
36 Le Belvédère
37 Vino Vino
38 Brasserie François

🎭 À voir. À faire

30 Place du Marché-aux-Légumes, église Saint-Jean-Baptiste
42 Musée diocésien et trésor de la cathédrale
45 Musée archéologique

NAMUR

quelques ânes aussi pour distraire les mômes.

Très bon marché

🛏 ***Auberge de jeunesse de Namur*** *(hors plan par B3, 12) :* av. Félicien-Rops, 8. ☎ 081-22-36-88. ● namur@ lesaubergesdejeunesse.be ● lesau bergesdejeunesse.be ● *Dans le quartier La Plante, à env 2 km au sud du centre-ville, en direction de Wépion-Dinant. De la gare, bus nos 3 et 4. Ouv en été 7h30-23h30, en hiver 8h-23h. Résa obligatoire 15 nov-15 fév. Congés 4-12 fév. Nuitée en dortoir 19-21 €/ pers ; doubles 17,50-27 € ; draps et petit déj bio compris.* 🛜 Agréablement située en bord de Meuse, dans une ancienne maison de maître ayant servi d'atelier au célèbre peintre Félicien Rops, cette AJ, rénovée dans une optique « écolo-bio », propose 103 lits répartis dans des chambres nickel à 4 ou 5 lits, toutes avec lavabo et douche ; w-c sur le palier. Certaines ont vue sur la Meuse. Sur place : resto-bar, petite bibliothèque, laverie, cuisine aménagée, jardin, barbecue, bagagerie... Accueil et ambiance sympas.

De prix modérés à prix moyens

🛏 ***Les Gîtes du Vieux Namur*** *(plan B2, 13) :* rue du Président, 32. 📱 0475-45-76-00. ● info@lesgitesduvieux namur.be ● lesgitesduvieuxnamur. be ● *Studios (2 pers) 45-85 € selon le nombre de nuits. Pas de petit déj.* 🛜 Dans cette charmante maison du XVIIe s en plein cœur historique de Namur, on recommande volontiers ces 4 beaux studios confortables (cuisine équipée, TV...) aménagés dans un style moderne, sobre et clair. Également d'autres « gîtes citadins » du même tonneau (dont 1 duplex pour 4 personnes) dans la maison d'en face. Accueil vraiment sympa. Un bon plan pour explorer la vieille ville.

🛏 ***Cabines d'hôtes La Valse Lente*** *(plan C2, 11) :* péniche amarrée au quai des Chasseurs Ardennais. 📱 0479-56-91-16. ● info@lavalselente.be ●

lavalselente.be ● *Cabine double 70 €, petit déj compris.* 🛜 *Verre d'accueil offert sur présentation de ce guide.* Amarrée sous la citadelle, cette ancienne péniche de transport de 38 m de long compte désormais 4 chambres assez petites et simples, mais joliment décorées et toutes avec salle de bains. Agréable grand salon-cuisine ouvert avec larges hublots sur la Meuse pour musarder. Propose aussi des formules croisières. Accueil vraiment gentil. Location de vélos. Une belle adresse décalée pour dormir aux portes de la vieille ville.

Plus chic

🛏 ***Les Tanneurs de Namur*** *(plan C2, 10) :* rue des Tanneries, 13. ☎ 081-24-00-24. ● info@tanneurs. com ● tanneurs.com ● *Fermé certains j. fériés. Doubles 55-215 €. Petit déj-buffet (extraordinaire !) en sus 11 €/ pers.* 🛜 Dans une ruelle pittoresque du vieux Namur, ces 13 maisons anciennes ont été réunies et transformées en un petit complexe hôtelier de charme. Remarquable rénovation intérieure, en matériaux nobles, prenant place dans un festival d'angles, de recoins, petits escaliers et décrochages. À dispo, une trentaine de jolies chambres, de taille, configuration et prix très variables, mais affichant toutes plus ou moins le même style. Les moins chères, agréables et d'un bon niveau de confort (TV, minibar), demeurent une excellente affaire ; les autres, les plus chères notamment (en duplex), sont tout bonnement superbes et luxueuses (jacuzzi, minichaîne...). Sur place, 2 excellents restos : Le Grill des Tanneurs (abordable) et L'Espièglerie (chic). Voir plus loin « Où manger ? ».

🛏 ❀ ***The Royal Snail*** *(plan B3, 14) :* av de la Plante, 23. ☎ 081-57-00-23. ● info@theroyalsnail.com ● theroyals nail.com ● *Doubles 115-250 € selon confort et promo en cours (petit déj en sus).* 🛜 Un boutique-hôtel, cosy, élégant et décoré, comme le suggère son nom, sur le thème de l'escargot (qui, ne l'oublions pas, est le symbole de Namur). 30 chambres au confort irréprochable et à la déco contemporaine, empreintes de poésie, d'humour et de fantaisie (ou pas). Petite piscine extérieure et salle de sport pour brûler les calories du copieux petit déjeuner-buffet. Resto sur place, *L'Agathopède*, l'une des meilleures tables de la ville (voir « où manger ? »).

🏠 *Chambres d'hôtes Le Manoir Ivoire :* chaussée de Dinant, 642, **Wépion** (5100). 📱 0477-52-75-60. ● *info@manoir-ivoire.com* ● *manoir-ivoire.com* ● *Doubles 115-160 € selon taille, petit déj compris.* 📶 Plantée au bord de la Meuse et bien isolée du bruit de la route qui passe devant, cette superbe maison de maître du début XXᵉ s abrite 4 chambres confortables et coquettes, décorées avec un charme fou en soignant les détails de l'architecture d'antan. Salles de bains géantes avec douche et bain. Terrasse à l'arrière, donnant sur un parc privé. Une adresse de charme, romantique à souhait.

🏠 ▮●▮ *Chambres d'hôtes Beau Vallon :* chemin du Beau-Vallon, 38, **Wépion** (5100). ☎ 081-41-15-91. ● *bed@deribaucourt.be* ● *lebeauvallon wepion.be* ● Situé dans un chemin de campagne qui part de la route Namur-Dinant à env 2 km au nord de Profonde-ville. Prendre le chemin du Beau-Vallon et faire 1 km. La bâtisse est sur la droite après un virage à droite. On y pénètre par une sorte de cour de ferme. *Fermé de mi-déc à mi-fév. Ouv tt le reste de l'année en théorie. Doubles 55-65 €, petit déj inclus. Apéro ou café offert sur présentation de ce guide.* Belle bâtisse à la façade rose avec jardin classique d'un côté et perspective sur les bois de l'autre. Sur la colline à l'arrière, une minuscule chapelle. 4 chambres doubles dont une avec salle de bains. Les 3 autres partagent la même salle de bains. Lits d'enfants sur demande. Agréable salle de séjour avec TV et cheminée. Jeux de société à la pelle.

Où manger ?

L'avisance est une spécialité namuroise que l'on retrouve dans la plupart des boucheries et boulangeries de la ville. Ce petit pain feuilleté à la chair ou à la saucisse faisait déjà les délices des pèlerins qui « avisaient », c'est-à-dire qui prenaient leurs précautions en emportant des crêpes fourrées de restes de viande... Même si la recette a évolué, cette collation offre une bonne solution pour se régaler local et pas cher.

Bon marché

🥪 **Ursule et Petula** (plan B1, **26**) : rue de Bruxelles, 80. ☎ 081-24-10-21. ● *ursuleetpetula@gmail.com* ● *Lun-ven 10h30-14h. Compter 5-10 € sur place ou à emporter.* Au cœur du quartier universitaire, une sandwicherie-saladerie ayant la faveur des gourmands. Parfait pour un repas sur le pouce.

Prix moyens

▮●▮ *La Maison des Desserts* (plan B1-2, **22**) : rue Haute-Marcelle, 17.

☎ 081-22-74-51. ● *mddnam@hot mail.com* ● *Tlj sf lun 8h30-19h. Fermé les 3 dernières sem de juil. Plats 7-19 €.* 📶 Dans une jolie demeure du XVIIIᵉ s, c'est un salon de thé à la déco bourgeoise, doublé, à l'arrière, d'une salle sous verrière, fleurie et plus cosy. On s'y régale des croques, crêpes, gaufres, avisances, quiches, salades, mais aussi de bons petits plats de saison, plus consistants. Également de beaux desserts dans d'alléchantes vitrines, que l'on peut aussi dévorer à l'heure du thé. Idéal aussi au petit déj. Une excellente adresse.

▮●▮ *À Table !* (plan C2, **21**) : rue des Brasseurs, 21. ☎ 081-26-16-26. ● *a. table.namur@gmail.com* ● *Mar-sam 11h30-14h30 et jeu-sam 18h30-21h30. Plats 14-25 €.* On a un petit faible pour cette adresse où l'on est accueilli par les bonnes odeurs de la cuisine ouverte. À la carte, omelettes, risottos et autres plats de saison assez simples, mais pleins de goût et bio dans la mesure du possible. Le tout servi dans 2 petites salles dont une donne sur la Sambre et la citadelle.

▮●▮ *La Charbonnade d'Angus* (plan

B2, **25**) : *pl. Chamoine-Deschamps, 40.* ☎ *081-22-44-45.* ● *lacharbon nadenamur@hotmail.com* ● *Tlj 11h-14h30, 18h-23h30 (sf mer midi). Repas 25 €.* 📶 *Café offert sur présentation de ce guide.* Ambiance tex-mex dans ce resto spécialisé dans les viandes, cuites à même les tables, équipées d'un grill et d'une hotte. Simple et bon, mais assez enfumé quand même ! Un resto idéal entre copains.

De prix moyens à un peu plus chic

|●| Le Temps des Cerises *(plan C2, **24**) : rue des Brasseurs, 22.* ☎ *081-22-53-26.* ● *cerises@cerises. be* ● *Ouv mer-ven midi et soir, plus sam soir. Fermé de mi-juil à mi-août. Résa conseillée. Menu midi 21 €, plats 19,50-25 €, carte 36-46 €. Vin au verre.* Petite salle pimpante tout en blanc et rouge avec, aux murs, les signatures des vedettes qui s'y sont déjà mis les pieds sous la table. La cuisine, réalisée exclusivement avec des produits frais, est goûteuse, méticuleuse, et révèle même des saveurs qu'on croyait perdues. Juste quelques plats à la carte, dont la locomotive demeure sans conteste : le fameux groin de cochon à la sauce Sambre et Meuse ! Également une carte à thèmes changeant tous les 2-3 mois. Bon accueil et atmosphère détendue. Quelques tables dehors à la belle saison. Une des adresses les plus typiques du vieux Namur. On aime !

|●| Le Bon Vin *(plan B2, **20**) : rue du Président, 43 (angle rue des Fossés-Fleuris).* ☎ *081-22-28-08.* ● *info@ lebonvinnamur.be* ● *Fermé lun, mar, mer midi et certains j. fériés. Congés : 3 sem juil-août. Résa conseillée le sam. Formules déj 17-23 €, menu w-e 30 €, plats 9-23 €. CB refusées.* On a bien mangé dans ce petit resto chaleureux du centre, bondé en fin de semaine, qui fait aussi bar à vins. Peu de choix sur l'ardoise, mais des plats régionaux bien ficelés, savoureux, et toujours concoctés avec des produits bio régionaux, comme la daube de truite à l'*escavèche* et la tarte à la cassonade. Également de bonnes salades pour les fauchés. Vins au verre. Une adresse à

prix justes. Concerts et menus à thème régulièrement proposés.

|●| Le Grill des Tanneurs *(plan C2, **10**) : rue des Tanneries, 13.* ☎ *081-24-00-24. Au 1er étage de l'hôtel Les Tanneurs de Namur (voir « Où dormir ? »). Tlj midi et soir, sf certains j. fériés. Formule déj env 9 € ; menu 28 € ; plats 13-25 €.* 📶 Dans ces quelques maisons anciennes transformées en auberge, ce resto agréable sert d'excellents petits plats de brasserie, et des viandes grillées, leur spécialité. À midi, leur menu est un formidable rapport qualité-prix. Bravo ! Terrasse aux beaux jours.

Chic

|●| Agathopède *(plan B3, **14**) : av de la Plante, 23.* ☎ *081-57-00-23.* ● *info@ agathopede.com* ● *Tlj sf sam midi, dim soir et lun soir. Lunch 24-29 € (2 ou 3 services), puis menus 36-75 €. Carte 62-81 €.* Le nom du restaurant fait référence à une société secrète gastronomique de la fin du XIXe s qui comptait Félicien Rops parmi ses membres et qui faisait la promotion d'une cuisine innovante et surprenante. Le jeune Carl Gillain (Top Chef belge 2012) revendique cet héritage et s'inscrit dans cette tradition d'une belle gastronomie tout à la fois spectaculaire et savoureuse, axée sur le goût et le produit. Les prix sont ce qu'ils sont, mais le lunch est déjà une belle expérience.

|●| L'Espièglerie *(plan C2, **10**) : rue des Tanneries, 13.* ☎ *081-24-00-24. Au rdc de l'hôtel Les Tanneurs de Namur (voir « Où dormir ? »). Tlj sf certains j. fériés. Formule déj 22 €, menus 34-59 €, plats 28-32 €.* 📶 Sous d'antiques voûtes en pierre, on est séduit par le cadre à la fois rustique et cossu de ce resto, l'un des meilleurs de Namur. Cuisine de saison, fine, inventive et de haute volée, qui travaille à merveille les produits frais du terroir. On s'est régalés !

|●| La Petite Fugue *(plan B2, **23**) : pl. Chanoine-Descamps, 5.* ☎ *081-23-13-20.* ● *lapetitefugue@ yahoo.fr* ● *Tlj 12h-14h, 18h30-21h30. Lunch 18 €, menus 32-57 €, plats 23-27 €.* Le cadre contemporain, élégant et feutré, sans ostentation, s'avère un écrin parfait pour la cuisine de ce chef inspiré. Ici, le terroir belge est à l'honneur, cuisiné de manière subtile et audacieuse, et la carte, sans cesse renouvelée, fait de belles échappées, toujours dans le plus grand respect des saisons et des produits du cru. Un sans-faute à prix raisonnable. Belle cave à vins.

Où manger (et acheter des bons produits belges) dans les environs ?

I●I *Uppkök :* Chaussée nationale 4, 19, **Sart-Bernard** (5530). ☎ 081-51-20-23. ● info@uppkok.be ● *À 8 km au sud-est de Namur. Fermé mer, sam midi et dim. Lunch 18-22 € ; menus 35-60 € selon le nombre de plats.* ☎ Autant l'annoncer tout de suite, nous avons trouvé là notre coup de cœur en Wallonie ! On ne saurait donc trop vous encourager à quitter Namur et à vous risquer sur cette longue nationale plutôt inhospitalière. Gare d'ailleurs à ne pas dépasser le resto, installé dans une maison bourgeoise qui semble abandonnée au bord de la route. L'intérieur est tout ce qu'il y a de plus cosy et chaleureux avec sa déco naturelle et épurée. Attendez-vous à vivre un grand et beau moment. Le jeune chef (franchement beau gosse et adorable, ce qui ne gâche rien) vient prendre la commande en vous énonçant à l'oral ses menus du jour, concoctés en fonction du marché et de ce que lui aura fourni son maraîcher bio qui cultive à la traction animale ! Le rapport qualité-prix tient du miracle si l'on considère tous les amuse-bouche et mignardises servis même pour un « simple » lunch ». Un coup de cœur, mais on l'a déjà dit !

I●I *L'Atelier de Bossimé :* rue Bossimé, 2, **Loyers** (5101). ☎ 0478-13-71-25. ● atelierdebossime@ hotmail.com ● *Ouv slt le soir, tlj sf mer et dim. Menus 45-55 € selon le nombre de plats.*

I●I *L'Atelier d'Ici :* chaussée de Marche, 940 (N 4), **Naninne** (5100). ☎ 0470-88-71-40. *Ouv ts les midis sf dim. Plat du jour 17 €, lunch 25-30 € (2 ou 3 services).* 2 restos, 2 adresses, un seul chef : Ludovic Vanackere. Le soir, il officie dans la maison familiale, en pleine campagne, et propose une cuisine de terroir gastronomique 100 % belge. Le midi, le chef cuisine à moindre prix, mais avec le même savoir faire et souci du produit, un menu du jour qui ravit les gourmands de la zone commerciale. L'environnement n'est, certes, pas glamour mais on ne pense qu'à son assiette et à son excellent rapport qualité-prix. Les fidèles ont bien compris et font l'aller-retour entre les 2 adresses, distantes de quelques kilomètres.

☺ Les locavores trouveront sur place, à *l'Atelier d'Ici,* un supermarché d'un nouveau genre proposant des produits locaux ; fruits, légumes, viandes, charcuteries, bières, vins (!)... le tout en provenance d'un rayon géographique ne dépassant pas 50 km... du 100 % artisanal, du 100 % belge ! *(D'ici :* ☎ 081-84-82-09, ● d-ici.be ●, *tlj sf dim ap-m et lun mat).*

Où boire un verre ? Où sortir ? Où écouter de la musique ?

🍸 Nombreuses *terrasses* sur la *place du Marché-aux-Légumes* (plan B2, 30), prises d'assaut dès que le soleil darde ses rayons. Namur commence aussi à bouger la nuit !

🍸 *Café Le Collège – Chez Jean* (plan B2, 31) : rue du Collège, 15. ☎ 081 23-09-95. *Tlj sf dim-lun jusqu'à 20h.* Sympathique troquet de quartier. Derrière sa façade discrète, difficile d'imaginer qu'il s'agit du café fétiche des Namurois, tenu par un patron charmeur et gouailleur... un sacré personnage ! Toute la ville y défile, à un moment

NAMUR

de la journée. La bière est tirée de main de maître, mousseuse à souhait. Et ça, ça vous change une Stella ! Quelques bonnes trappistes pour les amateurs.

Y Le Chapitre *(plan B1-2, 32) : rue du Séminaire, 4 (angle de la pl. Saint-Aubain).* ☎ *081-22-69-60. Tlj sf dim 14h jusque tard.* Estaminet chaleureux tout en briques, poutres, vieilles plaques émaillées et autres affiches publicitaires aux murs. Parfait pour descendre une bière spéciale... dont la sélection est affichée sur l'ardoise. On y sert aussi, en exclusivité, la Chapitre, une bière genre Pils mais meilleure !

Y I●I Vino Vino *(plan C2, 37) : rue des Brasseurs, 61.* ☎ *081-76-00-51. Mar-mer, 17h-24h, dim-lun 11h30-24h. Verre à partir de 5 €.* Le patron est un passionné. Dans son bar à vins, chaleureux et convivial, il propose chaque jour à la dégustation plusieurs vins au verre ou en carafe (et un large choix en bouteille, évidemment). Des vins d'ici, des vins d'ailleurs... C'est l'occasion de s'intéresser et de découvrir le vignoble belge et namurois. Petite grignote pour accompagner l'apéro ou pour un repas sur le pouce : charcuteries, fromages, plat du jour... Le tout soigneusement sélectionné. Une adresse qui ravira les gourmets adorateurs du culte bachique.

Y Brasserie François *(plan B2, 38) : pl. Saint-Aubain, 3.* ☎ *081-22-11-23. Tlj 10h-23h en sem (23h30 ven et sam).* 🛜 Connue pendant un siècle comme *LA brasserie Henry*, ce magnifique café Belle Époque, au décor Napoléon III, reste un passage obligé à Namur. Le resto n'étant ni donné, ni bouleversant, on se contentera d'y boire un verre afin de goûter à cette atmosphère délicieusement surannée.

Y ♪ Piano-Bar *(plan B2, 30) : pl. du Marché-aux-Légumes, 10.*

☎ *081-23-06-33.* Toujours très courue, cette longue salle avec écran TV et petite scène accueille des concerts de blues, rock, disco, etc., les vendredi et samedi soir, dans une atmosphère très amicale. En semaine, *happy hour,* karaoké, café-théâtre, humour, jam session... ou retransmission du match de foot ! Programmation sur leur page Facebook.

Y ♪ Caprice d'Ambiance *(plan C1, 33) : rue Général-Michel, 13.* On aime bien ce bar-*lounge* tout rouge, avec ses fauteuils et canapés baroques. Clientèle de tous âges qui sirote une foule de cocktails sur fond de musique branchée. Un lieu étonnant !

Y La Boule Rouge *(plan C2, 34) : rue des Frippiers, 3.* 📱 *0479-29-49-52.* ● *labouleouge3@gmail.com* ● *Ouv mer-sam dès 16h30.* 🛜 Un café d'artistes sympa et vivant, proposant des soirées à thème. Un lieu « différent » pour des soirées originales et conviviales, un peu dans le style « Namur en mai » (voir plus loin « Manifestations »). Mezzanines et gros ventilos pour refroidir les esprits féconds.

Y La Cuve à Bière *(plan B2, 35) : rue des Brasseurs, 108.* ☎ *081-26-13-63. Ouv mar-sam dès 17h.* Taverne chaleureuse dédiée à Gambrinus, avec un bar en forme de cuve, bien sûr. Grand choix de bières qui réunit pas mal d'habitués et alimente un joyeux brouhaha.

♪ Le Belvédère *(plan A3, 36) : av. Marie-d'Artois, 1 (dans la Citadelle).* ☎ *081-81-39-00.* ● *belvedere-namur. be* ● *Ouv ven-sam. Congés : 20 juin-20 sept. Entrée : 0-12 €.* Un temple de la musique contemporaine doté d'une programmation éclectique étonnante : jazz, pop, rock, psychedelic, punk, hardcore...

À voir. À faire

Rappel : la Maison du tourisme (voir « Adresses utiles ») donne des brochures et organise des visites guidées thématiques pour partir à la découverte du riche patrimoine namurois.

Le vieux centre historique

🏛 La place du Marché-aux-Légumes *(plan B2, 30) :* le cœur de la cité. À l'ombre de l'église Saint-Jean. Charmante en tous points, avec ses demeures XVIIIe s et ses vastes terrasses de cafés qui s'emplissent d'une jeunesse vite dissipée à la moindre apparition du soleil. On y trouve le *Ratin Tot,* la taverne la plus ancienne de la ville (1616). Au milieu de la place, l'antique pompe à eau.

🦌 *L'église Saint-Jean-Baptiste (plan B2, 30) :* c'est le plus vieux sanctuaire de Namur dont la construction date du XVIe s ; coiffée par la suite d'un clocher baroque... dissymétrique. Voyez par vous-même, il n'est pas dans la ligne ! À l'intérieur, il se dégage une certaine intimité. Style composite avec tous les ajouts de ces deux derniers siècles. Chaire et tribune d'orgue en bois sculpté du XVIIIe s. De part et d'autre du chœur, deux toiles intéressantes : à gauche, *Salomé et la tête de saint Jean-Baptiste* et, à droite, *L'Enfant Jésus.* Ce dernier et l'angelot sont particulièrement réussis (touche Rubens).

🦌🦌 *À la découverte de demeures anciennes :* marchez donc dans les rues du Président, Rupplemont, Fumal, des Brasseurs *(plan B2),* pour découvrir nombre d'anciennes maisons (XVIIe et XVIIIe s) joliment restaurées. En 1704, un édit obligea de construire les façades en brique et en pierre pour remplacer les colombages. Noter les « coins cassés », angles de rues coupés en biseau qui permettaient aux carrosses et autres charrettes de manœuvrer. À l'angle de la rue du Président et de la rue Saint-Jean, précisément, l'une des plus anciennes demeures de Namur avec, en corniche, son « cordon larmier », permettant à la pluie de s'écouler en larmes. Un romantisme fou !
Au n° 20, rue Rupplemont, porte de l'École dominicale des pauvres, construite en 1660. La rue des Brasseurs, qui échappa de peu à la tourmente immobilière des années 1960, a retrouvé son bel ordonnancement. Au n° 107, l'une des plus vieilles maisons du quartier et, au n° 135, une jolie façade baroque. Au passage, ancienne porte du XVIIIe s, donnant accès à la Sambre.
Rue du Collège, on trouve l'Athénée royal. En dessous de la voûte, les lettres de l'alphabet, pour apprendre dès la rue. Noter le lion hollandais imposé en 1815 après le départ des Français.

🦌🦌🦌 *Le musée Félicien-Rops* (plan B2) : *rue Fumal, 12. ☎ 081-77-67-65.* ● *museerops.be* ● *Tlj sf lun (sf juil-août) 10h-18h. Entrée : 3 € (5 € avec l'expo temporaire) ; réduc ; gratuit pour les moins de 12 ans. Audioguide ou iPod : 2 €.*
Commençons par cette citation de Baudelaire : « Ce tant folâtre M. Rops qui n'est pas un prix de Rome, mais dont le talent est haut comme la pyramide de Khéops. » Félicien Rops, hélas ignoré en France, est en fait un immense artiste. Il naît à Namur en 1833 et meurt à Paris en 1898. Étudiant aux Beaux-Arts, influencé par les courants pamphlétaires et libertaires de son époque, il se révèle un caricaturiste au trait féroce et au talent exceptionnel. Nul ne sera étonné de son amitié avec Baudelaire, dont il illustre les *Épaves.* Installé à Paris, il travaille aussi avec Verlaine, Mallarmé, Maupassant, les Goncourt, Barbey d'Aurevilly... La Femme domine nettement son œuvre fantasmagorique. En revanche, sa peinture s'attache exclusivement aux paysages, comme une respiration, un ressourcement quand il broie trop d'idées noires...
Abrité dans un bel hôtel particulier du XVIIIe s, le musée reflète bien les divers aspects de la personnalité de Félicien Rops.
– *Au 1er étage,* on débute par ses premières armes artistiques, avec la création du journal *Uylenspiegel,* des lithographies caricaturales et un admirable *Enterrement en pays wallon* (avec du Daumier dans le trait). Plus tard, sa rencontre avec Baudelaire donne des œuvres étonnantes, telles *La Mort qui danse, Épaves, Mors syphilitica...*
Paris l'attire. Il y découvre la modernité. Des œuvres majeures sont créées : les remarquables *Dames au pantin, Le Bouge à matelots* (influencé par Lautrec), *La Buveuse d'absinthe* aux yeux qui brillent...
Vient ensuite le Rops graveur avec des planches d'essais et des vitrines techniques...

NAMUR

– **Au 2ᵉ étage,** on aborde Rops le peintre. Une œuvre assez sombre dans l'ensemble, sauf *La Plage de Heyst*. À côté de la *Baie de Monaco,* pas vraiment méditerranéenne, on croise de nombreux souvenirs de voyage, croquis, dessins de personnages... À voir absolument : *Cent légers croquis sans prétention pour réjouir les honnêtes gens* (tout un programme !) et, bien sûr, l'emblématique, sulfureux et formidable *Pornokratès,* qu'il n'aura cessé de décliner.

Découverte, ensuite, du Rops illustrateur d'ouvrages littéraires, en particulier *Le Bonheur dans le crime,* un superbe dessin original au crayon et à l'estompe pour *Les Diaboliques* de Jules Barbey d'Aurevilly ou encore *La Lyre* pour Stéphane Mallarmé.

La visite se termine avec le Rops « satanique » et une surprenante série : *Les Sataniques* et une *Sœur Marie Alacoque* tout à fait inhabituelle !

Pour en savoir plus, le musée propose aussi trois courts-métrages sur la vie de l'artiste, et une bibliothèque centrée sur le XIXᵉ s et l'art de la gravure.

🏃🏛 **L'église Saint-Loup** *(plan B2)* **: rue du Collège, 1.** Construite en 1621. Magnifique exemple de baroque jésuite où perce l'influence de la Renaissance italienne. L'intérieur, visible uniquement d'une cage de verre à l'entrée, vaut le détour : grande nef majestueuse avec deux bas-côtés en berceau ouvragés. Remarquable plafond dit « en berceau à lunettes », en pierre de sable sculptée directement par l'artiste. Ce qui, avec les tonalités grises globales de l'église et les piliers de marbre rouge annelés, donne une polychromie originale. Confessionnaux en « baroque fou » (est-ce encore possible ?) avec abondance de pampres, chérubins et colonnes torses. Chaire du même tabac, d'un style violemment exubérant. L'église accueille parfois des concerts. À ne pas rater !

🏛 **La cathédrale Saint-Aubain** *(plan B1-2)* **:** édifiée en 1751 par un architecte italien. Elle remplace une église gothique dont on garda une tour du XIIIᵉ s. Triomphe du style classique. Imposante croisée de transept avec coupole ajourée. Décor particulièrement grandiloquent et chargé. Chaire de 1848 à double escalier affichant une stupéfiante monumentalité. Confessionnaux immenses, à la dimension de l'église. Dans le chœur, toiles de Jacques Nicolaï (élève de Rubens). *Le Calvaire,* à gauche, serait de Van Dyck.

Derrière l'autel de marbre de la cathédrale se trouve un cénotaphe contenant les entrailles de **don Juan d'Autriche,** né en 1545, fils bâtard de Charles Quint et d'une habitante de Ratisbonne. Élevé à la cour d'Espagne, comme un infant, il fait une brillante carrière militaire, combat les pirates barbaresques, dirige la répression de la révolte des Morisques, ces descendants des musulmans du royaume de Grenade, et fait partie des vainqueurs de la bataille de Lépante (1571) comme amiral de la flotte de la Sainte Ligue contre les

UNE DÉPOUILLE CHAHUTÉE

Mourant, don Juan fut revêtu de son armure ; à ses doigts, 17 bagues pour les 17 provinces des Pays-Bas, mais on dit qu'elles étaient en fait un hommage à ses 17 maîtresses... Son corps embaumé fut déposé à la cathédrale de Namur. Un an plus tard, les Espagnols décidèrent du transfert de ses restes au palais de l'Escurial : on démembra le cadavre en tronçons et on l'achemina à cheval clandestinement par la France. Après une cérémonie funèbre, il repose dans une crypte du Palais royal.

Turcs. Nommé gouverneur des Pays-Bas à la suite de l'échec du duc d'Albe, il peine à contenir la rébellion des protestants. Il meurt brusquement du typhus en 1578 au camp de Bouge (à côté de Namur) où campaient ses armées. Pour info, Edmonde Charles-Roux en a brossé le portrait fascinant dans une remarquable bio : *Stèle pour un bâtard* (Grasset, 1992).

🏛 **Le Musée diocésain et trésor de la cathédrale** *(plan B1, 42)* **:** pl. du Chapitre, 1. ☎ 081-44-42-85. 📱 0476-97-23-24. ● musee-diocesain-namur.

be ● *Entrée par la cathédrale. Ouv jeu 10h30-17h, mais toujours possible les autres j. en téléphonant. Entrée : 3,50 € ; réduc.* Dans deux annexes de la cathédrale récemment restaurées. Beaucoup de pièces présentées se révèlent d'un grand intérêt, à commencer par le *trésor de Saint-Aubain.* On admire aussi la *couronne-reliquaire des saintes Épines* (1210) et son écrin : un autel portatif décoré de 18 scènes de l'Évangile en ivoire de morse, taillées peu après l'an 1000 ; un baiser de paix émaillé du trésor des rois maudits ; une *Notre-Dame-du-Bon-Succès* offerte par Léopold Guillaume en réparation des exactions commises par des soldats espagnols lâchés un soir dans les rues de Namur ; ainsi que la croix de Brogne, orfèvrerie namuroise de 1505.

🥾🥾 *Le musée de Groesbeeck-de-Croix (plan B2) :* rue Joseph-Saintraint, 3. ☎ 081-24-87-20. ● *lasan.be* ● *Attention, le musée est fermé pour travaux jusqu'en 2015-2016.*

🥾🥾🥾 *Le musée provincial des Arts anciens du Namurois et trésor du prieuré d'Oignies (plan C1) :* rue de Fer, 24. ☎ 081-77-67-54. ● *museedesartsanciens. be* ● *Tlj sf lun 10h-18h. Entrée : 3 € (5 € en cas d'expo temporaire) ; réduc ; gratuit pour les moins de 12 ans. Audioguide 2 €.*

Vous êtes gâtés : encore un superbe petit musée médiéval, niché dans l'hôtel de Gaiffier d'Hestroy, une élégante demeure aristocratique du XVIIIe s. Doublement incontournable depuis qu'il héberge l'un des joyaux du patrimoine artistique belge : *le trésor du prieuré d'Oignies.*

– *Au rez-de-chaussée – à droite :* la visite débute par le sublime trésor du prieuré d'Oignies. Considéré comme l'une des sept merveilles de Belgique, il s'agit d'une collection d'orfèvrerie religieuse exceptionnelle, œuvre de l'atelier d'Hugo d'Oignies, grand orfèvre du XIIIe s. À cette époque, l'art religieux mosan atteint des sommets et une renommée dans toute l'Europe continentale... Pendant les guerres qui font suite à la Révolution française, le trésor du prieuré d'Oignies est muré dans une cache jusqu'en 1818, date à laquelle les sœurs de Notre-Dame de Namur le prennent en charge, et le soustraient à leur tour aux soldats Allemands, lors des deux guerres mondiales. Aujourd'hui, hébergé dans ce musée et quasiment au complet, il comprend une quarantaine de pièces sublimes que nous vous laisserons la joie de découvrir. Voici néanmoins nos grands coups de cœur !

– *La reliure d'évangéliaire :* recouverte de feuilles d'argent, lacis de feuillage et plaques niellées. En bas, à gauche, Hugo s'y représente lui-même. À gauche toujours, christ en majesté ; à droite, la Crucifixion.

– La superbe croix byzantine « à double traverse », le reliquaire de la côte de saint Pierre (en forme... de côte), le phylactère de saint Martin (énorme travail de filigrane), d'adorables pyxides (petites boîtes à hosties) d'ivoire, le calice de Gilles de Walcourt (signé Hugo), le pied-reliquaire de saint Blaise, une mitre brodée en fil d'or montrant le martyre de saint Thomas Becket.

– Et puis, bien sûr, le « *Lait de la Vierge* », incontestablement le reliquaire le plus original. En forme de colombe, il contient, non le lait de la Vierge, mais de la galactite (de la pierre de lait, quoi !) recueillie sur les parois de la grotte du Lait à Bethléem.

– *À l'étage :* à gauche, salle avec de nombreuses sculptures religieuses en bois polychromes. Là, ne pas manquer le magnifique retable doré décrivant l'enfance et la passion du Christ, véritable bande dessinée avant l'heure. Commencer la lecture en bas à gauche par l'*Annonciation.* Toujours à l'étage, côté droit, une salle avec de belles pièces, comme ce remarquable retable en pierre tendre représentant la passion et la résurrection du Christ (XVIe s). Bas-reliefs en albâtre, gobelets, patènes, croix, bougeoirs, encensoirs, reliquaires... Enfin, petite salle d'audiovisuel.

– *Retour au rez-de-chaussée – à gauche :* on découvre ici les toiles d'Henri Bles, un peintre namurois du XVIe s qui signait avec une chouette. Amusez-vous à la chercher dans ses œuvres ! Ses paysages sont pleins de fantaisie et de poésie. Alors, vous avez trouvé la chouette ?... Beau triptyque de *L'Adoration des Mages, Pêche miraculeuse devant Namur,* et puis encore *Paysage avec saint Jérôme...*

NAMUR

NAMUR

🦌 ***La fresque des Wallons*** *(plan C1) :* non loin du théâtre, et à deux pas du musée des Arts anciens, un des pignons de l'hôtel de ville accueille depuis 2004 ce « mur de la consécration ». C'est toute la culture et l'histoire wallonnes qui se trouvent ainsi projetées sur ce mur de 320 m². Des personnages historiques bien sûr (Charlemagne, Blanche de Namur...), mais aussi des hommes politiques (comme François Bovesse), des scientifiques (Ernest Solvay), des artistes (Georges Simenon, Salvatore Adamo, Maurane, Benoît Poelvoorde, Paul Delvaux, Félicien Rops...), des sportifs (Justine Henin)... Le coq wallon, le marsupilami, la Schtroumpfette ou le Gille de Binche ont eux aussi droit de cité. Près de 250 personnages sont ainsi représentés, certains mieux évoqués que d'autres.

🦌 ***Le Musée archéologique*** *(plan C2, **45**) :* rue du Pont, 21. ☎ 081-23-16-31. ● lasan.be ● *Tlj sf lun 10h (10h40 le w-e)-17h. Fermé Noël-Nouvel An. Entrée : 3 € ; réduc.* Installé dans la « halle al'Chair », l'ancienne halle aux viandes, voici l'un des plus beaux et rares exemples d'architecture civile du XVIe s. Sur la façade, les armoiries du roi d'Espagne, Philippe II. Les collections seront... un jour transférées dans un nouveau musée mais, en attendant, on peut encore voir la section proto-histoire, la section gallo-romaine et d'autres objets de sites, tumuli, cimetières du Ier s à l'époque mérovingienne. Sur le plan-relief de Namur en 1747, on note comme le « Grognon » (quartier du confluent de la Meuse et de la Sambre) était alors urbanisé. Au 1er étage, vestiges du site de Taviers et outils retrouvés dans la villa belgo-romaine d'Anthée. Belle collection de fibules romaines, bijoux, broches émaillées et encore des objets provenant des cimetières francs du Ve s...

◎ ➤ ***Petite balade dans le centre :*** place d'Armes, passage voûté pour le beffroi, ancienne tour Saint-Jacques et porte de ville au XIVe s (désormais inscrit par l'Unesco au Patrimoine mondial de l'humanité, comme l'ensemble des beffrois de France et de Belgique). Puis arrivée au Théâtre royal, magnifique réalisation du début du XIXe s, complètement rénové. Rue de la Tour s'élève la tour Marie-Spilar, également vestige de l'enceinte du XIVe s. La rue du Lombard et la rue de l'Étoile sont les axes d'un vieux quartier en pleine restauration. Rue des Tanneries on peut admirer un exemple de rénovation urbaine intelligente : une dizaine d'édifices des XVIIe et XVIIIe s, anciennes tanneries et maisons closes restaurées.

La Citadelle

Passé le pont du musée, on parvient au pied de la citadelle, qui est aussi le point d'arrivée du tronçon namurois du pèlerinage de Saint-Jacques-de-Compostelle. Ici, au confluent de la Sambre et de la Meuse, s'étendait un quartier très ancien de la ville, le « Grognon », liquidé dans les années 1970 par les « archi-

> ### L'ÉLYSETTE
>
> *Ce bel hôtel particulier est le siège du gouvernement wallon à Namur. Il est situé sur la rive droite de la Meuse, à proximité du Grognon, le confluent de la Sambre et de la Meuse. Ces Belges, toujours le mot pour rire !*

tectes ». Résultat : un no man's land sur lequel on projetait, jusqu'à il y a peu, de construire le siège du Parlement wallon... ou d'y bâtir un quartier d'habitations, ou encore un centre commercial... mais pour l'instant, on se contente d'un aménagement modeste, et le Parlement wallon s'est installé sagement dans l'hospice Saint-Gilles, rénové pour la circonstance.

🦌🚶 ***La citadelle*** *(plan B-C2-3) :* ● citadelle.namur.be ● *Centre d'infos Terra Nova, ouv tlj 9h-19h (oct-mars : mer, w-e et vac scol 10h-17h). ☎ 081-65-45-00. Plusieurs itinéraires d'interprétation balisés gratuits pour découvrir le site et son histoire (plan à la Maison du tourisme, ou sur place, au centre d'infos Terra Nova) ; départ au pied de la citadelle, devant le Parlement wallon ; durée : 40 mn-2h45. Avr-sept, tlj, visites guidées thématiques : « les souterrains » (5 €, réduc ; à 11h,*

13h et 17h, durée 1h30) et « la médiévale » (5 €, réduc ; à 14h, durée 1h30), et découverte du site à bord d'un petit train touristique (5 €, réduc ; durée : 25 mn) ; le tt accessible aussi avec l'avantageux Citadelle Pass *: 9 €, réduc. Oct-mars, visites (sf « la médiévale ») mer, sam et dim slt. Se renseigner sur les horaires.*
La Citadelle de Namur est un ancien complexe militaro-défensif perché sur un éperon rocheux au confluent de la Meuse et de la Sambre. La première forteresse espagnole du XVᵉ s fut fortifiée par Vauban au XVIIᵉ s et reconstruite par les Hollandais en 1816 ; c'est l'une des plus grandes forteresses d'Europe. Son histoire fut tumultueuse : on dit que le rocher connut 20 sièges en 20 siècles ! Aujourd'hui, il n'y a plus guère que les touristes pour le prendre d'assaut, poussés par quelques attractions : promenades balisées, visites guidées, petit train touristique, et puis encore d'autres curiosités au sommet, comme *l'atelier de parfumerie Guy Delforge (lun-sam 10h-17h30, jusqu'à 18h en été ; dim 14h-18h. Visites guidées payantes. Infos : ☎ 081-22-12-19. ● delforge.com ●),* les jardins, la vieille forge (artisans), le *Reine Blanche* (resto-brasserie), ainsi qu'une plaine de jeux.

À faire si vous avez encore du temps

➢ **Balades en bateau** *(plan C2, 2) : rens et résas au point infos touristiques de la « halle al'Chair » pour embarquement juste en face (☎ 081-24-64-48) ou auprès de la* Compagnie des Bateaux *: ☎ 082-22-23-15. ● bateaux-meuse.be ●* D'avril à septembre, croisières panoramiques sur la Sambre et la Meuse, balade Namur-Wépion et, le dimanche de fin juillet à fin août, circuit Namur-Dinant-Namur (avec passage d'écluses et d'intéressants points de vue en cours de route).

➢ Possibilité aussi de prendre la **Namourette,** une ancienne baleinière reconvertie en *vaporetto* namurois couvert, reliant en quelques minutes le centre de Namur et le port de plaisance de Jambes *(rens auprès du point infos).*

Manifestations

– **Marché aux puces :** *le dim mat sur le quai de la Meuse, de part et d'autre du pont de Jambes.* Beaucoup de stands et de belles affaires si l'on vient de bonne heure. Une institution à Namur.
– **Grands feux sur les hauteurs :** *le 1ᵉʳ w-e du carême.* On allume successivement sept bûchers autour de Namur et la fête culmine avec un grand feu d'artifice.
– **Namur en mai :** *le w-e de l'Ascension (jeu-dim).* Festival des arts forains : magiciens, saltimbanques, bonimenteurs... animent la voie publique. Très chouette.
– **Les fêtes de Wallonie :** *le 3ᵉ w-e (lun compris) de sept. Infos :* ☎ 081-24-64-49. Un véritable cortège de tout le folklore namurois, montrant les lointaines et profondes racines de la ville. Les festivités s'articulent autour de deux points forts : la messe en wallon, le lundi matin à l'église Saint-Jean-Baptiste, et le combat d'échasses, le dimanche après-midi sur la place Saint-Aubain, au cours duquel s'affrontent les « Mélans » et les « Avresses ». Le samedi est surtout consacré à des animations de rue (jeux de quilles, sauts dans les sacs, etc.).
– **Festival international du Film francophone :** *la 1ʳᵉ sem d'oct. ● fiff.be ●* Près de 30 années d'existence. Environ 150 films projetés.

DANS LES ENVIRONS DE NAMUR

🕯 **Le musée de la Fraise et le jardin des Petits fruits :** *chaussée de Dinant, 1037,* **Wépion** *(5100). ☎ 081-46-20-07. ● museedelafraise.eu ● À env 8 km au sud de Namur. Avr-sept, tlj sf lun (sf j. fériés) 14h-18h ; mai-août 11h-18h le w-e.*

Entrée : 3,50 € ; réduc ; gratuit pour les moins de 6 ans. Les collines dominant le village de Wépion produisent quelque 400 t de fraises par an, qui sont renommées dans toute la Belgique ! Le musée en retrace l'histoire depuis le Moyen Âge jusqu'à nos jours. Jardin didactique des petits fruits, avec ses 60 ares de parterres, ses 20 espèces de fruits de la région et ses variétés de fraises. Pour nos lecteurs dentistes ou ceux qui la ramènent trop !

ANDENNE   (5300)   29 500 hab.

Petite cité mosane à mi-chemin entre Namur et Huy, Andenne s'est développée au sortir du VIIᵉ s autour de la fondation d'une abbaye par sainte Begge, fille d'un Pépin. Y naquit aussi Charles Martel, qui stoppa l'expansion musulmane à Poitiers. À l'âge de 9 ans, il tua d'ailleurs de ses propres mains un ours ; animal devenu aujourd'hui l'emblème de la ville. Si, à première vue, Andenne ne présente qu'une longue rue commerçante perpendiculaire au fleuve, un œil attentif y découvre quelques belles demeures des XVIIᵉ et XVIIIᵉ s et, au fond de la vallée, un intéressant quartier préservé autour de la collégiale Sainte-Begge.

En août 2014, Andenne s'est souvenu de ses 223 martyrs civils fusillés par les troupes allemandes.

Adresse utile

🛈 Office de tourisme : *pl. des Tilleuls, 48.* ☎ *085-84-96-40.* ● *andennetourisme.be* ● *Ouv mer et ven 10h-16h ; pdt les vac scol, ouv w-e 10h-16h et les autres j. sur rdv.* 🛜 Situé dans un magnifique édifice Art nouveau de 1907. Plan de la ville, agenda culturel, guide numérique de découverte d'Andenne, téléchargeable sur smartphones à partir de leur site internet, cartes (payantes) des promenades de la région. Organise aussi des visites guidées. Bon accueil.

À voir

🗡 *La place des Tilleuls :* le cœur d'Andenne, bordée de maisons fin XIXᵉ s-début XXᵉ s, avec son hôtel de ville et un kiosque à musique.

🗡 *Le musée de la Céramique :* rue Charles-Lapierre, 29. ☎ 085-84-41-81. ● *ceramandenne.be* ● *Mar-ven 9h-12h, 13h-16h30 ; w-e 14h-17h. Entrée : 5 € ; réduc.* Musée installé dans une maison du cœur de la vieille ville et dédié à l'une des grandes activités traditionnelles du coin. Au rez-de-chaussée : salle géologique et archéologique. Explication sur l'origine du travail de la céramique à Andenne. Belle maquette de la ville au XVIIIᵉ s. Au 1ᵉʳ étage, beaux exemples des productions issues de la terre de la région, réalisés entre les XVIIIᵉ et XXᵉ s : faïence fine, porcelaine et grès... S'attarder sur le travail d'Arthur Craco, qui réalisa notamment des fontaines en grès cérame, ainsi qu'une belle nativité composée de 17 personnages (au 2ᵉ étage) pour l'Expo universelle de Bruxelles de 1935. Au rez-de-jardin a été reconstitué un atelier de pipe en terre, autre spécialité locale.

🗡 On débouche ensuite sur la magnifique *place du Chapitre,* bordée de maisons patriciennes qui fleurent bon leur notabilité Ancien Régime.
– *La collégiale Sainte-Begge :* pl. du Chapitre, 19. ☎ 0471-56-95-04. Mai-juin

et août-sept, visite les 1er et 3e dim du mois 14h-18h ; 1er juil-15 août, ts les dim et j. fériés 14h-18h. Mai-sept visite guidée à 14h30 le 1er dim du mois. Entrée : env 3 €.
Elle est l'œuvre du prolifique Laurent-Benoît Dewez, architecte attitré des Pays-Bas autrichiens. Facture classique à trois nefs, tour carrée avec toiture en cloche. Façade à niveaux ionique et corinthien surplombés d'un fronton triangulaire. Intérieur lumineux meublé en Louis XVI, statues gothiques et baroques, et tombeau de la sainte, censée protéger la santé des enfants.
– *Le trésor : à l'intérieur de la collégiale.* On peut y admirer la châsse en argent doré renfermant les reliques de sainte Begge et un buste-reliquaire du XVIe s en argent.
– Sur la place, voir encore l'ancienne *fontaine Sainte-Begge,* qui descend de la colline.

Manifestations

– *Carnaval des Ours : le dim de la mi-carême (le Laetare).* Honore la légende locale qui prétend que Charles Martel tua un ours de ses mains alors qu'il n'avait que 9 ans ! Jets d'ours en peluche.
– *Biennale de la céramique : dim-lun de Pentecôte les années impaires.* Grand marché de poterie et expos diverses de l'art céramique d'Europe et du monde.

DANS LES ENVIRONS D'ANDENNE

¶ ✗ ⅄ *Les grottes de Goyet : rue de Strouvia, 3 (5340).* ☎ *081-58-85-45.* ● *grottesgoyet.be* ● *Ouv dim et j. fériés ; tlj sf sam pdt les vac scol 13h-17h ; départs de visites à 14h et 15h30. Entrée : 8 € ; réduc.* Dans ces grottes et cavernes vécurent des hommes de Cro-Magnon et autres Néandertaliens. Guidé par un archéologue, on part à la découverte de ce prestigieux passé préhistorique. Grâce à des démonstrations et des expériences interactives, les visiteurs font des rencontres surprenantes : Neandertal et Cro-Magnon.
Petit plus : les grottes sont au cœur de la vallée du Samson, point de départ idéal de balades vers quatre des plus beaux villages de Wallonie.
✗✗ ⅄ *Centre archéologique de la grotte Scladina : rue Fond-des-Vaux, 39d, Sclayn (5300).* ☎ *081-58-29-58.* ● *scladina.be* ● *Tlj sf w-e 10h-16h, et certains dim 14h-18h. Fermé de mi-déc à mi-janv. Entrée : 5 € ; réduc ; gratuit pour les moins de 6 ans.* Fréquenté par l'homme de Neandertal, ce site majeur de la préhistoire européenne est d'abord un centre de recherche privilégié pour les archéologues. D'ores et déjà, plus de 20 000 outils et déchets de taille (ossements d'animaux...) ont été mis au jour, à côté de restes humains, dont ceux de l'*Enfant de Sclayn,* qui a livré un ADN vieux de 100 000 ans. À ce jour, il s'agit du code génétique le plus ancien au monde ! On découvre donc un site exceptionnel, en compagnie des archéologues qui y poursuivent les fouilles. Expos temporaires de qualité sur le thème.

EN REMONTANT LA VALLÉE DE LA MEUSE

Entre Namur et Hastière, l'une des plus agréables balades à faire en Wallonie. Balisée de châteaux, de superbes jardins, de petites villes anciennes. Avec, en prime, les minuscules vallées des affluents de la Meuse menant à d'autres sites et villages intéressants, comme le château de Montaigle ou les charmants villages de Falaën et de Crupet, qui figurent parmi les Plus Beaux Villages de Wallonie.

Où dormir ? Où manger dans le coin ?

De prix modérés à prix moyens

Les Pigeries : rue de Froidebise, 1, **Florelle** (5150). ☎ 081-44-01-19. ● info@lespigeries.be ● lespigeries.be ● À 10 km au sud-ouest de Namur. Fermé dim soir et 15 mai-6 juin. Compter 75 € pour 2, petit déj compris. Réduc de 5 €/pers à partir de la 3ᵉ nuit. CB refusées. 🔝 Sur présentation de ce guide, verre d'accueil offert ainsi que, pour tt séjour de 2 nuits, une visite gratuite de l'abbaye ou, selon la saison, une journée au lac de Bambois. Une très jolie adresse, aménagée dans une ancienne école. La déco, originale sans excès, est très « belge » (couleur mates et foncées) mêlant meubles de famille et souvenirs de voyages. Le nom des chambres est écrit sur la porte en lettres de scrabble. Raffinées et de bon confort, elles donnent toutes sur le jardin. Adorables propriétaires qui vous accueillent avec une bière produite par l'abbaye du village et prodiguent de bons conseils sur la région... Petit déj gourmand avec jambon des Ardennes, œufs et fromages fermiers, oranges pressées.

Les Vergers de la Marmite : rue Simone-Patiny, 7, **Bois-de-Villers** 5170. ☎ 081-43-46-93. 🖥 0475-81-70-40. ● info@vergersdelamarmite.be ● vergersdelamarmite.be ● Gîte rural pour 5-7 pers, ouv tte l'année. Prix de la sem : 280-400 € selon saison. Jus de pomme maison réalisé avec les pommes (bio) du verger. 🔝 Gîte dans une petite maison en pierre du pays et bardée de bois, simple et prévue pour 7 personnes et bien équipée, avec un agréable poêle à bois au milieu de la pièce, pour ceux qui souhaitent passer au moins 2 ou 3 jours dans la région, c'est parfait. Très au calme et jardin sur l'arrière.

I●I Le Jardin d'En Bas : rue d'En-Bas, 1, Hun, **Annevoie** (5537). ☎ 082-61-37-06. ● lejardindenbas@gmail.com ● Tlj sf mar-mer, 12h-14h, 19h-21h. Résa conseillée. Plats 15-27 €, carte 30-50 €. 🔝 Café offert sur présentation de ce guide. Grosse bâtisse paysanne en pierre, dans une ruelle cachée en bord de Meuse. Calme et sérénité garantis. À l'intérieur, brique et colombages, poutres apparentes et atmosphère d'intimité chaleureuse pour une excellente et plantureuse cuisine de terroir. Accueil amical et service efficace. L'une des terrasses-jardins les plus charmantes qu'on ait vues dans la région. Aux beaux jours, sous les parasols, les places sont convoitées.

I●I Café de la Gare : rue Colonel-Bourg, 15, **Profondeville** (5170). ☎ 081-41-23-22. Dans le centre de Profondeville, à 10 km au sud de Namur. Tlj sf lun 18h (19h30 pour la cuisine)-2h. Résa conseillée. Plats 12-30 €, carte 30-45 €. Étonnant de trouver un resto ouvert si tard dans le coin ! Petite salle souvent pleine comme un œuf, au décor chargé d'objets de marine et d'images de bateaux. Le patron (aux fourneaux) est un ancien plongeur-démineur de l'armée belge. Carte courte mais proposant des plats copieux comme le magret de canard, l'aloyau, les croquettes de crevettes ou l'entrecôte irlandaise. Également un tableau de suggestions avec pas mal de produits de la mer. Au fait, ne cherchez pas la gare de Profondeville, elle n'a jamais existé !

À voir. À faire

🎥 Les jardins du château d'Annevoie-Rouillon : sur la commune d'**Anhée**. ☎ 082-67-97-97. ● annevoie.be ● Bien indiqué. Mars-Toussaint, tlj 9h30-17h30 (heure limite d'entrée) et 18h30 juil-août. Entrée : 7,80 € ; réduc. Le château date des XVIIᵉ et XVIIIᵉ s. Il a appartenu pendant 305 ans à la famille de Montpellier, qui l'a vendu en 2000. Actuellement, seuls les jardins se visitent, agrémentés d'un potager et d'une prairie fleurie. C'est en 1758 qu'ils furent commencés. Leur originalité provient du fait qu'étangs, jets d'eau et cascatelles sont alimentés sans machinerie, grâce à des sources se prolongeant en un long canal en haut de la colline. Ce dernier mesurant 365 m (nombre de jours dans une année) et faisant 7 m de large (nombre de jours dans une semaine). Tous les jeux d'eau du parc fonctionnent donc grâce à la pression naturelle. Une très agréable promenade en perspective, facilitée par le petit plan explicatif qui vous sera remis à l'entrée.

🏃 *Le château de Poilvache :* surplombant la Meuse et le village de **Houx** (5530). ☎ 082-61-36-82. ● poilvache.be ● Juil-août, tlj 10h30-18h ; Pâques-fin oct, slt le w-e. Entrée : 2 € ; réduc. Visite guidée 4 €. Ruines impressionnantes. Classé Patrimoine majeur de la Région Wallonne, le château date du XIIe s. Appartenant au comté de Namur, Poilvache occupe une place stratégique dans la vallée mosane. Le château fut fortifié par Jean l'Aveugle, comte du Luxembourg, roi de Bohême, puis par le Bourguignon Philippe le Bon. Finalement, il fut incendié au XVe s par le prince-évêque de Liège, allié aux Dinantais.

🏃 *Le château de Montaigle :* situé au début de la vallée de la Molignée, à quelques km à l'ouest d'Anhée. ☎ 082-69-95-85. ● montaigle.be ● Juil-août, tlj 11h-18h ; avr-juin et sept-oct, slt le w-e et les j. fériés 11h-18h et pdt les vac scol 11h-16h. Fermé nov-fin mars. Entrée : 4 € ; réduc. Date du XIIIe s. Ses ruines ont fière allure sur leur rocher. Au XVe s, véritable place forte des Bourguignons. L'armée d'Henri II la détruisit en 1554. Il a été restauré grâce à une technique de projection de micro-béton.

➤ 🏃 *Les draisines de la Molignée :* balade à vélo à 4 roues posé sur des rails. Vente des billets rue de la Gare, 82, à **Falaën** (5522), ou à **Warnant** (5537) à 4 km de là, rue de la Molignée, 116. ☎ 082-69-90-79. ● draisine.be ● Tte l'année, tlj 10h-17h30. Prix d'une draisine de 4 pers : 18 €. Réduc de 2 € sur présentation de ce guide ou avec un billet SNCB (en vente dans les gares) pour y venir. Promenade sur une ancienne voie de chemin de fer, entre Falaën ou Warnant et Maredsous aller et retour, à travers nature sauvage et rochers. Trois parcours donc, respectivement de 3 et 4 km de long, plus le combiné des deux (7 km). Avec arrêt cassecroûte possible à l'ancienne gare de Maredsous. Compter aux alentours de 90 mn par trajet. Touristique en diable mais sympa à faire avec des mômes.

L'ABBAYE DE MAREDSOUS

🏃 Rens et billets au centre d'accueil Saint-Joseph, juste à côté de l'abbaye, **Denée** (5537). ☎ 082-69-82-84. ● tourisme.maredsous.be ● Pdt les vac scol (Noël, Carnaval, Pâques, été, Toussaint), visites guidées tlj à 14h et 16h (15h30 en « heure d'hiver ») ; le reste de l'année, slt le w-e aux mêmes horaires. Durée : 1h15. Prix : 4 €. L'abbaye est une imposante construction mais, lecteurs romantiques, ne rêvez pas trop, elle a été édifiée en 1872 dans un style néogothique pas vraiment aérien. Aujourd'hui encore, des moines y vivent et y travaillent. Destination incroyablement touristique (il faut dire que la vallée et son environnement ont du charme). Au centre d'accueil Saint-Joseph, (l'ancienne école des métiers dArt, transformée en brasserie ; voir plus loin) se donne rendez-vous un échantillonnage pittoresque de la Belgique profonde (surtout le week-end !). Ici, la bière coule à flots et il y était précisé, il n'y a pas longtemps encore, que ceux qui partiraient en emportant négligemment leur chope iraient en enfer... La plaque a disparu, dommage.

Où manger ?

Où boire un verre dans les environs de l'abbaye ?

I●I Les Montagnards : rue du Marteau, 29, **Sosoye** (5537). ☎ 082-69-91-38. ● lesmontagnards@skynet. be ● À quelques km de l'abbaye de Maredsous. Fermé lun-mar et le soir en hiver. Petite restauration

7-11 €, plats 14-20 €, lunch 17 € et menus 28-32 €. Café offert sur présentation de ce guide. Agréable petite salle et bonne cuisine, préparée avec soin : terrine de campagne artisanale, éminé de volaille à la bière de Maredsous, viandes poêlées « tout simplement », truites, etc. Terrasse avec vue aux beaux jours.

l●l ▼ **Gare de Maredsous :** peu avt l'abbaye de Maredsous, sur la grande route qui y mène. ☎ 082-69-91-64. ● gare.de.maredsous@gmail.com ● Fermé mer-jeu sf pdt les vac scol ;

11h-19h (20h le w-e). Congés : janv et la 1re sem de sept. Repas 9-23 €. Café offert à nos lecteurs qui prennent un repas. L'ancienne gare toute blanche a été aménagée en un café-resto et le quai en terrasse. C'est là qu'arrivent les draisines de la Molignée (voir plus haut). Pratique pour boire un verre en descendant des draisines, avant de repartir dans l'autre sens. Possibilité aussi de grignoter tartines, salades et quelques plats chauds à base de produits régionaux.

Achats

✿ l●l ▼ **Centre d'accueil Saint-Joseph :** rue de Maredsous, 11. ☎ 082-69-82-84. ● accueil@maredsous.com ● tourisme.maredsous.be ● Avr-sept, tlj 10h-18h (19h sam et 20h dim) ; juil-août, 10h-19h (20h dim) ; oct-mars, 10h-18h (19h le w-e). Sur présentation de ce guide, visite guidée gratuite de l'abbaye pour 2 pers. Vaste et agréable cafétéria où vous trouverez la 6, 8 ou 10° « au fût ». Son goût se révèle résolument rural et rustique. Vous pouvez la consommer sur place avec même, pourquoi pas, une assiette de fromage, une tartine de jambon fumé ou une saucisse. Vaste terrasse aux beaux jours. Le fromage est affiné sur place, mais la bière n'est pas brassée ici (mais à la brasserie Duvel). Également une boutique de souvenirs, une librairie et, à l'étage, des expos temporaires (entrée payante).

✿ À 1 km de l'abbaye se trouve le minuscule village artisanal de **Maredret**, connu pour sa fameuse boutique de poterie (ouv sam et dim ap-m en saison) et son petit musée du Bois.

LA VALLÉE DU CRUPET

CRUPET (5532)

Sur le flanc est de la Meuse. D'Yvoir, après les carrières de pierre, la route musarde dans une petite vallée verdoyante et débouche sur les hauteurs du village de Crupet. Demeures de pierre noyées dans les fleurs et la végétation. Beaucoup de charme, tout ça ! Rien d'étonnant donc dans le fait que Crupet ait été labellisé Plus Beaux Villages de Wallonie. Le siège de l'association se trouve d'ailleurs dans la localité ● beauxvillages.be ●

Adresse utile

🛈 **Office de tourisme :** rue Haute, 17. ☎ 083-66-85-78. ● assessetourisme.be ● En juil-août, tlj 10h-18h ; en mai-juin et sept-oct, sam et le 3e dim du mois 13h-18h ; pdt les vac scol, slt le w-e 13h-18h ou alors sur rdv.

Où dormir ? Où manger à Crupet et dans les environs ?

Prix modérés

🛏 *Chambres d'hôtes Le Marronnier :* rue des Fossés, 1A, à **Dorinne** (5530). ☎ 083-69-90-33. ● jean. paquet@hotmail.be ● chambresdho teslemarronnier.sitew.com ● *Compter 55 € pour 2 et 65 € pour 3, petit déj inclus.* 🛜 *Remise de 10 % accordée sur présentation de ce guide.* Dans un superbe petit village situé à quelques kilomètres au sud de Crupet, un petit *B & B* de campagne dans une ancienne dépendance de ferme fort joliment restaurée avec pierre brune et baies vitrées. 2 chambres à peine (dont une triple), mais coquettes et impeccablement tenues, sous une mansarde, au 2e étage de la maison. Accueil gentil comme tout. Le petit déj, avec du pain et des confitures maison, se prend dans un salon chargé de plantes.

🍽 *Auberge Dol Besace :* rue Haute, 11. ☎ 083-69-90-41. ● auberge.dol. besace@busmail.net ● *Juste en face de l'église. Tlj midi et soir ; sf lun-mar en hiver. Résa indispensable le w-e. Congés : quelques j. en sept. Menu midi en sem 22 €, puis 26 € ; plats 14,50-25 €.* 🛜 Sympathique auberge au décor très... auberge, simple et chaleureux, doublée d'une salle toute vitrée où l'on fait rôtir la volaille et griller les viandes. Le patron, un ancien boucher, propose une excellente cuisine de terroir : jambon de la Sûre, escargots de Warnant, croquette de pied de porc sauce gribiche, croquant au fromage de Chimay, truites, potée au chou et ses cochonnailles. Et s'il vous prend l'envie d'un petit os à moelle, attendez-vous à un tibia de bœuf entier !

De prix moyens à plus chic

🛏 🍽 *Le Château de la poste :* Ronchinne, 25, **Maillien** (5330). ☎ 081-41-14-05. ● info@chateau delaposte.be ● chateaudelaposte. be ● *À 4 km de Crupet en poursuivant*

par la rue Basse, puis la rue du Pachis. Doubles 80-150 €. Cabane 175 €/ nuit (4 pers), tente de trappeur 150 € (6 pers), loftcube 250 € (2 pers). Une superbe adresse pour se mettre au vert le temps d'un week-end. Le château date de la fin du XIXe s, entièrement rénové et relooké avec élégance et drôlerie (notez les trophées de chasse !). On peut dire qu'il en impose. 42 chambres au château ou au petit château mais aussi, pour les amateurs d'hébergement insolite, un *loftcube,* des bivouacs de trappeurs et une cabane perchée. Le parc de 42 ha offre de nombreuses activités : VTT, tennis, minigolf, parcours-santé, massages... ou tout simplement lecture au coin du feu. Même les enfants trouveront de quoi s'occuper et s'amuser... et pour que leur plaisir soit total, ils pourront passer la nuit dans le dortoir qui leur est dédié. Excellent resto sur place, réservé aux résidents. Un rapport qualité-prix remarquable. Un coup de cœur.

🛏 *La Ferme de l'Airbois :* Tricointe, 55, **Yvoir** (5530). ☎ 082-61-41-43. ● mca@airbois.com ● airbois.com ● *À env 3 km d'Yvoir. De la poste, prendre la rue en face qui monte puis, env 2 km plus loin, à droite au T. Ensuite c'est fléché. Doubles 104-117 € selon nombre de nuits, petit déj compris.* La ferme se trouve sur un plateau à l'écart de tout, battu par les vents mais avec une vue formidable. Situation exceptionnelle pour ceux qui veulent fuir la ville. Superbe endroit composé de 3 maisons : celle des proprios, qui dispose d'une très belle chambre d'hôtes, et 2 annexes de 5 chambres chacune. En principe, ces 2 dernières sont réservées aux groupes mais dès que l'une d'elles est libre, les chambres (très cosy, avec de vieux meubles de famille) se louent à la nuit à des individuels. En été, possibilité d'utiliser la piscine.

🛏 *Le Moulin des Ramiers :* rue Basse, 31. ☎ 083-69-02-40. ● moulindesra miers@hotmail.com ● moulindesramiers. be ● *Fermé de mi-déc à mi-janv. Double*

85 € en sem, 125 € les ven-sam. Petit déj 12 €, inclus à partir de 2 nuits. 🛜 10 % de remise sur présentation de ce guide. Auberge de luxe installée dans une vieille demeure de pierre en bord de rivière.

Environnement bucolique extra. Chambres agréables avec mobilier recherché et tout le confort, du minibar à la loupe de maquillage en passant par le peignoir de bain et le coffre-fort !

À voir

🏹 **Le château :** *en bas du village.* C'est un gros donjon datant du XIIIe s qui, au XVIe s, reçut sa tourelle et le hourd (charpente en encorbellement) en brique et colombages, surmonté d'un toit d'ardoise. On y accède par un petit pont de pierre. Carte postale en tout point charmante ! Dommage que ce soit une propriété privée.

🏹 **L'église Saint-Martin :** *en haut du village.* Tour et nef romanes du XIIe s. Église agrandie à la période gothique mais arcades et colonnes d'origine. Chœur agrandi à nouveau au XVIIIe s. À l'entrée, belles pierres tombales. Intérieur pimpant blanc et mauve. Beau plafond à caissons. Fonts baptismaux du XIIIe s.

DANS LES ENVIRONS DE CRUPET

🏹 **Le château féodal de Spontin :** dissimulé derrière une partie plus récente servant à la fois d'enceinte et de dépendance, c'est, avec ses douves et son pont-levis, l'un des plus séduisants de Wallonie ! Le donjon remonte à 1160. Ne se visite malheureusement plus.

DINANT   (5500)   13 910 hab.

Ce fut la 2e bonne ville de la principauté de Liège. Tout en longueur. Normal, entre falaises et fleuve, il ne lui restait plus beaucoup de place pour s'urbaniser. Avec le clocher à bulbes de sa collégiale, sa forteresse et ses toits bleus, une des images les plus célèbres du tourisme wallon.

UN PEU D'HISTOIRE

Bien défendu par son rocher, le site connaît d'abord un peuplement celtique. Puis se crée une bourgade gallo-romaine prospère. Au Moyen Âge, c'est l'un des ports les plus importants, avec Liège et Namur. À partir du XIIe s, la richesse de la ville s'accroît avec l'industrie de la dinanderie (le cuivre martelé), nom dont la ville est gracieusement à l'origine. Appartenant à la principauté de Liège, Dinant est souvent en bisbille avec sa voisine Bouvignes, appartenant quant à elle à la province de Namur et qui travaille aussi le cuivre.

Dans le genre « scoumoune guerrière », Dinant rivalise avec Namur. 17 sièges, paraît-il, et de nombreuses fois détruite. Ça commence avec les Bourguignons en 1466. Dinant fait le mauvais choix et rejoint le camp de Louis XI. Charles le Téméraire, en une expédition de 7 jours, liquide la ville. 800 Dinantais, attachés deux par deux, sont noyés dans la Meuse. Depuis, ils portent le nom de *copères* (encore une paire... à l'eau). En 1554, ce sont les Français, alors en guerre contre Charles Quint, qui remettent ça. En 1675, Louis XIV s'empare de la ville (mais dégâts minimum) et, en 1789, elle est affaiblie par les troubles révolutionnaires. La guerre de 1914-1918 fut elle aussi très meurtrière. Les Allemands en incendient les trois quarts. Beaucoup de massacres. Reconstruite, la ville subit à nouveau des bombardements destructeurs de 1940 à 1944. Et pourtant, Dinant est toujours là, debout, pimpante, accueillante, surtout lorsqu'elle fête, en 2014, son fils chéri

Adolphe Sax, né 100 ans plus tôt, et en garnissant son célèbre pont de 28 saxos géants chamarrés aux couleurs des pays de l'Union européenne.

14-18 Jusqu'au 15 août à Dinant, il n'y a pas eu vraiment de combats, seules quelques escarmouches opposant des avant-gardes des troupes saxones aux Français gardant la citadelle. Le 15 août, la forteresse tombe, puis est reprise par les Français qui y hissent leur drapeau, acclamés par la population. Le 23, les Allemands reviennent en masse et déferlent du plateau par les routes latérales, notamment par le faubourg de Leffe, qu'ils incendient. Presque toute la population est capturée et détenue, la ville est pillée. Hommes, femmes et des enfants sont exécutés sommairement, Les survivants sont déportés en Allemagne et d'autres sont utilisés comme boucliers humains. 674 civils de tous âges sont victimes de cette furie meurtrière, soit 10 % de la population.

SPÉCIALITÉS LOCALES

Outre la *flamiche,* tarte chaude aux beurre et fromage piquant, il y a les fameuses *couques de Dinant,* fabriquées depuis le XVe s. C'est une subtile gâterie très dure, faite de farine et de miel, inventée au moment du siège par Charles le Téméraire. Bonnes mâchoires de rigueur !
Pour info, c'est à Dinant que se trouve l'abbaye Notre-Dame-de-Leffe, où les moines ont brassé la première Leffe. Aujourd'hui, la production de la bière se fait à Leuven...

Adresses utiles

ℹ *Maison du tourisme de la haute Meuse dinantaise : av. Colonel-Cadoux, 8.* ☎ *082-22-28-70.* ● dinant-tourisme.com ● *En face de la citadelle, de l'autre côté du pont (rive gauche). Lun-ven 9h-17h30, sam nov-avr 9h30-16h, dim 10h-16h.* Vente de cartes de randonnées pédestres et cyclistes. Brochure sur Dinant et la haute Meuse. Vente de produits du terroir.
■ *Location de VTT : Cycles Adnet, rue Saint-Roch, 17.* ☎ *082-22-32-43.* ● cycles-adnet.com ●

Où dormir ? Où manger ?

⌂ *Maison d'hôtes Au Fil de l'Eau : av. Colonel-Cadoux, 88.* ☎ *082-22-76-06.* ● aufildeleaudinant@skynet.be ● *En bordure de Meuse, face à la citadelle, dans la même allée que l'office de tourisme. Compter 55 € pour 2, petit déj inclus. CB refusées.* 🛜 Une chambre pour 4 personnes, meublée très simplement, au rez-de-chaussée de la maison, colorée et très bien tenue, avec sanitaires, TV et frigo. Pas très grand mais les endroits où loger à Dinant sont plutôt rares. L'accueil est bon, l'atmosphère familiale, et l'on mettra même, si vous voulez, des vélos à votre disposition... Au petit déj, confiture maison et jus de pomme pressée !
⌂ ⅼ⊙ⅼ *La Merveilleuse – Le Couvent de Bethléem : Charreau des Capucins, 23.* ☎ *082-22-91-91 .* ● reservations@ lamerveilleuse.be ● lamerveilleuse.be ● *Différentes formules à prix divers proposées sur le site.* L'ancien couvent des Capucins a été réhabilité, transformé en hôtel de charme. Les anciennes cellules sont devenues de confortables chambres, au design monacal... Superbe ! Au restaurant, aménagé dans l'ancien cloître, recouvert d'une verrière pour l'occasion, cuisine de terroir à la Leffe...
⌂ *Hôtel Ibis : Rempart d'Albeau, 16.* ☎ *082-21-15-00.* ● ibisdinant@skynet. bo ● ibishotel.com ● *Doubles 75-115 € selon saison. Petit déj 14 € (très cher, on peut parfaitement le prendre ailleurs).* 🛜 *Une bière belge offerte au bar de l'hôtel sur présentation de ce guide.* Bon, vous nous connaissez, on n'est pas très « hôtels de chaîne ». Mais vu

qu'il n'y a plus un seul établissement dans le centre-ville, on n'a pas trop le choix. Les chambres sont évidemment très standardisées, mais sans mauvaise surprise, absolument impeccables et fonctionnelles. Évitez celles donnant sur la rue, bruyantes. Choisir celles donnant sur la rivière.

|●| Les Mougneûs d'As : *pl. du Baillage, 24, Bouvignes-sur-Meuse (5500).* ☎ *082-22-44-81.* ● *martinebothy@live.be* ● *Sur la jolie place de Bouvignes, à côté du musée (Bouvignes est la commune limitrophe de Dinant). Ouv jeu-dim, plus mer en saison, 12h-14h et 18h30-21h sur demande (6 clients min). Résa obligatoire ! Lunch 18 €, menu-carte 27 €. Café offert sur présentation de ce guide.* Ce petit resto de femme est un total coup de cœur : déco rétro et charmante, cuisine savoureuse et généreuse, à base de recettes intemporelles et de produits de saison.

La carte, volontairement limitées à 4 choix, change tous les 10-15 jours. Ce jour-là, on s'est régalé d'un chausson aux escargots de Namur, de côtelettes de cochon de lait et d'une tarte au sucre. Copieux, délicieux et, pour le prix, miraculeux ! Pour l'anecdote, le resto doit son nom au sobriquet que donnaient les dinantais à leurs voisins de Bouvignes qu'ils traitaient de « mangeurs d'ail » !

|●| La Broche : *rue Grande, 22.* ☎ *082-22-82-81. Tlj sf mar-mer. Lunch 22 €, menus 29-41 € ; carte env 55 €.* Cadre clair et élégant, tables joliment dressées. Ambiance assez bourgeoise. Voici la bonne table de Dinant ! Bonne cuisine d'inspiration française : sandre et ris de veau poêlé, magret de canard, filet pur grillé ou *papadum* de scampi. Gibier en saison. Service pro. Tout simplement une valeur sûre.

Où dormir dans les environs ?

2 adresses situées à Falaën, très joli village rural, très justement classé parmi les plus beaux de Wallonie. Situé à 12 km de Dinant, 20 km de Crupet, et 9 km d'Hastière.

🏠 Le Gîte de Chession : *rue du Chession, 38, Falaën (5522).* ☎ *082-69-96-34.* ● *contact@gitedechession.be* ● *gitedechession.be* ● *À la sortie du village.* Compter 65 € pour 2, petit déj compris ; 100 € pour 4. Falaën est classé comme l'un des Plus Beaux Villages de Wallonie (et il est effectivement très joli). Voici des chambres d'hôtes à la ferme. Une adresse familiale, simple et plaisante. Les chambres sont coquettes et confortables : l'une d'elles avec salle de bains ouverte (généralement louée comme single), une double et une

familiale (5-6 personnes). Bon petit déj de terroir avec pain maison et produits locaux. Accueil gentil comme tout. Également un grand gîte (7 personnes) avec cuisine tout équipée, idéale en famille pour rayonner dans le secteur.

🏠 L'Échappée Belle : *rue de la gare, 10, Falaën (5522).* ☎ *082-22-88-09.* ● *lechappeebelle@skynet.be* ● *lechappeebelle.be* ● *Congés : 10 j. fin août, 24 et 31 déc. Doubles 85-100 €, petit-déj (avec produits de terroir) compris. CB refusées.* 📶 *Verre de l'amitié offert sur présentation de ce guide.* 4 belles chambres d'hôtes dans une demeure de pierre au cœur du village. Jolie déco contemporaine et confort douillet, mais salle de bains et w-c pas forcément bien séparés... Beaux volumes et tons poudrés pour une douce et belle échappée en Wallonie.

Où déguster, où acheter du bon vin belge ou une bière artisanale ?

🍷 Château Bon Baron : ☎ *081-24-19-19.* ● *info@bonbaron.com* ● *bonbaron.be* ● *Si les « vineries » se situent* à Lustin et Dinant, l'accueil du public se fait essentiellement à Dinant et uniquement sur rendez-vous. Jeanette ou

Piotr van der Steen se feront un plaisir de vous recevoir et de vous conter leur aventure viticole. Ils ont replanté et vinifient 9 vignobles situés entre Namur et Dinant, soit 17 ha en tout (15 seulement sont à ce jour plantés et exploités). Les cépages sont assez classiques, avec quand même quelques raretés, bien adaptées au climat belge : pinot blanc et gris, chardonnay, muscat, auxerrois, chasselas, müller-thurgau, sieger pour les blancs ; acolon, cabernet dorsa, pinot noir, pinot noir précoce de Looz, frühburgunder, gamaret, garanoir, merlot... Vous êtes sûr de trouver votre bonheur ! Vendus sous l'appellation contrôlée « Côte de Sambre et Meuse », la plupart ont été primés et le chardonnay a été élu « meilleur vin de Belgique ». Quant à nous, nous avons un réel coup de cœur pour le subtil et aromatique müller-thurgeau...

⌖ *Brasserie Caracole :* côte Marie-Thérèse, 86, à **Falmignoul** (5500). ☎ 082-74-40-80. ● caracole.be ● Juil-août, visite de la brasserie mer-dim 14h-19h (dernière visite à 17h) ; hors saison, sam 14h-19h. Visite et dégustation (4 bières) : 6 €. Délicieuses bières artisanales, brassées à l'ancienne, au feu de bois ! Vente directe sur place.

À voir. À faire

⚊ *La collégiale Notre-Dame :* en bord de Meuse, au centre-ville. Tlj en général 9h-18h, visite guidée dim 15h juil-août. Il y eut d'abord une église romane, écrasée en 1227 par un pan de la falaise et reconstruite peu après. Les voûtes furent refaites après le passage de Charles le Téméraire. Le curieux clocher à bulbes date, quant à lui, de 1566. Le seul vestige de l'église romane se trouve sur le côté extérieur gauche. C'est un portail, aujourd'hui muré, avec une Vierge à l'Enfant très dégradée. À l'intérieur, à droite, la petite chapelle avec les fonts baptismaux de 1472 fut aménagée devant un vieux portail du XIIIe s. Belle ampleur de la nef voûtée d'ogives en pierre. Chaire du XVIIIe s. Grands confessionnaux au fond, d'époque Louis XIV. Déambulatoire autour du chœur, avec, derrière l'autel, un curieux saint Perpète (patron des forçats ?). L'immense verrière est l'une des plus hautes d'Europe (bleus superbes). Dans le transept gauche, gisant de 1356.

⚊ *La citadelle :* pl. Reine-Astrid, 5. ☎ 082-22-36-70. ● citadelle dedinant.be ● Pour s'y rendre : à pied, départ de la pl. Reine-Astrid. Hardi petit, 408 marches ! En voiture, depuis le centre, prendre direction Liège et grimper sur env 3 km (rue du Fort, 1). En téléphérique enfin, du pied de la citadelle (toujours pl. Reine-Astrid). Avr-sept, tlj 10h-18h ; oct-mi nov, 10h-17h30, 15 nov-

À L'ASSAUT !

C'est le nom du monument aux morts du cimetière de la citadelle qui fut réalisé par le sculpteur Daoust et représentant un fantassin gravissant un rocher. Il fut inauguré en 1927 par le maréchal Pétain, accompagné de son subordonné, le capitaine Charles de Gaulle, blessé au pont de Dinant en 1914.

mars 10h-16h30 (fermé le ven et ouv slt le w-e en janv). Entrée : 8 € (avec ou sans téléphérique) ; réduc. Il y eut d'abord une première forteresse construite par le prince-évêque de Liège. Démolie par Charles (le Téméraire) en 1466. Aménagée par Louis XIV. Pour finir, reconstruite par les Hollandais en 1818 pour empêcher les Français de refaire des bêtises. La visite (guidée) commence par trois dioramas grand format sur l'histoire militaire de la région. Ensuite, on va voir la prison (doublée d'une salle de torture), avant d'aller admirer le panorama puis de visiter encore d'autres parties, comme la boulangerie, les cuisines, le musée d'armes et la reconstitution d'une tranchée de la Première Guerre mondiale... qui réserve une surprise un peu déroutante à la fin.

14-18 Un nouvel espace a été aménagé, où, plongé dans le noir, le visiteur se trouve dans la peau d'un soldat au cœur des combats. À l'arrière de la citadelle, sur le plateau, cimetière français où reposent les combattants tombés en 1914.

🏃 **Le rocher Bayard :** *à 1 km du centre, vers le sud (rive droite, comme la collégiale).* Spectaculaire aiguille de 35 m de haut, séparée de la falaise. La légende veut que le rocher ait été fendu par le sabot du fameux cheval Bayard transportant les quatre frères Aymon en fuite. Plus prosaïquement, ce sont les artificiers de Louis XIV qui agrandirent, à l'explosif, la brèche existante pour y faire passer la route.

🏃🏃 🏃 **La Maison de la Pataphonie :** *En Rhée, 51.* ☎ *082-21-39-39.* ● *pata phonie.be* ● *À deux pas de la collégiale. Pdt les vac scol d'été, ainsi que les petites vac scol, visites tlj sf sam à 14h et 16h30 ; le reste de l'année, slt mer à 14h30, dim et j. fériés à 14h et 16h30. Important : mieux vaut téléphoner pour réserver sa visite, car le nombre de places est limité à 15 pers. Entrée : 6 €. Billet combiné avec la grotte La Merveilleuse (12 €) ou le bateau Le Bayard (12 €) ou la* Maison du patrimoine médiéval mosan. Dinant est vraiment une ville pionnière en matière de sonorités musicales (rappelons que c'est ici qu'est né Adolphe Sax). Elle le prouve à nouveau avec ce lieu où vous découvrirez, par vous-même, toutes sortes de sons provenant de toute une série d'objets, de mécanismes, d'assemblages et de matières. Six salles en tout, s'articulent chacune autour d'un type de source sonore. Amusant et instructif. On est surpris de voir (enfin, d'entendre) ce qui peut sortir de simples boîtes de conserves, de barres d'acier, de clous, de pots de fleurs, de saladiers en plastique et même de galets... À voir aussi : le *zigzagboule,* l'*embarcassons,* le *lithophone,* le grand échantillonneur ou encore le *chahuto- phone* ! Et puis, à la clé de tout cela, une petite morale : qu'il faut au fond peu de fonds pour faire des sons à la fois complexes et harmonieux.

🏃 **La maison de Sax :** *rue Adolphe Sax, 37.* ☎ *082-21-39-39.* ● *sax.dinant.be* ● *Dans la rue principale. Accès libre, tlj 9h-18h.* La modeste maison a cédé la place à un immeuble cossu mais c'est bien à cette adresse que naquit, en 1814, Adolphe Sax, l'inventeur du saxophone. Véritable icône dinantaise (une rue à son nom, deux statues, etc.), il a désormais sa maison ; plus espace ludique que musée. Une seule salle, en longueur, pour mieux découvrir l'univers de ce génie de la musique. On y trouve le brevet d'invention du saxophone daté de 1846 avec une reproduction du premier dessin, ainsi que quelques dessins, hommages, photos. On clique sur des cornets et l'on entend des commentaires sur l'histoire ou la fabrication ou des enregistrements des différents airs et compositeurs ayant écrit pour le saxo (aussi bien en jazz qu'en classique). C'est ainsi que l'on apprend qu'il fut inventé à Paris en 1842 et que Berlioz fut le premier à composer pour cet ins- trument en 1844... Jolie, l'expo reste bien succincte et symbolique ; heureusement que c'est gratuit.

🏃 **La grotte La Merveilleuse :** *à 500 m du centre, rue de Philippeville, sur la rive gauche de la Meuse.* ☎ *082-22-22-10. Avr et sept-oct, mar-dim 11h-16h ; mai-juin, tlj 11h-17h ; juil-août, tlj 10h-17h (18h w-e et j. fériés) ; nov-mars, w-e et pdt les petites vac scol 11h-15h (fermé le 1er janv et les 24, 25 et 31 déc). Entrée : 9 € ; réduc. Visite guidée slt. Départ chaque heure (à l'heure pile). Durée : 50 mn. Billet combiné avec la* Maison de la Pataphonie *(12 €). Prix de groupe appliqué sur présentation de ce guide.* Une petite heure de visite parmi des stalactites et - gmites d'une grande finesse et le glouglou des cascades. Quelque 300 habitants de la ville y passèrent 8 jours dans le noir pendant la Seconde Guerre mondiale ! La grande salle est assez spectaculaire.

🏃 **Bouvignes-sur-Meuse :** juste avant Dinant (à laquelle elle est désormais rat- tachée après avoir été rivale), une gentille bourgade chargée d'histoire (et pourtant moins touristique). Spécialisée dans la dinanderie (travail du cuivre) pendant cinq siècles. On aime beaucoup le charme ancien de sa place du Bailliage et de ses gros pavés, à l'ombre de l'église et de la splendide maison espagnole (voir plus loin la Maison du patrimoine médiéval mosan). Elle a peu changé de visage depuis la période médiévale. D'ailleurs, la ville possède encore le plan de l'époque, avec les rues et ruelles perpendiculaires au fleuve.

– *L'église Saint-Lambert :* elle possède l'originalité d'avoir deux chœurs, l'un du XIIIᵉ s et l'autre du XVIᵉ s (lorsqu'on reconstruisit la nef). Très belle chaire et vitrail de 1562. Malheureusement, l'église n'est ouverte qu'aux heures de messe. À l'extérieur, jouxtant le chevet, les derniers vestiges des remparts de 1215.
– *Le château de Crève-Cœur : prendre la route qui part de l'église et monte la colline. Bien indiqué. Accès libre et gratuit. En haut de la côte, route jusqu'au parking. On y accède également par un petit chemin pédestre partant de l'église.* Environ 100 m en contrebas, ruines de ce qui fut l'une des plus imposantes places fortes du Namurois. Construite, comme Poilvache, par les comtes du Luxembourg. Démantelée en 1554 au moment des guerres avec Charles Quint. Au soleil couchant, l'un des plus prodigieux panoramas qui soit sur la vallée de la Meuse, Dinant et Bouvignes, dont, d'en haut, on appréhende bien le plan médiéval.
– *Maison du patrimoine médiéval mosan : pl. du Bailliage, 16. ☎ 082-22-36-16. Ouv tlj sf lun 10h-18h (17h nov-mars). Fermé 25 déc-2 janv. Entrée : 3 € ; réduc ; billet combiné avec la Maison de la pataphonie.* Dans une admirable maison espagnole. Collections et maquettes évoquant toute la vie médiévale, sur trois niveaux.

🏃 *La maison Leffe : Charreau des Capucins, 23. Ouv tlj sf lun Pâques-Toussaint et pdt les vac de Noël et de Carnaval 11h-19h ; le reste de l'année, ouv slt ven-dim. Entrée : 7 € (dégustation comprise).* Bière de grande consommation, de notoriété internationale, elle n'a pas besoin du *Routard* pour faire sa promotion ! Les amateurs trouveront toutes les infos nécessaires sur ● *leffe.com* ● ou peuvent visiter ce nouveau musée aménagé dans l'ancien couvent de Bethléem (celui-là même qui accueille le magnifique hôtel-restaurant *La Merveilleuse* (voir plus haut).

➤ *Balades en bateau :* croisières sur la Meuse, dans toutes les directions (genre bateau-mouche). Plusieurs compagnies, toutes situées en bord de Meuse, sur l'avenue Winston-Churchill :

■ *Compagnie des bateaux : quais nᵒˢ 3, 5, 6 ou 7. ☎ 082-22-23-15.*
– *Dinant-Anseremme : avr-oct. Départ, 10h30-18h30, ttes les heures ; 45 mn A/R. Prix : 7,50 € ; réduc.*
– *Dinant-Freÿr : 1er mai-15 sept, tlj à 14h30 ; 2h A/R. Prix : 13 €.*
■ *Bateaux Bayard : quai nᵒ 1.*

☎ 082-22-30-42. Pour Anseremme *(avr-oct 11h-17h sf lun ; juil-août, sf ven),* Hastière *(mar en juil-août, au départ d'Hastière à 10h)* et Givet *(jeu en juil-août à 10h, au départ de Dinant).* Plusieurs formules et forfaits incluent la visite de la grotte de Dinant ou de la citadelle ou les fêtes d'Halloween...

➤ *Balade en bateaux électriques sans permis : Dinant Évasion Croisières, bd Sasserath. ☎ 082-22-43-97. De mi-avr à mi-oct, tlj 10h-20h. Prix : 45 € pour 1h (bateau de 5-7 pers).* Électrique, donc silencieux, pour une chouette balade sur la Meuse.

➤ *Descente de la Lesse en kayak :* de Houyet ou Gendron à Anseremme (sud de Dinant). Compter respectivement 21 km et 11 km. Parcours le long d'un paysage de châteaux médiévaux, de coteaux boisés, de cavernes et de massifs rocheux. Un must dans la région. Trois compagnies, basées à Anseremme, proposent la location de kayaks. Anseremme est le point d'arrivée de la balade : on prend un petit train pour remonter la Lesse jusqu'au point de départ... de la descente (Gendron ou Houyet). Tarifs variables selon les loueurs.

■ *Dinant Évasion - Lesse Kayaks : pl. Baudouin-Iᵉʳ, 2. ☎ 082-22-43-97. ● lesse-kayaks@dinant-evasion.be ● lesse-kayaks. be ● Ouv avr-oct.* Outre la descente de la Lesse, propose plusieurs programmes d'activités sportives du genre escalade,

parcours aérien et même de la spéléo.
■ *Kayaks Libert : quai de Meuse, 1. ☎ 082-22-24-78. ● kayakslibert@sky net.be ● kayaks-libert.com ● Ouv avr-oct. Prix de groupe appliqué sur présentation de ce guide.*

Manifestations

– *Les dimanches de Mr Sax :* *chaque dim ap-m en juil et août.* Avec des jazz bands qui animent les rues de Dinant.
– *Régate internationale de baignoires sur la Meuse :* *le 15 août.* Accueille plus de 20 000 spectateurs. Avec une grande brocante en bord de Meuse.
– *Les 200 ans de Sax ou la naissance d'un géant :* *le 6 nov 2014.*
– *La Disnée spéciale de 200 ans de Sax :* *le 13 déc 2014.* Organisée par la confrérie royale des Quarteniers de la flamiche dinantaise.
– *Concert de la musique de la Force Aérienne :* *le 16 déc 2014.* Hommage à Adolphe Sax, grand réformateur de la musique militaire.

LE CHÂTEAU DE FREŸR

Un des plus élégants châteaux de la région, majestueusement situé en bord de Meuse. Ses jardins à la française sont parmi les plus séduisants de Belgique. Édifié sur les ruines d'un donjon à partir de 1571, en brique et pierre bleue, dans le style Renaissance mosane traditionnel. Le quadrilatère date du XVII° s. L'aile côté parking fut abattue pour créer une perspective sur le château de la cour d'honneur.

Infos utiles

– *À mi-chemin entre Dinant et Hastière.* ☎ *082-22-22-00.* ● *freyr.be* ● *Avr-juin et de sept à mi-nov, w-e et j. fériés (plus le mer pdt les vac scol belges et* *néerlandaises) 11h-17h ; juil-août, tlj sf lun 11h-17h. Durée de la visite : 1h. Entrée : 8 € ; réduc. Visite libre.*

La visite

🗡 *Le grand vestibule :* de style rococo et orné de toiles de Snyders représentant des scènes de chasse. C'est ici que se déclara l'incendie de 1995, consécutif, en fait, à une grosse inondation !

🗡 *L'antichambre des deux Gildas :* le clou en est le carrosse pour enfants, entièrement opérationnel et tracté, jadis, par d'authentiques poneys.

🗡 *La salle à manger :* du XIX° s et de style néo-Renaissance. Cuirs de Cordoue et grosse cheminée, bustes en terre cuite qui figurent les personnages des cartes à jouer et grande tapisserie en trompe l'œil, prolongeant la pièce.

🗡 *Le salon des Habsbourg :* on y marche sur le seul parquet qui ait résisté à la mérule. Mobilier Louis XVI.

🗡 *Le salon Louis XIV :* ainsi nommé pour le portrait du Roi-Soleil qui orne l'un des murs. Décoration de guirlandes de roses et de stucs au plafond.

🗡 *La chapelle :* elle fut l'église paroissiale jusqu'en 1951. Style rococo. Les vitraux diffusent doucement la lumière. Atmosphère de grâce et d'intimité. Ravissant tabernacle du XVII° s. Noter, au-dessus de l'autel, ce « deuxième plafond », posé au XVIII° s pour séparer d'un « étage », ainsi qu'il convenait, l'autel et la chambre à coucher, située juste au-dessus.

⚔ Les jardins : dessinés à la française en 1760. En plein Siècle des Lumières, ils expriment le triomphe de la raison qui impose son ordre à une nature désordonnée (pas mal dit !). Symétrie quasi parfaite. La Meuse fait ici office de grand canal. Nous trouvons le parterre, les bassins, les quinconces de tilleuls et, au bout, les orangeries voûtées de brique. Aux beaux jours, on sort les orangers, dont certains ont 300 ans et donnent encore des oranges (mais très mauvaises). C'est l'une des rares orangeries en Europe qui possèdent encore vraiment leur fonction initiale.

Parallèlement aux parterres s'élève un jardin particulièrement original sur le thème du jeu de cartes. Au milieu, la fontaine de Neptune. Statues évoquant les rois, les reines et les valets. Magnifiques charmilles dessinant les couloirs : le pique, le cœur, le carreau et le trèfle.

Tout en haut, le *Frédéric Salle,* pavillon construit en 1774 pour la visite de la fille de l'impératrice Marie-Thérèse d'Autriche. Rotonde à coupole et fort jolis stucs des Moretti, qui se sont représentés en bambins de part et d'autre de la pièce. La ligne de chemin de fer n'a visiblement été ajoutée qu'après...

DANS LES ENVIRONS DU CHÂTEAU DE FREŸR

⚔ Les rochers de Freÿr : *en face du château.* Vertigineuses falaises qui font le délice des grimpeurs de la région et du club alpin belge. Le week-end, les cordées se suivent à la queue leu leu sur chaque paroi.

CELLES (5561)

40-45 Mignonne bourgade classée parmi les Plus Beaux Villages de Wallonie. À l'entrée, un char trône sur un socle. Il marque le point de progression extrême des Allemands lors de ce que les Belges appellent l'« Offensive von Runstedt « et les Américains « The battle of the Bulge ». Autour de l'église, belle homogénéité architecturale des maisons de pierre.

MENSONGE HÉROÏQUE

En décembre 1944, Hitler lançait une offensive à travers les Ardennes pour reconquérir Anvers. La 2ᵉ Panzer-Division atteignit le village de Celles, à quelques kilomètres de la Meuse. Un char sauta sur une mine. Marthe Monrique, patronne de bistrot, interrogée par les tankistes, prétendit avec aplomb que la route vers Dinant était truffée de mines. Le mensonge porta, puisque les Allemands renoncèrent à poursuivre plus loin.

Où dormir ? Où manger ?

🏠 ⦿ Le Saint-Hadelin : *rue Saint-Hadelin, 1 (hôtel), et route de Neufchâteau, 21 (resto).* ☎ 082-66-64-42. ⦁ lesainthadelin@hotmail.com ⦁ lesainthadelin.be ⦁ Resto fermé mer-jeu. Double 95 €, petit déj compris. Menu 32 €. Plats env 25 €. CB refusées à l'hôtel (et paiement à l'arrivée). Au cœur du village, mais à 100 mètres de distance, l'hôtel et le resto. 7 chambres mêlant charme d'antan et confort d'aujourd'hui. Au resto, belle cuisine de terroir, copieuse et raffinée : truite, jarret grillé, rognons de veau à la bière... Excellent accueil.

🏠 ⦿ Le Fenil : *rue Saint Hadelin, 27.* ☎ 082-66-67-60. ⦁ info@hotellefenil.be ⦁ hotellefenil.be ⦁

Compter 135-145 € pour 2 en ½ pens. 🛜 Une belle maison de pierre, au cœur du village, entièrement rénovée au goût du jour. Belles chambres, plus ou moins spacieuses, là encore réservées aux clients du resto. Cuisine actuelle avec service au jardin aux beaux jours ; gibier en saison. Cyclistes bienvenus.

Où dormir dans les environs ?

🏠 🍽 *La Ferme des Belles Gourmandes :* rue du Camp-Romain, 20, *Furfooz (5500).* ☎ 082-22-55-25. ● valerie_david@me.com ● lafer medesbellesgourmandes.be ● *Sur les hauteurs de Dinant, à 7 km, surplombant la vallée de la Lesse. Accès fléché. Double 65 €, petit déj compris. CB refusées.* 🛜 *Carte des promenades de la région offerte sur présentation de ce guide !* Dans un village agricole, une ferme du XVIIᵉ s joliment restaurée et tenue par un couple charmant. Accueil adorable de Valérie. Vous y trouverez 4 chambres très agréables, arrangées chacune autour d'un thème et d'une couleur (la mer, la campagne, rêves d'ailleurs et sieste au soleil...). Le petit déj, avec ses salaisons locales, ses croissants et pains maison, son assortiment de fromages, ses confitures maison (en été), est costaud ! Pour les séjours un peu plus longs, il y a aussi 2 petits gîtes en duplex pouvant accueillir jusqu'à 4 personnes.

À voir

🍴 *L'église Saint-Hadelin :* elle présente un aspect fortifié avec sa grosse tour carrée, encadrée de deux tourelles avec meurtrières. Intérieur restauré. Nombreuses pierres funéraires et, notamment, à droite du chœur, une énorme dalle en marbre noir reposant sur des bouffons. Visite de la crypte voûtée. Une autre au fond, mais inondée.

DANS LES ENVIRONS DE CELLES

🍴🍴 🚶 *Le château de Vêves :* à 2 km de Celles. ☎ 082-66-63-95. ● chateau-de-veves.be ● *Avr-nov, ouv slt le w-e, les j. fériés 10h-17h ; pdt les vac de Pâques et Toussaint et 14 juil-2 sept, ouv tlj. Entrée : 7,50 € ; réduc. Pdt la visite, les enfants endossent un costume de chevalier ou de princesse. Visite ludique « À la recherche du Saint-Graal », moyennant un supplément de 5 €.*
L'un des châteaux les plus croquignolets (oui, ça faisait longtemps que l'on n'avait pas utilisé cet adjectif !) qu'on connaisse. Superbement perché sur une butte dans une riante vallée. D'abord château fort, puis transformé au cours des siècles en château d'agrément. Il possède encore son allure du XVᵉ s, avec ses tours et tourelles à poivrière et est habité par la même famille depuis le XIIIᵉ s !
Entrée par une porte fortifiée courbe permettant de piéger l'assaillant. Dans la cour, double galerie à colombages. Donjon de 36 m de haut et de 3 m d'épaisseur à la base. C'est la partie la plus ancienne. À l'intérieur, salles d'héraldique et des sceaux. La salle d'armes est la plus vaste du château. Dans le salon Hilarion, joli mobilier XVIIIᵉ s. Chambre à coucher avec alcôve et meubles Louis XVI. Noter la superbe salle à manger, aux décors de châteaux peints. Dans le grand salon, beau cartel d'ébène incrusté de cuivre. Visite également de la cuisine avec sa crémaillère et son four banal.

🍴 *L'église de Foy-Notre-Dame :* petit village au nord de Celles. C'est là qu'on découvrit, dans un vieux chêne, une statue de la Vierge. Il n'en fallait pas plus à l'époque pour provoquer un pèlerinage, puis construire une église à l'image de son succès. Ce qui fut fait en 1623. On ne prit pas vraiment le temps de fignoler l'architecture extérieure (ici assez mastoque) mais, en revanche, beaucoup de soin fut apporté au décor intérieur.

Beau plafond à caissons racontant, en 145 panneaux, la vie de la Vierge et celle du Christ. Richesse des autels du chœur. Les principaux, outre celui en marbre, sont ceux sur le côté en bois sculpté avec colonnes torsadées. Statue de la Vierge miraculeuse dans le tabernacle, objet de grande dévotion. Il faut noter le remarquable travail sur les lambris en chêne qui courent sans discontinuité tout le long des murs de l'église et du balcon d'orgues. Dans le narthex, les écussons des familles nobles et des évêques au plafond.

LE SUD-EST DU NAMUROIS

CINEY (5590) 15 000 hab.

LA PROVINCE DE NAMUR

Petite capitale du Condroz, c'est une ville riante et surtout commerçante. Fortement éprouvée lors des innombrables guerres, elle n'a pas conservé beaucoup de monuments anciens. Elle fut au centre d'un conflit féodal, la « guerre de la Vache », qui mit aux prises Liège et Namur pendant 2 ans à la fin du XIIIe s pour une histoire de vache volée. Sans verser dans la folie, à propos de vache, Ciney est aussi le siège de l'Association bovine du bleu-blanc belge (la fameuse B.B.B) race qui fait la fierté du monde agricole et le plaisir des consommateurs de steaks maigres et juteux. Une excellente bière (brune ou blonde) porte le nom de Ciney.

Adresse utile

i *Office de tourisme :* pl. Monseu, 23. ☎ 083-75-01-15. ● ciney.be ● Avr-oct lun-ven (et w-e vac scol et j. fériés) 9h-12h30 et 13h30-17h. Édite un guide touristique sur le secteur, très complet, ainsi que des fiches pour partir à la découverte de la ville et ses alentours.

Où dormir ? Où manger ?

|●| *Le Comptoir du Goût :* rue du Commerce, 121. ☎ 083-21-75-95. ● info@lecomptoirdugout.be ● Tlj sf dim-lun et sam midi. Plat du jour midi en sem 14 €, menu 35 €, carte 35-63 €. 🛜 Façade grise, salle dans les tons sombres, prolongée aux beaux jours par une terrasse donnant sur un bout de jardin. Ensemble très tendance, chic et de bon aloi. Une bien belle cuisine ma foi, appréciée des habitants comme des gens de passage, qui viennent profiter du plat du jour mais aussi des différentes préparations d'ici et d'ailleurs. Cuisine très *world,* déclinée sur différents thèmes, avec des préparations souvent inspirées, goûteuses et bien servies.

Manifestations

– *Foires aux puces :* w-e de Pâques et le 2e w-e d'oct.
– *Banquet de la Marguerite :* w-e de l'Ascension. Grande fête médiévale.
– *Grande foire aux antiquaires :* w-e autour du 21 juil.

– *La Plage Monseu : fin juil-début août.* La place Monseu se transforme en plage et propose diverses activités gratuites pour tous (sports, jeux, concerts...).

DANS LES ENVIRONS DE CINEY

🏃 *Chevetogne :* *à une dizaine de km au sud de Ciney.* Une curiosité et une attraction :
– à l'écart du village, une *église byzantine* (mais oui !) de type Novgorod, richement décorée par des artistes grecs. On peut assister aux offices le dimanche. Ah, les chants grégoriens !
– *Le domaine provincial :* ☎ 083-68-72-11. ● *domainedechevetogne.be* ● *Avr-fin oct, tlj 9h-19h (20h juil-août). Entrée : 10 € ; réduc ; gratuit nov-fin mars. Le billet donne accès à ttes les activités du domaine.* Dans une nature lumineuse (bon d'accord, pas tous les jours), une dizaine de jardins thématiques (dont le *woodland garden,* qui possède de beaux rhododendrons, le jardin de plantes médicinales et le jardin des licornes), une dizaine de plaines de jeux, des topiaires, une piscine avec toboggans, inclus dans le prix (accessible aux beaux jours), un train touris-tique, un centre équestre, des étangs paysagers où naviguer en barque ou en canoë, des terrains de sport (tennis, minifoot, basket), un minigolf, de nombreux sentiers de promenade (sentier des fleurs, de la forêt, ornithologique, promenade « Martine », etc.) et un musée (le *Nature Extraordinary Museum,* centre d'interpré-tation de la nature).

⚠ 🏠 |●| Nombreuses possibilités de logement dans le domaine, du *cam-ping* au *motel* en passant par des *gîtes,* des *chalets familiaux* et des *maisons forestières.* Plusieurs bras-series et restos également ; certains au bord de l'eau.

LE CHÂTEAU DE LAVAUX-SAINTE-ANNE

Superbe château médiéval de plaine du XVe s. Ses origines remontent tou-tefois au XIIIe et il fut modifié au XVIIe s. Totalement entouré de douves. On y distingue deux parties : les tours et le donjon d'origine d'une part, et la cour intérieure de style Renaissance d'autre part. Un mur extérieur fut d'ailleurs abattu au XVIIe s pour l'ouvrir sur la campagne. Galerie à colonnes galbées et chapiteaux toscans. Laissé à l'abandon dès 1810, il fut restauré à partir de 1933. Réaménagé une nouvelle fois en 2004, il abrite à présent des expos permanentes sur la vie rurale (à la cave), la nature famennoise (au 1er) et la vie des seigneurs de Lavaux (au rez-de-chaussée). Également visite possible de la *zone humide,* où sont reconstitués sur 6 ha trois milieux naturels (marais, prairie et étang) tels qu'ils existaient il y a un siècle.

Infos utiles

– *Dans le village de **Lavaux-Sainte-Anne** (5580).* ☎ *084-38-83-62.* ● *chateau-lavaux.com* ● *Sortie 22a sur l'autoroute E 411. Mieux vaut consul-ter le site internet pour les périodes et les horaires d'ouverture, très divers* *et changeants selon les saisons et les années. Brochure bien faite avec plan du château et de la zone humide. Entrée : 8 € pour le château seul ; réduc. Tarif de groupe accordé sur pré-sentation de ce guide.*

Où dormir ? Où manger à Lavaux-Sainte-Anne et dans les environs ?

🛏 🍴 *Lemonnier :* rue Baronne-Lemonnier, 82, au cœur du village de *Lavaux-Sainte-Anne* (5580). ☎ 084-38-88-83. ● info@lemonnier.be ● lemonnier.be ● Resto tlj sf mar-mer. Fermé 1 sem à Pâques, 1 sem fin juin, 1 sem en août et 2 sem pdt fêtes de fin d'année. Doubles 130-155 €, petit déj compris. Menu lunch 38 €, autres menus 55-82 €. 📶 Si vous avez quelque chose à fêter dans le coin, autant le faire ici. Bel hôtel de caractère doublé d'un resto gastro-nomique réputé (cuisine « française »), proposant une dizaine de chambres modernes très agréables, spacieuses et tout confort ! Superbes salles de bains dans les chambres rénovées, en particulier celle, très spacieuse, avec bains à bulles, de la chambre de luxe (la plus chère).

La visite

👫 La visite du château est libre. Elle démarre au sous-sol, dans de belles caves voûtées avec le *musée de la vie rurale* au début du XXᵉ s. Métiers, reconstitutions d'intérieurs avec tous les ustensiles utilisés dans la vie quotidienne, la grande cuisine, les ateliers... L'ensemble est sonorisé pour créer une atmosphère d'antan. Puis vient la partie sur *les seigneurs de Lavaux,* une succession de salles amé-nagées comme aux XVIᵉ et XVIIᵉ s. Fiche explicative dans chaque salle, qui est meublée et bruitée comme à l'époque, ce qui crée une jolie ambiance. On traverse successivement la chambre de Mademoiselle, la chapelle des seigneurs, la salle à manger, le cabinet d'écriture (belle table Renaissance, grosse cheminée), pro-longé par un cabinet de curiosités, puis le salon de musique, où flottent quelques notes... Noter l'intéressante et rare salle de bains, avec une vraie baignoire en marbre noir, datant du XVIIᵉ s. Particulièrement rare pour l'époque où en général l'on apportait une baignoire dans la chambre de la personne à décrasser (pour ceux qui se lavaient !). Dans le donjon, belle maquette du château fort vers 1450, où l'on peut observer le côté éminemment défensif de l'édifice. Le *musée de la Nature famennoise,* enfin, présente une riche collection d'oiseaux et de mammi-fères naturalisés, ainsi qu'une petite section sur la chasse. Noter le petit salon, doté d'un mobilier décoré de bois de chevreuil et daims ainsi que l'impression-nante canardière du XIXᵉ s et le miroir aux alouettes (si si, ça existe vraiment !) pour attirer puis tirer les... alouettes.
Si vous avez pris le billet combiné, vous pouvez ensuite aller vous balader dans la zone humide, à côté du château.

LES GROTTES DE HAN

Les grottes les plus célèbres de Belgique, situées au cœur du village de Han-sur-Lesse, en plein centre. Les premières traces d'occupation humaine remonte à 4 000 ans au moins et l'exploitation touristique du site a démarré il y a 200 ans environ ; bien avant la mode de la spéléologie donc ! En 1895, il fallait compter pas moins de 5h pour la visite qui s'effectuait à la bougie ! Les grottes servirent de refuge aux habitants à maintes reprises, notam-ment lors de la grande offensive des Ardennes, à l'hiver 1944. Beaucoup de monde en saison, ça va de soi.

LA PROVINCE DE NAMUR

Adresse utile

🛈 **Office de tourisme :** *pl. Théo-Lannoy, 3,* **Han-sur-Lesse** *(5580).* ☎ *084-37-75-96.* ● *valdelesse.be* ● *Horaires très variables : en gros, l'été (juil-août), tlj 9h30-17h ; à la mi-saison, 10h-16h30 ; en hiver, en sem slt* 10h-16h (hors petites vac scol belges). Vente des cartes de promenades à faire dans le coin. Fait aussi la location de vélos, mais, à 25 € la journée, c'est franchement cher.

Où dormir ? Où manger à Han ?

🏠 **Gîte d'étape Entre Pierres et Rivières :** *10 rue du Gîte d'Étape.* ☎ *084-37-74-41.* ● *gite.han@gites detape.be* ● *gitesdetape.be* ● *Dans le centre, non loin de l'office de tourisme et du musée du Monde souterrain. Compter 16,40 € pour les plus de 25 ans, 13,20 € pour les 6-25 ans. Draps en sus.* 📶 96 lits répartis en chambres de 4 à 6 personnes. Sur place, resto, salle TV, ping-pong, pétanque, barbecue... Excellent accueil et bonne ambiance, jeune et détendue.

🏠 **Chambres d'hôtes :** *chez Mme Gillet, rue Grand-Hy, 20.* ☎ *084-37-72-89. Dans le centre, à proximité de la Lesse. Compter 50 € pour 2 et 60 € pour 3, petit déj compris. Garage pour vélos et motos à disposition. Réduc de 10 % à partir de la 2ᵉ nuit sur présentation de ce guide.* Une grande villa de brique tenue par un adorable couple. Grande pelouse sur le devant, plantée de cerisiers, pommiers et poiriers. 2 chambres simples mais spacieuses avec sanitaires privés, impeccables. Confitures maison au petit déj et excellent accueil de la famille qui vous reçoit. Une bonne affaire, vu la modicité des prix.

🍽 **L'Hexagone :** *rue des Grottes, 19.* ☎ *084-47-71-78.* ● *info@hexagone-han.be* ● *Fermé mer, plus jeu hors saison. Congés : janv. Lunch env 12 € en saison slt, plats 12,50-21 €.* Resto de belle tenue, décoré avec goût et modernité, proposant une cuisine à la fois simple et soignée. Mention spéciale pour la fricassée de coq au pain d'épices et à la blonde de Han. Sinon, à la carte, spécialité de *patelles*, copieuses poêlées allant de la plus rustique (du terroir) à la plus exotique (à l'indienne). Excellent accueil.

🍽 **La Taverne du Centre :** *rue des Grottes, 5.* ☎ *084-37-73-67. Tlj sf lun midi et soir en saison. Nombreux plats (copieux) 11-15 €, qui peuvent faire office de repas ; menus 16,90-24,50 €.* Petite adresse sans chichis pour grignoter un petit bout. Cuisine classique parmi les classiques. Regardez voir ! Chicons au gratin, carbonade flamande, poêlée forestière (on mange dans la poêle), oiseaux sans tête à la blonde de Han...

Où dormir ? Où manger dans les environs de Han ?

🏠 **Ma Résidence :** *rue de l'Église, 124,* **Tellin** *(6927).* 📱 *0475-62-70-11.* ● *dan@maresidence.be* ● *maresidence.be* ● *À env 7 km au sud de Han. Juste sur le flanc droit de l'église (c'est la rue qui en fait le tour). Double 120 €, petit déj compris. CB refusées.* 📶 *Verre de bienvenue offert sur présentation de ce guide.* Pour nos lecteurs pas trop fauchés, un B & B cossu, installé dans une belle et grande maison de pierre grise, avec tourelle pointue, prolongée d'un parc de 2 ha avec piscine. Chambres toutes un peu différentes et très classe, avec salles de bains équipées de radio et garnies d'un lavabo encastré dans une grosse planche en bois. Petit déj (jus de pomme pressée et jambons locaux) servi au salon, très cossu lui aussi (cheminée et canapé moelleux). Sauna à disposition.

🍽 **Chez Mathilde – Au Ry d'Ave :** *Sourd d'Ave, 5,* **Ave-et-Auffe** *(5580).* ☎ *084-24-48-50.* ● *rydave@skynet.be* ● *À 13 km de Rochefort et 5,50 km de Han-sur-Hesse, par la N 86. Ouv tlj* *tte l'année, sur résa. Plats 19,50-25 € ; menus 35-65 €.* Une ancienne auberge en bord de route forestière (devenue depuis un gros carrefour nettement moins bucolique)... Elle a conservé son cadre campagnard et propose une bonne cuisine de terroir. Spécialités, entre autres, de bœuf BBB et de truites du vivier. Si le cœur vous en dit, vous pourrez aller la pêcher vous-même au fond du jardin ! Fraîcheur garantie... Très bon accueil. Sur place, le cabaret Jean Trancène... Un des hauts lieux du festival du Rire.

À voir

Bon à savoir, il existe un billet combiné *(PassHan)* permettant d'accéder aux 4 attractions (la grotte de Han, la réserve, le PréhistoHan et le Han d'antan) : *compter 26 €/adulte et 16 €/enfant (39 € et 24 € avec le repas dans l'un des restos du domaine ; il existe aussi des forfaits comprenant l'hébergement). Ces billets sont vendus moins chers sur Internet et évitent la queue aux caisses (qui peut être longue en saison) :* ● grotte-de-han.be ● *Il existe aussi plusieurs forfaits, comprenant celui combiné avec la réserve et la grotte de Lorette-Rochefort (19,15 € ; réduc). Autre chose, les horaires sont extrêmement compliqués et fluctuants d'une année sur l'autre (en fonction des vac scol). Mieux vaut donc téléphoner ou vérifier sur le site internet. En gros, le domaine est ouv tlj en saison, 10h-17h30 ou 18h ; en hiver, ouv slt à certaines dates (fermé en déc, sf à Noël, et en janv-fév).*

🏃🏃 🚶🚶 ***Le domaine des grottes de Han :*** *rue J.-Lamotte, 2,* **Han-sur-Lesse** *(5580).* ☎ *084-37-72-13.* ● grotte-de-han.be ● *Départs ttes les 30 mn en été, ttes les heures le reste de l'année ; attention, dernier départ à 16h ou 17h30 selon saison. Vente des billets dans le hall d'accueil, en face de l'église. Entrée : 16 € (PrehistoHan compris) ; réduc (billet PassHan vendu en ligne 10 à 15 % moins cher). Un tramway centenaire conduit jusqu'à l'entrée de la grotte. Compter 1h45 de visite (et prévoir une petite laine !). Sortie des grottes à 500 m du village.* Le parcours dans la grotte, le long des galeries et des salles, fait environ 2 km (plus de 14 km ont été découverts par les spéléos). La grotte fut profondément creusée par la Lesse. On ne va pas tout vous révéler mais voici les principaux temps forts : salles des Mystérieuses décorées de belles concrétions, la grande salle d'armes (là où la Lesse ressurgit), qui mesure 20 m de haut (spectacle son et lumière). Stupéfiante salle du Dôme avec ses 65 m de haut et 145 m de long. En tout, 400 m à monter et à descendre. Au passage, vous admirerez le Minaret, jolie stalagmite qui mérite son nom, et le Trophée, énorme concrétion de 20 m de circonférence. À la sortie de la grotte... surprise sonore.

À voir aussi

🏃🏃 🚶🚶 ***La réserve d'animaux sauvages :*** *se visite à pied ou en car panoramique. Départs ttes les 30 mn en été, ttes les heures le reste de l'année ; attention, dernier départ à 16h ou 17h30 selon saison (plus tôt donc que le reste du domaine). Durée : 1h15. Entrée : 14 € ; réduc.* Un parc de 250 ha, soit l'équivalent de 500 terrains de foot ! 9 kilomètres de clôture ! L'occasion de voir en liberté sangliers, cerfs, daims, bisons, ours bruns, bouquetins, rennes, mouflons, loups et lynx ! On y voit uniquement des animaux d'origine européenne. Nouveauté 2013, un sentier pédestre de 2 à 5 km à travers toute la réserve, qui permet d'observer les animaux de près à son propre rythme. Sur résa, possibilité d'assister à des visites thématiques et saisonnières : les nouveaux nés au printemps, visites crépusculaires en été, le brame du cerf à l'automne, etc.

🏃 **PrehistoHan :** expose les résultats des fouilles subaquatiques réalisées dans le lit de la Lesse à la sortie de la grotte de Han depuis 50 ans. Films et photos vous emmènent à côté des plongeurs, dans les eaux troubles de la rivière, à la découverte d'un des plus étonnants trésors archéologiques de Belgique. L'exposition comprend également une partie consacrée aux sciences naturelles : géologie, formation des grottes et des concrétions, et faune cavernicole. Une grande maquette du massif des grottes, une présentation des différents réseaux de la caverne et une animation sur les crues de la Lesse complètent l'exposition.

🏃 *Han d'antan ; Maison de la vie paysanne et des métiers oubliés :* rue des Grottes, 14. ☎ 084-34-59-08. ● *maison-viepaysanne.be* ● *Tlj sf lun (sf de début juil à mi-août) : juil-août, 11h45-18h ; avr-juin et sept-oct, 12h-17h30. Fermé nov-fin mars. Entrée : 5 € ; réduc.* Un peu cher pour ce que c'est, mais permet de découvrir, à travers toute une série de petits ateliers, des métiers – pour certains – qu'on n'imaginait pas avoir existé, comme ceux de scieur de bois, réparateur de parapluies (et seulement de parapluies !), planteur de tabac, fabricant de manches ou organiste.

ROCHEFORT (5580) 12 430 hab.

LA PROVINCE DE NAMUR

Populaire centre de villégiature, petite capitale de la Famenne. La Fayette et Chateaubriand y furent arrêtés par les Autrichiens en 1792. Rochefort s'emplit de touristes belges, français et néerlandais dès le premier rayon de soleil. C'est l'une des particularités de la Wallonie que ces villes qui n'ont pas d'attrait en elles-mêmes mais où l'on va parce que c'est touristique, sans plus se rappeler très bien d'ailleurs pourquoi c'est touristique... Certes, il y eut bien, il y a longtemps déjà, un gros château mais il fut vendu au XIXᵉ s en morceaux. Bon, il reste un donjon et, plus loin, il y a une grotte... Alors, ville-étape ? Allez, ville-étape !
Et puis n'oublions pas les trappistes de l'abbaye Saint-Rémy, qui assurent à elles seules la notoriété de la ville ! Allons, la vie est belle ! D'autant plus que Rochefort organise chaque année un festival du Rire. Pour en savoir plus : ● *festival-du-rire.be* ●

Adresse utile

ℹ️ *Maison du tourisme du val de Lesse-Beauraing-Houyet-Rochefort :* rue de Behogne, 5. ☎ *084-34-51-72.* ● *valdelesse. be* ● *Dans la rue principale. Pâques-sept, en sem 8h-17h (18h juil-août), le w-e 9h30-17h ; l'hiver, horaires* restreints. 📶 Vente de passeports touristiques pour les attractions de Rochefort et de cartes de balades à pied, à vélo ou à cheval dans la région. Nouveauté, une application gratuite de balades géolocalisées pour smartphone : « Explore Val de Lesse ».

Où dormir ? Où manger ? Où boire un verre ?

🛏️ 🍴 *Gîte d'étape Le Vieux Moulin :* rue du Hableau, 25. ☎ *084-21-46-04.* ● *gite.rochefort@ gitesdetape.be* ● *giterochefort.be* ● *À 5 mn à pied du centre. Ouv tte l'année. Nuitées 8-15 € selon âge, petit déj compris. Possibilité de pens complète. CB refusées.* 📶 *Carte de membre demandée pour bénéficier de* ces tarifs, mais offerte sur présentation de ce guide. Quelque 90 lits en petites chambres agréables et impeccables, de 4 à 14 lits, dans un ancien moulin rénové, peint couleur corail. Lavabo dans les chambres mais douches communes. L'ensemble est parfaitement tenu.
🛏️ *Le Vieux Logis :* rue Jacquet, 71.

☎ *084-21-10-24.* ● *levieuxlogis@sky net.be* ● *levieuxlogis.be* ● *Au pied du château. Fermé 2ᵈᵉ quinzaine de sept. Double 90 €, petit déj inclus. Parking gratuit.* 📶 Petit hôtel d'une dizaine de chambres. Plus proche d'ailleurs de la pension de famille par son atmosphère intime et calme. Un bel ameublement (armoires anciennes, parquet qui craque, vieux fauteuils...) et le côté gentiment vieillot du décor lui donnent un surcroît de charme. De plus, bon accueil et super jardin à l'arrière, avec tables en fer forgé, transats en été, et

même un barbecue à disposition des hôtes ! Une bonne adresse.

🍴 ❙●❙ *Couleur Basilic : rue de Beho-gne, 43.* ☎ *084-46-85-36. Tlj sf mar-mer (service jusqu'à 23h). Lunch 20 €, menus 25-60 € env. Plats 14-28 €.* L'adresse gentiment branchouille de la ville. On y viendra surtout boire un verre, que l'on soit cocktail ou bière de Rochefort. On peut aussi décider de rester dîner, à condition d'aimer la cuisine fusion et la musique assourdissante... Branchouille, on vous dit !

Où dormir ? Où manger dans les environs ?

🏠 *Chambres d'hôtes Derrière les Terres : rue de la Lhomme, 7, Jemelle (5580).* ☎ *084-22-19-50.* ● *info@ derrierelesterres.be* ● *derriereles terres.be* ● *À 3 km à l'est de Rochefort. Compter 40-45 € pour 2 selon le nombre de nuits. CB refusées.* Bienvenue chez Malou, très accueillante. Posée en bordure de rivière, cette petite maison en pierre grise possède 3 jolies

chambres soignées, avec sanitaires privés, proposées à un prix vraiment attractif. En outre, les écolos pourront consulter quelques livres sur la nature dans le petit salon réservé aux hôtes. Petit jardin à l'arrière. Dans le même esprit, on est invité, la veille au soir, à préciser ce qu'on veut pour le petit déj, histoire d'éviter le gaspillage. Une démarche qu'on salue !

Où acheter de la bière de Rochefort ?

Au risque de vous décevoir, l'abbaye Notre-Dame-de-Saint-Rémy ne se visite pas (dommage car c'est l'une des plus belles et des mieux préservées)... Les moines brassent mais ne frayent pas. Seule l'église est accessible au public et encore, uniquement pour les offices.
Heureusement, cette rare et précieuse trappiste est en vente dans tous les commerces de la ville et des environs. L'élaboration se fait à l'ancienne (enfin, la recette ne remonte qu'aux années 1950 !), en quantité limitée et l'on a du mal à la trouver en France. Il existe trois Rochefort (trois brunes de haute fermentation) : la 6 (la plus

ancienne, la plus « courante »), la 8 (la « Spéciale » car autrefois réservée aux périodes de fêtes ») et la 10 (aussi surnommée la « Merveille »), dont le pourcentage d'alcool en volume est respectivement de 7,5 %, 9,2 % et 11,3 %. Des bières fortes donc ! Contrairement aux idées reçues, le chiffre associé aux bières ne désigne pas le pourcentage d'alcool. Elles ont en commun leur succulence, leur suavité, leur finesse, leur discrète amertume, leur longueur en bouche, leurs arômes épicés, caramélisées, cacaotés... Parmi les meilleures bières au monde à n'en pas douter ! Quelques renseignements sur ● *trap pistbeer.net* ● *abbaye-rochefort.be* ●

À voir

Il existe toutes sortes de forfaits et de billets combinés comprenant la grotte de Lorette-Rochefort, les différentes attractions de Han-sur-Lesse, l'*Archéoparc* ou les vestiges du château.

🏃 *Les vestiges de l'ancien château comtal :* ☎ 084-21-44-09. *Travaux en cours ; ouverture sous réserve. Avr-début nov, tlj 10h-18h. Entrée : 1,80 € visite guidée (slt avec résa) ; réduc.* Les ruines restent imposantes. Panorama intéressant du donjon. Musée dans la tour orientale.

🏃🏃 *La grotte de Lorette-Rochefort :* *pas loin du centre, près de la chapelle de Lorette.* ☎ 084-21-20-80. *Ouv avr-début nov : juil-août, 4 visites/j. ttes les 90 mn (voire 45 mn en très hte saison) la 1re à 10h30, la dernière à 15h30 ; le reste de la saison, 4 visites/j. Entrée : 8,50 € ; réduc. Combiné avec la réserve de Han-sur-Lesse : 19,15 € ; réduc.* Cette grotte verticale, à l'aspect sauvage et au parcours compliqué, abrite une station de recherche sur les mouvements tectoniques. On descend de 65 m pour voir la salle du cataclysme et, finalement, arriver à la grande et superbe salle du Sabbat, où un nouveau son et lumière a été mis en place. Possibilité de visionner un film au pavillon d'accueil sur les phénomènes tectoniques. Comme d'habitude, prévoir une petite laine !

🏃 *L'Archéoparc de Malagne la Gallo-Romaine :* *rue du Coirbois, 85.* ☎ 084-22-21-03. ● *malagne.be* ● *Ouv 11h-18h : w-e début avr-début nov ; tlj pdt les vac scol et en sept (dernière entrée 16h30). Entrée : 6 € ; supplément en cas d'animations ; réduc. Prix de groupe sur présentation de ce guide.* Sur le site archéologique d'une des plus grandes villas romaines de la Gaule du Nord, reconstitution de la vie quotidienne des Gallo-Romains : élevage, artisanat, culture... Reconstitution de thermes. Accueil avec audiovisuel, boutique et café-téria. Fête de l'Été, fin juillet et fête de l'Automne, début octobre.

LE SUD-OUEST DU NAMUROIS

Avant de se diriger vers le Hainaut, petit détour vers Viroinval, en marge de la N 99 (vers Couvin).
La vallée du Viroin mérite qu'on s'y attarde pour son remarquable état de préservation et la palette de richesses naturelles qui la caractérisent.

NISMES   (5670)   1 840 hab.

Village millénaire de sabotiers qui voit se rejoindre l'Eau Blanche et l'Eau Noire. Le parc naturel Viroin-Hermeton s'avère être l'une des plus passionnantes zones géographiques du pays. Ensemble de pelouses sur calcaire à la flore particulière (orchidées), le parc se singularise par des curiosités géologiques spectaculaires appelées *fondrys*. Gouffres naturels issus de l'ère glaciaire et creusés par les eaux de pluie dans le calcaire sur une profondeur de 20 m parfois. Une activité minière pour y exploiter le fer s'y déroula jusqu'au XIXe s. Soyez prudent si vous voulez les explorer, cela peut être dangereux !

Adresses utiles

ℹ️ *Office de tourisme :* *rue d'Avignon, 1.* ☎ 060-31-16-35. ● *viroinval.be* ● *En basse saison, lun-ven 8h30-16h30, w-e 9h-16h30 ; en hte saison, tlj 9h-17h (18h w-e).* Très bon accueil et infos précieuses. Guide touristique :

nombreuses balades, visites et activités à faire dans le coin et liste des chambres d'hôtes.
■ *Promenades guidées :* avec *le Cercle des naturalistes de Belgique. Contacter M. Woué à*

Vierves-sur-Viroin : ☎ *060-31-13-83.*
■ *Le parc naturel Viroin-Hermeton :*

rue d'Avignon. ☎ *060-39-17-90.*
● *pnvh.wordpress.com* ●

⚠ *Camping Le Try des Baudets : Try des Baudets, 1,* **Olloy-sur-Viroin** *5670.* ☎ *060-39-01-08.* ● *info@trydesbaudets.be* ● *fr.trydesbaudets.be* ● *Ouv tte l'année. Réception fermée mer hors saison. Selon saison, compter 11,50-13,50 € pour 2 avec tente.* Bien situé, sur une hauteur en bordure de forêt.

🛏 ⦿ *Au Sanglier des Ardennes : rue J.-B.-Périquet, 4,* **Oignies-en-Thiérache** *(5670).* ☎ *060-39-90-89.* ● *ausanglierdesardennes@hotmail. com* ● *ausanglierdesardennes.be* ●

Au centre du village. Fermé dim soir, lun et mar (également mer janv-juin). Congés : de mi-fév à mi-mars et dernière sem d'août-1ʳᵉ sem de sept. Doubles 60-94 € ; petit déj 15 €. Résa conseillée au resto. Menus 35 € le midi, puis 25-100 € ; plats 18-28 €. Un petit hôtel modeste, genre auberge de campagne, rustique et sympathique. Et une excellente table, réputée pour sa cuisine régionale de haute volée. Spécialité de gibiers en saison, on s'en doute.

À voir. À faire à Nismes et dans les environs

🚶 Au cœur de **Nismes,** le château, entièrement rénové, et son parc invitent à la promenade. Rivières, canaux, étang, cascades, jardin des orchidées, jeux pour enfants... l'eau est omniprésente dans le village. À découvrir à pied (accès libre) ou en barque électrique.

🚶🚶 **Viroinval, Vierves-sur-Viroin, Dourbes** sont des localités bâties de calcaire et d'ardoise, et pleines d'histoire : vestiges préhistoriques, gallo-romains et francs, ruines d'anciens châteaux et points de départ pour découvrir une nature propice au kayak, à l'escalade et à la spéléologie. Vierves est répertorié dans la liste des « Plus Beaux Villages de Wallonie ». Réseau de promenades balisées « La Viroin-valoise » en boucle au départ de chacun des 8 villages (carte IGN disponible à l'office de tourisme), ainsi qu'un Nordic Park.

TREIGNES   (5670)   640 hab.

Un tout petit village qui a, étonnamment, bien des choses à offrir. Un enfant du pays, Arthur Masson, écrivain régionaliste, y a créé le personnage romanesque de Toine Culot, maire du village imaginaire de Trignolles et archétype presque caricatural du Wallon bon vivant. Son univers est fort bien reconstitué dans l'Espace Arthur-Masson.

Où manger dans le coin ?

⦿ *Le Grain de Sel : 20, av. Roger-Posty,* **Vireux-Molhain** *(08320).* ☎ *03-24-41-80-90.* ● *info@grain-de-sel.fr* ● *Situé juste de l'autre côté de la frontière, donc en France, à 5 km de Treignes. Ouv ts les midis, plus les jeu, ven et sam soir. Plat du jour 9,50 €,*

menus 13-36 €, plats 12-19,50 €. Notre seul resto du guide qui n'est pas sur le territoire belge, mais vu qu'il est à deux pas de Treignes et d'un bon petit rapport qualité-prix, on a décidé de vous l'indiquer quand même. Savoureuse cuisine de terroir en effet, servie avec le sourire dans une agréable petite salle de bistrot. Les suggestions, à prix unique, changent tous les jours au gré du marché.

À voir. À faire

🎭🎭 **L'Espace Arthur-Masson :** *parcours-spectacle dans l'ancienne maison communale de Treignes, rue Eugène-Defraire, 29. ☎ 060-39-15-00. ● espace masson.be ● Mars-Toussaint, mar-ven 10h-17h, sam-dim 11h-18h, fermé lun (sf vac scol) ; le reste de l'année, slt le w-e et vac scol 11h-18h. Fermé 3 sem en janv. Entrée : 5,20 € ; réduc. Durée du parcours : 1h15.* Une émouvante évocation, par le truchement d'un audioguide et de scènes en trois dimensions, de l'univers désuet et gentiment rural du « Pagnol wallon » entre les années 1930 et 1960. Humour, sensibilité, truculence et naïveté avec cette résistance au modernisme propre à Toine Culot, maïeur de Trignolles. Une fois qu'on s'est fait aux faciès un peu grossiers des personnages, on tombe vraiment sous le charme d'un monde romanesque révolu.

🚶 **L'écomusée du Viroin :** *rue Eugène-Defraire, 63. ☎ 060-39-96-24. ● ecomu seeduviroin.be ● Abrité dans une ferme-château au milieu du village, en face de l'église. Lun-ven 9h-12h, 13h-17h (ouv le w-e d'avr à mi-nov et j. fériés, 10h30-18h). Entrée : 4 € ; réduc.* Tour-donjon du XVIᵉ s. Collections présentées dans les anciennes étables. Outre de belles expos temporaires ayant trait à la vie d'autrefois, il y est question de tous les vieux métiers qui firent la prospérité de la région. Comme la saboterie, qui employa à Nismes jusqu'à 500 personnes travaillant sur des machines à sabots modernes. D'autres métiers liés à l'exploitation des forêts sont également évoqués : bûcherons, menuisiers, charpentiers, tonneliers... D'autres encore, liés au fer, sont mis en valeur au travers d'outils et de machines, comme les forgerons, maréchaux-ferrants et fondeurs. Voir aussi, au rez-de-chaussée, l'étonnante horloge astronomique du début du XXᵉ s, puis passer au jardin, qui rassemble de pittoresques vieilles machines agricoles, dont la célèbre charrue brabant double. Enfin, petit estaminet garni d'un vieux poêle, où l'on sert les sept trappistes existantes.

🚶 **Le musée du Chemin de fer à vapeur :** *dans l'ancienne gare de Treignes. ☎ 060-39-09-48. ● cfv3v.in-site-out.com ● Mars-juin et sept-nov, tlj sf lun 10h-17h (18h w-e) ; juil-août, tlj 10h-18h. Entrée : 5 € ; réduc.* La gare ferroviaire, quelque peu surdimensionnée par rapport au village, était autrefois une importante plaque tournante du trafic national belge et international (à deux pas de la frontière française). Elle abritait aussi les bureaux des recettes et des douanes, et contrôlait sept voies. Un grand hangar abrite ce musée ouvert en 1994. Nombreuses belles locos, dont la locomotive 808 bicabine datant de 1894, les locomotives Type 1 « Pacific », Type 16 « Atlantic » et toutes productions Belges Tubize, Cockerill, etc. Ainsi que d'antiques wagons de bois, circuits de trains miniatures, collection de gares en cartes postales, petit matériel ferroviaire, etc.

|●| Cafétéria à côté.

🚶 **Le chemin de fer des Trois-Vallées :** Treignes est aussi le point de départ d'une chouette balade en loco à vapeur jusqu'à Mariembourg. *Infos : chaussée de Givet, 49, **Mariembourg 5660**. ☎ 060-31-24-40. ● cfv3v.in-site-out.com ● Fonctionne le w-e avr-oct (tlj juil-août), à raison de 3 départs/j. (compter 2h A/R). Prix du billet : 12 € ; réduc.* Outre le trajet, vous verrez aussi à Mariembourg, dernière « rotonde » en activité en Belgique, toutes les vieilles locos restaurées qui roulent encore, comme l'impressionnante BR50 allemande de 138 t. Attention, pour le trajet, c'est alternativement la loco à vapeur ou un antique autorail Diesel. Se le faire préciser au moment de la réservation.
– **Festival de la Vapeur :** *le 4ᵉ w-e de sept.*

🎭🎭 **Le musée du Malgré-Tout :** *rue de la Gare, 28. ☎ 060-39-02-43. ● musee dumalgretout.be ● En sem 9h30-17h30 ; w-e et j. fériés 10h30-18h. Fermé mer* *hors j. fériés et vac scol. Entrée : 5 € ; réduc.* Son nom provient du lieu-dit voisin. Petit musée de paléontologie et d'archéologie. Il propose non seulement de remarquables expos temporaires mais aussi, de façon permanente, des objets dont le plus ancien remonte à un million d'années. Intéressant. Toujours au rang des collections permanentes, on peut aussi y voir, dans une belle muséographie, des objets et ossements de l'époque de Néandertal à l'Antiquité, ainsi qu'une longue vitrine sur l'évolution de l'homme préhistorique et de ses activités. Enfin, ceux que le sujet titille concluront la visite en se rendant à la villa gallo-romaine des Bruyères, située en campagne à 700 m du centre de Treignes, direction Couvin.

DANS LES ENVIRONS DE TREIGNES

🗡 **Gambrinus Drivers Museum :** *Fontaine-Saint-Pierre, 2 A,* **Romedenne** *(5600).* ☎ *082-67-83-48.* ● *gambrinus-drivers-museum.be* ● *Sur la route entre Philippeville et Givet. Avr-oct, ouv slt w-e et j. fériés 11h-19h. Entrée : 10 € ; réduc.* Installé dans une ancienne malterie du XIXᵉ s, le seul musée belge consacré aux camions de brasserie. Outre ceux-ci, le musée présente une expo de photos, jouets, documents et publicités sur une activité traditionnelle qui s'est fortement réduite de nos jours, du fait de la production industrielle.

COUVIN   (5660)   13 500 hab.

➤ **Pour y aller en train :** liaisons avec Charleroi.

UN PEU D'HISTOIRE

En 872, Charles le Chauve cède Couvin à l'abbaye de Saint-Germain, fondée à Paris par le fils de Clovis (oui, celle du Quartier latin, le monde est bien petit). Ensuite, pour 100 ans, Couvin appartient au Hainaut, puis la ville finit par être vendue à l'évêque de Liège pour 50 marks d'or (feu le mark était alors, déjà, une monnaie forte). Elle fut liégeoise jusqu'en 1794, puis française rattachée au département des Ardennes jusqu'en 1815. Place forte située sur un escarpement au-dessus de l'Eau Noire (noire parce que schisteuse), elle connut à de nombreuses reprises les joies des sièges et des pillages, pour finir par être démantelée par la France en 1673. Dès le Moyen Âge se développa une industrie métallurgique et Couvin peut tirer orgueil d'avoir vu construire en 1824 le premier four à coke d'Europe. De cette activité, il ne reste que quelques ruines d'ateliers mais, dans les archives de la ville, on trouve des traces du premier procès pour pollution connu de mémoire judiciaire.

Adresse utile

🛈 **Maison du tourisme de la vallée des Eaux Vives :** *rue de la Falaise, 3.* ☎ *060-34-01-40.* ● *valleesdeseauxvives.be* ● *Tte l'année, lun-sam 9h-17h, dim 10h-16h.*

Où dormir ? Où manger ?

Spécialité culinaire de Couvin : l'*escavèche*, anguille ou truite cuite ou frite et servie avec une sauce acide et froide assez épaisse aux oignons. Côté douceurs, il y a aussi les « calcaires couviniens », sortes de truffes qu'on ne trouve qu'à la pâtisserie Moraux, sur la N 5 direction Cul-des-Sarts.

🏠 🍽 *Chambres d'hôtes Au Milieu de Nulle Part – Restaurant Nulle Part Ailleurs : rue de la Gare, 8-12.* ☎ *060-34-52-84.* ● *info@nulle-part-ailleurs.be* ● *nulle-part-ailleurs.be* ● *Resto fermé lun-mar. Double 90 € ; petit déj 12 €. Menus 39-49 € ; au resto, plats 15-22 € avec aussi un plat du jour à 8 €.* Sans doute le meilleur endroit où loger et manger à Couvin. 5 chambres un peu rustiques, impeccables et personnalisées, avec salle de bains et TV. Petit déj pris dans un espace tout mignon aux tables vertes. Le rez-de-chaussée abrite quant à lui deux petits restos à la déco claire et champêtre, très appréciés des locaux. Cuisine de bistrot dans l'un, un peu plus sophistiquée (et un peu plus chère) dans l'autre. Vente de produits fins à la boutique attenante, possibilité de dégustation de vins. Une bien, bien bonne adresse.

Où camper dans les environs ?

🏕 *Camping Le Bailly : rue du Bailli, 1, Cul-des-Sarts.* ☎ *060-37-73-66. À 11 km au sud de Couvin. Ouv de mi-mars à oct. Emplacement (tente, voiture et 2 pers) 8 €.* Possibilité de baignade et pêche dans les environs.

Où dormir dans les environs ?

🍽 *La Thiérache : chaussée de Philippeville, 2, Mariembourg (5660).* ☎ *060-31-24-56.* ● *lathierache@ skynet.be* ● *À 5 km au nord de Couvin. Tlj sf sam 11h30-15h, plus ven-sam 18h-21h30. Résa conseillée, car l'endroit est souvent plein comme un œuf ! Plats 12-25 €, menu 24,50 €.* Jolie maison en pierre de pays sur la route principale de Mariembourg. Intérieur chaleureux avec tables en bois, vieille horloge et objets de la vie rurale pour décorer. N'hésitez pas à pousser la porte, on y déguste une copieuse cuisine de grand-mère, à base de produits de la région, comme l'*escavèche* d'anguille, le jambonneau fermier, le pot-au-feu de petits-gris, les pieds de porc au four ou l'os à moelle gratiné. Attention, nombre de ces spécialités nécessitent 3/4h de cuisson et ne seront mitonnées que sur réservation.

À voir. À faire

➤ *Circuit dans la « bonne ville » :* agréable balade dans la vieille ville pour découvrir les maisons anciennes. Demandez la petite brochure à la maison du tourisme. 18 bornes jalonnent le parcours que l'on peut effectuer « *by night* ».

DANS LES ENVIRONS PROCHES DE COUVIN

🏛 *Les grottes de Neptune : rue de l'Adugeoir, 24, à Pétigny.* ☎ *060-31-19-54.* ● *grottesdeneptune.be* ● *À 2 km au nord de Couvin. Juil-août, tlj 11h-17h30 ; de mi-avr à juin, tlj 11h-16h ; de sept à mi-nov et de mi-fev à avr, tlj 13h-15h15. Fermé de mi-nov à mi-fév. Entrée : 8 € ; réduc. Billet combiné avec le bunker de Hitler : 12 €. Durée : 45 mn.* Après un parcours à pied, on prend place dans une barque pour 20 mn de navigation sur l'Eau Noire souterraine. Pas les grottes les plus spectaculaires de Belgique, non, mais le son et lumière, à la fin de la visite (avec effet stroboscopique sur une cascade d'eau), est sympathique.

🕴 *La brasserie des Fagnes : route de Nismes, 26, à **Mariembourg**.* ☎ *060-31-39-19. ● fagnes.be ● Ouv mar-jeu 11h (10h juil-août)-20h (22h juil-août) ; ven-dim 10h-22h. Fermé lun sf juil-août et j. fériés. Entrée gratuite.* La brasserie des Fagnes, renoue avec la tradition locale des brasseries familiales et qui a embrassé, si l'on peut dire, le métier de brasseur avec enthousiasme. Ainsi, on peut venir voir les brassins du mercredi au dimanche (pas en permanence car ça dure tout de même 14h !), discuter technique avec le brasseur, observer le travail dans les cuves et déguster le produit fini, à savoir la Super des Fagnes (blonde, brune ou griotte, sans oublier les 8 cuvées spéciales). On peut aussi apprécier en accompagnement quelques produits faits maison comme la croûte des Fagnes et visiter le petit musée de la Bière où sont exposées quelques pièces intéressantes plaques émaillées. On vous recommande le mini plateau de quatre cuvées spéciales.

40-45 🕴 *Le bunker de Hitler – Q.G. allemand : à **Brûly-de-Pesche**.* ☎ *060-37-80-38. À 7 km au sud de Couvin. Pâques-sept, tlj sf lun (sf juil-août et lun fériés) 10h30-17h (dernier billet) ; oct, le w-e slt. Entrée : 5 € ; réduc.* Q.G. de la Wehrmacht, où le Führer séjourna du 6 au 28 juin 1940 pour diriger la campagne de France. Lieu de mémoire, le musée associe les souvenirs de 1940 à ceux de la Résistance régionale contre les nazis.

LA PROVINCE DU HAINAUT

Peu de voyageurs envisagent de partir, ni même de s'arrêter en Hainaut. Qu'attendre d'une province limitrophe de la France, au passé prestigieux certes, mais que la révolution industrielle et l'extraction du charbon auraient ravagée ? Qu'espérer de ces gros bourgs et de ces petites villes, de cette campagne jugée monotone avant que d'être vue ? En réalité, plein de choses : d'abord, peut-être, à Binche pour le carnaval, à Tournai pour la cathédrale ou à Mons qui prépare son année de gloire en 2015 où elle sera sous les feux de la rampe en décrochant le titre envié de ville européenne de la Culture. Mais quoi d'autre ?

Pourtant, les villes sont riches de monuments, vivantes et animées ; les restaurants y servent tard et les bistrots veillent parfois jusqu'aux petites heures, dans le brouhaha sympathique des étudiants houblonnés. Les gros bourgs, fiers de leur passé et de leurs traditions, consacrent une énergie parfois phénoménale pour les préserver. Les villages sont habités, souvent surmontés d'un château ou dominant les vestiges archéologiques d'un phalanstère du XIXe s. Et la campagne est verte, vallonnée, parfois pleine de jolies vaches blanches mouchetées de noir. Et les gens... Le plus beau dans cette province du Hainaut, ce sont eux. Il y a ici un sens de l'accueil, de la chaleur et, surtout, de la fête, qui culmine lors des nombreux carnavals et ducasses. Alors, 60 km avant Bruxelles, quittez l'autoroute !

CHIMAY
(6460)   10 000 hab.

Tout au fond de la botte du Hainaut, à proximité de Couvin, une petite cité chargée d'histoire. Le célèbre Jean Froissart, chroniqueur de la guerre de Cent Ans, y fut chanoine. Deux musts : le château et la collégiale. Et même trois avec la Trappiste de Chimay !

LA PROVINCE DU HAINAUT

LA PROVINCE DU HAINAUT

Adresse utile

ℹ️ *Maison du tourisme de la botte du Hainaut :* rue de Noailles, 6. ☎ 060-21-98-84. ● botteduhainaut. com ● Lun-ven 8h30-17h, w-e 10h-17h ; juil-août, tlj 9h-18h.

Où dormir ?
Où manger à Chimay et dans les environs ?

Camping

⛺ *Camping communal de Chimay :* allée des Princes, 1. ☎ 060-51-12-57. ● camping@ville-de-chimay.be ● chimaycamping.be ● Ouv avr-oct. Compter 11 € pour 2 avec tente. 135 emplacements mais seulement 35 pour les campeurs de passage. Pas très champêtre. Mieux vaut camper du côté de Couvin.

Prix moyens

🏠 *Chambres d'hôtes Le Petit Chapitre :* pl. du Chapitre, 5. ☎ 060-21-10-42. ● brim@skynet.be ● lepetitchapitre.be ● Résa conseillée. Double 100 €, petit déj compris. 🛜 Belle demeure du XVIIIᵉ s, meublée d'antiquités. 5 chambres en tout. La chambre Coton, la plus conventionnelle, rend hommage aux sœurs qui occupaient autrefois les lieux... La chambre « des Oiseaux », bucolique et nostalgique, dégage un charme certain. Changement d'ambiance total avec la chambre Opéra, à la déco bien plus tralala. Salle de bains dans toutes les chambres (parfois au milieu de la chambre !). Le petit déjeuner est servi dans une ravissante salle à manger ou en terrasse. Excellent accueil.

🏠 *Hôtel de Franc-Bois :* rue Courtil-aux-Martias, 18, Lompret (6463). ☎ 060-21-44-75. ● francbois@swing. be ● hoteldefrancbois.be ● À 6 km à l'est de Chimay. Fermé en janv. Doubles 85-95 €, petit déj compris ; triple 120 €. 🛜 Verre de bienvenue offert si résa sur présentation de ce guide. Une adresse d'un certain charme, dans l'un des Plus Beaux Villages de Wallonie. Face à une falaise, une aile d'un ancien château, accolée à une petite tour, a été complètement restaurée pour accueillir 8 chambres confortables, claires et impeccables, avec sanitaires étincelants.

Circuit découverte à partir de là.

🍴 *La Malterie :* pl. Léopold, 7. ☎ 060-21-32-30. ● lamalteriechimay@ euphonynet.be ● Dans le centre. Fermé mar-mer, plus sem du carnaval et 1ʳᵉ quinzaine de juil. Plats 10-20 € env. Café offert sur présentation de ce guide. Un resto, bien inspiré au niveau du décor (salle aux murs de brique et plafond voûté), comme de la cuisine (au point de s'imposer comme la meilleure table). Bons petits plats et des recettes locales : escavèche maison, onglet à la Chimay rouge, plus des suggestions différentes tous les jours... Clientèle d'habitués. Comptoir avec des produits du terroir.

🍴 *La Chimassiette :* Grand-Place, 16. ☎ 060-21-90-42. Tlj sf lun-mar. Plats 12-21 €, menus 21-26 €. Ce bistrot contemporain revisite gentiment les classiques du terroir, avec beaucoup de recettes à base de bière et de fromage de Chimay. Un bon rapport qualité-prix, pour une adresse sans prétention.

🏠🍴 *Auberge de Poteaupré :* rue de Poteaupré, 5, Bourlers (6464). ☎ 060-21-14-33. ● poteaupre@chimaygestion.be ● chimay.com ● À 8 km au sud de Chimay, non loin de l'abbaye de la trappe de Scourmont. Ouv 10h-22h ; hors saison, resto fermé lun et les soirs de sem. Congés : de mi-déc à début fév. Doubles 70-80 € selon saison ; petit déj 10 €. Tartines et tapas 5-8,50 € ; plats 10-19 €. 🖥 🛜 . Bâtiment bas à façade blanche abritant une vaste brasserie rénovée et garnie de photos de... bières. À l'arrière, une véranda avec une grande demi-cuve en cuivre, prolongée par une terrasse donnant sur les prés de l'abbaye. Bref, de l'espace, car avec les cars de touristes qui y font halte, il faut bien ça ! Cuisine de terroir utilisant les produits de Chimay : croquettes au fromage de Chimay, escavèche, lapin à la trappiste... Propose aussi 7 chambres tout confort (minibar, chaîne hi-fi...), dont une pour les grands (lits de 2,20 m) ! Vous pouvez en profiter pour visiter l'*espace Chimay* autour des produits trappistes.

Où acheter de la bière de Chimay ?

☸ Partout ! Sauf à l'abbaye ! **L'Auberge de Poteaupré** (voir plus haut) lui sert de vitrine et c'est là que l'on pourra acheter des verres sérigraphiés, du fromage (pasteurisé), sans oublier les fameuses et délicieuses Trappistes de Chimay. Quatre bières sont produites par les moines à l'abbaye de la trappe de Scourmont : la Rouge (ambrée ; la plus ancienne, la plus douce aussi), la Bleue (la plus noire, la plus forte, la plus célèbre !), la Blanche ou « Triple » (la plus récente, la plus claire, la plus fraîche) et la Dorée (la plus légère ; réservée aux moines !).

À voir

🍴 *La collégiale Saints-Pierre-et-Paul :* édifiée en 1250. Le chœur date de cette époque. Trois nefs du XVIe s séparées par des arches et des colonnes d'une grande pureté architecturale. Colonne avec chapiteau. Voûte en brique rouge. Clocher datant de 1732. Les chapelles latérales offrent nombre d'œuvres dignes d'intérêt. À gauche, chapelle Notre-Dame-du-Rosaire, première à partir du chœur, tableau de la Vierge au rosaire attribué à l'école de Bruegel. Souvenir du temps où toute la chrétienté priait contre la menace des Turcs. Chapelle de Saint-Jacques (troisième en partant du chœur) avec un rare saint Jacques à cheval, appelé *matamore* (qui tue les Maures). Buste de saint Arnould, patron des brasseurs (reconnaissable à sa pelle à malter). Noter aussi les fonts baptismaux en marbre.

🍴🍴 *Le château des princes de Chimay :* ☎ 060-21-45-31. ● chateaudechimay. be ● *De Pâques à mi-nov, tlj sf lun ; visites à 14h30 et 15h45. Entrée : 9 € ; réduc. Depuis 2013, visite à suivre à l'aide d'un iPad à travers un spectacle multimédia en 3D. 4 niveaux de lecture.* Construit au XIVe s, le château a connu une existence tumultueuse. Pas moins de huit incendies en tout. Le dernier en 1935 qui épargna uniquement la façade du château et le petit théâtre ! Il fut reconstruit à l'identique. Façade sobre en pierre grisée. Fenêtres à meneaux. Tour massive avec clocheton original. Propriété des Croÿ jusqu'en 1616, le château fut, au début du XIXe s, la demeure de la célèbre Mme Tallien, dont l'histoire mérite d'être contée. On vous souhaite de faire la visite avec la proprio, absolument adorable et captivante !

Notre-Dame de Thermidor

Née en Espagne, **Juana Maria Ignazia Teresa Cabarrus,** fort jolie, venue à Paris pour entrer dans le monde, épouse un marquis dont elle divorce en 1793. En prison à Bordeaux comme épouse d'émigré et promise à l'échafaud, elle est sauvée in extremis par le futur proconsul Tallien, séduit par sa beauté voluptueuse. Elle devient sa maîtresse dans la cellule de sa prison, puis l'épouse. Menacée à nouveau de la guillotine par le Comité de Salut public, qui lui reproche de soustraire ses amis aux foudres de la Terreur, elle accuse Tallien de lâcheté de telle manière que celui-ci n'a plus d'autre issue que de renverser Robespierre le 9 Thermidor pour sauver la tête de sa belle intrigante. Libérée, on la surnomme « Notre-Dame de Thermidor ». Sous le Directoire, elle joue les égéries et lance les modes comme les toilettes inspirées de la Grèce antique. Elle est la maîtresse de Barras, copine avec Joséphine de Beauharnais, et reçoit Talleyrand, Fouché, Benjamin Constant et David. Elle divorce à nouveau et après un passage dans les bras du banquier Ouvrard dont elle a trois enfants en 2 ans, le coup d'État de Brumaire met un terme à sa vie publique. Teresa épouse en 1805 le comte Riquet de Caraman, prince de Chimay. Après la Restauration, la sulfureuse et intrépide Mme Tallien termine benoîtement sa vie au château de Chimay, où elle tient une petite cour tout en élevant ses 11 enfants nés d'amours différentes. Mélomane avertie, elle y fait venir les grands musiciens de l'époque : la Malibran, Cherubini, qui y donnent des concerts. Elle a été enterrée en 1835 dans la sacristie de l'école locale en compagnie de son époux. Une vie bien remplie, sans aucun doute !

La visite

On entame la visite par la **chapelle,** qui est la partie la plus ancienne. Murs très épais. C'était l'ancienne salle de justice du village. Elle a abrité le fameux saint suaire de Turin. L'évêque de Liège ayant émis des doutes à son sujet, il fut vendu à la maison de Savoie et c'est comme ça qu'il se retrouva à Turin. Puis vient la **grande pièce d'entrée,** avec un beau plafond. Joli meuble avec des tiroirs en *paesina,* ces tranches de marbre choisies pour leur ressemblance avec des paysages. S'ensuit la **salle des gardes,** avec son plafond voûté de brique et croisée d'ogives en pierre. Cheminée monumentale. Un truc étonnant et rare : le pavage de la salle. Des dizaines de milliers d'ardoises posées sur la tranche et formant des figures en étoile ! On passe ensuite au **salon des portraits,** chargé de souvenirs historiques, dont un portrait de Mme Tallien par le baron Gérard. Souvenirs du roi de Rome. Enfin, le **théâtre,** qui surprend par ses dimensions et séduit par sa déco à l'italienne. Il a servi de décor au film belge *Le Maître de musique.* Détruit pendant la dernière guerre et reconstruit en 1958, il a accueilli, 25 ans durant (jusqu'en 1983), des concerts donnés par de grands artistes tels Samson François, Rostropovitch, Rampal, Lagoya, Yehudi Menuhin ou Byron Janis. Des travaux sont en cours à côté du château pour mettre au jour une église de l'époque carolingienne.

🏃 🏃 **L'Aquascope de Virelles :** *au bord de l'étang de* **Virelles,** *à 3 km au nord de Chimay.* ☎ *060-21-13-63.* ● *aquascope.be* ● *De mi-mars à mi-nov, tlj sf lun (ouv lun les j. fériés, pdt vac scol et en juil-août) 10h-17h (19h juil-août), de mi-nov à mi-mars slt pour groupe et sur résa. Entrée : 6,50 € ; réduc.* Petit parcours nature sur caillebotis le long de l'étang de Virelles, pour en apprendre sur l'écosystème du coin et se voir rappeler les nombreuses menaces qui pèsent sur notre environnement. À faire en famille. Si vous avez du temps et êtes âgé de plus de 12 ans, vous pouvez aussi suivre le « sentier contemplatif », dans la partie la plus sauvage de la réserve. Petit supplément pour ce dernier et, surtout, on vous fera signer une charte par laquelle vous vous engagerez à cheminer seul... le but de la promenade étant de se ressourcer au contact de la nature.

CHARLEROI

(6000)   environ 205 000 hab. (agglomération : environ 500 000 hab.)

« Plutôt des bouges
Que des maisons,
Quels horizons
De forges rouges
Sites brumeux
Oh, votre haleine
Sueur humaine
Cris des métaux
Les gares tonnent
Les yeux s'étonnent
à Charleroi ? »

Paul Verlaine

Métropole régionale et grande cité industrielle, fondée comme place forte en 1666 par les Espagnols en l'honneur du roi Charles II, puis capitale de l'ancien pays Noir (rebaptisé « pays de Charleroi »), Charleroi est une des cinq villes les plus importantes de Belgique. Si elle n'a pas grand-chose d'une destination touristique, il y a tout de même quelques musées intéressants, et nos lecteurs férus de poésie urbaine y trouveront un marché dominical vivant sur la place du Manège et, à deux pas, un des derniers vrais paysages industriels d'Europe. Le panorama carolo sera bientôt ponctué d'une spectaculaire tour conique de 75 m de haut destinée à héberger l'*hôtel de police*. À l'image de Manchester, elle est aussi devenue un terrain d'expérimentation pour les *graffeurs* de tout poil en quête de « friches fraîches ». Les fondus d'histoire sociale y trouveront leur content, notamment en visitant le site du *Bois-du-Cazier*, à Marcinelle, dédié aux 262 victimes de la catastrophe minière de 1956 ; il a été classé par l'Unesco au Patrimoine mondial de l'humanité en 2012. Les amateurs de B.D. ne manqueront pas de relever que Marcinelle est aussi le siège des éditions Dupuis d'où est issue la fameuse école de Charleroi autour du journal de Spirou. Une statue du Marsupilami en témoigne.

UN PEU D'HISTOIRE

Au début, il y eut les Romains. Preuve que le pays n'était pas si noir que ça. Un colon, du nom de Marcius, s'y construisit une villa. Ça devint *Villa Marcianae,* à l'origine de Marchienne et Marcinelle, deux cités jouxtant aujourd'hui Charleroi. Puis il y eut le Charnoy, tout petit village, appelé comme ça à cause d'un bois de charmes. Les Espagnols, qui ont pris une sévère piquette à Rocroi en 1643 et cédé plein de places fortes proches des Flandres, y édifient une forteresse. Exit le bois des charmes, mais une nouvelle ville naît en 1666, qui prend le nom de Charleroi (en l'honneur de **Charles II, roi d'Espagne**). Un an après, Louis XIV s'en empare. Il fait construire la ville basse. *Vauban* met sa touche aux remparts... qui redeviennent espagnols en 1679. Bref, Charleroi connaît le ballet incessant du vidage des locataires (français, espagnols, autrichiens, hollandais...) avant de choir dans le giron de la France de 1794 à 1814. La ville a adhéré à la Révolution et gagné le beau nom de Libre-sur-Sambre. Toujours en 1814, les cosaques campent devant la ville. Le 15 juin 1815, Napoléon y passe une dernière nuit avant Waterloo. C'est la fin.

Capitale de l'ancien pays Noir

Pendant la révolution industrielle, grâce à ses mines de charbon, la ville connaît un développement extraordinaire et se pare d'usines. C'est le **pays Noir**. D'abord exploité en surface, le charbon va se chercher désormais profond. En 1868, la forteresse est abattue. Un gag ! Le symbole de l'oppression militaire, c'est la population qui a commencé à le démolir, sans autorisation du pouvoir et dans une ambiance de fête. Sacrés Carolorégiens, leur gaieté aujourd'hui perdure pour toujours ! L'agglomération de Charleroi est alors la ville produisant le plus de richesses du pays et permet à la Belgique d'atteindre le rang de 2e puissance industrielle mondiale, lui donnant ainsi les moyens de mener une politique colonialiste et d'entamer de vastes travaux d'infrastructures qui modernisent spectaculairement le royaume.
En 1886, dans toute la Wallonie, c'est la crise économique sur fond de misère ouvrière. À Liège, pour le 15e anniversaire de la Commune de Paris, la manif dégénère en émeute. Charleroi se met en grève : les mines, puis l'industrie métallurgique, les verreries. Rien n'arrête la colère des grévistes. Les patrons envoient l'armée les mater. Le premier jour : 12 morts. Les leaders ouvriers passent en procès. Les juges ont la main lourde : 20 ans de travaux forcés ! Cependant, tout cela n'a pas été inutile. De grandes réformes sociales se mettent en place et les conditions de vie s'améliorent.

C'est bientôt la fin du charbon. Les puits ne sont plus rentables. Les mines ferment une à une. Cette fantastique école d'union, de solidarité et d'insertion disparaît par la même occasion. Car Charleroi s'est également construite par l'immigration. Surtout italienne. En 1667, 1 an après la création de la ville, les deux premiers morts par accident du travail étaient italiens. Le 8 août 1956, tragique catastrophe minière à Marcinelle. Un des sauveteurs remonte effondré et soupire : « *Tutti cadaveri* » (« Tous morts »). Il est italien. Sur les 262 victimes, 136 le sont aussi...

Rimbaud, Verlaine...

Depuis Marcius le Romain, Charleroi a eu ses prestigieux touristes. Le premier d'entre eux échoue dans la ville presque par hasard pour une histoire de train. Il a à peine 16 ans, écrit de la poésie et s'ennuie à Charleville, sa p'tite ville de province. Il décide alors de partir pour Paris, en pleine guerre de 1870. Pas de pot, les Prussiens occupent la voie. Le guichetier lui suggère alors de faire le détour par Charleroi. Le gamin s'exécute, arrive finalement à Paris, où il ne reste pas longtemps, et repart pour Charleroi où il espère un p'tit boulot dans un journal. En train, à pied, en stop. De ce voyage, il laisse une trace : « Depuis 8 jours, j'avais déchiré mes bottines aux cailloux des chemins. J'entrais à Charleroi. » Bonjour, Arthur... Il y retourne une troisième fois, avec Verlaine, en 1872. Ce dernier trouve la ville triste mais revient quand même 21 ans après au pays Noir pour une conférence, invité par *Jules Destrée*. Malheureusement, il a très mal vieilli. Complètement déglingué. Il apparaît ivre devant le public et fait le coup de « l'eau ferrugineuse, oui, l'alcool, non ! ».

... et le Marsupilami

Enfin, une bébête sympa, toute jaune avec des points noirs et une longue queue, nous raconte une belle histoire. Elle a consenti à descendre du socle où on l'avait statufiée au milieu d'une grande place pour nous livrer l'explication de sa présence là : « À la fin du XIXe s, un jeune amoureux des livres crée sa propre imprimerie et lui donne son nom : Jean Dupuis. Puis il devient amoureux de la B.D. et cherche un héros vraiment belge. En 1938, *Spirou* surgit avec ses copains Fantasio et moi le marsupilami, houba, houba ! Le succès est immédiat. Avec Franquin, Jijé et plein d'autres, c'est la naissance de l'école de Marcinelle. » Le pays Noir capitale de la B.D., quel incroyable pied de nez aux clichés ! Dis, monsieur, dessine-moi un coron...

Adresses utiles

ℹ️ Maison du tourisme du pays de Charleroi : *pl. Charles-II, 20, dans la ville haute.* ☎ *071-86-14-14.* ● *charleroitourisme.be* ● *paysdecharleroi.be* ● *Lun-sam 9h-18h, dim et j. fériés 10h-15h.* Brochure sur la ville avec plan. Dispose de beaucoup de documentation sur la ville et ses environs. Demander le petit dépliant *Charleroi Art nouveau.*

ℹ️ Info tourisme : *dans la gare du sud.* ☎ *071-31-82-18. Lun-ven 9h-17h ; sam 10h-16h.*

■ TEC *(transports communaux) :* pl. des Tramways, 9. ☎ 071-23-41-15.

🚆 Gare de Charleroi-Sud : ☎ 02-528-28-28. ● *belgianrail.be* ● 1-2 départs/h pour Bruxelles. Pas de liaison directe avec Paris, changer à Bruxelles-Midi (compter 2h30 de trajet).

✈ Aéroport de Charleroi *(aussi appelé Bruxelles-Sud) :* ☎ *090-20-24-90 (1 €/mn !)* et ☎ *078-15-27-22 (de l'étranger).* ● *charleroi-airport.com* ● L'aéroport de Gosselies (banlieue nord de Charleroi) accueille plusieurs compagnies *low-cost (Ryanair, Wizzair* et *Jetairfly).* On peut rejoindre l'aéroport de Charleroi au départ de toute gare belge. Demandez le billet « code 814 – aller simple ou code 815 – aller-retour » au guichet. À l'arrivée à la gare de Charleroi-Sud, il suffit d'emprunter le bus direct (bus A) qui relie en

20 mn la gare au terminal. Le prix du billet comprend le train et le transfert en bus. Une formule rapide, efficace et peu coûteuse. Sinon, un service de bus *(Brussels City Shuttle)* est assuré en 1h de trajet, ttes les 20-30 mn depuis la gare du Midi à Bruxelles (4h-20h10 ; 8h30-23h50 de Charleroi). Rendez-vous 3h avant le départ des avions à l'intersection de la rue de France et de la rue de l'Instruction à Bruxelles. Prix du trajet : 14 €, A/R 28 €. Les billets sont en vente soit sur ● *brussels-city-shuttle.com* ●, soit dans le terminal de l'aéroport de Charleroi Bruxelles-Sud ou dans le bus au départ de Bruxelles. Enfin, un nouveau service de navettes (bus *Flibco*) fait la liaison avec la gare de Lille-Europe. Env 12 A/R par jour, adaptés au départ des vols, 5h15-23h45 de Charleroi (3h10-21h15 de Lille). Trajet : 1h40. Prix 5-22 €, selon l'anticipation de la réservation. Résa sur ● *flibco.com* ● Propose également des liaisons avec la gare de Metz via Luxembourg.

Où dormir à Charleroi ou les environs proches ?

Peu touristique, Charleroi ne compte pas beaucoup d'endroits où loger. Le plus recommandable, selon nous, est encore l'hôtel... ou cette jolie chambre d'hôtes.

🏠 **Hôtel Ibis** *(si, si !) : quai de Flandre, 12.* ☎ *071-20-60-60.* ● *ibischarleroi. gare@cgmhotels.com* ● *ibis.com* ● *En face de la gare. Doubles 52-89 € ; petit déj 14 €. Parking payant.* 📶 *10 % de réduc sur présentation de ce guide.* Encore agréable pour un *Ibis*. Les chambres sont des chambres d'*Ibis* mais le bâtiment est joli et il y a même un resto à la déco sympa (avec des nappes en vichy).
🏠 **Chambres avec Vue** *: rue du Basson,* *30, Marcinelle (6001).* ☎ *071-36-06-43.* ● *info@chambresavecvue.be* ● *chambre-charleroi.be* ● *Double 70 €, petit déj compris.* 2 chambres seulement, 1 double et 1 simple, faisant salle de bains commune. Elles répondent aux doux noms évocateurs de « Cabinet des Fées » et « Cabinet des Secrets ». Patricia est décoratrice et a peint elle-même les murs de sa maison, la transformant en véritable palais à l'italienne. Le résultat est époustouflant. La déco est chargée, certes, mais d'un goût exquis. Au petit déj, pain perdu et jus de fruits et légumes de saison... Patricia est une authentique carolorégienne ; elle aime passionnément sa ville et saura vous faire partager cette passion.

Où manger ?

I●I **Emozione Latina** *: rue Dampremy, 29.* 📱 *0494-74-78. Lun-sam 10h-16h et 18h-22h30 ven et sam. Plats de pâtes 10-14 €. L'Italie est omniprésente à Charleroi. Émotions gustatives à partager au déjeuner avec les employés du coin dans une mignonne salle aux petites tables, autour d'un* copieux plat fumant de tagliatelles aux pleurotes ou d'une escalope panée taille XXL. Tiramisu au spéculoos ou mousse de limoncello au dessert. Service efficace.
I●I **50's American Diner** *: bd de l'Yser, 1.* ☎ *0477-46-25-66.* ● *50sameri candiner.be@gmail.com* ● *Entre ville haute et basse. Tlj 18h-22h (ven 11h-14h). Burgers 5-16 € selon taille.* Du rose bonbon et bleu ciel du sol au plafond, des banquettes aux tables en formica, juke-box clignotant inclus... une plongée rétro dans l'Amérique des années 1950, mais plus *Grease* qu'*American Graffiti*. Un fast-food flashy pour se gaver de hot-dogs, bagels et burgers de toutes tailles : L, XL, XXL, *Monster* et même un *Crazy* à 4 étages faisant 2 kg ! Bon, c'est avant tout un fast-food, et tout ça n'est pas trop digeste, surtout accompagné de milk-shakes. On n'a pas compris pourquoi il n'est ouvert qu'un midi par semaine, des problèmes de surpoids à Charleroi ?
I●I **La Digue** *: rue du Grand-Central, 37.* ☎ *071-32-50-97. À l'ouest de la ville en descendant vers la ville basse.*

Tlj 11h-14h30 et 17h-23h. Moules 18-21 €. Apéritif maison offert sur présentation de ce guide. Petit resto sans prétention, à la déco forcément marine et très colorée, spécialisé dans la moule de Zélande. Plus d'une trentaine de préparations différentes (au vin blanc, provençales, ostendaises, à l'estragon, pili-pili...). À accompagner de frites et mayonnaises maison. Service agréable.

|●| *Rouge Rouge Magnifique : rue Charles-Dupret, 15.* ☎ *071-50-48-84.* ● *info@rougerougemagnifique.be* ● *Dans la ville basse, entre la pl. Albert-Ier et la Sambre. Tlj sf sam midi et dim 12h-14h30, 18h-22h30 (minuit ven-sam). Plats 12,50-22,50 €.* 3 petites salles charmantes avec vieux parquet, moulures au plafond et déco contemporaine de couleur... on vous laisse deviner. L'un des rares restos de la ville qui a pensé à soigner son cadre ! Dans l'assiette, rien de présomptueux ni d'époustouflant, mais la bonne volonté de fignoler le quotidien avec de bons produits variant au fil des saisons. Filez tout droit sur les suggestions où quelques originalités, joliment dressées, vous attendent. Patron attentif et sympa, et petite addition qui ne donne pas les yeux rouges.

|●| *Les Templiers : pl. du Manège, 6.* ☎ *071-32-18-36. Derrière l'hôtel de ville et en face du palais des Beaux-Arts. Bar ouv tlj 10h30-minuit ; resto, lun-sam 11h30-15h, plus ven (sept-mars) 18h30-22h. Plats 12-21 € env. Apéritif maison offert sur présentation de ce guide.* Déco banale et vieillotte,

boiseries, lustres à globes, quelques scènes médiévales, mais ambiance bon enfant et petit coin resto avec nappes roses pour se régaler des quelques suggestions du jour. Bonne petite cuisine de base aussi : américain garni, boulettes sauce tomate, andouillettes ou *escavèche* de Chimay. Troquet d'habitués ; siège de la société des Gilles, « les Récalcitrants ».

|●| *La Bruxelloise : pl. E. Buisset, 9.* ☎ *071-32-29-69.* ● *bruxelloise.charleroi@openweb.be* ● *À deux pas de la Sambre, à côté de l'Hôtel Ibis. Tlj 11h45-15h30, 18h-23h30. Plats 16-24 €.* Cette grande brasserie 70's au cadre assez déprimant propose à sa carte un concentré de Belgique : croquettes, moules de Zélande, bœuf BBB, filet américain, saumon cuit à l'unilatéral, sandre, etc. Une institution ici, qu'on apprécie pour ses larges horaires d'ouverture et son bon rapport qualité-prix (à condition de rester raisonnable !).

|●| *Au Trou Normand : rue du Comptoir, 12.* ☎ *071-32-51-34.* ● *info@trounormand.be* ● *Dans la ville basse, face au passage de la Bourse. En sem 12h-20h30 et 12h-22h ven et sam. Fermé dim. Plats 18-33 €.* Resto-poissonnerie-bar à huîtres-traiteur au cadre un peu figé dans son décor suranné. Cuisine française traditionnelle alternant viandes, volailles, abats et produits de la mer de qualité constante, mais addition un peu lourde. Le filet américain (tartare de bœuf) y est réputé. Endroit plutôt intimiste. Service à l'ancienne et patron très liant.

Où boire un verre ? Où écouter de la musique ?

Charleroi n'est ni Liège ni Gand en matière de vie nocturne. Tant s'en faut ! Le Carolo est liant, n'hésitez pas à lui demander conseil... Curieusement, tout le monde vous parlera de la grande délinquance qui règne le soir en ville et qui cloître chez eux une grande partie des habitants de Charleroi. Fantasme

ou réalité ? On ne peut que vous inciter à la prudence... sans tomber dans la psychose.
En attendant, la Maison du tourisme édite un petit guide *Charleroi Nightlife* qui porte très bien son nom ; vous y trouverez le programme des festivités (cinés, théâtres, bars, night-clubs, etc.).

Achats

🕸 *La Maison du Terroir : rue de la Neuville, 14.* ☎ *071-23-96-80.* ● *anten*

necharleroi@opw.be ● *opw.be* ● *Un peu excentré malheureusement ; entre le parc Hiernaux et le stade du Pays-de-Charleroi (et non le stade de la Neu-ville !). Mar-ven 9h-12h30, 13h-17h30 ; sam 10h-12h30, 13h-16h30.* Voici le point de vente officiel de l'office des produits de Wallonie ; l'endroit idéal, donc, pour faire le plein de bons produits du terroir, fermiers et artisanaux.

Marché

– *Marché dominical : pl. Charles-II, pl. du Manège et rue d'Orléans.* L'un des plus pittoresques et des plus anciens marchés de Wallonie (1709). Coloré et chaleureux, rituel immuable des Carolorégiens. On y va autant pour rencontrer ses amis que pour faire des achats. Arrêt quasi obligatoire au grand café *Les Huit Heures,* haut lieu de la mémoire ouvrière de la ville.

À voir

Vous l'avez remarqué, le Charleroi qu'on visite à pied se divise en deux : ville haute, ville basse. Un grand projet de rénovation urbaine du quartier rive gauche, bordant la Sambre, est en cours pour redynamiser ce secteur sinistré.
La Maison du tourisme propose des circuits en centre-ville, ainsi qu'un circuit Art nouveau et un autre Art déco (très succincts) ; deux époques auxquelles Charleroi a connu un rare essor et qui ont laissé à la ville de beaux immeubles et bâtiments. Pensez à lever le nez !

La ville basse

Face à la gare ferroviaire sud, c'est un demi-cercle limité par la Sambre et le boulevard Tirou (ancien bras de la Sambre), et complètement cerné par les autoroutes du périphérique. On y trouve nombre de petits commerces, restos, boîtes et les quelques hôtels que compte la ville. Également une certaine animation et quelques intéressants éléments architecturaux.

🕯 *La rue du Collège :* immeubles en brique avec pignons dentelés de la fin du XIXe s. D'autres avec corniches ouvragées. À l'angle des rues du Collège et Marchienne, le plus caractéristique d'entre eux, avec une élégante rotonde de brique en angle.

🕯 *Le passage de la Bourse :* typique du paysage urbain. Ce fut l'un des tout premiers passages commerciaux de la Belgique. Longue façade intérieure de style néoclassique respectant les trois ordres architecturaux. Racheté par un consortium hollandais, le quartier est en pleine la rénovation.

➢ *Vers la ville haute :* au passage, place Saint-Fiacre, la minuscule *chapelle Saint-Fiacre* en brique du XVIIe s. À gauche, la place de la Digue, typique du Charleroi XIXe s, avec ses demeures basses. À droite, la rue Damprémy, commerçante et piétonne, doyenne des rues de la ville. Au niveau du n° 49, *l'escalier des Rames,* vestige d'un des chemins qui donnaient accès aux remparts. Longtemps, les tisseurs qui y habitaient firent sécher leurs laines sur les arbres. Au bout de la rue de Damprémy débute la fameuse rue de la Montagne, également piétonne. Tout du long, quelques échantillons intéressants d'architecture du début du XXe s, notamment Art nouveau (demander la brochure à la Maison du tourisme).

La ville haute

Regardez un plan de ville. Avec sa place, ses rues rayonnantes et sa forme hexagonale, la ville haute a épousé le schéma de l'ancienne citadelle. Le cœur battant en est la place Charles-II et ses jeux d'eau bien rafraîchissants.

LA PROVINCE DU HAINAUT

◈ ☘ **L'hôtel de ville et le beffroi :** *en accès libre, en sem slt. Des visites guidées sont organisées par la Maison du tourisme.* Construit en 1936. Façade néoclassique avec colonnes, fronton abondamment sculpté et lanternon sophistiqué. Coquetterie supplémentaire, l'hôtel de ville s'est payé, comme dans les autres villes belges, un beau beffroi Art déco. Le classement des beffrois belges au Patrimoine mondial de l'Unesco lui a permis de bénéficier de la consécration alors qu'il n'a que 70 ans. À l'intérieur, une superbe décoration Art déco. Lignes élégantes, volumes harmonieux et un hall d'honneur qui sert d'entrepôt aux géants du carnaval du mardi gras au pied d'un escalier particulièrement monumental.

☘ **Basilique Saint Christophe :** *pl. Charles II.* De l'édifice d'origine, de 1667, il ne subsiste que la façade baroque. En 1956, on la transforme en ajoutant un dôme qui culmine à 48 m. Y jeter un coup d'œil pour le magnifique chœur, à gauche, en mosaïque dorée sur le thème de l'apocalypse de Saint-Jean, composé de fines feuilles d'or recouvertes d'une fine pellicule de verre et réalisée par des artistes vénitiens. Superbe !

☘ **La place du Manège :** place jumelle de la place Charles-II. On y trouve le *palais des Beaux-Arts,* édifié en 1954 en style néoclassique et qui accueille le musée des Beaux-Arts. Plus haut, boulevard Roullier, voir le hall d'entrée de l'*Institut supérieur industriel* (du début du XXᵉ s). On y trouve trois beaux vitraux Art nouveau symbolisant les trois ressources de la région : le charbon, le fer et le verre.

☘☘ **Le musée des Beaux-Arts :** *au palais des Beaux-Arts, pl. du Manège, entrée par l'extension vitrée, sur la droite.* ☎ 071-86-11-34. ● charleroi-museum.be ● *Mar-ven 9h-17h, sam 10h-18h. Fermé dim (sf le 1ᵉʳ dim du mois 12h-18h), lun et certains j. fériés. GRATUIT (payant pour certaines expos temporaires : env 2,50-5 €).* Hébergé à l'étage de l'extension moderne du palais des Beaux-Arts. En 200 œuvres, la plupart de grande qualité, tous les courants artistiques importants sont passés en revue : du néoclassicisme à l'orientalisme, du postimpressionnisme au surréalisme, pour finir par l'abstraction et la photographie contemporaine. On y trouve, bien sûr, les grands noms de la peinture et de la sculpture carolorégiennes du XIXᵉ s à nos jours, qui ont en commun leurs préoccupations sociales et leur souci de rendre compte de cette réalité : Gustave Camus, Pierre Paulus, Gilberte Dumont, François-Joseph Navez... Sans oublier les figures de proue du surréalisme, Paul Delvaux ou René Magritte (8 œuvres !), et quelques pépites comme Ensor, Félicien Rops, Tytgat, Constantin Meunier et d'autres moins connus comme Anto Carte et Taf Wallet.

➤ Les amateurs de balades insolites ne manqueront pas d'escalader **un terril,** ces collines artificielles si caractéristiques du paysage carolorégien. Résidu issu de l'extraction de la houille, le terril est un vibrant témoignage de l'industrie minière. C'est aussi aujourd'hui un espace vert à part entière, ayant développé une faune et une flore particulières. La plupart de ces terrils offrent un point de vue remarquable sur la ville et le bassin minier. Certains sont en accès libre comme le *terril des Vallées* à Gilly, le *terril du Martinet* à Roux, le *terril du Cazier* à Marcinelle (voir un peu plus loin), le *terril des Piges* à Dampreny, etc. La Maison du tourisme propose des visites commentées.

Charleroi bouge

En centre-ville, les arts alternatifs contrastent avec les constructions Art déco et Art nouveau. Des artistes décomplexés se réapproprient les anciennes bâtisses, comme le centre chorégraphique national, *Charleroi-Danses,* installé dans les anciennes écuries de la gendarmerie, et le *Théâtre de l'Ancre,* qui cultive une programmation avant-gardiste. À deux pas, dans l'ancien bâtiment Solvay, le **BPS22,** abrite expositions et performances d'art contemporain. Le forum d'art moderne défend une programmation non-traditionnelle en lien étroit avec l'actualité sociale. ● *charleroi-danses.be* ●

Insolite

Chaque jeudi, de mai à juillet, des *Apéros industriels* sont organisés, au **Rockerill**, dans les forges de la Providence, l'ancien fleuron industriel de John Cokerill, qui a repris vie sous l'impulsion d'un groupe d'artistes iconoclastes : le collectif *Têtes de l'Art*. De jour, le Rockerill propose des expositions en hommage au passé sidérurgique wallon. En soirée, concerts rock et musique électro attirent un public avide d'ambiance underground. ● *rockerill.com* ●

Animations

– **Carnaval de Charleroi :** *le Mardi gras.* Défilé des fameux géants, El Facteur, El Champète, Maka, La Housse, D'Jean et D'Jenne... Grand moment pour les mômes. Ça se finit par le *bal masqué des Climbias*, le samedi suivant le mardi gras.
– **Brocante de la Saint-Jean :** *en juin.* Immense marché aux puces qui dure 24h. Le grand rendez-vous annuel.

DANS LES ENVIRONS DE CHARLEROI

BALADE DANS LE PAYS DE CHARLEROI

L'ancien pays Noir est là, aux portes de la ville. Longue litanie de banlieues ouvrières : Marchienne-au-Pont, Montignies-sur-Sambre, Couillet, Jumet, Lodelinsart... À priori, pas une destination touristique en soi. Hors de question d'y découvrir merveilles et exotisme torride. En revanche, il y a paradoxalement une véritable poésie urbaine, des clins d'œil architecturaux, des structurations insolites de l'espace, des télescopages esthétiques originaux, etc. Et puis, malgré tout, de belles églises anciennes, les « châteaux » des capitaines d'industrie et plusieurs intéressants musées (comme celui du Verre à Marcinelle, de la Poterie à Châtelet, de la Mine à Fontaine-L'Évêque, de la Photographie...), sans oublier le site du Bois-du-Cazier.
Enfin, l'image des noirs terrils et tristes corons a évolué devant la prodigieuse vitalité de la nature. Progressivement, les terrils se sont couverts d'herbe, d'arbustes, voire d'arbres. Telles maisons, jadis dans un environnement sinistre, se retrouvent aujourd'hui collées à des collines verdoyantes, terrains de jeu pour les mômes... Des oiseaux y nichent. Sur certains terrils, à Trazegnies, pousse même la vigne. Bien sûr, avec la reconversion des friches industrielles, certains chevalements de mines et terrils ont été rasés mais, aujourd'hui, tout ce patrimoine est protégé, comme témoin d'une dure mais riche époque, comme mémoire du travail des hommes...

MONT-SUR-MARCHIENNE (6032)

Au sud de la ville. Accès par l'échangeur autoroutier situé derrière la gare ferroviaire sud. Sortie 29 sur le ring. Bien indiqué à partir du pont qui enjambe la Sambre.

🏃🏾🚶 **Le musée de la Photographie :** av. Paul-Pastur, 11. ☎ 071-43-58-10. ● museephoto.be ● À env 3 km au sud-ouest de la gare de Charleroi. Pour s'y rendre depuis celle-ci, bus n°s 70, 71 et 170. Tlj sf lun 10h-18h. Entrée : 6 € ; réduc ; gratuit pour les moins de 12 ans et pour ts le 1er dim du mois. Installé dans un ancien carmel de style néogothique et doté d'une structure annexe moderne couverte d'aluminium inaugurée en 2008. Musée exceptionnel, que les amateurs

LA PROVINCE DU HAINAUT

de photo ne peuvent absolument pas rater, il est en passe d'être reconnu comme le plus grand d'Europe en son genre. On y vient avant tout pour les expositions temporaires trimestrielles d'envergure (toujours 3 en simultané), mais le musée possède aussi une importante collection permanente de clichés originaux représentatifs de l'histoire de la photographie, de sa naissance, il y a plus de 150 ans, à nos jours. Inutile de citer tous les photographes, d'autant que la sélection de photos change parfois (le fonds est de 80 000 tirages !), mais vous pouvez être assuré de voir des grands noms tels que Man Ray, Cartier-Bresson, Doisneau, Alvarez-Bravo, Willy Ronis, Diane Arbus, Marissiaux, Capa ou Salgado. Pour finir, outre une excellente bibliothèque en consultation, belle collection de vieux appareils et espace destiné à faire découvrir au visiteur certains procédés et techniques couramment utilisés en photographie. Jardin d'hiver très réussi à l'intérieur, espace découverte pour les enfants, caféteria et boutique. Autour de cet ensemble, un parc où les grands tirages sur bâche annoncent les expos temporaires.

MARCINELLE

Symbole même de la ville minière. C'est là que se déroula la terrible catastrophe de 1956 (262 morts). Le site en question a été reconverti en musée à la mémoire des victimes. Voir aussi, sur la grande place, la belle église Saint-Martin du XVe s, qui possède toujours une grosse tour romane du XIIe s.

🔍 🏗 *Le site du Bois-du-Cazier : rue du Cazier, 80.* ☎ *071-88-08-56.* ● *lebois ducazier.be* ● *Mar-ven 9h-17h, sam-dim 10h-18h. Entrée : 7 € ; réduc ; gratuit pour les moins de 6 ans et pour ts le 1er dim du mois. Audioguide 1 €.* Le site faillit être démantelé pour faire place à une surface commerciale, heureusement la volonté citoyenne de garder la mémoire de la tragédie a prévalu. 25 ans plus tard, grâce aussi aux fonds européens, le voilà classé au Patrimoine de l'Unesco. Le coup de grisou qui s'est produit en 1956 au fond du puits Saint-Charles fit 262 victimes de 12 nationalités différentes. Un monument en marbre blanc énumère les noms des mineurs. Derrière sa grille d'entrée, l'espace « 8 août 1956 » évoque la catastrophe à travers un film émouvant et de nombreux témoignages et photos. Il y est aussi question de l'immigration italienne, de la bataille du charbon et des conditions de travail des mineurs. En complément, dans un autre bâtiment où se trouvaient le vestiaire et les douches des « gueules noires », on découvre le *musée de l'Industrie,* avec ses grosses machines (dont un laminoir à tôles) et une exposition, bien faite, sur les charbonnages, la sidérurgie et la condition ouvrière au début du XXe s. On pourra assister à des ateliers de démonstration de forge sur d'anciens marteaux-pilons. Enfin, *le musée du Verre,* dans un bâtiment contemporain jouxtant l'ancienne lampisterie, propose une collection de verrerie dans une chronologie à rebours, allant du présent aux origines, ainsi qu'une démonstration de soufflage en atelier. On peut même désormais monter, en suivant la « drève de la mémoire », sur le terril n° 3, d'où l'on jouit d'une vue panoramique sur toute la région.

AU SUD DE CHARLEROI EN REMONTANT LA SAMBRE

🏗 *Gozée : ruines de l'abbaye d'Aulne.* ☎ *071-59-54-54 (office de tourisme de Thuin). Avr-fin sept, tlj sf lun-mar (tlj en juil-août) 13h-18h ; w-e 13h-17h en oct. Entrée : 4 € ; réduc.* Abbaye cistercienne créée au XIIe s et incendiée par les sans-culottes en 1794 avec une bibliothèque de 40 000 livres dont 5 000 manuscrits anciens (un vrai Fahrenheit 451 !). Les rescapés de l'autodafé furent rachetés par un libraire de Thuin qui les utilisa comme papier d'emballage ! Il reste tout de même des vestiges impressionnants de grandeur, qui laissent imaginer la richesse passée de l'institution. Sur place, la *Brasserie du Val de Sambre* propose un éventail de 6 bières d'abbaye sous l'étiquette ADA.

⊘ 🐾 ***Thuin :*** *office de tourisme, pl. du Chapitre.* ☎ *071-59-54-54. Tlj 10h-12h et 13h-18h (17h oct-mars).* L'ancienne citadelle de la principauté de Liège vaut assurément la promenade pour sa ville haut perchée au-dessus de la Sambre, riche d'un ensemble de maisons anciennes et de ruelles pavées. Les remparts datent du Xe s. Le beffroi de 1639 est classé au Patrimoine mondial de l'Unesco. La ville basse, elle, a conservé son quartier batelier avec ses chemins de halage. En suivant un itinéraire jalonné de panneaux didactiques, on peut aussi visiter les jardins suspendus, qui ont été restaurés. En 1654, les troupes du Grand Condé entreprennent le siège de Thuin, mais sans la prendre aux Espagnols. Les habitants de la ville s'emparent même d'un canon, le *Spantole*, qui trône toujours dans la cité et qui a donné son nom à une variété de biscuit. Chaque année, le 3e dimanche de mai, on y défile en uniforme de la Grande Armée, au rythme des tambours derrière Saint-Roch. Les marches de l'« Entre-Sombre-et-Meuse » ont été reconnues au Patrimoine immatériel de l'Unesco en 2012.

BINCHE

(7130) 33 000 hab.

Perchée sur un escarpement, Binche connaît son âge d'or en 1544 lorsque Charles Quint donne cette ville fortifiée à sa sœur, Marie de Hongrie. Elle y fait construire un palais, mène grand train, reçoit des hôtes de marque, organise des fêtes fastueuses, jusqu'à ce que le roi de France Henri II prenne la ville et la détruise. De nos jours, c'est une bourgade d'allure ouvrière qui possède encore ses remparts du XIIe au XIVe s, flanqués de 25 tours. Chaque année, au Mardi gras, Binche accueille des dizaines de milliers de visiteurs venus assister à son célèbre carnaval, pendant lequel les fameux Gilles traversent la cité en lançant des oranges pour finir en apothéose sur la Grand-Place dans un rondeau martelé par les roulements des tambours.

LE CARNAVAL

Ils en sont fiers, les Binchous, de leur carnaval, d'autant plus qu'il a été classé au Patrimoine immatériel de l'Unesco, qui a ainsi reconnu sa valeur culturelle. Que de temps, que de travail, que de sacrifices, pour une journée de folie ! Une version officielle fait remonter le carnaval au temps des fêtes de Marie de Hongrie. Le Gille serait une représentation des Amérindiens d'Amérique du Sud, dont on venait de découvrir l'existence. Mais les historiens réfutent formellement cette thèse. Car il semble que, bien avant, on fêtait déjà à Binche le début du carême, période de jeûne du calendrier chrétien (d'où, en effet, le sens étymologique du mot carnaval, dérivé du latin *carne* « viande » et *levare* « lever » (dans le sens d'« ôter »).

Toute l'année, Binche ne pense qu'à son carnaval et le prépare selon un rituel immuable. Dès janvier, chaque dimanche est l'occasion d'une répétition. Les fanfares défilent en ville, les *soumonces,* rafales de tambour, claquent dans l'air, et ce peut être déjà une bonne façon d'avoir un aperçu du carnaval. La délirante nuit des *« Trouilles de Nouilles »,* où la moitié de Binche se masque, a lieu le lundi de la semaine précédant les jours gras. Le dimanche gras voit les défilés de nombreuses sociétés qui rivalisent d'originalité pour inventer leur costume. Le lundi appartient aux enfants, et il faut attendre le Mardi gras, le 17 février en 2015, pour qu'enfin les fameux Gilles fassent leur apparition.

Dès le petit matin, après une coupe de champagne, le Gille, qui vit cette journée comme un immense honneur, enfile la blouse et le pantalon décorés de lions héraldiques, d'étoiles et de blasons. Chacun de ses gestes et de ses actes est codifié par une tradition rigoureuse. Portant un fagot (le *ramon*), une ceinture de grelots et chaussé de sabots, il part en dansant au son des tambours chercher ses camarades. Tous se retrouvent masqués de cire devant l'hôtel de ville, accompagnés des paysans, pierrots et arlequins, autres groupes rituels. Après un rondeau, tout ce petit monde part déjeuner. Huîtres et champagne.

L'après-midi, les Gilles reprennent la danse, coiffés (s'il n'y a pas trop de vent) de leur chapeau en plumes d'autruche et armés d'oranges dont ils bombardent la foule (ne jamais les renvoyer : c'est un cadeau, et ils prennent très mal qu'on le refuse). Le martèlement des sabots sur le pavé transmet la transe à la foule, qui se presse sur le parcours. Tout le monde accompagne les « sociétés » sur la Grand-Place pour entamer le rondeau final. À la lumière des feux de Bengale et d'artifice, la fête dure tard dans la nuit, au rythme des tambours, sans lesquels un Gille ne peut se déplacer. Tout le monde rentre au petit matin, et voilà, c'est fini pour un an. Sachez aussi, pour être complet, que le Gille authentique ne quitte jamais sa ville. Les Gilles des villes voisines ne seraient que de pâles imitations.

Rendez-vous pour le Mardi gras au 17 février en 2015. ● carnavaldebinche. be ●

Adresses utiles

🛈 ***Office de tourisme :*** *hôtel de ville, Grand-Place.* ☎ *064-33-67-27.* ● *binche.be* ● *Lun-ven 10h-12h, 13h-17h ; ouv les w-e avr-sept et les 4 w-e précédant le carnaval 14h-18h.*

🚉 ***Gare :*** *pl. Derbaix.* ☎ *065-88-42-61.* De cette gare néogothique, liaison avec Bruxelles toutes les heures jusqu'à 22h. Tarifs spéciaux pour le carnaval.

Où dormir ?

Plus d'hôtels sur Binche, liste des hébergements en gîte et chambre d'hôtes dans les environs auprès de l'office de tourisme.

🏠 ***Les Volets Verts :*** *rue de la Triperie, 4.* ☎ *064-33-31-47.* ● *lesvoletsverts@ hotmail.com* ● *lvv.net* ● *Compter 80 € pour 2, petit déj compris.* 📶 *10 % de*

réduc sur présentation de ce guide. Agréable maison d'hôtes proposant 4 chambres confortables, dont 2 (celles de la partie moderne) particulièrement réussies. Toutes avec salle de bains. Petit déj « gourmand », avec pain frais du matin et jus d'orange pressée. Joli jardin pour les beaux jours et bon accueil. Une bonne adresse !

Où dormir dans les environs ?

🏠 ***Le Val Fayt :*** *rue de la Croyère, 21,* ***Fayt-lez-Manage*** *(7170).* ☎ *064-23-90-85.* ● *reception@valfayt. be* ● *valfayt.be* ● *À 12 km au nord-est de Binche et à 7 km à l'ouest de Houdeng-Goegnies et du canal du Centre. Fermé 2 sem en janv. Doubles 85-120 € selon confort. Petit déj 12 €.* 📶 À la sortie de la Louvière, dans un quartier qui sent déjà la campagne, une très jolie ferme du XVIIe s, entièrement restaurée. Les chambres les plus chères, la plupart

en duplex, sont équipées de jacuzzi, mais les « premiers prix » sont déjà magnifiques, spacieuses et confortables (avec douche). Celles du rez-de-chaussée ont conservé leurs tomettes au sol. Salle de petit déj meublée de façon contemporaine mais avec une antique cheminée où le feu crépite dès les premiers frimas. Accueil très jeune, très pro, très souriant. Espace Bien-Être réservé aux hôtes avec sauna, hammam et massage (accès payant).

Où manger ?

¶ L'Industrie : Grand-Place, 4. ☎ 064-33-10-53. ● restaurantlin dustrie@gmail.com ● À gauche de l'hôtel de ville quand on lui fait face. Tlj sf lun-mar, 12h-14h (15h dim), 18h-21h (22h30 ven-sam). Fermé 1 sem après le carnaval. Plat du jour en sem 14 €. ☎ Digestif offert sur présentation de ce guide. Cadre agréable et soigné, dans les tons contemporains, pour apprécier une cuisine de ménage qui déménage. Repris par un jeune chef fort en sauce, qui sait autant faire du traditionnel que mettre en valeur de bons produits d'importation (bœuf argentin, agneau d'Irlande, poissons et moules de Zélande...). On aime également ses huîtres sauce kiwi, ses scampi à l'estragon et ses fameuses doubles de Binche, ces crêpes de sarrasin fourrées au fromage de Herve. Quant aux desserts, ses étincelles sucrées imposent un léger dépassement de budget. Un vrai coup de cœur.

¶ Brasserie La Binchoise : faubourg Saint-Paul, 38. ☎ 064-33-61-86. ● res taurant@labinchoise.be ● Dans le bas de la ville, face aux remparts (fléché à partir de la Grand-Place). Mer-jeu 11h30-15h, ven 11h30-22h, sam 12h-22h et dim 11h30-18h. Plats 16-25 €. Dans le caveau tout en briquettes rouges d'une authentique malterie du XIXe s, une cuisine de terroir simple et roborative, à accompagner d'une bonne Binchoise de haute fermentation, brassée sur place. Le lieu est assez touristique, des visites guidées sont organisées pour les groupes, mais l'accueil est excellent et chaleureux. Bar sympa pour la dégustation.

¶ La Bottega : Grand-Place, 43. ☎ 064-46-00-41. ● horeca.technic@ skynet.be ● Face à l'hôtel de ville. Tlj sf sam midi et dim soir, 12h-14h, 18h-23h. Menus 26-28 €, plats de pâtes à partir de 12 €. ☎ Digestif offert à nos lecteurs. Petit resto de cuisine italienne et française convaincant (escalope milanaise, dos de cabillaud, filet de saumon aux poireaux, belles assiettes de pâtes...), appréciable également pour ses horaires d'ouverture larges. Les tables sont un peu serrées mais l'ambiance est bonne.

À voir

🎭🎭 🕴 Le musée international du Carnaval et du Masque : rue Saint-Moustier, 10. ☎ 064-33-57-41. ● museedumasque.be ● Dans le centre, en face de l'église Saint-Ursmer. Mar-dim 9h30 (10h30 w-e)-17h. Entrée : 6 €, audioguide compris ; réduc ; gratuit pour ts le 1er dim du mois. Un Gille de bronze marque l'entrée de ce musée installé dans l'ancien collège des Augustins. Une nouvelle muséographie, moderne et bien pensée, présente un large panorama des masques et costumes d'Europe, étendu maintenant au monde entier, des Sourvaskari de la Saint-Basile bulgare aux Krampus qui accompagnent Saint-Nicolas en Autriche, en passant par les masques des Morts du Mexique, ceux mystérieux d'Afrique et les costumes traditionnels fascinants d'Asie et d'Océanie. Au total près de 10 000 pièces, classées par pays, avec des panneaux explicatifs offrant une foule d'informations sur l'historique, le déroulement et les particularités de chaque carnaval, complétés d'écrans diffusant des documents vidéo des festivités. De quoi éprouver une drôle de sensation, surtout si l'on est seul dans le musée ! Au 2e étage, une section pédagogique présente les matières employées pour la confection des costumes, et des ateliers sont proposés aux enfants. Au passage, jeter un coup d'œil sur l'entrepôt des costumes du carnaval de Binoho, qui attendent patiemment le mois de février pour sortir. Enfin, ne pas négliger les expos temporaires qui, chaque année, mettent en avant les fêtes masquées d'une région ou d'un pays en particulier. Un musée d'une grande richesse à ne manquer sous aucun prétexte.

🕴 La collégiale Saint-Ursmer : en face du musée du Carnaval et du Masque. Tlj 10h-17h sf pdt les offices. Austère église de pierre grise qui abrite quelques sculptures religieuses des XVe et XVIe s, dont un poignant *Christ de Piété*. De l'autre côté du jubé Renaissance, remarquez la *Mise au tombeau* du XVe s en pierre polychrome, expressive bien qu'un peu ruinée. On conduit saint Ursmer en procession aux alentours du 18 avril. Derrière la collégiale, dans le parc, les imposantes ruines du château de Marie de Hongrie (XIIe-XVIe s).

◎ ⚒ *L'hôtel de ville et le beffroi :* Grand-Place. Jadis halle aux viandes, avec fondations du XIVe s et beffroi classé au Patrimoine mondial de l'Unesco. Trois jolies salles, avec plafond en chêne et cheminée Renaissance, qu'on peut découvrir aux heures de bureau.

⚒ Avant de partir, jetez un coup d'œil à l'*enceinte de remparts,* restaurée, ainsi qu'à la *pharmacie Davoine* (ex-pharmacie Milet) de l'avenue Charles-Deliège, à gauche en venant de la Grand-Place. Magnifique façade publicitaire en carreaux de céramique du XIXe s. On y vante, entre autres, les mérites de l'émulsion *Scott* qui, comme chacun le sait, « guérit les maladies de la gorge, des poumons et du sang ».

– *Fêtes médiévales :* ts les ans, le 3e w-e d'avr dans le parc communal.

LA LOUVIÈRE

Son nom provient de celui d'une ferme située sur le territoire de Saint-Vaast, propriété de la riche abbaye d'Aulne. Avec l'exploitation du bassin charbonnier et l'implantation de plusieurs industries, La Louvière est une ville-champignon, surgie du néant vers 1870 à la suite des mutations technologiques et sociales de la révolution industrielle. Profitant du développement des voies de communication (routes, chemin de fer, canal du Centre), de l'alliance avec le capital et de l'essor démographique, le bassin du Centre a alors connu un intense rayonnement. Autour des charbonnages se sont installées verreries, faïenceries, entreprises de construction métallique et mécanique, ainsi que des industries alimentaires et vestimentaires. Bastion des luttes ouvrières, terre d'immigration italienne et d'accueil pour les artistes, La Louvière n'a rien d'une destination touristique traditionnelle, mais avec – à proximité – des sites classés au Patrimoine de l'Unesco, elle attirera les amateurs d'histoire sociale et d'archéologie industrielle. Parmi les enfants du pays, citons le poète surréaliste Achille Chavée, l'artiste Pol Bury, les footballeurs Enzo Scifo et Eden Hazard et le metteur en scène du Cirque du Soleil, Franco Dragone.

Adresses utiles

ℹ *Maison du tourisme du parc des Canaux et Châteaux :* pl. Jules-Mansart, 21-22, La Louvière 7100. ☎ 064-26-15-00. ● parcdescanauxet-chateaux.be ●

⚒ *Le centre de la Gravure et de l'Image imprimée :* rue des Amours, 10, La Louvière 7100. ☎ 064-27-87-27. ● centredelagravure.be ● Mar-dim 10h-18h. Entrée : 6 € ; réduc ; gratuit pour les moins de 12 ans et pour ts le 1er dim du mois. Sous un terme un peu abscons, ce musée se consacre aux images gravées ou imprimées, c'est-à-dire aux estampes, lithographies, sérigraphies, eaux-fortes, affiches, illustrations, etc. Les collections permanentes (près de 11 000 œuvres) sont exposées par roulement pour des raisons, entre autres, de conservation. Le centre propose quatre expos temporaires par an, parfois en simultané. Attention, l'établissement ne s'intéresse qu'aux XXe et XXIe s.

À voir

🍴 *Le musée Kéramis :* ● keramis.be ● En 2015, le centre de la Céramique ouvre sur le site des Trois Fours à La Louvière, sur les vestiges de l'ancienne manufacture royale Boch. Il se destine à mettre en valeur les céramiques produites par la manufacture, préservant ainsi la mémoire du site qui abrite trois grands fours à céramique, dits *fours bouteilles* en raison de leur forme. D'autre part, il présente la production de la céramique contemporaine.

DANS LES ENVIRONS DE LA LOUVIÈRE

🍴 *Le domaine et le musée royal de Mariemont :* *chaussée de Mariemont, 100, Morlanwelz.* ☎ 064-21-21-93. ● musee-mariemont.be ● *À une vingtaine de km au nord-est de Binche. Tlj sf lun (non fériés) 10h-18h (17h oct-mars). Entrée : 1 € pour la collection permanente, 5 € pour les expos temporaires, réduc ; gratuit pour les moins de 12 ans et pour ts le 1er dim du mois.*
Mariemont, c'est à la fois un magnifique parc de 45 ha, dessiné au XIXe s sur un terrain ayant appartenu à Marie de Hongrie (qui lui a donné son nom), et un musée. Le *parc,* aux superbes frondaisons sous les couleurs de l'automne possède une roseraie odoriférante et des essences rares, parfois tricentenaires. Il abrite aussi de nombreuses sculptures, dont les *Bourgeois de Calais* de Rodin, la *Fontaine aux lions* de Grenade ou encore le plus grand bouddha extérieur de Belgique. Le bâtiment, qui abrite le *musée,* a intégré les ruines du château de Mariemont avec plus ou moins de réussite. Quoi qu'il en soit, cet ensemble de béton, bordé d'un cèdre du Liban, offre des espaces clairs et aérés à des collections d'antiquités égyptiennes, grecques, romaines ou d'Asie : magnifiques cratères (vases) grecs de l'époque classique, statuettes du panthéon romain, sarcophages égyptiens et de la céramique orientale. Au sous-sol, section sur l'histoire locale, salle dédiée à l'archéologie (nécropole mérovingienne) et porcelaines de Tournai. La sortie conduit à une cafétéria qui, offre une vue imprenable sur les paons du parc. Pour les amateurs de thé chinois ou japonais, *cérémonie du thé (sur réservation)* au pavillon du Thé, construit par des charpentiers nippons.

🎯 🍴🍴🍴 *Le canal du Centre :* avec l'exploitation intensive de son bassin houiller, la région a connu au XIXe s un essor considérable. Le développement industriel a nécessité celui des moyens de communication. Il fallait relier la Meuse à l'Escaut par le truchement d'un canal. Problème : une dénivellation de 90 m entre les deux bassins, rendait délicate la construction d'écluses, grandes consommatrices d'eau et facteur de ralentissement du trafic. On opta alors pour un système venu d'Angleterre : des ascenseurs hydrauliques permettant aux bateaux de franchir la pente. Les quatre impressionnantes structures métalliques, réparties sur 7,4 km, se composent d'un portique avec d'énormes pistons et de deux bacs pour les bateaux, qui montent ou descendent en balancier sur une quinzaine de mètres. Le premier ascenseur avec la *fabuleuse machine de l'ingénieur Clarck* (expo) se trouve à Houdeng-Goegnies, le 2e à Houdeng-Aimeries, le 3e à Strépy-Bracquenies et le 4e à Thieu. Des huit ascenseurs hydrauliques construits dans le monde à cette époque (fin XIXe-début XXe s), seuls ceux-ci sont restés dans leur état d'origine et de fonctionnement, justifiant ainsi leur classement par l'Unesco en 1998. Le site se visite en bateau, mais pour le trafic commercial actuel, il a laissé la place au gigantesque ascenseur vertical de ***Strépy-Thieu,*** qui se visite également. ● canal-du-centre.be ●

➢ *Balade en bateau au départ de la cantine des Italiens :* *rue Tout-y-Faut à Houdeng-Goegnies.* ☎ 078-05-90-59. ● voiesdeau.hainaut.be ● *Avr-fin oct, tlj à 10h et 14h, mais mieux vaut réserver ses places à l'avance, car le bateau est parfois vite plein. Prix : 15,50 € A/R (durée : 2h30), visite commentée mais on ne* découvre qu'un seul ascenseur. *Visite combinée avec celle de Strépy-Thieu : 24 € ; réduc et forfaits famille.* On navigue entre les ascenseurs 3 et 4. Visite de la salle des machines pour ce dernier escalier, que l'on participe à la « croisière » ou que l'on s'y présente en visiteur libre. Possibilité aussi de longer le canal à vélo (attention, quelques dénivelées pénibles !) ; location des vélos à ce même escalier *(8 € la journée).* Les anciens logements affectés aux ouvriers immigrés après 1945, appelés la « cantine des Italiens », ont été aménagés en centre d'interprétation *(gratuit)* avec pour thème les phénomènes migratoires dans la région du Centre.

➢ **Visite de l'ascenseur de Strépy-Thieu :** ☎ 064-67-12-00. *Avr-fin oct, tlj 9h30-18h30 (dernière visite à 17h). Bateau-mouche : de mai à mi-sept dim slt (4 départs/j.). Entrée : 6 € pour l'ascenseur seul, 10,50 € pour le billet combiné avec son franchissement en bateau (3h) ; réduc et forfaits famille.*
Une œuvre pharaonique que cet ascenseur funiculaire à bateaux de Strépy-Thieu ! C'est bien simple, c'est le plus grand jamais construit dans le monde. Il fait 117 m de haut et sa construction, commencée en 1982, prit 20 ans et coûta 650 millions d'euros. Depuis, pour le trafic commercial, il remplace les ascenseurs à bateaux cités plus haut et, surtout, il permet, en à peine 6 minutes, le passage par le canal du Centre de péniches de 1 350 t, hissées ou descendues de 73 m dans des bacs de 112 m de long pesant huit mille tonnes !
La visite, si elle comprend un parcours-spectacle de 40 mn sur le « génie belge » (dans tous les domaines), permet de monter au sommet de l'ascenseur, pour une vue sur la campagne, et de voir l'impressionnante salle des machines.

◎ ✗✗ **Bois-du-Luc :** *rue Saint-Patrice, 2B à 7110* **Houdeng-Aimeries** *(accès fléché).* ☎ 064-28-20-00. ● *ecomuseeboisduluc.be* ● *À la sortie ouest de La Louvière ; sortie n° 21 (Le Roeulx) depuis l'autoroute. De mi-avr à fin oct, mar-ven 9h-17h, w-e 10h-18h ; de nov à mi-avr, mar-ven 9h-17h. Fermé lun. Visite guidée de l'éco-musée, tlj sf lun, à 9h (sf w-e), 10h, 11h, 13h30, 15h (et 16h le w-e). Entrée : 10 € ; réduc et forfait famille. Compter 1h30-2h de visite.* Le site minier du Bois-du-Luc, fondé en 1685, fut l'un des plus importants de Wallonie. La fosse Saint-Emmanuel, ouverte en 1846, a fermé en 1959. Comme certains autres, ce charbonnage a été reconverti en musée, dans le but de préserver la mémoire d'une activité qui, au maximum de son rendement, employait jusqu'à 3 800 personnes, toutes professions confondues. Cette cité ouvrière authentique fonctionnait en autarcie, et l'on trouvait tout ce qui était nécessaire ou utile à la vie quotidienne, de l'hôpital à l'école en passant par l'église, la salle des fêtes, les magasins et les ateliers de réparation d'outils et de fabrication de mobilier. Accompagné d'un guide, le visiteur part à la découverte de cet univers fascinant, et pourtant pas si lointain, d'abord à travers l'austère bureau du directeur, qui avait inventé une surveillance par miroirs, puis au cœur de la fosse où sont évoqués et détaillés la journée des mineurs, le travail des femmes et des enfants, la structure du châssis à molette et l'histoire du charbonnage. La visite se termine par la cité ouvrière, toute de jaune repeinte, qui jouxte l'écomusée : c'est l'âme même du site.

✗✗ **Le musée de la mine Robert-Pourbaix :** *à côté de l'écomusée.* ☎ 064-22-54-48. ● *regionducentre.net/musmine.htm* ● *Lun-ven 9h-12h, 13h-17h ; w-e et j. fériés 14h-17h ; slt sur rdv déc-janv. Entrée : 4 € ; réduc.*
Il s'agit d'un autre musée de la Mine du Bois-du-Luc, situé à côté (mais totalement indépendant !) du précédent. À la différence de ce dernier, vous y verrez, dans une suite de salles (la salle de paie, les bureaux des ingénieurs...), un vaste ensemble d'objets relatifs au travail dans la mine et à la vie qui tournait autour, ainsi que des photos, documents, reproductions et reconstitutions. À noter en particulier : la salle de classe 1900, la galerie Castelain avec taille et écurie, ou encore la fosse Saint-Hubert. Certes, moins vivant que l'écomusée mais, en un sens, plus riche. Quoi qu'il en soit, les deux se complètent plutôt bien.

🏹 **Le château de Seneffe :** *rue L.-Plasman, 7-9.* ☎ *064-55-69-13.* ● *chateau
deseneffe.be* ● *À 10 km au nord de La Louvière. Tlj sf lun (non fériés) 10h-18h.
Entrée : 5 € ; réduc ; gratuit pour les moins de 12 ans et pour ts le 1er dim du mois.*
Résidence de plaisance conçue par le fécond Laurent-Benoît Dewez en 1763, le
château fut commandé par un certain Julien Depestre, riche parvenu grâce au
commerce avec les Indes et les fournitures aux armées françaises. Le nouveau
riche en voulut pour son blé et le résultat néoclassique pur jus se donne des airs
de petit Versailles. En particulier la *cour d'honneur,* flanquée de chaque côté de
colonnades monumentales clôturées par deux pavillons. Le *logis principal,* lui,
abrite le **musée de l'Orfèvrerie** *de la Communauté française.* 500 pièces en argent
– au sein d'une expo sensorielle intitulée « Faste et Intimité » –, provenant de différents centres de production d'Europe, y sont conservées et exposées dans les
salons rehaussés de stucs, de dorures et de miroirs. Les parquets sont tellement
précieux et fragiles que vous devrez enfiler des patins pour la visite. Enfin, à l'extérieur, une orangerie, un petit théâtre, une glacière, un parc et des jardins restaurés
dans l'esprit des Lumières combleront votre soif de belles choses.

MONS
(7000)   95 000 hab.

▶ Pour le plan de Mons, se reporter au cahier couleur.

Avec un centre qui pourrait, à première vue, se réduire à sa jolie Grand-Place,
ses élégantes ruelles pavées, parées de demeures historiques et son impressionnant beffroi, Mons a réussi depuis quelques années, sous l'impulsion
d'une administration dynamique et créative, à se doter d'un profil tout ce
qu'il y a de plus avenant attirant un nombre croissant de visiteurs. D'autant
plus que, ville universitaire, ses soirées sont très animées du côté des nombreux cafés.
Bien sûr, à la différence de Naples, on ne mourra pas après avoir vu Mons,
mais on y passera, à coup sûr, un agréable moment. Si vous êtes dans le coin
le dimanche qui suit la Pentecôte, vous ne manquerez pas d'assister aux
incontournables fêtes de la ducasse (voir plus loin). En décrochant le titre de
Capitale européenne de la culture pour 2015, Mons concrétise spectaculairement sa métamorphose. À noter également dans les environs de Mons : le
musée des Arts contemporains (MAC'S) et le parc d'Aventures scientifiques
(PASS), deux lieux uniques en Belgique. En outre, Mons a renforcé sa capacité d'attrait en matière d'offre culturelle en faisant de son désuet musée des
Beaux-Arts l'ultramoderne BAM. Mons est également devenue la « ville aux
trois chefs-d'œuvre » grâce à son beffroi, sa ducasse et ses minières néolithiques situées dans le petit village de Spiennes ; trois éléments reconnus
par l'Unesco. Qu'on se le dise !

UN PEU D'HISTOIRE

Sur cette colline, que les Romains auraient baptisée Montes, Waudru, pieuse
dame et bonne épouse, fonde au VIIe s un monastère. Elle sera rejointe par
les comtes de Hainaut qui fortifièrent la ville pour en faire leur capitale. La ville
se développe au Moyen Âge et devient très riche sous Charles Quint, grâce à
ses manufactures de draps. Cette prospérité sera toutefois mise à mal par les
guerres de Religion, puis par le siège de la ville par Louis XIV en 1691. Plusieurs
fois occupée puis perdue par la France, Mons fut reprise une dernière fois par

MONS

Dumouriez en 1792 lors de la bataille de Jemmapes, qui livra le pays aux révolutionnaires français. À l'indépendance de la Belgique, Mons devint le cœur industriel de la région minière du Borinage, puis le théâtre de farouches batailles pendant les deux dernières guerres.

Parmi les Montois célèbres, le peintre **Jean Prévost** (1472-1529), l'architecte et sculpteur **Jacques Du Brœucq** (1510-1584) et le musicien de la Renaissance **Roland de Lassus** (1531-1594). Paul Verlaine y rédigea nombre de ses poèmes, lors de son emprisonnement pour avoir tenté de flinguer son pote Arthur. Et Vincent Van Gogh y passa deux ans pour évangéliser les mineurs du Borinage, avant de se consacrer définitivement à la peinture. Enfin, n'oublions pas Salvatore Adamo, fils de mineur sicilien, citoyen d'honneur de la ville.

Les fêtes de la ducasse de Mons

Ce rendez-vous annuel des Montois avec leur tradition plonge la ville dans une incroyable effervescence. On s'y prépare longtemps à l'avance, mais la fête culmine le dimanche de la Trinité, soit celui qui suit la Pentecôte. Premier moment fort : la *procession du Car d'or*. Sur le char d'apparat conservé dans la collégiale, on charge la châsse de sainte Waudru qui sera promenée dans toute la ville, précédée et suivie d'une cinquantaine de groupes folkloriques et de l'ensemble de la population, qui poussera le char jusqu'en haut de la rampe pentue de la collégiale. Un malheur s'abattrait sur la ville si le char ne parvenait pas au haut de la rampe de la collégiale. Second temps fort : le *combat* dit *du Lumeçon*. Un saint Georges à cheval épaulé par les *chinchins,* des figurants déguisés en chevaux-jupettes combattent un dragon d'osier sur l'air du *Doudou*. Ils sont harcelés par une bande de diables qui les frappent à coup de vessies. Hommes blancs et Hommes de feuilles, pompiers et policiers casqués les accompagnent sur la Grand-Place où le rituel, très établi, aboutit toujours à la victoire du saint homme sur le monstre, dont les spectateurs arrachent les crins porte-bonheur de la longue queue. À 13h, tout est fini et les Montois font ripaille. En 2005, l'Unesco a classé ces festivités montoises au Patrimoine immatériel de l'humanité. ● *mons.be/mons/mons/patrimoine-mondial/ ducasse-demons/doudou* ●

Mons 2015, kézako ?

Mons, capitale européenne de la Culture en 2015 ! Qui l'eût cru ? Pas grand monde à vrai dire, en tout cas au début. Et même pas les Montois, tout étonnés de voir leur cité – une tête d'épingle sur la carte de l'Europe – placée de la sorte sous les feux de la rampe. C'était sans compter l'énergie et la détermination des équipes qui ont élaboré le projet autour de leur bourgmestre, Elio di Rupo, devenu entre temps, en 2011, Premier ministre du gouvernement fédéral de la Belgique. D'abord un slogan « Quand la technologie rencontre la culture », et un projet unique qui va, durant au moins un an et sans doute pour longtemps, bouleverser les équilibres locaux. Ou comment fédérer toute une région qualifiée de « déshéritée » par la grâce de la culture.

Ensuite, des figures emblématiques : Vincent Van Gogh (consacré par une grande expo au BAM et une étude sur son passage dans le Borinage) ; Paul Verlaine, bien sûr, et saint Georges, le *terrasseur* de dragon. Des structures nouvelles sont érigées pour l'occasion : le *Centre d'interprétation du Beffroi,* dont l'accès au sommet sera rouvert au premier semestre 2015, le *Carré des Arts,* la *Maison du design*... sans oublier la gare de Santiago Calatrava, si elle est prête à temps !

Pour le lancement officiel de Mons 2015, le 24 janvier, le *Routard* a publié **un guide spécial MONS 2015.** Pour prendre connaissance du programme complet ● *mons2015.eu* ●

MONS

Circuler à Mons

La circulation à Mons n'est pas aisée, beaucoup de rues en sens unique vous renvoient vers l'extérieur de la ville. On accède à la Grand-Place par la rue de Nimy ou la rue d'Havré. Dans le centre, les parkings couverts de la Grand-Place et de la Halle sont payants (1,20 €/h), sinon on trouvera des parkings gratuits autour du centre-ville, sur le boulevard circulaire. La ville n'est pas grande et en partie semi-piétonne, tout peut donc se découvrir à pied, et c'est tant mieux ! En cas de fatigue, sachez que vous pouvez emprunter gratos les minibus du Mons intra-muros. Quatre circuits parcourent la ville. Cette initiative destinée à décongestionner le centre et à réduire la pollution mérite d'être soulignée.

Adresses utiles

🛈 **Maison du tourisme de Mons** (plan couleur B1) : Grand-Place, 22 B (mais déménagement prévu pour fin 2014 dans un bâtiment flambant neuf de la Grand-Place, au n° 27). ☎ 065-33-55-80. ● mons.be ● Tlj 10h-18h ; 11h-17h les w-e et j. fériés. Édite des plans de la ville et de la région ainsi qu'un guide touristique complet et fort bien fait. Possibilité de réservation d'hébergement. Location d'audioguide pour une libre visite de la ville (2,50 €), sinon voir le programme de visites guidées (payantes). Des bornes tactiles d'informations et de réservations pour les musées et les concerts sont prévues pour 2015.
■ **Fédération touristique de la province du Hainaut** (plan couleur A1, 1) : rue des Clercs, 31. ☎ 065-36-04-64. ● hainaut.be ● hainauttourisme. be ● Lun-ven 9h-16h. Pour des infos sur toute la province, demander le livret détaillé Tourisme, Culture et Patrimoine.
🚄 **Gare** (hors plan couleur par A1) : pl. Léopold, 2. ☎ 065-32-25-86. 2 trains/h pour Bruxelles-Midi et 1 liaison/j. (le mat) avec Paris en Thalys (durée : 1h15), sinon changement à Bruxelles ou à Lille.
La construction d'une nouvelle gare de structure très moderne, située de l'autre côté des voies de la gare actuelle, a commencé en 2013. Une grande passerelle la reliera à la place Léopold pour accéder au centre-ville. Ces travaux au coût faramineux devraient s'achever en principe pour 2015.
🚌 **TEC Hainaut** (hors plan couleur par A1) : pl. Léopold, 9A. ☎ 065-38-88-85. ● infotec.be ●
🛈 **Centre hospitalier universitaire Ambroise-Paré** : bd Kennedy, 2. ☎ 065-39-21-11. ● hap.be ●

Où dormir ?

Camping

⛺ **Camping du Waux-Hall** (hors plan couleur par B1, 11) : av. Saint-Pierre, 17. ☎ 065-33-79-23. Jouxte le parc du même nom, à la sortie est de la ville. Ouv tte l'année. Emplacement pour 2 avec tente et voiture 13,50 €. **Fermé pour rénovation jusqu'en 2015.** Pour un camping urbain, il pourrait être plus mal situé. Ouf ! Sanitaires propres, branchements électriques et, même, jeux pour les enfants.

Bon marché

🛏 **Auberge de jeunesse du Beffroi** (plan couleur A1, 12) : rampe du Château, 2. ☎ 065-87-55-70. ● mons@ lesaubergesdejeunesse.be ● lesau bergesdejeunesse.be ● Au pied du beffroi. Navettes gratuites depuis la gare. Fermé en janv. Nuitées en dortoir 18,60 € (plus 2 € pour les plus de 26 ans) ; 23,10-25,10 €/pers en chambre double ; petit déj et draps compris. 🖥 📶 Une AJ moderne, en béton et alu, avec vaste espace commun au rez-de-chaussée. Propose 115 lits en tout, répartis dans des chambres agréables et lumineuses, avec parquet, principalement de 4 lits. Toutes sont équipées de douche et toilettes impeccables. Bar sympa à la réception, belle et grande cuisine à disposition, ping-pong et casiers.

De prix moyens à un peu plus chic

🏠 **Chambres d'hôtes Compa-gnons 11** (plan couleur A1, **15**) : rue des Compagnons, 11. ☎ 065-33-44-14. ● info@compagnons11.be ● compagnons11.be ● Double 90 € ; 170 € pour 2 nuits ; petit déj compris. CB refusées. Dans une petite ruelle, non loin de la Grand-Place, une maison de ville, au vert et au calme, ouverte sur un beau jardin plutôt zen. 2 belles chambres. On serait tenté de préférer la plus grande, pour sa taille et sa jolie déco mais ce serait oublier l'incroyable vue sur le beffroi dont bénéficie la plus petite, depuis le lit. Une très jolie adresse ; un excellent rapport qualité-prix.

🏠 **Chambres d'hôtes Les Chambour-lettes** (hors plan couleur par B1, **17**) : rue Guy-de-Brés, 53. ☎ 065-33-58-63. ● contact@leschambourlettes.be ● les chambourlettes.be ● À 3 km du centre-ville ; prendre la N 90 en direction de Binche, puis après la station Shell, la 3e à gauche (rue des Baraques) et encore la 3e à gauche. Double 75 € ; 100 € pour 4 pers ; petit déj compris. CB refusées. 🎁 Cadeau souvenir de Mons sur présentation de ce guide. Dans un quartier résidentiel paisible, à l'étage d'une maison récente, 2 chambres d'hôtes avec accès indépendant. Charmantes et soignées dans le moindre détail, elles sont lumineuses, confortables et possèdent chacune

des sanitaires privatifs (douche ou bains). Salon TV-bureau et pièce de lecture attenants. Bien pour une famille ou 2 couples d'amis, sinon seule la « Chambre du peintre » sera proposée. Le petit déj, mitonné avec amour, est servi dans une salle ouverte sur le jardin ou en terrasse. En prime, un home cinéma avec grand écran et de gros canapés moelleux pour se faire un film en DVD (grand choix à dispo). Une adresse d'exception à l'accueil chaleureux.

🏠 **Hôtel Saint-James** (hors plan couleur par B1, **13**) : pl. de Flandre, 8. ☎ 065-72-48-24. ● hotelstjames@hot mail.com ● hotelstjames.be ● Sur l'un des boulevards qui ceinturent le centre, à 10 mn à pied de la Grand-Place. Double 83 €, petit déj 12 €. Parking payant (10 €). 📶 Réduc de 10 % sur le prix de la chambre sur présentation de ce guide. Niché dans une résidence du XVIIIe s, un hôtel récent proposant de fort jolies chambres à la déco design, réparties sur 2 bâtiments. Salles de bains du même style, très réussies. En prime, excellente literie et minibar dans chaque piaule. Le meilleur rapport qualité-prix de la ville, pour un hôtel.

🏠 **Infotel Hotel** (plan couleur B1, **10**) : rue d'Havré, 32. ☎ 065-40-18-30. ● info@hotelinfotel.be ● hotelinfotel. be ● Doubles 68-120 € ; 86-149 € pour les suites ; petit déj 13 €. Parking gratuit. 📶 Chambres à la déco standard mais soignées et confortables, certaines plus spacieuses et hautes de plafond dans un bâtiment historique en annexe. Rien à redire pour le prix : calme, accueil et bons conseils pour visiter la région. Un hôtel fonctionnel intéressant pour sa position très centrale, à deux pas de la Grand-Place, et pour son parking gratuit et sécurisé. Propose aussi, en été, une amusante balade à la découverte de Mons avec Ludovic à bord de son amusant tripor-teur Piaggio.

Où dormir dans les environs ?

🏠 **Utopia Hôtel** (hors plan couleur par B1, **16**) : chaussée Brunehault, 392 B, **Masnuy-Saint-Jean** (7050). ☎ 065-84-87-85. ● info@utopia-hotel. com ● utopia-hotel.com ● À 6 km du centre de Mons, prendre la route d'Ath, puis à droite (suivre fléchage de l'Hôtel Mercure). Doubles 70-119 €

PLANS ET CARTES EN COULEURS

MER DU NORD · AMSTERDAM · PAYS-BAS · NORD · ALL. · COLOGNE · LILLE · PARIS · FRANCE · LUX.

Knokke · Bruges · Ostende · De Panne · Anvers · Malines · Hasselt · Gand · Ypres · Courtrai · Bruxelles · Louvain · Liège · Eupen · Tournai · Mons · Charleroi · Namur · Malmédy · St-Vith · Dinant · Chimay · Arlon

60 km · 22 · 83 km · 51 km · 41 km · 73 km · 39 km · 43 km · 41 km · 50 km · 25 km · 60 km · 36 km · 31 km · 35 km · 24 km · 89 km · 33 km · 73 km · 55 km · 40 km · 16 · 52 km · 49 km · 60 km · 42 km · 36 km · 30 km · 23 km · 40 km · 110 km · 107 km

CARTE DES DISTANCES

LA BELGIQUE

sites inscrits au Patrimoine mondial de l'Unesco

NORD

MER DU NORD

Vlissingen

Knokke-Heist
Zeebrugge
Blankenberge
De Haan
Lissewege
Damme
Oostende
Maldegem
Middelkerke-Bad
A 10
Brugge
Eeklo
St-Niklaas
E 40
Jabbeke
Lokeren
Koksijde-Bad
De Panne
Nieuwpoort
Weert
E 40
Gent
A 14
Veurne
Sint-Amands
Dunkerque
Diksmuide
Laethem-St-Martin
Ooidonk
Laarne
Dendermon
Lo
Tielt
Deinze
Deurle
Wetteren
Yser
Roeselaere
Aalst
Meise
Oostvleteren
Reninge
A 17
A 14
A 10
E 40
Zonnebeke
Poperinge
Ename
BRUXELLES
(BRUSSEL) p.
Ieper
Kortrijk
Oudenaarde
Gaasbeek
Comines
Geraardsbergen
Beerse
Ploegsteert
Halluin
Mouscron
Ronse
Lessines
Enghien
Halle
Lille
A 8
Braine
l'Alleu
A 25-E 42
Leuze
Ath
Nivelles
Tournai
Antoing
Beloeil
Soignies
E 10
A 26-E 15
A 1-E 17
A 16
E 42
la Louvière
A 23
Mons
Binche
Valenciennes
Thuin
Arras
Beaum
Cambrai
Sambre
Rar
A 2-E 19
Escaut
Chimay
Macquenoise
A 26-E 17
Hirson
FRANCE
A 1-E 15-E 19
Saint-Quentin
PARIS

Ostende (Oostende)	Lieux traités		FLANDRE
Kalmthout	Adresses et lieux dans les environs		WALLONIE
Mouscron	Repères		BRUXELLES
			CANTONS GERMANOPHONES

ROTTERDAM, AMSTERDAM

PAYS-BAS

Eindhoven

Kalmthout

Turnhout

E 19

Zoersel

E 34

Antwerpen

Herentals

ALLEMAGNE

Lier

CAMPINE

Maaseik

Sint-Katelijne-Waver

A 13   E 313

Mechelen

Beringen

A 314

Maastricht

FLANDRE
p. 214

Diest

Bokrijk

A 2

Aachen

Hasselt

Genk

Vilvoorde

A 2

A 13

A 4-E 40

KÖLN

Leuven

Zoutleeuw

E 313

Bilzen-
Rijkhoven

Genval

Tienen

St-Truiden

Visé

FOURONS

Waterloo

Wavre

Jodoigne

E 40

Herstal

Aubel

**Louvain-
la-Neuve**

Eghezee

Waremme

Liège

Blegny

Herve

Eupen

illers-la-V.

Gembloux

Seraing

Amay

Soiron

Limbourg
Verviers

Fleurus

A 15

Meuse

Ivoz-
Ramet

FAGNES

E 42

Andenne

Huy

Aywaille

Theux

Solwaster *Botrange*

Namur

WALLONIE
p. 409

Hamoir

Sart

▲ 694

Reinhardstein

harleroi

Floreffe

Havelange

Durbuy

Francorchamps

Robertville

Fosses

Annevoie-
Rouillon

Spontin

Barvaux

Trois-
Ponts

Malmedy

Büllingen

arcinelle

Crupet

A 25

Stavelot

Abbaye de
Maredsous

Bouvignes-
sur-M.

Ciney

Hotton

Vielsalm

St-Vith

orennes

Dinant

Chevetogne

Waha

Marche-en-
Famenne

Bque de Fraiture

Freyr

Celles

Rochefort

La Roche-
en-A.

Nadrin

Houffalize

ilippeville

Lavaux

Han-sur-Lesse

A 26

Treignes

Beauraing

Fourneau
Saint-Michel

Recogne

Nismes

A 4

Bastogne

uvin

Redu

St-Hubert

gnies-en-T.

Vresse

E 411

E 25

Rochehaut

Neufchâteau

Martelange

Alle

Botassart

A 4-E 25

Corbion

Bouillon

Charleville-
Mézières

Chassepierre

Florenville

Arlon

LUXEMBOURG

Villers-devant-Orval

Abbaye d'Orval

Semois

Luxembourg

Meuse

GAUME

Virton

Torgny

0   10   20 km

LA BELGIQUE

LA BELGIQUE

4

ANVERS

NORD

A   B

62 Red Star Line Museum

Bonapartedok   Willemdo

MAS

Sint-Aldegondiskaai   Godefridusk

78   7

WAASLANDTUNNEL

Charles de Costerlaan

Brouwersvliet   Oude

Thonetlaan

Iexuit Kommeken Verversru   FALCONPLEIN

103

Orteliuskaai   Van   ST PAULUS   Sint Paulusstr   Klapdorp   Falconrui

PLAATS   Klapdorp   Klapdorp

69   Minderbroedersru

voir zoom

VEE   Zwartzusters-   Zirkstr.   Blindenstr.

MARKT   str.

Jordaenskaai   Burchtgracht   Keizerstr

Kuipers str.   Oude   Kipdo

Beurs

GROTE   Kaasrui   HENDRIK   Kt. Nieuwstr.   Borzesti

MARKT   CONSCIENCE   Lange

Blauw-   PLEIN

moezelstr Lange   Sint Kateljnevest

Vlasmarkt Reyndersstr.   GROEN   Eiermarkt   Meir

PLAATS   Meir

Schoenmarkt   66

SINT JANS   VRIJDAG   Schoenmarkt   brug

VLIET   MARKT   Jodenstr.

Steenhouwersvest   Lombardenvest   67   Schuttersho

Augustijnenstr.   Everdijstr.   91

St Andriesstr.   St Antonjusstr.   Oudaan   24   157

21   160   Musée Mayer   123

168   van den Bergh

53   155   Schoytestraat   95

156   Aalmoezenierstr.   Rosier   50

64   Prekersstraat   Bredstr.

CENTRE

W. Lepelstraat   Sint Rochusstr.

Kronenburgstraat   Schermers   str.

MKHA   MARNIX   Vrijheidtstr.   Kasteelpleinstr.

PLAATS   Welvaartstraat   59

160   LEOPOLD   Tolstraat   Britselei

72   161   DE WAEL

106   163   PLAATS   73

26   Musée des

34   102   Beaux Arts   Amerikalei   31

Musée de   GILLIS   105

la Photo   PLAATS   ZUID

36   152   179

ANVERS

Schelde (Escaut)

Entrepôtkaai
Italiëlei
STEENPLEIN
Burchtgracht
Zak str.
VEE MARKT
Zwartzusters str.
Zirkstr.
Kapdorp
Minderbroedersrui
Mutsaerdstraat
94

70
130
63
126
Jordaenskaai
Maison des bouchers
92
Kloosterstraat
Begijnenvest
90
2 @ Wolstraat
Maison de Rockox
Borzestr.

Leeuwenrui
Ankerrui
Kuipers str.
Oude Beurs
104
99
Grote Markt
Suikerrui
i
Kaasrui
65
57
Église St-Charles Borromée
97
Kt. Nieuwstr.
Sint Katelijnevest
Lange

HESSENPL
Stijfselrui
TUNNEL PLAATS
Paardenmarkt
142
aardenmarkt
Rodestr.
Ernest Van Dijckkaai
Pieter Potstr.
P. Potstr.
101
121
Oude Koornmarkt
129
22
Blom
Cath. Notre-Dame
23
str. Sint
Eiermarkt

Vlasmarkt
Zand
98
32
154
93
Reyndersstr.
Pelgrim
96
Hoog
100
GROEN PLAATS
138
Meirbrug
Meir

Béguinage
148
SINT JANS VLIET
Musée Plantin-Moretus
153
3
Schoenmarkt
Prinsstr.
P. Van Hoboken str.
K. Winkelstr.
L. Winkelstr.
35
Oever
Steenhouwersvest
VRIJDAG MARKT
51
Lombardenvest
56

FRANS HALS PLEIN
107
150
Nationalestraat
151

Sint Jacobsmarkt
Église Saint-Jacques
Nieuw straat
30
Kipdorpvest
FRANKLIN ROOSEVELT PLAATS
Gemeentestr.
@
Aquatopia
KONINGIN ASTRIDPLEIN
Bisschopstraat
Congresstraat
Kerkstraat
81

Meir
Leysstraat
Jezusstr.
Elkenstr.
Frankrijklei
Van De Keyserlei
Anneessensstr.
Breydelstr.
Statiestr.
29
Carnotstraat
Ommeganckstraat
Provinciestraat
Van Geertstraat
Kroosstraat
33

Maison de Rubens
Hopland
Otto Veniusstr.
Kipdorpvest
Appelmans
Quellinstr.
Vestingstr.
Pelikaanstr.
i
76
149
58
Antwerpen Centraal Station
Jardin zoologique (Dierentuin)
3

55
MAN RKT
THEATER PLEIN
Tabakvest
Maria Theresialei
Herentalsestr.
Ploegstraat
Provinciestraat
Ketsstraat
Milisstraat

Frankrijklei
Rubenslei
Quinten Matsijslei
Lange Kievitstr.
Van Leriustraat
Lange Kievitstraat
QUARTIER DES DIAMANTAIRES
52
Van Imm Ertenstraat
Pelikaanstraat
Bleekhofstraat
Kroosstraat

Van Eycklei
Stads Park
Van Eycklei
Van
Plantin
Wipstraat
en
Provinciestraat
Moretuslei
4

Van
Lange
Bexstraat
Leemstraat
Hertoginstraat
38
Antoon van Dyckstraat
Charlottalei
Brialmontlei
Belgiëlei
Mercatorstraat
straat
Van den Nestlei
sites inscrits au Patrimoine mondial de l'Unesco
0   200   400 m

61
39

ANVERS

REPORTS DU PLAN DE ANVERS

REPORTS DU PLAN DE GAND

REPORTS DU PLAN DE GAND

GAND

A   B

Meelstraat
★108
Begijnhoflaan
Bachtenwalle
Sint Antoniuskaai
Molenaarsstr.
St-Margrietstr.
Academiestr.
Grauw Poort
Sluizekensk.
13
L. Steenstr.
Couvent des Carmes
114
67 52
J. Verspeyenstr.
S. de Mirabellostr.
Rabotstraat
20
Zilverhof
Prinsenhof
50
PATERSHOL
Oudburg
Abraham str.
Gewad
Braderstr.
11
36 44 41
66
26
25
Maison Alijn
113
Oud Begijnhof dries
Château des Comtes
78
Kraanlei
Langemunt
Vrijda Mark
107
Rekelingestr.
39
22
65
68
45
Burgstraat
Begijnengracht
17
42
30
Musée du Design
J. Breyd
46
74
64
Groentenm.
115
Hoogpoort
21
29
14
Pepperstr.
Drabstr.
35
49
Peperstr.
Poel
15
16
Quai au Blé
34 63
32
61
28
73 92
Hoogstraat
Maria Land
St-Michels plein
Quai aux Herbes
KOREMARKT
Klein Turkije
GOUDENLEEUW PLEIN
72
Ravenstein str.
St-Michielshelling
94
E. Braun
Theresianenstr.
Schouwvegersstr.
Oude
Houtlei
Cataloniestr.
plein
Beffroi
95
148
St-Niklaasstr.
P
106
Predikherenlei
Bennesteeg
43
Onderbergen
38
Zwarte Zustersstr.
Jacobijnen str.
Hoorn str.
Voldersstr.
104
Ajuinlei
Pla
Kortemeer
Brandstr.
Universiteitstr.
P
Blandijnberg
Zonnestr.
Vogelmarkt
P
STAM
Biljokekaai
Leie
Kortrijksepoortstraat
Sint-Amandstr.
Kattenberg
40
103 KOUTER
PRUDENS VAN DUYSEPLEIN
Gaspar de Craeyerstr.
Koophandelspl.
Schouwburgstr.
31
QUARTIER DES ARTS
111
Kantienberg
Ketelvest
KRAMERS PLEIN
Benedictijnenstr.
Stalhof
J.F.Willemsstr.
Recolletenlei
Lindenlei
Savaanstraat
SMAK
N. De Liemaeckere Plein
MSK
HEUVELPOORT
Nederkouter
UNIVERSITÉ
Citadelpark
Ottergemsesteenweg
Bagattenstra
K. L. Ledeganckstraat
Verlorenkost

A   B

GAND

NORD

C

D

Huidevetterskaai

Kongostr.

Interleie

Minnemeers

105

Oude

vest

Blekerijstraat

27

Ham

Dok

Zuid

Kopenhagenstraat

1

Ottogracht

straat

Baudelo

Bibliotheekstr.

Steendam

Baudelokaai

Reke

54

Ham

K. Leopoldstr.

Dampoortstr.

Zondernaamstraat

Warandestraat

ommewal

Gzemanstr.

BEVERHOUT
PLEIN

BIJ
ST JACOBS

101

2

69

Nieuwpoort

Belfortstr.

Koningstr.

St-Jacobsnieuwstr.

Houtbriel

24

Jan Palfijnstr.

Nieuwbrugkaai

R. Torenkaai

Hagelandkaai

Schoolkaai

L. Munichstr.

Nieuwbrugstraat

Kazematenstr.

CUVE

Zandberg

Ursulinenstr.

62

12

Barrestr.

19

Oude
BEESTEN
MARKT

Veerkaai

Voorhoutkaai

Spanjaardstr.

Kasteellaan

2

37

33

Kapittelstr.

AFS
EIN

Nederpolder

Bisdomkaai

Reep

53

Gandastraat

Cathédrale
Saint-Bavon

Maaseikstr.

109

Keizer

Karelstraat

Koepoortkaai

Aposteihuizen

Slachthuisstraat

51

Puinstraat

Ossenstr.

Ferdinand Lousbergskaai

Ooilamstr.

Limburgstraat

Tenegouwenstr.

Seminariestr.

L. Boomgaardstr.

Gouvernement

Vlaanderen

Brabantdam

St-Kristofelstr.

23

Visserij

3

Kortedagsteeg

70

Kuiperskaai

straat

Brabantdam

47

St-Annaplein

Nieuwebosstr.

L. Violettenstraat

Zuidstationstr.

Lammerstr.

80

St-Pietersnieuwstr.

W.
Wilsonplein

Koning
Albert
park

Graaf Van
Vlaanderenplein

Tweebruggenstr.

110

0   100   200 m

sites inscrits au Patrimoine mondial de l'Unesco

QUARTIER DES ARTS C

D

GAND

BRUGES – PLAN GÉNÉRAL (PLAN I)

OSTENDE   A   B   20

NORD

JABBEKE

voir plan II

Werfstraat
Koningin
Elisabethlaan
Klaverstraat
St-Jorisstraat
St-Claerastraat
Bidderssr.
Schrijversstr.

Gouden-Boomstraat
Lauwerstraat
Goedelaan
Vlieslaan
Filips De
Gulden
Beenhouwersstraat
Raamstraat
Rozendal
Ezelstraat
Potteriemakersstr.
Vlamingstr.
Kortewinkel
JAN V
EYC
PLEIN
Augustijnenrei
Academie str.

Bevrijdingslaan
Zak
Oude
St-Jacobsstr.
Naaldenstr.
Kuipers
Vlamingstr.
Kraann
Stock
EIERMARKT

MARKT
Breidels

Lange Vesting
Guido Gezellelaan
Hoefizerlaan
Moerstr.
Noordzandstraat
Geldmuntstr.
St-Amands str.
Zilverstr.
Steen straat
O.-St-Nik
Heilig.
Burg
Wolle
SIMON
STEVIN
PLEIN
Nieuwstr.
Oude

Smedenstraat
Hendrik
Vlddagmarkt
'r Zand
Zuidzandstr.
Dweerstr.
Salvatorstr.
Heilig.
Geest str.
Mariastr.
Gruuthusestr.
Muse
Groe
Di

Hauwerstr.
Goezeputstr.
102
Maison
Die
13

16
19
22
WAL
PLEIN
60
Kefelin
straat

Boeveriestr.
Conciencelaan
Koning
Albertlaan
Westmeers
Oostmeers
Zonnekemeers
Béguinage
131

89

Arsenaalstr.

Minne
water

Albertlaan
Koning
Buiten
Begijnenvest

A   A 10, OOSTENDE, A 17, KORTRIJK   B

DAMME 145

43

Oliebaan

Peterseliestraat

Buiten Kruisvest

Dampoortstraat

Snaggaardstraat

144 143

146

C.
Mansions

Langerei

St-Annarei

amstr.

141

Kruisvest

Gouden-
Handstr.

Carmersstraat

Rolweg

140

1

uden-Handrei

Musée des Arts
et Traditions
populaires

enthof

Spiegelrei

Jeruzalem
str.

Baistr.

Église de Jérusalem

Stijn Streuvelsstraat

Kazernevest

pinolarei

St-Annarei

Verversdijk

Peperstraat

11

Engelstr.

Jans
str.

Koningtaat Boomgaardstr.

Molenmeers

Rodestraat

109

Buiten

Verbrand Nieuwland

108

Langestraat

Balsemboomstr.

talburgastr.

Ridderstr.

Hoogstraat

Peerden
str.

Vuldersstraat

Twijn
Marie
Bergpl.

Meestr.

Bilkske

Ganzestr.

Kazernevest

JRG

Steenh.
Dijk

Braamberg
str.

Waalsestr.

Predikherenrei

83

Hooistr.

18

Bilkske

Nijverheidsstraat

2

Pandreitje

Gevangenis Park

Kruiten-
berg
str.

Coupure

188

72

Boninvest

Eekhoutstr.

str.

Minderbroedersstr.

Schaarstr.

26

Buiten

Garenmarkt

Gentweg

Gentpoortstraat

Boninvest

nieuwe

Oude

Gentweg

Blekerijstr.

Generaal

Lemanlaan

Visspaanstraat

Gentpoortvest

Gentpoortvest

Wagnerstraat

Daverlostraat

Van Steenestr.

3

Bargeweg

Buiten Katelijnevest

Baron
Ruzettelaan

Denestr.

Rubenslaan

0   100   200 m

10

site inscrit au Patrimoine mondial de l'Unesco

A 10, GENT

C

BRUGES – PLAN GÉNÉRAL (PLAN I)

BRUGES – CENTRE (PLAN II)

BRUGES – CENTRE (PLAN II)

REPORTS DES PLANS DE BRUGES

LIÈGE

BRUXELLES

↑ NAMUR, E 42, BRUXELLES, A3 - E 40

🏨 14 ↖   A ↑ TONGEREN, A 13   B

0   100   200 m

PLACE
HOCHEPORTE
R. L. Fraigneux   R. de
l'Académie
R. de Bruxelles
23
Gare
du Palais
R. St-Pierre

R. Perl
Montagne de Bueren
R. Hors
75
76   3
Châ
39
🏨 12

PIERREUSE

Musée de la
vie wallone
Palais
des Princes-
Évêques   38
2 ℹ️ Place
St-Lambert
70
73
55 26
36
97
ℹ️

CENTRE

79
ℹ️
P
P

Rue Sainte Marguerite

NORD

93
Mont St Martin
Église Ste-Croix
R. Basse Sauvenière
Sauvenière
PL. DU
MARÉCHAL
FOCH
Joffre
R. Souv-Pont
51
Rue Léopold
50
Quai
de la Goffe
PT DES
ARCHES
Quai des Tanneu
86

1

PUBLÉMONT

82
78
84
PL. XAV.
NEUJEAN
R. G.
Clemenceau
40
PL. DE LA
RÉPUBLIQUE
FRANÇAISE
R. de la Casquette
CARRÉ
27
85
R. de la Cathédrale
R. de la Régence
Pont d'île
Rue d'île
Rue de l'Université
29
Quai Roosevelt
Quai sur Meuse
Quai de Gaulle
PASSERELLE
56
18
Bd Saucy

R. Le Bègue
Boulevard
R. Confluence
R. du Pot d'Or
13
34
32
36
25
24
81
31
PLACE
BÉGINNAGES
Saint-
Christophe
R. Gilles
d'Avroy
PL. DE LA
CATHÉDRALE
R. Pont
d'Avroy
R. Ch. Magnette
h54
53
20
22
Université
R. des
Carmes
28
Musée
Tchantchès
R. des Prêtres
90

Saint
Gilles
PLACE
SAINT-PAUL
PL. DES
CARMES
30
Meuse
PONT
KENNEDY
R. Mean
Quai
PONT
DE
LONGDOZ

2

52
Av. R. des Clarisses
Av. Maurice Destenay
R. du Vertbois
ÎLE
R. des
Prémontrés
Q. Van Hoegaerden

Rue Darchis
Rue
PLACE
ST-JACQUES
83
PLACE
É. DUPONT
R. de l'Évêché
Quai Churchill
Quai
Boverie
Quai Orban
Rue Orban
P
Longdoz

Rue des Augustins
R. du Jardin
Botanique
17
Jardin
botanique
Boulevard d'Avroy
Boulevard
Piercot
Avenue
Rogier
Avenue
Frère
Boulevard
Orban
Quai Marcellis
Quai de la
P

R. Arm Stouls   Rue d'Harscam

3

R. Sainte Marie
R. Sainte
Véronique
Parc
d'Avroy
PLACE
D'ITALIE
R. Renoz
PONT
ALBERT 1er
PONT
DE HUY
Quai
92
Palais
des Congrès
PLACE
DU
PARC
Parc
PONT
DES VENNES
Quai Mozart
Bd

Rue Henricourt
Rue Fabry
R. de
Rotterdam
PLACE
DE
BRONCKART
Avenue
Boulevard
R. Dartois
R. des
Guillemins
Rue des
Avenue
Blonden
Quai de Rome
Mati
va

4

Avenue de l'Observatoire
R. du Plan Incliné
3
16
R. Soher
R. des
Vingt-Deux
Rue
Serbie
Rue
Paradis
91

Gare de Liège Guillemins
15

BASTOGNE ↓   A   HUY, SERAING ↓   B

C

Collégiale PLACE DES
St-Barthélemy DÉPORTÉS
onstrée P
Grand Curtius 1
J. de Maastricht

Sainte Barbe
R. des Tanneurs

94

de la Constitution

UTREMEUSE

J. H. R. G. 10 Simenon
Dinant
8 87

Puits d'Outre-Meuse 2
Jean en Sock
ure
PLACE
GOBERT
l'Ourthe

de Longdoz

Douffet

des Champs
R.
3
RIVE
DROITE
Grétry

Poincaré
96

R. des Vennes 4

C

LIÈGE

LIÈGE

■ Adresses utiles

1 Office de tourisme de la ville de Liège
2 Maison du tourisme du pays de Liège
Gare ferroviaire SNCB de Liège-Guillemins *(Thalys)*, Maison des cyclistes
Gare des bus TEC
3 Eurolines

☗ Où dormir ?

10 Auberge de jeunesse Georges-Simenon
11 B&B Ceci n'est pas un Hôtel
12 Hôtel Hors Château
13 Hôtel Les Acteurs
14 B&B Matin Tranquille
15 Hôtel de la Couronne – Husa
16 Hôtel Univers – Best Western
17 Le Cygne d'Argent
18 Hôtel La Passerelle

▯●▯ Où manger ?

20 La Main à la Pâte
21 L'Œuf au Plat
22 Le Taboulé
23 Paris-Brest
24 Amour, Maracas et Salami
25 Bruit qui Court
26 La Frite
27 Terre Mère
28 Taverne Tchantchès et Nanesse
29 Café Lequet
30 Le Bouquin
31 Le Numidie
32 Les Sabots d'Hélène
33 Chez Léo
34 Le Pain Quotidien
35 Le Bistrot d'en Face
36 Exki, Pollux
37 Le Thème
38 Le Vin sur Vin
39 España
40 Caffè Internazionale
90 Le Labo 4

♟ Où boire un verre ? Où écouter de la musique ?

50 Le Jardin des Olivettes
51 La Maison du Peket
52 Le Vaudrée II
53 Taverne Saint-Paul
54 Le Pot-au-Lait
55 The Senor Duck
56 Le Randaxhe

★ À voir

70 Archéoforum
73 Hôtel de ville
75 Escalier de la montagne de Bueren
76 Impasses du quartier Hors-Château
78 Cité Miroir
79 Musée des Beaux Arts de Liège (BAL)
80 Musée d'Ansembourg
81 Cathédrale Saint-Paul
82 Église Saint-Jean-l'Évangéliste
83 Église Saint-Jacques
84 Opéra royal de Wallonie
85 Église Saint-Denis
86 Église Saint-Pholien, rue des Écoliers
87 Église Saint-Nicolas
88 Musée Grétry
90 Aquarium, musée de Zoologie, Maison de la science
91 Centre international d'art et de culture (CIAC)
92 Maison de la métallurgie
93 Basilique Saint-Martin
94 Brocante de Saint-Pholien
95 Marché de la Batte
96 Musée des Transports en commun
97 Maison Havart

LIÈGE

MONS

MONS

■ **Adresses utiles**

🏠 Maison du tourisme de Mons
1 Fédération touristique
de la province du Hainaut
🚌 TEC Hainaut
♻ **50** Marché de fruits et légumes
et brocante de la place
du Béguinage

🏕 🏠 **Où dormir ?**

10 Infotel Hotel
11 Camping du Waux-Hall
12 Auberge de jeunesse du Beffroi
13 Hôtel Saint-James
14 Hôtel Mercure Mons
15 Chambres d'hôtes
Compagnons 11
16 Utopia Hôtel
17 Chambres d'hôtes Les
Chambourlettes

🍴 **Où manger ?**

20 Le Pastissou
21 Boule de Bleu
22 La Table du Boucher
23 Henri
24 No Maison
25 La 5ᵉ Saison
42 Baraque à caricoles

🍷🎵🎶 **Où boire un verre ? Où écouter
de la musique ? Où danser ?**

26 La Verr'Hier
32 Le Chinchin
33 Larcobaleno Bar
34 Citizen Fox

🍴 **À voir**

43 Jardin du Mayeur
44 Le Magasin de Papier
45 Anciens Abattoirs
47 Beaux-Arts Mons (BAM)

selon confort et saison. *Petit déj 13 €. Parking gratuit.* 📶 Dans un calme parc arboré, une maison d'architecte d'allure design transformée récemment en luxueux hôtel de grand confort. En tout 33 chambres, toutes différentes, dessinées et meublées *zen* (structure et mobilier tout en rondeurs) ou *tonique* (des angles droits et des couleurs chaudes), et ce dès les premiers prix, mais il y a également des suites et des lofts superbes. Grande piscine intérieure à dispo, spa (en sus) et resto d'inspiration gastro de bonne facture donnant sur un écrin de verdure. Accueil très pro. Une très belle adresse, qui n'a rien d'une utopie !

■ **Hôtel Mercure Mons** *(hors plan*

couleur par B1, **14**) : *rue des Fusillés, 12, Nimy (7020).* ☎ 065-72-36-85. ● *hotel.mercure.mons@skynet.be* ● *mercure.com* ● *À 5 km du centre de Mons, sur la route d'Ath, juste avt le précédent. Doubles 79-159 € selon saison. Petit déj (cher !) 17 €.* 📶 Bel hôtel, de la chaîne *Accor,* dans un parc à l'écart de la ville. Grand bâtiment en brique brune abritant 53 chambres, toutes identiques, dans les tons crème et marron, confortables mais très classiques. Piscine extérieure pour les beaux jours.

À signaler, le site ● *hotelsmll.be* ● qui répertorie une petite quinzaine d'hôtels sur Mons, La Louvière et leurs environs.

Où manger ?

Mons, ville gourmande ! On ne compte plus les bonnes tables... Impossible donc de les citer toutes. Demander le livret des restos à la Maison du tourisme. Un petit mot néanmoins sur la spécialité locale : la côte de porc « à l'berdouille »... Point de « boue », rassurez-vous, mais une sauce crème-moutarde-bière-cornichon-estragon. Un régal que chacun décline à sa façon.

Très bon marché

|●| Sur la Grand-Place *(plan couleur B1, 42) (mais slt w-e et j. fériés en saison, 12h-minuit),* une **baraque à caricoles** vend ses escargots. Rappelons qu'il s'agit de bulots.

|●| Mons étant une ville estudiantine, on y trouve aussi de nombreux **snacks-pitas,** tentants comme des snacks-pitas.

De bon marché à prix moyens

|●| **No Maison** *(plan couleur B1, 24) : Grand-Place, 21.* ☎ 065-31-11-11. ● *anna.cursio@hotmail.com* ● *Tlj 12h-15h, 18h-22h. Plats env 9-20 €, plat du jour anti-crise lun-mar 6 €. Apéritif maison offert sur présentation de ce guide.* Une brasserie bruyante et conviviale,

bien que relookée, qui continue à rassembler les locaux à l'heure du midi, comme on dit ici. À la carte, quelques classiques belges et la très montoise côte de porc « à l'berdouille »... Le vendredi soir, après le service, la patronne pousse les tables et les 3 étages du resto se transforment en discothèque jusqu'à 4 heures du mat ! Chaude ambiance et clientèle très hétéroclite de tous âges.

|●| **Boule de Bleu** *(plan couleur B1, 21) : rue de la Coupe, 46.* ☎ 065-84-58-19. ● *eric.vanderbeque@yucom.be* ● *Presque sur la pl. du Marché-aux-Herbes. Tlj sf dim-lun 11h-15h (23h ven-sam). Plats 11-13 €.* 📶 *Thé ou café offert sur présentation de ce guide.* Façade jaune et petite enseigne discrète sur la vitrine. Un très bon choix pour le midi. On y avale d'exquises salades, mais aussi des quiches et des *focaccie* dans une salle genre boutique de brocanteur. Ce qu'est d'ailleurs un peu l'endroit, car, ici, tout ce que vous voyez est à vendre ! Agréable petite terrasse couverte avec fontaine. Service très sympa.

|●| **Le Pastissou** *(plan couleur A2, 20) : rue des Fripiers, 14.* ☎ 065-31-92-60. *Tlj sf dim-lun 12h-14h, 18h30-21h30 (20h30 mar-jeu). Fermé de mi-juil à mi-août. Plats 10-20 €.* Salle toute simple. Aux murs, photos du Pays basque. L'essentiel est dans l'assiette, à savoir

MONS

une irréprochable cuisine du Sud-Ouest (bœuf bordelais, canard périgourdine, magret, tripoux auvergnats... et choix entre 6 cassoulets). Vraiment le resto que tous les Montois apprécient.

|●| *Henri* (*plan couleur B1, 23*) : *rue d'Havré, 41.* ☎ *065-35-23-06. Tlj sf dim soir et lun soir 12h-14h, 18h-20h30. Fermé 2de quinzaine de juil. Plat du jour le midi en sem 7,20 €, le soir menu à composer soi-même : 20 €. Café offert sur présentation de ce guide.* C'est le rendo des employés du centre-ville. Entrée genre café peu tentant, rattrapée par la vieille salle en brique avec cheminée et beau plafond de chêne. En gros, rien de bouleversant dans l'assiette, mais c'est correct, bien servi et pas cher. On conseille même la choucroute, surtout aux grosses faims ! À part ça, steaks à toutes les sauces, moules-frites, plats de ménage et grandes salades l'été. La tradition veut que l'on paie au comptoir en sortant.

Plus chic

|●| *La Table du Boucher* (*plan couleur B1, 22*) : *rue d'Havré, 49.* ☎ *065-31-68-38. Tlj 12h-15h, 18h30-23h (minuit ven-sam). Résa conseillée. Menus 25 € (avec quelques suppléments de 4-8 €) ; plats 20-40 €. Vin au verre à partir de 5 €.* Cette belle brasserie clinquante aux poutres apparentes et aux miroirs dorés est un temple pour les viandards ! Entrecôte Black Angus, côte de bœuf Salers ou Holstein affinée entre 40 et 60 jours (pour offrir un gras fondant et une saveur incomparable), sont cuits au gril avec dextérité et précision dans un coin de la salle. Quant

au ris de veau de lait, au pigeonneau, gigotin d'agneau, jarret confit, tête de veau poêlée... la préparation est faite en cuisine par une brigade efficace. Gardez une place pour le fromage, vous comprendrez pourquoi en voyant l'impressionnant plateau dans un coin de la salle ! Les plus téméraires iront jusqu'au moelleux au chocolat, et ils ne seront pas déçus. Un bémol cependant, le prix du jaja qui peut alourdir sérieusement la note, déjà un brin salée. Cela dit, le rapport qualité-prix est excellent, nous sommes sortis repus et contents !

|●| *La 5e Saison* (*plan couleur B1, 25*) : *rue de la Coupe, 25.* ☎ *065-72-82-62.* ● *pierre-yves.gosse@skynet.be* ● *Tlj sf dim-lun. Fermé 1 sem à la Toussaint, à Pâques et 1re quinzaine d'août. Résa obligatoire, longtemps à l'avance pour le soir. Lunch 29 € et menus 49-82 € le soir.* Côté rue, ce sont les cuisines. L'entrée se fait par la ruelle. Une salle minuscule de 6 tables seulement, très vite remplie, à la déco sobre et contemporaine. Et une miniterrasse aux beaux jours. Côté assiette, la Belgique est à la fête et nous avec. Le chef revisite avec brio les recettes d'antan : joue de bœuf braisée à la bière de garde, filet et ris de veau accompagnés de racines en tous genres et nougatine au beurre et fruits noirs... Mais les plats changent régulièrement au fil des saisons. Un sans-faute (si ce n'est l'entrée, un peu chiche). Un vrai voyage gustatif que l'on pourra accompagner d'une bière de Saint-Feuillant ou d'une Orval, histoire de ne pas gonfler l'addition (belle carte des vins, cela dit). Un merveilleux souvenir...

Où boire un verre ? Où écouter de la musique ? Où danser ?

En gros, l'animation débute aux abords de la Grand-Place (qui se couvre de terrasses dès les premiers rayons de soleil) et culmine place du Marché-aux-Herbes, située 200 m plus loin. Sur cette dernière, nombreux cafés déversant chacun une bonne dose de décibels sur le trottoir pour attirer une jeunesse qui, de toute façon, passe

naturellement et joyeusement d'un rade à l'autre.

▼ ♪ ♫ *Larcobaleno Bar* (*plan couleur A1, 33*) : *rue des Clercs, 6.* 🖥 *0472-48-26-13. Tlj sf lun 17h-3h (4h ven-sam).* Passé la première salle à la déco un brin africaine, puis le grand bar, on pénètre dans le Saint des

Saints : une grande scène de théâtre en planches, où l'on peut se poser au choix dans un fauteuil, un canapé ou sur un pouf. Un lieu hors du commun où il se passe quelque chose tous les jours : un concert de jazz, un *one man show,* une comédie musicale, une soirée Dj thématique, un karaoké, des cours de salsa ou de danse orientale le dimanche... Sergio, le patron, a quitté l'usine pour créer ce lieu décalé, à son image, principalement fréquenté par des habitués, forcément. On adore !

La Verr'Hier *(plan couleur B1, 26) :* rue de la Clef, 19. ☎ 065-84-34-31. ● info@laverrhier.com ● *Ouv dès 17h. Afterwork et happy hours jeu 17h-18h.* Accès par un long couloir qui débouche sur un cadre spectaculaire, grande salle aux murs de briques côté bar, patio ouvert de l'autre et poutrelles métalliques qui soutiennent un toit vitré. Tables basses, canapés de cuir, objets *vintage*. Un petit côté *speakeasy* à l'américaine, qui permet de converser avec ses voisins sans être gêné par le volume de la musique. Nombreux cocktails, whiskies et rhums choisis, et fumoir années 1950 avec cigares pour les amateurs de Havane. Le lieu idéal pour démarrer la soirée.

Citizen Fox *(plan couleur B1, 34) :* rue de la Coupe, 7. ☎ 065-33-81-01. *Lun-sam 12h (14h le w-e)-2h (3h ven-sam).* C'est le bar *lounge* chic de Mons. Les jolies filles et les beaux gars s'y retrouvent dans leurs plus belles tenues pour boire un cocktail de chez Molotov, un verre de champ' ou une bière légère au fût. Il faut jouer des coudes pour atteindre le bar, mais on peut ensuite aller se poser dans de confortables fauteuils ou sur la terrasse. Attention, baskets interdites le soir, les videurs veillent au standing du lieu.

Le Chinchin *(plan couleur A1, 32) :* rue des Clercs, 15. ☎ 065-84-29-15. *Tlj sf dim 20h-3h au moins.* Installé dans une cave voûtée, c'est le café de la jeunesse estudiantine débridée. Dans une atmosphère un peu confinée et bruyante, on y boit le *chinchin,* un alcool un peu traître, d'autant qu'il est servi à petites doses !

À voir

Les principaux sites et monuments du centre

La collégiale Sainte-Waudru *(plan couleur A1) : entrée par le côté, rue du Chapitre. ● waudru.be ● Ouv tte l'année 9h-18h.*
Sur une colline que dame Waudru avait choisie pour fonder son monastère au VIIe s, les chanoinesses de sa communauté religieuse firent édifier la collégiale. Les travaux commencèrent en 1450 par le chœur pour s'arrêter en 1686, date à laquelle ces dames renoncèrent à faire élever la tour de 190 m dont elles avaient rêvé. L'architecte **Mathieu de Layens** (celui de l'hôtel de ville de Louvain) fut l'un des premiers maîtres d'œuvre et ses nombreux successeurs respectèrent le style gothique brabançon, voulu par les chanoinesses. Du coup, et même si cette imposante église n'a extérieurement rien d'exceptionnel, on pourra au moins en apprécier la cohérence.
L'intérieur est en fait plus spectaculaire : plan en croix latine, élévation à 3 étages, 110 m de long, 34 m de large, et d'énormes piliers soutenant la voûte en brique, 25 m plus haut. On dénombre pas moins de 29 chapelles, qui toutes étaient dédiées à une corporation ou à une confrérie. Dans la nef, près de la porte principale, est garé le Car d'or. C'est dans ce char baroque du XVIIIe s, en bois doré, plein d'angelots fessus, qu'on véhicule la **châsse de sainte Waudru** lors de la procession du même nom. Ladite châsse, en cuivre doré du XIXe s, domine l'autel. La tête de la sainte repose dans un autre reliquaire placé dans la dernière chapelle droite de la nef.
Sept gracieuses statues blanches ornent le chœur. Curieux, on en compte huit, mystère ! Les quatre premières représentent les vertus cardinales (Tempérance, Force, Justice, Prudence), les trois autres les vertus théologales (Foi, Espérance,

Charité). Elles faisaient partie d'un jubé exécuté par *Jacques Du Broeucq,* un artiste montois du XVIᵉ s, bien en cour auprès de Charles-Quint, mais qui fut détruit par les révolutionnaires en 1797. Outre ces sculptures, les bas-reliefs purent aussi être sauvés. Ils décorent aujourd'hui le transept. Dans la quatrième chapelle à gauche du déambulatoire, retable en marbre noir et albâtre et, deux chapelles plus loin, un *saint Michel terrassant le démon* (XVᵉ) et une *sainte Waudru* (XVIᵉ). Un coup d'œil sur les vitraux du transept et du chevet datant du XVIᵉ s, et passons au trésor, qui serait le 3ᵉ plus riche de Belgique !

– Le trésor : dans l'ancienne salle capitulaire, à droite de la nef. Mar-dim 12h-18h. Entrée : 2,50 € ; réduc. Toiles, collection d'orfèvrerie du XIIIᵉ au XIXᵉ s, statues d'albâtre de Jacques Du Brœucq, reliquaires, même une bague et une agrafe qui auraient appartenu à Waudru en personne, et le linceul qui a enveloppé ses ossements.

⦿ 🎭🎭 **Le beffroi** *(plan A1) :* Victor Hugo décrivait le beffroi comme « une énorme cafetière, flanquée au-dessous du ventre de quatre théières moins grosses ». « Ce serait laid si ce n'était grand », concluait-il dans la lettre qu'il adressait à sa femme. Qu'ajouter ? C'est grand en effet (87 m et 365 marches jusqu'au sommet), et ce serait probablement laid si c'était plus petit. Le beffroi baroque (unique en Belgique) domine la cité et en marque l'importance. Ses quatre façades en plan carré, sont quasi identiques avec chacune un cadran d'horloge. Le bulbe central qui prolonge le toit avec sa girouette est flanqué de curieux bulbes-lucarnes surmontées d'épis dorés. Via son carillon de 49 cloches, il rythme, toutes les 15 minutes, la journée des Montois. Bâti au XVIIᵉ s, il est classé au Patrimoine mondial de l'Unesco depuis 1999. Sa rénovation sera enfin achevée en 2015 après presque 30 ans de travaux. Dans la chapelle Saint Calixte (XIᵉ s), dernier vestige du château comtal, un *Centre d'interprétation (mar-dim 12h-18h ; GRATUIT)* présente désormais tout l'historique du bâtiment, de sa création à sa restauration. Deux copies de gisants du XIVᵉ reposent dans la crypte romane et des fresques romano-byzantines ornent les murs et les voûtes de l'étage.

🎭🎭 **La Grand-Place** *(plan couleur B1) :* devenue piétonne, et c'est tant mieux. Plutôt vaste et aérée, la Grand-Place conserve encore, côté hôtel de ville surtout, des maisons anciennes dont certaines remontent au XVIᵉ s, ainsi que deux façades à pignon de part et d'autre de la mairie. On pourra observer le soleil se coucher derrière elles depuis l'une des nombreuses terrasses de cafés de la place, qui toutes se valent (tout dépend du soleil !).

🎭🎭 **L'hôtel de ville** *(plan couleur B1) : Grand-Place, 22.* Une réalisation de *Mathieu de Layens,* l'architecte vedette du XVᵉ s qui entreprit sa construction en 1458, sous Charles le Téméraire. La mort du commanditaire en 1477 perturba les travaux, qui ne reprirent qu'un siècle plus tard, mais le bâtiment ne dépassa jamais le 1ᵉʳ étage. D'importantes modifications (campanile baroque, toit d'ardoise, éléments néogothiques...) furent apportées aux XVIIIᵉ et XIXᵉ s. Reste tout de même un ensemble à peu près cohérent, genre gothique finissant, avec ses corniches de pierre, ses fenêtres et son portail en arc brisé. On remarquera, sous le porche, les clefs de voûte sculptées de scènes illustrant la fonction judiciaire des échevins. Sur l'un des vantaux de la porte, une puissante serrure, copie de l'originale conservée dans le cabinet du bourgmestre et, à gauche de la porte, une curieuse sculpture de singe, dite du *Grand-Garde.* L'origine de ce chef-d'œuvre d'un maître forgeron du XVᵉ s demeure incertaine. Il pourrait s'agir de l'enseigne d'un cabaret, dont les recettes auraient renfloué les caisses communales, ou, plus probablement, d'un pilori où l'on enchaînait les enfants. Quoi qu'il en ait été, le singe reçoit aujourd'hui les caresses (obligatoirement de la main gauche) de tous les visiteurs superstitieux.

L'hôtel de ville se visite sur demande (renseignements auprès de la Maison du tourisme). Cela dit, certaines portes sont parfois ouvertes, comme celle qui part à droite du passage cocher. Quelques pièces majestueuses : salle des mariages avec plafond à l'italienne en chêne ; salon gothique avec sublime parquet, impressionnants luminaires, plafond à caissons. À gauche de ce salon, derrière l'estrade, quelques marches mènent vers le salon des parapluies dont vous apprécierez la superbe voûte de brique ouvragée.

🏃 **Le jardin du Mayeur** (plan couleur, B1, **43**) : en partant de la cour intérieure de l'hôtel de ville, on débouche sur un jardin reposant aménagé dans les années 1930. Plusieurs de ses arbres majestueux sont presque centenaires. Il est apprécié pour profiter des concerts de carillon du Beffroi et, à la nuit venue, ses éclairages lui donnent une petite touche fantastique. On y trouve également la sculpture du *Ropieur* qui éclabousse l'eau de sa fontaine sur les passants, symbolisant l'esprit ironique du gamin montois.

🏃🏃 **Théâtre le Manège** (hors-plan couleur par B1) : rue des Passages 1. ☎ 065-39-59-39. ● lemanege.com ● Sur le site de l'ancien manège d'une caserne militaire bombardée en 1940, ce complexe culturel avec salle de spectacle modulable de 600 places, offre une intégration urbanistique audacieuse avec une façade de verre où la forme en gradin annonce la fonctionnalité du lieu. Il est essentiellement dédié à la création contemporaine.

Au sein de la structure du Manège, la Maison Folie *(hors-plan par B1 ; rue des Arbalestriers, 8),* se veut – à l'instar du Palais de Tokyo à Paris, de l'Espace Lu à Nantes ou de la Condition Publique à Roubaix – un laboratoire d'expérimentation culturelle et artistique pluridisciplinaire où s'inventent de nouveaux rapports entre art et société.

🏃🏃 **Arsonic** (hors plan couleur par B1) : rue de Nimy, 138. Situé sur le site de l'ancienne caserne des pompiers pour laquelle on a conservé la façade de brique, Arsonic est une structure expérimentale de 2 500 m² dédiée à la musique, avec un auditorium modulable de 50 à 250 places au gré des besoins. S'y ajoutent au rez-de-chaussée un étonnant *Passage des Rumeurs* inondé de lumière, dans lequel les curieux peuvent promener leurs oreilles, une mystérieuse *Chapelle du Silence,* dédiée à l'écoute la plus fine, des *ateliers d'émerveillement sonore,* destinés aux enfants, et une salle de répétition et d'exposition.

Les musées

🏃🏃 **Beaux-Arts Mons** (BAM ; plan couleur B1, **47**) : rue Neuve, 8. ☎ 065-40-53-30. ● bam.mons.be ● Mar-dim 10h-18h. Visites guidées sur résa. Entrée : 9 € (ticket combiné) ; 10 € pour les expos temporaires d'envergure ; réduc ; gratuit pour ts le 1ᵉʳ dim du mois. Entièrement refait, doté d'une longue façade de verre et d'une structure qui allie bois et métal, le musée présente sur 2 000 m² essentiellement des expos temporaires d'art contemporain. Celles consacrées à Andy Warhol, fin 2013, et à l'abstraction géométrique en Belgique au 1ᵉʳ semestre 2014 ont essuyé les plâtres avec succès. Au 2ᵉ semestre 2014 (22 août-23 novembre), on pourra découvrir deux expos : la première relative à la « bataille de Mons » d'août 1914 et la seconde intitulée « Signe des temps », mettant en valeur les œuvres visionnaires d'avant 1914. En dehors de ces expositions thématiques, on y trouve aussi, en sous-sol, une petite sélection permanente de peintures, sculptures et gravures du XVᵉ au XXᵉ s. Pas vraiment de grands noms, mais un fonds intéressant, notamment en ce qui concerne les expressionnistes wallons du groupe Nervia (1928-1938).

Trois « annexes » du BAM, témoins du dynamisme artistique de la cité, accueillont également des expos temporaires.

🏃 **Les Anciens Abattoirs** (plan couleur B2, **45**) : pl. de la Grande Pêcherie. ☎ 065-56-20-34. Mar-dim 12h-18h. Un lieu qui mérite le coup d'œil pour ses dimensions et sa qualité architecturale. Les abattoirs ont été construits en 1855 le long de la rivière Trouille. On y trouvait à cette époque des réservoirs à poissons et le quartier était appelé *Quartier de la pêcherie*, puis *Quartier du Grand Trou Oudart*, en référence à une famille de pêcheurs. Dans le cadre de **Mons 2015**, ils hébergent l'exposition **Paul Verlaine, cellule n°2** (de mars à mai 2015). Programmation régulière de manifestations mettant en valeur la création plastique contemporaine et les arts appliqués. Abrite aussi le **Frigo**, dédié aux cultures digitales et sonores, géré par *Transcultures, (Centre interdisciplinaire des cultures numériques et sonores)*. C'est également le siège du Festival international des arts sonores *City Sonic*.

🍴 **Le Magasin de Papier** (*plan couleur B1, 44*) : *rue de la Clef, 26. Mer-sam-dim 12h-18h. GRATUIT.* Espace d'exposition pour artistes contemporains nationaux et régionaux.

◎ 👥👥👥 **Le Mundaneum** (*hors plan couleur par B1*) : *rue de Nimy, 76.* ☎ *065-31-53-43.* ● *mundaneum.org* ● *Ouv mar-ven 13h-17h et w-e 13h-18h. Entrée : 5 € ; réduc.* **En rénovation jusqu'en mars 2015.** La collection abritée à ce jour au *Mundaneum* fut constituée dès la fin du XIXᵉ s à l'initiative de Paul Otlet et d'Henri La Fontaine, prix Nobel de la Paix en 1913. Ce projet avait pour but un peu fou de rassembler en un même lieu

UN VISIONNAIRE PACIFISTE

Paul Otlet (1868-1944) était à la fois auteur, entrepreneur, juriste, militant socialiste et pacifiste. Il travaillait à une meilleure compréhension entre les hommes pour qu'ils n'aient plus peur les uns des autres et vivent en paix. Il conçut même avec Le Corbusier les plans d'une Cité mondiale. Il est, avec Henri La Fontaine, le père de la classification décimale universelle.

toutes les connaissances du monde sous toutes leurs formes : livres, affiches, journaux venant du monde entier... dans un gigantesque répertoire bibliographique universel que certains n'hésitent pas à considérer comme l'ancêtre de *Google* à l'époque du papier. Devant l'énormité de la tâche, les promoteurs durent privilégier certains domaines et se limiter essentiellement à la documentation internationale. Installé à Bruxelles, le *Mundaneum* devint un centre de documentation à caractère universel et fut durant la première moitié du XXᵉ s le berceau d'institutions internationales humanistes dédiées au savoir et à la fraternité universelle. Aujourd'hui, il est reconnu comme centre d'archives de la fédération Wallonie-Bruxelles. En 2012, le *Mundaneum* et Google ont annoncé leur collaboration afin de mettre en lumière le rôle joué par les fondateurs en tant que pionniers du Web et des moteurs de recherche. Le *Mundaneum* dispose d'un superbe espace d'expositions Art déco, dont la scénographie initiale est signée François Schuiten et Benoît Peeters, le dessinateur et le scénariste des *Cités obscures* (Casterman). Il propose des expositions originales, visant prioritairement à la mise en valeur des collections du centre d'archives. Les thématiques de ces expositions entrent en résonance avec les grands thèmes de l'histoire de l'institution depuis sa création. Ces expositions s'inscrivent dans un dialogue constant entre Histoire et prospective. Lieux de débats, chacune des expositions du *Mundaneum* est soutenue par un cycle d'activités thématiques.
En mai 2014, le Mundaneum a été reconnu au registre « Mémoire du Monde » de l'Unesco.

👥👥 **Le musée des Arts décoratifs François-Duesberg** (*plan couleur A1*) : *sq. F.-Roosevelt, 12.* ☎ *065-36-31-64.* ● *duesberg.mons.be* ● *Ouv mar, jeu et w-e 14h-19h. Entrée : 5 € ; réduc.* Face à la collégiale Sainte-Waudru, la prestigieuse collection du baron François Duesberg est mondialement connue par les collectionneurs d'arts décoratifs. Pendules aux sujets exotiques dites « au nègre », bronzes dorés, porcelaines, faïences, objets d'orfèvrerie, gravures, reliures précieuses et objets insolites... C'est, dans son genre, le musée le plus riche au monde au mètre carré ! Rien que la pendule de *Paul et Virginie*, offerte par Bonaparte en 1802 à Bernardin de Saint-Pierre, est estimée à plus de 800 000 €. Et la

MONS

collection recèle des centaines d'autres merveilles... Nous conseillons également la visite à ceux qui ne sont pas intéressés par ce type de collection, ne serait-ce que pour les commentaires passionnés et hilarants du baron Duesberg, qui assure lui-même les visites. Un personnage haut en couleur, perpétuellement virevoltant, aussi exceptionnel que sa collection !

Les nouveaux sites ouverts pour Mons 2015

Anticipant les festivités de *Mons 2015*, plusieurs initiatives ont vu le jour dès 2014, d'autres ne seront inaugurées que dans le courant de l'année 2015. Pour les infos utiles et les conditions d'accès, renseignements à la Maison du tourisme ou sur ● *polemuseal.mons.be* ●

◉ ✗✗ **Musée du Doudou** *(plan couleur B1)* : *rue du 11-Novembre, à l'arrière de l'hôtel de ville.* ☎ 065-40-53-12. ● *museedudoudou.mons.be* ● *Ouverture au printemps 2015.*
Aménagé dans l'ancien Mont-de-Piété, le centre d'interprétation se donne pour tâche d'expliciter, entre réalité et imaginaire, la légende multiséculaire de saint Georges, à l'origine de la ducasse, et à faire ressentir au visiteur qui se rendrait à Mons en dehors de la période de ducasse, la fièvre qui s'empare de la cité. Comment se déroule la fête et où prend-elle place dans la ville ? En soulignant, en introduction, l'omniprésence dans pratiquement toutes les civilisations du schéma légendaire du héros tueur de monstres, le parcours invite au voyage dans le temps et dans l'espace tout en donnant les clés de compréhension du grand « mystère montois », un Patrimoine immatériel reconnu par l'Unesco.

14-18 ✗✗ **Mons Mémorial Museum** *(plan couleur B2)* : *bd Dolez. Ouverture au printemps 2015.* Installé dans le site rénové et modernisé de la Machine-à-Eau, un bâtiment de brique et de verre construit en 1870 pour alimenter le réseau d'eau potable de la ville. Ce musée retrace le déroulement des deux conflits mondiaux où Mons, par sa situation géographique stratégique, à été le théâtre d'affrontements sanglants. À travers un parcours multimédia sur 1 200 m², l'accent est mis sur le destin des hommes et des femmes qui ont connu les affres de ces guerres avec, entre autres, une réflexion sur la question des relations

LES ANGES DE SAINT GEORGES

Le 23 août 1914, les Allemands entrés dans Mons plaçaient les troupes britanniques en position désespérée. Encerclés et incapables de battre en retraite, ils voyaient venir la défaite. Une légende raconte que, le soir venu, serait apparu dans le ciel de Mons un bataillon d'anges-archers mené par saint Georges sur son cheval. Attaquant les Allemands dans la ville, ils auraient permis le repli des Britanniques vers la Marne. C'est une nouvelle à caractère patriotique, The Bowmen, publiée un mois après les faits dans un quotidien londonien, qui servit de base à cette légende.

complexes entre occupants et occupés et, plus largement, entre civils et militaires. Le premier espace introduit le propos général en permettant aux visiteurs d'appréhender l'importance du passé militaire lointain de la région au Moyen Âge, durant l'Ancien Régime et au XIXᵉ s. La Grande Guerre occupe une place centrale, dans la perspective de la commémoration du centenaire de 14-18, durant laquelle les troupes du Commonwealth jouèrent un rôle de premier plan. Pour les Britanniques, la bataille de Mons est la « mère de toutes les batailles ». La partie consacrée à la Seconde Guerre mondiale s'inscrit dans la continuité du parcours. Mons fut violemment bombardée dès le 11 mai 1940. Les troupes françaises et britanniques présentes dans la région subirent d'importants dommages au milieu des flux de réfugiés fuyant vers la France. La ville fut libérée en septembre 1944 par les troupes américaines.

On pourra également y voir *La Légende des anges de Mons*, une œuvre picturale fantasmagorique (voir encadré).

L'office de tourisme de Mons a publié une brochure très bien faite intitulée *Mons 1914-1918, guide du champ de bataille,* qui inclut le cimetière de Saint-Symphorien, un havre de paix à l'est de Mons, où reposent des soldats des deux camps.

🎋 *L'Artothèque (plan A1) : rue Claude-de-Bettignies, 3. Ouverture au printemps 2015.* La chapelle du couvent des Ursulines (début XVIIIᵉ s) est destinée à abriter les collections du patrimoine communal montois. Au cœur du pôle muséal, l'Artothèque se veut un centre de réserve, de recherche, de restauration et d'étude de ce patrimoine en le rendant accessible au public via l'artothèque virtuelle. D'ores et déjà, au square Roosevelt, une exposition en plein air invite à en découvrir l'histoire et le projet.

À faire

🎡 Tous les dimanches matin, sur la *place du Béguinage (hors plan couleur par A2, 50),* le *marché de fruits et légumes* accueille une extension *brocante.* Du tout-venant, quelques belles pièces et beaucoup de monde.

Fêtes et manifestations

– *Le Festival du film d'Amour (FIFA) : une sem à la mi-fév.* Cérémonies des galas d'ouverture et de clôture et projections à l'*Imagix* et au *Plaza,* rue de Nimy.
– *La ducasse de Messines : fin mars.* Ce week-end-là, pour fêter le retour du printemps, les géants sont de sortie : Batisse, Lalie, Biloute et Trinette. Messe, brocante, marché aux fleurs, procession. Grande fête folklo et populaire qui va sur ses 400 ans.
– *Le Doudou : le w-e de la Trinité, 1 sem avt la Pentecôte (31 mai 2015).* C'est le surnom populaire de la grande ducasse rituelle de Mons, classée au Patrimoine immatériel de l'humanité par l'Unesco. Voir plus haut.
– *Festival de théâtre en rue : mi-sept.* ● lemanege.com ●
– *Mons Cœur en neige : 2ᵈᵉ quinzaine de déc.* Le marché de Noël le plus important de Belgique, après celui de Liège. Nombreuses animations.

DANS LES ENVIRONS DE MONS

🎋 🚶 *Le PASS (parc d'Aventures scientifiques) : rue de Mons, 3, à **Frameries** (7080).* ☎ *070-22-22-52.* ● *pass.be* ● *À 6 km au sud de Mons (bus TEC n° 1 ou 2 depuis la gare). Fléché depuis l'E 19. Lun-ven sf mer 9h-16h, le dernier w-e du mois 13h-18h ; pdt les vac scol, tlj 10h-18h. Fermé de déc à mi-janv et en sept. Entrée : 12,50 € ; 9,50 € pour les 6-14 ans ; gratuit pour les moins de 5 ans.* Le charbonnage du Crachet a cessé toute activité en 1961. Cet exceptionnel ensemble minier, constitué d'un châssis à molette de 60 m de haut, d'un belvédère, d'une ancienne voie ferrée, d'une salle des machines, d'un silo géant et d'un terril, fut classé en 1989 puis réhabilité par Jean Nouvel en 1997 pour abriter quelque 8 000 m² d'expositions interactives dédiées aux sciences, aux technologies et au processus d'apprentissage. Concrètement, le PASS propose une dizaine d'espaces différents s'articulant chacun autour de thèmes régulièrement renouvelés (génétique, ADN, matériaux, Antarctique...). Le mieux est de consulter le site internet pour connaître les sujets des expos en cours. Possibilité aussi de monter par un ascenseur tout en haut du châssis à molette pour embrasser toute la région du regard. En bref, un parcours de découverte dans un labyrinthe de couloirs et coursives sur 3 niveaux et pas mal d'activités qui, si elles ne se valent pas toutes et paraîtront un peu trop complexes pour certains, ont le grand mérite de nous faire réfléchir sur le monde et la société dans lesquels nous vivons. Mur d'escalade et projection d'un film documentaire sur les 5 parois d'une salle en forme de cube. Pour 2015, une grande expo sur le thème de *l'énergie* sera mise sur pied.

☕ Belle *cafétéria* dans le palais des images.

✷ ✻ *Le musée des Arts contemporains (MAC'S) – site du Grand-Hornu :* rue Sainte-Louise, 82, à **Hornu** (7301). ☎ 065-65-21-21. ● grand-hornu.be ● mac-s.be ● À 8 km env à l'ouest de Mons. De l'E 19, prendre la sortie 25 et suivre la direction Saint-Ghislain, Hornu ; ensuite, c'est fléché. En bus, lignes nos 7 ou 9 depuis la gare de Mons (mais bien vérifier l'heure de retour). Tlj sf lun 10h-18h ; nocturnes les premiers ven du mois. Entrée : 8 € ; réduc. Audioguide sur l'histoire du site 2 €. Le billet offre la possibilité de participer à une visite guidée gratuite (tlj 14h, plus 15h30 en fonction des expos) et donne aussi accès aux expos de l'association Grand-Hornu Images. Le 1er dim de chaque mois, entrée gratuite et explications prodiguées par des historiens de l'art. Bistrot et bon restaurant trendy L'Ubiquité sur place (plats 13-19 €).

Le site est un complexe industriel et urbanistique de style néo-classique, conçu au début du XIXe s par le Valenciennois Henry de Gorge, qui ambitionnait de construire une *cité ouvrière idéale*, à l'instar de celles rêvées en France par Nicolas Ledoux à la Saline d'Arc-en-Senans. Jusqu'à 2 500 personnes travaillèrent et vécurent ici. Logés dans les 435 petites maisons, de bon confort pour l'époque, les mineurs descendaient dans les puits tandis qu'ouvriers et ingénieurs fabriquaient tout ce qui était nécessaire au travail de la mine et à la communauté, de la locomotive à la petite cuillère. L'ensemble est resté actif jusqu'en 1954, avant d'être sauvé de la destruction. En 2012, le site a été classé par l'Unesco sur la liste du Patrimoine mondial de l'humanité.

On entre par la cour carrée où trône une fontaine de *Pol Bury*. Les bâtiments de l'ancien charbonnage du Grand-Hornu abritent le musée des Arts contemporains, unique en son genre en Belgique. À gauche, la partie dévolue aux expos temporaires de design de l'association Grand-Hornu Images ; à droite, le MAC'S, qui a trouvé ici de superbes espaces, tantôt rénovés, tantôt entièrement reconstruits, pour ses expositions temporaires, dont – dans le cadre de Mons 2015 –, *L'homme, le dragon et la mort,* consacrée à la figure de Saint-Georges (octobre 2015-janvier 2016).

Deux randonnées, en partie balisées au départ du site, de 15 à 20 km. Passant par la chaîne des terrils, le rallye pédestre le plus court s'accompagne d'un jeu questions-réponses. Itinéraire *(GRATUIT),* topoguide *(payant)* et renseignements sur place.

✻ *La maison de Van Gogh :* rue du Pavillon, 3, à **Cuesmes** (7033). ☎ 065-35-56-11. En venant de l'E 19, passer le centre du village puis repérer le fléchage discret à gauche. Tlj sf lun 10h-18h. Entrée : 5 € ; réduc.

Dans un sous-bois marécageux et bucolique, une modeste maison de mineurs en brique qui a failli disparaître pour cause de vétusté et où Vincent vécut, dans une annexe, d'août 1879 à octobre 1880, alors qu'il s'était donné pour mission d'évangéliser les mineurs de la région. Juste une œuvre originale, Les Bêcheurs, acquise par la ville de Mons, ainsi que des reproductions et un audiovisuel de 15 mn pas mal fichu. En projet pour *Mons 2015,* la reconstitution avec mobilier d'époque de l'intérieur de cette maison rénovée et la réhabilitation de la première demeure où il vécut un an plus tôt (rue Wilson, à Petit-Wasmes), le tout à l'initiative de la Fondation Van-Gogh d'Amsterdam, sous le titre « Les routes de Van Gogh ».

✻ *La réserve naturelle des marais de Harchies-Pommerœul :* rue des Préaux, 5 (7321). ☎ 069-58-11-72. ● natagora.be/crieharchies ● À 12 km à l'ouest de

Mons, à proximité de Bernissart. Visites guidées des marais chaque 1ᵉʳ et 3ᵉ sam du mois, respectivement à 9h et 13h30 (3 €). Pour les amateurs d'oiseaux nicheurs et migrateurs. Le centre d'initiation à l'environnement évoque, dans un petit musée, la découverte des fameux iguanodons qui se trouvent au Muséum des sciences naturelles de Bruxelles. Une des grosses bêtes vient de lui être restituée. On pense encore en trouver dans le sous-sol. La chasse est ouverte.

⊘ ⚒ *SILEX'S : rue du Point-du-Jour, à **Spiennes** (accès fléché), à 6 km au sud-est de Mons. ☎ 065-40-53-12. ● silexs.mons.be ● En bus, ligne nº 34 (barré) en sem et nº 134 (barré) le w-e.* Étendu sur 100 ha, il s'agit d'un des très rares centre d'extraction de silex datant du néolithique visitable en Europe. Le site figure depuis 2000 au Patrimoine mondial de l'humanité de l'Unesco. Un pavillon d'accueil flambant neuf surplombant les fouilles archéologiques accueille les visiteurs à partir du printemps 2015. Après l'expo sur la vie de nos lointains ancêtres à cette époque et quelques spécimens de pierre polie, on peut descendre par une échelle dans un puits de 8 m de profondeur pour se voir expliquer l'extraction et la taille du silex avant l'âge du bronze. Un témoignage unique du génie de nos ancêtres en ces temps très reculés, capables de hisser des dalles de plusieurs centaines de kilos.

⚒ **Le château et la chapelle des Seigneurs de Boussu :** *rue du Moulin, à **Boussu**, à 14 km à l'ouest de Mons. ☎ 065-77-82-65. ● châteaudeboussu.be ● En bus, ligne nº 9 Mons-Dour. Parc ouvert tlj 9h-18h (16h30 nov-févr). Entrée libre.* En 1540, Jean de Hennin-Liétard, comte de Boussu et Grand Écuyer de Charles-Quint, fait construire un somptueux château Renaissance sur un plan carré de 100 m de côté, avec des écuries d'une capacité de 300 chevaux. Détruit en 1810, à l'exception du châtelet d'entrée, il est aujourd'hui à l'état de vestiges. Dans un parc de 12 ha reprenant le plan du parc romantique à l'anglaise réalisé à la fin du XVIIIᵉ s, le site est malgré tout classé Patrimoine exceptionnel de Wallonie. La chapelle funéraire des Seigneurs de Boussu contient un remarquable ensemble de mausolées Renaissance auquel s'ajoutent gisants, urnes, jubé ainsi qu'un musée d'art religieux installé dans les galeries. En vedette, le mausolée de Hennin-Liétard (1499-1562) et de son épouse ainsi qu'un curieux gisant maniériste en albâtre représentant un homme à l'article de la mort (un « transi »). Ces œuvres sont attribuées au sculpteur *Jacques Du Broecq*. Tous les ans, en septembre, fête au château à l'occasion des Journées du patrimoine.

SOIGNIES　　　(7060)　　　26 250 hab.

Gros bourg qui prospéra au XIVᵉ s grâce au commerce du drap, Soignies étire ses rues sinueuses et pavées autour de sa sévère collégiale romane, dédiée à Saint-Vincent. Le saint en question, Madelgaire de son vrai nom et époux de Waudru (voir Mons plus haut), avait fondé ici une abbaye au VIIᵉ s. Il est depuis près de 750 ans la vedette du Grand Tour qui se clôture par la procession de sa châsse. Procession qui réunit de nombreux figurants chaque lundi de Pentecôte.

Adresse utile

🛈 **Office de tourisme :** *rue du Lombard, 2. ☎ 067-34-73-76. ● soignies. be ● Tte l'année, mar-ven 8h30-12h, 13h30-16h15 ; et de juin à mi-sept (Pentecôte-Journées du patrimoine), le w-e 14h-18h.*

Où dormir dans les environs ?

â Chambres d'hôtes La Fermette : chemin du Bois-de-Steenkerque, 2 A, **Horrues** (7060). ☎ 067-33-96-72. ● gitelafermette.focant@skynet.be ● gite-lafermette.com ● À 5 km de Soignies, sur la route d'Enghien (c'est fléché). Compter 53-57 € pour 2, petit déj compris ; tarif dégressif dès la 3ᵉ nuit. CB refusées. Parking gratuit. ▯ 🛜 Apéro offert sur présentation de ce guide. Charmante fermette aménagée avec goût. 2 chambres avec salle de bains, fort différentes mais toutes deux très réussies et impeccablement tenues. Elles ont même été traitées « géo-biologiquement » ! Celle en duplex possède une table à manger et un coin cuisine. Également un gîte bien agréable pour 4 personnes. Pain et confiture maison au petit déj. Terrasse avec barbecue, pelouse et étang où s'ébattent des canards. Les hôtes, fort sympathiques, vous feront partager leur passion pour la région et vous initieront au vin de fruits et au jardinage. Une bien, bien bonne adresse.

Où manger dans les environs ?

Chic

I●I Le Pilori : rue du Pilori, 10, **Écaussinnes** (7191). ☎ 067-44-23-18. ● pilori@gmail.com ● À 11 km à l'est de Soignies, dans une rue près du château, mais fléché un peu partout. Ouv le midi en sem, le soir jeu-ven et 1 w-e/mois (midi et soir). Fermé pdt les vac de Noël et sem en janv et en avr, et 2 sem à Pâques et en août. 4 menus 32-72 € ; plats 24-35 €. 🛜 Ici, on dîne dans des salles à la déco contemporaine très design ou, s'il fait beau, dans le jardin. Si le calme règne dans cette maison ancienne, dans les assiettes, en revanche, c'est la folie. Cuisine « française » et « gastronomique » de saison, privilégiant les produits nobles. De la langoustine bretonne rôtie au gigot d'agneau de lait, ces produits ont évidemment un coût et font grimper les additions. Cela dit, on peut goûter à la finesse de la cuisine de ce Pilori en optant pour le très raisonnable menu du jour.

À voir

🎄 La collégiale Saint-Vincent : tlj 8h-18h (17h en hiver). ● collegiale-soignies.be ● Vaste église bâtie entre les XIᵉ et XIIᵉ s, dont l'austère élégance arrêta la fureur destructrice des révolutionnaires. Ses deux lourdes tours et ses dimensions imposantes (72 m de long et 34 m de haut) en font un édifice important et représentatif du roman scaldien, celui de la cathédrale de Tournai qui lui est postérieure. Les voûtes des bas-côtés et du chœur narguent, du haut de leur ancienneté, le plafond plat de la nef, restauré. La collégiale abrite quelques belles pièces. Jubé Renaissance en pierre noire, marbre et stuc, émouvante Vierge allaitant son enfant du XIVᵉ s, gothique chapelle Saint-Hubert et, dans le déambulatoire, les impressionnants visages figés dans la pierre d'une Mise au tombeau du XVᵉ s. Le chœur richement décoré, en rupture avec la sévérité ambiante, renferme la châsse de saint Vincent et de superbes stalles baroques du XVIIᵉ s.
– Un musée du Chapitre (☎ 067-33-12-10 ; ouv Pentecôte-Journées du patrimoine, dim et j. fériés 14h-18h ; entrée : 2 € ; gratuit pour les moins de 12 ans) a vu le jour, il y a quelque temps, dans l'aile occidentale du cloître. Une partie du trésor y est exposée. Petit jardin médiéval.

DANS LES ENVIRONS DE SOIGNIES

🎄🎄 Le château d'Écaussinnes-Lalaing : rue de Seneffe, 1 (7191). ☎ 067-44-24-90. ● chateaufort-ecaussinnes.be ● À 11 km à l'est de Soignies.

Juil-août, tlj sf ven 10h-12h, 14h-18h ; avr-juin et sept-oct, ouv slt dim et j. fériés 14h-18h. Entrée : 8 € ; réduc.

On a eu un petit coup de cœur pour ce château qui domine le village et qui dégage une atmosphère familiale. Le château abrite un agréable et sympathique musée bric-à-brac ? Commencé en pierre grise au XIIᵉ s, le château a été modifié au XVᵉ s. On y accède en passant sous une tour carrée. La visite des salles commence à l'étage. Calandre à repasser, objets religieux, oratoire du XVIᵉ s. Au-dessus, une salle consacrée au dramaturge Albert Du Bois, où est exposé – allez savoir pourquoi – un coffre du XVᵉ s, dont les sept serrures devaient être ouvertes par sept échevins, pour permettre l'accès aux archives municipales contenues dans cette boîte en chêne. On redescend vers le grand salon et son impressionnante cheminée où Adam et Ève sont sculptés dans la masse, puis vers la salle du Folklore et son billard du début du XIXᵉ s. Collections de médailles, de poteries, de « bousilliers » (objets en verre), de michaulines et de grands bis, les ancêtres du vélo, parmi lesquels dort pour l'éternité un incongru chat momifié.

On visite encore la chapelle (vaste pour un château !) surplombant la prison (attention aux marches), la magnifique cuisine équipée du XVᵉ s et sa buanderie. Vers la caisse en sortant, jetez un coup d'œil à la clepsydre, une horloge à eau qu'on remonte à midi, quand sonne l'angélus.

– Nous fermerons le chapitre de ce village en signalant que chaque lundi de Pentecôte se tient sur la place une *kermesse aux Célibataires* (goûter matrimonial).

🏃 *Le plan incliné de Ronquières :* ☎ 067-64-66-80. • *voiesdeau.hainaut.be* • *Sur la route de Nivelles, à 9 km de Nivelles et de Soignies. Avr-oct, tlj 10h-19h. Entrée : 7,50 € ; réduc. Promenade en bateau, entre Ronquières et Ittre, juil-août, mar et jeu-sam à 12h, 14h et 16h30 ; avr-juin, slt le sam ; franchissement du plan incliné slt le dim d'avr à mi-sept. Billet combiné avec le bateau-mouche : 10 €.* Plutôt que de construire plusieurs écluses sur le canal Charleroi-Bruxelles, on conçut, en 1968, cette rampe de près de 1,5 km qui permet à des péniches de 1 350 t de franchir une dénivellation de 68 m. Alternative audacieuse aux ascenseurs à bateaux, le plan incliné fonctionne avec deux bacs de 91 m de long sur 12 m de large, que l'on fait glisser, à la manière d'un funiculaire, le long de rails... grâce notamment à des contrepoids de plus de 5 000 t ! On voit de loin cette tour de 150 m (construite en 34 jours !), qui abrite un parcours-spectacle aux effets un peu cornichon mais du haut de laquelle on jouit d'une vue imprenable sur la campagne vallonnée (par beau temps, on peut même apercevoir l'Atomium). Ceux qui voudront tout faire franchiront aussi le plan en bateau-mouche. Un accueil des visiteurs a été aménagé dans une 2ᵉ tour de 36 m.

🏃 *Le château de Louvignies :* rue de Villegas, **Chaussée-Notre-Dame-Louvignies** *(7063).* ☎ *0477-45-40-27.* • *chateau-louvignies.be* • *À 7 km à l'ouest de Soignies. Ouv juil-oct, le dim slt 12h-18h (visites guidées). Entrée : 8 € ; gratuit pour les moins de 12 ans.* Joli petit château du XIXᵉ s, « comme celui de la Belle au Bois dormant », bordé d'un parc à l'anglaise avec glacière. La cuisine a servi de décor à des scènes du film *Germinal*, de Claude Berri ; c'est dire si elle n'a pas changé d'un poil (poêle) ! Tout comme le reste du château d'ailleurs, qui constitue, avec son mobilier, ses ornements, son argenterie et son authentique bric-à-brac, une évocation prenante du quotidien de nos arrière-(arrière)-grands-parents. Chaque année, l'intérieur est en partie réorganisé autour d'un aspect particulier de la vie au XIXᵉ s.

ATH (7800) 25 000 hab.

Petite ville marchande à une grosse vingtaine de kilomètres au nord-ouest de Mons, qui connut le privilège d'être assiégée par Vauban sous les ordres

de Louis XIV en 1667. Plus tôt, en 1166, Baudouin IV, dit le Bâtisseur, avait également compris son emplacement stratégique face au comté de Flandre et fait ériger une tour carrée. La tour Burbant, toujours debout près de la « petite » Grand-Place, est le lieu de naissance de la cité. À ne pas manquer, la ducasse, le 4ᵉ week-end d'août. Le samedi, le géant Goliath affronte David face à l'hôtel de ville. Le lendemain, sept géants d'au moins 4 m de haut, de nombreux chars historiques et fanfares défilent dans la ville. Cette fête a été classée en 2005 au Patrimoine immatériel de l'Unesco en compagnie des cortèges de géants du nord de la France.
Ath est la capitale du pays du même nom, une verdoyante et agricole région baignée par la Dendre. Le pays d'Ath regorge de curiosités, comme nous allons le voir.

Adresse utile

ℹ *Office de tourisme : rue de Pinta-mont, 18 (à 200 m de la Grand-Place).* ☎ *068-26-51-70.* ● *ath.be* ● *Mar-ven 10h-17h (18h juin-sept) ; w-e et j. fériés* *14h-18h. Fermé lun et Noël-Nouvel An.* « *Circuit des lumières* » *à disposition pour une balade en ville.*

Où manger ?

|●| *Au Fil de l'Eau : chemin de Tenre, 77.* ☎ *068-28-33-38. À 4 km du centre-ville (fléché à la sortie d'Ath en direction de Tournai). Mar-sam 11h30-14h30, 18h30-22h ; dim et j. fériés (y compris lun fériés) service non-stop 12h-22h. Fermé 2 sem fin mai et Noël-Jour de l'an. Résa obligatoire le dim midi, souhaitée les autres midis. Plats 12-24 €. CB refusées.* Sorte de guinguette campagnarde au bord du canal, qui attire les locaux pour les déjeuners dominicaux et les réunions de famille... À la carte, croquettes, tartare, grillades, côte à l'os de 700 g, sole meunière et la spécialité : les fameuses *payelles* au maroille, au chèvre ou campagnardes (sorte de tartiflette roborative servie dans une poêle). Du traditionnel, sans fioriture aucune ! Cadre simple mais accueillant ; jolie terrasse aux beaux jours.

À voir

🚶🧍‍♂️ La Maison des géants : *dans le même bâtiment que l'office de tourisme. Mêmes horaires d'ouverture.* ● *maisondesgeants.be* ● *Entrée : 6 € ; réduc ; gratuit pour les moins de 5 ans. Durée de la visite : 1h.* Dans une superbe maison de maître, parcours multimédia assez bien fait, pour tout savoir sur les géants de la ducasse d'Ath et, plus généralement, sur le phénomène des géants en Europe depuis le Moyen Âge. On attaque la visite par un petit film sur l'histoire de ces grands échalas, puis une explication sur la fabrication des personnages en osier et la confection de leurs costumes. Ensuite, on passe sous un grand panier où la tradition du portage est évoquée, une vidéo montre la difficulté de maintenir en marchant l'équilibre d'un géant qui pèse entre 60 et 100 kg. Dans la villa italienne, une dernière projection montre les moments forts et les différents aspects de la dernière ducasse ainsi que l'engouement de ses participants surnommés *les Efants d'Gouyasse*. Enfin, une jolie serre accueille quelques spécimens de géant, ainsi que des expositions temporaires, et un agréable parc permet aux enfants de se dégourdir les jambes.

– Pour ceux qui ont du temps, quelques autres musées ou attractions à Ath :

🚶 La Tour Burbant : *rue du Gouvernement.* ☎ *068-26-51-70. Juil-août, dim et j. fériés, 14h-18h. Visites guidées les 3ᵉ dim du mois avr-sept à 15h. Entrée : 3 € ;*

réduc. Tour classée au Patrimoine majeur de Wallonie et bâtie au XIIᵉ s, avec spectacle multimédia sur l'histoire et le développement d'Ath. Vue panoramique sur le centre et ses environs.

🏛 *L'Espace gallo-romain :* rue de Nazareth, 2. ☎ 068-26-92-33. *Mar-ven 10h-12h, 13h-17h ; sam et j. fériés 14h-18h ; plus dim 14h-18h avr-sept. Fermé lun, 4ᵉ w-e d'août et dernière sem de déc. Entrée : 6 € ; gratuit pour les moins de 5 ans et pour ts le 1ᵉʳ dim du mois.* Sur trois niveaux, évocation interactive de la navigation fluviale et de divers aspects de la vie dans l'Antiquité, au travers d'embarcations et du matériel issu des fouilles du site de Pommerœul. Voir le *chaland,* une longue barque du IIᵉ s, ainsi qu'une reconstitution de la villa de Meslin-l'Évêque. Le dernier étage est consacré aux différents métiers de cette époque (poterie, tannage, métallurgie, tissage, etc.).

🏛 *Le musée de la Pierre de Mafle et le site des Carrières :* chaussée de Mons, 419. ☎ 068-26-92-36. *Avr-sept, dim et j. fériés 14h-18h ; juil-août en sem 14h-17h. Entrée : 3 € ; réduc.* Installé au cœur d'une réserve naturelle, un petit musée sur l'industrie du « petit granit » extrait dans la région et sur le travail de la pierre en Belgique.

🏛 *Le musée d'Histoire et de Folklore :* rue de Bouchain, 16 (sous réserve d'un déménagement dans les locaux de la Maison des géants prévu pour 2015). ☎ 068-26-51-70. *Juil-août tlj sf sam 14h-17h ; juin et sept, dim et j. fériés 14h-18h. Entrée : 2,50 € ; réduc.* Documents et œuvres d'art de la préhistoire à nos jours, maquettes de la ville montrant son évolution et géants miniatures (si, si !) pour illustrer les fêtes de la ducasse.

🏛 *Le musée des Jeux de paume :* dans le grenier de l'hôtel de ville, sur la Grand-Place (sous réserve d'un déménagement dans les locaux de la Maison des géants prévu pour 2015). ☎ 068-28-15-81. 📱 0475-47-40-19. ● museenationaldesjeux depaume.be ● *Avr-sept, dim et j. fériés 14h30-18h ; oct-mars le 2ᵉ dim du mois. Entrée : 2,50 € ; gratuit pour les moins de 12 ans.* Après cette visite, les jeux de paume, appelés jeux de balle en Belgique, n'auront plus de secret pour vous. On y a aussi reconstitué un café de la première moitié du XXᵉ s, où l'on voit l'importance des jeux de balle à cette époque. Insolite.

DANS LES ENVIRONS D'ATH

🏛🏛 *Le château de Belœil :* rue du Château, 11. ☎ 069-68-94-26. ● chateaude beloeil.com ● *Juil-août, tlj 13h-18h ; avr-juin et sept, slt w-e et j. fériés. Fermé le reste de l'année. Entrée : 9 € ; réduc.*
Famille de diplomates et de militaires qui fut de toutes les alliances et batailles européennes, la lignée des princes de Ligne remonte au Moyen Âge mais ne s'est installée à Belœil qu'au XIVᵉ s. Le château date des XVIᵉ et XVIIᵉ s mais il fallut attendre l'intervention du plus célèbre des Ligne, le maréchal Charles-Joseph, pour qu'il prenne l'aspect résidentiel qu'on lui connaît aujourd'hui.
On entre par un pont au-dessus des douves dans la cour de cette grosse bâtisse de brique flanquée de quatre tours rondes. Les descendants de Charles-Joseph habitant encore les lieux, on ne visite qu'une dizaine de salons et de chambres, richement décorés. Dommage que des cordons interdisent de s'approcher des tapisseries des Gobelins ou de Bruxelles, des précieuses marqueteries Boulle et des meubles anciens. Vous noterez, dans le salon, les armes de Charles-Joseph et de ses fils, et, dans la chambre d'Amblise (la 3ᵉ), parmi les tapisseries lilloises du XVIIᵉ s, le somptueux lit à baldaquin qu'aurait commandé Marie-Antoinette, Mme Louis XVI, dans le style de son mari. Importante collection de toiles évoquant la famille et les moments forts de son histoire : Charles-Joseph plusieurs fois en situation dans la première

chambre à coucher ; dans la galerie du 1er étage, étonnante toile réalisée comme un plan du siège de Courtrai. Ne ratez pas non plus la bibliothèque ancienne où sont conservés plus de 20 000 volumes du XIVe au XIXe s, ni le grand bureau orné de bronze doré qui aurait appartenu à Talleyrand, dans le salon des Maréchaux.
– On ira ensuite prendre l'air, car le *parc du château* est vraiment sublime. Les jardins à l'anglaise étant privés, on ne voit que celui dessiné à la française par l'architecte Chevotet, qui s'ordonne autour de l'immense pièce d'eau et offre d'heureuses perspectives, notamment celle de la Grande-Vue, large et longue allée de 5 km. Il est possible de flâner longtemps dans ce « Versailles belge » superbement entretenu, et même de s'y perdre entre une roseraie et un bassin.

✻ **Le château d'Attre :** *av. du Château, 8.* ☎ *068-45-44-60.* ● *parcs-jardins.be/ attre* ● *Juil-août, w-e et j. fériés 13h-18h ; avr-juin et sept-oct, dim et j. fériés 14h-18h. Visites guidées env ttes les heures ; durée : 1h. Entrée : 6,50 € pour le parc et le château ; 4,50 € pour le parc seul.*
Contrairement au précédent qui, bien qu'habité, possède vraiment l'organisation d'un musée, on sent au château d'Attre une famille qui y vit. On ne visite d'ailleurs que les pièces du rez-de-chaussée.
Par l'entrée, qui cache dans un placard une étonnante chapelle, on accède à une enfilade de salons donnant sur le parc. Meubles anciens, lits à alcôve, papiers peints d'origine et magnifiques parquets. Certains, ceux du salon chinois, sont en trompe l'œil, d'autres en rose des vents pour rappeler la fortune issue des voyages de la Compagnie des Indes. Belle frise animalière en 3D dans le salon de musique.
– N'oubliez pas le guide, puis partez vous perdre seul dans le *parc* extravagant à l'arrière du château. En s'éloignant de la classique façade, on entre dans un univers curieux. Colombier, pilori, ruines, puis un chalet en bois vermoulu qui domine de petits tunnels tout noirs. Dans la végétation touffue coule la Dendre et prospèrent des arbres centenaires. L'un des tunnels mène au rocher artificiel. Cette curiosité de pierres ajustées au XVIIIe s, qui a demandé 8 ans de travaux avec 18 chevaux et 40 ouvriers, devait servir d'observatoire de chasse à la fantasque Marie-Christine de Saxe-Teschen, mais celle-ci ne passa en tout et pour tout que 6 jours de sa vie au château... Surplombant un étang, le rocher, assez ruiné aujourd'hui mais haut de 24 m à l'origine, donne des allures de forêt enchantée à ce qui n'est, en fait, qu'un grand jardin sauvage et charmant.

✻✻✻ ☂ **Pairi Daiza :** *domaine de Cambron, à* **Brugelette,** *à 5km au sud-est d'Ath.* ☎ *068-25-08-50.* ● *pairidaiza.eu* ● *Avr-début nov, tlj 10h-18h (19h juil-août). Entrée sur place : 28,50 € ; réduc enfants et seniors, et 1,50 € de moins en réservant par Internet. Plusieurs possibilités de restauration, dont l'excellent buffet chinois du* Temple des Délices *(11h-14h30 ; fermé lun en juil-août plus le mar le reste de la saison)*
Ce nom de Pairi Daiza évoque le Paradis terrestre ; dans la tradition persane il signifie « jardin clos ». Saint Bernard fonda ici, au XIIe s, la 55e « fille de Cîteaux ». Après quelques siècles de vie pieuse et laborieuse, les moines de l'abbaye s'enrichirent et prirent – un peu trop – goût aux plaisirs terrestres. L'abbaye fut définitivement supprimée par les autorités françaises en 1797. Longtemps à l'abandon, le domaine de 55 ha fut racheté en 1993 par un passionné de nature, pour y créer d'abord un parc ornithologique *(Paradiso)* autour des ruines de l'abbaye. Il héberge aujourd'hui plus de 5 000 animaux (en semi-liberté) et est devenu la première destination touristique de Wallonie. Entre les rivières sinueuses et les sous-bois aux arbres parfois tricentenaires se révèlent des paysages du bout du monde ponctués de bâtiments exotiques ou de temples reconstitués. On découvre ainsi la *Cité des Immortels,* un jardin chinois reconstitué de 5,5 ha avec son pavillon du ciel, sa forêt de bambous, son *Temple des Délices* (excellent resto), sa *Maison de Thé,* son pont arc-en-ciel, ses multiples allées tortueuses, ses *pen jing* (ancêtres des bonsaï), ses essences variées et ses animaux (alligators, pandas roux...).

Plus loin, on visite le bush australien et les forêts de fougères arborescentes de Nouvelle-Zélande. De l'autre côté de la lagune, les temples du *Royaume de Ganesha* transportent le visiteur à Bali, Java, Sumatra, Timor et Bornéo en leur donnant l'occasion d'assister au bain des éléphants sacrés. La *Maison de l'Artisan* expose des objets fabriqués en Asie du Sud-Est. On se retrouve ensuite en Afrique avec la *Terre des Origines* : 8 ha de terre rouge et ocre, une cité lacustre et un village au milieu d'une savane où évoluent les les fameux *Big Five* des safaris photo (lion, éléphant, léopard, buffle du Cap et rhinocéros). Ils sont, avec les désopilants suricates, les stars de ce continent.

Le parcours se poursuit avec l'aquarium, la crypte peuplée de chauve-souris et l'archipel des lémuriens de Madagascar, complété de l'*île de Madidi* où s'ébattent des sapajous, ces petits singes moqueurs d'Amérique. Un navire de 2 400 t, le baleinier *Mersus Emergo,* sert de quartier d'hiver aux éléphants, phoques et girafes. Sans oublier l'*Oasis*, une serre tropicale de 15 m de haut à toit amovible peuplée de loutres, singes tamarins, paresseux et poissons, et également 3 000 oiseaux exotiques piaillant au milieu des immenses volières. Enfin, on terminera la visite par la démonstration de rapaces en vol libre, un spectacle incontournable à Pairi Daiza.

2013 a vu la résurrection de la brasserie de *Cambron,* avec 4 variétés de bières, et 2014 n'aura pas manqué de drainer les foules avec l'arrivée de Haohao et Xinghui (4 ans), les deux ***pandas géants*** prêtées pour 15 ans par la Chine, pour lesquels un superbe enclos de 5 300 m² a été construit. Ils sont même suivis par une équipe chinoise venue spécialement pour les chouchouter !

Une belle journée bien remplie en perspective...

🏛 **L'archéosite d'Aubechies :** rue de l'Abbaye, 1. ☎ 069-67-11-16. ● archeosite.be ● Lun-ven 9h-17h (18h juil-août) et de Pâques à mi-oct, w-e et j. fériés 14h-18h (19h juil-août). Fermé dernière sem de déc. Visites guidées tlj des vac scol. Entrée : 9,50 € ; réduc. Aubechies fait partie des Plus Beaux Villages de Wallonie. Son voisin, Blicquy, était déjà habité au Néolithique. En hommage à ces glorieux ancêtres, un ensemble de maisons de cette période et jusqu'à l'habitat gaulois est ici reconstitué : murs de torchis sur armature en bois et toits de paille, de chaume ou de roseaux. Diverses reproductions d'objets usuels jonchent les sols de terre battue. En saison, les maisons s'animent le dimanche. Des artisans viennent travailler le fer, le cuir, le pain ou la laine en costume d'époque. Tâchez d'y être à ce moment-là, c'est plus amusant, surtout si vous êtes avec des enfants. Ne pas manquer non plus la petite nécropole, la villa et le temple gallo-romains, exactement comme dans *Astérix* !

➤ Pour ceux qui cherchent des ***balades*** à faire dans le coin, retirer à l'office de tourisme d'Ath (ou télécharger sur leur site) l'un des 8 dépliants (bien faits et gratuits) pour un circuit de randonnée de 2 à 18 km, dont celui de *La Ronde du Blanc Moulin,* en plein pays d'Ath. Point de départ : le *Blanc Moulin,* un moulin-tour construit en 1789, entre Pidebecq et Ostiches, à quelques kilomètres au nordouest d'Ath.

LESSINES

(7860)

18 000 hab.

Petite bourgade tranquille et un peu léthargique de la région des collines, elle fut pourtant bien chahutée par l'Histoire puisque, « terre des débats », elle fut disputée entre les comtés de Flandre et de Hainaut. Pays de carrières de porphyre, elle vit aussi naître un amateur de chapeaux melon et de pipes : René Magritte.

🛈 Office de tourisme : rue de Grammont, 2. ☎ 068-33-36-90. ● lessines.
be ● À deux pas de l'hôpital Notre-
Dame-à-la-Rose. Avr-oct, tlj sf dim

9h-12h, 13h-17h30 (18h sam) ; nov-
mars, lun 13h-17h30, mar-ven 9h-12h,
13h-17h30 et sam 9h-12h30.

À voir

🖾 La fresque géante en hommage à Magritte : square... Magritte. Un oiseau,
une pipe et une chaise sur fond de nuages dans l'azur d'un ciel. Tous les ingrédients réunis sur deux pignons par un artiste local, Xavier Parmentier.

**🖾🖾 L'hôpital Notre-Dame-à-la-
Rose :** pl. Alix-de-Rosoit.
☎ 068-33-24-03. ● notredamea-
larose.com ● Mars-nov, sam-dim
et j. fériés 14h-18h (juil-août,
tlj sf lun aux mêmes heures).
Visite guidée à 14h30 ; durée :
1h45. Entrée : 8,50 €, audioguide et tablettes numériques
inclus ; réduc.
Fondé en 1242 par Alix de Rosoit,
fille d'un puissant seigneur du
nord de la France, ce couvent
hospitalier fonctionna jusqu'en 1980. Il fut reconstruit à
partir du XVIe s et se compose,

SE DORER LA PILULE

L'expression signifie : « faire accepter
une chose désagréable au moyen
de paroles aimables ou flatteuses. »
Autrefois, les pilules contenant diverses substances sensées guérir étaient
fabriquées par les apothicaires sous
forme d'une petite boule. Comme elles
avaient souvent un goût désagréable,
elles étaient enduites d'une couche de
sucre ou, mieux, d'une pellicule d'or ou
d'argent. La pilule devenait moins dure
à avaler...

depuis, d'un quadrilatère entourant un jardin. Façade de style Renaissance flamande avec pignon à gradins. On y a ajouté un portail baroque. Tout l'intérieur
a été soigneusement restauré durant 10 ans, et l'essentiel des tableaux, objets,
meubles et, surtout, du matériel médical qui appartenait à l'hôpital y est très judicieusement mis en valeur. Avec ses clystères, ventouses, instruments chirur-
gicaux, trousse de trépanation et pots d'onguent, il régalera, outre les passionnés
d'histoire, les amateurs de pittoresque. On ne va pas vous infliger une visite guidée, voici juste quelques temps forts. À commencer, bien sûr, par les deux salles
des malades. Dans la première, celle du XVIIIe s, les patients dormaient encore
deux par deux, dans des lits en alcôve, pour se tenir chaud (bonjour les mias-
mes !). Les beaux rideaux rouge vif, eux, n'étaient pas là pour faire joli mais, entre
autres, pour que le sang se voie moins. Ce n'est qu'au XIXe s que l'on commença
à séparer les malades, comme le montre la deuxième salle. Dans le dortoir des
sœurs, un tableau unique : un christ aux seins de femme ! Ne pas rater non plus
la pharmacie du XIXe s, avec l'histoire des médicaments, dont l'*Helkiase*, désin-
fectant puissant à base de mercure (d'où le Mercurochrome), un onguent miracle
inventé ici même par sœur Marie-Rose Carouy, et qui fit la fortune de l'hôpital.
On peut aussi y lire la recette de préparation d'un bon sang de bouc ! Dans le
réfectoire, cycle complet de la passion du Christ, l'un des plus remarquables de
Belgique, et, dans le bureau de la sœur supérieure, tableau montrant une religieuse
aux yeux troués, pour permettre à l'occupante des lieux de contrôler ce qui se
passait à côté. Bien d'autres salles encore, dont certaines récemment ouvertes au
public, comme la salle du trésor (orfèvrerie religieuse et civile) ou encore la cuisine,
mais inutile de les citer toutes.
En sortant, allez jeter un œil au jardin des plantes médicinales, ainsi qu'à la glacière, cette grande chambre froide souterraine où l'on entreposait une telle quantité de glace pendant l'hiver que celle-ci mettait tout l'été à fondre.

Manifestation

– *Procession des Pénitents encagoulés :* *le soir du Vendredi saint.* Au son des tambours. Impressionnant.

DANS LES ENVIRONS DE LESSINES

🐾 *Ellezelles :* le grand *moulin du Cat sauvage* est encore en activité et ouvert, comme le dit la pancarte, « quand il est en action ». Lapalisse doit être né dans le coin ! Fin juin, *sabbat des Sorcières* à Elezelles. Heureusement pour elles, on ne les brûle plus sur le bûcher !

🐾 *La Maison du pays des Collines :* ruelle des Écoles, 1, **Ellezelles** (7890). ☎ 068-54-46-03. ● paysdescollines.be ● À côté de l'église. Mar-ven 10h-17h, w-e et j. fériés 13h-17h. Fermé lun. Entrée : 4 € ; ticket familial. Il s'agit de l'outil de promotion, de la vitrine du parc naturel du pays des Collines. Parcours-spectacle fantastique (40 mn environ), habité par des créatures étranges et des sorcières venues des contes et légendes de la région. Également au programme : son terroir, ses produits (la bière Quintine) et ses métiers ancestraux. En route pour le grand sabbat ! Vous pouvez aussi faire une balade audio avec Hercule Poirot sur le sentier de l'Étrange (6 km, soit environ 2h).

THE FAMOUS BELGIAN DETECTIVE

Qui ne connaît pas Hercule Poirot, le célèbre détective belge créé par Agatha Christie ? Mais qui connaît la date de sa mort ou celle de sa naissance ? Personne, avant que le très sérieux New York Times *n'annonce officiellement sa mort d'une crise cardiaque le 29 septembre 1975... à 125 ans ! Décès confirmé par son auteur. Quant au petit village d'Ellezelles, il s'est autoproclamé « village natal d'Hercule Poirot ». Pour preuve : l'acte de naissance du petit Hercule Jacques Poirot, daté du 1er avril 1850 ! Pas encore convaincu ? Sachez que le fantôme du détective hante les rues du village la nuit de son anniversaire...*

🐾 *La brasserie à vapeur Dits :* rue Maréchal, 1, **Pipaix** (7904). ☎ 069-66-20-47. ● vapeur.com ● Près de Leuze-en-Hainaut. Visite et dégustation avr-oct dim à 11h (ou sur rdv), et brassin public dernier sam de chaque mois, tte l'année, à partir de 9h avec possibilité de déjeuner sur place. Entrée : 5 € ; réduc. Une brasserie artisanale étonnante (la dernière du genre dans le monde !), qui utilise la force motrice de la vapeur pour fabriquer une bière de saison autrefois destinée à rester fraîche en été pour désaltérer les travailleurs des champs. L'outillage du XIXe s est encore en activité et son exploitant, également prof d'histoire, n'a pas son pareil pour vous faire un cours sur l'art difficile mais ô combien passionnant d'être brasseur. Ses bières : Saison de Pipaix, Vapeur en folie et Vapeur cochonne (ambrée et douce, mais oui, mais oui...) sont cataloguées par les spécialistes parmi les 50 meilleures au monde. Il en exporte en France, aux États-Unis et au Canada. Demandez à Jean-Louis Dits de vous faire goûter l'« esprit de Vapeur cochonne », un distillat de bière (entre whisky, genièvre et calva) qui étonnera le plus blasé des poivrots.

TOURNAI   (7500)   68 000 hab.

Moins exubérante car moins étudiante que Mons, Tournai pourrait pâtir de la proximité de la France et de la concurrence de Lille. Il faut dire qu'ici on n'a pas le sentiment d'être à l'étranger mais dans une petite ville de province familière, au passé prestigieux. En fait, cette vénérable cité est l'une des plus anciennes d'Occident : à la suite des Romains, les Francs y ont fondé la dynastie mérovingienne, à l'origine de la monarchie française avec Clovis. Les armes de la ville portent le lys royal. Incorporée au comté de Flandre, elle vit passer au fil des siècles et des conflits les Anglais, les Espagnols, les Autrichiens, les Français et les Hollandais. Aujourd'hui, les quelque 4 000 étudiants de la prestigieuse école d'art et d'architecture Saint-Luc en assurent le rayonnement. Tournai conserve un peu plus longtemps que les autres ses secrets, à l'ombre de son beffroi et de sa somptueuse cathédrale. Et si elle n'a pas la générosité immédiate des autres villes wallonnes, elle a la coquetterie de ne se livrer qu'à ceux qui savent attendre. Ses musées sont riches, ses cafés animés, et l'on y mange plutôt bien. Un grand chantier vise à rénover l'ancien quartier médiéval devenu semi-piéton et la ville espère bien étendre le secteur déjà classé par l'Unesco qui a reconnu le beffroi et la cathédrale au Patrimoine de l'humanité. En attendant, vous pourrez longer la palissade qui entoure les travaux pour parcourir l'expo-photos qui en donne tous les détails.

2015 verra la commémoration de la célèbre bataille de Fontenoy en 1745.

UN PEU D'HISTOIRE

Avec Tournai, il faudrait même beaucoup d'histoire car la ville existe depuis fort longtemps. Les Romains s'étaient déjà installés ici, mais ce furent les Francs et les Mérovingiens qui en firent une capitale, la leur. **Childéric** y meurt en 481 et son fils, **Clovis**, préfère aller voir à Soissons l'état de la vaisselle, laissant le pouvoir à l'évêché de Tournai. Mais la ville restera toujours un symbole pour

ET LES ROIS CHANGÈRENT D'EMBLÈME

Au départ, Clovis, roi des Francs, choisit l'iris comme symbole. Au fil des âges, la « fleur de Clovis » devint la « fleur de Louis ». Peu à peu, on comprit la « fleur de lys » et Louis VII fut le premier roi de France à arborer le lys, en 1147.

la Couronne française, et la fleur de lys orne encore son blason. Ravagée par les Normands, Tournai est rattachée à la France par **Philippe Auguste.** De cette période fastueuse datent le beffroi, la cathédrale et la prospérité de la ville due au commerce de la laine et de la pierre (sans oublier le pèlerinage vers Compostelle, puisque Tournai en constituait une étape). Les Anglais, guidés par Henri VIII, prennent Tournai, puis c'est au tour de Charles Quint. À la suite des troubles religieux, **Christine de Lalaing** défend héroïquement la cité face aux Espagnols, mais les combats la ruinent. **Louis XIV** s'y intéresse, l'occupe, puis laisse les Autrichiens s'en emparer, mais le temps de la splendeur est révolu. Louis XV conduira dans les environs l'inutile et victorieuse bataille de **Fontenoy** et, passé l'onde de la Révolution française, Tournai sera rattachée au Hainaut belge.

Durement touchée par les bombardements allemands de mai 1940, la ville sera courageusement reconstruite selon un certain nombre de plans d'origine.

Adresses utiles

ⓘ *Office de tourisme (plan A-B2) :* pl. Paul-Émile-Janson, 1, ☎ 069-22-20-45. ● *visittournai. be* ● *Avr-fin oct, lun-ven 9h30-18h ; nov-mars, 9h30-17h.* Prenez-y la brochure *Bienvenue dans ma ville* le plan de la ville avec circuit pédestre

ou téléchargez son application. Film multimédia (payant) : *le Couloir du temps,* 2 000 ans d'histoire tournaisienne à visionner en 23 mn. Audioguide *Raconte-moi Tournai,* pour une visite libre de la ville commentée par un humoriste tournaisien *(vendu*

9,90 € et on pourra le garder !). L'office propose aussi en saison toutes sortes de visites guidées et thématiques de la ville. Pour ceux qui veulent découvrir la région de Tournai, il y a aussi le livret *Wallonie Picarde*. Bornes multimédias, boutique et expos temporaires dans la crypte.
🛈 **Maison de Tourisme de la Wallonie picarde** : *placette aux Oignons, 20.*

☎ *069-35-42-85.* ● *visitwapi.be* ● *Tlj 8h15-12h15 et 13h15-17h.*
✉ **Poste** *(plan A2)* : *rue Saint-Martin, à deux pas du beffroi. Lun-ven 8h30-12h30, 13h30-17h (18h le lun) ; sam 9h-12h30.*
🚃 **Gare** *(hors plan par B1)* : *pl. Crombez.* ☎ *02-528-28-28 (rens).* Train pour Bruxelles ou Lille ttes les heures env jusqu'à 22h.

Où dormir ?

Camping

⛺ **Camping de l'Orient** : *rue Jean-Baptiste-Moens, 8.* ☎ *069-22-26-35.* ● *campingorient@tournai.be* ● *À 2,5 km du centre ; sur la route de Mons et Bruxelles, tourner à droite aux 1ers feux, puis, 500 m plus loin, à gauche au rond-point. Ouv tte l'année. Compter 12 € pour 2 avec tente et voiture.* Surtout des caravanes mais les proprios n'ont rien contre les tentes. Emplacements bien délimités par des haies. Épicerie avec petite restauration et, juste à côté du camping, cafétéria, piscine avec toboggans (moitié prix pour les clients du camping) et étang avec embarcation à pédales.

Bon marché

🏠 **Auberge de jeunesse de Tournai** *(plan A2, 10)* : *rue Saint-Martin, 64.* ☎ *069-21-61-36.* ● *tournai@lesaubergesdejeunesse.be* ● *lesaubergesdejeunesse.be* ● *À 300 m de la Grand-Place.* ♿ *Fermé 10h-15h, ainsi qu'aux individuels en janv. L'auberge ferme à 22h, mais carte magnétique pour les noctambules. Nuitées en dortoir 18,60 €/pers (plus 2 € pour les plus de 26 ans) ; doubles 23,10-25,10 €/pers ; petit déj compris.* 📶 Installée dans l'ancienne Académie royale de musique du XVIIIe s, voici une auberge qui renferme des trésors rares pour ce type d'établissement : salle de lecture avec plafond à dorures et magnifiques parquets, salle de réunion aux murs couverts de tapisseries XVIIIe tissées par l'école de Watteau et bureau décoré par Horta lui-même, venu construire

le musée des Beaux-Arts. On accède aux 23 chambres par un escalier vieux de pas moins de 3 siècles. Dortoirs de 4 à 6 lits neufs superposés, avec sanitaires privatifs. Également 5 chambres doubles avec lits *twin*. L'ensemble a été entièrement rénové en 2012. Bar au rez-de-chaussée, où a lieu de temps en temps une soirée-concert de rock progressif (le patron, Christian, en est baba !) et cuisine bien équipée à dispo. Terminons par l'accueil sympa, l'accessibilité aux handicapés et le souci du ménage bien fait, et vous comprendrez qu'il s'agit d'une bien bonne adresse à Tournai.

De prix modérés à prix moyens

🏠 **Hôtel d'Alcantara** *(plan A1, 13)* : *rue des Bouchers-Saint-Jacques, 2.* ☎ *069-21-26-48.* ● *philippe@hotelalcantara.be* ● *hotelalcantara.be* ● *Doubles 100-130 € selon catégorie ; familiales et minisuites 129-159 € ; petit déj compris. Fermé aux vac de fin d'année. Garage (9,50 €).* 📶 À quelques encablures de la Grand-Place, un bel hôtel particulier du XVIIIe s transformé en élégant hôtel de tourisme. Une vingtaine de chambres modernes d'un excellent confort, à la déco thématique orientée vers les peintres et les musiciens célèbres. On adore la chambre *Warhol*. La patronne est passionnée de déco, et ça se voit ! Beau buffet de petit déj. Petite terrasse aux beaux jours.
🏠 **Hôtel Cathédrale** *(plan B2, 14)* : *pl. Saint-Pierre, 2.* ☎ *069-25-00-00.* ● *reservation@hotel-cathedrale.be* ● *hotel-cathedrale.be* ● *Double 79 €. Petit*

KORTRIJK, BRUGGE

NORD

sites inscrits au Patrimoine mondial de l'Unesco

100   200 m

TOURNAI

■ **Adresse utile**

🄸 Office de tourisme

🏠 **Où dormir ?**

10 Auberge de jeunesse de Tournai
11 L'Europe
12 Chambres d'hôtes chez F. Daniel
13 Hôtel d'Alcantara
14 Hôtel Cathédrale

|◑| **Où manger ?**

20 Le Beffroi
21 Eva Cosy
22 Fritagogo Fag
23 Giverny
24 Le Grand Jacques
25 Soupe & Yop
26 L'Îlot Doré

|◑| **Où déguster une pâtisserie ?**

25 Pâtisserie Quénoy

🍷 |◑| ♪ **Où boire un verre ?**
Où écouter de la musique ?

31 Aux Amis Réunis
32 La Fabrique, La Vie est belge et Le Bouchon
33 Quai des Brumes et O'Málley's

🦌 **À voir**

44 Hôtel de ville, musée d'Histoire naturelle et musée des Arts décoratifs
45 Musée de la Tapisserie et des Arts du tissu
46 Musée de Folklore
47 Musée d'Archéologie
48 Musée d'Histoire militaire
49 Église Saint-Brice
50 Pont des Trous

---

déj 15 €. 📶 Au cœur du centre-ville, face à la magnifique place Saint-Pierre, le plus grand hôtel de la ville s'est aussi refait une beauté ! Une cinquantaine de chambres de bon confort, classiques mais irréprochables, toutes avec bains, TV écran plat et coffre-fort. Demandez-en une donnant sur le jardin intérieur, avec vue sur la cathédrale, elles sont au même prix ! Accueil affable et pro.

TOURNAI

🏠 *Chambres d'hôtes chez F. Daniel (plan A1, 12) : rue des Sœurs-Noires, 35.* ☎ *0472-38-69-72.* ● *fdaniel@skynet.be* ● *Compter 70 € pour 2 (65 € dès la 2e nuit), petit déj inclus. CB refusées.* 📶 Dans la seule maison Renaissance tournaisienne qui subsiste dans la ville, 2 chambres d'hôtes et 2 studios, proposés au même prix. Chambres à la déco fleurie et très (très) chargée, gentiment surannée. Les studios, installés dans les combles, avec canapé et coin cuisine, sont d'un bon rapport qualité-prix. On peut prendre le petit déj dans le salon, décoré à l'ancienne. Beau jardin en été. Une adresse originale.

🏠 *L'Europe (plan A1-2, 11) : Grand-Place, 36 (entrée discrète).* ☎ *069-22-40-67.* ● *europehotel@skynet.be* ● *Réception jusqu'à 19h. Double 70 €, petit déj compris ; triple 90 €.* En dépannage : 8 chambres classiques aux 2e et 3e étages sans ascenseur, à la déco datée mais propres, équipées de TV et de sanitaires privés. Celles qui donnent sur la Grand-Place offrent une vue sympa mais peuvent être un peu bruyantes à cause du simple vitrage. Bar à cocktails à côté.

Où manger ?

On mange plutôt bien à Tournai, et dans une gamme de prix très large, de la friterie de la Grand-Place au restaurant très chic. Si nous étions chauvins, nous dirions que la proximité de la France y est pour quelque chose. Comme ce n'est pas notre genre, nous vous conseillerons de ne pas quitter la ville sans avoir goûté au lapin à la tournaisienne (raisins et pruneaux) ou aux curieux *ballons noirs* que les Quénoy, pâtissiers depuis plusieurs générations et inventeurs desdits *ballons*, continuent inlassablement de fabriquer (voir « Où déguster une pâtisserie ? »).

Bon marché

🍴 *Eva Cosy (plan A1, 21) : rue Piquet, 6.* ☎ *069-77-22-59. Mar-ven 8h30-18h (plus lun oct-mai), sam 9h-18h. Compter 10-16 € pour un repas léger. CB refusées.* Salle comme à la maison, aux murs gris, avec des plats sur les appuis de fenêtre. Il s'agit d'une boulangerie qui fait aussi salon de thé, où l'on peut grignoter le midi : soupes, tartes, tartines ou assiette du jour. Propose aussi des petits déj.

🍴 *Fritagogo Fag (plan A1, 22) : rue du Bourdon-Saint-Jacques, 8.* ▯ *0499-19-26-58.* ● *maleroy-fag@hotmail.com* ● *Tlj sf dim 11h30-14h30, 18h-23h30. Cornets de frites 1,50-3,50 €, plats 10-17 €.* Une friterie à la déco très contemporaine, presque design. On choisit au comptoir et on file s'installer confortablement en salle. Outre les frites (certainement les meilleures de la ville), une carte de brasserie-snack longue comme le bras avec burgers maison, brochettes, croquettes, salades, steak... Accueil très sympa.

🍴 *Soupe & Yop (plan A2, 25) : rue des Orfèvres, 23.* ▯ *0472-07-52-85. Tlj sf lun, ven et sam soir (et dim hors-saison) 11h-15h, 18h-21h. Menus soupe-yaourt 4,50-8,50 € selon taille. Café offert sur présentation de ce guide.* Un petit bar à soupe et yaourt tout récent, avec seulement quelques tables et une miniterrasse à l'arrière. Selon la saison, de 3 à 12 soupes, potages ou veloutés différents, préparés du jour bien sûr, suivis d'un yaourt artisanal aux arômes originaux (caramel, mangue-noisette...). Un repas sur le pouce, sain, équilibré, pas cher, et hop !

De prix moyens à chic

🍴 *L'Îlot Doré (plan A1, 26) : rue Dorez, 13 B.* ☎ *069-84-19-93.* ● *contact@lilotdore.be* ● *Tlj sf mer soir 12h-15h, 18h30-23h. Menu déj 15 € (30 € le dim), plats 12-24 €.* Pavé d'aloyau de bœuf, onglet poêlé aux échalotes, rognon de veau, brochettes... Ici, on vient pour la viande, goûteuse et moelleuse, généreusement servie, accompagnée de légumes frais. Cuisson parfaite, dressage travaillé, service impeccable... Rien à redire. Le midi, le menu est d'un rapport qualité-prix exceptionnel !

ça se passe dans un cadre élégant et design, aux couleurs printanières, ou en terrasse bordant un jardinet fleuri aux beaux jours. Une bonne table, vraiment.

l●l *Le Grand Jacques* *(hors plan par B1, 24) : bd des Déportés, 62.* ☎ *069-84-74-04. ● restaurant@le-grand-jacques.com ● Fermé mar-mer et dernière quinzaine d'août. Lunch en sem 12 € env ; 6 menus 21-45 € ; plats 12-21 €. Digestif offert sur présentation de ce guide.* En hommage à Brel, bien sûr, et face à la gare ; ou plutôt la gare est en face du *Grand Jacques,* comme se plaît à l'indiquer Christian. Christian, c'est le patron, un Français très vieille France et plein d'humour qui met un point d'honneur à contenter ses clients en ne leur servant que des plats bien mijotés, toujours à base de produits très frais. Propose surtout des menus complets mais possibilité de ne prendre qu'un simple plat. Au programme : confit à la mangue, pieds-paquets, cassoulet, ris de veau aux saint-jacques, bouillabaisse, crème brûlée maison ainsi que des plats régionaux du Tournaisis, tels que le *potournai,* l'*assiette des cinq clochers,* la fondue ou le lapin à la tournaisienne ; enfin, ça dépend des jours.

Des jours, mais aussi de l'humeur et, bien sûr, du marché.

l●l *Le Beffroi* *(plan A2, 20) : Grand-Place, 15.* ☎ *069-84-83-41. ● nataxan@tvcablenet.be ● Ouv tlj 12h-23h sf 2de quinzaine de fév. Plats 13,50-20 €, menus à partir de 16 €.* Une brasserie classique où l'on pourra déguster des salades et grillades, un bon (et copieux) lapin à la tournaisienne. Terrasse sur la Grand-Place.

Plus chic

l●l *Giverny* *(plan B2, 23) : quai du Marché-aux-Poissons, 6.* ☎ *069-22-44-64. ● claudelavallee@live.be ● Au bord de l'Escaut. Fermé sam midi, dim soir, lun et mar soir. Menus 32-42 € le midi en sem, le soir 40-70 € ; plats 25-32 €.* Bel et luxueux établissement, dont la décoration rend hommage à l'Art nouveau, et le nom et les couleurs à Monet. Miroirs imposants et fresques ont été remis au goût du jour avec délicatesse par les charmants patrons. Cuisine bourgeoise dans la grande tradition française. Bien sûr, tant de raffinement a un prix, et il est assez élevé. Mais en venant un midi en semaine, vous pourrez vous en sortir sans trop de dégâts.

Où déguster une pâtisserie ?

l●l *Pâtisserie Quénoy* *(hors plan par B1, 25) : pl. Crombez, 2.* ☎ *069-22-39-23. Sur la même place que la gare. Tlj sf mer 7h-18h30 (18h sam-dim).* Voici la fameuse pâtisserie où l'on fabrique encore, selon le brevet déposé au début du siècle dernier par Émile Quénoy, les fameux *ballons noirs* qui

sont à Tournai ce que les bêtises sont à Cambrai. De bons gâteaux également, comme le *Palais des Dames* ou le *Clovis.* La pâtisserie elle-même, de style Art nouveau d'origine, mérite le coup d'œil. En un mot, la 5e génération de Quénoy sait y faire.

Où boire un verre ? Où écouter de la musique ?

Y l●l *Aux Amis Réunis (plan A2, 31) : rue Saint-Martin, 89.* ☎ *069-55-96-59. Lun-ven 11h-23h, sam 16h-23h. Petite restauration le midi en sem (plats 11-12 €).* Un café dont la déco a fêté ses 100 ans. Des banquettes en bois au comptoir ouvragé, tout est d'origine. Y compris le jeu de fer, une archaïque variante du billard. C'est

gratuit, mais si on perd, on paie la tournée ! Les non-joueurs pourront toujours lire la presse ou admirer ce bel endroit, presque en face de l'auberge de jeunesse. Beau choix de vins au verre.

Y ♪ Sur la rive gauche de l'Escaut, quai du Marché-aux-Poissons, s'alignent 2 bars déjantés *(plan B2, 32),* ouverts toute la nuit le week-end : *La Fabrique,* à tendance plutôt rock *(café offert sur présentation de ce guide !),* et *Le Bouchon,* qui organise des « concerts impromptus », de tout type (chanson française, musique jamaïcaine, « punk-acoustique »...).

❦ Pour un début de soirée, on aime bien également *La Vie est belge (situé entre les 2 précédents ● lavieestbelge@ hotmail.com ● lavieestbelge.be ● Tlj 11h-minuit ; ven et sam jusqu'à 2h ; dim 14h-22h.* Happy hour *ts les lun et mer 19h-20h et apéro-bar ven 17h-19h.* 🛜 Un bar sympa qui revendique fièrement sa belgitude à grand coup de portraits de personnalités du plat pays. Bonne Chouffe au fût, bière au

spéculoos, vin belge et bon choix de *pekets* (alcool costaud aromatisé au caramel, miel, cactus... servi dans de petits verres). Quant aux noms des cocktails, on adore : *Sois belge et taistoi, La plus belge pour aller danser, Trop belge pour toi...* Concert certains samedis soir.

❦ Et puis, à deux enjambées de là, sur la belle place Saint-Pierre, il y a encore le festif *Quai des Brumes* un bar d'habitués qui déménage, et l'*O'Malley's (plan B2, 33),* un pub irlandais bourré de monde en fin de semaine. On y sert de la Guinness au fût, bien sûr, mais aussi l'authentique café irlandais, fait comme en Irlande.

À voir

Tournai possède 7 musées communaux, qui ont tous la bonne idée d'avoir les mêmes horaires d'ouverture : *avr-fin oct, tlj sf mar 10h-17h30 ; le reste de l'année, tlj sf dim mat et mar 10h-12h, 14h-17h. Les prix d'entrée vont de 2,10 € à 2,60 €, ts sont gratuits le 1ᵉʳ dim du mois.* Le mardi, à tout seigneur tout honneur, on viendra donc plutôt pour la cathédrale aux cinq clochers. L'office de tourisme propose 3 *City Pass (4,50-10,40 €)* incluant la projection de films historiques dans leurs locaux, la visite du beffroi et l'entrée de 1 à 3 musées au choix selon le *pass.*

⊛ ⚲⚲⚲ *La cathédrale Notre-Dame (plan A2) : tlj 9h15-12h, 14h-18h (17h en hiver). En travaux de rénovation pour une très longue durée ; précisions sur ● cathedrale-tournai.be ●* Une tornade s'est abattue sur la ville en 1999. Cet événement a mis en évidence le déséquilibre dont souffrait la structure de l'édifice et particulièrement la tour Brunin. Très vite, des travaux provisoires ont été entrepris pour sauvegarder et étançonner le chœur gothique mais aussi pour renforcer les contreforts et stabiliser la tour. Le chantier de rénovation de l'édifice et la mise en valeur des trésors qu'il recèle s'annonce long et difficile. La cathédrale reste ouverte pendant les travaux, mais, du coup, certaines parties décrites plus bas peuvent être fermées (les échafaudages changent régulièrement de place). Elle est belle, ma cathédrale, elle est belle ! Classée au Patrimoine mondial de l'Unesco, cette élégante masse de calcaire, dominée par cinq tours carrées, dont la plus haute (83 m) repose sur les piliers de la croisée du transept, a inspiré plusieurs des autres églises de la ville. La cathédrale Notre-Dame, bâtie entre le XIIIᵉ s (la nef) et le XIVᵉ s (le chœur), marque le passage du roman scaldien au gothique. De sa façade, modifiée au cours des siècles, on retiendra les deux portes romanes, ainsi que la fausse porte, large arche surmontée d'un passage reliant la cathédrale au palais épiscopal.

En entrant dans l'église, longue de 130 m, on est frappé d'abord par le gigantisme et l'élégance, puis par la rupture entre la pureté de la nef romane, ses 10 travées et son élévation à quatre niveaux, et le chœur gothique, richement décoré de fresques et de vitraux du XIXᵉ s. Un jubé Renaissance de Cornelis Floris de Vriendt sépare les deux parties presque égales de l'église. Dans la nef, chapiteaux sculptés de motifs floraux, humains et animaux, ainsi que l'ajout tardif de la chapelle gothique Saint-Louis, à droite. Dans le transept, impressionnante sculpture du

XVIIIe s en bois de Nicolas Le Creux, représentant les anges déchus chassés par saint Michel, une peinture murale du XIIe s évoquant la légende de sainte Marguerite et de précieux vitraux du XVe s. Pas loin, le Purgatoire vu et peint par Rubens. Et puis, près du déambulatoire, où les anges semblent menacer les visiteurs de leur blason, on arrive à la *chapelle Saint-Esprit*, couverte d'une tapisserie d'Arras de 1402. La *Vie de saint Piat et saint Éleuthère* s'étale sur 22 m et 14 tableaux. Un mince couloir conduit à la *salle du chapitre* et à ses lambris du XVIIIe s, provenant de l'abbaye Saint-Ghislain.

– *Le trésor : dans la chapelle Saint-Esprit, au fond de la nef. Ouv 9h30-12h, 14h-18h (17h en hiver). Fermé mat sam-dim. Entrée : 2,50 €.* Quelques belles pièces subsistent malgré un vol perpétré en 2008 : calices, ciboires, bras-reliquaires, porte-missel, fragments de retable et tapisseries datant pour la plupart du XIIIe au XIXe s. La vie de saint Piat et de saint Eleuthère s'étale sur 22 m en 14 tableaux. Diptyque carolingien en ivoire sculpté aussi et deux châsses du XIIIe s, dont l'une, aux personnages superbement ciselés, est due à Nicolas de Verdun. Jetez également un coup d'œil aux *Scènes de la vie de la Vierge de Marteen de Vos* et, au-dessus de la porte qui mène à l'orfèvrerie au *Christ aux outrages* peint par Quentin Metsys.

◎ ⚑ *Le beffroi (plan A2) : avr-oct, mar-dim 10h-17h30. Le reste de l'année, tlj sf lun et dim mat 10h-12h, 14h-17h. Dernière entrée 45 mn avt fermeture. Entrée : 2,10 € ; réduc.* Le plus ancien beffroi de Belgique, bâti à la fin du XIIe s, a été plusieurs fois renforcé et joliment restauré depuis. Heureusement, cette tour carrée, terminée par des tourelles, carillonne encore à chaque

LE LANGAGE DES BEFFROIS

Dès le Moyen Âge, des règles strictes régissaient le tintement des cloches qui obéissait aux impératifs de la vie quotidienne. En modulant le nombre et le rythme des cloches, on annonçait l'heure, les couvre-feux, les invasions, les incendies, les décès, les rassemblements ou les jours de marché.

heure sur différents airs, dont celui de *Les Tournaisiens sont là* (air connu). Classé au Patrimoine mondial de l'Unesco comme 29 autres beffrois de Belgique et de France. La visite vous conduira, par un escalier de 257 marches, à 42,50 m de hauteur. En chemin, on peut voir un spectacle audiovisuel sur le beffroi de Tournai et des panneaux sur l'histoire des beffrois dans le nord de l'Europe, l'ancien tambour à musique et l'ancien mécanisme de l'horloge, qui actionnait le carillon. Ah oui, des latrines aussi, celles qui servaient aux détenus, car le beffroi fut aussi une prison.

⚑ *La Grand-Place (plan A2) :* ce triangle, au mobilier urbain inspiré par le jeu de fer et dont le beffroi marque la pointe, est bordé sur ses trois côtés par la cathédrale, l'ancienne halle aux draps du XVIIe s et l'église Saint-Quentin. Partiellement détruites par les bombardements de la dernière guerre, certaines de ses maisons anciennes, dont la halle aux draps, ont été reconstruites à l'identique. Christine de Lalaing, héroïne de la ville, trône au centre de la place.

⚑⚑ *Le musée des Beaux-Arts (plan A2) : rue de l'enclos Saint-Martin, 1. ☎ 069-33-24-31. À côté de l'hôtel de ville. Fermé mar (et dim mat en hiver). Entrée : 2,50 € ; réduc. Attention, une grande expo temporaire annuelle peut bouleverser l'accrochage.* D'emblée, on est frappé par la beauté du bâtiment, dont la façade blanche et courbée est surmontée d'un gigantesque bronze. Il faut préciser que l'architecture est due à Victor Horta, star de l'Art nouveau. Il a conçu ce musée afin que les salles, distribuées autour d'un hall à l'élégance discrète, bénéficient de la lumière naturelle. De magnifiques verrières les coiffent et permettent d'apprécier les intéressantes collections du XVe au XXe s. Dans le département des peintures anciennes, parmi un fonds de 3 000 toiles, est exposé par roulement l'effrayant raccommodeur de soufflet, attribué à l'atelier de Bosch, une copie de Bruegel le Jeune *(Paysage d'hiver)*, d'après son père, ainsi qu'une *Vierge à l'Enfant*, une *Nativité* et le triptyque du *Salve Regina* de Rogier de la Pasture, plus connu sous le nom de Van der Weyden. Parmi les œuvres en exposition permanente, Rubens, Watteau, Rembrandt, Van Dyck et Jacob Jordaens, entre autres, représentent les XVIIe et XVIIIe s, mais la section du XIXe s est bien plus « goûtue ». Outre les gigantesques toiles de Louis Gallait évoquant la peste de Tournai et l'abdication de Charles Quint, le musée possède quelques chefs-d'œuvre des impressionnistes et postimpressionnistes français : un paysage de Monet, un autre de Seurat, un de Courbet et surtout *Chez le père Lathuile* et *Argenteuil*, les deux seuls tableaux d'Édouard Manet en Belgique. Mais l'impressionnisme belge est également évoqué avec des œuvres d'Émile Claus. Un dessin de Van Gogh, deux tableaux de Toulouse-Lautrec et un clin d'œil à l'art contemporain avec des sculptures de Tom Frantzen (un *Hippopotame volant* dans le hall et un *Ange exterminateur* à l'extérieur) complètent les collections de ce superbe musée qui, incontestablement, mérite un détour.

🏃 **L'hôtel de ville** *(plan A2, 44)* : *rue Saint-Martin, 52. Accès 9h-16h sf sam ap-m et dim.* Bâtiment néoclassique élevé dans une partie de l'ancienne abbaye bénédictine de Saint-Martin. On peut encore y voir la grande crypte romane, datée du XIe s, et une partie du cloître.

🏃 **Le musée d'Histoire naturelle** *(plan A2, 44)* : *rue Saint-Martin, 50.* ☎ *069-33-23-43. Accès par la cour d'honneur de l'hôtel de ville. Entrée : 2,60 € ; réduc. Demander l'audioguide très bien fait (gratuit).* Fondé avant l'indépendance de la Belgique, ce qui en fait le plus vieux musée d'Histoire naturelle du pays, le muséum de Tournai a été rénové et comporte, en plus de sa longue galerie peuplée d'animaux naturalisés, un vivarium de plus de 70 espèces de reptiles, amphibiens, poissons, araignées et invertébrés dont beaucoup d'espèces menacées ou en voie d'extinction. Au menu : boas de Jamaïque, dendrobates, crabes-arlequins et fouette-queues, pour ne citer qu'eux. Dans l'ancienne partie, vous verrez le premier éléphant à avoir foulé le sol belge, des chauves-souris géantes et même, pour compléter la série, un cabinet de curiosités avec un veau à deux têtes et un pénis de baleine !

🏃 **Le musée des Arts décoratifs** *(plan A2, 44)* : *rue Saint-Martin, 50.* ☎ *069-33-23-53. Entrée : 2,10 € ; réduc.* « À la pension de madame Vauquer, il y a des piles d'assiettes en porcelaine épaisse à bords bleus, fabriquées à Tournai », écrivait Balzac ; comme quoi, la réputation des porcelaines de Tournai dépassait de loin les limites du Tournaisis. Ce modeste musée en présente une belle collection, appartenant pour la plupart à la seconde moitié du XVIIIe s, et recèle des pièces d'argenterie, des terres cuites glaçurées et des monnaies de bronze ou d'or du XIIe au XVIIe s.

🏃 **Le musée de la Tapisserie et des Arts du tissu** *(plan A2, 45)* : *pl. Reine-Astrid, 9.* ☎ *069-84-20-73. Entrée : 2,60 € ; réduc.* Ce musée conserve des tapisseries, activité qui contribua à la fortune de Tournai. Quelques belles pièces anciennes du XVe et XVIe s, notamment *La Famine de Jérusalem*, où les mères de famille en sont réduites à cuire leurs enfants à la broche. À l'étage, on passe directement aux tapisseries contemporaines *(Somville-Dubrunfaut)*, dont certaines représentent des scènes de groupe, genre réalisme social. Tous les jours sauf le week-end, une tisseuse travaille. Sachant qu'il faut environ 1 mois pour achever un mètre carré, elle ne va pas très vite, mais elle donne d'intéressantes explications.

🏃 **Le musée de Folklore** *(plan A2, 46)* : *réduit des Sions, 36.* ☎ *069-22-40-69. Entrée : 2,60 € ; réduc.* Vaste et attachant musée qui, par une jolie collection d'objets anciens, fait revivre les métiers et les corporations du passé. Ateliers de sabotier, de tonnelier, reconstitutions d'une chapelle, d'un couvent, d'une salle de classe, d'une pharmacie, d'un estaminet... « Au Roi des Radis » ! Une mise en scène simple des outils et des meubles rend la visite didactique. Des toiles et des gravures d'artistes locaux, une salle consacrée au carnaval, des photos des destructions des dernières guerres, des uniformes militaires et civils, des accessoires de mode, de superbes maquettes de la ville (dont celle, gigantesque, de Tournai en 1701), des blasons des grandes familles locales, des marionnettes, des instruments de musique et un cabinet consacré au poète Georges Rodenbach complètent les collections.

🗡 *Le musée d'Archéologie (plan A1, 47) : rue des Carmes, 8.* ☎ *069-22-16-72. Entrée : 2,10 € ; réduc.* Une haute et mince tour domine ce bâtiment du XVIIᵉ s qui fut l'un des premiers monts-de-piété ouverts en Europe. Des objets gallo-romains du rez-de-chaussée, on retiendra un exceptionnel sarcophage en plomb du IVᵉ s, trouvé quelques rues plus haut. L'escalier en colimaçon de la tour conduit aux maigres trésors mérovingiens. Celui de Childéric fut découvert à Tournai en 1653, par un sourd-muet répondant au doux nom d'Adrien Quinquin. Des malfaisants le dérobèrent au XIXᵉ s. Du trésor, sans doute fondu, il ne reste que deux abeilles et un pommeau d'épée conservés au musée de la Monnaie, à Paris. Ce musée à l'ancienne possède aussi quelques silex régionaux du quaternaire.

🗡 *Le musée d'Histoire militaire (plan A2, 48) : rue Roc-Saint-Nicaise, 59-61.* ☎ *069-21-19-66. Entrée : 2,60 € ; réduc.* Collection d'armes et d'objets militaires. Au rez-de-chaussée, une salle consacrée au Iᵉʳ Empire et à la dynastie royale, de 1792 à 1914. À l'étage, les deux grandes guerres : une salle dédiée à la Résistance, une autre aux uniformes et matériel de combat ; voir le gros fusil allemand de la Première Guerre mondiale, fait pour percer

MESSIEURS LES FRANÇAIS, TIREZ LES PREMIERS !

Cette célèbre phrase prononcée à la bataille de Fontenoy en 1745 (à 7 km au sud-est de Tournai) n'était pas une marque de politesse des Anglais. « Après vous, Messieurs les Anglais ! », répondirent les Français. En effet, il était plus avantageux de tirer en second, car on pouvait alors se rapprocher de l'ennemi, pendant qu'il rechargeait les fusils. Donc avec moins de risque.

25 mm de blindage (une broutille comparé aux 25 cm dont viennent à bout les lance-roquettes modernes). Mais la salle la plus intéressante est celle consacrée aux combats du 24 août 1914, avec un descriptif précis et captivant des opérations heure par heure, où s'opposèrent un bataillon franco-belge de 1 600 hommes armés de simples fusils avec baïonnette aux forces de l'armée allemande composées de 3 divisions de 5 000 cavaliers et de 5 bataillons de 1 400 chasseurs ! Enfin une collection privée d'armes de tous pays dont des *Winchester* de cow-boys.

🗡 *Le Centre de la marionnette (plan A2) : rue Saint-Martin, 47.* ☎ *069-88-91-40.* ● *maisondelamarionnette.be* ● *Mar-ven 9h-12h30, 14h-17h ; sam-dim et j. fériés 14h-18h. Entrée : 2,50 € ; réduc.* Seul musée non communal, il propose une exposition, par roulement, de 2 600 marionnettes en provenance du monde entier. C'est aussi un centre de documentation et d'animation.

🗡 *L'église Saint-Brice (plan B2, 49) : pl. Clovis. Tlj 9h-18h (16h en hiver).* Restaurée dans son état originel, avec sa tour carrée et sa triple halle. Deux maisons romanes du XIIᵉ s, parmi les plus anciennes d'Europe encore debout, la jouxtent, mais faites vite car l'une d'elles penche dangereusement.

🗡 *Last but not least,* le célèbre **pont des Trous** *(hors plan par A1, 50)* enjambe l'Escaut et défend Tournai depuis le XIIIᵉ s. Vestige des anciens remparts, il a été rehaussé de plus de 2 m en 1948 pour faciliter le trafic fluvial. Mais il gêne encore les péniches, si bien que l'on songe à le rehausser de nouveau.

TOURNAI

Manifestations

– *Lundi perdu : 1er lun après l'Épiphanie.* Une sorte de 3e réveillon, fêté princi-palement dans les restos. Chacun tire son billet des rois et doit interpréter le rôle attribué.
– *Carnaval : ven-sam à la mi-carême.* Nuit des Intrigues ; jet de *pichous,* petits pains aux fruits confits ; intronisation du roi ; rondeau puis marche funèbre.
– *Grand marché aux fleurs : le Vendredi saint. S'étend de la gare jusqu'aux quais.*
– *Tournai en fête (ex-Les 4 Cortèges) : 2e w-e de juin.* Parade de chars fleuris et de géants, tels Clovis, Louis XIV et d'autres personnages qui ont compté dans l'histoire de la ville.
– *Festival des Inattendues (dernier w-e d'août) :* rencontres qui allient philosophie et musique.
– *Grande procession : 2e dim de sept, à 10h.* A lieu depuis 1092, en souvenir d'une épidémie de peste avortée.
– *Festival de la Marionnette : sem de la Toussaint.* Spectacles et expositions de marionnettes (dans le Centre de la marionnette, entre autres).

DANS LES ENVIRONS DE TOURNAI

ANTOING (8 000 hab.)

Petite ville non loin de Tournai. Par la route qui longe l'Escaut, peu avant l'entrée du bourg, on peut voir la *ferme fortifiée* où Louis XV fêta la victoire de Fontenoy en mai 1745. On y prononça cette phrase restée célèbre : « Mewssieurs les Garwdes franswaises, tirwez les prewmiers ! » Cela n'empêcha pas que, le soir de la bataille, 10 000 morts gisaient sur le carreau. En face du cimetière, vous ne pourrez pas rater ce bâtiment en L (et sa tourelle carrée), édifié en 1633, qui ne se visite pas.
Deux cents mètres avant, un chemin part sur la gauche, vers l'Escaut. Empruntez-le (à pied), il conduit à un *four Brébard.* On fabriquait la chaux dans ces fours qui ressemblent à des bouteilles de lait rangées dans un casier.

À voir

¶ Le château d'Antoing : *de mi-mai à fin sept, dim et j. fériés, visites à 15h et 16h. Les billets s'achètent à l'office de tourisme (pl. Barra, 18.* ☎ 069-44-17-29. ● antoing.net ●). *Entrée : 3 € ; réduc.* Personnel charmant et compétent. On ne visite que quelques salles dans la surprenante tour de ce château, partiellement reconstruit au XIXe s et toujours habité par la famille de Ligne, celle de Belœil (voir plus haut « Dans les environs d'Ath »). Malheureusement, une tourelle du donjon sur lequel s'adosse la tour menace de s'effondrer, et donc on ne monte plus au sommet. Et pourtant, la devise des Ligne précise : « Où que tombent les choses, la Ligne reste droite. » Comme quoi... Outre le *bolewerk,* muraille restaurée au XVe s, on peut aussi voir dans la chapelle une belle collection de pierres tombales, notamment celle de Jean de Melun et de ses deux épouses. À l'entrée du château, une stèle rappelle que Charles de Gaulle, mon Général lui-même, étudia en 1907 chez les jésuites d'Antoing.

À voir. À faire dans les environs

¶ ᚦ Le parc naturel des Plaines-de-l'Escaut : *rue des Sapins, 31, Bon-Secours* (7603). ☎ 069-77-98-11. ● plainesdelescaut.be ● ᚦ *À 19 km au sud-est* *de Tournai, sortie n° 29 de l'A 16/E 42. Maison du parc ouv tlj 9h-12h30, 13h30-18h (17h en hiver). Fermé le w-e de mi-oct à Pâques. Entrée : 6 €, prêt de jumelles inclus ; réduc. Audioguide (payant).* En lisière du parc naturel de l'Escaut, parsemé de saules têtards, de zones humides et de massifs boisés bien préservés, le centre d'accueil donne toutes les infos pratiques pour faire une randonnée (près de 500 km de sentiers balisés, ponctués pour certains de panneaux explicatifs). À l'étage de la Maison du parc, parcours-spectacle interactif et sensoriel *L'Escale forestière* pour s'éveiller à la vie de la faune et de la flore forestières parmi les champignons et insectes géants, suivi d'un vol virtuel du parc en montgolfière. Ensuite, une jolie balade à faire, à la cime des arbres, sur la passerelle *Promenoir des Cimes* perchée à 16 m du sol. Espace saveurs de produits du terroir, expositions temporaires liées à l'environnement et animations ponctuelles également. Une belle journée en perspective pour profiter des plaisirs qu'offre dame Nature.

les ROUTARDS sur la FRANCE 2015-2016

(dates de parution sur • routard.com •)

Découpage de la FRANCE par le ROUTARD

ANGLETERRE

NORD

MANCHE

Nord-Pas-de-Calais

PAYS-BAS

BELGIQUE

ALLEMAGNE

Week-ends autour de Paris

Pas-de-Calais

Nord

Somme

Picardie

Aisne

Ardennes

LUX.

Seine-Maritime

Oise

Manche

Calvados

Eure

Val-d'Oise

Marne

Meuse

Moselle

Bas-Rhin

Normandie

Orne

Yvelines

Paris

Champagne-Ardenne

Lorraine

Meurthe-et-Moselle

Alsace +Vosges

Bretagne Nord

Côtes-d'Armor

Ille-et-Vilaine

Eure-et-Loir

Seine-et-Marne

Vosges

Haut-Rhin

Finistère

Rennes Métropole

Mayenne

Sarthe

Aube

Haute-Marne

Morbihan

Loir-et-Cher

Loiret

Haute-Saône

Doubs

Terr. de Belfort

Bretagne Sud

Pays de la Loire

Loire-Atlantique

Maine-et-Loire

Indre-et-Loire

Châteaux de la Loire

Yonne

Bourgogne

Côte-d'Or

Franche-Comté

Nantes et ses environs

Vendée

Deux-Sèvres

Vienne

Indre

Cher

Nièvre

Saône-et-Loire

Jura

Jura franco-suisse

SUISSE

OCÉAN ATLANTIQUE

Poitou-Charentes

Charente-Maritime

Charente

Haute-Vienne

Creuse

Auvergne

Allier

Ain

Lyon

Haute-Savoie

Savoie Mont Blanc

Limousin

Puy-de-Dôme

Loire

Rhône

Périgord-Dordogne

Dordogne

Corrèze

Cantal

Haute-Loire

Isère

Ardèche, Drôme

Isère, Alpes du Sud

ITALIE

Savoie

Bordelais, Landes, Lot-et-Garonne

Gironde

Lot

Lot-et-Garonne

Lot, Aveyron, Tarn

Lozère

Ardèche

Drôme

Hautes-Alpes

Alpes-de-Haute-Provence

Alpes-Maritimes

Landes

Tarn-et-Garonne

Aveyron

Tarn

Gard

Vaucluse

Var

Provence

Nice

Toulouse Métropole

Gers

Haute-Garonne

Montpellier Métropole

Hérault

Bouches-du-Rhône

Côte d'Azur

Pays basque, Béarn

Pyrénées-Atlantiques

Hautes-Pyrénées

Ariège

Aude

Languedoc-Roussillon

Marseille

Midi toulousain (Pyrénées, Gascogne)

Pyrénées-Orientales

Haute-Corse

ESPAGNE

Corse

Corse du Sud

MER MÉDITERRANÉE

0   100   200 km

Autres guides nationaux

- La Loire à vélo (février 2015)
- Les grands chefs du Routard
- Nos meilleurs campings en France
- Nos meilleures chambres d'hôtes en France
- Nos meilleurs hôtels et restos en France
- Nos meilleurs sites pour observer les oiseaux en France
- Tourisme responsable

Autres guides sur Paris

- Paris
- Paris à vélo
- Paris balades
- Restos et bistrots de Paris
- Le Routard des amoureux à Paris
- Week-ends autour de Paris

les ROUTARDS sur l'ÉTRANGER 2015-2016

(dates de parution sur • *routard.com* •)

Découpage de l'ESPAGNE par le ROUTARD

Espagne du Nord-Ouest

Asturies — Cantabrie

Galice

Pays basque

Navarre

La Rioja

Pays basque, Béarn

FRANCE

ANDORRE

Catalogne

Barcelone

Castille-León

Aragon

Madrid, Castille (Aragon et Estrémadure)

Catalogne (+ Valence et Andorre)

PORTUGAL

Estrémadure

Castille-La Manche

Valence

Baléares

Murcie

MER MÉDITERRANÉE

Andalousie

ALGÉRIE

NORD

100 km

Canaries

OCÉAN ATLANTIQUE

100 km

Découpage de l'ITALIE par le ROUTARD

SUISSE — AUTRICHE — HONGRIE

SLOVÉNIE

Val d'Aoste

Lacs italiens

Milan

Lombardie — Vénétie

Venise

CROATIE

Piémont

Italie du Nord

Émilie-Romagne

BOSNIE-HERZÉGOVINE

FRANCE

Ligurie

Florence

Toscane

Toscane, Ombrie

Ombrie

MER ADRIATIQUE

NORD

Rome

Latium

Campanie — Pouilles

Italie du Sud

Basilicate

Sardaigne

MER TYRRHÉNIENNE

Calabre

100 km

Sicile

Autres pays européens

- Allemagne
- Angleterre, Pays de Galles
- Autriche
- Belgique
- Budapest, Hongrie

- Crète
- Croatie
- Danemark, Suède
- Écosse
- Finlande
- Grèce continentale
- Îles grecques et Athènes
- Irlande
- Islande

- Madère (mai 2015)
- Malte
- Norvège
- Pologne
- Portugal
- République tchèque, Slovaquie
- Roumanie, Bulgarie
- Suisse

Villes européennes

- Amsterdam et ses environs

- Berlin
- Bruxelles
- Copenhague
- Dublin
- Lisbonne
- Londres

- Moscou
- Prague
- Saint-Pétersbourg
- Stockholm
- Vienne

Découpage des ÉTATS-UNIS par le ROUTARD

NORD

CANADA

Montana

Dakota du Sud

Wyoming

Nevada · Utah

États-Unis Nord-Est

New York

Boston
Massachusetts
Rhode Island
Connecticut

Niagara Falls

Chicago

San Francisco

Pennsylvanie

Lancaster

New York

Philadelphie

Washington · Maryland

Parcs nationaux de l'Ouest américain

Californie

Arizona

Nouveau-Mexique

Colorado

Illinois

Nashville · Tennessee

Memphis

Atlanta · Caroline du Sud

Charleston
Beaufort
Savannah

Géorgie

Louisiane et les villes du Sud

OCÉAN PACIFIQUE

Louisiane

OCÉAN ATLANTIQUE

Floride

MEXIQUE

500 km

GOLFE DU MEXIQUE

Miami

Autres pays d'Amérique

- Argentine
- Brésil
- Canada Ouest
- Chili et île de Pâques

- Équateur et les îles Galápagos
- Guatemala, Yucatán et Chiapas
- Mexique

- Montréal
- Pérou, Bolivie
- Québec, Ontario et Provinces maritimes

Asie

- Bali, Lombok
- Bangkok
- Birmanie (Myanmar)
- Cambodge, Laos
- Chine
- Hong-Kong, Macao, Canton

- Inde du Nord
- Inde du Sud
- Israël et Palestine
- Istanbul
- Jordanie
- Malaisie, Singapour
- Népal

- Shanghai
- Sri Lanka (Ceylan)
- Thaïlande
- Tokyo, Kyoto et environs
- Turquie
- Vietnam

Afrique

- Afrique de l'Ouest
- Afrique du Sud
- Égypte

- Kenya, Tanzanie et Zanzibar
- Maroc
- Marrakech

- Sénégal
- Tunisie

Îles Caraïbes et océan Indien

- Cuba
- Guadeloupe, Saint-Martin, Saint-Barth

- Île Maurice, Rodrigues
- Madagascar
- Martinique

- République dominicaine (Saint-Domingue)
- Réunion

Guides de conversation

- Allemand
- Anglais
- Arabe du Maghreb
- Arabe du Proche-Orient
- Chinois

- Croate
- Espagnol
- Grec
- Italien
- Japonais

- Portugais
- Russe
- G'palémo (conversation par l'image)

Le Routard Express

- Amsterdam (septembre 2014)
- Barcelone
- Berlin
- Bruxelles (septembre 2014)
- Lisbonne (septembre 2014)

- Londres
- Madrid
- New York
- Prague
- Rome
- Venise

Nos 1200 coups de cœur

- France (octobre 2014)
- Monde

Adresses utiles
1 Office ~~de tourisme~~
2 O~~~~
du ~~~~
3 ~~~~
4 ~~~~
5 ~~~~
6 ~~~~
7 ~~~~
de ~~~~
~~~~
de ~~~~
9 ~~~~
Torre ~~~~

44 Restaura~~nt~~ Don ~~Fernando~~
45 Res~~~~
46 ~~~~
4~~~~
48 ~~~~
49 ~~~~
50 Te~~~~
51 R~~~~
52 Re~~~~ Don ~~P~~edro
53 ~~~~
54 ~~~~
5~~~~
56 ~~~~
57 ~~~~

**🛏 Où dormir ?**
11 Pension ~~~~
12 ~~~~
1~~~~
1~~~~
1~~~~
1~~~~
~~~~
19 ~~~~omeu
2~~~~
23 R~~~~
24 H~~~~
25 H~~~~ ~~~~Melo

🍴 Où manger ?
30 Restaurante F~~er~~nando
31 Rest~~~~
32 A~~~~
33 C~~~~
34 T~~~~
35 ~~~~
3~~~~
37 ~~~~
38 ~~~~ ~~P~~edro
39 C~~~~
40 ~~~~
41 ~~~~
42 ~~~~

🍷 Où boire un verre ?
61 Caruage~~m~~ Bar
62 Bar d~~~~
63 Ping~~~~
64 B~~~~
65 ~~~~
66 ~~~~
67 ~~~~
68 ~~~~
69 ~~~~
70 ~~~~
71 ~~~~
72 ~~~~
73 Ti~~~~
74 Caf~~~~ ~~~~elem
75 Ca~~~~
76 Es~~~~ ~~~~rde

♪ Où sortir?
83 Pingo~~u~~in do ~~M~~orte
84 Pav~~~~
85 ~~~~
86 ~~~~
87 B~~~~
88 Ca~~~~ ~~M~~o~~~~

⚑ À voir
90 Palacio do Monte
91 Pavilh~~~~ M~~~~re
92 Ce~~~~ral
93 M~~~~
94 ~~~~

Cour pénale internationale :
face aux dictateurs et aux tortionnaires,
la meilleure force de frappe,
c'est le droit.

L'impunité, espèce en voie d'arrestation.

Fédération Internationale des ligues des droits de l'homme.

fidh

www.fidh.org

RÉPARER LES VIES

**HANDICAP
INTERNATIONAL**

routard assurance

Selon votre voyage :

ROUTARD ASSURANCE COURTE DURÉE
pour un voyage de moins de 8 semaines

assurance **routard** COURTE DURÉE

> Lieu de couverture : tout pays en dehors du pays de résidence habituelle.
> Durée de la couverture : 8 semaines maximum.

> **FORMULES**

Individuel / Famille** / Séniors

OPTIONS :

Avec ou sans franchise

Consultez le détail des garanties

Souscrivez en ligne sur www.avi-international.com

ROUTARD ASSURANCE LONGUE DURÉE
« MARCO POLO »
pour un voyage de plus de 2 mois

assurance **routard** LONGUE DURÉE

> Lieu de couverture : tout pays en dehors du pays de résidence habituelle.
> Durée de la couverture : 2 mois minimum à 1 an (renouvelable).

> **FORMULES**

Individuel / Famille** / Séniors

> **SANS FRANCHISE**

Consultez le détail des garanties

Souscrivez en ligne sur www.avi-international.com

SOUSCRIVEZ EN LIGNE ET RECEVEZ IMMÉDIATEMENT TOUS VOS DOCUMENTS D'ASSURANCE PAR E-MAIL :

- votre carte personnelle d'assurance avec votre numéro d'identification
- les numéros d'appel d'urgence d'AVI Assistance
- votre attestation d'assurance si vous en avez besoin pour l'obtention de votre visa.

Toutes les assurances Routard sont reconnues par les Consulats étrangers en France comme par les Consulats français à l'étranger.

f
y
g+

Souscrivez en ligne
sur www.avi-international.com
ou appelez le 01 44 63 51 00'

AVI
INTERNATIONAL
L'Assurance Voyage

routard assurance
Voyages de moins de 8 semaines

assurance routard COURTE DURÉE

RÉSUMÉ DES GARANTIES*	MONTANT MAXIMUM DES GARANTIES
FRAIS MÉDICAUX (pharmacie, médecin, hôpital)	100 000 € U.E. / 300 000 € Monde entier
Agression (déposer une plainte à la police dans les 24 h)	Inclus dans les frais médicaux
Rééducation / kinésithérapie / chiropractie	Prescrite par un médecin suite à un accident
Frais dentaires d'urgence	75 €
Frais de prothèse dentaire	500 € par dent en cas d'accident caractérisé
Frais d'optique	400 € en cas d'accident caractérisé
RAPATRIEMENT MÉDICAL	Frais illimités
Rapatriement médical et transport du corps	Frais illimités
Visite d'un parent si l'assuré est hospitalisé plus de 5 jours	2 000 €
CAPITAL DÉCÈS	15 000 €
CAPITAL INVALIDITÉ À LA SUITE D'UN ACCIDENT**	
Permanente totale	75 000 €
Permanente partielle (application directe du %)	De 1 % à 99 %
RETOUR ANTICIPÉ	
En cas de décès accidentel ou risque de décès d'un parent proche (conjoint, enfant, père, mère, frère, sœur)	Billet de retour
PRÉJUDICE MORAL ESTHÉTIQUE (inclus dans le capital invalidité)	15 000 €
ASSURANCE RESPONSABILITÉ CIVILE VIE PRIVÉE	
Dommages corporels garantis à 100 % y compris honoraires d'avocats et assistance juridique accidents	750 000 €
Dommages matériels garantis à 100 % y compris honoraires d'avocats et assistance juridique accidents	450 000 €
Dommages aux biens confiés	1 500 €
FRAIS DE RECHERCHE ET DE SAUVETAGE	2 000 €
AVANCE D'ARGENT (en cas de vol de vos moyens de paiement)	1 000 €
CAUTION PÉNALE	7 500 €
ASSURANCE BAGAGES	2 000 € (limite par article de 300 €)***

* Nous vous invitons à prendre connaissance préalablement de l'ensemble des Conditions générales sur www.avi-international.com ou par téléphone au 01 44 63 51 00 (coût d'un appel local).
** 15 000 euros pour les plus de 60 ans.
*** Les objets de valeur, bijoux, appareils électroniques, photo, ciné, radio, mp3, tablette, ordinateur, instruments de musique, jeux et matériel de sport, embarcations sont assurés ensemble jusqu'à 300 €.

PRINCIPALES EXCLUSIONS (communes à tous les contrats d'assurance voyage)
- Les conséquences d'événements catastrophiques et d'actes de guerre,
- Les conséquences de faits volontaires d'une personne assurée,
- Les conséquences d'événements antérieurs à l'assurance,
- Les dommages matériels causés par une activité professionnelle,
- Les dommages causés ou subis par les véhicules que vous utilisez,
- Les accidents de travail manuel et de stages en entreprise (sauf avec les Options Sports et Loisirs, Sports et Loisirs Plus),
- L'usage d'un véhicule à moteur à deux roues et les sports dangereux : surf, rafting, escalade, plongée sous-marine (sauf avec les Options Sports et Loisirs, Sports et Loisirs Plus).

f
y
g+

**Souscrivez en ligne
sur www.avi-international.com
ou appelez le 01 44 63 51 00***

AVI INTERNATIONAL
L'Assurance Voyage

AVI International - S.A.S. de courtage d'assurances au capital de 100 000 euros - Siège social : 40-44, rue Washington (entrée principale au 42-44), 75008 Paris - RCS Paris 323 234 575 - N° ORIAS 07 000 002 (www.orias.fr). Les Assurances Routard Courte Durée et Routard Longue Durée ont été souscrites auprès d'AIG Europe Limited, société de droit anglais au capital de 197 118 478 livres sterling, ayant son siège social The AIG Building, 58 Fenchurch Street, London EC3M 4AB, Royaume-Uni, enregistrée au registre des sociétés d'Angleterre et du Pays de Galles sous le n°01486260, autorisée et contrôlée par la Prudential Regulation Authority, 20 Moorgate London, EC2R 6DA Royaume-Uni (PRA registration number 202628) - Succursale pour la France : Tour CB21 - 16 place de l'Iris - 92400 Courbevoie.

A

BRUGES (BRUGES)

INDEX GÉNÉRAL

BRUXELLES-CAPITALE

INDEX GÉNÉRAL

C

D-E

H

I-J-K

P

R

S

T

U-V

W-X

Y-Z

OÙ TROUVER LES CARTES ET LES PLANS ?

IMPORTANT : DERNIÈRE MINUTE

Sauf rare exception, le *Routard* bénéficie d'une parution annuelle à date fixe. Entre deux dates, des événements fortuits (formalités, taux de change, catastrophes naturelles, conditions d'accès aux sites, fermetures inopinées, etc.) peuvent intervenir et modifier vos projets de voyage. Pour éviter les déconvenues, nous vous recommandons de consulter la rubrique « Guide » par pays de notre site ● *routard.com* ● et plus particulièrement les dernières *Actus voyageurs.*

Les **Routards** *parlent aux* **Routards**

Faites-nous part de vos expériences, de vos découvertes, de vos tuyaux.
Indiquez-nous les renseignements périmés. Aidez-nous à remettre l'ouvrage à jour.
Faites profiter les autres de vos adresses nouvelles, combines géniales... On adresse un exemplaire gratuit de la prochaine édition à ceux qui nous envoient les lettres les meilleures, pour la qualité et la pertinence des informations. Quelques conseils cependant :
– Envoyez-nous votre courrier le plus tôt possible afin que l'on puisse insérer vos tuyaux sur la prochaine édition.
– N'oubliez pas de préciser l'ouvrage que vous désirez recevoir.
– Vérifiez que vos remarques concernent l'édition en cours et notez les pages du guide concernées par vos observations.
– Quand vous indiquez des hôtels ou des restaurants, pensez à signaler leur adresse précise et, pour les grandes villes, les moyens de transport pour y aller. Si vous le pouvez, joignez la carte de visite de l'hôtel ou du resto décrit.
– N'écrivez si possible que d'un côté de la lettre (et non recto verso).
– Bien sûr, on s'arrache moins les yeux sur les lettres dactylographiées ou correctement écrites !
En tout état de cause, merci pour vos nombreuses lettres.

Les Routards parlent aux Routards :
122, rue du Moulin-des-Prés, 75013 Paris

e-mail : • *guide@routard.com* •
Internet : • *routard.com* •

Routard Assurance *2015*

Née du partenariat entre *AVI International* et le *Routard*, *Routard Assurance* est une assurance voyage complète qui offre toutes les prestations d'assistance indispensables à l'étranger : dépenses médicales, rapatriement médical, caution et défense pénale, responsabilité civile vie privée et bagages. Présent dans le monde entier, le plateau d'assistance d'*AVI International* donne accès à un vaste réseau de médecins et d'hôpitaux. Pas besoin d'avancer les frais d'hospitalisation ou de rapatriement. Numéro d'appel gratuit, disponible 24h/24. *AVI International* dispose par ailleurs d'une filiale aux États-Unis qui permet d'intervenir plus rapidement auprès des hôpitaux locaux. *AVI International* est un courtier reconnu qui gère lui-même ses dossiers et garantit une réponse rapide et simple. C'est aussi la filiale d'un groupe (SPB) présent à l'international. Pour toutes vos questions : ☎ 01-44-63-51-00 ou par mail • *routard@avi-international.com* • Conditions et souscription sur • *avi-international.com*

Édité par Hachette Livre (43, quai de Grenelle, 75905 Paris Cedex 15, France)
Photocomposé par Jouve (45770 Saran, France)
Imprimé par Lego SPA Plant Lavis (via Galileo Galilei, 11, 38015 Lavis, Italie)
Achevé d'imprimer le 12 septembre 2014
Collection n° 13 - Édition n° 01
15/6667/1
I.S.B.N. 978-2-01-245922-9
Dépôt légal : septembre 2014

PAPIER À BASE DE
FIBRES CERTIFIÉES

hachette s'engage pour
l'environnement en réduisant
l'empreinte carbone de ses livres.
Celle de cet exemplaire est de :
350 g éq. CO$_2$
Rendez-vous sur
www.hachette-durable.fr